KB165003

국어학사

이병근 李秉根

1940년 경기도 용인에서 태어나 수원에서 컸고 서울에서 성장했다. 서울대학교(문리과대학) 국어국문학과 및 대학원을 수료하고, 서울대학교 교수, 프랑스 파리7대학교 연합교수, 서울대학교 한국문화연구소장을 역임했다. 한국언어학회 부회장, 진단학회 회장, 국어학회 회장, 한국사전학회 회장을 역임하고, 현재 애산학회 이사장을 맡고 있다. 저서로 『음운현상에 있어서의 제약』, 『한국어 사전의 역사와 방향』, 『어휘사』, 『음운 연구를 위하여』, 『방언 연구를 향하여』, 『국어음운론』(공저), 『국어연구의 발자취 1』(공저), 『한국언어지도』(공저) 외에 공편 다수가 있다.

국어학사
시대와 학문

초판 1쇄 발행 2022년 5월 2일

지은이 | 이병근
펴낸곳 | (주)태학사
등록 | 제406-2020-000008호
주소 | 경기도 파주시 광인사길 217
전화 | 031-955-7580
전송 | 031-955-0910
전자우편 | thspub@daum.net
홈페이지 | www.thaehaksa.com

편집 | 조윤형 여미숙
디자인 | 한지아
마케팅 | 김일신
경영지원 | 이정은
인쇄·제책 | 영신사

ⓒ 이병근, 2022. Printed in Korea.

값 48,000원
ISBN 979-11-6810-053-4 93710

책임편집 | 조윤형
표지디자인 | 한지아
본문디자인 | 최형필

국어학사

國語學史
시대와 학문

이병근 지음

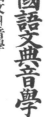

國語文典音學

國文의 音學

音은 天地에 自在혼者라 故로 何人이든지 能히 加減도 못호고 變易도 못호느니라

音은 形象이 無혼者라 是以로 形象을 感호는 眼으로는 音을 見치못호고 耳로만 聽호느니 耳는 形의 感管이 안이요 無形혼音의 感管임이니라

音은 空氣의 波動이니 空氣가 無혼 면音도 無호느니라 故로 眞空에서는 鍾을 打호여도 聲이 無호니라

音은 有別聲과 無別聲의 別이 有호니 雷聲과 風聲과 木聲과 石聲과 如혼者는 無別聲이요 人類의 言語와 如혼者는 有別聲이니라

태학사

국어학사 연구에 눈을 뜨다

1968년인가? 무더운 여름 2박 3일간 휴가를 보내기 위해 당시에 서울보다는 시원했던 경기도 광주 남한산성 마을을 찾았다. 병자호란 때의 이 산성마을에서의 비참한 지난날의 역사를 떠올리며 서로 다른 생각을 가졌던 김상헌과 최명길 두 분 애국자를 생각해 보면서 성문을 들어서 비탈길을 걸어 내려갔다. 작약밭과 마늘밭을 지났다. 우연찮게 네 잎 클로버가 눈에 띄었다. 그런데 또 뜨이고 또 뜨이고 … 열 개 가까이 눈에 보였다. 이런 일은 지금까지도 있어 본 일이 없다. "내게 무슨 행운이 있을까?" 설마 단 하나의 네 잎 클로버로 전쟁터로 달려가던 나폴레옹에게 목숨을 건져 준 행운처럼 내게도 엄청난 그 무언가가 일어나려나? 인근 지역에 알려진 것처럼 산성마을은 좀 시원했다.

내가 여기 남한산성 마을로 휴가를 온 것은 휴식을 취하며 당시에 흔히 해 왔던 것처럼 이곳 '방언'에 귀를 뚫어 두려던 것이었다. 내게 무슨 행운이 올까. 도대체 무슨 행운이 올까. 저녁식사 후 길가에 나갔다. 길에서 "어디 갔다 오네?" 하는 물음을 듣고 "아, 여기서는 서울말의 '오니?'를 '오네'라고 하는구나." 하며 산책을 갔다. 어느 댁 앞에서 할머니 한 분을 뵙게 되었다. 곱게 차려입었다. 얌전한 분이었다. 혼자 서 있었다. 말을 붙여 보았다. 친절히 대답해 주었다. 내 신상을 밝히고 말씀을 따라 방으로 들어갔다. 전해 오는 병자호란 이야기를 들으며 나는 세시풍속을 섞어 묻곤 했다. 역시 이곳 방언을 들을 수 있었다. '구수허니, 보글보글, 채비채비(차례차례), 섞음섞음, ……' 등등이 발화 속에서 들리곤 했다. 70세 정도의 할머니는 낯설지도 않은 듯 이방인을 참 즐거이 대해 줬다. "우리 바깥양반도 학자였죠. 그 양반 책이 벽장에 있어요. 공부하는 사람한테나 필요할 테니, 가져가세요." 한다. 그다음 날 들르겠다고 하고서 물러났다.

이튿날 사탕 한 봉지를 사 들고 다시 할머니를 뵈러 갔다. 할머니 말씀대로 벽장에 올라갔다. 세 개의 옛날 함을 차례로 열었다. 첫째 함 뚜껑을 열자 맨 위에서 한힌샘 주시경의 『국어문전음학國語文典音學』 세 권이 아주 새 책으로 있었다. 나의 눈이 번쩍 뜨였음은 물론이었다. 함 세 개를 열심히 뒤졌다. 그 할머니 댁에서 육당 최남선이 1910년 설립한 조선광문회에서 편찬하던 우리나라 최초의 근대적인 사전인 『말모이』 원고 첫째 권을 이렇게 찾아냈던 것이다. 이 사전은 주시경과 몇몇 제자의 지휘 아래 백연白淵(힌못) 김두봉金枓奉과 광문회의 문학인 김여제金輿濟의 작업으로 편찬하던 붓글씨로 쓰인 원고본으로 거의 완성 단계에 이른 것이었다. 저자에 의해 다시 찾아낸 당시까지는 그 존재가 전설처럼 이야기되었었다. 석石 씨 할머니는 장서를 모두 가져가라고 계속 권유했으나 열대여섯 책 정도만 우리 집 벽장으로 옮겨 놓았다. 그 책들에는 추명호秋明浩라는 도장이 찍혀 있었다. 아마도 『말모이』 편찬과 관련이 있었던가, 아니면 주시경과 관련 있는 국어연구에 큰 관심이 있던 분일 듯하다. 석 씨 할머니가 작고하신 소식은 훨씬 뒤에야 그 집안 친척(전 서울대 영문학과 석경징 교수)으로부터 듣게 되었다.

『말모이』 원고를 알게 되기 이전에 나는 주로 방언연구와 음운연구에만 관심을 갖고 있었다. 1976년은 주시경 탄생 100주년이 되던 해. 서울대 이기문 교수에 의해 『주시경전집』 3권이 간행되었다. 주시경의 연구와 『말모이』를 비교하고서 그것이 주시경 주도 아래 이루어진 조선광문회의 사전 원고임을 확인하고는 이의 존재를 세상에 공표하였다. 그 후 『말모이』에 관심 있던 몇몇 분이 직접 확인하기도 하고, 또 고려대 김민수 교수가 자료를 확대시켜『주시경전서』6권을 편집할 때에 영인을 부탁해 싣도록 한 일도 있게 되었다. 이들을 계기로 해 나는 주시경의 국어연구, 나아가서 사전학 및 사전편찬의 역사에 관심을 차츰 가지게 되었다. 국어연구의 역사와 관련된 국어학사에도 집필 청탁을 받아서 쓰게도 되었다. 특히 김완진 교수와 안병희 교수와 함께 집필한『국어연구의 발자취 (1)』(서울대출판부, 1987)가 나 개인적으로 주시경과 람스테트를 넘어 국어학사 관련에 관심을 키우게 되었다. 우선『한국어 사전의 역사와 방향』(태학사, 2000)을 엮고 국어사 문헌 자료와 방언 자료를 종합해 통시적 사전의 바탕이 되는 어휘사 연구로『어휘사』(태학사, 2004)까지 엮었다. 다시 서울대의 정승철·김현 두 교수가 입력해 온 국어학사 관련 글들을 추려 이제『국어학사 —시대와 학문』을 엮는다.

애초에는 '국어학사로 여행을 가다'로 책 제목을 붙여 보려 하였다. 왜냐하면 국어학사'론'으로 체계적으로 쓴 글들이 아니라 그때그때 청탁을 받아 쓴 것이고, 또 국어학사와 관련 있는 옛날 분들의 묘소를 여행 삼아 후학들과 함께 찾아다녔기 때문이었다. 군이 출판사로부터 '국어학사'로 제목을 삼으면 어떠냐는 권고를 받고서 '시대와 학문'이란 부제를 좀 무겁더라도 달아 보았다. 이를 직접적으로 크게 다루지는 않았으나, 글의 바탕에는 거의 늘 시대와 학문을 연결시켜 국어연구 활동을 이해해 보려 하였기 때문이었다. 조선시대에는 언어도 이론적으로 성리학에 관련시켜 설명하려 하였고, 한자에 관련지어 언어를 해석한다든가 실학적 문헌고증을 하려고도 하였다. 이어 개항기 이후에는 당시에 밀어닥친 애국계몽적 민족주의 사상을 바탕에 깔고 통일된 문자표기를 강하게 주장하며 한반도 위의 단일민족(한민족), 단일어(조선어＝한국어)의 이데올로기에 의해 언어연구를 하되 통일된 문법체계를 확립해 애국계몽 활동을 펼치려 하였다. 일제 말기에 이르러서는 차츰 광신적 쇼비니즘으로부터 벗어나 실증적 바탕 위에서 언어구조와 언어현상을 현대과학으로서 연구하려는 '과학(언어학)'을 개척하려 하는 경향을 보였다. 이는 말할 것 없이 세계적으로 확대된 유럽의 언어학 이론과 방법의 영향을 받은 것이었다. 이러한 학문의 발자취에서 때로는 지극히 독창적인 연구를 볼 수 있었는데, 그때는 그 연구 자체를 우선 공시적으로 독창성을 관찰하고 이어서 통시적으로 가치평가를 하려 하였다. 그 후 60년대 후반에 다시 새로운 언어학 이론이 한국어 연구의 한 모퉁이에서 강력히 논의되곤 한 일은 너무나 잘 알고 있는 사실이다. 학문은 시대를 떠나 존재할 수 없다. 있다면 그것은 시대에 뒤진 연구이든가 아니면 새로운 개척의 학문일 것이다. 학문의 역사를 돌아보는 일은 아마도 영원한 즐거운 여행일 것이다. 말없이 여행지로 떠나가 보자. 그리고 여행에서 얻은 자신의 인식을 되돌아보자.

국어사 연구와 국어학사 연구는 다르다고 강조하시며 국어학사 서술태도를 일러 주시며 생의 마지막을 국어학사 연구로 마감하려 하셨던 심악 이숭녕 선생님, 그리고 학부 시절 처음으로 국어학사의 내용을 가르쳐 주셨던 강신항 선생님, 특히 두 분께 고마운 인사를 올린다. 이번에도 이 책의 간행을 위해 애써 준 정승철 교수와 김현 교수를 비롯해 몇몇 후학들께 깊이 고맙다는 인사를 남긴다.

태학사는 국어학을 위해 존재하다시피 한다. 나도 지금까지 여러 권의 책을 이 회사에서 간행해 왔다. 이번에도 또 신세를 진다. 지현구 회장 그리고 조윤형 주간을 비롯한 편집 담당 여러분께 마음속의 고마움을 드린다.

2022년 2월 2일
심악 선생의 28주기에 올린다
이병근

제3부 현대국어학이 과학적 연구로 가다

제1부 조선시대 국어학사를 둘러보다

우리나라에서의 국어연구는 현재 우리나라의 국부國父라 할 세종대왕, 그의 문자창제와 함께 이루어지기 시작했다. 즉 세종 창제의 '훈민정음(1443)'이란 문자체계의 제자 원리 등을 강희안·박팽년·성삼문·신숙주·이개·이선(현)로·최항 등 7명의 집현전 학자들이 정인지의 행정 책임 아래에서 해설해 간행한 『훈민정음』(1446)에서 비롯되었다.

그 문자 이론은 중국 송나라에서 이루어진 음운학에 바탕을 두었는데 이 이론은 고대 인도의 음(성)학 이론에 바탕을 두고 동아시아의 여러 문자이론에 크게 영향을 미친 것으로 보인다. 이렇게 시작된 국어연구는 조선시내를 관통하게 되었는데, 한자 사용의 오랜 전통 속에서 차츰 훈민정음의 보급과 사용이 확대되었으나 여전히 한자 중심의 연구가 병행되었다.

이수광 이래로 문헌 중심의 고증학적 풍토가 서서히 등장하면서 언어 자료의 수집으로서의 어휘집 내지 사전 편찬도 등장하며 새로운 연구 풍토가 등장했지만 한자 사용 중심의 사고에서 크게 벗어나지는 못했다. 이를 벗어나기 시작한 때는 대한제국 이후의 일이었다.

- 조선시대 국어학사의 흐름
- 조선 중기의 국문 보급과 국어연구
- 실학시대의 언어연구
- 『훈민정음』의 초·종성체계
- 「이윤탁李允濯 한글 영비靈碑」의 이해 — 왜 국가지정문화재가 되었나
- 『지봉유설』의 국어학사상의 성격
- 유희柳僖의 새로운 자료 발굴

세종대왕 1397~1450

조선시대 국어학사의 흐름

1. 머리말

이 글은 조선시대 국어학사 사료를 해제와 함께 집대성하려는 목적에 따라 조선시대 국어학사를 개관함으로써 역사적 흐름을 개략적으로 이해함에 도움을 주기 위해 2004년에 썼던 글이다. 전체적인 연구는 서울대 장소원 교수를 비롯한 공동연구의 일환으로 진행했는데 이 글은 필자가 그 연구의 서설로 썼던 것으로 이제 여기 함께 엮는다.

국어학사 즉 국어연구의 역사를 체계적으로 서술하기 위해서는 국어학의 사료에 대한 정확한 이해를 전제로 해야 하기 때문에 이러한 서술의 기초로 사료를 집대성하되 개개의 사료에 대한 해제가 선행되어야 할 것이다. 그리하여 사관에 따른 사료의 선택은 서술자에게 맡기고 사료를 가급적 극대화시키려 하였다. 이 개관의 서술도 실은 집대성한 사료와 각각의 해제에 바탕을 두려 하였으나 다만 필자의 사료에 대한 문헌학적 이해의 한계로 체계적인 서술에 상처가 날 수 있을 것이다. 문헌학적 이해에 이어 어학사 연구가 시작되고, 어학사로서의 평가와 의의를 되씹어 본다.

흔히 '국어학사'는 "언어학으로서의 국어학의 연구사를 뜻하며 우리나라 학문사"의 하나로서의 자리를 차지한다고 규정되는데(강신항 1988), 이숭녕(이숭녕 유고본)은 "국어학사는 문화가 발달되어 우리 국민 사이에 국어에 대한 의식이 발달되고 학계에서 학자들이 국어를 연구하기 시작함으로써 국어학사의 기원이 된다."라고 하면서

> 국어학사는 각 시대의 학자들이 국어를 어찌 연구한 것인가를 일종의 과학사로서 고찰하는 학문이다.

라고 '과학사' 즉 학술사로 규정하였다. 여기서 핵심적인 것은 ① 학자, ② 업적, ③ 문헌의 세 가지로 이에 대한 이해와 평가가 국어학사의 기초적인 작업이 되는 셈이다. 구체적으로 이숭녕(1956)에서 이미 국어학사 서술의 태도를 다음과 같아야 한다고 일찍이 주장한 바 있다(이숭녕 1956).

ㄱ 국어학사는 문자 제정(훈민정음 제정) 이후에 제기된 언어에 대한 새로운 인식과 각 학자의 업적을 연구하여 하나의 연구사를 엮는 학문이다.

ㄴ 국어학사는 국어학의 연구사이기는 하나, 국어학에 대하여 반성을 주며 정당한 내일의 방향을 지시하는 학문이다.

ㄷ 국어학사는 과거의 순수과학적 연구만을 연구대상으로 하고, 언어정책적인 면은 제거되어야 하며 이로써 국어학의 권위를 세우며 국어학 자체의 권위와 한계를 획정하게 된다.

ㄹ 국어학사는 그 역사를 엮음에 있어서 하나의 사관을 가져야 하며 또한 시대적 배경을 고려하고 학자와 업적을 그 시대의 과학론에서 고찰하여 종적인 시간적인 전통을 추출하고 또 시대를 횡적으로 보아 타 과학론과의 연관 관계를 구명하여야 한다.

ㅁ 과거의 업적에서 각 학자가 시도한 과제와 취한 바 태도에 대하여 현대과학의 견지에서 새로운 해석을 꾀하여, 아울러 가치 판단을 부여함으로써 국어학의 수준 향상을 촉진시키는 학문이다.

국어학사에 대한 이러한 서술 태도는 결국 훈민정음 창제와 관련된(㉠) 국어연구 이후의 순수언어학적 업적들이 대상이 되고(㉢) 이를 통해 국어학사 연구는 학자와 업적에 대한 시대적 배경을 고려한 공시적 통시적인 학문으로(㉣) 사관에 따라 사실의 이해(기술), 비판과 반성, 내일의 방향 제시 등을 통해 궁극적으로 국어학의 수준 향상을 촉진시키는 학문(㉡, ㉤)이어야 한다는 것이다. 이에 따라 국어학사 서술의 대상 사료를 집대성한다면 국어연구의 사료는 물론이고 인물에 관한 모든 문헌 그리고 동시대의 학술사 자료까지 망라해야만 할 것이다. 이러한 작업은 현재로서는 거의 불가능하다. 따라서 집대성할 국어학사 사료는 순수한 국어연구 문헌에 한정할 수밖에 없게 된다. 이것이 이번의 조선시대 국어학사 자료를 집대성하는 작업 태도인 것이다. 물론 이 경우에도 때로 성리학 속의 언어철학적 연구와 같이 미분화 상태의 서술일 때가 있어 여전히 어려움은 클 수가 있는데 국어 자료를 직접 언급하는 경우로 주로 한정시키며 서술하려 하였다.

시대적으로 조선시대 국어학사 자료에 한정시킴은 이숭녕(1956)에서 언급된 바와 같이 진정한 국어학사의 서술이 훈민정음의 창제와 관련된 연구로부터 시작되었다고 믿기 때문이다. 그리고 개항기 이후의 서양이론의 직·간접적인 영향 아래에서 이루어진 대부분의 국어연구는 조선시대의 그것과는 문자 등 일부를 제외하면 그 과제와 성격이 너무나 다르기 때문에 크게 조선시대의 그것에 한정시키게 된 것이다. 예외적으로 조선시대의 국어학의 맥을 잇는 문헌들이 없지는 않다. 또 한편 조선시대 이전에 있었던 단편적인 국어에 대한 관심은 『삼국사기』, 『삼국유사』, 『고려사』, 『용비어천가』 등에서와 같이 일부 특수 어휘의 개념을 흔히 주석으로 제시한 민간어원적인 수준의 성격이어서 아직은 체계적인 언어학이 형성되기 이전의 통속적인 민간언어학folk linguistics에 속하는 것들이었다. 이러한 사정이 이번의 작업 대상을 조선시대로 한정시킨 이유라 할 수 있다.

2. 조선시대 국어학사의 과제와 전체적인 흐름

조선시대의 국어학사는 앞에서 언급한 바와 같이 훈민정음이라는 우리 고유문자의 창제와 관련되어 시작된다. 첫째 훈민정음의 제자이론과 음절 단위의 자절字節 구성 원리(즉, 철자법), 둘째 훈민정음에 의한 한자음 표기론, 셋째 훈민정음의 보급 방식 등등이 주요 과제였다. 이에 부수적으로 중국 한자음(즉, 화음華音)과 관련된 과제와 정리(즉, 음운학) 등도 잇달았다. 첫째의 예로는 이른바 『훈민정음해례본』이 대표적이고 둘째의 예로는 『동국정운』이 대표적이며 셋째의 예로는 『용재총화』나 『훈몽자회』의 범례 등이나 『진언집』의 언본諺本 등이 대표적이다. 그리고 중국 한자음 관계로는 언문 번역의 『홍무정운역훈』과 중국 한자음을 정리한 『삼운통고』나 최세진 편찬의 『사성통해』 등이 대표적이다. 새로운 문자 창제와 관련된 이러한 과제들은 국한문혼용체나 그 반대로 훈음위주訓音爲主 국문부종國文附從 표기방식의 『석보상절』 등등의 문헌이 말해주듯이 훈민정음의 실제 사용과 보급에 관련이 있었던 것이다. 특히 훈민정음 해례와 한자음 정리 사이에는 밀접한 관계가 있었던 듯하다. 그리고 이 경우에 한자음의 표기는 한자음 중심의 음운학 연구의 응용이었던 것이라 할 수 있다.

이상은 조선 초기의 상황인데 조선 중기를 거치면서 음운학 연구가 확대되기도 하고 새로이 고유어(방언 포함) 및 한자어를 포함한 어휘연구의 과제가 등장하기도 하는데 이러한 경향이 조선 후기까지 이어졌다고 할 수 있다. '정음正音, 정성正聲, 정운正韻' 등의 표현에서 미루어 알 수 있듯이 조선 초기에는 규범적인 언어에 큰 관심을 두었다고 할 수가 있는데 이러한 관심은 언어사용의 정확성에 초점이 놓이게 된다. 중앙집권제의 재정비에 따른 왕조의 일반적인 정치적 성향에서 볼 수 있는 한 경향일지도 모른다. 조선 중기 이후 흔히 실학시대에 등장한 어휘적 관심도 크게는 문헌 중심의 지식의 바탕 위에서 강조한 정확성을 시도한 범주에 드는데 언해본의 언해문 속에다 개별적으로 주석을 달던 방식에서 단어 내지 어휘들을 모아 집중적인 관심을 보임으로써 어휘집 내지 사전의 편찬을 시도하는 방식으로 바뀌게 된 것이다. 따라서 이러한 어휘집에서 이전의 주석적인 기능은 그대로 유지된 다고 보아야 좋을 것이고 나아가서 주석사전으로의 토대가 마련되기 시작 했다고 볼 수 있다.

조선 후기에 이르러서는 문헌고증적인 연구 경향으로 경서 연구와 함께 특히 소학小學에 관련된 문자와 음운 그리고 어휘에 대해서 다양한 관심들이 솟아올랐고 지방관서에 근무하는 사람들의 현지 방언이나 중국어 습득 등 에까지 관심이 높아지기도 하였으며, 중국의 새로운 과학기술의 흐름에 맞 춰 우리 자신의 언어사용 문제까지 제기되는 등등 아주 다양한 새로운 각도 에서 우리말을 관찰하고 논의하게 되었다. 그런데도 우리말의 문법 형태와 그 기능에 대한 본격적인 연구는 문헌의 주석에 반영되는 경우가 더러 있었 다고 하더라도 싹트지 않고 개항기 이후로 넘기고 말았다. 문법적 관심이 전 혀 없었던 것은 아니었으나 그것은 토吐를 중심으로 한 단편적인 주석의 수 준에 머물렀던 것이다(cf. 정병설, 번역소설인『옥교리玉嬌梨』속의 문법적 주 석, 2001). 조선시대는 국가적 이념과 그에 걸맞은 학문적 경향으로 언어연 구는 현대적인 딴 분야와 마찬가지로 독립된 한문은 아니었다. 따라서 전업 의 언어학자는 있을 수 없었다.

2.1 훈민정음(해례본)의 내용과 그 관련 업적

2.1.1 『훈민정음』의 내용

뒤늦게 1940년에야 경북 안동에서 발견된 이른바『훈민정음해례본』(cf. 정 철, 원본 훈민정음의 보존경위에 대하여, 1954)은 다음과 같이 크게 두 부분 으로 짜여져 있다.

「훈민정음」(7면)

「훈민정음해례」(58면)

즉 「훈민정음」은 '어제 서문'과 '본문(예의)'으로 구성되었는데 바로 세종대왕 자신의 저작이며, 「훈민정음해례」는 '제자해, 초성해, 중성해, 종성해, 합자해'의 다섯 가지 해설과 '용자례'의 한 가지 예시로 구성되고 여기에 정통 11년(세종 28년, 1446) 9월 상한에 쓴 정인지의 서문이 붙어 있는데, 이 해례는 세종대왕의 명에 따라 최항·박팽년·신숙주·성삼문·강희안·이개·이선로(이현로)가 함께 지은 것이다. 이들은 대부분 『동국정운』의 편찬에도 참여했으며 특히 신숙주와 성삼문 등은 『홍무정운역훈』의 편찬에도 참여하였는바, 모두가 세종대왕의 명에 따른 것이었다. 그만큼 『훈민정음해례본』은 한자음 중심의 음운학 이론과 깊은 관련이 있었던 것이다.

「훈민정음」에 포함된 세종어제 서문은 세종대왕이 목적한 바의 훈민정음이란 문자 창제의 목적을 분명히 밝힌 내용으로 서술되었다. 즉 국어는 중국어와 다르기 때문에 국어를 표기하기 위하여서는 한자와는 다른 국어에 어울리는 문자가 있어야 하고 국어는 잘 알면서 한자는 잘 모르는 백성들의 문자생활의 편의도 도모해야 한다는 생각이 세종의 창제 목적이었던 것이다. 지극히 실용적인 정책으로서 '훈민정음'이란 문자를 친히 창제하였음을 밝히고 있다(cf. 이기문, 훈민정음 친제론, 1992).

'예의' 부분에서는 "ㄱ。牙音。如君字初發聲(ㄱ는 엄쏘리니 君군ㄷ字쭝 처섬 펴아 나는 소리 ᄀᆞ트니)"과 같이 개개의 문자에 대하여 초성의 경우에는 조음점에 따른 음의 분류를 고려하여 '아·설·순·치·후'의 다섯 음과 '반설·반치음'의 두 반음 순서로 그리고 이 각각의 분류음은 다시 더 이상의 하위분류 명칭은 제시하지 않고서 "全淸字, 全濁字(竝書), 次淸字" 및 "不淸不濁字"의 순서로 초성자 17자를 제시하였다. 예컨대 'ㄱ'은 아음이면서 전청자인 것인데, 그 기본인 오음 분류는 20세기 음성학이 제시한 국제음성부호 international phonetic alphabet = IPA와 일치한 보편적 해석이다. 중성의 경우에는 "·如呑字中聲(·는 呑튼ㄷ字쭝 가온딧소리 ᄀᆞ트니라)"와 같이 분류음의 명시 없이 '·, ㅡ, ㅣ, ㅗ, ㅏ, ㅜ, ㅓ, ㅛ, ㅑ, ㅠ, ㅕ'의 순서로 중성자 11자를 제시하였다. 여기서 '·, ㅡ, ㅣ' 세 글자도 기본임은 물론이다. 다음에 종성자는 초성자를 다시 쓴다고 함으로써 종성자를 별도로 창제하지 않았음을 보이되, 초성자에 포함되지 않은 'ㅂㅇ'의 연서連書가 순경음 'ㅸ'이 됨을 언급하였다. 또 초성을 합용하면 병서가 되는데 종성도 같다고 하였으며 'ㆍ, ㅡ, ㅗ, ㅜ, ㅛ, ㅠ'는 초성의 아래에 붙여 쓰고 'ㅏ, ㅓ, ㅑ, ㅕ'는 초성의 오른쪽에 붙여 쓰는 합자 즉 일종의 자절字節의 표기방식인 철자법도 밝히고 있다. 끝으로 글자들이 합해 음을 이룰 때에 있어야 하는 '거성·상성·평성·입성'의 사성을 표시하는 방점의 표시방식을 언급하였다. 예의 부분은 비록 간략하게 요점만 제시하였지만 개개의 문자로부터 음절 단위에 해당하는 자절의 표기에 필요한 규정에까지 압축되어 있는 셈이다.

이상의 세종의 문자 창제에 대하여 신숙주·성삼문 등등의 집현전 학사들에게 명하여 좀 더 구체적인 해설과 용례를 제시한 부분이 「해례」이다. 이 부분의 첫머리는 문자 창제의 기본적인 음운학적 이론을 해설한 「제자해」이다. 훈민정음이라는 새로운 문자를 창제함에 이론적 기초가 된 것은 중국 송나라의 음운학이었는데 우주의 원리를, 태극을 바탕으로 음양오행으로 설명하는 성리학의 이론을 음성·음운의 설명에도 도입한 것이다. 이 이론의 기초는 『성리대전性理大全』 속에 실린 소옹邵雍의 『황극경세서皇極經世書』에 있다. 그리하여 「제자해」는 "천지자연의 원리는 오직 음양오행일 뿐이다."라 하면서 "이제 정음을 만듦도 … 다만 그 성음을 바탕으로 하여 그 이치를 다한 것뿐이다."라고 밝히고 있다. 즉 성음과 정음을 평행시킨 문자론으로 '음소문자(표음문자, 소리글자)'를 창제했음을 말하고 있다.

고대 인도의 문법론을 뒤늦게 수용한 중국은 한자에 어울리는 이론을 개발하였고 특히 그중에서 중국의 한자음 중심의 음운학이 수용되어 다시 훈민정음 창제의 기초 이론이 되었으나 우리말에 적합한 음절 중심의 이론으로 수정하여 적용했던 것이다. 언어학 이론의 독창적 수용이었던 셈이다. 곧 그것은 초·중·종성의 삼분법을 출발점으로 하는 이론이었다.

정음 28자는 모두 상형으로 만들었는데 그중 초성 17자는 다음과 같이 만들었다.

오음	기본자	상형 내용	가획자	이체자
牙	ㄱ	舌根閉喉之形	ㅋ	ㆁ
舌	ㄴ	舌附上齶之形	ㄷ ㅌ	ㄹ
脣	ㅁ	口形	ㅂ ㅍ	
齒	ㅅ	齒形	ㅈ ㅊ	△
喉	ㅇ	喉形	ㆆ ㅎ	

말하자면 초성 기본자는 발음기관의 모양을 본떠서 만든 것이다. 그리고 이 기본자에 획을 더하여 확대시키든가 아니면 글자체를 아예 달리하여 만들었다는 것이다. 이상의 오음은 오행에 근본을 둔 것으로 보고 다시 다음과 같이 두 가지를 결부시켜 설명하고 있다.

오음	오행	발음 특징	음상
喉	水	邃而潤	聲虛而通
牙	木	錯而長	聲似喉而實
舌	火	銳而動	聲轉而颺
齒	金	剛而斷	聲屑而滯
脣	土	方而金	聲含而廣

이어서 성음의 청탁과 문자와의 관계를 설명하였다. 즉 'ㄱ, ㄷ, ㅂ, ㅈ, ㅅ, ㆆ'은 전청이 되고 'ㅋ, ㅌ, ㅍ, ㅊ, ㅎ'은 차청이 되며 'ㆁ, ㄴ, ㅁ, ㅇ, ㄹ, △'은 불청불탁이 된다고 하였다. 또한 소리의 거세지 않은[不厲] 정도를 고려하여 'ㄴ, ㅁ, ㅇ'과 'ㅅ'을 상형의 시초로 삼았음을 밝히고 아음인 'ㆁ'이 후음인 'ㅇ'과 비슷해서 목구멍의 모양을 본떠 만든 것은 나무('牙')의 움이 물('喉')에서 나와 부드러워 아직 물기운이 많음과 같기 때문이라 하였다. 그리고 'ㄱ'은 나무가 바탕을 이룬 것이요, 'ㅋ'은 나무의 번성하게 자람이요, 'ㄲ'은 나무가 나이 들어 씩씩하게 된 것이기에 모두 어금니에서 본뜬 것이라 하여 공통점과 차이점으로 설명하였다. 이어서 전청과 전탁과의 관계, 'ㆆ'과 'ㅎ'과의 관계 그리고 순경음 글자 'ㅸ'의 연서에 대한 설명을 덧붙였다.

중성 11자에 대해서는 우선

기본자	상형	발음 특징	성	생성 순서
·	天圓	舌 縮	深	子
ㅡ	地平	舌小縮	不深不淺	丑
ㅣ	人立	舌不縮	淺	寅

와 같이 기본 세 글자를 생성 순서에 따라 '하늘[天], 땅[地], 사람[人]'에서 각각 '둥근 모양, 평평한 모양, 서 있는 모양'을 본떠 만들었는데 이 삼재의 시초가 되듯이 '·'가 으뜸이 된다는 설명을 하고 있다. 그리고 'ㅗ, ㅏ, ㅜ, ㅓ'의 네 초출자初出字에 대해서는

· +ㅡ = ㅗ 口蹙 闔陽 天地初交之義

ㅣ + · = ㅏ 口張 闢陽 天地用發於事物人而成

ㅡ + · = ㅜ 口蹙 合陰 天地初交之義

· +ㅣ = ㅓ 口張 闢陰 天地 用發於事物待

와 같이 설명하고 이어서 재생지의再生之義를 갖는 'ㅛ, ㅑ, ㅠ, ㅕ'의 네 재출자再出字에 대해서는

ㅣ +ㅗ → ㅛ 兼乎人者

ㅣ + ㅏ → ㅑ 兼乎人者

ㅣ +ㅜ → ㅠ 兼乎人者

ㅣ + ㅓ → ㅕ 兼乎人者

로 보고서 "사람이 만물의 영장으로 능히 양의(兩義 = 天地 = 陰陽)"에 참여할 수 있다고 하였다. 이에 따라 'ㅗ, ㅏ, ㅛ, ㅑ'는 하늘에서 나와 양이 되고, 'ㅜ, ㅓ, ㅠ, ㅕ'는 땅에서 나와 음이 된다고 하였다. 또한 중성을 방위와 오행과 관련시키면서 다음과 같이 정위定位와 성수成數를 말하고 있다.

방위	오행	정위	성수
北	水	天一ㅗ	地六ㅠ
南	火	地二ㅜ	天七ㅛ
東	木	天三ㅏ	地八ㅕ
西	金	地四ㅓ	天九ㅑ
中央	土	天五、	地十ㅡ

중성 11자 가운데 사람을 나타내는 'ㅣ'는 빠져 있는데 정위와 성수로 논할 수가 없어 자리나 수가 없기 때문이라고 하였다.

이렇게 초성과 중성의 글자들을 만든 원리를 설명한 뒤에 끝으로 초성과 중성과 종성과의 상관관계를 삼재에 따라 다음과 같이 풀이하였다.

初聲 發動之義 天 (動)

中聲 承初之義 地 (動靜)

接終之義

終聲 止定之義 地 (靜)

그리고 자운字韻의 중심은 중성에 있기에 초성과 종성이 어울려 음(음절 → 자절)을 이루는데, 이를 사람들의 힘을 입어 하늘과 땅이 만물을 낳는 데에 비유하였다.

종성 글자를 따로 만들지 않고서 초성을 다시 쓰는 것은 동動해서 양陽이 된 초성도 그리고 정靜해서 음陰이 된 종성도 똑같이 건乾이기 때문인데 이는 겨울에서 다시 봄이 되는 것과 같은 이치라는 것이다. 이상이 제자해의 내용이다.

초성해·중성해·종성해는 음절 중심으로 초성·중성·종성의 음절상의 위치를 각각 말하고서 예시로 풀이하고는 결訣로서 요약하였다.

우선 초성해에서는 정음 초성은 운서의 자모로 성음이 이로부터 생기기 때문에 '모母'라고 한다는 것이다. 예컨대 '군君'이란 글자의 첫소리인 'ㄱ'이

'ㅜ'과 어울려 '군'이 된다는 식이다.

중성해에서는 중성은 자운字韻의 가운데 있어서 초성과 종성을 합해서 음을 이루는데, 예컨대 '즉卽'이란 글자의 끝소리인 'ㄱ'은 '즈'의 끝에 있어서 '즉'이 된다는 것이다.

이어서 종성과 성조와의 관계를 설명하였는데 불청불탁 글자들은 평·상·거성에 마땅하나 전청, 차청, 전탁 글자는 종성의 경우 입성에 마땅하다고 하였다. 그리하여 'ㅇ, ㄴ, ㅁ, ㆁ, ㄹ, △'의 여섯 글자는 평·상·거성의 종성이 되고 그 나머지는 입성이 되나, 'ㄱ, ㆁ, ㄷ, ㄴ, ㅂ, ㅁ, ㅅ, ㄹ'의 여덟 종성 글자만으로 쓰기에 족하다고 하였다. 또한 'ㆁ : ㄱ', 'ㄴ : ㄷ', 'ㅁ : ㅂ', '△ : ㅅ', 'ㅇ : ㆆ'의 짝은 완급의 짝이라 하였고 'ㄹ'은 우리말에는 쓰이지만 한자에는 쓸 수 없는 점과 우리 한자에는 쓸 수 없는 점과 우리 한자어에서의 'ㄷ〉ㄹ'의 변화 사실도 지적하고 있다. 중국 한어와 조선 한자음의 비교적·대조적 서술이기는 하나 이러한 음운사의 지적은 "國之語音 異呼中國"의 한 예로서의 특이한 음운사적 관심이라 할 수 있다.

요컨대 초성해·중성해·종성해는 훈민정음과 음운학을 대조시켜 개념을 각각 규정하고 우리말과 한자음도 대조시키면서 설명하였다.

합자해는 문자를 음절 단위인 자절로 엮는 방식 즉 철자법을 풀이한 것이다. 즉 초·중·종성이 합해서 글자를 이루도록 규정한 것이다. 첫째로 'ㆍ, ㅡ, ㅗ, ㅛ, ㅜ, ㅠ'처럼 둥근 것과 가로로 된 것은 초성 아래에 쓰고 'ㅣ, ㅏ, ㅑ, ㅓ, ㅕ'처럼 세로로 된 것은 초성의 오른쪽에 쓰도록 규정한다. 종성은 물론 초·중성의 밑에 쓴다. 이렇게 이루어진 '한 글자 = 자절'은 기호학적으로도 균형을 잡게 해 calligraphy상으로도 손색이 없게 했다. 이어서 초·중·종성의 병서 특히 합용병서는 모두 왼쪽에서 오른쪽으로 쓴다고 규정하고 국한문혼용의 경우 한자음에 따라서는 "孔子ㅣ 魯ㅅ:사룸"처럼 중성 'ㅣ'나 종성 'ㅅ'을 보충한다고까지 규정하였다. 훈민정음의 창제가 국문 전용만이 아니고 국한문혼용까지 고려한 셈이다.

이어서 음절 단위 문자 운영에 필요한 방점 표시를 규정하였는데 1점을 가하면 거성이 되고 2점을 가하면 상성이 되며 점이 없으면 평성이 되는데, 우리말의 입성은 일정하지가 않고 평·상·거성의 경우와 같다고 하였다.

평상거성의 성조와 같은 운율적 특징을 표기법에까지 반영하였는데 이러한 훈민정음이란 문자체계는 그 정교함에서 아마도 세계 최고의 표기체계일 것이다. 성조의 성격은 다음과 같이 요약된다.

平聲　安而和　春　舒泰
上聲　和而擧　夏　漸盛
去聲　擧而壯　秋　成熟
入聲　促而塞　冬　閉藏

덧붙여 초성 'ㆆ'과 반설음에 대하여 간단히 언급하고서 끝으로 'ㅣ + ㆍ, ㅣ + ㅡ'의 결합이 아동의 말이거나 변두리 시골말에서는 간혹 있기는 하나 "國語에는 쓰이지 않는다"고 밝히고 있다. 여기서 말하는 '국어'란 정치지도자가 있는 지역의 언어를 중심으로 하는 한 나라의 규범적인 언어를 뜻하는 듯이 보인다(이병근 2003).

끝으로 각 문자가 쓰이는 예를 제시해 놓은 용자례가 있다. 'ㅸ'을 포함시킨 초성 17자 각각에 대해 2개씩의 용례를 제시하였고 중성 'ㆍ, ㅡ, ㅣ, ㅗ, ㅏ, ㅜ, ㅓ, ㅛ, ㅑ, ㅠ, ㅕ'의 11자 각각에 대해 4개씩 용례를 들었으며 'ㆆ'을 제외시키고 종성 'ㄱ, ㆁ, ㄷ, ㄴ, ㅂ, ㅁ, ㅅ, ㄹ'의 8자에 대해 초성과 같이 각각 2개씩 용례를 들었다. 용자례에 제시된 용례는 모두 우리말 단어들이었다. 한자어는 제시되지 않았는데 따라서 용자례의 규정은 한자어는 한자로 표기함을 암시한 듯하다. 이렇게 사용의 한계를 보인 이유는 현재로서는 정확히 말하기는 어렵다. 훈민정음 창제 초기의 한자어의 실제 표기는 국자와 한자를 흔히 병용하거나 순수히 선택적으로 사용했었다.

이상이 훈민정음해례의 성리학적 부연 설명을 제외한 주요 내용이다. 이해례에 정인지의 후서가 붙어 있다. 그 내용은 ① 천지자연의 소리와 글과의 밀접한 관계를 전제로 방언과 이어가 다른 우리말을 중국의 글자를 빌려 쓰는 것은 어긋나는 일이며 한문은 어려움이 있고 이두도 언어를 적는 데에 그 만분의 하나도 통달하지 못한다고 하였고, ② 세종이 1443년 겨울에 정음 28자를 창제하고 간략한 예의를 들어 보였는데, 칠조七調에 맞고 삼재三才의 뜻과 이기理氣의 묘가 다 포함되어 있으며, 쉽게 배울 수 있고 그 뜻을 알 수 있으며, 송사를 심리하더라도 그 실정을 알 수 있다고 하였다. 훈민정음 학습의 용이성과 이해의 용이성을 내세우며 송사 심리를 덧붙인 이유는 무엇일까. 세종의 어떤 정치적 의도가 숨어 있지는 않은가. 이어서 율려律呂가 고르게 된다는 점 등과 어떤 소리라도 적을 수가 있다고 하였다. 문자 학습 외에 당시의 사회적 관심이 어디에 있었는지 짐작해 봄 직하다. 끝으로 세종의 명에 따라 정인지 · 최항 · 박팽년 · 신숙주 · 성삼문 · 강희안 · 이개 · 이현(선)로 8인이 이 「훈민정음해례」를 서술했으며 세종 28년(1446) 9월 상한(음력. 양력으로 환산해 10월 9일을 한글날로 기념)에 이 해례본이 완성되었다고 밝히고 있다.

2.1.2 훈민정음의 이본

훈민정음(해례본)은 그 구성이 ① 세종어제서, ② 예의, ③ 해례(제자해, 초성해, 중성해, 종성해, 합자해, 용자례), ④ 정인지서 등의 네 부분으로 되어 있는데 용례들을 제외하면 한문으로 되어 있다. 그리하여 흔히 이를 한문본이라 불러 이의 언해본과 구별하기도 한다. 여기서 '세종어제서'는 물론이고 각각의 훈민정음 문자에 대해 오음 분류 등 간단한 음운학적 풀이와 예를 보인 '예의'는 세종이 친히 지은 것으로 본다.

훈민정음에는 조선시대에 한정해서도 여러 이본들이 있다. 그 이본들은 세부적인 차이를 제외하면 위에서 언급한 네 구성 부분의 차이를 보인다. 대표적인 이본은 다음과 같다. 다만 이본이라 하면 책의 형태를 갖추어야 하지만, 비록 원본 『훈민정음해례본』처럼 단행본으로 간행된 책의 형태가 아니라도 내용상 원본의 내용만을 담고 있는 형태를 띠기만 하면 편의상 이본에 포함시켜(안병희 1976) 비교한다.

	세종어제서	예의	해례	정인지서	
해례본(1446)	+	+	+	+	(한문본)
세종실록본(1446)	+	+	-	+	(한문본)
배자예부운략본(1678)	+	+	-	-	(한문본)
월인석보 권두본(1459)	+(언해)	+(언해)	-	-	(언해본)
박승빈 구장본(肅宗時)	+(언해)	+(언해)	-	-	(언해본)

위에서 보는 바와 같이 언해본인 「월인석보 권두본」과 『박승빈 소장본(구장본)』은 국역본이라고도 하는데 구성 부분의 차이 외에도 부분적인 번역상의 차이가 있으며 한문본 간에도 역시 부분적인 차이가 더러 있다. 한문본 「배자예부운략본」은 책에 따라 훈민정음의 예의를 권두에 얹기도 하고 권미에 붙이기도 했으며, 언해본인 「월인석보 권두본」은 서강대본, 희방사복각본 등 여러 종류가 있다. 위의 이본들 이외에도 숙종실록에 한문본이 실려 있으며 그 이후의 사본이나 활자본들도 더 있기는 하다. 현재는 이본은 아니나 많은 복사본들이 쏟아져 나와 있다.

훈민정음의 창제는 실용적인 목적에 따른 것이요, 해례본에서 제시한 음운학적·성리학적 설명은 결국 문자이론에 응용된 것이라 할 수 있다. 그리하여 우리말을 표기함에 마땅한 고유문자로서의 훈민정음의 창제는 우리 민족문화사에 있어서 최대의 업적이라 할 만하게 되었다. 세종의 이러한 문자·음운론적인 응용연구는 학술적으로는 음운학적 연구와 관련되어 이어졌고 실용적으로는 훈민정음의 활용과 보급에 관련되어 이어졌던 것이다.

2.2 훈민정음 창제와 반대상소문

한자와 한문을 오로지 쓰던 당시에 세종이 암암리에 새로운 고유문자로 훈민정음을 창제하여 발표함에 그에 대한 반대가 문신들 사이에 없을 수 없었다. 이의 대표적인 예가 바로 「최만리 등 언문창제 반대상소문」(세종실록 권103 19장)인바, 훈민정음이 창제된 그 이후의 일로 1444년 2월 20일에 올린 상소다. 이 상소문은 집현전 부제학 최만리 외에 신석조, 김문, 정창손, 하위지, 송처검, 조근이 훈민정음 즉 언문의 창제와 관련하여 비판한 6개 항목으로 된 내용인데 주로 정인지의 서문 내용과 관련이 있는 것들이다. 그 관련 내용을 보면 다음과 같다.

① '지성사대至誠事大'에 어긋나게 '용음합자用音合字' 즉 음을 써서 글자를 합하는 표음문자를 창제함에 대한 반대

② 오랑캐(이적夷狄) 나라인 몽고, 서하, 여진, 일본, 서번西番과 같이 각각의 글자를 만듦은 중국을 버리고 오랑캐와 같아진다는 비판

③ 전래의 이두 사용이 불편이 없고 흥학興學에도 도움이 되었는데 언문으로 관리가 되면 성리학 연구가 쇠퇴할 것이라는 비판

④ 형을 집행하고 죄인을 다스리는 것은 이두문자나 언문에 달려 있는 것이 아니라 옥리獄吏의 자질 여하에 달려 있어 언문으로 죄인을 공정하게 다룬다는 주장에 대한 비판

⑤ 언문 창제는 풍속을 바꾸는 큰일이라 실행에 옮기기 전에 널리 의견도 모으지 않고 운서를 고쳐 황당한 언문을 달아 행차에서까지 이 일을 급히 서둘러 공포하려 함에 대한 비판

⑥ 성학聖學 연구에 깊이 마음을 써야 할 동궁이 무익한 언문연구에 정신을 쏟고 있는 것에 대한 비판

이러한 비판적 내용의 상소문에 대해 세종은 최만리 등 신하를 모아 놓고서 이두와 언문 사용 문제, 운서 개편 문제, 동궁(양녕대군)의 연구 문제, 삼강행실도 언해에 대한 김문의 말 바꾸기 등등에 대하여 답변이 있었고, 상소한 신하들을 심문하도록 한 내용이 덧붙여 있다.

훈민정음 창제에 대한 비판에도 불구하고 이에 대한 정인지의 서문으로

답하면서 『훈민정음해례본』을 완성하여 세종 28년(1446) 음력 9월 상한에 드디어 발표하였던 것이다. 이 날짜를 양력으로 10월 9일로 환산하여 오늘날 '한글날'을 정해서 기념하게 되었다. 문자 창제일을 기념일로 정해 기념식을 하는 나라는 한국이 유일할 것이다. 어학사 상의 의의는 『훈민정음해례본』의 제자해 이하의 내용에 있다고 하겠다. 따라서 그 연구업적은 세종의 지도 아래의 신숙주·성삼문 등 집현전 학사들의 것으로 보아 마땅할 것이다.

3. 훈민정음과 관련된 업적들

음운학의 지식을 활용하여 음운을 분석하고 음운 단위의 문자를 체계적으로 창제한 문자체계인 훈민정음과 관련되어 진행된 세종의 업적으로는 그 문자를 활용하면서 음운학적 연구를 바탕으로 한 응용적인 업적의 대표적인 경우가 『동국정운』이란 일종의 발음사전인 운서韻書의 편찬이었다. 그리고 그 문자를 사용하면서 보급한 실천적인 업적의 대표적인 경우는 『용비어천가』의 국한문혼용 가사와 『월인천강지곡』, 『석보상절』 등등으로 훈민정음을 실제로 표기한 책들의 간행을 통한 문자 보급의 노력이었다.

중국의 음운학을 받아들여 조선시대에 이루어진 음운학적 연구는 ① 송학 이론(특히 『성리대전』의 이론)과 결부된 이론 연구, ② 조선시대의 한자음 중심의 음운학 연구, ③ 중국 본토의 한자음 중심의 운서 편찬과 관련된 이론과 실제 등이었다. ①에 속하는 연구로는 앞에서 말한 『훈민정음해례본』 외에 서경덕의 「성음해聲音解」 등과 최석정, 정제두, 신경준, 황윤석 등등의 언급들이 있고 ②에 속하는 연구로는 『동국정운』 외에 한자에 반절이나 훈민정음에 의한 표음도 없이 간단한 한자 뜻풀이가 있는 『삼운통고三韻通攷』도 있었으며 조선시대 후기로 넘어와 박성원의 『화동정음통석운고華東正音通釋韻考』(1747)와 『화동협음통석華東叶音通釋』 그리고 홍계희의 『삼운성휘三韻聲彙』(1751), 정조의 명에 의한 『규장전운奎章全韻』(1780) 등이 있으며 ③에 속하는 운서로는 중국 운서에 훈민정음으로 음을 단 『홍무정운역훈洪武正韻譯訓』 (1455)과 『사성통고四聲通攷』 그리고 최세진이 중국 본토 한자음을 역시 훈민정음으로 음을 단 『사성통해四聲通解』(1517) 등이 있다.

이들 세 갈래의 업적 가운데서 국어학적 연구로 ①의 『훈민정음해례본』을 제외하면 또 ③의 계통도 일단 제외시키면 ②에 무게가 놓여야 할 것이다.

3.1 『동국정운』의 간행과 음운학적 업적

훈민정음 창제와 밀접한 관계에 있는 연구 사업의 하나인 『동국정운』의 편찬은 그 편찬자가 『훈민정음해례본』의 편찬자들과 대부분 겹치는데 최항, 박팽년, 신숙주, 성삼문, 강희안, 이개, 이현로(이선로)가 그들이고 이 외에 조변안曹變安과 김증金曾이 더 있었다. 세종 29년에 모두 6권으로 편찬되었고 이듬해(1448)에 간행되었다. 『훈민정음해례본』과 마찬가지로 1940년 경에 경북 안동의 한 옛집에 비장되어 오던 권1과 권6이 발견되어 전형필 소장(현재는 간송미술관 소장)으로 보존되어 왔다(국보 71호). 다시 1970년대에 이르러 강릉의 심씨 댁에서 대대로 소장해 온 6권 전질(개장본)이 알려져 현재까지 건국대학교 도서관에 보존되어 있다.

『동국정운』의 체재는 권1의 머리에 신숙주의 「동국정운서」와 「동국정운목록」이 있고 이어서 본문이 권6까지 계속된다. 각 권은 26운목의 배열 순서로 나뉘어져 있는데 각 운목을 운류 별로 분류·표시하고서는 자모를 음각해서 제시하되, 중국의 운서들에서 한자를 이용해 반절로 음을 표시했던 방식과는 달리 그 한자 밑에 훈민정음('동국정운자東國正韻字'라 함)으로 음을 달고 이어서 평·상·거·입성의 순서로 해당 한자들을 배열하였다. 한자의 뜻풀이 즉 정의는 없다. 따라서 이 운서는 한자의 음과 운을 중심으로 한 음운사전으로 분류식 발음사전의 일종인 운서인 것이다.

『동국정운』이 『훈민정음』과 밀접한 관계에 있음은 분운分韻의 유형이 훈민정음의 자질에 따른 점과 차례를 훈민정음의 중성과 종성에 일치시킨 점으로부터 알 수 있다. 다만 중성의 내부 분운은 'ㆍ'에 'ㅡ, ㅣ, ㅢ, ㅢ'를, 'ㅚ'에 'ㅟ, ㅞ'를, 'ㅐ'에 'ㅖ, ㅙ, ㅞ'를, 'ㅗ'에 'ㅜ, ㅛ, ㅠ'를, 그리고 'ㅏ'에 'ㅓ, ㅑ, ㅕ, ㅘ, ㅝ, ㅝ'를 포함시켰다. 『동국정운』의 초성체계가 훈민정음의 23자모체계에 따른 점도 그러하다. 이는 물론 중국음운학에서 구분하는 설두음과 설상음, 순중음과 순경음, 치두음과 정치음을 각각 하나로 묶어 버린 결과이다. 다만 『동국정운』이 한국 한자음의 당대 음을 따르면서도 전탁음(ㄲ, ㄸ, ㅃ, ㅆ, ㅉ, ㆅ 등)을 중국 음운학에서처럼 청탁의 구별에 따라 독립시켰다든지 'ㆁ(業), ㆆ(挹), ㅇ(欲)'의 세 자모를 독립시킴으로서 현실음과 어긋나게 된 결과가 되었다. 요컨대 훈민정음의 음운이론을 따르면서도 부분적으로는 중국 음운학을 지나치게 수용한 것이 『동국정운』이라는 분류 발음사전인 것이다.

이 『동국정운』이 이러한 성격을 지니게 된 것은 서문에 반영되어 있듯이 세종의 지시 내용에 있었던 듯하다. 세종은 ① 속습俗習을 채집하고 ② 전적을 널리 고려하여 ③ 널리 쓰는 음을 바탕으로 하고 ④ 고운古韻의 반절에도 맞도록 해서 자모, 칠음七音, 청탁, 사성四聲 등에 걸쳐 그 근원을 밝히지 않음이 없도록 해서 그 올바른 것을 회복하라고 편찬자들에게 명했던 것이다. 그리하여 편찬자들은 운목韻目과 자모 그리고 성모聲母와 성운聲韻을 결정함에 있어서 모두 세종의 재가를 얻었던 것이다.

3.2 중국 운서의 연구 및 편찬

중국의 운서에다가 각각의 자음을 한글로 단 운서로 『홍무정운역훈』이 대표적인데, 이의 색인처럼 만든 『사성통고』가 있다. 이러한 중국 한자음에 대한 주음注音 사업은 세종의 명에 따라 중국 운서인 『고금운회거요古今韻會擧要』에 주음을 하려 한 『운회번역韻會飜譯』이 있는데 여기에 참여한 집현전 학사는 최항, 박팽년, 성삼문, 신숙주, 이선(현)로, 이개 등으로 모두 『훈민정음해례본』의 편찬에 참여했던 사람들이다. 이렇게 편찬자들을 중심으로 해서 보면 『훈민정음』, 『동국정운』 및 『운회번역』 사이에는 어떤 밀접한 관계가 있을 것이라 추측된다. 즉 훈민정음이란 문자로 고유어는 물론이고 외래어(한자어)와 외국어까지 표기하려던 것이 공통적이어서 이러한 태도가 세종의 훈민정음 창제의 한 태도였던 것이 아닌지 모르겠다.

『홍무정훈역훈』은 신숙주의 서문에 의하면 ① 정확한 중국 한자음을 쉽게 익히고 ② 속음의 존재를 인정하여 표시하며 ③ 홍무정운을 중국의 표준음으로 삼고 ④ 세종의 어문정책이 이루어지도록 편찬된 것이다. 편찬자는 수양대군과 계양군의 감장監掌 아래 신숙주, 성삼문, 조변안, 김증, 손수산 등으로 뒤늦게 단종 3년(1455)에야 간행되었는데 모두 16권 8책이나 현재는 1, 2권 1책이 없어 14권 7책만이 전해지고 있다.

각 권의 표제 운목 자모 역음 자운 등은 큰 글자로 표시하였고 반절 속음 발음설명 석의釋義 등은 작은 글자로 표시되어 있는데 큰 글자는 목활자요, 작은 글자는 갑인자다. 여기 사용된 큰 글자 중 한자를 오늘날 '홍무정운자'라 하고 훈민정음을 '홍무정운한글자'라 부르기도 한다.

이 운서는 『홍무정운』의 체제를 따르기는 하였으나 반절로 표시된 한자음(즉 '정음正音')을 분석해서 31자모를 밝혀내고 새로 당시의 북방음을 조사해서 이 '속음俗音'도 표시한 것이 특징적이다.

『홍무정운역훈』에 표기된 한자음의 정음과 속음만을 정리하고 『홍무정운』의 31자모 순서로 배열하여 『홍무정운역훈』의 한자음만을 알아보게 만든 운서가 『사성통고』다. 이 책은 현재까지 발견되지 않았으나 그 범례 10개 항이 최세진의 『사성통해』에 실려 있어 편찬 방침을 알 수가 있다. 그 내용은 다음과 같다.

① 자음(즉 『홍무정운역훈』의 자음字音)을 정하고 '도운圖韻' 즉 운도와 운서에 맞지 않는 중국 현실음은 반절 밑에 속음으로 표시함.
② 전탁음의 상·거·입성의 글자들은 청성淸聲에 가까우나 구별되고 그 평성의 초성 글자는 차청음에 가까우나 음이 곧고 낮게 끝나며 탁성이 차청음

으로 변한 것은 음이 좀 세게 끝남.

③ 설상음은 정치음과 같아졌음.

④ 순경음 가운데 '非'와 '敷' 2모는 구별이 없어져 '非'모에 합쳤음.

⑤ 우리나라 치음은 치두음과 정치음의 중간으로 『훈민정음』에서 이 둘을 구
별하지 않았으나 이제 치두음은 'ㅅ ㅈ ㅊ'으로 정치음은 'ㅅ ㅈ ㅊ'으로 구
별함.

⑥ '喩'모자는 'ㅇ'글자로 '疑'모자는 'ㆁ'글자로 구별하였음.

⑦ 우리말과 중국말은 '경이천輕而淺'과 '중이심重而深'의 차이가 있는데 'ㅏ, ㅑ,
ㅓ, ㅕ' 등의 '장구張口'와 'ㅗ, ㅛ, ㅜ, ㅠ' 등의 '축구蹙口'도 중국 한자음과 차
이가 있음. 중국의 'ㅏ'는 우리말의 'ㅏ'와 'ㆍ' 사이처럼 발음함.

⑧ 입성 운의 초성은 남방음과 북방음 그리고 운서들에서도 차이를 보이나
종성은 같아 'ㄱ, ㄷ, ㅂ'으로 종성을 삼되 현재의 속음에서는 모든 운의 속
음 종성으로는 후음의 전청인 'ㆆ'을 쓰고 '藥'운의 종성으로는 순경음의 전
청인 'ㅸ'을 써서 구별하였음.

⑨ 모든 한자음은 종성이 있어야 하나 후음의 'ㅇ'은 뚜렷하지 않아 'ㅇ'이 없
어도 저절로 음을 이루기 때문에 그렇게 하지 않음.

⑩ 모든 한자음에 평성은 점이 없고 상성은 2점 거성과 입성은 1점으로써 구
별하였음.

여기에서도 외국어로서의 중국 한자음과 외래어로서의 한국 한자음 사이
에서 대조적 인식이 부분적으로 나타남을 볼 수가 있다. 대조적 인식이 있다
면 그 면에서는 양쪽 언어를 잘 알고 있었고 또 그에 따른 발음교육도 가능할
수가 있었다고 할 수 있다.

『홍무정운역훈』이 이렇게 이루어진 이후 한동안 뒤에 이를 보완하여 중국
어 역관, 교육자, 어학자인 최세진은 『속첨홍무정운續添洪武正韻』(간년 미상)을
편찬하여 목판본으로 간행하였다. 현재 상권 105장 전면까지 전해지고 있
다. 『홍무정운』권9에 해당한다. 『홍무정운역훈』에 빠진 글자가 많아 다른

운서들을 참고해서 늘린 것인데 각 운의 자모는 음각하고 금속음今俗音을 추가하여 현실음으로 중국어학습을 하게 하였다.

또다시 최세진은 『홍무정운역훈』의 음계를 보충하고 『사성통고』를 보완하기 위하여 『홍무정운』, 『몽고운략』, 『운회』, 『운학집성』, 『중원아음』, 『고운지음』 등의 중국 운서들 외에 그 자신의 『노박집람』도 참고하여 『사성통해』를 편찬하였다. 이 책의 순서는 서문에 이어 『광운』의 36자모도, 『운회』의 35자모도, 『홍무정운』 31자모도를 제시하고 범례 26조항을 열거하였으며 본문에서는 80운을 기준으로 하되 동운東韻부터 배열하였다. 각 운에 속하는 한자는 자모순으로 배열하고 같은 자모에 속하는 한자 부류는 평상거입 사성순으로 배열하였으며 여기에 자석字釋을 달되 물명 계통 중심의 451 단어에 훈민정음으로 우리말을 표기하여 제시하였다. 이 운서의 편찬 의도와 과정은 그 서문에 나타나 있다.

① 청탁·평측의 구별, 사성과 7음의 구별, 사성과 경중, 그리고 개합開闔을 밝혀야 효율적인 용법을 알 수 있음.

② 이전의 중국 운서의 어긋나고 조잡스러운 내용을 체계적으로 『중원아음中原雅音』을 기준 삼아 『홍무정운』을 편찬했는데 중국과 외교관계를 유지하기 위해서도 성운부터 연구해야 함.

③ 신숙주에게 『사성통고』의 편찬을 명하였는데 중국어의 정음과 속음을 익히고 있으나 뜻풀이가 없음.

④ 『사성통고』의 미비점을 보완하고 『노박집람』을 바탕으로 『사성통해』를 지어 음과 뜻풀이의 근원을 훤하게 하였음.

⑤ 음향이 어울리는 한자끼리 나누고 모은 운서와 변偏이나 방旁이 같은 한자를 모은 옥편이 있는데 변과 운이 서로 표리가 되어 하나가 없어서는 안 됨.

⑥ 운만으로 분류하고 자형으로는 분류하지 않은 『홍무정운』은 한자를 찾기에 어려운데 부수로 같은 부류의 자형을 찾은 다음에 그것이 속해 있는 적확한 운을 알 수 있음.

⑦ 통해에서 뽑아 모아 옥편 한 질을 이루었는데 편람을 따랐고 음과 뜻풀이를 적지 않았으며 자형과 자음에 다 통하게 하였음.

⑧ 집안에 내려오는 학문을 시작해 공부해 와 지침서를 편찬하였음. 유학에 들지 못하고 역학에만 요긴하게 쓰이고 빨리 익히기만 바람.

서문에 이어 「운모정국韻母定局」 및 「광운36자모지도廣韻三十六之圖」, 「운회35자모지도韻會三十五字母之圖」, 「홍무운31자모지도洪武韻三十一字母之圖」에 부가 설명을 간단히 붙여 실었다. 그리고 하나의 자음字音은 반드시 초·중·종성으로 이루어져야 한다는 사실과, 자모가 자음의 기준이 되되 초성은 자모의 표시가 되고 중·종성은 자운이 된다는 생각, 끝으로 한어 학습의 요점을 잡기 위해 초성 31과 중성 10 그리고 종성 6으로 얻어지는 700여 음절만을 얻을 수 있어 자모와 『사성통해』의 중요한 이유를 덧붙이고 있다. 이에 이어 범례를 싣고서 본문을 시작하고 있다. 현재 전해지고 있는 『사성통해』의 하권 끝에는 『사성통고』 범례 10조와 『번역노걸대』, 『박통사』 범례 9조 및 동정자음動靜字音 항까지 실었다.

이 『사성통해』는 한어 즉 15·6세기 중국어 발음사전이기에 중국어와 한국어(한자음)와의 대조적 인식을 제외하면 국어연구라 보기 힘들고 오히려 중국어 음운연구라 보아야 할 것이다. 뜻풀이 가운데 주로 물명을 정음으로 표기한 451개의 우리말 단어는 어휘사 연구의 자료가 될 뿐이다.

조선 현실 한자음을 반영한 운서의 편찬은 18세기 중엽 이후의 일이었다.

3.3 서경덕의 「황극경세성음해皇極經世聲音解」

세종 시대로부터 시작된 음운학의 연구는 최세진으로 이어졌는데 이와 비슷한 시기에 성리학자 화담 서경덕(1489~1546)의 음운학적 서술이 또한 있었다. 그것은 운도韻圖와 관련된 것이었는데 『성리대전』 속에 들어 있는 소옹邵翁의 『황극경세서』 그중에서도 「정성정음도正聲正音圖」란 운도를 이해하기 위하여 해설로 서술한 「황극경세성음해」가 바로 그것이다. 그의 문집인 『화담집花潭集』에 실려 있다. 『황극경세서』에 대한 해석이 원리론이나 성음수聲音數의 계산에 치우치고 성음도聲音圖 즉 운도의 설명이 충실하지 못했기에 운도의 성음을 해설하게 된 것이다(이숭녕 1969).

우선 음과 양이 하늘에 있어 위에서 변하여 생기는 '일월성신日月星辰'과 땅에 있는 강유剛柔가 아래서 생기는 '수화토석水火土石'이 각각 "象"과 "形(體)"을 이룬다는 점을 설명하고 한자음의 분류를 하늘과 땅에 따라

운모韻母 ― 정성正聲 ― 양 ― 천성天聲
자모字母 ― 정음正音 ― 음 ― 지음地音

와 같이 하고서 일월성신 그리고 수화토석으로 수를 따져 풀이하였다.

이 해설에서 '언문글[諺書]'에 16개의 자모가 있는데 이를 "하늘과 땅의 숫자는 16에서 다하게 되는데 日月星辰의 4성과 水火土石의 4음에서 4×4=16에서 비롯되었다."라고 풀이하였다. 결국 훈민정음의 초성 'ㆆ'을 제외한 16개의 초성에 해당하는 설명인데 '초종성통용8자初終聲通用八字'와 '초성독용8자初聲獨用八字'에 대한 '황극경세서' 식의 설명인 것이다.

이 「성음해」 이외에 「발전성음해미진처跋前聲音解未盡處」가 있는데 운도에 사용된 ○□●■의 네 성음 표시에 대한 해설을 하고 우리나라 한자음이 달라진 것이 많지만 본래 글자의 성조는 잃지 않았다 하고, 달라짐도 하나의 규칙을 이루되 운도의 이치가 명확히 드러난다고 하였다. 역시 해설에 가까운 설명이다. 서경덕의 「성음해」는 그 제목대로 해설에 지나지 않아 어학사적인 가치가 덜하지만 운서의 학문이 아니라 운도의 학문과 관련된 관심이 있었다는 점은 특이하다. 이렇게 『황극경세서』의 특히 운도의 음운학 영향은 한동안 잠잠하다가 조선 후기의 최석정, 신경준 및 황윤석 등 실학시대의 학자들에게로 넘겨지게 되었다.

4. 훈민정음 보급과 관련 업적

4.1 「언문자모諺文字母」의 출현과 계승

훈민정음이 창제 반포된 이후 그 문자의 보급을 위해 노력한 적이 있다. 앞에서 언급한 바와 같이 『훈민정음』의 이본 가운데 『월인석보』 권두본이 있었다. 이렇게 국한문이 함께 쓰인 책 앞에 훈민정음이란 새로운 문자체계를 얹어 놓은 것은 이 문자를 이해하지 않으면 책을 읽을 수가 없었기 때문이었다. 따라서 이러한 방식은 훈민정음의 보급에 기여하게 될 수밖에 없다. 그렇다고 이러한 방식에 의한 문자의 보급이 신속하게 이루어진 것은 아니었다. 그리하여 훈민정음을 이용하려는 경우에는 우선 이 문자체계를 제시하면서 간단한 설명을 하려는 시도가 또다시 있게 되었다. 그 대표적인 경우가 최세진의 『훈몽자회』(1527)에서 시도된 「언문자모」이다. 『훈몽자회』는 3,360자를 포함한 한자학습서로 전실지자全實之字 2,240자를 상·중권에 싣고 반실반허자半實半虛字 1,120자를 하권에 실었는데 아동들에게 어려운 허자虛字는 제외하여 그 이전의 『유합』 등의 한자학습서들과 차별화하였다. 이는 '조수초목鳥獸草木'과 같은 실물을 나타내는 이름 즉 물명을 정확히 알게 할 목적이었는데 시골이나 지방 사람들 중에 언문을 모르는 이가 많아서 언문자모를 함께 적어서 우선 언문을 배운 다음에 자회字會를 공부하게 하면 밝게 깨우치는 데에 이로움이 있을 것이니, 한자를 모르는 이들도 역시 모두 언문을 배우고서 한자를 알면 비록 스승의 가르침이 없어도 한문에 통할 수 있는 이가 될 수 있다고 생각했던 것이다. 이런 생각으로 최세진은 「훈몽자회인訓蒙字會引」과 「범례」에 이어 「언문자모諺文字母 (俗所謂半切二十七字)」를 실었다. 그 내용은 다음과 같다.

初終聲通用八字

初聲獨用八字

中聲獨用十一字

合字

初聲의 ㅇ ㅇ 및 ㄴ

傍點 및 平上去入定位之圖

    우선 초성과 종성에 통용되는 8글자에 "ㄱ其役, ㄴ尼隱" 등처럼 초성으로 쓰이는 경우와 종성으로 쓰이는 경우를 각각 한자로 보였으며 초성으로만 쓰이는 8글자에 "ㅋ箕, ㅌ治" 등처럼 당시의 한자음에 따라 한자를 보이되 '킈'와 같이 우리말에 없는 경우에는 ○ 안에 한자를 넣어 우리말의 뜻으로 풀어 알도록 구별하였다. 역시 한자로 보였고 또 중성으로만 쓰이는 11글자 에도 "ㅏ阿, ㅑ也, ㅓ於, ㅕ餘" 등처럼 한자의 예를 보였다. 이런 방식이 후세 에 초성의 경우에는 2음절의 한글자모 명칭으로 그리고 중성의 경우에는 1 음절의 한글자모 명칭으로 불리게 되었다. 이러한 분류 방식은 이미 성현 (1439~1504)의 『용재총화』(권7)에 "初終聲八字 初聲八字 中性十二字"로 나타난 바 있는 것이어서 최세진은 '속소위俗所謂'라 하여 일반인들이 이르는 바라고 밝혀 놓았던 것이다. 그리고 '이십칠자二十七字'는 훈민정음 28자에서 'ㆆ'을 제외시킨 것이다. 여기 쓰인 '언문자모'라는 명칭조차도 이미 강희맹(1424~ 1483)이 지은 신숙주의 행장에 "御製諺文字母二十八字"처럼 쓰였던 것이다.

    다음에 합자의 설명에서는 초성 'ㄱ其'와 중성 'ㅏ阿'가 합하여 '가'가 되고 다시 종성 'ㄱ役'이 합하여 '각'이 된다는 등의 방식을 말하고, 이상하게도 종 성에서 'ㆁ'과 'ㅇ'이 비슷한데 한음漢音에서 초성 'ㆁ'이 'ㄴ尼'와 같아졌거나 'ㆁ'과 'ㅇ'이 서로 섞여서 구별이 없게 되었다고도 하였다. 그러고 나서 사성 과 방점 표기에 대해 『훈민정음』에서와 비슷하게 언급하고서는(예컨대, 安 而和/哀而安 和而擧/厲而擧 擧而壯/淸而遠 促而塞/直而促 등) 하나의 한자가 성조나 의미가 다를 경우에 권성圈聲으로 사성을 표시하는 위치를 정하는 「평 상거입정위지도」를 예시와 함께 보였다. 「언문자모」는 전체가 한문으로 되 어 있는데 이 성조 부분만은 한문의 언해문까지 함께 싣고 있어서 위에서 문자를 습득한 다음에 언문 문장까지 이해할 수 있게 되었다.

　이상의 내용은 훈민정음의 그것과 상당히 비슷한 것이기는 하나 언문을 효율적으로 학습할 수 있도록 수정된 것이라 할 수 있다. 언문의 학습을 위한 이러한 방식은 그 뒤 『진언집』(1569)의 권두에도 「언본諺本」이라 하여 산스크리트 문자체계인 「범본梵本」과 함께 실렸다. 이 책에는 한문 언문 그리고 범문의 다라니경이 실려 있기에 우선 문자 학습을 위해 한문 이외에 「언본」과 「범본」이 실리게 된 것이다. 이 『진언집』은 그 뒤 중간본이 여러번 간행되었는데 역시 「언본」이 실리곤 하였다. 다만 이본 중에는 「언본십육자모諺本十六字母」로 변질된 것들도 있다. 또한 『고금석림』(1789)의 권말에도 같은 내용이 「훈민정음訓民正音」이란 제목으로 실렸는데 다만 성조와 관련된 「평상거입정위지도」는 제외되었다. 이는 아마도 당시에 이미 방점 표기가 필요 없어서였을 것이다. 이 밖에도 「언본」이 실린 일이 있는데 『개간비밀교開刊秘密敎』(1784), 『불가일용식시묵언작법佛家日用食時黙言作法』(1869) 등이 그것이다. 이는 『훈몽자회』의 그것을 바탕으로 하되 이른바 반절표反切表를 혼합한 것이었다. 초성과 중성의 합자를 가로와 세로로 조합한 반절표 즉 "가, 갸, 거, 겨, …" 방식의 음절표는 19세기 말엽 이후로는 더욱 크게 유행되었던 언문 학습 방식의 하나였다.

　「훈몽자회」가 간행된 얼마 뒤에 묘비의 일면에 훈민정음으로 경고문을 쓴 '영비靈碑'가 있다. 국가지정문화재인 이 영비는 "보물 1524호"인 「이윤탁 한글 영비」라 지정되었는데 이윤탁의 셋째아들 이문건李文楗(1494~1567)이 1536년에 양주 노원(현재는 서울 노원구 하계동)에 그의 아버지 묘비를 비문을 손수 쓰고 자신이 그 비문을 새겨 세웠는데 그 내용은 "녕호비라거운사른 믄 지화를니브리라 이는글모른는사름 드려알위노라"라는 경고문을 비석의 측면에 기록해 놓았다. 이로부터 훈민정음이 반포된 지 꼭 90년이 되던 16세기 전반에는 이미 이러한 한글 문장을 일반인들이 해독할 수 있을 만큼 어느 정도 보급되어 있었던 사실을 보여 준 것이라 할 수 있다(이병근 2014).

4.2 언문의 기원에 관한 관심

새로운 문자의 창제자인 세종 자신이나 『훈민정음』의 해례를 편찬한 집현전 학사들은 그 문자의 이론적 배경이나 영향을 준 외국 문자나 이론에 대하여 성리학적 배경 이외에는 직접적인 기록을 남겨 놓지 않았다. 이 때문에 언문의 기원에 관한 관심도 구구하게 비춰지기 시작했는데 그것도 문자의 모양을 중심으로 한 것 즉 자형字形이지 자형 자체의 원리나 음절 단위로 묶는 원리의 기원은 아니었다. 세종은 "여러 나라가 각각 문자를 만들어서 국어를 적고 있으나 홀로 우리나라만은 없어서 임금이 자모 28자를 만들었다"고 하였고(신숙주『보한재집』의 이승소李承召 비명) 『훈민정음』의 정인지 서에서 "象形而字倣古篆 因聲而音叶七調 三極之義 二氣之妙 莫不該括" 즉 모양을 본떠서 만들되 '고전'을 모방했고 소리를 따랐으므로 음은 '칠조'에 어울리고 '삼재'의 뜻과 '음양'의 묘가 포괄되지 않은 것이 없다고 하였다. 최만리 등이 언문 창제 반대상소문에서 예부터 9주 안에서 비록 풍토가 달라도 아직 방언으로 인해서 따로 문자를 만든 일이 없고 오직 몽고, 서하, 여진, 일본, 서번의 무리만이 각각 제 문자가 있는데 이는 모두 오랑캐들의 일일 따름이어서 이를 따르겠느냐고 하였는바, 이들 오랑캐들의 문자와 관련이 있을까. '象形而字倣古篆'이 과연 조선시대 학자들에게는 무엇이었을까.

성현(1439~1504)은 그의 문집 『용재총화』에서 "其字體 依梵字爲之"라 하여 인도의 고대 문자 중의 하나인 범자 즉 산스크리트 문자의 기원을 언급했고 이수광(1563~1628)은 역시 그의 문집 『지봉유설』(1614)에서 "我國諺書字樣 全倣梵字"라 하였는바, 이후에 황윤석(1729~1791) 등도 마찬가지 태도였다. 그런가 하면 이익(1682~1764)은 그의 문집 『성호사설星湖僿說』에서 또 뒤에 유희(1773~1837)도 『언문지』(1824)에서 몽고자의 기원을 언급하기도 하였다. 이들 모두가 구체적인 아무런 논증 없이 단편적인 언급을 한 것에 불과하여 어찌 이해해야 할지 알 수가 없다.

근대에 들어서서 이능화(1869~1943)는 그의 방대한 저서 『조선불교통사』

(상·중·하 1918 신문관)의 「언문자법원출범천諺文字法源出梵天」에서 언문의 자모는 한문과 범문을 모방했는데 그 자법字法은 '범천에서 나왔다'고 했다. 글자 창제 이론이 '범천'에서 나왔다면 상당히 진전된 해석이라 볼 수도 있다(이병근 2015).

음학적 설명으로 이해하고 있는 발음기관상형설을 제기한 경우는 훈민정음이 창제된 지 3세기 정도가 지나고서야 등장하게 되었는데 이는 자형과 관련된 것으로 대표적인 경우가 신경준(1712~1781), 홍양호(1702~1802) 등이 있었다.

신경준의 『운해韻解(즉 訓民正音韻解)』(1750)는 일종의 운도를 작성한 것인데 운도의 바탕은 소옹의 『황극경세성음도』에 두고서 한자음을 정확히 적으려고 훈민정음 문자를 다시 정리하는 가운데 초성해와 중성해에서 상형설이 등장하였다. 우선 초성해의 '상순설象脣舌'에서 "若以象形言之 則五音各象其形"이라고 오음 상형을 제시하였는바 "皆ㅇ者 喉之圓而通也, ㆁ象牙之直而尖也, ㄴ者 象舌之卷而舒也, ㅅ者 象齒之耦而連也, ㅁ者 象脣之方而合也"라 하여 발음기관 상형설을 언급하고서 각각 "喉音, 牙音, 舌音, 齒音, 脣音"의 음운학적 오음으로 그리고 "宮, 角, 徵, 商, 羽"와 "土, 木, 火, 金, 水"와 같은 성리학적인 오음과 오행으로 연결시키고 있다. 또한 중성해에서 우선 "亦象脣舌而制字" 즉 역시 입술과 혀를 본떠 글자를 만들었다면서

ㆍ	舌徵動脣徵啓 而其聲至輕 其氣至短,
ㅡ ㅣ	其聲 比ㆍ差重 其氣 比ㆍ差長,
ㅡ	舌平而不上不下 脣徵啓而不開不合,
ㅣ	舌自上而下 脣徵斜,
ㅗ ㅛ	舌卷而脣縮向內 故縱上而在初聲與橫之間,
ㅜ ㅠ	舌吐而脣撮向外 故縱下而在初聲與橫之外,
ㅓ ㅕ	舌與脣斜開而少合 故橫左而在初聲與縱之間,
ㅏ ㅑ	舌與脣斜開而又開 故橫右而在初聲與縱之外

와 같이 입술과 혀의 작용으로 중성의 발음을 설명하려 하였다. 『훈민정음 (해례본)』을 보지 못한 그가 이러한 순설脣舌 상형설을 전개한 점이 그동안 어학사 서술에서 높이 평가되어 왔다.

또한 홍양호도 최석정(1646~1715)의 『경세정운』에 초성의 발음기관상형설 이 없다고 하여 「경세정운도설서經世正韻圖說序」를 뒤늦게 쓰면서 끝머리에 서 "附訓民正音初聲象形圖"라 하여 다음과 같은 상형설을 요약 제시하였다.

ㄱ 君初聲	牙音	象牙形	ㅋ 快初聲	牙音	重聲	ㆁ 業初聲	喉牙間音	象喉扇形
ㄴ 那初聲	舌音	象舌形	ㄷ 斗初聲	舌音	象槕舌形	ㅌ 呑初聲	舌音	重聲
ㅂ 彆初聲	脣音	象半開口形	ㅍ 漂初聲	脣音	象開口形	ㅁ 彌初聲	脣音	象口形
ㅅ 戌初聲	齒音	象齒形	ㅈ 卽初聲	齒舌間音	象齒齦形	ㅊ 侵初聲	喉齒間音	
ㅇ 欲初聲	淺喉音	象喉形	ㆆ 挹初聲	喉齒間音	象喉齶形	ㅎ 虛初聲	深喉音	
ㄹ 閭初聲	半舌音	象捲舌音						
ㅿ 穰初聲	半齒音	象半啓齒形						

여기서 보면 "ㄱ君初聲"처럼 훈민정음에서 사용한 한자들을 그대로 이용 하였는바, 이 시기에 많은 학자들이 'ㄱ見'처럼 중국의 운서들의 방식을 따랐 던 태도와 구별되어 주목할 만하다. 이는 뒤에서 언급하겠지만 홍계희의 『삼 운성휘』에 들어 있는 「언자초중종성지도諺字初中終聲之圖」와 같은 맥락으로 이를 칠음과 상형에까지 발전시킨 듯하다.

홍희준洪義俊은 그의 문집 『전구傳舊』 속의 「언서훈의설諺書訓義說」에서 상 형과 회의법會意法을 바탕으로 하여 '언자諺字' 28자를 만들었다고 하였다. 예 를 들면 "왼쪽에 한정하여 만든 글자는 초성이요, 오른쪽 밖에 만든 글자는 중성이라" 하고 "ㅇ은 싹(萌)이다. 싹 있는 물체를 본뜬 것이다."라든가 "ㅁ은 네모(方)이다. 물건의 네모남을 본뜬 것이다." 치두음과 정치음으로 구별함 이 마땅하며 'ㅊ'은 치두음 'ㅈㅅ'은 정치음과 같다고 하였다. 속간에서 '기, 니, 디, 리, 미, 비, …'라 읽으나 훈민정음의 자모에 따라 'ㄱ→구(君), ㅋ→콰 (快), ㆁ→어(業), ㄷ→두(斗), ㅌ→튼(呑), ㄴ→나(那), ㅂ→벼(彆), ㅍ→표 (漂), ㅁ→며(彌), ㅈ→즈(卽), ㅊ→치(侵), ㅅ→슈(戌), ㅎ→허(虛), ㄹ→려 (閭)'로 바꿔 읽자고 했으며 그 밖에도 오음의 발음, 입성의 구별과 발음, 오음의 청탁 구별과 그 발음 등에 대해서 언급하고 있다. 음성학적 관찰이 강하게 나타나고 있다.

조선 말기에 보이게 된 강위(1820~1884)의 초성의 발음상형설은 그의 『동문자모분해東文字母分解』(1869)에서 전개되었는데 책 이름처럼 글자를 쪼개서 음성학적으로 풀이하고 있다. 예컨대, 후음은 'ㅇ ㅎ' 두 개가 있는데 'ㅇ'은 목구멍을 본뜬 것(상후형象喉形)이며, 'ㅣ'는 숨이 나오는 기운(출기出氣)을 본뜬 것이라 하였고 설본음舌本音의 'ㄱ, ㄲ, ㅋ'에서 'ㄱ'을 'ㅣ'와 'ㅡ'로 분석하고 'ㅣ'는 혀를 세우고서 목구멍을 막아 공기를 쌓는 것을 본뜬 것이고 그 나머지 'ㅡ'는 혀를 누이고 목구멍을 여는 소리를 본떴다고 하는 방식의 독특한 상형설을 주장하였다.

그 밖에 문자의 기원에 관한 단편적인 언급들도 꽤 있었는데 금영택, 이덕무, 박경가, 이규경 등등은 문자의 기원보다는 훈민정음이란 문자에 더 관심이 있었다. 흔히 문자의 변화가 있었던 당시의 사정과 관련이 있기도 하였는데, 예컨대 이규경은 그의 「언문변증설」에서 'ㆁ'과 'ㅇ'은 서로 다르니 이 아음과 후음을 따로 두어야 한다고 하는 것 등이었다.

이상과 같은 훈민정음의 기원에 대한 관심은 자형에 집중되어 있다. 이는 한자음의 언문표기를 위한 작업의 예비적 지식에 해당되는 것이기는 하나 결과적으로는 그 보급에도 계속 이바지하였을 것이다. 그밖에 한자음 표기를 위해 훈민정음의 교정을 우선 시도하면서 훈민정음 또는 언문에 대하여 간략히 언급하고 음운학적 논의를 꾀한 경우도 조선 후기에 여럿 있다.

일제강점기 시대에는 유별나게 훈민정음에 관한 관심이 많았다. 김윤경의 「조선문자급어학사」(1938), 최현배의 「한글갈正音學」(1942) 등이 자주 언급된다. 이는 잃어버린 국권을 되찾으려는 민족의식이나 국수적인 정신에서 비롯된 것일 듯하다. 일제강점기 후반에 평가된 한 예로 최만리의 「언문반대상소문」에 대한 평가를 보면

이 최만리 따위와 같은 고루하고 부패한 저능아도 출현하였던 것입니다.

"慕華丸에 중독된 '가명인假名人'의 추태요 발광이라고 보아 넘길 밖에 없는 일이지마는 역사상에 영구히 씻어 버릴 수 없는 부끄럼의 한 '페지'를 끼치어 놓게 됨은 그를 위하여 가엾은 일이라 하겠습니다.

와 같은 서술까지 볼 수 있었다. 광복 이후에도 방종현의 「훈민정음통사」(1948) 등 한동안 훈민정음에 관한 관심은 계속되었는데 이러한 민족의식에 따른 편애는 사라지면서 차츰 문자론적 이해로 이어졌다.

5. 음운학의 새로운 전개

훈민정음 창제의 배경이론과 서경덕의 음운학적 관심은 이후로 두 가지의 방향으로 전개되었다. 하나는 운도의 연구요, 또 하나는 운서의 연구였다. 이 연구는 17세기 후반부터 다시 전개되기 시작하였다. 그 사이에는 임진왜란을 비롯하여 여러 역사적 사건으로 조선 사회는 많은 어려움을 겪었었다.

5.1 운도의 연구

운도의 연구는 운도 즉 등운도等韻圖를 작성하는 운학을 일컫는데 운도란 성모와 운모를 사성과 함께 종횡으로 배열하고 이들을 조합한 한자를 예시하는 도표를 말한다. 이때 성모는 흔히 조음위치에 의한 분류인 아·설·순·치·후음 나아가 반설·반치음을 가로로 표시하고 운모는 원순음과 비원순음 즉 개합開合으로 분류하고서 다시 개구도의 광협에 따라 4등호等呼로 분류해서 표시한다. 이 성모와 운모가 서로 결합되는 한자음의 예를 해당란에 적되 그러한 한자가 없는 경우에는 ○표로 나타낸다. 예시되는 한자는 자모와 자운의 결합체인 셈이었다.

우리나라에서는 훈민정음 창제 때부터 중국의 운서나 운도를 참조해 왔는데 특히 참조했던 운도는 소옹의 『황극경세성음창화도』였다. 이에 관심을 보여 해설을 한 서경덕의 「경세성음해」 이후로 운도의 작성을 실행한 경우로는 최석정(1646~1715)의 『경세정운』(1678)과 신경준(1712~1781)의 『운해훈민정음』(1750) 등이 있었으며 황윤석(1729~1791)의 『이수신편』에 수록된 「운학본원」도 운도와 관련된 내용들이 있다. 이들 운도의 관심에서는 한자음의 훈민정음 또는 언문 표기를 시도하기 때문에 또다시 훈민정음에 새로운 관심을 보이게 되었다.

최석정의 『경세정운』은 겉표지 서명이 『경세훈민정음도설』로 되어 있어 『훈민정음도설』이라 불리기도 하고 또 『경세정운도설』이라 불리기도 한다. 그 내용은

韻攝圖

經世正韻序說

韻攝圖

經世正韻五贊

聲音篇

群書折衷

으로 되어 있는데, 여기서 운도의 핵심이 되는 부분이 「섭운도」이다. 우선 24자모를 가로로 늘어놓고 등운과 사성을 세로로 나누어 놓았는데 각 도표는 다시 외전外轉과 내전內轉으로 나누었다. '외전'은 운모 중 저모음계열을 그리고 '내전'은 고모음계열을 보였다. 또한 개구음인 '벽闢'과 합구음인 '흡翕'으로 분류하여 결국 32섭으로 도표를 작성하였다. 초성체계는 4×6=24의 이상적인 기본구조를 갖추고 있는데 이는 소옹의 「황극경세성음창화도」에 따른 것이었으나 실제로는 빈칸이 있는 23자모체계였다.

초성체계						
	一	二	三	四	五	六
一淸	ㄱ	ㄷ	ㅂ	ㅈ	ㅎ	ㅅ
二濁	ㄲ	ㄸ	ㅃ	ㅉ	ㆅ	ㅆ
三淸	ㅋ	ㅌ	ㅍ	ㅊ	ㆆ	ㄹ
四濁	ㆁ	ㄴ	ㅁ		ㅇ	ㅿ

중성체계								
	甲	乙	兵	丁	戊	已	庚	辰
一闢	ㅏ	ㅑ	ㅓ	ㅕ	ㅐ	ㅒ	ㅔ	ㅖ
二翕	ㅘ	ㆇ	ㅝ	ㆊ	ㅙ	ㆈ	ㅞ	ㆋ
三闢	ㆍ	ᆢ	ㅡ	ㅗ	ㆎ	ᆢㅣ	ㅢ	ㅚ
四翕	ㅗ	ㅛ	ㅜ	ㅠ	ㅚ	ㆉ	ㅟ	ㆌ

종성은 모두 16개를 제시했는데,

牙音 ㆁ ㄱ ㄺ

舌音 ㄴ ㄹ ㄷ

脣音 ㅁ ㅂ ㄼ

齒音 ㅿ ㅅ ㅈ ㄽ

喉音 ㅇ ㆆ ㅭ

와 같이 제시하였다. 특이하게도 ㄹ-계통의 둘 받침을 둘째 받침을 기준으로 오음 분류를 하여 보였다. 이는 조선시대에는 볼 수 없었던 방식임은 물론이다.

신경준의 『훈민정음운해』(1750)는 『운해훈민정음』, 『운해』라고도 불리는데 역시 소옹의 「황극경세성음창화도」에 따라 일종의 운도를 작성하고 거기에 한자음을 표시한 운도 연구다. 우선 「경세성음수도經世聲音數圖」, 「율려창화도律呂唱和圖」, 「훈민정음도해서訓民正音圖解叙(九國所書八字)」를 싣고서

初聲圖 初聲配經世數圖 初聲解

中聲圖 中聲配經世數圖 中聲解

終聲圖 終聲解

歷代韻書

開口正韻第一章 開口副韻第二章 合口正韻第三章 合口副韻第四章

中聲今俗之變

朝鮮韻三聲總圖

日本韻三聲總圖

로 나누어 서술하였는데 결국 초성, 중성, 종성으로 나누어 역易의 상형설로 서술하되 「경세성음수도」의 한자음에 부합시키려 하였다.

초성도에서는 중앙의 기본문자인 'ㅇ'으로부터 여러 글자가 생성되는 과정을 원圓으로 표시하였고 한글 초성 글자로 한자음을 표시할 수 있도록 36 초성으로 확대시켰다. 그것은

喉(宮 土)		ㅇ ㆆ ㅎ ㆅ
牙(角 木)		ㆁ ㄱ ㅋ ㄲ
舌(徵 火)	舌頭	ㄴ ㄷ ㅌ ㄸ
	舌上	………………(서북인들이 많이 사용)
齒(商 金)	齒頭	ᄼ ᅎ ᅔ ᄽ ᅏ
	正齒	ᄾ ᅐ ᅕ ᄿ ᅑ
脣(羽 水)	重脣音	ㅁ ㅂ ㅍ ㅃ
	輕脣音	ㅱ ㅸ ㆄ ㅹ
半徵 半舌兼喉		ㄹ
半商 半齒兼喉		△

와 같이 설두/설상음, 치두/정치음, 중순/경순음을 각각 나누어 소속시킨 결과다.

중성도에서는 중앙의 태극으로부터 생성과정을 보였는데

開口音	正	ㆍ ㅏ ㆎ ㅐ	齊齒音	正	ᆢ ㅑ ᆢㅣ ㅒ
	副	ㅡ ㅓ ㅢ ㅔ		副	ㅣ ㅕ ㅖ
合口音	正	ㅗ ㅘ ㅚ ㅙ	撮口音	正	ㅛ ᆄ ㆉ ᆅ

副 ㅜ ㅕ ㅟ ㅞ　　　　副 ㅠ ㅖ ㆉ ㆒

와 같이 개구/합구음, 제치/촬구음을 각각 정운과 부운으로 다시 나누어 4등운을 이루게 해서 32중성을 소속시켰다.

　종성도에서는 '□, ㄴ, ㅇ'의 3종성 그리고 '오, 우' 등 중성으로 끝나는 운미를 7종으로 설정해서 표로 제시하였다.

　이상과 같은 발음기관상형설 이외에 황윤석(1729~1791)은 그의 문집 『이재유고』의 잡저에 실린 「자모변字母辨」에서 훈민정음의 초·중·종성에 관해 화동華東의 음운학적 관점에서 논의한 바 있고 그 밖에 그의 『이수신편』에서 「운학본원」 등 여러 곳에서 운도와 관련된 내용도 포함하고 있다. 「운학본원」은 운법횡도韻法橫圖와 운법직도韻法直圖로 구성되었는데 직도에 나오는 운모를 언자로 표시해 놓았다.

5.2 운서의 연구

　조선 초기의 운서에 대한 관심은 우리의 이상적인 표준 한자음 아니면 중국 한자음을 위한 운서 편찬에 있었다. 조선 중기에는 운서 편찬의 적극적인 노력은 보이지 않았다. 신경준의 운도 연구인 『운해』(1750)를 전후해서 간행된 운서로는 그 앞서 간행된 박성원(1697~1767)의 『화동정음통석운고』(1747)와 바로 그 이듬해 편찬된 홍계희(1703~1771)의 『삼운성휘』(1751) 등이 대표적이다.

　『화동정음통석운고』는 『(증보)삼운통고』의 계통에 속하는 운서로 중국 한자음(즉 화음華音으로 『홍무정운역훈』의 그것)을 따른 최세진의 『사성통해』의 한자음과 당시의 현실 한국 한자음, 즉 동음東音)을 훈민정음 즉 한글로 아울러 표시한 운서다. 예컨대 '東'이란 한자에 '春方'이란 의미를 제시하고 그 밑에 화음의 '둥'과 동음의 '동'과 같이 각각 발음을 대조적으로 표시했던 것이다. 말하자면 일종의 이중어 대역 발음사전의 성격을 띤 것이다.

이 운서의 내용은 다음과 같다.

華東正音通釋韻考序

七音初聲

凡例六項

七音出聲

凡例六項

諺文初中終三聲辨

各韻中聲

券之一

券之二

한자음의 한글 표기와 관련해서 서문 다음에 범례 첫머리에 「오음초성五音初聲 오음합이변위칠음五音合二變爲七音」이 우선 제시되어 있다.

角(牙音) ㄱ ㅋ ㆁ

徵(舌音) ㄷ ㅌ ㄴ　　變徵(半舌音) ㄹ 洪武正韻作

　　　　　　　　　　　　　　　　半徵半商

商(齒音) ㅈ ㅊ ㅅ

羽(脣音) ㅂ ㅍ ㅁ ◇

宮(喉音) ㅇ ㅎ　　變宮(半喉音) △ 洪武正韻作

　　　　　　　　　　　　　　　　半商半徵

이어서 오음과 삼성을 언급하되, 이들의 결합으로 자음字音이 이루어짐을 예시하고 'ㅇ, ㆁ, ◇'의 세 글자 자음청탁 화음/아음의 표시방식, '수/부'의 발음 등등 언급하였다. 그리고 칠음출성七音出聲과 오음상실(설음과 치음의 혼란)을 언급하고서 오음 분류에 대해 다음과 같이 언급하기도 하였다.

ㅂ ㅍ ㅁ 脣音而同屬於羽

ㅈ ㅊ ㅅ 齒音而同屬於商

ㄱ ㅋ 　牙音而同屬於角

ㄷ ㅌ 　舌音而同屬於徵

ㆆ ㅇ 　喉音而同屬於宮

　이 외에도 우리나라에서 굳어진 속음(현실음)을 두주頭註로 처리한 사실, 고음과 어긋나는 속음의 처리, 그리고 지운支韻의 복잡한 중성에의 주의 등을 언급하였다.

　이상과 같은 박성원의 이 운서는 이미 정조에 의해 내각에서 간행될 만큼 그 당시에 중시되었는데 이 『어제정음통석』에서는 「언문초중성삼성변」과 「각운중성」 부분 그리고 서문이 운서 본문 다음으로 옮겨져 간행되었다. 당시의 현실 한자음이 반영되되 그것도 언자諺字로 기록한 문헌이라는 점에서 이 운서가 한자음 연구사와 어학사 연구에서 주목받아 왔다.

　다음에 홍계희의 『삼운성휘』는 박성원의 운서와 동시대의 것이라 할 만한 데도 서로 차이가 있는 독특한 가치를 지닌다. 우선 이 운서의 내용을 보면 다음과 같다.

　　　三韻聲彙序(金在魯)

　　　凡例

　　　洪武韻字母之圖(註)

　　　諺字初中終聲之圖

　　　目錄

　　　上卷

　　　下卷

　　　跋(洪啓禧)

　　　補 玉篇

『홍무정운』의 한자음을 따른 『사성통해』의 그것으로 화음을 삼고 동음은 속음 즉 현실 한자음으로 써서 자모별로 분류해서 만들었는데 그 언자 순서는 「언자초중종성지도」의 순서에 따랐다. 대체로 그것은 『훈민정음』과 일반인들이 써오던 최세진의 『훈몽자회』의 언문자모를 종합하고 조정한 것이었다. 그 순서는 다음과 같다.

諺字初中終聲之圖				
初終聲通用八字	初聲獨用六字	中聲十一字	合中聲二字	重中聲一字
ㄱ 君初聲 役終聲	ㅈ 卽初聲	ㅏ 潭中聲 ㅗ 洪中聲	ㅘ 光合中聲	
ㄴ 那初聲 隱終聲	ㅊ 侵初聲	ㅑ 穰中聲 ㅛ 欲中聲		
ㄷ 斗初聲 𠀲 終聲	ㅌ 呑初聲	ㅓ 業中聲 ㅜ 君中聲	ㅝ 月合中聲	
ㄹ 閭初聲 乙終聲	ㅋ 快初聲	ㅕ 彆中聲 ㅠ 戌中聲		
ㅁ 彌初聲 音終聲	ㅍ 漂初聲	ㅡ 卽初聲 ㅣ 侵中聲		ㅚ 橫重中聲
ㅂ 彆初聲 邑終聲	ㅎ 虛初聲	· 呑中聲		
ㅅ 戌初聲 衣終聲				
ㅇ 業初聲 凝終聲				

즉 동음의 전체적인 배열은 'ㄱ, ㄴ, ㄷ, ㄹ, ㅁ, ㅂ, ㅅ, ㅇ, ㅈ, ㅊ, ㅌ, ㅋ, ㅍ, ㅎ'과 'ㅏ, ㅑ, ㅓ, ㅕ, ㅗ, ㅛ, ㅜ, ㅠ, ㅡ, ㅣ, ·, ㅘ, ㅝ, ㅚ'와 같았으며 화음의 경우에는 'ㄱ, ㅋ, ㄲ, ㆁ, ㄷ, ㅌ, ㄸ, ㄴ, ㅂ, ㅍ, ㅃ, ㅁ, ㅸ, ㅃ, ㅁ, ㅈ, ㅊ, ㅉ, ㅅ, ㅆ, ㅈ, ㅊ, ㅉ, ㅅ, ㅆ, ㆆ, ㆅ, ㅇ, ㄹ, ㅿ' 등과 같았는데 그 밖에 위의 중성 이외에 'ㅛ, ㅠ' 등등의 합음들도 있었다. '초성독용팔자'는 『훈몽자회』의 그것과 같으나, 'ㅿ'와 'ㆁ'을 제외한 초성독용육자初聲獨用六字를 보이고 합중성 'ㅘ'(光光)

와 'ᅯ'(月月)의 두 글자 및 중중성 'ᅬ'(횡橫) 한 글자를 포함시킨 것은 아마도 당시의 우리 한자음의 현실을 반영한 것일 듯하다.

한자음의 제시에 있어서는 『화동정음통석운고』와 같이 평상거성의 삼성을 삼단으로 나누어 넣고 그다음에 입성을 배열하였으며 한자음의 '언자諺字' 표시는 우리 한자음을 먼저 언문으로 표시한 다음에 중국음인 『홍무정운역훈』의 한자음을 표시하는 방식을 취하였다. 따라서 이 운서는 우리말과 중국어와의 대조적인 이중어사전이면서 우리말의 외래어로서의 현실 한자음에 초점을 둔 것이라 할 수 있다.

이와 같이 『삼운성휘』가 『삼운통고』 계통의 『사성통해』를 따르고 『화동정음통석운고』도 참고하였다고 하더라도 그와 차이가 있으며 자모배열에 있어서도 『훈민정음』이나 『훈몽자회』와도 다르기 때문에 이 운서는 전체적으로는 자음이나 자의에 있어서 당시의 여러 현실을 고려한 저자 홍계희 자신의 독창성을 보였다고 할 수 있다. 『동국정운』 이후에 오래간만에 나타난 운서로 우리나라 운서 편찬의 역사에서 독특한 자리를 차지한다.

이상의 운서들에 대해 정조(1752~1800)는 『삼운통고』 이후의 운서들이 사성 가운데 평상거성을 한데 묶어 삼단형식으로 배열하고 입성은 책 끝에 따로 배열하는 방식을 취한 점과 수록 한자의 수도 적고 주해도 간략한 점을 만족스럽지 않게 생각해서 평상거입 사성을 한꺼번에 4단으로 표시하는 새로운 방식으로 자수字數와 주해를 보완한 새로운 운서를 편찬하게 한 것이 곧 『규장전운』(1796)이다. 정조의 명에 따라 편찬한 이 운서는 이덕무를 비롯하여 윤행임尹行恁, 서영보徐榮輔, 남공철南公轍, 이서구李書九, 이가환李家煥, 성대중成大中, 유득공柳得恭, 박제가朴齊家 등이 편찬에 참여하였다. 이 운서의 간행 이전에 서명응徐命膺이 편찬한 『규장운서奎章韻瑞』(1778?)라는 딴 운서도 있었다. 『어정시운御定詩韻』(1846)은 『규장전운』의 복각판으로 윤정현尹定鉉이 쓴 범례가 있다.

『규장전운』은 글 쓰는 이들의 참고서가 되게 하기 위해서 화음과 동음을 언자로 병기하되, 정아한 음을 수록하게 하고 화음의 속음을 달지 않게 하였으며, 평상거입성을 4단으로 세로로 함께 배열하였는데, 총 자수는 13,345자였다. 배열은 'ㄱ, ㄴ, ㄷ, ㄹ, ㅁ, ㅂ, ㅅ, ㅇ, ㅈ, ㅊ, ㅌ, ㅋ, ㅍ, ㅎ'의 자모순으로 하고 화음은 ○ 속에 동음은 □ 속에 넣어 표기하였다. 그리고 어떤 한자가 딴 음이나 딴 성조나 딴 운에 속할 경우에는 『삼운성휘』에서와 마찬가지로 일일이 표시하되, 성조의 경우 평성은 ○로, 상성은 ●로, 거성은 ◗로, 입성은 ◖로 표시하였다.

이 『규장전운』은 일반인에게 널리 읽혀져 많은 판을 거듭 간행하였으며 급기야 새로운 자전인 『전운옥편』이 간행되기에 이르렀다. 이 자전은 『규장전운』을 모체로 하였으면서 중국의 『강희자전』처럼 획인자전으로 짜여졌고 언자로 표기된 우리 현실 한자음과 간략한 주해가 병기되어 있는데 중국 본토의 한자음 표기가 없고 우리 한자음만으로 편찬된 최초의 자전으로 조선시대의 운서 편찬사상에서 보아 역사적으로 한 획을 긋게 되었다고 할 수 있다. 현대의 실용자전에 가깝게 편찬되어 일반인에게 널리 이용되었는데 현대적인 자전의 효시라 할 수 있는 조선광문회 간행의 『신자전』(1915)이 실용화되었을 때에도 함께 많이 이용되었었다. 이들 운서 또는 자전들은 우리의 한자음과 석의까지 제공해 줌으로써 우리 한자어의 역사나 어휘의 역사를 연구할 경우에 좋은 자료를 제공해 주고 있기도 하다.

5.3 언자諺字의 음운학

문자의 기원설 중 발음기관 상형설은 조선 후기의 대표적인 기원설의 하나인데 이는 자연히 음운학과 관련될 수밖에 없다. 오음 분류에 따른 상형설은 기원적으로 올라가면 그것은 고대 인도의 음성학으로부터 넘어온 조음 음성학적 지식에 기초한 것이기 때문에 상당한 보편성을 띠고 있는 것으로 보인다. 송나라 때 발달한 음운학을 수용하다가 세종조에서 『성리대전』(특히 소옹의 「황극경세성음창화도」)을 통해 적극적으로 수용함으로써 훈민정음 창제의 문자이론의 바탕을 이룬 듯이 보인다.

조선 중기 이후의 언자에 대한 관심은 그 대부분이 한자 학습의 편의를 위해서 아니면 한자의 언자 표기와 관련해서 고조되었던 것이다. 이 뒤의 경우에는 문자를 음운학적으로 논의하게 되었는데 그것은 운도의 작성이나 운서의 편찬과 밀접한 관계가 있었던 것이다. 그리하여 앞에서 서술했던 『경세정운』, 『화동정음통석운고』, 『운해훈민정음』, 『삼운성휘』 등등에서 한자음의 언자 표기를 위해 훈민정음 또는 언자에 대한 단편적인 언급들이 있었던 것이다. 운도에 있어서나 운서에 있어서나 중국의 화음과 우리나라의 동음을 대조하면서 언자로 표기하기 위해서는 그 두 음운체계와 그에 알맞은 문자체계의 확립이 있어야 함은 물론이다. 조선 초기의 『동국정운』 등에서 비롯된 이러한 경향은 조선 후기에 접어들면서 더욱 심화되었던 것이다.

이러한 가운데 운서나 운도의 편찬과는 직접적인 관계없이 한자음 표기를 염두에 두고서 언자 즉 훈민정음에 대해 논의한 것들이 등장하기도 하였다. 그 대표적인 경우가 앞에서 이미 언급한 훈민정음 자형의 원방상형설을 주장했던 이사질(1705~1776)의 『훈음종편』과 실학의 박물학자인 유희(1773~1837)의 『언문지』 등이다. 이 밖에 금영택(1739~1791)의 단편적인 「언문자모기례諺文字音起例」와 「오음초성五音初聲」이 있는데 그의 문집 『만우제집』에 실려 있다. 그는 개개의 문자를 '획劃'이라 하고 한자와 같은 음절 단위를 '자字'라 하고 '오음상실五音喪失'을 '절환切喚'이라 했는데 이 외에 특기할 만한 내용은 없다.

유희는 「언문지」 외에는 경서의 주석 연구에 가장 힘을 기울이면서 이학理學은 물론 문학, 수학, 천문기상학 등 여러 분야의 저서를 지었는데 소학 관계로는 『언문지』 외에도 『시물명고詩物名考』, 『물명고』, 『만물류』, 『서자류書字類』 등도 있다. 이들은 운학과 관련보다는 어휘 관련 관심이 큰 것으로 문헌의 주석적 성격이 강하다. 언자의 음운학적 연구인 『언문지』는 집안에 내려온 정서본淨書本에 유경柳儆의 저서로 확인되는데 이는 유희의 초명이었다.

『언문지』(1824)의 체제는 다음과 같다.

(序)

初聲例 (廣韻, 集韻, 韻會, 洪武正韻, 訓民正音, 正音通釋, 柳氏校定初聲)

中聲例(正音通釋中聲, 柳氏校定中聲正例, 中聲變例)

終聲例(正音通釋終聲, 柳氏校定終聲正例, 終聲變例)

全字例

(跋)

이상의 체제를 보면 본문은 『훈민정음』에서 「제자해」와 「용자례」를 제외한 체제와 유사한데 「전자례」가 「합자해」에 대체로 해당된다고 보면 그런 것이다. 그러나 그 논의 내용은 『언문지』의 저술 동기가 고유어를 중심으로 한 우리말의 표기를 위한 것이 아니라 한자음 표기를 위한 '언문'의 교정에 대부분 있었던 것이다. 그렇기 때문에 "柳氏校定初聲"이니 "柳氏校定中聲……, 柳氏校定終聲……"이라 했던 것이다.

우선 맨 처음에 '언문'으로 '자음'을 기록한다면 오늘날의 한음이 본음과 어긋나지 않으니 언문을 부녀자나 할 학문이라 소홀이 여기지 말라는 당부의 말과 『광운』이전의 '기(奇ㅏㅓ)'와 '우(耦ㅑㅕ)'와의 구별 그리고 『정음통석』 이후의 '청탁'의 혼동을 들어 『정음통석』 이후의 사람들과 『광운』의 글자를 논할 수 있겠느냐고 한 스승 정동유의 말을 인용하고서 그의 스승과 정음에 대하여 수 개월간 강론하여 『언문지』를 완성하였으나 다시 새로 『사성통해』를 얻어 보고 새로운 견해도 넣어 1824년에 완성하였다는 사실을 밝히고 있다. 본문을 통해 한자음 표기에 적절한 언문을 초성, 중성, 초성으로 나누어 논의하고 「전자례」를 또 논의한 뒤에, 끝에서 언문의 우수성을 체제의 정교한 점과 언문 쓰임의 정교한 점을 예를 들어 강조하면서 율려律呂와 음조音調에 어울리는 기음문자記音文字로서의 언문의 우수성을 다시 한번 강조하였다. 음운과 관련해서는 차례에서 짐작할 수 있듯이 중국의 주요 운서들과 박성원의 『화동정음통석운고』를 논의의 주요 대상으로 삼았다.

「초성례」에서는 'ㄱ, ㅋ, ㄲ, ㆁ; ㄷ, ㅌ, ㄸ, ㄴ; ㅂ, ㅍ, ㅃ, ㅁ, ㅸ, ㅹ; ㅈ, ㅊ,

ㅉ, ㅿ, ㅆ; ㅇ, ㅎ, ㆅ; ㄹ, ㆆ'의 25초성, 중성례에서는 'ㅏ, ㅑ, ㅘ, ㆇ, ㅓ, ㅕ, ㅝ, ㆊ, ㅗ, ㅛ, ㅜ, ㅠ, ㅡ, ㅣ, ㆍ'의 15중성과 중성변례 'ㅣ' 그리고 종성례에서는 'ㄱ, ㄷ, ㅂ, ㅇ, ㄴ, ㅁ'의 6종성과 종성변례 'ㄹ'을 각각 설정하였다. 8종성의 'ㅅ'이 사라진 것이다. 초성체계는 다음과 같이 분류하였다.

柳氏校定初聲二十五母							
	角 牙	徵 舌	羽 脣	商 齒	宮 喉	變徵	變宮
全淸	見ㄱ	端ㄷ	幫ㅂ	精ㅈ			
次淸	溪ㅋ	透ㅌ	滂ㅍ	淸ㅊ			
全濁	群ㄲ	定ㄸ	並ㅃ	從ㅉ			
不濁	魚ㆁ	泥ㄴ	明ㅁ	日ㅿ	喩ㅇ	來ㄹ	影ㆆ
次全淸			匪ㅸ	心ㅅ	曉ㅎ		
次全濁			俸ㅹ	邪ㅆ	匣ㆅ		

이에 이어서 '거이(擧頤 즉 ㅏ, ㅘ, ㅓ, ㅝ, ㅗ, ㅜ, ㅡ, ㆍ)'와 '안이(按頤 즉 ㅑ, ㆇ, ㅕ, ㆊ, ㅛ, ㅠ, ㅣ)'의 구별과 설두음/설상음 순중음/순경음 치두음/정치음'들의 구별을 논하면서 특히 치음과 설음과의 관계에서 설음 다음에 안이의 발음이 어려워 설상음이 정치음으로 변한 사실을 언급하였는데 여기에 협주로써 이와 관련된 보충설명을 보이고 있다. 그 유명한 이른바 구개음화로 해석해 온 내용이다. 그 내용은 다음과 같다.

① 동속東俗에 '댜뎌'는 '쟈져'로 부르고 '탸텨'는 '챠쳐'로 부르는 것과 같이 안이로서 어렵고 쉬운 것에 지나지 않는다.

② 이제 오직 관서인들은 '天'을 '千'과 같지 않게 발음하며 '地'를 '至'와 같지 않게 발음한다.

③ 또 정 선생이 그의 고조 형제는 한분이 '知和'이고 한분은 '至和'인데 당시에는 전혀 혼동되지 않았으니 '디, 지'의 혼동은 그리 오래되지 않았음을 알 수 있다고 하였다. '知'의 본음이 '디'임은 이미 설명했다.

이러한 설명에서도 ①은 '안이'와 관련된 한자음 음절의 경우이고, ②는 방언에서 '텬/천', '디/지'의 구별의 경우요, ③은 한자어 고유명사에서 '디/지'의 구별과 혼동 시기와의 관계로, 이 세 가지 모두가 한자음과 관련된 것으로 고유어의 구개음화 자체는 전혀 언급하지 않았다. 이것은 설상음과 정치음 사이의 논의로서 이와 같이 『언문지』는 한자음의 언문 표기를 위한 논의에 초점이 있는 것이다.

중성례는 다음과 같다.

柳氏校定中聲正例十五形

ㅏ ㅑ ㅘ ㅙ ㅓ ㅕ ㅝ ㅞ ㅗ ㅛ ㅜ ㅠ ㅡ ㅣ ·

中聲變例一形

ㅣ 每語全字右旁加之

중성의 경우에는 더 이상의 음성학적 분류는 보이지 않았으나 그 순서로 미루어 볼 수는 있다. 'ㅙ, ㅞ'는 몽운자蒙韻字에도 있다고 하였으며 중성변례는 오른쪽 옆에 더한다고 하였으니 '횡橫' 같은 글자의 'ㅣ'일 것이다. 여기서 특히 주목되는 것은 '·'가 'ㅏ' 혹은 'ㅡ'와 혼동된다고 하면서 그 예로 '흙[土]'을 이제는 '흙'이라 읽는 것과 같다고 하였다. 『언문지』 안에서 고유어를 예로 든 유일한 경우다.

종성례는 다음과 같다.

柳氏校定終聲定例六韻

ㄱ ㄷ ㅂ ㅇ ㄴ ㅁ

終聲變例一韻

ㄹ 每語全字之下及下左邊着之

여기서 종성변례로 처리한 'ㄹ'은 '質, 曷' 등과 같은 한자음 종성의 본음인 'ㄷ'

에 해당된다.

끝으로 전자례에서는 초·중·종성의 합자에 의한 음절수로 최대치 10,250개를 논의하여 훈민정음체계를 한자음 표기에 알맞도록 교정하였다. 한자음을 표기하기 위한 체계이기에 초성·중성이 복잡할 수밖에 없다. 전자례에서의 음절 구조에 따른 음절수 계산법은 이미 최세진이 그의 『훈몽자회』의 「언문자모」에서 보인 바 있다. 그는 16초성×11중성=176으로 계산을 시작했었다. 음절수의 이러한 계산법은 그 밖에도 더러 있었다. 『언문지』의 서술은 조선시대에 극히 보기 드물 정도로 체계적이고 고증이 풍부하고 논증이 치밀하다. 그러나 'ㄱ'에 대한 자모를 훈민정음에서와 같이 '君'으로 하지 않고 중국 운서를 따라 '見'으로 하는 등 많은 실학시대 학자들의 중국을 향한 태도와 다를 바가 없었다. 안타깝게도 그 자신이 세운 언문 자모체계에 따라 우리 한자음 중심의 운서를 유희는 남기지를 못했다.

유희의 『언문지』의 내용은 그가 스스로 언급한 바와 같이 스승인 정동유와의 논의를 거친 것이다. 그리하여 정동유의 문집 『주영편晝永編』(1806)에 서술된 언어 관련 서술 내용과 유사한 것들이 상당하다. 정동유는 당시로서는 보기 드물게 세계적인 관심을 보였는데 예컨대 포르투갈어 등의 외국어 단어 100여 개를 수록하기도 했다. 이러한 안목으로 그는 훈민정음의 우수성을 강조하곤 했고 이 문자로 한자음을 기록할 것을 유희에게 권고하기도 했던 것이다.

앞에서 언급했던 실학자 황윤석의 「자모변」도 음운학과 관련된 서술이기는 하나 특징적인 것은 예컨대 초성은 31로 일반인들은 14(ㄱ, ㅋ, ㅇ, ㄷ, ㅌ, ㄴ, ㅂ, ㅍ, ㅁ, ㅈ, ㅊ, ㅅ, ㅎ, ㄹ)를 쓰고 중성은 33으로 일반인들은 19(ㅏ, ㅑ, ㅓ, ㅕ, ㅗ, ㅛ, ㅜ, ㅠ, ㅡ, ㅣ, ·, ㅐ, ㅔ, ㅖ, ㅚ, ㅟ, ㅘ, ㅝ, ㅢ)를 쓰며 종성은 13으로 일반인들은 그중에서 8(ㄱ, ㅇ, ㄷ, ㄴ, ㅂ, ㅁ, ㅅ, ㄹ) 글자만을 쓴다고 구별하려 하였다.

또한 박치원(1732~1783)은 그의 문집 『설계수록』의 「잡지雜識」 속의 '자음字音'에서 음성적 오음과 음악적 오음의 대응이 특이한 점이 있고 음의 청탁을 단계별로 음악의 오음에 대응시키기도 하였으며 초성의 청탁 분류에서 'ㅅ'을 합청合淸으로 'ㅺ'을 합탁合濁으로 그리고 'ㅆ'을 합성음으로 분류하였고 현실 한자음을 강하게 반영할 것을 바라기도 하였다(김현 2004).

이들 이후에도 우리의 문자에 대한 관심은 활발해졌고 또 그만큼 독특한 견해들도 이어졌다. 박경가(1779~1841)는 그의 문집 『학양집』에서 운서 『사칠정음四七正音』을 지었다 하는데 범례에서 화음과 동음의 표기에 필요한 언자를 초성 23/16, 중성 11/13, 종성 6/9를 언급하는 기이한 태도를 보였으며 또 문집에 수록된 「언자설諺字說」이란 글에서 '화언華言'과 구별되는 '동언東言'은 점(ㆍ)과 그 횡신(橫伸 ㅡ)과 종신(縱伸 ㅣ) 그리고 가점(加點 ㅗ, ㅛ, ㅜ, … ㅏ, ㅑ, ㅓ, …)으로 생성되었다고도 하여 신경준의 원도설圓圖說과 비슷한 언급을 하기도 하였다. 이규경李圭景의 『오주연문장전산고』에 수록된 「언문변증설」에서는 그의 조부 이덕무의 이른바 측주설厠籌說을 따르는 등등 근거 없는 추측들이 조선시대 후기를 어지럽히기도 하였다.

석범石帆 또는 시곡병부詩谷病夫가 편찬한 『언음첩고』(1846)는 다음과 같이 짜여져 있다.

(上卷)
序
凡例略
諺文源流
引據諸書
諺音捷考目次
(本文)
(下卷)
序
諺音捷考目次
洪武正韻字母之圖

訓民正音發聲十七字幷聲六字

漢語佗字訓說

(本文)

附錄 西銘集

이 책은 그 구성에서 보듯이 일종의 맞춤법 사전과 같은 성격을 지닌다. 상권은 당시에 혼동되기 쉬운 우리말을 바로 잡기 위해 용례를 여러 문헌에서 뽑아 한자 중심의 "一字類, 二字類 ……" 식의 자류字類별로 배열하였는데 그 자류 안에서는 한자의 주석으로 쓰인 우리말을 'ㄱ, ㄴ, ㄷ, ㄹ, ㅁ, ㅂ, ㅅ, ㅇ, ㅈ, ㅊ, ㅋ, ㅌ, ㅍ, ㅎ, 녀, 뎌, 뎌, 혀, 니, 디, 티, 히, 됴, 듀, 르'의 자모 순서로 하였고, 하권은 당시에 흔히 혼동되던 한자음을 바로잡기 위해 역시 자류별로 배열하였는데 그 순서는 'ㆍ'가 포함된 "下字類", 'ㅐ'가 포함된 "上ㅣ類" 및 "나類, 뎌類, 뎌類" 그리고 'ㅅ, ㅈ, ㅊ'으로 시작되는 한자음과 '륭, 육, 협'음을 포함한 한자음들, 그리고 '고설음자古舌音字'로 되어 있다. 끝으로 'ㄷ종성고終聲考'를 덧붙였다. 언문으로 정확하게 적기 위한 맞춤법의 지름길을 마련하려 했던 것이다. 여기서 19세기 전기 당시에 표기상에서 어떤 것들이 주로 혼동이 잘 되었는지 표기법과 음운론에서 보아 시사하는 바가 클 듯하다. 언문 표기와 관련된 이 책은 상권에서는 언문과 관련된 서술인 「언문원류諺文源流」를 덧붙이고 하권에서는 한자음과 관련된 「홍무정운자모지도洪武正韻字母之圖」 등을 덧붙였다.

「범례략凡例略」에서는 언음諺音 위주로 배열하되 음과 석을 갖춘 것을 앞세우고 석만 있는 것은 뒤에 배열하며 글자 수가 적은 것부터 배열하고 병서자竝書者는 순음자純音者 다음에 그리고 종성이 있는 것은 그다음에 배열하여 반절표의 차례에 따른다고 하여 여기서 현대 사전에 가깝게 음절 단위의 자모순으로 배열한 모습을 보게 되었다. 「언문원류」에서는 세종의 훈민정음 창제 사실을 언급하고 신경준 이후의 여러 학자들의 주장을 따라 설명하였으며 자모 명칭은 "기윽, 니은, 디은, ……" 등으로 그리고 "가 그아, 갸 긔아,

거 그어, 겨 기어, 고 그오, 교 기요……" 등으로 하자고도 하였다. 「인거제서引據諸書」는 이 책에 수록된 단어들의 출전을 『훈몽자회』로부터 『무원록언해』에 이르는 13종의 문헌을 들었으며 본문 뒤에 붙인 「ㄷ종성고」는 'ㄷ'받침의 새김을 가진 단어들을 그리고 「훈몽자회탁훈고訓蒙字會濁訓考」는 초성의 'ㅄ'을 가진 것들을 뽑아 놓은 것이다. 하권의 본문 뒤에 붙인 「고설음고」는 한자음의 설음 초성이 당시의 운서에 치음 'ㅈ, ㅊ'으로 표기된 것들을 뽑아 놓은 것이다. 『언음첩고』는 이렇게 보면 혼란되기 쉬운 표기를 바로 지키려는 데에 쓰일 편람 같다고 할 수 있다. 간혹 언어 현실을 반영하고 있어 음운사 내지 어휘사 자료로 참고가 될 것이다.

이 밖에 정윤용(1792~1865)의 『자류주석』(1856)은 "天道部(天文類 天時類 造化類)" 등의 자류字類에 따른 한자어 분류 주석사전인데 그 부록으로 방대한 양의 언어 관련 글들이 실렸다. 이 『자류주석』은 그 내용이 「자류주석 서」, 「자류주석 목록」, 「자류주석 총론」 그리고 본문인 『자류주석 상』과 『자류주석 하』 및 「부록 보유補遺 훈민정음」으로 구성되어 있다. 총론에서는 마치 범례처럼 자서字書, 운서韻書, 언석諺釋, 자음字音, 자표字標, 자수字數로 나누어 서술하였다. 여기서 특히 '언석, 자음, 자표'에서 어학과 관련된 서술이 보이는데 '정음'으로 한자의 뜻을 우리말('방언方言')로 풀이하는 「언석」에서 한자음의 본음을 따르도록 했고 우리말의 뜻풀이가 한자의 그것과 같을 때에는 한자로 뜻을 이해하기 쉽게 했다고 하고, 「자음」에서는 한자음의 와전, 변음 등을 언급하면서 북방음에 종성 'ㅁ'이 없어졌지만 정음에는 원래 있었다든가 '댜뎌'와 '쟈져', '탸텨'와 '챠쳐'의 혼동이 있으나 자음에서는 근본적으로 같지 않은 자음이라고 하였다. 「자표」에서는 한자음의 사성표기와 정음자모의 고저음을 통시적인 면과 함께 지적하려 하였고 「자수」에서는 수록한 자수를 언급하면서 동형이의어는 한 한자 밑에서 주註로 처리하고 자휘字彙는 '자전'과 같다고 하였다.

이 자전의 부록에 보유로 실린 내용은 「고인성명유음무의자古人姓名有音無義者」, 「부수자미성자역유음의자部首字未成字亦有音義字」가 우선 실리고 「자획

변형편방字畫變形偏旁」을 붙이고 나서는 「언문반절[諺文反音변平聲—翻通用切]」, 「훈민정음자모도[訓民正音字母圖二十三字]」, 「광운자모온공류편자모도[廣韻字母三十六字溫公類編字母二十三字圖]」, 「초종성통용팔자初終聲通用八字 초성독용팔자初聲獨用八字 중성십일자中聲十一字 합중성이자合中聲二字 중중성일자重中聲一字 합자례合字例」에 이어 23초성×11중성=253글자로 구성된 이른바 '반절표'를 보이고서 '자모', '반절'을 서술하고 「정음문견기략正音聞見記略」에서 집안 어른 정동유의 『주영편』 훈민정음 관련 기사를 거의 그대로 전재하고 또 같은 강화학파와 관련 있는 이광사李匡師의 『원교집』에서 「오음정서설五音正序說」을 옮겨 싣고서 자신의 견해를 덧붙였다. 끝으로 「운서화동음표韻書華東音標」를 실었는데, 운서의 운목에 맞게 정음 종성과 중성의 예를 들어 화음과 동음을 표시하되 동음을 위주로 하였다. 이 『자류주석』에서 제시된 이른바 '반절표'는 이 시기의 '언본'과 같은 것으로 특히 19세기 후반 이후로 크게 유행되었던 언문 학습표이기도 하다. 이 『자류주석』에 이어 노정섭(1849~1909)의 『연곡집蓮谷集』에 수록된 「광견잡록廣見雜錄」(1885)도 정동유, 유희 및 정윤용의 견해들을 소개하고 있다.

19세기 말엽부터 등장하기 시작한 근대적인 한국어 연구와 겹쳐진 조선시대의 연구 경향은 대한제국을 거치면서 그 막을 내렸다. 그 마지막이 아마도 국문연구소의 의정안이요 또 권정선(1848~1923)의 『훈음종편』(1906)을 개정한 『음경音經』일 것이다. 그중에 「만국등운합도萬國等韻合圖」에서 볼 수 있듯이 언문을 마치 국제음성부호의 기능을 가지도록 강조된 당시의 시대상을 보이기도 했고 '토음사칙吐音四則'에서 문법적인 기능의 '토'를 내세우기도 하였다. 이 이후에도 간헐적으로 지방에서 전통적인 학자들에 의하여 조선시대의 방식으로 훈민정음에 대한 연구들이 나오기도 하였다. 그러나 근대에 접어들면서 언문의 논의는 차츰 한자음과의 관련을 떠난 논의로 바뀌는 경향을 보여 왔다. 이 시기에 박문호(1846~1918)는 그의 『여소학』 속에 「훈민정음」을 삽입하기도 하고 운서와 언해에도 관심이 있던 경학자로 문집인 『호산집壺山集』에 「자음복고설字音復古說」, 「언문설諺文說」, 「이두해俚讀解」의 세

편의 글을 남겼다. 「자음복고설」은 전우(全愚 1841~1922)의 중국의 고음古音 사용에 반대하고 우리 현실음 즉 변화음 사용을 주장하는 내용이고 「언문설」은 태극과 음향오행에 따라 태극을 상징하는 'ㅡ'의 변화로 이루어졌다고 본 내용이고 「이두해」는 아이들의 구결 교육을 위해 구결 수십 종을 정리해 놓은 것인데 'ㅎ야(ᅐ ㄱ)'에 대해 서로 인과가 되어서 뜻이 이루어질 때 쓰인다는 용법까지 제시해 놓았다.

6. 언어 자료의 정리

6.1 어휘의 정리

전통적으로 어휘는 주로 협주로 본문의 정확한 이해를 위하여 제시되곤 했는데 그것은 『삼국사기』나 『삼국유사』 이후로 늘 그러했다. 고려시대 13세기 중엽에 『향약구급방』이나 조선 초기에 강희맹의 『금양잡록』과 같은 어휘집이 없었던 것은 아니지만 흔한 일은 아니었다. 이러한 농서들이나 의학서에는 차츰 물명들을 『동의보감』 등에서처럼 정음으로 표기하게 되었다. 물론 『훈민정음(해례본)』(1446)의 「용자례」나 『사성통해』(1517)도 단어들을 보여 주고 있으나 어휘정리를 한 어휘집이라 할 수 없다. 다만 『노걸대언해』와 『박통사언해』의 어휘들을 뽑아 엮은 『노박집람』은 한한漢韓 대역사전의 형식을 지니나 일종의 어휘집이라 할 수는 있다. 『어록해』류도 같은 성격의 대역어휘집이다.

언해문의 협주로 처리하면서 특히 '물명物名'을 추려 모아서 책 앞에 별도로 올린 것이 『시경언해』(1588)의 「물명」이었다. 시경에 등장하는 물명에 대하여 대체로 그에 해당하는 우리말을 대조시켜 어휘집(cf. vocabulary)의 성격을 띠게 하였다. 이것은 주석 기능을 보인 대표적인 경우다. 예컨대, '茱부茛이'에 대하여 "뵙장이ㅇ길경이"라 하든가 '蠓진'에 대하여 "미얌이ㄹ토딕져그니라"

라 풀이를 하든가 하였다. 『시경언해』의 순서에 따라 단어들을 배열하였기에 단어들을 의미에 따라 분류해서 배열한 분류사전의 성격은 띠지 않았다. 따라서 순수한 주석적 기능이 강하다고 할 수 있다. 최세진이 그의 아동교육용 한자학습서인 『훈몽자회』(1527)에서 '물物'과 그 '명名'을 일치시키게 하는 점을 강조했듯이 실생활에서나 한자 및 어휘 교육에서 가장 기초적이라 할 수 있다.

물명 계통의 어휘집이 집중적으로 편찬된 때는 조선 후기였다. 이 당시의 어휘집들은 ① 재보·물보류 계통 이외에 ② 역학서譯學書로서의 유해서類解書들이 있고 그 밖에 ③ 속담 및 방언어휘의 수집류가 있으나 단편적인 경우가 많으며 ④ 어원 고증을 통해 어휘정리를 한 경우도 여럿 있다. 어휘집의 형태가 아닌 경우에는 대체로 편찬자의 문집 속에 수록된 경우가 대부분이었다.

물보나 재보 계통에 속하는 어휘집들로는 『재물보』(이성지 1798), 『물보』(이재위 1802), 『광재물보』, 『물명고』(유희), 『몽유편』(장혼 1806), 『어보魚譜』, 『청관물명고』(정약용), 『양방금단良方金丹』, 『자산어보』(정약전 1814), 『물명괄』, 『시명다식』 등 무척 많으나 그 대부분이 활자화되지 못하고 필사본으로 전해지고 있고 이본들도 다양한데, 18세기 후엽에서 19세기 말엽에 편찬되었다. 그 형식은 대체로 한자로 표기된 표제어에 간략한 한문 주석 또는 국한문 주석을 달든가 아니면 한글로 해당하는 우리말 단어를 달든가 하였다. 예컨대

○ 上典老稱主 大家嶺南人稱主한집 大的한것

과 같은 방식이었다. 이러한 어휘집들은 대체로 '천보天譜, 지보地譜, 인보人譜'와 같은 삼재에 해당하는 '재보才譜'에 화품花品, 초훼草卉, 수목樹木 등을 포함하는 '물보物譜'가 보태지는 중국식의 분류사전의 방식을 따랐다. 이들 어휘집 특히 유희의 『물명고』의 경우에는 주석에서 문헌고증을 한 경우가 제법 있다. 김병규金炳圭의 『사류박해』(1838)도 이 계통에 속한다. 다만 어휘집 중

에서 가장 방대한 것 중의 하나인 유희의 『물명고』만은 이만영李晚永의 『재물보』의 영향을 받았으면서도 이를 따르지 않고 "有情類(羽蟲, 獸族, 毛蟲, 蠃蟲, 水族, 昆蟲)"와 "無情類(草上, 草下)", "不動類(木, 土, 石, 金)", "不情類(火, 水)"와 같은 흔하지 않은 분류방식을 취하기도 하였는데 이를 불교의 영향을 받은 고대 인도의 약물분류방식을 따른 것은 아닌가 하기도 한다. 물명에 해당하는 대부분이 향약재로 쓰이는 경우가 많기 때문이었다.

이상의 어휘집들은 주석이 간략하여 이른바 실학의 영향으로 나타나는 상세한 고증에 따른 주석은 거의 보이지 않는다. 유희의 「시물명고詩物名攷」는 「시경언해물명」의 잘못된 주석을 바로잡기 위해 상당한 고증을 하였으며 또 그의 「만물류」도 그의 스승 정동유의 생각을 많이 받아들여 고증하였다.

역학서로서 유해 방식을 취한 어휘집 내지 사서辭書로는 ① 신이행 등이 편찬한 한한漢韓 대역사전인 『역어유해』(1690)와 『역어유해보』(1775), 『화어유초華語類抄』 등 ② 현문항玄文恒 등이 편찬한 한한만漢韓滿 대역사전인 『동문유해』(1748)와 이침李湛 등이 편찬한 『한청문감』(18세기 후반~말엽), ③ 이억성李億成이 편찬한 한한몽漢韓蒙 대역사전인 『몽어유해』(1768)와 방효언方孝彦이 편찬한 『몽어유해보』(1790), ④ 홍순명洪舜明이 편찬한 한한왜漢韓倭 대역사전인 『왜어유해』 등이 있으며 그리고 ⑤ 홍명복洪命福 등이 편찬한 한한만몽왜漢韓滿蒙倭 다중어사전인 『방언집석』과 이의봉李義鳳이 편찬한 『삼학역어』(1789) 등이 있다. 이들은 모두 한어漢語를 표제어로 삼았는데 다만 『왜어유해』만은 그 표제어들이 한자어일 가능성이 커 보인다. 조선시대 사린외교의 밀도상의 차이를 보이는 것은 아닌가 한다. 이들 대역사전들은 부문의 분류에 약간의 차이는 있어도 모두 분류사전인 유해서들이다. 주석은 "肚子臟"에 대해 '쁠개'처럼 한 단어로 또는 "月明"에 대해 '돌 붉다'처럼 단어 이상의 단위로 한한어漢韓語 대역이 기본적으로 이루어졌지만 드물게는 해당 우리말이 마땅하지 않을 때는 "駙馬"에 대해 '皇帝ㅅ사회'처럼 때로 국한문혼용으로 아니면 "君王"에 대해 "諸王"이라든가 "擊鼓叫寃"에 대해 "猶今擊錚"처럼 아예 한문으로만 주석하기도 하였다. 물명류 계통의 어휘집들도 마찬가지였는데 오히려 우리말 주석이 적었다.

1895년에 등장한 사전의 하나인 미완성의 『국한회화國漢會話』는 이준영李準榮 등이 편찬하였는데 교린통역交隣通譯에 도움을 주기 위한 것이었다. 외국의 사전을 모방했다고 하였는데 서양의 사전처럼 자모순으로 표제어를 배열하고 횡서를 했다. 표제어 중에는 편찬자가 영남 출신이라서인지 방언형들이 더러 포함되었다. 그리고 한자학습서의 석음釋音 형식의 표제어 예컨대 '가라칠훈—訓'과 같은 자서字書의 방식이 마치 『언음첩고』의 그것처럼 되어 있어 아직은 조선시대에서 근대 사회로 넘어오는 과도기의 모습을 보이기도 하였다.

6.2 방언 어휘 및 속담의 채집

조선 후기로 접어들고서는 많지는 않지만 때로 방언 어휘를 모아 더러 제시하기도 하였다. 이덕무의 『청장관전서』에 수록된 「한죽당섭필寒竹堂涉筆」(新羅方言—영남방언), 홍양호의 『북새기략』의 「공주풍토기孔州風土記」(함경도방언), 윤정기尹廷琦의 『동환록』(영남·호남방언), 이익한李翊漢의 『탐라지』(제주도방언) 등이 그 예들이다. 그런데 이들은 한문으로 쓰인 만필漫筆 속에 들어 있어서인지 "請伊—箕, 丁支間—庫, 輪道里—貫牛, 羅錄—稻, 以岳爲兀音" 등처럼 방언형조차 한자로 표기하였다. 마치 『금양잡록』 등에서 볼 수 있었던 전통적 방식이다. 방언 어휘에 관한 이러한 관심은 지금의 경상남도 함양에 근무했던 이덕무가 언급하였듯이 근무지의 방언을 알아야 그 지방 사람들의 사정을 알 수 있었기 때문이었다. 따라서 이들의 방언 어휘에 대한 관심은 직접적인 언어학적 관심보다는 관리들의 효율적인 업무 방식과 관련이 있다.

속담의 수집도 이 시기에 이루어졌는바, 홍만종의 『순오지』, 이덕무의 『청장관전서』 속의 「열상방언洌上方言」, 정약용의 『이담속찬』, 조재삼의 『송남잡지』 그리고 『동언해』 등에 수록되어 있다. 이들 속담들은 그 대부분이 한문으로 되어 있는데 중국의 속담들까지 포함되어 있기도 하다. 이 중에 『이담속찬』은 양재건梁在謇이 1908년에 보완해서 새로 간행하기도 하였다.

언어 자료의 수집 정리 중에는 이상의 것들 이외에 조선시대의 공사문서에 주로 쓰이던 이두도 있다. 『고금석림』, 『유서필지』, 이규경의 『오주연문장전산고』의 「어록변증설語錄辨證說」 등등 여러 곳에 수록되어 있다.

6.3 어원 고증과 어휘정리

한자음의 정리에 있어서도 정음正音이니 정운正韻이니 하여 그 정확성을 꾀하려 하였는데 이와 같이 언어의 정확한 정리와 사용에 대한 노력은 특히 조선 후기에도 계속되었다. 그것이 단어에 집중될 때도 예외는 아니었다. 단어의 경우에는 그 정확한 뜻을 우선 파악하기 위해 고증을 하려 하였고 따라서 자연히 어원적인 해석에 이르는 경우가 허다하였다. 이러한 노력은 그 역사가 오래되었는바 『삼국사기』, 『삼국유사』를 비롯한 옛 문헌에서의 협주가 그런 성격이었는데 이런 협주의 내용이 수집되고 확대시킨 자료들 나아가서 우리말과 한자어와의 관련으로 원래의 뜻을 해석하려는 시도들이 있었다. 이렇게 시도된 많은 글들은 흔히 문집 속에 수록되어 있다. 더욱이 그것이 백과사전식으로 다양한 부문에 걸친 경우에 그러하였다. 단순한 주석의 모음 형식은 이미 지적한 『시경언해물명』 같은 어휘집에서 보았거니와 황윤석은 의성의태어들을 모아 그의 『이재난고』에 남기기도 하였고 백과사전식 유해들을 묶은 이수광의 『지봉유설』이 비록 간략한 고증을 거치지만 어휘의 문헌고증적 연구로는 이른 시기의 것이었고 또 후기의 것으로는 이규경의 『오주연문장전산고』 등등이 있고 고대 국명이나 지명 때로 인명까지 논한 것들은 수없이 많다. 문헌고증의 방법으로 단어의 정확한 의미를 밝히려 한 대표적인 저서로는 황윤석의 『화음방언자의해』라든가 정약용의 『아언각비』 등이 잘 알려져 있다.

어휘집은 아니며 문헌고증도 거의 없지만 어휘들을 상당히 많이 정리 해

놓은 문집들이 꽤 있는데 그중에 대표적이라 할 수 있는 것의 하나가 신후담 (1702~1761)의 『하빈잡저河濱雜著』이다. 「아언雅言」 외에 「동식잡기動植雜記」, 「해동방언海東方言」, 「속설잡기俗說雜記」, 「중뢰통설衆籟通說」, 「백과지百果志」, 「곡보穀譜」 등이 어학 관련의 것들인데 그중에 「동식잡기」는 동식물의 속칭 과 함께 모양 습성까지 기록해 놓았으며 「해동방언」은 우리말을 한자로 수 백 가지 적고서 그 한자의 뜻과 관련시켜 뜻풀이까지 시도하였고, 「속설잡 기」에는 의성어나 호칭적인 감탄사 등을 기록하였고 「중뢰통설」에서도 의 성어 13개를 추가해 놓았다. 인간의 심성과 관련이 큰 어휘들에 적극적인 관 심을 보인 셈이다. 아직 연구가 이루어지지 않은 이 자료들은 비록 저자 10 대에 기록된 것들이지만 그 개략만 보아도 어휘사 연구의 자료로 크게 기여 할 것이다.

황윤석은 음운학뿐만 아니라 어휘 수집 및 어휘연구에서도 여러 업적을 남겼는데 그중에 대표적인 것이 바로 『화음방언자의해』이다. 그의 후손이 전북 정읍에서 보관하고 있던 유고 가운데서 드물게 단행본으로 간행된 책 의 하나로 『이재유고』속에 수록되어 있고 또 『이재난고』속에 합철되어 있 기도 하다. 예컨대 사계절의 우리말에 대하여 '봄[春]'을 '본本'과, '여름[夏]'을 '염열炎熱'과 'ᄀ을[秋]'을 '재裁, 수收'와 그리고 '겨슬[冬]'을 '거실居室'에 각각 한 자의 음훈을 관련시켜 풀이하려 하였는데 또는 '居室'을 '物亦歸根'에, '열호 [夏]'를 '熱夏'('夏'의 古音은 '호')에 그리고 'ᄀ슬[秋]'을 '高秋'('秋'의 고음은 '수') 에 관련시키기도 한다고도 하였다. 그리고 '大舒發翰'과 '大舒弗邯' 그리고 '大 角干' 등을 비교하여 '舒發, 舒弗'이 한자어 '角'에 결국 대응하는 '쌀'의 차자 표 기로 해석하기도 하였다. 약 150개의 단어들을 이런 방식으로 논의하였는데 그 외에 어느 것은 중국어, 만주어[古華語], 몽고어 또는 범어 등과 종횡무진 으로 대응시키려 하기도 하였다. 순수한 방언어휘집은 아니지만 이제도 참 고할 만한 것들이 있음은 물론이다.

정약용의 『아언각비』는 너무나 유명하다. 이 책은 단순한 어원연구서가 아니다. 저술 동기를 "말이 사실을 잃어도[語言失實] 고찰하지 않는데 잘못을 바로잡아 사실로 돌리려고" 이 『아언각비』 3권을 지었다고 하였다. 책 이름 대로의 의도였다. 따라서 단순한 어원연구서가 아니라 언어의 정확한 사용을 목적으로 한 것이다. 예컨대 '장안長安'이란 말을 '서울'이란 말로 쓰고 있음에 대하여 그것이 중국의 옛 수도의 하나였던 지명임을 밝히는 것 등이다. 모두 199개의 단어를 고찰하였는데 그중에는 '長安, 洛陽' 등과 같이 한자어를 한문에서 고증하기도 하고 '杜仲'이 향나무로 두충杜仲이란 사람이 이를 먹고 도를 터득해서 그렇게 부르고 있는데 '杜冲'은 "方言曰杜乙粥(cf. 들쭉)"으로 잘못이라고 한 것처럼 차이가 있음도 지적하고 있으며 '茶'는 원래 나무이어서 마실 것이 아니라고 한자의 원의를 밝히기도 하였고 '朴回'가 '輻, 車, 輪'와 같은 다의 내지 동음이의를 지닌다든가 중국어 '套袖'에 대한 우리말 '吐手'는 화음의 잘못된 번역이었다든가 '花郎'은 화려한 단장 때문에 광대를 뜻하는 '倡夫'로 쓰이게 된 한자어로 보는 등등 다양한 단어들을 밝히려 하였다. 어휘사 연구에 크게 도움이 될 논의가 많다. 경학 연구에 몰두했던 정약용에게 소학은 당연하였을 것이다. 이 밖에 그에게는 『아언지하雅言指瑕』, 『아언지하보유雅言指瑕補遺』, 『곤돈록錕飩錄』 등등도 있다. 그런데 이들은 아마도 『아언각비』와 내용이 많이 겹치고 있다. 초고본일 듯하다. 이렇게 한자어와 우리말 사이의 잘못된 듯이 보이는 단어들을 바로잡으려 한 노력은 대한제국 말기에 『대한민보』에 연재되었던 「이훈각비俚訓覺非」 또 「명사집요名詞輯要」 등으로 이어지기도 하였다.

이 밖에 조재삼의 『송남잡지』 속의 「방언류方言類」라든가 박경가의 『동언고』 등이 있는데 이들 역시 중국어에 기댄 해석이 주가 되었다. 정교鄭僑의 『동언고략』(1908)으로 이어진 것으로 보고 있다.

이가환(1742~1801)의 『정헌쇄록』은 제도, 풍속, 인물, 시문, 서화, 음악, 기물, 어휘 등을 고증하면서 잡록해 둔 책으로 자연히 관련 단어들의 유래를 고증하였다. 예컨대, '燭剌赤(조라치)'는 원나라 제도에 따른 것인데 혼례에 쓰이는 '자촉剌燭'에 대한 '나조剌照'도 그러하다든가 '이두'는 설총이 만들어 관청에서 쓰고 부형父兄에게도 편지에 썼는데 7~8년 전부터는 쓰지 않는다

하는 식이었다. 어휘사 연구 자료로 참고가 될 것이 제법 있다.

7. 백과사전류에서의 어문정리

조선 중기 이후에 등장한 백과사전류에는 언어 문자에 관한 자료나 소설
小說들이 상당수 포함된 경우가 있다. 그 대표적인 예로 이수광의 『지봉유설』
(1634)을 들 수 있다. 이 책은 그의 소설들을 모아 분류하여 엮은 것이기에 일
종의 백과사전으로 서술하여 왔는데 사실 위주의 객관적 서술인 서양 기준
의 백과사전과는 성격이 다르다. 소설들을 분류해서 유설類說로 엮기 때문
이다. 예컨대 『지봉유설』에서 언어 문자를 다룬 부분은 「문자부文字部」(권7)
와 「어언부語言部」(권16) 및 「기예부技藝部」인데 이 부분이 다시 '문의文義, 자
의字義, 자음字音'과 잡설雜說, 속언俗諺, 방언方言, 유오謬誤, 해학諧謔' 등으로 분
류해서 그 안에 여러 소설들을 배열하였다. 「문자부」에서는 한문 또는 한자
의 뜻에서 또는 음과 성조에서 잘못 쓰이고 있는 것을 고증하여 바로잡으려
하였으며 특히 '자음字音'항의 끝부분에 주지번朱之蕃의 『해편海篇』의 「심경론
자의음률心鏡論字義音律」에 있다는 음률에 관련된 다음의 내용이 들어 있다.

五音			五方		
宮	土音	舌居中	東方	喉聲	何我剛諤誽調可鋼各之類
商	金音	口開張	西方	舌聲	丁的定泥寧亭聽曆之類
角	木音	舌縮却	中央	牙聲	更梗牙格行幸亨客之類
徵	火音	舌柱齒	南方	齒聲	詩天之食止示勝識之類
羽	水音	撮口聚	北方	脣聲	邦庬賓璧白墨明密之類

이것은 아마도 오음과 오방을 다시 성음의 오음에 연결시키면서 "후설아
치순"으로 분류 배열하면서 각각 해당되는 예들을 보여 주고 있다. 다만 배

열 순서는 훈민정음의 그것과는 차이를 보인다.

「어언부」에서는 어사, 속담, 그리고 방언(우리말의 문헌고증을 통한 정확한 뜻을 위한 평설), 잘못된 고증, 해학 등을 통해 정확한 언어사용을 요구하고 있다. 예를 들면 흔히 '방언'에 등장하는 '阿父[父]/阿嬭[母]'는 아플 때 '아야阿爺'라 하고 놀랍고 두려워 할 때 '아모阿母'라 하는 데에서 이를 부모의 뜻으로 부르고 있다는 내용의 소설이 있는데 이 말이 본래는 당나라말[唐語]이라는 것이다. 비록 이렇게 외국어 특히 중국어에 기댄 해석이 있기는 하나 주목할 것은 의성어와 결부시킨 점이다. 그는 이렇게 언어의 해석에서 자주 인간의 심성적인 면을 보여 주곤 하였다. 그리고 "尼師今(君)"을 많은 이齒로 현자賢者임을 떡을 물어 이를 시험한다는 『삼국유사』의 협주를 인용하든지 또는 거란[契丹]에서 '물[河]'을 '沒里'라 하는데 이는 우리나라 속음과 서로 같다고 『운부군옥』을 참조하였듯이 문헌들을 증거로 인용하기도 하였다. 이제 와서 보면 사실 자체는 맞지 않는 점이 있어도 비교적인 내지 대조적인 인식이 있었음을 볼 수 있다. 이는 한문 문장가로서 조선시대에 볼 수 있는 현상의 하나가 아닌가 한다. 「문자부」와 「어언부」에만 이러한 풀이가 있는 것은 아니고 딴 부분에도 많이 보이는바, 예컨대 「잡사부雜事部」에는 '마립간麻立干'의 '干'이 '상존지사相尊之辭'로 쓰이는데 우리말로 그 음이 '한汗'으로 큰 것을 뜻하기에 '하늘[天]'을 '汗'이라 한다는 내용을 담기도 하였다. 곳곳에서 마치 명물도 수학적인 고증적인 태도를 볼 수 있는 유서의 계통이라 할 수 있다. 이러한 유서로는 『대동운부군옥』과 같은 운목에 따른 유서 외에 『성호사설』, 『송남잡지松南雜識』, 『오주연문장전산고』 등등 이어지는데 그중에는 언어 문자 관련 기사를 포함하고 있는 것들도 많이 있다.

권문해(1534~1591)의 『대동운부군옥』(1798)은 우리나라 지리, 국호, 성씨, 인명, 수령守令, 선명仙名, 목명木名, 화명花名, 금명禽名 등등 광범위에 걸쳐 어휘를 운韻별로 분류해서 지극히 간략하게 서술한 한자어 분류사전인데 기술조차도 한문으로 되어 있다. 한 예를 들면 "札[簡─又署也○夭死曰─] 吏札 [薛聰以俚語製─行於官府公簿(麗史)]"와 같이 그 서술방식이 언어사전이라기보다는 백과사전에 가까운 방식이다.

이규경(1788~?)의 60권으로 된 방대한 『오주연문장전산고』에도 언어, 문자 관련 논설들이 상당히 많다. 음운학(운학변증설, 운학즉음학변증설, 자운, 언문변증설, 반절번뉴변증설, 경세구결본국정운변증설 등), 문자학(소학고금이학변증설, 자학집성변증설, 자서자수변증설, 남녀근자상형변증설, 동국토속자변증설, 역대문자변개변증설 등), 어휘(미어변증설, 경전이속마명변증설, 동방고어변증설, 어록변증설, 이두방언약우자 등), 서지 등의 내용을 담고 있다. 의문스러운 항목이나 잘못된 항목을 고증해서 바로잡으려 하였다. 그는 문자학과 음운학에도 밝았고 어휘에 대해서도 깊은 관심이 있었다.

앞에서 지적하였듯이 조선 후기로 접어들면서 관심의 폭이 넓어져서인지 아니면 학문직 경향 때문인지 개인의 문집 속에 언어 문자 관련 기사들이 들어 있는 경우가 많다. 또한 농서들이나 의학서들 속에는 곡물이나 향약의 이름 등이 실리곤 했는데 『금양잡록』 이후로 시대를 따라 내려오면서 새로운 곡명들이 추가되기도 하였다. 이러한 어휘정리 자료들은 어휘론적 검토가 포함되지 않은 자료이기 때문에 이번 국어학사 자료의 정리에는 넣을 수가 없다. 그리하여 그 속에서 추려 해제를 한 것들이 여럿 있다.

8. 마무리

조선시대의 어학사를 개관해 보면 그 흐름은 그리 복잡하지 않음을 쉽게 알 수 있다. 훈민정음이란 새로운 문자체계의 배경이 된 언어이론이 중국음운학이었기에 이와 관련된 연구들이 자연스럽게 이어졌다. 그러나 그것은 한자음 정리라는 실용적인 데에 집중되었던 것이다. 한문 위주의 문자생활을 하던 당시 사회 속에서 훈민정음의 보급은 더딜 수밖에 없었다. 그러기에 이 새로운 문자체계를 보급하기 위한 노력이 있을 수밖에 없었을 것이고 이를 통해 당시에 어울리는 문자의 보급 방식을 택하곤 했던 것이다. 이른바 '언문자모'가 그것이었다.

조선 중기에 들면서 음운학이 다시 일면서 운도와 운서의 편찬이 또 시작되는데 화음과 동음의 대역사전이었다. 그것은 크게 보면 조선 초기의 전통을 잇는 것이었다. 다시금 당시의 현실 한자음 중심의 대역사전이 나오는 데에는 이로부터 긴 시간이 걸리지는 않았다. 한자음 즉 동음을 중국음 즉 화음과 함께 언자로 표시하기 위해서 늘 언문자모의 체계를 연구하지 않으면 안 되었는바, 운도나 운서의 편찬에 앞서 언문자모를 연구하곤 하였다. 이러는 가운데 언문의 기원에 대한 다양한 견해 예컨대 훈민정음에서와는 차이가 있는 발음기관 상형설이라든가 한자의 음과 뜻까지 언문자모에 결부시키려는 언문훈의설 등이 그것이었다. 조선 중기에 나타난 고증적인 연구는 음운으로부터 어휘에로 관심이 넓혀졌지만 역시 사고는 대역적 또는 대조적이었다. 그리고 음운학에서의 정음 정성 사상에 어울리게 어휘에 있어서도 정확한 사용을 지향하였다. 어휘의 정확한 사용은 자연히 고증을 통해 정확한 의미를 파악하려고 노력을 하게 되었고 이로부터 때로는 어원적인 탐색도 나타나게 되었다. 이것은 조선시대의 학문 즉 경학 특히 소학으로부터 출발하면서 실학의 방법까지 도입함으로써 활기를 띠게 되었을 것이다. 어휘를 비롯한 언어 자료를 수집하고 연구하면서 그 어휘의 폭도 넓어졌는데 그 대표적인 예가 의성어와 같은 인간 심성의 표현 자료였다. 근대적 사고의 단면을 보여 준 것이라 할 수 있다. 지식의 다양성은 백과사전을 필요로 할 터인데 이런 백과사전식의 유설 속에는 자연히 이전보다 다양한 언어 문제를 다루게 되었다. 문집 속의 그것도 이러한 경향을 띤 것들이 등장하게 되었다. 조선 후기에는 화음으로부터 벗어나고 한자음도 우리말로 한정시키게 되어 조선 초기와 중기를 통해 면면히 흘러오던 화음 중심의 대조적인 인식에서도 벗어나 심지어 우리의 방언에 대해서까지 관심을 보이기 시작했다.

이러한 과정을 거치면서 개항기 이후로는 좀 더 근대적인 시기로의 과도적 모습을 보였는데 그 대표적인 예가 사전이었다.

출처: 미발표 원고

붙임: 이 개관은 전통적인 국어학사 서술을 따르되 문헌들을 더 찾아 추가해 보았다. 이 문헌들의 발굴은 방언 채집하던 지역의 사사로운 것들, 규장각 소장 자료나 문집총간 등으로부터 모은 것들 그리고 개인적인 것들 등이었다. 원래의 의도는 국어학사 서술에 맞추어 자료들을 함께 소개하려 하였다. 새로이 서술된 문헌들의 학술사상의 가치 평가는 후일로 미루고, 국어학사를 조금 새롭게 정리하려 하였다. 개인적인 사정으로 학교를 물러나면서 손을 대기는 정말 어려웠다.

이 작업을 위해 함께 참여한 장소원 교수를 비롯해 정우택·김동준·김 현·백승호 여러 교수들께 고맙다는 인사를 오랜 세월이 흐른 지금에야 나눈다. 특히 이 작업을 추진해 주고 내게는 벌써 없어져 버린 파일을 보관했다가 전해 준 장소원 교수께 고마운 인사를 전한다. 많은 부분을 새로 검토해서 수록해야겠지만 이제 많은 세월이 흘러 머리가 반짝하지를 못해 어학사 해설 부분만을 옛 모습 그대로 여기 싣는다.

조선시대 국어학사 관련 주요 참고 문헌

강신항(1957), 조선 중기 국어학사 시론, 국어연구.

강신항(1963), 훈민정음해례 이론과 성리대전과의 연관성, 『국어국문학』 26, 국어국문학회.

강신항(1965), 신경준의 학문과 생애, 『성대문학』 11, 성균관대.

강신항(1966), 사성통해 권두의 자모표에 대하여, 『가람이병기박사 송수논문집』, 삼화출판사.

강신항(1967), 『운해훈민정음 연구』, 한국연구원.

강신항(1969), 사성통해, 『한국의 명저』, 현암사.

강신항(1969), 한국운서에 대한 기초적 연구: 화동정음통석운고를 중심으로 하여, 『성균관대 논문집』 14, 성균관대.

강신항(1970), 한국운서 연구: 삼운성휘와 규장전운을 중심으로, 『성대문학』 15·16 합집, 성균관대.

강신항(1972), 사성통해의 편찬경위, 『민태식박사 고희기념논총』, 동교민태식박사

고희기념논총발간위원회.

강신항(1972), 사성통해의 음계音系 연구 서설,『진단학보』34, 진단학회.

강신항(1973), 사성통해의 운류,『동양학』3, 단국대 동양학연구소.

강신항(1973),『사성통해 연구』, 신아사.

강신항(1973), 사성통해의 성류,『성균관대 논문집』17, 성균관대.

강신항(1974),『훈민정음(역주)』, 신구문화사.

강신항(1982), 이규경의 언어·문자 연구,『대동문화연구』16, 성균관대 대동문화
연구원.

강신항(1985), 홍무정운역훈 가운의 한글 표음자에 대하여,『선오당김형기선생 팔
질기념국어학논총』, 창학사.

강신항(1986), 주영편 내 훈민정음 관계기사에 대하여,『봉죽헌박봉배박사 회갑기
념논문집』, 배영사.

강신항(1987),『훈민정음연구』, 성대출판부. [증보판 1990]

강신항(1988),『국어학사』(증보개정판), 보성문화사.

강신항(1989), 홍무정운역훈 운모음의 한글 표음자에 대하여,『이정정연찬선생 회
갑기념논총』, 탑출판사.

강신항(1989), 훈세평화에 대하여,『대동문화연구』24, 성균관대 대동문화연구원.

강신항(2000),『한국의 역학』, 서울대학교 출판부.

강신항(2000),『한국의 운서』(국어학총서 2, 국어학회), 태학사.

강신항(2000), 언문지에 나타난 유희의 음운 연구,『유희의 생애와 국어학 자료집』,
한국어문교육연구회.

강신항(2002), 신숙주의 음운학,『어문연구』30-4, 한국어문교육연구회.

강신항(2003),『훈민정음 연구』(수정증보판), 성균관대 출판부.

강윤호(1969), 언문지 해제,『한국의 명저』, 현암사.

강전섭(1972), 유서필지에 대하여,『어문학』27, 어문학회.

강창석(1996), 한글의 제자원리와 글자꼴,『새국어생활』6-2, 국립국어연구원.

강헌규(1986), 박경가의 동언고에 나타난 어원설의 고찰,『한국언어문학논총』, 호
서문화사.

강헌규(1988),『한국어 어원연구사』, 집문당.

강헌규(2003),『국어어원학통사』, 이회문화사.

강호천(1993), 서경덕의 성음해 연구, 『어문논총』 8·9, 청주대.

고영근(1987), 서평 훈민정음 연구(강신항 저), 『국어생활』 10, 국어연구소.

구자균(1963), 근세적 문인 장혼에 대하여, 『문리논집』 7, 고려대.

권인한(1990), 왜학서류의 음절말 'ㅅ''ㄷ' 표기법 일고찰, 『진단학보』 70, 진단학회.

권재선(1985), 세종의 어제동국정운과 신숙주 등의 반절, 『인문과학연구』 3, 대구대.

권재선(1986), 강위의 동문자모분해와 의정국문자모분해의 별서 고증, 『영남어문학』 13, 영남대.

권재선(1988), 『훈민정음 해석 연구』, 우골탑.

권춘강(1961), 『동국정운계 언해한자음집람』, 이화여대 국어국문학회 국어학연구부.

권택룡(1987), 훈민정음운해 성모고, 『우정박은용박사 회갑기념논총』, 효성여자대학교 출판부.

금종훈(1986), 아언각비고: 취음어휘와 고유한자를 중심으로, 『국어학신연구』, 탑출판사.

김경탁(1965), 훈민정음을 통하여 본 역의 사상, 『중국학보』 4, 한국중국학회.

김계곤(1964), 훈민정음 원본 발견 경위에 대하여, 『보성』 3, 보성고교.

김광해(1989), 훈민정음과 108, 『주시경학보』 4.

김규철(1975), 훈민정음 연구: 초성자 제정과정을 중심으로, 『육군사관학교논문집』 13.

김근수(1959), 『교본훈몽자회(부색인)』(유인), 동국대.

김근수(1962), 훈민정음운해, 『국어국문학고서잡록』.

김근수(1962), 물명고, 『국어국문학고서잡록』.

김근수(1962), 아언각비, 『국어국문학고서잡록』.

김근수(1962), 동언고략, 『국어국문학고서잡록』.

김근수(1962), 광재물보 해제, 『국어국문학고서잡록』.

김근수(1962), 언문지, 『국어국문학고서잡록』.

김근수(1962), 역어유해, 『국어국문학고서잡록』.

김근수(1962), 왜어류해, 『국어국문학고서잡록』.

김근수(1970), 물명고와 물보 해제, 『도협월보』 11-8, 한국도서관협회.

김근수(1972), 재물보 해제: 귀중도서 해제, 『국학자료』 6.

김근수(1974), 이만영 편 재물보, 『한국학』 2.

김근수(1974), 유희 저 물명고,『한국학』2.

김근수(1974), 전운옥편,『한국학』2.

김근수(1977), 훈몽자회의 어학적 고찰 서설,『한국학』15 · 16.

김근수(1979),『훈몽자회연구』, 청록출판사.

김동언(1985), 훈민정음 국역본의 번역시기 문제,『한글』189, 한글학회.

김동준(2004), 호산전서 소재 국어학사 관련 자료의 내용과 성격,『애산학보』30, 애
　　　　산학회.

김두찬(1985), 금양잡록의 몇 향명 어원에 대하여,『국어국문학』94, 국어국문학회.

김두황(1990), 훈몽자회 범례의 자모배열 순서에 대하여,『청파서남춘교수 정년퇴
　　　　임기념 국어국문학논문집』, 경운출판사.

김무림(1991), 홍무정운 주석의 음운론적 연구, 고려대 박사학위논문.

김무림(1998), 번역노걸대박통사 범례의 새김과 해설,『한국어학』7, 한국어학회.

김무림(1999),『홍무정운역훈 연구』, 월인.

김민수(1956), 훈몽자회 해제,『한글』119, 한글학회.

김민수(1957), 훈민정음 해제,『한글』121, 한글학회.

김민수(1957),『주해 훈민정음』, 통문관.

김민수(1957), 사성통해,『한글』122, 한글학회.

김민수(1958), 해제 동국정운,『한글』123, 한글학회.

김민수(1980),『신국어학사(전정판)』, 일조각.

김민수(1981), 강위의 동문자모분해에 대하여,『국어학』10, 국어학회.

김민수(1985), 훈민정음(해례)의 번역에 대하여,『말』2, 연세대.

김민수(1990), 언음첩고,『정신문화연구』13-1, 한국정신문화연구원.

김민수(2000), 유희 선생의 생애와 학문,『유희의 생애와 국어학 자료집』, 한국어문
　　　　교육연구회.

김방한(1966), 삼학역어 · 방언집석 고,『백산학보』1, 백산학회.

김방한(1971), 몽어유해 해제,『영인본 몽어유해』, 서울대 출판부.

김병제(1984),『조선어학사』, 과학,백과사전출판사.

김석득(1971), 훈민정음해례의 언어학적 분석: 이원론적 변별적자질론 및 언어철학
　　　　적 이해,『한글학회 50돌 기념논문집』, 한글학회.

김석득(1972), 경세훈민정음도설의 역리적 구조,『동방학지』13, 연세대.

김석득(1975), 『한국어연구사』, 연세대학교 출판부.

김석득(1983), 『우리말연구사』, 정음문화사.

김석득(1984), 훈민정음해례의 각자병서와 15세기 형태자질과의 관계: 15세기 된소리 음소의 기능부담량 측정을 위하여, 『동방학지』 42, 연세대.

김석환(1978), 『(현토주해) 훈민정음』, 보령 활민당.

김승곤(1989), 세종어제 훈민정음 'ㄱ, ㅋ, ㅇ'들은 어떻게 읽을 것인가?, 『한글새소식』 201, 한글학회.

김영덕(1956), 훈민정음 서문고, 『호서문학』 3.

김영만(1981), 유서필지의 이두 연구, 단국대 석사학위논문.

김영신(1977), 존경각본 훈몽자회 새김의 색인, 『수련어문논집』 5, 부산여대.

김영환(1987), 해례의 중세적 언어관, 『한글』 198, 한글학회.

김영황(1965), 훈민정음의 음운이론, 『조선어문』 1.

김영황(1996), 『조선어학사연구』, 김일성종합대학출판사.

김완진(1972), 세종대의 언어정책에 대한 연구, 『성곡논총』 3, 성곡언론문화재단.

김완진(1975), 훈민정음 자음자와 가획의 원리, 『어문연구』 7·8, 한국어문교육연구회.

김완진(1983), 훈민정음 제자 경위에 대한 새 고찰, 『김철준박사 화갑기념사학논총』, 지식산업사.

김완진(1984), 훈민정음 창제에 관한 연구, 『한국문화』 5, 서울대 한국문화연구소.

김완진(1999), 『음운과 문자』, 신구문화사.

김용섭(1988), 금양잡록과 사시찬요초의 농업론, 『겨레문화』 2.

김웅배(1984), 병서음가 고찰을 위한 훈민정음의 재검토, 『인문과학』 1, 목포대.

김윤경(1931), 언문지에 대하여, 『학등』 14.

김윤경(1935), 훈민정음에 나타난 철자법 규정, 『한글』, 조선어학회.

김윤경(1938), 『조선문자급어학사』, 조선기념도서출판관.

김윤경(1938), 류선생의 학설: 언문지에 나타난, 『한글』 6-3, 조선어학회.

김인경(1986), 화동정음통석운고고(其二), 『동천조건상선생 고희기념논총』, 형설출판사.

김정육(1964), 訓蒙字會 漢字音 硏究, 臺灣 政治大學 碩士學位論文.

김정헌(1982), 훈몽자회 한자음 연구, 중앙대 석사학위논문.

김종권(1976), 『아언각비 역주』, 일지사.

김지용(1966), 존경각본 훈몽자회,『한글』138, 한글학회.

김진규(1989), 훈몽자회의 동훈어 연구, 인하대 박사학위논문.

김차균(1985), 훈민정음해례의 모음체계,『선오당김형기선생팔질기념 국어학논총』, 창학사.

김차균(1988), 훈민정음의 성조,『어연총서』1, 전남대 한신문화사.

김철헌(1957), 동국정운 운모고,『국어국문학』21, 국어국문학회.

김 현(2004), 설계수록의 국어학사적 의의,『애산학보』30, 애산학회.

긴형주(1961), 유서필지 해제,『효원』4, 부산대.

김희진(1987), 훈몽자회의 어휘적 연구: 자훈의 공시적 기술과 국어사적 변천을 중심으로, 숙명여대 박사학위논문.

김희진(1988), 훈몽자회의 어휘교육에 관한 고찰(1): 명사 자훈의 유의관계 구조를 중심으로,『어문연구』59 · 60, 한국어문교육연구회.

남광우(1956), 자모배열에 대하여: 훈몽자회 범례를 중심으로,『한글』119, 한글학회.

남광우(1958), 훈몽자회 색인,『경희대 논문집』1.

남광우(1959),『훈몽자회 색인』, 중앙대 국어국문학회.

남광우(1962), 왜어유해 색인,『어문논집』2, 중앙대.

남광우(1966),『동국정운식 한자음 연구』, 한국연구원.

남광우(1966), 훈몽자회의 음 · 훈 연구,『가람이병기선생 송수기념논총』, 삼화출판사.

남광우(1974), 서명응 등 찬 규장전운,『한국학』2.

남기탁(1988), 훈몽자회 신체부 자훈 연구, 중앙대 박사학위논문.

도수희(1992), 유희의 언문지에 대하여,『훈민정음과 국어학』, 전남대 출판부.

류 렬(1948),『풀이한 훈민정음』, 보신각.

류 렬(1948), 훈민정음 원본의 발견 및 유래,『홍익』1, 홍익대.

류 렬(1958), 훈민정음이란 어떤 책인가,『말과 글』5.

류 렬(1961), 훈민정음(해례),에 대하여,『조선어학』4.

맹익재(1988), 다산의 물명고에 대한 국어학적 연구, 단국대 교육석사학위논문.

문효근(1986), 훈민정음의 종성부용초성의 이해: 종성해와의 관련에서,『한글』193, 한글학회.

민영규(1956), 삼역총해 해제,『영인본 팔세아 · 소아론 · 삼역총해 · 동문유해』, 동방학연구소.

민충환(1980), 훈몽자회·신증유합·천자문의 비교연구, 인하대 교육대학원 석사학위논문.

박갑수(1978), 동언고략의 표음표사경향,『선청어문』9, 서울대 국어교육과.

박갑수(1978), 동언고략의 네 이본고,『국어학』7, 국어학회.

박병채(1972), 이기문저 훈몽자회연구,『인문논집』17, 고려대.

박병채(1972), 훈몽자회의 이본간 이음고,『아세아연구』15-1.

박병채(1972), 훈몽자회 이본간 이성조고,『국어국문학』55·56·57 합병호, 국어국문학회.

박병채(1973), 홍무정운역훈의 판본에 대한 고찰,『인문논총』5-4, 고려대.

박병채(1973), 洪武正韻譯訓の板本について,『朝鮮學報』29·30 合併號.

박병채(1974), 원본 홍무정운역훈의 결본 복원에 관한 연구,『아세아연구』51, 고려대.

박병채(1975), 홍무정운역훈의 속음고,『인문논총』18, 고려대.

박병채(1976),『역해 훈민정음』, 박영사.

박병채(1982), 홍무정운역훈의 고운주기에 대하여,『어문논총』23, 고려대.

박병채(1983),『홍무정운역해의 신연구』, 고려대 민족문화연구소.

박병채(1983), 홍무정운역훈의 발음주석에 대하여,『한국어문학논총』(추강황희영 박사 송수기념), 집문당.

박병철(1984), 훈몽자회 자석연구: 희귀 난해 자석을 중심으로, 인하대 석사학위논문.

박성훈(1987), 홍무정운역훈의 일고찰: 운자의 오각에 대하여,『국제어문』8, 국제어문학회.

박성훈(1987), 홍무정운역훈의 통용운목 중 표기상의 오류와 그 유형,『동양학』17, 단국대 동양학연구원.

박수천(1993), 지봉유설 문장부 연구, 서울대 박사학위논문.

박승도(1936), 훈민정음중간발,『정음』16.

박승빈(1934), 훈민정음 원서의 고구,『정음』4.

박종국(1976),『주해 훈민정음』, 정음사.

박종국(1983), 훈민정음 예의에 관한 연구: 그 해석과 이본간의 오기에 대하여, 건국대 석사학위논문.

박종국(1983), 훈민정음 이본간에 나타난 예의의 몇 가지 문제,『문호』8, 건국대.

박종국(1984),『세종대왕과 훈민정음』, 세종대왕기념사업회.

박지홍(1979), 한문본 훈민정음의 번역에 대하여, 『한글』 164, 한글학회.

박지홍(1979), 『풀이한 훈민정음』, 과학사.

박지홍(1981), 어제훈민정음의 연구 어제훈민정음편, 『동방학지』 36·37 합병호, 연세대.

박지홍(1984), 『풀이한 훈민정음 연구 주석』, 과학사.

박지홍(1986), 훈민정음 제정의 연구: 자모의 차례 세움과 그 제정, 『한글』 191, 한글학회.

박지홍(1986), 원본 훈민정음의 짜임 연구: 예의와 꼬리말의 내용 겨줌, 『석당논총』 12, 동아대.

박지홍(1987), 훈민정음을 다시 살핀다: 번역을 중심으로, 『한글』 196, 한글학회.

박지홍(1988), 훈민정음에 나타나는 역학적 배경, 『훈민정음의 이해』 (신상순 외 편, 한신문화사.

박지홍(1999), 훈민정음창제와 정의공주, 『세종성왕 육백돌』, 세종대왕기념사업회.

박창해(1969), 훈몽자회 해제, 『한국의 명저』, 현암사.

박추현(2000), 영정조간 세 운서의 한국한자음고-화동정음통석운고·삼운성휘·규장전운, 『중국언어연구』, 한국중국언어학회.

박태권(1959), 유희의 어학사적 위치, 『문리대학보』 2, 부산대.

박태권(1967), 노박집람 소고, 『국어국문학』 34·35 합병호, 국어국문학회.

박태권(1968), 노박집람 연구, 『이숭녕박사 송수기념논총』, 을유문화사.

박태권(1983), 훈몽자회와 사성통해 연구, 『국어국문학』 13, 부산대.

박홍길(1996), 국어어휘사 연구 자료 목록, 『동의어문론집』 9, 동의대.

방종현(1934), 삼운통고, 『한글』 3-2, 조선어학회. [재수록 『일사국어학논집』]

방종현(1935), 훈민정음, 『한글』 20, 조선어학회.

방종현(1945), 훈민정음의 서문을 읽으며, 『민중조선』 1.

방종현(1946), 『해석 원본 훈민정음』, 진학출판협회.

방종현(1946), 훈민정음사략, 『한글』 97, 조선어학회.

방종현(1947), 훈민정음과 훈몽자회와의 비교, 『국학』 2, 국학대.

방종현(1948), 『훈민정음통사』, 일성당서점.

방종현(1948), 훈몽자회발, 『영인본 훈몽자회』, 동국서림.

방종현(1948), 『훈민정음통사』, 일성당서점.

방종현(1954), 훈몽자회고,『동방학지』1, 연세대.

방종현(1963), 사성통해 연구,『일사국어학논집』, 민중서관.

방종현(1963),『일사국어학논집』, 민중서관.

방학수(1985), 재물보에 대한 국어학적 연구, 단국대 교육석사학위논문.

배윤덕(1988), 신경준의 운해 연구: 사성통해와 관련하여, 연세대 석사학위논문.

배윤덕(1999), 화동정음통석운고 연구,『선청어문』27, 서울대 국어교육과.

서병국(1964), 훈민정음해례본의 제자해 연구: 제자원리를 중심으로,『경북대논문집』8.

서병국(1973),『신강국어학사』, 형설출판사.

서병국(1975),『신강 훈민정음』, 경북대 출판부.

서병국(1981),『신강 훈민정음』, 학문사.

서재극(1991), 훈민정음의 모자지음,『국어의 이해와 인식』(갈음김석득교수 회갑기념논문집), 한신문화사.

성원경(1969), 切韻指掌圖與訓民正音(韓字),別字解例之理論關係-以五音與五聲配合上之差異爲根據 反攻 323 臺北 國立編譯館 1-6.

성원경(1970), 훈민정음제자이론과 중국운서와의 관계,『학술지』11, 건국대 학술연구원.

성원경(1971), 동국정운과 홍무정운역훈 음의 비교 연구,『학술지』15, 건국대 학술연구원.

성원경(1974), 훈민정음제자해 초성고,『문리논총』3, 건국대.

성원경(1975),『동국정운 색인』, 건국대 출판부.

성원경(1976), 홍무정운역훈에 있어서의 문제점,『한불연구』3, 연세대.

성원경(1985), 숙종어제 훈민정음(후)서 내용 고찰,『멱남김일근박사 회갑기념어문학논총』.

성원경(1989), 한국에서 최초로 한자에 표음한 동국정운고,『인문학논총』21, 건국대.

성원경·김승곤(1974),『해제 자류주석』, 건국대 출판부.

손성우(1972), 동국정운의 발견과 영인에 대하여,『서지학』5.

손혜선(1996), 곡물명의 차자표기 고찰: 금양잡록과 산림경제, 수원대 석사학위논문.

송기중(1985), 몽어유해 연구,『역사언어학』(김방한선생 회갑기념논문집), 전예원.

송기중(1988), 18세기 조선조 몽학관들이 이해한 몽고어 문법: 몽어유해 부록 어록해

　　　　　를 중심으로, 『한국학의 과제와 전망』, 한국정신문화연구원.

송　　민(1968), 방언집석의 일본어 행음 전사법과 왜어유해의 간행시기, 『이숭녕박
　　　　　사송수기념논총』, 을유문화사.

신경철(1984), 물명고의 동물명 어휘고, 『상지실업대학논문집』 3.

신경철(1984), 물명고의 무생물명 어휘고, 『상지실업대학논문집』 5.

신경철(1985), 물명고의 식물명 어휘고, 『선오당김형기선생 팔질기념국어학논총』,
　　　　　창학사.

신경철(1987), 물명고의 어휘 고찰, 『한국언어문학』 25, 한국언어문학회.

신경철(1993), 『국어 자석 연구』, 태학사.

신병주(1994), 19세기 중엽 이규경의 학풍과 사상, 『한국학보』 20, 일지사.

신상순·이돈주·이환묵(1988), 『훈민정음의 이해』(전남대 어학연구소), 한신문화사.

신정아(1958), 훈몽자회란 어떤 책인가, 『말과 글』 6.

신창순(1975), 훈민정음에 대하여, 『국어국문학』 12, 부산대.

신창순(1990), 훈민정음 연구문헌목록, 『정신문화연구』 13-1, 한국정신문화연구원.

신한승(1985), 훈몽자회 예산본·동중본 방점에 관한 고찰, 성균관대 석사학위논문.

심우준(1974), 사성통해, 『한국학』 2.

심재금(1981), 훈민정음 연구, 이화여대 교육대학원 석사학위논문.

심재기(1981), 이의봉의 동한역어에 대하여, 『선청어문』 11·12 합집, 서울대 국어
　　　　　교육과.

심재기(1990), 송남잡식의 방언류에 대하여, 『강신항교수 회갑기념국어학논총』, 태
　　　　　학사.

심재기(1991), 근대국어의 어휘체계에 대하여: 역어류해의 분석을 중심으로, 『국어
　　　　　학의 새로운 인식과 전개』(김완진선생 회갑기념논총), 민음사.

안병호(1959), 전운옥편에서의 한자의 표음, 『조선어문』 3.

안병희(1970), 숙종의 훈민정음후서, 『낙산어문』 2, 서울대.

안병희(1976), 훈민정음의 이본, 『진단학보』 42, 진단학회.

안병희(1979), 중세어의 한글자료에 대한 종합적 연구, 『규장각』 3, 서울대 도서관.

안병희(1986), 훈민정음해례본의 복원에 대하여, 『국어학신연구』, 탑출판사.

안병희(1990), 훈민정음의 제자원리에 대하여, 『강신항교수 회갑기념논총』, 태학사.

안병희(1990), 훈민정음 언해의 두어 문제, 『벽사이우성선생 정년퇴직기념 국어국

문학논총』, 여강출판사.

안병희(2002), 훈민정음(해례본), 삼제,『진단학보』93, 진단학회.

안병희(2004), 세종의 훈민정음 창제와 그 협찬자,『국어학』44, 국어학회.

안춘근(1968), 동언고 저자고,『국회도서관보』44.

안춘근(1973), 석범음운(언음)첩고 저자고,『국학자료』7.

안춘근(1983), 훈민정음해례본의 서지학적 고찰,『한국어계통론 · 훈민정음연구』, 집문당.

안태종(1981), 훈몽자회 성조의 비교연구, 인하대 석사학위논문.

양연희(1976), 물명유고에 관한 고찰: 어휘, 음운과 문자표기를 중심으로,『국어교육연구회논문집』14, 한국국어교육연구학회.

양주동(1940), 신발견 훈민정음에 대하여,『정음』36.

여찬영(1987), 훈민정음의 언해에 대한 관견,『우정박은용박사 회갑기념 한국어학과 알타이어학』, 효성여대 출판부.

왕한석(1970), 훈민정음에 보이는 우리말 어휘의 변천 시고,『선청어문』1, 서울대 국어교육과.

왕한석(1989), 아언각비의 한국 친족용어의 논의에 대하여,『이용주박사회갑기념 논문집』, 한샘.

원응국(1962), 훈민정음에 대한 어음론적 고찰,『조선어학』1.

원응국(1963), 훈민정음의 철자원칙,『조선어학』4.

유재영(1990), 시경언해의 물명,『어문연구』20, 충남대.

유정기(1968), 훈민정음의 철학적 체계,『동양문화』6 · 7, 영남대.

유정기(1970), 철학적 체계에서 본 훈민정음고,『현대교육』17.

유창식(균)(1957), 훈음종편에 대하여,『국어국문학연구』1, 청구대.

유창식(균)(1958), 금만우재의 한글 학설(자료),『국어국문학연구』2, 청구대.

유창균(1959), 연곡과 그의 성운연구,『국어국문학연구』3, 청구대.

유창균(1959), 동국정운에 나타난 모음의 특색: 특히 훈민정음 모음조직의 본질을 규명하기 위하여,『청구대 논문집』2.

유창균(1959),『국어학사』, 영문사.

유창균(1959), 왜어유해 역음고: 국어사의 입장에서,『어문학』5, 어문학회.

유창균(1962), 경세정운고,『청구대 논문집』5.

유창균(1963), 훈민정음 중성체계 구성의 근거, 『어문학』 10, 어문학회.

유창균(1965), 동국정운 연구: 운모자 책정의 원류, 『어문학』 12, 어문학회.

유창균(1965), 동국정운 연구: 91운의 성립과 그 배경, 『진단학보』 28, 진단학회.

유창균(1966), 동국정운서고, 『아세아연구』 22, 고려대 아세아연구소.

유창균(1966), 동국정운 연구 서설, 『동양문화』 5, 영남대.

유창균(1966), 『동국정운연구(연구편 復原篇)』, 형설출판사.

유창균(1966), 원교의 오음정에 대하여, 『어문연구』 1, 대구대.

유창균(1966), 상형이자방고전에 대하여, 『진단학보』 29·30 합병호, 진단학회.

유창균(1967), 동국정운식 한자음의 기층에 대한 시론, 『진단학보』 31, 진단학회.

유창균(1968), 국어학사의 개념규정에 대하여, 『행정이상헌선생 회갑기념논문집』,
　　　형설출판사.

유창균(1968), 사마광司馬光의 절운도에 대하여, 『이숭녕박사 송수기념논총』, 을유문
　　　화사.

유창균(1968), 고금운회거요의 반절과 동국정운과의 비교, 『동양문화』 8, 영남대.

유창균(1968), 국어학사의 시대구분에 대한 관견, 『동양문화』 6·7, 영남대.

유창균(1968), 고금운회古今韻會의 반절과 동국정운의 비교, 『동양문화』 8, 영남대.

유창균(1969), 사성통해에 반영된 몽고운략, 『김재원박사 회갑기념논문집』, 을유문
　　　화사.

유창균(1969), 『신고국어학사』, 형설출판사.

유창균(1970), 몽고운략의 재구와 그 실제, 『영남대논문집』 3, 영남대.

유창균(1972), 몽고운략 재구를 위한 자료, 『국어국문학연구』 14, 영남대.

유창균(1973), 사성통고 재구의 실제적 문제, 『어문학』 29, 어문학회.

유창균(1974), 『훈민정음』, 형설출판사.

유창균(1974), 사성통해 음뮵의 본질에 대하여, 『한국학논총』(하성이선근박사 고희
　　　기념논총), 형설출판사.

유창균(1975), 『몽고운략과 사성통고의 연구』, 형설출판사.

유창균(1980), 선암서원장판 예부운략에 대하여, 『한국학논총』 7, 계명대.

유창균·강신항(1961), 『국어학사』, 민중서관.

유창돈(1958), 언문지 전주, 『신흥대논문집』 1.

유창돈(1958), 『언문지주해』, 신구문화사.

유탁일(1962), 훈몽자회 판본에 대하여,『연구논문집』12, 영남연합.

윤병태(1974), 장혼 찬 몽유편 해제,『국학자료』18.

윤인현(1986), 운회옥편의 고금운회거요에 대한 색인성索引性, 중앙대 석사학위논문.

윤정하(1938), 훈민정음후서 숙종대왕,『정음』22.

이가원(1960), 물보와 실학사상,『인문과학』5, 연세대.

이강민(1992), 방언집석과 왜어유해,『국어국문』61-9, 京都大.

이광호(1988), 훈민정음 신제이십팔자의 성격에 대한 연구,『배달말』13, 배달말학회.

이광호(1989), 훈민정음 해례본의 문자체계에 대한 해석,『어문학논총』8, 국민대.

이광호(2006), 훈민정음 해례본에서의 본문(예의)과 해례의 내용 관계 검토,『이병근
　　　　선생퇴임기념 국어학논총』, 태학사.

이극로(1936), 훈민정음과 용비어천가,『신동아』54.

이극로(1942), 훈민정음과 용비어천가,『반도사화와 낙토만주』, 만선학해사.

이기동(1982), 전운옥편에 주기된 정속음에 대하여,『어문논집』23.

이기문(1971),『훈몽자회 연구』, 서울대 한국문화연구소.

이기문(1974), 훈민정음에 관련된 몇 문제,『국어학』2, 국어학회.

이기문(1975), 금양잡록의 곡명에 대하여,『동양학』5, 단국대 동양학연구소.

이기문(1976), 최근의 훈민정음 연구에서 제기된 몇 문제,『진단학보』42, 진단학회.

이기문(1977), 고금석림 해제,『고금석림(l)』, 아세아문화사.

이기문(1991),『국어 어휘사 연구』, 동아출판사.

이기문(1992), 훈민정음 친제론,『한국문화』13, 서울대 한국문화연구소.

이남덕(1973), 훈민정음과 방격규구사신경에 나타난 동방사상: 이정호역주 훈민정
　　　　음 훈민정음의 역학적 연구에 붙임,『국어국문학』62·63, 국어국문
　　　　학회.

이돈주(1979), 훈몽자회 한자음 연구, 전남대 박사학위논문.

이돈주(1979), 훈몽자회 한자음 연구,『전남대논문집』25.

이돈주(1980), 훈몽자회 한자음에서 발견된 중국의 영향에 대하여,『일산김준영선
　　　　생 회갑기념논총』, 형설출판사.

이돈주(1985), 한자 의미의 변별성과 국어 자석의 문제: 훈몽자회의 석과 하주를 중
　　　　심으로,『갈운문선규박사 화갑기념논문집』.

이돈주(1985), 훈몽자회의 해운작서에 대하여,『역사언어학』(김방한선생회갑기념

논문집), 전예원.

이돈주(1985), 훈몽자회의 편성에 대한 재검토,『선오당김형기선생 팔질기념국어
　　　학논총』, 창학사.

이돈주(1988), 훈민정음의 중국음운학적 배경,『훈민정음의 이해』(신상순 외 편, 전
　　　남대 어학연구소), 한신문화사.

이돈주(1988), 훈민정음의 해설,『훈민정음의 이해』(신상순 외 편, 전남대 어학연구
　　　소), 한신문화사.

이돈주(1988), '번역노걸대 박통사 범례'고(I),『어문논총』10, 전남대.

이돈주(1989), '번역노걸대 박통사 범례'고(II),『호남문화연구』18, 전남대.

이돈주(1989), 화동정음통석운고의 속음자에 대하여,『이숭녕선생 고희기념 국어
　　　학논총』, 탑출판사.

이돈주(1990), 訓民正音の創制と中國音韻學的理論の受容,『朝鮮語敎育(近畿大)』4.

이동림(1958), 동국정운 해제,『영인본 동국정운』, 통문관.

이동림(1963), 훈민정음의 제자상 형성문제,『무애양주동박사화탄기념논문집』, 탐
　　　구당.

이동림(1964), 동국정운의 연구: 특히 91운 23자모와 훈민정음 11모음 책정에 관하
　　　여,『동국대논문집』1 · 3 · 4 합병호.

이동림(1965), 동국정운 연구: 그 등운도 작성을 중심으로,『국어국문학』30, 국어
　　　국문학회.

이동림(1967), 유창균 저 동국정운 연구의 해석,『동악어문논집』5, 동악어문학회.

이동림(1969), 홍무정운역훈과 사성통해의 비교: 사성통고의 재구,『동국대논문집』6.

이동림(1970), 동국정운연구, 동국대 대학원.

이동림(1972), 훈민정음과 동국정운,『문화비평』4-1(12).

이병근(1986), 국어사전 편찬의 역사,『국어생활』7, 국어연구소.

이병근(1988), 훈민정음의 초종성체계,『훈민정음의 이해』(신상순 외 편, 전남대 어
　　　학연구소), 한신문화사.

이병근(1992), 근대국어 시기의 어휘정리와 사전적 전개,『진단학보』74, 진단학회.

이병근(1995), 지봉유설의 국어학사상의 성격,『대동문화연구』30, 성균관대 대동
　　　문화연구원.

이병근(2000), 유희(柳僖),『10월의 문화인물』, 문화관광부.

이병근(2004),『어휘사』, 태학사.

이병기(1940), 언음첩고 해설,『한글』8-9, 조선어학회.

이병주(1965), 노박집람 고구,『동국대논문집』2.

이병주(1966),『노박집람고』, 진수당.

이상백(1957),『한글의 기원』, 통문관.

이상혁(2002), 국어학사의 관점에서 바라본 유희의 언어관: 언문지를 중심으로,『한 국학논집』36, 한양대.

이성구(1984), 훈민정음의 철학적 고찰: 해례본에 나타난 제자원리를 중심으로,『명 지실업전문대논문집』8.

이성구(1985),『훈민정음 연구』, 동문사.

이성구(1986), 훈민정음 해례의 성 음 자의 의미,『봉죽헌박붕배박사 회갑기념논문 집』, 배영사.

이성구(1986), 훈민정음해례의 하도원리와 중성,『열므나이응호박사 환갑기념논문 집』, 한샘.

이숭녕(1955), 국어학사의 시대성논고: 훈민정음 문제를 주로 하여,『학총』1.

이숭녕(1956), 국어학사(1-7),『사상계』34-41, 사상계사.

이숭녕(1958),『세종의 언어정책에 관한 연구』, 고려대 아세아문제연구소.

이숭녕(1959), 홍무정운역훈에 관하여,『국어국문학』20, 국어국문학회.

이숭녕(1959), 홍무정운역훈의 연구,『진단학보』20, 진단학회.

이숭녕(1964), 황윤석의 이수신편의 고찰,『도남조윤제박사 회갑기념논문집』, 신아사.

이숭녕(1964), 최만리연구,『이상백박사 회갑기념논총』, 을유문화사.

이숭녕(1965), 최세진연구,『아세아학보』1, 영남대 아세아학술연구회.

이숭녕(1967), 세종대왕 연구에의 의의 제기: 특히 자료의 검토와 자의적 추상의 위 험성을 중심으로 하여,『전석재신부은경축기념논총』.

이숭녕(1968), 홍무정운역훈,『서향의 원』6.

이숭녕(1969), 황극경세서의 이조후기 언어연구에의 영향,『진단학보』32, 진단학회.

이숭녕(1969), 훈민정음,『한국의 명저』, 현암사.

이숭녕(1970), 지봉유설 해제,『지봉유설』, 경인문화사.

이숭녕(1970), 이조초기 역대왕객의 출판정책의 고찰,『한글』146, 한글학회.

이숭녕(1971), 홍무정운의 인식의 시대적 변모,『김형규박사 송수기념논총』, 일조각.

이숭녕(1971), 주자소 책방 정음청의 상호관계에 대하여, 『상은조용욱박사 송수기념논총』.

이숭녕(1971), 세종의 경학사상에 대하여, 『연파차상원박사 송수논문집』.

이숭녕(1974), 세종대왕의 언어정책사업의 은밀주의적 태도에 대하여: 특히 책방의 노출을 중심으로, 『한국학논총』(하성이선근박사 고희기념논총), 형설출판사.

이숭녕(1976), 『혁신국어학사』, 박영사.

이숭녕(1981), 『세종대왕의 학문과 사상』, 아세아문화사.

이을환(1982), 훈몽자회의 의미론적 연구, 『숙명여대논문집』 23.

이정호(1972), 훈민정음의 역학적 연구, 『충남대논문집』 11.

이정호(1974), 『역주 주해 훈민정음』, 아세아문화사.

이정호(1975), 훈민정음의 올바른 자체, 『국제대학논문집』.

이정호(1975), 『훈민정음의 구조 원리: 그 역학적 연구』, 아세아문화사.

이정호(1986), 『국문영문 해설 역주 훈민정음』, 보진재.

이종철(1981), 화음방언자의해에서 본 몇 가지 국어어원에 대하여, 『국어교육』 38, 한국어교육학회.

이춘녕(1969), 농사직설, 『한국의 명저』, 현암사.

이춘실(1972), 훈몽자회 이본간에 나타난 방점 연구, 경희대 석사학위논문.

이현규(1983), 훈민정음해례의 언어학적 연구: 형태소 표기론, 『한국어계통론·훈민정음연구』, 집문당.

이현희(2004), 이수광의 국어학적 인식에 대하여, 『진단학보』 98, 진단학회.

이희승(1937), 언문지 해제, 『한글』 5-1, 조선어학회.

이희승(1946), 문학사상 훈민정음의 지위, 『한글』 94, 조선어학회.

임경순(1989), 왜어유해에 나타난 한·일 한자음석의 비교연구(1), 『정산정익섭박사 정년기념논문집』.

임경조(1993), 자류주석의 사전학적성격과 언어적 성격, 『국어연구』 111, 서울대.

임만영(1976), 훈몽자회에 대한 고찰, 『충주공업고등전문학교논문집』 8-1.

임만영(1988), 훈음종편의 반절법, 『인산김원경박사 화갑기념논문집』.

임용기(1990), 훈민정음의 삼분법 형성과정, 연세대 박사학위논문.

임용기(1991), 훈민정음의 이본과 언해본의 간행시기에 광하여, 『국어의 이해와 인식』(갈음김석득교수 회갑기념논문집), 한국문화사.

임용기(1996), 삼분법의 형성 배경과 훈민정음의 성격,『한글』233, 한글학회.

임용기(1997), 삼분법과 훈민정음의 체계,『국어사연구』, 국어사연구회.

임용기(2003), 이른바 이체자 ㅇ ㄹ ㅿ의 제자 방법에 대한 반성,『한국의 문자와 문자연구』, 집문당.

임용기(2006), 훈민정음의 구조와 기능의 과학성,『이병근선생퇴임기념 국어학논총』, 태학사.

임홍빈(2006), 한글은 누가 만들었나,『이병근선생퇴임기념 국어학논총』, 태학사.

장기근(1967), 사성통해,『아세아학보』3.

장주현(1988), 훈몽자회의 어학적 연구, 청주대 석사학위논문.

장태진(1961), 권정선과 음경: 국어음운학사자료,『자유문학』6-1.

장태진(1983), 훈민정음서문의 언어계획론적 구조,『청남김판영박사 회갑기념논문집』, 동아출판사.

장태진(1988), 훈민정음 서문의 담화구조,『꼭 읽어야 할 국어학논문선』, 집문당.

전광현(1967), 십칠세기 국어의 연구,『국어연구』19, 서울대.

전광현(1983), 온각서록과 정음지역어,『국문학논집』11, 단국대.

전재호(1977), 삼역총해 색인,『어문논총』11, 경북대.

정경일(1984), 규장전운 연구, 고려대 석사학위논문.

정경일(1989), 화동정음통석운고 한자음성모 연구, 고려대 박사학위논문.

정경일(1990), 화동정음의 성격과 초성체계에 대하여,『어문논집』29, 고려대.

정경일(1991), 훈곡의 화동음원에 대하여,『민족문화연구』24.

정경일(1996), 화동정음의 운모체계: 화음을 중심으로,『어문논집』35, 고려대.

정경일(2000), 언문지에 나타난 국어 음운 연구,『새국어생활』10-3, 국립국어연구원.

정경일(2002),『한국운서의 이해』, 아카넷.

정 광(1989),『제본집성 왜어유해』, 태학사.

정 광(2006),『세종대왕의 사람들』, 제이엔씨.

정문기(1969), 자산어보,『한국의 명저』, 현암사.

정병설(2001), 조선 후기 동아시아 어문교류의 한 단면: 동경대 소장 한글번역본 옥교리를 중심으로,『한국문화』27, 서울대 한국문화연구소.

정병우(1981), 훈민정음 연구: 제자해를 중심으로, 원광대 석사학위논문.

정소문(1973), 화동정음통석운고: 나의 희관본,『도서관』182.

정양완(2000), 유희의 학문과 생애,『새국어생활』10-3, 국립국어연구원.

정양완·홍윤표·심경호·김건곤(1997),『조선후기한자어휘검색사전: 물명고·광재물보』, 한국정신문화연구원.

정연찬(1972),『홍무정운역훈의 연구』, 일조각.

정연찬(1977), 훈몽자회 석 음 동일자의 방점,『이숭녕선생 고희기념 국어국문학논총』, 탑출판사.

정연찬(1987), 욕자초발성을 다시 생각한다,『국어학』16, 국어학회.

정영호(1962), 최세진과 훈몽자회,『말과 글』7.

정우영(2001), 훈민정음 한문본의 낙장 복원에 대한 재론,『국어국문학』129, 국어국문학회.

정우택(1995), 몽예집의 국어학사상의 의의,『애산학보』16, 애산학회.

정우택(2004), 국어학사 자료로 본 언음첩고,『애산학보』30, 애산학회.

정우봉(2002),『근기실학연원제현집近畿實學淵源諸賢集(ll) 해제』, 성균관대 대동문화연구원.

정우상(1991), 훈민정음의 통사구조,『국어의 이해와 인식』(갈음김석득교수 회갑기념논문집), 한국문화사.

정인보(1937), 훈민정음운해 해제,『한글』15-4, 조선어학회.

정인승(1940), 고본훈민정음의 연구,『한글』82, 조선어학회.

정인승·성원경(1973), 동국정운 연구,『학술지』15, 건국대.

정제문(1989), 몽어유해에 보이는 원순모음 분포의 제약성,『알타이학보』1.

정 철(1954), 원본훈민정음의 보존경위에 대하여,『국어국문학』9, 국어국문학회.

정학모(1957), 훈몽자회,『조선어문』5.

정희선(1983), 훈민정음의 역학적 배경에 관한 일고찰, 중앙대 석사학위논문.

조윤제(1963), 사성통해의 양여,『현대문학』101.

조재윤(1978), 물명유고의 연구: 표기와 음운을 중심으로, 고려대 석사학위논문.

조항범 편(1994),『국어 어원연구 총설(1)(1910-1930)』, 태학사.

주시경(1913),『훈몽자회재간례 훈몽자회』, 조선광문회.

지교헌(1995), 설계수록 연구,『설계수록』, 한국정신문화연구원.

채 완(1982), 다산의 아언각비에 대하여,『한국학연구』1, 동덕여대.

채 완(1999), 훈몽자회와 맞춤법,『새국어생활』9-3, 국립국어연구원.

천혜봉(1972), 동국정운의 서지적 고찰,『도서관학보』1, 이화여대.

천혜봉(1973), 초간 완질의 동국정운: 서지학적 측면에 있어서의 고찰,『문화재』7.

최범훈(1974), 유서필지고,『새국어교육』18 · 19 · 20 합병호, 한국국어교육학회.

최범훈(1976), 자전석요에 나타난 난해자석에 대하여,『국어국문학』70, 국어국문
학회.

최범훈(1984), 훈몽자회의 난해 자석 연구(I),『경기대대학원논문집』1.

최범훈(1984), 훈몽자회의 난해 자석 연구(II),『목천유창균박사 환갑기념논문집』, 계
명대출판부.

최범훈(1985), 훈몽자회의 난해 자석 연구(III),『구수영박사 환갑기념논문집』, 형설
출판사.

최범훈(1985), 신발견 오자본 훈몽자회의 연구,『소당천시권박사 화갑기념 국어학
논총』, 형설출판사.

최범훈(1987), 금양잡록에 보이는 곡명穀名 차자표기고,『장태진박사 회갑기념 국어
국문학논총』, 삼영사.

최범훈(1987), 자산어보의 어명차용 표기 연구,『이상보박사 회갑기념논총』, 형설
출판사.

최범훈(1987), 주영편에 보이는 포르투갈어에 대하여,『한남어문학』13, 한남대 한
남어문학회.

최세화(1985), 대마 역사민속자료관 소장의 훈몽자회와 천자문,『불교미술』8.

최세화(1987), 병자본 천자문, 고성본 훈몽자회고,『말과 글』2.

최순희(1974), 아언각비,『국학자료』15.

최영애(1975), 洪武正韻硏究, 中華民國 國立臺灣大學, 中國文學硏究所 博士學位
論文.

최완호(1961), 유희의 물명고,『말과 글』7.

최완호(1961), 언어문학 유산: 최세진과 훈몽자회,『말과 글』2.

최현배(1942),『한글갈』, 정음사. [『고친 한글갈』1961]

한 결(1938), 언문지에 나타난 유희선생의 학설,『한글』6-3, 조선어학회.

한태동(1985), 동국정운 연구,『연세논총』21, 연세대.

허 웅(1974),『한글과 민족문화』, 세종대왕기념사업회.

홍기문(1940), 훈민정음의 각종본,『조광』6-10.

홍기문(1946),『정음발달사』, 서울신문사출판국.

홍순탁(1963), 자산어보와 흑산도방언,『호남문화연구』1, 전남대.

홍순혁(1946), 화어유초 소고,『한글』96, 조선어학회.

홍순혁(1947), 유서필지 소고,『한글』12-1, 조선어학회.

홍윤표(1983), 방언유석 해제,『영인본 방언유석』, 홍문각.

홍윤표(1985), 훈몽자회 해제,『영인본 훈몽자회』, 홍문각.

홍윤표(1985), 국어어휘문헌자료에 대하여,『소당천시권박사 화갑기념국어학논총』,
          형설출판사.

홍윤표(1993),『국어사문헌자료 연구』, 태학사.

홍윤표(1994),『근대국어연구(1)』, 태학사.

홍윤표(2000), 유희의 물명고,『유희의 생애와 국어학자료집』, 한국어문교육연구회.

홍이섭(1953), 정동유의 주영편이 보인 이국어에 취하여,『역사학보』4.

홍이섭(1971),『세종대왕』, 세종대왕기념사업회.

황희영(1974), 화동정음통석운고,『한국학』2.

邊瀅雨(1989), 華東正音通釋韻考 研究, 中華民國 國立政治大學 中國文學硏究所 碩
          士學位論文

高橋 亨(1960), 物名攷解說,『朝鮮學報』16.

陶山信男(1981~1982), 訓民正音 研究(其一~四),『愛知大學 文學論叢』66-69.

藤田亮策(1942), 衿陽雜錄と著者,『書物同好會會報』16.

小倉進平(1919), 訓民正音に就いて,『藝文』10-8.

小倉進平(1935), 三韻通考及び增補三韻通考について,『藤江博士論文集』.

小倉進平(1940),『朝鮮語學史』, 刀江書院.

岸田文隆(1990), 三譯總解 底本考,『알타이학보』2.

安田章(1958), 方言集釋小考,『朝鮮學報』89.

中村完(1961), 物名攷 索引,『朝鮮學報』20.

中村完(1979), 東國正韻の史的意義について,『朝鮮史論集(上) 旗田魏先生古稀紀
          念』, 龍溪書舍.

片茂鎭(1986), 倭語類解と交隣須知について,『岡山國文論考』14, 岡山大學.

片山隆三(1958), 衿陽雜錄の研究,『朝鮮學報』13.

河野六郎(1940), 東國正韻及び洪武正韻譯訓に就いて,『東洋文學』27-4.

河野六郎(1947), 新發見訓民正音に就いて,『東洋學報』31-2.

河野六郎(1959), 再び東國正韻に就いて,『朝鮮學報』14.

Fündling, D.(1987), *Tiermen in Hunmong chahoe*,『한국전통문화연구』, 효성여대.

Ledyard, G. K.(1966/1998), *The Korean Language Reform of 1446*, Doctoral Dissertation, University of Califonia, Berkeley.

Song, K. J.(1978), *Mongo Yuhae*(Categorical Explanation of the Mongolian Language), A Chinese-Korean-Mongolian Glossary of the 18th Century, Unpublished Ph. D. Dissertation, Inner Asian and Altaic Studies, Harvard University.

조선 중기의 국문 보급과 국어연구

1. 시대적 특성과 경향

현재까지 통설로 되어 있는 국어사의 시대구분이나 국어학사의 시대구분과는 달리 설정한 한국사의 시대구분에 따른 조선 중기(대략 16, 17세기) 기간은 15세기 중엽에 창제된 훈민정음이라는 우리 고유문자로서의 국문 창제에 이은 그 보급 확대의 시기요, 음운학 연구의 전개와 심화의 시기요, 그리고 실학사상에 자극받은 새로운 국어연구가 싹트기 시작한 시기요, 새로운 어휘정리를 시도한 시기이기도 하다. 이러한 국어·국문에 대한 관심이 꽃핀 시대는 조선 후기이기 때문에 조선 중기는 대체로 조선 후기로 넘어가는 교량적 역할을 한 시기로서의 특성과 경향을 보여 준다.

국문인 훈민정음이 창제됨에 따라 국한문혼용체의 가사를 포함한 한문본 『용비어천가』와 역시 국문 및 국한문의 용례를 포함한 한문본 『훈민정음』이란 해설서가 간행되고, 이어서 『석보상절』, 『월인천강지곡』, 『월인석보』 등의 불교 관계 책들이 국문 표기의 한자어에 한자를 하나하나 달든가 한자에 음을 국문으로 하나하나 달든가 하는 표기방식으로 간행되기 시작하였다. 간경도감에서 간행된 대부분의 책은 한자어만 한자로 표기한 국한문혼용체이기는 하나 다만 한자어의 한자 하나하나에 국문으로 음을 달아주는 현음

국한문혼용체懸音國漢文混用體의 방식을 취하였던 것이다. 불교 계통 이외의 책들도 『내훈』, 『삼강행실도』 등과 같이 마찬가지로 현음국한문혼용체로 간행되었다. 흔히 언해본에서 이루어진 조선 초기의 이러한 표기방식은 조선 중기를 거쳐 조선 후기에 이르기까지 면면히 이어져 온 가장 대표적인 표기방식이 되었던 것이다.[1]

한편 『용비어천가』의 국한문가사와 같이 번역문이 순수한 국한문혼용체로 된 『두시언해』도 있고 원간의 연대가 명확하지 않은 『백련초해』와 같이 한시의 매 한자에 일일이 석釋과 음音을 달고서 순수한 국문 전용을 한 경우도 있었다. 때로 국문으로 토(또는 구결)를 달기만 한 『원각경구결』, 『주역전의구결周易傳義口訣』 등과 같은 책도 간행되었다. 그런가 하면 『금양잡록』의 곡품穀品에서와 같이 곡물명을 이두와 국문 두 표기로 한 경우도 드물게 있었다. 공사문서는 여전히 이두를 썼다.

요컨대 훈민정음이 창제된 이래로 한문, 국한문 및 국문의 이들 세 표기방식이 글의 성격에 따라 선별적으로 쓰였던 것인데 조선 중기 또한 그러하다.

훈민정음이란 문자체계를 좀 더 적극적으로 그리고 직접적으로 보급하려는 노력도 있었다. 이미 『월인석보』 첫째 권의 첫머리에 『훈민정음』의 「예의」 부분을 국역하여 실은 바 있었는데, 이는 훈민정음이란 문자체계를 보인 부분으로 현음국한문혼용체로 되어 있는 『월인석보』를 읽고 이해하는 데에 국문의 해득이 필수적이었기 때문이었다. 한자의 뜻과 음을 국문으로 달도록 한 한자학습서 『훈몽자회』의 범례에 붙여 「언문자모」를 실었는데 이도 역시 같은 의도에서였다. 이런 문자 보급의 적극적인 방법은 조선 중기 이후의 한 경향이었던 것이다.

한편 훈민정음이란 우리 문자의 창제이론인 성리학에 대한 깊은 관심이

---

1 김완진, 훈민정음 제작의 목적, 『성곡논총』 3, 1972.
  안병희, 훈민정음 사용에 관한 역사적 연구: 창제로부터 19세기까지, 『동방학지』 46·47·48, 1985.

다시금 싹트게 된다. 조선 중기에 그 관심의 시초가 되는 예는 서경덕의 「성음해聲音解」 등이라 할 수 있는데 17세기 후기에 최석정의 『경세정운』(1678)으로 이어지고 조선 후기에 그 꽃을 피게 된다.

다음으로 어휘수집 작업이 행해진 점도 조선 중기의 한 특징으로 지적할 수 있다. 한문으로 된 문헌을 해득하기 위하여 한문 어구나 어휘를 우리말로 풀이한다든가 한문으로 주석을 달든가 한 어휘집의 간행이 있었고 임진왜란 이후의 새로운 대외정책에 한·청·몽·왜어의 학습을 위한 대역사전들의 간행이 있었던 것이다. 이러한 경향도 역시 조선 후기에 이어지면서 확산된다.

끝으로 조선 중기에 싹튼 실학적 연구의 한 경향이 있다. 상당히 고증적인 방법으로 문자(한자), 어휘, 속담 등의 정확한 지식을 제공하려 한 이수광의 『지봉유설』에 보인 「문자부」와 「어언부」가 대표적인 경우이다. 이러한 고증적인 방법은 자연히 어원해석을 때로는 포함하게 된다.

요컨대 조선 중기에 있어서 어문과 관련된 경향은 첫째 15세기 중엽에 이루어진 훈민정음 창제에 따른 계속적인 보급, 둘째 훈민정음 창제이론과 관련된 음운학적 연구의 전개, 셋째 어휘집의 간행, 넷째 고증적 방법에 의한 언어 정리 등이다. 말하자면 조선 전기의 계승과 조선 후기의 준비 사이의 교량적 역할을 하였던 시기가 곧 국어연구에서 본 조선 중기인 것이다.

2. 국문 보급과 언문자모

훈민정음이 창제되면서 국문의 보급은 한문의 국문 번역으로서의 언해로써 이루어졌다. 불경의 언해가 주류를 이루었는데 그것도 간경도감이 이들 언해본 간행의 중심을 이루고 있었다. 불교 계통의 언해 이외에도 사서나 『좌전』, 『주역』, 『예기』 등에 구결을 달거나 논정하게도 하였다. 조선 전기에 이미 『삼강행실도』, 『내훈』 등이 간행되었고 황산곡시黃山曲詩의 언해를 명하기도 하였으며 『두시언해』를 순수한 국한문혼용체로 간행하였고 의학서로는 『구급방언해』, 『구급간이방』, 『구급역해방』 등을 간행하기도 하였다. 차츰 여러 분야에 걸쳐 언해본이 간행됨으로써 국문 보급이 확대되어 가고 있었다.[2]

이러한 배경 속에서 훈민정음은 그 보급의 폭을 넓혀 오다가 연산군의 집정 이후 16세기에 접어들면서 언문무명장투서사건諺文無名狀投書事件과 관련하여 국문을 가르치지도 말고 배우지도 말게 하였으며 언문구결의 책들을 불태우고 이어서 언문청을 폐지하게 하여[3] 그 결과 국문 보급이 잠시 주춤하는가 했으나 연산군 말기에는 구결을 써넣어 악장樂章을 찬진하게 하기도 하였는데 특히 중종 이후로는 다시금 많은 언해본들이 간행됨으로써 국문의 보급은 활기를 띠게 되었다. 『삼강행실도』를 중간하고 『속삼강행실도』, 『동국신속삼강행실도』 등을 이어 간행하고 『이륜행실도』도 간행하면서 교정청에서는 소학 · 맹자 · 논어 · 대학 · 중용 · 효경 · 시경 · 주역 등의 언해본을 간행하였다. 또한 『정속언해』, 『주자증손여씨향약』, 『여훈언해』, 『동몽선습언해』, 『가례언해』, 『경민편언해』 등도 이 시기에 간행되었다. 이렇게 보면 유교를 국시로 하여 출발했던 조선은 그 중기에 이르러 유가儒家의 언해본들의 계속적인 간행을 보게 된 셈이다.

불교 계통의 언해본들은 그 간행이 뜨막하다가 다시 간행되기 시작하였는바 『칠대만법』, 『선가귀감언해』, 『계초심학인문』, 『발심수행장』, 『야운자경』, 『진언집』, 『권념요록』 등 많은 언해본들이(단, 『진언집』은 음역본) 계속 간행되기는 하였으나 간경도감의 경우와는 달리 대부분 지방의 사찰에서 간행되곤 하였다. 따라서 이들 지방 간행의 불경들에는 방언적 요소가 반영되고는 하였다.

---

2 안병희, 중세어의 한글 자료에 대한 종합적 연구, 『규장각』 3, 1979.
3 강신항, 연산군 언문금압에 대한 삽의: 국어학사상에 미친 영향의 유무를 중심으로, 『진단학보』 24, 1963.

조선 초기에 시작되었던 의서들의 간행도 중기에는 더욱 활기를 띠었는 바 『간이벽온방언해』, 『우마양저염역치료방』, 『분문온역이해방』, 『구황촬요』, 『촌가구급방』 등과 임진왜란 이후의 『언해두창집요』, 『언해태산집요』, 『동의보감』, 『신간구황촬요』, 『신찬벽온방』, 『구황촬요벽온방』, 『벽온신방』 등등 많은 의서들의 간행이 이어졌다.

또한 병서들도 간행되었는바 『화포식언해』, 『신전자취염초방언해』, 『연병지남』 등이 그것이다. 이들이 중간되기도 하였다. 『연병지남』은 변방에서의 군사교육을 위해 함흥에서 간행되었다.

잠농서農蠶書로는 『농서언해』, 『잠서언해』 등이 간행되었다.

조선 중기에 나타난 또 하나의 언해본으로 외국어 학습서들이 있다. 『노걸대언해』, 『박통사언해』 등은 중국어 회화교재이며, 『노박집람』, 『어록해』 등은 중국어 어휘나 어귀 중심으로 풀이된 회화교재의 보충편이고 『역어유해』는 한한漢韓 대역사전의 성격을 지닌 어휘집이다. 『첩해신어』는 왜어 회화교재이다. 이러한 외국어 학습서들의 간행은 조선 후기로 이어지면서 더욱 활기를 띠게 된다.

언해본은 아니지만 국문의 보급에 더욱 큰 기여를 할 수 있었던 것으로 『훈몽자회』, 『천자문』, 『신증유합』 등의 한자학습서들을 들 수 있다. 이들은 각각의 한자에 그 뜻을 음과 함께 국문으로 표기하고 있다. 따라서 한자와 그뜻·음을 익히기 위해서는 먼저 국문을 해득하지 않으면 안 된다. 아동들의 이러한 국문 해득은 결국은 국문 보급에 크게 기여하였을 것이다. 이들 한자학습서들은 계속해서 간행되었는바, 국문의 보급과 함께 사회사적인 면에서 커다란 의의를 지닌 결과가 되었다. 독자층의 확대는 곧 국문 보급의 확대가 된 셈이다.

훈민정음이라는 국문의 보급에 좀 더 적극적으로 기초적인 노력을 보인 방식도 있다. 이미 그 방식을 세조가 간행한 『월인석보』에서 볼 수 있었다. 권두에다 훈민정음이란 문자체계에 대한 예의를 국역하여 실었다. 이것이 이른바 국역본 『훈민정음』으로서 흔히 『월인석보』 권두본卷頭本이라 불리는 것이다. 국한문혼용체이면서 개개의 한자에다 국문으로 음을 단 이 『월인석보』를 읽어 이해하자면 자연히 국문인 훈민정음을 우선 깨우치지 않으면 안 되었을 것이다. 『월인석보』는 종교서적이다. 좀 더 많은 독자층을 확보하기 위해서 한문보다는 국문을 택하였던 셈이고 이를 돕기 위하여 훈민정음을 얹었던 것이다.

『월인석보』에서의 이런 국문 해득 방식이 조선 중기로 이어졌다. 그 대표적인 예가 최세진의 아동용 한자학습서 『훈몽자회』와[4] 여러 다라니를 국國·한漢·범자梵字로 병기한 『진언집』이다.[5] 『훈몽자회』는 초학자를 위한 한자학습서이기에 어린이들이 먼저 사물, 특히 조수초목지명鳥獸草木之名에 해당되는 한자를 알고 실물과 부합되도록 하였다. 그리하여 『훈몽자회』는 고사故事에 치우친 『천자문』이나 허자虛字가 많은 『유합』과는 달리 물명物名을 나타내는 실자實字[全實之字]가 중심이 되었다. 범례에서 "무릇 시골이나 지방 사람들 가운데, 언문을 모르는 이가 많아서 이제 언문자모를 함께 적어 그들로 하여금 먼저 언문을 배운 다음 『훈몽자회』를 공부하게 하면 혹시 밝게 깨우치는 데에 이로움이 있을 것이니 한자를 모르는 사람도 역시 모두 언문을 배우고 한자를 알면 비록 스승의 가르침이 없더라도 한문에 통할 수 있는 사람이 될 것이다"라고 하고서 「언문자모」(俗所謂半切二十七字)를 덧붙였다. 이는 최세진의 독창적인 것이 아니라 이미 일반화되었던 방식이다. 『훈민정음』의 내용을 쉽게 재정리한 것으로 초성종성통용팔자, 초성독용팔자, 중성독용십일자, 초중성합용작자례初中聲合用作字例, 초중종성합용작자례初中終聲合用作字例 및 방점·성조에 관한 설명이 있다. 요컨대 음절 단위 글자의 세 부분인 초·중·종성에 쓰이는 문자들을 제시하고 이들 문자가 글자로 엮어지는 철자법 및 방점 표기를 제시하였는바, 이를 먼저 학습하고서 다음

---

4 이숭녕, 최세진연구, 『아세아학보』 1, 1965.
  이기문, 『훈몽자회』, 서울대 한국문화연구소, 1971.
5 안병희, 한글판 「오대진언」에 대하여, 『한글』 195, 1987.

에 한자를 학습하여야[先學諺文 次學字會] 한문에 통달한 사람[通文之人]이 될 수 있다는 것이다. 예를 들어 보자.

夏 녀름하 又 去聲大也 又 中國曰 一

이와 같이 뜻('녀름')과 음('하')을 제시하고는 필요시에는 딴 뜻을 성조와 함께 제시한 각주를 덧붙이는 형식에서 우선 한자의 뜻과 음을 이해하기 위해서는 국문을 해득하여야 한다는 것이다. 이상의 「언문자모」의 내용이 최세진의 독창에 의한 것이 아니라는 사실은 "俗所謂半切……"이라는 표현에서 알 수도 있거니와, 성현成俔의 『용재총화』에 "初終聲八字 初聲八字 中聲十二字 其字體依梵字爲之……"라는 언급에서도 알 수 있다. 『진언집』(안심사판, 1569)의 경우에는 국國·한漢·범梵의 순서로 다라니경을 적고 있어서 이를 읽기 위해서는 한문은 물론 국문과 범문을 알아야 하기 때문에 국문자모의 용법을 설명한 「언본諺本」과 범자를 설명한 「범본梵本[悉曇章]」을 싣고 있다. 여기서 「언문」의 내용과 목적은 『훈몽자회』의 「언문자모」와 다를 바 없다.

『훈몽자회』와 『진언집』은 독자상의 차이를 보이지만 그 뒤에도 계속 간행되었으므로 우리의 국문인 훈민정음의 보급에 계속적으로 이바지하여 왔다고 볼 수 있다. 「언문자모」 또는 「언본」의 내용은 그 뒤 조선 후기에 『고금석림』, 『신간비밀교』(여기서는 「언반절諺半切」), 『불가일용작법』 등등에도 실렸는데 다만 약간의 내용상의 차이가 있기는 하다. 예컨대 『고금석림』에 붙어 있는 부록인 「훈민정음」(我 世宗大王 御製), 「언문자모」에는 방점에 대한 기술 부분이 빠져 있다. 이는 당시에 이미 성조가 우리말에서 사라졌기 때문에서였던 듯하다.

조선 중기에 국문 보급이 상당히 확대되었으리라는 사실은 국한문혼용체의 시조·가사들이 많이 발표되었음에서도 알 수 있다. 정철, 박인로, 윤선도, 이현보 등이 그 대표적인 경우라 하겠다. 무엇보다도 우리의 주목을 끄는 자료는 이른바 '최초의 한글 비석, 영비靈碑'라고 해온 〈이윤탁李允濯 한글 영비〉(국보 보물 1524호 국가지정문화재)다. 이 비는 〈훈민정음〉 반포로부터 꼭 90년이 지난 1536년에 아들 이문건(李文楗 1494~1567)이 직접 비문을 짓고 손수 새겼던 것이다. 말하자면 한글을 읽을 수 있는 비특정인들을 대상으로 하였기에 적어도 당시에 한글이 어느 정도 보급되었다고 볼 수 있다. 비록 비석 4연 가운데 한 면에 새겨진 '영비'의 문장이 단순하기는 하지만, 양이 문제는 아닐 것이다(졸고 2014).

3. 음운학 연구의 전개

훈민정음 제자 이론의 철학의 배경은 송학宋學 이론인 성리학이었다. 우주의 모든 현상을 태극·음양·오행 등으로 설명하면서 여기에 유교를 접합시킨 성리학은 자연히 언어 문제 특히 인간의 성음聲音까지도 포함하게 된다. 성리설을 집대성한 『성리대전』에는 손목의 황극경세서 중의 「황극경세성음창화도」 등 성운학 관련 글들이 수록되어 있는바, 이들이 바로 성리학적 음운학의 가장 근원적인 참고문헌이었다. 훈민정음의 경우가 바로 그러하였던 것이다.[6]

조선시대의 음운학 연구는 첫째 표준적인 중국음 즉 화음華音을 나타내려는 노력으로서의 운서 편찬, 둘째 우리나라 한자음 즉 동음東音을 정리하기 위한 연구, 셋째 음운학 이론의 전개 등 크게는 세 가지 방향으로 이루어졌다.

훈민정음이 창제되고 그 훈민정음에 바탕을 두고서 편찬된 운서가 『동국정운』인바, 이는 현실 한자음과는 거리가 있는 표준적인 한자음을 가정한 발음사전으로서의 운서였다. 표준적인 화음인 『홍무정운』의 그것에다 속음이라 부른 당시의 현실 북경음을 표시한 『홍무정운역훈』(1455)은 대표적

---

6 강신항, 훈민정음해례이론과 성리대전과의 관련성, 『국어국문학』 26, 1963.
　이숭녕, 「황극경세서」의 이조후기 언어연구에의 영향, 『진단학보』 33, 1969.

인 화음 중심의 운서로 『사성통고』의 바탕이 되었으며 최세진의 『사성통해』 (1517)를 낳게 하였다.[7] 이 『사성통해』는 다시금 15세기 북경음인 속음 이외에 16세기 당시의 북경음을 금속음今俗音이라 하여 덧붙였다. 한자의 음을 국문으로 표기하고 한자로 표기하는 반절은 넣지 않았으며 자석字釋 즉 한자의 뜻은 『고금운회거요』에서 취하였는데 450여 물명 단어에 걸쳐서는 우리말로 기록하기도 하였다. 말하자면 『사성통해』가 비록 화음 중심의 발음사전으로서의 운서이지만 많은 부분에서 조선화한 것이라 할 수 있다. 이런 과정에 도달하기 위하여 『홍무정운』의 보충편이라 할 수 있는 『속첨홍무정운』을 최세진은 『사성통해』에 앞서 편찬하였던 것이다. 『사성통해』의 보충편이라 할 수 있는 『운회옥편』(1536)을 최세진은 또다시 내었는데 이는 송나라 황공소黃公紹가 지은 『고금운회』에 수록된 한자를 자형별로 분류하고 음과 뜻은 달지 않은 일종의 분류 자서의 성격을 지닌다.

음운학 이론은 『훈민정음』 이후로 한자 음운 중심의 분류발음사전인 운서를 편찬하면서 그 범례 등에서 단편적으로 논의한 것을 제외하면 한동안 전개되지 않았다. 성리학적 음운학에 다시금 관심을 보인 이는 최세진과 거의 비슷한 시기에 활동한 서경덕(1489~1546)인데 그의 『화담집』에 실린 「성음해」와 이를 보완 설명한 「발만성음해미진처跋萬聲音解未盡處」가 그것이다.[8] 「성음해」는 『황극경세서』의 「정성정음도正聲正音圖」에 대한 해설의 성격을 지닌다. 천지 형성의 원리를 용수用數・체수體數로 계산하고 다시 성음수聲音數로 계산하는 이론적인 논의여서 언어철학 내지는 언어수리학에 속하는 것이라 할 수 있고 국어연구라 보기는 어렵다. 화담 자신의 독창성은 거의 보이지 않는다. 이러한 관심은 장현광(張顯光 1554~1637)의 『역학도설』 속의 「십사성十四聲」 등에서도 보인다.

음운학의 연구는 위와 같은 언어철학적 연구와는 달리 좀 더 철저하게 언

---

7 강신항, 『사성통해연구』, 신아사, 1973.
8 이숭녕, 국어학사에서의 서경덕의 위치, 『최신국어학사』, 박영사, 1976.

어학적 연구로 나타나게 마련이다. 그것은 흔히 운서의 편찬으로 특수하게 는 운도韻圖의 작성으로 결과되기도 한다. 운서는 기본적으로 아·설·순· 치·후음의 오음과 평·상·거·입성의 사성에 따라 한자음을 분류하여 같 은 부류의 음을 나타내는 한자들을 묶어 제시하는 일종의 분류음운사전인 데 한자음의 정확한 해득과 한시 창작에 소용된다. 15세기와 16세기에 이룩 된 운서의 편찬은 음운학적 연구에 바탕을 둔 것이며 조선한자음의 연구에 기초를 제공하게도 된다. 조선 중기 말엽에 본격적인 음운학 연구가 이루어 지게 되었는바 그 대표적인 업적이 숙종 4년(1678)에 쓰인 최석정의『경세정 운』이다.[9] 때로『(경세)훈민정음도설』이라 불리기도 하는 이 책은 경세정운 서설經世正韻序說·운섭도韻攝圖·경세정운오찬經世正韻五贊·성음편聲音篇· 군서절충群書折衷을 내용으로 하고 있는데, 요컨대 훈민정음의 원리, 역대 운 서의 검토, 운도의 작성 등이라 할 수 있다. 그러나 가장 핵심적인 부분은 운 도의 작성인「운섭도」이다. 중국의 운서인『절운지남』과 같은 구조로 이루 어져 있는바 가로로는 24자모를 배열하고 세로로는 등운等韻과 사성四聲을 구별하여 배열하였다.

송학末學의 수리적인 역리론易理論은 오행·음양·태극 등의 사상과 결합한 『황극경세서』를 원용하여 훈민정음도 이해하려 하였다. 훈민정음 28자를 28수宿의 열수지상列宿之象으로 이해하되 그중 초성 17자에 대해서는 오행과 오음의 분류에 바탕을 두고서 예컨대 아음은 각속角屬·동방東方·목상木象 으로 물지시생物之始生에 해당하여 첫머리에 놓는다고 보았다. 또한 28자 중 중성 11자는 태극·음양·팔괘에 바탕을 두고서 예컨대 태극양의팔괘지상 太極兩儀八卦之象으로 'ㅡ'는 동動이고 'ㅣ'는 정靜이고 'ㆍ'는 일동일정지간一動一 靜之間이기 때문에 이를 배합하여 중성 11자를 얻을 수 있다고 하였다. 최석 정 자신의 음운체계는 초성을 청·탁이란 자질을 그리고 중성을 벽흡闢翕의 자질을 바탕으로 구성하였는바 이는『성리대전』에 수록된「황극경세성음

---

[9] 유창균, 경세정운고,『청구대논문집』5, 1962.

창화도」에 따른 것이었다. 이와 같이 최석정은 우리나라에서 처음으로 운도의 학문을 개척하였는데 「경세정운오찬經世正韻五贊」(明象・辨韻・本數・稽訓・述志)을 펼쳐 음운학을 발전시키려 하였다.

이렇게 17세기 후반에 최석정에 의하여 본격화한 음운학의 연구는 18세기에 들어서서 꽃피우게 된다. 조선한자음과 중국한자음과의 대역사전인 박성원의 『화동정음통석운고』(1747), 운도의 연구에 속하는 신경준의 『(훈민정음)운해』(1750), 옥편까지 첨부한 운서인 홍계희의 『삼운성휘』(1751) 등등이 그 대표적인 업적이다. 이 시기에는 화華・동음東音을 대조적으로 관찰함으로써 현실적인 조선한자음을 바탕으로 하게 되어 결국 자국어 인식이 싹텄다는 평가를 받기도 하였고 동국학東國學이 성립되었다는 평가를 받기도 하였다. 그러나 중국을 전제로 한 동국학에 머문 것이지 국학國學에 이른 것은 아니다.

4. 어휘 정리와 고증적 해석

훈민정음이 창제된 이래 특히 언해본에서 주註로 단어의 뜻을 풀이하는 주석의 양식을 택하되 협주로써 본문 속에다 제시함으로써 조선 초기에는 별도의 어휘집의 편찬은 이루어지지 않은 채로 있었다. 한자학습서들인 『천자문』, 『(신증)유합』, 『훈몽자회』 등에서는 개개 한자의 뜻과 음을 국문으로 표기함으로써 한자를 중심으로 한 국어어휘 분류에 따라 사자유취四字類取하였기에 때로 한자어 능력도 신장될 수는 있었을 것이나, 그 자체가 어휘집은 아니었다. 『사성통해』는 운서이면서도 부분적으로 물명 계통의 어휘들에 대해 우리말 어휘를 대조시켜 국문으로 표기한 것도 있으나 여전히 위와 같은 성격에 지나지 않았던 것이다.

조선 중기에 있어서 어휘에 관한 관심은 크게 세 가지로 구분된다.[10] 첫째는 외국어학습을 위한 것들이요, 둘째는 한문문헌해독을 위한 것들이요, 셋째는 어휘를 비롯한 언어사용의 정확성에 대한 깨우침을 위한 노력으로 고증적 해석을 꾀한 것들이다.

외국어학습용 어휘집으로는 최세진의 『노박집람』과 정양鄭瀁이 수정·증보한 『어록해』(1657)(이외에 남성리南星里가 엮은 『어록해』 등 여러 종류가 있음) 등이 있다. 『노박집람』은 '자해[字解(單字解·累字解)], 노걸대집람, 박통사집람'으로 되었는데 『노걸대언해』와 『박통사언해』에서 난해한 어휘·어구를 뽑아 한문이나 국문으로 풀이하여 중국어회화를 배움에 도움이 되게 한 것이다. 『어록해』 역시 중국어 구어의 어휘·어구들을 모아 일자류一字類로부터 육자류六字類까지의 속어를 자류에 따라 분류하고 한문 또는 국문으로 풀이하여 중국어학습을 돕게 한 것이다. 따라서 이들 중국어학습서는 순수한 어휘집이라 하기보다는 주석집의 성격을 띤 것이라 할 수 있다. 이상의 중국어에 대한 관심에 이어 17세기 말엽에 이르러서는 본격적인 중국어-조선어 대역어휘집인 『역어유해』(1690)가 신이행愼以行, 김경준金敬俊, 김지남金指南 등의 역관들에 의하여 간행되게 되었다. 이 어휘집은 중국어 단어를 한자표제어로 삼고 중국어의 정음과 속음을 달고서 그 표제어에 해당되는 우리말 풀이를 제시하였다. 표제어들은 천문·시령·기후·지리·궁궐·관부·공식·관직·제사·성곽·교량·학교·과학…… 등등으로 뜻에 따라 분류하여 배열함으로써 『역어유해』는 분류대역사전의 성격을 지닌 유해류 역서가 되었다. 외국어학습을 위한 대역사전은 『동문유해』(1748), 『한청문감』(1771), 『몽어유해』(1768) 등으로 이어져 간행되었는데 모두 『역어유해』와 마찬가지로 표제어는 한어漢語로 제시되었고 우리말과 해당 외국어는 모두 국문으로 표기되었다. 즉 중국 중심의 사전편찬이었던 것이다. 다만 『왜어유해』의 경우에는 그 사전 구조는 유사하나 그 표제어가 한어가 아닌 한자어로 되어 있어서 특이하다 하겠다. 요컨대 조선 중기에 비롯되어 조선 후기에 이러한 대역사전들이 간행되었는바, 이는 당시에 그만큼 사린외교의 필요성이 커진

---

10 이병근, 근대국어시기의 어휘정리와 사전적 전개, 『진단학보』 75, 1992.

데에 그 이유가 있었던 것이 아니었나 한다. 음운학의 연구에 있어서와 마찬가지로 조선 중기 말엽은 조선 후기의 대역어휘집 간행의 효시가 된 셈이다.

한문 위주의 문헌을 해독하기 위한 어휘정리는 사서삼경 등에 구결을 달고 언해를 하도록 명했던 선조 무렵에 볼 수 있었다. 그 한 예가 16세기 말엽에 언해가 이루어지고 광해군 5년(1613)에 간행된 『시경언해』에 수록된 「물명物名」이다. 이는 시경의 언해문에도 한자어로 풀이된 물명이 있어 이 물명 어휘들을 차례로 간추려 하나하나 우리말로 풀이한 것이다. 예컨대 "키며 키는 芣苢이를 잠깐 키요라(采采芣苢薄言采之)"라는 언해문에서 '芣苢'를 해독하기 위해서 「물명」에는 이에 대하여 "芣苢이 뵙장이ㅇ길경이"와 같이 풀이해 놓고 있다. '길경이'는 현대어 '질경이'에 해당되는데 이는 주로 중부지방에서 쓰이는 방언형이며 '뵙장이' 계통은 남부지방과 동해안지대에서 현재 흔히 쓰이는 방언형이다. 『천자문』이나 『신증유합』에는 이 단어가 올라 있지 않으나 아동들에게 물명의 정확한 이해를 위해 실자實字를 많이 포함시킨 『훈몽자회』에는 '芣'와 '苢'에 대하여 다같이 '뵈빵이'로 나타나 있다. 『시경언해』에서 비록 「물명」으로 간추려 책머리에 붙이기는 하였으나 조선 전기의 언해서들에서 주석을 달았던 방식에서 크게 벗어난 것은 아니다. 차이가 있다면 물명 계통의 어휘들만 간추려 어휘집처럼 편찬했다는 점일 뿐이다. 말하자면 한문으로 된 또는 국한문혼용으로 된 문헌 해득의 편의를 위한 주석적 기능을 담당하도록 한 것이 『시경언해』의 「물명」인 것이다. 또한 물명 한자어에 대하여 개개 한자의 음을 국문으로 달아 놓은 방식은 조선 초기의 언해서에서 이미 확립된 현음국한문혼용懸音國漢文混用과 같은 방식으로 경서언해들에서도 일반화된 방식인데 이를 그대로 따른 점도 주석적 기능을 보여 준 방식이라 할 수 있다.

『동의보감』(1613) 속의 「탕액편」도 표제화된 탕액재료에 대해 우리말로 풀이하고 있는데 풀이된 어휘의 경우는 결국 물명인 셈이다. 예컨대 약재명 '車前子'에 대하여 "길경이삐―名뵈빵이삐"와 같이 풀이하고 있다. 이렇게 보면 「탕액편」은 물명 계통의 어휘집으로 특수사전의 성격까지 부분적으로는 띠게 된다. 김정국의 『촌가구급방』(1538)에도 「향명鄕名」이라 하여 본초本草 128종을 들고 있는데 차자와 국문으로 우리말을 달고 있다. 그러나 순수한 어휘집은 아니다. 특정한 분야의 어휘들에 대한 관심을 일찍이 강희맹의 『금양잡록』에서 볼 수 있었다.[11] 40여 개의 곡물명의 고유어를 이두와 한글로 표기한 「곡품穀品」이 그것이다. 『금양잡록』은 『농사직설』, 『농가집성』 및 그의 문집 『사숙재집』 등에 들어 있는데 곡명들은 개화기까지도 농서들에 수록되어 내려왔다.

요컨대 조선 중기에 어휘집의 성격을 분명히 보여 준 문헌은 『시경언해』의 「물명」밖에 없다. 그러나 그것도 시경의 언해문에 등장한 물명 계통의 한자어에 해당하는 우리말을 해득하게 하는 주석의 기능을 담당했던 것이다. 『동의보감』의 「탕액편」은 비록 약재명에 해당하는 우리말이나 풀이가 보이기는 하나 어휘집으로 편찬된 것은 아니다. 여기서 약재명은 전문어휘요, 그에 대한 우리말은 보통 어휘다.

어휘뿐만 아니라 여러 언어 표현에 대한 정확성을 꾀하려는 노력은 더욱더 확대되었는데 그 예로서 『지봉유설』의 「어언부」(권16)를 들 수 있다. 이 「어언부」는 잡설·속언·방언·유오謬誤·해학으로 구성되어 있는데 가능한 한 중국 및 한국의 고전에서 전거를 삼아 자신이 정확하다고 믿는 말을 고증하려 하였다. 잡설의 한 예를 보면, 『장자』에 나오는 '神禹'란 말은 '禹'라는 사람이 신神스럽기 때문에 붙여진 점을 『소설』에 "禹는 백 가지 神이 두려워하는 까닭에 무당은 이것을 본받아서 禹步를 한다"라고 한 것을 전거로 삼아 고증하려 하였다. 속언의 한 예를 보면 부·모에 해당하는 어휘인 '阿父'와 '阿㜷'를 고증하고 있는데 아플 때의 '아야阿爺'와 놀라거나 두려울 때의 '어머 [阿母]'를 부모를 부르는 것으로 이해하고서는 '阿㜷'는 이미 『이장길전李長吉傳』과 최치원의 「진감비서眞鑑碑序」에 나온 바 있으나 원래는 당나라 말이라는 것이다. 방언의 한 예를 보면, 신라의 '尼音今'에 대하여 "대체로 신라 때에

---

11 이기문, 『금양잡록』의 곡품에 대하여, 『동양학』 5, 1975.

는 이가 많은 사람을 어질다"고 해서 떡을 물어 이를 시험하여 잇자국이 많은 사람을 추대해서 임금으로 삼고 '尼師今'이라고 불렀다는 민간어원설을 제기하고 있다. 그리고 『두시언해』나 『훈몽자회』의 우리 발음이 현재와는 다른 것을 보면 속음이란 변하기 쉽다는 것을 알 수가 있다고 지적하면서, 또한 나라마다 말이 다르지만 웃음소리나 울음소리가 오랑캐나 중국이 모두 같은 것은 자연에서 나오는 소리이고 억지로 지어서 내는 소리가 아닌 때문이라는 사실을 지적하여 언어변화와 언어기호의 자의성 · 필연성 등도 지적한 셈이다. 끝으로 유오謬誤의 한 예를 보면, 아버지의 초상에 대한 '內憂, 外艱'과 어머니의 초상에 대한 '外憂, 內艱'을 혼동하여 각각 '外憂'와 '內憂'라고 잘못 쓰고 있음을 지적하기도 하였다.

『지봉유설』에는 또한 「문자부」(권7)가 있는데, 문의文義 · 자의字義 · 자음字音을 다루고 있다. 말할 것도 없이 한문 · 한자의 정확한 뜻을 고증 · 해설하거나 한자의 정확한 발음을 제시하려고 하였다.

이상과 같은 이수광의 고증적 서술은 자연히 중국 문헌에 많이 의존하면서 중국 지향적인 해석이 많기는 하였으나 방언 즉 우리말에 대한 고증에서 볼 수 있듯이 우리의 것을 전혀 무시한 것은 아니었다. 고증적 서술은 또한 자연히 어원을 밝히려 한 성격을 지니게도 하였다. 이러한 고증적인 태도는 조선 후기로 넘어와 신경준의 『화동방언자의해』라든가 이의봉의 『동한역어』, 정약용의 『아언각비』(및 雅言指暇) 등등으로 이어졌고 개화기에도 계속되었다. 어문에 관한 좀 더 정확한 이해와 사용을 위한 노력은 남구만의 손자인 남극관의 문집 『몽예집』에서도 볼 수 있다. 남극관은 조선 중기와 조선 후기의 교체기에 살다가 요절한 인물로 알려져 있다. 만록漫錄의 성격을 띤 문집 부분인 「사시자謝施子」에 언문에 관한 기술들이 들어 있다. 어휘(지명, 성명 등)의 연원과 관련된 언급('智異山, 木覔山, 金姓' 등), 훈민정음의 자체와 정인지 후서와 관련된 발성에 관한 논급, 성조와 한자음에 관련된 언급 이외에 언어변화에 관련된 당시의 발음에 대한 실증적 기술 등을 내용으로 하고 있다.

조선시대에 있어서 언어변화와 관련하여 고유어 중심의 당시의 발음 현실을 기술한 경우로는 남극관의 기술이 가장 이른 시기에 속한다. 그 내용은 예컨대 『고려사』에 '高佛[猫]'라 하던 것이 '괴'의 일음절[一字]로 변하였고 '가히[犬]'도 '개'로 변하였는가 하면, 이전에 쓰이던 '키[犬] 효근[小], 미르[龍] 재[城재[안]' 들은 당시에는 쓰이지 않게 되었다든가 하는 지적들로 되어 있다. 이러한 언어변화를 당시의 발음에 따라 언급한 것을 역시 좀 더 정확한 어문의 이해와 사용에 관련이 있는 듯이 보인다. 물론 남극관이 지적한 이러한 언어변화 가운데는 그 변화의 시기가 한참 거슬러 올라가는 것들도 포함되어 있다.

언어변화, 특히 고유어 중심의 음운변화를 구체적으로 예를 들어 지적한 것은 1세기 좀 지나서 유희의 『언문지』(1824)라든가 석범의 『언음첩고』(1846)에 이르러서야 다시 볼 수가 있다.

출처: 『한국사』31(조선중기의 사회와 문화), 국사편찬위원회, 1998.
붙임: 여기서 '조선시대 중기'란 한국사연구에 따른 시대구분 명칭으로 대체로 16세기~17세기를 이른다. 이 글은 국사편찬위원회에서 엮은 『한국사 — 조선 중기 편』에 실린 청탁 글이었다. 그리하여 가장 일반적인 내용으로 딴 분야의 독자를 고려해 서술했다. 다만 이에 훈민정음의 보급과 관련해 「영비」와 같은 금석문을 고려하고 새로운 문헌을 보완한 부분이 보태졌다.

실학시대의 언어연구

1. 15·6세기의 언어연구를 이으며

우리 민족의 문자체계인 '훈민정음'의 창제는 세계사적 사건이라 해도 과언이 아니다. 근대의 학문이 '과학science wissenschaft'으로 불렸던 시절에 학자들은 훈민정음이 '과학적'으로 창제되었다는 평가를 했다. 전 세계 문자 중에서 이러한 평가를 받은 문자체계가 또 있겠는가. 현대에 와서는 훈민정음의 현대적 표현인 '한글'이란 문자체계는 세계에서 유례를 보기 힘든 '자질체계 featural system'로 해석하기도 한다.[1] 이것은 기본문자에 일정한 음성적 특징을 더하여 체계적으로 문자화했다는 말이다. 물론 우리의 문자체계가 서양의 이론으로 온전히 해석된다고는 믿지는 않으나 이러한 현대언어학적 해석이 시도될 만한 문자체계는 전 세계의 문자 가운데에 한글 외에 없는 것은 분명하다.

우리 언어연구는 15세기에 비롯되었다고 할 수 있다. 그 이전의 『삼국사기』, 『삼국유사』 또 『고려사』 등과 같은 문헌에 '어원'과 관련 있는 주석들이 없는 바는 아니나 그것은 체계적 서술이 아니라 단편적인 언어지식의 지적이라 할 민간언어학folk linguistics적인 차원에 지나지 않았다. 그 대표적인 한

---

1 Geoffrey Sampson, *Writing System: a linguistic introduction*, London: Hutchinson Group Ltd., 1985.

예로 "탈해脫解가 말하기를 무릇 덕이 있는 이는 치아가 많다 하니 마땅히 '잇금(=齒理)'으로 시험하자 하고서 떡을 물어보았다. 왕이 치아가 많으므로 먼저 즉위하고 인하여 '尼叱今(尼師今=닛금)'이라 하였으니 '尼叱今'이란 칭호는 이 왕에서부터 시작되었다."고[2] 하는 식이다.

학문적인 수준에서의 언어연구는 역시 훈민정음 창제이론이 들어 있는 『훈민정음(해례)』으로부터 시작됐다.[3] 이 책의 저자들은 잘 알려진 바와 같이 집현전 학자들인 강희안, 박팽년, 신숙주, 성삼문, 이개, 이선로(후에 이현로), 최항이었는데 세종의 명에 따라 언어정책을 이행했던 음운학자들이었다. 여기서 가장 궁금한 것은 '훈민정음'이란 문자체계를 누가 무엇 때문에 만들었나 하는 문제다. "世宗御製訓民正音"이란 표현이 실록에 있는데도 불구하고 역사의 기록은 이후 엇갈려 왔다. 창제자가 세종인가, 세종이 위의 집현전 학자들의 도움을 받아 협찬한 것인가. 만약 창제자가 세종이라면 누가 그를 도왔는가. 직접적이든 간접적이든 관여한 사람들은 문자창제 배경이론을 어느 정도로는 알았어야 할 것이다.[4] 또 책자로서의 『훈민정음(해례)』의 해설 내용도 그 핵심인 해례 즉 '제자해, 초성해, 중성해, 종성해, 합자해'의 다섯 해설과 하나의 '용자례'의 예시는 1940년까지 거의 5세기 동안 알려지지 않았다. 『세종실록』조차도 훈민정음의 「세종어제서문」과 각 문자의 「예의」및 정인지 「후서後序」만을 싣고 있다. 왜 이리 '해례'라는 알맹이는 없이 이러했는지 그 역사적 이유를 우리 어학자들은 알 수가 없다. 내용을 알 수 없던 후세의 학자들은 안개 속을 헤매며 중구난방의 해석들을 쏟아놓았

---

2 脫解云 凡有德者多齒 宜以齒理試之 乃咬餠驗之 王齒多故先立 因名尼叱今 尼叱今之稱 自此王始(『삼국유사』1 第三弩禮王, 『삼국사기』1 儒理尼師今) 이와 거의 같은 내용이 또 곳곳에 있으며 『지봉유설』 같은 후대의 문헌에도 자주 등장한다.

3 이숭녕, 「국어학사」, 『사상계』 4·6, 1956.

4 훈민정음 창제와 관련하여 비교적 최근의 종합적인 재조명으로는 '이기문, 훈민정음 창제에 대한 재조명, 『한국어연구』 5, 한국어연구회, 2008'을 참조. 여기서 훈민정음은 세종이 창제하여 왕실 주도의 사업으로 튼튼한 기반을 구축하고 많은 책을 간행하여 그 효능을 입증하고 우수성을 입증하였으며 높은 품위를 갖출 수 있었다고 강조하였다.

다. 예컨대 훈민정음이 창제될 때 이미 태어나(1439년) 훈민정음이 반포되고서 겨우 50년 좀 지나 세상을 뜬(1504년) 성현의 『용재총화』에는 "세종이 언문청을 설치했는데 신숙주, 성삼문 등에게 언문 창제를 명하여 초·종성 8자, 초성 8자와 중성 12자를 만들게 하였다. 그 글자의 체는 범자梵字를 따라 했다."[5]라고 적고 있다. 문자를 세종이 몸소 만든 친제가 아니고 신하의 도움을 받은 협찬도 아니라 신하에게 명하여 만든 명제로 언급했다. 문자에 대해서는 비슷하면서 꼭 같지는 않게 설명했는데 느닷없이 문자의 범자기원설을 꺼내니 '아닌 밤중의 홍두깨'가 된 것이다. 이 시대에 이미 혼돈에 빠졌으니 『훈민정음 해례본』의 내용을 몰랐던 실학시대엔 어떠했겠는가.

15세기는 '훈민정음'을 창제함에 관련 있는 중국의 음운학적 연구로서의 작업들이 행해졌다. 그러나 그것은 대부분 한자의 음 즉 '자음字音' 중심의 발음사전인 운서 편찬과 관련된 작업이었다. 곧 『동국정운』 등의 음운학적 책인 운서의 편찬이었다. 『훈민정음(해례)』의 해설에 함께 참여한 신숙주 등 일련의 인물들이 그 핵심이었다. 철학적 배경이었던 성리학 특히, 「황극경세서」의 이론은 서경덕의 '성음해聲音解'로 이어지긴 했으나 체계적인 것은 아니고 중국어 발음 위주의 단편적인 것이었다.

이와 같이 15세기는 문자 창제와 관련된 서술 그리고 그 배경이 되었던 음운학 연구의 응용 작업으로서의 운서 편찬과 같은 연구들이 주류를 이루었던 시대였고 그것이 차츰 정리되면서 최세진 등에 이어지기는 했으나 더 이상의 깊이 있는 연구는 진행되지 않았다. 어휘에 있어서도 13세기의 『향약구급방』이나 강희맹의 『금양잡록』의 「곡품穀品」같이 자료들이 일부 정리되기는 했으나 대체로 향약재나 곡식 등에 한정되고 크게 진전되지는 않았다. 이런 상황이 실학시대 이전까지의 언어연구 사정이었다.

이렇게 중세의 연구 상태조차 풀리지 않은 상황에서 그 이후의 연구가 억

---

5 世宗設諺文廳 命申高靈 成三問等製諺文 初終聲八字 初聲八字 中聲十二字 其字體依梵字爲之(『용재총화』권7)

측과 혼돈에 빠지게 되는 점이 꽤나 많았다. 그러나 이런 속에서도 15세기 훈민정음 창제와 관련된 언어학적 연구들 특히 음운학 연구가 확산되고 또 새로운 언어연구를 위한 준비로 어휘수집과 정리를 했던 시대가 실학시대가 아니었나 한다. 어문연구의 면에서 실학시대는 이전 시대의 전승·확산이며 돌연변이를 보인 혁신 시대는 아니었다.

2. 실학시대 언어연구의 관심은 어디에 있었나

실학시대 언어연구의 주제가 무엇이었는지 연구사로서의 '학(술)사'가 등장한 지 반세기가 훨씬 지났건만 아직 통일된 서술이 없다.[6] 유창균은 『신고 국어학사』(1969)에서 "다양성: '훈민정음과 운서의 학' 외에 '어원학, 이두학, 어론語論' 등의 다방면으로 확대되어 갔다"고 했고 김민수는 『신국어학사(전 개정판)』(1980)에서 대체로 문자음운학의 발달과 사서편찬의 심화를 들었으며 강신항은 『국어학사』(1988)에서 이수광의 17세기 『지봉유설』부터 윤정기 尹廷琦의 철종 때 『동환록』까지의 2세기 이상의 업적들을 대별해 그 결과로 종전의 연구태도를 답습 또는 진전한 것으로는 ① 중국음운학 위주, 부차적인 국문자(음운) 연구 ② 송학적 이론의 답습 ③ 운학연구의 진전 ④ 상형설의 진전 등을 들고서, 새로운 과제의 등장으로는 ① 어원, 방언연구 ② 언어자료의 정리 ③ 신자新字의 창제[7] ④ 숫자 계산[8] ⑤ 언문의 기원을 논함 등을

---

6 조선중기의 국어연구와 관련해서는, '이병근(국문 보급과 국어연구, 『한국사 31(조선 중기의 사회와 문화)』, 국사편찬위원회, 1998)'에서 소략하게 언급했고, 조선시대 국어학사에 대해서는, '이병근(조선시대 국어학사 개관, 『조선시대 국어학사 자료에 대한 기초 연구』, 2003년도 서울대학교 한국학 장기기초연구비 지원 연구과제 결과보고서, 장소원·이병근·이선영·김동준, 2003)'에서 개관했다. 이 글은 자료를 검토한 위의 보고서에 힘은 바 크다.

7 박성원, 신경준 등이 새로운 문자 '◇(중국음 중 일종의 순음), ﹁('여덟'의 '여'의 방언음)의 창제를 제안한 것은 운학 연구에서 한자음을 표기하기 위한 언문을 검토하다가 제시한 것에 지나지 않는다.

들었다. 결국 이로부터 보면 훈민정음과 관련된 문자의 문제와 음운학의 연구가 깊어지는 가운데 몇 가지의 새로운 연구, 특히 어휘정리의 문제가 등장한 셈이다.

그러나 지금까지의 서술들은 실학시대의 언어연구와 관련이 있을 듯한 자료를 전반적으로 검토한 것은 아니었다. 자료를 차츰차츰 확대해 나아가면서 내용도 조금씩 더 추가해 서술되어 온 것이 사실이다. 예컨대 강신항의 『국어학사』 개정증보판에서는 이규경의 『오주연문장전산고』에서 과거 언문변증설의 내용을 일부 소개해오던 것을 전반적으로 확대해 어문 관련 40여 항목을 추려 제시했다. 이는 역사적인 관점에서의 취사선택의 차이에서 비롯된 것이 아니고, 아직도 새로운 자료의 발굴이 필요하다는 사실을 역설한 것이 아니겠는가. 이제 자료를 보완해 실학시대 전반에 걸친 언어연구의 경향과 특징을 짚어 보자.

3. 실학시대 언어연구는 무엇을 남겼나

3.1 문자·음운에 대한 관심은 진일보했나

조선 초기의 언어연구는 한자음 중심의 음운학이 주류를 이루었다. 이러

---

8 이 숫자 계산이란 문자들의 결합에 의해 독립된 단위로 발음할 수 있는 표기 단위를 계산하는 중국 송나라 음운학의 방법을 이른다는데 15·6세기 인물인 최세진의 『훈몽자회』(중종 24년, 1527년)의 범례 속의 '언문자모'에는 다음과 같은 숫자 계산의 일부가 나오고 있다. 초성과 종성에 통용되는 8자(ㄱ, ㄴ, ㄷ, ㄹ, ㅁ, ㅂ, ㅅ, ㅇ)와 초성 단독으로 쓰이는 8자(ㅋ, ㅌ, ㅍ, ㅈ, ㅊ, ㅿ, ㅇ, ㅎ)를 제시하고 또 중성으로만 쓰이는 11자(ㅏ, ㅑ, ㅓ, ㅕ, ㅗ, ㅛ, ㅜ, ㅠ, ㅡ, ㅣ, ·)를 보이고서 합자해서 (초성 8자＋8자)×중성 11자=176자를 계산해 놓았다. 이규경도 「언문변증설」에서 숫자 계산을 시도했는데 이 합자合字 또는 작자作字의 예가 온전하게 계산된 것은 유희의 『언문지』(1824)에서였고 강위(1820~1884)의 『동문자모분해』에서는 숫자뿐만 아니라 가능한 음절 전체 목록을 거의 모두 제시하였다. 따라서 이 숫자 계산 방법은 순전한 실학시대의 것이라 보기는 어려울 것이다.

한 방향은 실학시대에도 마찬가지로 이어졌는데 이론적으로는 앞의 시기에 비해서 한걸음 앞섰다. 즉 중국의 조음음성학에 바탕을 두고 음音들을 분류하고9 일정한 순서로 배열하면서 다시 여기에 운韻에 맞춰 배열하되 해당 한자들을 묶어 넣는 구조의 발음사전인 운서를10 편찬하려는 작업은 실학시대에도 계속되었다. 그리고 여기에 한자음의 언문 표기를 위해 언문의 논의가 함께 전개되곤 하였다.

박성원의 『화동정음통석운고』란 운서는 예컨대 '동東'이란 한자에 '춘방春方'이란 뜻을 보이고 그 밑에 '화음'으로 최세진의 『사성통해』의 발음을 옮겨 한글로 적고 '동음' 즉 우리 한자음도 한글로 적은 책으로 예컨대 중국음 '둥'과 조선음의 '동'과 같이 두 언어의 발음을 대조시켜 표시하려 했었다. 말하자면 '화동華東' 간의 대역발음사전의 성격을 띠게 했던 것이다.

홍계희의 운서 『삼운성휘』는 박성원의 그것과 동시대의 것이면서도 차이를 보여 독특한 가치를 지닌다고 흔히 평가되어 왔는데 화음은 여전히 『사성통해』를 따르되 동음은 속음 즉 현실 한자음을 써서 자모별로 분류해서 만든 '화동' 대역발음사전이었던 것이다. 『삼운성휘』가 『사성통해』를 따르고 『화동정음통석운고』를 참고했다고 하더라도 거의 동시대의 것이면서도 차이가 있고 자모배열도 이전의 것들과 다르면서 현대의 것에 가까워졌으며 자음字音과 자의字義에 있어서도 현실음을 고려함으로써 홍계희 자신이 독

---

9 흔히 말하는 '아, 설, 순, 치, 후음'의 분류는 구강의 기본 위치에 따른 것으로 중국 음운학에서 빌려온 것인데 원래 이 오음 분류는 고대 인도의 음성학에서 비롯되었다. 지금도 국제음성부호(I.P.A.)의 음성분류의 기본으로 이용되고 있다. 그만큼 세계 모든 언어에 적용될 수 있는 보편성을 지니는 것이다. 이 보편성에 따라 세종은 훈민정음 기본 초성자 'ㄱ, ㄴ, ㅁ, ㅅ, ㅇ'을 각각 음성기관을 상형하여 훈민정음을 창제하고 나머지는 가획 또는 합자로 제자했던 것이다. 중성자는 동양사상에 따라 천지인 삼재에 따랐다.

10 중국에서 오랜 전통을 이어온 '운서'란 보통 '아, 설, 순, 치, 후'의 오음五音과 '평, 상, 거, 입'과 같이 사성四聲에 따라 한자음을 분류하여 같은 부류의 음을 나타내는 한자들을 묶어 제시하는 일종의 분류발음사전인데 자음字音의 정확한 해득과 한시 창작에 활용한다. 중국의 사전은 전통적으로 자음字音 중심의 '운서' 외에 자형字形 중심의 '자전字典'과 자의字義 중심의 '훈고訓詁' 세 가지로 나눈다.

창성을 보여 주게 되었다는 점 때문에 지금까지 어학사 서술에서 그가 높이 평가되었던 것이다. 우리나라에서 나온 이러한 대역사전은 한어 즉 중국어의 경우가 유일한 것으로 발음 교육에서나 한시 창작에서의 운韻의 교육에서나 한어와 한문이 당시에 사회적으로 또는 국제관계에 있어서 그만큼 중요시되었던 것이라고도 볼 수가 있다.

훈민정음이 창제된 이후 운서에서 발음을 한글로 일정하게 배열시켜 표시하려 했기 때문에 자연히 언문의 자모와 그 배열 순서에도 관심을 가지게 되어 이에 대한 논의가 흔히 있었다. 두 언어의 대역사전이었기에 한글도 두 언어의 음운체계의 차이에 따라 달랐음은 물론이다. 예컨대 동음은 'ㄱ, ㄴ, ㄷ, ㄹ, ㅁ, ㅂ, ㅅ, ㅇ, ㅈ, ㅊ, ㅌ, ㅋ, ㅍ, ㅎ'과 'ㅏ, ㅑ, ㅓ, ㅕ, ㅗ, ㅛ, ㅜ, ㅠ, ㅡ, ㅣ, (ㅢ), ·, (ㅘ, ㅞ)'와 같았고 화음은 훈민정음을 변형까지 시켜 'ㄱ, ㅋ, ㄲ, ㆁ, ㄷ, ㅌ, ㄸ, ㄴ, ㅂ, ㅍ, ㅃ, ㅁ, ㅸ, ㅹ, ㅱ, ㅈ, ㅊ, ㅉ, ㅅ, ㅆ, ᅎ, ᅔ, ᄼ, ᄽ, ㆆ, ㆅ, ㅇ, ㄹ, ㅿ' 그리고 중성에는 위의 것에다가 'ㆌ, ㆋ'도 포함시켰다. 이렇게 한글 자모는 당시의 음운학에서는 한자음을 표기하는 데에 쓰인 셈이다. 훈민정음의 역사를 서술했던 과거의 책들에서 이 부분을 따로 떼어 강조했던 것인데 그리 분리하면 논의의 의미가 전혀 이해될 수가 없을 것이다.

위에서 언급한 운서들이 편찬되는 과정을 거치면서 서명응의 『규장운서』(1778)도 나오게 되었다. 그리고 더 정교한 수준에 이른 운서가 잘 알려진 정조 명찬인 『규장전운』(1796)이었다. 여기에는 이덕무를 비롯해 윤행임, 서영보, 남공철, 이서구, 이가환, 성대중, 유득공, 박제가 등이 편찬에 참여했었다. 배열은 홍계희의 『삼운성휘』와 같이 'ㄱ, ㄴ, ㄷ, ㄹ, ㅁ, ㅂ, ㅅ, ㅇ, ㅈ, ㅊ, ㅌ, ㅋ, ㅍ, ㅎ'과 같이 거의 현대에 가깝게 하되 평상거입 사성 순서로 4단으로 분류해 배열하였는데 수록된 한자는 모두 13,345자였다. 뜻풀이는 물론 간단하였다. 이 운서는 일반인에게 널리 읽혀져 많은 판을 거듭 간행했으며 윤정현의 범례가 있는 『어정시운御定詩韻』(1846)이라는 복각판도 나오게 되었다. 이렇게 하여 드디어 『규장전운』을 바탕으로 하되 『강희자전』처럼 획인자전의 성격도 부여하고 뜻풀이도 하여 붙인 『전운옥편』이란 자전이 나

왔는데 중국 한자음을 무시하는 등 실용자전에 가까워 일반인들에게 더욱
다가갔다. 이것이 현대적인 자전의 효시에 가까운 것이라 할 만한데 조선광
문회의 현대판 획인자전 『신자전』(1914)과 함께도 쓰였을 정도로 오래 일반
화되어 있었다.

　음운학 연구에서 또 하나의 분야는 운도의 연구였다. 이것도 15·6세기에
도 최발의 『약운도約韻圖』 등이 있었기에 전혀 새로운 연구는 아니었다. 이제
는 볼 수가 없어 그 내용과 수준을 알 수는 없다. 최석정의 『경세정운』(1678),
신경준의 『운해』(1750) 등이 운도 연구 방면에서 대표적으로 언급되고 있
다.[11] 자학字學에 조예가 깊었던 조부 최명길과 또 성음학에 깊은 관심이 있
었던 서화담의 영향을 받은 최석정은 소옹邵雍의 「황극경세성음창화도」를
바탕으로 해서 『경세정음』을 저술했다. 여기서 그는 우선 훈민정음의 체계
를 위의 소옹의 이론에 비추어 해석하고 그것을 토대로 한자음의 음운을 일
정한 등급으로 분류하여 한자음 중심의 음운체계를 도식화하는 등운도等韻
圖를 작성하려 했다. 즉 우선 훈민정음의 원리와 체계를 중국 음운에 꿰맞추
어 나름대로 기술하고 이 체계에 따라 한자음을 도식화하는 '운도'를 작성하
려 했으며 끝으로 종래의 여러 운도와 운서를 보이며 비판한 음운학 연구를
덧붙였다. 여기서도 실학시대의 대부분의 음운학자들처럼 훈민정음(또는
언자諺字, 언음諺音, 언문 등)의 논의를 조선시대의 한국어가 아니라 한자음
과 중국음운학에 맞추어 해석하려 했다.

　이상의 대표적인 것들 외에도 문자와 음운에 관한 글들이 적지 않았다. 훈
민정음 자형의 원리를 이른바 원圓(=천天)과 방方(=지地)의 상형으로 본 이사
질의 『훈음종편』, 언문자음기례諺文字音起例와 오음초성五音初聲이 포함된 금
영택의 『만우재집』, 언자諺字와 한자漢字의 혼동되기 쉬운 것을 분간하기 좋
게 꾸민 첩경의 편람으로 언자의 경우 현대의 사전에 가깝게 배열하기도 한

---

11 각각 『경세정운도설』, 『경세훈민정음도설』 등과 『운해훈민정음』, 『훈민정음운해』 등 여
　러 서명들이 있다.

석범石帆의 『언음첩고』의 책머리에 실린 「범례」와 「언문원류諺文源流」, 이규경의 『오주연문장전산고』 속에 실린 「언문변증설」, 정윤용의 『자류주석』의 부록, 강위의 『동문자모분해』, 노정섭의 『광견잡록』의 훈민정음 관련 기술 그리고 권정선의 『음경』(1906) 등은 국어학사 교재에서 빠짐없이 등장하는 예들이다. 많은 경우가 문집 속에 수록되어 있는데 이 밖에도 중모음과 관련된 음운사와 지명유래 등도 언급한 남극관의 『몽예집』, 이광사의 『두남집』의 「논동국언해토論東國諺解吐」, 홍양호의 『이계집』(권10)의 「경세정운도설서」, 박치원의 『설계수록』(권24)의 「자음字音」, 이의봉의 『고금석림』(권40 부록) 「훈민정음」, 배상렬의 『서계쇄록』(상), 홍희준의 『전구』(제4책)의 「언서훈의설諺書訓義說」, 유신환의 『봉서집』(권6 雜著)의 「삼십육성역三十六聲譯」, 이유원의 『임하필기』(권17, 18, 19) 일부, 오구라小會 문고에 소장된 저자 미상의 『언문』, 박문호의 『호산집』에 실린 「자음복고설字音復古說」(권38), 「언문설諺文說」(권38), 「이두해」(권49), 「여소학」(권34) 및 '자훈방언동이고字訓方言同異考', 노정섭의 『연곡집』에 실린 「광견잡록」 그리고 저자 미상의 『동문집음』 등 수많은 문헌들이 음운이나 문자에 관한 내용을 담고 있다. 과거의 것을 그대로 옮겨놓은 것도 없지 않아서 이들이 높이 평가받기는 쉽지 않을 것이나 일단 검토해야 할 대상들이다.

3.2 어원·어휘 자료의 정리는 어떠했나

실학시대의 새로운 관심이 집중된 또 하나의 분야는 어휘 분야로, 이전처럼 어떤 단어의 어원을 밝혀 정확한 의미를 알게 한다든가 어휘를 일정한 기준으로 분류하여 어휘집을 편찬하려 했다든가 하는 언어자료의 정리가 주류를 이루었다.[12]

---

12 '홍윤표, 국어 어휘 문헌 자료에 대하여, 『소당천시권박사화갑기념 국어학논총』, 1985'를 참조.

이 시기 어원과 관련된 대표적인 책이 황윤석의 『화음방언자의해』와 정약용의 『아언각비』로 여겨져 왔다. 황윤석의 것은 한자로 쓰인 '舒發翰/角干'과 같은 경우도 있고 '한아비/한어미'의 '한/大' 라든가 '코키리/고기리'의 '코/코가 길다' 등처럼 의미로 고증하려 한 것도 있다. 그러나 '내我'는 '儂농'에서, '쓸女]'은 '他'에서, '가去'는 '去'에서 왔다는 등 한자어에 기댄 무리한 해석과 고증이 너무나 많다. 어원에 대한 관심은 『삼국유사』, 『삼국사기』, 『고려사』, 『고려사절요』 등 역사 서술의 경우 때때로 협주로 풀이해 놓아 원문을 이해함에 도움이 되도록 해 왔다. 따라서 어원풀이를 한 책에 모아 묶은 것은 새로운 방식이 아닐 수 없기는 하다. 이의봉의 『동한역어』(권27, 28), 『동언고(약)』나 『동언고략』도 이와 유사한 성격의 어원집이라 할 수 있다. 단편적으로 어원 풀이를 하려 한 것은 여기저기 많다. 특히 이수광의 『지봉유설』에서처럼 문집에서 어원에 관심을 보인 예가 많았던 것이다.

어휘집의 간행도 그 역사가 짧지만은 않다. 현재 제일 오래된 어휘집으로는 13세기 중엽의 『향약구급방』으로 알려져 있는데 그 뜻풀이는 순수 언어사전식 풀이가 아니라 향약 안내서답게 백과사전식 풀이로 요약했다. 어휘집은 아니지만 강희맹의 『금양잡록』의 「곡품穀品」도 이런 방식이었다. 『향약구급방』은 훈민정음 창제 이전의 양식으로 표제어의 표기는 한자를 빌려 쓴 차자 표기였고 풀이는 한문으로 이루어졌고 『금양잡록』 '곡명'의 풀이는 그 후 많은 농서들에 자주 실렸고 대상 품목이 시대에 따라 일부 바뀌기도 하였다. 성해응의 『연경재전집』 등 문집에까지도 실렸다. 이들 후세의 곡명 어휘들은 대부분 우리말 어휘를 언문으로 기록했다. 그리하여 시대에 따른 표기상의 차이가 부분적으로 보이기도 했다. 이상의 어휘집들은 일정 분야의 물명 어휘를 모은 어휘집들인데 실학시대의 어휘집도 물명이 중심이었다.[13] 『동의보감』의 탕액편에 수록된 물명이나 『시경언해』의 앞머리에 첨부한 물명 외에 『시물명고』, 『물보』, 『재물보』, 『물명고』, 『청관물명고』, 『몽유

---

13 '홍윤표, 실학시대의 어휘자료집 간행 역사, 『국어생활』 22, 국어연구소, 1990'을 참조.

편』,『광재물보』,『만물초』,『만물록』,『만물류』,『만물전서』,『양방금단』,『물명괄』,『시명다식』,『명물기략』,『군도목』,『제물평』 등이 그것들인데 많은 경우 순수하게 어휘의미를 풀이한 것이 아니라 책의 편찬 목적과 어휘 분야에 따라 백과사전식으로 풀이하면서 필요에 따라 문헌고증적인 면을 보완하였다. 그러나 유희의 『시물명고』는 『시경』의 물명에 대해 원전의 편명에 따른 순서대로 배열하되 예전에 잘못 풀이하였던 점을 더욱 여러 문헌들에 의거해 철저히 고증하여 수정하려 하였다. 일종의 주석연구에 해당한다. 대당되는 단어로 우리말이 있을 경우 언문으로 표시되었음은 물론이다.

실학시대의 어휘집은 표제어는 대부분 한자어로 그에 대당되는 우리말이 있을 때는 그것을 풀이에 이용하면서 백과사전식 주석을 한문으로 보태되 여기에 짤막한 문헌고증 풀이를 보태기도 하였다. 안타깝게도 이들 물명고 류의 어휘집들은 출판되지 않은 필사본 상태이기 때문에 당시 사회의 많은 독자를 확보하기는 어려웠을 것이다.[14]

순수한 어원집 또는 어휘집과는 달리 정약용의 『아언각비』는 그 목적이 달랐다. '아언각비雅言覺非' 즉 바른말로 그릇된 점을 깨닫게 하려는 목적으로 지은 것인데 말하자면 배움은 깨닫는 것이요 깨닫는 것은 그릇된 점을 깨닫는 것이라고 하고 그릇된 점을 깨닫는 것은 바른말에서 깨달아야 한다고 한 것이다. 예컨대 '장안長安'과 '낙양洛陽'은 중국 두 서울의 이름인데 우리나라 사람들이 이를 취하여 '서울'의 일반적인 이름으로 삼아 시문을 쓸 때나 편지를 쓸 때도 이 말을 의심하지 않고 쓰고 있다고 하면서 이렇게 쓰게 된 연유를 우리나라 옛 지명에서 찾아 밝히고 있다. 따라서 이 책의 논의는 단순한 어원 연구가 아니다. 오히려 그동안 잘못 쓰인 용례를 추려 이를 바로잡기 위해 국내외 문헌을 근거로 고증하여 특히 단어 또는 어휘의 정확한 사용을

---

14 어휘 자료로 별도의 어휘집으로 간행되지는 않았다 하더라도 가정백과전서, 농서, 의서 등에 실린 것들도 수도 없이 많다. 『산림경제』나 『임원십육지』 등과, 『해동농서』, 『월여농가』의 「속언자해(俗諺字解)」, 『음식디미방[閨壺是議方]』, 『주방문』, 『군학회등[博海通攷]』 등과 방언이 반영된 『촌가구급방』 등등이 눈에 띄는 언문 물명어휘가 많은 문헌들이다.

꾀하려 한 책이다. 모두 3권 199항목으로 단어 450여 개를 다루었다. 물론 여기서도 고유어를 차자표기 때문에 한자 차용어로 잘못 본 경우가 없지 않다. 이 『아언각비』는 『여유당집』(제18, 19책 雜文)에 실린 「아언지하雅言指瑕」 및 「곤돈록餛飩錄」에서 다시 뽑아 체계적으로 분류 정리한 것으로 보인다. '長安, 洛陽' 등은 모두 실렸으나 '鳥喇, 舍音, 鳥囉' 등은 『아언각비』에는 실리지 않았다. 이들 외에 「아언각비보유」도 별도로 있고 물명어휘집 「청관물명고」까지 있다.

기본적으로는 어휘집은 아니지만 특이한 형태의 『언음첩고』(1846)란 책이 역시 필사본으로 남아 있다.[15] 표기상 혼동하기 쉬운 우리말과 한자음을 빨리 찾아 구별할 수 있도록 편집했는데, 예컨대 언문 'ㄱ' 아래에 그것으로 시작하는 우리말 단어들 즉 'ㄱ늘'을 한자어 '陰'과는 관계없이 표제어로 현대식 사전에 가깝게 언문자모순으로 배열하고 한자의 경우엔 'ㄱ'에 속하는 한자들을 묶어서 제시하였다. 우리말에 한정시키면 이 책이 현대식 사전 양식에 접근한 교량적 모습을 보인 셈이다.

어휘집으로서 문헌 해석을 위한 주석으로 편집된 어휘집으로 대표적인 것은 『자류주석』, 『사류박해』 등이 있다. 한자를 중심으로 표제화하였기에 '일자류, 이자류, 삼자류, ……' 등과 같이 단어 구성 한자의 수로 분류하였다. 그러나 어휘집에서 표제어의 배열은 이와 달리 대체로 중국식으로 어휘의 미 중심으로 '천문, 지리, 하해河海' 등과 같이 분류하든가 '천보天譜, 지보地譜, 인보人譜' 등과 같이 삼재로 분류하고 「물보」를 '화품, 초훼, 수목' 등으로 다시 하위분류했었는데 다만 특이한 배열 순서를 가진 것은 유희의 『물명고』로 유정류有情類, 무정류無情類, 부동류不動類, 부정류不定類로 크게 분류하고 다시 세분화하였다. 이 분류가 '불전佛典'에 바탕을 둔 방식[16]으로 즉 고대 인

---

15 최현배의 『한글갈』(1940)에 '언문'과 관련된 부분이 소개되었었는데 그 후 이 책이 보이지 않다가 1980년대에 한국학중앙연구원에 안춘근의 해제 원고와 함께 소장하게 되어 다시 볼 수 있게 되었다. 이리하여 문자론 이외의 이 책의 특이한 구성과 또 다른 가치를 알 수 있게 되었다.

도의 향약재 분류방식이라 보기도 하나 우리나라에서의 유래를 아직은 알수는 없다. 유희가 직접 농사를 지으며 자신의 주장까지 풀이에 반영해 엮은 조선시대 최대의 어휘집인 이 『물명고』는 어휘사 연구의 귀중한 자료가 되고 있다. 지금까지 국어학에서 주목하지 않은 어휘 자료로 가정백과전서라든가 농서 의서 기타 식생활 관련서 등에 관련 어휘들이 산재해 있음에 유의할 필요가 있다.

분야별 어휘집 중에서 대표적인 어휘집으로는 정약전이 흑산도黑山島(=玆山島) 유배지에서 저술한 『자산어보』가 있다. 현지인 장덕순張德順을 제보자로 하여 채록했으나 모두 한자로 기록하고 풀이했다. 때로 어명의 유래도 밝히려 했다.

조선 중후기에 이루어진 어휘집 중에는 외국어를 대상언어로 한 어휘집들이 있다. 즉 사역원에서 역관들이 편찬한 한한漢韓 대역어휘집인 『여어유해』(1682)와 『역어유해보』(1775), 한한몽漢韓蒙 대역어휘집인 『몽어유해』(1790), 한한만漢韓滿 분류어휘집인 『동문유해』(1748) 및 『한청문감』(1779년경), 한일韓日 대역어휘집인 『왜어유해』(18세기 초기) 등이 그것들이다. 종합적인 『방언집석』도 있다. 이들 어휘집은 일정한 의미부류에 따른 분류어휘집인데 언어상으로 보면 한어 즉 중국어를 표제어로 삼고 우리말로 풀이를 한 다음에 그에 대당하는 만주어 또는 몽고어를 곁들인 구조로 되었다. 다만 한일 대역사전의 구조를 지닌 『왜어유해』만은 표제어가 한자 또는 한자어로 중국어가 아니었다. 2개어 또는 그 이상의 대역사전은 그 기능이 외국어 학습에 있기 때문에 표제어와 주석과의 관계는 대외적인 관계를 보일 수도 있다. 따라서 중국은 물론 만주(청) 및 몽고의 경우에도 표제어를 한어로 삼고 일본의 경우에는 그렇지 않다면 그 대외관계가 차이가 있었을 가능성을 배제할 수는 없다. 언어상으로는 일본은 직접적인 관계요, 만주와 몽고는 중국을 통한 제삼국으로서의 관계가 되는 셈이다.

---

16 三木英, 『朝鮮醫學史及疾病史』, 1955 참조.

3.3 다양한 자료와 논의는 또 어디에 수록되었나

실학시대의 한 특징으로 백과전서류 문헌이나 방대한 문집 등의 출현을 말하기도 한다. 이것은 흔히 다양한 분야의 논의를 포함하기 때문에 언어 문자에 관한 내용이 포함된다.

우선 이 실학시대를 대표한다고 언급했던 이수광의 『지봉유설』의 경우를 보자.[17] 이 책은 25개 부문 182항 총 3,435조목으로 구성되어 있다. 「천문부」를 비롯한 25개 부문 중 어문 관련 부문은 「문자부」와 「어언부」의 둘로 이 둘 사이에 문학과 관계되는 「문장부」를 두고 있다.

문자부 : 문의文義 자의字義 자음字音 (권7, 11~31엽)

어언부 : 잡설雜說 속언俗諺 방언方言 유오謬誤 해학諧謔 (권16 전권 33엽)

여기서 단어로서의 한자어(예: '風聞' 등)의 올바른 뜻과 '한자'의 올바른 뜻과 발음을 고증하여 언어사용의 정확성을 기하려 한 것이 「문자부」요, 단어 내지 문장 차원에서의 변증을 하여 언어사용의 정확성을 기하려 한 것이 「어언부」다. 조선시대의 언어연구 가운데 이만한 분량의 서술은 『훈민정음(해례)』을 비롯해 그리 많은 것이 아니었다. 그럼에도 지금까지의 어학사 서술에서는 이 『지봉유설』은 '어원' 아니면 문자 기원으로서의 '범자기원설'을 언급하고 있을 뿐이었다. 여기서의 어원의 서술은 앞에서도 지적한 것처럼 옛 문헌에서의 주석적 뜻풀이의 수준을 넘는 것이어서 긍정적 평가를 받을 수는 있으나 「어언부」의 일부 항목인 '방언' 그것도 몇 개의 어원만을 소개하였다는 점에서는 지금까지의 어학사 서술은 흡족하지 못하였다. 더욱이 이수광이 「기예부技藝部」의 '서書'에서 훈민정음과 관련하여 "我國諺書字樣 全倣

---

17 이수광의 언어연구에 대해서는 이병근(1995, 지봉유설의 국어학사상의 성격, 『대동문화연구』 30), 이현희(2004, 이수광의 국어학적 인식에 대하여, 『진단학보』 98)를 참조.

梵字"라고 한 마디 말한 것을 범자기원설로 서술하여 온 어학사 서술이 지금까지 대부분이었는데 어째서 우리나라 글자 모양이 전적으로 '범자'에서 기원했다는 것인지 이수광은 아무런 소설小說조차 제시하지 않았다. 이러한 언급을 '설說'이랄 수가 있을까.

이덕무의 『청장관전서』도 그 속에 들어 있는 「한죽당섭필」의 '신라방언新羅方言'에서 어휘 자료를 제시한 것을 지금까지 부각시켜 왔다. 이는 이덕무가 경남 함양군 사근역 찰방으로 근무할 때의 그 지역어의 단어 몇 개를 차자 표기로 적어놓은 것들이다. "居稤(=거적)가 온전치 않으면 羅洛(=벼)에 물이 새게 된다. 請伊(=키)로 까분 뒤에 沙暢歸(=새끼)로 단단히 묶어서 丁支間(=부엌)에 들여 놓아라."라는 말의 명사 어휘가 그것들이었다. 그러나 『청장관전서』는 모두 71권 33책인데 현재 확인한 자료 중에 언어와 관련된 부분은 예절과 수신에 관련된 '언어'가 들어 있는 「사소절士小節」(권27~29), 석독해독 자료, 훈민정음 초·종성통용팔자의 고전한자기원 자료, 동국다범어東國多梵語, 몽고어 등에서의 어휘비교, 도서훈점島嶼訓點에서의 '島'와 '嶼'의 어원론, 두시언해의 언어사 중심의 가치를 언급한 「앙엽기鴦葉記」(권54, 57, 58, 59), 경기 지역의 속담을 정리한 「열상방언洌上方言」(권62) 그리고 사나운 새의 종류를 차자표기로 제시한 지조종류鷙鳥種類와 신라방언을 포함한 「한죽당섭필」(권68, 69) 등으로 언어와 관련된 상당히 많은 양의 항목들을 포함하고 있다. 그럼에도 지금까지 언급이 거의 없었던 것은 왜일까.

이익(1681~1763)의 『성호사설』과 같은 이름 높은 문헌이 어학사에서는 거의 언급이 없었다. 그럼에도 군데군데 어학과 관련 있는 내용이 다음처럼 꽤나 많이 들어 있다.

　　권1 '豆滿爭界', '土門(두만강)'
　　권2 「천지문」 '八方風'
　　권4 「만물문」 '漫畫春鋤'
　　권5 「만물문」 '種穄', '鱘鱣'

　　주로 어원, 어휘 의미, 지명 유래, 호칭, 기타 물명 등 어휘 차원의 논의가
많았다. '바람' 등의 설명 등을 비롯해 체계적인 서술은 아니나 이만한 서술
이 지적된 일이 지금까지 많지 않았다.

　　이상과 같이 실학자들이 가졌던 언어에 대한 관심은 다양하였다. 그러나
한자의 음과 뜻을 제외하면 그 대부분이 어휘 차원에서의 관심이었고 많은
경우가 여러 근거를 제시하면서 고증하는 태도를 보인 것이었다. 지금까지
황윤석을 다룰 때 「자모변」과 『화음방언자의해』를 빠짐없이 언급해 왔는
데 실은 이 문자론과 어원론을 제외하고도 그의 『이재유고』에는 수없이 많
은 문자 · 음운학 관련 글들이 들어 있다. 실학시대의 많은 언어 관련 글들,
특히 문자 · 음운학의 그것들이 독창성은 적지만 정치적으로 그리도 어려웠
던 시기에 왜 이 방면의 관심이 깊었었는지 그 시대상의 이유는 앞으로 면밀
히 검토해 보아야 할 것이다. 지금까지 살펴본 이른바 실학의 대표적 저작들
이 대부분 단편적인 글을 그러모아 엮은 것이기에 언어의 관점에서 보면 하
나의 저술로서의 체계성은 없는 듯하다. 적어도 논문이라고는 할 수 없는
'소설小說' 아니면 그보다 더 가벼운 간단한 언급에 지나지 않는 것들이었다.
그래도 이수광의 『지봉유설』은 당시로서는 상당한 기준에서 분류되어 편찬
된 것으로 보인다. 그것이 「문자부」와 「어언부」였던 것이다. 그리고 본격적
인 변증을 여러 항에 걸쳐 시도한 『오주연문장전산고』는 논의에서 보나 자
료의 제시에서 보나 그런대로 높이 평가될 만한 것이 아닌가 한다.

그 밖에도 문집 속에는 언어에 대한 서술들이 있다. 남구만의 손자로 요절한 남극관(1689~1714)의 문집 『몽예집』에는 음운사 관련의 중요한 한마디 언급이 있다. 즉 『고려사』에 '猫'를 '高伊'라 했는데 이제는 '합해서 한 자로 되었다'고 언급하고 있는 것이다. 즉 이중모음의 단모음화 과정과 관련된 언급이다. 음운사에 관련된 언급으로는 조선시대 전반에 걸쳐 거의 유일한 것이었다. 이 밖에 몇 가지 지명유래 등이 언급되기는 하였다.

성호 이익의 문하에 있다가 성리학에 전념했던 신후담愼後聃의 문집 『하빈잡저』는 어휘연구에서 특이한 관심을 불러일으키는데 「동식잡기」에서는 50개의 동식물의 속칭과[18] 때로 모양 및 습성 등을 간략히 밝히고 「해동방언」에서는 "天曰大乙('하늘'), 月曰達('달')"처럼 한어와 우리말 단어를 차자표기식으로 대비시켰으며 「속설잡기」에서는 '허허許許'나 '자내子乃'처럼 일상생활에서 흔히 들을 수 있는 의성어나 호칭 등 이른바 상징어를 한자로 수록했다. 그리고 「중뢰통설衆籟通說」에서는 '于溲溲(비바람소리 '우수수')', '札泠(물모양 '찰랑')'처럼 의성의태어를 잡록해 놓았다. 의성의태어의 사용은 근대적 언어표현이랄 수 있는 감성적 표현과 관련된다. 이 시기는 때로 형용사의 경우에도 이런 감성적 의미의 확대를 보이기도 한다.

요컨대 실학시대의 어휘에 관한 관심은 한문 주석에 국문 대응을 포함시킨 것이 일반적이었으나 『언음첩고』에 이어 『국한회화』(1896)에 이르러서는 책의 이름대로 우리말이 표제어가 되고 그 대응어가 한자(어)가 되어 비록 대역사전 형식이었으나 근대적인 사전 형식에 근접하게 되었다. 현대 사전에 들어갈 준비가 된 셈이다. 19세기 말엽 서양인들이 편찬한 대역사전들이 20세기 우리말 사전의 큰 참고서가 되었음은 물론이다. 서양인의 대역사전이나 20세기 초기에 시도된 우리말 사전에서 한자어가 많이 수록된 것은

---

18 예컨대 "鴈俗稱吉億取其聲也 又稱霜翁取其霜下時來實也 又稱蘆鳥取其居於蘆田也"와 같이 의성어 내지 의태어에 가깝게 풀이하고 있다. 신후담은 특이하게도 의성·의태어에 깊은 관심을 보이고 있다.

실학시대의 자연스러운 계승이 아니겠는가.

4. 실학시대 언어연구는 무엇을 넘겼나

실학시대의 한 면모를 반영한 표현이 유형원의 『반계수록』에 나타나 있다. 권25 「속편 상上」의 '언어'에서 한어 즉 중국어 학습의 필요성과 방법 등을 강조하면서 끝으로

> 선왕의 뜻을 좇아 오랑캐의 습속을 고쳐 중화가 되려면, 모든 문자는 화음華音을 따르고 선비들이 배우는 경서언해도 한결같이 『홍무역음洪武譯音』을 강송하게 하면 말은 달라도 자음字音은 같게 될 것이다. 그리고 이것도 어렵다면 경서 외에는 위의 방식대로 5품 이하의 문관에게 한어를 강습하여 승진의 근거로 삼아야 한다.

와 같이 말하였고 한걸음 더 나아가 박제가는 그의 『북학의』의 「한어韓語」에서 중국어漢語는 문자의 근본이고 구어와 문어 사이가 가까워서 문구文句를 이루는데 조선도 중국과 음성이 대략 비슷하니 온나라 사람들이 본래말을 버려도 불가할 것도 없고 이리하면 오랑캐도 면할 수 있다고 하면서 문어와 구어를 하나로 통일시키자고 했다. 이렇게 언어 개혁을 강조하였는바, 이것이 실용을 위하든 과학기술의 빠른 수용을 위한 것이든 당시 사회의 지식인들의 한문 내지 중국어 중심 사고임에는 틀림없는 것이었다.

이러한 중국어 중심의 사고가 강조되는 가운데, 학문적으로 실학시대의 언어연구는 한자음에 바탕을 둔 문자·음운 중심의 연구와 한자음 표기의 수단으로서의 언문에 대한 논의들이 전보다는 깊숙이 들어갔으며 나아가 중국 한자음과 우리 한자음을 대조적으로 연구하는 경향도 나타나 우리 한자음에 대한 인식도 깊어졌던 것은 사실이다. 또 한편으로는 어휘 중심의 자

료 정리에 치우쳐 있었다는 점을 위에서 추려 본 것인데 이러한 어휘의 주석 풀이에서 우리말 어휘에 대한 관심도 깊어졌던 것이다.

그러면 이러한 관심은 개항기 이후의 서양식 사고의 언어연구에 무엇을 넘겨줄 수 있었을까. 그 대답은 전통의 단절이었다. 그것은 근대적인 문자생활을 누리는 인구의 확산과, 한문에서 국한문 내지 국문 사용에로의 확대라는 어문생활의 변화와 사고의 차이에 밀접한 관계가 있었던 것으로 보인다. 중국어와 한자로 쏠리던 시대에서 단일민족이 강조되면서 통일된 단일어로서의 한국어와 언문 사용이 강조되는 시대로 넘어왔다. 엄청난 시대의 변화였다.

조선시대에 이어진 근대적인 언어연구는 우리말에 대한 자각에서 비롯되었고 새로운 교육과 연계되었는바, 다시 1940년대 무렵에 이르러서야 새로운 언어연구로 방향을 바꾼다. 그것은 이숭녕의 '음운론 연구' 등장 이후로 조선시대의 연구는 막을 내렸다고 할 수 있다. 문자나 음운을 연구해도 그것은 조선시대의 경우와는 전혀 다른 것이었다. 그 사이가 과도기였다.

과도기의 주역의 한 사람인 주시경의 초기 연구는 문자음운론이었다. 조선시대 문자의 음운 가치를 논하고 시대에 맞는 언어 위에서 현실적인 문자체계를 정리·정비하려고 하였다. 여기에는 이미 없어진 문자들은 물론이고 이른바 '사이시옷' 등 실학시대에 정동유나 유희 등에 의해 이미 논의되었던 문제들이 포함되었었다. 이것이 그의 국어문법에 예비가 되는 『국어문전음학』(1908)이었다. 그 대상은 한자음이 아니라 실학시대에 정비된 현실한 자음까지 포함한 우리말이었다. 그것도 표준어로서의 서울말이었다. 엄청난 변화였다. 실학시대의 음운 및 어휘의 관심은 주로 정확한 사용을 꾀한 경우가 많았는데 그 문제의 제기나 정리 방향은 '훈민정음'의 표준으로서의 정신에 맞추어 면면히 흘러내려 온 것으로 전체적으로는 한자음 논의 결과와는 달리 표준적이고도 현실적인 것의 추구였다. 이수광의 논의의 대부분과 정약용의 『아언각비』의 방향 등이 그러한 사고였다.

출처: 『한국사 시민강좌』 48, 일조각, 2011.

붙임: 이는 〈한국사 시민강좌〉의 실학시대 특집호를 위한 청탁논문이다. 국어학사 서술의 이 시기에 대한 일반적 서술이기는 하나 특히 언어연구가 당시의 시대상이 반영되어 한자 중심으로 이루어졌음을 염두에 두었다. 다만 한국한자음을 대상으로 엮은 연구가 일부 있었던 것은 다행이다. 시대상으로는 조선 중기와 일부 겹쳐지고 있다.

『훈민정음』의 초・종성체계

1.

필자가 이번 발표를 위해 받았던 주제는 『훈민정음의 현대적 이해』 중에서의 「훈민정음의 자음체계」이었다. 그리고 그 방향은 "국어학 전공이 아닌 일반어학 전공과 기타 『훈민정음』에 관심이 있는 사람을 대상으로 하여 『훈민정음』을 원문에 충실하게 소개하는 데 더 큰 비중"을 두라는 것이었다. 이에 대하여 필자는 논의의 방향을 명백히 한정시키기 위해서 다음과 같은 두 가지의 태도를 우선 제시하고자 한다.

첫째는 『훈민정음의 현대적 이해』에 대한 태도이다. 필자는 한국어 연구의 역사를 서술할 때 현대언어학에 맞추어 해석하면서 현대적 편견에 빠지는 것을 경계해야 한다고 생각해 왔다. 즉 『훈민정음』은 그 자체대로의 체계와 이론을 가지고 있어서 그것을 현대적 이론에 꿰맞추어서는 안 되며 그 자체대로의 체계와 이론을 우선 충실히 이해하고서 그 평가에 있어서는 현대적 이론에 비교할 수는 있다. 이를 바탕으로 앞으로의 학문발전에 이바지하도록 해야 하지 않을까 하는 것이다. 이것이 "『훈민정음』을 원문에 충실하게 소개하는 데"에 비중을 두라는 근본 취지에 어긋나지 않는 그런 태도일 것이다. 『훈민정음』에 대한 음운론적 연구 가운데에는 현대언어학에서 말하는 이원론적인 변별적 자질론으로 해석했던 일까지 있었던 것이다.

둘째는 「훈민정음의 자음체계」라는 주제에 대한 문제이다. 『훈민정음』에 대해서 모음(체계)이니 자음(체계)이니 하는 표현 자체가 현대언어학 또는 서양언어학의 위치에서 논의하는 것이다. 『훈민정음』 이론의 기초는 초성·중성·종성의 삼분법에 따른 음절구조의 이론에 있기 때문에 현대언어학에서의 모음(체계)과 자음(체계)에 일치하는 개념이 엄밀하게 말하자면 『훈민정음』에는 없는 것이다. 그리하여 대체로 자음에 관련되는 초성체계와 종성체계를 중심으로 언급할 수밖에 없게 된다. '초성'과 '종성'을 함께 묶어 '자음子音'에 대체시킬 수 있는 것은 비록 훈민정음의 체계가 초·중·종성의 음절 삼분법에 따르고 있으면서도 '종성부용초성終聲復用初聲'이란 문자론적인 규정을 내세워서 초성과 종성 사이의 음운론적인 상관성을 인식하고 있었다는 해석 때문에서이다.

이상의 태도를 가지고서 본고에서는 현대언어학에서의 자음체계에 대체로 상관되는 초성체계와 종성체계를 『훈민정음』 자체 속에서 이해하고자 한다. 15세기 문헌자료는 보충적으로 이용된다.

2.

초성과 종성에 관련된 기술은 중성해를 제외한 모든 곳에 흩어져 있는바 이를 대략 뽑아 보면 다음과 같다.

(예의): 초성 17자(+6자)의 오음분류 및 예시, 종성규정, 순경음, 병서.
제자해: 제자의 음운론적 근거, 오음의 음상, 청탁에 의한 초성의 분류, 기본자의 음운론적 근거, 각자병서, 순경음, 삼성의 상관.
초성해: 초성의 기능 및 예시, 오음(十半音)의 분류.
종성해: 종성의 기능 및 예시, 종성과 사성과의 관계, 팔종성, ㅇ, 예시, 오

음의 완급, ㄹ.

합자해: 초성·종성의 서법, 병서, 국한문혼용에서의 ㅅ, ㆆ과 ㅇ의 통용,
반설음.

용자례: 초성·종성의 용자례.

초성과 종성에 관련된 기술에 있어서 음운론적인 문제로 부각되는 것은
첫째 음절구조에서의 초성과 종성의 기능과 그 상관성이며 둘째 여러 음운
론적 자질에 따른 분류이며 셋째 초성체계와 종성체계 사이의 상사와 상이
등이다. 물론 병서의 음절적인 이해 등의 여러 문제도 부각될 수 있다. 『훈
민정음』에 나타난 초성·종성에 관련된 기술을 순서에 따라 주석하듯이 이
해할 수도 있으나 전체적인 이해의 편의를 위해서 위에서 지적한 바와 같은
문제들을 중심으로 이해하여 보고자 한다. 그 결과는 현대언어학에서 이르
는 자음체계가 『훈민정음』에 어떻게 음설구조와 관련해서 반영되어 있는가
를 이해하는 것이 될 것이다. 음절구조에 대한 이해 없이는 『훈민정음』의 이
론을 제대로 이해할 수가 없기 때문이다.

3.

『훈민정음』의 이론적 배경이 중국의 음운학이었던 운학에 있으며 그 운학
은 중국어의 구조적 특성에 맞추어 음절구조를 중시했던 이론이어서 그로
부터 영향을 받은 『훈민정음』의 이론이 또다시 음절구조를 중심으로 형성
되었음은 이미 널리 알려진 사실이다. 운학에서의 성·운의 이분법에서 벗
어나 『훈민정음』에서의 초·중·종성의 삼분법을 확립함으로써 음절론의
독창성을 보였던 점도 잘 알려진 사실이며 또 누누이 강조되어온 사실이기
도 하다. 음절구조에 있어서의 초·중·종성의 각각 차지하는 기능 또는 위
치에 대해서는 초성해, 중성해 및 종성해의 첫머리에 언급되어 있다.

正音初聲卽韻書之字母也 聲音由此而生故曰母「초성해」

中聲者居字韻之中 合初終而成音「중성해」

終聲者承初中而成字韻「종성해」

이러한 운학에 비교·기술한 위의 인용문을 통해서 알 수 있는 음절音節구조는 다음과 같다.

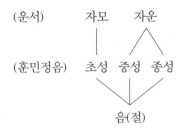

그리고 이에 대해 제자해에서는

聲有發動之義 天之事也

終聲有止定之義 地之事也

中聲承初之生接終之成 人之事也

라고 삼재론에 따른 기술을 보이고서

盖字韻之要 在於中聲 初終合而成音

이라 덧붙여 중성이 '요要'가 됨을 명백히 하고 있다. 이러한 언급으로부터 "중성이란 흔히 생각하기 쉬운 것처럼 현대 음절론의 모음에 대당되는 것이 아니라 음절의 봉우리Syllable Peak에 대당되는 개념이다."라고 C. F. Hockett(*A Mannual of phonology*, 1955)의 음절론에 따라 풀이할 수도 있다.[1] 이를 구체화시키면

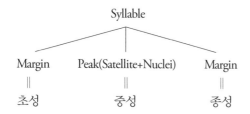

과 같아서 결국 『훈민정음』의 음절론은 중성을 봉우리로 하고 초성과 종성을 그 가장자리로 좌우에 두는 것이라 할 수 있다. 그런데 『훈민정음』은 여기서 끝나지 않는다. 그것은 초성과 종성과의 관계로 발전하는 것이다.

終聲之復用初聲者 以其動而陽者乾也

靜而陰者亦乾也 乾實分陰陽而無不君宰也 一元之氣 周流不窮 四時之運 循環無端

故貞而復元 冬而復春 初聲之復爲終 終聲之復爲初 亦此義也

「제자해」

물론 이는 예의에서 일단 제시한 종성부용초성이란 규정에 대한 근거로서의 순환론을 제시한 것이다. 종성부용초성이란 규정은 제자상의 규정으로서, 순환론적인 근거에 따라 종성자를 따로 만들지 않고서 초성자를 다시 쓴다는 것으로 이해한다면 초성과 종성 사이의 어떤 음운론적인 대응관계를 인식했다고 보아야 할 것이다. 우리는 『훈민정음』에서 성리학적인 인식과 언어학적인 인식 사이의 합치를 겸손히 받아들이고 싶다. 흔히 새로운 문자를 만들 때 하나의 음운에 하나의 문자를 대응시켜 어느 위치에서나 동일한 문자를 사용하게 하는 제자론을 보게 되고 특이하게는 음절상의 위치에 따라 다른 문자를 만들어 쓰는 경우도 보게 되는데 『훈민정음』은 앞의 흔한

---

1 이기문, 『국어음운사연구』, 서울대 한국문화연구소, 1972.[탑출판사, 1977]

경우를 생각했던 것이다. 종성부용초성이 비록 제자론적인 규정이라 하더라도 초성과 종성 사이의 음운론적인 동질성을 인식했기 때문에 초성자로 종성자를 쓰게 할 수 있었던 것이 아닌가 한다. 음절구조상에서 초성과 종성은 음절의 가장자리를 차지하면서 둘 사이의 동질성이 개개의 음운에 따라 존재하는 것을 훈민정음을 지은 사람들이 인식했다고 할 수 있는 것이다. 이러한 인식이 성운학의 음절이분법을 『훈민정음』의 음절삼분법으로 변개시킬 수 있었던 것이다.[2]

이러한 『훈민정음』에서의 음절삼분법은 자연히 해례에서 초성해, 중성해, 종성해 식으로 음절구조의 성분들에 따라 자절字節구조도 기술되게 되었고 그러면서도 종성해는 초성과 관련된 규정을 포함하게 된 셈이다. 그리하여 『훈민정음』의 자음체계를 논의할 때에는 이러한 『훈민정음』 자체의 체계에 따라 우선 초성체계와 종성체계를 구분해서 하고 다시 두 체계 사이의 관계를 구별하는 서술방식이 바람직하지 않을까 한다.

4.

정음 28자 가운데서 초성자는 "初聲凡十七字"이라 하였듯이 17개의 문자로서 우선 예의에서 중성 11자 앞에 각각의 초성에 분류음을 밝히고 한자음의 초발성으로 예시하였는바, 그 배열순서는 성리학의 발음순서인 '아, 설,

---

2 이 음절삼분법에 대한 역사적 배경으로 향찰·이두 등의 차자표기법에서의 종성분리표기와 성운학의 성모분석의식을 들기도 하였다(권재선, 『국어학발전사』: 고전국어학편, 고시출판사, 1987, p. 107).

성운학	성	운	
향찰	초중성		종성
한글	초성	중성	종성

순, 치, 후'로 하였다. 병서 'ㄲ, ㄸ, ㅃ, ㅉ, ㅆ, ㆅ'의 여섯은 문자를 따로 드러
내지는 않고서 분류음의 제시도 없이 해당되는 곳에서 예시만 하였다. 초성
23자 전체에 대해 한자음은 대응적으로 예시한 셈인데 이를 요약하면 다음
과 같다.

牙	舌	脣	齒	喉
ㄱ(君)	ㄷ(斗)	ㅂ(彆)	ㅈ(卽)	ㆆ(挹)
ㄲ(虯)	ㄸ(覃)	ㅃ(步)	ㅉ(慈)	ㅎ(虛)
ㅋ(快)	ㅌ(吞)	ㅍ(漂)	ㅊ(侵)	ㆅ(洪)
ㆁ(業)	ㄴ(那)	ㅁ(彌)	ㅅ(戌)	ㅇ(欲)
			ㅆ(邪)	

反舌	半齒
ㄹ(閭)	ㅿ(穰)

여기서 아·설·순·치·후로 분류한 것은 성리학에 배경을 둔 운학적인
분류이며 순서임은 잘 알려진 사실인데(夫人之有聲本於五行 故合諸四時而不
悖 叶之五音而不戾) 이러한 운학은 또한 고대인도 음성학에서의 조음점과
조음방법에 의한 기술적인 분류방식으로부터 영향받은 것이었을 듯하다.[3]
『훈민정음』에서는 전반적으로는 중국 운학의 아·설·순·치·후의 순서를
따르면서 기술하고 있으나, 한편 오행에 대한 성리학적 배경으로 풀이하면
서 음상까지 제시한 곳에서는 후·아·설·치·순으로 순서를 재조정하여
잡고 있다.

喉邃而潤 水也 聲虛而通……
牙錯而長 木也 聲似喉而實……
舌銳而動 火也 聲轉而颺……
齒剛而斷 金也 聲屑而滯……

3 W. S. Allen, *Phonetics in Ancient India*, London, 1953.

脣方而合 土也 聲含而廣 ⋯⋯

　이러한 후·아·설·치·순의 순서는 말할 것도 없이 발성기관의 가장 깊은 곳인 목구멍으로부터 밖으로 나오면서 관찰한 생리음성학적인 것이다. 현대의 음성학에서 흔히 보는 '순 → 후'와는 반대인 것이다.

　그러면 '아음, 설음, 순음, 치음, 후음' 및 '반설음, 반치음'은 『훈민정음』에서 어떻게 인식되었던 분류이었는가. 이에 대한 직접적인 기술은 『훈민정음』에서 찾아지지 않으나 제자론에서 간접적으로 이해할 수 있는 해설이 있다. 즉 그것은 문자의 상형론에 반영되어 있다.

　　　牙音ㄱ 象舌根閉喉之形
　　　舌音ㄴ 象舌附上腭之形
　　　脣音ㅁ 象口形
　　　齒音ㅅ 象齒形
　　　喉音ㅇ 象喉形

이들 이른바 기본자들이 구체적으로 무엇의 상형에서 온 것인지는 구구한 주장들이 있으나 위의 설명에서 발성기관에 대한 인식은 부인할 수는 없을 것이다. '설근폐후舌根閉喉, 설부상악舌附上腭, 구口, 치齒, 후喉'가 조음음성학적으로 정확히 무엇을 특징지어 주는 것인지는 역시 명확히 말할 수는 없으나 '아, 설, 순, 치, 후'라는 음의 분류로부터 볼 때 그 조음음성학적인 성격을 대체로 파악하기는 그리 어렵지는 않다. 즉 아음은 설근폐후舌根閉喉하는 연구개음이요, 설음은 설부상악舌附上腭하는 설단음이며, 순음은 구口의 작용으로 발음되는 양순음이고, 치음은 치조음 정도요, 후음은 성문으로 논의되었던 것이다. 이 중에서 특히 차이를 보이는 치음으로 'ㅅ, ㅆ, ㅈ, ㅉ, ㅊ'에 유의할 필요가 있다. 현대어에서는 'ㅈ, ㅉ, ㅊ'이 구개음이지만 중세어(특히 15세기의)에서는 'ㅅ, ㅆ'과 함께 치음이었던 것이다. 따라서 이 시기에는 구개음도 없었고 구개음화 현상도 없었던 것이다.[4] 반치음 'ㅿ'도 마찬가지로 [z]로서 'ㅅ[s]'과 유성·무성의 대립을 이루는 치음이었던 것이다. /ʒ/일 수는 없다.

제자해에서의 초성 기본자를 조음음성학적인 인식에 바탕을 두고서 그 제자원리를 제시한 다음에 이어서 그 기본자에 가획하여 오음의 확대된 초성자를 제자하는 가운데 '려厲'라는 자질의 대비를 보이고 있다.

ㅋ比ㄱ 聲出稍厲 故加畫 ㄴ而ㄷ ㄷ而ㅌ ㅁ而ㅂ ㅂ而ㅍ ㅅ而ㅈ ㅈ而ㅊ ㅇ而ㆆ ㆆ而ㅎ 其因聲加畫之義皆同 而唯ㆁ爲異 半舌音ㄹ 半齒音ㅿ 亦象舌齒之形而異其體 無加畫之義焉

즉 오음분류 안에서 '성출초려'하면 가획을 하여 제자하였다는 것인데 가획자가 나중 순서로 놓이게 되는 것이다. 다만

ㄴㅁㅇ 其聲最不厲 故次序雖在於後 而象形制字則爲之始

와 같이 비록 순서를 뒤로 하였으나 'ㄴ, ㅁ, ㅇ'은 그 소리가 '최불려最不厲'이기 때문에 제자의 시초가 되었다는 것이다. '려厲'의 차이를 제자상으로 종합해 보면 다음과 같다.

ㄱ → ㅋ
ㄴ → ㄷ → ㅌ
ㅁ → ㅂ → ㅍ
ㅅ → ㅈ → ㅊ
ㅇ → ㆆ → ㅎ

---

4 허웅, 치음고, 『국어국문학』 27, 1964; 이기문, 중세국어 음운론의 제문제, 『진단학보』 32, 1969.

('ㅇ, ㄹ, △'는 이체)

이는 요컨대 '려厲'라는 자질에 따른 점진적 대립을 인식한 결과라 할 수 있는데 두 단계 사이의 '려'의 차이가 등차적인지는 현재로서는 알 수가 없다. 이러한 사실로부터 훈민정음이란 문자체계가 자질체계featural system의 성격을 가졌다고 볼 수 있다.[5] 그러나 이 제자의 바탕이 된 '려'가 현대언어학의 시차적 자질에 대응되는 것은 없다. 'ㄱ→ㅋ' 사이의 '려'를 aspiration으로 보기도 하나[6] 'ㄴ→ㄷ→ㅌ, ㅁ→ㅂ→ㅍ, ㅅ→ㅈ→ㅊ'과 같은 삼차원의 경우를 보아서는 '려'를 aspiration으로만 볼 수는 없다.

'려厲' 이외에 기본자를 선정한 근거로 이어서 제자해는 '청탁'이라는 자질을 내세우고 있다.

> 又以聲音淸濁而言之 ㄱㄷㅂㅈㅅㆆ爲全淸 ㅋㅌㅍㅊㅎ爲次淸 ㄲㄸㅉㅆㅎㅎ 爲全濁 ㆁㄴㅁㅇㄹ△爲不淸不濁

여기서 보면 전탁자들은 전청자들의 병서로 이루어지는데 다만 'ㅎㅎ'만은 전청자인 'ㆆ'의 병서를 택하지 않고 차청자 'ㅎ'의 병서를 택하였고 그 이유로 다음과 같이 '성심聲深 · 성천聲淺'이란 자질을 들고 있다.

> 全淸並書則爲全濁 以其全淸之聲凝則爲全濁也 唯喉音次淸爲全濁者 盖以 ㆆ聲深不爲之凝 ㅎ比ㆆ聲淺 故凝而爲全濁也

여기서 나오는 '성심, 성천'이란 자질은 '성불심불천聲不深不淺'과 함께 주로 중성에 대한 해설에 등장하는 것으로 흔히는 청각적 자질로 볼 수 있는

---

5 Geoffrey Sampson, *Writing System: a linguistic introduction*, London: Hutchinson Group Ltd., 1985.
6 김석득, 훈민정음해례의 언어학적 분석, 『한글학회 50돌 기념논문집』, 1971.

sonority에 의한 음향감으로 풀이하고 있다. 초성에 대해서는 오직 'ㆆ(성심) : ㅎ(성천)'만 대비시키고 있다. 후음들에 대해서 제자해가 보여 준 자질상의 관계를 보면 다음과 같다.

不淸不濁	全淸	次淸	全濁
ㅇ	ㆆ	ㅎ	ㆅ
最不厲 →	(稍厲) →	厲	
	聲深	聲淺	

  네 개의 후음 'ㅇ, ㆆ, ㅎ, ㆅ'에 대해 네 개의 자질 '불청불탁, 전청, 차청, 전탁'으로 각각 분류한 셈인데 그러면 이들의 구체적인 음운은 어떤 성질의 것이겠는가. '최불려最不厲'한 ㅇ은 '욕欲'자의 초발성으로 예시되었고 그 용자례로 둘째 음절의 초성을 지닌 '·비육(爲鷄雛)', '·뱌얌(爲蛇)'을 들었다. 이들 예로부터 우선 가정할 수 있는 것은 'ㅇ'은 결국 음가로서는 영(제로)이며 다만 문자론적으로는 음절이 중성으로 시작되는 것을 알려주는 alif적 기능을 담당하는 것이라고 보는 것이다. 이는 흔히 종성해에 나오는 "且ㅇ聲淡而虛不必用於終 而中聲可得成音也"라는 해설로 뒷받침된다. 그런데 이 해설은 초성이 아닌 종성에 관한 것이요 특히 한자어가 아닌 고유어의 표기에 대한 것이다. 즉 종성으로는 'ㅇ'이 불필요한 것이지 초성에서도 그 음가가 영이라는 것을 뜻하는 것은 아니다. 만일 초성에 있어서도 음절구성을 나타내기 위한 기능만을 가지고 음가는 영인 것이라면 이른바 zero phoneme이 되는 셈이다. 그러나 『훈민정음』의 설명은 초성 'ㅇ'이 불청불탁의 후음으로 'ㆆ'보다는 '려厲'하지 않다고 하였다. 'ㅇ'과 'ㆆ'과의 관계는 '려'에 있어서 'ㄴ'과 'ㄷ' 또는 'ㅁ'과 'ㅂ'과의 관계에 평행되며 'ㄴ, ㅁ' 등과 같이 'ㅇ'도 불청불탁음이 되는 셈이다. 제자해에 나오는 "唯牙之ㆁ 雖舌根閉喉聲氣出鼻 而其聲與ㅇ相似"라는 해설에서도 'ㅇ'이 만일 음가가 없는 것이라면 'ㆁ'과 상이하다고 할 수는 없는 것이다. 이렇게 보면 일단은 'ㅇ'을 하나의 후음에 속하는 음운으로 보아야 하는데, 그것은 불청불탁의 'ㅇ, ㄴ, ㅁ, ㄹ, ㅿ' 들이 가지는 어떤 공통자

질에 의하여 규정된 음운이 될 것인데 이에 따라 유성의 /ɦ/를 상정하기도 하였다. 정확히 /ɦ/라고 하기는 어렵겠지만 '알오, 몰애' 등의 예들과 '살이-(使住), 알외-(告)' 등의 예들로부터도 'ㄱ〉ㅇ'의 변화과정 속에서 볼 수 있는 어떤 음운일 것인데 말하자면 15세기의 이 'ㅇ'은 특정한 환경에서는 후음으로 존재했던 것으로 『훈민정음』에서 인식된 것은 아닐까. 이것이 불청불탁의 후음 'ㅇ'의 존재였던 것이다. 또한 합자해에 나오는 "文與諺雜用則有因字音而補以中終聲者 如孔子ㅣ 魯ㅅ사룸之類"에서의 '孔子ㅣ'에서 볼 때 'ㅇ'자가 무의미한 것이 아님을 알 수 있다. 즉 모음으로 끝나는 체언 다음에 쓰인 주격조사 'ㅣ'는 엄연히 '이'와 구별되는바, 'ㅣ'는 반모음 /j/로서 앞의 모음과 어울려 하나의 음절을 구성하는 중성이 되는 것이고(cf. 공지) '이'는 그 자체로서 음절을 구성할 수 있는 중성이 된다. 이렇게 '이'와 'ㅣ'가 구별된다면 역시 초성자 'ㅇ'이 음절경계를 나타내는 기능을 알려 준다고 보아야 할 것이다. 그리하여 'ㅇ'이 juncture phoneme의 기능을 가졌다는 해석은 될 수 없다. 'ㅇ'이 전혀 음가가 없다면 『훈민정음』에서의 설명과 당시의 표기 사실에 어긋나게 되기 때문이다. 그리고 'ㅇ'이 위치에 따라 두 가지의 음운으로 쓰였다고 보는 것도 문자와 음운 사이의 대응에서 보아 타당성이 약하다. 'ㅇ'자는 특히 고유어의 경우 역시 초성으로 시작됨을 일러주는 기능을 가진 어떤 후음자 또는 alif적 문자와 같이 『훈민정음』에서 인식되었다고 볼 수밖에 없을 것이다.[7] 15세기의 음운현상은 'ㅇ'을 자음으로 해석하기 어렵게 한다.

'ㆆ'의 경우에는 사정이 다르다. 초성 17자에 후음으로 분명히 제시되었으면서도 고유어로만 예시를 보여 준 용자례에는 보이지 않는다. 비록 'ㆆ'이 '려厲'에 있어서 'ㅇ'과 'ㅎ'의 중간에 위치하고 'ㅎ'보다는 '성심聲深'하지만, 합자해에 "初聲之ㆆ 與ㅇ相似 於諺可以通用也"라고 한 것을 보면 고유어의 초

---

7 Shiro Hattori, Prosodeme, syllable structure and laryngeal phoneme, *Studies in Descriptive and Applied Linguistics, Bulletin of the Summer Institute in Linguistics* 1, 19.

김완진, 중세국어 이중모음의 음운론적 해석에 대하여, 『학술원논문집』 4, 1964.

이기문, 중세국어 음운론의 제문제, 『진단학보』 32, 1969.

성으로서는 쓰이지 않았고 다만 외래어로서의 한자어에만 쓰였다고 할 수 있다. 마찰음으로서의 'ㆆ'에 대하여 흔히 'ㆆ'은 그에 대비되는 무성의 성문 폐쇄음(/ʔ/)으로 이해되고 있으며 이에 따라 경음화를 합리화하곤 한다. 전청자들은 모두 무성음들이었던 것이다.

전탁자들은 초성 17자에 포함시키지 않고 용자례에서도 그 예시가 주어지지 않았으며 '虯(뀰), 覃(땀), 步(뽕), 慈(쭝), 邪(쌍), 洪(薯)'으로 한자음을 들고 있다. 그리하여 때로는 전탁음을 중국 운학에서와 같이 무기유성자음으로 보아 한자음의 표기를 위한 것으로 여겨지기도 하였다.[8]

예의에서 각자병서로 제시한 'ㄲ, ㄸ, ㅃ, ㅉ, ㅆ, ㆅ'의 6자 이외에 합자해에서 제시한 'ㆀ'가 있어서 모두 7개의 각자병서가 『훈민정음』에 있는 셈이다.

아 설 순 치 후

ㄲ ㄸ ㅃ ㅉ ㆅ

ㅆ (ㆀ)

각자병서의 공통자질로서는 전탁을 내세워 전탁의 음운부류를 이루는 것으로 기술하고 있는데 전탁은

全淸竝書則爲全濁 以其全淸之聲凝則爲全濁也 唯喉音次淸爲全濁者

「제자해」

라 하여 '전청지성응全淸之聲凝'으로 이루어진다는 것인데 '성응聲凝'의 개념이 문제가 된다. 지금까지는 대체로 이들 전탁음들은 경음으로 해석되고 있다. 예컨대 'ㅂ'에 'ㅂ'이 엉켜서 경음인 'ㅃ'이 된다는 것이다. 다만 후음에 대해서는

---

8 박병채(1976, 『역해훈민정음』, 박영사)에서 ㄲ=[g], ㄸ=[d], ㅃ=[b], ㅉ=[z], ㅆ=[dz], ㆅ=[h]와 같이 보고 있다. 'ㅆ'이 유성음이라면 같은 치음 계열의 'ㅿ'과 'ㅆ'과의 대립은 어찌 설명될까?

唯喉音次清爲全濁者 盖以ᅙ聲深不爲之凝 ㅎ比ᅙ聲淺 故凝而爲全濁也

「제자해」

라고 하여 'ㆅ'이 아니라 'ᅘ'으로 전탁을 삼는데 그 근거가 된 자질은 '성심·성천'이었다. 즉 '성심'은 엉길 수가 없고 '성천'은 엉길 수가 있어서 전탁이 된다는 것이다. 초성에 대해서 이러한 '성심·성천'이란 자질로 구별한 경우는 이 후음에 한정되어 있어서 명확한 해석이 현재로서는 어렵다. '려厲'와는 반대의 가치를 가지고 있다.

'ㄲ, ㄸ, ㅃ, ㅉ, ㅆ, ㆅ'의 각자병서 이외에 『훈민정음』에서 실제로 쓰인 것으로는 'ㆀ'가 있는데, '괴여'(我愛人)와 '괴ᅇᅧ'(人愛我)를 대비시키고 있다. '괴여'는 '괴+어→괴여'로 /j/가 삽입된 것이라면 여기서 'ㅇ'은 자음적인 구실을 못하고 있는 것이다. '괴ᅇᅧ'는 '괴여'에 대한 피동(즉 我愛人→人愛我)으로 접미사 '이'가 첨가된 것이다. 'ㆀ'가 쓰인 15세기의 예들을 보면 대부분이 /j/로 끝나는 어미들(예. 미ᄫᅳᆫ, 쥐ᅇᅧ, 얽미ᅇᅵ다, 메ᅇᅮᆫ, 뮈ᅇᅯ 등)과 사동형인 '히ᅇᅧ'(使)(이는 대부분의 문헌에서 '히여'로 나타남) 등이다. /CVj+이-/와 같은 구성인 셈인데 흔히는 /j/와 모음 사이에 다시 /j/가 삽입되었던 것이 15세기 일반적 현상이다. 따라서 'ㆀ'은 'ㅇ'의 경음이라 보기가 어렵고 오히려 /ji/가 "다소 길고 심한 협착"을 가지게 하는 그런 효과가 있는 것이라 할 수 있다. 'ㆀ'이 'ㄲ, ㄸ, ㅃ, ㅉ, ㅆ, ㆅ'과 같은 전탁으로서의 엄연한 음가를 지닌 것으로 인식했다면 예의에서 초성의 병서목록으로 'ㅇ' 다음에 등록시키지 않았을 리가 없는 것이다. 그러기에 'ㆀ'의 사용이 15세기에 바로 멈춰지게 되었는지도 모른다.

『훈민정음』에는 나타나지 않은 각자병서로 'ㅥ'이 15세기 문헌에 때로 보이는데 '다ᇝ니라, 슬ᇝ니' 등은 '닿ᄂᆞ니라, 슳ᄂᆞ니' 등에서 온 것이므로 'ㅥ'은 중자음으로 볼 수 있다. 15세기에는 '낳+ᄂᆞᆫ→낟ᄂᆞᆫ'이 일반적인데 이러한 'ㅎ'의 'ㄷ'으로의 폐쇄음화에 이어 자음동화가 일어난 것으로 볼 수밖에 없는 것이다. 그러기에 'ㅥ'은 하나의 자음이라 할 수가 없다.

『훈민정음』에서 초성 17자에는 포함시키지 않았으면서도 예의에서 별도로 "ㅇ 連書脣音之下, 則爲脣輕音"으로 규정된 'ㅸ'이 있다. 이 'ㅸ'에 대하여 제자해에서 "以輕音脣乍合而喉聲多也"로서 음성적 특성을 밝히고 있는데 이 'ㅸ'은 초성해에는 나타나지 않으나 용자례에서 "ㅸ 如사·ㅸㅣ爲蝦 드ㅸㅣ爲瓠"라 하여 하나의 용자례의 항목을 마련하고 있으며 실제로 15세기에 어두에서는 아니더라도 초성으로써 일정한 환경에서 쓰였던 사실은 잘 알려져 있다.[9] 이들을 바탕으로 'ㅸ'은 양순유성마찰음 /β/로 이해되고 있다.

순경음에 이어 반설경음을 합자해에서 해설하고 있는데, 곧

> 半舌有輕重二音 然韻書字母唯一 且國語雖不分輕重 皆得成音 若欲備用 則
> 依脣輕例 ㅇ連書之下 爲半舌輕音 舌乍附上腭

라고 하여 국어에서는 경중을 가리지 않고 'ㄹ'로써 음절을 이룰 수 있으나 '설사부상악舌乍附上腭'하는 반설경음으로는 'ㅭ'과 같이 연서형으로 쓸 수 있다는 것이다. 이 음성적 설명으로 보아 반설경음은 중국의 설두음에 해당된다. 'ㄹ'과 'ㅭ'과의 차이는 음성적인 차원의 것이기에 그러한 구분을 할 필요가 없다는 것이다. 『훈민정음』에서 보인 유일한 음성적인 차원에서의 관찰이다.

지금까지 논의한 초성들은 『훈민정음』 속에서 이해하여 체계화시킬 때 대체로 다음과 같이 흔히 요약될 수 있다.

---

9 'ㅸ'은 모든 자음 앞에서는 나타나지 않으며(cf. 더버~덥는), ①V_V, ②j_V, ③r_V, ④z_V 의 환경에서 쓰였다(cf. 안병희, 십오세기국어의 활용어간에 대한 형태론적 연구,『국어연구』7, 1959. / 탑출판사, 1978, pp. 16~17; 이기문,『국어음운사연구』, p. 40.)

	아	설	순	치		후
전청	ㄱ	ㄷ	ㅂ	ㅅ	ㅈ	(ㆆ)
차청	ㅋ	ㅌ	ㅍ	ㅊ		ㅎ
전탁	ㄲ	ㄸ	ㅃ	ㅆ	ㅉ	ㆅ
불청불탁	ㅇ	ㄴ ㄹ	ㅸ ㅁ	△		ㅇ

그런데 여기에 '려厲'와 '성심聲深 · 천淺'의 자질까지 고려하여 재조정하면 다음과 같다.[10]

	아	설	순	치	후	
불청불탁	ㅇ	ㄹ ㄴ	ㅁ ㅸ	△	((ㅇ))	
전청	ㄱ	ㄷ	ㅂ	ㅅ ㅈ	(ㆆ)	聲深
차청	ㅋ	ㅌ	ㅍ	ㅊ	ㅎ	聲淺
전탁	ㄲ	ㄸ	ㅃ	ㅆ ㅉ	ㆅ	

最不厲
↓
(稍厲)
↓
厲

즉 이 초성체계는 아 · 설 · 순 · 치 · 후와 같은 조음점에 의한 음의 분류, 청탁과 같은 조음방법에 의한 음의 분류를 바탕으로 인식된 것이며 거기에 '려'의 점진적 차이에 의한 동계열음의 서열에 바탕을 둔, 그리고 부분적으로 는 '성심 · 천'이 관여된 것으로 인식된 체계인 것이다. 이것이 『훈민정음』에 서 인식되어 있는 초성체계인데 한마디로 말해서 조음음성학적인 성격을 바탕으로 한 체계로서 자질에 의하여 하위체계들이 구성되도록 되어 있다. 이렇게 보면 여기에는 어떤 음운론적인 자질의 positive/negative에 의한 이원 론적 시차적 자질의 체계로서의 인식은 대체로 발견되지 않는다. 그러기에 R. Jakobson이라든가 그 이후의 생성음운론자들이 즐기는 이항원리의 틀에 맞추어 『훈민정음』의 체계를 이해하려고 하는 현대적 편견이나 그러한 시

---

10 이 체계에는 오음분류에 따른 음상의 기술은 포함시키지 않았다. 엄격히 말하면 그것은 자질이 아니다.

차적 자질의 인식이 서양보다 몇백 년 앞섰다는 식의 국수주의적 편견은 『훈민정음』의 초성체계가 가지는 본질을 오히려 오해하게 될 것이다. 예컨대

	ㄱ	ㅋ	ㅇ	ㄴ	ㄷ	ㅌ	ㄹ	ㅁ	ㅂ	ㅍ	△	ㅅ	ㅈ	ㅊ	ㅇ	ㆆ	ㅎ
아	+	+	+														
설				+	+	+	+										
순								+	+	+							
치											+	+	+	+			
후															+	+	+

와 같이 시차적 자질을 명시하는 것은[11] 결과적으로 분류음의 특성만을 지적한 것에 불과하기 때문에 시차적 자질에 의한 체계화에 이른 것이 아니다. 또 체계를 이루는 모든 단위들에 대해서 ±의 명시를 준다면 그것은 『훈민정음』의 서술내용을 뛰어넘는 것이다. 『훈민정음』의 이론은 조음음성학적 자질로 음의 특성을 제시하면서 음을 분류했을 뿐이지 시차적 자질의 체계를 인식하는 데까지는 이르지 않았던 것이다. 현대음운론에 의존한 지나친 해석은 오히려 『훈민정음』의 본질을 오해하기 일쑤다. 예컨대 '소다 : 쏘다, 혀 : 혀, 괴여 : 괴여' 같은 대비를 최소대립어minimal pair words로 풀이한다면 『훈민정음』에서 이런 대립어들에 의한 초성체계를 확립했다는 해석이 되는데 이런 태도는 딴 곳에서는 전혀 발견되지 않기 때문에 타당한 해석이라 할 수가 없다. 엄격히 말하면 '괴여 : 괴여' 같은 것은 자립형태소로서의 단어들이 아니기 때문에 최소대립어의 짝이 못 된다.

　『훈민정음』은 그 나름대로의 이론과 방법이 있는 것이다. 초성체계와 종성체계를 일단 분리시켜 관찰하려는 필자의 태도는 바로 이러한 이유에 있는 것이다.

---

11 김석득, Op. cit., p. 296.

5.

『훈민정음』은 이상과 같은 초성체계를 바탕으로 종성체계를 인식하고 있다. 종성체계에 대한 인식은 종성해와 부분적으로는 예의 및 해례 제자해 합자해에 반영되어 있다.

앞에서 음절구조의 이해에 있어서 이미 '종성부용초성'이란 규정의 의미를 언급한 바 있다. 다시 말하면, 문자론적인 면에서 초성자를 종성자로 다시 쓸 수 있다는 이 규정을 음운론적으로 바꾸어 이해한다면 결국 초성체계를 이루는 초성은 종성위치에서 동일한 음운론적인 가치로 판단되는 종성에 대치시켜 종성으로 삼는다는 규정으로 이해되는 셈이다. 그런데 초성체계를 이루는 초성들 모두가 그대로 종성으로 쓰인다는 것은 아니다. 즉 종성 a_1=초성 a_1으로 인식되는 경우에 초성의 a를 종성의 a로 다시 쓴다는 것이다. 종성으로 쓰일 수 있는 것은 8개로 한정되어 있다.

> 聲有緩急之殊 故平上去其終聲不類入聲之促急 不淸不濁之字 其聲不厲 故用於終則宜於平上去 全淸次淸全濁之字 其聲爲厲 故用於終則宜於入 所以ㅇㄴㅁㅇㄹㅿ六字爲平上去聲之終 而餘皆爲入聲之終也 然ㄱㅇㄷㄴㅂㅁㅅㄹ八字可足用也

즉 음절구성의 단위인 성聲에는 서완舒緩과 촉급促急의 다름이 있는데 불청불탁은 소리가 '려厲'하지 않아서 평·상·거성의 종성으로 쓰일 수 있음에 반해서 소리가 '려'한 전청, 차청, 전탁은 촉급한 입성의 종성으로 쓰이는 것이 당연한데 그렇게 되면 이들 모든 초성자들을 평·상·거성과 아니면 입성에 따라 구분해서 쓸 수 있으나 실제로는 'ㄱ, ㅇ, ㄷ, ㄴ, ㅂ, ㅁ, ㅅ, ㄹ'의 8자로써 넉넉하다는 것이다. 이들 8종성을 오음분류의 순서를 따르면서 불정불탁자를 사이사이에 넣고 있는데 그러면 초성체계로부터 이들 8종성으로 압축시켜진 과정은 어떻게 이해될 것인가. 이해의 편의를 위해서 불청불탁자와 전청자로 분류해서 논의하여 보자.

불청불탁으로 대표되는 'ㅇ, ㄴ, ㅁ, ㅇ, ㄹ, ㅿ'의 6초성에서 종성으로서 빠진 것은 'ㅇ'과 'ㅿ' 둘이다. 초성으로 마땅히 쓰일 수 있으면서도 빠진 'ㅇ'에 대해서는

ㅇ聲淡而虛 不必用於終 而中聲可得成音也

라 하여 초성으로서 꼭 필요한 것은 아니라고 분명히 밝히고 있고 'ㅿ'은 '엿의갗(孤皮)'의 경우에 'ㅅ'으로 통용할 수 있다고 하여 결국 '엿의갓'으로 쓰게 됨으로써 종성으로는 불필요함을 밝히고 있다.[12] 불청불탁으로서 종성으로 쓰일 수 있는 것은 결국 'ㅇ, ㄴ, ㅁ, ㄹ'의 4개가 남은 셈이다. 실제로 이들 4개의 불청불탁음은 음절말 또는 어말에서 거의 불변적 대립을 이루는 것들임에 유의할 필요가 있다. 15세기의 국어는 특히 그러하였음을 당시의 문헌자료를 통해서 쉽사리 확인할 수 있다. 다만 용언어간말의 'ㄹ'은 설음과 치음 앞에서 흔히 탈락하지만, 탈락되지 않아서 'ㄹ'을 유지하는 경우에 한해서 초성의 'ㄹ'(더 정확히는 'ᄛ')을 종성으로 쓰게 된다.

다음에 전청·차청·전탁 가운데서 전청은 종성으로 쓰이지 않기 때문에 'ㄲ, ㄸ, ㅃ, ㅆ, ㅉ, ㆅ'을 제외하면 전청의 'ㄱ, ㄷ, ㅂ, ㅅ, ㅈ, ㆆ'과 차청의 'ㅋ, ㅌ, ㅍ, ㅍ, ㅊ, ㅎ'이 종성으로 쓰일 수 있는 가능성이 있게 되지만 실제로는 'ㄱ, ㄷ, ㅂ, ㅅ'의 네 전청자만이 쓰이게 되어 있다. 전청의 'ㆆ'은 고유어에서 독자적으로는 종성이 되지 못하고 한자어에서의 '이영보래以影補來'처럼 동명사어미(또는 관형사형어미) 'ᅙ'로만 쓰였는데 곧 후속의 초성을 경음화시키면서 그조차 없어지게 되었다. 그리고 치음체계의 전청 가운데서 'ㅈ'은 '빗곶'을 '빗곳'으로 통용하게 하는 원칙에서와 같이 휴지나 자음 앞에서 'ㅈ

---

12 15세기의 종성으로는 '엿이, 웃ᄫᆞ니'와 같이 'ㅿ'이 있으나 『훈민정음』에서는 이를 인정하지 않는다.

→ㅅ'과 같이 덜 '려厲'한 전청인 'ㅅ'으로 음운교체함으로써 역시 종성으로 쓰이지 않게 되었다. 이렇게 보면 'ㄱ, ㄷ, ㅂ, ㅅ, ㅈ, ㆆ'의 여섯 전청 가운데서 'ㄱ, ㄷ, ㅂ, ㅅ'의 네 개만 종성으로 쓰이는 셈이 된다. 차청의 'ㅋ, ㅌ, ㅍ, ㅊ, ㅎ'은 어떤 음운론적 과정에 의하여 종성 위치에 놓일 수가 없게 되었는가. 'ㅎ'을 제외하면 그 음운론적 과정에서 중화neutralization가 작용했다는 것이 지금까지의 일반적인 해석이었다. 중화에 의한 결과라면 『훈민정음』의 이론 안에서 어떤 대립이 어떤 위치에서 중화되었고 나아가서 중화음을 어떻게 처리하였는지 밝혀야만 할 것이다. 우선 'ㆆ'은 15세기에 다음과 같은 음운 교체를 보이는 것으로 보아 실제 'ㆆ'이 종성으로 쓰일 수가 없었다.[13]

젛-(怖)	저호리	낳-(産)	나ᄒ리
	저쏴		나티
	젇노라		낟노라

즉 장애음 앞에서는 그 뒷소리와 합쳐지거나(cf. 낳+디→나티) 경음화시킴으로써(젛+슳+아 → 저쏴)[14] 'ㆆ'이 종성으로서는 생명을 잃으며 비음 앞에서는 'ㄷ'으로 음운교체를 일으켜[15] 결국은 'ㆆ'이 종성으로 실현되는 경우가 없게 된다.

차청의 '(ㅋ), ㅌ, ㅍ, ㅊ'은 종성위치에서 즉 휴지나 자음 앞에서 이른바 중화에 의하여 '(ㄱ), ㄷ, ㅂ, ㅅ'으로 실현되기 때문에 역시 종성으로 쓰이지 않게 된다. 그리하여 결국 『훈민정음』의 종성은 'ㄱ, ㆁ, ㄷ, ㄴ, ㅂ, ㅁ, ㅅ, ㄹ'의 8개가 되는 셈인데 이에 대한 용자례는

---

13 안병희, Op. cit., pp. 14~15.
14 'ㆆ+ㅅ→ㅆ'은 'ㅅ'에 대한 격음이 체계상에서 없기 때문에 가장 밀접한 'ㅆ'으로 나타나는 것으로 여겨진다.
15 앞에서 이미 보였던 '닿+ᄂ니라 → 다ᄂ니라'에서의 'ㆆ→ㄷ→ㄴ'과 같은 폐쇄음화와 비음화에 의한 음운교체에서도 역시 'ㆆ'이 종성이 되지 못함은 물론이다.

ㄱ: 닥(楮)	독(甕)	ㆁ: 굼벙(螬蟧)	올창(蝌蚪)
ㄷ: 갇(笠)	싣(楓)	ㄴ: 신(履)	반되(螢)
ㅂ: 섭(薪)	굽(蹄)	ㅁ: 범(虎)	심(泉)
ㅅ: 잣(海松)	못(池)	ㄹ: 둘(月)	별(星)

과 같이 들고 있다. 즉 휴지 앞에서의 종성으로 용자례를 들었는바 이들은 모두 어떤 음운변동을 공시적으로는 일으키지 않는 것들이다.

이들 8종성은 그러면 『훈민정음』에서 어떻게 체계화되어 이해되고 있는가. 여기에 관련된 중요한 자질로 오음분류의 것 이외에 완급緩急이란 것이 새로이 등장하고 있다.

	牙	舌	脣	齒	喉	
緩	ㆁ	ㄹ ㄴ	ㅁ	(△)	(ㅇ)	(不清不濁, 不厲, 入聲)
急	ㄱ	ㄷ	ㅂ	ㅅ	(ㆆ)	(全淸, 厲, 平・上・去聲)

※ ( ) 속의 것은 완급의 구별은 있으면서 종성으로는 쓰이지 않는 것.

이러한 종성체계를 하위분류하게 하는 자질로서의 '완・급'은 『훈민정음』을 통해서 종성해에서만 등장하는 것인데 사실상 사성과 관련되어 있다. 즉 해당되는 음절의 성조를 적어도 평・성・거성과 입성으로 구분시켜 주는 구실을 하는 것이다. 다만 입성은 완급에 의해서 자동적으로 결정되는 것으로 기술하고 있으면서도 합자해에서는 완급의 'ㄷ, ㅂ'을 종성으로 가지는 경우에 평・성・거성이 가능함을 예시하고 있다. 이 운율적 자질과 관련시킨 완급이란 자질도 현대음운론의 자질들 가운데 정확히 대응되는 것이 없다.

초성체계와 종성체계를 비교해 보면 두 체계에 공통적으로 이용된 자질로서는 아・설・순・치・후에 의한 분류적 자질과 청탁 및 '려厲'가 있고 두 체계에 차이 있게 이용된 것은 완급이다. 이에 따르면 초성체계와 종성체계는 서로 독립적인 존재이면서도 한편으로는 서로 상관관계가 있는 것이라 할 수 있다. 이러한 이유로 "『훈민정음』의 자음체계"라는 제목을 그 초성체계와 종성체계로 나누어 이해하면서 다시 두 체계 사이의 관계를 알아보려는 것이다.

6.

그러면 초성체계와 종성체계 사이의 관계는 어떻게 맺어지며 현대음운론에서 이르는 자음체계로서는 어찌 해석될 수 있는지를 알아보자. 우선 두 체계를 대응시켜 보면 다음과 같다.

		아	설	순	치		후	
초성체계	전탁	ㄲ	ㄸ	ㅃ	ㅆ	ㅉ	ㆅ	厲 ↓ 最不厲
	차청	ㅋ	ㅌ	ㅍ		ㅊ	ㅎ	
	전청	ㄱ	ㄷ	ㅂ	ㅅ	ㅈ	(ㆆ)	
	불청·불탁	ㅇ	ㄴ ㄹ	ㅸ ㅁ	△		ㅇ	
종성체계	전청	ㄱ	ㄷ	ㅂ	ㅅ		急	厲 ↓ (最)不厲
	불청·불탁	ㅇ	ㄴ ㄹ	ㅁ			緩	

※ 아·설·순·치·후음의 음상상音相上 특성은 생략하였음.

두 체계를 비교할 때 우선 공통적인 음은 불청불탁이면서 "(最)不厲"인 'ㅇ, ㄴ, ㅁ, ㄹ'로 장애음들이 아닌 비음과 유음이다. 여기서 특히 'ㅇ, ㄴ, ㅁ'의 비음들은 어느 위치에서나 서로 대립이 가능한 불변적 대립constant opp.을 이루는 것으로 체계상에서 밑바탕을 이루고 있는 것이다. 'ㄹ'도 종성 위치에서 마찬가지로 불변적이라 할 수 있는데 물론 이는 설음·치음 앞에서 탈락하여 종성이 될 수 없을 경우는 제외하고서의 경우이다. 『훈민정음』에서 초·중·종의 삼성으로서의 음절은 형태소(또는 기저형)의 차원에 속하는 것이 아니라 음운론적 차원에 속하는 개념이다.

다음에 전청·완급의 종성 'ㄱ, ㄷ, ㅂ, ㅅ'은 모든 장애음들이 종성 위치에서 압축된 결과라 할 수 있는데 이에 대해서 'ㅸ, ㅿ'의 무성음화(『훈민정음』의 술어에 따르면 동기관적 '전청화')를 제외하면 중화로서 오랫동안 풀이해왔던 것이다. 중화라는 것은 가중화 대립neutralizable opp.을 이루는 음절의 짝을 체계 속에서 상정하고서 그리고 기본형 또는 기저형을 전제로 하여 중화위치에서 대립을 잃어버리는 경우에 쓰여왔다. 특히 음운론적 대립이 양면적·유무적·비례적일 경우에 가장 명백한 중화가 이루어지고 만일 점진적(또는 등차적) 대립을 이루는 경우에는 서로 인접적인 대립의 짝 사이에서이루어지는데 그 결과로서의 중화음은 대립적인 짝 사이의 공시적 자질만으로 기층을 이루는 원음소archiphoneme가 된다는 것이었다. 물론 중화를 인정하면서 원음소를 인정하지 않고 중화음을 기왕의 대립된 두 음운 중에서 어느 한 음운으로 기술하기도 하였다. 나아가서는 사실상 중화를 인정하지 않고 음운교체 또는 자질변경규칙으로 기술하기도 하였다. 『훈민정음』 자체 안에서는 중화나 음운교체를 보여 준 직접적인 증거는 찾을 수 없다. 용자례에서조차 '닥[楮], 갇[笠], 섭[薪], 잣[海松]'과 같이 'ㅋ→ㄱ, ㅌ→ㄷ, ㅍ→ㄷ, ㅈ·ㅊ→ㅅ'과 같은 종성을 포함하는 용례가 전혀 나타나지도 않고 이런 현상에 대한 언급도 없기 때문이다. 15세기 국어에서는 '마타, 맏고'라든가 '노파, 놉고', '그처, 굿고' 등을 통해서 모음 앞에서 차청의 'ㅌ, ㅍ, ㅊ'이 자음 앞에서 전청의 'ㄷ, ㅂ, ㅅ'으로 표기되어 종성을 이룬다는 사실만은 알 수가 있게 되어 있을 뿐이다. 이들은 초성체계와 종성체계에서 이해한다면 초성체계의 '(ㄱ), ㄷ, ㅂ, ㅅ'과 종성체계의 '(ㄱ), ㄷ, ㅂ, ㅅ'을 같이 인식해서 종성부용초성終聲復用初聲이란 규정을 내릴 수 있었다는 것뿐이다. 중화에 의한 것인지 자질변경규칙에 의한 것인지는 『훈민정음』 속에서는 알 수가 없고 15세기 국어에서는

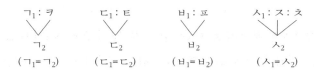

과 같은 사실이 있음만을 알 수가 있을 뿐이다. 해석 방법에 따라 중화로 볼 수도 있고 자질변경 또는 음운교체로도 볼 수가 있는 것이다.

만일 종성체계를 중심으로 해서 중화라 본다면 그것은 불청불탁음에 있어서는 불변적이어서 중화에서 제외되며 나머지의 경우에는 초성체계에서 동기관적 계열 속에서 불려음不厲音으로 중화되었다고 할 수밖에 없으며 음운교체로 본다면 역시 종성 위치에서 여음厲音이 동기관적인 불려음으로 교체된다고 할 수밖에 없을 것이다. 이것이 현재로서 종성부용초성을 중심으로 『훈민정음』의 초성체계와 종성체계와의 상관성을 이해하는 필자의 것이다.

지금까지 논의하는 가운데 언급하지 않은 것이 합용병서이다. 'ᄭ, ᄮ, ᄲ, ᄯ'의 ㅅ계 합용병서와 'ᄠ, ᄡ, ᄧ, ᄩ, ᄢ'의 ㅂ계 합용병서에 대한 해석은 크게 두 갈래가 있는바 그 하나는 문자대로 발음되는 자음군으로 보는 태도요, 또 하나는 ㅅ계 합용병서는 경음이고 ㅂ계 합용병서만은 자음군이라는 태도이다. 솔직히 말해서 15세기 국어의 표기 내지는 음운현상에서 보아 두 해석 태도가 어려움이 없는 것이 아니다. 앞의 해석태도에 따른다면 '니쏘리[齒音]'에서는 사이 'ㅅ'이 경음화를 유도했고 '뒷심꼴[北泉洞]'에서는 사이 'ㅅ'이 자음군이었다고 해야 할 것이며 뒤의 해석 태도를 따른다면 '닷가, 닷ᄂ'에서의 'ᄭ~ㅅ'의 교체를 설명할 길이 없다. 즉 경음으로 본 'ᄭ'이 자음 앞에서 중화 또는 교체된다면 'ㄱ'이 되어야 할 터인데 'ㅅ'으로 실현되었기 때문이다. 현재로서는 아직도 문제로 남겨둘 수밖에 없다.

출처: 이환묵 외, 『훈민정음의 이해』, 한신문화사, 1988.
붙임: 이 글은 전남대학교 어학연구소에서 주최한 훈민정음에 관한 발표회의 첫 회에 발표한 내용인데 주로 영어영문학을 비롯한 외국어문학 전공자들의

『훈민정음』에 대한 이해를 돕기 위해 마련한 것이었다. 전남대 영문학과 이환묵 교수가 간청한 발표였다. 허웅 교수 등 여럿이 발표했다. 『훈민정음』은 외국 언어학에서 간혹 보듯이 현대언어학에 기대어 지나친 해석을 내리는 경우가 있는데 필자는 『훈민정음』을 있는 그대로 이해하려 했다. 두 번째 이후의 발표회는 조선 근대에 이어진 훈민정음 연구들에 초점을 맞추었다. Hunmin-Jŏngŭm(Understanding Hunmin-Jŏngŭm, Hanshin Pub. Co., 1990)

「이윤탁李允濯 한글 영비靈碑」의 이해
- 왜 국가지정문화재가 되었나 -

1. 왜 다시 비문을 말하는가?

우리나라 최초의 한글 비문! 조선시대의 가장 오래된 한글 비문! 그 주인 공은 성주이씨星州李氏 중시조 장경長庚의 5남 1녀 중 막내인 조년兆年 계통 (흔히 文烈公派)의 세종 때 영의정을 지낸 직稷(文景公)의 후손인 윤탁允濯(正字公)이요, 그의 셋째아들 문건文楗이 비문을 짓고 비석에 손수 새기고서 1536년 비를 세웠다는 사실을 모르는 사람은 이제 거의 없을 것이다. 이 비에 관심이 있는 어문학자나 금석학자 나아가서 성주이씨 후손들은 더욱더 그러할 것이다. 그런데 과연 이 비석 전체를 잘 알고 있을까. 1974년 1월 15일에 「한글 고비古碑」라는 명칭으로 서울시유형문화재 제27호로 지정되었다가(서울특별시 노원구 하계동 12번지 2호 소재) 다시 2007년 국가지정문화재 '보물 1524호'인 「이윤탁李允濯 한글 영비靈碑」(문화재청장이 발행한 '보물지정서'에 의한 공식적인 명칭)라는 이름으로 지정되었는데 도시계획으로 현재는 위의 16번지인 동쪽 산자락 밑으로 15m 정도 옮긴 사실도 이미 잘 알려진 일이다. 묘소의 이전에 따라서 '영비'는 원래 봉분 앞쪽에 서 있던 것인데 현재의 위치로 이장하면서는 비가 덜 마모되도록 산소 왼쪽에 비각을 지어 그 안에 영비를 따로 보존하고 있다. 이 비각이 현재의 '영비각靈碑閣'이다. 그리고 비문의 원문을 바탕으로 16대손 이홍섭李弘燮이 비문을 새로 국역해 오석烏石에 새겨 이 비석을 산소 봉분 앞쪽 중앙에 세워놓았는데 경고문 자체는 옛 글자 모양을 그대로 모사한 듯하다. 문인석과 무인석은 산소 좌우 앞쪽에 각각 세웠음은 물론이다.

이런 과정을 통하여 국어학계와 성주이씨 문중에서는 이 문화재 비석의 존재를 더욱 큰 자랑거리로 삼게 되었다. 그런데 문화재 보물로 지정된 사실이 어디에 근거를 두었는지 과연 알고 있을까. 필자도 오랜만에 지난 2012년 7월 다시 이 비석과 묘소를 둘러보고 왔다. 이전의 자리에서 약간 안쪽으로 옮긴 새로 꾸민 묘역이었다. 둘러보고서는 한 번 새로 영비의 내용과 역사를 종합해 보아야겠다고 마음을 먹었다. 이 글은 바로 이렇게 쓰인 것이다.

새로 비각을 세워 그 안에 비석을 보존하고 있었는데 비석의 우측면에 우선 한자로 "靈碑"(즉 "신령스러운 비")라고 세로로 새기고 그 아래 세로로

> 녕혼비라거운사룸 믄지화룰니브리라
> 이ᄂᆞ 글모룬ᄂᆞᆫ사름 ᄃᆞ려알위노라

라고 비록 '녕靈, 비碑, 지화災禍' 등 한국 한자어가 포함되어 있지만 두 줄의 순수한 한글표기 문장으로 새겨 있음을 또다시 확인했다. 비각 속에 들어 있어서 초점은 잘 맞지는 않았으나 글자 모양은 훈민정음 창제의 초기 단계에 좀 가깝게 제법 예스럽게 보였다. 이 짤막한 글은 내용으로 보아 불특정 다수에 대한 경고문이다. 이 두 줄의 한글 경고문 덕분에 전체적으로는 한문으로 적힌 이 비석이 아마도 국가지정문화재로서 문화재청에서 '보물'로 지정했을 것이란 생각이 금방 떠올랐다. 만일 이 한글 경고문이 없었다면 1536년에 세운 비석이 특별한 문화재로서의 가치가 없이 보물로 지정되지는 않았을 것이란 생각이 떠올랐다. 우리나라 비석 가운데 한글 문구가 적힌 조선시대의 비석 중에 지금까지 알려진 바로는 이것이 가장 오래되었으며 또 이 순수 한글 전용의 문장이 세종대왕이 1443년 한글을 창제하고 1446년 반포한

지 90년밖에 되지 않은 해에 이루어졌으며 당시의 글자 모양으로 표기되었기 때문에 어문생활사에서 보아 이의 문화재적 가치를 중요시한 평가였을 것이다.

이렇게 한글 표기의 중요한 문화재적 가치를 강조하다 보니 한문으로 새긴 비문 본문(즉 묘갈명)과 한글로만 새긴 경고문 사이에 본말이 전도되어 일부 사람들에게 이 비석 본문의 내용이 오히려 경시된 경향은 없었을까.

비석의 한글 부분은 "신령神靈(영험靈驗)스러운 비碑다. (이를) 범犯한(훼손한) 사람은 재화災禍를 입으리라. 이는 글(곧 漢文을) 모르는 사람에게 알리는 것이니라."와 같이 흔히 해석된다. 문제는 '영비'라고 명명한 데서 발생하였다. 이 "靈碑=신령(영험)스러운 비"라는 표현이 문제였다. 일찍이 일사기문집逸事奇聞集인 『대동기문大東奇聞』(강효석 1926/김성언 역주 2001)의 "李文楗이 영비를 세우다"란 항에서 후손인 옥파(묵암) 이종일李鍾一이 다음과 같이 서술한 바 있다.

공(이문건)의 부친으로 홍문관 정자 벼슬을 지낸 이윤탁의 무덤이 경기도 양주 노원(현재는 서울 노원구)에 있는데 비석의 글과 글씨가 모두 공의 솜씨였다. 후손이 먼데 살아 오랫동안 성묘를 못했는데 어쩌다가 아무개가 그 땅을 차지해 버렸다. 근래에 그자가 무덤 근처의 솔과 노나무를 베어 버리자 윤탁의 무덤과 비석이 드러났는데 완연히 새것 같았다. 산 아래 사는 사람더러 아무개가 다른 이의 선산을 차지해 놓고 어찌 비석과 무덤을 훼손치 않았을까 하고 물어보았더니 이렇게 대답했다. "신령한 비석 때문이지요. 주민들이 병에라도 걸릴라치면 여기에 빌어 효험을 보았고 또 나무꾼 아이들이 돌조각이라도 부수면 재앙이 내렸지요. 영험함이 이러한데 누가 감히 훼손하겠습니까." 정말 그 비문을 살펴보았더니 앞·뒷면은 딴 것과 다름이 없는데 양옆에 다음과 같은 글자가 새겨져 있었다. 수백 년 전에 언문으로 비문을 쓴 것은 참 기이한 일이 아닐 수 없다. (중략) "인근에 사는 주민이 질병에 걸리면 이 영비에 기도하여 효험을 보고 초동樵童이 만일 빗돌에 흠집을 내면 재앙이 있었다 하니 그 신령함이 이와 같은바, 누가 감히 훼손하리오. ……"

라고 소개하였는데, "靈碑=신령(영험)스러운 비"라는 바람에 무속인들이 여기다 빌고, 울긋불긋한 여러 색깔의 헝겊과 금줄을 두르기도 하며 신으로 모시기도 했다 한다. 이 비석의 주인공이 이윤탁이고 그 아들 이문건이 비문을 지었는데 후세에까지도 아버지의 비를 잘 보존하려는 효성스러운 마음 때문에 비를 훼손하지 말라는 일종의 경고문을 '글'(아마도 '문자') 즉 한자를 모르는 사람들이 알 수 있도록 한글로 적어 읽게 했다는 사실이 세상에 점차 알려진 것은 그리 오래된 일은 아니다. 이 한글 경고문으로 인해서 그 후 김일근 교수 등 국어국문학 전공자들이 "最初(또는 最古)의 한글碑文"의 소개와 함께 '이문건'을 인물사 내지 가족사로 소개하는 글들을 쓰게 되었다. 이렇게 우여곡절을 겪고 현재의 서울특별시 노원구 하계동 16번지에 있는 이 비석이 오늘의 문화재 지정에 이르러서인지 유독 '한글 경고문'이라는 사실이 강조되어 왔고 그러다 보니 진짜 이 비석의 '비문' 자체의 내용을 특정의 관심인 이외에는 언급하는 일이 거의 없게 되었다. 본말이 전도된 셈이다.

성주이씨 후손은 물론, 비석을 이해하려는 사람들이 그래야 되는 걸까. 비문의 내용을 알아야 성주이씨 선조인 이윤탁과 그의 아들 문건을 알고 또 왜이리 효성스럽게 비를 보존하려 했는지도 알 것이 아닌가. 이것이 다시 한번이 글을 쓰는 동기인 셈이다. 또한 그 숱한 오랜 비석들이 있음에도 문화재로 지정되는 일이 그리 많지는 않은데 이 영비가 어떤 가치가 있기에 「국가지정문화재(보물)」로 지정될 수 있었을까.

그럼 우선 비의 형태와 비문의 내용부터 알아보자. 그리고서 문화재로 지정된 과정과 문화재로서의 가치를 알아보자.

2. 비의 형태와 비문의 내용은?

2.1 비의 형태는?

우선 이 「이윤탁李允濯 한글 영비靈碑」란 비석은 필자가 직접 검토하기 했으나 우선 「2007년도」 문화재위원회 동산문화재분과위원회의 자료에 따라 훑어본다. 전체적으로 보면 규수圭首·방부형方趺形의 형식으로 빗돌의 상부를 팔자八字로 깎고 빗돌 받침 즉 비좌碑座는 48㎝의 네모진 화강석으로 그 위에 142㎝의 대리석 비신碑身이 세워져, 비의 전체 높이는 190㎝ 즉 6척이 좀 넘어 작지는 않은 비가 된다. 비신의 폭과 두께는 각각 106/63㎝와 63/18㎝이란다. 소유자는 성주이씨 문경공파(cf. 李稷) 정자공문중인데 정자공은 바로 이 비를 세운 묵재 이문건의 선친 이윤탁을 가리킨다. 조선 왕조 중종 31년(1536년)에 세운 조선 전기의 비석이다. 이 비가 역사적 사료 가치나 예술적 서예사적 가치 등등에 대해서는 아직 충분한 검토는 이루어지지는 않은 듯하다. 그럼에도 오로지 돌에 새긴 한글 자료의 가치를 인정받아 서울특별시 유형문화재로 일단 지정되어 왔던 유물로 다시 국가지정문화재 「보물」이 된 것이다.

2.2 비문의 내용은?

그러면 이렇게 생긴 '영비' 4면에는 어떤 내용의 글이 쓰여 있는가. 그것은 이러하다.

전면: 權智承文院 副正字 李公諱允濯과 安人 高靈申氏의 合葬之墓
우측면: 不忍碣
후면: 考妣墓碣陰誌(篆題)
좌측면: 靈碑

이에 부연하면 전면에는 이 묘비가 이윤탁 공과 그 부인 고령신씨의 합장묘를 표시한 묘표요, 후면을 채운 '고비묘갈음지考妣墓碣陰誌'는 비문 본문으로 선고先考와 선비先妣의 가계와 합장 사유 등을 기록한 내용으로 선고의 본관이 성주이씨로 (중)시조로부터 내려온 계보 즉

長庚(시조 농서공) - 兆年(문렬공) - 褒(시중) - 仁敏(성산부원군) - 稷(영의정, 문경) - 師厚(한성판윤) - 咸寧(집현전 교리), 正寧(장절공, 修撰), 繼寧(첨지중추) - 叔生(咸寧의 차자로 繼寧에게 出系) - 允沆(증 承議郎), 允湜(증 通政大夫), 允濯(문과 급제, 승문원권지, 증 嘉善大夫)

으로 이어짐을 밝혔으며, 생졸년을 포함해 윤탁의 성품의 특징과 주요 행적을 서술하고, 이어서 선비 신씨의 친정 계보로 선고의 경우와는 반대의 순서로

申澮(부, 한성판윤) 순인김씨(모, 감사 自行의 女) 仲舟(조부, 순창군사) 檣(증조부, 世子左副賓客)

과 같이 고령신씨의 보한재 신숙주가 아우며 저 유명한 실학자 신경준申景濬의 선조인 신말주申末舟의 형이기도 한 신중주申仲舟의 손녀, 즉 신회의 둘째 딸이 고비 즉 이윤탁의 부인임을 간략히 비치고 있다. 이 묘갈명인 '고비묘갈음지考妣墓碣陰誌'가 비문의 핵심이지만 서술상의 특색이 있는 것은 못 된다.

다음에 비석 4면 중 우측면에는 '불인갈不忍碣'이라 하고서

爲父母立碑 誰無父母 何忍毀之 石不忍犯則 墓不忍凌明矣 萬世之下可知免夫
(부모를 위해 이 비를 세운다. 누가 부모 없는 사람이 있어 차마 훼손하겠는가. 돌을 훼손치 않는다면 묘도 훼손치 않을 것이 분명하도다. 만세 뒤에도 온전하겠음을 알지로다.)

라 하는 계고문(戒告文 또는 경고문)을 적어 놓았다. 비석에 이러한 계고문을 적은 것도 특이한데, 다시 비석의 반대편인 좌측면에 위의 계고문을 바꾸어 '영비靈碑'라 하고서 이 비석을 훼손시키지 말았으면 하는 뜻에서 순수한 한글표기의 문장으로 "녕혼비라거운사ᄅᆞ므지화ᄅᆞ니브리라 이ᄂᆞ글모ᄅᆞᄂᆞᆫ 사ᄅᆞᆷᄃᆞ려알위노라" 하고 새겨 경고를 하고 있다. 다만 이 금석문에는 15·6세기의 방점 표기가 생략되어 당시에 흔히 볼 수 있던 문헌상의 방점표기 자료와는 차이가 있는 셈이다. 아들 이문건의 부모에 대한 절절한 효심으로 오래오래 비석을 보존하기 위해 묘비치고는 정말로 특이한 문장을 남긴 셈이다. 한쪽에는 당시의 엘리트들이 읽을 수 있는 한문 계고문을, 그리고 그 반대쪽엔 한문 모르는 백성들이 알 수 있는 한글 경고문을 새긴 것이다. 비록 일부의 표기에 지나지 않지만 지식층들이 거의 한문을 흔히 쓰던 당시에 더군다나 사대부가에게는 보수적 형식일 수밖에 없는 비문에 글(아마도 '한문'으로 된 '계고문') 모르는 사람들에게도 알리기 위해 '언문' 즉 한글을 전용한 사실은 놀라운 일이 아니겠는가. 한글 즉 '훈민정음'이 창제되어 반포된 지꼭 90년이 지나서 말이다. 지금까지 한글의 보급 역사를 증명해 줄 수 있는 자료가 실은 거의 없었다. 한글의 보급은 그리 쉽지 않았던 시절에 한글이 일반 백성들에게 보급되었고 사대부에게도 알려진 증거가 바로 이 비석이라 할 수 있다. 곧 여기에 문자생활상의 가치가 있다고 할 것이다.

이제 비문의 충실한 이해를 위해 우선 모친을 여읜 1535년에 썼던 한문 원문을 참고로 제시하고서 후손 문중인 성주이씨정자공종회星州李氏正字公宗會(회장 이재헌)에서 제공한 국역본을 참고로 싣는다.

「원문」

考妣墓碣陰誌(篆題)

有明朝鮮國 啓功郎 權知承文院副正字 李公府君 安人高靈申氏夫人墓碣 孤哀子 文楗 書

　府君諱允濯 字濯之 本星山 考贈嘉善行僉知中樞府事諱叔生 妣貞夫人金氏

郡守 日知女 始祖 隴西公長庚 生兆年 仕高麗 好直諫 鳴於世 謚文烈 生侍中褒
生仁敏 是生諱稷 佐我朝 策開國功

官至領議·政 謚文景 生漢城府尹師厚 府尹生諱咸寧 登文魁 授集賢殿校理
寔先君祖考 僉知中樞有三子 允浣·允湜 次先君以天順壬午十月庚寅生天資
端嚴 敦孝悌 尙志節 守己以正 接物以義 歲癸卯 與二兄聯中司馬 人稱之 好讀
書 攻苦食淡 所與遊皆英俊 士林推仰 自觀省外 未嘗旬日燕息于私 篤志勵行如
此云 文華才敏 運否落魄 丁巳秋 丁內喪 至弘治辛酉春 登科補承文權知 人咸
期以遠大 不幸無命 其年季多廿六日 以疾終于家 享年四十 平生抱懷 未有所施
而歿 人皆惜之先妣之考 諱澮 漢城判官 妣淑人金氏 監司自行女 祖知淳昌郡事
仲舟 曾祖左副賓客檣 判官有二子承潗·承潢 以癸未三月丁酉 生妣於京 歲戊
戌合巹 內相廿四載 無違先志 生二女三子 三十九乃 賔天 性謹潔 不容私僞 奉
祭以誠 慈愛天至 而訓誨甚肅 飲食衣服 亦必整而不苟 劬勞辛勤 婚嫁已畢 背
逝凡五人 病殀煎逼 且用孤哀罪酷 嘉靖乙未正月五日 乃至不救 享年七十三 嗚
呼 以我考妣之賢 不得享壽福 慟哉 同年四月四日 窆于楊州 廬原栗伊岾西趾甲
坐庚向之原 以先塋近於國用 翌年春 奉移合葬于此 姊氏適禁火司別提李瀣而
寡 次姊歸士人朴壖 旱夭 伯氏弘楗 性孝友 癸酉進士 氷庫別提 娶僉使權澄女
生輝 娶進士金錫女 女在室 仲氏忠楗 英敏篤學 庚午進士 乙亥登第 歷敍清要
己卯坐士禍 以獻納罷 娶吏曹正郎李孝彦女 生 娶及第金憲胤女 女適金孝誠 辛
巳伯氏夫婦·仲氏 皆亡 季文楗 癸酉司馬 戊子秋及第 以侍講院司書丁憂 娶士
人金彦默女 生熼女幼 敢稽首痛哭以銘曰父德母恩 天高地厚 旣孤且哀 天叫地
叩 宅兆固安 天長地久 哀祝此已 後人 其負嘉靖十五年 丙申 五月立

「국역문」 (필자가 맞춤법은 교정함)
啓功郎 權知承文院副正字公墓碣銘(계공랑권지승문원부정자공묘갈명)
아버님의 휘는 允濯(윤탁)이요, 字(자)는 濯之(탁지)이니 본관은 星山(성
산·星州성주)이시다. 先考(선고)는 증직이 嘉善大夫(가선대부)로 僉知中樞
府事(첨지중추부사)를 지내신 휘 叔生(숙생)이요, 先妣(선비)는 貞夫人(정부

인) 慶州金氏(경주김씨)이신데 군수 日知(일지)의 따님이시다. 始祖(시조) 농서공 長庚(장경)께서 아들 兆年(조년)을 낳으시어 高麗朝(고려조)에서 벼 슬을 하시니 直諫(직간)을 명성을 떨치시고 시호가 文烈(문렬)이시다. 文烈 (문렬)께서 侍中(시중) 褒(포)를 낳으시고 侍中(시중)께서 仁敏(인민)을 낳으 시고 성산부원군께서 휘 稷(직)을 낳으시니 我朝(아조)=李朝(이조)를 도와 開國功臣(개국공신)에 책봉되시니 벼슬이 領議政(영의정)에 이르러 시호를 文景(문경)이라 한다. 文景(문경)께서 漢城判尹(한성판윤) 師厚(사후)를 낳 으시고 府尹(부윤)께서 咸寧(함녕)을 낳으시니 문과에 장원 급제하여 集賢殿 (집현전) 敎理(교리)를 지내시니 이분이 아버님의 生家(생가) 조부가 되신다. 李氏(계씨) 僉知中樞(첨지중추) 繼寧(계녕)에게 둘째아들 叔生(숙생)이 출계 하여 아들 셋을 두시니 允浣(윤완), 允湜(윤식)이요 다음이 아버님 允濯(윤 탁)이시니 아버님께선 天順(천순) 壬午(임오-1462년) 10월 庚寅(경인) 일에 낳으시다. 타고난 천품이 단정하고 엄격하시며 부모에 효도하고 우애와 겸 손함이 남달랐다. 항상 지조와 절개를 숭상하시고 정심 정도로 자기를 지켜 흔들림이 없으시고 또한 사물을 접함에 오직 義(의)로써 하셨다. 憲宗(헌종- 중국연호) 19년 癸卯(계묘-1483년) 당시 나이 22세로 두 형(윤완, 윤식)과 함 께 司馬試(사마시)에 나란히 합격하니 세상 사람들이 경이하여 칭찬하였다. 아버님은 글 읽기를 좋아하시고 평소에 가난과 고생을 참아가며 학문에 전 념하시고 교유하는 이들 또한 모두 뛰어난 인물이시니 士林(사림)의 추앙을 받으셨다. 그는 부모님을 찾아뵙고 문안드리는 때 이외에는 몸이 불편하여 도 사사로이 집에서 쉬는 날이 열흘도 되지 않았다. 독실한 뜻과 행하심이 이 와 같았다. 公(공)은 문장이 뛰어나고 재주가 영민하였으나 시운을 타지 못 하고 실의에 빠지게 되었으니 丁巳(정사-1497년)년 가을에 모친상(경주金씨) 을 당하였다. 辛酉(신유-1501년) 봄에 문과에 급제하여 承文院(승문원)에 權 知(권지-정식으로 벼슬을 받기 전에 임시로 사무를 익히는 과거 급제자)하시 니 사람들이 장래 크게 되실 인물이라 기대하였으나 어찌하랴 불행하게도 명이 없으시어 그 해(문과 급제한 당년-1501년) 12월 26일 병환으로 집에서 돌아가셨다. 享年(향년) 40세로 품으신 뜻을 펴지도 못하고 돌아가시니 사람들이 모두 안타까워했다. 先妣(선비)의 아버지는 漢城判尹(한성판윤)을 지내신 申澮(신회)요 어머니 淑人(숙인)김씨는 監事(감사)를 지내신 自行(자행)의 따님이시다. 또한 그 祖父(조부)는 淳昌郡事(순창군사)를 지내신 仲舟(중주)요 曾祖父(증조부)는 世子左副賓客(세자좌부빈객)을 지내신 檣(장)이시다. 判官公(판관공)이 두 자녀를 두었으니 承濬(승준), 承澡(승조)요 癸未(계미-1463년) 3月 丁酉(정유) 일에 서울에서 先妣(선비)를 낳으신 것이다. 戊戌(무술-1478년)에 결혼을 하여 24년 동안 한 번도 웃어른의 뜻을 어기지 아니하고도 딸과 세 아들을 낳았다. 39세 되던 해에 혼자 몸이 되시니 타고나신 천성이 매사에 근면 고결하였으며 추호도 어긋됨을 용납지 않으셨다. 조상의 제사를 정성껏 받들었고 자녀들을 사랑하는 마음이 깊었으며 잘못을 범하면 가르치고 타이르심을 매우 엄하게 하셨고 음식이나 예의범절에도 어긋남이 없었다. 先妣(선비)께서 온갖 고난 속에서도 무려 다섯 자녀를 양육하여 성례를 시키셨다. 갑작스런 병환으로 채 손도 써보지 못한 나 文楗(문건)의 죄가 너무 커서 乙未(을미-1535년) 1月 5일 향년 73세로 돌아가시고 말았다. 오호라! 내 아버님 어머님의 어진 덕으로도 壽福(수복)을 누리지 못하였으니 참 슬프도다! 같은 해(1535년) 4月 4일 楊洲(양주) 蘆原(노원) 栗伊岾(율이점)에 묘를 정하였다. 그러나 先塋(선영)이 국용(여기서는 태릉)에 가까워 그 이듬해(1536년) 봄에 이곳(현 묘역)으로 옮겨 합장하게 되었다. 누님은 禁火司別堤(금화사별제) 李瀣(이해)에게 출가하여 일찍이 혼자 몸이 되고 둘째누이는 선비 朴擁(박옹)에게 출가하여 일찍 죽었다. 큰형 弘楗(홍건)은 성품이 효성스럽고 검소하였으나 癸酉(계유-1513년)에 진사가 되어 氷庫別提(빙고별제)를 지냈다. 그는 僉使(첨사) 權澄(권징)의 딸을 아내로 맞아 輝(휘)를 낳았고 輝(휘)는 진사 金錫(김석)의 딸을 아내로 맞아 딸을 낳았다. 딸은 아직 출가 전이다. 둘째형 忠楗(충건)은 재주가 영민하고 학문에 독실하여 庚午(경오-1510년)에 진사가 되고 乙亥(을해-1515년)에 급제하여 淸職(청직-선비가 자랑으로 삼는 벼슬)의 요직을 모두 거치고 己卯士禍(기묘사화/1519년)에 말려들어 화를 입었다(1521년 10월 21일 적소에서 죽다). 벼슬이 헌납에 계실 때였다. 그는 이조정랑 李孝彦(이효언)의 딸을 아내로 맞아 爛(염)을 낳으니 염은 과거에 급제한 金憲胤(김헌윤)의 딸을 아내로 삼았다. 딸을 낳으니 金孝誠(김효성)에게 출가하였고 辛巳(신사-1521년)에는 佰氏(백씨) 부부와 仲氏(중씨)가 모두 죽었다. 셋째인 文楗(문건)은 癸酉(계유-1513년)에 사마시에 오르고 戊子(무자-1528년)에 급제하였다. 그때 文楗(문건)은 侍講院司書(시강원사서)로서 모친상을 당했으며 나 文楗(문건)은 선비 金彦默(김언묵)의 딸을 맞아 여아는 아직 어리다. 감히 머리를 조아려 통곡하며 銘(명)을 지어 부르기를 …… 아버님의 크신 덕이여! 어머님의 은혜여! 하늘같이 높으시고 땅의 너그러우심(厚-후) 같도다. 아버님 가시더니 어머님마저 세상을 드셨으니! 아 하늘을 부르짖고 땅을 두드리로다. 좋은 곳에 묘를 평안히 모시오니 하늘이 끝없고 땅이 장구함과 같이 내내 평안하소서~ 後人(후인-후 자손)들이 어찌 이것을 저버릴 수 있겠는가.

비석의 핵심인 묘비명은 이윤탁과 그의 부인인 고령신씨에 대한 인물사 또는 가족사 일부 참고자료가 되어 이 비문을 통해 개략적으로나마 이문건의 부모 두 분을 중심으로 한 인적 자료를 확인할 수 있다.

3. 영비를 어떻게 이해해야 하는가?

3.1 이문건의 계보는? 영비를 세운 동기는?

「이윤탁 한글 영비」를 세운 이문건에 대해 『대동기문』(김성언 역주)에서 이종일은 다음과 같이 서술했다.

이문건은 성주이씨로 자는 자발, 호는 묵재 혹은 휴수라 했다. 중종 계유년

진사과에 합격했고 무자년 문과에 올라 승지까지 지냈다. 둘째형 충건과 함께 어릴 적에 정암 조광조의 문하에서 공부했는데, 정암이 화를 당하자 당시 인사들이 감히 조문을 못하던 차에 공은 둘째형 및 문생 한 명과 함께 찾아가 예를 갖추어 장의를 치렀다. …… 중종이 승하하자 공이 빈전도감의 집례관이 되어 명정 시책문 신주의 글씨를 모조리 썼다. 또 전서를 잘 쓰기로 세상에 이름이 났다. 인종이 승하한 후 을사사화가 일어나자 공신으로 녹훈되었으나 뒤에 조카 휘의 옥사에 연좌되어 경상도 성주로 귀양 갔다.

당시에 이윤탁의 세 아들 중 첫째 홍건弘權이 서른 살 좀 넘은 젊은 나이로 세상을 떠나고 조광조 문인이었던 둘째 충건忠權도 옥사에 연루되어 역시 같은 해 세상을 떠나니 홀로 남게 된 막내아들 문건文權이 3년간 시묘하면서 온갖 정성을 기울여 손수 돌을 깎고 비문도 엮고 돌에 새겨 이듬해 1536년 4월 16일에 비를 세웠다 한다. 한문 계고문의 반대편 측면에 한글 경고문 두 줄을 넣어 완성하고 5월 4일에 묘비를 세웠다고 한다(『성주이씨대동보』 신묘보 권1 88면). 바로 이것이 「이윤탁 한글 영비」다. 효성이 지극했던 이문건이 스스로 세운 비석을 훼손하지 않은 채로 오래오래 보존하려는 애틋한 마음을 알 수 있다.

비문이 없는 백비白碑가 없는 바는 아니나 흔히는 비에는 비문이 있는데 그 핵심이 사자死者의 가계와 행적을 적은 비문, 즉 '영비'에서는 '고비묘갈음지'였다. 따라서 비의 이해는 바로 이 '고비묘갈음지'의 이해가 된다.

이윤탁은 비문에 쓰였듯이 1462년(세조 8년)에 태어나 1501년(연산군 7년)에 돌아갔는데 성주이씨 문렬공(이조년李兆年)파로 앞에서 지적한 바와 같이 다음과 같은 계보의 흐름을 지닌다.

長庚 (경산부원군 추봉, 중시조 농서군공, 묘는 성주군 대가면 옥화리)
兆年 (1269~1343 고려 원종 10년-충혜왕 4년, 문렬공, 묘는 고령군 운수
       면 대평리)

襃 (1287~1373 충렬왕 13년-공민왕 22년, 경원공, 묘는 고령군 다산면
벌지리)

仁敏 (1330~1393 충숙왕 17년-태조 2년, 개성부사 성산부원군 추증, 묘는
경원공 묘 아래)

稷 (1362~1431 공민왕 11년-세종 13년, 좌·영의정, 문경공, 묘는 양주
노원 하계 불당곡에서 고양시 덕양구 선유리로 이장)

師厚 (1388~1435 우왕 14년-세종 17년, 묘는 문경공 묘소 아래로 이장)

咸寧 (1408~1438 태종 8년-세종 20년, 홍문관교리 봉정대부응교 추증, 묘
는 선고 묘 아래에서 강화군 불온면 두운리로 이장)

正寧 (1411~1455 태종 11년-단종 3년, 배 태종 6녀 숙혜옹주, 장절공, 묘
는 포천 장수면 주원리)

繼寧 (1412~1471 태종 12년-성종 2년, 가선대부첨지중추부사, 묘는 고양
시 덕양구 선유리로 이장)

叔生 (생부 함녕, 계녕에게로 出, 1432~1509 세종 14년-중종 4년, 절충장
군용양위대호군, 가선대 부첨지중추부사 추증, 묘는 고양시 덕양구
선유리로 이장)

允浣 (1457~? 승의랑 추증, 묘는 도봉구 중계동)

允湜 (1460~1529 홍주부사, 기묘사화로 면직, 묘는 당진군 정미면 대조
리)

允濯 (1462~1501 세조 8년-연산군 7년, 통훈대부홍문관직제학지제교겸
경연시강관 증직)

弘楗 (1488~1521)

忠楗 (1491~1521)

文楗 (1494~1567 통정대부 승문원우승지, 성주로 유배, 默齋)

이렇게 크게는 문경공(휘 직稷, 호 형재亨齋)파에 속한 집안이다(이문건의
자세한 계보와 외가, 처가의 계보에 대해서는 이상주 편저『묵재 이문건의

문학과 예술세계』(2013)를 참조). 문경공은 세종 때에 우의정, 영의정 및 좌의정의 삼정승을 모두 역임했는데 여기서 문경공파가 시작되고 그의 아우 이수李穗도 좌군도총부부동지총제左軍都摠府副同知摠制를 지내고 정헌대부의 정부좌찬성겸판이조正憲大夫議政府左贊成兼判吏曹에 추증된 정재貞齋인데 이로부터 총제공파가 비롯된다. 족보에 따르면 조선 세종대왕 때 영의정까지 지낸 이직(1362, 고려 공민왕 11년~ 1431, 세종 13년)이 윤탁의 고조요, 한성부윤에 오른 사후(1388~1435)가 그 증조며, 가선대부 첨지 중추부사에 이른 계녕(1412~1471)이 그 조부요, 벼슬이 절충장군 용양위대호군에 오른 숙생(1432~1488)이 부친이다. 다만, 작은댁 계녕에게 둘째아들 숙생이 출계하여 따님 두 분 외에 세 아드님을 두었는데 그 셋째아드님이 바로 이윤탁이다. 이윤탁은 만 19세에 두 형과 같이 사마시에 합격하고 1501년 식년문과에 급제하고서 권지승문원부정자로 수습하던 중 그해 말에 병환으로 세상을 등지니 부인 고령신씨 사이에 두 따님과 홍건, 충건과 문건의 세 아드님을 남기시고 세상을 뜨니 아깝게도 향년 40세였다. 앞에서 언급했듯이 부인 고령신씨는 통훈대부 한성판관 신회申澮와 안동김씨의 따님이며 그 조부는 순창군사를 지낸 신중주(신숙주, 신말주와 형제)였다. 문경공 이후로 묘소는 성주로 모시지 않고 주로 경기도 양주로 정했었다. 이윤탁의 묘소도 마찬가지였다.

이윤탁의 첫째아들 홍건은 빙고의 별제를 지내다 33세의 나이로 일찍 세상을 떴다. 앞에서 언급했듯이 둘째아들 충건과 셋째아들 문건은 기묘사림 영수 정암 조광조(1482~1519)의 문하생으로 이문건은 『을묘명현록』에 올라 있었다. 이른바 기묘사화(1519) 때 충건과 문건은 위험을 무릅쓰고 조광조 영전에 문상을 다녀왔고 다시 안처겸安處謙의 옥사에 연루되어 대윤계大尹系 성향의 이들 형제들이 윤원형과 홍경주, 남곤, 심사정 등 소윤파의 배척을 당하여 충건은 옥고를 치르다가 유배지로 가던 도중 청파역에서 돌아가서 조광조 묘소 인근인 용인시 수지구 상현동 절골말에 장사지냈다. 큰형이 세상을 떠난 1521년 같은 해였다. 그러니 부모를 모두 잃었을 때에는 삼형제 중 막내 이문건만이 남게 되어 그가 집안의 쓰디쓴 상황 속에서도 온 효성을 다해 비를 세울 수밖에 없게 된 것이고 또한 난세에 부모의 비를 오래오래 보존하려는 뜻에서 가급적 많은 독자들이 이해할 수 있도록 '한문' 계고문과 '한글' 경고문을 넣어 세운 것이리라.

3.2 이문건의 귀양은?

영비를 손수 지은 이문건은 사화 때에 전남 순천 낙안읍성에서 9년간의 유배생활을 하다가 사면으로 풀려나 이듬해에 별시문과(병과 9)에 급제하였다. 그 뒤 승정원박사, 사간원정언 등을 거치다가 모친상으로 3년간 장조카 이휘(輝, 1511~1565)와 함께 시묘하면서 '영비'를 손수 세우고 이조좌랑, 사헌부장령, 춘추관편수관, 통례원우통례, 승문원판교 등을 거치고, 승정원 동부승지좌부승지를 거쳐 우승지에 이르렀다. 다시 명종이 즉위한 후 윤원형 등이 1545년 을사사화를 일으켰을 때 "이진 이를 국왕으로 모셔야 한다"는 이른바 '택현설擇賢說'의 주동자로 연루되었다 하여(이상주 편저, 『묵재 이문건의 문학과 예술세계』, 다운샘, 2013), 또한 이문건은 안세우安世遇 등의 무고로 능지처참을 당한 장조카 이휘에 연루되어(『한국인명대사전』, 신구문화사, 1967) 벼슬을 내놓고 청파동 큰누이집에 있다가 다시 유배 명을 받았다 한다. 경상도 성주로 명을 받고 서울을 떠난 것이 9월 17일이었다. 유배생활을 하며 쓴 그의 『묵재일기』에 따르면 그의 유뱃길은 이러했다. 서울집을 떠날 때 안동김씨 부인과 아들, 큰누이, 노비 등이 목메어 하던 장면은 상상할 수가 있을 것이다. 이종사촌 권길재權吉哉와 함께 배를 타고 한강을 건너며 이별주를 나누고 본격적으로 630리 유뱃길에 올랐다. 성주까지는 다음과 같은 여정이었다.

穿川峴 ⋯▶ 烈院(1박, 18일 출발) ⋯▶ 金諒驛里 ⋯▶ 陽智 ⋯▶ 左贊驛(1박, 19일 출발) ⋯▶ 無極驛 충청도 ⋯▶ 射廳(숙모댁, 처가가 있는 괴산에 20일 도착, 22일에 압송관 도착, 23일 출발) ⋯▶ 延豊 東仇弗驛(24일 출발) ⋯▶ 새재 경상도 ⋯▶ 幽谷

驛(25일 출발) ⋯ 成昌 㖐通驛 ⋯ 상주 洛陽驛(26일 출발) ⋯ 선산 安谷驛 ⋯ 扶桑驛(27일 출발) 성주읍성 아래 金玉孫의 집 도착(9월 28일)

이렇게 하여 11일간의 유배 여행길은 일단 끝났다. 성주로 유배되어 20여 년간 그곳에서 지내다가 다시는 한양으로 돌아오지 못하고 1567년 1월 6일 추위 속 유배지에서 돌아갔는데, 당시 성주군 남면이었던 현재의 (경북) 고령군 운수면 대평리 문렬공 묘소 인근 위쪽에 장사지냈다. 오랫동안 이렇게 자리해 있다가 바로 지난해 2012년에 충북 괴산군 문평면으로 445년 만에 이장하게 되었고 일 년 뒤 2013년에는 신도비를 세우고 제막식이 개최되었다. 이곳은 이문건의 처가 마을로 지금은 그의 후손들이 살고 있는 집성촌이다. 어찌된 일인가.

문건 공의 유배생활은 조선시대 사대부들의 유배생활이 그러했듯이 일정한 지역 내에서는 비교적 자유로웠던 것 같다. 유배생활이 시작된 1545년부터 유배지 성주에서 머물며 때로 그는 고을 경계를 넘어 인근 합천의 유명한 사찰인 해인사를 여러 번 유람했다. 한 번의 기간은 짧게는 1일간 아니면 흔히는 2박 3일이나 4박 5일이었지만 길게는 10박 11일이 되기도 하였다. 모두 8차례 주로 봄철이나 가을철에 다녀왔는데 성주판관, 고령현감, 합천군수, 경상감사, 성주목사 등과 여러 지인들이 동행했다(김경숙, 「감시 속에서 즐긴 유배인의 여행일: 이문건의 유뱃길과 해인사 유람」, 『조선사람의 조선여행』, 2012, 규장각한국학연구원). 눈에 뜨이는 동행인 가운데는 1558년과 1561년 두 차례 유람에 유배지에서 얻은 하나밖에 없는 손자 이원배(李元培, 守封에서 개명, 字 叔吉 1551~1594)도 대동하였었는데 이 손자가 바로 이문건이 애지중지 키웠던 이로 저 유명한 저서 『양아록養兒錄』(현재 충북대 도서관 소장)의 주인공이다. 그런데 이 손자의 묘지가 후에 외아들 온熅(1518~1557)과 같이 서울은 물론이고 성주나 고령이 아니라 충북 괴산 문평면에 있게 된 것이다. 이곳은 바로 유뱃길에 3박을 하며 찾아온 처남들과 함께 음주를 하면서 묵었던 이문건의 처가 안동김씨 마을로 최근 공의 묘까지 이장한 곳이기도 하다. 여기가 성주이씨 집성촌으로 형성된 이유가 바로 이에 있는데 문경공 이하 딴 묘소는 여전히 경기도 양주에 묘소를 써왔던 것이다.

이제는 이문건의 아버지 이윤탁은 서울 노원구 하계동 산자락에 남고 영비를 세웠던 막내아들 이문건과 그 이하 후손들은 충북 괴산군 문평면에 머물게 된 소이가 이에 있다. 시끄러운 도시의 소음 속에서 이윤탁 부부는 자손들로부터 멀리 떨어져 외로이 '영비'와 함께 큰 재화를 입지 않고 남아 있게 되었고 순수히 한글을 사용한 두 줄의 '영비' 경고문 덕택에 지금은 국가지정문화재 '보물'로 남아 있게 되었다.

4. 왜 국가지정문화재「보물」로 지정되었나?

이상과 같은 내용의 이 비를 어떤 과정을 거쳐 왜 국가기관인 문화재청에서 국가지정문화재로서의 '보물'로 승격시켜 지정했을까. 여기에는 아무런 문제가 없었는가. 우리는 이에 대해 지금까지 아무것도 아는 것이 없지 않은가.

1974년 1월 15일에 서울시유형문화재 제27호로 지정되었던「이문건 각 한글 영비李文楗 刻 한글 靈碑」를 국가지정문화재(보물)로 지정해 달라고 당시의 서울특별시장이 신청하여 3인의 관계전문가의 조사(2007. 3. 6., 3. 11.)를 실시하고서 2007년 8월 9일에 문화재위원회 동산문화재분과위원회 제4차 회의에서 심의하여 통과된 사안이었다. 우선 3인의 조사자들의 보고가 있고 이를 기초자료로 하여 해당 문화재위원회에서 의결을 하고서 일정한 고시 후에 결정적인 반대의견이 없으면 최종적인 고시를 하게 된다. 그러면 '영비'의 심사에는 어떤 의견들이 있었는가. 우선 조사위원 3인은 문화재위원 최승희(당시 서울대 국사학과) 교수, 관계전문가 홍윤표(연세대 국문학과) 교수 및 전문위원 소재구 씨였다. 첫째 최승희 교수(서울대 한국문화연구소 소장이었는데 그 후임이 필자였음)는 다음과 같은 조사자 의견을 보고했다.

이 비석의 특징적 가치는 좌우 양측면에 새긴 한문과 한글의 경고문에서 찾을 수 있다. 특히 한글 경고문은 우리나라 비문으로서는 훈민정음반포 이후 최초의 것이고, 국어학사의 중요한 자료가 되는 것으로 인정된다. 이 비석은 훈민정음반포(1446) 90년이 되는 해(1536)에 세워진 것으로, 이때에 이르면 글(한문)을 모르는 서민들이 한글을 읽을 수 있을 정도로 널리 보급되었다는 증거가 되는 자료이기도 하다.

국가지정문화재로 지정할 가치가 있다고 인정된다. 지정 명칭은 '한글 靈碑'보다는 '한글 古碑'로 하는 것이 옳을 것 같다.

비석의 문화재 가치는 ① 비석의 역사적 가치, ② 비문의 사료로서의 가치, ③ 비석조형의 예술적 가치, ④ 비문의 서예사적 가치 등등의 여러 기준에서 평가할 수 있는데 이 '한글 영비'는 비록 이문건이 전서를 잘 쓰기로 세상에 이름이 났는데도 이 기준들에서는 높이 평가할 만한 것이 못 된다고 하였다. 다만 한글경고문의 경우 훈민정음 즉 한글의 보급역사를 파악하는 데에 중요한 증거자료가 됨을 강조하면서 국가지정문화재로 지정할 가치가 있다고 했다.

둘째로 홍윤표 연세대 교수는 한국어의 역사를 연구하는 관계전문가로 조사에 참여하였는데 전문가답게 다음과 같은 상세한 의견을 제출했다.

이 '한글 영비'는 국어생활사에서 몇 가지 중요한 가치를 지닌다. (1) 중종 31년(1536년) 당시에 한글이 얼마나 널리 알려져 있는가를 증명할 수 있는 자료를 제공하여 준다. (2) '한글 영비'에 쓰인 한글의 서체는 이 당시의 서체를 보여 준다. (3) 이 비석의 글은 비석의 이름인 '靈碑'를 제외하고는 모두 국한 혼용이 아닌 순 국문으로써 쓰이어 있다. (4) '한글 영비'는 언해문이 아닌 원국문 문장이다. …… (5) '한글 영비'에 쓰인 국어 현상은 이 당시의 언어를 잘 반영하고 있다.

한글과 관련된 초기의 유물들은 대부분 국보, 보물, 지방유현문화재 등으로 지정되어 있음을 알 수 있다. 특히 15세기와 16세기에 만들어진 유물들은 모두 국보 및 보물로 지정되어 있는데 유독 '한글 영비'만 서울시 유형문화재로만 지정되어 있다. 이것은 한글에 대한 인식의 부족에서 비롯된 것으로 보인다. 따라서 '한글 영비'는 다른 한글 관련 유물과의 관계로 보아서도 반드시 국가지정문화재인 '보물'로 지정되어야 한다. 그 이유는 단순명료하다. '한글 영비'는 우리나라에 현존하는 最古의 한글비문이기 때문이다.

이상의 조사위원 2인은 보물 지정을 찬성했는데 그 이유는 '한글 영비'의 측면 한 면에 한글로 기록된 경고문에 가치를 둔 의견이었던 것이다. 비 자체나 비문에 가치를 둔 것은 아니었다. 그러나 제3의 조사위원인 소재구 전문위원은 국가지방문화재로는 무리가 있다고 보고하였다.

현재 16세기의 한글 기록들 중에서도 이 석비에 새겨진 문구의 분량보다 훨씬 많은 양을 지닌 한글 기록물들도 많으며 그중 일부가 국가지정문화재로 등록되어 있는 상황임.
따라서 이 석비에 새겨진 비문 중 단 두 줄의 한글이 들어 있다고 해서 이를 국가 지정문화재로 등록하기에는 무리가 있다고 봄.

소재구 전문위원은 분명히 이렇게 반대의견을 제시했다. 조사위원 3인이 비석 내지 비문 전체를 두고 가치를 논한 것이 아니라 주로 한글 경고문만을 가지고 문화재 '보물'로서의 지정 여부를 서로 달리 평가한 것이다.

이 조사위원들의 의견을 놓고 해당 동산문화재분과위원회에서는 제2차 회의 결과 특히 위원장 최승희 서울대 교수의 의견에 따라 지정가치가 있다고 평가하여 30일간 지정예고를 하고(2007. 4. 20.~5. 19.), 보호구역 지정계획에 대한 주민 의견청취(2007. 6. 28.~7. 12.)를 실시한 결과 별도의 의견 제출이 없었으므로 최종적으로 국가지정문화재(보물)로 지정했다고 한다. 문화재 및 보호구역 지정계획은 다음과 같았다.

■ 문화재 지정개요

지정 종별: 국가 지정문화재(보물)

지정명칭: 이문건 각 한글영비(李文楗 刻 한글靈碑)

수량: 1基

연대: 1536년(조선 중종 31)

소재지: 서울특별시 노원구 하계동 12번지

소유자(관리자): 성주이씨 문경공파 정자공 문중

■ 보호구역 지정개요

지정지번: 서울특별시 노원구 하계동 12번지

지목: 공원

지적: 257.6㎡

지정 면적: 257.6㎡

소유자: 서울특별시

이러한 과정을 거쳐 우리나라 최초의 순한글 비로 평가받고 있는 서울특별시 유형문화재 제27호 「한글 고비古碑」를 「이문건 각 한글 영비」라는 명칭으로 국가 지정문화재(보물)로 지정하였다. 그런데 이 「보물」의 명칭이 어떤 이유에서인지 최종적으로는 「이윤탁 한글 영비李允濯 한글 靈碑」로 공표되었다. 이상의 절차에 관해서는 2007년 8월 9일에 국립고궁박물관 대회의실에서 개최된 문화재청(청장 이건무) 문화재위원회 「2007년도」 동산문화재분과위원회 제4차 회의의 자료에 의거하여 서술하였는데, 당시의 위원장 최승희 교수와의 사담에서도 확인한 사실이다.

5. 앞으로 우리는 어찌해야 하나

'보물 1524호'인 국가지정문화재 「이윤탁 한글 영비」의 문화재로서의 가치는 일종의 경고문인 한글(훈민정음)경고문 때문인데, 한글 창제가 이루어진 지 90년 된 자료로 역사상 가장 오래된 것으로 한글의 글자 모양과 그 보급역사 등에서 보아 분명 귀중하다고 볼 수 있다. 한글 창제 90년이 되었을 그때에 이 한글 영비의 문장을 읽을 수 있는 능력이 있다는 것은 그만큼 한글이 일반 대중에게까지 이미 보급되어 있다는 사실을 입증해 주기 때문이다. 이러한 입증자료가 될 당시까지의 자료는 아직 우리는 알지 못한다.

그래도 비문의 핵심은 앞에서 누누이 강조했듯이 고비묘갈음지考妣墓碣陰誌에 있다 할 것이다. 이 음지의 내용을 알지 못하면 왜 영비의 한글경고문이 쓰이게 됐는지 이해할 수 없기 때문이다. 따라서 어문연구자들이나 금석학자들은 물론이요, 특히 성주이씨 후손들이 이 비를 이해하고 강조해야 할 점은 그 양면을 함께 이해해야 할 일이지 그 어느 한쪽만은 아닐 것이라는 점이다.

출처: 『성주이씨대종보』 134, 성주이씨대종회, 2014.
붙임: 이 글은 지금까지 흔히 '최초의 한글 비문(1536년)'이라 불려 와서 마치 비문 전체를 한글로 적은 고비古碑로 오해될 소지가 있어 2007년에 국가 지정 문화재(보물 1524호 '이윤탁 한글 영비')로 지정된 후로 이를 바로잡으려는 의도로 쓴 것이다. 아버지를 일찍 여의고 두 형마저 정암 조광조에 연루되어 세상을 떠 막내인 이문건(1494~1567)이 직접 비문을 작성하고 또 손수 각자刻字까지 해 지성을 다해 현재의 노원구 하계동에 건립한 비이다. 측면에 영비靈碑라 해 세로 2행의 한글 경고문이 새겨져 있다. 훈민정음이 창제된 지 꼭 90년이 되었던 해다. 이 영비의 내용과 그 경고문의 의의를 되씹어 보았다.

『지봉유설』의 국어학사상의 성격

1. 머리말

이 글은 조선 후기에 있었던 국어연구에 대한 역사적 조명을 목적으로 하되 조선 후기 국어연구의 한 시발점이 되었다고 볼 수 있는 이수광李睟光의 『지봉유설』(1614/1634)을 중심으로 검토하여 이 시기의 한 성격을 제시하고자 한다.

훈민정음의 창제와 『훈민정음』의 저술 이후로 문자음운론적인 연구가 주류를 이루고 훈민정음의 보급과 관련된 노력이 있어 오다가 이수광의 등장으로 국어연구의 새로운 면이 제기됨으로써 임진왜란 또는 17세기가 국어연구의 역사상 한 에포크를 긋게 되었음은 종래의 국어학사 시대구분에 반영되었었다. 그렇다면 이수광의 『지봉유설』에 대한 국어학사상의 의의에 대하여 본격적인 검토가 이루어졌어야 하는 데에도 불구하고 국어학사 개설서에서의 단편적인 언급 이외에는 이렇다 할 연구가 지금까지 없었던 것이다. 이에 본고에서는 17세기부터 19세기까지의 국어연구의 역사 서술을 위한 자료들과 그 성격을 논의하되 하나의 시대적 분수령을 이루게 한 『지봉유설』을 중심으로 서술하여 보고자 한다.

이상의 국어학사 서술을 위하여 우선 종래의 국어학사의 시대구분과 그 당시의 분야·방법을 재론하고서 『지봉유설』의 국어학 관계 언설들의 내용과 그 성격을 살펴 국어학사상의 의의를 부각시키고자 한다. 지금까지 국어학사 서술에서 비록 개론서에 속하기는 하나 『지봉유설』은 두 가지 면에서 언급되어 왔다. 첫째는 문자론의 관점에서 이수광이 훈민정음 즉 한글의 기원이 범자梵字에 있다고 주장했다는 점이요 둘째는 인간의 근본성정이나 외국어에서 찾은 어원설도 있다는 점이다. 이의 지적은 정당한 면이 없지는 않으나 『지봉유설』을 부분적으로 지적한 것이지 전체적으로 이해한 것이 아니다.

여기서 문제로 지적할 수 있는 한 가지 사실은 사료의 이용 태도이다. 역사 서술이 일단 사료에 근거하는 서술이라고 한다면 국어학사 서술도 예외는 아닐진대, 여기서 기본적인 사료의 이해는 부분적이어서는 안 되고 전체적이어야 할 것이다. 학문의 세 분야에 따른 서술에서 해당 분야에 관련되는 사료만을 다룬다거나 사관의 차이로 사료의 상이한 취사선택을 하는 것은 전혀 딴 문제인 것이다. 이른바 '한글갈(正音學)'에서는 훈민정음 나아가서 그것의 기원에 관한 서술만을 다루고 어원설은 다룰 필요가 없을 것이고 언어·문자의 실용성에 가치를 부여하는 사관에 따른 서술에서라면 문자의 기원이나 어원에 관하여 언급한 사료는 무시하게 될 것이다. 『지봉유설』에는 「기예부技藝部」의 '서書' 속에 훈민정음의 기원에 관한 언급이 있고 「어언부語言部」에는 어원과 관련된 언설도 더러 들어 있으나, 「어언부」의 모든 언설이 어원설이라 볼 수 없는 조목들도 포함되어 있고 이들 이외에 「문자부文字部」에는 문의文義·자의字義·자음字音에 관련된 언설들이 상당히 포함되어 있는 것이다. 따라서 「어언부」를 국어학사 사료에 포함시킬 때는 이수광의 국어연구의 범위와 성격이 지금까지와는 달리 좀 더 정확하게 또는 좀 더 광범위하게 서술될 수 있고 나아가서 조선 후기의 국어연구를 전반적으로 이해하는 방향도 달라질 수 있는 것이다. 그리고 한 저술 속의 국어학 관계의 언술들을 이해하려 할 때 그 저술의 목적에 따라야 함은 물론일 것이다. 이것이 국어학사 서술에 대한 필자의 끊임없는 태도인바, 그것은 하나의 언어현상을 이해함에 언어체계와 관련하여 전체적인 이해를 전제로 하는 태도에 비견할 만한 것이라 하겠다.

요컨대 개개의 사료를 하나의 전체로서의 텍스트로 이해하고서 그 이해의 바탕 위에서 당시의 국어학 연구를 서술하고서 나아가서 역사적 — 즉 학술사적 — 의의를 부여하려는 것이 필자의 국어학사 서술 태도로 본고의 그것이기도 하다.

2. 종래의 국어학사 시대구분과 조선 후기의 특징

국어학사의 시대구분을 보면 국어학사 서술의 기준을 알 수 있으며 각 시대의 국어학 연구 주제와 방법을 알 수가 있다. 이에 따라 종래의 국어학사 시대구분과 각 시대 특히 본고에서 관심을 두는 17세기 이후의 조선 후기 국어학 연구의 특징을 검토하고자 한다.

우선 일례로 김민수(1980)에 제시된 국어학사의 시대구분을 보면 다음과 같다.

1. 전통국어학 … 삼국시대 ~ 갑오경장(1~1894년, 약 1900년)
2. 근대국어학 … 갑오경장 ~ 조국광복(1894~1945, 약 50년간)
3. 현대국어학 … 조국광복 ~ 현재(1945~현재, 약 40년간)

위의 시대구분은 그 구분의 기준이 같지 않은 모순을 담고 있다. '전통국어학'은 다시 고대·중세(전기·후기)·근세로 나뉘었는데 그중에서 '고대(삼국시대~고려통일)' 및 '중세전기(고려통일~훈민정음)'까지에는 지극히 단편적인 주석('어원 제시' 포함)이라든가 피상적인 언어관의 암시를 보이는 이른바 민간언어학folk linguistics의 시기인데 여기에 문자의식과 문법의식을 포함시켜 국어학사를 서술하였으면서 '중세후기' 이후 즉 『훈민정음』 이후의 서술에서는 부분적이든 체계적이든 연구사를 중심으로 하고 의식사意識史는 제외시킨 점이다. 이러한 서술태도는 많은 국어학사 개론서들에서 거의 공통적으로 나타나 있는데 국어학사 전체에 걸쳐 국어의식의 변천과 학술연구사를 함께 일관성 있게 서술하든가 아니면 학술연구사만을 서술하여야 하였을 것이다.

김민수(1980)에서 '전통국어학'이 다시 고대 · 중세(전기 · 후기) · 근세로 나뉘었는데 여기서 '근세(1592~1894)'는 곧 임진왜란~갑오경장 사이의 시기에 해당된다. 이 시기의 사상적 배경으로는 양명학과 실학을 지적하였고 서술된 학자들로는 이수광, 최석정, 정제두, 박두세, 김제겸, 이익, 박성원, 홍계희, 이광사, 이사질, 신경준, 홍양호, 황윤석, 금영택, 용암증숙龍巖增肅, 백암숙공白巖俶公, 서명응, 이덕무, 정동유, 유희, 박경가, 석범石帆, 이규경, 정윤용, 강위, 노정섭, 이익습, 권정선 및 권문해, 김육金堉, 안정복, 이성지, 이재위, 이경우, 조재삼 등을 들었다. 이들 인물 중에서 실학과 관련 있는 인물로 가장 앞서는 사람이 이수광임은 물론이다. 이렇게 조선 후기의 실학적 학풍을 연 대표적인 최초의 인물이 이수광이요, 그의 사상이 집약된 문헌이 『지봉유설』임에도 불구하고[1] 아직까지도 이에 대한 연구가 국어학사론에서 독자적으로 이루어지지 않고서 단편적인 언급만이 있어 왔던 것이다.

조선 후기의 국어학이 그 사상적 배경으로 양명학과 실학을 지녀, 그로 인해 최석정 등의 양명학파가 중국음운학의 연구를 더욱 진전시키는 한편, 훈민정음에 관한 연구 이외에 당시의 실학적 학풍의 영향을 받아 어원연구, 방언기술, 어휘집 편찬 등 새로운 연구방향도 보이게 되었는데 이수광의 『지봉유설』에는 문자기원 및 어원에 대한 연구가 있다고 몇몇 어원설을 간단히 지적해 왔고 그리고 그 방법은 문헌고증에 의한 것이었다고 지금까지 서술하였었다.

---

1 『지봉유설』이외의 대표적인 저서로 언급되는『지봉집芝峰集』은 국어학의 사료로서는 직접적인 대상이 되지 않는다.

이상의 요약이 조선 후기에 관한 지금까지의 개략적인 국어학사 서술의 방향과 내용이었고 이 시기의 초창기 인물인 이수광의 그것이었다. 훈민정음 창제 이후로의 국어학 연구가 그 답습 내지 계속 또는 발전이면서 새로운 관심 분야가 등장하게 되었는바, 훈민정음에 관한 연구 즉 정음학을 통해 나아가서 어원이나 방언에 관한 관심을 통해 민족적 자각 내지 자주의식 등으로부터의 국학國學(또는 동국학東國學)이 형성되었다는 점이 또다시 강조되기도 하였던 것이다. 조선 후기의 국어학이 그 이전 시기의 국어학과 달리 어떤 새로운 분야의 개척이 있었으며[2] 그것은 어느 정도의 수준이었고 어떤 역사적 흐름을 탔으며 나아가서 이 시기에 드러났다고 하는 민족적 자각이나 국학정신이 어느 정도였는지도 검토되어야 할 것이다.[3] 이러한 점들을 고려하여 이 시기의 초창기 사료의 하나인 이수광의 『지봉유설』에 대해 국어학사상의 의의를 되씹어 보려는 것이 바로 본고의 의도인 셈이다.

3. 조선 후기 국어학 사료로서의 『지봉유설』

앞에서도 언급한 바와 같이 『지봉유설』의 국어학 관련 부분으로 지적되어 온 것은 훈민정음 문자기원과 어원 관련 부분이었다. 그것은 곧 「서書」의 일부와 「어언부」의 일부에 해당되는데 이는 어문을 통시적인 면에서 본 셈이다. 그런데 『지봉유설』을 보면 이 밖에도 어문과 관련된 유설類說들이 상당히 많이 들어 있어서 이들 자료를 전체적으로 보면 『지봉유설』에 대한 지금까지의 국어학사상의 의의가 달리 평가될 수 있는 기대를 갖게 한다.

---

2 필자는 이미 조선중기(16·7세기)의 국어학이 보인 경향으로 ① 15세기 중엽에 이루어진 훈민정음 창제에 따른 계속적인 보급 ② 훈민정음 창제 이론과 음운학적 연구의 전개 ③ 어휘집의 간행 ④ 고증적 방법에 의한 언어 정리 등을 든 바 있다.(『한국사』 국사편찬위원회, 근간)

3 필자는 졸고(1992)에서 국학의 형성에 대해 '어휘집'을 중심으로 비판적 검토를 행한 바 있다.

『지봉유설』은 서에 의하면 만력 42년 즉 1614년(광해군 6년)에 탈고되었
는바, 1634년(숭정 7)에 간행되었다. 20권 10책의 목판본인 이 책은 유설 즉
분류식 소설小說 — 전통적인 개념으로서의 — 로서 그 편찬 의도는 서에 나
타나 있는 바와 같다.

我東方 以禮儀聞於中國 博雅之士 殆接迹焉 而傳記多悶 文獻鮮微 豈不惜哉
夫歷代之有小說諸書 所以資多聞證故實 亦不可少也 如前朝補閑集櫟翁稗說
我朝筆苑雜記慵齋叢話等編 不過十數家而止 其間事蹟之可傳於世者 率皆泯
泯焉 余以款啓劣識 可敢妄擬於述 作之林 略記一二 以備遺忘寔余志也

즉 박학하고 아존雅尊한 선비가 이어졌으나 전기가 없음이 많고 문헌에 찾을
만한 것이 적음을 안타까이 여겨 한두 가지씩을 대강 적어 잊지 않도록 하였
다는 것이다. 인용한 서적은 육경六經을 비롯하여 근세의 소설과 여러 문집
에 이르기까지 348가家의 글에 이르는데 출처가 빠진 것은 망의忘意에 의한
것이라 하였다. 이렇게 보면 부별部別 각 조목에 대하여 이전의 문헌들에서
관련 부분을 발췌하여 일정한 의미 기준으로 나름대로 부部로 분류하여 정
리한 새로운 유설일 것임을 짐작할 수 있다. 책의 편재상으로 보면 유서類書
의 성격을 지닌 셈이어서 흔히 백과사전의 체재를 갖추었다고 보고 있다.
『지봉유설』은 총 3,435조목이 25부문 182항목으로 구성되어 있는데,

天文部 時令部 災異部 地理部 諸國部 君道部 兵政部 官職部 儒道部 經書部
一 經書部二 經書部三 文字部 文章部一 文章部二 文章部三 文章部四 文章部五 文
章部六 文章部七 人物部 性行部 身形部 語言部 人事部 雜事部 技藝部 外道部
宮室部 服用部 食物部 卉木部 禽虫部

의 33부에서 어문과 밀접히 관련된 내용을 담은 것은 「문자부」(문의·자
의·자음, 권7, 11~31엽), 「어언부」(잡설·속언·방언·유오·해학, 권16, 전

권33엽) 및 「기예부」(서, 권18, 4엽의 3행)이다. 어문에 관한 조선시대의 서술로서는 적지 않은 분량이다. 이 중에서 지금까지의 국어학사 서술에서 언급된 것이 바로 「방언」에 등장하는 어원설과 「서」에 등장하는 훈민정음의 범자기원설인데 후자는 이미 『용재총화』에서 언급된 것이다.[4]

결국 어원설의 등장이 국어학사 서술에서 특별히 부각되었던 것이다. 「문자부」는 지금까지의 국어학사 서술에서 전혀 언급된 바가 없는 부분이어서 『지봉유설』은 한자·한문에서의 「문의」, 「자의」, 「자음」에 대한 유설이 새로운 분야의 개척이 되는 셈이다. 훈민정음 창제와 더불어 싹튼 음운학적 연구가 주류를 이루어 왔던 그리고 『훈몽자회』의 「언문자모」, 『진언집』의 「언본諺本」 등에서의 훈민정음 보급의 방편으로 제시되었던 15·6세기의 국어학에 비할 때 『지봉유설』은 방언 곧 우리말의 어원에 대한 관심과 문의·자의·자음 등에 대한 문자학적 관심은 새로운 분야의 등장이라 우선은 지적할 수 있을 것이다.

그러면 『지봉유설』이 국어학사 사료로 이용될 수 있는 「문자부」와 「어언부」의 자료 내용과 서술방식을 구체적으로 알아보자.

3.1 「문자부」의 내용

「문자부」는 모두 문의, 자의 및 자음의 세 항목으로 나뉘어 「경서부」(서적 저술)와 함께 권7에 수록되어 있다.

문의에 수록된 조목은 '風聞, 主臣, 金錯刀, 高舂, 不侫, 金虎, 入海, 刓剟, 晨光, 落霞, 華蓋, 太甲, 篡, 五百, 鰥寡孤獨, 乾鵲, 可兒, 猰㺄, 吳會, 齊斧, 筆, 索, 誕,

---

4 『지봉유설』의 관련기사는 다음과 같다.
   我國諺書字樣全倣梵字始於世宗朝設局撰出 而制字之巧 實自睿算云夫諺書出 而萬方語言 無不可通者 所謂非聖人不能也
   『용재총화』의 관련기사는 다음과 같다.
   世宗設諺文廳 命申高靈成三問製諺文 初終聲八字 初聲八字 中聲十二字 其字體依梵字爲之 本國及諸國 語音文字所不能記者 悉通無礙 …….

嘗, 射干, 不借/軍持, 闌干, 探支, 二十, 無慮, 無恙/無他, 癡, 浮沈, 高祖/玄孫, 陰陽, 三疊, 白鷺, 噫嘻吁, 香象, 靑燈' 등 40개로, 주로 고문이나 고시에 나오는 위의 단어나 표현에 대해 여러 문헌들에 근거하여 그 뜻을 고증하려 하였다. 예컨대 '풍문風聞'의 뜻을 밝혀 두기 위하여

漢書尉佗曰風聞老夫父母墓已壞 沈約彈文曰風聞東海王源云云 魏任城王
表曰御史之禮風聞是司 通典曰御史聞彈而已 按在傳風聽盧言於市 註風采也
采聽商旅之言

과 같이 한서에 있는 위타尉佗의 말인 "聞老夫父母墓已壞" 속의 '풍문'의 뜻을 고증하기 위하여 ① 심약沈約의 탄문彈文, ② 위魏나라 임성왕任城王의 표문表文, ③ 통전通典, ④ 좌전左傳 등에서 쓰인 용례를 제시하면서 주註에서 "風은 采이니 商旅들의 말을 採聽하는 것이다"라 하였음을 달고 있음을 또한 지적하였다. 2,265인의 많은 서적으로부터 인용을 하였으면서도 범례에서 언급한 바와 같이 때로 이름을 들지 않고서 문의를 밝히려 한 조목이 있다.

射于有三 一草名一木名一獸名 射音也 漢人賦詞多用之 射于草今醫家入藥用

에서와 같이 풀이름, 나무이름, 짐승이름의 세 가지 뜻으로 쓰이는 '사우射于'를 한인들의 부賦와 사詞에 많이 쓰였음을 언급하고는 구체적인 부나 사의 용례는 제시하지 않았다. 그런가 하면

陽先於陰而不曰陽陰 必曰陰陽者盖往來交合之義 如雌雄牝牡云耳

에서와 같이 '음양陰陽'이란 순서로 말하는 것은 "아마 가고 오고 교합하는 뜻"에서일 것이라고만 풀이하고 있다. 「문의」에서 이와 같이 인용문헌을 제시하지 않은 조목은 예외적이라 할 만큼 대부분의 언설은 문헌고증적이다.

「문의」에 수록된 조목들이 어떤 기준을 가지고서 뽑은 것인지는 현재로서 알 길이 없다. 다만 후세에 공부하려는 사람들에게 문의에 대한 지식을 제공하려는 의도로 엮었다면 이 「문의」의 문헌고증적 서술은 다분히 주석의 기능을 갖고 있다고 보아야 할 것이다. 이러한 주석적 지식을 부여하려는 기능은 물론 이 「문의」에만 국한된 것이 아니고 『지봉유설』이란 텍스트 전체에 걸친 것이기도 하다.

자의는 물론 한자의 정확한 뜻을 알기 위한 조목들로 구성된 항목이다. 예컨대 '내耐'라는 한자의 뜻을 알아보기 위하여

> 記聖人耐以天下爲一家 註耐 古能字 又晁錯傳 胡貊之人其性耐寒 揚粤之人 其性耐暑 按韻書 耐本作能義同

과 같이 서술하고 있는바, 기記에 나오는 "聖人耐以天下爲一家"와 조착전晁錯 傳에 나타난 "胡貊之人其性耐寒"의 '내耐'라는 한자의 뜻을 운서를 인용하여 '능能'과 같음을 말하고 있다. 이와 같이 많은 조목들의 경우 옛 문헌 속에 나타나는 한자가 지니는 뜻을 여러 문헌들을 인용하여 고증하고자 하였다. '내耐' 이외에 '難, 雪, 獨, 郊(牧/野/林/坰), 褚, 餕/餧, 穀, 秋, 厠, 印, 檢, 案, 醫, 寺, 領, 黎(質), 竹, 勻/朝/餉/薦/大人/聖善/萬歲, 鍼, 唶, 搬, 洋, 經, 除, 赤, 字, (酒醉醒酗爵) 讓/幸/涅/櫬/柩/䀦/襚/甕/㡼/封/殤/馬-/女, 孤/雙, 奩, 大-/細-, 口, 感/傷/中, 偓/佺, 蚩/蠻, 雷, 楠, 畓/迀/达, 夷/戎/蠻/狄/倭' 등을 다루었다. 자의를 다룸에 있어서 하나의 한자를 하나의 조목으로 다루기도 하지만 하나의 조목 속에 자의상으로 관련 있는 것을 함께 다루기도 하였다. 자의상으로는 여러 방식이 있었는데 예컨대 '시寺'에 대하여

> 漢以來官府皆名曰寺 鴻臚寺本以待四夷賓客 故摩騰竺法蘭 以白馬負經舍 于鴻臚 今洛中白馬寺卽其地也 後槪稱僧居爲寺云 按韻書寺刹之寺與官府之 寺字同矣

와 같이 '시寺'란 본래 관부官府의 이름을 붙일 때 쓰던 것인데 운서에 따르면
사찰을 뜻하는 후세의 '사寺'와 같은 것이라 기술하여 '시寺'의 의미변화를 설
명하기도 하였고

　　蘭亭序崇山峻嶺　漢書南有五領之領字皆不從山　說郛曰凡山有長脊有路可
越 如馬之項領故名 蓋古字通用耳

에서는 '령嶺'자와 '령領'이 하나의 뜻을 지니면서도 옛날에는 이 두 글자를 통
용하였을 것으로 본 이자동의異字同義적인 해석도 있으며

　　古者未能鑄鐵 以石爲鍼 故謂之藥石 石卽砭也 說文 砭字以石刺病也 然則以
鍼代砭 出於後世耳

에서 '주철'이 없어 '석石'으로 침鍼을 만들어 '약석藥石'이라 하여서 '석石=폄砭'
이었던 것인데 설문說文의 풀이를 통해서 보면 돌로 만든 '폄砭'을 쇠로 만든
'침鍼'으로 대신하게 된 것은 후세의 일임을 알 수 있는바, 이와 같이 이자동
의異字同義적이되 해자解字를 통한 변화를 기술하려 한 조목도 있고

　　一字有數義 按醫方四字爲一錢 一字乃二分半也 又謂香曰一字 山谷詩 香字
冷薰籠 是也 又唐詩云幾度朝回一字行 此盖言拜行也

와 같이 '자字'가 수의數義 즉 ① 이분반二分半, ② 향香, ③ 배행拜行 등의 뜻으로
쓰인 동자이의성을 보인 설명도 있다. 이러한 자동이의부동字同而義不同의 기
술은 여러 조목에서 볼 수 있다.
　「문의」에서와 유사하게 「자의」에서도 중국문헌에 대한 고증이 대부분이
고 우리의 것에 대한 그것은 적은 편이지만 없는 것은 아니다. 예컨대

金時習遊金鰲錄 有北榰寺看牡丹詩 按榰字不見於韻書 今俗以剜木引水爲
榰 卽方言所謂篙音也

라고 한 것처럼 김시습의 『유금오록』에 나오는 '북명사北榰寺'의 '명榰'은 운
서에는 보이지 않으나 지금 세속에서 나무를 파서 물을 끌어오는 것 즉 우리
말의 '홈[篙音]'에 대응시키고 있다. 말하자면 '명榰'이 한국한자일 가능성을 보
인 셈인데 아예 그다음 조목에서 '畓(水田), 迗(米穀未滿石者), 迲(柴束之大
者)'와 같은 한국한자(아국용자我國用字)를 들기도 하였다. 「자의」에는 때로
의미의 정확성을 분명히 하기 위하여 발음까지 부연한 경우가 있는데 예컨
대 "높은 곳에 있어서 구석 쪽에 임하는 것"을 뜻하는 '厠'은 그 발음이 초이절
初吏切 즉 '치'로, 입성인 '칙'은 잘못이라는 것이다.

요컨대 「자의」는 「문의」와 마찬가지로 기술방법으로는 주로 문헌고증적
인 방법을 취하였고 기술 대상으로는 대부분 중국문헌의 한자이나 한국문
헌의 그것도 있으며 나아가서는 한국한자까지도 포함시켰으며 기술 의도는
대상 한자의 뜻 즉 자의의 해명이었던 것이다.

「자음」은 한자의 음에 관한 언설들로 구성되어 있음은 물론이다. 예컨대

易曰雲行雨施 又德施普也 論語博施濟衆 史記輕財好施皆去聲 書曰翕受敷
施 孟子施施從外來 史記外施仁義 又設施之施 皆作平聲

즉 베풀다는 뜻을 지니는 '시施'는 거성으로 쓰이는데 설시設施한다는 뜻을
지니는 '시施'는 평성으로 쓰임을 '논어, 사기, 맹자' 등등의 문헌들을 들어서 서
술하고 있다. 즉 동자同字라도 의미상의 차이에 따라 성조상의 차이가 있음
을 지적하여 정확히 사용할 것을 말하고 있는 것이다. 그러나 『훈민정음』, 『용
비어천가』 등에서와 같은 권성圈聲의 표시나 『훈몽자회』, 『진언집』 등에서
와 같은 그 표시 방법의 제시는 없다. 다음과 같은 자학字學의 소중함을 강조
한 조목은 「자음」이란 항목을 설정한 정신을 말해준다.

道學之外經學史學 尙矣 至於字學 亦不可缺 而我國人鮮能致意 非但字義如
音韻高低多不了解 如是而可與論乎 樣誠齊曰無事好看韻書 又晁景迂日課識
十五字 此可爲法

'자학'을 도학, 경학, 사학과 함께 강조하면서 자의, 음운, 고저를 알지 못하
는 경우가 많음을 지적하고 있다. 그리고 운서를 본다든가 또는 일과日課로
일정량의 한자를 기억하는 태도는 본받을 만하다고 언급하고 있다. 자학의
필요성은 결국 한자의 정확한 사용을 전제로 한 것이다.
「자음」에서 다룬 내용은 '시施'에서와 같이 고저 즉 성조 이외에 음운도 있
는바, 예컨대 '車'에 대하여

車有二音 今俗多誤用 按詩大車有車轔轔 中庸車同軌及徐續字仲車皆魚韻
音居 詩有女同車 史記汙邪滿車 莊子惠施五車及雪車麴車酒車河車轉車釣車
及人性名李在車皆麻韻 尺遮切 劉禹錫詩精兵願逐李輕車 亦作麻韻 押音者宣
審之

의 서술에서처럼 '車'는 두 가지 음이 있는데 어운魚韻에 속하는 '거居'라는 음
과 마운麻韻에 속하는 '차(尺遮切)'가 그것이어서 시詩에 있어서 운을 다는 사
람은 마땅히 자세히 알아야 할 것이라 하였다. 이와 마찬가지로 '炙'는 거성
인 '자'와 입성인 '적'이 있음도 밝히는 등 음운과 고저를 함께 지적하여 자음
을 밝히려 하기도 하였다. 「자음」에 동원된 한자와 그 자음은 다음과 같다
(※ 편의상 조목에 번호를 달았음).

	高低	音韻
1. 施	去聲	
	平聲＝設施	

2. 藉 　　去聲
　　　　入聲

3. 慶 　　　　　　　　　　　羌

4. 彭 　　　　　　　　　　　旁(如字 cf. 퍙)
　　喤(鍠) 　　　　　　　　橫
　　織 　　去聲(=錦綺屬)

5. 任 　　平聲
　　　　去聲

6. 和 　　去聲
　　調 　　平聲
　　　　去聲

7. 車 　　　　　　　　　　　魚韻(cf. 거)
　　　　　　　　　　　　　麻韻(尺遮切 cf. 차)

8. 炙 　　去聲(=燔肉) 　　　cf. 자
　　　　入聲 　　　　　　　cf. 적

9. 尙 　　去聲(=上) (×平聲)

10. 畫 (cf. ≠書, ≠畵) 　　　獲

11. 貌 　　入聲 　　　　　　墨(cf. 묵) (邈, 貌)

12. 張 　　平聲(=主張)
　　　　去聲=張(벌여놓다)

13. 毒 　　　　　　　　　　　愛(×毒)

14. 楷 　　去聲(×平聲) 　　　協韻

15. 長 　　去聲(=餘)
　　　　上聲(×平聲)

16. 阿 　　入聲(=乃語辭) 　　遏

17. 脉 (cf. =脈)

18. 些 　　　　　　　　　　　蘚箇反(cf. 새)

		平聲(cf. =些少)
19. 抄	平聲(抄→鈔)	
	去聲(鈔 cf. =楮幣)	
20. 稽	去聲	
21. (字學)		
22. 差		支韻(cf. 參差)
		佳韻(cf. 使, 簡)
		麻韻(cf. 錯, 等差)
	去聲	卦(cf. 除病)
23. 射		赦(cf. 泛言)
		石(cf. 物而言)
		夜(cf. 官名 僕射)
		亦(cf. 無射, 矧可射思)
		亦~夜(cf. 邈古射之山)
24. 繆		穆(cf. 諡號)
		妙(cf. 姓)
		樛(cf. 綢, 繆)
		謬(cf. 紕繆=背戾)
	行	庚韻(cf. 步)
		陽韻(cf. 伍)
		敬韻(cf. 德行)
		樣韻(cf. 次第)
25. (字音之異者)		於戲〈嗚呼
		子諒〈慈良
		齊衰〈咨崔
		從臾〈縱勇
		陂池〈坡陀

毒冒〈代妹

疑乃〈奧靄

冒頓〈墨特

休屠〈朽除

閼氏〈焉支

万俟〈墨其

可汗〈克韓

26. (字偏旁多誤)

27. (四聲・合口聲・反切)

28. (欠與口同義)

29. 翰(=羽毛)　平聲

　　　　　去聲

30. 瀧(水)　　　　　　　雙

　　(句)讀　　　　　　豆

　　(月)氏　　　　　　支

　　(光)雾　　　　　　連

　　獻(尊)　　　　　　何

　　寧(馨)　　　　　　寗

　　(選)懦　　　　　　軟

　　盟(津)　　　　　　孟

　　(繒)繳　　　　　　勺

　　枹(鼓)　　　　　　孚

　　綸(巾)　　　　　　關

　　犠(尊)　　　　　　梭

　　率(更)　　　　　　律

　　(落)魄　　　　　　拓

　　(椎)結　　　　　　髻

戲(下)		麾
(受)釐		僖
(旁)魄		薄
(旂)旎		儺
(玄)端		冕
(皐)比		皮
(湦)漢		灘
(井)榦		韓
(伍)員	去聲~平聲(未知)	運
(隆)準		拙
(祖)免		問

31. 丑　　　上聲(本)
　　　　　　入聲(俗) ×

　　壬　　　平聲(本)
　　　　　　上聲(俗) ×

　　辰　　　　　　　　　　　辛
　　　　　　　　　　　眞(俗) (cf. 以與申同音故也)

32. (古文)
33. (音律: 五音·五方)

　위의 제시된 자음 이외에 21은 앞에서 언급한 바와 같이 자학의 소중함을 강조한 조목이고 25는 자음이 달라진 예들을 보인 조목이며 26은 자음이 아니라 자형과 관련된 것으로 편방偏旁을 잘못 쓰는 것을 지적하였는바 예컨대 양주楊州는 '揚(州)'으로 써야 하고 목욕沐浴의 '沐'은 오른쪽 귀에 점이 없어야 하는 반면 술양沭陽의 '沭'에는 점이 있어야 하며 '賜·惕·錫·場'은 모두 가로획이 없음에 반하여 '陽·場·錫'에는 획이 있음을 알아둘 것을 강조한 조목이다. 27은 사성四聲과 합구성合口聲을 언급하면서 안남국과 중국 남방인

들은 우리나라의 자음과 가까이 합구성을 쓰나 중국 관화에는 합구성을 절
대로 쓰지 않는다는 지적, 즉 대조적인 관심을 보이고서 반절법이 『성리대
전』에서 언급한 요의了義에서 나온 것이라 하였다. 28은 편偏으로 쓰이는 '欠'
과 '口'가 요컨대 '탄嘆'과 '탄歎'처럼 같은 뜻이었음을 보이려 한 조목이요 32는
예컨대 '선鮮'에 대한 '선鱻'처럼 『주례周禮』에 고문이 쓰이었음을 보인 대목
이다. 끝으로 33은 주지번朱之蕃의 『해편海篇』에서 이른 오음五音과 오방五方
을 서술한 조목으로 다음과 같이 요약된다.

(五音)			(五方)			
宮	土音	舌居中	東方	喉聲	何我剛諤譪可康各之類
商	金音	口開張	西方	舌聲	丁的定泥寧亭聽曆亭之類
角	木音	舌縮却	中央	牙聲	更梗牙格行幸亨客之類
徵	火音	舌柱齒	南方	齒聲	詩天之食止示勝識之類
羽	水音	撮口聚	北方	脣聲	邦龐賓壁白墨明密之類

이상의 「자음」은 모두 33조목으로 구성되어 있는데 비록 자형 등과 관련
되는 조목이 포함되어 있기는 하나 전체적으로는 자음 즉 성조('고저')나 음
운을 문헌을 통하여 정확히 제시하려 하였다. 「문의」나 「자의」의 경우와 마
찬가지로 「자음」에서도 그 대상이 된 한자를 어떤 기준으로 선택하였는지
는 알 수 없다.

3.2 「어언부」의 내용

「어언부」는 잡설, 속언, 방언, 유오謬誤, 해학의 5항목으로 나뉘어 권16 한
책을 차지하고 있다. 각각 38, 32, 11, 10, 66조목으로 이루어져 「어언부」의
총 조목은 157개이다.
잡설은 '말과 직접적으로 또는 간접적으로 관련 있는 내용을 이것저것 모

아 평설하든가 옳고 그름을 밝히려 한 항목이다. 예컨대

> 宛委餘編云 禹父化爲黃熊 己亦化玄熊 妻死而化爲石 妾娶於天曰聖姑 大抵
> 不經之論 然獨禹爲多故名神禹 余意禹治水有神功 又象物知神姦 故名之 恐非
> 以不經之說也 按神禹二字出莊子又小說 禹爲百神所畏 故效之爲禹步 云此亦
> 所以爲神歟

와 같이 『완위여편』에 언급된 '신우神禹'란, 우禹란 사람이 물을 잘 다스려 신
공神功이 있었고 물物의 형상으로 신간神姦을 아는 까닭에 붙여진 것이기에
이를 온당하지 못하다고 하는 말이야말로 옳지 못하다고 하면서 『장자』와
『소설小說』을 통해서 우禹가 신神스러운 인물이었음을 고증하려 하였다. 또한

> 古人言 官至三品不讀相書 自識貴人 以其閱多故也 頃時相臣成希顔薦鄭光
> 弼尚震薦李俊慶 人謂有知人之鑑 盖以是歟

즉 "벼슬이 삼품에 이르면 相書를 읽지 않아도 저절로 이 貴人을 알아보게 된
다"라고 한 옛사람의 말이 뜻하는 바를 알려 주고 있다. 사람을 천거한 사실
을 예로 들어 말하고 있다.

　때로 단어가 쓰이게 된 유래를 고증하려 하기도 하였는데 예컨대 모양이
추하게 생긴 사람을 가리키는 '좌객坐客'이란 말은 글로 이름이 났으나 사람
들이 잔치하고 모일 때 추하게 생긴 성간成侃과 성현成俔을 청하여 자리에 앉
히곤 했던 데에서 유래하였다고 하는 등이다. 그러나 드물게는 고증 없이 서
술하면서 '말'과는 직접 관련이 없는 내용을 다루기도 하였다. 이 「잡설」의
마지막 조목은

> 我國之人有中朝所不及者四 曰婦女守節 曰賤人執喪 曰盲者能卜 曰武士片
> 箭也 我國之産有中朝所未有者四 曰鏡面紙 曰黃毛筆 曰花紋席 曰羊角參也

와 같은데, 여기서는 우리나라 사람의 일인 ① 부인이 절개를 지키는 일, ② 천인도 상을 치르는 일, ③ 소경이 점을 치는 일, ④ 무사의 편전片箭 쏘는 재주 등과 중국에 없으면서 우리나라에 있는 네 가지인 ① 경면지鏡面紙, ② 황모필黃毛筆, ③ 화문석花紋席, ④ 양각삼羊角蔘 등을 단순히 나열하고 있을 뿐이다.[5]

이 「어언부」의 「잡설」에서 대부분 중국문헌의 것을 앞세우고 우리의 것을 뒤에 덧붙인 배열은 「문자부」의 그것과 유사하다.

다음에 속언은 어사나 속담 등의 언어표현에 관련된 내용을 담고 있고 많은 경우 문헌고증의 방식을 역시 취하고 있다. 예컨대,

> 按越王句踐之句乃蠻俗發語辭如謂吳爲句吳之類 又史記有吳王弟夫槪又夫差敗越于夫椒註夫椒卽今椒山云 此夫字盖亦語辭

에서는 '구句'와 '부夫'를 붙여 쓰는 어사에 대하여 언술하고 있고,

> 俗謂長老爲古佛稱人父親亦曰古佛乃尊親之辭而未知所由按佛語瞿曇謂之古佛 釋迦謂之文佛盖本於此

여기서 장로長老나 딴 사람의 아버지를 존경해서 가리키는 '고불古佛'이란 말은 불교의 고불古佛(구담瞿曇)이나 문불文佛(석가釋迦)에서 대체로 유래한 것이 아닌가 하고 있다.

> 歐陽公曰世言春寒秋熱老健三者終始不久長 之物也 今俗喜用此言盖本於歐矣

---

5 내용상으로 보면 중국문화에 비교하여 우리 문화가 자랑스러운 점도 있음을 지적한 듯하나(cf. 한영우 1992), 텍스트상으로 보면 중국의 것을 우선적으로 언설하고 다음에 우리의 것 일부를 덧붙인 사실을 어찌 평가해야 할지는 앞으로의 과제이다.

여기서는 오래 가지 못한다는 말로 세상에서 쓰는 '춘한春寒, 추열秋熱, 노건老健'이 구양공歐陽公의 말에 바탕을 두었음을 이르고 있다. 이러한 어사 내지 어구 이외에 속담 풀이가 있는바,

> 俗語曰 强鐵去處雖秋如春 人莫 知其所謂聞諸鄕人之老則强鐵乃物名此物 所在數里之內草木 禾稼悉 皆枯損故云 …

즉 '强鐵去處雖秋如春(강철이 가는 곳은 비록 가을이라도 봄과 같다)'란 속담을 알려면 '강철'이 무엇인지 알아야 하는데, 그것은 물명으로 이것이 지나가면 몇 리 안의 초목과 곡식이 모두 타고 말라 죽는다는 그런 동물이라는 것이다. 말하자면 강철이 지난 곳은 초목과 곡식이 없는 봄과 같다는 뜻이 되는데 현대어 사전에서는 '강철' 또는 '강철이'로 실려 있고 "강철이 간 데는 가을도 봄"이란 비유적 표현이 그 부표제항으로 실려 있다.

방언은 지금까지의 국어학사 서술에서 어원설로 부각된 예들이 포함되어 있는 항목이다. 11조목의 내용을 알아보자.

첫째로 중국문헌에 등장하는 단어의 이해를 위한 언설이 2조목이다. 그 하나는 흙을 다지는 사람을 뜻하는 '달고達苦'는 '호두號頭'에 대해 여럿이 화답하는 것을 뜻하는 '타호打號'의 성와聲訛라는 것이다. '달고達苦'는 현대국어의 '달구'를 연상시키지만 국어 자체에 대한 직접적인 언급은 없이 『소설』을 인용하였을 뿐이다. 또 하나는 호어胡語에서 물을 '용龍'이라 하는 것을 미루어 '흑룡강黑龍江'이 '흑수말갈黑水靺鞨'과 같을 것이라는 지적이다. 역시 국어와는 아무 연관 없이 내린 판단이다.[6]

둘째로 어원설과 관련된 고유어를 다룬 것이 1조목이다. 바로 '임금[君]'의 어원이다.

---

6 이들이 「방언」이란 항목 속에 배열되어 있어서 어떤 형태로든 국어와 관련이 있어야 할 것이다. '성와聲訛'라는 표현에서 보면 차용의 인식일 가능성이 있다.

俗釋君字曰尼音今 此語本出新羅時 以多齒爲賢嚼餠以試之推以爲君呼 尼師今按三國史於新羅稱君爲尼師今 中葉以後始稱某王者 因其舊也

즉 군君을 뜻하는 '니음금尼音今'은 『삼국사기』에 의하면 '니사금尼師今'으로 신라 중엽에 '왕王'을 쓰기 이전의 것인데 신라 때 이가 많은 사람을 어질다고 보고서 떡을 물어 보게 하고서 잇자국이 많은 사람을 추대하여 '임금'을 삼았기에 '尼師今'(cf. 잇금)이라 했다는 것이다.[7] 말하자면 '尼師今'은 '니+ㅅ#금'으로 분석하고서 여기에 민간어원설을 붙인 것인 셈이다. 지금까지 가장 많이 인용된 예이다.

어원과 관련이 있는 것으로 다음과 같은 조목들이 있다.

小說曰天竺國謂酒爲酥如我國以酒爲酥兒也 又僧謂爲般若湯非出釋典盖庚辭以避法戒耳

천축국어天竺國語의 '술'을 가리키는 '수酥'가 국어의 '수아酥兒'와 같음을 『소설』에서 인용하였고 불교에서 변말로 쓰이는 '반야탕般若湯'을 지적하기도 하였다. '酥兒'는 '술'에 대한 차자표기일 것이다.

我國鄉語最不可解者謂 御膳曰水刺謂內官曰薛里以卑稱尊曰進賜以奴稱主曰上典 且奴婢收貢者謂之達化主 此則因胡元達魯化赤以訛傳云

즉 국어에서 가장 알기 어려운 것이 '水刺(御膳), 薛里(內官), 進賜, 上典, 達化主'인데, '달화주達化主'는 원元의 '達魯化赤'의 와전된 것이라 보아 결국 차용

---

[7] 이러한 민간어원학적인 해석은 잘 알려진 바와 같이 이미 『삼국유사』에서 옛부터 전해온 이야기를 보인 바 있다.
金大問 …… 或云 尼師今 言謂齒理也 初南解王薨 子弩禮讓位於脫解 解云 吾聞聖智人多齒 乃試以餠噬之 古傳如此

어로 본 셈이다.[8]

다음은 언어간의 유사성을 언급한 조목 2개가 있다. 그 하나는 진랍국眞臘國
에서 노비를 '종種'이라 하였는데 우리나라 음과 동일하다 하였고 또 『격치
총서格致叢書』를 보면 몽고에서 신腎을 '복아卜兒'라 하고 『운부군옥』을 보면
거란에서 하河를 '몰리沒里'라 하는데 우리나라 속음과 서로 동일하다고 하였
다. 이러한 사실로부터 『지봉유설』에서 이수광은 비교언어학적 시도를 꾀
하였다고 평하기도 하였다(이숭녕 1970).[9] 이들은 두 언어를 비교 또는 대조한
것이라고 일단 말할 수는 있어도 동계어를 증명하기 위한 비교언어학적 연
구라고까지는 단정하기 어려울 것이다.

끝으로 이 『지봉유설』의 「방언」에는 언어음의 변화와 보편성을 보인 조
목도 있다.

> 杜詩諺解卽　成廟朝儒臣曹偉等所撰　訓蒙字會中廟朝崔世珍所爲而方音已
> 與今世不諧者多可　知俗音之易變矣　且萬方言語無不異者而唯笑音與兒　啼夷
> 夏無不同者盖出於自然而無作爲之事故也

첫째는 『두시언해』와 『훈몽자회』에 쓴 방음方音이 금세의 것과 같지 않은
사실로부터 속음이란 변하기 쉬운 점을 지적하고 둘째는 나라마다 서로 말
이 다르나, 웃음소리나 울음소리는 자연에서 나오는 소리라서 오랑캐와 중
국이 같다는 점을 지적하고 있다.[10] 즉 통시적인 음변화 그리고 언어사회 간

---

8 몽고어로부터의 차용어에 대해서는 이기문(1978)을 참조.
9 이 밖에 호어의 '不花(犢), 伯顔(顔色美好者)'을 한어로 번역하면 우리나라 음과 비슷하다고
한 조목도 있다.
10 국어학사 개설에서 『지봉유설』의 어원설의 한 예로 '아부阿父父'와 '아미阿𡚁母'를 들고는
하였다. 이는 앞에서 말한 「속언」에 들어 있는바, "今俗謂父曰阿父謂母曰阿𡚁 疾痛則呼阿爺 驚
恐則呼阿母 此卽屈原所謂疾痛慘怛 未嘗不呼父母之義也 阿𡚁字出李長吉傳崔至遠眞鑑碑序盖本唐語
也"와 같이 질통이나 경공과 관련시키면서 본래 당어 즉 중국어로부터 온 것으로 보아 차
용어로 다루었다. 웃음소리와 울음소리의 해석과는 차이를 보이고 있다.

의 각이성各異性과 의성어상의 상사성相似性을 지적한 셈이다. 후자의 사실은 구태여 문헌상의 고증을 필요로 한 경우는 아니다.

유오謬誤는 주로 문헌고증상의 오류를 지적한 항목으로 10개의 조목을 포함하고 있다. 예컨대

馬史言易曰失之毫釐差以千里註易無此語易緯有之 又王充論衡註以爲易之
緯文是也 小說云歐陽公求之易經而不得遂謂易非完書誤矣 噫以歐公而於書有
所未究況他人乎

즉『마사』에서 이른「이易」를 주註에 '이위易緯'라 하였고 왕충王充의『논형』주에서도「이易」의 '위문緯文'이라 했는데도 구양공이『역경』에서 확인하지 못하면서「이易」가 완전한 글이 아니라고 오류를 범한 사실을 한탄하고 있다.

세조대왕이 중이 되려고 한 적이 있다는 이야기가 잘못이라든가, 한자를 잘 몰라서 잘못 읽은 사례들이라든가, 잘못 쓰이고 있는 말이라든가 등등의 내용이 포함된 것이「유오謬誤」의 조목들이다. 물론 다음과 같이 구체적인 문헌고증 없이 이설을 나열해 놓은 경우도 있다.

東湖人謂讀書堂爲毒蛇堂 漢江人謂狎鷗亭爲惡虎亭盖語訛所致而 或言讀
書堂下人憑籍作弊居人苦之故云云

즉 한강 북쪽의 동호東湖 사람들이 독서당讀書堂을 독사당毒蛇堂이라 하고 한강 사람들이 압구정鴨鷗亭을 악호정惡虎亭이라 부르는 것은 잘못 전해온 것이라는 주장과 독서당의 하인들이 그 세력을 빙자해서 백성들에게 폐를 끼치는 일을 괴롭게 여겼기 때문이라는 주장이 있음을 아무런 고증 없이 제시하고 있다. 또한 역시 아무런 고증 없이 잘못 쓰이고 있는 말을 지적한 조목도 있다.

凡遇父喪曰內憂曰外艱 母喪曰外憂曰內艱而今俗或誤以父喪爲外憂母喪爲
內憂至於近世文集中亦多謬用可笑

부상父喪을 내우內憂 또는 외간外艱, 모상母喪을 외우外憂 또는 내간內艱이라 해
야 할 것을 근세의 문집들에서 외우外憂와 내우內憂를 잘못 쓰고 있음을 지적
하고 있다.

요컨대 「유오謬誤」는 잘못 쓰이고 있는 여러 말들을 지적하여 그 잘못을
바로잡기 위한 항목이라 할 수가 있다.

「어언부」의 맨끝 항목인 '해학'은 대체로 해학 차원의 우스운 이야기들을
조목별로 모은 것이다. 이러한 짧막한 이야기들을 「어언부」에 포함시킴으
로써 언어의 폭을 넓힌 것은 한 특징이라 볼 수 있다. 문헌상의 출전이 밝혀
진 조목도 있고 그렇지 않은 것도 있으며 중국의 것들이 대부분을 차지하나
우리나라의 것도 있다. 전체적으로는 「어언부」의 딴 항목들과 다를 바 없는
서술방식을 취하고 있다. 편의상 비교적 짧은 조목을 두어 개 든다.

有韓生謙者善諧謔 其妻曰丘氏 人嘲之曰爾妻 登山爲岳 登厠爲兵 逢鳥爲鳩
生大詘不能答

즉 생원 한겸韓謙이란 사람은 해학을 잘했는데 그 아내가 구丘 씨여서 사람들
이 조롱해서 이르기를 당신 아내는 산에 오르면 악岳이 되고 변소에 가면 병兵
이 되며 새를 만나면 구鳩가 되겠다고 하니 해학을 잘하는 한생韓生도 말문이
막혀 대답하지 못했다는 이야기다. 의성어를 활용한 해학임은 물론이다.

士人有私其奴妻者 其姪知之而不 敢言問其叔曰凡人之慾食與色孰重叔曰
食慾重姪曰否 色慾重叔 曰爾何以知色慾重乎 姪曰叔也 不以某奴之妻爲汚而
狎之若某奴之飯餘則必不屑食矣 以此之聞者大噱

이 이야기는 대체로 다음과 같다. 어느 선비가 자기 집 종의 계집을 간통했는데 그 조카가 이를 알면서도 말을 하지 못하였다. 어느 날 그 아저씨에게 사람의 욕심 중에서 먹는 것과 여색 중 어느 쪽이 소중한지 감히 물으니 먹는 것이 소중하다고 하니 조카는 여색이 소중하다고 대답하였다. 다시 아저씨가 여색이 소중한 것을 어찌 아느냐고 물으니 조카가 아저씨는 종의 계집을 더럽게 여기지 않고서 가까이 하지 않았느냐고 하면서 만일 종이 먹다 남은 음식이라면 아저씨는 이것을 반드시 먹기를 더러이 여겼을 터이니 이 사실을 알았다고 하였는바 이 말을 전해 듣고서는 사람들이 크게 웃었다는 것이다.

松窩雜說云 中原七家領之西五里許 高峰之上有墓名曰 幻爺山 譯者言 昔有人生子 不順言 東則向西 問北則指南 使之採薪則負石 而來使之取水則東火 而至其父病且死 囑其子曰死必葬我高峯之上盖欲得平地而葬 故反言之其子 乃曰臨死之言不可不從乃葬于此以其變 幻其父之旨 故名與古之狼子 從其父將絶之言葬父於水 中築 沙爲塋者同矣 余意今俗罵人必曰幻爺之子疑以此也

이기李墍의『송와잡설』에 나오는 이 마지막 조목의 이야기는 이러하다. 중원의 칠가령七家嶺 높은 봉우리에 묘 하나가 있는데 이를 환야산幻爺山이라 했는데 이에 관한 이야기다. 옛날 어떤 사람이 아들을 두었는데 말을 듣지 않았다. 즉 동쪽으로 가라고 하면 서쪽으로 향하고 북쪽을 물으면 남쪽을 가리키며 땔나무를 해 오라면 돌을 지고 오고 물을 떠 오라면 불을 켜 가지고 온다. 그 아비가 병들어 죽게 되었을 때 내가 죽으면 꼭 나를 높은 봉우리 위에 장사지내 달라고 아들에게 부탁하였는데, 이는 평지에 장사지내 주기를 바랐던 것이다. 그 아들은 아비가 죽자 아버지가 돌아가실 때 하신 말씀에는 따르지 않을 수가 없다고 하여 아버지 말대로 높은 봉우리 위에 장사지냈기에 산이름을 아비의 뜻을 바꾸었다는 데서 환야산幻爺山이라 했다는 것이다. 요컨대 사람을 욕할 때 쓰는 환야幻爺의 자식이란 말이 여기서 유래했다는 것이다.

「해학」에는 이와 같이 대체로 말(소담)과 관련 있는 우스개 이야기들이 많이 포함되어 있다.

4. 국어학사에서의 『지봉유설』의 위치와 의의

『지봉유설』은 훈민정음 범자기원설과 관련된 단편적인 언급을 제외하면 「문자부」와 「어언부」가 국어학사와 관련된다.

「문자부」는 '문의, 자의, 자음'을 포함한 자학字學과 관련된 내용이라 할 수 있는데 대체로 문헌상에 등장하는 한문 내지 한어에 대한 '의'와 '음(음운 및 고저)'의 정확한 지식을 부여하기 위하여 여러 문헌들에 의거하여 고증하는 서술방식을 취하고 있다. 따라서 문헌에 쓰인 한자 내지 한어에 대한 주석적인 기능을 한다고 볼 수 있다. 그러기에 체계적인 서술은 되지 못하는 단편적 사실의 언설을 일정하게 분류하여 묶은 유설에 지나지 않는다.

「어언부」는 '잡설, 속언, 방언, 유오, 해학'을 포함하고 있는데 서술방식은 「문자부」와 마찬가지로 대체로는 문헌고증적이며 그 기능 역시 많은 경우에 주석적이다.

이미 잘 알려진 바와 같이 그리고 저자 스스로 「자서」와 「범례」에서 언급한 바와 같이 『지봉유설』은 역대의 소설이나 문집의 도움을 받아 '고실故實'을 고증하려 한 책으로서 유설로 편집됨으로써 결과적으로 백과사전의 성격을 띤 것이다. 이것이 곧 문헌고증적인 서술의 방식으로 나타나게 된 것이며 부별·항목별·조목별의 분류에 따른 유설類說의 틀로 나타나게 된 것이라 볼 수 있다. 따라서 이러한 서술과 체계는 「문자부」와 「어언부」에 국한된 것이 아니라 『지봉유설』이란 텍스트 전체에 해당되는 것이다. 이로 인하여 「문자부」와 「어언부」 이외에서도 고설故說에 등장하는 한자나 단어에 대하여 고증한 항목들이 종종 있게 된다. 예컨대 「문장부」의 동문東文에

王闢之澠水燕談曰 …… 張元老奏太平廣記有 夫見婦吹火贈詩云 吹火朱脣
動添薪玉腕斜遙看烟裡面恰似霧中花 其隣妻效之夫爲詩云 吹火靑脣動添薪黑
腕斜遙看 烟裡面恰似鳩盤茶 按佛語鳩盤茶甕形也亦曰魘鬼 畏妻如鳩盤茶 本
唐裴談事也 ……

란 조목에서 시에 등장한 '구반차鳩盤茶'란 말의 뜻을 고증하고 있다. 즉 "불을
부니 붉은 입술이 움직이고 땔나무를 지필 때에는 옥 같은 팔이 비낀다. 멀
리서 연기 속의 낯을 보니 꼭 안개 속의 꽃 같구나."라고 어떤 남편이 시를 지
은 데에 대하여 또 다른 남편이 읊은 "불을 부니 푸른 입술이 움직이고 땔나
무를 지필 때에는 검은 팔이 비낀다. 멀리서 연기 속의 낯을 보니 꼭 鳩盤茶
같구나."라고 한 시에 나오는 '鳩盤茶'란 말은 불교 용어로 옹기 모양이란 말
로서 염귀魘鬼라는 말인데 당나라의 배담裴談의 일이라는 것이다. 이와 같이
『지봉유설』에는 곳곳에 고설이나 고시 등에 나오는 어구에 대한 주석적인
언설이 등장하고 있는 것이다. 어구에 대한 주석은 자연히 뜻풀이를 포함하
게 될 것이다.[11]

그런데 문장가로서의 지봉芝峰이 당시의 어문생활에서 관심을 가질 수밖
에 없던 문자가 한자요 문장이 한문이었다면, 자연히 고문에 등장하는 한자
나 한문(또는 한문 속의 문구)에 관한 정확한 지식에 대하여 필요성을 절감
하였을 것이다. 이것이 「문자부」나 「어언부」의 내용이 되는 셈이다. 문자
즉 한자에 대한 관심은 또다시 한자로 표기된 자료 중에서 차자표기 자료에
대하여도 확대될 수 있을 것이다. 이것이 어원(예. 尼師今), 차용(예. 達化主),
대조(예. 種) 등을 보인 방언 항목이 아닌가 한다.

인용문헌이 중국에 치우치면서 때로 우리의 고문헌이 삽입되어 있는데
우리의 것이 대조적으로 돋보여 우리나라의 문화전통에 대한 자부심을 지

---

11 여기서의 주석적 기능은 다분히 백과사전적 서술로 나타나, 언해본 등에서의 언어사전적
　서술로서의 대역 기능과는 구별됨은 물론이다.

봉이 강하게 지녔다는 역사학의 평가는 적어도 어문에 국한시킨다면 잘 납득하기 어렵다. 또한 '아부阿文[父]'와 '아미阿彌[母]'라는 말이 당나라말에서 차용한 것이라고 한 해석을 지나치게 확대하여 지봉이 우리말을 한자나 한문에 꿰어맞춘 사대적인 인물이었다는 평가도 납득하기 어렵다. 적어도 국어학 넓게는 어문에 관한 지봉의 관심은 한자로 표기된 한문 고문헌에 등장하는 문의, 자의, 자음이나 속언, 방언, 오류, 해학에 관련된 좀 더 정확한 지식에 쏠려 있었던 것이다.

이상의 관심은 자연스레 자학이나 어원에 관심을 가지게 되었는바 그것은 완전히 새로운 분야의 개척이라 할 수는 없다. 왜냐하면 이미 『삼국사기』를 비롯한 이전의 문헌에서 개별적인 사항에 대하여 주석을 달아 원문을 이해함에 도움을 준 방식 말하자면 민간언어학적인 방식이 있어 왔고 또 훈민정음 창제 이후의 한글문헌에서도 계승·발전되었기 때문이다. 다만 의의가 있다면 새로운 항목들이 추가되었고 또 유설로서 부·항으로 묶였다는 점일 것이다.

천문·지리… 등의 일정한 의미기준으로 분류하는 방식은 『훈몽자회』나 『(신증)유합』 등에서도 나타난 것인데 18·9세기에 쏟아져 나온 어휘집들이 분류상의 차이는 있어도 유서식類書式으로 편찬된 것들이 대부분이어서 『지봉유설』이 그 과도기의 모습을 보였다고는 할 수 있다.[12] 그러나 어휘집들이 단어 중심으로 된 언어사전의 성격을 어느 정도 띠는 반면에 『지봉유설』은 항목이 단어에 국한되지 않은 백과사전적 성격을 띤 것이 커다란 차이점이라 할 수 있다.

현재로서 결정적인 증거는 없으나, 조선후기의 국어학적 사료를 통해서 볼 때 『지봉유설』은 과도기적 모습을 보이는 면이 다분히 있다. 어원적인 관심을 집중적으로 보인 황윤석의 『화동방언자의해』가 그 1세기 넘은 후에야 나왔고 19세기 초에야 정약용의 『아언각비』가 나온 것이 그 한 경우이고, 역

---

12 조선후기의 어휘집들의 성격에 대하여는 홍윤표(1985) 및 졸고(1992) 참조.

시 백과사전적 성격의 이규경의 『오주연문장전산고』에도 음운은 물론 어원 내지 차용에 대한 관심이 있었던 것이 또 다른 경우이다.

요컨대 『지봉유설』은 유설집類說集으로서 부部·항項·조條로 편찬되었으면서도 같은 범주 안에서도 체계성이나 연관성 없이 고문에서 개별적으로 항목을 골라 그 항목 자체의 정확한 주석적 지식을 보여 주려 한 것에 불과하다. 그러나 국어학사상에서 볼 때에는 정음학正音學의 관심은 없어도 어원 등의 관심에서 보면 조선후기로 이어지는 과도기적 성격을 보였다고 할 수 있다.

출처: 『대동문화연구』 30, 성균관대학교 대동문화연구소, 1995.
붙임: 우리의 문화사에서 널리 알려져 있는 사실과 달리 그 언어연구 면은 별로 검토된 바 없었다. 그리하여 이 책의 서술이 때로 이수광이 한국사론에서 민족주의적 경향을 띤 것으로 평가하기도 하지만 언어론 쪽에서 보면 오히려 대조적이면서도 중국에 지나치게 의존한 해석이 주가 되지 않았나 하는 의혹을 비치고 있다. 강신항 선생의 퇴임에 바친 글이다.

참고 문헌

강신항(1988), 『국어학사(증보개정판)』, 보성문화사.

김민수(1980), 『신국어학사(전정판)』, 일조각.

박수천(1993), 지봉유설 문장부 연구, 서울대 박사학위논문.

유창균(1969), 『신고국어학사』, 형설출판사.

이기문(1978), 어휘차용에 대한 일고찰, 『언어』 3-1.

이병근(1992), 근대국어 시기의 어휘 정리와 사전적 전개, 『진단학보』 74.

이숭녕(1970), 지봉유설 해제, 『지봉유설』, 경인문화사.

한영우(1992), 이수광의 학문과 사상, 『한국문화』(서울대) 13.

홍윤표(1985), 국어 어휘 문헌 자료에 대하여, 『소당천시권박사화갑기념 국어학논총』, 형설출판사.

유희柳僖의 새로운 자료 발굴

1. 유희의 생애는 어떠한가

유희柳僖는 1773년(영조 49년) 음력 윤3월 27일 해시亥時에 현재의 경기도 용인시 처인구 모현면 매산리(옛 馬山=말미)에서 태어났다. 자는 계중戒中이고 호는 남악南岳, 서파西陂, 방편자方便子, 그리고 관청농부觀靑農夫 등이었다. 이 호들은 대체로 지명 또는 지역과 관련된 것이다. 원래의 이름은 '경儆'이었는데 그와 관련된 글들을 보면 뒤늦게 40세가 넘어서야 '희僖'라 했음을 알 수 있다. 그리하여 그를 유계중, 유경, 유희, 또는 여러 호로 부르기도 하였으며 유진사라고도 불렀다 한다.

유희가 태어난 용인은 산수경개 수려한 곳으로 충절의 고향이요 많은 학자의 고향인데, 특히 모현면慕賢面은 포은圃隱 정몽주를 기리기 위해 이름 붙여진 곳이다. 마을 인근에는 포은과 유희 이외에도 저헌 이석형樗軒 李石亨, 정암 조광조靜庵 趙光祖, 추담 오달제秋潭 吳達濟, 약천 남구만藥泉 南九萬, 한천 이재寒泉 李梓 등의 묘나 묘비 또는 신도비가 있다. 모현면은 경기도 광주군 남쪽에 접해 있는 곳으로, 에버랜드 북쪽에 위치해 있는 용인의 동북지역이다. 이곳은 농토가 그리 풍부하지 않으며 구릉지가 많다. 유희가 태어난 마을 또한 남북으로는 낮고 좌우로는 산이 있어서 풍요로운 농사를 짓기는 어려운 곳이라 그의 생활이 넉넉한 편은 아니었지만 서울에도 집이 있었다 하니 그래도 나은 편이었던 것 같다.

　유희는 진주 유씨로 선조 중에는 벼슬한 사람이 많다. 아버지 유한규柳漢奎는 통훈대부, 목천 현감, 서원진관西原鎭管, 병마절제도위兵馬節制都尉를 지낸 분으로 흔히 목천현감을 지내서 목천공木川公이라 불린다. 유희의 나이 11세 때에 세상을 떠났다. 어머니는 저 유명한 여류학자 사주당師朱堂(때로 희현당希賢堂) 이씨인데 전주 이씨 통덕랑 창식昌植의 따님이다. '사주당'이란 호는 중국 송나라 대유학자 주희朱熹를 스승으로 삼는다는 뜻에서 붙인 듯한데 그의 저서 『태교신기胎敎新記』의 서문을 썼고 묘지명까지 써 준 석천石泉 신작申綽에 따르면 사주당은 어려서부터 글을 좋아하여 경사經史는 물론이고 의서醫書에도 밝았다고 한다. 이는 유희의 학문세계와도 밀접한 관련을 맺는다. 유희의 아버지 유한규가 첫째 부인인 해주 오명흠吳明欽의 따님과 혼인하였으나 일찍 사별하고 재취할 뜻이 없다가 사주당 이씨가 비녀를 꽂을 나이에 경사·의서에 박통하고 행실과 재능이 남다르다는 소식을 듣고서 그를 재취로 삼게 되었다 한다. 바로 이분이 유희의 어머니이시다.

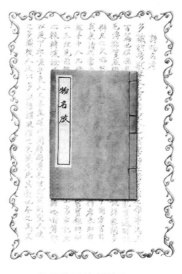

유희의 저서 물명고物名攷

유희의 아버지 유한규는 사주당 이씨와 아내로서의 소중함에다 도의로서의 벗을 겸해서, 깊은 이치를 서로 토론하고 성정性情을 읊으며 서로 지기知己로 여기면서 살았다 한다. 83세까지 살았던 사주당은 수많은 책을 지어 책상자에 넣어 두고 있었는데 임종시의 유언에 따라 모두 태워버리고 62세 때에 지은 『태교신기』만을 후세에 전하게 되었다고 한다. 그런데 이 책은 원본대로 전해진 것이 아니다. 유희가 10개의 장구章句로 나누고서 석釋·음音·의義를 달고 발문을 쓰고 신작이 서문을 쓴 것이 전해지고 있다. 이것을 보아도 11살에 일찍 아버지를 여읜 유희가 어머니 사주당 이씨의 영향을 크게 받았음을 짐작할 수 있다. 사주당은 전주 이씨인데 유희의 집안은 전주 이씨 집안과 여러 인연을 맺었었다. 예컨대 『규합총서閨閣叢書』를 지은 빙허각憑虛閣 이씨(1759~1824)는 유희의 고종인데, 빙허각 이씨의 어머니가 유한규의 누이이다. 바로 이 빙허각 이씨가 『태교신기』의 발문을 썼다고도 한다. 그가 썼다는 『청규박물지淸閨博物誌』를 현재는 볼 수는 없으나 '천문, 지리, 역시曆時, 초목, 금수, 충어, 복식, 음식'을 다룬 것으로 보아 유희의 박물지인 『물명고』와

집안에 전해 내려온 유희의 전기 – 묵필사墨筆寫 두루마리의 일부

도 어떤 관계가 있을 듯하다. 한편 유희의 선생 중의 한 사람이 현동玄同 정동유鄭東愈(1744~1808)인데 유희의 후손들은 이 동래 정씨 집안과도 밀접한 관계가 맺어질 만큼 혼사가 있었다고 한다.

1773년(영조 49)에 이 집안의 둘째 아들로 태어난 유희는 태어났을 때 용모가 뛰어나 사람들이 칭찬하였으나 불행하게도 그만 돌 무렵에 전염병인 천연두를 앓아 고생했기 때문에 준수하던 용모가 초췌하게 되었다. 다시 두 달이 지난 뒤 어머니가 옛날 중국의 백낙천白樂天은 백일에 글자를 알고 우리나라 율곡은 세 살에 글을 지었는데 너는 언제 글자를 알아 글을 언제나 지을까 하시면서 보던 책에서 한 일一자를 가리켜 이것이 '한 일자'나라 하고 낮잠을 잤는데, 어린 유희가 건넌방으로 기어가 책을 물고 기어와서는 어머니를 흔들어 깨우면서 여러 '한 일자'를 손으로 짚었다 한다. 이때까지도 유희는 말을 변변히 못하여 '한 일자'라는 말은 못하고 '게꼬꼬'라고 말을 더듬었다 한다. 이런 식으로 하여 딴 글자로 넓혀 익히게 하고 글자를 쓰게도 하였는데 두 번 세 번 보는 일 없이 하나하나 분명히 알았으며 아버지가 신기하게 여겨 네 글자로 글을 지어 주어도 또렷이 알았다 한다. 네 살(1776년)부터는 사언四言과 오언五言의 글자 모음을 이룰 줄 알고 다섯 살(1777년)부터는 오언을 4·5·6구씩 짓기도 하였으며 그해 겨울부터는 『성리대전』까지 밤낮없이 놓지 않고 읽어서 그 뜻까지도 알았다 한다. 그렇게 어려운 내용을 이해하였다 하니 참으로 놀라운 일이 아닐 수 없다. 『가어家語』같은 책을 볼 때에는 그 책에 공자의 화상畵像이 들어 있어서 책을 책상에 세우고서 재배再拜하였다 하니 어린 나이에도 공자, 나아가서 학문을 공경했던 그의 정신을 익히 이해할 수가 있다.

유희의 본격적인 학문 연마는 7살(1779년)에 시작된 듯하다. 그 이전까지의 공부는 아버지가 다 가르쳐 준 바도 아니고 다 가르쳐 준 글도 아니었다 한다. 우선 중국의 역사책인 『사략』 첫 권을 배우고 이어서 『통감』을 배우게 되었는데, 9살(1781년)부터는 스스로 공부를 하고서 아버지의 물음에 답하고 글도 지었다 한다. 10살(1782년) 때 『통감』 15권을 모두 다 앞에 놓고 아버지가 축조하여 출처와 사적史籍을 물었을 때에는 잊지 않고 낱낱이 명백하게 응대하여 아버지가 크게 기뻐하였다고도 한다. 그리고 같은 해 여름에는 『두공부집杜工部集』 두 상자를 읽어 두보의 시를 공부하고 이어서 『맹자』를 공부하면서 미심쩍은 곳을 묻고는 하였는데 안타깝게도 유희 나이 11세(1783년) 6월에 아버지가 세상을 뜨고 말았다. 삼년상을 치른 13세(1785년) 뒤부터는 시부時賦를 짓고 삼각법(영수影數)과 중국의 가장 오랜 계산법인 구장산법九章算法을 익히고, 15세에는 역리복서易理卜筮까지 꿰뚫었으며 수학 복서와 천문지리를 깨친 이후로는 경학經學에 심취하되, 정주학程朱學을 주로 하고 춘추대의春秋大意를 본으로 삼으며 경서 주석의 미해결된 곳을 낱낱이 주석하기 시작하였다. 16세(1788년)에 처음으로 감시초시監試初試에 응시하기도 하였고 18세(1790년)에도 감시에 또 응시하기도 하였다. 그러나 소과小科를 앞당기지 않아 헛되이 늙는 사람이 많거니와, 대과大科에 요행히 합격하여도 유희의 성격이 강직하고 시속에 영합할 줄 모를 뿐만 아니라 요직이나 큰 벼슬이 뜻같이 되기도 어려우니 차라리 살 만할 곳을 가려 정하고 천진天眞을 지킴이 좋겠다고 어머니가 권유하였다. 이러한 가르침을 받들어 20여 년을 과거에 응하지 않으면서 오직 산천에 파묻혀 학문에만 몰두하였다. 권문세가와는 비록 인척간이라도 내왕을 삼갔고 올바른 행실로 세속과의 타협을 거부했다고도 한다. 20여 세부터 농사를 지으면서 '문사회文社會'라는 시회에 참여하기도 하여 『내귀집來歸集』 같은 시부집을 지었으며 스스로 '관청농부觀青農夫'라 호를 지어 『관청농부집』이라는 시집 3권을 짓기도 하였다. 이때는 유희의 나이 25~6세(1797~8년)이었다. 어머니가 『태교신기』를 완성하자 일 년이 걸려 그는 그 책을 장구章句로 나누어 석·음·의를 달았고 작은누이가 발문을 썼는데 이때는 29세(1801년)이었다. 이 당시는 당쟁의 소용돌이 속에 있었던 때였고 그의 40세 때에는 홍경래난이 일어나 서울 안의 집들이 거의 다 비는 등 나라가 참으로 어려운 때였다. 10년 가까이 충북 단양에 우거하면서 농사와 학문에 열중하다가, 연세가 높으신 어머니가 선산을 깊이 생각하여 고향 용인으로 돌아오고자 하여 47세(1819년) 가을에 귀향하였다. 2년 뒤인 1821년 9월에 어머니가 83세로 세상을 뜨고 말았다. 유희의 나이 49세 때의 일이다. 이때 벼슬을 버리고 농사를 지으며 시골에서 살면서 경전 연구에 열중하던 62세의 석천 신작(1760~1828)을 찾아가 어머니가 지은 『태교신기』의 서문을 부탁하여 받게 되었다. 석천은 이를 진한秦漢 이래 아직 없던 책이며 더구나 부인의 입언立言이 세상에 드리워진 것이라 극찬하였다. 그 뒤 석천을 자주 찾아가 하루 이틀씩 묵어가면서 학문에 대한 토론을 하며 절친한 단짝 친구처럼 되었으며 석천과 한집에 살던 동생 신현 申絢과도 절친하게 되었다 한다. 역서와 복리를 이미 공부했던 유희는 석천의 묘자리까지 잡아주기도 하였고 신현의 장례에도 참석하였다 한다. 신씨 형제와 함께 또 이곳을 찾은 다산 정약용(1762~1836)과도 54세(1826년) 때에 함께 만나 이야기를 나누기도 하였다. 석천은 유희를 박학하고 넉넉하여 무소불통이라고 하였다.

사주당 이씨가 지은 『태교신기』에 그의 아들
유희가 석·음·의를 단 『태교신기장구대전』

유희는 52세 때(1842년) 저 유명한 『언문지』를 완성하였다. 이는 그의 스승의 한 사람인 현동 정동유의 영향을 입은 것인데 이미 15~6년 전에 원고를 어느 정도 완성하였으나 동의하는 이가 적어 묵혔다가 잃었던 것이다. 단양으로 이사하기 이전의 일이었다. 단양에서 용인으로 돌아와 5~6년간 새로이 원고를 작성하여 다시 완성한 것이 1824년이었는데 이 『언문지』가 완성되었을 때 책을 들고 석천 신작에게 들고 가 보여주기도 하였다. 석천은 이 『언문지』를 보았을 때 몽고 언문의 사용에 대한 언급에는 회의를 가졌으나 한 벌을 베껴 놓지 않았음을 애석히 여기기도 하였다.

유희의 대표 저서 중 하나인 『언문지諺文志』

고향 용인으로 돌아온 유희는 어머니가 돌아가신 후, 그동안 어머니와 친아우 유희가 멀리 단양에 떨어져 있음을 몹시 섭섭해 했고 아우가 과거를 보지 않음을 애석해 했던 둘째 누이로부터 과거시험을 권유받게 된다. 남자가 세상에 태어나 글을 배우기는 과거로 입신양명하여 후세에 이름을 남기려 함이거늘 과거를 안 본즉 글공부 한 보람이 어디에 있느냐고 했던 것이다. 그리하여 53세(1825년)에 세 번 입장하여 소과인 을유 사마시司馬試에 응시하여 입격하였고 유진사로 불리게 되었다. 또 57세(1829년)에 황감제시黃柑製試에도 장원하였다. 그러나 오로지 어머니의 가르침대로 평생 벼슬에는 나아가지 않고 농사를 지으면서 오로지 학문 연구와 저술에 전념하였다. 이리하여 근 100권에 이르는 책을 남기게 되었다. 몸이 허약했던 그는 어머니를 잃은 뒤 위중하기까지 하였다가 65세를 일기로 삶을 마감했다. 1837년의 일이었다. 그는 평생 근 100권의 저술을 남겼으나 건강 때문이었던지 정서하지 못한 채로 후손들에게 전해졌다. 1930년 무렵 그의 증손자 유근영柳近永 씨(증손 덕영德永 씨의 사촌동생)에 의해 일부가 정서되었으나 안타깝게도 흩어지고 말았다. 그리하여 그동안 유희의 저서들은 『언문지』와 『물명고』를 제외하면 대부분 그 내용이 알려지지 않았다. 이번 기회에 새로 알게 된 유희의 저술목록 일부를 더 추가해 제시한다.

유희는 첫째 부인으로 전주 이씨를 맞았으나 자녀도 없이 일찍 세상을 떠났으며, 둘째 부인으로 안동 권씨를 맞아 3남 1녀를 두었다. 3남은 성소聖昭, 성양聖襄, 성무聖武이고 가장 절친했던 벗 조종진趙琮鎭(1767~1845)이 쓴 묘지명에 의하면 성월聖越은 그의 서자라 한다. 손자 성린聖麟은 1887년(고종 24)에 정시廷試에 합격한 바 있다. 그의 부인은 동래 정씨 한조漢朝의 딸이고 증손자 유중영柳重永의 부인도 역시 동래 정씨인 택조宅朝의 딸이다. 이들 부인은 위당爲堂 정인보鄭寅普와 같은 항렬이다. 이러한 연유에서인지 유희의 여러 저술들이 나중에 위당에게 넘어갔으며 위당은 유희에 대하여 특별한 관심을 갖게 되었고 다시 위당의 따님 정양완鄭良婉 선생도 『강화학파의 문학과 사상』에서 유희에 대해서까지 관심을 보이게 되었다.

2. 유희는 어떤 인물이었나

유희가 약관 때에도 찾아와 서로 벗하여 기뻐하며 서로 마음에 어김이 없었던 친구 조종진은 유희가 단양에 우거하고 있을 때 그곳까지 찾아갔던 가장 절친했던 50년간의 친구였다. 이 조종진이 쓴 묘지명에 남악 유희에 대하여 다음과 같은 명銘을 붙였다.

생각건대 우리 남악은(維我南岳)
예전에도 드문 인물이로다(古昔鮮有)
현세에선 쓰여지지 못했으나(不試于今)
뒷세상엔 썩지 않고 영원하리(後世不朽)

즉 뛰어난 인물이요 그의 공부가 깊었으나 현세에서는 벼슬을 하지 않아 제대로 피지 못했음을 강조하였다. 이를 다음과 같이 풀어쓰기도 하였다.

아! 하늘이 예로부터 오늘날까지 학문 깊고 통달한 재주있는 선비를 내기를 어찌 자주 하였으랴! 대개 이미 내어놓았으면 어찌 왕에게 올리어 백성에게 은혜를 입히게 하지 않고서, 마침내 바위 숲에서 벼슬 없이 늙어 죽게 하였는가? 바위 숲에서 죽은 즉 아무리 修辭가 고리짝에 가득한들 누가 후세에 그를 전할 것인가? 후세에 전한다 한들 당세에 쓰임이 드물진대 어찌 애닯지 않은가? 어찌 슬프지 않은가? 남악 유희가 바로 그런 사람이다. 이 사람은 내 벗이 아니라 내 본받을 스승이다.

유희가 어렸을 때 신묘한 풍채가 뛰어나게 발하고 앎과 생각이 남달랐다고 한다. 돌 무렵에 천연두를 앓다 건강을 크게 해쳤음에도 영특하기는 여전하였다. 그의 전기를 통해서도 말한 바와 같이 일찍이 한자를 익혀 네 살 때 한자를 모아 사언오언四言五言을 짓기도 했고 다섯 살 때에는 그 어려운 『성리대전』까지 보고서 기뻐하면서 밤낮으로 손에서 놓지 않을 정도로 학구열이 뜨거웠었다. 아버지 유한규로부터 교육을 받고 스스로 공부하던 10살까지 신기하고 이상한 일들이 많아 아무리 옛 신동이라도 이보다는 더하지 않았을 듯하다고 평을 받기도 하였다. 친구 조종진이 유희보다 수십 살 위였던 우교于郊 신중진申重鎭에게 유희를 기재奇才라 하니 신중진은 유희를 "이런 사람은 천하의 기재라. 어찌 그저 기재라고만 해서 되겠는가? 비로소 이런 천하의 기재를 만나게 되었다."라고 하였다 한다. 열한 살(1783년)에 아버지 유한규가 세상을 떠난 후로는 어머니 사주당 이씨로부터 많은 가르침을 받으며 학문에 온 힘을 바쳤는데 16~7세에 이르러 경사經史를 읽고 보아 깊이 실천할 방법에 나아갔고 난리를 다스리는 기틀까지 깊이 연구하였으며 18세에 감시에 응시했을 때에는 그 자리에 있던 이들이 빙 둘러보았다고 한다.

학문에 대한 열정은 이렇게 대단하였던 것 같다. 그의 친구 조종진을 찾아와 만나면 해가 지도록 긴긴밤을 지새며 토론을 벌였고 신작 형제와도 그러했고 정약용을 만났을 때에도 그러했다 한다. 의복·음식은 별로 염두에 없었고 책을 만나면 갈증을 느낀 사람이 물을 보듯 반겨 깊은 생각에 잠기고 늘 그막까지 조석 끼니를 자주 잊었다고 한다.

이러한 학구의 길을 걸었던 유희는 예절과 효행에 있어서도 남달랐었다. 11세에 아버지가 돌아갔을 때 어른을 따라 곡을 하고 문상을 받으며 빈소를 지키는 일을 하고 또 혼자 스스로 할 줄을 알았으며 그것도 기꺼이 행하였다. 대상 때에도 새벽부터 한낮까지 제청의 빈 의자를 붙들고 슬피 읊을 그치지 않아 집안이 더욱 통절하고 문상객들이 다 눈물을 흘렸다 한다. 19세 때에 어머니가 병환으로 위중하여 회복이 어렵게 되었을 때 유희는 손을 베어 피로 글을 써 가지고 천지신명께 빌되 자신의 나이를 어머니께 보태어 목숨을 늘여서 어머니와 아들이 해를 같이 할 수 있게 해 달라고 3일 밤을 빌었다 한다. 이에 신명이 감응했던지 병환이 회복되었는데 이후에도 계속 빌고는 하였다 한다. 향리에서 그의 이러한 효성에 감동했다 한다.

그 후 어머니 수의를 하나도 빠짐없이 마련해 두고 단양에서 우거할 때 안동에 가서 관 재료를 맞추고 왔으니 유희의 효도에 대한 주밀함을 짐작할 수가 있다. 단양에서는 약초를 심고 논밭에 물을 대며 부지런히 농사를 지어 재물이 생기면 힘껏 어머니를 받들었고 제사로 정성껏 모시고 예를 갖추어 자식들 결혼도 시켰다. 큰집의 제사를 위해 위토도 마련하고 종친계도 모았으며 시제 때 사당에 딸린 물건도 완전하게 하기도 하였다. 단양에 우거한 지 10여 년이 지난 뒤 어머니 연세가 높아 어머니가 선산을 깊이 생각하여 고향으로 돌아오고자 하여 이에 어머니를 모시고 47세(1819년) 가을에 고향으로 다시 나오니 여러 친족들이 반기었는데 2년 뒤에 어머니가 세상을 뜨고 말았다. 상중에는 수염과 머리털이 다 세고 몸이 야위어 보기에 심히 염려할 정도였다. 슬픔을 이기기에 너무나 힘들어했던 것 같다. 이때 정신을 잃고 본래의 성질도 잃었고 침식을 오래 폐하여 고질병이 더 깊어지고 때로 병도 더 얻어 위중하게도 되었다. 젊을 때에는 부모의 기제사에 한 달씩 채소를 먹고 늘그막에는 10일씩 채소만 먹었으며 나그네로 있는 농안에도 7일씩 채소만 먹을 정도로 정성스러웠다. 어머니 상사 때에도 일 년 넘도록 채소를 먹고 너무 슬퍼해서 몸이 파리해지고 위중했던 것이다.

유희는 자신에게는 극히 박했으면서 부지런했던 것 같다. 책을 읽을 때에는 소리를 내지 않고 음독했으며 과묵하였다 한다. 집에 전하는 밭은 모두 자기 손으로 장만하였고 농사를 지으면 남보다 수확이 많았다 한다. 농사일을 쉴 사이 없이 하여 웃어른을 떠받들고 아랫사람 다스림에는 태평히 지냈다고도 한다.

유희는 성격이 곧아서 옳은 것이 아닌 것은 조금도 취하지 않았다 한다. 이도 여자 중의 군자였던 어머니의 교육 영향이었다. 어머니가 아들 유희를 사랑하지만 법도를 바르게 하여 가르쳤고 품성이 높아 남에게 굽실거리지 않았고 세상에 들뜸을 슬피 여기면서 산천에 숨은 바를 즐거이 여기는 고로 유희의 성품이 근졸謹拙하지 못하니 꾸밈없는 깨끗함을 지키도록 권유했다 한다. 또한 천품이 강직하여 시속에 영합할 일이 적었는데 이리하여 제멋대로 구는 사람의 모함을 여러 차례 입기도 하였다 한다. 그러나 자신을 자랑하지도 않고 평생 남의 단점을 말하지도 않았다 한다.

넓고 깊은 공부를 했던 유희는 일에 앞서 아는 것이 많았고 또한 일의 앞을 내다볼 수 있었다. 어머니와 유희가 멀리 단양에 떨어져 있음에 대하여, 나라 안이 한결같이 태평하고 풍년이 들기 어렵고 만일 큰 흉년을 당하면 많은 식구가 살길이 없기에, 부득이 단양 두메산골로 들어갔다고 했었다. 그런데 과연 1809년과 1815년에 큰 흉년이 들었으나 농사일을 쉴 사이 없이 지어 웃어른을 태평히 모시고 아랫사람을 다스릴 수 있었다. 또한 1811년 봄에 누이한테 편지로 서울집을 본값을 못 받아도 팔라 하였는데 과연 이듬해 봄에 서울 안의 집이 거의 비게 되었다 한다. 바로 이 무렵에 홍경래난이 있었던 것이다. 이와 같이 앞일을 미리 헤아린 유희의 탁견이 남다름에 탄복할 만하였다.

3. 유희는 어떤 저서와 학문세계를 가졌나

지금까지 '유희'하면 으레 『언문지』와 『물명고』를 언급하고 소개하였으며 때로 『시물명고』를 언급하기도 하였지만, 그 실상은 알려지지 않았다. 그런데 유희는 아주 폭넓은 저술활동을 하였다. 집안에서 전해 내려온 유희의 생애를 기록한 두루마리와 유희의 절친한 친구인 조종진이 쓴 묘지명에 따르면 저술한 책이 근 100권에 이른다고 하는데 미처 정서하지는 못했다고 한다. 이 책들을 직접 접한 위당(담원薝園) 정인보에 의하면 유희의 평생 저술을 묶어 불렀던 『문통』전부가 유희의 친사본親寫本으로 그중에는 완성되지 않은 책도 있으며 책면의 크기가 고르지 못하고 책걸장답게 매인 책이 한 권도 없고 종이 쓴 것을 보아도 손바닥 둘 만한 엷은 책장이나마 이것을 또 이어붙인 데가 많았다 하였다. 경북 예천에 거주하면서 유희의 증손자 유근영 씨와 가까이 지냈던 정양수鄭亮秀 선생도 금년 7월 23일과 8월 13일에 필자와 만났을 때 역시 같은 이야기를 들려주었는데 이들 초고본은 대략 19×20㎝ 정도로 크기가 고르지 못했다 하였다. 몸이 허약했던 유희가 어려운 생활 속에서 종이를 아끼면서 공부하던 과정을 이해할 만하다.

유희의 유일한 언해본인 『태교신기언해』

위당이 확인한 유희의 저서들은 다음과 같다.

春秋大旨	春秋經文考異	詩物名攷
周禮詁類訂	孝經詁類訂	三禮同異考
中庸章句補說	讀詩三百	物名類攷
文義類	醫藥遊說	困得篇辨
書牘	春秋四傳刪誤	孝經刊誤發揮
茅註籌說明實	儀禮詁類訂	中庸詁類訂
論語集註補說	大學章句補說	周髀算經章句釋
量田議	禮制類說	觀象志
幾何原本及圖解	賦騷	春秋括禮分類

孝經古文考	易詁類訂	禮記詁類訂
大學詁類訂	春秋左傳註補說	大學章句發明
素問五注補校正	易際數	律樂管見辨
諺文志	雜類說	方便子詩集
易象數原說	正朔考	書詁類訂
春秋詁類訂	孟子詁類訂	春秋穀梁註補說
孟子集註補說	古聖逸語傳	二至山問答
化理遊說	胎教新記音義	讀史漫筆
孔雀行批解	書古今文訟疑	夏小正經傳音義
詩詁類訂	論語詁類訂	考工記補註補說
春秋公羊傳註補說	小學集解補說	律呂新書摘解
書字類	萬物遊說	陰陽判辨
方便子文錄	胎孫篇	

　　모두 65종의 책이요, 거의 100권에 이른다고 하였다. 안타깝게도 현재까지 우리가 흔히 접할 수 있던 것은 『언문지』와 『물명고』뿐이었고 일부 학자들이 열람한 『태교신기음의』가 하나 더 있었다. 지금까지 알려진 이들 저술들은 위당 정인보에 의하여 알려진 것이지만 그것이 전부도 아니고 또 부분적으로는 부정확한 점도 없는 바 아니다. 유희의 증손자인 유근영이 제일고보 재학시 3·1 만세 사건과 관련하여 일본 경찰에 쫓기다가 만주로 피신하여 십여 년을 지낸 후 고향 용인으로 돌아와 머물다가 충남 공주를 거쳐 경북 예천으로 이주하게 되었다는데, 이때 유씨 집안의 저술 한 상자를 가져갔었고 그중에서 『태교신기장구대전』을 정서하여 1938년에 예천에서 간행하기도 하였으며 또 저술 중에서 골라서 위당에게 대여하기도 하였다 한다. 이러한 사실을 들려준 분은 유근영 씨가 교사로 있었던 예천 대창고등학교의 교사와 교장을 지냈고 『동래정씨문집東萊鄭氏文集』(전5책, 1995년)의 편정인編定人이었던 정양수 선생인데, 고서 수집에 큰 관심이 있었다. 대창학원은 1922년

당시 청년회장이었던 김석희金碩熙의 주도와 유도회의 후원으로 예천향교 자리에서 개교하여 80년 가까이 된 학교다. 위당이 가져간 유희의 저술들은 당시의 연희전문 도서관에 1936년경에 보관시켰다 하기도 한다. 그런데 연희전문의 후신인 연세대의 도서관에 소장되어 있어야 할 『태교신기장구대전』이 개인 소장을 거친 후에 현재 성균관대학교 존경각에 소장되어 있어서, 이를 보면 지금은 어찌되어 이렇게 흩어지게 되었는지 알 수가 없다.

정양수 선생으로부터 필자가 열람한 유희의 저술은 다음과 같은데 그 대부분이 새로이 세상에 공개되는 셈이다.

諺文志

物名考 上(方便子纂)

詩物名考(方便子纂 文通 卷之五)

讀詩三百(方便子纂 文通 卷之五)

◎ 書蔡傳補說(方便子纂 文通 卷之五)

化理類(方便子纂 文通 十)

書字類(方便子纂 文通 十)

萬物類(方便子纂 文通 十)

胎孫篇(文通 二十四)

◎ 方便子句錄(全六卷, 親筆本)

雜文 騷賦(一, 方便子文錄 文通 卷之十七)

雜文 騷賦(二, 方便子文錄)

여기서 ◎로 표시된 것은 위당이 작성한 목록에는 없는 것들이다. 그런데 16세(1788년)부터 쓴 친필본 『방편자구록』(전6권)을 제외하면 모두 문집을 편찬할 준비로 원본을 정서한 전사본이다. 그중에 『방편자문록 권1, 문통 권17』(잡문·소부)의 끝에 「습문기입拾文記入」이란 글이 있는데 이 속에 권덕규權悳奎의 저서 『조선어문경위』(1923년)의 첫머리에 실린 『언문지』의 일부 내용을 유근영 씨가 다시 옮겨 놓았다. 이때가 경오(1930년)였다. 이로부터 보면 유희의 저술 일부는 1930년 무렵에 정서가 이루어지지 않았나 한다. 위의 책들은 '문통文通'으로 분류된 것이 많지만 '문록文錄'으로만 분류된 것도 있고 아무 분류도 없는 것도 있다. 이들 정서본만으로는 유희의 저술들이 모두 『문통』으로 묶였던 것인지는 확실하지가 않다. 이중 『물명고』, 『화리류』, 『만물류』는 각각 위당 목록의 『물명류고』, 『화리유설』, 『만물유설』에 해당될 듯하다. 그리고 친필본으로 되어 있는 『방편자구록』은 『문통』으로 분류되지 않았는데 그 내용으로 보아 위당이 『방편자시집』이라 부른 것에 해당되는지도 모른다. 전6권으로 『순유육집旬有六集』(1788~1793년), 『내귀집來歸集』(1795년 3월~1796년 7월), 『관청농부집觀靑農夫集』(1797년 2월~1798년 봄), 『부옹집즘翁集』(1799년 정월~1800년 6월), 『알음집遏音集』(1800년 6월~1801년 봄), 『좌집坐集』(1802년 정월~1805년 2월)으로 짜여져 있다. 또한 『잡문 소부』가 방편자문록으로 분류되어 있는데 1797년부터 세상을 뜨기 바로 한 해 전인 1836년까지의 운문·잡문들을 모은 것으로 위당이 제시한 『방편자문록』, 『부소賦騷』와의 관계도 현재로서는 알 수가 없다. 그런데 정양수 선생은 자신이 1972년에 『송대』창간호에다 발표한 「실학자 유희 선생 소개」라는 글에서 다음과 같은 사실을 언급하고 있다.

공부하는 사람의 욕심으로 고서 수집을 방학 과제의 일부로 삼았던 결과 우연히도 유희의 후손을 찾고 유희의 저서를 찾아 그 책을 빌려다가 베끼게 하던 일은 이 당시(1958~1965)의 재학생이면 누구나 기억에 새로울 것이다.

유희의 후손이 바로 증손자 유근영 씨이다. 이렇게 수집한 유희의 저술 가운데 『시물명고』와 『의약류』는 직접 소장하고 있으며 『율려신서적해』를 비롯해 13종의 책을 학생들을 시켜 옮겨 베꼈다 한다. 위당의 목록에서 빠진 것으로 다음과 같은 책들이 있다 하였다. 『방편자구록』은 필자가 열람한 것으로 중복되지만 이들도 아직은 세상에 공개되지 않은 책들이라 하겠다.

方便子纂文通卷之十

化理類

天地之間都是陰陽二者而已譬如無影處便皆日晝夏無容一燹之際

待動而靜故女後於男也動亦始於靜故男亦胎於女也男之生也其氣始於下至于上而復止于下故既久而勢異左旋之理也女之生也其氣始於上至于下而復止于上故既久而乳長右旋之理也

陽動而外溢故日起芒陰靜而內凝故月含暗或問日必司晝而月不必司夜曰君子儀其位小人睢時之起

學曉模黑夜半微明坎中之剛與水中之亮與夜是尖物其內公虛角腮冰湯驗之皆然

이학理學을 다룬 『화리류化理類』

方便子句錄

丹學類 文通10 附

春秋列國地圖說 文通

禮疑往覆 文通11

六書類說

聞見隨錄

吳越策傳

先輩遺聞 文通7外

續東人詩話 文通7

南岳銷夏錄

算學啓蒙開方詳 미완

위당의 목록에 포함된 65종과 위의 11종 그리고 『서채전보설』 1종을 합치면 지금까지 알 수 있는 유희의 저서는 모두 77종이 되는 셈이다. 다만 유희가 9살 때에 보았다는 『기하원본급도해』(원제: 수리정온數理精蘊)가 유희의 저술이 아니라면 76종이 확인되는 셈이다.

그리고 정양수 선생은 위당의 목록 중에서 『주비산경장구석』은 '산算'이 없는 것이 옳고 『소문오주보교정』은 『소문왕주보교정』처럼 '오五'가 아니라 '왕王'이 옳다고 하였다. 또한 정양수 선생이 당시에 파악한 바로는 『문통』은 1권부터 24권까지 있고 원고본으로서 없어진 것이 2, 6, 19, 21권과 24권 전편 및 3, 7, 10, 22의 부권附卷들이라 하였다.

이 밖에 유희의 어머니 사주당 이씨가 지은 『태교신기』(1800년)를 유희가 장구로 나누고 석·음·의를 달아 저술한 『태교신기장구대전』(1801년)이 성균관대학교 존경각尊經閣에 귀중본으로 소장되어 있는데 이는 1938년에 경북 예천에서 유희의 증손자 유근영 씨가 간행한 『태교신기』의 저본인 듯하다. 지금은 검여문고劍如文庫로 분류되어 있다. 검여는 서예가 유희강柳熙綱(1911~1976) 선생의 호로 66세로 일생을 마친 분이다. 유희와 마찬가지로 진주 유씨이다. 검여 선생이 작고하기 1년 전에 성균관대학교에 기증한 144종 344책 중의 하나가 바로 『태교신기장구대전』이다. 검여 선생의 따님에 따르면 책을 기증한 이유가 검여 선생이 성균관대학교의 전신인 명륜전문학원을 졸업한 인연 때문이라 한다. 이 『태교신기장구대전』을 검여 선생이 어떻게 입수하였는지 그 경위를 현재로서는 알 수가 없는데 이 책 이외에 유희의 저술들이 검여문고에는 더이상 들어 있지 않다. 이상이 현재 우리가 그 내용을 알 수 있는 유희의 저술 전부이다.

지금까지 '유희' 하면 으레 국어학자 특히 음운학자로 알려져 왔다. 이는 현재 세상에 흔히 알려져 온 대표적인 두 책 『언문지』와 『물명고』에 국한시킨 평가인데, 특히 『언문지』에서 훈민정음의 우수성을 언급하였다. 하여 일제하에서 어문민족주의자들이 높이 평가한 일과 『물명고』에 한글로 표기된 단어들이 포함되어 있어서 국어의 역사를 연구함에 도움이 되는 어휘집이라 평가한 일 등에서 비롯된 것인 듯하다. 그러나 지금까지 알려진 위의 저술 목록에서 보아 유희의 저술 중에서 국어학과 직접 관련된 연구서로 『언문지』이외에는 없는데, 특히 지금까지 언급되어 온 『언문지』도 실은 한자음 표기를 위한 훈민정음 체계를 나름대로 교정한 것이어서 유희를 국어학자로만 못박는 것은 편협된 평가이다. 한자의 음과 뜻에 관련된 논의로는 『서자류』가 있고 한글로 표기된 자료가 있는 『물명고』이외에 『시물명고』가 국어사 특히 어휘사 자료로 이용될 수가 있으나 이들은 국어학 연구서가 아니라 기본적으로는 박물학서博物學書라 할 수 있다. 박물학과 관련이 있는 책으로는 『만물류』가 더 있다. 유희의 전기를 통해서 보아도 그의 주된 관심은 국어학에 있었던 것은 아니다. 물론 조선시대에 국어연구만을 한 전문적인 국어학자가 있었던 것은 아니기에 유희를 국어학 연구사에서 소홀히 다룰 수는 없다고 하겠다.

그렇다면 유희의 학술적 관심은 어디에 있었을까. 우선 책 이름을 통해서 보면 관심의 초점이 경학에 있었음을 알 수가 있다. '논어, 중용, 맹자, 대학' 등의 '사서'와 '소학' 그리고 '시경, 역경, 서경, 춘추, 예기' 등의 '오경'과 '주례, 효경' 등의 경서에 관한 저술들이 주류를 이루고 있다. 이렇게 보면 유희는 경학을 연구했던 유학자인 셈이다. 이러한 평가가 유희의 전기 내용과도 상당히 일치되는 것이라고 할 수 있고, 또 그의 아버지 유한규와 어머니 사주당 이씨로부터 받은 영향과도 대체로 합치하는 것이라 할 수 있다. 특히 경학과 관련해서 그의 절친한 친구로서 나중에 유희의 묘지명까지 엮은 동해東海 조종진은 유희에 대하여 묘지명에서 다음과 같이 말하고 있다.

공은 약관 때에도 용인 땅에서부터 나를 찾아와 서로 벗하여 기뻐하며 서로 마음에 어김이 없었다. 만나면 바로 왼쪽을 비우고 해가 지도록 긴긴밤 性命의 근원을 물어서 밝히고 經傳의 깊은 이치를 캐어냈고, 임금과 신하의 뜻이 잘 맞음을 꿰뚫었고 經論을 연구하였다.

또한 뒤늦게 새로운 친구가 되었고 유희의 부탁으로 어머니 사주당 이씨의 묘지명을 지은 강화 출신의 석천 신작은 유희의 학문이 『춘추』에 특히 깊고 음양·음악(율려律呂)·천문(성력星曆)·의학·수리數理의 서적에 관해 그 구원까지 이르지 않음이 없고 그 지류支流까지 다하지 않음이 없다고 갈파하였다. 또 조종진도 유희의 묘지명에서 유희가 저술한 초고는 집에 소장되어 있는데, 근 100권이라고 하면서

春秋는 聖人의 大用인데 그 학문은 끊어진 지 오래라 하였으며 더욱 찬술에 발휘효력하여 거의 20권이 넘는다. 『歷代正朔攷』, 『夏小正』, 『經傳音義』, 『考工記』, 『文通』 이것이 대강이다. 이를테면 천문, 지리, 의약, 種樹, 氣水, 量田, 桼鍾이라든지, 아래로 鳥獸, 蟲魚도 모르는 것이 드물고 이용후생으로 의무를 삼고, 程朱學으로 근본을 삼아 마음으로 연구하여 마음으로 복종하였다. 일찍이 濂溪 易通의 誠神幾之旨를 체험하여 한 개 誠字로써 일생의 眼睛으로 삼았다. 혼자 있을 때 삼가고 몸 갖기를 깨끗이 하고 남을 대하기를 너그럽게 하여, 평소에 천성이 곧고 행실이 방정하여 세속에 맞는 이가 드물었다.(정양완, "석천 신작의 학문"에서)

라고 하였다. 이를 통해 보건대 유희는 『춘추』를 비롯한 경학에 큰 관심이 있었고 그 지류에까지 이르지 않은 것이 없을 정도로 다양한 연구를 행하였으며 정주학을 근본으로 삼되 이용후생으로 의무를 삼아 요컨대 지행합일知行合一의 사상을 지닌 듯하다. 경기도를 중심으로 활동했던 많은 실학자들의 사상과 통하는 듯하다. 이 평가는 위당이 양명학과 관련시킨 해석이다.

그러면 그의 학문연구방법은 어떠한가. 조종진이 말한 "性命의 근원을 물어서 밝히고 經傳의 깊은 이치"를 캐어낸 것은 어떤 것일까. 현재 유희의 저술 중에 경전들을 연구한 것을 거의 보지 못한 필자로서는 분명한 언급을 할 수가 없다. 다만 저술의 이름을 보고 짐작할 수 있을 뿐이다. 즉 책 이름 속에 보이는 '大旨, 刪誤, 括例分類, 訟疑, 刊誤發揮, 說明實, 詁類訂, 補註補說, 發明批解' 등과 같은 표현으로 보면 이 당시를 유희와 관련 있던 인물들을 중심으

로 위당이 "西陂는 考徵으로써 의리를 補하는 것"이라 하였듯이, 당시 즉 실학시대에 상당히 유행하던 방식이었던 것이다.

유희가 생존하던 18세기 후반과 19세기 전반은 이충익李忠翊, 정동유의 국고연구國故硏究와 신작의 박학樸學과 민노행閔魯行, 이만영李晩永의 정박精博이다 이때라고 한 위당은 유희에 대하여 "淸朝 樸學派의 鍫鋤를 앗어다가 古經의 義理를 淸發한 것이 많다"고 『문통』 해제에서 하였다. 이는 유희의 학문의 특징을 언급한 것으로 ① 고증 방식, ② 경학 연구, ③ 박물학지 편찬 등이 바로 그것이라 할 수 있다. 유희를 박물학자로 볼 수 있는 것은 『물명고』, 『시물명고』, 『만물류』 등의 저술 때문일 것이다. 요컨대 유희는 유학자요 박물학자요 한편 국어학자인 셈이다.

방편자찬 문통文通 권지10에 실린 『만물류萬物類』

4. 유희는 국어연구와 어떤 관계가 있나

유희는 문화관광부에서 선정한 2000년도 10월의 문화인물이다. 지금까지 어문과 관련하여 두드러진 업적이나 어문연구 · 보급에 공이 큰 사람을 흔히 10월의 문화인물로 정하여 왔다. 이에 유희가 어문연구와 어떤 관련이 있었는지 조금 자세히 알아보자.

경학 이외에 유희의 다양한 관심에서 특히 돋보이는 것이 박물학지들과 음운학서인데 지금까지 국어학에서 관심을 보였고 그를 높이 평가하게 한 저술들이다. 『물명고』, 『시물명고』와 『언문지』가 그것이다. 『물명고』와 『시물명고』는 앞에서도 말한 바와 같이 다 같이 한자어들에 대한 국어의 대응어를 가끔씩 한글로 포함시킨 점이 강조되었고 『언문지』는 한자음 중심이지만 훈민정음의 심오한 뜻을 탐색하였다고 보아 그것을 우리의 것과 관련시켜 이른바 국학國學(cf. 조선학朝鮮學)의 싹이 트는 시기의 것으로 이해되어 왔다. 이제 어문과 관련 있는 유희의 저술들을 보자.

『물명고』는 박물지이지만 우리 국어의 역사, 특히 어휘사 연구의 가장 대표적인 자료로서 높이 평가되어 왔다. 사물을 나타내는 이름이 사물과 일치되지 않는 경우가 많아 이를 바로잡기 위한 의도로 흔히 편찬되었는데 유희도 『만물류』에서 우리나라 사람들이 물명(예컨대 '송백松柏'과 같은 나무 종류)을 많이 잘못 쓰고 있음을 지적하였다. 표제어는 한자어로 제시되었고 한문으로 풀이를 하였는데 그 설명은 성질 · 빛깔 · 형태 · 산지 또는 성질 · 빛깔 · 크기 · 시기 · 고장 · 용도 및 문헌상의 명칭 등을 상세히 기술하였다. 상당히 고증적인 기술이 많다. 이러한 설명은 고려 중엽의 『향약구급방』으로부터 조선 초기의 『향약집성방』이나 강희맹의 『금양잡록』의 「곡품」 그리고 허준의 『동의보감』 중의 「탕액편」 등으로 이어 발전되어온 물명의 기술방식 전통을 이어받고 있다. 특히 성지成之 이만영의 『재물보』(1798년)에 깊은 영향을 받았다고도 하는데 '물보物譜'와 '지보地譜'에서 표제어들을 많이 따 보충하고 주석도 대폭 보완한 것이 많다. 그 기술 속에 1,660개 정도의 우리말을 한글로 제시하기도 하였다. 이숭녕은 그의 『혁신국어학사』에서 수많은 단어들이 포함된 예를 보이면서 이런 어휘 수집은 이만저만한 노력이 아니면 성공할 수 없으며 그 설명에 있어서는 중국 고전에서부터 여러 박물책을 공부하고 실지로 조사하여 체험하지 않으면 될 일이 아니라고 하면서 유희의 대표적 업적은 『물명고』라고 강조하였다. 유희가 농촌에서 농사도 지으면서 그 생애를 대부분 보낸 사실을 염두에 둔다면 그럴듯한 평가라고 볼 수 있다.

표제어의 분류는

卷一
　　物各考目錄
　　有情類　　　羽蟲
　　　　　　　　獸族 毛蟲 贏蟲
　　　　　　　　水族
　　　　　　　　昆蟲
　　無情類　　　草上
卷二　　　　　　草下
　　不動類　　　木
　　　　　　　　土
　　　　　　　　石
　　　　　　　　金
　　不情類　　　火
　　　　　　　　水

로 되어 있는데 이러한 박물의 분류방식은 불교의 영향을 받은 것으로 여겨지는 인도의 약물분류방식이 중국을 거쳐 우리나라에 채용되었다고 보기도 한다. 그러기에 의학사 내지 생물학사에서는 유희를 박물학자로 보기도 한

다. 위당이 유희의 학문적 특징의 하나로 박물학을 든 이유가 여기에 있는
것이다. 다만 이번에 열람한 『방편자찬물명고方便子纂物名考 상上』에서는 ①
물유정류物有情類, ② 물무정류物無情類라 하여 『시물명고』와 구별하려 하고
있다. 그리하여 정양수 선생은 이를 '물물명고'라 부르고 있다.

방편자찬 문통 권지5에 묶여 있는 『시물명고詩物名考』

현재까지 유희의 친필본인 『물명고』는 보이지 않고 후에 필사한 2권 1책
(또는 5권 1책)의 것들이 몇 종 있는데 내용상의 큰 차이는 없다. 국립중앙도
서관본, 서울대 규장각 가람문고본, 일본 가와이(鮎貝房之進) 소장본(『조선
학보』에 실린 것은 이를 다시 필사하고 보충 설명을 난상에 넣었음) 등이 있
는데 이들은 정양수 선생 소장의 상·하로 된 『방편자찬물명고』와 극히 부분
적인 차이만이 있다.

『시물명고』는 방편자찬 문통의 권5에 묶여 있다. 45면으로 흔히 열람되지
않던 자료다. 『시경언해』(1613)의 책머리에 실린 「물명」을 보고 다시 바로잡

으려 한 것이다. 유희 생존시에도 『시경언해』가 중간된 일도 있으나 그것들과는 성격이 다르다. 유희의 『시물명고』는 시경에 나오는 물명 어휘에 대한 상세한 한문주석으로 되어 있는데 역시 그 주석 속에 한글로 표기된 우리말 어휘가 등장한다. '독수리, 증경이, 말암, 도악이, 츩, 쾨고리, 돈고말이, 믈, 담쟝이, 묏머루, 멸애, 방하아비, 묏쥐기' 등등 많은 단어들이 포함되어 있다. '쾨고리(〈괴소리〉)'와 같은 일부의 오기誤記를 제외하면 당시의 중앙어를 주로 보이는 것으로 볼 수 있다. 『시경언해』의 물명에서는 현대어 '질경이'를 나타내는 '茉苢'에 대하여 '뵙장이·길경이' 두 어형을 제시하였었는데 여기서는 상세한 주석 속에서 '길경이'만을 대응시켰다. '길경이'는 당시의 중앙 어형이요, '뵙장이'는 남부방언형이었을 것이다. 어휘사적 자료로 본다면 이 책은 『시경언해』의 물명과 비교가 가능한 귀중한 자료가 될 것이다.

『만물류』는 방편자찬 문통 권10에 묶여 있는데 22면이다. 잘못 쓰이는 물명들을 바로잡으려 고증하고 있는데, 그의 스승 정동유의 논의를 많이 인용하고 있다. 한글로 표기된 물명들도 더러 포함되어 있다. 때로 설명을 『물명고』 또는 『시물명고』로 미루고 있음을 보면 『만물류』는 『물명고』와 『시물명고』 다음에 이루어진 책이다. 따라서 전자는 후자들에 보완의 성격을 지닌다.

『언문지』는 유희의 널리 알려진 대표작으로 한국한자음을 한글로 적기 위한 훈민정음 체계를 유희 나름대로 교정하려 한 책으로 15세기의 『훈민정음』 체제와 유사하다. 그의 나이 52세 때(1824년)에 완성하였는데 정서본은 『문록』이나 『문통』으로 묶이지 않았다.

그의 스승 정동유와 훈민정음에 관하여 수개월 동안 강론한 끝에 저술한 것으로 15~16년이 지나는 동안 분실하였다가 5~6년 뒤에 최세진의 『사성통해』를 얻어 보고 새로이 엮은 것이다. 따라서 이 『언문지』의 초고본은 1824년에서 20년 정도 앞서고 정동유가 세상을 떠난 1808년 이전에 이루어졌다면 적어도 19세기 초에 이루어졌다고 할 수 있다. 1824년 9월 14일자의 석천 신작의 편지에 『언문지』에 대한 이야기가 나오는데,

지난번 柳戒仲이 와서 그의『언문지』를 보여 주었는데 세종 전의 언문은 바로 몽고 언문이니 용비어천가 같은 것이 바로 그것입니다. 지금의 몽학은 다 이 언문을 쓴다 등등인데, 그런지 아닌지를 모르겠습니다. 그 책이 연혁에 대해서 매우 환하여 한 벌을 베껴 두려 하였는데 게을러 미처 못했습니다.

라고 적고 있다.『언문지』의 내용을 충분히 검토하지 못한 이야기지만, 신작이 유희를 알게 된 것이 1821년이니까 유희가 신작에게 보여 준 것은 1824년 저술의 완성본인 셈이다.『언문지』의 체제는

序		
初聲例	廣韻	三六字母
	集韻	三六字母
	韻會	三五字母
	洪武正韻	三一字母
	訓民正音	十五初聲
	正音通釋	十七初聲
	柳氏校定初聲	二十五母
中聲例	正音通釋中聲	十一形
	柳氏校定中聲正例	十五形
	中聲變例	一形
終聲例	正音通釋終聲	八韻
	柳氏校定終聲正例	六韻
	終聲變例	一韻
全字例		

　①서문, ②초성례, ③중성례, ④종성례, ⑤전자례의 다섯 내용으로 되어 있다. ①서문에서는 언문의 우수성에 대한 정동유의 언급 및『언문지』의 저

술 과정, ② 초성례에서는 'ㄱ, ㅋ, ㄲ, ㆁ; ㄷ, ㅌ, ㄸ, ㄴ; ㅂ, ㅍ, ㅃ, ㅁ, ㅸ, ㅹ; ㅈ, ㅊ, ㅉ, ㅿ, ㅅ, ㅆ; ㆁ, ㅎ, ㆅ, ㄹ, ㆆ'의 25초성, ③ 중성례에서는 'ㅏ, ㅑ, ㅘ, ㆇ, ㅓ, ㅕ, ㅝ, ㆊ, ㅗ, ㅛ, ㅜ, ㅠ, ㅡ, ㅣ, ·'의 15중성과 중성 변례 'ㅣ', ④ 종성례에서는 'ㄱㄷㅂㆁㄴㅁ'의 6종성과 종성 변례 'ㄹ', 끝으로 ⑤ 전자례에서는 초·중·종성의 합자에 의한 음절수로 최대치 10,250개를 논의하여 훈민정음 체계를 교정하였다. 한자음을 중심으로 한 체계이기에 초성·중성 체계가 복잡하다. 전자례에서의 음절 구조에 따른 계산은 최세진의 『훈몽자회』에서 비롯된 방식인데, 초성 16자×중성 11자 = 176자로 계산했던 것이다. 『언문지』의 서술은 지극히 체계적이라 할 수 있는데 조선시대 500년 동안 이렇게 체계적인 서술을 한 경우는 세종 시대의 『훈민정음』과 신경준의 『운해 훈민정음』에 이어 세 번째라 할 수 있다. 풍부한 고증과 치밀한 논증은 타의 추종을 불허할 정도이다.

정서본 이외에 여러 필사본들이 전해지고 있다. 이 『언문지』가 세상에 비교적 일찍 상세히 알려진 것은 1918년 간행된 이능화의 『조선불교통사』에서이다. 서문과 발문은 물론 유씨 교정의 주요 내용이 소개되어 있다. 1934년에 중국 심양에서 계림鷄林 김구경金九經에 의하여 『교간 유씨언문지校刊 柳氏諺文志』란 이름으로 1책 29장의 신연활자판으로 간행된 바 있는데 이희승의 수사본手寫本의 등사판을 저본으로 한 것이었다. 또 1938년에 조선어학회에서도 이희승의 해제를 넣어 간행되었고 유창돈에 의한 『언문지 주해』가 1958년에 간행되기도 하였다.

『언문지』가 비록 훈민정음(즉 언문, 한글)으로 한자음을 표기하기 위한 교정에 목적이 있었던 저술이지만 유희는 이를 통해 훈민정음의 중요성과 우수성을 인식하면서 한문을 숭상하는 폐풍에 대하여 비판적인 시각을 갖게 되었다. 그는 우선 "언문은 비록 몽고 글자에서 비롯하여 우리나라에서 완성한 것이지만 실로 세간에서 가장 정묘한 것"이라고 하면서 첫째 육서六書에 의하여 만들어진 한자의 산란함에 비하여 "언문은 중성으로써 초성을 이어받고 종성으로써 중성을 이어받아 각각 연관이 닿고 세로와 가로가 가지런

하니" 쉽게 깨달을 수 있게 되어 있으며 "아무리 복잡하게 뒤섞여도 각기 그 순서를 좇지 않음이 없으니 이는 그 체제의 정묘함이다"라고 지적하였고 둘째 한자는 시대에 따라 글자가 많아지고 사람으로 하여금 어지럽게 하여 항상 시비 다툼을 일삼게 되지만 언문은 그릇 쓰려 해도 불가능하고 그르게 읽으려 해도 불가능하기에 이것은 "쓰임의 정교함"이라 하였다. 이렇게 훈민정음이 체제의 정묘함과 쓰임의 정교함을 가졌다고 본 유희는 다음과 같이 갈망하면서 끝을 맺고 있다.

사람의 마음은 원만하고 사람의 혀는 민첩하여 그 발음함에 있어 온갖 금수의 소리까지 겸하고도 오히려 그보다 백 배의 소리를 낸다. 그러나 붓과 먹의 재주로도 오히려 그 소리를 능히 완전하게 기록하여 전하지 못하는 것은 마치 화공이 그림을 그리는 것과 같은 것이다. 이제 사람의 소리를 표현함에 있어 한 가지가 빠져도 지묘한 것이라 할 수 없고 한 가지를 더한다 하여도 지묘한 것을 얻었다고 할 수 없는 것이다. 다만 내가 한탄하는 것은 내가 이 글을 쓰지만 이를 보고서도 아는 사람이 적을 것을 두려워할 뿐이다. 누가 이르기를, 언문은 깨치기 쉬워서 천한 것이라고 할 것인가! 슬프다. 내 이 책을 씀에 있어 다만 후세에 양자운楊子雲과 같은 문장가가 나타나기만을 기다려야 할 것인가.

『서자류』는 방편자찬 문통 권10에 두 번째로 묶여 있는데, 13면 정도의 분량이다. 『언문지』 저작 이후에 쓴 한국한자음 관련 글로 『언문지』에 보완의 성격을 지닌다. '신간전운新刊全韻'까지 인용하여 많은 고증을 하려 하였다. 성음聲音 자음字音과 관련된 논의들이 우선 전개되는데 '天'과 '川', '地'와 '至'의 구별이 관서지방에서만 가능함을 지적하기도 하였다. 'ㅌ'과 'ㅊ', 'ㄷ'과 'ㅈ'의 혼란이 초성에서 이루어짐을 지적한 것이다. 물론 자의字義에 관한 논의도 있는데 여기에는 '흔일'과 '흔결간홀일' 등과 같이 한자 하나에 두 가지의 뜻이 있음을 지적하면서 한글표기 자료들을 보이고 있다. 『육서유설六書

類說』은 아직 그 내용을 보지 못했다.

『태교신기장구대전』은 유희의 어머니 사주당 이씨(1739~1821)가 1800년(정도 24년)에 아이를 밴 여자들을 가르치기 위하여 중국 고전을 참고로 하고 자신의 경험을 바탕으로 하여 한문으로 편찬한 『태교신기』를 유희(당시까지는 아직 이름은 儆僖이었음)가 10개의 장구로 나누고 여기에 필요한 석·음·의를 달고서 언해를 붙이고서 유희('儆僖'으로 되어 있음)가 발문을 달아 1801년에 완성한 책으로 수고본인데 여기에 『태교신긔언히』가 첨부되어 있다.

서문은 1821년에 석천 신작에게 부탁하여 받아 놓았다. 성균관대학교 도서관 존경각에 검여문고로 소장되어 있는 이 책에는 위당 정인보의 「태교신기음의자략胎教新記音義序略」이란 원고가 합철되어 있다. 위당이 이 책의 이름을 『태교신기음의』라 바꿔 부른 것이다. 이 성균관대학교 존경각본 이외에 1938년 예천에서 유희의 증손자 유근영 씨가 석판본으로 간행한 『태교신기』가 있는데 역시 신작이 엮은 부록에 사주당 이씨 묘지명과 유희(儆僖)·장녀·소녀·권상규權相圭·이충호李忠鎬·권두식權斗植·유근영柳近永 등등의 발문들이 붙어 있는데, 따님들의 발문은 언해문 형식으로 쓰여 있다. 발문 다음에 『태교신기언해』가 첨부되어 있는데 표기는 존경각본과는 달리 당시의 맞춤법으로 바뀌었다.

1801년에 완성된 『태교신긔언히』는 당시의 언어를 연구하는 데에 도움이 될 수 있는 중요한 자료가 될 것이고 한문본의 석·음·의는 당시의 한자의 자음과 자의·자석을 연구하는 데에 또한 자료가 될 것이다. 10장으로 구성된 『태교신기』의 내용은 다음과 같다. ① 제1장 지언교자只言教字: 기질의 병은 부모로부터 연유함을 태교의 이치로써 밝힘(기운과 피가 맺혀 지각이 맑지 못함은 아비의 허물이요, 형상 생김이 더러워 재주가 넉넉하지 못함은 어미의 허물이다). ② 제2장 지언태자只言胎字: 비언臂言을 인용하여 태교의 효험을 보임(목木, 금金과 남南·북北에 비유하여 성품, 기질을 설명함). ③ 제3장 비론태교備論胎教: 태교의 필요함을 논함(옛사람은 태교를 잘하여 그 자식이 어질었고 오늘날 사람들은 태교가 부족하여 그 자식들이 불효하다는 점과 태교의 중요성을 언급함). ④ 제4장 태교지법胎教之法: 태교의 대단大段과 목견目見, 시청視聽, 이문耳聞, 존심存心, 언어言語, 거양居養, 사위事爲, 좌동座動, 행립行立, 침와寢臥, 음식飲食, 당산當産 등 태교의 구체적인 방법을 설명함. ⑤ 제5장 잡론태교雜論胎教: 태교의 중요성을 다시 한번 강조하고 태교를 반드시 행하도록 권함. ⑥ 제6장 극언불행태교지해極言不行胎教之害: 태교를 행하지 않으면 해가 있다는 것을 언급함. ⑦ 제7장 계인지이미신구기위유익어태戒人之以媚神拘忌爲有益於胎: 미신 사술邪術에 현혹될까 경계하고 사심을 가질까 경계도 하며 태에 유익함을 주려고 설명함. ⑧ 제8장 잡인이증태교지리신명제이장지의雜引以證胎教之理神明第二章之意: 잡다하게 인용하여 태교의 이치를 증명하고 제2장의 뜻을 거듭 밝힘. ⑨ 제9장 인고인이행지사引古人已行之事: 옛사람들이 이미 행한 일을 인용함. ⑩ 제10장 추언태교지본推言胎教之本: 자손을 위하여 태교에 대한 성인군자의 도리를 강조함(태교는 장부에게도 책임이 있으니 부인에게 가르쳐 주도록 함).

『태교신기』에 대하여 석천 신작은 다음과 같이 언급하였다.

원용하는 근거가 적확하여, 예전의 태교는 오늘날 행해지지 않음을 한스럽게 여겨 경전을 근본으로 하되, 岐伯 黃帝의 의학서를 참조하고 한편으로 기이하고 빼어난 것을 더듬어 책 세 편을 지으니 『태교신기』이다. 거룩하고 어진 寶坊을 세움이요, 앞날의 귀족 자제를 계도할 것이니 세상을 어질게 하고 남이 아직 알지 못하는 도리를 깨달아 이를 실행하여 성공하게 하려는 마음이 글 위에 떠돈다.

유희의 이러한 성격의 학문에 영향을 준 스승은 그의 부모 이외에 잘 알려진 바와 같이 현동 정동유였다. 현동은 동래 정씨로 양명학을 일으킨 하곡霞谷 정제두鄭齊斗와 같이 강화 출신이고 바로 하곡의 양명학을 연구한 이광려李匡呂의 문인인데 이의 계통에 속했던 초원椒園 이충익과는 신교神交로 유명하였다. 이로부터 보면 하곡을 중심으로 이어진 이른바 강화학파의 영향을 유희는 현동을 통해 받았을 가능성이 크다. 현동은 저 유명한 『주영편』의 저자로 언어, 문자, 역사, 문화, 지리 등에 독특한 견해를 밝힌 바 있다. 그의 언어문자에 관한 설명은 유희의 『언문지』와 공통된 점이 많은데 서로 많은 토론을 걸친 결과이다. 또한 뒤늦게 가까이 지내면서 많은 토론을 거쳤던 강화인 석천 신작도 경서를 주해하면서 강화학파와 깊은 인연을 맺었던 사람으로 같은 길을 걷고 있던 유희가 아마도 토론과정에서 그의 영향을 받았을 것으로 짐작된다. 이들 이외에 유희가 어릴 때 문하에 있었던 스승으로 임천林泉의 가곡稼谷 윤상서尹尙書가 있었다는데 그로부터 구체적으로 어떤 영향을 받았는지는 아직 모르겠다.

유희의 학문은 고증적인 방법으로 경서를 연구한 경학자로서 여러 다양한 분야에 걸쳐 저술활동을 하였는데, 특히 박물학자요 국어학자(특히 음운학자)라고도 할 수 있다. 그러나 그를 이렇게 현대적인 관점 분야를 나누어 생각할 일이 아니고 전반적으로 경학 속에서 박물학과 소학으로서의 언어문자학을 함께 연구한 학자로 보아야 할 듯하다. 유희는 분명 18~9세기를 대표하는 유학자 중의 한 사람임은 분명하다.

※이 글을 쓰기 위해 유희의 새로운 자료를 찾던 중에 필자를 만나 유희와 관련된 여러 정보를 일러주고 경북 예천 방문시에도 후히 접대해 주시면서 유희의 여러 저술들을 보여 주고 대여까지 해 주신 경북 예천의 정양수 선생께 진심으로 감사한다. 스스로 써 발표한 「실학자 유희 선생 소개」(1972)까지 어렵게 찾아 전송해 준 일도 또한 감사한다. 더욱이 지방에서 고서들을 수집하고 새로 정서까지 하여 보존하려는 그 노력에 머리 숙인다. 또한 이 글을 씀에 도움이 컸던 『강화학파의 문학과 사상』이란 저서를 보내 주신 정양완 선생과 심경호 선생께도 깊은 감사를 드린다.

출처: 『유희: 이달의 문화인물』, 문화관광부 한국문화예술진흥원, 2000.

붙임: 2000년 10월을 문화관광부에서 문화인물로 '유희'를 선정하고 유희와 같은 고향이라는 이유로 필자에게 유희를 소개하도록 원고를 청탁했다. 이에 따라 유희의 생애, 인물 저서 및 국어연구와의 관계 등을 서술해 「2000년 10월의 문화인물 유희」 소책자를 문화관광부에서 간행했다. 유희 연구의 서설적 집필로 이 원고가 바로 이 책자였다. 유희의 많은 저서 자료를 발굴함에는 경북 예천 정양수 교장 선생의 도움이 컸다. 이 자료의 대부분이 현재는 한국학중앙연구원에 기증되었다.

제2부 국어연구가
근대로 접어들다

19세기 후반에 차츰 개항기를 거치고 대한제국으로 접어들면서 새로운 국제 관계가 전개되는 물결 속에서 '국가'의 정체성을 새로이 인식하며 동일체적인 정체성을 내세우며 '민족'의 개념과 함께 '국어·국문'이란 표현이 새롭게 쓰이기 시작하였다. 이렇게 형성되기 시작한 '국어·국문'과 민족·국가의 운명을 언어(말)와 연결시키려는 '국어國語·국문관國文觀'이 등장하고 이에 따른 국어연구가 근대로 접어들게 되었고 바로 이어서 일본제국주의 아래로 들게 되었다. 어떤 경향으로 나아갔을까.

- 근대국어학의 형성에 관련된 국어관 — 대한제국 시기를 중심으로
- 유길준의 어문사용과 『서유견문』
- 이능화의 국문연구와 「언문자법원출범천」
- 개화기의 어문정책과 표기법 문제
- 서양인 편찬의 개화기 한국어 대역사전과 근대화 — 한국 근대 사회와 문화의 형성과정에
    관련하여
- 애국계몽주의 시대의 국어관 — 주시경의 경우
- 주시경周時經
- 주시경의 언어이론과 '늣씨'
- 『말의 소리』에서 『조선말본』으로
- 옥파 이종일의 언론활동과 한글사랑
- 말[언어言語]은 나라의 본성 — 주시경, 최현배, 이희승을 중심으로
- 1910~20년대 일본인에 의한 한국어 연구의 과제와 방향 — 오구라 신페이小倉進平의 방언
    연구를 중심으로
- 석인 정태진과 방언 연구
- 람스테트
- Ju Si-Gyeong

근대국어학의 형성에 관련된 국어관
- 대한제국 시기를 중심으로 -

1. 머리말

대한제국(1897~1910)이 탄생했던 90년대부터는 조선 시대와는 차별 있는
국어관이 등장하였다. 요컨대 조선 시대의 국어관은 정음正音 · 정성正聲 사
상에 입각한 것이었다면 대한제국 시기의 그것은 애국계몽사상에 입각한
것이었다. 전자의 경우 주로 자음字音이나 자의字義(조선 중기 이후) 중심의
규범이나 올바른 사용에 관심이 집중되었고 후자의 경우에는 '국어=국문'
이라는 언문일치에 바탕을 두고서 국권 회복을 위한 국어 교육에 관심이 집
중되었다. 근대국어학의 형성 과정에 첫발을 내디뎠던 이 시기에는 유별나
게 '국문, 국어'라는 말과 이에 관한 논설들이 늘어났고 이른바 특히 개화사
상에 접한 애국적 민족주의자들 중 '국문'이나 '국어'를 국권 회복과 관련시
키지 않았던 인사는 없었다고 할 정도였다. 나아가서 쓰러져 가는 '나라國'
를 지키려고 '국어, 국문'과 '국사'를 통해 '국혼'을 불러 '애국'하려 무진 애를
썼던 것이다. 온통 '국國'의 물결이었다.

현재 '국어'란 말은 『표준국어대사전』(1999)에서 풀이되고 있듯이 두 가지
의 뜻으로 흔히 쓰이고 있다.

① 한 나라의 국민이 쓰는 말 = 나라말 · 방어邦語 // 이 책은 이십여 개 국어
　로 번역되었다.

② 우리나라의 언어.

즉 ①은 '국가 · 국민의 언어'를 개별 언어로 대외적으로 부를 때에 쓰이는 개
념이고 ②는 그 중에서도 한국인이 자기네 말인 '한국어'를 대내적으로 일컬
을 때에 쓰이는 개념이다.[1]

　그렇다면 대한제국기에는 '국어'란 과연 어떤 것이었을까. '국어'라는 단어
는 어떤 개념으로 쓰였고 '국어'의 기능은 어떤 것이라고 보았으며 '국어'와
'국문' 나아가서 '국가(내지는 민족)'와 관련된 이념적 국어관은 어떤 것이라
고 믿었을까. 이러한 문제를 서술하면서 당시의 '국어관'이 무엇이며 그것은
역사적으로 어떻게 평가되어야 하는지 음미해 보려는 것이 바로 이 글의 목
적인 셈이다. 이것은 근대국어학의 형성 과정을 이해함에 가장 기초가 되는
것의 하나일 것이다.

2. '국어'의 의의

2.1 조선 시대의 '국어'

'국어'란 말은 '나라國'와 관련될 수밖에 없다. 이 세상에 '나라'는 종교적인

---

1 '국가의 언어' 즉 '국(가)어'란 용어는 1789년 프랑스 혁명 때에 langue national로 쓰이기 시
작했는데, 수도권 Île de France 중심으로 프랑스의 범국가적인 공동체의 언어로 삼고자 하
였다. 이때 구화어口話語라기보다 문장어(langue littéraire)가 '국어'의 바탕이 되었는데, 상
당히 정치적인 의미가 강했던 것이다. 즉 중앙집권을 지향하는 왕권의 권력의지와 국민
통합을 위한 근대국가의 형성 과정에서 제정된 것이 '국가어'로서의 '국어'였던 것이다. 이
러한 점에서 보면 중국에서 중화를 제외한 제후국이나 그에 상응하는 (통치자가 있는) 중
앙 지역의 언어를 '국어'라 했던 것과는 거리가 있게 된다.

의미가 아니라 정치적인 의미에서라면 하나밖에 없는 것이 아니다. 그러면 하나의 '나라'는 딴 '나라'와 대조적인 · 대외적인 관계에 있게 마련이다. 저 유명한 『훈민정음』의 「어제서」 첫머리에 나오는 구절은 이를 잘 보여 주고 있다.

國之語音異乎中國 與文字不相流通
(나랏말ᄊᆞ미中듕國귁에달아文문字ᄍᆞ와로서르ᄉ뭇디아니홀ᄊᆡ)

이것은 '어음語音' 중심으로 차이점을 강조하면서 그 어음을 나타내는 '문자'까지 확대시키고 있는데, 대조적인 인식 위에서 의사소통이 이루어지지 않음을 말하고 있다고 보아 무리가 없을 것이다. 여기서 '중국어'라 하지 않고 '중국'이라 함에도 주의할 필요가 있다. 이러한 세종의 진술에 이어서 훈민정음의 해설 중 「합자해」에서는

① 且國語雖不分輕重皆得成音
② ·ㅡㅣ 起ㅣ聲 於國語無用兒童之言邊野之語或有之當合二字而用如기
  긴之類

라고 '국어'라는 단어를 두 번 사용하였다. ①은 반설음半舌音에 경중의 두 음 [cf. 설타음舌打音과 설측음舌側音]이 중국 운서의 자모에서는 오직 하나로 하였고 또 '국어'에서도 비록 경중을 나누지 않고서도 모두 '음'을 이룰 수 있다는 것이다. 따라서 여기서는 '국어'가 앞의 '국지어음國之語音'과 마찬가지로 대조적으로 쓰였던 셈이다. ②는 '기긴'와 같은 중모음이 '국어'에는 없으나 아동의 말이나 변방의 시골말에서는 있을 수 있음을 말하고 있는데, 따라서 위의 '어국어무용於國語無用'이란 표현대로라면 '아동지언兒童之言'이나 '변야지어邊野之語'는 '국어'에 들지 못하는 것이다. 그렇다면 '국어'는 '아동지언'이나 '변야지어'를 빼놓은 우리나라 말이 되는 셈인데, 그것도 위의 자료에 한

정한다면 우리나라 고유어에 한정되어 있는 듯하다. ①과 ②를 아우르면 결국『훈민정음』에서의 국어는 외국어로서의 중국어[韓語]와는 차이가 있는 대조적인 의미로 쓰였으면서 다시금 아동어나 방언은 포함하지 않은 '정음正音' 즉 중앙어 중심의 규범어나 표준어(?)에 가까운 그것도 고유어에 한해서 쓰였음을 알 수 있다.[2] 이것은 「합자해」의 '결訣'에서 비록 성조에 이은 표현이기는 하나 "方言俚語萬不同"과 같이 인식되었던 것이다.[3]

『동국정운』의 「서」나『보한재집』의 행장(과 연보)에 보이는 '국어'도『훈민정음』의 그것과 크게는 다를 바 없는 듯하다.『동국정운』의 「서」에서 '아음牙音'에 속하는 '계모溪母'에 드는 글자와 소리를 '아국我國'의 어음과 '중국'의 그것을 비교하는 가운데

國語多用溪母而字音則獨夬之一音而已

즉 '국어'에서는 '계모'가 많이 쓰이나 '자음(字音, cf. 한자음)'에서는 오직 '夬쾌' 한 음이 있을 뿐이라고 함으로써 크게는 중국을 의식하면서 '국어'를 '한자음' 과 구별하였으며 "多用溪母"라 한 사실로 보아 우리나라 고유어를 지칭한 듯이 대조적으로 썼다.

강희맹이 엮은 보한재 신숙주 행장에

上而本國音韻與華語雖殊其牙舌脣齒喉淸濁高下未嘗不與中國同列國皆有國音之文以記國語獨我國無之御製諺文字母二十八字

---

2 『조선말대사전』(1992, 평양)에서는『훈민정음』에서의 '국어'를 "전국가적인 규범성을 띤 민족공통어로서 아이들의 말이나 지방사투리와 구별되는 말"을 이르는 것으로 풀이하였다. 조선 시대의 중앙어 중심의 표준적 규범적 개념으로서 '국어'를 썼다면 그것은 세종이 받아들인 '정음正音' 사상과 통하는 것일 듯하다. '정음'의 개념과 용법에 대해서는 강신항(2003, '정음正音'에 대하여)를 참조할 것.

3 박지홍(1988,『국역 훈민정음』)에서는 '국어'를 '우리 서울말'로, 또 '방언이어方言俚語'를 '나라말(서울말과 시골말)'이라 의역하였다.

즉 '본국음운'이 '화어'와 비록 다르지만 그 오음 청탁 성조를 중국과 같이 갖추고 '열국'이 모두 '국음'의 글자를 가지고서 '국어'를 적고 있으나 오직 '아국'만은 이것이 없어 세종께서 언문자모 28자를 지었다고 하고 있다. '국어'라는 표현은 현재의 우리에겐 놀랍다. 여기서 '국어'는 열국('여러 나라')의 '국음'('제 나라의 말소리')을 적는 글자의 대상이 되는 그 나라의 말인 것이다. 한국어로서의 '아국지어我國之語' 또는 '본국지어本國之語' 즉 자국어는 아닌 것이다. 말하자면 '나라國+말語'이라는 '나라'를 전제로 하여 '말'을 쓰고 있다.⁴ 그러면서 한편으로는 이 '말'이 그 말을 적는 '글'과 흔히 관련되어 있었던 것이다. 여기서 '국國'의 개념이 문제가 된다. 즉 현대적인 '국가'를 의미하는지 중국에서 쓰이는 '국' 말하자면 중화를 제외한 제후국 또는 이에 상응하는 나라나 그 중앙 지역 정도를 의미하는지는 분명하지 않다. 고려시대에 쓰였던 '국어'도 같은 문제를 안고 있는데, 백두현(2003)에 따르면 『고려사』 열전에 등장하는 '국어'를 각각 '국어=몽고어'와 '국어=고려말'로 쓰였다고 보는 것은 무리가 없을 것이다.

15세기의 이상과 같은 단편적인 자료를 통해서 본, 『훈민정음』을 해설했던 집현전 학사들 또는 세종의 사람들이 지녔던 '국어'의 개념은 문자 그대로 '나라말'같이 '국가'를 전제로 한 언어로서 딴 '국'과는 상대적인 개념이었으며 그 '국어'는 규범적 표준적인 공용어로서 그 언어의 문자와 연결되었던 그런 것이었다. 그것도 고유어에 한정되어 흔히 쓰였다. 자료의 한계로 이러한 '국어'의 개념을 조선 시대로 넓혀 일반화할 수 있는지는 현재로서 알 수는 없다. 그러나 드물게 쓰였던 이 '국어'라는 표현은 그 이후에 더욱더 보기가 힘들었던 듯하다.⁵ 특히 대한제국기에는 '국문'이 크게 쓰이면서 '국어'가 다

---

4 중국에서는 춘추열국의 사적을 나라별로 기술한 역사서 『국어國語』 이외에 제후국 또는 그 민족의 고유어를 가리키는 '국어'는 적어도 당나라 때부터 이미 써 왔다. '국國'은 '중국'과 같이 대단위로부터 제후가 머무는 '중앙'까지 뜻하는 좁은 개념으로 폭넓게 쓰였다. 그러나 '중국어'라는 표현은 쓰이지 않다가 최근에야 더러 쓰고 있다.
5 조선 시대에는 '언(어)[言(語)]'보다는 흔히 '(언)문(諺)文'에 관심이 컸었다. 이러한 '문文'에 대한 관심은 19세기 후기에는 '국문'에 대한 관심으로 바뀌었다.

시 돋보이게 되었다.[6] 그러면 20세기를 전후해서 또다시 등장한 이 '국어'는 어떠한 개념이었을까.

2.2 대한제국 시기의 '국어'

2.2.1. '국문國文'의 등장

1890년대에 '아국문언我國文言', '자국문언自國文言' 등과 같은 표현과 함께 '국문'이란 말이 좀 더 일반화되기 시작하였다. '국문'이 있다면 '국어'가 전제가 되어야 함에도 '국어'란 표현은 좀처럼 보이지를 않았다. '국어'보다는 '국문'이 보다 빨리 일반화된 것은 조선 시대의 관심이 '언言(어語)'보다는 '(언諺)문文'에 더 있었던 전통과 관련이 있으면서 새로운 시대의 요구에 부응하려 했던 사실과 관련이 있었을지도 모른다. 1876년 이후로 개항과 더불어 외국인들이 한국어와 '국문'에 깊은 관심을 보였고 개화사상가들은 남녀노소, 빈부귀천 없이 사용할 수 있는 알기 쉬운 국문의 사용과 보급에 관심을 가졌던 것이다.

> 우리 신문이 한문은 아니쓰고 다만 **국문**으로만 쓰는거슨 상하귀천이 다보
> 게 홈이라 또 **국문**을 이러케 귀졀을 쎄여 쓴즉 아모라도 이 신문 보기가 쉽고
> 신문속에 잇는 말을 자세이 알어 보게 홈이라 각국에셔는 사름들이 남녀 무
> 론ᄒ고 본국 **국문**을 몬저 비화 능통흔 후에야 외국 글을 비오는 법인디 죠션

---

6 1870 · 80년대에 '국어'라는 단어가 일반화되었다면 당시에 간행된 사전에 이 '국어'라는 단어가 표제어로 선정될 듯한데, 19세기의 대역사전들에서조차 이 단어가 표제어로 등재된 경우를 볼 수가 없다. 그렇다고 '국어'라는 말이 없었던 것은 아니었다. 한성의숙이 설립되었을 때에 '국어과'와 '일어과'를 정하여 가르쳤다는 사실에서 알 수가 있다(1898). 『독립신문』의 경우에는 '국어'라는 단어는 찾을 수 없으며 『대한매일신문』에는 "국문과 국어(나라방언)"와 국가어로서의 '국어'의 개념에 평행시킨 '국어학'이란 용어 정도가 쓰였다(1907). 이 사실은 우리가 흔히 짐작할 수 있었던 것이기는 하나 막상 이를 확인하는 현재의 우리는 놀라지 않을 수 없다. 조선총독부의 『조선어사전』(1920)에 와서야 "國語=一個國の語"로 풀이되었다.

셔는 죠션**국문**은 아니 빈오드리도 한문만 공부 ㅎ 는 까돍에 **국문**을 잘 아는
사룸이 드물미라

『독립신문』, 논셜, 제1권 제1호

쏘싱각건대즁국글ㅅㅈ로는모든사룸이뱔니알며널니볼수가업고**죠션언**
문은본국글ㅅ쌘더러션비와빜셩과남녀가널니보고알기쉬오니슬프다**죠션**
언문이즁국글ㅅㅈ에비ㅎ야크게요긴ㅎ 것마는사룸들이긴흔줄노아지아니
ㅎ고도로혀업수히녁이니엇지앗갑지아니리오

헐버트, 『ㅅ민필지』(1889), 서문

태셔, 각국 사룸과 일 쳥 사룸들이 죠션에 오면 위션 션싱을 구ㅎ여 **국문**을
빈호기로 반졀 리치를 무ㄹ면 디답지 못흔즉 각국 사룸들이 말ㅎ디 너희 나
라 말이 쟝단이 잇시니 **언문**에도 그 구별이 잇서야 올흘거신디 글과 말이 ㄳ
지 못ㅎ니 가히 우습도다 ㅎ고 멸시ㅎ니 그러흔 슈치가 어디 잇시리오 ……
또 ㅈ쥬 독립의 리치로 말ㅎ야도 늠의 나라 글믄 위쥬 흘거시 아니오 …… 문
명의 데일 요긴흔거슨 **국문**이디 ……

리봉운, 『국문졍리』(1897), 셔문

이렇게 '국문'의 사용을 강조한 것은 고종의 언어정책과 무관하지는 않았
을 것이다. 1894년 11월 21일에 발표한 칙령 제1호는

法律勅令 總以國文爲本漢文附譯或混用國漢文

과 같이 법률 칙령은 모두 국문으로 바탕을 삼고 한역을 붙이거나 국한문을
혼용하도록 했던 것인데 이미 그해 7월에 외국 국명 지명 인명을 국문으로
번역할 것(의정존안 제1)과 국문 철자 국문 번역 교과서 편집을 학무아문 편
집국이 담당하게 했던 것이다. 한문이나 이두문을 주로 사용해 왔던 조선 시

대가 중국에 매여 있던 것과는 달리 갑오개혁 이후에는 1894년 12월 12일에 고종이 종묘에 서고誓告한 「대군주 전알종묘서고문大君主 展謁宗廟誓告文」에서

첫지는청국에붓치는싱각을쓴어바리고확실히즈쥬독립하는긔업을세우는일
- 割斷附依淸國慮念確建自主獨立基礎
- 淸國에附依하는慮念을割斷하고自主獨立하는基礎를確建하미라

라고 했던 것과 같이 고종이 지향했던 자주독립의 정책과도 관련이 있었을 것이다. 그리고 이 서고문을 올린 이튿날인 12월 13일에는 고종이 다음과 같은 윤음까지 내렸던 것이다.

슬프다. 너의빅셩이. 실로오쟉. 나라의근본이니. 즈쥬홈도. 오쟉. 빅셩이여. 독립홈도. 오쟉. 빅셩이라. 인군이. 비록. 즈쥬코져하나. 빅셩이. 아니면. 어듸의 지하며. 나라가. 비록. 독립코져하나. 빅셩이. 아니면. 누로. 더브러하리오

이러한 자주독립의 외침과 국문 사용의 강조 속에서 '국문'이란 "각국에셔는 사름들이 남녀 무론하고 본국 국문을 몬져 비화"(위의 『독립신문』 논설)라든가 "죠션셔는 죠션국문은 아니 비오드릿도"(위와 같음)에서처럼 '국문=훈민정음=언문(=한글)'의 뜻으로 쓰인 것이 아니라 '국#문'과 같은 "(어떤 한) 나라의 글"이라는 형태론적 정의로 풀이될 수 있는 뜻으로 쓰인 것이다. 마치 "국어=일국의 언어"에 평행되는 개념인 것이다. 그래서 '본국국문本國國文, 아국국문我國國文'이라든가 '본국글쪼, 본국글, 우리나라글' 등등의 표현들도 흔히 볼 수 있었던 것이 아닌가 한다. 물론 문맥상 '국문'이라고만 할 경우에는 전통적인 '언문(훈민정음)'이라는 개념과 결국은 같을 수밖에 없다.

2.2.2. '국어國語'의 개념

이렇듯 '국문'이란 표현이 자주 사용되었던 데에 비해서 '국어'는 상대적으로 덜 쓰였다. '국어'가 '조선어, 죠션말' 등 이외에 제법 많이 쓰였던 시기는 갑오개혁 10년 이후 정도의, 대체로 대한제국 시기 이후의 일이다. 예컨대 이능화(1869~1945)의 「국문일정의견國文一定意見」(1906)에는 "我國語, 我國文國語, 我國之語, 一國之言語" 등이라든가 "輯述國語規範一冊港入國語一科於小學校事"와 같이 '국어'가 쓰였는데 바로 '일국지언어一國之言語'를 뜻하는 것이었던 듯하다. 물론 '국어'를 가르치는 한 과목으로서의 '국어'도 포함하고 있다. 갑오개혁 이후로 조선 시대와는 달리 문법서들이 출현하였는데 주시경 (1876~1914)의 『대한국어문법』(1906), 『국어문전음학』(1908), 『국어문법』(1910) 등과, 유길준(1856~1914)의 『조선문전』(?), 『대한문전』(1909), 최광옥(1879~1911)의 『대한문전』(1908), 김희상의 『초등국어어전』(1909) 등과, 그리고는 맞춤법 관련의 한승곤의 『국어철자첩경』(1908) 등이 잘 알려져 있다. 1910년 경술국치 이후 특히 그해 10월 1일 조선총독부 설치 이후로는 '국어'가 일본어를 지칭하도록 되어 책 이름에 우리말을 '국어'로 쓸 수 없었고 '조선어'로 대체하여 쓰다가 36년 뒤의 광복 이후에야 다시금 '국어'를 찾아 쓸 수 있게 되었다. 그런데 위에서 든 대한제국기의 문법서들을 보면 김희상 이외에 '국어'를 즐겨 쓴 경우는 주시경이었다. 그만큼 주시경은 '국어'에 대한 집념이 강하지 않았나 하는 생각이 든다. 우선 이 시기에 국어란 과연 무엇이었을까.

최광옥의 『대한문전』(1908)은 이미 알려진 바와 같이 유길준의 『조선문전』 제4차 원고본과 유사하다. 그러기에 '차인借印'을 했다든가(cf. 자산 안확) '표절'했다든가(cf. 김민수) 하는 평가가 있었기도 했다. 그런데도 유길준의 문법서들 어디에도 없는 '국어'의 개념이 최광옥의 문법서에 분명히 제시되어 있다. '국어'라는 제목 아래 서술한 다음과 같은 설명이 바로 그것이다.

世界各國에各異혼言語가有ᄒ니此를其國國語라稱ᄒᄂ지라假令英國의言語ᄂ英國國語이오獨國의言語ᄂ獨國國語이니如是我國의言語ᄂ我國國語라

國語가國民으로關係됨이甚大ᄒᆞ니若國語가一定치못ᄒᆞ면國民의團合心이缺
乏ᄒᆞ고國語가自由치못ᄒᆞ면國民의自由性을損式ᄒᆞᄂᆞ니支那와露國等國으로
鑑戒를作홀지어다

즉 국가를 단위로 하여 각각의 국가가 지닌 그 나름대로의 차이 있는 언어를
그 국가의 '국어'라 정의함으로써 우리나라 언어가 곧 우리나라의 '국어'라
한 것이다. 즉 '국#어'의 형태론적 정의에 평행되는 개념이다. 말하자면 각국
의 언어가 각이各異하다면 결국 국어란 각국 또는 개별 언어로서의 일국의
언어가 되는 셈이다. 이때에는 전통적인 '국(제후국 등)' 내지 그 중앙 지역의
언어라는 의미와는 차이가 있는 것이다. 따라서 언어는 근대적인 개념의 국
가 내지 국민('인민')과 관계됨이 크다고 볼 수밖에 없게 된다. 이러한 생각은
후술할 바와 같이 당시에 상당히 일반화되어 있었던 것으로 보인다. 말하자
면 국어학자라고는 할 수 없는 최광옥이 자신만의 정의를 내릴 수는 없었을
것이기에 말이다.

이와 유사한 '국어'의 정의가 있다. 송헌석宋憲奭 집술輯述의 『초등자해 일
어문전初等自解 日語文典』(1909)에서는 '국어'를

言語ᄂᆞ人의思想을表ᄒᆞᄂᆞ聲音이라世界列邦에言相不同ᄒᆞ야各以該國語로
國語라稱ᄒᆞ니例ᄒᆞ건ᄃᆡ大韓의言語ᄂᆞ大韓國語요英國의言語ᄂᆞ英國國語요支
那의言語ᄂᆞ支那國語라云홈과如ᄒᆞ니라

와 같이 정의하여 최광옥과 다를 바 없어 보인다. 그런데 송헌석은 당시에
드물게도 현대언어학에서의 개념과 유사하게 '방언'을

一國中에도或一地方에만用ᄒᆞᄂᆞ言語가有ᄒᆞ니此를土地方言이라云홈이라
例ᄒᆞ건ᄃᆡ我國全羅道에셔用ᄒᆞᄂᆞ言語ᄂᆞ全羅道方言이요慶尙道에셔用ᄒᆞᄂᆞ言
語ᄂᆞ慶尙道方言이라云홈과如ᄒᆞ니라

라 하였고, 또 '고어'에 대해서

古語라홈은古時代에는用ᄒ고今時代에는不用ᄒ는語를云홈이라言語는始
終이不一ᄒ야時를隨ᄒ야變化ᄒ니例ᄒ건ᄃᆡ我國新羅時方言이今日吾人의用
ᄒ는言과不同ᄒ고日本萬葉集과源氏物語等에用ᄒᆫ語가現今日本人口語와大
異홈과如ᄒ니라

라 하면서 이들 방언과 고어를 '국가어'로서의 '국어'와는 구별하면서도 다시
'국어'에 포함됨을 제시하였다. 따라서 송헌석의 '국어'에 대한 개념은 비록
애매한 점은 있으나 후술할 바와 같은 애국계몽적인 언어교육의 도구로서
의 규범적인 '국어'의 개념과는 구별되는 것이었다.

유길준은 현재까지 가장 이른 시기에 문법서를 저술한 사람으로 알려져
있는바, 바로 『조선문전』의 원고본들로 알려진 것들을 두고 한 말이다. 집필
연도가 없어 정확한 연도는 알 수 없다. 1896년으로 추정되기도 했지만 적어도
『조선문전』(1905)의 이전임에는 틀림없을 것이다(역대한국문법대계 ⓵ 01).
원고본『조선문전』은『대한문전』과는 달리 다음과 같은 서문이 실려 있다.

吾人이旣此一種言語를自有ᄒ고又此一種文字를自有ᄒᆫ則亦其應用ᄒ는一
種文典이不有ᄒ면不可ᄒ도다夫言語가旣有ᄒᆫ以上은自然其文典이亦有ᄒ거
늘吾人이先民以來로漢土의文字를借用ᄒ야本國의言語와混合ᄒᄃᆡ國語가漢
文의影響을受ᄒ야言語의獨立을幾失ᄒ나語法의變化는不起ᄒᆫ故로文典은別
立ᄒᆫ門戶를保守ᄒ야外來文字의侵蝕을不被ᄒᆫ則若吾文典을著ᄒ야뻐朝鮮의
固有言語를表出홀진ᄃᆡ國文漢文의區別이自劃홀ᄲᅳᆫ더러漢文이國文의範圍內
에入ᄒ야我의利用될ᄯ람이니

여기서 보면 일종의 언어로서 자유自有한 본국의 언어가 곧 국어가 된다.
그리고 기본적으로는 일종언어(국어)=일종문자(국문)=일종문전과 같이 평

행되는 것으로 비록 한문이 들어와 언어의 독립을 얼마간 잃었지만 어법의
변화는 없어 고유언어를 표출할 수 있다고 본 셈이다. 그리하여 이능화(1906)
의 '일국지언어'나 최광옥(1908)의 '(아국)국어'의 개념과는 크게는 다를 바가
없을 듯하다. 이는 "言語文字는 邦國種族을 隨ᄒ야各異ᄒ則"과 같이 언문의
각이성을 표현할 수 있었던 것이며 "吾人의文字는卽吾國文의簡易精妙ᄒ狀
體니(俗所謂諺文이是라)"고 하여 결국 기본적으로는 고유어, 고유문자 중심
의 언문일치의 생각을 깔고 있었다고 할 것이다.

한편 국가기관으로서 학부에 설립된 국문연구소에서는 '국어'를 어찌 사
용했는가. 최종보고서인 '국문연구소보고서'에 '국어'가 쓰인 바 없고 그 구
체적인 내용인 '국문연구의정안'에서는 많이 보이는바, 거기서 다음과 같은
몇몇 용례들을 우선 추려 보자.

① …… 箕子가 支那人으로 本邦에 來王ᄒ시니 漢文이 隨入ᄒ야 政令事爲
에 自然히 需用ᄒ지라 此 로 因ᄒ야 言文이 二致ᄒ고 又 漢文이 國語에
混用된 者가多ᄒ며(一淵源)

② 中聲中 · 字의 發音은 …… 其音이 一字와 近似호ᄃ 國語音으로는 成音
키 難ᄒ거늘(一發音)

③ 國語音에는 如此ᄒ 細別이 無ᄒ고(一發音)

④ 字體及發音의 沿革은 或 國語音에 無ᄒ을 因ᄒ며(一發音)

⑤ 但 ㆅ字는 國語音에 ㅎ字로만 用ᄒ야도 不可ᄒ이 無ᄒ니(三)

⑥ 訓民正音例義와 國語音에 違反ᄒ얏으니(五)

⑦ 平上去入의 四聲은 國語音에 必要가 無ᄒ니 不用ᄒ이 可ᄒ고(七)

여기서 ①의 경우는 이미 여러 군데서 언급한 바 있는 것으로 한문과 '국어'
를 대조한 결과로 인식된 것인데 '언문이치言文二致'란 표현대로 '(한)문'과
'(국)어'가 혼동된 것이다. '언문일치'라는 의식이 지나친 것이기는 하나 대조
적 관점에서 '국어'를 인식하고 있다고 볼 수는 있다. ②~⑦까지는 모두 '국어

음'으로 표현되었는데 여기서의 '국어음'은 대체로 국문연구소 당시의 것일 듯하다. '국어'는 ⑦에서 대조적으로 쓰인 바와 같이 '아국지어'로 어느 정도 인식된 것이라 보아도 좋을 듯하다. 그러나 어윤적(1868~1935)의 「국문연구」에서는 '일본국어음' 등의 표현도 쓰고 있다. 이러한 그의 인식은

假借漢字音以寫國語如萬葉集所載歌謠則或用字音或用字義是謂萬葉假名……

에서와 같이 한자에 대비한 일본어를 '국어'라 부르고 있으며 신라가요나 설총의 이두에 대해서도 마찬가지로 '국어'를 언급하고 있다. 적어도 어윤적은 '일국의 언어'를 '국어'라 부르고 있지 '국어'가 곧 한국어를 뜻하는 것은 아니었다. 이능화의 경우에도 마찬가지였다. 역시 '일문'을 언급하는 중에

應神天皇十六年頃에國中上下一般이漢字를傳習採用ᄒ야國字를遂成ᄒ야自是로國語를記寫ᄒᄂ要具가되니라

……

又其草體로自ᄒ야一層簡單한'平假名'이出來ᄒ얏으며又其楷體一部로自ᄒ야'片假名'을製作ᄒ야共히國語를記寫ᄒᄂ要具가된지라

라 하여 여기서 말하는 '국어'는 곧 '일본국어'인 것은 물론이다. 말하자면 이능화에게는 '국어'가 '어느 한 나라의 말' 즉 '일국의 언어[一國之語]' 정도의 의미로 인식되면서도

全國內各學校에셔國語敎授를利用ᄒ야此를改正흠

에서와 같이 우리의 경우를 언급할 때에는 '국어=한국어'로도 인식했던 것으로 볼 수 있다.

그러나 국문연구소 위원으로 가장 열정적으로 참석하였던 주시경은 그의 보고서에서 보면 이런 혼동은 보이지 않는다.

世宗朝게서國音을依ㅎ여國文을作ㅎ시니國文의發音이곳國語의發音이라

라 하여 언문일치의 인식이 있었으며 "漢文音을仍用흠이라도朝鮮音에順ㅎ 대로近似ㅎ게만發ㅎ매漢文의東音이自是로始出흔지라. 故로漢字의音을由 來로國語에混用흠이不少ㅎ나本國音은變치안흔지라."에서처럼 한문음≠조 선음처럼 대조적인 인식이 있을 때에는 각기 구별해서 썼던 것이다. 그리하 여『훈민정음』의 "國之語音異乎中國與文字不相流通"에 대하여

我國特性의語音은支那의音과不同ㅎ여支那의文字가國語와流通치못ㅎ다 ㅎ심이요此를憂慮ㅎ사國音을依ㅎ여國文을新制ㅎ시니國文의發音은곳國語 의發音이요國語의發音은我國特性의發音이라

라고 했던 것이다. 대조적이면서도 고유어로서의 국어를 뜻했던 것이다. 때로 "本國之音輕而淺中國之音重而深"이라고 대조시키기도 했다. '국어자國語字, 국어음國語音, 국어운國語韻'의 경우에도 마찬가지였다. '국어음'에 대해서는 때로 '국음國音, 아음我音'이라고도 하면서 언문일치의 생각 때문에 "國文의音 은곳國語音"이라 했다. 이것은 국문의 창제가 국어에 바탕을 둔 기음문자記 音文字라고 믿었기 때문이다. 모두 고유음을 나타낸 듯한데, 고유성에 대한 인식의 강조는 지나칠 정도였다.

我國에自古로本國노래가固有ㅎ고樂器가亦備ㅎ여다스림이라ㅎ는音調는 高低를調和흠에用ㅎ니此는我國의律이라

주시경이 '국어'를 언급할 때에 한자어를 배제하면서 고유어에 치우친 생

각은 잘 알려진 바와 같이 다음과 같은 경우에 두드러지게 나타난다.

기의갈래九個名稱은國語로作함이니或은줄임으로或은定함이라.漢字로
作하면그文字의義로만解得하랴고하는習慣이有하여그定義를言하지안이하
면誤解하기易하니國語로作하든지漢字로用하든지定義를擧하기는일반인데
漢字로定하기는國語로定하기보다未便하며……如一하게하노라고國語로作
하거니와如何하든지國語에國語를用함이가하지안이하리오

이리하여 그는 '기'의 갈래의 명칭을 한자어가 아닌 '국어'로 '임, 엇, 움, 겻,
잇, 언, 억, 놀, 끗'과 같이 지었고 이전의 국한문 혼용체에서 차츰 국문체로
바꾸려 노력하였다. 이러한 노력은 1910년 이후에 두드러지는데, 그래도『대
한국어문법』(1906) 이외의 책이름은『국어문전음학』(1908)과 같이『국어문법』
(1910),『조선어문법』(1912) 식으로 한자어 서명을 붙였다가「한나라말」(1913),
「말의소리」(1914) 같은 국문의 제목의 붙인 것은 그의 말년에 이르러서였다.
역시 주시경도 1910년 조선총독부에 의해 일본의 식민통치가 시작된 이래
로는 '국어'를 사용하지 못했다.

지금까지 우리는 19세기 말엽부터 20세기 초까지인 1910년까지 쓰인 '국
어'의 개념에 대해 개략적으로 살펴보았다. 그것은 대체로 '국어'란 "國나
라#(ㅅ)#語말"의 합성어로부터 확인할 수 있는 형태론적 정의를 가능하게
하는 것으로 '나랏말' 정도의 개념이었다. 최광옥이 정의를 내린 것처럼 각
국의 각이한 언어가 곧 그 국가의 국어가 되는 것이다. 그리하여 조선총독부
의『조선어사전』(1920)에서는 '국어'를 '一個國の語'라고 정의하게 된 것이 아
닌가 한다. 다만, 우리나라에서 우리말을 가리키는 경우에는 '아국어我國語,
아국지어我國之語, 아한지어我韓之言, 본국지어本國之言' 등과 같은 표현 외에
그대로 '국어(국문)'라고도 하였는데, 이는 '국어' 앞에 많이 쓰인 '국문'의 경
우에 평행되는 것이었다.

끝으로 국어가 국가를 전제로 한 것이라면 그 둘 사이의 관계가 밀접한 것

일 텐데, 그렇다면 국어는 국가의 공용어라는 개념으로까지 발전했을까. 이에 대해서는 아직 명확한 언급을 보류할 수밖에 없다. 그러나 '국어과'라는 말이나 교과서에 쓰인 '국어'라는 말을 보면 한 국가의 공용어가 될 수 있는 어느 정도 규범적이고 통일적인 '국어'의 질을 고려한 것이었다고 보아도 좋을 듯하다. 그렇다면 이러한 개념의 '국어'는 송헌석의 경우를 제외하면 아동어나 방언을 '국어'로 인정하지 않은 규범어 또는 표준어를 뜻했던『훈민정음』의 그것과 크게 다를 바 없게 된다. 물론 '국어'가 제후국 또는 왕국 등의 언어를 의미하지 않았다고 보았을 경우에 그렇다. 다만, 조선 시대의 정성사상과는 달리 개화기의 '국어 인식'은 민족주의적 애국계몽사상에서 흔히 볼 수 있는 언어의 통일에 바탕을 둔 애국심 단합심 등에 바탕을 둔 것이었다고 할 수 있다.

3. 국어國語와 국문國文과의 관계

'국어'라는 개념이 비교·대조적인 관점에서 각 나라와 언어를 말했듯이 '국문'도 또한 그렇다.

> 죠션국문ᄒ고 한문ᄒ고 비교ᄒ여 보면 죠션국문이 한문보다 얼마가 나흔 거시 무어신고ᄒ니 첫ᄌᆡᄂᆞᆫ 빅호기가 쉬흔이 됴흔 글이요 둘ᄌᆡᄂᆞᆫ 이 글이 죠션글이니 죠션 인민들이 알어서 빅ᄉᆞ을 한문ᄃᆡ신 국문으로 써야 샹하 귀쳔이 모도보고 알어보기가 쉬홀터이라
>
> 『독립신문』, 논셜, 제1권 제1호

즉 한문과 비교·대조되는 '죠션글'이 곧 '죠션국문'인 셈이어서 "국문이란 거슨 죠션글이요"라고 한 것처럼 '죠션'이란 국가를 전제로 '국문=언문=죠션글=본국글'과 같이 동일한 개념으로도 썼던 것이다. 그러면 이러한 '국문'은

'국어'와 어떤 관계에 있었는가 알아보아야 할 터인데 이에 앞서 '말[言, 語]'과 '글[文]'에 관한 일반적인 당시의 생각부터 우선 알아보자. 가장 대표적인 당시의 몇몇 문헌들에서 보도록 한다. 우선 주시경의 『대한국어문법』(1906)에는 '말'과 '글'을 다음과 같이 문답하고 있음을 볼 수 있다.

> 일문　말이 무엇이뇨
>
> 답　　뜻을 표ᄒᄂᆫ 것이니이다
>
> 이문　말이 쓸ᄃᆡ가 무엇이뇨
>
> 답　　인류가 셔로 인연되어 사ᄂᆫ 고로 그 뜻을 셔로 통ᄒᆞ여야 홀 것인ᄃᆡ 말은 그 뜻을통ᄒᆞᄂᆫᄃᆡ 쓰ᄂᆫ 것이니이다
>
> 　　　……
>
> 륙문　글은 무엇이뇨
>
> 답　　글은 말을 표ᄒᄂᆫ 그림이니이다
>
> 칠문　글로 말을 달은 사람에게 엇더케 통홀수 잇ᄂᆫ뇨
>
> 답　　글은 표니 이 표를 남에게 들어내어 그 문에 빗최어 보ᄂᆫ 경락으로 들어가면 신이 깨듯고 알ᄂᆫ이다 그런고로 글로 뜻을 통ᄒᆞ나 소리로 뜻을 통ᄒᆞ나 다 일반이니 글은 눈으로 듯ᄂᆫ 말이라 홀 만ᄒᆞ고 말은 귀로 보ᄂᆫ 글이라 홀만 ᄒᆞ니이다

즉 '말'과 '글'은 소리로 뜻을 통하나 글로 통하나 일반이라 하여 의사소통의 기능을 바탕으로 하였으며 그리고 '말'은 곧 '글'과 관련하여 볼 때에 '말소리'를 이르는 것이라 할 수밖에 없게 되었다. 그리하여 다시

> 音을 表ᄒᄂᆫ 文字라도 文字가 音을 盡ᄒᆞ지 못홀지언정 音이 文字를 盡ᄒᆞ지 못홈은 無ᄒᆞ고 文字가 音에 達홀지언정 音이 文字에 違홈이 無ᄒᆞ고 文字가 音에 不足홀지언정 音은 文字에 不足홈이 無ᄒᆞ니 文字가 音에 外ᄒᆞ즉 文字가 안이니라

라 하여 음과 문자는 결과로는 동일한 것이 되는 것으로 여겼다. 그리하여 바꾸어 말할 때에

> 國文은 國語의 影子요 國語의 寫眞이라 影子가 其體와 不同ᄒ면 其體의 影子가 안이요 寫眞이 其形과 不同ᄒ면 其形의 寫眞이 안이라
>
> 『국어문전음학』, p. 101

와 같게 결과로 국어=국문이 되는 셈이다. '기음문자'에 의한 표기에서 볼 수 있는 이러한 '언어'와 '문자'와의 관계는 상당히 일찍부터 일반화되었던 것은 아닌지 모르겠다. 다음과 같은 신해영申海永의 「한문자와 국문자의 손익여하損益如何」(1897)에서의 언급이 이 사실을 분명히 하여 주고 있다.

> 言語와 文字ᄂᆞᆫ 兩個種이 아니라 頭上에 太陽을 指ᄒ고 其理를 會得홈은 智識이오 其理를 說明홈은 言語요 其理를 記載홈은 文字니 言語文字ᄂᆞᆫ 一塊物中同分子性質이로다

즉 '언어'와 '문자'는 두 종류가 아니라 한 덩이로서 같은 분자의 성질을 지닌 것이라 보고 있다. 나아가서 주시경은 "國語대로 國文을 記用"한다는 말도 했는데, 이때 '국어'를 "그 말과 그 소리에 옳음을 가리어 쓰노라"고 하면서(『국어문법』, p. 117) 국문의 법은 "어음과 본톄와 법식과 련독連讀홈"이 옳아야 한다고 하였다(『대한국어문법』, p. 38). 말하자면 한 국가의 모든 언어가 '국어'가 아니라 일정한 원칙에 따라 선택적으로 규범화한 것이라야 한다는 것이다. 이것이 당시에 흔히 생각했던 '국문지법國文之法=국문법'이었던 것이다. '문전'도 마찬가지였다. 유길준이 "文典은 人의 思想을 書出ᄒᄂᆞᆫ 法을 教ᄒᄂᆞᆫ 者"(『대한문전』)라 정의한 것을 보아 알 수 있다. 그리고 "글은 또한 말

을 닦는 긔계니 긔계를 몬저 닦은 뒤에야 말이 잘 닦아지나니라"(주시경 「한 나라말」, 1910)라고 하여 문자를 언어에 앞세우고 있음도 알 수 있다. 흔히 '언어'를 정의할 때에는 "言語라 홈은 人의 思想을 表호는 聲音이라 云호느니 思想을 表호는 方法은 數多혼듸 身을 振호며 手를 容호며 顏을 形호는 等 類가 是라 그러나 此種中 聲音으로 表音호는 거슨 普通 言語를 稱홈이라"와 같이 뜻을 나타내는 말소리에 초점을 둠으로써 sound-meaning correspond라는 근 대적인 개념에 가깝게 된다. 그리고 뜻을 나타내는 두 방법 즉 '언어'와 '문자' 를 '천연성음天然聲音'과 '인위문자人爲文字'라 표현하기도 하였다(유길준 『조선 문전』, 『대한문전』 참조).

그러면 '문자'에는 어떤 것들이 있다고 보았으며 그중에서 어느 것이 나은 것이라 보았을까. 바로 문자에는 표음문자(cf. 기음문자)와 표의문자(상형 문자 cf. 기의문자)가 있고 이 중에서 표음문자가 표의문자보다 진보한 것 이라고 보았다.

대져 글은 두 가지가 잇스니 호나흔 형상을 표호는 글이오 호나흔 말을 표 호는 글이라 대개로만 말호면 형상을 표호는 글은 넷적 덜 열닌 시되에 쓰던 글이오 말을 표호는 글은 근릐 열닌 시되에 쓰는 글이라

주시경, 「국어와 국문의 필요」(1907)

이 글을 통해서 보면 "형상을 표호는 글" 즉 표의문자는 "덜 열린 시대" 즉 유길준의 표현을 빌리면 '반개화半開化' 시대에 쓰던 글이고 "말을 표호는 글" 즉 표음문자는 "열린 시대" 즉 '개화' 시대에 쓰는 글로 보아 진화적인 인식을 하고 있었음을 알 수가 있다.

記音文字는 自然혼 音의 十餘種 되는 것이 表로만 隨時轉換호여 自國의 常 用호는 言語를 記호는 것인 故로 學習호기가 至易호고 此文을 讀호면 곳 言 語호는 故로 文意를 觧得호기도 言語를 聞홈과 如호고 作文호기도 言語호기

와 如ᄒ니 記音文字가 象形文字보담 便利홈이 幾倍나 되ᄂᆞᆫ지 比較홀 수 엽
도다

주시경, 「필상자국문언必尙自國文言」(1907)

'기음문자' 곧 표음문자가 배우기 읽기 듣기 쓰기에 '상형문자' 곧 여기서
는 표의문자보다 편리함을 강조하고 있다. 이러한 실용적인 편리성은 이미
이종일李鍾一의 「국문은 세계에서 가장 으뜸」(1900) 등에서 강전姜筌의 「국문
편리급한문폐해國文便利及漢文弊害의 설」(1907) 등 많은 글의 경우에서처럼 표
음문자인 국문=언문을 가르치고 사용할 것을 주장하게 했던 것이다. 이러한
국문 전용 또는 국문 순용의 주장은 다음에 언급하게 될 국어관 내지는 개화
문명관과도 관련이 있을 것이다.

4. 국어관의 실체

1894년 갑오년에 중국에(당시는 청)에 부의附依함을 끊어 버리고 자주독
립을 선언하면서 자주독립의 기초를 세우고 1897년 대한제국이 출범하면서
는 더욱더 독립사상을 구체적으로 펼친 논설들이 나타나게 되었다. 언문사
상이 특히 그러하였다.

『독립신문』은 이미 잘 알려진 바와 같이 그 창간호에서부터 적극적인 논
설을 펼쳤는데, 그 논설의 강조점의 하나가 백성이 나라의 근본으로 자주함
도 오직 백성이요 독립함도 오직 백성이라는, 곧 자주독립의 근본이 백성=
국민이라는 것이고,[7] 나아가서 외래문자인 한문 대신 국문을 남녀노소, 상
하귀천 없이 백성 모두가 사용할 것을 주장하였다. 이는 국문 중심의 근대적

---

7 이러한 생각은 이미 1894년 12월 13일에 고종이 '신하'와 '백성'에게 내린 고종의 '윤음'에
그대로 나타나 있는 내용에 불과하다(cf. 2.2.1).

인 평등사상을 반영한 듯한데, 다만 당시의 정치체제인 전근대적인 군주제를 전제하기도 했던 것이다. 우선 『독립신문』은 위의 논설에서

우리는 죠션 대군쥬폐하와 됴션정부와 죠션인민을 위하는 사름드린고로 편당잇는 의논이든지 흔쪽만 싱각코 하는 말은 우리 신문상에 업실터이옴 …… 논셜긋치기젼에 우리가 대군쥬 폐하씌 송덕하고 만세을 부르나이다

과 같이 표현하였고, 리봉운도 그의 『국문정리』(1897)의 서문에서

나라 위하기는 려항의 션빅느 죠졍의 공졍이는 츙심은 흔ㄱ지기로 진졍을 말하느니 대뎌 각국 사름은 본국 글을 슝상하야 학교를 셜립하고 학습하야 국졍과 민스를 못할 일이 업시하야 국부민강할것무는 죠션 사름은 놈의 나라 글문 슝상하고 본국글은 아죠 리치를 알지 못하니 졀통한지라

와 같이 언급하였다. 주시경도 『대한국어문법』(1906)의 발문에서

高明하신 이들은 일로 좇아 우리 文言을 硏究하고 修正하어 活敏한 機械를 만들어 天然的 便利한 우리 말과 우리 글로 우리 東半島 우리 人民에게 여러 學文을 잘 가르쳐 光明富國이 우리 社會에 充滿하어 外勢가 侵犯할 곳이 업게 하고 또 우리 皇上의 德化와 나라의 威權이 世界에 넘치게싯지 하기를 간졀이 비나이다

에서처럼 '황상'을 언급하였는데, 이미 그의 「국문론」(1987)에서는

대군쥬 폐하씌셔 남의 나라 님군과 굿치 튼튼 하시게 보호 하야 드리며 또 우리나라의 부강한 위엄과 문명한 명예가 세계에 빗나게 하는 거시 맛당하도다

와 같이 언급했던 것이다. 이상재도 최광옥의 『대한문전』(1908)의 서문에서

上帝降衷之恩이 將其大顯于我韓일식 余於是有感ㅎ야 不揣無拙ㅎ고 略弁
數言ㅎ노라

에서도 '상제'를 언급하고 있다. 고종(황제) 아래에서의 국문의 사용과 이를
위한 교육 및 그 국문의 정리 등을 주장했던 시기가 개항기 좁게는 자주독립
국을 선언한 갑오개혁 이후였던 것이다.

  그러면 국문 사용(국문전주이국문위본國文專主以國文爲本 또는 국한문혼용)
의 주장들은 당시의 사회에서 바로 받아들일 수 있었을까. 그렇지는 못했을
것이다. 이러한 사실은 다음과 같은 신해영의 「한문자와 국문자의 손익여하」
(1897)를 통해 알 수 있다.

  今에我朝鮮이獨立後에政府도一新ㅎ야社會萬事萬物을去舊就新홍애國民
의新面目을爲ㅎ야國文專用의訓令을頒布홀條에各各多少의波瀾을激ㅎ야一
時의動搖를催ㅎ고今에至ㅎ기家國實際에何를標準ㅎ야方針을立홀지新舊間
에迷ㅎ야一定方向을不整ㅎᄂ者ㅣ多多ㅎ도다

  당시의 논설들에서 주장한 국문 사용과 고종의 언어정책은 이와 같은 파
란을 겪으면서 바로 위의 인용문과 같은 정도의 국문혼용체를 많이 사용했
던 것이고 글의 목적에 따라 조선 시대처럼 국문전용이나 한문전용도 없지
않았던 것이다.

  이렇게 혼동 속에서 지금까지 잘 알려진 바와 같이 『독립신문』은 그 창간
호 논설에서 국문전용의 이유를 근대적인 평등사상에 입각하여 주장하면서
다음과 같은 언급을 하였다.

  그리ᄒ즉 이신문은 쪽 죠션만 위홈을 가히 알터이요 이 신문을 인연ᄒ여

니외 남녀 샹하 귀쳔이 모도 죠션일을 서로 알터이옴 ……

우리 신문이 한문은 아니쓰고 다만 국문으로만 쓰는거슨 샹하귀쳔이 다보게 홈이라 쏘 국문을 이러케 귀졀을 쩨여 쓴즉 아모라도 이 신문 보기가 쉽고 신문속에 잇는 말을 자세이 알어 보게 홈이라 ……

우리 신문은 빈부 귀쳔을 다름업시 이 신문을 보고 외국 물졍과 니지 스졍을 알게 ᄒ랴는 뜻시니 남녀 노소 샹하 귀쳔 간에 우리 신문을 ᄒ로 걸너 몃둘 간 보면 새지각과 새학문이 싱길걸 미리 아노라

즉 국민 누구나 국내의 물정·사정을 알게 하면 새 지각과 새 학문이 생기게 되는 것이 『독립신문』의 일인데, 그것은 자주독립국으로 출발한 '조선'을 위한 것으로 결국 애국계몽적인 역할을 『독립신문』이 맡으려 했던 것이다.

갑오개혁 이후로 국어·국문의 정리와 정리·통일된 그것의 사용이 애국과 관련된다는 생각은 근대적인 지식인들 사이에서 상당히 일반화되었던 듯하다. 잘 알려진 예로 최광옥의 『대한문전』(1908)에 쓴 월남 이상재의 서문의 언급을 들 수 있다.

我國의 言語는 我國國語라 國語가 國民으로 關係됨이 甚大ᄒ니 若 國語가 一定치 못ᄒ면 國民의 團合心이 缺乏ᄒ고 國語가 自有치 못ᄒ면 國民의 自有性을 損失ᄒ느니 支那와 露國 等國으로 鑑戒를 作홀지어다

즉 '자유성'을 잃지 않고서 일정하게 된 '국어'가 곧 '국민의 단합심'을 이끌 수 있다는 것이다. 이렇게 재인식된 국어로 국민을 교육함으로써 애국심을 고취시키고 새로운 학문을 세우려는 애국계몽사상이 강조되고 하였던 것이 당시의 개화사상가들이었던 것이다.

특히 주시경은 일찍이 그리고 이에 대해 좀 더 구체적인 생각을 가졌던 이 중의 한 사람이다. 그는 『대한국어문법』(1906)의 발문에서 '사회'를 어문과 관련하여 다음과 같이 보고 있다.

社會는 여러 사람이 그 뜻을 서로 通ᄒ고 그 힘을 서로 聯ᄒ어 그 生活을 經營ᄒ고 保存ᄒ기에 서로 依賴ᄒ는 因緣의 한 團體라 말과 글이 업스면 엇지 그 뜻을 서로 通ᄒ어 그 뜻을 서로 通치 못ᄒ면 엇지 그 人民이 서로 聯ᄒ어 이런 社會가 成樣되리요 이럼으로 말과 글은 한 社會가 組織되는 根本이요 經營의 意思를 發表ᄒ어 그 人民을 聯絡케 ᄒ고 動作케 ᄒ는 機關이라

즉 어문이 의사소통이라는 언어적 기능 때문에 사회 조직의 근본이고 동작 기관이 되는데, 그 어문에 의하여 구성원들이 서로 관계되는 네트워크의 단체가 곧 '사회'라는 것이다. 따라서 이러한 '사회'는 어문(말과 글)과 밀접한 관계에 있게 된다. 이에 대해 위의 인용문에 이어 자신의 생각을 명쾌하게 전개하였다.

이 機關을 잘 修理ᄒ어 精練ᄒ면 그 動作도 敏活케 홀 것이요 修理치 안이 ᄒ어 魯鈍ᄒ면 그 動作도 窒礙케 ᄒ리니 이런 機關을 다ᄉ리지 안이ᄒ고야 어찌 그 社會를 鼓振ᄒ어 發達케 ᄒ리오 …… 이런즉 人民을 가ᄅ쳐 그 社會를 保存ᄒ며 發達케 ᄒ고자 ᄒ는 이야 그 말과 글을 닦지 안이ᄒ고 엇지 되기를 바라리요

즉 '사회'의 보존 발달 나아가서 나라의 흥망성쇠에 언어의 수리 즉 '이언理言'에 달려 있음을 주장하고 있다. 여기서 '사회'는 '국가'와 통하는 개념이다. 주시경의 이러한 생각은 「필상자국문언」(1907)의 '필수자국지문언必修自國之文言'에서도 언급했는데, 그의 생각이 『국어문법』(1910)의 서문에서는

此性이 無하면 體가 有하여도 其體가 안이요 基가 有하여도 其基가 안이니 其國家의 盛衰도 言語의 盛衰에 在하고 國家의 存否도 言語의 存否에 在한지라 是以로 古今天下列國이 各各 自國의 言語를 尊崇하며 其言을 記하여 其文을 各制함이다 此를 爲함이라

와 같이 압축되었다. 그러면 주시경은 왜 언어가 국가의 자주독립이나 흥망 성쇠를 결정하는 요인으로 보았을까. 이는 그 나름대로의 논변이 있었던 것이다.

宇宙自然의理로地球가成하매其面이水陸으로分하고陸面은江海山岳沙漠으로各區域을界하고人種도此를隨하여區區不同하며그言語도各異하니此는天이其域을各設하여一境의地에一種의人을産하고一種의人에一種의言을發하게함이라是以로天이命한性을從하여其域에其種이居하기宜하며其種이其言을言하기適하여天然의社會로國家을成하여獨立이各定하니其域은獨立의基요其種은獨立의體요其言은獨立의性이라

이『국어문법』서문에 나타난 주시경의 생각은 그의 이전의 글들에도 특히『국어문전음학』(1908) 등에도 거의 같은 내용의 서술로 있었던 것이었다.[8]

---

8 예컨대「국어國語와 국문國文의 필요必要」(1907)에서는 다음과 같이 서술하였다.
  또 이디구샹 륙디가 텬연으로 구획되여 그 구역안에 사ᄂᆞᆫ 흔셜기 인종이 그 풍토의 픔부흔 토음에 덕당흔 말을 지어쓰고 또 그말 음의 덕당흔 글을 지어쓰는 거시니 이럼으로 흔 나라에 특별흔 말과 글이 잇ᄂᆞᆫ 거슨 곳 그 나라가 이 셰상에 텬연으로 흔목 ᄌᆞ쥬국 되ᄂᆞᆫ 표요 그 말과 그 글을 쓰ᄂᆞᆫ 인민은 곳 그 나라에 속ᄒᆞ여 흔 단톄되ᄂᆞᆫ 표라
  그리고「필상자국문언必尙自國文言」(1907)을 거쳐『국어문전음학』(1908)에서는「자국문언自國文言」속에 다음과 같이 정리하여 이전의 글과 크게 다를 바 없이 다음과 같이 서술하였다.
  浩湯無極ᄒᆞ여上下中外가업ᄂᆞᆫ저宇宙에一이存ᄒᆞ여四方에充滿ᄒᆞ니生滅과始終이無흔지라其間에無數흔物體가有ᄒᆞ니다此로從ᄒᆞ며成ᄒᆞ고또모든物體가各各此로從ᄒᆞ여命흔性이有흔지라
  此는萬有의源이요萬有의主니天이라上帝理라홀이다此를謂홈이라
  吾人이寄息ᄒᆞᄂᆞᆫ地球도天體의一이라其面이水陸으로分ᄒᆞ여水ᄂᆞᆫ五大洋을成ᄒᆞ고陸은六大洲로劃ᄒᆞ고洲마다또區域이分ᄒᆞ여人種이生存ᄒᆞᄂᆞᆫ지라
  人種도此陸의界境을從ᄒᆞ여洲洲不同ᄒᆞ고區區又不同ᄒᆞ며各人種의言語도此를依ᄒᆞ여洲에大分ᄒᆞ고區에又分ᄒᆞ여各自不同ᄒᆞ니此는天이其域에其種을命ᄒᆞ고其種에其言을命ᄒᆞ여一境의地에一種의人을産ᄒᆞ고一種의人에一種의言을發케홈이라
  是以로天이命흔性을從ᄒᆞ여其域에其種이居ᄒᆞ기宜ᄒᆞ며其種이其言을言ᄒᆞ기適ᄒᆞ여天然의社會로國家를成ᄒᆞ여獨立이各定ᄒᆞ니其域은獨立의基요其種은獨立의體요其言은獨立의性이라

요컨대 '(구)역', '(인)종' 및 '언(어)'의 세 요소로 '천연의 사회'가 이루어진 것이 '국가'라는 것이고 자연 '국가'는 '구구부동區區不同'하게 이루어져 '각이'하게 되고 그 자체로 독립국이 된다는 것이다. 다분히 전통적인 '천 지 인'의 사상이 깔려 있는데, 여기에 언어가 발생하여 역시 각이하다는 것이다. 이에 대하여 신용하(1977)에서는 천天=민족의 소망으로서의 이데올로기로 ① 역城=지역공동체 ② 종種=혈연공동체, ③ 언言=언어공동체로 보고 결국 사회 내지 국가는 이 세 공동체의 삼위일체처럼 이루어진 것으로 해석한 바 있다. 주시경은 한 걸음 더 나아가서 상대적으로 국가들이 각각 다르고 절대적으로는 국가들이 각각 독립할 수밖에 없어서 이 논리에 따라 다시금 ① 역=독립의 기基, ② 종=독립의 체體, ③ 언=독립의 성性이라 보게 된 것이다. 그리하여 그의 「필상자국문언」의 '아국문언我國文言'에서는

  我國言語는 太古에 我半島가 初闢호고 人種이 祖産홀 時붓터 此半島區域의 稟賦혼 時性으로 紫煙發音되여 繼傳호는 것

이라고 하여 '천天'과 '역域, 종種, 언言'의 3가지 요소를 다 포함시켰던 것이다.
  국가 내지 사회 나아가서 국어가 각이(cf. 各殊)하다는 생각도 당시에 꽤나 일반화되었던 것 같다. 유길준은 「서유견문 서」에서

  且宇內의萬邦을環顧호건되各其邦의言語가殊異혼故로文字가亦從호야不同호니盖言語는人의思慮가聲音으로發홈이오文字는人의思慮가形象으로顯홈이라是以로言語와文字는分혼則二며合혼則一이니我文은……

와 같이 각 나라의 언어가 '수이殊異'하여 이에 따라 만든 문자도 '부동不同'함을 언급하였는데, 그의 『조선문전』의 서문에서는

  盖聲音은天然의出호고言語及文字는人爲에屬호니故로聲音은人物을通호

야皆同ᄒᆞ거니와言語文字가有ᄒᆞ며……是乃吾朝鮮人이亦吾朝鮮人의言語文字가自有홈이라

라 하여 '천연'의 '성음'과 '언어문자'의 '자유自有'를 언급하고 있다.

자강독립의 개화사상을 지니고 끝내는 독립운동에 민족대표 33인의 한 사람으로 참여했던 언론인 이종일(1858~1925)도 그의 「논국문論國文」(1908)에서

環球萬區에各建邦國ᄒᆞ야人文이各殊ᄒᆞ고語音이不同일식隨其方言而皆有文字ᄒᆞ니均是自國之國文이라

고 하였다.

이미 앞에서 인용했던 최광옥의 '국어'에 대한 정의에서도 "世界各國에各異ᄒᆞ言語가有ᄒᆞ니此를其國國語라"고 한 바 있다. 이러한 국가 중심의 언어의 각이성은 자연히 자유自有=자재自在=자립=독립에 통하는 논리에 이르렀는데, 이러한 사고는 어디에서 왔을까. 18·9세기의 서양의 근대화 과정에서 과도적으로 등장한 민족주의에서 언어를 통해 민족의 정체성을 확립하려는 그릇된 논리로부터 영향을 받았는지는 구체적인 언급들이 없어 현재로서는 확인할 길이 없다. 다만 주시경이나 지석영 등은 그들의 국어국문학(론)의 주요 참고서의 하나가 해설서로서의 『훈민정음』(1446)이었는데, 그 정인지의 서문에 나오는 다음과 같은 언급을 참고하곤 하였다.

有天地自然之聲 則必有天地之文 所以古人因聲制字 以通萬物之情 以載三才之道 而後世不能易也 然 四方風土區別 聲氣亦隨而異焉 盖外國之語 有其聲而無其字 假中國之字以通其用 是猶枘鑿之鉏也 豈能達而無礙乎 要皆各隨所處而安 不可强之使同也

"천지 자연의 소리[聲]가 있으면 반드시 천지 자연의 글이 있다.(즉 천지 자

연의 소리를 표기할 글자와 글이 있다.) 그래서 옛사람이 그 소리를 바탕으로 하여 글자를 만들어 가지고 만물의 정을 통하게 하고, 삼재三才天 · 地 · 시의 도리를 책에 싣게 하니, 후세 사람이 선인이 만든 글자를 함부로 바꿀 수 없었다.

그러나 사방의 풍토가 다르고, 사람의 성기도 이에 따라 다르다. 대개 (중국 이외의) 외국어는 중국어와 다른 그 말의 음이 있으나, 그 음을 기록할 글자가 없어서 중국의 글자를 빌어 가지고 그 쓰임에 통용하고 있으나, 이것은 마치 둥근 구멍에 모난 자루를 낀 것과 같이 서로 어긋나는 일이어서 어찌 능히 통달해서 막힘이 없겠는가? 그러므로 요는 각각 그 처해 있는 바를 따라 편의케 할 것이요, 억지로 똑같게 할 것이 아니다."

강신항, 『훈민정음연구』(1987)

상당히 유사한 논리다. '사방풍토'가 구구區區히 다르고 '성기聲氣' 또한 이에 따라 다르다는 정인지의 주장은 중국의 생각인데, 주시경 등의 대한제국 시기의 주장과 유사한 것은 훈민정음과 같은 전통적인 사고와 '개화(F. civilisation)'와 같은 서양적인 근대적 사고의 만남이었던 것인지 모르겠다.

갑오개혁 이후 특히 대한제국 시기의 국어관은 요컨대 각각의 국가를 전제로 하여 국토 · 국민 및 국어의 상관성을 강조하면서 각이성을 강조함으로써 언어의 특수성을 드러내는 language-specific한 것이었으며, 이 언어의 특수성이 천연으로 또는 천명에 의하여 형성되어 각각 그 언어의 자유自由=자유自有=자재自在=자립(독립)이란 존재의 사고가 나오고 이에 따라 사회=국가=민족의 성性인 언어가 국가의 흥망성쇠 또는 보존 발달의 관건이 되므로 언어의 닦음 즉 이언理言이 애국심을 고취시킬 수 있다고 생각하면서 그러한 방향으로 국어 국문을 정리하고 연구하려 했던 것이다. 이러한 통일된 언어로서의 '국어'를 연구대상으로 형성된 연구가 곧 대한제국 이후의 근대국어학이라 할 수 있다. 역사학자인 신채호의 「문법을 의통일宜統一」이란 글에서도 통일된 문법 즉 글[文]의 법식[法]인 맞춤법에 의한 민족의 단결심을 강조하고 있다.

漢文은 漢文文法이 有ᄒ며 英文은 英文文法이 有ᄒ고 其他俄法德伊等文
이 莫不其文法이 自有ᄒ니 目今世界現行各文에 엇지 無法의 文이 是有ᄒ리오

이렇게 각 나라의 '문지법文之法'이 있음을 강조하고서 우리나라의 '국문'도 '국문지법國文之法'의 통일이 있어야 할 것을 다시 강조하고는, 나아가서 그 통일된 '국문(의)법'에 의한 어문 교육은 국민의 단합된 애국심을 이끌 수 있다고 한 것이었다.

그러나 주시경 등은 언어·문자를 중심으로 한 국어관 내지 국가관에 입각한 어문민족주의적 애국계몽사상가였다면 신채호는 역사 특히 '본국정치사' 중심의 민족주의자라고 볼 수 있을 것이다. 공통적이라면 자유自有니 고유니 하는 민족 내지 국가의 '국수國粹'였던 것 같다.

이상의 사고가 1910년 10월 1일 조선총독부가 문을 연 뒤로는 일제의 식민정책 때문에 적어도 '국어'로는 표출되지는 못했다. '국어'는 곧 일본국의 국어가 되었고 대한제국의 국어는 '조선어'로 대체되었다. 그렇다고 대한제국 시기의 그러한 사고가 일시에 사라졌다고는 볼 수 없을 것이다. 바로 그해 10월에 최남선을 중심으로 우리 고전의 재간과 보급을 주목적으로 세운 조선광문회는 그 설립 취지 속에

今에 我等이 文明上으로 一大 轉機를 會하니 光明을 大放할 好機인 同時에 存喪을 未判할 危機라 如等이 光緒를 繼하며 如何히 來運을 開할가 既往은 湮沒하고 現在는 混沌하고 將來는 茫昧한 此地頭에 大한 覺念과 小한 事力으로 我光文ㅣ 設立하니 修史와 理言과 立學은 實로 그 三大標幟며 ……

『신자전新字典』(1915), 서

라 하여 '수사修史' '이언理言' 및 '입학立學'의 세 슬로건을 내걸었는바, 역사와 언어 중심의 사고 그리고 이를 깔고 학문을 세워나가는 노력이기는 하나 그 이전의 사고를 이어받고 있다 할 것이다. 역사의 재인식과 언어의 재발견을

바탕으로 애국계몽의 수단으로서의 실천적 학문을 세우기 위해 조선광문회는 우리 고전을 다시 간행하고 널리 보급하여 우리 문화를 지키고자 했던 것이다.

5. 맺음말

본고는 갑오개혁 이후 특히 대한제국 시기를 중심으로 당시의 국어관이 어떠했는가를 알아보려 했다. 이를 밝혀보기 위해 그 앞선 시기인 조선 시대 특히 『훈민정음』을 중심으로 한 세종의 사람들이 국어를 어찌 생각했는지 검토하고서 대한제국 시기의 '국어, 국문, 국가'의 상관관계를 고려하여 검토하였다.

세종의 사람들이 지녔던 '국어' 또한 기본적으로는 "어느 한 나라의 언어"로 나라마다 각각 다른[各異] 또는 각각 특수한[各殊] 성격을 지닌 language-specific한 언어관을 지녔으며, 기본적으로는 국문=국지문(국문지법)과 마찬가지로 통일된 규범적인 성격을 지닌다. 따라서 이 시기에는 아동어나 방언 등에 관한 조사보고나 연구는 있을 수 없었다. 통일된 표준적인 국어·국문을 연구하고 마련해서 그것을 통해 교육함으로써 단합심·애국심을 고취시키는 애국계몽사상이 주류를 이루었다. "어느 한 나라의 언어"가 '국어'였기에 자연히 그 국어와 일치시켜 표기하는 '국문'은 자기 나라 문자일 수밖에 없어 '국문전용'의 논리에 이를 수밖에 없었는데, 여기서 국어·국문의 고유성(cf. 자유自由성, 자유自有성, 자립성, 독립성 등)이 강조되고, 다시 이에 따라 고종의 자주독립선언과 일치하게 될 수밖에 없었다. 이를 뒷받침하기 위한 국어관은 주시경의 경우에는 전통적인 천·지·인 삼재를 고려해 ① 역(지역공동체)=독립의 기基, ② 종(혈연공동체)=독립의 체體, ③ 언(언어공동체)=독립의 성性의 삼위일체로 형성된 것이 사회=국가=민족이요, 그리하여 국성國性인 국어가 국가의 흥망성쇠나 보존 발달을 결정하는 기관이라 하게 되었기에 주시경은 국어국문 중심의 민족주의적인 애국계몽사상을 지녔다고 이해하게 된다. 다만 이러한 국어관은 이미 중국으로부터 영향을 받은 조선 시대에도 어느 정도 형성되어 있었던 민족주의적 정치적 국어관의 영향이 있었는지 그 가능성은 충분히 있기는 하나 현재로서 더이상 확인하기는 쉽지 않다. 이상의 국어관이 현대에 와서 보면, 맞지 않을 수 있는 이데올로기의 문제에 지나지 않음은 물론이다.

국어를 포함한 이른바 '국수國粹'의 강조는 민족과 국가를 혼동하게도 되는데, 민족국가란 근대 민족주의가 만들어낸 막연한 '상상의 공동체'이어서 민족의 고유성의 지나친 강조는 또다시 상상의 세계를 만들어낼 수 있으면서 스스로를 흔히 민족 중심주의ethnocentrism에 빠지게 한다. 다행히도 한국의 경우에는 단일민족 국가의 성격을 강하게 지니고 있어서 이러한 위험성은 적은 편이었지 않았나 한다. 그러기에 이른바 민족어 중심의 표준어와 표준문법을 제정하고 그것을 통한 계몽은 어느 정도로는 긍정적인 듯이 보였던 때가 바로 대한제국 시기가 아니었나 한다.

그러나 흔히 언급되는 '국수사상'에 기울 때에는 자기의 것을 우월하게 보는 경향을 띠는 위험에 빠지게도 된다. '국어'를 이데올로기의 근대적 건조물로 만들었던 주시경은 바로 이러한 경우를 보인 본보기가 아닐까 한다.

我國國語는 …… 其法은 格을 表ᄒᆞ는 것이니 世界優等語法에 一也오 我國
正音文字는 言語를 記用ᄒᆞ라 ᄒᆞ는 것이니 世界 最便흔 記音文字에 一也라
「필상자국문언」(1907)

각 언어가 생길 때부터 각각 다르다고 하고 그 언어에 알맞게 문자를 만들어 역시 각이하고 각각 자립 독립한 것이라고 절대적 가치를 주장했던 주시경이 우리말을 '세계우등어법'의 하나라든가 우리글을 '세계 최편最便한 기음문자記音文字'라 상대적 우월성을 주장한다면 그것은 스스로 자가당착에 빠진 것은 아닐까.

19세기 말에 일어났던 '국어' 운동은 '민족'이라는 논리적 비약의 상상된 공동체를 전제로 하였다 하더라도 '국가어'로서의 '국어'라는 개념을 확립시키는 계기가 되었고 이를 통해 문자 체계와 정서법의 재정립 그리고 표준어의 확립과 이들에 의한 사전편찬이 싹트게 한 동기가 된 것은 사실일 것이다. 사정事情, 물정物情 그리고 새로운 근대사상을 선민選民이 아니라 만민에게 전하려는 신문·잡지 등의 새로운 근대적 인쇄술은 위의 국어·국문의 정리가 전제되어야 했음은 물론이다. 그 결과는 엄청난 혁명이었다.

출처: 『한국문화』 32, 서울대학교 한국문화연구소, 2003.
붙임: 조선 시대를 벗어나면서 '국어國語'란 말이 '국문國文'과 함께 널리 쓰이기 시작하면서 '국어, 국문'에 관한 근대적 연구가 시작되어 이에 대한 정확한 개념을 당시에 유행했던 '국가國家, 민족民族'이란 언어 외적인 개념과 함께 검토하려 하였다. 20세기 초기에 쓰였던 송헌석宋憲奭의 '국어' 외에 '방언方言'과 '고어古語'의 근대적 개념도 확인할 수 있었다.

참고 문헌

고영근(1979), 주시경의 문법이론, 『한국학보』 17.

김민수(1977), 『주시경연구』, 탑출판사.

김석득(1979), 『주시경문법론』, 형설출판사.

박지홍·허웅(1980), 『주시경선생의 생애와 학문』, 과학사.

백두현(2003), 한국어문 명칭어의 역사적 변천(미발표원고).

신용하(1977), 주시경의 애국계몽사상, 『한국사회학연구』(서울대) 1.

이광주(1999), 민족과 민족문화의 새로운 인식, 『서양에서의 민족과 민족주의』, 서양사학회.

이기문(1970), 『개화기 국문연구』, 일조각.

이기문(1972), 『국어음운사연구』(서울대 한국문화연구총서), 서울대 한국문화연구소. (1977, 국어학회 국어학총서).

이기문(1976), 주시경의 학문에 대한 새로운 이해, 『한국학보』 5.

이기문(1977), 19세기 말의 국문론에 대하여, 『어문논집』(고려대) 19 · 20.

이기문(1981), 한힌샘의 언어 및 문자이론, 『어학연구』(서울대) 17-2.

이기문(1984), 개화기의 국문사용에 대한 연구, 『한국문화』(서울대) 5.

이기문(1988), 국어(國語), 『한국민족문화대백과사전』 3, 한국정신문화연구원.

이기문 · 이병근(1979), 주시경의 학문을 다시 생각한다, 『한국학보』 16.

이병근(1977), 최초의 국어사전 「말모이」, 『언어』 2-1.

이병근(1978), 애국계몽주의 시기의 국어관, 『한국학보』 12.

이병근(1979), 주시경의 언어이론과 늣씨, 『국어학』 8.

이병근(1986), 개화기의 어문정책과 표기법문제, 『국어생활』 4.

이병근(2001), 서양인 편찬의 개화기 한국어 대역사전과 근대화, 『한국문화』(서울대) 28.

이홍식(2000), 개화기의 국문 관련 논설에 대한 고찰, 『덕성어문학』 10.

정승철(2003a), 주시경의 음학: 산재본 「말」을 중심으로, 『어문연구』 118.

정승철(2003b), 국어문법(주시경)과 English Lessons, 『국어국문학』 134.

조남현(1985), 한국개화사상의 단면: 「독립신문」의 논설, 『전통문화와 서양문화(1)』, 성균관대학교출판부.

허 웅(1971), 주시경 선생의 학문, 『동방학지』(연세대) 12.

유길준 1856~1914

유길준의 어문사용과 『서유견문』

1. 머리말

개화기 특히 1880년대와 1890년대는 어문 사용이 큰 소용돌이 속에 있었고, 국·한자의 사용 문제와 외래어 수용 문제가 큰 관심의 초점이 되어 왔는 바, 여기에서 구당矩堂 유길준兪吉濬의 『서유견문』이 늘 그 중심에 놓여 있어 온 일은 다 아는 사실이다.

어문과 관련해서 국어학에서 유길준에 대한 지금까지의 관심은 ① 국한문혼용체의 사용 문제, ② 외래어 수용 문제, ③ 문법연구 문제 등에 집중되어 왔다. 이러한 문제들은 이른바 개화기의 주요한 문제들로 흔히 확대되어 왔다. 첫째로 국한문혼용체에 대하여는

當時의 純漢文의 體를 一變하야 諺文과 漢子를 混用하ᄂᆞᆫ 法을 刱하야 朝鮮文의 體裁를 確立ᄒᆞ니 ……

「구당거사矩堂居士 약사略史」(1914)

國漢文을 交用하야 文字를 略解하는 人이라도 能讀케 하얏스며 …… 朝鮮의 近世에 잇어 國漢文交用의 文套를 始한 者도 그이며 現代式의 著書를 出版

한 者도 그가 其始하엇다.

「별건곤 1」

등에서 볼 수 있는 것처럼 국한문 교용체交用體 즉 국한문혼용체의 효시 내지 확립을 보인 것이 구당 유길준의 『서유견문』이라는 점이 강조되어 한동안 이어져 와서,

우리나라 최초의 혼용체로 쓰인 이 『西遊見聞』은 언문일치言文一致 운동의 효시라고 이야기될 뿐만 아니라 여러가지 면에서 주목의 대상이 되어 오고 있다.

「서유견문 해제」(1988)

와 같은 언급까지 보게 되었다. 이러한 사실에 초점을 맞추어 유길준의 국한문혼용체가 과연 효시였는가, 개화기에서 국한문 사용의 변화에서 유길준이 차지하는 위치는 어떠한가 등의 논의들이 있어 왔는데, 이기문(1970, 1984) 등이 그것이다. 그럼에도 불구하고 『서유견문』의 국한문혼용 자료 자체에 대한 국어학 연구는 거의 없었던 것이다. 그것은 자료 자체의 성격 때문이었다.

둘째로 『서유견문』에는 많은 외래어가 포함되어 있어서 이들에 대한 관심도 최근까지 이어졌는데, 예컨대 성원경(1983), 김한섭(1987), 김형철(1990) 등이 그것이다. 많은 경우 일본어에 기대는 모습을 보여 왔다.

셋째로 또 하나의 관심은 유길준의 『대한문전』(1909)과 관련된 문제에 있었다.

文學上大價値는업스나其文體는諺漢文混用體의代表가된것이다……
氏(兪吉濬)는其后內部大臣에就하였다가亡命하야日本에隱在하다……其
著大韓文典은實相朝鮮語의開拓이라崔光玉의大韓文典이最先出이라하나이

는兪氏의原稿를借印한것인듯하다하노라

안자산安自山, 『조선문학사』, p. 121

결국 국어문법서의 효시라는 것으로 국어문법연구사 서술의 첫머리를 장식하여 왔다. 최광옥의 저술과의 관련에 대한 논의들이 있어 왔는데, 안자산 (1922)에서의 '차인借印'이라는 지적에 이어 제기된, 이희승(1955), 김민수(1957) 등의 논의가 가장 대표적이라 할 수 있다. 김민수 결론은 결국 최광옥의 『대한문전』(1908)이 유길준의 유인본 4차 원고본 『대한문전』을 표절했다는 것이다. 한편 『대한문전』에 미친 일본 문법서의 영향 관계에 대해서도 일찍 논의된 바 있다(강복수 1975).

이상의 사실로부터 유길준은 국어학사에서 또는 국한문혼용체 사용의 역사에서 특별한 위치를 차지해 왔고, 또한 특히 『서유견문』은 차용어 연구의 계속적인 대상이 되어 왔다. 현재는 한국고전연구 심포지엄의 하나로 『서유견문』을 대상으로 하고 있어서 본고도 역시 『서유견문』에 초점을 두어 그의 국한문 사용과 관련된 문제를 재음미하여 보려 한다. 워낙 많은 논의들이 있었기에 중복되는 점이 많게 될 것이다.

좀 더 구체적으로 문제를 다음과 같은 예문을 통해 보자.

宮中에拿破崙의遺物과古代의名畵及諸器를蓄ᄒ야衆人의縱觀을許ᄒ니其殿宇가峻巍ᄒ고及其內部에入ᄒ則滿眼흔金華가爛然ᄒ더라 (p. 528)

와 같은 예가 『서유견문』의 문장인데,[1] 이러한 한자주위漢字主位 국자부속國字附屬의 문장은 마치 저 향찰·이두문과 같이 그 구조는 국어의 문장 구조임

---

1 서양 언어의 맞춤법에 영향을 받은 맞춤법을 고안한 개화사상가라면 응당 단어별로 띄어쓰기를 시도하였을 터이나, 위의 국한문혼용체에서는 단어가 모두 한자로 시작되어 구태여 띄어쓰기를 할 필요는 없었다 할 것이다.

에는 틀림없으나, 한자어에 토를 단 듯한 구성으로 되어 있으면서 위의 문장은 문장의 종결어미로 '-더라'와 같은 구어체를 쓰고 있다. 우선 이에 대한 관심은 조선 시대에 거의 볼 수 없는 방식의 국한문혼용체라는 점에 놓이고, 다음에는 대략 어휘형태소에 해당하는 한자어와 국문으로 표기된 조사·어미 등의 문법 형태소들에 놓이게 될 것이다.

『서유견문』에 대한 지금까지의 관심이 첫째, 새로이 등장한 국한문혼용체에 있었고, 둘째, 한자주위漢字主位에 해당되는 한자어 특히 고유명사와 일본 한자어의 영향에 있었는데,『서유견문』에 대한 좀 더 철저한 국어 연구는 국자부속國字附屬의 나머지 부분에 대해서도 이루어져야 할 것이다. 그러나 이는 문법 내지 그것을 넘어서는 문제여서 역시 현재의 필자의 능력을 벗어나고 있다. 그리하여 유길준이 가졌던 국한문 사용에 대한 생각이 『서유견문』의 방식에 한정되어 있었는가를 그의 글을 통해서 재음미해 보고 한자어 특히 외래 고유명사의 한역명韓譯名들의 계보를 확인해 보는 데에 초점을 두고 나머지는 문제를 제기하는 것으로 만족하려 한다. 여기서 외래 고유명사들의 계보는 유길준에게 영향을 미친 것으로 보이는 청국 위원魏源 찬찬撰인 『해국도지海國圖志』와 일본국 후쿠자와 유키치[福澤諭吉] 찬집纂輯인 『서양사정西洋事情』과의 비교에 의하여 논의될 것이다.

2. 유길준의 어문 사용의 실상

지금까지 알려진 유길준의 글들이 국문과 한문을 어떻게 사용했는지 우선 『유길준 전서』에서 그 실상을 보자. 유길준이 국한문혼용체를 창시했다는 주장 때문에 국어학과 국사학 이외의 분야에서는 이를 믿는 경향이 아직도 있어서 이를 검증하기 위해서는 그 자신이 실제로 어떤 방식의 어문을 사용했는지 그 실상을 알아보는 것이 필요하다고 생각된다. 편의상 순한문·국문현토식국한문·훈독식국한문·순국문으로 나누어 보겠는데, 여기서

국문현토식국한문이라 함은 한자주위漢字主位 국자부속國字附屬의 『서유견
문』과 같은 방식을 임의로 부른 것이다. 즉 대체로 어휘형태소들은 한자로
표기된 한자어들이요 문법 형태소들은 국문으로 표기된 그런 문장 표기 형
식을 말하는데, 물론 국문 자료에는 문법 형태소 이외에 일부의 부사 형식명
사 및 부정사 등이 포함될 수도 있으며 나아가서 한역명의 고유명사에 해당
하는 국문명을 국문으로 주기한 경우도 있을 수 있다. 이는 주음에 해당하기
에 성격을 달리하는 것이다.

순한문:	矩堂詩稿(鈔)	漁採論·地制議·稅制論·財政改革·貨幣整理方案
	墓表·墓謁銘	時代思想
	雜著	中立論
	傳	答淸使照會
	與福澤諭吉書 등	再答淸使照會
	漢城府新聞局章程	照會淸史
	國權	建白書
	上疏文	問答
	商會規則	

국문현토식국한문:	世界大勢論	新聞創刊辭
	西遊見聞	新聞解說文
	普魯士國厚禮斗益大王七年戰史	競爭論
	波蘭國衰亡戰史	國債種類
	英法露土諸國哥利米亞戰史	甲午更張關係諸政令(일부제외)
	伊太利獨立戰史	新協約에對흔答
	小學校育에 대한 意見	一進會의合倂建議에대한反駁文
	朝鮮文典	政治學

大韓文典 등

훈독식국한문:　勞動夜學讀本
순국문:　　　　（거의 없음）

위의 국한문 사용을 보면, 그 대상이 성격을 달리하고 있음을 알 수가 있
다. 순한문으로 된 글들은 대체로 조선 시대와 같은 전통적인 양식의 것들과
정치·경제 관련의 일부 글들인데 그중에서 「국권國權」 등 일부는 다시 국한
문혼용체로 번역하여 『서유견문』에 수록하였다. 국문현토식국한문으로 된
글들은 주로 개화와 관련된 설명적인 글들이다. 한자를 얹었지만 국문으로
만 읽기를 원하는 훈독식국한문으로 된 『노동야학독본』은 국문만 알면 읽
어 이해할 수 있는 독자들을 대상으로 한 글들이다. 따라서 유길준은 국한문
혼용만을 고집한 것은 아니고 대체로 글의 성격에 따라 독자를 고려하여 국
한문을 선택적으로 사용하였다고 보아야 할 것이다. 조선 시대에 대상 독자
에 따라 순한문 순국문 및 국한문을 선택적으로 사용했던 것과 대체로 평행
되는 태도인 것이다(김완진 1972).

　그러면 유길준 자신은 한문과 국문의 사용에 대하여 구체적으로 어떤 생
각을 가졌던가. 우선 『서유견문』 서에서 '아문我文과 한문의 혼용'에 대하여
언급한 다음의 내용을 보자.

　　一은 語意의平順홈을取ᄒ야文字를略解ᄒᄂ者라도易知ᄒ기를爲홈이오
　　二ᄂ 余가書를讀홈이少ᄒ야作文ᄒᄂ法에未熟ᄒ 故로記寫의便易홈을爲
　　　　홈이오
　　三은 我邦七書諺解의法을大略倣則ᄒ야詳明홈을爲홈이라

　여기서 보면 대상 독자는 한자를 대략 아는 사람으로 한정하였고 작문법
이 미숙해서 스스로의 편이를 위해서 국한문혼용을 하되 칠서 언해식七書諺

解式을 대략 본받았다는 것인데, 결국 이러한 현실적 여건으로 스스로 세운 국한문혼용체의 사용은 당시의 언문일치에 대한 지식으로는 용납될 수가 없어 이어서 역시 서序에서 다음과 같이 언급하고 있다.

> 各其邦의言語가殊異ᄒ故로文字가亦從ᄒ야不同ᄒ니盖言語ᄂ人의思慮가聲音으로發홈이오文字ᄂ人의思慮가形象으로顯홈이라是以로言語와文字ᄂ分ᄒ則二며合ᄒ則一이니我文은卽我先王朝의剏造ᄒ신人文이오漢字ᄂ中國과通用ᄒᄂ者라余ᄂ猶且我文을純用ᄒ기不能홈을是歎ᄒ노니

여기서 언급한 두 가지 사실이 중요하다. ①은 언어수이言語殊異→문자부동文字不同요 ②는 아문순용我文純用→언문일치이다. ①은 ②의 전제요 ②는 ①의 당연한 귀결이다. ①과 ②가 다르면 언문이치言文二致요 ①과 ②가 같으면 언문일치로 표현했던 것이 개화기의 생각이었다. 여기서 '언어수이'는 언어의 상대적 자립성을 뜻하는데 그 정체성을 이르는 것으로 훈민정음 서문의 "國之語音異乎中國"을 연상시키는데 이러한 생각은 조선 시대를 거쳐 개화기에 절정을 이룬 생각이었다. 주시경은 그 대표적인 인물의 하나였다(졸고 1985). 그런데 유길준은 언어수이 → 문자부동 → 아문순용을 그의 애국계몽적인 생각에 따라 원하기는 하였던 듯한데 「여복택유길서與福澤諭吉書」에서 볼 수 있다.

> 且念朝鮮人. 自讀漢書以來. 頑固成習. 不知愛國心爲何等事. 各者爲心. 只謀小利者久矣. 故務先行敎育法. 而用朝鮮國文. 以使訓書. 使敎以愛國……

그러나 '언어수이'에 대하여 확고한 태도를 갖지 않았는지 아니면 개방적 사고를 가졌는지, 다음과 같은 언급을 한 바 있다.

> ᄯ言語ᄂ交通ᄒᄂ機具라그란故로交通이漸漸盛大ᄒ則各國人民의談話가

漸漸彩小ㅎ고言語가漸漸混淆ㅎ리니從要ㅎ건딕年月을經過ㅎ則語葉은漸漸
增加ㅎ고語種은漸漸減少홀者이나……

『세계대세론』,「언어수이」

이는 주시경의 언어 각이성이나 자재성 등을 주장한 이념적 태도와는 차
이가 있는 현실적 태도인 것이다. 이보다 좀 더 구체적인 언급이『조선문전』
서에 있다.

吾人이先民以來로漢土의文字를借用ㅎ야本國言語와混合호민國語가漢文
의影響을受ㅎ야言語의獨홈을幾失ㅎ나語法의變化ᄂ不起홈故로文典은別立
혼門戶를保守ㅎ야外來文字의侵蝕을不破혼則 (今此)若吾文典을著ㅎ야써朝
鮮의固有言語를表出홀진딕國文漢文의區別이自劃홀ᄯᆞᆫ더러漢文이國文(語)
의範圍內에入ㅎ야我의利用될ᄯᆞ름이니

이와 같이 어법의 변화가 일어나지 않아 문전은 따로 독립하도록 지키지
만 국문의 범위 안에 한문이 이용될 수 있음을 언급하였는데, 고대 희랍과
로마의 사어가 현재 영국·프랑스 여러 나라의 활용자로 바뀐 이치에 비유
하였다(『대한문전』서에도 같은 주장). 즉 언어수이에 의한 자립성과 문자
차용의 가능성을 구별하려 하였던 것이다. 따라서 이러한 태도는 이상이나
이념이 아니라 현실을 받아들인 것이다. 이리하여 유길준은 당시까지의 전
통적인 양식의 글에서는 조선 시대의 순한문을 택하였고 개화사상과 관련
된 글에서는 그 나름대로의 국문현토식국한문 즉 유길준의 표현에 따르면
한자주위 국자부속을 택하였던 것이 아닌가 한다. 이렇게 보면『서유견문』
은 어느 정도 한자의 지식을 갖춘 독자를 대상으로 하여 개화사상을 고취하
려 한 셈인데, "朝鮮의 民衆에게 文明을 與ㅎ나라"라고 부르짖을 때 그 '민중'
은 그에게 적어도 한자 지식층이든지 아니면 한자 지식층을 매개로 한 대상
이든지 하여야 할 것이다.

그런데 한자주위 국자부속을 소학 교육에는 적용하려 한 것은 아니다. 이러한 사실은 「소학교육에 대ᄒ 의견」(1908. 6)에서 분명히 드러난다. 인세人世의 보통지식을 유년자의 뇌중腦中에 침염하여 습성이 이루어져 선량한 국민이 되게 하는 소학을 국민의 근본교육이라 하고서

一. 國語로以ᄒ는事
二. 國體에協ᄒ는事
三. 普及을圖ᄒ는事

의 교육방침으로 할 것을 주장하였다. 이에 따라 아동의 강습에 편이케 하는 동시에 자국의 정신을 양성하기 위해서는 "大韓國兒童의 敎科書籍은 大韓國語"를 씀이 좋다고 하였다. 그러나 이러한 어문일치의 방법을 따르면 '국문전주國文專主'와 '한자전폐'의 문제가 생기게 될 터인데, 우리가 한자를 차용함이 오래되어 그 동화한 습관이 국어의 일부가 되었으니 "漢文은 廢ᄒ되 漢字는 可廢치 못ᄒ나니라"라 하면서 그런즉 "小學敎科의 書籍은 國漢字를 交用ᄒ야 訓讀ᄒ는 法을 取ᄒ면 可ᄒ거니와"라고 훈독법을 주장하였다. 바로 이것이 반영된 것이 노동야학회 유길준 고문이 지은 『노동야학독본』(1908. 7)임은 이미 널리 알려진 사실이다. 훈독법은 일본에서 흔히 행하여졌던 '후리가나'라는 방식으로 예컨대

사람의事은正고直계ᄒ 연후에그功을成나니그러ᄒ고로갈오대正直ᄒ흠은事을成는本이라ᄒ나니라.(一. 제19과 30면)

禽獸과虫며魚의種類가皆其造化이어날人이獨로사람되는福을어더靈ᄒ性이잇신즉 엇디질겁지아니ᄒ리오.(一. 제7과 285면)

와 같이 한자어 위에 뜻(훈)풀이한 국문으로만 읽는 방식이다.[2] 그러기에 훈

독법에서 쓰인 한자들은 '국문의 부속품이며 보조물'이라 하였다.

이 훈독법에 대하여 훈독을 주장한 것은 매우 주목할 만한 사실이 아닐 수 없다고 하면서

> 만약 이것이 사실이라면 유길준의 국한문에 대한 생각에는 적어도 이 무렵에는 새로운 일면이 있었다고 보아야겠다.
>
> 이기문,『개화기의 국문연구』, p. 19

하고 언급한 일이 있다. "이 무렵에는 새로운 일면이 있었다"고 한다면 적어도『노동야학독본』이 간행된 1908년 이전에는 훈독법의 이용에 대한 생각이 확립되지 않았다든가 아니면 아예 없었다고 해야 할 것이다. 그러나 이에 대한 증거는 현재로서는 찾을 수가 없다. 유길준의 글들을 통해서 확인한다면 훈독을 이용한 글은『노동야학독본』뿐인데, 이 책은 서문이 없어서 그 대상 독자를 알 수는 없으나 「소학교육에 대흔 의견」의 내용으로 보아 '소학교육'을 위한 것으로 볼 수 있을 것이다. 여기서 소학이라 함은 "人世의 普通知識을 幼年者의 腦中에 浸染ᄒ야"로부터 초등교육을 뜻함을 알 수 있다. 따라서『노동야학독본』에서의 훈독법 사용은 아동들의 초등교육을 위한 것이라 해도 좋을 것이다. 일본에서 익힌 훈독법의 장점을 알고 있다가 이 책을 지으면서 초등교육을 위한 훈독법이 드러난 셈이다.

이상으로 보아 유길준은 한자주위 국자부속의 국한문혼용만을 고집한 것이 아니라 글의 성격과 대상독자에 따라 한자·한문이나 국자·국문을 선택

---

2 '훈독'은 '음독'과 대조적이다(cf.『대한문전』자서). 훈독법은 한자측부서라 하여 이능화(1906)에서 "소학교과서한자측에 서언문홀샤"라고 이미 주장한바, 그렇게 하면 순한문을 아는 아자와 순국문을 아는 속자들이 모두 읽을 수 있다고 하였다. 또한 이 훈독법은 유길준보다 이인직이 먼저 시도하였다.『만세보』에 1906년 소설단편을 연재한 것이 그 예의 하나다. 실은 훈독법을 국문에 적용한 가장 이른 경우는 1885년 일본 요코하마에서 발행된『마가의 젼ᄒ 복음셔 언히』였던 것이다. 이 모두는 잘 알려진 사실이다.

적으로 사용한 것이라 하는 것이 사실에 가깝다고 이해해야 된다. 『서유견문』(1895)을 간행하고 십여 년이 지난 때에 『노동야학독본』(1908)이 간행되었던 시간차를 두고서 유길준의 어문 사용의 태도가 달라졌다고 볼 수 없는 이유의 하나는 『대한문전』(1909)이 여전히 『서유견문』에서와 같은 한자주위 국자부속의 국한문혼용을 보이고 있는 사실로부터도 확인할 수가 있다. 다만 오랜 일본 망명을 청산하고 1907년에 귀국했을 때에 아동교육을 위해서는 훈독법이 효과적이라는 생각이 더 굳어졌을지는 모르겠다.

요컨대 유길준은 개화기 지식인으로서 한문↔국한문↔국문이라는 과정 속에서 전통적인 양식의 글에서는 순한문을 사용하고 개화사상을 고취하려는 글에서는 주로 국한문을 사용하였으며 소학교육을 위해서는 훈독식을 사용한 것을 보면 결국 글의 성격에 따라 대체로 국한문을 선택적으로 사용함으로써 조선 시대와 현대의 과도기에 처해 있었던 것이 아닌가 한다.

다음에 우리가 가장 난감한 문제로 제기할 수 있는 것은 『서유견문』에서 택한 국한문혼용 방식이 "我邦七書諺解의法"을 대략 본받았다고 한 점이다. 유길준이 1856년에 태어나서 『서유견문』을 저술하기 시작한 1887년까지 사이에 어떠한 칠서언해를 보았는지 알 수 없으나 철저한 한자주위 국자부속의 국한문혼용으로 된 칠서언해는 그 시기까지 간행된 것들 가운데 아직 알려진 것이 전혀 없다. 칠서언해의 방식은 잘 알려진 바와 같이 한문 원문에 구결과 같은 방식으로 한글로 토를 달아 제시하고 그에 대한 언해문은 정도의 차이는 있으나 우리나라 최초의 국한문혼용 방식을 택한 『용비어천가』의 가사 방식 또는 『석보상절』과 같은 불경언해, 『논어언해』 등의 칠서언해의 방식이었다. 또 시가 계통의 것들이었다. 이들 국한문혼용체의 언해문들 중에서 그래도 칠서언해 쪽이 상대적으로는 한자어를 가장 많이 쓰고 있음을 유의할 필요가 있다. 도산서원본인 관본 『중용언해』(27장)에서 예를 보면 (1)과 (2)처럼 차이를 보이는데, (1)과 같은 한자주위 국자부속의 언해문이 더러 보이기도 한다.

(1) 洋양洋양히萬만物물을發발育육ᄒ야峻쥰홈이天텬에極극ᄒ얏도다

(2) 故고로로오딕진실로지극ᄒᆫ德덕이아니면지극ᄒᆫ道도ㅣ凝응티아니ᄒ
다ᄒᆞ니라

　그런데 철저히 한자주위 국자부속의 혼용체를 사용한『서유견문』의 방식
을 택한 칠서언해들은 개화기 이후의 것들이다. 이러한 사정 때문에 칠서언
해를 본받았다는 데에 대한 논의는 아직은 없었던 것이다. 오히려『서유견
문』식의 국한문혼용체는 정병하鄭秉夏가 저술한『농정촬요農政撮要』(1885)가
최초의 단행본이었음을 지적하였고(이광린 1979, 이기문 1984), 이에 따라 이광
린(1979)에서는 유길준을 "우리나라에서 국한문혼용체의 글을 사용한 초기
에 속하는 사람"이라고 지적하고 싶을 뿐이라고 하였다. 이에는 기사의 성격
에 따라 국한문을 쓰기도 했던『한성주보』(1886년 1월~)라든가 1883년에 창
간된『한성순보』의 창간사를 실으려고 유길준이 국한문혼용체로 써 놓았던
사실도 고려되었던 것이다. 1880년대의 국한문 사용에 대한 여러 시도를 거
쳐 1894년에는 칙령으로 "法律勅 總以國文爲本漢文附譯惑混用國漢文"으로
일단 결정되었던 것이다. 그럼에도 유길준은『서유견문』간행 이후에도 이
국문위본以國文爲本한 바 없다. 또 고종실록 권32(고종 31년 갑오 10월 23일)
의 협주가 처음으로 '한자주위 국자부속'의 국한문으로 쓰였고 '이국문위본'
하지는 않은 사실은 당시의 사정을 말해 주는 것이 아닌가 싶다.
　한편 이광린(1968)에서는 다음과 같이 후쿠자와 유키치의 영향도 있었을
것이라고 하였다.

　福澤諭吉全集 3卷(岩波書店, 東京, 1932년 4월간) 298면에, "福澤 일찍부터
朝鮮人의 敎育上 그 文章을 平易케 하기 위해, 그 나라의 諺文 즉 假名文字에
漢字混用을 着目, 兪吉濬이 三田印에 寄寓할 때 兪에게 命하여, '文字의 敎'의
文章을 漢諺混用의 假名文으로 번역시켜 이러한 文章이 아니면 아니 된다고
하였다"고 한 것이 있었음을 보면, 兪吉濬이 國漢文混用體의 글을 新聞에 사

용코자 한 것은 福澤諭吉의 影響도 있었을 것이다.

만일 유길준이 후쿠자와 유키치의 명에 따라 '한언혼용漢諺混用'으로 번역 하였다면, 그러한 방식을 배웠을 것임에 틀림없을 것이다. 그리고 후쿠자와 유키치의 『서양사정』을 바탕으로 『서유견문』을 저술하였다면 그 또한 영향 을 받지 않을 수 없었을 것이다. 두 책에서 거의 '내용이 같은' 왓트의 약전略傳 일부를 보자.

瓦妬의略傳
瓦妬ᄂᆞᆫ英吉利國人이라其父가造船ᄒᆞᄂᆞᆫ業을從ᄒᆞ야家産이甚饒ᄒᆞ더니晩年 에及ᄒᆞ야家業이漸衰ᄒᆞᆫ則貧困이滋甚ᄒᆞ야其子ᄅᆞᆯ敎ᄒᆞ기不能ᄒᆞ고且瓦妬의天 稟도病이多ᄒᆞ야幼時로브터嬉戱ᄅᆞᆯ不好ᄒᆞ고一室內에恒處하야書ᄅᆞᆯ讀ᄒᆞ 며……(第十八編 四百六十六面)

ワットノ略傳ゼームス・ワットハ……其父ハ富豪ノ造船家 ナリシカ (ガ)晩年ニ及テ(デ)産ヲ破 リ家貧 シテ其子ヲ敎育スルコ(こと)能 ハス(ず) 然 ルニワットハ天稟多病 ニシテ家ヲ出ルヲ好 マス(ず)常ニ一室中ニ居テ 書ヲ讀ミ……(外篇卷一 二十二面)

위와 같은 표기를 대조하여 보면 '와투瓦妬'와 'ワット'와 같은 외국어(내지 외래어) 표기상의 차이가 있고 전체적으로 보면 한자주위 국자부속과 한언혼 용漢諺混用이라는 표현상의 차이는 있으나 같은 원칙에 따랐음을 확인할 수 가 있다. 이는 물론 의역에 의한 것이다. 『서유견문』 서와 『서양사정』(권1) 소 인小引에서조차

(我文과 漢字를 混兼ᄒᆞ야) 文章의 體裁를 不飾ᄒᆞ고 俗語를 務用ᄒᆞ야 其意 를 達ᄒᆞ기로 主ᄒᆞ니……

(此編)文章ノ體裁ヲ飾ラス(ず)勉メテ俗語ヲ用ヒタルモ只達意ヲ以テ主トスルカ(が)……

와 같이 문장의 체재를 꾸미지 않고 일반 어휘(속어)를 되도록 많이 써서 그 뜻을 통달하도록 주로 했다고 같은 내용을 같은 표기 방식으로 제시하고 있다. 이로부터 보아도 『서유견문』의 국한문혼용체의 방식이 『서양사정』의 그것에 대체로 영향을 받았다고 볼 수밖에 없을 것이다. 이것을 단적으로 말해 주는 것이 다음과 같은 「서유견문비고西遊見聞備考」의 한 항목이 아닌가 한다.

本書의 輯述홈이 或 自己의 聞見을 隨ㅎ야 論議를 立흔 者도 有ㅎ고 他人의 書를 傍考ㅎ야 譯出흔 者도 有ㅎ니 盖譯法은 文繹과 意繹의 區別이 存ㅎ야 文繹은 彼文과 我文의 相當흔 字를 只取ㅎ는 故로 或 語意의 齟齬홈이 生홈이오 意繹은 彼我의 字는 或 異ㅎ나 恒 其語意를 繹ㅎ야 假令 彼語에 投塵人眼中이라ㅎ는 意를 我語로 欺人이라 繹出홈이니 此書는 意繹을 多從홈이라

즉 문역文繹을 하든 의역意繹을 하든 한자어의 영향 관계를 무시할 수는 없을 것이다.

이상으로 보아 "我邦七書諺解"의 방식을 대략 본떴다는 것은 언해문의 국한문혼용이라는 정도의 막연한 생각으로 적어도 순한문보다는 "文字를 略解ㅎ는 者라도 易知ㅎ기" 위한 정도의 국한문혼용을 생각한 것으로 이해하고 싶고, 국한문혼용의 세부적인 방식은 『서양사정』을 비롯한 일본의 방식을 따랐다고 보아야 할 듯하다.

3. 『서유견문』 어휘들의 실체와 국문 자료의 성격

『서유견문』이 한자주위 국자부속으로 된 국한문혼용의 문장으로 구성되어 있다면 우선 우리의 관심은 한자주위에 있는 한자어들에 관심을 둘 필요가 있게 된다. 이 한자어들은 독립된 단어들이나 아니면 어근이 될 수밖에 없을 것이다. 지금까지의 연구들에서도 이에 대한 관심이 적지 않았는데, 그것들은 명사들에 집중되었으며 명사들도 보통명사와 고유명사로 나누어 연구하였는데, 보통명사들의 경우는 특히 '문역文繹'에 의하든 '의역意繹'에 의하든 『서양사정』의 영향이 컸을 것이고 고유명사의 경우는 이 책이 서양 문물에 관한 것이기에 자연히 서양 언어로부터 차용한 외래어로서의 한자어에 집중되어 온 것이 사실인데, 그런 속에서 이들 한자어 특히 국가명들이 일본식이었음을 논의하곤 하였다(성원경 1983).『서유견문』의 숱한 한자어들을 『서양사정』과의 비교만으로는 해결하기 어렵기에 여기서도 고유명사로서의 한자어들을 검토하여 보도록 하겠다.[3]

그런데 『서유견문』에서의 고유명사들은 '한역韓譯으로' 한자로 제시하는 것이 원칙이었으나 때로 '영음英音으로' 국문으로 주기한 것들도 있어서 이를 나누어 검토하여야 할 것이다. 우선 한역명 특히 지명 및 인명에 대해서는 『서유견문비고』에서 분명히 밝히고 있다.

> 地名及人名의飜譯은中國及日本의繹字가固有ᄒ나然ᄒ나我의見聞에及ᄒ
> 는者는雖我音에不合ᄒ야도採用ᄒ니英吉利及墺地利의種類며見聞의不及ᄒ
> 는者는漢字로我音에務近ᄒ게繹出ᄒ니喜時遜及秋時伊의種類라

여기서는 "我의見聞에及ᄒ는者" 예컨대 영국[英吉利], 오스트리아[墺地利] 등

---

3 이한섭(1987)에서는 고유명사를 제시한 일반어휘를 『서유견문』을 『서양사정』과 비교·조사한 결과 일본 기원의 한자어보다는 중국 기원의 한자어가 『서유견문』에 더 많이 쓰였다고 하였다.

과 같은 경우에 과연 어디에서 채용하였는가 하는 점이다. 이를 해결하려면 유길준이 영향을 크게 받은 문헌이 어느 것이고 중국의 역자譯字인가 일본의 그것인가를 밝혀야 할 것이다. 우선 유길준에게 영향을 미쳤을 대표적인 문헌으로는 청 위원魏源 찬찬撰인 『해국도지』와 일본 후쿠자와 유키치 편집인 『서양사정』을 들 수 있을 것이다.[4] 그런데 『해국도지』와 『서유견문』은 한자로 표기되었으나 『서양사정』은 대부분 가나假名로 표기되어 있어서 전반적으로 한역명을 비교하기가 어렵다. 즉

西遊見聞　　波斯 퍼시야
海國圖志　　巴社回國, 波斯國 등
西洋事情　　ペルシヤ

와 같은 경우가 그렇다. 또 하나의 어려운 점이 있는데, 『서유견문』과 『서양사정』은 어느 정도 통일된 한역명을 보이나[5] 『해국도지』는 France(또는 Franc)의 대음對音으로 "佛蘭西"를 주로 쓰면서도 "拂郞祭, 佛郞機, 和蘭西, 法蘭西, 勃蘭西, 佛朗西, 拂蘭祭" 등도 보여 비교가 어려운 것이다. 참고문헌에 따라 한역명이 달랐던 것인데, 예컨대 '불란서佛蘭西'는 『만국지리전도집』에서 쓰인 대음이며 '법란서法蘭西'는 『명사』 등에서 쓰인 대음인 것이다. 『해국도지』

4 이미 잘 알려진 바 있으나 박규수가 위원의 『해국도지』를 주면서 오늘날에는 해외에 대해서 알아야 된다는 충고를 함에 유길준은 이로부터 더욱 분발하게 되었다고 한다(김윤식, 「구당시초서」, 이광린 1969).
　본고에서는 60권으로 된 『해국도지』 도광 27년(1847년)판을 참고로 하였고 『서양사정』은 『福澤諭吉全集』의 것이 교정본이기에 慶應義塾大學 소장의 초판(1866년, 1867년, 1869년)을 영인하여다가 참고하였다. 이 초판은 전체가 가타카나로 표기되었는데 『전서』에서는 외래어 이외에는 히라가나로 바뀌었고 '伊太利, 伊多利' 등 고유명사의 한역명의 이표기가 있는 경우 이들을 통일시키는 등 교정을 보았다. 이 초판을 찾아 복사해 보내준 경응의숙대학의 박기영 객원강사께 사의를 표한다.
5 『서유견문』에는 '巴里, 巴黎' 등이 보인다. 『서양사정』에는 '澳地利, 墺地利', '百耳義, 白耳義', '伊多利, 伊太利', '荷蘭, 和蘭' 등이 보이는데, 이편에 쓰인 후자로 뒤에 『福澤諭吉全集』에서 통일시켰다.

는 예컨대 '영국(잉글랜드)'에 대하여

英吉利一名諳厄利一名英機黎一名英圭黎在奧東貿易曰英吉利
<u>盖對音飜譯無定字也</u>

라고 밝히고 있는 것처럼 아직도 일정한 대음자가 확립되지 않은 면이 있었
던 것이다. 무정자에서 오는 또는 국가 형성의 차이에서 오는 어려움까지도
감안해서 세 가지를 비교해 볼 수밖에 없는 것이 현재의 사정이다.

	Ⅰ. 서유견문	Ⅱ. 서양사정	Ⅲ. 해국도지
Ⅰ.Ⅱ.Ⅲ.	亞細亞洲	亞細亞洲	亞細亞洲, 阿細亞洲
Ⅰ.Ⅱ.Ⅲ.	歐羅巴洲	歐羅巴洲	歐羅巴洲
Ⅰ.	阿弗利加洲	阿非利加洲	利未亞洲
Ⅰ.	阿美利加洲	亞米利加洲	(阿)墨利加洲, 彌利堅洲
Ⅰ.Ⅱ.Ⅲ.	朝鮮	朝鮮	朝鮮
Ⅰ. Ⅲ.	中國(淸國, 支那)	支那	中國, ……
Ⅰ.Ⅱ.Ⅲ.	日本	日本	日本
Ⅰ.Ⅱ.Ⅲ.	英吉利	英吉利, 英國	英吉利, ……
	圖墩	龍動	蘭墩
Ⅰ.Ⅱ.	蘇格蘭	蘇格蘭	斯葛蘭
Ⅰ.Ⅱ.	阿爾蘭	阿爾蘭	愛蘭, ……
Ⅰ.Ⅱ.Ⅲ.	佛蘭西	佛蘭西	佛蘭西, 法蘭西, 佛朗機, ……
Ⅰ. Ⅲ.	巴里, 巴黎	巴理斯	巴理斯, 巴里, ……
Ⅰ.Ⅱ.	拿破崙	拿破崙	那波利稔王, 拿破侖, ……
Ⅰ.Ⅱ.Ⅲ.	日耳曼	日耳曼	日耳曼, 耶馬尼, 德亞, ……
Ⅰ.Ⅱ.	墺地利	澳地利(→墺地利)	歐塞特里阿, 奧地利, ……
Ⅰ.Ⅱ.Ⅲ.	荷蘭	荷蘭(→和蘭)	荷蘭, ……
Ⅰ. Ⅲ.	丁抹	口蓮國	大尼國, 丁抹, ……
Ⅰ. Ⅲ.	葡萄牙	葡萄牙	布路亞國, 葡萄亞, ……
Ⅰ.Ⅱ.Ⅲ.	西班牙	西班牙	大呂宋國, 西班牙, ……
Ⅰ.	土耳基	土耳格(→土耳古)	都魯機, 土耳其, ……

I. II. III.	希臘	希臘	希臘, 記利時國, ……
I. III.	俄羅斯	魯西亞	俄羅斯, ……
I. II. III.	華盛頓	華盛頓	華盛頓

비록『해국도지』에 대표적으로 쓰이는 것과는 일치하지는 않더라도 일단 보이는 것까지 합쳐 공통적으로 나타나는 것을 계산한다면

서유, 서양, 해국	11/25	즉 44%
서유, 서양	4/25	즉 16%
서유, 해국	5/25	즉 20%
서유	5/25	즉 20%
(서양, 해국	0/25	즉 0%)

와 같아서, 이 통계로만 보면 이미 동양 삼국 간에 상당히 많은 한역명이 공통적으로 쓰이고 있음을 알 수 있고『서유견문』이 특별히『서양사정』을 따랐다는 증거는 보이지 않는다. 이는 지금까지 흔히 일본의 영향이 강했을 것이라고 믿어온 것과는 다른 결과이다. 때로 '불란서佛蘭西'하면 일본어로부터의 차용어요 '법란서法蘭西'하면 중국어로부터의 차용어라고 믿어온 것도(성원경 1983) 사실이 아님을 확인할 수가 있다. 적어도 유길준의 경우는 그렇다는 것이다. "歐羅巴, 永結利, 佛浪機" 등과 "安南, 琉球, 暹羅, 錫蘭" 등은 일찍이『지봉유설』(권2, 8·9)에 실린 바 있다.

다음에는 지명, 인명 등의 한역명과 함께 국문으로 표기된 고유명사를 보자. 이들은 「방국邦國의 구별區別」에 집중적으로 나타나는데, '영음英音으로'라고 지시한 것처럼 많이 영어화하였음을 볼 수 있다. 한 예로『세계대세론』에서 "波斯 베르샤" 했던 것을 구미지역을 돌고 온 뒤의『서유견문』에서는 "波斯 퍼시야"로 바뀌었다.[6]

국문으로 표기된 이른바 영음 고유명사의 표기에서는 당시의 국문 표기

특징이 거의 그대로 드러난다. 개화기에 때로 시도되었던 부가기호의 사용은 일체 보이지 않는다. 요컨대 표기상에서는 개혁이 아니라 전통의 보수였던 것이다. 몇 가지만 지적해 보겠다.

①모음 다음의 어말 -a는 히아투스 회피형인 '-야'로 표기하였다. 『해국도지』에서는 이러한 표기 경향은 좀처럼 보이지 않는다.[7]

에시야(亞細亞)	어스트뤼아(墺地利)	칼남비야(哥倫比)
어스트뢸니아(大洋洲)	루메니아(樓彌尼亞)	볼니비야(援利比亞)
코리야(朝鮮)	롸시야(俄羅斯)	셰뤼야(世累野)
인듸야(印度)	이베시니아(阿排時尼亞)	필나델피야(必那達彼亞)
퍼시야(波斯)	나이베뤼야(羅伊比賴亞)	

②중철표기가 나타난다. 'ㄱㅋ, ㅂㅍ(때로 ㅂㅂ), ㅅㅈ, ㅅㅌ'등이 그것들이다. ('-f'에 대해서는 '-ㅂㅎ-'으로 표기해 '-b-, -p-'와 구별)

- 쎈막크(丁抹) 모록코(摩洛哥) 헤익스(赫久) 악틱크(比極海)
  안틕악틱크(南極海) 잇틀닌틱크(大西洋) 픠시틱크(太平洋) 피틕코라스(皮宅高)
- 유롭프(歐羅巴) 잡판(日本) 팁벳트(西藏)
  압흐리카(阿弗利加洲) 입흐긔니스탄(阿富汗)
- 스윗절난드(瑞典 cf. 誤字) 유나이텟트스텟즈(合衆國) 폿즈담(布朱淡)
  스크렛즈(偲嗜賴) 롯터담(祿擄淡) 밋드륏드(馬頭賴)

---

6 한역명에서도 차이를 보이는 것들이 더러 있다. 阿米利加 〉阿美利加, 魯西亞 〉俄羅斯, 土耳其 〉土耳基, 呂宋 〉西班牙, 和蘭 〉荷蘭, 比耳義 〉白耳義, 那威 〉諾威, 瓜地馬坦 〉瓜多磨羅, 関都拉 〉混斗羅斯 등.

7 일본어에서도 앞에 든 '波斯 ペルシヤ'의 경우와 같이 '-ヤ'로 표기되어 같은 모습을 보인다.

• 유나이텟트스텟즈(合衆國) 쓰궻트브뤠텐(大不列顚) 잇틀늭틱크(大西洋)

③ -ㄹㄴ- 표기가 나타난다. 이것은 -l-의 국문표기에 해당된다.

이틸네(伊太)　　　　벤에쥬멜나(彬崖朱越那) 벌닌(佰林)

할난드(荷蘭)　　　　볼니비야(撥利比亞)　　콜논(汨論)

스윗절난드(瑞典?)　　칠늬(智利)　　　　　잇틀닌틱크(大西洋)

트림플늭(杜立八刺)　필나델피야(必那達彼亞) 팔네노얄(八禮老逸)

귀테멜나(瓜多磨羅)　슬나스고(屈羅秀古)　　벨누치스탄(鱉累稦斯坦)

칼남비야(哥倫比)　　짜블닌(多佛仁)　　　　팔네스탄(巴禮斯坦)

칼닐늬오(葛逸人遨)　학슬네(鶴瑟禮)　　　　플네토(弼賴土)

텔늬스(脫累秀)

④ 'ㄹ' 다음에 원순성이 추가된 '뤠, 뤼' 등의 표기가 보인다. 'r'의 국문표기
에 해당된다.

어스트뤨리야(大洋洲)　어스트뤼야(墺地利)　셰뤼야(世累野)

쓰뤳트부뤠텐(大不列顚) 쓰뤼쓰(希臘)　　　　레베뤼여(禮排賴)

항가뤠(匈牙利)　　　　밋드뤳드(馬斗賴)　　　코스타뤼가(高斯太樓哥)

롸시아(俄羅斯)　　　　나이베뤼야(羅伊比賴亞)

'r'의 국문 표기를 위하여 원순성을 부여하려는 것은 한역명인 '아라사'의
'아'와 유사한 방식이다. 이러한 국문 표기들은 당시의 전통적인 표기법을
따르면서 한편으로는 좀 더 영어에 가까운 쪽을 따르려 한 것일 듯하다. '밋
드뤳드[馬斗賴], 함벅[咸福], 콜논[汨論], 프랑포어트[厚蘭布土]' 등이 영어화한 예들
일 것이다. 물론 국역명에서나 보이는 것이고 한역명의 경우에는 꼭 그렇다
고 볼 수는 없다. 'Paris'의 경우에 불어 발음에 가까운 '파리[巴里]'를 따르고 영

어 발음에 가까운 '파리사巴里斯'는 따르지 않았고 'Les Alps'의 경우에도 '애을
포埃乙布'를 불어처럼 취한 반면에 '앙리(Henri)'에 대해서는 '현리왕顯利王'을
택하여 불어보다는 영어에 가까운 대음을 취하였다. 좀 더 영어화한 경향은
『대한문전』(1909)에 이르러서

> 씌렛트브레텐 → 그렛쓰리톤
> 프란쓰 → 프랜쓰
> 터계 → 터키

와 같이 나타난다. 원어에 좀 더 가까워지는 경향은 외래어의 일반적인 경향
이라 할 수 있을 것이다.

이상의 외래 고유명사들은 대음 즉 음역의 경우인데, 때로 대의對意 즉 의
역[8]의 경우가 있다. '大不列顚(Great Britain)'의 '대大(Great)'가 그 예일 텐데 '개
선문凱旋門(L'Arc de Triomphe)'의 경우는 '의역'의 극치를 보인 예라 할 수 있
다. 그런데 흔히 '성聖'을 뜻하는 'Saint'의 경우에는

> 聖撒排多(산살베다) 山道明懊(산쏘밍오) 桑港(산프란세스코)

등과 같이 '성聖, 산山, 상桑' 등 여러 한역명을 씀으로써 어디까지가 음역인지
어디까지가 의역인지 판단하기가 어려운 경우도 있다.

한자주위 국자부속으로 된 『서유견문』에서 국자부속 부분은 비어휘적인
요소들이 대부분이다. 일부 어휘적 요소들과 '-ᄒ-, ᄒ-'를 제외하면 그 대부
분은 조사·어미 등의 문법적 요소들이다. 『서유견문』의 문장은 대부분 설
명문으로 되어 있기는 하나 때로 종결어미가 구어체로 쓰인 경우들이 있다.

---

8 의역은 물론 '문역'과 대조되는 개념이고 '음역'에 대조되는 개념은 유길준의 경우 '훈역訓譯'
인데 편의상 의역이라 하였다.

그 대표적인 것이 체언 다음에 쓰이는 '-(이)러라' 외에 'ᄒ더라'이다. 그런데 이 'ᄒ더라'가 쓰이는 분포가 내용에 따라 편중되어 쓰이고 있음을 볼 수 있는데, 여기에 어떤 의의가 있지 않을까 하는 것이다. 우선 총 20편의 글에 등장하는 'ᄒ더라'의 빈도를 보면 대체로 다음과 같다.

편	내용	빈도수	편	내용	빈도수
1	地球槪論 六大洲邦國 山	0	11	偏黨氣習 生涯求方 養生規則	1
2	海 江 河 湖 人種 物産	0	12	愛國誠 孩嬰撫育	1
3	邦國의權利 人民의敎育	0	13	學術來歷 軍制來歷 宗敎來歷 學業條目	2
4	人民의權利 人世의競勵	0	14	商賣大道 開化等級	0
5	政府의始初 政府의種類 政府의治制	0(5)	15	婚禮 葬禮 朋友交道 女子待接	11
6	政府의職分	1	16	衣食室 農牧 遊樂景像	6
7	收稅法 納稅法	1	17	貧院 病院 痴兒院 狂人院 盲人院 啞人院 敎導院 博覽會 博物館及園 書籍庫 演說會 新聞紙	7
8	民稅費 國債	1	18	蒸氣機關 瓦妬의略傳 蒸氣車 蒸氣船 電信機 遠語機 商社 城市	2
9	敎育制度 養兵制度	4	19	華盛敦 紐約 必那達彼亞 池家皐 寶樹墩 桑港 圖墩 立於八	19

				滿棣秀太 屈羅秀古 伊丹堡 多佛仁	
10	貨幣大本 法律의公道 巡察規制	10	20	巴里 排沙遊 馬塞里 里昻 佰林 咸福 汨論 厚蘭布土 岷仁見 布朱淡 赫久 來丁 巖秀擄淡 祿擄淡 利秀繁 螯浦 馬斗賴 哥多亞 加拉拿太 細勃 哥杜朱 沙羅高椹 巴泄老那 富羅泄 安道岬	29

이와 같이 19편과 20편에 'ᄒ더라'가 집중적으로 50% 이상 쓰이고 있는데 「각국대도회各國大都會의 경상景像」을 그린 그야말로 문자 그대로의 '서유견문'의 내용이다. 기본적으로는 묘사적 설명 또는 설명적 묘사문이지만, 구어체를 씀으로써 보다 더 생동감·현장감·현실감 있게 독자에게 전달할 수 있었을 터인즉, 'ᄒ더라'의 표현에 의하여 직접적이든 간접적이든 자신의 체험을 전달하려 했기에 이 부분에 'ᄒ더라'가 집중적으로 나타난 것이 아닌가 일단 의구심이 드는 것이다. 유길준 자신은 '-드-()더)'에 대해서 그 자신이 지은 『대한문전』의 「과거의현재동사」에서 '가드니'를 예로 하여 "過去의現在動詞ᄂ名詞의過去作用惑狀態를現在樣으로發現ᄒ미라"라고 하고, 이에 평행하여 「과거의미래동사」에서는 '갈야드니'를 예로 들었고 「과거의과거동사」에서는 '갓섯드니, 갓드니'를 예로 들고 있다. 그리고 '가든(사람), 갈야든(사람), 갓든(사람)'을 각각 '과거의 현재절분사·미래절분사·과거절분사'로 분류하여 기술하고 있다. 따라서 유길준에게 '-드-'는 과거작용혹상태로 인식되었던 것이다. 이러한 언어 인식이 『서유견문』에도 'ᄒ더라'로 반영되었다면 결국 과거작용혹상태를 구어체의 현재양現在樣으로 표현한 것이 된다. 이로 인해 여러 경상들을 더욱 생동감있게 묘사하여 독자에게 견문을 알려주

기 위해서 특히 19편과 20편에서 'ㅎ더라'가 집중적으로 쓰인 것이 아닌가 한다. 'ㅎ더라'만으로는 분석해 낼 수는 없으나, 생생한 묘사 부분을 함께 잘 검토해 보면 '세계대도회' 중에서 유길준이 방문했던 도시를 어느 정도로는 분석해 낼 수도 있지 않을까 하는 생각이 든다.[9] 예컨대 다음과 같은 경우가 그럴 것이다.

園西에本草園을實ㅎ야其花卉의芳香이人의鼻를觸ㅎ더라(寶樹墩)

其風景이間雅ㅎ고樂意가款洽ㅎ더라(屈羅秀古)

其內部에入ㅎ則滿眼ㅎ金華가燦然ㅎ더라(巴里)

明朗音이白晝를不讓ㅎ더라(巴里)

砲臺를築ㅎ야嚴重ㅎ警備를行ㅎ더라(馬塞里)

猛烈ㅎ氣像이儼然히如生ㅎ더라(伯林)

此孔을因ㅎ야俯瞰ㅎ則全府의勝景이皆眼下에森列ㅎ더라(珉仁見)

其東에藏書館이亦華美ㅎ더라(布朱淡)

만일 이러하다면 심리적으로든 감각적으로든 체험한 '과거작용혹상태를 현재양으로 발현'하되 유길준 자신이 화자가 되어 독자인 청자에게 좀 더 생동감 있게 전달하려 했다고 해야 할 것이다.

---

9 이광린(1979)에서 『서유견문』에 열거한 도시 전부를 유람한 것 같지는 않지만, 상당수는 유길준이 직접 방문한 곳이라고 생각된다고 하였다. 그런가 하면 유영익(1990)에서는 "귀로에 그는 뉴욕항에서 영국행 기선을 타고 런던에 들러 그 도시를 한 바퀴 돌아본 다음 영국을 떠나 이집트의 새이드항(Port Said)을 경유, 홍해를 통과, 싱가포르와 홍콩을 거쳐 일본에 도착하였다. 지금까지 발굴된 자료를 미루어 유길준은 『서유견문』에 소개된 유럽의 대도시 중 런던 이외의 다른 도시를 방문한 일이 없는 것 같다."와 같이 언급하여 서로 상당한 견해차를 보이고 있다.

4. 마무리

이상으로 유길준의『서유견문』을 중심으로 그의 어문사용의 실상과 그 구체적인 특징들을 살펴보았다. 그 결과를 요약하는 것으로 마무리 짓는다면 대체로 다음과 같다.

유길준은 특히 개화사상과 관련된 글들을 현토국한문혼용체로 썼는데 한자주위 국자부속의 국한문혼용체로 된 대표적인 저서가 바로『서유견문』이다. 따라서 그 독자는 한자를 아는 지식층이었을 것이다. 이러한 방식의 국한문혼용체는 전통적인 이두문·구결문과 유사한 것인데 칠서언해를 본떴다 함은 개략적인 국한문혼용체의 사용을 뜻하는 것으로 이해하고 싶었다. 실제로 한자주위 국자부속은 후쿠자와 유키치 내지 일본식 그것의 영향이 컸음을 부인할 수 없을 것이다. 드물게 보인 훈독식도 일본의 영향이었으나 그것은 소학교육을 위한 것이었다.

한자주위의 어휘형태소들은 일반어휘의 경우 일본 특히『서양사정』의 그것과 많이 일치함을 볼 수 있는데, 다만 직역·의역 부분이 그러함은 물론이다. 그러나 이한섭(1987)에서처럼 유길준에게 크게 영향을 미친 중국의 한자어들과 비교를 해 보아야 확실한 결론을 내릴 수 있을 것이다. 유길준에게 크게 영향을 미친『서양사정』과『해국도지』를『서유견문』과 비교하여 보면 외국의 지명·인명 등의 고유명사들은 종래의 여러 주장들과는 달리『서양사정』의 영향하에 있다고 보기는 어려웠고 오히려『해국도지』에 기울어 있음을 확인할 수가 있었다. 그리고 이들의 한글 표기 자료를 보면 당시의 국문 표기법의 전통을 그대로 따르되 영어식 발음을 좀 더 충실히 따르려는 경향이 보이기는 하나 늘 그런 것은 아니었고 한국어와 차이를 보이는 서양의 음성을 표기하기 위하여 딴 개화기의 인물들이 때로 시도했던 새로운 문자의 창제나 부가기호의 사용은 시도되지 않았다.

국자부속의 국문 자료에 있어서 특히 세계 대도시에 관한 기행문인 19편과 20편에 집중적으로 보이는 것이 'ᄒᆞ더라'인데, 여기서의 '-더-'를 그의『대한문전』에서 '과거작용혹상태'를 현재양을 발현한 것으로 본 것과 마찬가지로 표현했다면, 『서유견문』이란 텍스트를 도시의 묘사 부분과 함께 '-더-'가 쓰인 경우를 세밀히 분석한다면, 그가 방문한 도시들을 어느 정도 가려낼 수 있을 것이다.

출처: 『진단학보』 89, 진단학회, 2000.
붙임: 진단학회의 전통이 되어 온 한국고전연구 심포지엄의 대상 고전이 유길준의 『서유견문』이 선정되고 이에 대한 어학 분야의 발표자로 지명되어 주로 유길준의 문법론과 관련시켜 그의 언어인식을 검토하려 하였다. 특히 서명과 관련된 서양 어디를 직접 견문하였는지를 유길준 자신의 문법 인식에 따라 언어 표현을 검토해 견문지를 살펴보았다. 이는 역사연구에서 그 견문 지역의 해석에 많은 차이를 보여 왔기에 시도해 본 발표였다.

참고 문헌

강복수(1975), 『국어문법사연구』, 형설출판사.

김민수(1957), 대한문전고, 『서울대학교논문집』 5.

김완진(1972), 세종대의 어문정책에 대한 연구, 『성곡논총』 3.

김형철(1990), 개화기 문헌의 연구: 「서유견문」을 중심으로, 『경남어문』 23, 경남어문학회.

김형철(1997), 『개화기 국어 연구』, 경남대학교 출판부.

박영섭(1997), 『개화기 국어어휘자료집 5 외래어편』, 박이정.

송 민(1994), 갑오경장기의 어휘, 『새국어생활』 4-4.

안자산(1922), 『조선문학사』, 한일서점.

유영익(1990), 서유견문론, 『한국사시민강좌』 7, 일조각.

이광린(1968a), 미국유학시절의 유길준, 『신동아』 2월호. [『한국개화사연구』(1999, 일조각)에 재수록]

이광린(1968b), 유길준의 개화사상, 『한국개화사상연구』, 일조각.

이광린(1969), 「해국도지(海國圖志)」의 한국전래와 그 영향, 『한국개화사연구』, 일조각.

이기문(1975),『개화기의 국문연구』, 일조각.

이기문(1984), 개화기의 국문사용에 대한 연구,『한국문화』(서울대) 5.

이병근(1985), 주시경,『국어연구의 발자취(Ⅰ)』(김완진·안병희·이병근), 서울대
　　　　출판부.

이병근(1986), 개화기의 어문정책과 표기법문제,『국어생활』4.

이병근(1988), 개화기의 어문정리와 사전편찬,『주시경학보』1.

이병근(1998), 통감부 시기의 어휘정리와 그 전개,『한국문화』(서울대) 21.

이한섭(1987),「서유견문」에 받아들여진 일본의 한자음에 대하여,『일본학』6, 동국대.

이희승(1955),『국어학개설』, 일조각.

이희승(1962), 선구자의 회상록: 약전(畧傳),『사상계』, 5월호.

이능화 1869~1943

이능화의 국문연구와 「언문자법원출범천」

1. 머릿글

일석 이희승(1896~1989)은 1908년 13세에 관립한성외국어학교 영어부에 입학해, 그곳에서 교장서리 다음의 직위로 학감을 맡고 있던 '이능화(1869~1943) 선생'으로부터 '수신' 과목을 배웠던 제자이다. 그때 '선생 이능화'는 40세에 가까웠다. 그 과목은 주제가 상당히 넓은 범위에 걸쳤는데, 때로 서양인들의 풍속 습관이나, 세계정세 같은 것에도 미치게 되어, 쇄국정치로부터 벗어나 서양식 사고의 개화문명사상에 접어들고 있었던 당시로서는 학생들에게 지극히 새로웠고 흥미로웠을 것이다. 이 외국어학교에서 이희승이 만난 이능화의 기억은 이러했었다 한다.

선생은 퍽 평민적이요 또 진보적인 생각의 주인공이기도 했다. 개화 이후 우리는 외국인들과 접촉하지 않을 수 없는 처지에 놓여 있으므로 외국어의 지식이 절대 필요하다는 것을 역설하였고, 과거 우리 사회 양반계급의 비행 등을 통렬히 공박하는 열변을 토할 적에는, 한문 글방에서 공맹지도의 세계 밖에 모르든 우리 어린 학생들의 심성에는, 깊은 인상과 강렬한 자극을 받아, 비로소 현세에 눈을 뜨게 되는 커다란 기연을 만들어 주었든 것이다.

그리고 또

    우리가 또 선생에 대하여 가장 통쾌하게 느낀 것은 선생이 양인들과 교제하는 태도였다. 외국어학교의 교사인 영인 불인 독일인들과 상대할 때에는, 으레 불어를 사용하였으며, 선생의 그 유창한 불어는 그들로 하여금 탄복하게 하였든 것이다. 영인 독일인 교사는 다소 불어를 해득하고 있었지마는, 선생의 불어 솜씨에는 발뒤꿈치도 따를 수가 없어서, 항상 쭈볏쭈볏 머뭇머뭇하는 태도를 나타내고 있었다.

이희승은 「한말의 신사 이능화 선생」이란 글에서 이렇게 말했는데, 당시에 세계어로 기능하고 있던 외국어, 즉 프랑스어[法語=法蘭西語, 佛語=佛蘭西語]에 능통했던 이능화는 자연히 어문 문제에 관심이 클 수밖에 없었을 것이다. 이때가 통감부시대이긴 한데, 바로 대한제국(흔히 한말)의 학부에서 국문연구소를 설치하고 아직 통일되지 못한 우리의 문자표기 생활을 일정하게 정리하려고 했던 때로, 대한제국의 존폐 위기에 근대화가 진행되던 시기였다. 민족 중심의 어문연구와 통일정책 연구는 서양의 근대화 과정에서도 흔히 겪었던 사정이기도 했다. '개화, 개명, 문명화'('civilisation'의 번역어)의 근대적 기초 작업이 어문생활 면에서 이루어지고 있던 당시에 이 작업에 뛰어든 교육자의 한 사람이 바로 이능화(1869. 1. 19.~1945. 4. 12.)였다. 관립한성외국어학교 학감이었던 그는 1906년 「국문일정의견서國文一定意見書」를 황성신문에 발표함으로써 차츰 당시의 정서법 내지 맞춤법 논의에 수년간 참여하게 된다. 그 대표적인 활동이 국문연구소에 제출한 보고서 「국문연구」의 작성이다. 이후 불교와 깊은 인연을 맺으며 훈민정음 또는 언문의 연원까지 불교와 관련 있는 고대 인도의 문자, 범자(Sanscrit 문자)의 이론과 관련시켜 서술하게 되었는데, 그것이 그의 대표적인 저서 『조선불교통사』(1918)에 수록된 「언문자법원출범천」이다. 그러나 그가 이후로 종교 역사 등 딴 분야로 관심을 쏟아서 국어국문에 관한 관심은 그리 오래 가질 못했다.

2. 이능화와 국문 활동

상현 이능화의 생애는 다음과 같이 요약되기도 한다(조명기, 「조선불교통
사」 중간에 즈음하여, 1967).

著者 李能和 先生은 完山人으로 字는 子賢, 號는 尙玄이니, 一八六九년 一
月 十九日 忠淸北道 槐山 胎生이다. 少時 鄕第에서 漢學을 닦았을 뿐 英·
佛·中·日語는 전혀 獨學이다. 一八九六年에는 官立 法語學校 敎官을 거쳤
고, 다시 一九○九에는 官立漢城外國語學校의 學監까지 歷任한 바 있다. 이
黽勉은 마침내 英·佛·中·日의 四個國語에 通達하는 巨擘을 낳았다. 一九
一○年 國恥後는 오직 黍離麥秀에 감겨 學究에 專念하여 史料의 蒐集에 힘쓰
는 한편, 그 方便으로 朝鮮史編修官과 그 編修委員의 자리에 나아가기도 했
다. 그러나 그는 副業이었고 本業은 固有文化硏究에 있었음은 等身의 著作이
雄辯으로 實證하는 바다. 異邦人의 賤待와 사무치는 貧窮에도 國故의 整理를
天分으로 도맡아 報國의 본밑으로 삼았으니, 그 次骨의 刻苦는 지금 생각해
도 거룩하기 그지없다. 一九四五年 光復을 앞둔 四月 十二日 모진 가난에 시
달려도 붓을 쥔 채 차마 撰述을 놓고 말았으니, 享年 七十五歲였다.

민족의 수난기를 거쳐 민면자력黽勉自力해 온 한 지식인 이능화의 괴로운
생애의 단면을 그 후배 조명기는 이렇게 적었다. 이능화 생애의 초창기는 쓰
러져 가는 나라의 운명을 바로잡기 위해 '국어·국문' 나아가 '국사'를 통해
'국성國性' 또는 '국혼國魂'을 세우려 했던 시기다.[1] 이때를 지나 우리나라는 근
대화의 발전 대신에 일본의 식민지가 되어 많은 지식인들이 괴로운 역사를
안게 되었다. 이능화는 그 중의 한 사람이었다.

---

1 이병근(2014), 말言語은 나라의 본성本性: 주시경, 최현배, 이희승을 중심으로,『새국어생
활』24-3.

근대화의 선구자 중의 한 사람이었넌 송촌松村 지석영池錫永이 「신정국문 청의소新正國文請議疏」를 학부에 제출하고 이것이 「신정국문」으로서 정부의 안으로 받아들여지면서 1905년 7월 19일에 공포하게 되었다. 1906년에는 이능화도 「국문일정의견서」(황성신문 1906. 6. 1~2.)를 발표하기도 했다. 이 의견서는 그 내용이 오래전부터 널리 알려져 왔다. 즉

　　一 輯述國文字典一部事
　　二 小學敎科書 漢字側附書諺文事
　　三 輯術國語規範一册

등의 의견을 펼쳤다. 국문 문제에 직접 뛰어든 셈이었다. 1907년 1월 12일에 지석영은 국문연구회의 설립을 발기하고서 자신이 교장으로 있던 의학교에 '국문연구회'를 1907년 2월 2일에 창립해 윤효정尹孝定을[2] 회장으로 추대하고 자신은 총무를 맡았는데, 연구원으로는 주시경·박은식·이능화·유일선·이종일·전용규(연구원, 서기)·정운복·심의성·양기탁·유병필을 위촉하고, 편집원으로는 지석영·유병필·주시경을 위촉해 본격적으로 국문을 새로이 정리하려 하였다.[3] 몇 달 뒤인 7월 8일에 학부는 드디어 국문연구소를 개설하였는바, 지석영이 청의소를 올린 지 약 2년 후의 결실이었다. 이때는 일제에 의해 고종이 퇴위당하고 순종이 등극했던 해다. 이제 위원들을 위촉하고서는 그들에게 10개의 주제를 정하여 각각 연구안을 제출하게 하였으며 회의를 거쳐 의정안을 마련하였는바, 이능화도 보고서 「국문연구」를 학부에 제출했었다. 이렇게 하여 이 시기에 의학교의 국문연구회의 연구

---

2 소운거사紹雲居士 윤효정의 대표 저서로 1931년부터 동아일보에 연재했던 「풍운한말비사」가 있다. 그러나 여기에는 비사를 중심으로 제재를 삼아서인지 또 순종 때까지는 내려오지 않아서인지 국문연구회의 기사는 보이지 않는다.
3 신용하(1985), 「지석영전집」 해제, 13면, 『지석영전집』(한국학문헌연구소 편) 1, 아세아문화사.

위원과 학부의 국문연구소의 위원이 됨으로써 어윤적 및 지석영과 주시경을 비롯해 20세기 초반 국문 관계의 한 핵심인물이 되었던 셈이다. 그러나 국문연구소의 위원으로서의 임무가 끝나고 1910년 국치를 입게 된 후로 이능화는 새로운 학문 특히 종교사 분야로 방향을 돌리고 「조선불교통사」(1918)를 낸 이후로 점차 조선사편수회에 참여하면서는 국문연구 활동으로부터 손을 끊게 되었다.

余는 正音硏究를 중지하고 宗敎及社會等의 歷史의 硏究로 方面을 轉換하고[4] 周委員은 最初의 目的을 貫徹하야 正音講習會같은 事業을 많이 하였다. 그 結果 今日 普及의 基礎를 닦아놓았다.

이능화는 국어국문에 관해서 한때나마 이렇게 큰 관심을 가지고 있었다. 이러한 이능화의 연구에 대해 김윤경(1938)『조선문자급어학사』를 비롯한 국어학사 개설서를 제외하면 본격적인 연구나 소개는 없었는데, 어문연구의 관점에서 이기문(1975)『개화기의 국문연구』에서 국문연구소의 보고서 「국문연구」의 연구내용을 전반적으로 검토하게 되어 이능화의 「국문연구」도 분석의 대상이 되었다. 그리고 최근의 유화송(2003)「조선불교통사에 나타난 이능화의 언문 인식 고찰」에서 「언문자법원출범천」을 중심으로 검토하되, 특히 불교와의 관계에 초점을 두려 하였다. 앞의 검토는 근대화 과정에 있던 대한제국 학부의 국문연구소(1907년 7월)의 한 위원으로서 제출했던 83면이나 되는 방대한 양의 연구보고서의 내용이었는데, 어윤적과 주시경의 보고

---

4 「신생」 주시경 선생의 15기 기념호 9월호. 여기서 주 위원은 주시경을 가리킴은 물론이다. 이능화의 생애를 시대 흐름에 따라 나눌 때에 ① 어린 시절(1869~1889), ② 외국어 공부 시기(1889~1897), ③ 외국어 교수 시기(1897~1910), ④ 한국종교사 연구 시기(1912~1920), ⑤ 조선총독부 조선사 또는 편수위원 역임(1921~1937)으로 나누기도 하는데(cf. 권평(1999), 이능화와 「조선기독교급외교사」, 『연세학술논문집』 29) 이에 따르면 이능화가 국문('언문')에 관심을 둔 시기는 외국어 교수 시기에 해당되며, 이후 이를 좀 더 확대시켜 정리해 「언문자법원출범천」을 기술한 셈이다.

서에 비견할 만한 것으로 3인의 보고서 「국문연구」는 각각 별도의 책으로 엮여 있다.[5] 이 책이 나온 이듬해 1976년이 주시경의 탄생(1876년) 100주년이어서 이를 계기로 해서 이기문 교수는 『주시경전집』(상·하, 일조각)을 발간했다.[6] 국문연구소 위원으로서 위의 두 위원은 가장 활동적인 위원들이었기에 함께 검토함이 당연했을 것이다. 그러나 본격적인 국어연구를 했던 주시경에 대한 연구사적 검토가 대부분이었다. 이렇다 할 연구가 지속된 바가 뚜렷하지 않았던 이능화에 대한 연구사적 검토, 특히 그의 대표 저서 『조선불교통사』(상·중·하 2권) 안에서의 어문관계 서술(신식활자판 573-640면)에 대해선 큰 관심이 없었다. 20여 년이 흐른 다음에야 유화송(2003)이 등장한 셈이다. 「조선불교통사」 속의 「언문자법원출범천」은 제목대로 '언문자법'이 원래는 범자에서 왔으며 불교와 밀접한 관계가 있었다는 생각으로 쓴 것인데, 바로 국문연구소 연구주제 중 첫 항목의 주제가 '국문의 연원'이었던 것이다.

최근 언문 즉 훈민정음이 불교에서 나왔고 범자를 아는 신미信眉대사가 세종을 도와 창제했다는 주장이 제기되었다. 즉 법왕궁·활안 공편의 『세종대왕의 훈민정음과 혜각존자 신미대사』(2012) 등에서 훈민정음이란 문자를 실제로 지은 이는 세조 때 간경도감에서 많은 역경사업을 펼쳤던 혜각존자 신미였다고 한다. 이의 근거는 석보상절 식의 언해문으로 이루어진 이른바 『원각선종석보圓覺禪宗釋譜』 제1권 끝에 붙어 있는 간기가 '정통正統 삼년' 즉 1438년(문자 '훈민정음'이 창제된 해보다 5년이 앞선다.)이라 나타나 있음에 둔 주장이었다.[7] 근래에 중국에서 들여왔다는 책이란다. 이러한 생각이 정찬주

---

5 국문연구소에서 제시한 국문에 관한 10개의 주제에 대해 각 위원이 연구해 의견을 제시해 「국문연구」라 해서 제출했는데, 위원 중 어윤적 1책(90장)·이능화 1책(82장)·주시경 1책(103장)이었다. 그리고 나머지는 권보상(24장)·송기용(30장)·지석영(16장)·이민웅(7장)·윤돈구(11장)로 1책을 묶었다. 그리고 위원으로 임명됐던 현은·이종일·유필근은 청원했기에 아예 보고서가 없다. 초기에 참여했던 이억은 일부의 보고서를 남기기는 했다.

6 그후 김민수 교수는 주시경의 여러 자료들을 발굴해서 편집해 1992년에 「주시경전서」 전 6권을 간행했다.

7 이 책이 과연 정통 3년(1438년)의 진본인지는 알 수 없다. 이의 소개는 노태조(2003) 「원각

의 소설『천강에 비친 달』(2014) 등 여러 글들에서 우후죽순 식으로 나타나 여기저기서 서지학적 검증도 없이 마구 보인다. 급기야는 한국의 많은 방언 자료가 산스크리트어와 유사한 점이 많다고 하여 훈민정음의 범자기원설을 지지하려고도 하였다. 그리하여 정찬주(2014)에서는 훈민정음의 '創制'에서 '創=刱(처음 떠오른 생각)'은 세종이 하고, '制=지은 것'은 신미의 몫이라는 말까지 나왔다(264면). 그런데 국어학자들은 이에 대해 본격적인 논의를 아직은 펼치지 않고 있다. 일각에서의 위의 주장 자체를 대부분은 모르고 있는 듯도 하다. 1940년『훈민정음』(원본, 간송미술관 소장, 국보70호)이 발견된 이후로 지금까지는 '훈민정음'이라는 문자의 창제는 문종 정의공주 일부 왕자들의 은밀한 도움을 받기는 했어도 '세종어제世宗御製' 즉 세종의 친제親制인데, 다만 '훈민정음'이란 문자의 해설(제자해, 초성해, 중성해, 종성해, 합자해)과 예시(용자례)를 보인 해설서『훈민정음』이라는 책은 그 책에 있는 대로 세종의 명에 따라 집현전 학사들이 정인지의 지휘 아래 편찬한 세종의 명찬임을 의심한 바 없었던 것이다. 여러 해설과 예例의 작성에 참여한 집현전 학사들은 응교 최항 · 부교리 박팽년 · 수찬 신숙주 · 돈녕부주부 성삼문 · 집현전부수찬 강희안 · 이개 · 이선(현)로라 밝히고 있다. 신미대사는 전혀 보이지 않는다.

조선 시대에도 성현(1439~1504)의『용재총화』나 이수광(1563~1628)의『지봉유설』("我國諺書全倣梵字") 등을 비롯해 대한제국에 이르기까지 '범자기원설'이 '몽자蒙字기원설'과 함께 여러 번 있었으나 이를 뒷받침해 주는 논의는 거의 없었기에, 요즈음의 비국어학계의 설왕설래 현상을 긍정적이든 부정적이든 극복하기 위해서라도 이능화의 「언문자법원출범천」에서의 언문기원설을 충분히 그리고 정확히 이해할 필요가 있을 듯하다. 따라서 이제 이 글에서 필자는 이능화를 이해함에 도움이 될 수 있도록 이능화의 위의 연구를

선종석보」의 찬성 경위,『불교문화연구』2를 참조. 서지학적으로 여러 문제점을 보이는데, 이에 대해 박병철 교수는 진본이 아닐 가능성을 제기했다.

정리해 보고자 한다.

3. 국문연구소의 「국문연구」

이능화(1869~1945)는 주시경과 함께 국문연구소에서 가장 적극적인 활동을
한 위원의 한 사람이었다(이기문 1975).[8] 우선 국문연구소에 제출한 이능화의
「국문연구」의 내용을 보자. 위원회에서 토의를 거쳐 결정된 의안은 다음과
같은 10제인데, 이기문(1975)에 실린 영인본에 의하면 이능화는 다음과 같이
서술했다. 괄호 안의 숫자는 참고로 제시한 서술 분량이다. 그 다음 '상현…'
은 이능화 생각의 요점이다.

一. 國文의 淵源 字體及 發音의 沿革 (59장)

　　(상현… 世宗大王之創造, 梵字 全倣)

二. 初聲中 ㅇㆆㅿㅇ ㅱㅸㆄㅹ 八字의 復用 當否 (1장)

　　(상현… 廢而不用)

三. 初聲의 ㄲㄸㅃㅆㅉㆅ 六字竝書의 書法一定 (1장)

---

8 잘 알려진 바와 같이 학부의 국문연구소는 그 시대에 맞는 문자체계를 확립하고 정서법
을 재정비하기 위해 "국문의 원리와 연혁과 현재행용과 장래발전 등의 방법을 연구"하려
고 1907년 7월에 설립되었는바, 그 위원들로 윤치오(학부 학무국장 위원장)를 비롯해 장
헌식(학부 편집국장)·이능화(관립한성법어학교장)·현은(정삼품)·권보상(내부서기관)·
주시경·우에무라 마사키(上村正己 학부사무관)를 임명하여 주시경을 제외하면 그 대부
분이 관련 관직에 있는 사람이 중심이 되었다. 8월에는 학부 편집국장의 경질로 어윤적이
위원으로 들어왔고 9월에 이종일(정삼품)·이억(정삼품)·윤돈구(육품)·유필근(구품)·
송기용(전교관) 5인이 추가되어 실무진을 보강했다. 이보다 앞서 국문연구회를 의학교
안에 조직했던 지석영이 위원으로 뒤늦게 추가되었는데 이듬해인 1908년 1월이었다. 최
종적으로 연구안을 제출한 위원은 어윤적·이능화·주시경 외에 권보상·송기용·지석
영·이민응·윤돈구 등이었다. 연구안을 제출하지 않은 듯한 이종일은 교육자 언론인으
로 국문연구안에 필적할 글로 '언문의해(諺文義解)'(『천도교회월보』 4, 1913)가 있다(cf. 남
광우, 발음기관철등의 제창은 탁견: 설득력 있는 국한문혼용 주장, 『묵암이종일선생 경세
의 위업과 생애』, 묵암기념사업회, 1979).

(상현… ㅎㅎ 제외, 各自竝書(重音書法) 可홈)

四. 中聲中 ㆍ字廢止 ＝字刱製의 當否 (8장)

　　(상현… ㆍ字 廢止 不可, ＝字 創製 必要 無홈)

五. 終聲에 ㄷㅅ 二字 用法及 ㅈㅊㅋㅌㅍㅎ 六字도 終聲에 通用 當否 (1장)

　　(상현… 正音例義를 從홈(필요시 적용))

六. 字母의 七音과 淸濁의 區別 如何 (1장)

　　(상현… 半舌半齒及次淸次濁等音의 細密흔 分別은 甚難홈)

七. 四聲標의 用否及 國語音의 高低法 (4장)

　　(상현… 字音과 語音의 長短變化, 長音標法)

八. 字母의 音讀 一定 (2장)

　　(상현… 子音 ㅇ이응 … ㄷ디은 … 母音 ㅏ아 … ㆍㅇ)

九. 字順行順의 一定 (1장)

　　(상현… 대체로 上同)

十. 綴字法 (2장)

　　(상현… 合音書法(字必合而成音))

　서술 분량만으로 이능화의 어문인식을 평가하기는 어렵지만, 그가 언문
의 연원에 얼마나 집착했는지 가늠할 수는 있을 것이다. 총 80장의 서술 분
량 가운데서 3분의 2가 언문의 연원을 위한 서술이었던 셈이다. 말하자면 그
가 다룬 다음의 언어문자를 보면 그는 고대문명권과 관련이 있기는 하나, 세
계사적 인식 위에서 언문의 기원을 논의하려 한 셈이다. 이제 그 국문의 연
원 서술 내용을 잠시 일별하자.

(논의 동기)

諺文淵源

梵文

佛經字母

巴別臺言語

猶太古文

亞剌非亞言語文字

波斯語言文字

巴比倫塼文

猓猓古書

埃及象形文

歐洲諸國語言文字

蒙古語言文字

日文

漢文

諺文 國文

　이상은 마치 세계의 주요 문자들을 소개하는 듯한 인상을 주고 있는데, 그
것은 문자의 연원을 인류문명사 속에서의 문자 연원 관계의 실마리를 풀려
하였기 때문이었다. 우선 '언문연원'에서

　　今에 國文의 淵源을 尋求코ㅈ 홀진딕 必也 世界各國의 最古혼 種族의 生
　　成과 言文의 起始와 邦國의 交通과 變遷과 宗敎의 新舊와 年代의 遠近等을 先
　　求홀지나 그것이 世의 文運으로 더브러 상건치 아닌者 하나토 無ㅎ며 而且我
　　國文으로 더브러 或은 其左源右源의 流派를 溯攷(演繹)ㅎ며 亦或 其直接間接
　　의 關係를 參照(歸納)홀지라

라고 언급하였는바, 이를 통하여 그가 문자의 '기원起源'이라 표현하지 않고
'연원淵源'이라 표현한 이유를 짐작할 수 있고 세계의 유수한 문자들을 언급
하려 한 이유를 알 수 있을 듯하다. 그리고 이어서 '범문梵文'을 언급하되 남
북방 문자가 세미틱문자에서 나왔다고 기원까지 언급하면서 "大梵天王"으

로부터 시작된 범서에 쓰인 '실담'이란 자모는 "婆羅賀麼天王"이 만들었는데

字母라 홈은 十二轉聲이 三十四字에 編入ᄒ야 一切字를 施生홈이 母가 子
를 生홈과 如ᄒ 故로 字母라 謂ᄒ다

고 하며,

梵書字母의 總이 十二轉聲과 二十五牙舌脣齒喉 五音과 九會音(亦云趨音)
四助音이 有ᄒ야 合五十字라 古梵字體ᄂ 鳥頭蚊尾의 形이 多ᄒ며 大字小字
가 具有ᄒ며 合音之法과 平上去入四聲及平淸平濁等音의 區別이 有ᄒ더라

와 같이 '범자'인 '실담'을 언급하되 훈민정음의 제자원리를 염두에 둔 듯한
구체적인 언급을 하였다.

다음 여러 문자들에 대해서는 대체로 개략적으로 언급하였는데, 다만 '한
문'과 '언문(국문)'의 경우에는 '일문'에 이어 상당히 자세하게 서술하였다. 특
히 '언문'의 경우에는 "훈민정음, 언문자체(범자와의 대조 시도), 子音字體之
變, 諺字發音, 諺文字體及發音의 연혁" 등의 내용도 포함하고 있는데, 언문의
기원에 대한 그의 생각은 동방 삼국의 문자가 모두 불교의 영향을 받아(cf.
'源出梵天') 그 본바탕이 범자에서 온 것으로 본 이른바 범자기원론인바, 정
인지의 『훈민정음』 서문에서 말한 "象形而字倣古篆"에서의 고전이 한자라기
보다는 '범자'라는 주장을 펼치고 있다(후술할 「언문자법원출범천」을 참조).[9]
이 주장에 대해서는 이기문(1975)에서 이미 "그가 예시한 범자와 국문의 유사
(167)에서도 볼 수 있듯이 그것은 극히 부분적인 것이다. 「훈민정음해례」가

---

9 이능화는 "我國諺書全倣梵字(文獻備考李晬光言)此를據ᄒ면梵字만全倣ᄒ야諺字를造홈과如ᄒ
지라說以言之ᄒ면 諺文字體가古篆과一二倣似ᄒ字非無ᄒ나梵字를全倣ᄒ얏다爲홈이寧爲有利
ᄒ도다蓋古篆이梵字의形과如ᄒ니古篆이라謂홈은卽梵字를指홈이라"고 말했다.

밝힌 제작 원리를 부인할 수 없는 이상, 이런 부분적 유사는 무의미한 것이다."라고 비판한 바 있다.[10] 주장이나 비판이나 모두 자체 또는 자형을 두고 한 말인데 그 자체나 자형을 비교하여 영향 관계를 말하면 세계 어느 문자의 겉모양을 닮았는가에 초점을 두게 되므로 이러한 논의는 근본적인 '제자원리' 즉 새로운 문자체계를 확립하는 원리principle를 밝히려는 논의가 아니다. '연원'을 논의하려는 의도가 '글자 모양' 또는 '글자꼴'을 말하는 '자체' 내지 '자형'에 있다면 그것은 문자 차용에 불과한 셈이 된다.

그리고 "諺文字體及發音"의 연혁에서의 서술을 보면 실학시대의 서술을 무비판적으로 따르기도 하고 부정확한 발음인식으로 서술하기도 하였다. "ㅇㆁㆆ字의 發音이 差別은 微有ㅎ나 大體ᄂᆞᆫ 相似ㅎᆞᆫ 故로"라든가 이전의 실학자들처럼 "△字의 發音은 ㅅㅇ之間音"이라든가 하는 등이 그 예다.

다음의 주제 2·3·4는 훈민정음 창제 이후의 문자 변화를 인정하며 당시의 현실언어를 고려하여 문자체계를 확립하기 위한 논의로 폐기할 가능성이 있는 초성자와 중성자들을 연구한 내용이다. 전반적으로는 조략한 듯이 보이는데, 'ㆁ, ㆆ, △'자가 'ㅇ'으로 합병된다고 한 것은 발음변화를 의식한 것으로 보인다. 그리고 각자병서와 합용병서 모두 중음으로 인식한 이능화는 'ㄲ, ㄸ, ㅃ, ㅆ, ㅉ' 등의 각자병서를 씀이 이론상 타당하다고 여겼다. 그의 'ㆍ'자 폐지 불가론은 'ㅢ'자 창제 불가론과는 달리 안타깝게도 여러 사람의 비판의 표적이었다.

다음과 같은 서술은 현대어(서울말을 중심으로 한 중부방언)에서의 모음의 발음 차이를 제법 정확히 인식한 서술이라 하겠다. 즉 새로운 중성자로 제창된 'ㅢ'자와 관련된 서술에서 '이ㅇ' 합음이 원래 'ㅕ'자가 그 음이라 하면서 이를 '기사어記寫語'로써 보면 다음과 같다고 했다.

---

10 「국문연원참호연구안」에 뒤이은 「연원평증(정)안」에서 위원장 윤치오는 "李委員能和氏의 參互案"은 "所說이 雖然詳明綜覈이ᄂᆞ 亦不能免純就最近文獻上研究而已이니 亦難許其盡可이고"라 고 하여 받아들이지 않았다.

如(命令명령) (鏡城경성) 等이 習俗語音에 命鏡等字가 上位에 在ᄒ면 (이
으)로 變音되나니 如(命令밍령) (鏡城깅성) 等이라 然이나 命鏡等字를 諺文
으로 書ᄒ랴면 命令螟蟶이 皆 (명령) 鏡城 京城이 皆(경성)이 되며 且命鏡等
字가 下位에 在ᄒ면 (ㅕ)로 發音되나니 如(天命텬명) (眼鏡안경)等이라 此를
推觀ᄒ면 이으 缺音云者ᄂ ㅕ字가 其音됨이 明瞭ᄒ도다

즉 '이으'와 'ㅕ'의 상위·하위에 따른 발음 차이를 인식했음을 보여 줬다. 그
리고 "中聲字ᅳ字 創製"와 같은 주제에 한정한 나머지 위치상의 '장단음'에 의
한 발음의 차이가 이에 평행되는 사실은 제시하지 않았다. 다만 제7제 "四聲
標의 用否及 國語音의 高低法"에서 "字音과 語音의 長短變化"란 제목 아래 장
단의 구별을 "字音 四聲 中에 上聲去聲 兩音이 俚語長音에 相當ᄒ되 上位字下
位字關係로 因ᄒ야 (여가 여 或 의音)으로 變흠이 最多" 하다고 지적하고 있
다. 즉 한자음의 '장단'과 관련하여 언급했는데, '문견聞見'과 '견문見聞', '강연
講演'과 '연설演說'은 상성이 장음화한 예로 들었고, 평성이 장음화한 예로 '전錢'
과 '전塵'을 들며 '銀錢은전', '立塵션젼'과 '錢財젼지 즈은지', '塵房젼방 즈은방'
같이 상위에서의 장음이 하위에서의 단음으로 변화함을 지적하고 있다. 앞
에서도 보았듯이 이능화는 한자음의 음장에 대해 상당히 날카로운 인식을
보였는데, 아마도 그가 충북 괴산 출신으로 서울에서 지낸 음장방언 소유자
였기에 가능했을 듯하다.[11] 이리하여 첫째 합병발음으로 장음을 이루게 하
는 표기(예. 簾바알, 栗바암 등), 둘째 장음을 각기 글자 밑에 모음 'ㅡ, ㅣ, ·'
등을 더해 쓰는 표기, 셋째 장음을 일개 수획竪畫으로써 표하는 방법(예. 簾
바-ㄹ, 雄고-ㅁ 등) 등의 세 가지 방법을 제시하였다. 이는 물론 받아들여지
지 않았다.

---

11 일반어의 음장을 인식해 음장의 최소대립어를 지적한 이른 시기의 서술로는 프랑스 신부
   들의 『한불자전 *La Grammaire Coréenne*』(1881)인데 법어학교 교장을 지낸 이능화가 이 책을
   보아 참고를 했는지는 현재로서는 알 수가 없다.

주제 5의 종성 사용 문제는 주장이 뚜렷하지 않으나 정음예의正音例義를 따른다고 했고 주제 6「자모의 칠음七音과 청탁淸濁의 구별 여하如何」에서는 "半舌半齒及次淸次濁等音의 細密혼 分別"은 심히 어렵다고 했다. 그리고 주제 7「사성표四聲標와 고저법」에서는 앞에서 미리 언급한 바와 같이 장단음에 대한 인식이 있었다. 주제 8「자모의 음독 일정一定」에서는 자음의 음독은 'ㅇ이응, ㅎ히읗, ㄱ기윽, ㄴ니은, ㄷ디은, …, ㅍ피읖, ㄲ끼유, …'과 같이 초성과 종성 사이에 예외 없이 '이으'를 똑같이 넣어 읽게 하였고, 모음의 음독은 'ㅏ아, ㅑ야, ㅓ어, ㅕ여, ㅗ오, ㅛ요, ㅜ우, ㅠ유, ㅡ으, ㅣ이, ㆍㅇ'와 같이 묵음으로서의 'ㅇ'만을 얹어 읽게 하였다. 9「자순행순字順行順의 일정一定」에서는 자순을 위의 음독에서 제시한 모음과 자음의 순서를 따르되 "合母音(合中聲重中聲)"은 'ㅐ, ㅒ, ㅔ, ㅖ, ㅚ, ㅟ, ㅝ, ㄲ, ㅢ, ㆎ, ㅘ, ㅝ, ㅙ, ㅞ'의 순서로 제시하였으며, 그리고 서행書行순서로는 음절단위의 글자로 '아, 하, 가, 나, 다, 라, … 카, 타, 파, 까, 따, 빠, 싸, 짜'의 순서로 제시하였다.

4. 『조선불교통사』 속의 「언문자법원출범천」

『조선불교통사』(1918)는 이능화의 가장 대표적인 저서의 하나로 손꼽힌다.[12] 이 책은 상·중·하편으로 나누어 모두 200개의 품제品題를 서술하고 있는데,[13] 그중 하나가 바로 하편에 실린 「언문자법원출범천」(573~640면)이다. 언문의 기원을 논한 이 글이 『조선불교통사』에 실린 이유는 제목대로 언문이 원천적으로는 불교와 관련이 있다고 보았기 때문이었다. 이 글은 다음과

---

12 이 통사 간행 이후에도 이능화는 잡지 『불교』에 「이조불교사」를 20회에 걸쳐 연재했고, 그밖에 『조선불교사』, 『조선사강좌분류사』, 『조선불교본말』 등의 불교 관련서도 집필했다.

13 『조선불교통사』의 전반적인 내용은 『역주 조선불교통사』의 「해제」를 참조. 국어학사와 직·간접적으로 관련이 있는 항목으로는 「언문자법원출범천」 이외에 「세종왕」, 「문종왕」, 「세조왕」 및 「간경도감용한언문」, 「김수온조국자빈척」, 「신미백암유통불서」 등이 있다.

같은 10개의 항목과 사족 6항목으로 서술되었다(괄호 안의 언문은 역주본의 것임).

一 制作諺文(언문제작)

    (一) 訓民正音(훈민정음)

    (一) 反對諺文(언문을 반대하다)

    (二) 記錄方言(방언方言기록)

    (三) 音釋漢文(한문 음석音釋)

二 語族硏究 朝鮮語. 日本語. 蒙古語. 文法同一.(조선어 일본어 몽고어는 문법이 동일하다)(鳥居龍藏의 강연 내용에 의거함)

三 語法殊異(어법이 다름) 朝鮮語與支那語文法不同(조선어와 지나어의 문법은 다르다)

四 語音變化(어음의 변화) 朝鮮方言. 與支那文字. 混合爲一(조선방언이 지나어와 혼합되어 하나가 되었다)

五 假借漢字(가차한자)凡假借字皆用圈點(무릇 가차자假借字는 모두 동그란 점圈點을 찍었다.)

    (一) 假新羅方言假字 高句麗方言假字 百濟方言假字

    (二) 吏讀

    (三) 口訣釋義

    (四) 假字對照

(六은 없음. 역주본은 번호를 다시 붙였음)

七 諺文淵源

    (一) 世宗刱造

    (二) 委巷俚語

    (三) 東方俗文

    (四) 畏語兒文

    (五) 蒙古韻會

이상의 내용을 보면 문자사와 관련된 내용임을 금세 짐작할 수 있다.

"制作諺文[언문제작]"으로부터 본문을 서술하기에 앞서 자신의 호로 표현한 "尙玄曰[상현은 이른대]"로 시작한 머리말에서, 우선 진시황과는 달리 우리 해동은 시서를 남겼으나 우리말을 비천하다고 여기고 한문을 숭상한 결과, 상급사회 극소수만이 이 글을 읽을 수 있고 기타 다수의 백성들은 글을 모르게 되었으며, 이두를 지어 공문서에 쓰고 구결을 지어 경서를 주석했다고 하고는 '세종'이 비로소 언문을 창제하여 유록儒錄이나 범경梵經을 역석譯釋하게 됐다 했다. 이에 따라 "내가 이제 언문의 역사를 간략히 기술하여[余今略述諺文

歷史 식자들이 참고할 수 있도록 제공한다."고 했다. 이것이 이 「언문자법원출범천」을 서술한 동기가 되는데, 그 바탕은 이미 앞에서 보았듯이 「국문연구」(안)의 '언문연원'에서 보였었다. 그러나 이능화의 대부분의 저술이 그러하듯이 여기서도 관련 자료나 서술들을 수집나열하며 간혹 "尙玄曰" 하고서 자신의 의견을 펼쳤을 뿐 체계적인 서술을 시도하지는 못했다. 그리하여 그의 서술 내용이나 의도가 불분명한 경우도 없지는 않은 듯하다.

언문의 역사를 서술함에 우선 세종이 세종 25년(1443) 새로운 문자체계인 '훈민정음'을 창제한 사실을 (세종)실록에 의거해 서술하되 문자(즉 한자)에 관한 것과 우리나라 민간에서 사용하는 말도 모두 쓸 수 있다고 하며, 세종 26년(1444)에 중국 황공소黃公紹가 편찬한『고금운회』를 훈민정음을 사용하여 번역하려 한 사실을[14] 언급하였다. 이어서 세종 28년(1446)에 반포한 사실을 언급하고서는 '훈민정음'을 옮겨놓았는데, 실록본(세종어제)이 아니라 한자음 연구가 이루어진 뒤 이를 반영한『월인석보』권두본의 언해 내용을 따랐다. 따라서 그 속에는『훈민정음(예의)(해례본)』(1446)에는 없었던 한자음표기를 위한 정치음과 치두음의 변용문자 'ᅎ, ᅔ, ᅏ, ᄼ, ᄽ'(치두자)과 'ᅐ, ᅕ, ᅑ, ᄾ, ᄿ'(정치자)까지 예의 끝에 넣게 되었다. 그리고 황윤석의 「운학본원」, 홍계희의『삼운성휘』에서의 이들 구별 설명이 신숙주의『사성통고』(서문)를 따른 것이라 지적했다. 이어서 위의 설명의 바탕이 된『월인석보』에 대해 보충해 풀이를 하고 또『원각경언해』에서 한자음 표기례를 들었다.[15] 이상의 참고 자료 인용과 '상현왈' 덧풀이 방식이 이능화의 서술방식이다.

---

14 "(세종) 26년 갑자년 2월 병신 (16일) 집현전 교리 최항, 부교리 박팽년, 부수찬 신숙주, 이선로, 이개, 돈녕부주부 강희안 등에게 명하여 의사청에 나아가 언문으로『운회』(황공소가 찬한『고금운회』)를 번역하게 하고, 동궁(즉 문종), 진양대군 유(즉 세조), 안평대군 용에게 그 일을 살피고 관장하도록 하였는데 모든 것을 전하께 여쭙고 결정하였다."

15 끝부분에 "『원각경언해』인본은 이미 훈민정음을 본받았으니 앞에 기록한 글자체와 부합되지 않는 구절이 없다."[圓覺經諺解印本 旣本乎正音 則與前記之字體 節節符合也]라 했는데, 어떤 훈민정음을 보고 한 말인지 알 수 없다. 세종 때인 훈민정음 창제 당시의 자체와 세조 때 간경도감의『원각경언해』의 자체는 차이가 있음은 물론이다. 언해이기에 훈민정음을 사용했을 뿐이다. 이 점은 새로 이야기되는『원각선종석보』도 마찬가지다.

다음의 「反對諺文언문을 반대하다」에서는 실록에 수록된 최만리 등이 올린 이른바 '(언문창제반대)상소문' 중 3개항을 발췌해 수록했는데 '상현왈'은 아예 없다.

「기록방언」에서는 정인지의 훈민정음 후서를 참고하여 우리말을 기록한 이두 등을 언급했는데 어명으로 자모 28자를 제작했다는 등 정확성을 좀 잃은 서술들이 있다. 여기서 훈민정음 초·종성 8자(ㄱ, ㄴ, ㄷ, ㄹ, ㅁ, ㅂ, ㅅ, ㅇ)와 초성 9자(ㅈ, ㅊ, ㅌ, ㅋ, ㅍ, ㆆ, ㅎ, ㅿ, ㆁ), 그리고 중성 11자(ㅏ, ㅑ, ㅓ, ㅕ, ㅗ, ㅛ, ㅜ, ㅠ, ㅡ, ㅣ, ·)를 들며 말소리를 막힘없이 적게 되었다고 하더니 그 글자체는 구체적인 고증 없이 느닷없이 고전과 범자를 본떠서 만들었다고 주장하였다.

> 其字體 倣古篆梵字爲之 諸語音文字 所不能其者 悉通無涯
> [그 글자체는 고전과 범자를 본떴는데, 어음을 문자로 기록할 수 없었던 것이 모두 막힘없이 통하였다.]

이어서 『홍무정운』의 한자음도 모두 언문으로 적게 했다면서(cf. 『홍무정운역훈』) 오음의 구별, 순음의 경중, 설음의 정반正反, 청탁의 구별 등도 언급하였다. 물론 1940년에 알려진 『훈민정음(해례본)』을 볼 수 없었기에 「제자해」의 제자 원리 내용을 알 리가 없었다.

그렇다면 이능화는 오음 분류 등 음운 분류에 따라 문자를 창제한 범자의 원리를 중국음운학을 통해 수용한 훈민정음 제자 원리와의 상관성을 얼마나 정확히 이해했을까. 제자 원리를 자체 내지 자형에다 직접 끌어 붙이는 해석은 지극히 위험한 일이지 않을까.[16]

또 흔히 한자음 즉 '음운音韻'을 물으러 성삼문 등에게 명해 중국 한림학사 황찬黃瓚을 만나러 무릇 요동에 갔다 돌아오기를 13번이나 했다고 했는데, 이는 잘못된 정보 같다. 요동에 가 있는 동안에 거기서 13번 황찬을 방문했

---

16 이능화가 범자와 그 문자체계의 하위분류 체계를 알고 있었다는 기록은 보이지 않는다.

다고 보는 것이 좋지 않을까. 그리고 이는 훈민정음 창제와는 관계가 없이 한자음의 정확한 발음 즉 정음과 정운을 묻기 위한 방문이었다. 새로운 운서의 편찬을 위한 방문이 아니었을까.

「음석한문(한문 음석)」은 세종이 훈민정음을 창제한 뒤에 이로써 한자의 음운을 정리하기 위해『홍무정운』을 역훈해 엮게 하고『사성통고』등을 찬하게 했는데 신숙주가 쓴 역훈의 서문을 옮겨 놓았다. 이 서문에는 사성은 중국 남조에서 비롯되었고 칠음은 서역에서 기원했다는 말이 있는데[四聲肇於江左 七音起於西域], 신숙주의 역훈 서문의 이 부분은 다음과 같다.

> 음운은 운도상에서 옆으로 성모가 배열되고 종으로 운모가 배열되는데, 운모와 사성에 관한 고찰은 남조(남북조시대)에서 시작되었고, 성모에 관한 고찰은 인도에서 불교가 전래된 후 시작되었으나, 송나라 학자들이 운도를 만듦에 이르러 종횡으로 배열된 성모와 운모가 비로소 결합되어 자음을 표기하게 되었다(cf. 강신항,『훈민정음연구』(증보판), 1990, 189면).
>
> [切惟音韻衡有七音 縱有四聲 四聲肇於江左 七音起於西域 至于宋儒作譜而經緯 始合爲一]

서역은 곧 인도를 뜻하고 범음梵音의 원천이 되는 곳이다. 파니니문전 등 고대 인도에서의 언어학 특히 음운학의 발달은 언어학사에서 보면 서양에 뒤늦게 알려진 사실인데,[17] '아, 설, 순, 치, 후음'의 5음(반설과 반치의 반음까지 치면 7음) 분류가 조음점에 따른 자음 분류로 가장 기본적인 출발이었다. 현대언어학의 국제음성기호IPA의 그것과 일치하며, 훈민정음 초성체계의 바탕이 된 이론이기도 하다. 훈민정음은 바로 이 오음의 각 기본자를 발음기관의 모양을 본떠 우선 만들고 다시 이를 음성자질에 따라 'ㄱ-ㅋ'같이 가획을 하기도 하고 'ㄱ-ㄲ'같이 합자를 하기도 하여 문자-초성-체계를 체계적으

---

17 cf. W. Sidney Allen(1955), *Phonetics in Ancient India*, London: Oxford University Press.

로 만든 것이다. 바로 범자이론으로 중국의 불교를 통해서든 범자를 잘 알았던 신미대사를 통했든 간에 이 이론의 유입 사실과 밀접한 관계를 가질 것이다. 표음문자로 훈민정음을 창제할 때에 이러한 고대 인도의 문자론을 참고했을 가능성은 고려하여야 할 것인데, 이것이 곧 신숙주, 성현 등이 범자와 관련시켜 간단히 언급한 것이 아닌가 한다. '상현왈'이 없는데, 그렇다면 아마도 신숙주의 지식에 기댄 것이리라.

「2 語族研究」는 동경제국대학 강사 도리이 유조(鳥居龍藏)의 강연 "朝鮮語研究と蒙古語の比較"에 의존해 살펴보며 썼는데, 이른바 우랄 알타이제어의 소개다. 조선어 일본어 및 몽고어는 문법이 동일하다고 강조하고서 어족의 맥락과 종족의 원류를 구별해야 한다며 한반도의 고대 민족들을 소개하고 이른바 우랄·알타이어족의 분류를 간략히 소개했다. 이어서 「3 語法殊異어법의 다름」에서는 "조선어와 지나어는 발음상 부분적인 유사성도 없는 바가 아니나 문법이 다르다."는 점을 강조했다. 「4 語音變化어음의 변화」에서는 중국의 한문 한어의 영향을 받아 글은 이들 한문과 한어로 하며 말은 조선고유 방언(즉 우리말)으로 하여 '조선 문어文語'로 변했다고 하면서 「운학본원」에서 베껴놓은 『계림유사』에서 "水 沒물" 같은 차자표기 자료들과 또 "堂直 堂直당지" 같은 차용어들을 보여 주고 있다.

「5 假借漢字가차한자」의 자료 중 우선 '가자假字'로 신라 고구려 및 백제의 자료를 싣고 있으며, '이두'의 예로 『유서필지』의 것을 자류에 따라 실었고 '구결'은 '전자구결全字口訣' '감필구결減筆口訣'과 '언문구결諺文口訣'로 나누되 이제는 언문구결을 사용하고 있음을 언급하였다. '가자대조假字對照'에서는 조선방언가자와 일본방언가자를 대조하고서 "眞書/眞名, 假字, 口訣/假名, 吏讀/後文, 借字/宛字"를 대조한 결과 조선과 일본이 모두 고유의 글固有之文을 잃었다고 했다.

「7 諺文淵源」에서는 우선 "(一) 世宗刱造" 밑에 정인지의 훈민정음 서문(단, 해례를 지은 이들은 생략함)을 싣고서 "俚語 俗音蒙古字 등은 언문을 만드는 기초가 되었고, 古篆 梵字 등은 글자를 만드는 모형이 되었으며, 한문의 자모는 발음의 표준이 되었다."고 느닷없이 자신('尙玄曰')의 결론을 덧붙였는데 이에 대해선 이미 앞에서 언급했다.[18] "(二) 委巷俚語"에서는 최만리 상소문에서 '이어'와 관련된 부분을 실었으며 "(三) 東方俗文"에서는 신경준의 「훈민정음도해서」를 옮겼고 "(四) 畏語兒文"에서는 위굴Uigur에 대한 서술로 훈민정음과의 관련은 언급하지 않았으며 "(五) 蒙古韻會"에서는 훈민정음 창제 때에 몽고문자를 고려했다고 쓴 역대의 기록들은 언급하고서 '(六)'에서 몽고문자 즉 파스파문자의 내력을 쓰고, 나아가 "(七) 蒙古字亦出於梵字"에서 조함趙崡의 『석묵전화石墨鑴華』에서 "몽고의 자법은 모두 범천과 가로伽盧가 변한 것이다. 불교의 진언과 서로 유사하다."고 한 말을 보완 설명하고 있다. 범자, 몽고자, 훈민정음이 모두 표음문자로 음운론에 의거한 제자 원리에 있어서 어떤 상관관계가 있을지는 앞으로 조심스럽게 검토되어야 할 것이다.

먼저 「8 諺文字法」의 「(一) 倣漢字古篆」에서는 정인지의 훈민정음 후서에 나온 "象形而字倣古篆"과 최만리 등의 상소문에서 "諺文皆本古字 非新字也"에 대해 "글자 모양은 비록 옛 전문을 본떴다 하더라도 음을 쓰고 글자를 합하는 것은 모두 옛것과 반대인데, 실로 근거가 없다."고 한 말을 인용했다. 이어서 「(二) 附古篆來歷」에서 중국 고전을 이해할 수 있도록 한자의 내력을 대충 서술하되 육서나 자체 등도 언급했다.

「9 諺文字母」가 이상의 넓은 지식을 바탕으로 한 이능화의 언문자모의 원천에 대한 생각이 집중된 핵심 부분이다. 내용을 다시 다음과 같이 나누어 서술했다.

(一) 漢文字母 源於梵文 (한문의 자모는 범문에 근원한다)
(二) 諺文字母 倣於漢梵 (언문의 자모는 한문과 범문을 모방하였다)

---

18 "尙玄曰 …… 俚語(崔疏見下) 俗音(申序見下)蒙字等 爲造諺之基礎 古篆梵字等 爲作字之模型 漢文字母 爲發音之標準也"

(三) 梵字起源(범자의 기원)

(四) 滿蒙譯學(만몽번역학)

여기에서는 우선 한문의 자모가 범문에 근원한다고 했는데, 이는 '아, 설, 순, 치, 후음'과 '반설음, 반치음'의 7음 분류의 음운론이 서역에서 전래되었기 때문에 한 말이지 자체를 말한 것은 아니다. 36자를 자모로 삼아 종縱으로 사성이 되고 횡橫으로 7음이 되었다고 했다.[19] 그리고 언문은 "한문의 자모가 서역 승려의 손에서 찬해진 뒤에 우리나라 언문 초성의 표준이 된 것은 분명하다."고 했다. 역시 자체를 말한 것이 아니라 자모를 말한 것으로 훈민정음 초성자의 분류체계가 서역의 음운학에서 비롯되어 중국의 자음字音연구 즉 음운학을 거쳐 수용되었음을 뜻한다. 그래서 이능화는 이러한 설명에 중국과 조선의 운서 특히 그 속에 수록된 자모표를 인용하고는 하였던 것이다.

그런데 서역 즉 고대 인도의 문자인 범자의 유래를 설명하면서 '실담장' 50자의 분류도 언급했는데, 이 범문의 기원은 기원전 400년 정도에 문자를 발명한 바 있으나 기원후 4세기경에야 '변도야蠻都野'의 북부에 보급되었다고 소개하며, 그 남쪽에 '팔리巴亞里, Pali' 문자가 있어 북방문사와 남빙문자로 불리게 되었다고 했다. 이능화는 자체의 고전모방설을 의심했는데, 정인지·최만리 등이 훈민정음 글자는 고전을 모방했다고 한 것은 최만리가 유학자로서 범자를 말하기 꺼려했기 때문이라 하며, 후세에 이르러서야 "언문의 자체는 고전과 범자를 본떴다."고 하게 되었다는 것이다. 이에 따라 이능화는 실담장과 언문자의 모양과 음이 비슷한 몇 가지를 인용하고서는 "한문의 자모는 서역에서 시작되었으니, 먼 원인이 되기도 하고 가까운 원인이 되기도 하였다. 그러므로 나는 언문의 자법(아마도 '제자원리')은 범천에서 근원하여 나왔다."고 했다. 또 "한문의 자모가 서역 승려의 손에서 찬해진 뒤에 우리나라 언문 초성의 표준이 된 것은 분명하다而漢文字母 撰於西域僧手 後爲我東諺

---

19 cf. 七音之傳 肇自西域 而三十六字爲母 縱爲四聲 橫爲七音 而後天下之聲 總於是焉

文初聲之標準 則明矣"고도 했다. 이것이 바로 이능화의 언문기원론으로 '언문자
법원출범천'이다. 즉 문자 창제의 원리를 고대 인도의 범문에서 중국 한문을
거쳐 우리 훈민정음으로 이어졌다고 '원출범천'으로 본 셈이다. 그러나 이를
'자체'의 유사성으로 본 것은 아니어야 하는데 언자와 범자를 대조한 것을 보
면 이해가 되지 않는다. 언자 즉 훈민정음과 범자 즉 실담장 사이의 유사성
이 뚜렷하지 않음은 일찍이 이기문(1975)에서 비판했음을 앞에서 지적했었다.

몽고문자도 같은 논리로 서술했다. 그리하여 이능화는 "몽고문자를 쓰는
법과 우리 언문을 쓰는 법이 서로 비슷하며, 자법字法 역시 서로 유사하다."
고 보기도 했고, "조선 언문이 몽고문자에서 환골탈태했다."고도 보았다. 지
금까지도 그렇듯이 훈민정음 창제 원리와 범자나 몽고문자와의 영향관계는
'글자꼴(자체)'에 초점을 두는 한에 있어서는 오리무중이다. 현재는 구결자
와 같은 전통적인 우리의 자생적 문자와의 관련이 관심의 초점이 되고 있다.[20]

끝으로 「諺字沿革」은 대체로 방편자方便子 또는 서파西坡, 남악南岳, 관청觀靑
유희(1773~1837, 개명 전에는 경)의 『언문지』(1824)를 옮겨 적으며 중간중간 자신
의 생각을 역시 자신의 호를 써서 '尙玄曰'로 보인 내용이다. 당시로서는 가
장 나중에 나온 책[爲最後書]으로 "연혁이 자세하고 연구가 풍부한 까닭에 내
가 많이 취하고자 한다[而詳於沿革 富於研究 故余多取云爾]."고 이 책을 선택한 이
유를 말하고 있는데,[21] 그러면서도 어떤 판의 『언문지』를 이용했는지는 밝
히지 않았고 또 가장 나중 나온 책이라고 하면서 이 『언문지』보다 수십 년 나
중에 나온 강위의 『의정국문자모분해』(1869)를 들고 있다. 이 「언자연혁」의

---

20 이런 점에서 예컨대 이승재(1989), 차자표기 연구와 훈민정음의 문자론적 연구에 대하여
(『국어학』19) 같은 논문이 흥미롭다.

21 국문연구소 시절에 이능화는 유희의 『언문지』를 아직 구해 보지 못했던것 같다. "국문연
구회 당시에 余는 매양 주(시경) 위원과 의견을 많이 교환한바 지금 오히려 기억이 새롭
다. 그때 정음연구에 대하야 참고될 만한 서적은 얻어보기가 극난하였었다. 주 위원은 용
비가를 余는 진언집과 최세진(*잘못)의 삼운성휘와 화동정음통석과 훈민정음도해등서를
참고자료로 삼았었다. 유희씨의 언문지 같은 좋은 책은 久後에 발견되어 拙者著 조선불교
통사중 언문연원에 많이 인용하였다."(이능화, 구한국시대의 국문연구회를 회고하면서,
『신생』9월호(주시경 선생의 15기 기념호), 1929)

머리에서 역대 몇몇 언문 관련 책들을 나열했는데, 이능화의 서지에 관한 부정확한 지식은 여기서도 곳곳에 보인다. 『홍무정운』을 번역하고 『동국정운』이라고 했다 했는데, 번역서는 『동국정운』이 아니라 『홍무정운역훈』임은 물론이다. 또 유숭조(1452~1512)가 『경서언해』를 찬하였다고 했지만 경서들의 구결언해는 유숭조가 이루지 못했고 율곡 이이가 완성했었다.[22]

우선 『언문지』의 서문과 발문을 옮겨 싣고 이어서 『언문지』에 실려 있는 『운회』, 『홍무정운』, 『훈민정음』, 『정음통석』, 『유씨교정』들의 자모표(초성체계)들을 들었는데, 자모 중 'ㆁ, ㅇ, ㅱ, ◇' 등과 'ㅸ, ㅹ'의 초성자를 없앤 이유를 말했고 'ㅸ' 이외에 'ㅿ'이 "초성이 되었을 때 'ㅇ'과 비슷하게 발음되고 종성이 되었을 때에는 'ㅁ'으로 끝날 때와 비슷하게 발음된다는 것을 알 수 있다."고 아리송하게 언급하기도 했다. 언문자의 변화에 대한 이러한 관심은 이미 국문연구소의 「국문연구(안)」에서 있었던 주제였다. 그리고는 중성례로 『정음통석』의 것을 들고 『유씨교정』의 것들(ㅏ, ㅑ, ㅘ, ㅑ, ㅓ, ㅕ, ㅝ, ㅖ, ㅗ, ㅛ, ㅜ, ㅠ, ㅡ, ·, (ㅣ))을 제시했다.

'조선 순방언純方言' 중에 소리는 같되 뜻이 다른 것이 있는데, 모두 그 발음의 장단을 따름이라고 하면서 '밤단음 夜'과 'ㅂ 음' 혹은 '바- ㅁ[장음 栗]', '말단음 馬'과 'ㅁ 올' 혹은 '마- ㄹ[장음 村]' 등등의 예를 들었다. 중성에서 음장을 다룬 것은 이미 「국문연구(안)」에서 언급했던 사실로 사성과 관련된 것인데, "후세에 이르러 그 번잡한 군더더기를 싫어하여 저절로 폐기되었다."고 보았다. 종성례에서도 전통적인 운학 관계의 종성체계와 함께 유희의 것(ㄱ, ㄷ,

---

22 이숭녕(1978), 언해사업의 시대적 경향에 대하여(『민족문화』 4)에서 유숭조에 대한 『국조인물고』의 "柳崇祖精通經學 勤於誨人 奉命纂輯七書諺解口訣"[『영남인물지(嶺南人物誌)』]이란 서술은 지나친 것으로 구결에 밝았다는 정도로 이해했는데(『심악이숭녕전집』 12, 338면), 이병도는 그의 『한국유학사』(민족문화추진회, 1985)에서 이 견해를 그대로 받아들였다. 필자는 이를 확인하기 위해 경북 봉화의 유숭조를 모시는 서원을 (서울대 종교학과 유학사상사 전공의 금장태 교수와 국문학과 고전문학 전공의 권두환 교수와 함께) 방문해 그의 후손들과 함께 검토해도 더 이상 확인할 수 없었다. 수많은 인용 중심의 서술을 즐겼던 이능화의 업적은 앞으로 서지학적인 면에서 조심스럽게 재검토해야 할 것이다. 『조선불교통사』의 번역본은 이능화의 많은 이런 오류를 지적하고 있음은 정말 다행이다.

ㅂ, ㆁ, ㄴ, ㅁ, (ㄹ))을 실었는데, 이어서 '중국음 종성 ㄷ'이 '우리 음 ㄹ'로 바뀐 변례도 언급했으며 아울러 원래의 종성 'ㄷ, ㅅ' 구별표기와 '연양어聯兩語' 즉 이른바 '사이시옷'의 서술도 '빗ㅅ돗[舟之席]'의 예를 들어 유희의 생각을 전했다.

요컨대 이능화는 「언자연혁」에서 유희의 『언문지』에서 서문과 발문을 소개하고서 초성례 중성례 및 종성례의 서술을 중국 운서들과 조선 시대의 운서들과 함께 검토한 『언문지』를 소개하면서 극히 일부에 대해 자신의 견해를 비쳤다. 이들 검토 역시 자모표의 인식에 있었다 할 것이다.

이상 언문의 연혁을 보면 "조선의 언문은 이 연구 이전에는 모두 단지 발음 방법Phonetic System에 힘을 다 했을 뿐 문전규칙Grammatical Rules은 빠뜨렸다."고 하며 '상현왈'에서 한탄했다. 그래서 당시에 새로 주시경이 『조선어문법』을 저술한 일은 "훌륭한 일 중의 훌륭한 일"이라고 할 수 있다고 했다.

이어서 언문의 이능화 자신의 견해를 언급했는데, 근래에 어떤 사람이 'ㆍ, ㅏ' 두 글자의 발음이 이미 서로 비슷하므로 'ㆍ'는 중첩되고 군더더기 글자라고 여겨 드디어 제거했는데, 이는 'ㆍ' 자의 오묘한 이치를 알지 못한 소치라고 비판하며 신경준의 『훈민정음도해』의 "ㆍ는 소리의 시작이고 그 형태는 미약하다."는 생각을 따라 "ㆍ는 언문모음의 기점이며 또한 'ㅏ, ㅓ, ㅡ, ㅜ'의 중간음"이라고 '상현왈'을 전개했는데, '하ᄂᆞᆯ[天], 흙[土], ᄒᆞ니[爲尼 구결]'의 'ㆍ'가 방언에 따라 위의 여러 모음들로 나타남을 그 증거로 삼았다. 자체에서는 "ㆍ는 단독으로 음을 이루는데, ㅏ는 ㅣ와 ㆍ 두 글자가 합해서 음을 이룬 것"이라 하며, 세계문자사 특히 범자의 관점에서 이를 확대시켜 논하면서 'ㆍ'의 폐지를 강력히 반대했다.

동아시아의 한문은 'ㅡ'(음은 '이')에서 시작하고, 또 일본 가나는 'ㄱ' 자에서 시작하는데, 이는 모두 아 阿행에 속한다. 인도 범문의 50자모 실담장 또한 한 획을 阿자로 삼고 또 한 획을 啊자로 삼으니, 阿와 啊의 공덕은 헤아릴 수 없다. 곧 그 송頌에 말하기를, 아 阿자는 본래 생성하지 않았으니 곧 반야般若

이고, 啊자는 만행萬行을 행하니 곧 삼매三昧이다. …… 하물며 언문이 범자를 모방하여 창조했다는 것은 깊은 뜻을 가지고 있었다. 후세의 말학末學이 힘부로 스스로 제거하였으니, 어찌 옳다고 할 수 있겠는가. 지금 세상에서 언문을 사용하는데, 'ㆍ'자가 의연히 존재한다. 그렇지만 나는 후세 사람들이 글자를 만든 본뜻을 알지 못하고, 문득 다른 이론이 있을까 염려하여 밝힐 따름이다.

그리고 'ㆍ'자의 폐지를 주장했던 어윤적이 자신의 이상의 주장을 듣고서 "도리어 그 잘못을 깨닫고 비로소 내 말에 설복되었다."고까지 언급하며 「언문자법원출범천」 모두를 끝냈다.

끝막음을 하고서 다음의 몇 가지 사족을 붙였는데, 국문연구소의 연구주제들과 관련이 있던 내용이다. 훈민정음 예의에 의거해 대략 관견을 서술했다. 그것은 ①초·종성 통용 8자와 초성에만 쓰이는 11자, ②지금 쓰지 않는 글자도 그 이치는 보존, ③영어 일어와 언문자모의 대조, ④장음·연음 표기법, ⑤언문문자 명칭, ⑥언문반절행법 등을 덧붙였다.

5. 맺는말

이능화가 훈민정음 즉 언문의 기원에 대하여 다음과 같은 결론을 내린 셈이다.

언문의 음성은 『몽고운회』에서 모방하였고 언문의 자모는 『홍무정운』에서 본받았으며, 또 몽고자는 거루에서 변하였고, 한자모는 서역에서 시작되었으니 먼 원인과 가까운 원인이 되었다. 나는 그러므로 언문자법은 범천에서 원출하였다고 하였다.

[諺文之音聲 倣於蒙古韻會 諺文之字母 倣於洪武正韻 又蒙古字變於居數 漢字母 自西域 則或爲遠因 或爲近因 余故曰諺文字法 源出梵天也]

'원인'과 '근인'이 무엇인지 뚜렷하지 않으나, 곧 이능화는 이런 생각으로 그 제목을 「언문자법원출범천」이라 했던 것이다. 그런데 '언문자법'이 '원출범천'이라 해서 서역 곧 고대 인도의 범자에서 찾고 있는데, 그렇다면 결국 고대 인도의 범자와 그 문자론이 불교의 영향을 함께 받은 중국의 한자자모를 통해 세종대왕이 훈민정음을 창제했다는 말일 것이다. 그리고 언문의 자모가 중국의 『홍무정운』에서 본받았다면 그것은 아마도 운서들의 자모분류 방식을 본받았다는 것일 듯하다. 훈민정음에서 "ㄱ牙音如君字初發聲 ㄴ舌音如那字初發聲 ㅂ脣音如彆字初發聲 ㅅ齒音如戌字初發聲 ㅇ喉音如欲字初發聲"과 같이 '牙, 舌, 脣, 齒, 喉音'을 각각 대표하는 예로 든 '君, 那, 彆, 戌, 欲'이란 한자를 가지고 전체 자모표를 구성하는 방식을 중국에 이어 우리나라에서도 『훈민정음』 외에 『사성통고』 등 여러 운서나 『언문지』 등 언문 관련 책에서 시도했는데, 바로 이런 사실과 연결시키면서 자체字體까지도 끌어다 대려고 했던 것이 아닐까 한다. 우리가 현재 알고 있는 훈민정음의 제자원리는 고대 인도의 음성학에서처럼 조음위치에 따른 '아, 설, 순, 치, 후음' 각각의 다섯 기본자 'ㄱ, ㄴ, ㅁ, ㅅ, ㅇ'을 만들고 여기서 음성자질을 보태 가획, 나아가 합자도 하여 'ㆁ(이체) ㄱ→ㅋ↔ㄲ, ㄴ→ㄷ→ㅌ↔ㄸ, ㅁ→ㅂ→ㅍ↔ㅃ, ㅅ→ㅈ→ㅊ↔ㅉ, ㅇ→ㆆ→ㅎ↔ㆅ' 및 반설음 'ㄹ'과 반치음 'ㅿ'(異其體) 나아가서 'ㅺ, ㅄ' 등의 합자 등을 만들어 중국의 대표적인 운서들의 문자체계를 따른 것이라고 이해하고 있다. 그리고 다섯 개의 기본 글자의 모양은 오음의 각각을 발음할 때에 발음기관의 모양을 본떴다는[23] 것이다. 이것이 초성체계의 제자 원리다. 모음자는 전혀 딴 원리인 중국의 '천天 지地 인人' 삼재론에 따랐다고 보는데, 세종이 직접 만든 문자 '훈민정음'의 이 모든 해석은 1940년에야 뒤늦게 발견된 해설서(용례 포함)로서의 『훈민정음(해례본)』에 실린 내

---

23 잘 알려진 바와 같이 『훈민정음(해례본)』의 제자해에는 아음 'ㄱ'은 "象舌根閉喉之形", 설음 'ㄴ'은 "象舌附上顎之形", 순음 'ㅁ'은 "象口形", 치음 'ㅅ'은 "象齒形", 'ㅇ'은 "象喉形"처럼 발음기관을 본떴다고 분명히 말하고 있다. 범자나 몽자에는 이런 설명을 찾기 어렵다.

용인 것이다. 이능화가 이렇게 이해하고서 서술한 것이라면 지극히 타당한 해석이겠지만, 그가 본 것은 역대 몇몇 운서들과 내용 서술 없는 범자기원설과 몽자기원설이었기에 아무런 근거가 있던 것은 아니다. 제자원리와 자체 내지 자형의 원출에 대한 언급이 두리뭉실하게 된 이유는 아마도 고대 인도의 언어이론과 문자이론이 중국을 거쳐 우리나라에 들어왔으며 글자꼴 또한 고대 인도의 범자를 받아들였으리라 막연히 짐작했기 때문이 아니었을까. 문자 창제의 이론과 글자꼴의 영향은 분명히 구별했어야 했을 것이다. 그러면 이능화는 훈민정음과 범자를 일일이 대조해 유사성을 무리하게 찾지 않아도 좋았을 것이다.

이상에서 검토한 이능화의 국문에 대한 관심은 불교학자로서의 자세였으리라. 세종의 명에 의해 집현전 학사들이 편찬한 『훈민정음(해례)』이 발견되기 이전이라서 비록 조선 시대 학자들보다 한걸음 나아갔기는 하나, 여전히 조선 시대로부터 현대로 넘어오는 과도적인 모습을 보였다고 해야 할 것이다.[24] 훈민정음의 중성자는 '삼재'에 따라 설명되는데, 이능화는 이도 불교에 맞추어 '삼매三昧'의 표현으로 이해하려 하였다. 모든 것을 불교의 눈에 맞추려 하였음이 이에서도 보인다.

출처: 『애산학보』 41, 애산학회, 2015.
붙임: 『애산학보』 41호를 이능화 특집으로 기획하면서 국어학 분야에서의 이능화의 업적을 검토해 달라는 청탁으로 쓴 글이다. 이능화의 이 방면의 대표적 업적은 통감부 시절 국문연구소에서 이루어진 '국문연구'와 흔히 〈훈민정음〉의 기원에 대한 '범자기원론梵字起源論'이 있다. '국문연구'의 내용은 이미 이기문(1970)에 상세히 요약되었다. '범자기원론'은 그의 방대한 저서인 『조선불교통사朝鮮佛教通史』에 수록된 장편 논문인데, 주로 자형字形이 범자에서

---

24 필자는 대학에서 퇴임한 지 꽤 세월이 흐른 탓에 참고 자료를 구함에 좀 불편한 점이 있었다. 이 불편을 서울대 송철의 · 정승철 · 김현 교수가 덜어 주었다. 여기서 고마운 인사를 전하며 마음의 짐을 덜고 싶다.

온 것으로 이해하며 상세히 풀이하고 있는 범자기원론의 대표적 업적이다. 그러나 필자는 훈민정음 이론을 고대인도의 음학에 기원한 것으로 보고 송나라 문학을 거쳐 들어와 문자 창제의 이론적 바탕이 된 것으로 이해하려 했다.

참고 문헌

이능화(1918), 『조선불교통사』(상 · 중 · 하 3권 2책).

이능화(1967), 『조선불교통사』(중간, 권상로 정정본을 저본으로), 경희출판사.

동국대 불교문화연구원(2010), 『역주 조선불교통사』 8권, 동국대출판부.

강신항(1990), 『증보판 훈민정음연구』, 성균관대학교출판부.

권 평(1999), 이능화와 「조선기독교급외교사: 생애와 개신교사 이해를 중심으로」, 『연세학술논문집』 29.

김민수(1963), 「신정국문」에 관한 연구: 특히 '이으' 합음과 아래아를 문제로 하여, 『아세아연구』 6-1.

김민수(1964), 『국어학사』, 일조각.

김민수(1980), 『신국어학사』(전정판).

김석득(1975), 『한국어연구사』(상 · 하), 연세대학교출판부.

김윤경(1938), 『조선문자급어학사』, 진학출판협회.

노태조(2003), 「원각선종석보」의 찬성 경위, 『불교문화연구』 2.

법왕궁 · 활안 공편(2012), 『세종대왕의 훈민정음과 혜각존자 신미대사』, 삼각산문수원.

신용하(1985), 「지석영전집」 해제, 한국학문헌연구소 편, 『지석영전집』 1, 아세아문화사.

유화송(2003), 「조선불교통사」에 나타난 이능화의 언문 인식 고찰: 언문자법원출범천을 중심으로, 『불교학보』 40, 동국대 불교문화연구원.

이근수(1995), 『훈민정음신연구』, 보고사.

이기문(1975), 『개화기의 국문연구』, 일조각.

이기영(1992), 이능화, 『한국민족문화대백과사전』, 한국정신문화연구원.

이숭녕(1975), 언해사업의 시대적 경향에 대하여,『민족문화』1, 민족문화추진회.[『심
　　　악이숭녕전집』(심악이숭녕전집간행위원회편) 12, 2011에 재수록.]
이숭녕(1986), 신미의 역경사업에 관한 연구,『학술원논문집』25. [『심악이숭녕전
　　　집』(심악이숭녕전집간행위원회편) 12, 2011에 재수록]
이병도(1985),『한국유학사』, 민족문화추진회.
이종은(1993), 이능화의 생애와 학문,『이능화연구』, 집문당.
정찬주(2014),『천강에 비친 달』(세종과 신미 대사의 한글 창제 비밀 이야기), 작가
　　　정신.
Allen, W. Sidney(1953), *Phonetics in Ancient India*, London: Oxford University
　　　Press.
Pedersen, H.(1959), *Discovery of Linguistics*(trans. by J. W. Spargo), Bloomington:
　　　Indiana University Press.

개화기의 어문정책과 표기법 문제

1. 서론

1876년 개항으로부터 빚어진 외세에 의한 외래문화의 급격한 영향은 조선의 전통 문화에 커다란 변화를 안겨 주었고 정책상의 급격한 변화를 계속 겪는 소용돌이까지 일으켜 주었다. 이른바 갑오개혁이 시작된 1984년으로부터 대한제국의 새로운 기운을 일으키다가 특히 통감부시대를 거쳐 국권을 완전히 잃고서 일본의 제국주의 아래에 들어간 1910년까지는 더욱 극심한 소용돌이 속에 빠져 가고 있던 시대이다. 19세기와 20세기의 이 교체기에 그래도 어문정책에 따른 어문개혁이 있어 새로운 방향이 정립되었고 이에 따른 표기법 통일에 대한 노력이 있었으며, 나아가서 어문민족사상도 어느 정도로는 확립되게 되었다.

개화기라는 이 시기에 있어서의 어문정리 및 어문연구는 조선 시대의 그 것과 현대의 그것과의 과도기적인 성격을 띠었던 것으로 여겨진다. 말하자면 조선 시대에 제기된 어문에 관한 여러 주제들을 대부분 이어받으면서 외래적인 영향 속에서 새로운 현대적인 틀로 바꾸고 있었기 때문이다. 개화기에 앞선 시대인 실학시대의 어문에 관한 관심은 그 주류를 세 가지로 나누어 볼 수 있다. 첫째는 『훈민정음』의 전통 속에서 보인 성리학적인 중국운학식의 관심으로서, 유교를 국시로 출발했던 조선에 있어서는 당연한 것이지만 실학시대의 중국의 강력한 영향도 반영한 것이라 할 수 있다. 둘째는 어문정리에 관한 관심으로서 문자체계와 표기법에 관련되는바, 대체로 음운사적 주제들이 되기도 하는 것들이었다. 셋째는 어휘의 수집·정리에 대한 관심이다. 중국어·만주어·몽고어·왜어 등의 역학 관계의 사서는 물론이고 한자어, 고유어 그리고 방언어휘에까지 걸치는데, 어원풀이를 곁들이기도 했던 것이다. 이 세 가지의 흐름 가운데서 뒤 두 가지가 개화기로 크게 이어진 것이다.

정동유의 『주영편』 이후의 19세기에 이루어진 대표적인 어문관계의 논저로 정약용의 『아언각비』(1819), 유희의 『언문지』(1824), 김병규의 『사류박해』(1838), 석범의 『언음첩고』(1856), 정윤용의 『자류주석』(1856) 및 강위의 『동문자모분해』(1869) 등을 흔히 들고 있는데, 이들 모두 17·8세기의 전통을 이은 것들이다. 이중에서 특히 강위(1802~1884)는 궁마에 전념하던 무반의 출신으로 『고환당집古歡堂集』 등을 남긴 한학자로 김택영金澤榮, 이건창李健昌, 황현黃玹과 함께 한말의 사대시인으로 불리기도 한다. 그는 육교六橋(지금의 광교)에서 시회를 자주 가졌는데, 이때에 지석영 그리고 한어역관 출신의 운초雲草 현은玄檃 등과도 사귀었다. 지석영은 잘 알려진 바와 같이 한학자로 출발하여 양의학을 공부하면서 한편 어문정리에 깊은 관심을 보인 개화파이었고, 현은은 나중에 국문연구소의 위원, 조선총독부의 『조선어사전』(1920)의 편찬·심사위원 그리고 조선총독부의 보통학교용 언문철자법의 위원 등을 지냈던 사람이다. 이러한 인맥의 단편적인 사실만으로도 실학시대의 어문에 대한 관심의 맥락이 개화기로 이어졌을 가능성을 짐작할 수 있는 것이다.

현재의 필자에게 주어진 과제는 개화기의 어문정책과 표기법의 통일운동에 대하여 서술하는 것이다. 외세에 의한 개방과 그 개혁 그리고 외세로 빚어진 국권상실로부터 인식된 자주독립사상은 태서泰西의 새로운 교육제도를 받아들이고 교육에 의한 광범위한 지식 위에 국권을 지키려는 경향을 보이게 되었는데, 여기에 자연히 새로운 시대에 알맞은 어문정책이 수립되지 않으면 안 되었던 것이다. 개화기의 어문정책의 수립에는 유길준을 비롯하여 지석영, 이능화, 주시경 등과 같은 많은 개화적 인물들이 작용했던 것이다.

이 글에서는 청탁의 성격과 범위에 맞추어 개화기의 어문정책과 표기법 통일의 여러 문제들을 서술하되, 이 두 가지가 서로 관련있는 것이지만 편의상 두 면을 나누어서 전개시키고자 한다.[1]

2. 고종의 어문정책과 국한문혼용체

태서의 문물이 특히 18세기 후기로부터 차츰 확대·수용되는 가운데, 또다시 태서문물의 영향 속에 메이지유신을 먼저 겪은 일본의 영향이 1876년 개항 이래로 커지면서 급기야는 친일적인 김홍집 내각에 의한 갑오개혁이 1894년에 단행되기에 이르렀다.

갑오개혁에 이르기까지 개항기에 두드러진 현상의 하나가 외국인들에 의한 학교의 설립이었는바, 묄렌도르프Möllendorf와 핼리팍스Hallifax의 영어학교, 길모Gilmore, 방거Bunker, 할보Hulbert를 교사로 초빙하여 주로 영어를 가르쳤던 육영공원(Royal School, 1886) 및 배재학당(1885), 경신학원(1885), 이화학당(1886) 등등이 그 예들이 된다. 이어서 일어학당(1891), 관립한성사범학교(1895)와 외국어학교(1895) 외에 소학교까지 설립되기 시작하였으며 1899년에는 한성중학교가 설립되어 이른바 한일합병 이전에 이미 수십 개의 중학교가 있게 되었다.

태서체재의 새로운 교육기관의 출현은 당시로서는 충격적인 사회변화였을 터인데, 가장 기본적인 교육문제의 하나가 역시 어문교육이었을 것이다. 외국인 선교사들은 그들의 전교를 위하여 성서 및 기타 종교서들을 번역·

---

1 개화기의 어문정책에 관한 자료는 이응호(1975)에 힘입은 바 컸으며, 국문연구소의 어문 연구에 대하여는 이기문(1975)에 의지한 바 컸다.

출판하였고 또 사전과 문법서를 출간하였었는데, 전교에 필요한 종교서의 번역은 국문을 순용하였던 것이 일반적이었고, 사전들은 모두 그네들의 언어로 된 대역사전들이었으며, 문법서들도 대체로 그네들의 언어로 쓰여졌던 것이다. 이러한 사정은 전교의 목적 이외에 그네들의 언어교육과도 관련이 있었던 것이다. 당시의 한국인들을 위해 사전이나 문법서를 지었다면 마땅히 한국어로 썼어야 했을 것이다.

그러면 개항기를 전후한 우리나라의 문자생활은 대체로 어떠했던가? 한문만으로 쓴 한문순용체 이외에, 불가·유가의 경서들의 언해문에서 볼 수 있는 현음懸音 국한문혼용체, 용비어천가의 국문가사에서 비롯되어 많은 시가에서 주로 볼 수 있는 순수한 국한문혼용체, 그리고 윤음에서 볼 수 있는 바와 같이 한문순용체와 국문순용체를 각각 독립시킨 국한문양분체, 끝으로 국문소설이나 『잠상즙요』(1886) 등의 농서에서 볼 수 있는 국문순용체 등이 저술목적에 따라 가려 쓰이고 있었다. 19세기 후반에 민비의 기호에 힘입어 활기를 띠었던 도교계통의 명성교의 경서들은 기본적으로는 국한문양분체를 주로 썼던 것이다. 이전에 비하여 이 국한문양분체, 나아가 국문순용체가 확대되는 경향을 보였던 시대가 19세기 후반이었는데 이러한 시대에 한문의 바탕이 없는 종교서들을 태서인들이 번역함에 국문순용체를 택하게 되었음은 자연스러운 일이었다. 상하귀천은 물론이고 아녀자들에게까지 전교하려는 그들이 국문순용체를 택했음은 더욱더 자연스러운 것이었다. 『사민필지四民必知』의 '셔문'은 국문순용에 대해 다음과 같이 언급하고 있다.

소 싱각건디 즁국 글ᄯᆞ로는 모든 사ᄅᆞᆷ이 셜니 알며 널니 볼수가 업고 대한 언문은 본국 글ᄯᆞ 쁜더러 션비와 빅셩과 남녀가 널니 보고 알기 쉬우나 슬프다 대한 언문이 즁국 글ᄯᆞ에 비교ᄒᆞ야 크게 요긴ᄒᆞ것만은 사ᄅᆞᆷ들이 긴ᄒᆞᆫ 줄노 아지 아니ᄒᆞ고 도로혀 업수이 녁이니 엇지 익셕지 아니ᄒᆞ리오

개항 이후의 이러한 사정 속에서 고종은, 특히 김홍집 내각은 갑오개혁을

단행하면서 새로운 어문정책을 수립하지 않을 수 없었던 것이다. 그리하여 1894년 7월 9일에는 '의정존안제일議定存案第一'로서

凡國內外公私文字遇有外國國名地名人名日常用歐文者優以國文繙譯施行事

를 공포하였고, 이어서 7월 12일에는 '전고국조례銓考局條例'를 공포하여 보통 시험에

國文漢文寫字算術內國政略外國事情外務事情俱發策

에서와 같이 국문이 시험과목으로 벌써 들어가도록 하였으며, 7월 19일에는 관제개혁으로 의정부의 학무아문에 편집국을 두어서 그곳에서는

編輯局 掌國文綴字各國文繙譯及敎科書編輯等事 參議一員 主事四員

과 같이 국문철자, 국문번역, 교과서편집을 담당하게 함으로써 어문정책의 기초를 일단 세우게 되었다. 즉 국문을 사용할 것을 전제로 했던 것이다. 같은 해 11월 21일에는 구체적인 정부 차원의 시행령으로

法律勅 總以國文爲本漢文附譯或混用國漢文

이라는 공문식을 칙령 제1호의 제40조로 발표하게 되었던바, 이는 위에서 언급한 바와 같은 당시의 어문생활을 고려해서 의정한 것이라고 할 수 있다. 이 칙령은 이듬해인 1895년 5월 8일에 가서는

法律勅令은다國文으로써本을삼고漢譯을附하며或國漢文을混用홈

으로 다시 공포하면서도 바로 칙령의 표기처럼 국한문혼용체를 택하고 국문으로 본을 삼는 국문순용체를 따르지 않았던 것이다.

1894년 11월 21일의 칙령에 나타난 고종의 어문정책의 전환은 그해의 12월 12일에 이른바 홍범14조를 포함하여 청국으로부터 자주독립을 선언하고 새로운 여러 개혁을 제시한 "大君主 展謁宗廟誓告文(대군쥬게셔 종묘에젼알ᄒ시고밍셔ᄒ야고ᄒ신 글월)" 자체로써 "國文으로써本을삼고漢譯을附ᄒ며 或國漢文을混用홈"이란 칙령에 충실히 따르게 되었는데 이 서고문誓告文이 바로 국문순용, 한문순용 및 국한문혼용으로 쓰였던 것이다. 이미 잘 알려진 사실이기에 여기 각각 일부씩만을 예로 보인다.

(국문) 오쟉. ᄌ쥬ᄒ고. 독립ᄒ미. 이예. 국가를. 굿게홈일식.
(한문) 惟自主獨立酒厥鞏固我國家
(국한문) 惟自主獨立이 酒厥我國家를 鞏固케 홀지라

위의 이른바 국한문혼용체는 용비어천가의 국문가사나 두시언해의 언해문의 그것과는 달리 현토식의 '국문구해체國文句解體'인 것이다. 이튿날인 12월 13일에 이와 관련되어 내려진 고종의 윤음도 서고문과 같은 양식으로 되어 있다. 이는 "신하와 빅셩에게 반포ᄒ라"고 하였던 그 당시까지의 윤음의 전통적인 방식을 따르면서 국한문혼용체를 추가한 것이다. 일부의 한문본을 제외하면 흔히 윤음은 한문을 하는 '신하'는 물론이고 국문만을 아는 '빅셩'에게까지 알리기 위해서 국문본과 한문본을 모두 가지고 있었던 것이다.

슬프다. 너의무빅셩이. 실로오쟉. 나라의근본이니. ᄌ쥬홈도. 오쟉. 빅셩이며. 독립홈도. 오쟉. 빅셩이라. 인군이. 비록. ᄌ쥬코져ᄒ나. 빅셩이. 아니면. 어듸. 의지ᄒ며. 나라가. 비록. 독립코져ᄒ나. 빅셩이. 아니면. 누로. 더브러하리오.

권점으로 띄어쓰기를 대신한 이 표지방식은 위의 윤음에 바로 앞서 발표된 고종의 딴 윤음들인 '어제 유대쇼신료급중외민인등쳑샤륜음'(1881)과 '어제 유팔도사도기로인민등륜음'(1882)에서는 보이지 않았었다(띄어쓰기에 대해서는 후술 참조).

이상과 같은 고종의 어문정책은 1895년 3월 25일의 법관양성친규정(칙령 제49호)에 법관양성소의 입학시험 과목으로 '국문작문'을 부여하게 하였고 이어서 한성사범학교 본과 및 속성과의 학과목과 시험과목에도(관보 7월 24일) 그리고 순검채용에도(「순검채용규칙」 관보 8월 8일) 부여하게 하였으며 심지어는 성균관 경학과의 학과목으로 "三經四書及其諺解網目宋元明史幷本國史作文"을 부여하게 했던 것이다(관보 7월 19일). 이때에 반포된 소학칙령에 이어서 8월 15일에는 '소학교별대강小學校別大綱'에서 소학과 심상과에서의 국어·국문의 교육내용을 구체화시켰다.

尋常科에ᄂᆞᆫ近易適切ᄒᆞᆫ事物에就ᄒᆞ며平易ᄒᆞ게談話ᄒᆞ고其言語를練習ᄒᆞ야 國文의讀法書法綴法을知케ᄒᆞ고次第로國文의短文과近易ᄒᆞᆫ漢文交ᄒᆞᄂᆞᆫ文을 授ᄒᆞ고漸進ᄒᆞ기를從ᄒᆞ야讀書作文의教授學問을分別ᄒᆞᄂᆞᆫ딕讀書ᄂᆞᆫ國文과近 易ᄒᆞᆫ漢文交ᄒᆞᄂᆞᆫ文과日用書類等을授홈이可홈
讀書와作文을授ᄒᆞᄂᆞᆫ時에ᄂᆞᆫ單語短句短文等을書取케ᄒᆞ고或改作ᄒᆞ야國文 使用法과語句의用法에熟ᄒᆞ게홈이可홈

이리하여 소학교의 교육에 있어서도 국한문혼용체를 익히도록 하였는바, 그것은 국문사용법을 익히고 나아가서 국한문혼용체도 익힌다는 것이다. 이러한 고종의 어문정책은 당시에 학부에서 간행한 교과서들의 국한문혼용체를 사용하는 것으로 나타나게 되었다. 몇몇 예를 보이면

國民小學讀本(1895, p. 1) 우리 大朝鮮은 亞細亞洲中의 一王國이라
小學讀本(1985, p. 7) 天下에事와物이虛實이잇스니

新訂尋常小學(권1 1896, p. 23) 우리朝鮮은。眞實노。조흔나라이라。

와 같이 국한문혼용체로 쓰였는데, 일본인 보좌원 다카미 가메高見龜와 아사
카와 마쓰지로麻川松次郞까지 편집에 참여한 「신정심상소학」의 서에서

學ᄒᄂᆫ者ㅣ 전혀漢文만常用ᄒ야古를學홀쑨아니라時勢를헤아려國文을參
互ᄒ야쓰ᄒ 今도學ᄒ야智識을널일것시니……萬國의文法과時務의適用ᄒ者
를依據ᄒ야或物名으로譬喩ᄒ며或書圖로形容ᄒ야國文을常用홈은여러兒孩
들을위션씩닷기쉽고ᄌ홈이오漸次坐漢文으로進階ᄒ야敎育홀거시니……

라 하여 일단 국한문혼용체를 언급하고 있는데, 다만 소학교용교과서를 고
려하여 국문의 상용으로부터 시작하여 한문으로 진계進階하여 교육할 것이
라고 밝히고 있다. 이들 교과서에서의 국한문혼용체의 사용은 결국 국문을
본으로 삼는 데에는 미치지 못했고 공사문서에 흔히 적용된 "或國漢文을 混
用홈"에 그친 것이다. 이 당시에 독립신문을 비롯한 몇몇 경우에 국문순용을
주장했던 사실로부터 현실적으로는 조朝와 야野 사이에 차이가 있었음을 알
수 있다.

고종의 실제적인 어문정책에 따른 이러한 국한문혼용체의 사용은 차츰
확대되어 한일합방까지의 개화기의 대표적인 문체로 굳어져 갔다. 개화기
에 주로 국문순용체로(때로 국한문양분체로도) 번역·출판되었던 『신약전
서』들이 1906년에는 역시 성서번역위원회에서 국한문혼용체로 된 『신약전
서』를 출판한 사실이 위의 사실을 증명해 준다.

이능화는 그의 「국문일정의견서」(1906)에서 소학교과서의 한자 옆에 언문
을 달아 쓸 것을 말한 바 있었는데, 현채玄采의 『유년필독幼年必讀』(1907)은 바
로 이런 방식을 따랐던 것이다.

萬一^{만 일}닉가, 업스면, 나라에 一個人^{일 개 인}이, 업셔셔, 나라의 一分^{일 분}힘이減^감ᄒᄂ니

국문현음의 국한문혼용체를 써서 한자의 독해에 도움을 주도록 하는 이
방법은 이미 조선 시대의 많은 언해본에서 볼 수 있었던 것으로 전혀 낯선 것
이 아니었다. 한자교습서들은 물론이고 동몽들을 위한 것들이 이 방식을 써
왔음은 말할 것도 없다. 그런데 특이하게도 유길준의『노동야학독본』(1908)
에서는

人^{사람}은 天^{하날}과 地^자 사이에 가장 靈^{신령}ᄒ니라

와 같이 일본의 훈독표기와 같은 방식이 쓰이기도 하였다. 이를 읽을 경우에
는 국한문혼용체로 읽는 것이 아니라

興^{이르키}는 修^{닥그}며 少^적은 老^늙은 手^손이

의 예들이 일러주듯이 훈독하는 것이다. 일본에 유학했던 유길준에게는 이
런 훈독표기가 자연스러웠을지 모른다. 그는 "소학교육에 대한 의견"(황성신
문 1908. 6. 10.)에서 소학교과서의 편찬은 국문을 전주專主함이 가하지만 한자
를 폐지함은 미해未解하는 바로 "國漢字를 交用ᄒ야 訓讀ᄒᄂ 法을 取ᄒ면 可
ᄒ거니와"와 같이 주장했던 것이다. 역시 일본에 유학한 바 있는 이인직의
만세보에 실린 소설단편이나 「혈의 누」가 훈독표기를 처음에 따랐던 것은
잘 알려진 사실로 역시 동궤를 달린 것이다. 이 훈독표기는 이미 1885년 일
본 요코하마에서 발행된 「마가의 젼ᄒ 복음셔 언ᄒ」에서 쓰인 바 있는데,

딕져 約翰^{요하네쓰}는 駱駝^{약시}의털을입고허리의가죽씌를씌고먹는것슨蝗蟲^{황용}과野蜜^{드을쑬}이
러라

와 같이 유길준 · 이인직의 경우와 완전히 동일한 것이다. 이 훈독문을 읽을 때에는 이인직의 "國文으로만 보고 漢文으로는 보지 말으시오"라고 한 언급대로 읽어야 함은 물론이다. 일본의 영향으로 잠시 등장했던 이 훈독표기체는 우리의 표기법사에서 보면 특이한 것으로 곧 사라질 수밖에 없었다.

지금까지 우리는 고종의 어문정책에 따른 개화기 국한문혼용체의 확립을 보아 왔다. 갑오개혁 당시의 소용돌이 속에서 새로운 어문정책의 수립은 어쩔 수 없는 것이었다. 이러한 갑오개혁에 대하여 학부대신 신기선申箕善 같은 이는 반대상소문을 올리면서 그 속에서 한문을 폐지하고 국문을 사용하려 함에 반대한 바 있는데, 당시로서는 고종의 어문정책에는 파란이 따를 수밖에 없었을 것이다.

> 今에我朝鮮이獨立後에政府도一新ᄒ야社會萬事萬物을去舊就新ᄒ며 애國民의新面目을爲ᄒ야國文專用의訓令을頒布ᄒᆯ條에各各多少의波瀾을激ᄒ야一時의動搖ᄅᆯ催ᄒ고今에至ᄒ기家國實際에何ᄅᆯ標準ᄒ야方針을立ᄒᆯ지新舊間에迷ᄒ야一定方向을不整ᄒᆫ者ㅣ多多ᄒ도다(신해영, "漢文字와國文字의損益如何", 「독립협회회보」 16, 1897)

3. 문자체계와 표기법에 대한 논의

개화기에 있어서의 국한문혼용체의 확립과 국문순용체의 확대는 그것이 조선 시대 특히 실학시대의 전통을 이어받은 것이든 아니면 외세의 영향을 받은 것이든 간에 당시의 언어현실을 바탕으로 하여 문자체계와 표기법에 대한 관심을 불러 일으킬 수밖에 없었다. 학부편집국이 철법綴法까지 담당하기에 이르렀던 점이 바로 이를 잘 말해 주는 것이다.

태서의 여러 언어들로부터 받은 개항 이후의 강력한 영향은 우선 띄어쓰기의 문제에 관심을 기울이게 하였다. 국한문혼용체 특히 국문순용체의 사용은 고전소설의 경우 띄어쓰기 없이도 가능했던 것이 사실인데, 이는 국어의 교착어적인 형태론적 특성 때문이었을 것이다. 그러나 독서의 편의를 위해서 단어 또는 어절별로의 띄어쓰기를 태서문에서처럼 국문순용체의 경우 고려할 수 있었을 것이다. 개화기의 띄어쓰기는 크게 두 가지의 방식으로 나타났다. 첫째는 고종의 서고문이나 윤음의 국문순용체에서 볼 수 있었던 방식으로 대체로 어절 단위로 각각의 경계에다 점을 찍는 것이었다. 조선 시대에도 이미 쓰였던 이 방식은 국한문혼용체에는 덜 쓰였는데, 국한문혼용체는 많은 경우 어휘형태소들을 한자로 적었기에 큰 불편이 없었을 것이라고 판단했기 때문이다. 대체로 어절 단위로 기계적으로 점을 찍었던 이 띄어쓰기의 방식은 일정한 문법적 단위 예컨대 구와 절을 우권점과 중권점으로 구분하여 표기했던 『훈민정음』의 경우에는 못 미치는 것이었다. 이 권점표지법이 주시경의 『말의소리』(1914)에서 더욱 분석적으로 쓰였음은 잘 알려진 일이기도 하다. 또 하나의 띄어쓰기 방식은 현대 맞춤법의 경우와 마찬가지로 공백으로 경계를 표시하는 방식이다. 그 대표적인 예가 국문을 전주했던 『독립신문』이다. 또 그 체제를 따른 『독립협회회보』의 국문체 논설들 『미일신문』, 『죠선 크리스도인 회보』, 『대한신문』, 『구셰신문』 등이 있고 교과서의 일부분도 있다.

띄어쓰기의 필요성을 주장한 글로서는 『독립신문』의 창간사가 가장 대표적이라 할 만하다.

또 국문을 알아보기가 어려운 건 다름이 아니라 첫지는 말마디를 떼이지 아니ᄒ고 그져 줄줄 ᄂᆞ려 쓰는 ᄭᆞᆰᄋᆡ 글ᄌᆞ가 우희 부터는지 아리 부터는지 몰나셔 몃번 일거 본 후에야 글ᄌᆞ가 어디 부터는지 비로소 일그니 국문으로 쓴 편지 ᄒᆞᆫ장을 보자ᄒᆞ면 한문으로 쓴 것보다 더듸 보고 또 그나마 국문을 자조 아니 쓰는고로 셔툴어셔 잘 못봄이라

국한문혼용체 특히 국문순용체에서 어절을 단위로 하여 띄어 쓰고서 다

시 문제가 될 수 있는 경계의 표시가 어휘형태소와 문법형태소 즉 어간과 어미 사이의 그것이다. 이 경계에 대한 인식은 교착어적인 구조에 대한 인식으로 멀리는 이두의 사용에서 이미 반영되어 개화기에 이르기까지 끊임없이 이어져 왔던 것인데, 이 경계의 한 방법이 분철표기로 대신하는 것이다. 결국 받침의 문제가 제기되는데, 이미 주시경은 그의 국문론에서 체언과 조사 사이의 경계에서의 분철표기의 타당성을 주장하였다. 당시에 흔히 볼 수 있었던 '이거시~이것이~이것시'의 세 표기에서 연철의 '이거시'와 중철의 '이것시'는 다 문법으로는 대단한 실수라고 하고서, '일홈된 말'(명사)과 '그 일홈된 말 밋헤 드러가는 토'(조사)와의 "경계들을 다 올케 차자" '먹[墨]으로, 손[手]에, 발[足]은, 맘[心]이, 밥[飯]을, 붓[筆]에'와 같이 써야 하겠다고 주장하였다. 다만 용언의 경우에 모두 의존형태소들인 어간과 어미를 분철시켜 표기해야 한다는 언급은 없었다. 실제로도 체언곡용의 경우에 비해 용언활용의 경우에는 분철과 연철의 혼기가 좀 더 심했던 것이 당시의 현실이었다. 용언활용의 경우에 좀 더 철저히 분철표기를 주시경이 꾀했던 것은 형태소들을 철저히 분석했던 그의 후기의 일이다. 그의 『대한국어문법』(1906)에 따르면 '맡아도'가 '법法'으로서 '원톄와 본음과 법식'에 옳은 것이고 '마타도 맛하도 맛타도'는 '속俗'으로 그르다는 것이다. 요컨대 경계를 찾아 본음으로 표기할 것을 주장한 셈인데, 이들 문제는 결국 종성표기의 문제를 이르는 것으로, 실학시대로부터 개화기에까지 가장 깊은 관심거리의 하나이었던 것이다. 이것이 주시경의 국문동식법國文同式法의 핵심이 되었던 것으로 『훈민정음』에서의 '종성부용초성終聲復用初聲'에 근거했던 것이다. 본음 위주의 표기는 『훈민정음』에서 한 가능성으로만 제시되었고 『용비어천가』나 『월인천강지곡』에 반영되었던 방식이지만(cf. 주시경 『국어문전음학』(1908) p. 58~59), 15세기의 대부분의 문헌들에서 볼 수 있는 바와 같이 대체로 분철을 하지 않고서 '팔자가족용八字可足用'을 따랐던 일은 이미 잘 알려진 사실이다. 이 주제는 후에 국문연구소의 중요한 과제의 하나가 되었다.

개화기에 제기된 표기법상의 또 하나의 문제로는 고저·장단의 표기에 관한 것이 있다. 지석영은 그의 「국문론」(1896)에서 국문의 사용을 논하면서 국문으로만 보면 분간하기 어려운 '動(움즉일동)'과 '棟(덕들샏동)', '棄(버릴기)'와 '列(버릴열)', '擧(들거)'와 '野(들야)' 들을 점을 찍어 분간하는 것이 국문에 제일 요긴한 것이라 하였다. 이러한 생각은 그의 「신정국문」(1905)에도 반영되었고 다시 장단의 구별과 함께 그의 『언문』(1909)에 반영되어 실제로도 표기까지 하였다. 예컨대 어음에 높게 행용하는 한자에는 둥근 점으로 표하고 어음이 길게 되는 데는 둥근 권점으로 표한다는 것이다. 유희는 이미 그의 『언문지』에서 평·상·거성들을 말할 필요가 없다고 하였으며, 프랑스 선교사들의 『한어문전』(Grammaire coréene 1881)에서는 '밤[夜], 밤[栗]' 같은 예를 통해 음장의 음운론적 기능을 인식했던 것이다. 이의 문제도 국문연구소의 한 주제가 되었다.

개혁의 물결 속에서 1890년대에 제기된 또 하나의 문제로 이른바 '가로쓰기[橫書]'가 있었는바, 이는 말할 것도 없이 태서문의 영향이었다. 가로쓰기가 실제로 실행된 최초의 것으로 지석영의 『언문』(1909)을 들기도 하나 이는 사실과 다르다. 종서보다 횡서가 편리하다는 주장은 일찍이 주시경의 「국문론」(1896)에서 볼 수 있었다.

　올은 편에서 시쟉 ᄒ야 외인 편으로 써 나갈것 ᄀᆺᄒ면 글시를 쓰ᄂᆫ 손에 먹도 뭇을샏더러 몬져 쓴 글시 줄은 손에 가리여서 보이지 아니 ᄒ니 몬져 쓴 글줄들을 보지 못ᄒ면 그 다음에 써 나려 가ᄂᆫ 글 줄이 혹 빗드러 질가 염려도 되고 몬져 쓴 글시 줄들의 뜻을 싱각 ᄒ야 가며 츠츠 압 줄을 써 나려 가기가 어려오니 글시를 외인 편으로 브터 올은 편으로 써 나려 가ᄂᆫ 것이 미우 편리 ᄒ겠더라

이러한 주시경의 주장은 그 후에 국문연구소의 논의에서 아예 가로 '풀어쓰기'로 발전하여 "우리나라가밝고곱다"를 "ㅜㄹㅣ ㄴㅏㄹㅏ ㄱㅏ ㅂㅏㄹㄱ ㄱㅗ ㄱㅗㅂ ㄷㅏ"로 가로로 풀어써 보였던 것이다. 『말의 소리』(1914)에서는

자체까지 바꾸어서 "ᅮ리 ᅵ 개 ᄅ 뤼 ᅵ ᅡ ᄅ ᅩ 쌔 ᄂ ᅢᄂ ᅵ ᄀ ᅙ ᅵᄆ (우리 글의 가로쓰는 익힘)"의 실제 예문을 보였던 일은 다 알고 있는 바이다. 그런데 이 풀어쓰기가 아니고 단순히 가로로 쓰는 가로쓰기는 『언문』보다 14년이나 앞섰던 『국한회어』(표지서명은 '국한회화' 1895 건·곤)에서 이미 실행되었었다. 이 책은 필사본인데 국문으로 쓰인 표제어에 한자어·한문구로 풀이한 대역사전의 성격을 지니는 국어사전이다. 비록 국한사전이지만 어느 정도로는 현대적인 사전체재를 갖춘 최초의 것이다. 이 사전의 국문해는 주전사장主殿司長을 지냈던 이준영李準榮이 담당하였고, 한문역은 전승문원부정자前承文院副正字 정현鄭玹, 기록은 전주사前主事 이기영李琪榮, 편집은 이명선李明善, 그리고 교정은 강진희姜璡熙가 각각 담당하였다. 그 일부를 보이면 다음과 같다.

『국한회어』의 일부

『국한회어』가 가로쓰기를 택하였고 외국의 것을 모방한 사실은 그 서문에서 스스로 밝히고 있다(편의상 띄어쓰기로 바꾼다).

> 在今 聖德이 重興하사 四隣이 講和하온則 語音에 否唯을 審하고아 情誼에 親疎을 照홀지니 不得已 通譯할 機栝을 設한 後에 可할 덧한 故로 孤陋한 聞見과 鄙野한 言譜을 敢忩하옵고 方言을 竊述호딕 國文으로 語之柄을 建하며 漢文으로 語之義을 釋하고 兩文境界處엔 墨細圈으로 間隙에 點하야 眼標을 立하고 字行은 從左達右하며 簡次는 自下徹上하야 外國册規을 倣하고 音響第次는 結音이 起音을 回應하야 國文의 隔八相生한 本例을 踵하고 兩文의 淸濁은 類類이 注合하야 經緯을 條定ᄒ고 萬言을 叢集하야 國漢會語 一部을 著編하오니 僭罪ᄂ則 極知하오나 交隣通譯하난 方엔 萬一之助가 庶或하올덧.

이렇게 '종좌달우從左達右'하여 가로쓰기를 행한 이 책에서 '건乾'의 끝에 지명·국명을 한자어로 제시하고서 영어로 대역시킨 부분이 있는데 역시 가로쓰기를 하였던 것이다. 몇몇 예를 보이면 다음과 같다.

亞西洲	Asia	阿非利洲	Africa, ns
歐羅洲	Europe	亞美利可洲	America, ns
阿西洲	Oceania	高麗	Corea, ns
波里島	Polynesia	日本	Japan, ese

'외국책규外國册規를 방倣'하였다고 하였는데, 현재로서는 구체적으로 어느 사전을 참고로 하였는지 알 수가 없다. 당시까지 나왔던 한어-외국어의 대역사전들로서 파리외방선교회外邦宣敎會의『한불자전』(1880), 꼬스트G. Coste의 『한불사전』(1880) 그리고 언더우드H. G. Underwood의『한영자전』(1890), 게일J. S. Gale의『한영자전』(1890)들은 표제항의 배열순서를 대체로 '아, 야, ᄋᆞ, 어, 여, ᄋᆞ, 이, 오, 요, 우, 유, …… ᄒ, ᄀ, (시), ᄏ, ᄆ, ᄂ, ᄋ, ᄇ, (새), ᄑ, ᄅ, ᄉ, (써),

ㄷ, (ㄸ), ㅌ, ㅈ, (ㅉ), ㅊ'로 잡았었는데, 『국한회어』는 현대의 국어사전들에 가깝게 '가, (갸), 거, 겨, 고, 교, 구, 규, 그, 기, 과, 궈, ……'와 'ㄱ, ㄴ, ㄷ, ㄹ, ㅁ, ㅂ, ㅅ, ㅇ, ㅈ, ㅊ, ㅋ, ㅌ, ㅍ, ㅎ'로 하였다.

사전은 어역語譯의 기본적인 기능 이외에도 표준어, 맞춤법 등의 기능도 가지기 때문에 문자생활에 커다란 영향을 미치게 마련이다. 『국한회어』가 비록 출판은 되지 못했지만 이러한 가로쓰기로 된 사전이 당시에 쓰여졌다는 것은 가로쓰기에 대한 당시의 깊은 관심을 말해 주는 것이라 할 만하다. 이 사전의 표지서명이 『국한회화』라 된 것은 당시의 사린강화四隣講和에 따른 통역상의 일조에 그 동기가 있었기 때문이다. 조선광문회에서 주시경을 비롯한 몇 사람이 편찬한 순수한 국어사전인 『말모이』도 가로쓰기를 행하였었다.

개화기의 가장 대표적인 어문관계의 저서로 리봉운의 『국문정리』(1897)를 들고 있는데, 그 서문에 사전 편찬의 필요성도 말하고 있음을 볼 수 있다. 국문국에서 그의 『국문옥편』(1897)이 간행되었다고도 하나 현재로서는 알 길이 없다. 새로이 국문을 정리하려 한 『국문정리』는 'ㅈ모 규식, 쟝음 반절 규식, 단음 반절 규식, 외이 븟침 규식, 언어 쟝단 규식, 문법론, 문법말 규식, 탁음 규식, 어토 규식, 식 언문 규식'의 목록을 지니고 있는데, 그 내용 가운데는 'ㅎ, ·, ㅇ, △'의 음가라든가 오음(아설순치후)과 청탁의 분류, 장단음의 구별 등의 음학적 내용이 있고, 장단음을 구별하는 표기, '제몸븟침'(각자병서, ㄲㄸㅃㅆㅉ)의 사용, 일본어 청탁음의 구별 표기 등의 문자체계에 관련된 내용이 있으며, 그리고 언문일치에 관련된 표기법의 문제 등이 포함되어 있다. "언문은 본디 말을 위ㅎ야 내인 글이니 말디로 쓰는거시 올흐니"와 같이 완전한 언문일치에 이르지는 못하였다. 리봉운에게는 '이거슨, 이러ㅎ니'가 문법말 규식의 예가 되었고, '이거슨, 이러허니' 등은 속담 규식의 예가 되었던 것이다. 『국문정리』는 "금쟈에 셔찰 왕복ㅎ는디 국문 쓰는 법이 일뎡흔 규식이 업셔……"라고 한 언급에서 알 수 있는 바와 같이 새로운 정서법의 마련을 위하여 국문을 정리하려 했던 것이다.

개화기의 새로운 교육제도의 개혁과 국한문혼용체·국문순용체의 확대는 자연히 새로운 문자체계를 확립하면서 표기법을 통일하는 또는 정서법을 확립하는 과제가 주어질 수밖에 없었다. 1894년 이래의 개혁에 따라 학부의 편집국에서 국문철자를 담당하게 되었지만, 어문론자들의 집중된 연구 없이 교과서들을 편집하였기에 지석영, 이능화 같은 개화적인 교육계 인사가 각각 「신정국문」과 「국문일정의견서」를 학부에 제출하게 되었던 것 같다. 이에 자극되어 이러한 국문의 정리·연구를 위하여 학부에서는 국문연구소를 설치하게 된 것이다. 지석영은 1902년 1월 14일부터 주시경을 맞아 자주 국문에 관하여 논의를 하곤 했는데(주시경, 『대한국어문법』, 1906, p. 31~32), 주시경은 '국문식'을 짓고 국문동식회를 조직하는 등 국문동식법(즉 한글맞춤법)에 깊은 관심을 나타내어 국문강의인 『대한국어문법』(1906)을 내놓기도 하였고 이미 이의 내용을 상동청년학원의 국어강습소에서 교수한 바도 있었다. 이러한 주시경의 끈질긴 노력도 국문연구소의 관설에 간접적인 영향을 미쳤다고 할 수 있다.

국문연구소는 1907년 7월 8일에 학부대신 이재곤李載崑의 청의로 각의를 거쳐 내각총리대신과 학부대신이 상주몽재上奏蒙裁하여 학부 안에 개설하게 되었는바, 국문의 원리, 연혁, 현재행용, 장래발전 등의 방법을 연구·토의하면서 1909년 12월까지 대체로 그 정리를 끝냈던 것이다. 이는 통감부시대의 일이었다. 그러기에 1907년 7월 12일에 임명된 임원에는 윤치오(위원장 학무국장), 장헌식(편집국장), 이능화(관립한성법어학교장), 현은(정3품), 권보상(내부서기관), 주시경 이외에 일본인 우에무라 마사키(上村正己 학부 사무관, 이듬해는 비서과장대변)가 들어가게 되었던 것이다. 이들 위원들은 주시경을 제외하면 모두 관직에 있었던 사람들로 이 연구소의 성격을 능히 짐작할 수 있게 한다. 현은은 1860년에 태어나 만 20세에 증광시에 합격하여 한어역관을 지내면서 강위와 교분을 맺었던 사람으로, 총독부시대에는 『조선어사전』의 편찬과 보통학교용 언문철자법의 제정에 위원으로 참여하기도 하였다. 국문연구소가 설립된 지 한 달이 좀 넘은 8월 19일에는 학부 편집

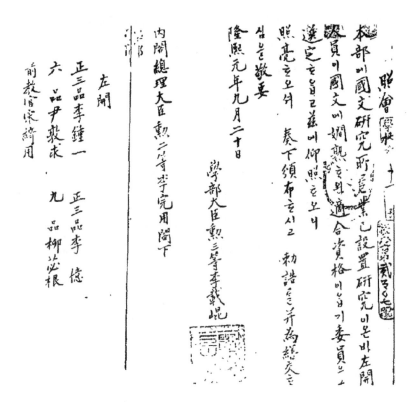

「국문연구소위원선정조회」

국장의 경질로 새 국장인 어윤적이 위원이 되었는바, 편집국장이 학무국장과 함께 당연직위원이었다면 나아가서 국문연구소는 개화기의 학부 편집국이 국문철자를 담당했던 사실과 역사적인 맥락이 이어졌다고 할 수 있을 듯하다. 다만 국문연구소는 통감부의 철저한 감시 속에 있었던 것이다.

위원회는 9월 16일에 개회되기 시작하였고, 9월 20일에는 이종일(정3품), 이억(정3품), 윤돈구(6품), 송기용(전교관), 유필근(9품)이 "國文에 嫻熟ᄒ와 適合資格이옵기" 위원으로 선정되어 23일에 임명되었다. 이어서 지석영이 이듬해(1908) 1월 21일에, 그리고 이민응이 6월 4일에 위원으로 임명되었다. 말기에는 또다시 일본인 구마베 이쓰오隅部一男(학부 주사)를 서기로 임명하여 '보호정책保護政策'에 발맞추었다. 현은, 이종일, 유필근, 이억 등은 중도에

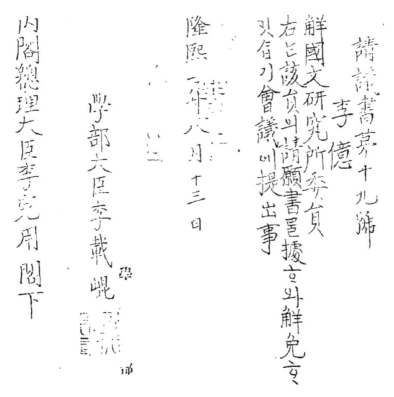

「이억위원해면청의서」

청원사임하였다. 그리하여 1909년 12월 28일의 보고서에 등장하는 위원은 주시경·어윤적·이능화·지석영·권보상·송기용·윤돈구와 이민응(간사)이었으며 위원장은 그대로 윤치오이었다. 이중에서 가장 열성을 보였던 위원은 말할 것도 없이 주시경이었다. 그리고 어윤적·이능화·지석영도 비교적 열심이었다.

국문연구소는 모두 23회의 토의를 가졌는데, 1908년 말까지의 회의에서 나온 등사물들을 연대순으로 묶어 놓은 「국문연구안」, 1909년 3월에 그동안의 연구안, 참호연구안, 의안 등을 최종적으로 다시 정리해서 집대성한 개인별의 「국문연구」 그리고 1909년 마지막으로 의결하여 12월 28일에 학부대신에게 보고한 「국문연구의정안」 등을 남겨 놓았다. 위의 의정안에서는 10

개의 주제를 대체로 다음과 같은 내용으로 의결하였다.

一. 國文의 淵源과 字體 及 發音의 沿革

檀君時代로부터 訓民正音에 이르기까지의 文字使用의 역사를 요약하여 國文의 淵源을 말하고 있다. 字體는 象形而字倣古篆을 따랐고, 正體 · 俗體 · 草體로 三分하였다. 이어서 文字體系의 歷史를 언급하였다. 發音에서는 'ㆍ' 字의 音이 "ㅡ字와 近似ᄒ되 國語音으로는 成音키 難ᄒ거늘 今俗에는 訛誤ᄒ야 ㅏ字 發音과 混疊"하다고 하였다. 그리하여 "字體 及 發音의 沿革은 或國語音에 無ᄒᆞᆷ을 因ᄒ며 或發音의 相似ᄒᆞᆷ을 因ᄒ며 或書寫上에 便宜ᄒᆞᆷ을 因ᄒ며 或成音에 難ᄒᆞᆷ을 因ᄒ야 或減除 或廢止 或混疊에 至ᄒ니라"고 하였음.

二. 初聲中 ㅇㆆㅿㅱㅸㆄㅹ 八字의 復用當否

이들 初聲字를 復用함은 不當하나 備考로 存留시켜 先聖의 精義를 欽惟하고 文學研究 材料에 이바지하게 함.

三. 初聲의 ㄲㄸㅃㅆㅉㆅ 六字 幷書의 書法一定

이 同字並書로 一定하되 ㆅ의 復用함은 不當함(李 · 周 · 宋 · 尹위원의 주장을 따름. 權 · 池위원은 된시옷을 주장하고, 魚위원은 양쪽 다 無妨하다 하였음).

四. 中聲 ㆍ字 廢止 = 字 刱製의 當否

= 字의 刱製는 不當하고 ㆍ字의 廢止도 不當함(魚 · 權 · 周위원의 의견에 따름. 池위원의 이 주장에 李 · 敏 · 應위원이 찬동하였고, 李 · 宋 · 尹위원은 다 不當하다 하였음).

五. 終聲의 ㄷㅅ 二字 用法 及 ㅈㅊㅋㅌㅍㅎ 六字도 終聲에 通用當否

初聲諸字를 原則에 따라 단연 通用함이 正當함(위원 사이에 의견이 구구하였으나 魚 · 權 · 周 · 尹위원의 의견에 따름).

　六. 字母의 七音과 淸濁의 區別如何
　　牙音(ㅇㄱ, ㅋ, ㄲ), 舌音(ㄴㄷㄹ, ㅌ, ㄸ), 脣音(ㅁㅂ, ㅍ, ㅃ), 齒音(ㅅㅈ, ㅊ, ㅆㅉ), 喉音(ㅎ)의 五音으로만 구별하고 淸音 · 激音 · 濁音의 三種으로만 定함.

　七. 四聲票의 用否及國語音의 高低法
　　四聲票는 不用하고 高低 즉 長短音의 二種으로만 定하되 長音은 字의 左肩에 一點을 加하여 票함(意見差가 심하였음).

　八. 字母의 音讀一定
　　　이 기 니 디 리 미 비 시 지 히 키 티 피 치
　　　ㅇ ㄱ ㄴ ㄷ ㄹ ㅁ ㅂ ㅅ ㅈ ㅎ ㅋ ㅌ ㅍ ㅊ
　　　응 윽 은 은 을 음 읍 웃 읏 읗 윽 읕 읖 읓
　　　ㅏ아 ㅑ야 ㅓ어 ㅕ여 ㅗ오 ㅛ요 ㅜ우 ㅠ유 ㅡ으 ㅣ이 · ᄋ

　九. 字順行順의 一定
　　字順은 윗항에서 주어진 순서대로 하되 行順은 中聲으로 우선하고 初聲의 字順대로 排行함(意見差가 있었음).

　十. 綴字法
　　綴字法은 맞춤법이 아니라 字의 構成法을 뜻하는데, 『訓民正音』의 例義대로 仍爲綴用할 것으로 一定함.

이상의 10제 중에서 2 · 3 · 4는 새로운 문자체계의 확립을 위한 것이고 5와 7은 맞춤법에 관한 것이며 끝으로 10은 용자법에 관한 것이라 할 수 있다. 여기에 주어진 대부분의 과제들은 이미 실학시대로부터 개화기의 전반기에 이르기까지 끊임없이 논의되어 왔던 것들이다. 이는 곧 근대국어의 표기법이 지니고 있던 문제점들인 것이었다. 국문연구소에서 이와 같이 의결한 안이 학부에 제시되었지만 그것은 곧 시행으로 옮겨지지 못하고 이듬해 한일합병으로 새로운 식민정책 속에 묻혀버리게 된 것이다.

그런데 국문연구소의 최종 의정안을 보면 편집국장인 어윤적의 견해와 주장이 많이 받아들여졌음을 알 수 있다(이기문, 「개화기의 국문연구」, p. 111). 개화기의 초기로부터 국문철자 문제와 교과서 편집 등을 담당해 왔던 곳이 바로 편집국이었다. 실무진의 책임자의 견해와 주장이 많이 받아들여진 점은 가장 자연스러운 일일 듯하지만, 여기에는 또 다른 면도 고려되어야 할 듯하다. 1905년 일본에 의하여 통감부가 설치되면서 학부에는 일본인 참사관 밑에 위원회를 두어 학부교과용 도서의 편찬에 착수, 이듬해에 보통학교용 교과서들이 발간되기 시작했다. 이러한 상황 속에서 학부에 설치된 국문연구소의 위원으로 바로 일본인 참사관 우에무라 마사키가 임명되었던 것이다. 그는 한 번도 보고서를 제출한 바가 없다. 애국계몽적인 민족주의자들인 주시경·이종일 등을 감시했어야 할 것임은 짐작하기 어렵지 않을 것이다.

국문연구소의 연구는 의정안을 내놓은 결말을 보았지만 그것의 실행은 볼 수가 없었다. 1909년에는 이미 학부에서 많은 교과서를 간행하였는바 수신서(4종), 국어독본(8종), 일어독본(8종), 한문독본(4종), 이과서(일문 2종), 도서감본(4종), 습자첩(4종), 산술서(교사용 4종) 등이 있었고 일본어의 교육도 크게 강화되어 국어와 같은 시간수가 배정되었었다. 이러한 상황 속에서 국문연구소의 의정안이 바로 적용될 수는 없었을 것이다.

4. 결론

갑오개혁에 따라 나온 고종의 어문정책은 공사문서, 교과서, 각종입시에 반영되어 국한문혼용체를 확립시켜 주었고 나아가서 국문순용체의 사용을 확대시켜 주었다. 이로부터 개화기에는 실학시대의 어문과제들을 이어받으면서 외래적인 것의 영향도 입어 새로운 문자체계를 확립하려는 노력과 통일된 표기법을 마련하려는 노력을 보이게 되었다. 띄어쓰기, 가로쓰기, 새로운 사전양식 등은 새로운 과제들이었다.

일본의 식민통치가 노골화되었던 통감부시대에 일본인의 감시 속에서 학부에 설립된 국문연구소는 관설의 성격을 지녔지만 당시까지의 제기되었던 어문문제들을 집대성하여 집중적으로 검토할 수 있었다는 점에서 일단 긍정적인 역사적 의의를 부여할 수 있다. 1910년 이른바 한일합병이 이루어짐에 따라 조선총독부는 새로운 식민정책을 진행시키기 위해 조선구관제도조사사업을 광범위하게 펼치면서 『조선어사전』의 편찬을 계획·착수·진행하였고 또 보통학교 교과서의 편찬을 위한 언문철자법을 제정하였다. 이러한 식민통치를 위한 언문작업에 국문연구소의 위원 중에서 어윤적, 현은 등의 통감부시대의 관직자들이 계속 관여하게 되었다. 비록 둘 사이에 상당한 차이가 있었을지라도 조선총독부는 국문연구소의 토의내용을 이용하려 했던 것이다. 1930년 3회 안에 이른 언문철자법은 1933년의 한글맞춤법통일안과 유사한 것이었는데, 주시경의 영향을 깊이 받은 권덕규, 최현배 등이 맞춤법(철자법) 제정에 참여한 결과이었을 것이다.

1910년을 전후해서 잃어진 국권회복을 위하여 애국계몽적인 어문민족주의가 두드러진 현상을 보였음은 잘 알려진 사실이다. 이때의 국어관은 민족적인 이데올로기에 따른 것이었다. 민족·사회·국가는 지역·혈연·언어의 한 뭉치로서의 공동체로서 자립하면서 딴 모든 것과는 각이各異·각수各殊하다는 것이며, 언어가 그 민족·사회·국가의 흥망성쇠를 좌우한다는 것이다. 그러기에 이언俚諺을 바탕으로 광범위한 지식을 갖도록 교육하여 부강한 자주독립국을 이루기를 바랐고 통일된 어문을 통해 국민단합을 고취하려 했다. 이러한 국어관은 19세기의 팽배한 민족주의에 걸맞은 것으로 메이지유신을 겪은 일본에서도 있었고 태서에서도 흔히 볼 수 있었던 것이다. 우리의 경우 주시경, 신채호, 박은식, 이종일 등이 이러한 국어관을 지녔던 당시의 대표적인 인물들이었다.

출처:『새국어생활』4, 국어연구소, 1986.
붙임: 이 글은 학술원 산하로 출발한 '국어연구소'에서 간행하기 시작한『국어생활』(4)에서 "개화기의 우리 어문에 대한 자각과 그 연구"를 특집의 주제로해 특히 "개화기의 어문정책과 표기법의 통일운동"을 정리해 달라는 당시 김형규 소장의 청탁으로 정리해 본 것이다. 우선 고종의 실제적인 어문정책에 따라 표기법의 변화를 짚어 보고 이어서 현실적으로 나타난 새로운 문자 체계와 표기법에 대한 논의들을 당시의 표기 현실을 고려해 짚어 보았다.

참고 문헌

권영민(1975), 개화기소설의 문체연구,『현대문학연구』14.

김민수(1973),『국어정책론』, 고대출판부.

김윤경(1938),『조선문자급어학사』, 조선도서출판관.

박병채(1982), 일제하의 국어운동 연구,『일제하의 문화운동사』, 현음사.

안병희(1985), 언해의 사적 고찰,『민족문화』11.

이광린(1969),『한국개화사연구』, 일조각.

이기문(1975),『개화기의 국문연구』, 일조각.

이기문(1984), 개화기의 국문사용에 관한 연구,『한국문화』(서울대) 5.

이병근(1978), 애국계몽주의시대의 국어관,『한국학보』12.

이병근(1985), 주시경,『국어연구의 발자취(1)』, 서울대출판부.

이병근(1985), 조선총독부편「조선어사전」의 편찬목적과 그 경위,『진단학보』59.

이응백(1975),『국어교육사연구』, 신구문화사.

이응호(1975),『개화기의 한글운동사』, 성청사.

이익섭(1985), 근대한국어문헌의 표기법 연구,『조선학보』114.

최현배(1942),『한글갈』, 정음사.

서양인 편찬의
개화기 한국어 대역사전과 근대화
- 한국 근대 사회와 문화의 형성과정에 관련하여 -

1.

1870년대 개항 이후, 한편으로는 국내학자들에 의해 자국의식이 고취되어 새로이 확산된 국학연구의 진흥에 발맞춰 언어연구가 왕성해지면서 언어민족주의적인 연구와 그 실천적인 애국계몽운동이 일었는가 하면 다른 한편으로는 프랑스, 영국, 미국, 캐나다, 러시아 등으로부터 특히 선교사들이 들어와 종교적인 목적으로 아니면 일부 정치외교적인 목적으로 한국어에 깊은 관심을 보이기도 하였으며, 또 중국과 일본을 통한 새로운 문물을 접하면서 이른바 근대사회와 문화가 형성되어 가는 싹을 보게 되었다. 이에 따라 근대화와 관련된 언어 특히 어휘들도 새로이 형성되기 시작하였다. '개화', '문명'이나 '민권', '자유', '평등' 등등이 그러한 예에 속할 것이다.

특히, 주시경의 애국계몽적인 언어민족주의에 입각한 국어연구들과 유길준의 『서유견문』(1892) 등과 같은 한국인의 근대화와 관련된 저술들을 제외하면 대체로 종교적인 목적으로 서양 전·선교사들이 편찬한 한국어와 그들 자신의 언어와의 대역사전들이 이 시기를 반영하는 가장 대표적인 경우라 하겠는데, 프랑스 파리외방전교회La Société des Missions Étrangère de Paris 소속 신부들이 편찬한 『한불ᄌᆞ뎐Dictionnaire Coréen-Français』(1880)을 비롯하여 H. G.

Underwood, A. M.의 『한영ᄌ뎐A Concise Dictionary of the Korean Language』(1890), J. S. Gale, B. A.의 『한영ᄌ뎐Korean-English Dictionary』(1897) 등이 한국어-서양어 이중어 사전bilingual dictionary으로는 대표적인 것들이며, M. P. Putcillo의 『노한사전 Opyt Russko-Korejskago Slovarja』(1874)과 H. G. Underwood의 『한영ᄌ뎐』의 제2부에 해당되는 『영한ᄌ뎐An English-Korean Dictionary』(1890), C. Alévêque의 『법한ᄌ뎐 Petit Dictionnaire Français-Coréen』(1901), J. Scott, M. A.의 『영한자전English-Corean Dictionary』 (1891), 『나한소사전Parvum Vocabularium Latino-Coreanum』 등이 서양어-한국어 대역 사전의 대표적인 것들이다. 이들 사전에 등재된 표제어가 근대성과 관련이 있는가를 알려면 그에 대한 정의definition를 파악하여야 하는데, 여기에는 커다란 어려움이 실재한다. 즉 이들 사전은 대역사전들이기에 대당되는 단어의 제시로써 대체로 짜여져 있어서 다시금 대당어counterpart의 개념을 알아야 하는데, 이의 작업이 현재로서는 쉽지 않다는 점이고, 전교의 목적으로 편찬된 것이 대부분이어서 새로운 종교 어휘와 전통적인 한문성구를 제외하면 전통적으로 쓰이던 일상어들이 표제어로 등재된 경우가 많아 어느 정도 추상적이고 전문적인 근대화 관련 어휘가 등재되는 경우가 적으면서 정확한 개념이 나타나지 않아, 이들 사전을 통해서 새로운 근대화의 이룩된 정도가 파악되기 어려운 점 등이 있다. 다만 『한불ᄌ뎐』과 Gale의 『한영ᄌ뎐』은 일상어 중심이라기보다는 문어적인 표제어까지 다량 포함되고 전문어까지도 등재되고 있는 점이 딴 대역사전들과 구별된다. 이러한 특성 때문에 근대화 과정을 언어, 특히 어휘를 통해 검토하려는 이 글에서 가장 주목할 사전이 『한불ᄌ뎐』이고 이에 가장 보충적인 자리에 놓이는 것이 『영한자전』까지 포함하고 있는 Underwood의 『한영ᄌ뎐』과 Gale의 『한영ᄌ뎐』이다. 전자와 Gale의 것은 중사전 규모이고 Underwood의 것은 일상어 중심의 소사전 규모라는 차이점도 고려해야 하고, 그 이후 사전 편찬에 미친 영향도 전자가 후자보다 컸던 점도 고려해야 할 것이며, 근대화의 기본 정신이 자유·평등·박애를 중심으로 했던 프랑스가 딴 나라들에 비해 더 강했던 점도 고려해야 할 것이다.

근대화 관련 어휘들이 이들 사전에 표제어로 등재되었다면 그것은 당시의 한국이라는 사회 속에서 그 어휘들이 이미 사회화되었음을 뜻한다고 할 수 있다. 물론 때로는 어휘에 따라 어떤 특정의 사회계층에서만 쓰일 수 있는 사회적 제약을 지닐 수는 있을 것이다. 예컨대 '문명'이라는 단어는 근대화와 관련된 의미로 쓰이는 경우 모든 사회계층에 고루 쓰일 수 있었다고 보기 힘들고 '민법'이라는 단어가 전문어로 쓰이는 경우 일단은 그 전문분야와 그 관련 분야에서 주로 쓰였을 것을 전제할 수 있기 때문이다. 그러나 이 반대의 경우 즉 사전에 어떤 단어가 표제어로 실리지 않았다고 하여 그 단어가 특히 신조어나 차용어인 경우 아예 존재하지 않았다고 못박을 수는 없다. 왜냐하면 사전편찬자들의 방침에 따라 표제어 등재 여부가 결정되기 때문이다. 이러한 사정은 사전만으로 나아가서 문헌만으로 어떤 단어의 사용 여부를 결정함을 불안하게 하지만 사전에 일단 등재된 단어라면 그 단어는 일단 그 사회에서 어느 정도로는 사회화되어 쓰였다고 볼 수밖에 없을 것이다. 물론 이는 사전을 찾아 '글공부'를 하는 지식층 또는 예비지식층을 중심으로 한 말이다. 이것이 본고의 한 태도이다.

사전마다 그 나름대로의 특성을 지니기 때문에 사전들에 실린 표제항을 기계적으로 비교하는 것은 의의가 떨어지겠으나 한국 근대사회와 문화의 형성에 관련된 표제항들을 비교하는 일은 그 형성과정을 간접적으로 확인하는 데에 도움이 되리라 믿는다. 일단 서양인들이 편찬한 개화기의 사전들을 검토하면서 그 이후의 딴 사전들과도 비교를 시도해 볼 것이다.

개화기의 사전들 이외의 자료들, 예컨대 교과서라든가 신문 등의 어휘들이 사전 자료를 보완할 수는 있겠으나, 여기에도 여전히 한계가 있다. 문장 속에 근대화 관련 어휘가 쓰이면서도 그 정의가 주어지지 않아서 여전히 개념 파악이 쉽지 않기 때문이다. 예컨대 "죠션도 문명기화국으로 칠 날이 잇슬터이니"(『독립신문』)에서의 '문명개화국'이 그것이다. 정확한 개념이나 설명이 제시된 경우라든가 문맥상으로 의미 파악이 가능한 경우에는 값진 것이기는 하나 그 개념이 개인적인 것인지 아니면 이미 사회화한 것인지가 판단하기가 또한 쉽지 않은 경우가 허다한 것도 사실이다. 이러한 여러 어려움을 안고서 서양인들이 편찬한 개화기의 몇몇 대표적인 사전들을 검토하고자 한다.

2.

『한불ᄌ뎐Dictionnaire Coréen-Français』은 파리외방전교회의 한국전교사들Les Missionnaire de Corée de la Société des Missions Étrangère de Paris에 의하여 1880년에 Yokohama: C. Lévy, Imprimeur-Libraire에서 간행되었다. 서문 8면과 본문 615면, 부록1(4+56=60면), 부록2(2+21=23면), 추보 1면 모두 707면으로 서술적인 면을 제외하면 모두 2단으로 조판되어 있다.

한국에 들어와 전교활동을 하던 프랑스 신부들 중에서 F. Ridel(이복명李福明) 신부가 이 사전의 주요 편찬자로 알려져 있다. Ridel 신부는 1830년에 태어나 1884년 54세를 일기로 작고하였으니 이 사전은 그의 50세에 간행된 셈이다. 그는 영국의 점령지였던 프랑스 Bretagne 지방의 Loire-Atlantique 지역 출생으로 역시 Bretagne 지방의 Chantenay-sur-Loire 지역 출생 코뮌인데, 조선업에 종사하였던 그는 1857년 27세에 서품을 받은 Nantes 교구 출신으로 4년 뒤에 한국에 입국하게 된다. 즉 출생부터 서품을 받을 때까지 그는 줄곧 Bretagne 지방에 머물렀던 셈이다. 그의 이러한 경력은 그가 지닌 근대성의 의식 정도를 짐작할 수 있게 한다. 즉 그는 한국에 들어온 딴 프랑스 선교사들과 마찬가지로 지방 출신 신부이어서 프랑스의 근대화가 대도시를 중심으로 하여 전개된 사실을 고려하면 근대성의 인식이 그리 깊지는 않았을 것이다. 1880년『한불ᄌ뎐』이 간행되기 이전에 한국에 들어온 신부들은 모두 30명 정도인데, 이들 모두가 사정은 마찬가지였다. 사전편찬에 관여했던 딴 신부들 중 Daveluy도 Picardie 출생 Amiens 교구 출신이며 Coste는 프랑스의 남부방언을 쓰는 Langue d'oc 출생 Montpellier 교구 출신이었다. 말하자면 근대화 정신이 강했던 Paris와 같은 대도시 출신들이 아니었다. 파리 사회과학 고등연구원École des Hautes Études en Science Sociale 조현범 연구원(2000)에 의하면 19세기 조선에 입국하여 전교활동을 벌였던 프랑스 선교사들이 근대문명에 대하여 두 가지 상반된 인식이 공존하는 특징을 지녔다고 하는데, 첫째는 기독교적인 윤리의식과 19세기 지방 사회의 감수성에 바탕을 두고 문명의 전개를 타락으로 간주함으로써 조선의 공동체적 문화와 가족애 등을 근대문명에 때묻지 않은(즉 비이기주의적) 순수한 삶으로 묘사하였다고 하고, 둘째는 프랑스 대혁명과 사회·문화·관습·교육 등을 평가함에는 문명의 전개를 인류사의 진보로 긍정하는 매우 근대적인 가치 기준 등을 동원해서, 당시 한국의 상황을 비문명·미개화의 온상으로 비판하는 태도를 취하게 된다고 하였다. 근대화와 관련된 진화론적 인식이 있기는 있었으나 신부라는 종교직의 속성은 또한 보수적인 시각도 띠게 될 것이다. 전근대적인 세계이면서 비문명·미개화의 세계로 보려는 태도가 한국에 온 19세기 프랑스 신부들에게 있었다면 그러면서도 근대성에 대한 깊은 인식은 없었다고 한다면, 그들은 외국어(특히 한국어)의 학습과 선교라는 목표에서 보아, 어떤 사전을 편찬하려 하였을까.

근대화의 문을 여는 '개화開化 // 반개화半開化 // 미개未開'라는 단어들(『서유견문』에서 제시된 개념)이 아예 표제어로 실리지 않았고 개화된 사회의 척도인 '문명文明 civilisation'도 실리지 않고, 다만

문명ᄒ다, MOUN-MYENG-HĂ-TA. 文明. clair ; célèbré ; qui a de la réputation.

라는 조선 시대의 의미 즉 '문文'으로써 명성이 높다고 하는 의미를 제시하고 있다면, 사전을 통해서 일단은 당시(1880년)에 그러한 근대성의 인식과 언어기호화가 한국에서 사회화되지 않았든가 아니면 새로운 신조어나 차용어가 쓰이기 시작했음도 이에 대한 인식이 깊지 않았다든가 하는 정도로 보아

야 할 것이다.

우선 『한불ᄌ뎐』의 체제를 보자.

Préface(Notes explicatives pour l'emploi du Dictionnaire Coréen-Français): 문자와 발음 및 전사, 자모순과 음절순의 배열, 고유어와 한자어 표시, 곡용과 활용의 표시 등을 설명.

Dictionnaire Coréen-Français: 본문에 해당. 하나의 사전조항은 한글로 쓰인 단어(실제 표제어는 어휘항목 외에 자모 및 문법형태소, 한자성구 등 포함), 발음(실제로는 전자에 가까움), 해당 한문, 그리고 프랑스어 번역 순서로 구성됨.

Premier Appendice(Conjugaison alphabetique): 우선 notes explicatives에서 시제를 중심으로 활용. 어형변화의 요점을 서술하고서 Ⅰ. 동사 'ᄒ다'(faire) Ⅱ. 동사 '일다'(Etre)의 활용형들을 자모순으로 제시하였음.

Second Appendice(Dictionnaire géographique de la Corée): 우선 행정 체계와 군사 관련 및 우편 서비스 관련의 관직명을 제시하고서 한국의 군·산·강·하 등과 행정구획 등의 명칭과 위치 등 지명들을 간략한 사전형식으로 제시함. 많은 경우에 각각 위도와 경도를 표시한 것이 특징적임.

Addenda: 18개의 표제항을 추가함.

이상의 체제 속에서 핵심부분은 Partie lexicographique인 한불사전의 본문이다. 이 본문에 포함된 표제어를 중심으로 한 조항들은 기본적으로 다음과 같은 구조로 이루어져 있다.

표제항(한글). 전자형(주격형, 활용형). 한문. 불어대역. 용례. 관련어휘.

이러한 사전의 미시구조는 조선 시대의 그것에 비해 상당히 근대적인 것
으로 볼 수 있는데, 본고에서 관심을 가지게 되는 부분은 특히 한국 근대사
회와 문화의 형성에 관련있는 표제항과 그에 대한 정의일 수밖에 없다. 앞에
서도 암시하였듯이 『한불ᄌᆞ뎐』은 근대사회 관련 단어들을 표제어로 선정한
일은 흔하지 않다.

인간, IN-KAN, -I. 人間. Ce monde, l'univers, parmi les hommes.

인민, IN-MIN, -I. 人民. Peuple, le peuple.

인류, IN-RYOU. 人類. Nature humaine, nature du genre humain, genre humain,
humanité.

만민, MAN-MIN, -I. 萬民. Tous les peuples de l'univers.

민간, MIN-KAN, -I. 民間. Dans le peuple ; au milieu du peuple. Entre gensdu
peuple.

민정, MIN-TJYENG, -I. 民政. Gouvernement du peuple.

공의, KONG-EUI. 公議. Justice publique, universelle, générale. = ᄒᆞ다 -hă-ta. Etre
intègre(en justice).

공론ᄒᆞ다, KONG-RON-HĂ-TA. 公論. Délibération. Avis commun, opinion
commune. Délibérer en commun.

인지, IN-TJI. 印紙. Papier qui a reçu le sceau. Papier timbré.

공업, KONG-EP, -I. 工業. Métier et travail. Travail.

농업, NONG-EP, -I. 農業. Culture, agriculture.

싱업, SĂING-EP, -I. 生業. profession ; état ; métier ; emploi ; art ; inderstrie ;
fontion ; état de vie ; occupation.

직업, TJIK-EP, -I. 職業. Occupation quotidienne, oeuvre de charque jour,
profession, devoir, fontion, affaire propre, charge spéciale.

현미경, HYEN-MI-KYENG, -I. 顯微鏡. Microscope, miroir où l'on voit les petite choses, loupe.

천리경, TCHEN-RI-KYENG, -I. 千里鏡. Miroir, glace de cent lieues. Longue-vue.

물론 이상의 단어들의 의미가 새로운 근대사회의 형성에 꼭 관련될 수 있는 것들인지 단언할 수는 없으나 그 가능성은 크다고 할 수 있다. 예컨대 '인간' 등은 조선 시대에 한문 속에서 더러 쓰이기는 하였으나(그때는 '世 인간세' 외에 '別有天地非人間'에서와 같이 대역처럼 인간세계를 뜻하는 것이었음) '인민, 인류, 만민' 등과 '민간, 민정, 공의' 등은 그 이전의 조선 시대에는 흔히 볼 수 없었던 단어들이다. 다만 '인민'은 좀 더 일찍 18세기에 쓰이기는 하였으나,[2] 아직은 '인권'과 '민권' 등 근대성과 직접 관련된 단어들이 엄격히 분화되어 쓰이고 있지는 않았다. '만민'은 사전에 나온 그 이후나 '만민공동회(1898)'의 경우처럼 확대되어 쓰이게 되었다. '공업'과 같은 경우에는 적어도 '사, 농, 공, 상'에서 볼 수 있었듯이 '공' 자체의 개념과 그 기호는 있었으나 적어도 '공업'이란 단어 자체는 없었고 "공업에 종사한다"는 식의 직업 Occupation quotidienne 분야를 나타낸 단어도 없었던 것이다. 조선 시대에 '職'은 벼슬과 관련된 직분을 뜻하는 관료적인 개념에 주로 쓰였고 일상적인 생활을 위한 직업 즉 'Occupation quotidienne'로는 쓰이지 않았다. 위의 '인지'는 이미 조선 시대부터 써 오던 단어인데, 단지 '어떤 사실을 증명하기 위하여, 도장을 찍어서 내어 주는 종이쪽' 정도의 의미로 쓰여 기본적으로는 근대사회에서의 그 단어와 개념이 같다고 하겠으나 이 사전에서 'papier timbré'로 정의된 것을 보면 실은 일본어인 '小印紙'를 뜻하는 것으로 바뀌었던 것 같다. '인지'라는 말은 통감부 시기에 제정된 법률에 공식적으로 등장하지만, 『조선어사전』(1920)에조차 표제어로는 등재되지 않았다. '현미경, 천리경' 등이 근대화 이후의 새로운 과학기술문명을 상징하는 기구의 일종임은 물론이지만, 이는 우리나라에서 상당히 일찍 알려져 있었던 듯하다.[3]

---

2 『삼역총해』(7:21)에 "싱심이나 인민을 죽이리"가 보인다.

이상으로 보면 『한불ᄌᆞ뎐』은 근대성과 관련된 개념을 표제어로 나타냄에는 지극히 인색하였음을 알 수가 있고 위에 든 예와 같이 근대화에서 비롯한 일부의 단어들만이 지극히 부분적으로만 반영된 듯하다. 근대화와 관련된 단어들인지 아닌지 명백하지는 않으나 근대사회 형성과 함께 등장하는 국제관계 어휘로 예컨대 '령ᄉᆞ관' 등은 표제어로 실려 있다.

령ᄉᆞ관, RYENG-SĂ-KOAN, -I. 領事官. Ambassadeur ; ministre ; représentant d'un royaume étranger ; consul.

그러나 아직은 현재 국제법international law을 뜻하는 '만국공법萬國公法'이나 '공법公法' 등은 실리지 않았다. 프랑스가 근대화의 기치를 올리면서 자유Liberté, 평등Égalité, 박애Fraternité를 혁명의 모토로 삼았으나, 프랑스 지방 출신의 신부들인 이 사전의 편찬자들은 이들 단어를 표제어로 싣지는 않았다. 그만큼 근대성에 대한 인식이 약했었다고 볼 수도 있고, 아직은 당시의 한국어에서 이들 근대성 개념의 언어기호가 확립되어 사회화하지 않았다고 볼 수도 있다.

『한불ᄌᆞ뎐』의 특색은 신부들이 사전을 편찬한 만큼 그들의 종교인 기독교 관련 표제어가 수많이 실린 점이다. 예컨대

그리스당, KEU-RI-SEU-TANG, -I. 基利斯當. Chrétien. (Mot. chrét.)

그리스도, KEU-RI-SEU-TO. 基利斯督. Christ. (Mot. chrét.)

등과 같이 아예 'Mot. chrét.'로 기독교 관련 단어Mot chrétien를 지시하거나, 더러는

오리와나무, O-RI-OA-NA-MOU. 阿里瓦樹. olivier. (M. chrét.)

---

3 유희의 『물명고』(不初類一石)에 '현미경', '천리경'이 실렸는데, 각각 '蠅頭蠆尾. 視若車輪'과 '能視極遠'이라 설명하고 있다.

강싱ᄒ다, KANG-SĂING-HĂ-TA. 降生. (Descendre, naître) S'incarner. (Mot. chr.)

셩판, SYÊNG-HPAN, -I. 聖板. Palle du calice. (M. chr.)

등과 같이 'Mot chr.', 'M. chr.'로 줄여 표시하기도 하였는가 하면

입교ᄒ다, IP-KYO-HĂ-TA. 入敎. Enter dans la religion. Se faire chrétien, commencer à pratiquer la religion.

회쟝, HOI-TJYANG, -I. 會長. Cathétiste, chef d'un víllage chrétien pour ce qui regarde la religion.

처럼 정의 속에 반영하기도 하였다. 기독교 어휘는 대부분이 한자어인데, 이는 중국에서 번역한 한어를 그대로 차용했을 가능성이 크다. 대표적인 예로 '그리스도基利斯督'의 준말 '기독基督'이 그러하다. 이들 표제어를 제시하면 다음과 같다.

안지그리스도(Antechrist) 예수(耶蘇) 榮光經 永福 榮福經 永勝之會 熱洗 異端 獻餅 顯聖容 降孕 降臨 告解 古經 公會 苦修 苦修院 苦修院會長 敎友 敎化皇 救綱 敎宗 敎中 舊敎 救世者 救世主 麵酒 牧者 女敎友 領洗 領聖體 領帶 背敎 福音 福地 復活 三位一體 西學 聖衣 聖佑 聖油 聖骸 聖血 聖號 聖會 聖灰 聖架 聖歌 聖經 聖敎 性敎 聖敎會 聖母 聖母經 聖物 聖父 聖板 聖理 聖三 聖史 聖書 聖洗 聖石 聖心 聖神 聖神降臨 聖俗 聖水 聖體 聖爵 聖爵袱 聖子 聖祭 聖蹟 聖傳 聖地主日 聖朝 聖堂 聖堂直 聖臺 聖德 聖殿 聖典 聖地 聖誕 神命初行 神父 神糧 十一條 十字架 實敎友 修女 修士 天主 天主學 天主學問 天主經 傳敎諸聖 嬰孩致命 諸聖通功 諸聖贍禮 主母經 讚揚 總告解

이상과 같이 기독교 관련 어휘가 상당히 풍부하게 표제어로 실렸음에 비

하여 불교 관련 어휘들은

觀音菩薩 南無阿彌陀佛 法堂 부쳐(佛) 釋迦牟尼 釋迦如來

등 그리 많지 않아 편찬자들의 종교 관련 어휘의 등재에 있어서 기독교에의
편향을 보이고 있음을 알 수 있다.

　이상에서 본 바와 같이『한불ㅈ뎐』은 프랑스 선교사들이 아직 근대화의
의식이나 이념이 그리 깊지 않음을 보여주고 당시의 한국사회 근대화의 의
식이 넓지는 않았음을 보여주고 있다. 그럼에도 기독교 관련 어휘의 항목들
이 표제어로 다량 실린 점은 그들의 종교적 목적이 어느 정도는 강했다고 보
아야 할 것이다. 왜냐하면 당시 한국 사회에서 기독교 관련 어휘가 일반화되
었다고 보기 어렵기 때문이다.

3.

　근대화의 가장 중요한 개념은 '문명' 또는 '개화'로 번역되었던 'civilisation'
이다. 이 단어의 개념은 아마도 시대에 따라 달라졌을 가능성이 크다. 한자
어 '문명'이란 단어는 프랑스어 'civilisation'의 일본어 번역인데, C. Alévêque
(안예백晏禮百)의『법한ㅈ뎐Petit Dictionnaire Français-Coréen』(1901)에서는

civilisateur　　기화ㅎ는사람
civilisation　　기화
civiliser　　　기화ㅎ오

처럼 '문명화'에 접근하는 '기화'로 대역하였는데, H. G. Underwood의『영한
ㅈ뎐』(1891)에서는

civilization　　교화

civilize　　교훈ᄒᆞ오

와 같이 '교화, 교훈'으로 번역하였다. 이도 역시 '문명'에 접근하는 것으로 'civil'의 원래 의미와 관련된 '예절, 예의'와 같은 정태적인 의미로부터 파생동사 'civilizer'를 거쳐 파생접사 '-ation'에 의해 가지는 '-화'라는 동태적인 의미로 바뀌고 있다. 이들 단어들의 어근은 'civil'로 볼 수 있는데, 『한불ᄌᆞ뎐』에는 'civil' 계통의 단어들이 '예의, 예절'과 관련된 의미로만 쓰이고 있다.

> 례, RYEI. 禮. Civilité ; politesse ; convenance ; bienséance ; cérémonie.
>
> 례모, RYEI-MO. 禮貌. Urbanité ; civilité ; politesse ; affabilité ; honnêteté ; bienséance ; décene.
>
> 례모롭다, RYEI-MO-ROP-TA, -RO-OA, -RO-ON. 禮貌. Etre civil, poli, honnête ; conforme aux rites, aux cérémonies.

　지금까지 알려진 바로, 프랑스어에서 'civilisation'이 처음 쓰인 것은 1757년 Mirabeau에 의한 것인데, 이 무렵의 '문명'의 의미는 '풍습의 순화, 도회풍, 예의이며, 예절이 지켜지고 예절이 자질구레한 법들을 대신하도록 널리 보급되어 있는 지식'이요 미덕의 내용과 형태를 사회에 제공하는 정태적인 개념이어야 했다(E. Benveniste 1966). 그러니까 당시까지는 도덕적·지성적·기술적인 질서로 좀 더 진화된 사회상태로 나아가게 하는 동태적인 과정으로서의 '문명화'란 개념에까지 도달한 것은 아니었다. 'civil' 계통의 단어들이 아직도 '예의'와 관련되어 쓰이고 있는데, 이 단계의 개념이 『한불ᄌᆞ뎐』에 풀이된 셈이고 그 이후의 사전들에서 한 걸음 앞으로 나간 '교화, 개화'의 동태적인 개념으로 대역된 것이 아닌가 생각한다. 어근 'civil'로부터 파생된 'civiliser (civilize)'와 'civilisation(civilization)' 중에서 '개화시키다'의 의미인 전자(civiliser)보다 '-화'의 의미를 포함하는 '개화, 문명'의 의미인 후자(civilisation)가 훨씬

늦게 나타났는데, 동원어 'civilité(예절)'와는 달리 동사파생접사 '-iser'에 뒤따른 '-isation'에 의한 파생어 형성의 비생산성과 정태성으로부터 벗어나 진화론적인 추상적 개념으로 확대되기에는 오랜 시간이 걸린 셈이다. 이 자료에 한정해서 언어학적으로 의미의 재구를 언급한다면, 파생어 형성이 늦어질수록 의미변화를 겪기에 의미의 재구는 어근 또는 일차 파생어의 의미를 중심으로 가정할 수도 있다.

이상의 사실에서도 'civilisation'이란 단어가 프랑스 등에서 형성된 지 100년이 훨씬 넘은 시기에 사전을 편찬했던 『한불ᄌ뎐』의 편찬자 즉 Ridel 신부 등이 '개화(문명)'에 의한 근대화에 그리 민감하지 못했음을 알 수가 있다. 잘 알려진 바와 같이 '개화(문명)'는 유길준의 『서유견문』(1895)에서 좀 더 근대적인 의미로 분명히 나타나는데, 이는 중국과 일본으로부터의 영향이었음은 물론이다(이병근 2000가). 여기서 참고로 『서유견문』에서의 '개화'의 개념을 알아보아 대조적으로 이해하여 보자.

> 大槪開化라ᄒᆞᄂᆞᆫ者ᄂᆞᆫ人間의千事萬物이至善極美ᄒᆞᆫ境域에抵홈을謂홈이니 然ᄒᆞᆫ故로開化ᄒᆞᄂᆞᆫ境域은限定ᄒᆞ기不能ᄒᆞᆫ者라.……五倫의行實을純篤히ᄒᆞ야 人이道理ᄅᆞᆯ知ᄒᆞᆫ則次ᄂᆞᆫ行實의開化며人이學術을窮究ᄒᆞ야萬物의理致ᄅᆞᆯ格ᄒᆞᆫ 則次ᄂᆞᆫ學術의開化며國家의政治ᄅᆞᆯ正大히ᄒᆞ야百姓이泰平ᄒᆞᆫ樂이有ᄒᆞᆫ者ᄂᆞᆫ政 治의開化며法律을公平히ᄒᆞ야百姓이冤抑ᄒᆞᆫ事가無ᄒᆞᆫ者ᄂᆞᆫ法律의開化며器械 의制度ᄅᆞᆯ便利히ᄒᆞ야人의用을利ᄒᆞ게ᄒᆞᆫ者ᄂᆞᆫ器械의開化며物品의制造ᄅᆞᆯ精繁 히ᄒᆞ야人의生을厚히ᄒᆞ고荒ᄒᆞᆫ事가無ᄒᆞᆫ者ᄂᆞᆫ物品의開化니此屢條의開化ᄅᆞᆯ合 ᄒᆞᆫ然後에開化의具備ᄒᆞᆫ者라始謂홀디라.

즉 유길준에게서 '개화'라는 것은 행실, 학술, 정치, 법률, 기계, 물품의 개화를 통합·구비한 것이다. 그러기에 '개화'라는 것을 다시 다음과 같이 말을 바꾸어 언급하고 있다.

開化ᄒᆞᄂᆞᆫ者ᄂᆞᆫ千事와萬物을窮究ᄒᆞ며經營ᄒᆞ야日新ᄒᆞ고又日新ᄒᆞ기를期約
ᄒᆞᄂᆞ니如此홈으로其進取ᄒᆞᄂᆞᆫ氣像이雄壯ᄒᆞ야些少의怠惰홈이無ᄒᆞ고又人을
待ᄒᆞᄂᆞᆫ道에至ᄒᆞ야ᄂᆞᆫ言語를恭遜히ᄒᆞ며形止를端正히ᄒᆞ야能ᄒᆞᆫ者를是做ᄒᆞ며
不能ᄒᆞᆫ者를是矜ᄒᆞ고敢히慢侮ᄒᆞᄂᆞᆫ氣色을示ᄒᆞ지못ᄒᆞ며敢히鄙悖ᄒᆞᆫ容貌를設
ᄒᆞ지못ᄒᆞ야地位의貴賤과形勢의强弱으로人品의區別을不行ᄒᆞ고國人이其心
을合一ᄒᆞ야屢條의開化를共勉ᄒᆞᄂᆞᆫ者며……

여기서 유길준의 '개화'의 개념이 오륜의 행실을 바탕으로 하여 "道에 至ᄒᆞ
야ᄂᆞᆫ 言語를 恭遜히 ᄒᆞ며 形止를 端正히 ᄒᆞ야"와 같이 도리를 포함하고 있는
사실이다. 이는 유럽에서 Civilisation 운동이 'civilité' 즉 예의·예절에 기초했
던 초기의 '문명화'와 통하는 것이되, 다만 조선 시대의 전통에 따라 '오륜'의
행실을 개화(문명)의 요소로 삼았을 뿐이다. 이리하여 그는 개화를 "人間의
千事萬物이 至善極美ᄒᆞᆫ 境域에 抵홈"을 이른 것이다. 19세기 후기의 서양 전
교사·선교사들이 'civilis(z)ation'을 '개화·교화'라 번역하면서 차츰 수구의
반의적 개념으로서 개화문명국을 이루기 위해 그 개념을 개항과 관련한 국
제교류의 개념으로 확대시켜 가고 있게 된 것이다. 요컨대 'civilisation'의 초
기적 개념에 있어서는 어느 정도 같은 맥락을 이루고 있으면서 '예의'와 '인
륜'이라는 서양과 동양(특히 한국)의 차이를 보이고 있는 셈이다. 이에 따르
면 '문명'이라는 단어의 개념은 있었어도 이와 구별하려는 '문화'의 개념은
당시까지는 존재하지 않았던 것이다.

이러한 경향은 『독립신문』의 경우에도 크게 다르지 않은 듯하다. 1897년 5
월 13일자의 논설에서 우선

기화라 ᄒᆞᄂᆞᆫ거슨 서로 죠하 ᄒᆞ며 잇는 것과 업는 거슬 서로 쟈로ᄒᆞ며 나라
를 부케ᄒᆞ고 군ᄉᆞ를 강케 ᄒᆞ며 리롬을 ᄊᆞ르고 쟝ᄉᆞ를 흥왕ᄒᆞ며 헛되히 숌이
ᄂᆞᆫ 거슬 버리고 실샹 일을 힘쓸 ᄯᆞ름이지 무슴 별양 일이 잇스리요.

라 하여 '개화'를 부국富國 · 강병强兵 · 중상重商 등 정치 · 경제적인 면으로 발
전시키고는 있으나 이듬해 2월 19일자에서는

> 대범 기명(開明) 화셩(化成)ᄒᆞᄂᆞᆫ 것을 기화(開化)라 이르는 것이니 기화를
> 극히 잘 ᄒᆞ거드면 하늘의 리치가 붉아지고 사름의 륜긔가 바르게 되고 만물
> 의 셩질이 되야 가는 것이어ᄂᆞᆫ

와 같이 천리 · 인륜의 행도를 강조하고 있어 『서유견문』의 그것과 크게 다
르지 않게 되었다.

4.

이제 H. G. Underwood, A. M.의 『한영ᄌᆞ뎐』(1891)을 검토하여 보자. 우선
근대사회의 형성과 관련된 단어들을 보면, 『한영ᄌᆞ뎐』의 표제어로는 극히
적고 『영한ᄌᆞ뎐』의 표제어로는 여러 단어들이 실려 있음을 알 수 있다. 예컨대,

학당, 學堂, School, place of study, college.

회계, 會計, An itemized account, an exact calculation of accounts.

공의, 公儀, Right discussion, just deliberation.

공론ᄒᆞ오, 公論, To deliberate in common, consult together.

공ᄉᆞ, 公事, A minister, a representative, an ambassador.

만민, 萬民, All the people, all the people of the world.

문법, 文法, Grammar, rules of grammar.

령ᄉᆞ관, 領事官, A ambassador, minister. ‖ 領事館 A legation.

정부, 政府, The government.

현미경, 顯微鏡, A microscope.

슈표, 手標, A promissory note.

번역, 飜譯, To translate, to interpret.

병원, 病院, A hospital, a dispensary.

직업, 職業, Daily work, special duty, occupation.

Account, *n.* (*narrative*) 니야기. (*bill*) 회계, 문셔. (*esteem*) 톄면, 리, 샹관.

Ambassador, *n.* 공ᄉ, 샹ᄉ.

Consul, *n.* 령ᄉ, 령ᄉ관.

Consulate, *n.* 령ᄉ관.

Democracy, *n.* 민쥬지국, 빅셩나라.

Democratic, *to be.* 민쥬지국모양이오, 빅셩나라모양이오.

Freedom, *n.* ᄌ쥬쟝.

Government, *n.* 나라, 정부.

Independence, *n.* ᄌ쥬쟝.

Independent, *to be.* ᄌ쥬ᄒ고, ᄌ쥬쟝하오.

Law, *n.* 규모, 법. *- of nature*, 텬디, 리긔. *Martial -*, 병법, 군법. *International -*, 만
국공법.

Liberty, *n.* ᄌ쥬쟝. (Liberal, *to be.* 후ᄒ오, 듯텁소.)

Mankind, *n.* 인류, 셰샹, 만민.

President, *n.* 대통령, 계쟝, 회쟝.

Charge d'affairs, *n.* 디리공샤.

Agriculture, *n.* 롱역, 롱ᄉ, 롱업.

Occupation, *n.* 직업, ᄉ업, 가업.

Photography, *n.* 샤진.

Geography, *n.* 디리학.

Grammar, *n.* 문법. (Ungrammatical, *to be.* 문법대로되지아니ᄒ오.)

School, *n.* 학당, 글방, 학교.

Telegraph, *n.* 뎐신국, 뢰보관.

Zoology, *n.* 동물학(動物學).

와 같은 예를 들 수 있다. 이 합본된『한영ᄌ뎐』과『영한ᄌ뎐』의 예들을 서로 비교하여 보면,『한영ᄌ뎐』보다는『영한ᄌ뎐』쪽이 근대사회와 관련된 단어들이 훨씬 많이 실렸고 나아가서 '민쥬지국, ᄌ쥬쟝, 대통령' 등과 같은 더욱 적극적인 근대화 관련 단어들이 실렸다. 따라서 이 한영과 영한 사전에 반영된 이러한 차이는 근대화 관련 어휘들이 당시의 한국사회에 덜 일반화되었을 가능성이 높다고 볼 수 있을 것이다.

H. G. Underwood, A. M.(원두우元杜尤, 1859~1916)은 잘 알려진 바와 같이 미국인 의학자·선교사로 1895년에 뒤늦게 내한하여 광혜원에서 물리, 철학 등을 강의한 바 있고 기독교서회를 창립하고 성서번역위원회 회장 등을 맡는 등 번역사업에 관여하였으며, 그가 한영·영한 사전을 편찬·간행했던 그 해에 *An Introduction to the Korean Spoken Language*(1890)를 간행한 것을 보면, 그는 분명 한국어에 정통하게 되었을 것이다. 그가 사전을 편찬할 때에『한영ᄌ뎐』은 Gale(기일奇一)의 도움을 받고『영한ᄌ뎐』은 Hulbert(할보轄甫)의 도움을 받았으며 표제어는 표기 때문에『한불ᄌ뎐』과 조심스레 비교하였었다. 이들 모두가 한국어에 깊은 관심을 보였던 인물들이었다. 그럼에도『한영ᄌ뎐』에 근대사회와 관련된 어휘가『한불ᄌ뎐』에 비해 증가하기는 하였으나 그리 풍부하지는 못했었던 점과 이에 비해『영한ᄌ뎐』에 좀 더 많이 반영된 점은 그러한 어휘가 당시의 한국 사회에서 쓰이기는 했어도 아직은 사회화되지 못했을 가능성이 높은 사실을 반영한 것이라고 할 수밖에 없다.

H. G. Underwood, A. M.의『한영ᄌ뎐』에도 기독교 관련 어휘가 수록되기는 하였으나 그리 많은 편은 아니었다. 다음과 같은 예들을 볼 수 있다.

례비ᄒ오, 禮拜, To worship, to perform religious service.

령세ᄒ오, 領洗, To receive baptism.

복음, 福音, Goodnews, gospel.

부활, 復活, Resurrection.

셩영, 聖詠, A psalm, a chant, a hymn.

셩회, 聖會, A Holy Church, church.

셩경, 聖經, Holy books, the word used for the Bible.

셩교, 聖敎, The holy doctrine, religion.

셩부, 聖父, The Holy Father, The First Person of the Holy Trinity.

셩셔, 聖書, Holy writings.

셩신, 聖神, The Holy Ghoster, The Third Person of the Trinity.

셩ᄌ, 聖子, The Holy Son, The Second Person of the Holy Trinity.

신약, 新約, The New Testament.

쥬일, 主日, The Lord's day, Sunday.

이에 비해 그의 『영한ᄌ뎐』에는 상당히 많은 기독교 관련 어휘들이 수록
되었다.

Almight, *to be*. 전능ᄒ오. ‖ *n*. 전능ᄒ이.

Apostle, *n*. 종도, ᄉ도.

Bible, *n*. 셩경.

Bless, *v*. 복쥬오, 복비오, 축셩ᄒ오, 찬양ᄒ오.

Catholic, *to be*. 공변되오. *Roman* -. 텬쥬교우.

Celestial, *a*. 하늘, 텬, 텬당의. - *Empire*. 즁국.

Chapel, *n*. 젹은례비방, ᄉᄉ례비당.

Christ, *n*. 그리스도, 셩ᄌ(*2nd Person in Trinity*).

Christien, *n*. 예수일홈을인ᄒ야일홈을주오.

Christendom, *n*. 그리스도교국.

Christian, *n.* 교우, 그리스도교우, 텬쥬교우.

Christianity, *n.* 예수학, 그리스도교. (*Roman*) 텬쥬학, 텬쥬교.

Christmas, *n.* 예수의탄일, 예수의싱신.

Church, *n.* 셩회, 레비당.

Clergy, *n.* 신ᄉ들, 예수학교ᄉ들.

Clergyman, *n.* 신ᄉ, 예수학교ᄉ. (*Roman*) 신부.

Command, *n.* 명, 계명, 분부, 령. *The ten* -, 십계. (*authority*) 권, 권셰.

Commune, *v. i.* 졍담ᄒ오, 샹의ᄒ오, 셩찬먹소, 령셩쳬ᄒ오.

Communication, *n.* 졍담ᄒᄂ것, 샹의ᄒᄂ것. *Holy* -, 셩찬, 셩톄.

Confess, *v.* ᄌ복ᄒ오, ᄌ굴ᄒ오, 고히ᄒ오, 굴복ᄒ오.

Confessor, *n.* ᄌ복ᄒᄂ이, 굴복ᄒ이, 고히밧ᄂ이.

Constellation, *n.* 셩슈.

Cross, *n.* 십ᄌ가.

Crucifix, *n.* 고샹, 십ᄌ패.

Crucify, *v.* 뎡샬ᄒ오, 십ᄌ가에죽이오.

Damn, *v. t.* 디옥으로결안ᄒ오.

Damnable, *to be.* 영고밧을만ᄒ오.

Damnation, *n.* 영고, 영벌.

Divinity, *n.* 하ᄂ님셩, 주셩.

Eucharist, *n.* 셩챤. (*Rom.*) 셩톄.

Evangelist, *n.* 젼도ᄒᄂ이. *The four* -, ᄉ셩ᄉ.

Gospel, *n.* 복음, 복된쇼식.

Holy, *to be.* 거룩ᄒ오. ‖ *adj.* 거룩흔, 셩.

Hymn, *n.* 셩영, 챵, 찬미, 찬미ᄒᄂ노래.

Lord, *n.* 쥬, 쥬인, 임쟈.

Missionary, *n.* 젼교ᄉ, 교ᄉ신.

New Testament, *n.* 신약.

Old Testament, *n.* 구약, 고경.

Paradise, *n.* 텬당.

Psalm, *n.* 성영.

Sabbath, *n.* 례비일, 공일, 쥬일.

Sacrament, *n.* 성스. *The -*, 성찬, 성톄.

Saint, *n.* 성인.

Satan, *n.* 마귀.

Saturday, *n.* 예비류, 젹은공일, 쇼공일.

Saviour, *n.* 구완ᄒᆞᄂᆞ이, 활인ᄒᆞᄂᆞ이, 예수그리스도.

Sunday, *n.* 쥬일, 례비일, 료일, 공일.

Thursday, *n.* 례비ᄉ.

Trinity, *n.* 삼위일톄.

Unchristian. *to be.* 예슈교의본식아니오.

이렇게 『한영ᄌᆞ뎐』의 표제어로는 적고 『영한ᄌᆞ뎐』의 표제어로 이렇게 많이 기독교 관련 단어들이 실린 것은 이들 단어들이 한국사회에 아직 일반화되지는 못하였음을 보이기도 하는 것이지만, 다른 한편으로 보면 이 사전의 편찬자들이 그들의 종교에 얼마나 큰 관심이 있었나 하는 것을 짐작할 수가 있다. 물론 영한대역이 가능했던 것은 한국에서보다 중국에서의 한역에 힘 입었을 가능성이 높다고 할 수가 있다.

5.

『한불ᄌᆞ뎐』만큼이나 본격적인 대역 중사전으로 그 7년 후 간행된 것이 J. S. Gale의 『한영ᄌᆞ뎐A Korean-English Dictionary』(1897)이다. 캐나다인인 그는 20대 젊은 나이에 선교사로 내한하여 미국인 Appenzeller 등과 함께 많은 성서번역에 참여하였고『사과지남辭課指南』(1893)이란 한국어문법서를 저술, 또한 많은 한국학 관련 저서도 출판하였다. 그는『한영ᄌ뎐』을 양시영·양기탁 부자의 도움을 받아 간행하였는데, 이미 앞에서 언급한 바와 같이 H. G. Underwood, A. M.의『한영ᄌ뎐』편찬에 참여하여 사전편찬의 체험도 축적하게 되었다. 이 사전은 2부로 짜여져 있는데, 제1부는「A Korean-English Dictionary」로『한불ᄌ뎐』의 도움을 받아 편찬된 것이며 제2부는「A Chinese-English Dictionary」로 Gale의『Chinese-English Dictionary』의 도움을 받아 편찬된 것으로 각각 836면과 260면으로 전체가 1,096면이다. 당시로서는 엄청난 양의 사전이었다.

한국어문법을 연구하고 성서들의 번역에 참여하고 사전편찬의 경험을 쌓은 J. S. Gale의『한영ᄌ뎐』이 그 이전의 사전들 특히 그와 깊은 관련이 있었던『한불ᄌ뎐』과 H. G. Underwood, A. M.의『한영ᄌ뎐』등과 비교할 때 어떠할까. 말할 것도 없이 진전된 모습을 볼 수밖에 없을 것이다. J. S. Gale의 나이 34세에 즉 1897년에 이『한영ᄌ뎐』이 간행되었을 때는 이미 개항을 한 지 10년이 넘어서의 일이고 그간에 좀 더 많이 근대화의 영향을 한국사회가 받았던 때이다. 개화를 맞아 대외관계를 고려한 한한어 대역사전으로서의『국한회어(화)』(1895)가 한국인에 의하여 시도되었는가 하면 순국문(과 영문)의 신문『독립신문』(1896)까지 등장했던 시대이다. 순한문 신문이었던『한성순보』(1883)에서 다시 국한문을 주로 하되 내용에 따라 순한문·순한글도 썼던 신문『한성주보』(1886~88)까지 발행되었던 이 시기에 한국이 좀 더 근대사회의 성격을 띠기 시작했던 것은 능히 짐작할 수가 있다. 이러한 당시의 사정을 감안하면『한영ᄌ뎐』(1897)이 근대사회의 성격을 좀 더 강하게 띨 수밖에 없었을 것이다. 사전편찬자가 이러한 시대상황을 사전에 반영시킨다면 그 사전에는 근대화 관련 어휘가 표제어로 선정되어 실리게 되었을 것이다. 개방에 따라 직접적이든 간접적이든 국제관계가 다양화하면서 이른바 신문명·신문화에 관련된 지식이 확산되었을 것이다. 이를 반영하는 첫 번째 사실이 이전의 사전들에 비해서 세계의 주명·국명·대도시명 등을 나타내는 단어들이 표제어로 폭넓게 실린 점이다.

아미리가亞美利哥

아미리견亞美利堅 American, 미리견美利堅

북아미리가北亞美利哥

남미쥬南美洲

아셰아亞細亞

구라파歐羅巴 구쥬각국歐洲各國

인도양印度洋

대셔양大西洋

북극北極

남극南極

　물론 『한불ᄌᆞ뎐』에서도 부록으로 한국지명사전Dictionnaire géographique de la Corée을 두어 한국 지명의 지식에 대한 기초를 제공하려 하였던 것과는 대조적이다. Gale은 다음과 같은 국명 등을 편찬자 자신의 자모순에 따라 해당 부분에 배열하여 실었다.

애급국埃及國 Egypt

아라ᄉ俄羅斯

이ᄉ란愛斯蘭 Iceland

영미국英美國

은국銀國 Argentina

일본日本

오대리아澳大利亞 Australia

하란국苛蘭國 Holland

미국美國

노위국瑙威國 Norway

비리시국比利時國 Belgium

불란국佛蘭國

파려셔巴黎西 Paris

아인俄人

아ᄉ라俄斯羅 Russia

영길리英吉利 England

영미법덕英美法德

인도국印度國

이싴렬以色列 Israel

오대리국奧大利國 Austria

구라파歐羅巴

녀인국女國 "Amazonia"

묵셔가국墨西哥國 Mexico

비로국毗魯國 Peru

불란셔佛蘭西

파스국波斯國 Persia

안남安南

이이란愛爾蘭 Ireland

영국英國

의대리意大利 Italy

일국日國

왜국倭國

합즁국合衆國 United States

면뎐국緬甸國 Brumah

녀진국女眞國

법국法國 France

보로ᄉ普魯斯 Prussia

파파리巴巴利 Barbary

파셔국巴西國 Brazil

포도아葡萄牙 Portugal	포도국葡萄國 Portugal	라마국羅馬國 Roma
련국璉國 Denmark	려송국呂宋國 Luzon-of the Philiphine Islands	
로국露國	류구국琉球國	상항桑港 San Francisco
스위스국士威士國 Switzerland	셕란국錫蘭國 Ceylon	셤라暹羅 Siam
셔반아국西班牙國	셔스국瑞士國 Switzerland	셔장국西藏國
신가파新嘉坡 Shingapole	소격란蘇格蘭 Scotland	소단국蘇丹國 The Soudan
쇼려송小呂宋	대려송大呂宋 Spain	대진국大秦國 Syria
단국丹國 Denmark	단향산檀香山 The Sandwich Islands	
덕국德國 Deutchland	디즁히地中海	토이긔土耳基 Turkey
토니스土尼斯 Tunis	진랍국眞蠟國 Cambodia	청국淸國 China

이상의 지명들은 대부분 음역에 따른 것인데, 그것도 중국의 한역을 따른 듯하다. 의역한 경우도 더러 있다. 이상의 세계지지와 관련된 지식의 확대는 개화기에 '만국지지萬國地誌'의 책들이 여러 종류 나왔던 사실과도 관련이 있는데, 중국과 일본에서도 마찬가지였다. 새로운 세계에 대한 호기심은 '할례割禮 circumcision'까지 사전에 실리게 하였다.

『한영ᄌ뎐』(1897)에서는 '쇄국'에서 벗어나 '개국'을 맞으면서 '개항'과 '개화'에 대하여 다음과 같이 풀이하고 있다.

ᄀᆡ항ᄒ다   s. 開港(열)(항구) To open a port to foreign commerce.

ᄀᆡ항쳐   s. 開港處(열)(항구)(곳) An open port. See 거류디.

ᄀᆡ화   s. 開化(열)(될) Intercourse with foreign nation ; Political reform. Opp. 슈구.

cf. 슈구 s. 守舊(직힐)(녜) Standing by old customs ; conservation. Opp. ᄀᆡ화.

ᄀᆡ화ᄒ다   s. 開化(열)(될) To establish international intercourse ; to introduce reform - to the state. Opp. 슈구ᄒ다.

cf. 슈구ᄒ다 s. 守舊(직힐)(녜) To hold to ancient customs ; to be conservative. Opp. 기화ᄒ다.

즉 '개항'은 외국과의 상업 목적으로 항구를 개방하는 의미로 풀이했고 '개화' 는 국제교류의 확립이나 국가의 정치 개혁의 의미로 이전의 사전들에서의 그것과 달리 풀이하였다. 쇄국과 수구로부터 벗어나 국제교역에 나서고 근 대적인 정치제도를 개혁하는 의미로 풀이한 셈인데, 이리하여 '구습'으로부 터 벗어남을 인식한 것이다. 구습을 지키는 보수적인 수구를 반의어로 제시 하고 있으나 정치·경제에 초점을 둔 정의이다. 따라서 아직은 이 사전편찬 자들은 적극적으로 '문명'에의 길을 강조하지는 않았는지 '문명' 나아가서 '문화'의 개념어는 사전에 표제어로 등재시키지 못하였다. 그럼에도 불구하 고 근대화와 관련 있는 신문명·신문화 등에 관련된 단어들이 이전의 사전 들에 비하여 확산되었다.

인류人類	경쟝更張	공평公平ᄒ다
평등平等ᄒ다	만국공법萬國公法	민회民會≠國會
민권당民權黨	민졍民政	민쥬지국民主之國
대통령大統領	독립국獨立國	ᄌ유自由ᄒ다
ᄌ유지권自由之權	ᄌ유당自由堂	ᄌ립지국自立之國
ᄌ립自立ᄒ다	ᄌ쥬지국自主之國	ᄌ쥬自主ᄒ다
전국인민全國人民	졍부政府	졍치政治
정치학政治學	졍치샹政治上	하의원下議院
하의당下議堂	외론外論 Public opinion	

각의閣議	닉각內閣 會讓院	각하閣下
각부各部	외무부外務部 外衙門	외무지사外務之事
령ᄉ領事	령ᄉ관領事官	령ᄉ관領事館

농샹공부農商工部　　　경무관警務官　　　　　 ㄴㅣ무부內務部 內部

경찰관警察官　　　　경무쳥警務廳　　　　　교련관敎鍊官

경찰셔警察署　　　　면쟝面長　　　　　　　학부學部 學務衙門

공관公館　　　　　　관보官報 // 민보民報　　공회公會

쇼ㄷㅣ쟝小隊長　　　대ㄷㅣ쟝大隊長　　　　쟝셩將星

즁쟝中將

샤쟝社長　　　　　　은항銀行(은힝)　　　　회샤會社

은항소銀行所(은힝소)　은항표銀行票(은힝표)　경리쳥經理廳

감리ㅅ監理使　　　　보험증셔保險證書　　　슈표手票

복덕방福德房　　　　젼운셔轉運署　　　　　신문新聞

졔도制度　　　　　　직업職業　　　　　　　법령法令

경력經歷　　　　　　산업産業　　　　　　　경영ㅎ다經營

농업農業　　　　　　방젹紡績　　　　　　　ᄀ화포開花砲

슈뢰포水雷砲　　　　륙혈포六穴砲　　　　　슈뢰졍水雷艇

삼혈포三穴砲　　　　긔챠汽車　　　　　　　금계랍金鷄蠟

ㅁㅣ쥬麥酒　　　　　만리경萬里鏡　　　　　현미경顯微鏡

시계時計　　　　　　ㅈ명종自鳴鐘　　　　　괘종卦鐘 // 좌종坐鐘

뎐보국電報局　　　　뎐보電報　　　　　　　뎐션電線

뎐보틀電報機　　　　링면冷麵 // 온면溫麵　　과ㅈ菓子

ㄴㅣ과內科　　　　　ㅈ봉침自縫針　　　　　ㅈ명악自鳴樂

도ㅁㅣ都買ㅎ다　　　산ㅁㅣ散賣ㅎ다

국학國學　　　　　　국립國立　　　　　　　기학開學ㅎ다

고찰考察ㅎ다　　　　법률학法律學　　　　　문리文理

화학化學　　　　　　박물원博物院　　　　　뎐학電學

대수代數	동물動物	동물학動物學
텬문학天文學	디리학地理學	텬문도天文圖
텬문딕天文臺	쇼학교小學校	즁학교中學校
대학교大學校	졸업싱卒業生	졸업卒業ㅎ다
졸업쟝卒業章	법측法則	지식知識
지혜智惠	증거證據	동학東學 一君
셔학西學		

이상과 같은 '신문화·신문명' 등에 관련된 새로운 지식이 확산되면서 '요일'의 개념도 확립되는데,

월요일月曜日 Monday	화요일火曜日 Tuesday
슈요일水曜日 Wednesday	목요일木曜日 Thursday
금요일金曜日 Friday	토요일土曜日 Saterday(반공일)
일요일日曜日 Sunday(공일, 쥬일)	

과 같이 요일 명칭이 이미 확립되었으며, 또한 서양의 전통에 따라 언어학의 품사를 비롯한 문법용어들도 확립되었다.

문법文法
명亽名辭	대명亽代名辭
동亽動辭	형용亽形容詞
접속亽接續辭	감탄亽感歎辭
쟈동亽自動辭	타동亽他動辭
현직現在 The Present	과거過去 The Past ; the past tense
미릭未來 The Future ; the future tense	

다만 '문법'의 개념은 "Rules and methods of composition - grammar"로 정의되었는데, 『한불ᄌᆞ뎐』에서의 "Régles de l'écriture, des caractères, du style"이라는 '문법체계·표기법'의 개념까지 포함시켜 온 전통적인 '문법Grammar'의 개념으로부터 벗어나고 있음을 알 수 있다. Underwood의 사전에서는 "문법. 文法. Grammar. rules of grammar"와 "Grammar. n. 문법"이라고만 되어 있어서 '언ᇎ'과 '문文'을 함께 개념화시켰던 전통적인 개념으로부터 얼마나 벗어났는지는 파악할 수가 없다. 조선총독부의 『조선어사전』(1920)에까지도 "文法(문법) 名 文章の作法"이라 하였다.

이상에서 보아 1897년에 나온 이 J. S. Gale, B. A.의 『한영ᄌᆞ뎐』을 통해서 보면 그 이전의 사전편찬자들에 비해 '근대화'에 있어서 진일보했고 좀 더 적극적이었던 것이 아닌가 한다. 또한 그들의 종교인 기독교(천주교 포함)에 대한 의식도 상당히 강했던 것은 아닌가 한다.

이 『한영ᄌᆞ뎐』에 등장한 근대화 관련 어휘로써 'ᄌᆞ유自由'가 있다.

ᄌᆞ유ᄒᆞ다   s. 自由(스스리)(말믜암을) To act independently.

ᄌᆞ유당   s. 自由黨(스스리)(말믜암을)(무리) The governing body of a
nation. See 민권당 ; 하의당.

cf. 민권당 s. 民權黨(빅셩)(권셰)(무리) The governing body of the
people. See. ᄌᆞ유당.

cf. 하의당 s. 下議黨(아래)(의론)(무리) The governing body in a
people. See. 민권당.

ᄌᆞ유지권   s. 自由之權(스스리)(말믜암을)(갈)(권셰) The power to govern
independently - as possessed by congress, parliament etc.

여기서 보면 '자유'는 기본적으로 To act independently의 개념을 가지는데, 다만 그 주체가 개인 이외에 '국회, 국민'일 수가 있다. 그러나 자유의 개념을 위의 대역 내용으로부터는 더 이상 파악하기가 어렵다. 이 『한영ᄌᆞ뎐』 2년

앞서 간행된 『서유견문』에서는 우선

自由는其心의所好ᄒ는디로何事든지從ᄒ야窮屈拘碍ᄒ는思慮의無홈이로
디決斷코任意放蕩ᄒ는趣旨아니며非法縱恣ᄒ는擧措아니오又他人의事體는
不顧ᄒ고自己의利慾을自退ᄒ는意思아니라乃國家의法律을敬奉ᄒ고正直흔
道理로自持하야自己의當行홀人世職分으로他人을妨害ᄒ지도勿ᄒ고他人의
妨害도勿受ᄒ고其所欲爲는自由ᄒ는權利며

라 하여 위의 개념에서 크게 멀지 않은 구체적인 개념인바, 그것은 "人生의
天賦흔 自由라"고 하였다. 또 당연한 정리로서의 '통의通義'와 함께 자유를 ①
身命의 自由及通義, ② 財産의 自由及通義, ③ 營業의 自由及通義, ④ 集合의 自
由及通義, ⑤ 宗敎의 自由及通義, ⑥ 言詞의 自由及通義, ⑦ 名譽의 自由及通義
등과 같이 나누어 열거하였는바, 근대적인 개념의 '자유'와 '권리'를 제시하
였다. 따라서 이 시기에는 '자유'와 '권리'가 근대화된 개념으로 쓰였던 것으
로 이해된다(송민 2001).

　위의 『한영ᄌ뎐』이 간행되기 이태 전에 편찬된 필사본 『국한회어』(1895)는
한국인들에 의해 만들어진 미완성 사전인데,

　　강화(講和) 개항(開港) 개화(開化) 공의(公議) 공평(公平) 교화(敎化) 국회
　　쟝(보충항목) 문명천지(文明天地) 민주지국(民主之國) 민회(民會) 평등(平等
　　分給)

등 근대화와 관련될 수 있는 단어들이 실리기는 하였으나, 그러나 위의 『한
영ᄌ뎐』만큼 풍부하지는 못하다. 위의 근대화 관련어휘로서 여기에 '문명천
지'가 드디어 등장하는데, 서양인들의 대역 사전에는 전혀 등장하지 않았던
것이다. civilisation의 일본어 번역어 '문명'이란 단어가 아직은 크게 사회화하
여 쓰이지는 않았고 '개화'라는 단어가 이미 쓰였기 때문인 것이다. 그런데

일본 특히 후쿠자와 유키치福澤諭吉의 『西洋事情』(1866-7-9)의 영향을 받은 유길준의 『서유견문』에 '문명'이 이미 쓰인 바 있다.

○一則王者의民을私有ᄒ야國家의大權을竊홈인故로**文明**ᄒᆫ軌度가漸廣홈을 隨ᄒ야法의改正ᄒᆫ步趨가亦進ᄒᄂ니(人民의權利-名譽의道義)

○國人이各其國의重홈으로自任ᄒ야進取ᄒᆫ氣象과獨立ᄒᆫ情神으로…… 其國의富强ᄒᆯ機會를圖謀ᄒ며**文明**ᄒᆯ規模를請求ᄒ니(政府의種類-共和政體)

○抑且愚者ᄂ或衣食居의美를誤用ᄒ야**文明**開化의所賜를汚穢ᄒᆫ者가不無 ᄒ니世界의大同ᄒᆫ影像으로推較ᄒ면文明勤工의功德이其流出ᄒᆫ弊害를償 ᄒ고餘地가綽然ᄒᆫ者니(政府의職分)

○政府가其財用을費ᄒ야國家의安寧을經守ᄒ며**文明**을振起ᄒ야開化ᄒᆫ諸 事에其意를用ᄒᆫ則(收稅法)

○軍士의守備와道路의修築과學校의設施ᄒᆫ種類의公本된事業을擧行ᄒ지 아니ᄒᆫ則一國의安寧과**文明**을冀希ᄒ기不可ᄒᆯ디오(收稅法)

○人世의**文明**開化를增進ᄒ기爲ᄒᆫ者도學士의高倫을取ᄒ야新法을定ᄒᄂ 니(法律의公道)

○千萬事物에**文明**ᄒᆫ風氣를揚起ᄒ야便利ᄒᆫ門戶를開導ᄒ야……(愛國ᄒᆫ忠誠)

○布蘭施(프란세스)와裵坤德(바콘테스)과哥道壽(카데스)의諸學者가**文明**ᄒᆫ 氣를應ᄒ야人間에出ᄒᆫ지라(泰西學術의來歷)

○此後로自ᄒ야文學이日加ᄒ고知識이年增ᄒ야今日의**文明**ᄒᆫ大機를成홈이 라(泰西學術의來歷)

○今日의富成ᄒᆫ基業과**文明**ᄒᆫ開化를致ᄒ기ᄂ姑舍ᄒ고大害를反胎ᄒ야(學 業條目)

○故로愚者ᄂ自勵ᄒ고智者ᄂ自戒ᄒ야世界의**文明**과人心의開化를興作ᄒ기 에亦一大經論이라

○日耳曼學者가其言을揚호ᄃᆡ我邦의**文明**ᄒᆫ學業으로歐洲諸國의上에駕軼ᄒ 기를期ᄒᆫ다ᄒ니其言이誠不誣홈이라(日耳曼의諸大都會)

위의 자료를 통해서 보면 '문명'이 권리 · 정부 · 조세 · 애국 · 학술 등과 관련되어 쓰이고 있음을 알 수 있는데, 근대적인 제도와 많이 관련되어 있다. 그런데 "文明開化" 또는 "文明ᄒᆞᆫ 開化"란 표현이 쓰이고 있음을 볼 때에 '문명'과 '개화'가 유길준에게는 완전히 동일한 개념은 아닌 것이다. civilisation을 '개화, 교화'로 대역했던 서양인들의 개념과는 좀 구별되는 것이다. 선진적인 문물 · 제도로서의 문명이 개화의 기초가 되는 셈이다. 이러한 개념이 굳어져 '문명국'이 선진국의 개념으로 쓰인 것은 그 이후의 일이다.

『조선어사전』(1920)에는

> 文明(문명) 図 光彩ありて分明なること.(開明).
> 文化(문화) 図 世の中の開け進むこと.

라 하여 '문명'의 개념이 civilisation에 대당되지 않고 '문화'의 개념은 오히려 '개화'의 후기 개념에 근접하게 되었다.

'문명'의 등장과는 달리 이에 흔히 대비되는 '야만'도 Gale의 『한영ᄌᆞ뎐』에 등장한다.

> 야만 L. 野蠻(들)(오랑캐) A savage ; a barbarian ; a heathen. See 야인.
> 야인 L. 野人(들)(사름) A savage ; a nustic. See 야만.

그리고 C. Alévêque의 『법한ᄌᆞ뎐』에는

> Sauvage m.m. 야만 … 산에
> Barbare m.m. 오랑캐 … 야만

과 같이 대역되었는데, 『한불ᄌᆞ뎐』에는 아직 '야만'이 '문명'과 마찬가지로, 표제항으로는 실리지 않았으며 '야인'만이 여러 의미로 풀이되어 실렸다.

*야인, YA-IN, -I. 野人. Homme de la plaine(opposé à montagnard). Rustre, nustaud, sauvage ; tous les hommes à l'exception de ceux de la capitale.

즉 이 풀이에 따르면 '산 속에 사는 사람'과 대비되는 '들에 사는 사람'으로서의 '시골사람'을, 즉 수도 이외에 사는 모든 사람을 뜻하는 것이기에 문명/야만의 개념이 아닌 것이었다. 프랑스 신부들이 때로 한국을 아직 야만의 때묻지 않은 사회로 인식한 부분이 없지 않으나(예. Dallet『조선교회사』등에서) 이로부터 아직은 사전편찬자들의 '문명/야만'의 개념이 확고하지 않았음을 다시 확인할 수가 있는 셈이다. Underwood의『한영·영한ᄌᆞ던』의 경우에도 마찬가지이다.

20세기의 문턱에 올라 나온 C. Alévêque의 대역사전인『법한ᄌᆞ던Petit Dictionnaire Français-Coréen』(1901)은 사전 본문이 359면인 소사전 형식이라 그러한지, 새로운 신문명 어휘가 추가되기는 하였으나 근대화와 직접 관련될 수 있는 단어들은 크게 확대되지는 않았다. 그리고 다음과 같은 항목들을 보면 근대화 관련 어휘의 개념도 막연하였던 것 같다.

Culture n.f. 농사

Economie n.f. 저룡

Egalité n.f. 동뉴

Indépendance n.f. 독닙 … 자쥬

Libéral adj. 관후ᄒᆞ오

Liberté n.f. 노아쥼

Pofession n.f. 싱업

République n.f. 민쥬국

6.

지금까지 1876년 개항 이래 서양인들이 편찬한 개화기의 한국어 대역사전들을 중심으로 한국 근대 사회와 문화의 형성과정에 관련된 새로운 어휘들을 검토하여 보았다. 그 대상 사전으로는 프랑스 파리외방전교회 소속 전

교사들이 편찬한『한불ᄌ뎐』(1880)과 학생용 소사전으로 편찬한 H. G. Under-
wood, A. M.의『한영·영한ᄌ뎐』(1890) 및 J. S. Gale, B. A.의 중사전『한영ᄌ
뎐』(1897)을 중심으로 하였다. 이들 사전들의 편찬자들은 구교든 신교든 간
에 전교사들 또는 선교사들이었기에 그들의 종교 관련 어휘들도 고려하면
서 근대화와 관련 있는 어휘들을 검토하였다.

근대화의 발상지가 프랑스였음에도 불구하고 프랑스 출신 신부들이 전교
의 목적으로 한국에 와서 편찬한『한불ᄌ뎐』은 근대화와 관련된 어휘들이
그리 풍부하지는 못했음을 알 수 있었다. 이는 그 신부들이 프랑스의 지방
출신들로서 아직은 근대화 인식이 그리 민감하지 못하였거나 한국 근대화
와 관련된 어휘들이 아직은 확고하게 사회화하지 못하였기 때문일 것이다.
종교 어휘에 있어서는 기독교 관련 어휘가 비교적 많아 그들 자신의 종교에
치중하는 편향을 보이기도 하였다. 근대화에 대한 그들의 보수성은 '문명'
또는 '개화'로 후에 등장하는 civilisation의 개념이 드러나지 않은 점으로부터
짐작할 수가 있다.

H. G. Underwood, A. M.의『한영·영한ᄌ뎐』(1890)에서는『한영ᄌ뎐』보다
『영한ᄌ뎐』에 근대화 및 기독교 관련 어휘가 상대적으로 많이 보인다. 이는
아직도 한국 사회에서 이러한 어휘가 사회화되지 못했을 가능성이 높다고
할 수밖에 없다.

J. S. Gale, B. A.의 중사전『한영ᄌ뎐』(1897)은 규모에 있어서도『한불ᄌ뎐』
을 뛰어넘는 것인데, 세계지지와 관련있는 어휘들, 특히 지명 등이 상당히
풍부하게 선정되었고 근대화 및 기독교 관련 어휘가 상당히 확산된 듯하다.
이것은 외래적인 신문화·신문명 관련 신지식이 19세기 8·90년대 당시에
어느 정도로 한국에서 사회화되어 가고 있음을 뜻하는 것이다.

서양인 편찬의 개화기 한국어 대역사전을 통시적으로 볼 때에 근대화 관
련 어휘가 확산되어 간 모습을 보이기는 하나 아직은 체계적인 것은 아니어
서 새로운 신문명의 제도 속에서 일부의 개념만이 형성되고 빈칸들이 상당
히 많이 보인다. 개화기에 근대화 관련 어휘들이 많이 쓰인 경우는『독립신

문』의 경우이며 그리고 개화기 교과서들도 어느 정도 그러했다. '기화(국), (만국)공법, 국회, 남녀평등, 대통령, 대학(교), 문명(국), 민법, 민정, 민쥬(국), 샤법, 샹하의원, 시민, 신문, 은힝, 자유, 쥬식, 총장, 츌판, 통상, 투표, 평등권, 형스법' 등등이 그 예들이다.

　이상의 사실들을 확인한 것 자체는 그런 대로의 소득이라 할 수 있겠다. 갑오경장을 거쳐 통감부 시기에 많은 새로운 법령들이 제정되면서 서구 근대적인 개념의 단어들, 대체로 전문어들이 수없이 등장하였다. 그러나 이들은 서양의 근대사상을 먼저 받아들였던 일본인들의 영향 아래 일단은 이루어졌던 것이다. 1909년 『대한민보』에 연재되었던 「신래성어新來成語」가 바로 그런 대표적인 것들이었다(이병근 2000다). 통감부 시절에 일본인들에 의하여 법령이 초안되고 한국인들이 검토하였으나 새로운 근대적인 단어가 아직 형성되지 않았던 관계로 일본인들이 사용한 용어들을 거의 그대로 수용했던 것이다.

출처: 『한국문화』 28, 서울대학교 한국문화연구소, 2001.
붙임: 19세기 후반의 개항기 이후의 한국 근대화와 관련시켜 서양인들이 당시에 엮은 한불자전, 한영자전 등 대역사전들을 통해 근대화와 관련된 어휘에 대해 검토하였다. 그리고 이들 사전들이 기독교인들에 의해 편찬되었기에 이 종교와 관련된 어휘들을 조사해 보아 그 의미를 씹어 보았다.

참고 문헌

강신항(1985), 서구문명의 유입과 국어생활의 변화, 『전통문화와 서양문화(Ⅰ)』, 성균관대출판부.

김완진(1984), 한불자전 및 한어문전의 성립에 공헌한 인물들에 대한 조사연구, 『목천유창균박사환갑기념논문집』.

김형철(1997), 『개화기 국어 연구』, 경남대출판부.

박영섭(1994), 『개화기 국어어휘자료집 1(독립신문편)』, 박이정.

박영섭(1996), 『개화기 국어어휘자료집 3(교과서 · 신문편)』, 박이정.

송 민(1976), 19세기 천주교 자료의 국어학적 고찰, 『국어국문학』72 · 73, 291-295면.

송 민(1989), 개화기 신문명어휘의 성립과정, 『어문학논총(국민대)』8.

송 민(1994), 갑오경장의 어휘, 『새국어생활』4-4, 54-73면.

송 민(2000), 근대어 '대통령'의 출현, 『새국어생활』10-4, 107-113면.

송 민(2001), 근대어 '자유'의 의미 확대, 『새국어생활』11-1, 117-122면.

신용하(1975), 『독립협회와 만민공동회』, 한국일보사.

이광린(1981), 『한국개화사상연구』, 일조각.

이기문(1980), 19세기 말엽의 국어에 대하여, 『난정남광우박사화갑논총』.

이병근(1985), 개화기의 어휘정리와 사전편찬, 『주시경학보』1, 주시경연구소, 69-87면.

이병근(1992), 근대국어 시기의 어휘정리와 사전적 전개, 『진단학보』74, 195-214면.

이병근(1998), 통감부 시기의 어휘정리와 그 전개: 지석영의 『언문』을 중심으로, 『한국문화(서울대)』21, 1-24면.

이병근(2000가), 유길준의 어문사용과 『서유견문』, 『진단학보』89, 309-326면.

이병근(2000나), 『한국어사전의 역사와 방향』, 태학사.

이병근(2000다), 개화기 한국에 차용된 일본한자어의 변화: 대한민보 소장 「신래성어」의 경우, 『韓國傳統文化と九州』, 日本 九州大學.

이숭녕(1965), 천주교 신부의 한국어 연구에 대하여, 『경로 이상은박사 화갑기념 동양학논총』.

이한섭(1985), 『西遊見聞』の漢字語について, 『國語學(日本)』141.

조남현(1985), 한국 개화사상의 단면: 『독립신문』의 논설, 『전통문화와 서양문화(Ⅰ)』, 325-355면, 성균관대출판부.

조현범(2000), 19세기 프랑스 선교사들의 문명관, 『교회사 연구』15, 83-112면.

홍윤표(1985), 최초의 국어사전 『국한회어』에 대하여, 『백민전재호박사회갑기념 국어학논총』.

Benveniste, E.(1966), *Problèmes de linguistique générale*, Paris: Éditions Gallimard. (황경자 옮김 : 『일반언어학의 제문제 Ⅰ』, 1992, 민음사)

애국계몽주의 시대의 국어관
- 주시경의 경우 -

1. 문제의 제기

일본의 제국주의 아래로 들어가게 되었던 1910년 그 무렵을 전후해서, 국권의 회복을 위한 애국계몽사상이 두드러지기 시작하였으며, 또 한편으로는 수구와 개화와의 갈등이 지속되면서도 여러 분야에서 '외래적인 것'을 받아들이는 학문적인 개화를 맛보게 되었다. 물론 이 학문적인 개화도 국권 회복을 위한 것이었기 때문에 이러한 상황 속에서의 여러 분야의 학문적 성격도 자연히 애국계몽사상에 입각해서 특징지워졌으리라 여겨진다. 이와 같이 잃어버린 국권의 회복이라는 역사적 사명은 학문적인 활동까지도 국권 회복의 한 직접적인 수단으로 삼는 경우를 초래하게 되었다. 특히 그 회복은 '우리의 것'에 대한 자각에서 시작되었고 우리의 것을 계승 발전시키면서 그 내적 자질의 국민적 향상을 위한 계몽의 한 수단으로 학문적 성격이 우선적으로 특징지워 주는 모습으로 바뀌게 되었던 것이다. 그래서 일종의 실천과학적인 성격, 나아가서는 응용과학적인 성격을 지니게 되었다.

'우리의 것'이 강조되면서 특히 국학 분야에서 이러한 학문적 성격이 두드러지게 나타난다. 국어학도 예외는 아니었다. 우리의 민족에 대한 자각과 함께 민족의 언어를 재인식하면서 국어 연구가 곧 자강과 독립의 한 길임을 강조하고서는 국어국문의 연구와 그 보급을 통해 국민을 계몽시키고자 하였다.

이러한 국어학의 위치에 서 있던 애국계몽사상 가운데서 가장 대표적인 이가 주시경이라 할 수 있겠다. 병자수호조약에 의하여 새로운 개항의 기회를 맞았던 1876년에 태어나서 개화기를 거친 그는 새로운 태서泰西의 이론들을 수용하였고, 그것을 바탕으로 그 나름대로의 독창적이고도 선진적인 국어 연구의 세계를 개척하였다. 최초의 저서라 할 수 있는 1906년의『대한국어문법』으로부터 마지막 저서인 1914년의『말의소리』에 이르는 한일합방 전후의 시기가 그의 가장 적극적인 활동 시기였다. 개화기의 자강주의로부터 일제하의 애국계몽사상에 이르기까지 국권 회복이라는 시대적 상황 속에서 이와 같이 그는 국어 연구의 눈부신 업적들을 양산하였던 것이다. 이러한 그에 대하여 국어운동가이며 현대적인 국어학의 창시자로 국어학에서 추앙되어서 서술되었었으며 최근에는 사회사상의 측면에서 애국계몽사상 또는 어문민족사상가로 다시 한번 부각되었다(신용하 1977). 국어 연구와 사회사상 연구라는 두 측면에서 볼 때 주시경은 분명코 역사상의 거부로서 군림할 수 있을 것이다.

최근 주시경의 100돌을 맞아서 이기문 교수에 의하여『주시경전집』(상·하)이 집대성되면서 주시경의 국어학 연구 방법론에 대한 새로운 이해가 이루어지게 되었고(이기문 1976b), 김민수 교수에 의해 주시경에 대한 광범한 서술이 시도되어서(1977) 국어학의 최근사를 이해함에 커다란 도움이 되고 있음은 다행한 일이다. 더욱이 주시경의 애국계몽사상과 국어국문연구와의 상관성을 유기적으로 파악하려는 신용하 교수의 연구는 새로운 차원에서 주시경학을 이해함에 폭을 넓혀 주는 사뭇 자극적이기도 한 것이었다. 그러나 주시경이 선진적이고도 독창적인 국어학자요 존경을 받을 만한 애국계몽사상가라고 할지라도 그에 대한 객관적인 비판이 뒤따라야만 오히려 그의 역사적인 정당한 위치를 굳힐 수 있을 것이다. 이러한 비판은 신 교수에 의해 밝혀진 애국계몽사상 또는 어문민족주의와 국어학과의 상관 관계를 전제로 해야만 이루어질 수 있을 것이다. 주시경의 국어학에 대한 비판이 허웅(1971)에 의하여 이루어진 바 있으나 이것은 국어학적인 것에 한정된 비판이었다. 당시의 어문민족사상이 주시경의 국어이론에 미친 악영향은 그의 애국계몽사상에 대한 준엄한 존경심에 가려져 들추어내지 않아 왔기 때문에 어문민족사상으로부터 오도된 국어관 및 그의 국어이론은 정당하게 평가되지 못하였고, 또한 그의 국어학의 선진적인 독창성을 지나치게 의식한 나머지 또다시 국학의 우월성을 강조하게 된 편견을 드러내기도 하였던 것이다.

이제 필자는 본고에서 이전의 주시경학에 대한 이해들을 수용하면서 주시경의 국어관과 국어연구 두 측면을 그의 민족주의와 상관시켜 이해 · 반추하고자 한다. 당시의 민족주의가 강조하는 자주성과 전통성(또는 고유성)은 주시경의 국어관을 어떻게 오도하였으며 당시의 애국계몽사상에 바탕을 둔 개화사상으로부터 나온 그의 국어이론상의 선진적 독창성에 또다시 어떠한 관계를 가지고 있는가 하는 사실들을 특히 지적하고자 한다. 현재의 필자는 연구사의 서술에 있어서도 그 연구의 이론적 체계를 공시적으로 파악하고서 그러한 이론이 새로운 차원 높은 이론에 의하여 통시적으로 합리적인 평가가 이루어져야만 한다고 믿고 있다. 또한 역사 서술에 있어서 복합적인 것을 하나의 사상적 혹은 감정적 모랄에 의하여 획일적으로 평가하는 객관성의 결여를 필자는 거부한다. 사상이나 감정 그 자체와 학문과는 비록 유기적인 상관관계를 지닐지라도 서로 범주를 달리하는 것이기 때문이다.

2. 애국계몽사상과 이언理言

한말의 애국계몽사상 또는 애국계몽운동은 외세에 의하여 국가 존상의 위기를 맞은 당시에 있어서는 일반적인 경향의 이데올로기적인 것이었다. 국권 회복과 독립 쟁취를 위한 이러한 경향은 우선 자기 민족에 대한 자각에서 드러났으며, 그리하여 한말의 애국계몽사상가들은 문화적 민족주의에서 흔히 보여지는 민족사의 재인식과 민족어의 재발견이라는 두 기둥을 강조하곤 하였다(신용하 1977 p. 14). 「역사와 애국심과의 관계」에서 신채호는 역사의 측면에서 애국을 강조하고 있는데

> 嗚呼라 若何ᄒ면 我二千萬의 年에 恒常 愛國이란 一字가 鏗鏘ᄒ게 홀가曰
> 惟 歷史로 以홀지니라……

여기서 애국심을 잉조孕造하는 역사란 종교사나 문학사 등이 아니고 '본국정치사本國政治史'만임을 못박고 있다. 한편 이러한 그가 문법에로 관심을 돌렸을 때는 「문법을 의통일宜統一」에서 "今日에 文法統一이 즉 亦一大急務라 此를 統一ᄒ여야 學生의 精神을 統一ᄒ며 國民의 智識을 普啓홀" 것이라고 하여 애국의 초점을 어문으로 바꾸고 있다. 월남月南 이상재李商在도 최광옥崔光玉의 『대한문전』의 서序에서 언어로써 국민을 교도하면 국민의 단합이 가능하리라는 뜻을 비치고 있으며 이러한 뜻에 맞추어 최광옥 자신도

> ……我國의 言語는 我國國語라 國語가 國民으로 關係됨이 甚大ᄒ니 若國
> 語가 一定치 못ᄒ면 國民의 團合心이 缺乏ᄒ고 國語가 自由치 못ᄒ면 國民의
> 自由性을 損失ᄒᄂ니 支那와 露國 等國으로 鑑戒를 作홀지어다.

라고 하여 『대한문전』의 저작동기와 아울러 언어의 측면에서의 국민의 단합심에 의한 국권회복을 언급하고 있다. 이상과 같이 애국을 위한 역사의 재인식이라든가 언어의 재발견, 나아가서 '교도국민敎道國民함'을 통해 애국을 고취시키는 애국계몽의 수단으로서의 '입학立學'이 강조되곤 하였던 것은 당시의 지식인들에게는 공통적이었던 것 같다. 한일합방이 되었던 해 10월에 최남선을 중심으로 세워진 조선광문회의 설립 취지는 이를 뒷받침하여 준다.

> 今에 我等이 文明上으로 一大 轉機를 會하니 光明을 大放할 好機인 同時에
> 存喪을 未判할 危機라 如前히 光緒를 繼하며 如何히 來運을 開할가 旣往은 湮

沒하고 現在는 混沌하고 將來는 茫昧한 此地頭에 大한 覺念과 小한 事力으로 我光文ㅣ 兀立하니 修史와 理言과 立學은 實로 그 三代標幟며……

『신자전新字典』서序

조선광문회의 세 표치標幟 가운데서 '수사修史'와 '이언理言'은 곧 역사의 재인식과 언어의 재발견에 관련되는 것으로 이해되며 '입학立學'은 애국계몽의 수단으로서의 실천적인 학문의 성격을 뜻하는 것으로 이해된다. 신채호의 경우가 특히 수사와 입학에 의한 애국계몽운동이었다고 한다면 이제 검토하게 될 주시경의 경우는 이언과 입학을 통해서 사회구성원 사이에서의 의사소통이라는 communicative function으로 보아 언어의 전달성을 강조한 그는

社會는 여러 사람이 그 쯧을 서로 通ᄒ고 그 힘을 서로 聯ᄒ어 그 生活을 經營ᄒ고 保存ᄒ기에 서로 依賴ᄒ는 因緣의 한 團體라 말과 글이 업스면 엇지 그 쯧을 서로 通ᄒ며 그 쯧을 서로 通치 못ᄒ면 엇지 그 人民이 서로 聯ᄒ어 이런 社會가 成樣되리요 이럼으로 말과 글은 한 社會가 組織되는 根本이요 經營의 意思를 發表ᄒ어 그 人民을 聯絡케 ᄒ고 動作케 ᄒ는 機關이라 이 機關을 잘 修理ᄒ어 精練ᄒ면 그 動作도 敏活케 홀 것이요 修理치 안이ᄒ어 魯鈍ᄒ면 그 動作도 窒礙케 ᄒ리니 이런 機關을 다스리지 안이ᄒ고야 엇지 그 社會를 鼓振ᄒ어 發達케 ᄒ리요…… 이런즉 人民을 가르쳐 그 社會를 保存ᄒ어 발달케 ᄒ고자 ᄒ는 이야 그 말과 글을 닦지 안이ᄒ고 엇지 되기를 바라리요.

『대한국어문법』발跋

에서와 같이, 사회의 근본이요 기관이 되는 어문을 수리하는 이언의 방법으로 사회의 보존과 발달을 꾀하는 자강독립의 길을 주장하는 애국계몽운동가의 자리에 있게 되는 것이다.

주시경은 그의 「필상자국문언必尙自國文言」의 '동물경쟁動物競爭, 인위최강동물人爲最强動物, 인이문언득향최강지권人以文言得享最强之權' 등에서 어문이

란 점에서 동물과 인간과의 차이를 인식하면서도 인간의 언어능력에 바탕을 둔 언어의 창조성이라는 점을 강조하지 않고서 인간사회에서의 의사소통이라는 언어의 사회적 기능만을 강조하고 있다. 이러한 언어관은 19세기로부터 20세기 전반기의 서구언어학의 그것과 일치하는 것이다. 19세기의 언어학은 진화론적인 생물학의, 그리고 20세기 전반기의 언어학은 사회학의 발상법을 적극적으로 수용하였던 것이다.

의사소통의 도구로 구실하는 언어는 '곳 뜻을 구별ᄒ여 표ᄒᄂ 소리'인데 '그 소리로 달은 사람에게 젼ᄒᄂ이다'라 하고서 소리를 공기의 파동과 같은 물리학적인 측면과 청각과 같은 생리학적인 측면에서 규정하고 있다(『대한국어문법』의 '말과 글'). 이와 같이 주시경은 언어를 사회적 기능과 sound-meaning resemblance를 통합하여 인식하였던 것이다. 그리하여 그는 사회와 언어와의 밀접한 관련성에 따라 개인보다는 사회를 더욱 강조하기에 이른다. 그에게 있어서 사회란 인간이 천연으로 나누어져 모여 사는 집단이 되는데, 천연으로 나누어진 '구역'에서 천연으로 이루어지며 이 천연의 사회로 다시 국가가 형성되며 동일한 언어에 의하여 민족이 형성되는 것으로 그는 믿었다. 즉 민족이란 지역공동체 혈연공동체 및 언어공동체의 삼위일체가 되는데(신용하 1977 p. 20), 이들의 형성은 천연으로 이루어지므로 그 자체의 자립성 또는 독립성을 갖게 된다는 것이다.

> 天이 命한 性을 從ᄒ여 其域에 其種이 居ᄒ기 宜ᄒ며 其種이 其言을 言ᄒ기 適ᄒ여 天然의 社會로 國家를 成ᄒ여 獨立이 各定ᄒ니 其域은 獨立의 基요 其種은 獨立의 體요 其言은 獨立의 性이라.
>
> 『국어문전음학』 p. 2

여기 '天이 命흔 性'이라 함은 종교적인 것이라기보다는 아마도 국민의 민족적 소망으로서의 이데올로기를 뜻하는 것으로 이해되는바, 국어학적 위치에서 더욱 논의해야 될 두 가지의 문제점이 있다. 첫째는 사회적 기능을 보여 주는 언어가 어떻게 형성되는가 하는 언어형성이라는 측면에서 본 그의 국어관에 대한 것이고, 둘째는 역域·종種 및 언言의 삼위일체로 본 그의 민족관에 대한 것이다.

3. 자연발생론적 국어관과 language-specific한 언어관

주시경에게 있어서의 국어관은 자연발생론적인 것으로 민족적 이데올로기로서의 '天이 命한 性'을 따라 기역其域과 기종其種에 알맞게 형성된다는 것이다(cf.『국어문법』서序). 그의 『대한국어문법』의 발跋에서 이에 관련된 부분을 보면 다음과 같다.

> 地球上에 陸地가 天然으로 난호여 五大洲가 되고 五大洲가 쏘 天然으로 난호여 여러 나라 境界가 되니 人種도 이를 싸라 黃白黑棕赤으로 난호여 五大種이 되고 五大種이 쏘 난호여 그 居位하는 旬域대로 各各 닯은지라 그 天然의 境界와 人種의 各異함을 싸라 그 水土風氣의 稟賦대로 各各 그 人種이 처음으로 싱길 쌔붙어 自然 發音되어 그 音으로 物件을 일홈하고 意思를 표하어 次次 그 社會에 通用하는 말이 되고 쏘 그 말에 合當한 文字를 지어 쓰며……

위의 언급에서 볼 수 있듯이 '구역'과 '인종'이 천연으로 나뉘어 형성된 '나라'(또는 사회)에서 언어는 수토풍기의 품부稟賦에 의하여 자연발생적으로 형성되는 것이며, 그리하여 언어(및 문자)는 "그 社會가 天然의 달음으로 自然自立됨을 特別이 表하는 것"이 되어서 "埃及에 埃及말과 글이 잇고……우리나라 말과 글이 잇슴과 긑은 것들이니 이러케 그 말과 글이 각각 긑지 안이한지라"라고 언급하게 된다. 이에 따라 국어란 "我國 言語는 太古에 我半島가 初闢하고 人種이 祖産할 時붓터 此半島 區域의 稟賦한 時性으로 自然發音되여 繼傳하는" 것이 된다(「필상자국문언」의 '아국문언我國文言'). 결국 주시경의 국어관은 마치 단군신화에 대한 민족주의적 해석에 비유될 수 있는 것으로 19세기의 서구의 언어진화론에서 볼 수 있었던 자연발생론적인 민족주의의 국어관이라 할 수 있다. 그러나 현재의 우리 국어는 '천연특성天然特性'의 자연발생적인 언어가 아니라 언어내적인 새로운 질서화나 부분적인 언어외적 요소에 의하여 변화된 알타이어족에 속하는 하나의 언어인 것이다. 그것은 민족의 이동을 전제로 하기도 한다. 개별언어로서의 국어는 다른 모든 언어와 체계상으로 서로 다른 가치를 지니는 반면에 또한 다른 모든 개별언어와 공통적으로 본편적인 언어논리를 지닐 수도 있는 것이다.[1] 자연발생론적 국어관에 따라 또다시 의미의 전달도구인 '음音'에 대해서도 "音은 天地에 自在흔 자라 故로 何人이든지 能히 加減도 못ᄒ고 變易도 못ᄒᄂ니라"라고 하고 있다(『국어문전음학』, p. 5). 천명에 의한 언어이기에 인간이 그러한 언어를 변화시키지 못한다는 것이다. 그러나 언어란 시간적으로 또 공간적으로 늘 변화를 입고 있는 것이다.

또 한편 그가 인식한 국어관은 "그 音으로 物件을 일홈ᄒ고 意思를 表ᄒ어 次次 그 社會에 通用ᄒ는 말"이라는 언급에서 볼 때 언어기호의 자의성을 인식하고서 그 역사적 기원을 그 언어사회에 국한시킨 결과에서 이루어진 것이 아닌가 여겨진다. 이러한 언어기호의 자의성에 국한시킨, 그래서 사회마다 언어가 다르고 그 사회 안에서는 언어가 자연스럽게 통용된다는 언어관은 결국 개별언어의 특수성을 강조하는 language-specific한 것이라 할 수 있다. 언어의 보편성 혹은 논리성보다는 개별언어들의 특수성을 강조하는 것은 당시의 민족주의의 입장에서는 당연한 것이 되었던바, 이러한 국어관은 민족주의에 입각한 애국계몽사상가들에게 일반화되었던 것이 아닌가 한다. 자국독립의 개화사상을 지녔던 언론인 이종일李鍾一의 「논국문論國文」(1908)

---

1 "人類의 音이 普通은 如斯히 相同ᄒ되 區域과 人種이 不同흠으로 語音도 各異ᄒ니 此는 天然의 理라"(『국어문전음학』, p. 6)에서와 같이 '各異'뿐만 아니라 '相同'에도 관심을 보이고 있다. 이 '相同'은 언어음에 대한 그의 과학적인 해석에서 나온 것으로 그의 민족사상에서 나온 '各異'와는 거리를 두고 있는 것이다.

에서도 언어의 특수성에 초점을 둔 일절을 볼 수 있다.

> 環球萬區의 各建邦國ㅎ야 人文이 各殊ㅎ고 語言이 不同일식 隨其方言而
> 皆有文字ㅎ니 均是自國之國文이라

신채호의 경우에도 마찬가지이다.

> 漢文은 漢文文法이 有ㅎ며 英文은 英文文法이 有ㅎ고 其他俄法德伊等文
> 이 莫不其文法이 自有ㅎ니 目今世界現行各文에 엇지 無法의 文이 是有ㅎ리오.
> 　　　　　　　　　　　　　　　　　　　　　「문법文法을 의통일宜統一」

언어와 문자의 각 사회에 따른 특수성에 대한 강조는 주시경의 여러 논저
에서 계속 반복되고 있는데, 이러한 특수성의 강조를 만일 민족과 결부시켜
자연발생적인 역사의 측면에서 보면 결국 그 민족의 전통성·고유성의 강
조와 그 민족의 자유성自有性·독립성의 강조로 발전하게 될 것이다. 이것이
곧 주시경의 어문민족사상의 근거가 된 것으로 자연히 '국성國性'인 언어를
수리하는 '이언理言'과 '입학'에 의하여 국민을 계몽시켜 자강독립을 꾀하는
애국계몽사상을 낳게 된 것이다.

4. 국수주의적 서술

문제는 민족적 이데올로기로부터 나온 특수성에 의한 고유성에 대한 강
조가 지나쳐 민족(또는 그 문화)의 전통성이나 고유성의 우수성을 강조하기
에 이르게 되면 때로 국수주의적인 경향도 지니게 되어 객관성을 잃은 서술
에 빠지는 데에 있다. 주시경은 이러한 국수주의적인 경향으로의 변모를 보
여 준 당시의 대표적인 국어학자의 한 사람이다.

我國 言語는 …… 其法은 格을 表ᄒᆞᄂᆞᆫ 것이니 世界優等語法에 一也오 我國
正音文字는 言語를 記用ᄒᆞ라 ᄒᆞᄂᆞᆫ 것이니 世界에 最便ᄒᆞᆫ 記音文字에 一也라.

「필상자국문언」

세종에 의하여 인위적으로 창제된 훈민정음이라는 국문자의 우수성을 찬
양한 것은 일반언어학의 문자론적인 면에서 보면 너무나도 당연한 것이기
는 하나, 자연발생적으로 형성되었다고 보는 국어의 어법이 세계우등어법
의 하나라고 강조한 것은 그의 독특한 이데올로기로부터 나온 어문민족사
상이 지나치게 강조된 국수주의적인 관점인 것이다. 언어가 각각의 사회에
알맞도록 자연발생적으로 형성된 것이라면 그 언어의 법칙이 우월성을 지
닐 수는 없는 것이다. 언어에는 우등어법도 열등어법도 있을 수 없으며, 또
한 문화어나 원시어도 있을 수 없다. 국어에 대한 숭상이 지나쳐 국어관에
있어서 주시경은 자가당착에 빠지고 만 것이다. 그의 국수주의적인 국어관
은 이미 국어연구에 적극적인 뜻을 둔 초기에 이루어진 듯하다.

初에는 自國文言을 自己가 硏究하지 아니하여서는 不可하다는 單純한 自
覺만으로 着手한 것이나 步武가 漸進하는 대로 朝鮮語 그것의 本質이 善良하
고 語彙가 豊多하고 音響이 雅善하며 國文 그것의 形式이 便美하고 修理가 詳
明하고 音彙가 饒多함을 知함으로부터는……

「주시경선생역사周時經先生歷史」『청춘靑春』1

언어의 본질은 선량할 수도 불량할 수도 없는 것이다. 어휘가 풍다豊多하
다는 사실은 언어사회에 따른 상대적인 것으로 그가 주장하는 천연사회의
자립이라는 언어적 특수성의 측면에서 보면 역시 자가당착에 빠진 표현이
다. 또한 음향音響이 아선雅善하다고 하지만, 그가 내세운 "말과 글은 意思를
發表ᄒᆞ어 그 社會에 行ᄒᆞᄂᆞᆫ 것"이란 견해에서 보면 국어의 음향이 아선雅善할
리가 없는 것이다. 국어에 대한 이런 국수주의적인 견해는 "非科學的인 쇼비

니즘(狂信的 國粹主義)的 態度"로서 "正當한 理論을 펼 수 없는 面"도 있다는 비판을 이미 받은 바 있다(이숭녕 1954 p. 17).

주시경은 종교적인 면에서도 우리의 것으로의 개종을 보였다. 아펜셀라로부터 세례를 받고 기독교에 입교하였던 그는 이를 계기로 상동교회에서 운영하던 상동청년학원 상동정옥학교尙洞政玉學校 국어야학교 등에서 국어교육을 본격적으로 행하였는데, 급기야는 대종교로 개종하고 말았다. 물론 이러한 개종도 그의 민족사상에 입각한 것이었다(김윤경 1960 p. 163). 개국시조로서의 단군을 숭배하는 민족의 종교로서의 이 대종교로의 개종은 주시경의 민족주의를 더욱 획일적으로 몰아가게 하지 않았나 한다. 조선광문회에서 그를 중심으로 편찬한 우리의 최초의 국어사전인『말모이』(원고본)에도 그러한 태도가 반영되어 있다(졸고 1977). 문법항목의 약호에 이어서 제시된 전문용어의 약호를 배열함에 있어서 종교항목을 우선적으로 하였는데, 그중에서도 '대종교'를 가장 앞세우고 있는 것이다.

[倧] (大倧教)	[教] (教育學)	[動] (動物學)
[佛] (佛 教)	[經] (經濟學)	[植] (植物學)
[耶] (耶蘇教)	[法] (法 學)	[鑛] (鑛物學)
[哲] (哲 學)	[數] (數 學)	[物] (物理學)
[心] (心理學)	[天] (天文學)	[化] (化 學)
[倫] (倫理學)	[地] (地質學)	[生] (生理學)
[論] (論理學)		

이에 비하여 가장 많은 편찬자들에 의하여 거족적擧族的으로 이루어졌다고 하는『조선말큰사전』(1947)에는 49개 항목의 전문용어 가운데서 38번째부터가 종교인데, '불교 야소교 천주교 천도교 대종교' 등의 순서로 배열되어 있어서, 위의『말모이』에서의 배열과는 좋은 대조를 보여 주고 있다.

이상으로 필자는 국권회복을 위한 당시의 민족적 이데올로기로부터 파생된 애국계몽사상이 낳은 주시경의 국수주의적인 측면을 지적했는데, 그중에서도 특히 그의 국어관에 있어 민족언어의 자립성을 지나치게 의식한 나머지 언어의 우수성을 강조하는 국수주의에 빠진 점을 지적했다. 그러나 문제는 그의 애국계몽사상에 있는 것이 아니라 학문에 있어서조차 객관성을 결여하게 되는 감정적인 모랄에 있다. 주시경의 사후에도 동일한 성격의 오류를 우리는 찾을 수 있다. 그의 직접적인 한 후계자인 김윤경은 그의『조선문자급어학사朝鮮文字及語學史』(1938 p. 80)에서 최만리의 언문반대상소문을 서술하면서

> 이 崔萬理 따위와 같은 固陋하고 腐敗한 低能兒도 出現되었던 것입니다. '慕華丸'에 中毒된 '假明人'의 醜態요 發狂이라고 보아 넘길밖에 없는 일이지마는 歷史上에 永久히 씻어 버릴 수 없는 부끄럼의 한 '페지'를 끼치어 놓게 됨은 그를 爲하여 가엾은 일이라 하겠읍니다.

문자론사의 서술에 속하는 위의 논술은 문자론의 객관적인 서술이 못 되고 그의 스승 주시경으로부터 받은 민족주의에 입각한 '한글만으로 쓰기'(국문전용)를 지나치게 의식한 궤도이탈인 것이다(이숭녕 1964). 학문적 서술에 있어서 범주를 달리해야 하는 모델을 혼동하여 서술한다는 것은 논리적 판단의 혼동을 불러일으킬 것이다.

5. 민족·국가·국어에 대한 오해

이미 잘 알려져 있듯이 주시경에게 있어서의 민족이란 '역域', '종種' 및 '언言'의 삼위일체이다. 또한 민족의 형성은 천명天命에 의하여 천연天然으로 이루어져 그것은 자유自有·자재自在한다는 것이다. 그러기에 천연의 사회로 성립되는 국가는 독립이 각정各定하게 되는데, 이 독립의 '기基'는 '기역其域'이

요 독립의 '체體'는 '기종其種'이며 독립의 '성性'이 '기언其言'이라는 것이다.

민족형성의 세 요소를 일체로 믿는 그의 근거는 『국어문전음학』(p. 1)의

浩湯無極ᄒ여 上下中外가 업는 저 宇宙에 一이 存ᄒ여 四方의 充滿ᄒ니 生滅과 始終이 無ᄒ지라.

에서 볼 수 있다. 생멸과 시종이 없는 일체一體는 다시

天이 其域에 其種을 命ᄒ고 其種에 其言을 命ᄒ여 一境의 地에 一種의 人을 産ᄒ고 一種의 人에 一種의 言을 發케 흠이라.

와 같이 이루어지는 것이다. 그리하여 우리의 경우는 일경一境의 지地인 한반도와 일종一種의 인人인 한민족 및 일종一種의 언言인 한국어는 일체가 되어 분리될 수 없고 그것은 다시 모든 여타의 것들과 차이를 가져서 독립국가를 형성한다는 것이다.

이러한 그의 발상에 따라 국가의 독립과 발전은 그 주체가 되는 '종種'에게 어울리는 국성國性으로서의 '언言'을 수리修理하는 이언理言의 방법으로 가능하다는 일종의 어문민족사상에 그는 이르게 된다. 그의 이러한 민족사상은 물론 앞에서 언급한 그의 민족 내지 국가의 형성관에 바탕을 두고 있는 것이다. 언어의 자재自在는 결국 국가의 독립을 뜻하게 되기 때문에, 독립국으로서의 자국을 보존하며 자국을 흥성케 하는 도道는 국성인 언어를 장려함에 있으며 국성을 장려하는 도道는 국어와 국문을 숭용崇用함이 최요最要하다고 주장하게 된다(『국어문전음학』, p. 3). 그리하여 만일 국성인 국어가 없으면 '체體'인 '종種'이 있어도 '기체其體'가 아니요 '기基'인 '역域'이 있어도 '기기其基'가 아니라고 하면서, 그 국가의 성쇠도 국어의 성쇠에 있고 국가의 존부存否도 국어의 존부存否에 있기 때문에, 고금 천하열국天下列國이 각각 자국의 국어를 존숭尊崇하며 기언其言을 기기記하여 기문其文을 각제各制하였다고 하고 있

다(『국어문법』, p. 1). 그런데 우리의 경우에는 단조 이래로 덕정을 행하던 세종께서 천종天縱의 대성大聖으로 우등의 언어인 천연특성의 아국어我國語에 상당한 기음문자記音文字를 친제하였는데도 그후 어전語典 일권一卷도 없이 국어의 와와訛訛함과 문자의 오용하는 폐가 상잡相雜하여 국민이 자국언自國言과 자국문自國文을 애중할 사상이 발치 못하는 중에 더욱이 외국의 언문이 구입驅入하고 미약한 국성은 퇴축하였기 때문에, 이제 국세의 회복을 위하여는 국어와 국문을 강구講求하여 이정釐正ᄒ며 장려獎勵함이 금일의 급무가 된다는 것이다(『국어문전음학』의 「자국언문」 및 『국어문법』 서序 참조). 결국 주시경은 신용하(1977)에서 언급되었듯이 국성에 속하는 국어와 국문의 숭상을 통해서 국가의 독립과 발전을 이루려는 어문민족사상가임을 다시 한 번 확인할 수 있다.

그러나 문제는 이러한 사상에 바탕을 둔 그의 국가형성관에 있다. 국가를 형성한다고 하는 국토國·국민種 및 국어言가 '天이 命ᄒ 性'을 따라서 천연으로 이루어진 것이어서 생멸과 시종이 없다는, 그래서 그 자체로서의 독립성을 지닌다는 그의 생각에 엄청난 오류가 있는 것이다. 국가를 이루는 국토·국민 및 국어 사이의 상관성을 지나치게 강조한 나머지 이들의 특수성을 동일시하게 되지 않았나 하는데, 이러한 오해는 아마도 한민족 한반도 및 한국어가 단일민족 동일지역 및 단일어이었다는 통념에서 야기된 듯하다. 위의 세 요소들이 대체로 단일하였다는 통념은 우리 역사에 있어서의 호조건에서 나온 것이었다. 한 국가의 국어란 그의 민족주의적 이데올로기에서 본 국어와는 달리 역사상 민족의 기원과 항상 동궤에 있는 것은 아니다. 또한 한 국가 안에서 이루어진 문화란 것도 기원적으로는 민족 및 언어와 반드시 일치하는 것이 아니다. 우리의 국어인 개별언어로서의 한국어는 역사상 늘 단일어는 아니었던 것이다. 그것은 알타이조어 또는 이와 가장 밀접히 친족관계에 있었던 어떤 조어로부터 분화되어 토이기어, 몽고어 및 퉁구스어 등과는 구별되는 한국어가 형성되었고 이 원시한국어는 다시 부여어와 한어의 두 언어로 분화되었다가 신라의 정치적인 삼국통일에 의하여 대체로 한어화(즉 신라어화)하여 다시금 단일어가 되었던 것이다(이기문 1967).

주시경이 생멸과 시종이 없는 역사상의 단일성을 내세운 결과, 그는 끝내 언어현상의 공시론과 통시론과의 구별을 인식하지 못하였다. 그리하여 음의 고저('성조')를 표시한 중세국어의 방점에 대해서도 현대국어의 음장으로 해석하는 현대적인 편견을 보이기도 하였고, 반대로 대체적인 언문일치를 보인 그의 마지막 저서의『말의 소리』에서도 당시에는 없어진 'ㆍ'를 서술 속에 포함시키기도 하였다(졸고 1977).

그런데 주시경의 국어이론은 지극히 자연과학적인 분석방법을 원용하였든가 수리학적인 방법을 받아들였다든가 하는 평가를 받고 있다. 원소와 합성이라든가 언어현상의 증명방법 등이 그 예가 된다. 그가 정리사整理舍에서 유일선柳一善으로부터 수리학을 마치던 1910년 그 이후의 저서들(『국어문법』,『조선어문법』,『말의 소리』 등)에서는 그 이전의 저서인『국어문전음학』에서 언급했던 "生滅과 始終이 無흔지라"라든가(p. 1) "音은 天地에 自在한 者라 故로 何人이든지 能히 加減도 못ㅎ고 變易도 못ㅎㄴ니라"와 같은 이데올로기로부터 나온 불변성에 관한 언급들이 삭제되었음은 단순히 우연한 것이라기보다는 순수한 학문으로서의 국어학에 접근하고 있는 것이 아니었던가 한다. 또한 어문민족사상이 담겨져 있던 서문들이 한일합방 이후의 저서들에서 삭제되어 있음은 우리의 주목을 끌게 한다. 이 서문은 1910년 4월에 출간된『국어문법』까지 들어 있으나, 일제에 의하여 '국어'가 '조선어'로 바뀌어진『조선어문법』(1911) 이후에는 수록되어 있지 않다(이기문 1976 p. 53). 이는 물론 학문의 과학화라기보다는 일제의 간섭에 의한 것이었다고 하겠다.

6. 전통성과 독창성 사이의 거리

민족 내지 국가를 국성인 언어를 입각하여 규정하고 그 자체의 독립성을 절대적으로 부여하게 되는 발상은 곧 사회 또는 국가마다 차이점을 상대적으로 강조하기에 이르게 될 것이다.

> 말이 달은즉 ᄌᆞ연 샤회도 달으고 말이 ᄀᆞᆮ은즉 ᄌᆞ연 샤회도 ᄀᆞᆮ어지ᄂᆞ이다.
>
> 『대한국어문법』 오五

> 죠션말을 영문으로 뜻을 쪽갓치 번력 홀슈가 업는 마듸도 잇고 영문을 죠
> 션말노 뜻을 쪽갓치 번력 홀슈가 업는 마듸도 잇스며……
>
> 「국문론」

즉 "隨區域人種之不同而文言亦不同"(「필상자국문언」)을 통하여 사회 또는 국가마다 각수各殊·각이各異함을 주장함으로써 절대성과 상대적인 특수성에 이르게 된다. 그런데 여기서 절대성은 그의 민족적 이데올로기로부터 나온 것인바, 역사적으로 볼 때 '생멸生滅, 시종始終, 가감加減, 변역變易'이 없는 것이다. 따라서 역사의 서술에서 공시태와 통시태를 구별하는 것은 불필요하게 되며, 오히려 변역을 모르는 민족의 전통성 혹은 고유성을 발견하는 것이 요청될 것이다. 이것은 역사의 재인식에 통하는 것이기도 하다. 그러면 이러한 전통성의 발견이라는 역사적 추구는 주시경의 국어연구에서 어떻게 이루어졌는가? 나아가서 개화에 의한 새로움의 인식과는 어떤 상관관계를 가지고 있었는가? 즉 전통성과 독창성 사이의 거리가 주시경의 국어연구에서 측정되어야만 그의 국어이론을 체계적으로 이해하게 될 것이다.

주시경의 국어연구는 극히 분석적이다. 그의 어법체계는 음학, 품사론, 통사론으로 분류되어 있는데, 이들에 따라 기본단위로서의 분석단위가 설정되고 다시 각 하위체계가 분석 기술되고 있다. 요컨대 그의 설명 방법은 마치 원소와 이들의 합성에 의한 자연과학적 설명에 비유된다(이기문 1976 p. 57). 음학에 있어서는 통일한 음 즉 '홋소리'를 기본적인 것으로 이해하고 이들에 의하여 다시 합성하게 된다. 'ㅏ, ㅓ, ㅗ, ㅜ, ㅡ, ㅣ'와 'ㄱ, ㄴ, ㄷ, ㄹ, ㅁ, ㅂ, ㅅ, ㅇ, ㅈ, (ㅎ)'과 같은 더 이상 분석할 수 없는 것이 원소적 '홋소리'요, 'ㅑ, ㅕ,

ㅛ, ㅠ, ㆍ, ㅒ……'와 'ㅋ, ㅌ, ㅍ, ㅊ, ㄲ, ㄹ……' 등은 'ㅣ+ㅏ, ㅣ+ㅓ, ㅣ+ㅗ, ㅣ+
ㅜ, ㅣ+ㅡ, ㅏ+ㅣ……'와 'ㄱ+ㅎ, ㄷ+ㅎ, ㅂ+ㅎ, ㅈ+ㅎ, ㄱ+ㄱ, ㄹ+ㄱ……'과 같
이 분석되는 합음들로 '거듭소리'인 것이다. 현대국어에서는 이미 없어진
'ㆍ'를 'ㅣ, ㅡ'의 합음으로 해석한다든가 단모음인 'ㅐ'를 'ㅏ+ㅣ'의 합음으로
해석하여 역사의 단계를 무시한 추상적인 분석태도를 보이기도 하고 또 한
편 '본음'과 '임시의 음'을 구별하여(씻고 : 씬고) 기본형을 설정함에는 '홋소
리'로의 분석을 지양하고서 본음을 주장하는(맡고 : 맏고) 새로운 차원의 음
학을 내세우기도 한다. 주시경 자신의 '모음의 원소'라는 표현을 보면 그는
분명히 분석적 방법은 널리 알려진 바와 같이 이미 자연과학적 방법을 다소
포함하고 있는 훈민정음의 문자론에 나타난 것이었다. 그가 훈민정음을 상
세하게 연구하곤 하였던 사실을 우리는 참작하지 않으면 안 된다. 민족적 이
데올로기로부터 파생된 전통성의 인식과 개화사상으로부터 파생된 자연과
학적 발상법이 혼합된 것이 그의 독창적인 이론이 아닌가 여겨진다. 우리 고
유성의 회복에 따라『국어문법』이후로 점차 고유어를 사용하고 있는데, 한
자어에 대한 현대의 고유어가 없는 경우 고어를 찾아 복귀하는 것는 일종의
숨은 역사인식의 발로가 아닌가 한다(예: '물'→몬, '대'→넛 등).

그의 품사분류의 기준은 통사론적 기능에 두고 있는데, 품사론과 통사론
에서 각각 기본단위를 설정하고 있다. 품사론의 기본단위는 '씨'(혹은 기)이
며 통사론의 그것은 '드'[文]이었다. '아기가 자라오'는 하나의 '드'이지만, '소
가 푸른 풀을 먹소'는 '소가 풀을 먹소'와 '풀이 푸르다'와 같은 두 기본문장의
합성으로 이해하고 있다. 비록 그가 합성과정을 체계적으로 규칙화함에는
도달하지 못하였을지라도 '원소'와 '그 합성'이라는 방법이 음학과 함께 일관
되어 있는 점이 우리를 경탄하게 하는 것이다. 그의 마지막 저서인『말의 소
리』에 이르러서는 단위분석의 극치를 보이고 있다.

　　　말。의。 소리。의。 늣。이니。 입。의。 짓。으로。 소리。가。 다르。게。 되ㅁ。을。
　　이르ㅁ。 이니라。

위의 예에서 볼 수 있듯이, 의미부(동명사를 포함) 다음에는 오른쪽 밑에 권점을 치고 의미부와 형태부와의 결합(이른바 어절) 다음에는 권점을 가운데에 쳐서 문장구성의 단위요소들을 분석하고 있다. 의미부와 형태부와의 구별은 이미 향가의 한자음훈차표기에 반영되었던 것이다. 물론 주시경 자신이 비록 『삼국유사』를 보기는 하였어도(cf. 『국문연구』) 향가의 향찰 표기를 연구하였다고 단정할 수 없다. 여기서 우리의 주목을 더욱 끌게 하는 것은 그의 분석단위를 표시하는 권점표기에 있다. 분석단위상의 차이는 있으나, 유사한 권점표기가 그의 최요最要한 참고문헌이었던 『훈민정음』과 『용비어천가』에 이미 나타나 있기 때문이다(cf. 『말의 소리』 부附).

주시경의 분석단위로 뒤늦게 등장한 '늣(씨)'이 있다. 본래 '늣'이란 합성의 기본단위를 뜻하는 듯하다. 그는 '말의 소리의 늣'이 곧 '고나'라고 하였는데, 이 '고나'는 '홋소리'를 뜻한다. 따라서 '늣'이란 그의 원소에 해당되며 합성의 구성요소가 된다 이 구성요소인 '늣'이 합성되어 이루어지진 것이 '꾸민씨'(조직사)인데, '씨'(=낫말)의 차원에서 그는 '늣씨'라고 하였다. '해바라기'는 '해바라기'와 같이 세 개의 '늣씨'로 이루어진 합성어로 그에게 이해된다. 주시경의 '씨'는 '낫말'이라고 하고 있는데, 곧 품사분류의 단위를 뜻하고 있는 것으로 현대언어학의 단어를 뜻하는 것은 아니다. 그리하여 '-으나/나, -으로/로' 등은 '으나, 으로' 등과 같은 늣씨들의 결합으로 그에게 이해되고 있다. 김민수(1977)에서는 '늣씨'를 형태소라고 해석하여 주시경이 외국언어학(L. Bloomfield)보다 대략 20년이나 앞섰던 것이라 하였다. '-으로'에서의 하나의 '늣씨'인 '으'가 형태소일 수는 없다. 주시경은 '잡으나, 자(으)나' 등에서의 '으나/나'를 고려하여 '으나'를 두 '늣씨'의 합성으로 이해하였던 것이다. 이러한 분석은 현대언어학에서 보면 당연히 비판받아야 할 것이지만, 주시경의 국어이론을 현대적인 편견으로 이해하여서는 안 될 것이다.

우리는 이상에서 주시경의 국어이론이 가지고 있는 가장 두드러진 특징의 하나인 분석방법과 분석단위들을 이해하면서 그것이 개화적인 자연과학(과 수학)의 이론을 주로 받아들였음을 물론이고(이기문 1976, 신용하 1977), 부분적으로는 전통적인 것을 수용하였음을 보았다. 이때 전통성의 고려는 역사의 재발견이라는 당시의 민족주의로부터 파생된 것이었다. 역시 그는 그의 민족주의에 바탕을 두고서 새로운 국어이론을 독창적으로 이룩하였던 것이 아닌가 한다. 그러나 언어현상 그 자체는 민족사상과는 구별될 수밖에 없는 것이어서 어문민족주의적 국어관을 지닌 주시경에게도 전통성은 독창성에서 부분적으로 작용되는 거리가 생길 수밖에 없었을 것이다.

국어연구에서의 이러한 분석방법은 한국어 자체가 가지고 있는 분석적인 특수성을 인식한 데서 이루어진 것이기도 하다.

7. 결론

필자는 본고를 통해서 주시경을 중심으로 애국계몽사상 또는 어문민족주의에 입각한 국어관의 특징을 파악하고 그러한 국어관이 가지는 국어학적 오류를 또한 이해하고자 하였다. 주시경은 민족적 이데올로기에 의하여 국어는 천명에 따라 분화된 지역과 인종에 알맞도록 자연발생적으로 형성된 것으로 봄으로써 그 자체대로의 절대적인 독립성과 상대적인 특수성을 부여하게 되었다. 이에 따라 지역공동체 · 혈연공동체 · 언어공동체의 삼위일체인 민족의 독립과 발전은 이언에 의하여 가능하다고 하였다. 이러한 그의 애국계몽사상에 동기화되어 이언의 수단으로 국어국문의 연구를 하게 되었던 것이다. 그의 민족적 이데올로기는 끝내 천연특성의 국어가 세계우등언어의 하나라고 보는 국수주의에 빠지기도 한다.

한편 국토 · 국민 · 국어의 삼위일체로서의 국어관은 한반도 · 한민족 · 한국어의 기원적 단일성이라는 우리의 행운에 입각한 것으로서, 민족의 이동이나 국어의 분화과정 등에서 보면 그러한 주장은 또다시 비판된다. 비록 민족의 기원과 언어의 기원이 일치하는 것일지라도, 민족의 기원은 국가의 공용어로서의 국어의 그것과는 늘 일치하는 것은 아니다. 그에게 있어서의 국어는 곧 한민족의 한국어로 이해되는데, 그것은 일반언어학에서 일반화시킬 수 있는 이론은 못 되는 것이다. 끝으로 이 언理言의 근거를 마련하기 위한 그의 국어연구는 극히 독창적이었는데, 개화사상에 의하여 새로운 외래적인 이론(특히 자연과학적인 것)에 전통적인 것을 가미해서 재조직화한 것이었다. 여기서 전통성의 고려는 당시의 민족주의가 보여 준 역사의 재발견과 동궤의 것으로 이해된다. 공시론과 통시론과의 구별에서 오는 각각의 역사적 단계에 대한 상이한 가치의 부여라는 점에서 단순한 복고주의는 비판되어야 하지만, 주시경의 독창적 이론으로의 발전은 높이 평가할 만한 것이다.

　주시경을 통해서 본 어문민족사상은 그에게서 끝난 것은 아니다. 일제를 거쳐 해방 이후에도 강력한 비판이 있었음에도 지속되었던 것이다. 맞춤법 통일안에 있어서 주시경의 후계자들과 극심한 대립을 보였던 박승빈도 그의『조선어학강의요지』에서 어문민족주의적 서술을 하고 있다.

　　한 民族의 言語는 그 民族의 盛衰(文化 並勢力)에 當하야 至重한 關係를 가진 것이라 故로 自己의 民族의 言語에 當하야 文典이며 綴字法을 云爲함에는 가장 敬虔한 態度로써 함이 可함

주시경의 한 직접적인 후계자인 김윤경도 그의『나라말본』에서

　　말과 글은 공동생활하는 단체(민족)의 다름을 따르어 여러 가지로 나누게 되었다. 그리하여 우리 사회에는 우리의 말과 글이 따로 있는 것이다. 그러한데 한 생각을 일정한 약속된(자연적으로 발달된) 목소리로 나타내면 말이 되고……

라고 하여 주시경을 그대로 계승하고 있는 것이다.

　이러한 이데올로기적 국어관으로부터 벗어나면서 국어학은 국학일 뿐만 아니라 일반언어학이어야 함이 해방 이후로 강조되면서 순수학문과 이데올로기는 비록 유기적인 관계에 있을 수도 있으나 그 두 범주를 엄격히 구별할

것이 우선적으로 강조되었다.

출처: 『한국학보』 12, 일지사, 1978.
붙임: 학보의 편집인들이 청탁해서 주시경을 중심으로 민족주의적 애국계몽적인 국어관을 처음으로 집필해 본 글이다. 19세기 후반의 전세계적인 경향의 국어관 계열에 속하지만 주시경 중심의 그것은 지나치게 폐쇄적인 것이었다. 우리말이 역사상 늘 단일어 나아가 단일민족이었을 것을 주장한 셈인데, 이는 후에 이기문의 한국어의 형성과 고대국어를 검토하며 비판받게 되었다.

참고 문헌

김민수(1977), 『주시경연구』, 탑출판사.

김윤경(1960), 고 주시경선생 전기, 『한글』 126.

박승빈(1931), 『조선어학강의요지』, 보성전문학교.

신용하(1977), 주시경의 애국계몽사상, 『한국사회학연구』(서울대) 1.

신채호(1908a), 문법을 의통일, 『기호흥학회월보』 5.

신채호(1908b), 역사와 애국심과의 관계, 『대한협회회보』 2.

이기문(1967), 한국어의 형성, 『한국문화사대계』 V(언어·문학사), 고려대민족문화연구소.

이기문(1976a), 『주시경전집』, 아세아문화사.

이기문(1976b), 주시경의 학문에 대한 새로운 이해, 『한국학보』 5.

이병근(1977), 최초의 국어사전 「말모이」, 『언어』 2-1.

이숭녕(1954), 『국어학개설』, 진문사.

이숭녕(1964), 최만리연구, 『이상백박사 회갑기념논총』, 을유문화사.

이종일(1908), 논국문, 『대한협회회보』 2.

허 웅(1971), 주시경 선생의 학문, 『동방학지』(연세대) 12.

주시경 1876~1914

주시경周時經

1. 머리말

한 시대의 역사적 인물은 시대를 달리하면서 늘 새로운 역사적 평가를 받고는 한다. 전통적인 것과 외래적인 것 사이에서 몸부림쳤던, 그러면서 쓰러져 가는 나라의 운명을 바로잡으려 했던 이른바 개화기의 영원히 잊지 못할 인물의 한 사람인 주시경(1876~1914, 아명: 주상호周相鎬, 한글이름: 한힌샘)에 대해서도 마찬가지이다.

한글전용의 주창으로 그리고 언어·문자 중심의 민족주의자로 후계자들에 의하여 주시경이 정신적으로 추앙되어 왔던 것이 대체로 1960년대까지의 일이었다. 1970년대는 주시경에 대한 새로운 평가를 꾀하였던 새로운 시기이기도 하다. 그것은 주시경의 학문, 즉 국어·국문의 연구에 있어서 전통의 극복과 외래문화의 수용을 통해서 그 나름대로 확립하려 했던 독창적인 서술방법과 체계성에 눈을 돌렸던 것이며, 또 한편으로는 어문 중심의 애국계몽적인 민족주의로서의 사회사상을 당시의 시대적 상황 속에서 되씹어보려는 것이었다. 현실적 요구로부터 국어·국문의 연구를 시작했던 그의 실천학문으로서의 성격과 내용, 그리고 자신의 끊임없는 학문발전이라는 정열적인 학자로서의 태도가 새롭게 강조되기도 하였던 것이다. 그의 탄생

백돌을 기념하여『주시경전집』(이기문 편, 1976)이 출판되면서 손쉬운 자료의 이용으로 그리고 주시경의 자료들이 계속 추가되면서 주시경에 대한 관심은 더욱 높아지게 되었다. 변형생성이론을 비롯한 외래적인 이론들에 짓눌려 있던 1970년대의 분위기 속에서 주시경과 같은 우리의 풍토 속에서도 독창적인 세계를 확립할 수 있었던 학문의 전통을 되씹어 보게 된 것은 오히려 자연스러운 일이었을 것이다. 실천적인 국어학의 상징으로 여기는 맞춤법의 확립과 국어사전의 편찬을 늘 강조했던 주시경 자신이 깊이 관여하여 편찬한 우리나라 최초의 국어사전인『말모이』를 찾아 공개하면서 필자 자신이 주시경의 학문에 깊은 관심을 가지게 된 것도 이와 같은 흐름을 반영한 것으로 믿는다. 초창기적인 성격을 지난 주시경의 국어·국문의 연구는 비록 세부에 있어서 덜 체계화되었고 또 현대적인 관점에서 많은 비판의 자리에 있더라도 당시의 수준과 상황 속에서 보여준 그의 독창성과 체계성, 그리고 끈질긴 학문적 태도는 깊은 감동을 후학들에게 안겨 줄 것이다.

필자는 한 인물의 학문을 체계적으로 평가하기를 바라고 있다. 주시경의 국어학에 현대적인 관점에서 보아 부분적으로는 구조주의적 개념이나 생성이론적인 인식이 숨어 있다고 하더라도 체계적으로 볼 때에는 그것이 주시경의 전체일 수는 없는 것이다. 이전의 연구가 부분적으로 현대적인 개념에 도달했다고 평가함으로써 만족하는 것은 역사적 평가를 무의미하게 할지도 모른다. 그리하여 필자는 이 글에서 주시경 학문의 전체를 이해하고 평가하기 위해서, 주시경 학문의 형성 과정과 그의 언어관, 주시경 국어학에 있어서의 서술방법 및 주시경 학문의 실천성 등을 다루어 전체적인 이해를 꾀하고, 결론으로서 주시경 학문의 역사적 의의를 되씹어 본다.

2. 주시경 학문의 형성과정

황해도 봉산군鳳山郡 전산방錢山坊 무릉茂陵골에서 1876년에 태어난 주시경은 한문수학을 하다가, 15세에 이르러 국문을 공부하면서 국어의 한 이치를 깨닫게 되었다.

조희와 붓과 먹과 벼루와 칙은 션빅의 쓰는 물건이라

하는 말에서 '먹과, 벼루와' 같이 "받침잇는 ᄌ 밑에는 과ᄌ가 쓰이고 받침 업는 ᄌ 밑에는 와ᄌ가 쓰임이라"는 사실을 깨닫고, 나아가서 '을, 은'과 '를, 는'과의 차이도 역시 같은 이치에 따름을 알게 되었다고 한다.[1] 여기서 자료의 분석을 통해 어떤 규칙을 찾아 논리를 확대시켜 나가는 논증의 학문적 서술 방법을 주시경 스스로 터득하였을 가능성을 우리는 볼 수 있다. 즉 그것은 "이 ᄀᆞᆺ이 달은 말들을 ᄯ 더 샹고ᄒ고 분셕ᄒ어" 얻은 결과이었다. 또한 이러한 분석적 태도는 17세(1892)에 영어 알파벳과 영어문법 및 일문 가나를 배우고서 영문의 자·모음을 해解하고 전轉하여 국문도 자모로 풀되 새 받침의 필요를 깨달았다는 그의 언급에서도 보여진다. 이러한 그의 분석적 태도와 논증방법은 17세로부터 국문자로 쓰여진 글을 구해 보면서 국어연구와『국어문법』의 저술을 시작하게 한 것이었고, 18세(1893)에는 'ㆍ'가 'ㅣ', 'ㅡ'의 합음으로 분석된다는 생각에 이르게 한 것이었다.[2] 뒤에 논의할 일이지만, 이러한 주시경의 분석적 사고는 그의 국어연구를 이해하는 데에 가장 중요한 도구이기도 한 것이다. 그는 이를 '분합分合'이라고 말하였다. 18세에는 약 8개월 동안 당시 배재학당의 강사이었던 옥계玉溪 박세양朴世陽과 매천梅泉 정인덕鄭寅德으로부터 과외 수업을 받았는바, 산술算術, 지지地誌, 영자英字, 시사時事 등을 배우게 되었으며, 이어서 19세(1894)에 배재학당에 입학하여 1년간 다니다가, 신설된 인천 관립이운학교官立利運學校에서 항해술을 학습하였다(1895년 8월~1896년 3월). 이 학교의 폐교로 다시 21세에 배재학당에 입학

---

1 주시경,『대한국어문법』, pp. 24~25.
2 같은 책, pp. 27~29 및 발『국어문전음학』, p. 34, pp. 60~61.

하여(4월) 여기서 서재필로부터 영어 · 지지를 배우기도 하면서 23세(1898)에 역사지지특별과를 그리고 25세에는 보통과를 각각 졸업하였다.

주시경에게 있어서 배재학당의 재학 시절은 당시의 신학문에 바탕을 둔 첫 번째의 가장 활기있던 활동시기가 된다(1896~1900). 배재학당에 입학하면서 독립신문사 회계사무 및 교보, 그 뒤에 총무 및 교보원으로 일을 하였고, 역시 21세에 한글맞춤법통일안(즉 국문동식법國文同式法)을 연구할 목적으로 한국 최초의 국문연구단체인 국문동식회國文同式會를 독립신문사 안에다 조직하였으며, 23세(1898)에는 독립협회의 위원으로 선출되어 소장신진으로 활동하기도 하였다. 또한 1896년 11월 30일에 조직된 배재학당의 학생단체인 협성회協成會에 참여하여 전적 및 회보 찬술원으로 일을 하였고, 제5차 임원 선거에서는 제의로 피선된 바도 있다.[3] 그가 결혼을 한 것도 21세의 일이었다.

주시경의 이 첫 번째 활동적인 시기를 통해서 그의 학문적 성격이 어느 정도로는 형성되었던 것이 아닌가 여겨진다. 22세 때에 최초로 발표한 글인 「국문론」은[4] 당시의 주시경의 생각을 잘 말해 주고 있는 것이기도 하다. 이 「국문론」은 말할 것도 없이 문자론이다. 표의문자에 대해 표음문자의 우수성을 강조하면서 표음문자인 국문을 사용할 것을 현실적인 면에서 주장하였으며, 국문의 표기방법으로 명사와 조사와의 경계를 옳게 분석하여 쓸 것을 주장하였다. 그 밖에 문법책이나 옥편을 만들 것과 가로쓰기 등을 역설하기도 하였다. 국어의 구조 자체에 대한 관찰에서는 여전히 분석적인 태도를 보이고 있으며, 국문사용의 주장에서 볼 수 있듯이 현실적 요구에 의한 국문의 연구와 교육을 하려는 경향을 보이고 있다. 곧 국어 · 국문의 연구가 순수 학문으로 끝나지 않고 실천학문으로 나아갈 것을 뜻하는 것이다. 한편 공부에 있어서의 불리한 조건들을 말하면서 일종의 직업으로서의 학문이라는 실천적 교육관을 보여주는 언급이 있다.

---

3 이력서와 『협성회회보』 제8호 참조.
4 『독립신문』 1897년 4월 22일 및 24일 그리고 1897년 9월 25일 및 28일.

만일 우리로 ᄒ여금 그림 글ᄌ를 공부ᄒᄂ 대신의 정치 속에 의회원 공부나 ᄂ무 공부나 외무 공부나 ᄌ뎡 공부나 법률 공부나 수륙군 공부나 항해 공부나 위싱 상경졔학 공부나 ᄯᅩ …… 기외의 각싀 ᄉ업샹 공부들을 ᄒ면 엇지 십여년 동안에 이 여러가지 공부 속에셔 아모 사ᄅᆷ이라도 쓸만ᄒ 즉업의 ᄒ ᄀ지ᄂ 잘 졸업ᄒᆯ터이니 그 후에 각기 ᄌ긔의 즉분을 착실히 직혀 사ᄅᆷ마다 부ᄌ가 되고 학문이 널너지면 그졔야 바야흐로 우리 나라가 문명 부강ᄒ야 질 터이라 간졀히 비노니 우리 나라 동포 형뎨들은 다 ᄭᆡ다라 실샹 ᄉ업에 급히 나가기를 ᄇ라노라

즉 각자가 각 분야의 공부를 통해서 문명·부강국이 이루어진다는 실천적인 직업교육관을 가졌던 것이다.

주시경은 위의 인용문에서도 볼 수 있는 바와 같이 상당히 광범위한 신학문에 접해 있었다. 그에게 신학문을 넣어준 일은 앞에서 언급한 바와 같이 박세양과 정인덕의 가르침에서 비롯되었으나, 신학문의 가장 큰 영향은 역시 배재학당에서의 수업에 의한 것이었을 듯하다. 그중에서도 만국지지를 서재필로부터 배운 것은 그에게 당시의 광범위한 세계적 지식을 공급하는 데에 크게 기여하였을 것이다. 그 밖에 그가 수업한 과목은 수리, 영어, 항해술, 양지법量地法, 역사 등이었는바, 이들도 그의 언어이론 및 서술방법에 이바지된 바 있을 것이고 그가 뒤에 각급 학교에서 국어뿐만 아니라 역사, 지리, 수리 등의 과목을 가르칠 수 있었던 데에 기초를 부여하였을 것이다. 특히 그의 국어·국문연구에 기초가 된 영어문법은 바로 배재학당에서의 수업에서 기초가 쌓여진 것이었다. 당시의 배재학당은 많은 강의를 영어로 할 정도였다고 한다.

영어 알바벧과 일문 가나를 좀 배호고 류구 만쥬 몽고 셔장 셥라 인도 파스 아랍 익급 옛 희부릭 글자들과 우쥬 각국 글ᄌ들을 구ᄒ여 구경ᄒ고 영어문법을 좀 배홈은 다 국문 연구에 유익ᄒᆯ가 홈인딕 ……

지지적인 광범위한 지식 위에서 문자들을 관찰하면서 영어문법의 기초 위에서 자신의 독창적인 분석적 서술방법으로 국문을 연구하게 된 것이라 요약할 수 있다. 이러한 바탕 위에서 우리의 문자체계와 표기법을 통일해야겠다는 생각을 가지고 「국문론」을 발표하였고 『국문식』 한 권을 지었던 것이다. 문자체계와 표기법을 통일하려던 생각은 물론 주시경에게만 국한된 일은 아니었다. 서재필은 국문만 쓰기(국문순용)를 주장한 사람이고 그가 주동한 독립협회가 그러했고 독립신문이 그러했으며 협성회가 또한 그러했다. 리봉운의 『국문정리』(1897) 저술이나 그의 국어사전 『언문 옥편』 편찬(국문국, 1897)도 같은 생각으로 이루어진 것이었다.

대체로 배재학당 시절이라 할 수 있는 이 첫 번째의 활동적인 시기는 요컨대 신학문의 바탕 위에서 그의 학문적 기초 및 그 방향이 어느 정도로 이루어진 시기라 할 수 있다. 즉 그것은 문자체계와 표기법의 연구·정리라는 현실적인 문제를 그의 독특한 분석방법으로 해결하고 이를 통해 교육하려는 실천적인 것이었다. 이 교육을 바탕으로 문명·부강국이 이루어질 것을 이상으로 하였던 것이다.

그리하여 25세(1900)에는 상동교회(지금의 서울 남대문로 새로나백화점 자리)의 청년학원 국어강습소에 국어문법과를 만들어 국어·국문에 관한 자신의 연구 결과를 직접 강습하기 시작하였는데, 이때에 가르쳤던 교재는 31세(1906)에야 『대한국어문법』(겉제목: 국문강의國文講義)이란 제목으로 출판되었다. 배재학당 시절에 쓰여진 「국문론」에서는 주시경의 민족주의적인 이데올로기에 의한 국어관은 뚜렷이 나타나지 않는데, 이 『대한국어문법』에서는 왜 국어·국문을 연구하고 가르쳐야 하는지에 대한 자신의 이데올로기적인 국어관이 제시되고 있다. 이 『대한국어문법』이 나오기까지의 대략 5년간은 그에게 있어서는 하나의 암흑기를 이룬다. 여기서 암흑기란 국어·국문의 연구에 있어서의 아무런 발표가 나타나지 않았고 뚜렷한 교육 활동도 있지 않았던 사실을 말한다. 영국인 스크랜톤W. M. Scranton에게 우리말을 가르쳤다든가 간호원학교·청년학원의 교사를 지냈다든가 하는 부분적인 사실을 빼놓는다면 배재학당 시절의 화려한 그의 활동에 비해서 그에게는 하나의 암흑기라고 할 수밖에 없다. 이 암흑기를 가져온 이유는 현재로서는 분명히 밝힐 수가 없다. 혹자는 독립협회의 만민공동회 등의 정치적 활동에 염증을 느낀 그 후유증이라 짐작하기도 하나, 그것의 사실 여부를 판가름할 수 있는 현재의 증거는 찾기 어려운 것이다. 여기서 암흑기란 후기의 활동에 대한 준비기라 할 수 있을지도 모르겠다.

주시경의 제2기 활동 시기는 31세(1906), 즉 『대한국어문법』을 정리해서 출판했던 해로부터 그가 해외망명을 출발하려다 작고한 39세(1914)까지의 기간이 된다. 유일선柳一宣이 세운 수리학 전문학교이었던 정리사精理舍에서 34세까지 3년 동안 수리학을 공부하여 그의 언어·문자연구의 방법을 더욱 튼튼히 하였는바, 그 이전에 발표했던 『대한국어문법』(1906), 『국어문전음학』(1908), 『국문연구』(1909) 들과는 달리 『국어문법』(1910)에서부터는 '짬듬갈, 임, 엇, 움, 겻, 잇……' 들과 같은 독특한 학술용어를 사용하여 '명호名號, 형용形容, 동작動作……' 같은 『국문문법』(고본稿本)의 학술용어와는 큰 차이를 보이게 되었다. 이는 바로 수리학의 기호 내지는 부호의 개념에 영향을 받은 것으로 보이는데,

學術에 쓰는 말은 반듯이 俗語로 다하지 못할 것이요 또 맞지 안이함과 便하지 안이함이 잇음으로 여기에는 글 말로 쓰되 없는 말은 새로 表를 짓어 쓰노라

『국어문법』, p. 27

하고서

줄이어 쓴 말과 새로 이름하여 쓴 말은 잠시의 눈으로 보시는 이는 이상이 여기심이 잇겟으나 글에는 이러하게 안이할 수 없을 뿐더러 外國의 文字를 符號로 쓰는 일도 잇거늘 엇지 이는 홀로 긇으다하리오……

『국어문법』, pp. 116~117

하여 학술용어를 수학의 기호나 부호처럼 자의적인 기호로 여기게 되었던 것이다. 그리하여 새로운 용어를 처음 쓸 때에는 그 용어의 개념을 보일 수밖에 없었다. 예컨대 대체로 체언에 해당되는 '임'은 '이름의 이와 ㅁ'만을 가리어 쓴 용어인데, 그것은 곧 "여러가지 몬과 일을 이름하는 기(씨)"를 다 이른다고 개념의 설명을 꾀하고 있다.[5] 『국어문법』에서 비롯된 이 용어사용의 개혁은 「한나라말」(1910)에서 「국문의소리」 편을 뒤쳐 이루어졌으며, 그의 마지막 저술인 『말의 소리』에서는 용어와 부호사용에 있어서 극치를 보여줄 정도로 이루어졌다.

배재학당에 입학하기 전부터 산술을 배우기는 했지만 그의 언어·문자의 연구·서술에 수리학의 본격적인 영향을 받은 것은 바로 정리사에서의 수학이었던 것이다. 후기의 활동기간에는 이 정리사에서의 수학 이외에는 딴 수학은 없었다. 그만큼 그는 수리학에 깊은 관심을 가졌던 것이다.

후기의 활동기간을 특정지어 주는 것은 역시 교육활동과 연구·저술활동이라 할 수 있다. 그는 간호원양성학교와 상동교회 청년학원을 비롯하여 명신여학교, 숙명여자고등학교, 공옥학교, 서우·협성·오성학교, 이화학당, 흥화학교, 기호·융희·중앙학교, 휘문의숙, 사범강습소, 보성중학교, 배재학당 등에서 가르쳤으며, 하기강습회를 비롯하여 여러 강습회를 열어 책 보따리를 끼고 다니면서 교육·계몽에 힘을 기울였던 것이다. 이는 교육을 통해 각 분야에서의 사회 활동을 하게 함으로써 결국 문명·부강국을 이루려는 그의 애국계몽적인 실천적인 교육관에 입각한 것이었다. 그가 가르친 과목은 국어, 역사, 지리, 수리 등이었는데, 국어는 음학音學, 자분학字分學, 격분학格分學, 도해학圖解學, 변체학變體學, 실용연습實用演習의 여섯 과로 나뉜다 (이력서 참조). 이 국어교육은 그의 자신의 연구를 바탕으로 하였을 것인데 『대한국어문법』(1906), 「국어와 국문의 필요」(1907), 『한문초습』(1908), 『국어문전음학』(1908), 『국문초학』(1909), 『국문연구』(1909), 『국어문법』(1910), 『조선어

---

5 주시경, 『국어문법』, p. 28.

문법』(1911), 『조선어문법』(개정판, 1913), 『말의소리』(1914) 들이 이 시기의 대표
적인 논저들로 알려져 있다. 서우학회西友學會, 국어연구회 등에서의 학회 활
동도 하였으나, 무엇보다도 주목되는 것은 국문연구소의 위원으로서의 활
동이라 하겠다. 여러 위원 가운데서도 가장 적극적이었던 그는 「국문연구안」
과 이의 종합·개정판이라 할 수 있는 『국문연구』로 그의 국문연구를 일단
락 짓게 된다.

이렇듯 정열을 쏟았던 후기의 활동에서는 그의 국어·국문에 바탕을 둔
애국계몽적인 민족주의가 분명히 두드러진다. 그의 이러한 사상은 『국어문
법』의 머리말에 잘 요약되어 있으나, 이에 앞선 『대한국어문법』의 발문과 「국
어와 국문의 필요」에도 이미 잘 나타나고 있다.

지지를 통해서 언어·인종(인민)·지역들의 상관관계를 생각하여, 지구
상의 육지가 천연으로 점차 나뉘어져서 하나하나의 '구역'이 형성되고 인종
도 이를 나뉘어 각각 다른 '인민'을 이루며 그 천연의 경계와 인종의 모습을
따라서 자연적으로 '말'이 형성되고, 결과적으로 각수各殊한 민족(=국가=사
회)이 형성된다는 결론에 이르게 된다. 말하자면 주시경에게 있어서의 민족
이란 지역공동체로서의 구역區域, 혈연공동체로서의 인민人民, 그리고 언어
공동체로서의 말의 삼위일체가 되겠는데, 이들이 천명에 의해서 천연으로
이루어져서 자유자재한다는 것이다. 여기서 천명이란 민족의 소망이라는
민족주의적 이데올로기를 뜻하는 것일 듯하다. 자유자재하게 되는 민족은
독립이 각정各定하게 되는데, 이 독립의 기基는 '기역其域'이요, 독립의 체體는
'기종其種'이며, 독립의 성性이 '기언其言'이기 때문에 민족과 언어는 분리될
수 없는 것으로 그 사회의 발전 또는 민족국가의 독립은 국성國性인 언어를
잘 닦지 않으면 안 된다고 생각한다. 그리하여 주시경은 스스로 국성인 언어
를 연구하고 그 연구의 결과를 직접 교육하게 된다.

한편 애국계몽적인 그리고 어문 중심의 민족주의적인 생각에서 실용적인
면에서 필요하고 효율적인 사전의 편찬을 강조하였고, 1911년부터는 육당
최남선이 설립한 조선광문회朝鮮光文會에서 우선 대역사전인 『신자전』을 만

들고 이어서 우리나라 최초의 국어사전이라 할 수 있는 『말모이』를 본격적으로 편찬하기 시작한다(물론 이 표현은 리봉운의 『언문옥편』을 제외하고서이다. 그 내용은 아직 전혀 알려진 바 없다).

또 주시경은 『월남망국스』를 1907년에 번역·출판하였는바, 이는 중국의 문호 양계초梁啓超가 월남 망명객 소남자巢男子의 말을 듣고서 '월남이 망흔 근본과 실샹', '나라 망흘 째 분ᄒ여 이쓰던 사람들의 ᄉ젹', '법국 사람이 월남 사람을 곤ᄒ고 약ᄒ게 ᄒ며 무식ᄒ고 어리석게 ᄒ는 정샹', '월남의 쟝ᄅᆡ', '월남과 법국이 교셥흔 일', '나라를 멸ᄒᄂ 새 법', '일본의 조선' 등을 다룬 책이다. 월남이 망한 역사가 당시의 우리에게 극히 경계될 만한 일이라 믿고서 번역·보급된 이 책은 몇 달 만에 3판을 내었으나 일본의 탄압으로 판매금지가 된 바 있었다. 이런 주시경의 후기 활동은 외세에 의하여 쓰러져 가는 국권과 독립을 세우려는 애국계몽주의적인 민족주의로 특정지어지는데, 그의 민족주의의 성격은 19세기의 일반적인 경향의 그것이었지 그 자신만의 것은 아니었다. 기基로서의 한반도, 체體로서의 한민족, 그리고 성性으로의 한국어 이 세 가지의 삼위일체가 독립성을 지니고 단일성을 지닌다는 그의 생각이 비록 '사실'이 아닌 민족적 이데올로기라고 하더라도 이데올로기의 지나친 강조는 끝내는 스스로를 국수주의자로 만드는 결과가 되었던 것이다. 배재학당 시절로부터 기독교 신자가 되었던 그는 이 후기에 민족종교로 인식했던 대종교에로 개종을 한 일도 있었던 것이다. 그리고, 『조선어문법』(1913)이나 「맞힌보람」(1913) 등에서부터는 '주시경周時經'이란 이름을 '한힌샘'[太白泉ㄱ]으로 바꾸기도 하였다.

주시경의 어문민족주의적인 생각은 주로 그의 저서 머리말에 실려 있었는데, 1910년 일본의 식민통치 아래에서 출판검열을 받기 시작한 이후로는 국어가 조선어로 대치되었고 머리말은 사라졌었던 것이며, 그의 저술들은 순수학문으로서의 성격만을 남긴 결과가 되었다. 그렇다고 해서 그의 실천적 학문관을 완전히 버린 것은 아닌 듯하다. 국어사전을 이 시기에도 진행하였고, 정치적인 망명을 꾀하였기 때문이다.

39세에 망명을 앞두고서 생가에서의 하직인사 후에 갑작스런 배탈로 세상을 떠난 주시경이 그 나름대로 체계화시킨 독창적인 학문의 세계와 정열은 후학들에게 크나큰 정신적 지침이 되리라 믿는다. 그의 남겨진 업적을 하나하나 되씹어 새로운 차원에서 평가하여야 할 것이다.

3. 민족주의적 국어관의 성격

1876년에 태어나서 1914년 갑작스러운 서거를 당했던 주시경의 시대는 개항기를 거쳐 일본 제국주의에 의한 한반도 통치의 초기에 해당된다. 또 한편으로는 역사주의에 입각한 민족주의가 팽배해 있던 시기이기도 하다. 수구와 개화와의 갈등이 지속되면서 여러 분야에서 외래적인 것을 받아들이고, 이에 따라 국권의 회복 내지는 민족의 독립이라는 민족의 소망으로서의 민족적 이데올로기는 더욱 깊이 있게 되었다. 이와 같이 잃어가는 또는 잃어버린 국권의 회복이라는 역사적 사명은 학문적인 활동까지도 국권회복의 한 직접적인 수단으로 삼는 경우를 초래하게 되었고, 내적 자질의 민족적 향상을 위한 계몽의 한 수단으로 삼게 되어서, 당시의 학문은 실천과학적인 성격, 나아가서는 응용과학적인 성격을 지니게 되었다.

'우리의 것'이 외래적인 것의 수용 속에서 강조되면서 특히 국학 분야에서 이러한 학문적 성격이 두드러지게 된 것이 이 시기의 특징의 하나라 할 수 있다. 국어연구도 예외는 아니었다. 우리의 민족에 대한 자각과 함께 민족의 언어를 재인식하면서 국어연구가 곧 자강과 독립의 한 길임을 강조하고서는 국어·국문의 연구와 그 보급을 통해 국민을 계몽시키고 민족의 상징으로서의 민족어를 통해 민족적 통일을 꾀하려 하였다. 민족주의에서 언어(그리고 문자)를 강조하는 점에서는 19세기의 민족주의적 언어관과 같은 것이지만, 전체적 국가에서의 통치방법에 의한 것이 아니고 민족적 자각에 의한 것이란 점이 다른 것이라 할 수 있다.

언어문제를 중심으로 하는 어문민족주의에 입각해서 국어·국문을 연구한 가장 대표적인 이가 주시경이라 하는 점에는 아무도 반대하지 않을 것이다. 그는 분명코 독창적인 자신의 연구방법에 따라 국어·국문을 연구한 근대적인 국어학의 창시자이며, 어문민족사상 또는 애국계몽사상에 따른 국어 운동가로서, 국어·국문의 연구사와 사회사상의 연구라는 두 측면에서 볼 때에 한국근대사의 거부로서 자리할 것이다.

우선 국어·국문을 중심으로 한 주시경의 민족주의적 국어관을 알아보자. 그런데 주시경의 어문민족사상이 어떤 과정과 배경에 따라 형성되었는지는 현재로서는 밝혀 말할 수가 없다. 왜냐하면 이에 대한 자신의 언급도 또 같은 시대의 딴 사람에 의한 언급도 현재로서는 찾을 수가 없기 때문이다. 우리가 말할 수 있는 사실은 그가 한문수학을 하면서 국어의 몇몇 구조적 특성을 이해하였고, 국문의 연구와 통일에 대한 필요성을 인식하였으며, 그리하여 세계의 여러 문자들을 구해 보면서 민족과 언어·문자와의 관계를 그 나름대로 확립했다는 등등의 그 정도이다. 앞에서 이미 언급한 바와 같이 상동교회의 청년회에서 운영했던 국어강습소에서 가르쳤던(1905년 겨울~1906년 6월) 교재를 1906년에 책으로 출판한 『대한국어문법』에서 민족과 언어·문자와의 관계에 대한 그의 생각이 언급되었다. 그가 설립한 국문동식회와 직접적인 관련이 있을 듯한 『국문식國文式』(1897년 완성)은 국문동식법, 즉 맞춤법 통일안에 관한 것으로 짐작되는바, 이는 국문의 통일로 효율적인 교육과 문자생활을 위한 것이었을 듯하다. 그의 문자에 대한 깊은 관심은 이미 배재학당 시절부터 뚜렷했던 것으로 보이는데, 그가 깊이 관여했던 배재학당 협성회의 제1회 토론회의 주제가 "국문과 한문을 섞어 씀이 가흠"이었던 사실로부터 또 독립신문과 독립협회에서의 주장들로부터도 쉽사리 알 수가 있다. 문법서를 만들고, 국어사전을 편찬하며, 띄어쓰기, 가로쓰기, 국문전용을 주장했던 사실들은 바로 현실적인 필요성에 따른 것으로 자주·민권·자강을 가져오는 가장 중요한 방법의 하나라고 생각했던 것이다. 그러면 이러한 생각의 바탕이 되는 그의 언어관은 어떠한 것인가?

『대한국어문법』에 '말'이란 뜻을 표하는 것으로, "인류가 셔로 인연되어 사는고로 그 뜻을 셔로 통ㅎ여야 홀 것인딗 말은 그 뜻을 통ㅎᄂ 딗 쓰는 것"이라고 하여, 말의 구실이 사회구성원(그의 말로는 '인민') 사이에서의 의사소통이라는 이른바 communicative function을 강조하고 있다. 따라서 언어를 사회와 결합시킨 언어사회란 개념을 스스로 인식했던 셈인데 사회와 언어와의 관계는

社會는 여러 사람이 그 뜻을 서로 通ㅎ고 그 힘을 서로 聯ㅎ여 그 生活을 經營ㅎ고 保存ㅎ기에 서로 依賴ㅎ는 因緣의 한 團體라 말과 글이 업스면 엇지 그 뜻을 서로 通ㅎ며 그 뜻을 서로 通치 못ㅎ면 엇지 그 人民이 서로 聯ㅎ여 이런 社會가 成樣되리요 이럼으로 말과 글은 한 社會가 組織되는 根本이요 經營의 意思를 發表ㅎ여 그 人民을 聯絡케 ㅎ고 動作케 ㅎ는 機關이라 이 機關을 잘 修理ㅎ여 精練ㅎ면 그 動作도 敏活케 홀 것이요 修理치 안이ㅎ여 魯鈍ㅎ면 그 動作도 窒礙케 ㅎ리니 이런 機關을 다스리지 안이ㅎ고야 엇지 그 社會를 鼓振ㅎ여 發達케 ㅎ리요…… 이런즉 人民을 가ᄅ쳐 그 社會를 保存ㅎ며 發達케 ㅎ고자 ㅎ는 이야 그 말과 글을 닦지 안이ㅎ고 엇지 되기를 바라리요
『대한국어문법』, 발

에서와 같이, 사회의 바탕이요 기관이 되는 어문을 수리하는 이언理言의 방법으로 사회의 보존과 발달을 이룰 수 있다는 것이다. 여기서 사회란 곧 민족, 국가와 같은 개념으로 이해하였는데, 이러한 언어관은 19세기로부터 20세기 전반기의 서구언어학의 그것과 일치하는 것이다. 19세기의 언어학은 진화론적인 생물학의 발상법을, 그리고 20세기 전반기의 언어학은 사회학의 발상법을 적극적으로 받아들였었는바, 주시경은 언어의 사회적 기능을 중시하면서, 민족어의 확립에 의한 사회·민족·국가의 부강과 독립을 꾀하려 했던 것이다.

그러면 주시경에게 있어서 서로 뗄 수 없는 관계에 있는 사회와 언어는 어

떻게 형성되는 것일까?

> 地球上에 陸地가 天然으로 난호여 五大洲가 되고 五大洲가 쏘 天然으로 난
> 호여 여러 나라 境界가 되니 人種도 이를 따라 黃白黑棕赤으로 난호여 五大
> 種이 되고 五大種이 쏘 난호여 그 居住흐는 句域대로 각각 닮은지라 그 天然
> 의 境界와 人種의 各異흠을 싸라 그 水土風氣의 稟賦대로 각각 그 人種이 처
> 음으로 싱길 째붙어 自然 發音되어 그 音으로 物件을 일흠흐고 意思를 表흐
> 어 次次 그 社會에 通用흐는 말이 되고 쏘 그 말에 合當한 文字를 지어 쓰며
>
> 『대한국어문법』

말하자면 천연으로 나누어진 일정한 지역에 다시 천연으로 나누어진 일정
한 인종이 살면서 언어가 형성되기 때문에, 이들 지역, 인종, 언어는 떨어질
수 없는 일체로서 곧 하나의 사회가 형성되고 모든 딴 사회와 각각 다른 각이
성을 지닌다는 것이다. 여기서 사회란 그러니까 지역공동체, 혈연공동체, 언
어공동체의 삼위일체가 되는데 이의 형성은 '天然으로' 또는 '天이 命흔 性'을
따라 이루어진다는 것인데, 이 천명은 '事實' 자체보다는 민족의 소망으로서
의 이데올로기를 뜻하는 것이다.

> 天이 命한 性을 從흐여 其域에 其種이 居흐기 宜흐며 其種이 其言을 言흐
> 기 適흐여 天然의 社會로 國家를 成흐여 獨立이 各定흐니 其域은 獨立의 基
> 요 其種은 獨立의 體요 其言은 獨立의 性이라
>
> 『국어문전음학』, p. 2

사회, 즉 국가 나아가서 민족은 스스로 독립이 각정各定하고 각수各殊한 것이
기에 그 성性인 언어의 바탕이 되는 음音은 "天地에 自在흔 者라 故로 何人이
든지 能히 加減도 못흐고 變易도 못흐느니라"라고 주장하고 있다.[6] 이것은
언어 사실 자체를 강조하였다기보다는 한국어의 독립성 · 절대성으로부터

나아가서 국가·민족의 자재성自在性·독립성을 강조한 것이라고 할 것이다. 순수한 언어학의 각도에서만 본다면 개별언어의 특수성·절대성을 강조하는 language-specific한 언어관이 될 것이지만, "天下區域及人種之不同, 隨區域人種之不同而文言亦不同"(「필상자국문언必尙自國文言」)라고 한 이것은 이데올로기의 지나친 강조에서 나온 것이라 보는 것이 좋을 듯하다. 그의 언어적인 정신세계와는 달리 국어·국문의 서술에서는 국어 현실 내지는 구조의 해명에 역점을 두기 때문에 뒤에 언급한 바와 같이 특수성뿐만 아니라 보편성까지 때로 언급하고 있기 때문이다.

> 人類의 音이 普通은 如斯히 相同ᄒ되 句域과 人種이 不同ᄒᆷ으로 語音도 各異ᄒ니 此는 天然의 理라
>
> 『국어문전음학』, p. 6

이렇게 언어를 사회·민족·국가의 성性이라 규정한 주시경은 자연히 사회·민족·국가의 보존과 발달은 언어의 닦음 즉 이언理言에 달려 있다고 여겨지게 되었다. 역사, 넓게는 지지를 통해서 광범한 신학문의 지식을 갖게 되던 그는 국가의 흥망성쇠와 그 언어와의 상관관계를 깊이 생각하여 언어가 국가의 존립을 좌우한다고 믿게 되었다. 한반도, 한국인 및 한국어의 삼위일체로서의 우리 국가 내지 민족은 우리의 민족어로서의 한국어를 잘 닦음으로써만 그 잃어 가는 또는 잃어버린 국권을 되찾고 국가의 부강을 꾀할 수 있다는 것이었다. 그리하여 주시경은

> 我國 言語ᄂᆫ 太古에 我半島가 初闢ᄒ고 人種이 祖産ᄒᆯ 時붓터 此半島區域의 稟賦ᄒᆫ 時性으로 自然發音되여 繼傳ᄒᆞᄂᆫ 一種 言語요 其法은 格을 表ᄒᆞᄂᆫ 것이니 世界 優等語法에 一也오 我國正音文字ᄂᆫ 言語를 記用ᄒ라 ᄒᆞᄂᆫ 것이

---

6 주시경, 『국어문전음학』, p. 5.

니 世界에 最便흔 記音文字에 一也라

「필상자국문언」

고 하기도 하였으며,

國語와 國文을 講求ᄒ여 釐正ᄒ며 奬勵홈이 今日의 急務

『국어문전음학』

라고 주장하면서 그는 국어연구와 국문정리, 문법서의 제작과 국어사전의
편찬, 우리 민족의 문자로서의 국문전용, 현실적으로 효과 있는 가로쓰기 등
등의 구체적인 실천방안을 제시하면서 그 자신이 이에 대한 노력을 짧은 생
애 동안에 열정적으로 바쳤던 것이다. 그가 지니고 있었던 이러한 민족주의
적 국어관은 실천적인 면에서는 "國文의 行用이 正當ᄒ여야 國民의 敎育이
發興"할 것이라는 『국어문전음학』의 머리말(박태환朴兌桓)처럼 애국계몽적
인 성격을 지니게 되는 것이다. 국문의 풀이를 곁들인 『신자전』(신문관, 1915)
이나 순수한 국어사전인 『말모이』의 편찬은 바로 이를 말해 주는 좋은 예가
될 것이다.

　일본의 제국주의 아래로 들어가 버린 한일합방 뒤에는 민족주의적 또는
애국계몽적인 국어관을 강조하는 언급이 그에게서 사라졌지만, 그렇다고
해서 "國家의 盛衰도 言語의 盛衰에 在하고 國家의 存否도 言語에 在한" 것이
란 그의 생각이 바뀌지는 않았을 것이다. 국어·국문의 연구와 보급 그 자체
가 그에게는 민족주의적이고 애국계몽적이었기 때문이다. 한일합방 이전
에 쓴 『국어문법』을 계속 수정하여 출판하였고, 특히 음학(소리갈)의 연구를
계속하면서 한글로만 쓴 『말의소리』 등을 출판한 것 그리고 『월남망국사』를
번역하여 출판한 것 등이 그러한 증거일 수 있다.

　그런데 민족주의적인 국어관을 가진 많은 사람들의 경우와 마찬가지로
주시경도 국수주의적인 면을 보인 바가 있다. 국수주의는 지나치게 자기의

것을 강조하는 나머지 감정적인 모랄에 치우쳐 학문적인 객관성을 잃는 경우가 흔히 있게 된다.

我國言語는 …… 其法은 格을 表하는 것이니 世界優等語法에 一也오 我國 正音文字는 言語를 記用하라 하는 것이니 世界에 最便흔 記音文字에 一也라
「필상자국문언」

민족주의적 이데올로기에 의하여 언어가 천명에 의하여 그 사회에 알맞도록 이루어졌다는 그의 국어의 형성에 대한 그의 생각을 현재의 우리가 받아들인다고 하더라도 거기에 우등과 열등이 있을 수 없는 것이다. 언어에는 민족의 문화적 수준과는 달리 우등어법도 열등어법도 있을 수 없으며 문화어나 원시어도 있을 수 없는 것이다. 19세기적인 민족주의적 언어관을 지닌 사람들에게서 국수주의적인 경향을 보게 되는 것은 민족의 특수성 내지는 절대성이 곧 순수성 내지는 단일성의 강조로 이행되었기 때문이다. 주시경 서거 뒤 첫해를 맞아 쓴 『주시경선생역사』에서

初에는 自國文言을 自己가 研究하지 아니하여서는 不可하다는 單純한 自覺만으로 着手한 것이나 步武가 漸進하는 대로 朝鮮語 그것의 本質이 善良하고 語彙가 豊多하고 音響이 雅善하며 國文 그것의 形式이 便美하고 修理가 詳明하고 音彙가 饒多함을 知함으로부터는 ……

이라고 한 것을 보면, 그리고 그 기록이 사실이라면, 주시경은 초기의 학문적 자각으로부터 점차 국수적으로 바뀌었다는 것이 된다. 언어가 그 본질이 착할 수도 없고 악할 수도 없으며, 음향이 아선雅善할 수도 없는 것이다. 자국의 순수한 고유성, 즉 국수國粹에 대한 사랑이 지나쳐 객관적인 판단을 하지 못하고 국수를 감정적으로 찬양해 버린 결과가 된 것이다. 민족주의적 언어관에서 국어의 구조적 사실과 국어의 정신적 사랑을 동일시하는 오류를 흔

히 범하게 되는데, 주시경도 그 예외가 아니었던 것이다. 이러한 국수를 우선적으로 내세우는 주시경의 태도는 종교적인 면에서도 드러난다. 아펜젤러로부터 배재학당 시절에 세례를 받고서 기독교인이 되었고, 상동교회의 청년학원에서 국어문법을 가르쳤던 그는 급기야 대종교로 그의 종교를 바꾸고 말았다. 개국시조로서의 단군을 모시는 민족종교로서의 이 대종교에로의 개종은 주시경의 민족주의를 더욱 획일적으로 몰아갔을 가능성이 있다. 조선광문회에서 그를 중심으로 편찬한 우리의 순수한 국어사전『말모이』에도 그러한 태도가 반영되어 있다. 즉 사전전문용어의 약호를 배열함에 있어서 종교 항목을 우선적으로 배열하였는데, 그중에서도 '대종교'를 가장 앞세우고 있는 것이다.

[倧] (大倧教)	[教] (教育學)	[動] (動物學)
[佛] (佛教)	[經] (經濟學)	[植] (植物學)
[耶] (耶蘇教)	[法] (法學)	[鑛] (鑛物學)
[哲] (哲學)	[數] (數學)	[物] (物理學)
[心] (心理學)	[天] (天文學)	[化] (化學)
[倫] (倫理學)	[地] (地質學)	[生] (生理學)
[論] (論理學)		

최근의 국어사전들에서 사전이용자들의 편의를 위해 'ㄱ, ㄴ, ㄷ, ……' 순서를 따르고 있는 것과는 좋은 대조를 이루고 있다. 또한 가장 많은 편찬자들에 의하여 거족적으로 이루어졌다고 하는 조선어학회의『조선말 큰사전』(1947)에는 49개의 항목 가운데서 38번째부터가 종교항목들인데 '불교, 야소교, 천주교, 천도교, 대종교' 등의 순서로 배열되어 있는 것도 좋은 대조를 보이는 한 예이기도 하다.

요컨대 주시경은 "말이 달은즉 자연 샤회도 달으고 말이 같은즉 자연 샤회도 같어지ᄂ이다"라고[7] 한 것처럼 언어와 사회, 국가, 민족과의 일치를 믿고서 언어는 한 사회가 조직되는 근본인데, 그러한 언어사회는 스스로 세워지는 것이며 나아가서 모든 다른 사회와는 다른 각수성各殊性을 지닌다고 믿었다. 그리하여 언어의 닦음을 통해서 그 사회의 독립·발전을 꾀할 수 있다고 믿고서 스스로 국어·국문을 연구했고 국어교육에 온갖 정열을 기울였던 것이다. 다시 말하자면 주시경의 국어관은 지역공동체('구역'), 혈연공동체('인종') 및 언어공동체('말과 글')의 삼위일체인 사회·국가·민족의 성性이 곧 언어인데, 그 언어의 수리修理가 보존 및 발전의 지름길이라는 어문 중심의 민족주의적인 국어관이었던 것이다.

이러한 민족적 이데올로기에 따른 국어관을 지닌 주시경은 많은 19세기적인 국수적인 오류를 범하기도 하였는바, 이 국수적인 경향은 그의 제자들에게는 더욱 짙게 나타나게도 되었다. 예컨대 그의 직접적인 제자인 김윤경은 『조선문자급어학사朝鮮文字及語學史』(1938)에서 최만리의 「언문반대상소문」에 대해 언급하면서

> 이 崔萬理 따위와 같은 固陋하고 腐敗한 低能兒도 出現되었던 것입니다. '慕華丸'에 中毒된 '假明人'의 醜態요 發狂이라고 보아 넘길밖에 없는 일이지마는 歷史上에 永久히 씻어 버릴 수 없는 부끄럼의 한 '페지'를 끼치어 놓게 됨은 그를 爲하여 가엾은 일이라 하겠읍니다
>
> 『조선문자급어학사』, p. 80

일제 아래에서 쓰여진 것이기에 우리는 쉽게 이해되는 것이지만, '한글전용'과 관련해서 지나치게 국수를 의식한 나머지 학문적 객관성을 잃어버린 것이다. 국문·국어의 연구가 국어애에서 비롯되더라도 그것이 국수적인 것일 수는 없는 것이다. 그러면 주시경의 국어·국문의 연구는 어떤 서술방법과 체계를 보여주었는가?

---

7 주시경, 『대한국어문법』, p. 5.

4. 주시경 국어학의 서술방법

주시경은 국어연구사에 있어서 예나 이제나 가장 깊은 관심의 자리에 있다. 그것은 단순히 학술용어의 특이성 때문에서라든가 그의 민족주의적 국어관 때문에서라기보다는 학술사적 위치 때문에라고 보아야 할 것이다. 그의 국문 중심의 민족주의 때문에 그 제자들에 의하여 정신적 추앙을 받았던 것은 이전의 일이다. 주시경의 탄생 100주년을 즈음하여 그의 국어학연구와 사회사상을 연구하면서부터 주시경 연구는 새로운 평가를 받고 있다. 이것은 1970년대 이후의 일이다. 그의 국어연구는 한편으로 체계적인 독창성을 지니고 있다는 점과 또 한편으로는 현대언어이론에 비슷한 점을 가지고 있다는 사실이 관심의 초점이 되고 있는 것이다. 그리하여 연구사적인 면에서 그의 저술들은 흔히 계승과 비판의 자리에 서게 되곤 했던 것이다.

국어·국문에 관한 여러 관심 가운데서 그는 특히 ① 음학(소리갈)·문법론, ② 문자론, ③ 사전편찬에 깊은 관심을 보였다. ①에 속하는 것으로는 『대한국어문법』, 『국어문전음학』, 『국어문법』 및 『말의소리』가 가장 대표적인 것들이요, ②에 속하는 것으로는 「국문론」과 『국문연구』가 대표적이다. ③에 속하는 것으로는 출판되지는 못한 조선광문회의 『말모이』가 있다. 이들을 중심으로 주시경의 학문을 개략적으로 이해하고자 한다. 이 글은 주시경 평전의 성격을 지니는 것이기에 그 상세한 고찰은 본격적인 연구에로 미루어 두려는 것이다. 우선 여기서는 음학과 문법론을 중심으로 그의 서술방법을 이해하고, 다음 장에서는 문자론과 사전편찬을 중심으로 그의 실천적인 국어운동을 이해하고자 한다.

한마디로 말해서 주시경의 서술방법은 지극히 분석적이며 체계적이다. 분석적이라 하면 전체를 이루는 구성요소들을 찾아내고 그 구성요소들을 묶어서 전체를 이해하는 방법을 이르는데, 그러기 위해서는 분석단위가 일차적으로 문제가 된다. 더 나아가서는 분석의 대상으로서의 전체는 어떤 구조이며, 그 구조는 어떤 분석단위에 의하여 어디까지 분석될 수 있는가가 문제가 되는 것이다. 분석방법이 여러 레벨에 동일하게 적용될 때에 우리는 흔히 그러한 서술방법이 체계성을 지닌다는 점에서 체계적이라 할 수 있다. 체계적인 서술에서는 결국 전체를 구성하는 요소들이 상호의존관계에 있음을 전제로 하게 된다. 분석적analytic의 상대 개념인 총체적global이라는 개념은 구조화된 총체를 이해하기 위한 것으로 그 총체를 구성요소로 분해하기 이전의 이해과정인 것이다. 이상의 개념에서 볼 때 주시경의 국어학 서술방법은 총체적인 것이 아니고 분석적인 것이며 체계적인 것이다. 왜냐하면 이제부터 보는 바와 같이 주시경은 국어구조의 각각의 레벨에 일정한 기본단위를 설정하고 그 원소적인 기본단위에 의하여 분석하면서 기술하고 나아가서 같은 방법이 모든 레벨의 서술에 동일하게 적용되고 있기 때문이다. 주시경의 국어학이 부분적으로 계속 수정되었고 완전한 정리를 맺지 못하였으나, 당시로서는 모방이 아닌 독창적인 분석을 행하고 체계성을 보여주었다는 점에서 새로이 높이 평가될 수 있는 것이다. 이제 그가 세운 국어학의 각 층위에 따라 서술방법으로서의 분석방법과 내용을 검토하기로 한다.

주시경이 세운 국어학의 하위분야는 기본적으로 음학, 품사론(형태론) 및 통사론이라고 할 수 있다. 물론 하위분야의 설정에 있어서도 그는 변모를 보이곤 했다. 『한글모죽보기』에 실려 있는 강습소의 졸업증서 서식에서는 국어교육과정이 '소리, 기갈, 듣갈' 즉 음학, 품사론(또는 형태론), 통사론으로 되어 있었는데 『국어문전음학』에서는 음학音學, 자학字學, 변체학變體學, 격학格學, 도해식圖解式, 실용연습實用演習으로 그리고 『국어문법』에서는 국문의 소리, 기난갈, 짬듬갈, 기갈래의 난틀, 기몸박굼, 기몸헴, 기뜻박굼으로 분류되어 있다. 일찍이 『대한국어문법』에서는 구미의 융성한 나라들이 국어를 가르치되 독본, 문법, 자학, 음운, 해석, 작문 등으로 나누어 가르치고 있음을 지적한 바 있으며, 『국어문법』은 "今世界에 두로 쓰이는 文法으로 웃듬을 삼아 꿈임이라"고 하여 구미의 문법체계를 고려하였음을 스스로('이온글의 잡이') 밝히고 있다. 또한 과목을 밝게 나누지 못하고 그나마도 갖추지 못함이 많다고 언급하고 있음을 볼 때('이온글의 잡이') 새로운 변모의 가능성을 말해 준 것이라 할 수 있다. 이는 주시경의 학문에 있어서의 끈덕진 추구의 태도를 보여주는 것이라 할 만하다. 그러나 현재로서는 그의 국어학 체계를 쉽게 이해하기 위해서는 그가 영향 받은 구미의 문법체계를 고려해서 그의 하위분야를 음학, 통사론, 형태론으로 나누어 검토하는 것이 편리할 것이다.

4.1 음학에서의 원소와 그 합성

주시경의 음학('소리갈')에 관련된 연구는 『대한국어문법』, 『국어문전음학』, 『국어문법』의 '국문의 소리', '소리갈' 및 『말의소리』가 대표적이며 그 밖에 기본적으로는 문자론에 속하는 『국문연구』에도 음운사론이 포함되어 있다.
음학에 대한 주시경의 기본태도는

音學은 字母를 分別홈이 最緊호디

『국어문전음학』, p. 7

라고 하여 우선 음학의 임무를 밝히고

普通의 字母신지 解코자 ᄒ노라

하여 분석의 깊이를 말하였으며,

此音學은 總히 國語文典을 學習홀 準備科가 되는 故로 題를 國語文典의 音學이라 ᄒ니 곳 國文의 音學이니라

『국어문전음학』, p. 62

하여 음학의 위치를 언급하고 있다. 그리하여 『국어문법』에서는 '국문의 소리'라 하여 이것은 "言語를 記用하는 文字의 音學"이라고 규정하고 있다. 문

자 중심의 이러한 음학에 대하여 '문전'이란 용어 때문에 음학이 문법론의 선행 부문이라는 위치를 차지하는 것으로 해석된 바가 있는데,[8] 주시경의 음학에서 문법론과 관련되어 서술된 내용은 전혀 발견되지 않는다. 주시경 자신이 말한 대로 우선 자·모음을 분별하고서는 훈민정음 등에 깊은 관심을 보이고 끝에는 '국문기습國文記習'(조선문기습朝鮮文記習)을 언급하고 있다. 국문은 국어를 바탕으로 하여 만들었으니 국문의 음을 연구하려면 불가불 국어의 음을 연구해야 한다는 것이 주시경의 음학에 대한 생각이었다. 이러한 그의 음학에 대한 생각은 국문강의라고 표제를 달았던 『대한국어문법』으로부터 『국어문법』과 그 개정판들에 이르기까지 커다란 변화는 없었던 것이다. 다만, 음운사적인 관심을 버리고 철저하게 공시적으로 기술했던 그의 마지막 음학인 『말의소리』에서는 음학을 문자론에 직접적으로 연결시키는 기술은 철저하게 피했던 것이다. 초기에 국문연구에 몰두했던 그에게 음학은 바로 국문연구를 위한 것이었는데, 『말의소리』에서 음학을 문자론으로부터 독립시켜 음학 자체로서 기술하게 된 것은 주시경의 학문에 있어서는 커다란 변화라 할 수 있다.

음학의 서술에 있어서 많은 변화와 불확실을 보여주기도 하였지만, 그러나 주시경 자신의 서술방법으로서의 분석방법에는 커다란 변화가 있지는 않았던 듯하다. 그 분석방법은 원소적인 기본단위를 확정하고서 이들의 복합이라고 생각하는 단위들을 원소의 합성으로 서술하고 있는 것이다. 음학에서의 원소는 '순일純一한 음, 단순單純한 음, 홋소리' 등으로 불리었다. 이들 원소에 대하여 기술한 것을 『대한국어문법』에서 보면 다음과 같다.

ㅏ ㅓ ㅗㅜ ─ㅣ 이 여섯 ㅈ는 다시 난흘 수 업는 슌일흔 모음인디 이것이 국문 모든 모음의 근본이요 쏘 가이 텬디간 ㅈ직흔 모든 모음 분별의 근본이 되느니라(p. 45 이하) …… 우리 글의 모음의 元素는 ㅏ ㅓ ㅗㅜ ─ㅣ 이 여섯

---

8 김민수, 『주시경연구』, 1977, 탑출판사, p. 124.

ᄌᄲᆫᄼ이라(p. 50)

    ㄱㅇㄷㄴㅂㅁㅈㅅㅎㄹ이 열 ᄌᄼ는 청음이니 다시 난홀 수 업시 純一
한 單音이라 이 열 ᄌᄼ가 모든 국문 子音의 근본이니라(p. 57)

즉, 더 이상 나눌 수 없는(분석 불가능한) 원소로서의 단음單音(홋소리)이 자
모음의 근본이 된다는 것이고, 그 밖의 모든 자모음은 근본인 원소로서의 단
음으로 다시 나눌 수 있다는 것이다. 그리하여

    ㅑ ㅕ ㅛㅠ (·) ㅐ ㅔ ㅚㅟ ㅢ ㅘ ㅙ ㅍ (*ㅞ)
    ㅋ ㅊ ㅌ ㅍ △ (ㅎ)

등은 합음合音, 즉 홋소리(단음)들이 합성된 것으로 보게 되어, "ㅑ 는 ㅣ 와 ㅏ
의 合音(겹)이오"라든가 "ㅋ는 ㄱ의 濁音이니 ㄱㅎ이나 ㅎㄱ의 혼합혼 音인
디 ……"와 같이 설명하게 된다. △을 ㄹㅎ의 합음으로 본 그는 ㅎ에 대해서

    ㅎ도 난홀 수 업는 음이라 홈이 不피치 안이ㅎ나 ㅎ보다 탁홈으로 ㅎ는 곳
    ㅎㅎ의 合音이 되ᄂ니라

라고 하여 ㅎ=ㅎ+ㅎ이라는 이해하기 어려운 분석을 한 것이 『대한국어문법』
(그리고『국어문전음학』)의 태도이었는데, "比較로 ㅎ實 ㅎ虛할 뿐이요 ㅎ을
分할 수 업는 故로 홋소리니라"고 하여[9] ㅎ을 단음으로 보아 더 이상 분석하
지 않은 것은『국어문법』이후의 일이다.
    주시경이 더 이상 분석할 수 있다고 한 겹소리(합음)를 분석하는 근거자료
(징徵)는『국어문법』에서와 같이

---

9 주시경,『국어문법』, p. 2.

> 그리엇다를 혼이 그렷다라 ᄒ니 ㅇ은 有若無함으로 ㅣㅓ가 ㅕ가 되엇나니라
> 각하를 連發함이 가카와 同하고 졍하고를 혼이 줄이어 졍ᄒ고 곳 졍코라함

이라고 하여, 형태소(또는 단어) 경계에서의 음운현상에 바탕을 두고 있음을 알 수 있다. 말하자면 형태소경계 혹은 단어경계에서의 음운교체나 음운축약 등에 초점을 두고서 음운분석을 일반화시키고 있는 추상적인 분석을 행하고 있는 셈이다. 그의 모든 글에서 '코, 칼, 키' 들과 같은 형태소 또는 단어의 첫소리 'ㅋ'를 'ㄱㅎ'이나 'ㅎㄱ'으로 분석한 일은 없으면서도 "ㅋ는 ㄱ의 濁音이니 곳 ㄱㅎ의 合音이요"라고 확대해석하고 있는 것이다. 주시경은 국어학에서 형태음소론적인 관심을 보여준 최초의 학자로 지적되기도 하였는데, 이러한 그의 관심이 위에서 본 확대해석을 낳게 하였는지도 모른다. 'ㅊ, ㅋ, ㄷ, ㅍ' 등을 재음소화하는 전통은 초기의 변형생성음운론에까지 연장되었던 것이다. 그리고 그 재음소화의 근거를 형태음소론적인 것에 둔 것도 마찬가지였던 것이다.

주시경이 다룬 형태음소론은 접변接變(셔로 접ᄒ면 변ᄒ는 자음들)으로 대표되는데 'ㅊ, ㅋ, ㄷ, ㅍ' 들은 우리말 예습例쬡에 따라 자음 앞에서 'ㅅ, ㄱ, ㅅ, ㅂ'으로 된다고만 기술하고 원소적인 분석에 의한 설명은 『말의소리』 이전까지는 없었던 것이다. 『대한국어문법』에서 보면

> ㅊㅌ字는 달은 子音 우에서는 音義ᄃㅣ로는 ㄷㅎ ㅈㅎ와 ᄀᆮ이 소릭가 날 터인ᄃㅣ 우리말 례습에 쏘흔 누르기만 ᄒ며 (좇고는 텬연의 음ᄃㅣ로 좇코가 될 터인ᄃㅣ 우리 국어 례습ᄃㅣ로는 좇고 곳 좆고가 되며 맡고는 맏코라 홀 터인ᄃㅣ 맏고 곳 맛고가 되ᄂ니라)(p. 66)

라고만 하고, 그 예습이 어떤 것인지 더 이상의 설명은 없었다. 다만 맞춤법과 관련해서 예컨대 '任'에 대하여[10]

法	맡아도	맡으면	맡고	맡는
	마타도	마트면	맛고	맛는
俗	맛하도	맛흐면	맛고	맛는
	맛타도	맛트면	맛고	맛는

들을 보이면서 본음本音인 '맡'은 "어음과 본톄와 법식 련독홈"이 옳다고 주장
하고 본음 또는 본자대로 고정시켜 표기할 것을 또한 주장하였다. 여기에서
도 'ㅌ'을 그의 원소와 그 합성이라는 서술방법으로 'ㄷㅎ' 또는 'ㅎㄷ'으로 재
음소화하지는 않았던 것이고, 이에 의한 '맛고'로의 실현(임시의 음)에 대한
설명은 없었던 것이다. 주시경이 말하는 본음을 흔히 변형생성음운론에서
의 underlying representation에 비유하기도 한다. 『국어문전음학』이후로는 보
다 체계적인 인식이 뚜렷해지는 듯하다.

ㅋ ㅌ ㅍ ㅊ 字가 終聲으로 止ᄒ여 ᅪ ᅢ ᅭ ᅪᆺ 홀 時에는 ㅎ는 減ᄒ고 ᅡᆫ ᅡᆸ
ᅡᆺ ᅪ만 發홈과 如홈

『국어문전음학』, p. 40

즉 'ㅋ, ㅊ, ㅌ, ㅍ'이 종성으로 끝날 때에 'ㅎ'이 빠진다는 것은 합음을 단음들
로 재음소화하는 것을 전제로 한 것이다. 말하자면 'ㄱㅎ#'에서 'ㅎ'이 탈락하
는 것으로 인식했던 것이다.

주시경의 마지막 음학인 『말의소리』는 분석의 극치를 보여주고 있다. 그
가 행한 새로운 문법적 분석단위들에 의하여 독특한 부호로 표시한 점도 그
러하거니와 형태음소론적인 교체에 대해서도 좀 더 분명한 분석적 설명을
꾀하고 있는 점에서도 그러하다. 여전히 'ㅋ, ㅌ, ㅍ, ㅊ, ㄲ, ㄹ' 들을 합성된
'거듭닷소리'로 인식·분석하였는데,

---

10 주시경, 『대한국어문법』, p. 35 이하 참조.

ㅋ ㅌ ㅍ ㅊ는 ㄲ ㄹ릐 쓰는 대로 하면 ㄱㅎ 하ㄱ나 ㄷㅎ 하ㄷ나 ㅂㅎ 하ㅂ나 ㅈㅎ 하ㅈ가 될 것인대 그 넛에 이러하게 따로 만들음이니라

『말의소리』, ㄷ

라 하여, 표기상에서는 분석하지 않음을 말하고 있다. 그런데 "ㅌ와 ㄷ를 긋소리고 두로 씀"의 한 예로서 '맡으면'과 '맏고'에서의 '맡'과 '맏'을 들고 있는데, 이에 대하여

이 맡의 다위는 홀소리의 우에 쓰는 것이오 맏의 다위는 닷소리의 우에 쓰는 것이라 할 만하니라 이런 다위도 그 몸을 맡과 맏의 두 가지로 잡을 수가 잇는 것이라 할 만하니라

『말의소리』, ㄴ

한 뒤에, 이어서 표기와 발음에 대하여

맡으면의 맡으로 그 몸을 한 가지로만 잡고자 하여 맏고라 함도 맡고로 쓰면 맡고 곳 많고의 ㅎ는 말의 익음으로 나이지 아니한다 하여야 할 것이라

라고 하여, 몸(의미부)을 본음 중심으로 표기하되 'ㄷㅎ+C→ㄷ∅C→ㄷC'와 같이 실현된다는 것이다. '높고'가 '놉고'로 재음소화되고 같은 방식으로 기술되고 있음도 주시경에게는 당연한 것이다.[11] 요컨대 주시경은 합음은 음학적으로는 단음으로 분석하되 표기상에서는 그러한 분석적 표기를 원치 않았던 것이다.

주시경의 음학은 원소와 그 합성에 바탕을 둔 분석이론이라 할 수 있다. 그의 분석으로 가장 이르고 가장 대표적인 예가 문자론에 관련된 음운사적

---

11 주시경, 『말의소리』, ㄴ

인 주제인 ' · '의 해석인 것이다. 이 아래아는 실학시대부터의 관심거리였는데 주시경을 거쳐서 최현배, 이숭녕에 이르렀던 것이다. 주시경은

> 余가 十七歲에 英文의 子母音을 解ᄒ고 轉ᄒ여 國文을 子母로 解홀새 母音
> 의 分合됨을 硏究ᄒ다가 · 가 ㅣ ㅡ의 合音字되리라 覺悟ᄒ고 十七歲 甲午에
> · 가 ㅣ ㅡ의 合音된다는 右의 第一證을 作ᄒ고 ……

『국어문전음학』, p. 34

와 같은 자신의 언급에서 보듯이 일찍이 ' · '를 합음으로 분석했던 것이다. 이러한 결론은 현재로서는 물론 믿기 어려운 것이지만, 우리의 주목을 끄는 것은 그 합음됨을 증명하기 위하여 분석해 간 과정이다. 즉 훈민정음의 'ㅏ, ㅑ, ㅓ, ㅕ, ㅗ, ㅛ, ㅜ, ㅠ, ㅡ, ㅣ, · ' 들의 열한 모음 가운데서 'ㅏ, ㅓ, ㅗ, ㅜ, ㅡ, ㅣ'는 단음으로 여섯 원소이고 'ㅑ, ㅕ, ㅛ, ㅠ'는 각각 'ㅣㅏ, ㅣㅓ, ㅣㅗ, ㅣㅜ'의 합음인데 'ㅣㅣ'의 합음은 별다른 발음이 되지 못하고 응당 있어야 할 ㅣㅡ의 합음이 없다는 것이다. 그리하여 'ㅣㅡ'의 합음이 곧 ' · '라는 것이다.[12] 이의 분석과정은 수학에서의 모든 가능한 조합을 평행적으로 찾고 이의 빈칸을 다른 조합방식에 비례하여 해석하는 과정인바, 이는 일부 근대 구조언어학자들이 말하는 구조상의 빈칸case vide에 평행되는 것으로 평가되기도 하였다.[13] 이중모음체계에서의 두 빈간 즉 'ㅣㅡ'와 'ㅣㅣ'를 각각 ' · '와 '연문衍文'으로 처리하게 된 것은 그의 자모음의 분합을 따지는 분석적인 인식에서 비롯된 것이다.

요컨대 주시경의 음학은, 그의 표현대로 '분합'에 따라서, 자모음의 원소로 설정한 기본단위인 '홋소리'(단음)로써 합음들을 분석하고, 그가 제시한 형

---

12 주시경, 『대한국어문법』, p. 18; 『국어문전음학』, pp. 25~30; 「국문연구」 『주시경전집』, pp. 365~371; 『국어문법』, pp. 14~77.

13 이기문, 한힌샘의 언어 및 문자 이론, 『어학연구』(서울대) 17-2, 1981.

태음소론적인 현상('접변' 등)들까지도 이들 원소들에 의하여 철저히 분석하면서 기술한 지극히 추상적인 언어분석방법을 일관되게 지니고 있었던 것이다. 이러한 음학의 분석방법은 형태론적 구성이나 통사론적 구성에 대해서도 마찬가지로 적용되었던 것이다.

4.2 형태론적 기술단위로서의 '기(씨)'

형태론적인 범주에 드는 국어의 문제들을 다룬 것은 『국어문법』과 그 일련의 개정판들이 가장 대표적이라 할 수 있다. 그 밖에 『국문문법』, 『말』, 『고등국어문전』 들은 『국어문법』이 이루어지는 과정을 연구함에 도움이 되겠으나, 주시경의 형태론 연구를 체계적으로 이해함에는 그리 알맞지는 않은 듯하다. 다만 『국어문법』 이외에 주시경의 문법론이 크게 변모한 점을 보여주는 『말의소리』의 부록 '씨난의틀'이 있는데, 이는 『말의소리』에서의 기술에 등장하는 새로운 용어 개념들 예컨대 '몸', '토' 들을 이해할 수 있도록 부록으로 붙여진 것이다. 한편 『말의소리』의 서술문장들 자체가 지극히 분석된 부호들로 표기되어 있기 때문에 '씨난의 틀'을 이해하기 위해서는 그 본문도 고려되어야 할 것이다.

『국어문법』에서 주시경의 형태론적 관심을 보여준 부분은 '기난갈, 기갈래의 난틀, 기몸박굼, 기몸헴, 기뜻박굼' 들이다. 여기서 그가 가장 힘들여 기술한 부분은 '기난갈, 기갈래의 난틀, 기몸박굼'이다. 이들은 그가 국어강습소에서 부여한 졸업증서의 분류에 나타난 '기갈'에 속하는 것들이다. 물론 '기'를 '씨'로 바꾼 개정판들에서는 '씨난갈, 씨갈래(갈애)의 난틀, 씨몸박굼, 씨몸헴(셈), 씨뜻박굼' 들로 바뀌게 되었고, '임기, 엇기, 움기, 겻기……' 들의 명칭도 '임씨, 엇씨, 움씨, 겻씨……' 들로 바뀌었다. 이러한 명칭의 변화가 문법체계의 변화를 가져온 것이 아니기 때문에 주시경의 뜻을 살려 여기서는 '씨'의 명칭을 쓰기로 한다.

주시경의 씨갈 층위에서의 분석적인 기본단위는 말할 것도 없이 '씨'이다.

그의 정의를 따르면

> 씨(기)는 낫 말을 이르는 것으로 씀이니 여러가지 몬이나 일을 따르어 이
> 르는 말을 각각 부르는 이름으로 씀이라

가 되는데, 예컨대 "우리나라가 곱다"하면 '① 우리, ② 나라, ③ 가, ④ 곱, ⑤
다'로 다섯 개의 '씨'가 있다는 것이다. 그리고 "사람이 밥을 먹으오"는 '사람,
이, 밥, 을, 먹, 으오'로 분석하고, "그 사람이 맘을 착하게 먹소"는 '그, 사람,
이, 맘, 을, 착하게, 먹, 소'와 같이 분석하고 있다. 이러한 분석의 실제를 보
면, 그의 '씨'는 현대언어학에서의 '단어'도 아니고, '형태소'도 아님을 알 수
있다. '씨'는 '낫말' 즉 개개의 말로서 그 나름대로의 분석기준에 의한 형태론
적 단위라고 할 수밖에 없는 것이다. 그것은 꼭 품사의 단위도 될 수 없는 것
이다. 따라서 그의 '씨난갈' 즉 품사론을 현대언어학에서의 그것에 기준을
두고 평가하지 말고 주시경 문법체계 그 자체에 따라 이해하고서 평가해야
할 것이다.

우선 주시경이 나눈 '씨'의 갈래를 보자. 『조선어문법』(1913)에 이르기까지
'임, 엇, 움, 겻, 잇, 언, 억, 놀, 끗'으로 늘 나누었는데, 그가 제시해 놓은 개념
정의와 약간의 예를 보면 다음과 같다.

> 임 : 여러 가지 몬과 일을 이름하는 씨를 다 이름이라(사람, 개, 나무, 돌, 흙,
> 물, 뜻, 잠, 아츰).
> 엇 : 여러 가지 엇더함을 이르는 씨를 다 이름이라(히, 크, 단단하, 착하, 이르,
> 이러하).
> 움 : 여러 가지 움즉임을 이르는 씨를 다 이름이라(가, 날, 자, 먹, 따리, 잡, 먹
> 이, 잡히).
> 겻 : 임씨를 만이나 움씨의 자리를 이르는 여러 가지 씨를 다 이름이라(가, 이,
> 를, 을, 도, 는, 에, 에서, 로, 으로).

잇 : 한 말이 한 말에 잇어지게 함을 이르는 여러 가지 씨를 다 이름이라(와,
　　과, 고, 면, 으면, 이면, 나, 으나, 이나, 다가, 는데, 아, 어).

언 : 엇더한(임씨)이라 이르는 여러 가지 씨를 다 이름이라(이, 저, 그, 큰, 적
　　은, 엇더한, 무슨, 이른, 착한, 귀한, 한, 두, 세).

억 : 엇더하게(움)라 이르는 여러 가지 씨를 다 이름이라(다, 잘, 이리, 저리,
　　그리, 천천이, 꼭, 정하게, 매우, 곳, 크게, 착하게).

놀 : 놀나거나 늣기어 나는 소리를 이르는 씨를 다 이름이라(아, 하, 참).

끗 : 한 말을 다 맞게 함을 이르는 여러 가지 씨를 다 이름이라(다, 이다, 냐, 이
　　냐, 아라, 어라, 도다, 오, 소)

이 씨난갈에서의 '씨'의 분류와 정의를 보면 '씨'의 분류가 그 기준에 있어
서 일관성을 잃고 있음을 알 수 있다. '임, 움, 놀' 들과 같이 어휘의미적 성질
을 고려한 정의도 있고, '겻, 잇, 끗' 등과 같이 문법적 기능을 고려하여 정의
한 것도 있다. 그러나 씨의 분류와 정의에 이어서 제시된 '본'(보기)과 '씨난
익힘'을 검토해 보면 문법적 기능을 상당히 강하게 고려한 점이 있음을 알 수
있다. 문법적 기능을 고려한 경우를 몇몇 지적하여 보면 다음과 같다.

① '사람, 사랑' 등의 명사('제임')들은 물론 '나, 너, 한아, 둘, 얼마, 여기' 등의
　　대명사('대임', '넛임') 및 수사들이 함께 '임'으로 분류된 점.

② '다, 잘, 이리, 매우' 등의 부사들은 물론이고 '착하게, 크게, 곱게' 등의 일부
　　부사형 용언들까지 이에 포함시켜 '억'으로 분류한 점.

③ '이, 저, 그, 한, 두' 등의 이른바 관형사들은 물론이고 '큰, 적은, 착한' 등의
　　용언의 관형사형들이 함께 '언'으로 분류된 점.

'씨난갈'의 특징을 현대의 품사분류와 비교해 볼 때에 주목되는 것은 문법
적 관계를 나타내는 문법형태소들의 일부를 '씨'로 분류한 점이다. 이는 국
어의 문법적 특성을 고려한 데서 나온 것이겠으나, 여기에는 또다시 일관성

을 잃고 있음을 볼 수 있다. 예컨대 관형사형 어미들에 대해서는 일체 '씨'의 자격을 주지 않았던 그가 부사형 어미들 '고, 아, 어' 들은 '잇씨'에 포함시키고 '게' 부사형 용언들은 묶어서 '억씨'에 포함시킨 점 등을 들 수 있다. 또한 속격 '의'에 대하여 '씨난갈'에서는 일체의 언급이 없다가 '씨갈애의 난틀'에서 '나의 칼'의 '나의'는 '칼'의 '언씨'로 영속격領屬格이 된다고 하였고,[14] '둘에, 둘에서, 둘에는, 둘에야, 둘에도, 둘엔들……'에 대해서 '씨난갈'에 따르면 '임+겻' 정도로 분석되어야 할 이들을 '씨갈애의 난틀'에서는 '둘'까지 포함시켜 더 이상 분석하지 않고서 '억씨'로 수량이나 도수를 뜻한다고 하고 있음을 보면 주시경의 씨갈은 세부에 있어서까지 말끔히 정리되지는 못했음을 알 수 있다. 사실 주시경은 문법에 대해서보다는 음학에 더 깊은 관심을 가졌는데, 음학에서의 분합이론만큼 문법의 서술에서는 철저하지 못했던 듯하다. 물론 '씨난갈'과 '씨갈애의 난틀' 둘 사이에서 빚어진 불일치는 그 사이에 통사론의 성격을 띠는 '짬듬갈'을 두었기 때문이다. '씨난갈'에서 '분分'할 수 있었던 것이 '씨갈애의 난틀'에서 '합合'해지는 것은 그 사이에 자리한 '짬듬갈'에서의 통사론적 기능을 고려한 데서 비롯된 것일 듯하다. '씨난갈'의 익힘에 포함된 예문 '한아에 둘을 더하면 셋이요'에서 '한아에'를 '한아(임)에(겻)'으로 분류한 그가 '씨갈애의 난틀'에서 '둘에'를 묶어서 '억씨'로 처리한 것은 바로 '짬듬갈'에서의 통사론적인 기능 때문이었던 것이다. 그가 음학에서 가장 즐겨했던 분합의 작업은 문법에서는 형태론과 통사론을 넘나들었던 것인데, 음학에서의 '분分→합合'의 과정은 품사전성의 성격을 띠는 '씨몸박굼'에서 철저히 적용되었던 것이다. '씨몸박굼'은 다음과 같이 풀이하고 있다.

어느 씨든지 서로 박구어 쓰지 못하면 말(다)을 꿈일 수가 없음으로 각 씨의 결에를 서로 박구어 씀이 잇으니 이를 씨몸박굼이라 이름이라

---

[14] 주시경, 『조선어문법』, 1913, p. 100.

여기서 '다'란 "둘로 붙어 둘 더 되는 씨로 짠 말" 즉 둘 이상의 '씨'로 구성된 말을 뜻하는데, '씨몸박굼'은 바로 이 '씨'의 새로운 구성을 뜻하는 것이다. 예컨대 '힘, 검음'은 '엇몸'인 '히, 검'에 각각 'ㅁ, 음'을 더하여 '엇몸 → 임몸'으로 바뀐 것이며, 마찬가지로 '히지, 검지'는 '히, 검'에 '지'를 더하여 '임'이 된 것인데, '기, 지' 모두 명사화에 관여하지만 '지'는 뒤집는 뜻[반순反順] 즉 부정에 쓰이는 데에 반하여 '기'는 두루 쓰이는 것이라는 등이다. 이들은 본래 '엇'인데 '임'으로 바뀌는 '엇밋(본)임'이라는 것이다. 이는 형태론 또는 씨갈에서는 '엇밋임'으로 분석되지만 통사론적 기능을 고려한 것이다. 뒤에 언급할 바와 같이 '씨몸박굼'에 앞서 '짬듬갈'을 다루었기 때문에 그 통사론적인 기능을 고려하여 문법적 기능의 바뀜을 언급하고 있는 것이다.

한편 '먹음, 먹기, 먹지' 등의 '움밋임' 이외에 '먹이'를 '움몸 먹에 이를 더한 것'으로 함께 들고 있다. 현대적인 관점에서 본다면 '먹음, 먹기, 먹지'가 통사론적인 기능의 구성이라면 '먹이'는 조어론적인 구성이 되겠는데, 주시경의 '씨몸박굼'은 이와 같이 두 층위를 구별하지 않은 것이 된다. 그러나 '씨갈'에서의 그의 설명은 통사론적이 아니고 역시 형태론적인 것이었다. 예컨대 '먹게하'는 '움몸'인 '먹'에 '게'를 더하여 '억몸'을 만들고 다시 여기에 '하'를 더하여 '움몸'이 된 것인데, 이는 "나는 아기를 먹이요"에서의 '먹이'와 한 가지로서 '먹'에 '게'와 '하'를 더함은 '쓸남움'인 '먹'을 '시김남움' 되게 한다고 기술하고 있다. 여기서 우리는 통사론적인 기능을 고려하고 있으면서도 형태론적인 기술을 철저히 하고 있음을 본다. 때로 주시경에게는 형태론이 없었다는 주장을 보기도 하는데, 이는 주시경 문법을 체계적으로 이해한 것이 못된다. '씨갈'에서의 그의 기술은 '짬듬갈'에서의 용어에 의해서가 아니라 철저하게 '씨갈'에서의 용어에 의해서 이루어져 있는 것이다. '씨갈'에 통사론적 기능이 고려되어 있는 것은 문법을 체계적으로 기술하려는 의도에서였으며, 통사론적 층위와 형태론적 층위를 구별하지 않았다던가 형태론을 무시했던 것은 아니다. '씨몸박굼'에서의 특징은 '씨갈'의 차원이기 때문에 '감, 먹음, 가지, 먹지, 가기, 먹기'들과 함께 '먹이, 썰에, 묻엄, 막애, 남아, 남아지' 들을 같은 차원에서 다룬 데에 있다고 할 것이다.

'씨몸박굼'에서 우리의 주목을 끄는 또 하나는 '씨몸'에 어떤 새로운 요소가 첨가되어 새로운 '씨몸'이 이루어지는 과정이다. 이 과정은 음학에서의 분합이라는 작업과정과 비슷한 것으로 여겨진다. 말하자면 어떤 원소적인 기본단위가 합성되어 새로운 단위가 형성되는 과정으로 설명하는 방식이다. 예컨대 '임밋움'의 '일하'는 '임몸'인 '일'을 밑바탕으로 하여 여기에 '움몸'인 '하'가 합성된 것이고, 다음에 다시 '억몸'을 만드는 '게'가 합성되면 '억몸'인 '일하게'가 되고 다시 여기에 '움몸'을 만드는 '하'가 합성되면 다시 '움몸'인 '일하게 하'가 합성된다는 것이다. 이러한 기술에서는 '씨'를 구성하는 구성요소들을 하나하나 분석함을 전제로 하게 되는데, 이 분석된 구성요소들이 합성되면서 새로운 '씨'로 분류되는 과정을 기술한 것이 곧 '씨몸박굼'인 것이다. 따라서 이 '씨몸박굼'의 기술은 음학에서의 분합이라는 작업과정과 근본적으로 같은 것이 된다. 다만, '씨몸박굼'에서는 분석되는 모든 구성요소들에 일정한 개념을 부여하지 않은 요소들 주로 '몸'이 아닌 '는, 게, (으)ㅁ, 기, (으)ㄴ, (으)ㄹ, 던' 등의 문법형태소들이 포함되어 있는데, 이들에 대해서는 주로 '짬듬갈'에서 그 통사론적인 기능을 언급함으로써 극복하고 있다. 따라서 『국어문법』 및 그 개정판들에까지는 현대언어학에서의 형태소의 개념에 도달했다고 말할 수 없게 된다. 모든 구성요소들에 일정한 개념으로 분류하게 된 것은 후술한 바와 같이 『말의소리』에 이르러서야였던 것이다. 그러나 그것도 '씨갈' 정도로만 보여주었기 때문에 분명한 것이 못된다.

우리가 현대언어학에서 형태소라고 하면 의미기능 내지는 문법기능의 면과 음운형식의 면 둘을 고려하게 되는데, 이 두 가지의 면이 주시경에게는 분명치가 않았던 것이다. 그러나 예로 주시경은 형태소와 그 이형태를 어느 정도로는 인식한 듯이 보이는 경우가 없지는 않다. 예컨대 주격조사('임홋만')에 대해서

임홋만 겻씨는 가와 이뿐이요 그 뜻은 한 가지니 가는 홀소리 알에 쓰이는

것이요 이는 닷소리 알에 쓰이는 것이라

고 하였고, 또 대격조사('쓸훗만')에 대해서는

쓸훗만 겻씨는 를과 을뿐이요 그 뜻은 한 가지나 를은 홀소리 알에 쓰는 것
이요 을은 닷소리 알에 쓰는 것이라

고 말하고 있다. 즉 동일한 기능을 전제로 하면서 그 이형태들에 대한 음운
론적 조건을 제시하고 있는 것이다. 기본형 또는 기저형에는 직접적인 관심
을 보이지는 않았으면서 이형태의 개념에 유사한 결과를 볼 수 있게 되었는
데, 이는 그가 어렸던 때부터 즐기던 분석 또는 분합의 결과에서 비롯된 것
이었다. 주시경의 분석적인 깊이는

에게서는 에서와 한 가지요 에게는 에와 한 가지나 게가 더함은 특별히 움
몬을 다르게 하는 것이라

에서 볼 수 있듯이 '에게서'와 '에서' 그리고 '에게'와 '에'의 차이가 '움몬' 즉 움
직임을 나타내는 체언들(cf. 유정체언)을 구별하기 위한 것이라는 데에까지
이르렀던 것이다.

주시경의 형태론적 기술과 음운론적 기술에 있어서 또 하나의 특징을 지
적한다면, 이른바 형태음운론적인 면에 대한 기술범위의 분류를 들 수 있다.
위에서 본 것처럼 음운의 교체를 그는 두 곳에서 관심을 두고 있다. 하나는
음학에 속하는 '국문의 소리'에서 이른바 자음접변 · 연접 · 자음초종의 형
세 · 습관소리들을 다루고 있는데, 이는 대체로 그 대상을 어간형태소들로
잡고 있는 것이다. 이에 비해서 또 하나는 '씨갈'에 속하는 '씨갈애의 난틀, 씨
몸박굼'의 기술 속에 들어 있는 보충설명으로, 이는 '이/가, 을/를' 등의 경우
와 같이 대체로 그 대상을 문법형태소들에 한정시키고 있는 것이다. 그러니

까 개개의 문법형태소들에 대하여 그 형태와 실현조건을 제시하여 동일한 문법적 기능을 가지는 사실을 지적한 셈이다. 이러한 분석과정 즉 문장을 '씨'들로 분석하고서 '씨'의 형태들을 기능적으로 묶어서 정리하는 방식은 결과적으로 형태소의 개념에 유사하게 도달하게 되는데, 주시경이 형태소의 개념을 인식했다고 하기보다는 오히려 그 분석과정에서 보면 마르티네 Martinet가 이야기하는 일차분절la première articulation에 가까울 작업을 행했을 뿐이다. 말하자면 하나의 문장을 그 구성요소인 '씨'로 분류하고 '씨'들의 기능과 분류 및 구성을 기술하면서, 어느 정도 고정적 형식의 어휘형태소들에 대해서와는 달리 문법형태소들에 대해서 그 형태들의 음운론적 조건을 제시했던 것이다.

주시경의 분석적 행위는『말의소리』에서 새로운 변혁을 일으키면서 극치에 이른다. 문법적인 면에서의『말의소리』에서의 단위분석은 두 가지 면에서 검토되어야 한다. 즉 하나는 본문에서 구두점으로 사용된 구성분석이요 또 하나는 부록으로 제시된 '씨난의 틀'에서의 새로운 품사분류이다. 앞에서도 말한 바와 같이 이 '씨난의 틀'은『말의소리』를 이해하기 위한 부록인데, 여기서 제시한 '씨'는 대체로 다음과 같이 요약된다.

이전에 9가지로 분류했던 체계와 대조해 보면, 우선 '언, 억, 놀'이 없어진 셈인데, '언' 중의 '붉은' 등은 '붉(엇)+은(겻)'으로 재분할하였고 '이, 그, 저' 등은 예시되지 않아서 불분명하다. 이전의 '억'은 두 '씨'로 나뉘어 들어갔는바, '다, 더, 잘, 매우, 미리' 등은 '임'으로 들어갔고 '억'으로 처리되었던 '곱게' 등

은 '곱(엇)+게(겻)'으로 재분할한 듯하다. '참, 아, 하, 어' 등의 이전의 '놀씨'들은 '임'에 포함시켰다. 이 재분류된 각각의 '씨'들에 대한 개념은 설명이 없어서 명확히 언급할 수 없으나, 이전의 분석에 비하여 특히 문법형태소에 대하여 더욱 세밀한 분석을 거쳐 '씨'의 단위를 설정하고 있음은 명확하다. 그리고 그 분석단위들은 통사론적인 층위로부터 형태론적인 층위에 이르기까지 딴 부호로 구별지어 표시하고 있는 것이다. 그가 사용한 부호는 중권점中圈點, 우권점右圈點 그리고 '벌잇'이라고 부른 '⌒'의 셋이다. 우선 한 예를 보자.

씨。는。몬。이나。일。을。이르。는。낫。말。을。이르。는。이름。이니라。

이들을 알기 쉽게 대소관계의 괄호로 묶어 보이면 다음과 같다.

⟨⟨씨][는⟩⟩ ⟨⟨몬][(이)(나)⟩⟩ ⟨⟨일][을⟩⟩ ⟨⟨이르][는⟩⟩ ⟨⟨낫⟩⟩ ⟨⟨말][을⟩⟩ ⟨⟨이르][는⟩⟩ ⟨⟨⟨(이르)(ㅁ)][(이)(니라)⟩⟩

'씨'를 다시 분류하면 '임, 엇, 움'을 '몸씨'라 하였고 '겻, 잇, 긋'을 '토씨'라 하여 크게 lexical morpheme들과 grammatical morpheme들로 나누었는데, '몸씨'와 '토씨'를 묶어서 중권점으로 표시하여 현대적인 어절의 개념에 유사하게 분석하였고, 다음에 '씨'의 단위에 따라 우권점으로 분석하였으며, 다시 '씨'가 분석될 수 있는 경우에 그 '씨'의 구성요소 사이에 이른바 '벌잇'을 표시하였다. '씨'를 다시 분석할 수 있다고 믿은 경우에 그 '씨'의 구성요소 사이에 '벌잇'으로 표시한 것은 이전의 '씨몸박굼'에만 한정되지는 않는다. 이 '벌잇'의 설명에서 주목되어 온 것은 '늣씨'라는 용어의 개념인데, 우선 '벌잇'에 대한 주시경 자신의 정의를 보자.

⌒ 이는 벌잇이니 꾸민씨의 사이에 두어 늣씨와 늣씨를 가르는 보이라

즉 이 규정에서 보면 '늣씨'란 결국 꾸민씨의 구성요소가 될 것이다. 꾸민씨의 '꾸민'은 '짠'과 한 가지로서, 조직된 또는 조합된 것을 뜻하였으므로[15] 꾸민씨란 조직된 '씨' 즉 둘 이상의 분석단위가 합성된 '씨'로 보아야 할 것이다. 따라서 '늣씨'란 '씨'의 최소 구성요소가 되는 것이다. 주시경의 예를 보면 '해바라기'는 '해, 바라, 기'의 세 '늣씨'로 이루어진 '꾸민씨'이다. 이 '늣씨'의 개념에 대하여 때로 현대언어학에서의 형태소morpheme에 해당되는 것으로 이해하기도 하였으나, 이미 필자에 의하여 비판되었듯이(1979), '늣씨'는 형태소가 아닌 것이다.('늣씨'가 형태소가 아니라는 반증자료는 이른바 '매개모음' 또는 '조성모음調聲母音'이라 부르기도 한 '으'계통의 문법형태소들(cf. (이)나, (으)며, (으)ㄴ, (으)ㄹ ……)과 copula '이' (cf. (이)나, 이며, (이)ㄴ(들), (이)라(도) ……) 들을 '늣씨'와 '늣씨'가 합성된 '꾸민씨'로 보아 '벌잇'으로 묶고 있는 점이다. 요컨대 '늣씨'와 '늣씨'를 잇는 '벌잇'은 개개의 씨의 차원에서 쓰이되 그 개개의 '씨'가 다시 분석된다고 스스로 믿은 '꾸민씨'의 경우에 한해서 쓰였기 때문에, '늣씨'란 원소적 기본단위인 늣으로 분석될 수 있는 '씨'의 하위단위에 지나지 않는다. 이는 음학에 있어서의 분합과정과 평행되는 분석절차인 것이다. '씨'의 차원에 대하여 우권점을 치고 그 '씨' 이하의 분석단위인 '늣씨'에 대하여 '벌잇'을 따로 표시한 소이가 바로 여기에 있는 것이다.

이상으로 주시경의 '씨갈'을 특징에 따라 이해하였는바, 체계화되지 못한 점과 변혁을 일으킨 점이 있어서 일률적으로 그 서술방법을 말하기는 어려우나, 요컨대 음학에 있어서의 분합이라는 기본적인 작업절차에 역시 따르고 있음을 볼 수 있었다. 분석의 깊이는 『국어문법』에서 『말의소리』로 내려오면서 그 나름대로 전반적으로는 더욱 깊어진 것인데, 분석을 지극히 즐긴 흔적은 이미 『국어문법』에서도 볼 수 있었던 것이다. 예컨대 "그 소가 푸른 풀을 먹으면서 천천이 가오"에서의 '천천이'는 "천천하게를 줄인 말인데 천천은 천천하의 하를 덜고 천천만 씀이라 …… '이'는 게의 거를 덜고 ㅣ만 씀이

---

15 같은 책, p. 13, p. 38.

라"고[16] 하여 '천천(하)게 → 천천(거)] → 천천이' 정도로 어찌보면 멋대로 분석하곤 했던 것이다. 주시경은 이와 같이 그 나름대로의 분합을 즐겼던 것이다.

4.3 통사론적 분석단위로서의 '드'

음학이나 씨갈의 철저한 분석방법에 평행될 만큼 문법적 기능에 따라 원소적 분석을 행하려 한 층위가 문장구조를 이해하기 위한 '짬듬갈'이다. 예문(cf. 본드)들에 대하여 앞에서 나눈 '씨'를 표시하고서 그리고 때로 극히 부분적으로 '씨몸박굼'에 관련된 보충설명을 한 것을 제외하면 철저하게 통사론적인 설명을 꾀하고 있는 것이다. 그의 '짬듬갈'이란 "다가 꿈이어지는 여러가지 法을 배호는 것"이라 하여 '다'의 구성 즉 둘 이상의 씨가 구성되는 방법을 연구하는 것이 된다. 그리하여 그의 짬듬갈의 범위는 그가 제시한 도표에 따르면

에서 '다'에 속하는 '모, 드, 미'를 다루는 것으로 된다. 여기서 '모'는 서술어가 갖추어지지 않은 구를 뜻하며(cf. 흰 조히, 검은 먹), '드'는 서술어까지 갖추어진 하나의 문(장)을 뜻하고, '미'는 '한 일을 다 말함'이라고만 하여 그 뜻이 분명치 않으나 발화에 관련된 것으로 풀이되기도 하였다. 이들 여러 단위들 가운데서 '짬듬갈'의 원소로서의 가장 기본적인 분석단위는 '드'(文)일 것인데, 이 '드'는 이미 잘 알려져 있는 바와 같이 아래와 같은 '짬'(구조)을 가지는바,

---

16 주시경, 『국어문법』, p. 55.

예컨대 "아기가 자라오"에서 '아기, 자'는 줄기결(경부莖部, 원체부原體部)이오, '가, 오'는 만이결(관계부關係部, 직권부職權部)이며, "저 소가 푸른 풀을 잘 먹소"에서 '저, 푸른, 잘'은 금이결(여하부如何部)이다. 그리고 하나의 문장은 아무리 적어도 줄기결과 만이결로 구성된다고 하였는바, 이는 국어의 형태론적·통사론적 특성을 강하게 인식한 것이요, 『말의소리』에서 '씨'를 크게 '몸씨'와 '토씨'로 분류할 수 있는 가능성을 보여준 것이라 할 수 있다. 한편, 줄기결을 이루는 주요구성성분으로는 주어(부)에 속하는 임이붙이(주자부主者部, 주자속主者屬), 목적어(부)에 속하는 씀이붙이(물자부物者部, 물자속物者屬) 및 서술어(부)에 속하는 남이붙이(설자부說者部, 설자속說者屬)를 들었다. 이외에 '빗, 금(듬)'들의 문법적인 기능소들도 제시하고 있다. 이러한 문장구성의 여러 단위들에 의하여 문장구조를 그의 언어서술방식인 원소와 그 합성 또는 분합에 따라 분석·기술한 것이다. 그런데 『국어문법』보다는 그 개정판인 『조선어문법』(1913)에서 그의 발전된 모습을 볼 수 있으므로 여기서는 이 개정판을 대상으로 소개한다.

주시경이 든 예문은 '보기드(본드)' 10개와 이의 보충적인 '버금보기드(버금본드)' 10개 및 1개의 '붙음보기드'이다. 이들 21개의 예문을 일일이 소개하는 번잡을 피하고 주시경의 통사론적인 서술방법을 전체적으로 이해하는 면에서 몇몇 특징을 지적하기만 한다.

우선적으로 지적할 것은 원소적인 기본문장 '드'의 확립과, 합성적인 문장을 원소적인 '드'로 분석하기 위한 '속뜻'과 '숨은뜻'의 설정이다. '숨은뜻' 또는 '속뜻'은 문장의 표면에 나타나지 않은 또는 보이지 않은 '드'의 주요 구성성분을 밝혀 그 문장의 뜻을 분명히 하기 위한 개념이다. 그러나 '숨은뜻'과 '속뜻'과의 구별이 명확한 것은 아니었고, '뜻'이란 개념도 현대언어학에서의

'의미'를 반드시 뜻하는 것도 아니다. '의미'로 쓰인 경우도 있고, '기능'으로 쓰인 경우도 있다. 여하튼 '숨은뜻'과 '속뜻'이 문장구조상에서는 보이지 않은 문장성분의 기능이나 의미를 이해하기 위해서 쓰고 있음만은 분명하다.

주시경이 생각한 원소적인 문장은 전통문법에서의 그것과 같이 '임이(주어), 남이(서술어)' 또는 '임이, 씀이(목적어), 남이'와 같이 주요성분을 반드시 갖추어야 되는 것으로 보았다. "아기가 자라오"나 "아기가 젖을 먹소" 등이 그 예문이다. "이것이 먹이다"(버금보기드 1)에 대해서는 대명사(넛임)와 명사(임씨)로 이루어진 문장인데, '이것=먹'이지만 '이것'은 '먹'의 '숨음'이오 '먹'은 '이것'의 나타남이라 하고 있다. 그러니까 '이것'의 '숨은뜻'은 결국 '먹'이 되는 셈이다. 그런데 "먹는다"(버금보기드 2)라는 예문에는 반드시 주어의 성분과 목적어의 성분이 속뜻으로 있어야 하기 때문에 '먹는 이'와 '먹히는 것'이 분석상에서 표시되어야 한다는 것이다. 그리하여 주시경은 'ㅅ'에 의하여 이 보이지 않는 속뜻을 표시하여 "ㅅㅅ ㅅㅅ 먹는다" 정도로 보고서 숨은 [주어 · 주격조사], [목적어 · 대격조사]가 속뜻으로 있어야 할 것을 말하고 있다. 이는 문장의 기본구조를 전제로 한 분석이다. 여기서는 속뜻 'ㅅ'이 곧 '숨은 임이빗, 숨은 씀이, 숨은 씀이빗'을 그리고 있다고 하여 숨은 문장요소가 그에 대당하는 속뜻을 가져야 함을 말하고 있다. 겉으로 나타나지 않고 숨은 문장성분이 문장의 구조에 존재한다는 것이다.

변형생성문법가들에게 특히 관심이 주어졌던 주시경 예문의 하나는 "저 소가 푸른 풀을 잘 먹소"이었다. 수식어(금이겻)를 처리하기 위한 예문인데, 특히 '푸른'에 관심이 집중되는 것이다. 씨갈의 층위에서는 물론 '언씨'로 분류되는 것이고 '씨몸박굼'에서는 본래 '엇씨'인 푸르에 'ㄴ'이 합성되어 새로 '언씨'로 '몸박굼'을 한 것으로 처리되는데, '푸른' 풀에서는 '푸르 ㄴ'으로 다시 분석하여 통사론적인 기능을 설명하고 있다. 즉 '푸른'은 단순히 수식어로만 기능하는 것이 아니고 '따로 줄기가 되어' 말하자면 '풀이 푸르-' 정도의 문장에서 서술어로서의 통사론적 기능도 가지는데, 이 '푸르'에 수식어로 기능하게 하는 'ㄴ'이 더해져 결국 수식어의 노릇을 하게 된다는 것이다. "(저)

소가 풀을 (잘) 먹(소)”와 “풀이 푸르오” 두 원소적인 문장의 합성을 전제로
한 분석인 것이다. 분석적 이해를 위한 그림에서 보면 서술어 밑에는 세 줄
(≡)로 표시하는데, ‘먹’의 경우와 똑같이 ‘푸르’ 밑에도 세 줄을 그어 서술어
의 기능을 표시하고 ‘ㄴ’과의 합성인 ‘푸른’ 전체가 ‘풀’의 수식어가 되도록 그
렸던 것이다. “저 붉은 봄 꽃이 곱게 피오”(보기드 8)의 ‘붉은’과 ‘곱게’에 대해
서도, “이마가 붉은 두룸이가 소리가 길게 울더라”(보기드 9)의 ‘붉은’과 ‘길
게’에 대해서도, “그 말이 들로 뛰어 가더라”(버금보기드 3)의 ‘뛰어’와 “그 소
가 푸른 풀을 먹으면서 천천이 가오”(버금보기드 4)의 ‘푸른’, “내가 빠르게
가는 말을 타고 큰 재를 넘어 왔소”(버금보기드 8)의 ‘빠르게’와 ‘큰’에 대해서
도 마찬가지로 처리하고 있다.

“이 소는 누르고 저 말은 검다”(보기드 4)라는 문장은 “이 소는 누르∞∞고
∞∞저 말은 검다”로 두 마디로 분석하되 윗마디와 아랫마디가 ‘고’로 이어진
하나의 문장임을 지적하고 있다. 이도 역시 두 문장의 한 문장으로의 합성임
을 뜻하는 것이다. 여기서 ‘고’는 단순한 형태론적 기능보다는 통사론적 기
능을 가지는 것으로 풀이한 셈이다. 즉 두 원소적인 기본문장을 동시적으로
접속시켜 주는 문법소로 이해한 것이다.

> 이 두 마디의 몬저와 나종은 그 일의 몬저와 나종으로 일움이 아니오 말을
> 꿈이노라고 몬저와 나종을 일움이니 우 알에 마디를 박구어 저 말은 검고 이
> 소는 누르다 하여도 그 일은 한 가진 까닭이니라

그리고 “한 사람이 낙시를 들고 내에 와서 고기를 잡으오”(버금보기드 7)
에서의 ‘낙시를 들고’도 ‘한 사람이 낙시를 들∞∞고 ∞∞’로 분석하고 있다.
동시접속이 아니고 계기접속임도 지적하고 있다.

“소와 말이 풀을 먹소”(보기드 6)는 ‘소와 말’이란 두 주어를 가지고 있는 뭇
임이드(주어군문장主語群文章)인데, “둘로 둘 더되는 임이가 덩이지어 한 몸
의 임이 노릇함”이라 풀이하고 있다. 한편

> 이 그림을 옳은 편으로 보면 소가 풀을 먹소요 윈 편으로 보면 말이 풀을
> 먹소니라

라고 덧붙여 풀이한 것을 보면, 역시 "소가 풀을 먹소"와 "말이 풀을 먹소"와
의 두 원소적인 기본문장이 하나의 문장으로 합성된 것으로 인식했던 것이
다. 물론 병렬된 두 주어 '소'와 '말'은 "일로는 몬저와 나종이 없나니라"라고
지적하고 있다. "내가 소와 말과 닭과 오리와 거위를 기르오"(보기드 7)에서
의 목적어군(뭇씀이)에 대해서도 마찬가지의 분석을 행하고 있다. 일의 먼
저와 나종이 없는 또 하나의 예문인 "저 사람이 노래 ᄒ면서 가오"(보기드 5)
에 대해서도 마찬가지로 분석하면서 서술어군문장(뭇씀이드)으로 규정하
고 있다. 즉 "저 사람이 노래하∞∞면서 ∞∞(저) (사람) (이) 가오"로 보아 "저
사람이 노래하오"와 "저 사람이 가오"와의 합성이며 '노래하'와 '가'는 모두
'사람'의 서술어인데, 다만 '저 사람이'는 숨은 뜻으로 '우에 마디의 임이붙이
(주어부)가 앞에 마디의 임이붙이의 노릇까지 함'을 보인다고 하고 있다. 현
대적인 관점에서 본다면 여기에서의 '숨은뜻'은 동일 성분 소거에 해당되는
통사적인 심층구조로 보겠으나, '숨은뜻'을 표시한 '동굴암이로 에움'은 딴
예문들에서는 '속뜻'으로 표현하고 있어서, 이에 대한 주시경의 개념이 확립
되지 않았음을 보여준다. '속뜻'으로 분석하면서도 '숨은뜻'의 부호인 ( )로
에워싼 다음과 같은 예문들이 있다.

(보기드 8)　　　저 붉은 봄 (의)꽃이 곱게 피오
(버금보기드 8)　내가 빠르게 가는 말을 타고(내)(가) 큰 재를 넘어 (나)(가) 왓소
(버금보기드 9)　좋은 사람은 뜻이 없이 (그)(사람)(이) 잇을 때가 없나니라
(버금보기드 10)　(죠선) (사람) (이) (그) (움즉이) (는) (노) (를) 노가 움즉이
　　　　　　　　면 바람이라고 하나니라

"달빗이 히기가 눈 같으오"(붙음보기드)에 대해서는

ⅰ) 달ㅅ빗이 히기가 눈ㅅ같으오

ⅱ) 달ㅅ빗이 히기가 눈같으오

ⅲ) 달(의)빗이 히기가 눈(과)같으오

등으로 부호를 달리하여 표시하고 있다. '숨은뜻'과 '속뜻'을 현대언어학에서의 '통사상의 잠재성분'과 '화용상으로 나타나지 않는 기본성분'에 각각 해당하는 것으로 주시경이 인식했다는 해석은[17] 주시경에 대한 지나친 현대적 편견으로 여겨진다. 그러한 가능성이 있다고 하더라도 위에서 지적한 바와 같이 주시경은 그 구분을 명확히 한 것은 못된다. 오히려 주시경의 짬듬갈의 특징은 음학에서의 원소적인 분합에 평행되게 원소적인 통사단위인 '드'로 합성된 '드'를 분석하려 했던 데에 있다고 할 것이고, 이 인식이 '숨은뜻'으로 때로 '속뜻'으로 표현되었다고 할 것이다.

요컨대 주시경은 짬듬갈에서도 음학에서와 평행되게 원소적인 기본단위로 '드'를 분석함에 게으름을 피우지 않았다. '숨은뜻, 속뜻'은 바로 기본구조를 인식한 데서 나온 것이며, 씨난갈에서 '붉은, 길게' 등을 각각 '언씨' 및 '억씨'로 분류하였다가 짬듬갈에서 수식어 기능을 하게 하는 '은, 게'를 분석해 내고서 '붉, 길' 등은 서술어 기능을 하는 것이라고 풀이한 것도 바로 원소적인 기본구조를 인식한 데서 나온 것이다. 짬듬갈에 이어서 자리를 한 씨몸박굼에서는 '붉은'의 합성이 '엇→언'의 '엇밋언'의 예가 되는 것으로 이해하였는바, 씨난갈 층위에서의 언씨 '붉은'이 짬듬갈에서의 '드'의 분석으로 결과된 것이다. 씨난갈과 짬듬갈은 이렇게 체계적으로 관련되어 있으나, 두 층위는 엄격히 구별되어 설명되고 있는 것이다. 짬듬갈은 씨난갈과 마찬가지로 그가 가장 힘들여 연구해 온 음학의 분합방식을 응용하여 서술되고 있는 것이다. 이는 주시경의 국어연구에 있어서의 체계성이라 할 만한 것이다.

주시경의 언어서술방법을 때로 변형생성이론의 그것에 비유해서 평가하

---

[17] 고영근, 주시경의 문법이론에 대한 형태·통사적 접근, 『국어학』 11, 1982, p. 30.

기도 하는데, 이는 어디까지나 부분적인 유사성에 지나지 않는 것이다. 학문적 체계가 같다고는 할 수 없다. 분석과 합성을 지극히 즐겨 온 동질성에서 비롯된 결과일 뿐이다. 주시경의 언어이론 및 그 서술방법이 비록 덜 확립된 부분들이 있다고 할지라도, 외래이론을 수용·극복하면서 독창적인 그리고 체계성을 지닌 자신의 것을 개척했다는 데에 의의가 있다고 할 것이다.

4.4 주시경의 언어연구에 있어서의 보편성과 특수성

주시경은 이미 앞에서 보았듯이 이데올로기에 있어서는 언어는 물론이고 민족·국가·사회의 보편성을 인정하지 않는다. 즉 "隨區域人種不同而文言亦不同"이라 주장하여 구역區域·인종人種·문언文言이 각수各殊·각이各異함을 강조하고 있다. 이는 곧 대내적인 절대성과 대외적인 특수성을 뜻하는 것으로 이러한 민족적 이데올로기에 의존하면, 그 민족의 시간과 공간을 초월한 국수國粹를 내세우게 된다. 이것은 흔히 역사적으로 볼 때에 생멸生滅·시종始終·가감加減·변역變易을 인정하지 않는 결과에 이르게 된다. 왜냐하면 민족적인 바람에 따라 민족은 자재自在·자유自由하는 것이라고 여기기 때문이다. 이러한 이데올로기를 가졌던 주시경은 그리하여 다음과 같이 생각했던 것이다.

音은 天地에 自在흔 者라 故로 何人이든지 能히 加減도 못ᄒ고 變易도 못ᄒᄂ니라

『국어문전음학』, p. 5

민족적 이데올로기에 따라 사회마다 언어가 다르고 나아가서 독립해야 한다는 언어관은 language-universal한 것이 아니고 language-specific한 것이 되는데, 이는 역사적인 관점에서 보면 다시 위에서 본 바와 같이 자연발생적인 언어형성관을 낳게 되고, 다시 절대성을 고집할 때에는 인위적으로 가감·

변역을 못하는 것으로 받아들이게 되는 것이다. 좁게 언어학적으로 바꾸어 보면, 결국 통시태와 공시태를 자칫 무시하게 되든가 그 차이를 인식하지 못하게 되든가 한다. 이를 극복할 수 있을 경우에는 물론 범시론적인 추구를 하게 되겠지만, 주시경에게 있어서는 이 단계에까지 이르렀다고는 할 수 없다.

주시경은 앞에서 지적한 바와 같이 민족적 이데올로기의 면에서는 민족의 절대성·특수성을 주장하는 민족주의자였다. 그러나 그가 언어 그 자체에 관심을 둘 경우에는 사정이 달라진다.

> 人類의 音이 普通은 如斯히 相同ᄒ되 旬域과 人種이 不同홈으로 語音도 各異ᄒ니 此는 天然의 理라 故로 音을 依ᄒ여 文을 制홈에 나라마다 不同홈이 此故니라
>
> 『국어문전음학』, p. 6

인류음의 상동은 음의 물리적 성질(cf. 기파氣波), 음의 무별성無別性과 유별성有別性, 음의 분절성分節性 및 음의 생리적 성질 등을 간략히 제시함에서 인식한 것이다. 그리하여 『대한국어문법』 이래로 음학을 다룰 때에는 우선 음의 이러한 일반적 성질을 간략하게나마 늘 기술하곤 하였다. 구체적인 음운현상의 설명에서는 보다 뚜렷이 보편적인 음운현상과 국어에 적용되는 특수한 음운현상을 구별하여, 각각 '음리音理(음의音義)'와 '국어國語의 예습例習'(아국我國의 습관習慣, 국어습관國語習慣소리, 말의 익음소리)으로 설명하고 있다. 예컨대 그가 자음접변이라 부른 현상은 자음이 상접하여 발發할 때에는 그 상접하는 형세로 자연히 변하는 것인데 이는 아국의 습관인가 하나 이 접변은 아국의 습관이 아니요 음리音理에 자연한 형세라는 것이다.[18]

그리고 'ㄴ'이나 'ㄹ'이 'ㅣ'나 'ㅣ'를 합한 'ㅑ, ㅕ, ㅛ, ㅠ, ㅣ'의 초성이 되어 말머리에서 발음할 때에는 '우리 국어 례습'으로 그 'ㄴ'이나 'ㄹ'을 발음하지

---

18 주시경, 『국어문전음학』, pp. 38~40.

않는다는 것이다. 또한 방언적인 사실도 그 방언의 예습으로 기술하고 있는데, 예컨대 "ㅑ, ㅕ, ㅛ, ㅠ는 ㄹ로 初聲됨을 讀홀 時에는 ㅏ, ㅓ, ㅗ, ㅜ로 變ᄒ고 ㄹ은 ㄴ으로 變ᄒ여 發ᄒ니 此는 平安道의 方言의 習慣이라"는 것이다. 그가 음리音理 또는 음의音義라고 해석한 것들이 현대언어학적인 면에서 모두 보편적인 것으로 해석될 수는 없는 것들이 있다고 할지라도, 그가 막연하게나마 언어기술에서 어떤 보편성과 특수성을 고려했던 것으로는 볼 수 있을 것이다.[19]

이러한 주시경의 보편성의 고려는 비록 약한 것이었으나, 다음과 같은 문법에 관한 말에서도 나타난다.

> 이 글은 今世界에 두로 쓰이는 文法으로 웃듬을 삼아 꿈임이라 그러하나 우리나라 말에 맞게 하노라 함이라
>
> 『국어문법』, p. 117

여기서 금세계에 두루 쓰이는 문법을 "웃듬"으로 삼았다는 것은 아마도 당시에 주시경이 고려할 수 있던 일반적인 문법체계의 모델을 뜻하는 것인 듯하다. 그가 어떤 문법서들을 얼마나 깊이 참작했는지는 세세히 알 수는 없으나, 그가 세울 문법체계는 크게 보아 음학(말의소리), 통사론(짬듬갈) 및 형태론(씨갈)이었다. 전체적으로는 영문법, 불문법 등의 전통적인 체계를 따랐으면서도 형태론과 통사론을 깊이 연결시킨 데에 그 나름대로의 독창성이 있는 것이었다. 물론 언어서술방법으로서의 철저한 분합과 체계성은 그로 하여금 독창적인 연구를 가능하게 한 것이었다. 이와 같이 전반적으로는 당시의 일반적인 문법체계를 따르면서도 구체적으로는 국어에 맞게 서술하려 했던 것이다. 그리하여 『국어문법』은 우리나라 말의 듬(cf. 말이 꿈이어지는 여러가지 법)을 서술한 것이라 하고 있다. 문법과 음학의 기술에 있어서

---

[19] 이기문, 한힘샘의 언어 및 문자이론, 『어학연구』(서울대) 17-2, 1981, p. 161.

차이가 있다면, 음성의 물리적 · 조음적 성질을 두고서 "人類의 音이 普通은 如斯히 相同"하다고 하여 그리고 음리와 예습을 구별하고 있어서 음성의 실질적 보편성substantive universal을 고려한 데 대하여, 문법체계에 있어서 "今世界에 두로 쓰이는 文法으로 웃듬"을 삼았다는 것은 문법을 엮는 틀로서의 논리적 보편성을 고려한 점이다. 결과적으로는 주시경은 보편성을 강력하게 고려하지는 못했던 것이다. 그의 궁극적인 목표는 언어의 보편성에 있었던 것이 아니고, 특수성에 있었다. 즉 국성國性인 우리의 언어를 밝히고 그 결과를 교육하고 이를 통해서 국가의 보존 · 발전을 꾀하려 한 것이다.

이데올로기의 면에서는 국어의 특수성 · 절대성을 주장했던 그가 국어를 실제로 기술함에 있어서는 약간의 보편성을 고려한 점은 당시로서는 보기 쉬운 일은 아니었다. 그의 민족적 이데올로기에 따라 어느 누구도 가감도 못하고 변역도 못한다고 믿었었던 그 언어를 계속 깊이 있게 연구해 나가면서 그의 생각은 차츰 발전된 것으로 보인다. 앞에서도 말한 바와 같이 언어를 인위적으로 바꿀 수 없다는 생각은 자칫 방향을 잃으면 언어의 통시태와 공시태를 구별하지 않는다든가 아니면 그 구별을 무시하는 결과를 가져올 수가 있는데, 주시경은 적어도 『조선어문법』(1913)에 이르기까지도 통시론과 공시론을 구별하지 않고서 기술해 왔던 것이다. 그 대표적인 예가 'ㆍ'와 같은 이전의 문자에 대한 음학적인 기술을 늘 포함시켜 온 것이다. 물론 이는 문자체계의 정리에 깊은 관심을 두었던 데에서 비롯된 것이기는 하다. 그러던 그가 공시태와 통시태를 분명히 구별하게 된 것은 『말의소리』에 이르러서였던 것이다. 여기에서는 'ㆍ'에 대한 논의는 물론이고 일체의 음운사론을 볼 수가 없다. 그러나 음운사에 관한 관심을 이렇게 늦게까지 음학의 기술에 보이기는 했으나, 적어도 『국어문법』 이후로는 'ㆍ'에 의한 표기(대표적인 예로 'ㅎ다')를 이미 포기했었던 것으로 보아, 보다 일찍부터 공시태와 통시태와의 구별을 인식하기 시작했던 것 같다. 이러한 주시경의 언어연구의 발전에서 보여준 사실은 보다 국수적인 방향으로 흘렀던 그의 민족주의적 이데올로기와는 점점 거리가 멀어지게 되었다. 그러나 그 이유를 정확히 밝힐 수가 없다. 일본의 제국주의로 국권을 잃은 이른바 한일합병 이후로는 주시경의 그 이전의 민족주의적 언어관이 나타나지 않는데, 이는 아마도 출판의 검열 때문이었을 것이다. 그가 계속 민족주의적인 이데올로기를 버리지 않았다면 과학적인 학문과 이데올로기를 점차 구별해 간 것이라고 할 수밖에 없다.

5. 사전의 편찬 및 맞춤법의 원리

주시경의 학문이 연구 자체로서 끝나는 것이 아닌, 즉 순수과학으로서만 만족하는 것이 아닌 실천과학의 성격을 띠고 있다는 점은 이미 앞에서 지적하였다. 이것은 그의 연구가 국문 즉 표기체계의 정리에서 출발했고 애국계몽적인 어문민족사상으로부터 비롯되었기 때문이었다. 다만 그는 전통적인 방식에만 머물지 않고 외래적인 지식을 광범위하게 받아들여 이른바 신학문으로서의 국어학을 개척하면서 그 실천적인 면을 몸소 행하였던 것이다. 국어학과 관련된 그의 실천적인 면은 크게 ① 사전의 편찬, ② 국어문법서·독본의 제작, ③ 맞춤법의 제정·국문전용의 실시·국문 가로쓰기의 실행·쉬운 국어로의 언문일치 및 ④ 국어교육 등 넷으로 나눌 수가 있다. 국어교육의 면은 앞에서 간략히 서술한 바 있어서, 여기서는 사전편찬과 맞춤법에 관해서만 논의하기로 한다.

5.1 최초의 국어사전 『말모이』의 편찬과 주시경

주시경은 이미 앞에서 본 바와 같이 민족·사회·국가의 보존 및 발전은 국성國性인 말을 닦음(수리修理)에 의존한다고 하였는바, 이 언어의 수리 곧 이언理言에 의한 하나의 사회발전관에 따라 그는 '자전, 사전'의 출판을 강조하곤 하였다.

죠션말노 문법칙을 졍밀ᄒ게 ᄆ드러셔 남녀간에 글을 볼 째에도 그 글의
뜻을 분명이 알아보고 지을 째에도 법식에 뭇고 남이 알아보기에 문리와 쉽
고 경계가 ᄇᆰ게 짓도록 ᄀᆯᄋ쳐야 ᄒ겟고 ᄯᄂ 불가불 국문으로 옥편을 ᄆ드
러랴 홀지라

「국문론」

말ᄌ던이 업스면 엇더ᄒ뇨
말ᄌ던이 업스면 그 분별ᄒ여 졍ᄒᆫ 뜻을 증거홀 바이 업슴으로 쓰는 길이
여일치 못ᄒ고 일어ᄇ리는 말이 만으니이다

『대한국어문법』, pp. 7~8

四千餘年 開國ᄒᆫ 二千萬衆 社會의 言語를 입으로 셔로 傳ᄒ던 것도 심히
붓그럽거든 國文 난지 四百五十餘年에 辭典 하나도 만들지 안코 다만 어려운
漢文만 일삼아 …… 아무것도 아는 것이 업슴으로 今日에 이 地境에 至ᄒ엿
는지라

『대한국어문법』, 발

국어와 국문을 업수히 녁이지 말고 힘써 그 법과 리치를 궁구ᄒ며 ᄌ던과
문법과 독본들을 잘 만달어 ……

「국어와 국문의 필요」

이렇듯 애국계몽사상에 입각해서 사전의 편찬을 주장해온 주시경이 사전
편찬사업에 직접 관여하게 된 것은 육당 최남선이 설립한 조선광문회에서
의 일이다. 광문회는 한일합방 직후 곧 1910년 10월에 민족계몽운동의 한 목
적으로 설립되었었는데, 그 설립취지를 보면

今에 我等이 文明上으로 一大 轉機를 會하니 光明을 大放할 好機인 同時에

存喪을 未判할 危機라 如前히 光緒를 繼하며 如何히 來運을 開할가 既往은 湮
沒하고 現在는 混沌하고 將來는 茫昧한 此地頭에 大한 覺念과 小한 事力으로
我光文ㅣ 兀立하니 修史와 理言과 立學은 實로 그 三代標幟며 辭典編纂과 文
法整理는 理言의 兩大眼目이오 我의 言語와 關繫가 深切한 言文의 對譯辭典
을 作成함은 辭典計劃의 一要件이 되니 ……

최남선,『신자전』, 서

와 같이 광문회의 세 표치標幟는 수사修史, 입학立學, 이언理言인데, 그중에서
이언의 두 큰 방안은 사전편찬과 문법정리이고, 다시 국어와 관련 있는 대역
사전을 작성하는 것이 국어사전의 한 계획이라 하고 있다. 이 계획에 따라
만든『신자전』의 국어로의 풀이(훈석)를 맡았던 이들은 주시경과 그의 제자
김두봉이었다. 그런데 이『신자전』의 편찬과 함께 광문회에서 추진한 국어
사전이 바로『말모이』(사전), 주시경과 그의 제자들 권덕규, 이규영 및 김두
봉이 편찬했던 것이다. 1911년부터 편찬이 시작된 이 사전은 1914년 주시경
의 해외 망명계획과 갑작스러운 서거로 그리고 김두봉의 상해로의 옮김과
이규영의 서거에 따라 출판되지 못했던 것이고, 그 원고까지도 흩어져 남은
것이 얼마 되지 못하고 말았다.

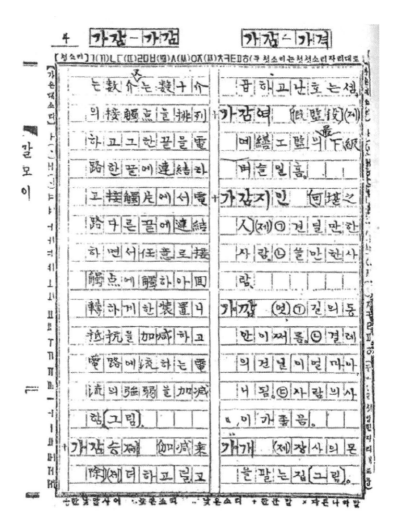

지금으로부터 한 20여년 전에 조선광문회에서 맨 처음으로 사전편찬을 시작하고 4, 5년간의 계속으로 어휘수집에서 주해에까지 상당히 진행하여 가는중, 여기에 전력하던 김두봉씨가 해외에 나가게 되고, 기타 여러가지의 사정으로 하여 그만 중지된 것이 지금까지 이르렀으며, 그 원고『말모이』는 모두 산실되고 남은 것이 얼마 있지 아니하다.[20]

---

20 이윤재, 조선어사전 편찬은 어떻게 진행되는가,『한글』4-2, 1936.

두 세대에 걸쳐서 주시경의 일부 제자들에 의하여 전설처럼 내려온 이 "어휘수집에서 주해에까지 진행"된 『말모이』의 내용이 알려진 것은 현재로서는 필자에 의해서 알려진 『말모이』의 첫째 권뿐이다.[21] 서문이 없어서 이 사전의 편찬취지 및 경위는 알 수 없으나 범례에 속하는 '알기' 6개 항목이 있어서 그 편찬의 지침을 알 수가 있다. 그 6개 항목은

ㄱ. 이 글은 낱말을 모고 그 밑에 풀이를 적음.

ㄴ. 낱말 벌이 놓은 자리는 '가나……하'의 자리대로 함.

ㄷ. 뜻 같은 말의 몸이 여럿 될 때에는 다 그 소리대로 딴 자리를 두되 그 가운데에 가장 흔이 쓰이고 소리 좋은 말 밑에 풀이를 적음.

ㄹ. 몸 같은 말의 뜻이 여럿 될 때에는 다 딴 자리를 두되 제 뜻에 여러가지가 있는 것은 'ㄱㄴ……㉔㉞'의 보람을 두어 풀이함.

ㅁ. 말소리의 높고 낮은 것은 '· ··'의 보람을 두고 흔히 쓰이는 이사소리는 보람을 아니 둠.【벼슬을 갈. 논을 갈. 칼을 갈】.

ㅂ. 한문말과 다른 나라 말은 '+×'의 보람을 두어 알아보기에 쉽도록 함.【+강산江山. ×까스[gas]】.

여기서 특히 주목을 끄는 문제는 표준적인 표제항에 관한 것이다. 즉 『말모이』의 편찬자들은 "뜻 같은 말의 몸이 여럿 될 때에는 다 그 소리대로 딴 자리를 두되 그 가운데에 가장 흔이 쓰이고 소리 좋은말 밑에 풀이를 적음"을 원칙으로 하였는데, 이것이 바로 그들이 생각한 표준어였던 것이다. 주시경이나 이규영은 표준어에 대한 언급을 남긴 바 없으나, 김두봉과 권덕규는 "표준말은 이제에 쓰이는 우리말 가운대에 가장 훑히 쓰이는 말을 모아 표준잡은 것"(『깁더 조선말본』)이라든가 "표준말은 한갓 소리만 뽑아 정할 것이 아니라 소리와 규칙과 어의와 지방들의 여러 가지 관계를 참작하야 정하여야

---

21 졸고, 최초의 국어사전 말모이, 『언어』 2-1, 1982.

할 것"(『조선어문경록』)이라고 언급했던 것이다. 내용에 있어서는 같은 것이었는데, 이러한 그들의 생각이 『말모이』의 편찬에 반영된 것으로 여겨진다. 주시경 자신은 표준어에 대하여 구체적인 주장을 편 바는 없지만, 국문동식회를 조직하였다거나 국문식 한 권을 찬술하기 시작하였다거나 한 일로[22] 보아서 어문의 통일에 깊은 관심이 있었다고 할 수 있다.

'알기'에 이어서 제시된 것은 어법관계의 분류항목의 약호와 전문분야의 약호에 관한 것이었다. 앞의 것은 사전 이용자들의 편의를 위한 통사론적·형태론적인 범주와 음운론적 부류에 속하는 항목들에 관한 것들이다.

(제)	[名詞]	(입)	[名詞를 뜻바꾸게 하든지 形動을 名詞되게 하는 몸]	(깁)	[形動을 副詞되게 하는 토]
(넛)	[代名詞]	(움)	[動詞를 뜻바꾸게 하든지 名形을 動詞되게 하는 몸]	(잇)	[連續詞]
(억)	[副詞]	(업)	[形容詞를 뜻바꾸게 하든지 名動을 形容詞되게 하는 몸]	(둘)	[範圍定하는 토]
(언)	[名詞 우에 쓰는 말]	(심)	[主語되게 하는 토]	(때)	[時間 發表하는 토]
(드)	[느끼고 부르고 對答하는 소리들]	(맺)	[說明語되게 하는 토]	(높)	[尊稱하는 토]
(안)	[內動詞]	(둠)	[名代를 언되게 하는 토]	(솔)	[소리 돕는 것]
(밖)	[外動詞]	(갈)	[形動을 언되게 하는 토]	홀소리[母音]	
(엇)	[形容詞]	(손)	[名代를 副詞되게 하는 토]	닷소리[子音]	

주시경의 문법용어는 그의 『국어문법』 이후에서 보이듯이 마치 수학의 기호사용과 같이 '줄이어 쓴 말과 새로 이름하여 쓴 말로 이루어져서 그 기호와 개념과의 사이에 어떤 필연적인 관계를 맺지 않아도 좋다는 자의성 그것이 특징이었는바, 위의 어법분류의 용어도 이러한 계열에 속하는 것이다. 이들 용어 가운데서 '드, 안, 밖, 입, 움, 업, 심, 둠, 갈, 손, 깁, 둘, 솔' 등은 주시경

---

22 주시경, 『대한국어문법』, p. 21.

의 다른 책에서는 확인되지 않는 것들인데, 대명사를 나타내는 '넛'은 '대임'에 대한 새로운 용어로『조선어문법』(1913)에서 '넛임'으로 쓰였던 것이다. 김두봉의『조선말본』(1916)에서도 '제임, 넛임'이 쓰이고 이규영의『현금조선문전現今朝鮮文典』(이규영 사후에 1920년 이윤재에 의해 출판)에도 보인다. 이를 보아 '넛임'의 사용은 대체로『말모이』의 편찬시기와 일치함을 볼 수 있다. 모음과 자음에 대한 명칭인 '홀소리'와 '닷소리'도 또한 그러하다. '모음'과 'ᄌᆞ음' 그리고 '웃듬소리'와 '붙음소리' 이외에 '홀소리'와 '닷소리'가 등장하게 된 것은 역시『조선어문법』(1913)에서부터였던 것이다.

주시경의 생존시기에는 순수한 국어사전은 출판된 바가 없다. 국어에 관련된 사전들의 편찬은 조선 시대까지의 전통적인 어휘집을 제외하면 개항기에 비롯된 외국인들의 사전들이 근대적인 것들이라 하겠다. 그러나 이들 외국인들에 의하여 편찬된『노한사전』,『한불자전』,『한영·영한사전』,『나한사전』들은 모두 bilingual dictionary로서의 대역사전들이지 국어를 국어로 풀이한 monolingual dictionary로서의 국어사전은 아닌 것이다. 조선총독부의『조선어사전』(1920)도 한일대역사전인데, 다만 그 원고본인 '조선사서원고朝鮮辭書原稿'는 일본어로의 번역을 위한 국문풀이가 있다.『말모이』는 애국계몽적인 민족주의에 따라 편찬된 최초의 국어사전으로서 그 이후에 출판된 본격적인 국어사전들을 낳게 한 사전의 어머니인 것이다.[23]

5.2 주시경의 맞춤법과 그 계승

국어연구의 실천적·응용적인 면 중에 가장 대표적인 것의 하나가 국어의 표기를 위한 맞춤법이라 할 수 있다. 이미 앞에서 지적한 바와 같이 주시경의 국어연구는 국문연구로부터 시작되었던 것으로 당시의 현실적 요구에 따랐던 것이다.

---

[23] 졸고, 국어사전사 편고,『백영 정병욱선생 환갑기념논총』, 1982.

표기의 통일로 해서 의사소통을 원활히 하려는 맞춤법은 우리의 경우 주시경의 국문동식법, 조선총독부의 언문철자법(1, 2, 3회) 및 조선어학회의 한글맞춤법통일안(조선어철자법통일안)이 근대적인 것으로 손꼽을 수 있을 것이다. 이들은 다시 실천적인 면에서 각각 『말모이』, 『조선어사전』 및 『조선말 큰사전』의 편찬과 깊이 관련되어 있는 것이다. 그러나 주시경의 국문동식법은 조선총독부나 조선어학회의 그것과 같이 항목들을 갖추어 체계적으로 되어 있지 않고 부분부분으로 언급되어 있어서 그것들을 종합해서 원칙만을 알아볼 수밖에 없으며, 주시경 자신의 표기를 관찰해 보는 방법밖에 없는 것이다.

주시경의 문자체계에 대한 생각을 펼친 최초의 글은 「국문론」이다. 이 글에서 그는 우선 기음문자記音文字(말ᄒᆞᄂᆞᆫ 음ᄃᆡ로 일을 긔록ᄒᆞᅣ 표ᄒᆞᄂᆞᆫ 글ᄌᆞ)와 기사문자記事文字(무슴 말은 무슴 표라고 그려 놋ᄂᆞᆫ 글ᄌᆞ)를 구별하면서 그 장·단점을 논의하고, "죠션 글ᄌᆞ가 셰계에 뎨일 조코 학문이 잇ᄂᆞᆫ 글ᄌᆞ"로 여겨 국문만을 쓰기를 주장하고 있다. 국문을 씀에 있어서 우선 맞춤법과 관련해서 우리의 주목을 끄는 것은 '경계'에 대한 인식이다. 즉 "이것이 책이다"의 '이것이'를 '이거시'라고 쓰면 그것은 '이거-시'로 분석되어 문법으로는 대단한 실수이기 때문에, '먹[墨]으로, 손[手]에, 발[足]은, 맘[心]이, 밥[飯]을, 붓[筆]에'와 같이 이런 말의 경계들을 다 옳게 찾아 써야 하겠다는 것이다. '일홈된 말'(cf. 명사)과 '그 일홈된 말 밋헤 드러가는 토'와의 경계를 옳게 찾아 써야 한다는 것은 명사와 조사를 분석해서 양쪽에 맞도록 써야 한다는 것이다. 그 자신의 표기에서 보면

이런 말의 경계들을 다 올케 차자 써야 ᄒᆞ겠고……

와 같은 예에서 알 수 있듯이 용언의 어간과 어미와의 경계에 대한 인식은 없었던 것이다. 그의 형태론적 인식의 단계를 보여주는 셈이다. 명사와 토와의 경계를 인식한 것은 이미 15세의 일이었는바, "조희와 붓과 먹과 벼루와 칙

은 션비의 쓰는 물건이라"에서 '조희, 붓, 먹, 벼루, 칙'과 '와/과'를 인식한 것
과 유사한 형태론적 인식인 것이다. 용언어간과 어미 사이의 경계를 인식하
고 용언어간은 어미로부터 떼어서 고정적으로 표기하기를 주장하게 된 것
은『대한국어문법』에서의 일이었던 것이다. 예컨대

　　덮(覆), 좇(從), 좋(好), 깎(削), 옳(可)

과 같은 표기의 가능성을 생각하면서『훈민정음』,『훈몽자회』,『화동정음통
석』등을 고려해서 훈민정음에서의 종성부용초성을 따르고『용비어천가』
의 표기라든가『훈몽자회』에서의 독용초성獨用初聲을 비판하였다(『훈몽자
회』를 실제로 본 것은『국문연구』에서의 일이다).[24] 그리하여 'ㅅ, ㄷ, ㅌ, ㅍ,
ㅈ, ㅊ, ㅎ, ㄲ, ㄺ, ㄼ, ㄿ' 들도 받침으로 쓰일 수 있음을 예를 들어 논의하였다.
예컨대

(洗)

法	씻어도	씻으면	씻고	씻는
俗	씨서도	씨스면	씻고	씻는
	씻서도	씻스면	씻고	씻는

(信)

法	믿어도	믿으면	믿고	믿는
	미더도	미드면	밋고	밋는
俗	밋더도	밋드면	밋고	밋는
	밋어도	밋으면	밋고	밋는

(任)

法	맡아도	맡으면	맡고	맡는

---

24 이기문, 19세기말의 국문론에 대하여,『월암박성의박사 환력기념논총』, 1977.

	마타도	마트면	맛고	맛는
俗	맛하도	맛흐면	맛고	맛는
	맛타도	맛트면	맛고	맛는

등의 예들에서 보듯이 '씻어도, 믿어도, 맡아도' 들로 써야 "그 말의 원톄와 본음과 법식"에 옳다는 것이다. 이렇게 하여 '덮[覆], 엎[倒], 앞[痛], 높[高], 잎[葉], 앞[前], 옆[側]' 들의 예를 보임에서와 같이 용언어간과 명사에 대하여 같은 원리를 적용하게 되었던 것이다. 전반적인 맞춤법에 대한 그의 생각은 국문연구소에서 이룩한 『국문연구(안)』과 『국어문전음학』 이후에 어느 정도로 확립하였다. 그의 문자체계에 대한 기본적인 생각은 다음과 같다.

"國文은 國語의 影子요 國語의 寫眞이라"고 하여(『국어문전음학』) 문자체계의 바탕은 그 해당 언어에 두어야 하기 때문에, "國文의 行用을 最便케 홀 道는 國文의 本體되는 國語대로 記用홈"(『국문연구』)이라 하였다. 좀 더 구체적으로 보면 "何國語를 何國文으로 記호든지 其語의 本音으로 書호고 自然혼 音理대로 讀홈이 古今天下에 通同혼 常例"가 된 것이다(『국문연구』). 다시 말하자면 국어는 국문으로 적어야 하되 본음을 밝혀 적음을 원칙으로 한다는 것이다. 이른바 그의 자음접변의 한 예를 보면

百年, 百萬, 百里, 十年, 十萬, 十里를 讀호면 빙년 빙만 빙리 심년 심만 심리라 호되 書호기는 百의 本音 빅과 十의 本音 십을 取호여 빅년 빅만 빅리 십년 십만 십리로 記호니 此는 本音을 存호며 臨時의 音理를 隨홈이라

고 하고 있다. 이는 경계를 찾아 공시적으로 본음을 분석하고서 그것대로 고정시켜 기록하자는 맞춤법의 원칙이 된다. 이는 『대한국어문법』에서의 태도를 좀 더 구체화시킨 것이다. 그래서 주시경은 훈민정음의 종성부용초성이라는 구조적 유사성을 받아들여 'ㄷ, ㅅ, ㅈ, ㅊ, ㅋ, ㅌ, ㅍ, ㅎ(및 둘받침)' 들을 새 받침으로 사용할 것을 주장하고 있다.[25]

주시경은 문자체계를 확립하기 위해서 이전에 있었던 문자들의 채택 여부를 논의하였는바, 이 논의는 자연히 음운사론의 성격을 지니게 되는 것이다. 자음 가운데서 "ㆁ, ㆆ, ㅿ, ◇, ㅱ, ㅸ, ㆄ, ㅹ, 8자의 復用 當否"가 논의되었고, 된소리는 쌍음雙音(짝거듭소리)으로 해석하여 'ㄲ, ㄸ, ㅃ, ㅆ, ㅉ'으로 표기하도록 하였으며, 모음 가운데서는 특히 'ㆍ'에 관심을 두어 그것이 'ㅣㅡ'의 합음이라고 주장하였는데, "ㆍ는 ㅣㅡ 合音의 準備로만 實ㅎ고 實地에는 復用흠이 可ㅎ다"고 하여 음운사와 문자 채택을 구별하였다. 그의 'ㆍ'의 실제 사용은 「국문연구」나 『국어문전음학』에서는 이전의 글들에서와는 달리 'ㅎ'의 경우에만 한정되었다가 'ㆍ'가 실지에는 불용不用하다고 주장한 이후의 글들 즉 『국어문법』 이후에는 'ㅎ'마저 '하'로 바꾸었고, 『말의소리』에 이르러서는 아예 'ㆍ'에 대한 음운사적 관심마저 없애 버렸던 것이다. 김두봉의 『조선말본』에서는 'ㆍ, ㅣ'는 요사이 우리말의 소리에 도무지 쓰이지 않는다고 못박고 있다. 『말모이』에서는 고어적인 표제항과 한자어의 표제항에서만 쓰이었다.

이상의 주시경의 맞춤법에 관한 주장을 요약하면 문자체계의 확립에 따라 경계에 있어서는 본음을 위주로 표기하되 원기는 자연의 음리에 따르게 된다는 것이다. 환경에 따라 실현되는 음성실현은 임시의 음리에 의존한다는 것이다. 결국 주시경의 맞춤법은 현대언어학적인 관점에서 보면 형태소적 표기법에 가까운 것이 된다. 그러나 이는 어디까지나 주시경 자신의 분석절차에 따른 것으로, 주로 체언이든 용언이든 또는 복합어든 파생어든 어간이나 어근에 해당되는 것이다. '토' 즉 조사나 어미의 경우에는 본음적本音的인 그의 인식이 뚜렷했던 것이 아니다. 환경에 따라 그가 부수적으로 기술하고 했던 '이/가, 을/를, 은/는……, 어/아' 들에 대해서는 본음을 논하지도 않았고 나아가서 본음적 표기를 언급하지도 않았던 것이다.

---

25 주시경, 『국문연구』, "音理로 觀ㅎ면 何子音이든지 初聲으로 發흠이 有ㅎ면 終聲으로도 發ㅎ느니……"

어간의 경우에 있어서 특히 주목되는 것은 흔히 예외로 처리되어 온 불규칙활용의 경우에도 주시경은 본음적인 표기를 고려했던 것이다. 이른바 '말의 익음소리'의 예인 'ㅂ' 불규칙의 '몸'에 대해서는 '춥으면'과 같이 본음적 표기를 주장하고 있고, 'ㅅ' 불규칙의 '몸'에 대해서는 '잇~이'[連]와 같이 두 '몸'을 잡을 수 있다고 하면서도 '잇'으로 표기하고 있으며 이른바 'ㄹ' 불규칙에 대해서도 '울~우'[鳴]와 같이 두 몸을 잡을 수 있다고 하면서 본음 위주의 표기 아니면 'ㄹ'을 쓰고 다시 살짝 지워 놓은 표기를 하고 있다. 이들 불규칙들에 대해서는 끊임없는 고심을 한 듯이 보이는데(『말』의 '가볍은옷, 춥을째, 깊째' 등의 항목 및 그 주의를 참조), 『말모이』에서도 대체로 '어렵은, 무섭은 ……, 짓은, 잇으며……, 만들은, 베풀는……' 들과 같이 본음 위주의 표기를 하고 있다. 그러나 'ㄷ' 불규칙의 경우에 대해서는 『말의소리』에서까지도 아무런 언급이 없는데 『말모이』에서는 '깨닷, 깨닷아, 깨달을'에서처럼 'ㅅ' 받침과 임시의 음을 넘나드는 혼선을 빚고 있다. 『말모이』에서는 그 밖에 '가르어, 두르어, 모르어' 들이나 '고치어, 내리어, 느끼어' 들에서처럼 역시 본음 위주의 표기를 지향하고 있다. '토'의 경우에 있어서도 '츩실으로, 코일으로, 길으로' 들의 표기가 간혹 보여 본음 위주의 표기를 의식하기도 한다.

그 밖에 주시경의 어문정리에 대한 노력은 『훈몽자회』를 재간하였음에서도 볼 수 있고 또한 『해동가요』의 '시문是文이 자모반절子母反切에 불상不詳ᄒ야 주시경이 검열교정檢閱較正했었음에서도 볼 수 있다.[26]

요컨대 주시경의 맞춤법은 본음 위주의 표기였는바, 특히 '몸'에 대해서 그러했다고 할 수 있다. 지극히 분석적이었던 주시경으로서는 복합어나 파생어의 경우에 있어서도 '감앟게, 팔앟은, 곱우장하고, 집웅, 비듦이, 낱낱이, 갈앟게' 들에서처럼 본음 위주의 표기를 하려는 경향을 보였던 것이다.

주시경의 맞춤법 즉 국문동식법은 조선총독부의 『언문철자법』 제3회 안에 반영되었고, 다시 조선어학회의 『한글맞춤법통일안』의 기본정신이 되어

---

26 권두환, 김수장연구, 『국문학연구』 20, 1973.

현재의 우리 맞춤법 생활에 이르고 있는 것이다.[27]

6. 결론: 주시경 학문의 역사적 의의

주시경은 애국계몽적인, 특히 어문을 바탕으로 했던 민족주의자로서, 음학과 문법을 연구했던 순수한 국어학자이면서 또한 문자체계의 확립을 위해 문자론을 연구했던 실천적인 국어학자이기도 하다. 순수하든 응용적이든 그의 국어연구는 국성國性인 언어의 연구이기 때문에 결과적으로 국가·민족·사회의 발전 및 독립을 이룰 수 있는 바탕이 된다는 것이었다.

그는 「국문론」에서 문자와 언어를 분명히 구별하였는데, 그의 일차적인 연구목표가 문자체계의 확립이라는 현실적인 문제의 해결에 있었기 때문에, 국음을 따라 국문을 새로 지은 훈민정음의 정신에 맞추어서 "國文의 發音은 곳 國語의 發音이요 國音의 發音은 我國特性의 發音"이라고 생각하였다. 훈민정음을 비롯한 이전의 문자들을 연구하면서 새로운 문자체계를 확립하려 한 이유가 바로 여기에 있었던 것이다. 그리하여 그는 자연히 문자 중심의 음학에 관심을 두게 되어 결과적으로는 음운사까지 다루게 되었던 것이며, 그 대표적인 주제가 바로 '아래아'였던 것이다. 이와 같이 음학에 깊은 관심을 두다가 차츰 문법의 연구에도 정열을 기울이기도 하였는데, 음학에서 얻은 그 자신의 방법인 '분합'의 절차 즉 '원소의 설정과 그 원소에 의한 분석'을 문법의 연구에도 그대로 적용시킴으로써 결국 그의 국어학은 독창적이면서도 체계적인 것이 되었다. 음학과 문법 사이에 놓여질 수 있는 형태음소론적인 문제들에 대한 기술은 대체로 '몸'과 '토'로 나뉘어 음학과 문법론으로 들어가 있는바, 이는 국어학연구의 역사 속에서 보면 최초의 기술이기도 한 것이다. 주시경 국어학의 틀은 크게 보아 서구적인 것이었으나, 그 이론

---

27 졸고, 국어사전사 편고, 『백영 정병욱선생 환갑기념논총』, 1982.

과 방법은 당시의 서구적인 틀과 다른 주시경 자신의 것이었다.

유감스럽게도 주시경의 독창적이기도 하고 체계적이기도 한 이 국어학 연구는 학파를 이룰 만큼 계승·발전되지 못했다. 부분적으로는 주시경의 분합방법이 김두봉, 이규영, 김윤경 들과 같은 그의 제자들에 의해서 계승되기도 하였으나, 보다 더 서구적인 언어학의 이론과 방법 및 체계에 더욱 가까워짐으로 해서 주시경 국어학의 전반적인 계승이나 발전이 이루어지지 못했던 것이다. 음학의 경우를 보면 주시경의 가장 직접적인 제자인 김두봉은 생리학에 깊은 관심을 보이면서 철저히 서구적인 생리음성학에 기반을 두었던 것이다. 당시의 서구지향적인 경향은 외래문화의 수용이라는 개화적인 매력에 끌린 것이었는바, 주시경의 직접적인 제자들까지도 주시경의 이 독창적이고도 분석적·체계적인 국어학을 계승·발전시키지 않고서 당시의 서구적인 일반적 문법체계와 서술방법을 따름으로써 결국 주시경 학파를 형성하지 못했고 그 전통을 살리지 못했던 것이다. 이는 비단 주시경의 제자들에 한정되는 것은 아니다. 현재까지도 국어학연구에 있어서 진정한 의미의 학파가 형성되지 못하고 새로운 외래이론의 유행에 이끌려 온 것이 사실이다. 그리하여 최근에 쓰여진 국어학연구사들이 일반언어학의 역사를 서술한 것과 같은 궤도를 달리고 있는 결과가 될 수밖에 없는 것이다. 1970년대 이후로 주시경에 대한 관심이 높아진 것은 물밀듯이 몰려오는 외래이론을 반성하고 수용하려는 모방의 극복이라는 점에서 보면 진정한 국어학 내지는 언어학을 위해서 다행스러운 일이라 할 수 있다. 그러나 주시경에 대한 새로운 평가에 있어서도 최근의 차원 높은 언어이론에 초점을 맞추려 한다면 그것은 더욱 슬픈 일이 아닐 수 없다. 주시경의 어떤 개념이 서구의 어떤 개념보다 수십 년 앞선 것이었다든가 또는 주시경의 어떤 개념은 구조주의의 어떤 개념에 해당되고 어떤 것은 변형생성이론의 어떤 개념에 해당된다든가 하는 식의 단순한 평가라면 그것도 마찬가지인 것이다. 주시경 자신이 인식한 개념의 일부가 현대언어학의 어떤 것에 가깝다고 평가되어서 주시경의 국어학이 위대한 것은 아니다.

주시경의 학문이 역사적 의의를 지닐 수 있다면, 그것은 그의 학문적인 독창성과 체계성 및 논리성에 있는 것이며 학문적인 발전을 위한 끊임없는 학문적 노력에 있는 것이다. 만일 부분적인 개념의 인식이 현대의 어떤 것에 이미 도달했다고 평가되어서 역사적 의의를 부여한다면, 반대로 그의 부분적인 서술이 현대의 관점에서 통렬히 비판된다고 평가될 수도 있어서, 국어연구의 역사에서 언급조차 될 필요가 없다고 하는 것과 크게는 다를 바가 없는 것이다. 당시의 상황과 수준 속에서 그가 진정 국어를 관찰하려 했고, 국어를 연구하는 방법을 체계화시켰고, 국어와 그 연구를 아꼈던 그런 점들을 종합평가하여, 비로소 주시경이 국어연구사에 있어서 높은 자리를 차지할 수 있고 나아가서 앞으로의 학문연구에 직접 간접으로 이바지할 수 있는 점이 밝혀져야 할 것이다. 이 글은 이러한 각도에 초점을 맞추려고 한 것이다. 다만 외지에서의 자료의 제약 때문에 충분한 서술이 되지 못하였다.

출처: 김완진·안병희·이병근 공저, 『국어연구의 발자취 (1)』, 서울대학교 출판부, 1985.
붙임: 근대 한국어 연구를 했던 몇몇 어학자들에 대한 평전 형식으로 편집된 이 책은 〈국어연구의 발자취〉라 해 김완진 교수가 기획했던 것인데, 필자에게 배당된 어학자는 주시경과 G. J. 람스테트였다. 김완진 교수 자신은 양주동과 박승빈을 맡고 안병희 교수는 최현배를 집필했는데, 오구라 신페이도 맡기로 했었다가 논의 과정에서 일인 학자는 제외하였다. 원고를 쓸 무렵 필자는 파리 7대학 동양학부 한국학과의 연합교수로 2년간 파견되었을 때라 충분한 자료를 접하지 못하고 열악한 분위기에서 썼기에 아쉬운 부분과 잘못 이해한 부분이 더러 있다. 다음 논문에서 생각을 부분적으로 바꾸어 새로이 논의하였다. 서울대학교 출판부 대학교양총서 17로 간행되었다.

주시경의 논저 목록

국문론(1897), 독립신문 2권 47 · 8호, 2권 114 · 5호.

국어문법(1898), 고본(미발견).

국문문법(1905), 유만겸의 필기장(김민수의 『주시경연구』에 실려 있음).

국문(1906), 가뎡잡지 1년 3 · 5호.

대한국어문법(1906), 이기문, 주시경전집(하)에 실려 있음.

월남망국ᄉ(1907), 박문셔관.

국어와 국문의 필요(1907), 서우 2호.

필상자국문언(1907), 황성신문 2442 · 7.

국문연구안(1907~1908), 이기문, 주시경전집(상) 및 『아세아연구』 63 · 64에 실려 있음.

국어문전음학(1908), 박문서관.

한자초습(1908)

국문연구(1909), 이기문, 주시경전집(상)에 실려 있음.

국문초학(1909), 박문서관.

고등국어문전(1909?), 국립도서관에 있음.

국어문법(1910), 박문서관.

한나라말(1910), 보중친목회보 1호.

조선어문법(1911), 신구서림.

말모이(사전, 1911?~), 조선광문회에서 공동편찬.

소리갈(1912?), 영남대도서관 소장(최명옥, 1979 참조).

말의 소리(1914), 신문관.

신자전(1915), 신문관(조선선문회 편으로 주시경 · 김두봉이 훈역을 담당).

참고 문헌

고영근(1979), 주시경의 문법이론, 『한국학보』 17.

고영근(1982), 주시경의 문법이론에 대한 형태 · 통사적 접근, 『국어학』 11.

권덕규(1914), 주시경선생역사, 『청춘』 1.

김두봉(1916), 『조선말본』, 신문관.

김두봉(1923),『깁더조선말본』, 상해: 새글집.

김민수(1977),『주시경연구』, 탑출판사.

김민수(1980), 이규영의 문법연구,『한국학보』19.

김석득(1979),『주시경문법론』, 형설출판사.

김세한(1974),『주시경전』, 정음사.

김윤경(1938),『조선문자급어학사』, 조선기념도서출판관.

김윤경(1948),『나라말본』, 동명사.

김윤경(1960), 주시경선생 전기,『한글』126.

박지홍·허웅(1980),『주시경선생의 생애와 학문』, 과학사.

신용하(1973),『독립협회의 사회사상연구』, 한국문화연구소.

신용하(1977) 주시경의 애국계몽사상,『한국사회학연구』(서울대) 1.

이기문(1970),『개화기의 국문연구』, 일조각.

이기문(1976), 주시경의 학문에 대한 새로운 이해,『한국학보』5.

이기문(1977), 19세기말의 국문론에 대하여,『월암박성의박사 환력기념논총』.

이기문(1981), 한힌샘의 언어 및 문자이론,『어학연구』(서울대) 17-2.

이기문·이병근(1979), 주시경의 학문을 다시 생각한다,『한국학보』16.

이병근(1977), 최초의 국어사전「말모이」,『언어』2-1.

이병근(1978), 애국계몽주의시대의 국어관,『한국학보』12.

이병근(1979), 주시경의 언어이론과 늣씨,『국어학』8.

이병근(1980),「말의소리」에서「조선말본」으로,『연암현평효박사회갑기념논총』,
　　　　　형설출판사.

이병근(1982), 국어사전사 편고,『백영 정병욱선생 환갑기념논총』, 신구문화사.

최명옥(1977), 주시경의「소리갈」에 대하여,『진단학보』44.

허　웅(1971), 주시경 선생의 학문,『동방학지』(연세대) 12.

주시경의 언어이론과 '늣씨'

1. 서론

'임'이란 문법 용어는 한힌샘(주시경)에게 있어서 체언을 뜻하는 것이었는 바, 그 명명은 '이름'의 '이'와 'ㅁ'을 자의적으로 떼어내어 합성한 조작에 의해 이루어진 것이었다(『국어문법』 p. 29, 『조선어문법』 1911, p. 29; 1913, p. 30). 이 '임'은 "主와 한 뜻"으로, 문법적 기능을 보이는 단위로서, 한힌샘에게 있어서의 이에 대한 정의는

> 여러 가지 몬과 일을 이름하는 씨를 다 이름이라

와 같이 주어짐으로써, 결과적으로는 자의적 조작에 의하여 이루어진 '임'이란 명칭은 그 조작의 뿌리가 되었던 '이름'의 어휘적 의미와는 직접적인 개념 관계를 지니지 못하게 되었다. "줄이어 쓴 말"과 "새로 이름하여 쓴 말"은 바로 명칭과 지시개념 사이의 자의적인 관계를 말해 주는 단적인 증거라 할 수 있다. 여기서 자의적인 관계란 학술용어에 대한 것이기 때문에 metalingual한 차원에서임은 물론이다. 명칭과 개념 사이에 필연적인 관계가 성립되지 않는다면, 그 명칭이 지시하는 개념에 대하여 어떤 정의가 주어져야 함도 말할

것 없다. 그리하여 한힌샘은 그의 학술용어들의 명명과 그 정의에 늘 깊은 관심을 보이고는 했던 것이다.

右에 기에 갈래 九個 名稱은 國語로 作함이니 或은 줄임이요 或은 定함이라 漢字로 作하면 그 文字의 義로만 解得하랴고 하는 習慣이 有하며 그 定義를 言하지 안이하면 誤解하기 易하니 國語로 定하기보다 未便하며 近日 日本과 支那에서 漢字로 文法에 用하는 名稱이 有하나 其中에 本事實에 相左함과 不足함과 國語에 不適함이 有한 故로 如一하게 하노라고 國語로 作하거니와 如何하든지 國語에 國語를 用함이 可하지 안이하리요 이러함으로 以下에도 如此함이 有하니라

『국어문법』, p. 35

이미 이기문(1976b, p. 54)에서 지적된 바와 같이 명명과 개념 사이의 자의성, 그에 요청되는 정의는 그가 수학했던 수학이나 자연과학으로부터 비롯된 발상이었다.

다만, "國語에 國語를 用함"이 가하다고 한 것은 수학이나 자연과학에서의 명명법을 논리적인 바탕으로 삼고서 여기에 그의 민족주의적인 애국계몽사상이 덧붙여 작용된 것으로 이해된다. 한자식의 용어를 차츰 '국어'(고유어, '말')로 바꾸어 나갔던 한힌샘이 그의『조선어문법』(1912/1913, p. 37)에서 국어('말')로 바꾸는 이유를 계몽적인 교육에 두고 있음을 볼 수 있다.

……其中에 本 事實에 相左함과 不足함과 國語에 不適함이 有한 故로 如一하게 하노라고 말로 作하거니와 如何하든지 말을 배홈에 말을 用함이 可하지 안이하리오 이러함으로 以下에도 如此함이 有하니라

이리하여 한힌샘은 씨난갈에서 '임, 엇, 움, 겻, ……' 등의 갈래와 그에 대한 각각의 정의를 우선 제시하였으며, 짬듬갈에서도 '짬, 듬, 갈, 말, 씨, 다, ……'

등의 독특한 용어들과 그에 대한 각각의 정의를 제시하여 일관된 모습을 보여준다. 그의 마지막 저작으로 알려져 있는 『말의 소리』(1914)에서도 여전히 같은 서술방식이 지켜지고 있어서, **고나**는

말의 소리의 늣이니 입의 짓으로 소리가 다르게 됨을 이름이니라

라고 정의하고서 **우리고나**는

ㅏ ㅓ ㅗ ㅜ ㅡ ㅣ ㄱ ㄴ ㄷ ㄹ ㅁ ㅂ ㅅ ㅇ ㅈ ㅎ 니라

와 같이 보기들도 들고 있다. 그런데 바로 이 책의 부록 가운데의 하나인 「씨난의 틀」에 아무런 정의도 부여하지 않고서 느닷없이 "늣씨"란 새로운 용어를 등장시키고 있다. 그리하여 이의 언어학적 의의를 탐색하려는 시도가 진작부터 있었으며(김민수 1961), 최근까지도 이에 대한 관심은 여전히 계속되어 왔다(이기문 1976a, b). 김(1961)에서는 '늣씨'를 일반언어학에서의 형태소(morpheme, cf. 어소)와 일치하는 것으로 보고서(p. 48), L. Bloomfield의 *Language* (1933)보다 20년이나 앞섰다고 언급하였다. 이에 대하여 이기문(1976 a, b)에서는 음학적 연구방법과 문법학적 연구방법 사이에의 평행성을 전제하고서 '늣'은 최소단위이고 '늣씨'는 형태(morph)에 유사한 개념이라 보아, 한힌샘의 문법에서는 형태소의 개념이 아직 나타나지 않았다고 하였다. 필자 자신도 최근의 졸고들(1977, p. 80 및 1978, p. 190)에서 '늣'이란 '합성의 기본단위(구성요소)'이고 '늣씨'가 형태소일 수 없다는 견해를 제시한 바 있다. 그런데 졸고들은 '늣씨'를 깊이 검토해야 할 자리가 아니었기 때문에 이에 대한 충분한 논의가 이루어지지 못하였었다. 본고는 바로 이 '늣씨'의 문법적 의미를 되씹어 보려는데 그 궁극적인 목표가 있는바, 그것은 한힌샘의 언어이론에 대한 체계적인 이해를 전제로 하였을 때만 가능한 것이다. 그리하여 본고에서 필자는 한힌샘의 문법체계(국문의 소리, 씨난갈, 짬듬갈 및 씨몸박굼)의 서술 속에서 그

의 언어이론을 이해하고서 '늣씨'의 주시경적인 개념을 파악하고자 한다.

2. 음학에서의 원소와 그 합성

한힌샘은 국어연구사에 있어서 예나 이제나 가장 깊은 관심의 자리에 있다. 그것은 단순히 학술용어의 특이성이라든가 그의 민족주의 때문에서라기보다는 역사적 위치 때문에서라고 해야 할 것이다. 그의 국어연구는 체계적인 독창성을 지니고 후학들에게 많은 영향을 미친 것이 사실이다. 그리하여 연구사적 관점에서 그의 저작들은 흔히 계승과 비판의 자리에 서게 되곤 했던 것이다(cf. 허웅 1971, 김석득 1975).

한힌샘의 언어연구방법은 극히 체계적이면서 철저히 분석적이다. 이 말은 곧 그가 세운 국어학의 하위체계들 즉, 음학 기(씨)난갈 짬듬갈 (및 씨몸박굼)의 기술을 위하여 평행적인 분석방법을 적용하고 있음을 뜻한다. 그러기에 그의 문법용어의 개념은 이러한 그의 문법체계 속에서 이해되어야 하지, 어느 하나의 용어가 고립적으로나 부분적으로 이해되어서는 안되는 것이다. 필자가 본고에서 그의 문법체계와 관련시켜 '늣씨'의 문법적 의미를 밝히려는 것도 바로 이와 같은 사정 때문에서인 것이다.

한힌샘의 문법이론이 지극히 분석적인 방법에 의존하여 있다 하면, 우리는 우선적으로 각 레벨의 분석단위를 이해해야 할 것이다. 그런데 한힌샘의 분석방법은 이미 지적되었던 바와 같이(이기문 1976b, 졸고 1978) 각 레벨에 필요한 기본단위를 원소적으로 설정하고 이들의 복합은 원소의 합성에 의하여 처리하고 있는 것이다. 그리고 그의 원소적인 기본단위들은 상당히 추상적인 차원의 것들이다.

음학에 있어서는 순일한 음 즉 '홋소리'(단음)를 기본적인 원소로 설정하여 이들 홋소리들의 합성에 의하여 합음合音된 '거듭소리'를 이해한다. 『대한국어문법』에서 보면 다음과 같다.

ㅏ ㅓ ㅗㅜㅡㅣ 이 여섯 ㅈ는 다시 난홀 수 업는 슌일흔 모음인듸 이것이
국문 모든 모음의 근본이요 또 가이 텬디간 ㅈ직흔 모든 모음 분별의 근본이
되느니라(p. 45f)……우리 글의 모음의 원소 原素는 ㅏ ㅓ ㅗㅜㅡ ㅣ 이 여섯
ㅈ쓴이라(p. 50)

ㄱ ㆁ ㄷ ㄴ ㅂ ㅁ ㅅ ㅈ ㅎ ㄹ 이 열 ㅈ는 청음이니 다시 난홀 수 업시 純一
흔 單音이라 이 열 ㅈ가 모든 국문 子音의 근본이니라

즉, 더 이상 나눌 수 없는 원소로서의 단음(홋소리)이 자모음의 근본이 된다
는 것이고, 겹소리(거듭소리, 합음)들

ㅑ ㅕ ㅛㅠ(·) ㅐ ㅔ ㅚㅟㅢ
ㅘ ㅙ ㅞ
ㅋ ㅊ ㅌ ㅍ (ㅎ)

등은 홋소리들의 합성으로 "ㅑ는 ㅣㅏ의 合音(겹)이오"라든가 "ㅋ는 ㄱ의 濁
音이니 ㄱㅎ나 ㅎㄱ의 混合흔 音인듸……"와 같이 설명되어 있는바, 그 논거
는(『국어문법』 p. 2)

그리엇다를 흔이 그렷다라 ㅎ니 ㅇ은 有若無함으로 ㅣㅓ가 ㅕ가 되엇나
니라 각하를 連發함이 가카와 同하고 정하고를 흔이 줄이어 정ㅎ고 곳 정코
라 함

과 같이 형태소(또는 단어)경계에서의 음운현상에 바탕을 두고 있다. 말하
자면 형태소경계 혹은 단어경계에서의 음운교체 음운축약 등에 초점을 두
고서 음운분석을 일반화시키고 있는 추상적인 서술을 취하고 있는 것이다.
그런데 이러한 추상적 분석은 『대한국어문법』과 같은 초기의 저작들에서는

다행히도 형태음소론적 교체의 경우에 적용하지는 않았었다(p. 35). '임'에 대하여

法	맡아도	맡으면	맡고	맡는
	마타도	마트면	맛고	맛는

俗	맛하도	맛흐면	맛고	맛는
	맛타도	맛트면	맛고	맛는

위에서 법法의 '맡'은 "어음과 본테와 법식 連讀音"이 다 옳다고 정당한 평가를 내림으로써 'ㅌ'을 그의 원소와 그 합성이라는 서술방법과는 달리 'ㄷㅎ' 또는 'ㅎㄷ'의 합음으로 재음소화하지 아니하였으며, 'ㅌ' 자체를 본음(cf. underlying segment)으로 삼고 있다. 이렇게 보면 그의 본음은 추상적인 음소적 원소의 차원과는 구별되어야 하는 중간적 차원의 개념으로 이해가 되어야만 할 것이다.[1] 그렇다면 음학적인 관점에서 보아 한힌샘은 형태음소론적 교체의 기술에 전제가 되어야 하는 형태소의 개념에 도달하였을까?

　한힌샘의 마지막 저작인『말의 소리』는 분석의 극치를 보여 주는 것으로 평가되고 있다(이기문 1976b, 김민수 1977, p. 115). 그것은 그가 행한 문법적 분석단위들이 독특한 부호들에 의하여 표시되어 있는 사실에 흔히 근거를 두고 하는 말이다. 음학에 관한 이『말의 소리』에서는 형태음소론적 교체에 대해서도 철저한 음학적 원소분석을 꾀하고 있는 듯하다. "ㅌ와 ㄷ를 굿소리로 두로 씀"의 한 예로서 '맡으면'과 '맏고'에서의 '맡'과 '맏'을 들고 있는데, 이에 대하여

---

1 홋소리(단음)와 거듭소리(합음)와의 구별은 본음 및 임시의 음과의 구별과는 일치하는 것이 아닌 듯하다. 전자는 원소적 분석을 위한 개념이고 후자는 표기를 위한 개념이다. 후술할 바와 같이『국어문법』이후『말의 소리』에 이르면 본음과 임시의 음이란 표현은 찾아볼 수가 없다.

이 **맡**의 다위는 홀소리의 우에 쓰는 것이오 **맏**의 다위는 닷소리의 우에 쓰
는 것이라 할 만하니라 이런 다위도 그 몸을 **맡**과 **맏**의 두 가지로 잡을 수가 잇
는 것이라 할 만하니라

라고 언급하고 있는 것을 보아 형태소의 설정을 위한 기저형에는 직접적인
관심을 보여 주고 있지는 않다. 두 개의 형태 '맡'과 '맏'이 실현되는 환경에
주의를 기울이면서 본음적인 것으로 풀이하지 않은 대신에, '맡고'를 '많고'
로 재분할하고서는 여기서의 'ㅎ'이 자음 위에서 "말의 익음으로 나이지 아
니한다 하여야 할 것이라"라고 주장하고 있다(p. 33). '높고'가 '놓고'로 재음소
화되고 있음은 물론이다(p. 34). 말하자면 'ㅌ, ㅍ' 등을 'ㄷㅎ(ㅎㄷ), ㅂㅎ(ㅎㅂ)' 등으로
재음소화하고서 /맡+고/에서의 'ㅌ→ㄷ/__+C'를 중화 또는 미파화 등의 개념
에 의하여 설명하지 않고 'ㅎ'탈락으로 설명하고 있는 것이다. 이 형태음소
론적 서술 즉, 음운규칙에 의한 설명에서의 재음소화가 '토, 팔'의 'ㅌ, ㅍ' 등
까지도 'ㄷㅎ(ㅎㄷ), ㅂㅎ(ㅎㅂ)' 등으로 분석할 수 있는 합리적인 근거를 제공할 수
있을까? 요컨대, 한힌샘은 자음의 원소로서 설정한 음학의 기본단위인 '홋소
리'들로써 형태음소론적인 현상들까지도 철저한 분석에 의하여 설명하려는
지극히 추상적인 언어분석이론을 일관되게 지니고 있었던 것이다.

3. 씨난갈의 분석단위 '씨'

한힌샘의 원소와 그 합성에 바탕을 둔 분석이론은 이미 이기문(1977, p. 57)
에서 지적하고 있는 바와 같이 문법적인 면에서도 일관되어 평행적으로 나
타난다. 즉 씨난갈 및 씨몸박굼에서는 '씨'를 기본단위로 설정하고서 분류된
각각의 씨들에 대하여 정의를 내렸고, 그 씨들의 분류('갈애')를 꾀하였으며,
나아가서는 이 기본단위로서의 씨를 바탕으로 조어론적인 합성과정을 문법
적으로 설명하였다. 여기서 '씨'는 『국어문법』에서는 '기'로 불리었던 것으로서

씨(기)는 낮 말을 이르는 것으로 씀이니 여러 가지 몬이나 일을 따르어 이
르는 말을 저마다 부르는 이름으로 씀이라

라고 풀이하고 있는바, 이에 대한 보기를 통해 알 수 있는 바와 같이 현대언
어학에서의 단어와는 개념에 있어서 일치하는 것이 아니다.

우리 나라가 곱다 하면 우리와 나라와 가와 곱과 다가 모도 다섯 씨니라

『조선어문법』(1913)에 이르기까지 씨를 분류한 각각의 '갈애'는 '임, 엇, 움,
겻, 잇, 언, 억, 놀, 끗' 들인데, 이들 가운데는 임(여러 가지 몬과 일을 이름하
는 씨를 다 이름이라)이나, 움(여러 가지 움즉임을 이르는 씨를 다 이름이
라), 놀(놀나거나 늣기어 나는 소리를 이르는 씨를 이름이라) 등과 같이 어휘
의미론적으로 정의한 것도 있고, 겻(임씨의 만이나 움씨의 자리를 이르는 여
러 가지 씨를 다 이름이라), 잇(한 말이 한 말에 잇어지게 함을 이르는 여러
가지 씨를 다 이름이라), 끗(한 말을 다 맞게 함을 이르는 여러 가지 씨를 다
이름이라) 등과 같이 문법적 기능을 바탕으로 하여 정의한 것들도 있어 각
씨의 정의에 있어서 일관성을 잃고는 있다. 「씨갈애의 난틀」에서 보여주는
씨의 하위분류에 있어서도 마찬가지로 일관성이 결여되어 있다(후술 참조).
　「씨난갈」에서의 씨의 분류와 정의들에 이어서 제시된 '보기'와 '씨난익힘'
을 검토해 보면 문법적 기능이 상당히 강하게 바탕을 이룬 점이 있음을 알 수
있다. 문법적 기능을 고려하여 분류한 경우를 몇몇 지적하여 보면 다음과 같다.

　　i) 임: '사람, 사랑' 등의 명사('제임')는 물론 '나, 너, 한아, 둘, 얼마, 여기' 등의
　　　대명사('대임'→'넛임') 및 수사들이 이에 분류된 점.
　　ii) 언: '이, 저, 그, 한, 두' 등과 같은 이른바 관형사들과 '큰, 적은, 착한' 등의
　　　용언의 관형사형들이 이에 분류된 점.
　　iii) 억: '다, 잘, 이리, 매우' 등의 부사들은 물론 '착하게, 크게, 곱게' 등의 일부

의 부사형 용언들까지 이에 포함시키고 있는 점.

그러나 이와 같이 표면적이기는 하나 통사론적 기능을 고려하여 씨를 서술한 점도 있으나, 그 분류의 기준이 "각 낫 씨의 바탕(성질性質과 한가지의 뜻으로 씀이라)"에 두어져 모호성을 보여주고 있듯이 이해하기 어려운 점들도 보이곤 한다.

ⅰ) 엇씨와 움씨가 서술용언의 어간에만 국한되어 있고 나머지의 경우에는 더 이상 분석하지 않고서 묶어 언씨나 억씨로 분류한 점(후술할 바와 같이「짬듬갈」에서 이의 미비점들이 극복되는데, 이들 언씨나 억씨도 '속뜻'으로는 서술적인 구실을 한다고 하였음).

<u>젉은</u> <u>아기</u>가 젓을 먹고 자오
언　　임 겻 임겻 움잇 움 끗
<u>뜻</u>의 <u>있는</u> <u>사람</u>은 일을 <u>일우</u>오
임겻　언　임 겻 임겻　움 끗
<u>뜰</u>을 <u>젉하게</u> <u>씰</u>어라
임겻　억　움 끗

ⅱ) 언씨와 억씨에 형용사의 관형사형과 부사형들은 보기로 포함시키면서 동사의 그것들은 포함시키지 않은 점(이는 「씨갈애의 난틀」에서 극복됨).

큰, 적은, 엇더한, 이른, 착한, 좋은
천천하게, 곱게, 크게, 착하게

ⅲ) 잇씨의 '-고, -아/어' 등과 구별하여 '-게' 계통의 부사형들을 억씨로 일률적으로 분류한 점.

여기서 덧붙여 언급해야 할 점은 한힌샘의 「씨난갈」에서도 형태소의 언어학적인 인식이 끝내 확립되지 못했다는 사실이다. 「씨난틀」의 보기에는

가, 이	면(서), 으면(서), 이면(서)
와, 과	나, 으나, 이나
냐, 이냐	아(서), 어(서)
다, 이다	아라, 어라

들이 포함되어 있는바, 결국 형태(morph)가 중심이 되어 형태소 중심의 분류가 무시되어 버렸다. '면, 으면, 이면'이라든가 '나, 으나, 이나' 등의 등록된 씨의 보기를 보면 '면'이 '으면, 이면'에 '나'가 '으나, 이나'에 동시에 관련되게 한 결과, 한힌샘에게 있어서의 형태소의 철저한 이해를 「씨난갈」에서는 역시 찾을 수가 없게 된다.

「씨난갈」의 구체적인 내용은 씨의 하위분류에 관계되는 「씨갈애의 난틀」에서 볼 수 있는데, 「씨난갈」에서와 마찬가지로 경우에 따라 의미상으로, 경우에 따라서는 문법적으로 분류함으로써 역시 기준상의 일관성을 잃고 있다. 또한 이 난틀이 「짬듬갈」에 이어서 논의되었기 때문에 「씨난갈」과 정연하게는 일치하지 않는 내용이 상당하게 되었다. "나의 칼"은 「씨난갈」에서는 '임+겻+임'으로 풀이되어야 할 것이나, 「씨갈애의 난틀」에서는 '나의'를 더 이상 분석하지 않고서 '칼'의 언씨로 영속격領屬格이 된다고 하였고(『조선어문법』, 1913, p. 100), '둘에, 둘에서, 둘에는, 둘에야, 둘에도, 둘엔들……' 들은 '임+겻'으로 풀이되어야 할 것인데 난틀에서는 '둘'까지 포함시켜 더 이상 분석하지 않고서 '억씨'로 수량이나 도수를 뜻한다고 하였다(p. 101).[2] 이러한 불일치

---

2 "임씨에 겻씨가 더하여 억씨로 쓰이는 것은 그 가래를 몬 일 두 가지로만 난호앗으나 곱게 난호랴면 겻씨의 난틀과 견주어 풀어야 알기가 어렵지 안이하리라"에서 보면 「짬듬갈」에서의 통사론적 기능을 고려한 것 같다. 또 "에게는 에와 한 가지나 게가 더함은 특별하게 움몬을 다르게 하는 것이라"에서 보면 「씨갈애의 난틀」에서는 「씨난갈」이나 「짬듬갈」

는 아마도 「짬듬갈」에서의 통사론적 기능을 고려하게 된 결과일 듯한데, 분석단위상의 혼동은 아직 형태소의 개념이 철저히 확립되지 못한 사실을 뜻하는 것이기도 하다. 오직 그 자신의 '씨'가 중심단위일 뿐이다. 그러나 때로 한힌샘은 형태소와 그 이형태를 어느 정도로는 인식한 듯이 보인 경우도 없지 않다. 주격조사 '-이/가'에 대하여는

임홋만 겻씨는 가와 이뿐이오 그 뜻은 한가지니 가는 홀소리 알에 쓰는 것이오 이는 닷소리 알에 쓰이는 것이라(p. 84)

라 하였고,[3] 또 대격조사 '-을/를'에 대하여는

쓸홋만 겻씨는 를과 을뿐이오 그 뜻은 한가지니 를은 홀소리 알에 쓰는 것이오 을은 닷소리 알에 쓰는 것이라(p. 84)

하고 있다. 이들은 음운론적 조건에 의한 이형태들에 대한 관심처럼 보이는 듯한데, 이러한 따위의 예들을 묶어 보면 다음과 같다.

홀소리 알에: (겻) 가 를 로 는
        (잇) 와 면 ㄴ대 니
        (끗) 오
닷소리 알에: (겻) 이 을 으로 은
        (잇) 과 으면 이면 인대 은대 으니 이니
        (끗) 으오

에서와는 달리 움몬(cf. [+animate])에 의한 겻씨의 실현제약까지 설명하고 있음을 알 수 있다.

3 "가와 이는 다 한가지로 임이빗이 되는 것인대 가는 홀소리의 알에 쓰이고 이는 닷소리의 알에 쓰이나니라"(p. 51)

홀소리든지 닷소리 알에: (겻) 도 에

(잇) 는대 다가 고

(끗) 더라

그러나 형태소의 설정에 요구되는 기저형(또는 기본형)의 개념에 도달한 것은 아니다. 조어론이라 할 만한 「씨몸박굼」에서 파생명사 또는 동명사의 접미사 {음}의 이형태들 '음~ㅁ'에 대해서 '엇믯임'인 '힘, 검음'을 예로 들고서

홀소리가 끗진 엇씨에는 ㅁ만 더하여 임몸으로 박구고 닷소리가 끗진 엇씨에는 음을 더하여 임몸으로 박구니……(p. 114)

라 하여 음운론적 조건을 제시하는가 보이지만 그 소리의 박구어짐에 대해서는

닷소리가 끗진 알에도 ㅁ만 더하지 안이하고 ㅁ 우에 으를 더하여 그 소리가 박구어짐이 잇음을 막고자함이니 두 닷소리 사이에 홀소리가 들어가면 그 닷소리가 따로 나는 까닭이라(p. 114)

라 하여 엇씨를 임씨로 바꾸는 「씨몸박굼」에 쓰이는 것은 '음'이 아니라 'ㅁ'만인데, 다만 자음 아래에서는 그 자음이 「닷소리 잇어 박구임」을 경험치 않도록 '으'를 삽입한다는 이른바 매개모음설을 세우고 있다. 이러한 주장은 결국 '검음'을 '검, 으, ㅁ'으로 분석하게 하여 '검음' 세 개의 구성요소로 「씨몸박굼」한 씨가 되었다. 이러한 분석방법은 『말의 소리』에까지 적용되어, '검ᆞ으ᆞㅁ'과 같이 세 개의 '늦씨'로 구성된 '꾸민씨'로 보게 되었고, '힘'은 '히ᆞㅁ'과 같이 두 개의 '늦씨'로 구성된 '꾸민씨'로 보게 되었다.

요컨대 「씨난갈」에서는 '낫 말'인 씨를 분석과 분류의 기본단위로 삼고 있는바, 「씨난갈」에서 분석하지 않은 것은 「씨몸박굼」에서의 조어론적 합성절

차에 의하여 다시 분석함으로써 이른바, '원소와 그 합성'이라는 한힌샘의 철저한 서술방식이 그대로 음학에서와 마찬가지로 유지되고 있는 것이다. 그러나 아직 현대언어학의 형태소란 개념에 도달하지는 못하고 있었다.

4. 짬듬갈의 분석단위 '드'와 '속뜻'(숨은 뜻)

음학의 철저한 분석적 방법에 평행될 만큼 문법적 기능에 따라 원소적 분석을 행하려 한 것이 문장구조를 이해하기 위한 「짬듬갈」이다. 이 「짬듬갈」은 「씨난갈」을 직접적인 바탕으로 삼고 있는 것이 아니기 때문에 두 분야 사이에는 불합치가 보이기도 한다.

「짬듬갈」에서의 단위들은 '씨, 다, 모, 드, 미' 등과 같은 순서로 제시하고 있어, 작은 단위로부터 큰 단위로 합성되는 귀납적인 설명을 꾀하고 있다 할 만하다. 이들 단위들 가운데서 「짬듬갈」의 원소로서의 가장 기본적인 분석단위는 '드'(문文)일 것인데, 이 '드'는 이미 잘 알려져 있는 바와

같이 왼쪽 표와 같은 '짬'(구조)을 가지는바, 예컨대 '아기가 자라오'에서 '아기, 자'는 줄기결(경부莖部, 원체부原體部)이요, '가, 오'는 만이결(관계부關係部, 직권부職權部)이며, '저 소가 푸른 풀을 잘 먹소'에서 '저, 푸른, 잘'은 금이결(여하부如何部)이다. 이러한 구조적 이해는 '푸른'을 언씨로 보았던 「씨난갈」의 차원에 따르는 표면적인 것이었다.

한힌샘은 다시 기능적인 측면에서 임(이)(주어), 씀(이)(목적어), 남(이)(서술어) 등과 같은 이른바 주성분단위들은 물론이고 '빗, 듬, 금' 등의 문법적 기능소들도 제시하고 있다. 이러한 문장구성의 여러 단위들에 의하여 '드'를 원소와 그 합성이라는 그의 언어서술방식에 따라 분석하고 있다. 즉 접속문·내포문 등을 한힌샘은 기본적인 '드'(cf. 단문)로 분석하고 있다.

ⅰ) "저 소가 푸른 풀을 먹소"(보기 드 3)라는 문장에서, '-소'는 "소가 풀을 먹-"

전체를 받는 것으로 도해되었는바, 이는 「씨난갈」에서 서술어로 쓰인 용언의 어간만을 움씨와 엇씨로 보고 그 어미를 끗씨로 처리한 사실에 따르고 있으며, "푸른 풀"에서의 '푸른'은 따로 줄기가 되어 "풀이 푸르오"와 같은 정도의 문장에서 남이 노릇할 것의 뜻이 있는 것인바 '푸르'에 'ㄴ'이 더하여 한 낫 언씨로 임움을 보임이니 ㄴ은 남이의 뜻을 가진 프르를 금이가 되게 하는 것이라고 풀이하고 있다. 즉 '푸르'가 본래는 서술어로 쓰인 것인데 합성에 의한 엇밋언(형용사+ㄴ→관형사)인 하나의 씨 '푸른'이 다시 수식어로 기능하게 되었다고 풀이하고 있는 것이다. 그리하여 도해에서 'ㄴ'이 "풀 푸르" 전체에 걸리게 되어 있는 것이다. 말하자면 "저 소가 푸른 풀을 잘 먹소"란 문장은 "(저) 소가 풀을 (잘) 먹(소)"와 "풀이 푸르오"와의 두 원소적인 '드'의 합성으로 분석된다고 할 만하다. 마치 변형에 의한 설명과 유사하게 느껴지는바(허웅 1971, p. 56, 남기심 1977, p. 395), 한힌샘은 씨의 차원에서도 평행적으로 해석하였다. 즉 '푸른'은 「씨난갈」에서 독립된 하나의 언씨로 분류하면서, 「씨몸박굼」에서는 'ㄴ'에 의한 합성으로 본래 '엇'이었던 것이 '언'으로 바뀐 것으로 해석하여 문장구조의 분석에 평행시키고 있는 것이다. 역시 음학에서와 같이 원소 설정과 그 합성의 원소적 분석이라는 그의 기본적인 서술방식에 따른 것이다. 그리하여 "이마가 붉은 두름이가 소리가 길게 울더라"(보기 드 9)에서 '-은'은 '이마가 붉'에, '-게'는 '소리가 길'에 각각 붙어 "두름이가 울더라"에 각각 내포된 것으로 도해하였으며, '붉'은 '이마'에 대한 남이(서술어)요 '길'은 소리에 대한 남이이면서 다시 각각 '-은'과 '-게'에 의하여 금이노릇(수식기능)을 하는 새로운 '드'가 된다고 풀이하였다(『조선어문법』 1913, p. 54).

ⅱ) "이 소는 누르고 저 말은 검다"(보기 드 4)라는 문장은 "이 소는 누르 ㅇ ㅇ ㅇㅇ고 ㅇㅇ ㅇㅇ저 말은 검다"와 같이 '-고'에 의하여 앞의 문장('우에 마디')을 뒤의 문장('앞에 마디')에 연결시킨 새로운 '드'로 이해되었는바, 이 분석은 결국 두 개의 원소적인 '드'를 전제하여 이루어졌음을 이르고 있는 것이라 할 만하다. 우리는 「씨난갈」에서 서술용언의 어간의 경우에 '-고'를 떼어내어 잇씨를 설정한 사실을 보았다. 결국 '-고'는 두 원소적인 기본문장을 동

시적으로 접속시켜 주는 문법소로 이해되었다고 하겠다.

이 두 마디의 몬저와 나종은 그 일의 몬저와 나종으로 일움이 아니오 말을
꿈이노라고 몬저와 나종을 일움이니 우 알에 마디를 박구어 저 말은 검고 이
소는 누르다 하여도 그 일은 한 가진 까닭이니라

iii) "저 사람이 노래하면서 가오"(보기 드 5)는 "저 사람이 노래하 ○○ ○○
면서 ○○ ○○(저) (사람) (이) 가오"와 같이 분석되었다. 여기서 표면적으로
는 나타나지 않은 '알에 마디'의 괄호 속에 넣은 것은 '숨은 뜻'으로 '우에 마
디'의 주어부(저 사람이)가 또다시 '알에 마디'의 주어부 구실까지 한다고 풀
이하고 있다(『조선어문법』 1913, p. 48). 결국 하나의 주어에 두 서술어가 쓰이는
문장이 되는데, 이는 기본적인 두 문장의 합성이라 할 만한 것이다. '숨은 뜻'
은 한힌샘의 경우 기저에서 보아 생략된 부분의 구실을 뜻하는바, 마치 생성
이론에서의 기저구조와 같은 개념을 인식한 데서 나온 것이다(허웅 1971, p. 55,
김석득 1975, p. 117). 실상 기저구조에 보다 가까운 개념은 '속뜻'이라 하고 있는
바, '봄꽃'은 '-의'를 속뜻으로 두어 '봄의 꽃'이라고 풀을 수 있다든가(cf. 보기
드 8) '먹는다' 하면 '먹는이'와 '먹히는 것'이 속뜻으로 있을 것이라든가(cf. 버
금보기 드 2) 하는 데서 알 수 있다. 이 '숨은 뜻' 또는 '속뜻'은 「짬듬갈」의 원
소적 단위가 되는 '드'를 철저히 인식하고 합성을 원소로 분석하려는 그의 언
어이론에 바탕을 두고 있는 것이라 할 만한 것이다.

iv) "소와 말이 풀을 먹소"(본 드 6)는 '소와 말'이란 두 임이를 가지고 있는
뭇임이드인데 둘로 둘 더되는 임이가 덩이지어 한 몸의 임이 노릇함이라 풀
이된다. 한편

이 그림을 보면 옳은 쪽으로 보면 소가 풀을 먹소오 왼 쪽으로 보면 말이
풀을 먹소니라

라고 덧붙여 풀이한 것을 보면 역시 "소가 풀을 먹소"와 "말이 풀을 먹소"와
의 두 기본문장이 하나의 문장으로 주어상의 병렬을 이룬 것이라 풀이한
것으로 여겨진다. 한힌샘에게 이 또한 두 원소적인 문장의 합성이 되는 것
이다.

ⅴ) "그 사람이 맘이 착하오"(보기 드 10)와 같은 이른바 주격중출문(혹은
이중주어문, 겹주어문)의 경우에도 '맘이 착하오' 전체를 '그 사람이'에 대한
서술어로 분석할 가능성도 지적하고(이때 '맘이'는 주어이면서 수식어로 구
실한다고 함) 또는 '그 사람이'가 주어 '맘이'를 수식하는 것(cf. '그 사람의 맘')
일 수도 있다는 가능성도 제시함으로써(이러한 풀이는 힘을 잃는다고 함)
적어도 원소적인 '드'는 하나의 주어와 하나의 서술어가 있어야 한다는 사실
을 간접적으로 비치고 있다 할 것이다.

요컨대 한힌샘은 「짬듬갈」에서도 음학에서와 평행되게 원소적인 기본단
위 '드'에 의한 분석을 게을리하지 않고 있다. '숨은 뜻, 속뜻'은 바로 이 '드'의
기본구조를 인식한 데서 나온 것이며, 「씨난갈」에서 '붉은, 길게' 등을 각각
언씨 및 억씨로 분류하였다가 「짬듬갈」에서 금이노릇을 하는 '-은, -게'를 분
석해 내고서 '붉, 길' 등은 본래 '남이노릇'을 하는 것이라고 풀이한 것도 바로
원소적인 '드'를 인식한 데서 나온 것이다. 「짬듬갈」에 이어서 자리를 한 「씨
몸박굼」에서는 '붉'이 수식적인 기능을 하게 하는 '-은'과 결합되어 결국 그
합성은 '엇→언'의 '엇밋언'의 예가 되는 것으로 이해되었는바, 「씨난갈」의 차
원에서의 언씨 '붉은'이 「짬듬갈」에서의 '드' 중심의 분석으로 결과된 것이라
할 수 있다. 이는 '막+히'에서의 'ㄱㅎ→ㅋ'에 근거를 두어 'ㅋ'을 원소적인 자
음으로 인정하지 않고 합성된 거듭닿소리로 처리한 음학에서의 추상적인
분석태도와 일치하는 것이다. 본음과 임시의 음에 비견할 만한 것이다.

그러나 「짬듬갈」 및 「씨몸박굼」을 통해서도 형태소의 개념에는 도달하지
못하였다. 오히려 형태 정도의 인식에 머무른 듯한 인상을 받을 뿐이다. 실
상 그것도 못된다. '푸른, 붉은'을 「짬듬갈」에서 '푸르+ㄴ, 붉+은'과 같이 'ㄴ,
은'을 분석해 내었으나 동일한 기능을 가지는 이들을 묶어서 하나의 형태소

를 설정하지는 못하였고, 그리하여 그 기저형(또는 기본형)을 제시하려는 노력을 볼 수가 없었던 것이다. 한힌샘은 늘 '겻, 잇, 끗' 등의 보기들을 제시할 때 '면, 으면, 이면'나, 으나, 이나' '어라, 아라' 등과 같이 형태별로 제시하고 있었다. '은, 으며, 으나' 등에서의 '으'를 이른바 매개모음 또는 조성모음과 같이 풀이했던 그는 분석의 극치를 이루었던 『말의 소리』에서는 자연히 '으'를 분석하여 하나의 '늣씨'로 보게 된 불행을 초래하고 말았다.

5. '늣씨'는 morpheme이 아니다

한힌샘의 생존에서 분석의 종극에 이르렀다고 하는 '늣씨'는 과연 무엇일까? 여기에 본고의 마지막 궁금증이 놓인다. 우리는 한힌샘만의 자의적인 용어의 개념은 그의 언어이론 속에서만 체계적으로 이해해야 된다는 점을 다시 강조하여 둔다. 연구사의 서술에 있어서도 언어사의 기술에서와 마찬가지로 공시론적인 이해가 통시론적인 서술에 전제가 되어야 함은 말할 것도 없을 것이다. 일정한 사관에 따라 통시론적인 평가를 하는 것은 각 시대별의 체계적인 이해를 왜곡하는 것을 용서하는 것은 아니다. 필자가 본고에서 지금까지 장황하게 한힌샘의 언어이론을 그가 설정한 각각의 레벨에 따라 검토한 소이가 바로 여기에 있는 것이다.

한힌샘의 언어이론은 체계적인 분석에 바탕을 두고 있는 것이기에 늘 분석단위가 문제된다. 그런데 이들 분석단위의 어느 것들은 일정한 부호로 표기되기도 한다. 『조선어문법』(1913)에 이르기까지 음학에 속하는 「국문(조선문)의 소리」를 제외하고는 우권점右圈點이나 우휴지점右休止點 등에 의한 단위 표기가 어느 정도로는 일정하여 있음을 볼 수 있다. 우권점으로 표기된 임의의 예를 보이면

學術에。 쓰는。 말은。 반듯이。 俗語로。 다하지。 못할것이오。 또 맞지 안

이함과 便하지。 안이함이。 잇음으로。 여기는。 글。 말로。 쓰되。 없는。 말
은。 새로。 表를。 지어。 쓰노라。

에서와 같이 표기 분석단위가 어절에 상당히 접근되어 있다. 이는 그의 문장
구조 내지는 단어구조의 최종적인 분석단위와 일치하는 것이고 오히려 읽
기의 편의를 위한 띄어쓰기의 단위로 삼은 것인 듯하다.[4] 한힌샘의 저작물
들 가운데서 「국문론」(1897), 「국어와 국문의 필요」(1907), 『월남망국ᄉ』(1907/8)
등은 대체로 위와 같은 단위에 따라 띄어쓰기를 하였으며

　　모음이른거슨 쇼릭가 나 가는거시요 ᄌ음이른거슨 쇼릭가 나 가되 모음을
합ᅙ면 모음의 도움을 인ᅙ야 분간이 잇게 쇼릭가 나 가는거시라
　　　　　　　　　　　　　　　　　　　　　　　　　　　　「국문론」
　　대져 글은 두가지가 잇스니 ᄒ나흔 형상을 표ᄒᄂ 글이오 ᄒ나흔 말을 표
ᄒᄂ 글이라
　　　　　　　　　　　　　　　　　　　　　　　「국어와 국문의 필요」
　　셰계에 공평ᄒ 리치가 어듸잇으리오
　　　　　　　　　　　　　　　　　　　　　　　　　　『월남망국ᄉ』

『국문초학』(1909), 「한나라말」(1910) 등은 『국어문법』(1910) 이후의 문법서에서
의 우권점에 평행되게 우휴지점(、)을 이들 분석단위들에 대하여 사용하였다.

　　입은、 한아요、 귀는、 둘이니、 말ᄒ기는、 적게ᄒ고、 듯기는、 만이、 할
것이요、
　　　　　　　　　　　　　　　　　　　　　　　　　　　『국문초학』

---

4 이러한 읽기의 편의를 위한 단위표시로서의 우권점 또는 우휴지점의 사용은 19세기 후기
에는 이미 널리 쓰여졌던 듯하다. cf. 『국문졍리』(1897), "나라。 위ᄒ기난。 려항의。 션빈
ᄂ。 죠졍의。 공경이ᄂ。 츙심은 흔ᄀ지기로。 진졍을。 말ᄒᄂ니。"

말은、 사람과、 사람의、 뜻을、 통하는것이라

그런데 이러한 표기와는 달리 『말의 소리』에서는 그가 분석할 수 있는 궁극적인 분석단위들까지 일정한 부호로 표시하고 있다. 이미 잘 알려진 바와 같이, 그가 사용한 대표적인 부호는 우권점右圈點(。) 중권점中圈點(○) 및 벌잇(〈)의 세 가지인데, 이들은 한힌샘의 문법기술에 유효한 일정한 분석단위를 각각 기준으로 하여 표기되는 것이다.

문장을 철저히 분석함에 쓰인 이들 부호들의 개념을 파악하기 위해서는 바로 『말의 소리』의 부록에 새로이 수정되어 제시된 「씨난의 틀」의 내용을 검토함이 필요할 것이다. 여기서는 6가지의 씨 즉 '임, 엇, 움, 겻, 잇, 긋'으로 분류되어 이전의 '언 억 놀'이 보이지 않게 되었다.

(말의 소리)　　엇 겻　　　엇 겻
　　　　　　　붉은 꽃이 곱게 피오
(조선어문법)　 (언)　　　　억

(말의 소리)　　임　　　　엇 긋
　　　　　　　그 사람이 착하 오
(조선어문법)　 언　　　　엇 끗

(말의 소리)　　임 임　　　움잇　　　　　엇 긋
　　　　　　　아 발서 봄이 되어 버들 빗이 프르 고나
(조선어문법)　 놀 억　　　억　　　　　엇 끗

여기서 현재의 주목을 끄는 점은 이전에 하나의 언씨와 억씨로 처리했던 '붉은', '되어' 등이 「짬듬갈」과 「씨몸박굼」에서 분석했던 것에 평행되도록 엇씨, 움씨와 겻씨, 잇씨가 합성된 것으로 분석한 점이다. 보다 철저히 분석한 이러한 결과로 그는 임·엇·움씨를 몸씨로 묶고 겻·잇·긋씨를 토씨로 묶음으로써 lexical item들과 grammatical item들을 분별하기에 이르렀다. 몸씨와 토씨와의 분석은 우권점을 쳐서 나타냈으며, 몸씨와 토씨와의 결합(대체로는 각각의 어절) 다음에는 중권점을 쳐서 경계를 삼고 있다(김민수 1977, p. 113).

　　씨。는∘몬∘이나∘일∘을∘이르。는∘낫∘말。을∘이르。는∘이름。이니라。

즉 한힌샘은 스스로 분석해낸 씨의 분류인 몸씨와 토씨에 따라 차이있게 권점을 치고 있는 것이다. 우리는 종서縱書의 경우에의 우권점과 중권점이 훈민정음과 용비어천가에 이미 등장했음을 잘 알고 있다. 이들은 한힌샘에게는 중요한 참고서가 되었으며(cf.『말의 소리』협입) 이들 참고서의 부분적인 인용에서는 용가의 경우 우권점과 중권점을 그대로 옮겨 놓기도 하였다. 비록 분석 단위에 있어서 차이가 심한 것이지만 그의 참고서의 표기에 영향을 받았을지도 모른다. 그는 후기로 접어들면서 민족주의적 이데올로기로부터 더욱 국수주의적인 경향을 보이면서 전통적인 것에로의 복귀를 보이고는 하였기 때문이다(졸고 1977, p. 190).

　　그런데 권점이 아닌 이른바 벌잇(∧)이 몸씨든 토씨든 하나의 씨를 다시 분석하는 경우에 그 경계에 쓰이고 있다. 그리고 벌잇이란 부호로 묶여지는 씨의 구성요소들을 그는 늣씨라고 하고 있다.

　　이。는∘벌잇。이니∘꾸민∘씨。의∘사이。에∘두。어∘늣∘씨。와∘늣
　∘씨。를∘가르。는∘보이。라。

이 규정에서 보면 늣씨란 결국 꾸민씨의 구성요소가 될 것이다. 꾸민씨의 꾸민은 짜는과 한가지로 조직된 것을 뜻하였으므로(『조선어문법』1913, p. 13, p.

38) 꾸민씨란 조직된 씨(낫말) 즉 둘 이상의 분석단위가 합성된 낫씨로 우선은 이해가 된다. 그렇다면 꾸민씨를 이루는 늣씨란 도대체 무엇일까? 최소의 의미단위로 인식되는 기저형으로서의 morpheme일 수가 있겠는가?

늣씨의 '늣'은 원소적인 것이라 할 수도 있고 최소분석단위라 표현할 수도 있겠고 합성의 기본단위라 할 수도 있을 것이다(김민수 1977, p. 117, 이기문 1976b, p. 57 및 졸고 1978, p. 190). 이의 해석은 본질적으로는 한가지로 받아들여지는데, 그 근거는 늘 언급되어 왔듯이 고나에 대한 풀이와 보기에 있다. 『말의 소리』의 첫머리에서 새로 지은 고나란 용어에 대한 정의를

말의 소리의 늣이니 입의 짓으로
소리가 다르게 됨을 이름이니라

와 같이 내리고서 우리고나의 예는 'ㅏ ㅓ ㅗ ㅜ ㅡ ㅣ ㄱ ㄴ ㄷ ㄹ ㅁ ㅂ ㅅ ㅇ ㅈ ㅎ'을 들고 있는데, 이 고나들은 바로 "홀소리든지 닷소리의 둘로 난흘 수가 업는" 홋소리(단음)인 것이다. 자모音子母音의 원소가 되는 홋소리가 곧 말의 소리(언어음)의 늣이라면 곧, 늣이란 종극終極의 분석에 의한 원소적인 것이 됨은 두 말할 필요가 없다. 한힌샘이 스스로 세운 문법체계의 각 레벨에서의 궁극적인 분석단위에 의하여 늘 원소적인 분석을 해오다가 그의 마지막 저작물인 『말의 소리』에서 종극의 분석단위로서의 늣에 이르른 것이다. 그렇다면 늣씨란 개개의 씨를 구성하는 둘 이상의 분석단위 자체인가 아니면 씨의 차원 이상의 것인가? 만일 앞의 뜻이라면 분석단위의 성격에 따라 형태소적 차원 이하일 수도 있고 뒤의 뜻이라면 형태 이형태 또는 형태소 등에 관련되는 형태소적 차원일 것이다. 늣씨와 늣씨를 잇는 벌잇〉로 표시된 꾸민씨의 예로 제시된 '해바라기'를 보면 '해+바라+기'(〔〔〔해〕임 〔바라〕〕움 〔기〕〕임)의 임움밋임과 같은 「씨몸박굼」을 보이는 꾸민씨가 되어 그 늣씨들인 '해, 바라, 기'가 각각 형태소적 차원의 것이 된다. '움즉임, 다위틀, 막히' 등의 예들도 한가지인 듯 보이지만, 그러나 김민수(1977, pp. 118~119)에서 문제로 남겨 둔

‘으나’ 등의 경우 두 늣씨 ‘으’와 ‘나’를 모두 형태소로 받아들일 수가 없게 된다. 『말의 소리』의 맨끝에 수록된 「우리글의 가로쓰는 익힘」에서 벌잇으로 결합된 예들을 편의상 보이자.

ㅣㄱㅎㅣㅁ(익힘) ㅅㅏㄹㄱㅣ(살기) ㅅㅏㄹㅣ(살이) ㅂㅏㄴㄷㅐㅅㅣ(반드시) ㄱㅕㄹㅓㅣ(겨레) ㅓㅅㅐㄴㅣ(얻으니) ㅣㄹㅏ(이라) ㅣㄴㅣㄹㅏ(이니라) ㅈㅗㅎㅐㄴ(좋은) ㅣㄹㅜㄱㅗ(이루고) ㄷㅐㅁㅐㄴ(다음은) ㅈㅓㄱㅐㄴ(적은) ㄱㅓㅅㅣㅗ(것이오) ㅆㅐㄱㅣ(쓰기) ㅂㅗㄱㅣ(보기) ㅂㅏㄱㄱㅣ(박기) ㅈㅗㅎㅐㄴㅣㄹㅏ(좋으니라)

대부분이 copula의 ‘이’와 이른바 매개모음이라 본 ‘으’의 경우들이다. 명사화의 ‘기’를 “달빛이 히기가 눈 같으오”(붙음보기 드)에서 ‘달빛이 히’ 전체를 받는 것으로 보면서 ‘붉은’의 ‘은’(겻씨)의 처리와는 달리 독립된 하나의 씨로 처리하지 않고 있고, copula ‘이’도 ‘이니, 이나, 이야, 인대, 이되, 이어날, 이고나’ 등에서와 같이 하나의 씨의 구성요소로 보았다. ‘붉은’의 토씨 ‘은’을 하나의 씨로 처리하면서 그것을 ‘으ㄴ’과 같이 다시 분석하고 있다. 요컨대 늣씨와 늣씨를 잇는 벌잇은 개개의 씨의 차원에서 쓰여졌으며, 그 개개의 씨가 다시 재분할되는 꾸민씨의 경우에 한하여 쓰였다. 이는 한힌샘의 분석방법인 ‘원소의 설정과 합성의 원소적 분석’이라는 기본적 태도에 따른 것으로 풀이될 수밖에 없다. 그러므로 한힌샘에게 있어서의 **늣씨**란 **원소적元素的 기본단위基本單位인 늣으로 분석될 수 있는 씨**라는 뜻에 지나지 않는다.

만일 늣씨가 일반언어학에서의 형태소라 한다면 「씨난의 틀」에 제시된 다음과 같은 보기들을 어떻게 설명할 것인가?

(겻) 가, 이, 를, 을, (와, 과), ㄴ, 은, 는, 든지, 이든지, 나, 이나, 야 이야, 아, 여, 이여, ……

(잇) 와, 과, 아, 어, 며, 으며, 이며, 면서, 으면서, ㄴ대, 는대, 인대, 니, 으니,

이니, 매, 으매, 이매, 나, 으나, 이나, 되, 으되, 이되, 러, 으러, ……

(긋) 다, 이다, 으오, 이오, 오이다, 이오이다, 옵나이다, 으옵나이다, 니라, 으니라, 이니다, 냐, 으냐, 이냐, 뇨, 으뇨, 이뇨, ……

만일 한힌샘이 형태소의 개념을 확립했다면, '뇨, 으뇨, 이뇨' 등과 같이 늘어 놓지도 않았을 것이고 '으'를 분석해 내지도 않았을 것이다. '으'는 그가 스스로 매개모음이라고 풀이한 대로 따르더라도(cf. 두 닷소리 사이에 홀소리가 들어가면), 그것이 문법적이든 어휘적이든 의미상의 분석단위가 될 수는 없는 것이다. '천천이'의 '이'를 '천천하게'에서 '하'를 덜고 다시 '게'에서 '거'를 던 나머지라고 분석한 한힌샘이 '면, 으면, 이면' 등에서 '으'나 '이'를 늣씨로 분석해 낸 것은 그에게 너무나도 당연했을지도 모른다.

「음학」에서나 「씨난갈」, 「짬듬갈」 및 「씨몸박굼」에서나 한힌샘은 현대언어학에서의 형태소를 인식하지는 못했다. 오직 그는 궁극적인 단위인 늣에 이르기까지 분석의 분석을 거듭하였을 뿐이다. 『말의 소리』에서 쓰인 중권점, 우권점 및 벌잇은 이전의 「짬듬갈」에서의 원소적 분석단위와는 평행되는 것이 아니다. 그의 분법分法 이론의 발전에 따라 중권점으로 표기한 어절, 다시 이 어절을 우권점으로 분석한 씨, 더 나아가서 각각의 씨를 벌잇에 의하여 분석한 늣씨, 이와 같이 점차 작은 단위로 분석해 나간 사실을 보여주는 것이다. 늣씨의 대부분이 결과적으로 형태들이 된 것은 너무나도 당연한 일이다. 이것은 우리 언어의 구조적 특성을 원소적으로 이해하려고 한 인식의 소산이라 할 만하다.

6. 결론: 한힌샘 언어이론의 의의

한힌샘의 언어이론을 그가 세운 문법체계의 각 레벨에 따라 이해하면서 그 이해의 논리 속에서 최근까지도 문제가 되어온 '늣씨'의 언어학적 개념을 되씹어 보았다. 비록 언어서술방식이 연대적으로는 부분적인 수정을 거듭했을지라도 원소적 분석방법이라는 그의 기본적인 태도는 크게 변모를 보이지는 않은 듯하다. 오히려 후기로 접어들면서 더욱 철저하게 원소적 분석을 꾀하였다.

음학에 있어서는 '홋소리'(단음)를 원소적 단위로 보아 이에 따라 형태음소론적인 현상들도 분석하려 하였으며, 씨난갈에서는 '씨'를 원소적 단위로보아 문장 또는 그 성분을 분석하였고 짬듬갈에서는 합성된 '드'를 원소적 단위로서의 '드'로 분석하여 기저구조의 개념에 유사한 '숨은 뜻, 속뜻'까지 파헤치려 하였으며, 씨몸박굼에서는 짬듬갈에서의 통사론적 기능까지 고려하여 합성된 씨를 구성요소로 분석해 갔다. 요컨대 그의 언어이론을 문법체계의 각 레벨의 서술에 필요한 '원소의 설정과 합성의 원소적 분석' 그것이라하겠다. 이에 따라 늣씨란 그 나름대로의 씨의 분석단위로 이해되는 것이다. 형태소일 수는 없다.

이와 같이 한힌샘의 언어이론은 분석적이면서 체계적이기에 그의 학문은논리로서의 과학으로 받아들일 수 있다. 부분적으로는 기술상의 모순을 드러내곤 하였지만, 이와 같이 철저한 원소적 분석을 체계적으로 꾀하여 독창적인 학문의 경지에 이른 결과 국어학의 역사에 있어서 여전히 높은 위치를차지할 수 있을 것이다.

출처: 『국어학』 8, 국어학회, 1978.
붙임: 주시경의 언어 이론의 이해는 주시경의 전체 이론에 따라 이루어졌으면하는 바람으로 썼던 것인데, 가장 독특한 용어인 '늣씨'를 대상으로 잡아 논의해 본 논문이다. 그것은 분해 분석의 가장 기본적인 단어로 '원소'와 같은 구성요소의 개념이었다. 〈국어학〉에 실린 이 논문은 3일 만에 졸속으로 엮었는데당시 국어학회 총무이사로 대표이사 편집이사를 맡고 계셨던 고 이기문 교수의 권고에 따라 편집상 모자란 편수를 채운 것이었다. 소략하게 쓰였다. 이기문 교수는 주시경의 용어가 수학에서와 같이 기호의 자의성에 따라서 만든 것으로 높이 평가한 바 있는데, 이 '늣씨'는 화학에서 온 것인 듯하다. 문세영의

『조선어사전』(1938)에 이 "늣"이 "원소元素의 옛말"로 풀이된 사실을 근년에 와서야 보게 되었다.

참고 문헌

강신항(1979), 『국어학사』, 보성문화사.

고영근(1978), 국어문법연구일세기(中), 『한국학보』 13.

김민수(1961), 늣씨와 Morpheme, 『국어국문학』 24.

김민수(1977), 『주시경연구』, 탑출판사.

김석득(1975), 『한국어연구사』(하), 연세대출판부.

남기심(1977), 국어학이 걸어온 길, 『언어과학이란 무엇인가』(이정민·이병근·이명현 편), 문학과 지성사.

신용하(1977), 주시경의 애국계몽사상, 『한국사회학연구』(서울대) 1.

이기문(1975), 『개화기의 국문연구』, 일조각.

이기문(1976a), 『주시경전집』(상, 하), 아세아문화사.

이기문(1976b), 주시경의 학문에 대한 새로운 이해, 『한국학보』 5.

이병근(1977), 최초의 국어사전 「말모이」, 『언어』 2-2.

이병근(1978), 애국계몽주의시대의 국어관, 『한국학보』 12.

허 웅(1971), 주시경 선생의 학문, 『동방학지』(연세대) 12.

『말의 소리』에서 『조선말본』으로

1.

필자는 최근에 주시경의 언어이론을 검토하여 왔다. 그 동기는 우리의 학문적 전통을 순수히 연구사적인 각도에서 검토하여 학술사적인 서술을 체계화시킴은 물론, 우리 시대의 언어학적 인식을 스스로 깊이하는 데에 있다고 할 수 있다. 주시경에게서 우리는 언어구조에 대한 독창적인 분석 방법과 각각의 레벨에 대한 체계적인 서술을 볼 수가 있었고, 특히 음학적音學的인 레벨에서는 『말의소리』(1914)에 이르러 공시론적 차원에 도달되면서 그의 추상적인 독특한 분석방법—원소元素의 설정과 그 원소에 의한 분석—에 따라 형태음소론적 기술까지 시도하였음을 볼 수 있었다(졸고 1979). 이러한 음학적 연구는 음학사상音學史上의 최초이었던바, 주시경을 가장 직접적으로 숭배해온 후계자로 알려져 온 백연白淵 김두봉金枓奉에게 어떻게 전승되었고 또 그에 의해서 어떻게 변모되었는가를 검토하여 주시경 음학의 학맥을 서술코자 하는 것이 이 소고의 목적이다.

백연의 주저主著는 『조선말본』(1916)으로 그 개정판인 『깁더조선말본』(1923)이 있으며, 생리학 관계의 논설도 있다. 『조선말본』의 저작 동기는 두 가지로 요약된다. 그 하나는 최초의 국어사전이었던 조선광문회朝鮮光文會의 『말모이』에 기초문법론을 마련하기 위한 것이었고[1](졸고 1977), 또 하나는 주시경의 국어학의 계승·발전·보급을 위한 것이었다.[2] 그러기에 국어연구사의 독특한 자리를 차지하는 주시경의 국어이론에 이은 학맥을 검토함에는 이『조선말본』이 우선적일 수밖에 없을 것이다. 다만, 편의상 본고에서는『말의소리』와 대조하기 위해서 음학 부분만을 다룬다.

2.

『말의소리』에서의 언어음에 대한 설명과 분석방법은 물리학적物理學的이고 추상적抽象的이라 할 수 있으나,『조선말본』에서의 그것은 생리학적生理學的이고 구상적具象的이라 할 수 있다. 그리하여 '소리의 남'은 '몬의 움즉임'이요, '소리의 펴어짐'은 '노의 결'이요, '소리의 빗'은 '그 소리가 나는 몬의 바탕을 따르어 서로 다름'(ㄱ 전면)이라고 주시경이 설명한 데 대하여『조선말본』에서는 "말의 소리는 부하(폐장肺臟)로 불어 내쉬는 숨에 소리청이 떨어서 나는 것"(p. 1)이라 설명하고 있다. 이에 따라『소리갈』전체가 개개의 음에 대한 발음법이나 음운현상들의 서술에 있어서나 생리음성학적인 설명을 위주로 하고 있다. 백연은 생리학 그 자체에 대해서도 깊은 관심을 가지고서 있었다 (cf.『생리학』).

『소리갈』은「소리의 내는틀」「소리의 갈래와 내는본」「소리의 거듭」및「소리의 고룸」으로 짜여져 있는데, 우선「소리의 내는틀」에서는 '부하, 숨대, 숨대머리, 소리청, 우목구녁, 코구녁, 입안'들의 순서로 '발음기관'들에 각각 생

---

1 "이 글은『말모이』에 쓰랴고 그르게 여름에 (중략)"(알기)
2 "스승님이 계실 때에 이미 박아낸『조선말글본』이 있었으나 이는 짓은 제 넘우 오랜 것이므로 늘 고치어 만드시려다가 가르치시는 일에 넘우 바쁘어서 마츰내 이루지 못하시고 돌아가시엇으므로 이제에 말본이 매우 아숩을뿐더러 (중략) 스승님의 여시던 길을 넉넉이 더 열엇다함이 아니요 다만 그 길이 묻히지나 아니하게 하는 김에 힘자라는 대까지는 조곰조곰씩이라도 열어가면서 (중략)"

리학적인 설명을 붙이고 있다. 생리음성학적 관찰은 그로 하여금 결국 추상적이 아닌 구체적인 음을 단위로 삼게 하였고 또한 '이제 쓰이는' 공시태를 구별하게 하였다고 할 수 있다.

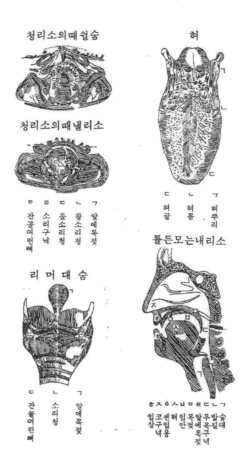

그가 생각했던 발음법의 관찰방법으로는(p. 8)

㉠ 꼬창이로 혀의 높낮이를 보는 일

㉡ 거울로 혀와 입살의 꼴을 보는 일

㉢ 가루를 혀바닥에 펴고 입웅에 알맞은 조히를 붙이어 조히에 묻은 가루로

혀의 움즉인 꼴을 짐작하는 일

들을 들고 있는바, 이 관찰방법도 마찬가지로 생리음성학적인 것이다.

3.

「소리의 갈래와 내는 본」은 단음單音의 종류와 그 각각의 발음법을 설명하
는 내용으로 짜여져 있는데, 단음을 '홀소리'와 '닿소리'로 분류하였다.

　　홀소리: ㅏ ㅓ ㅗ ㅜ ㅡ ㅣ ㅐ ㅔ
　　닿소리: ㄱ ㄴ ㄷ ㄹ ㅁ ㅂ ㅅ ㅇ ㅈ ㅎ

'홀소리' 8개와 '닿소리' 10개를 설정한 근거는 음성과 구별되는 음운에 근
사한 단위를 인식한 데에 있는 듯하다. 즉 무수한 음성과는 구별되어야 하는
이른바 표준음標準音을 고려한 것이다.

　　홀소리의 셈[數]은 입안꼴의 박구임[變化]를 딸아서 그 셈이 또한 다함이 없
　　나니 이 다함이 없는 소리에 다 따로 글씨를 둘 수는 없음으로 말에 흖이 쓰이
　　는 소리 멷가지만 본[標準]으로 뽑아서 쓰지 아니할 수 없는지라(p. 6)

　　닿소리의 셈도 그 내는 틀의 짓[作用]을 딸아서 셈이 다함이 없으나(중략)(p. 7)

비록 표기에의 유혹을 버리지는 못했으나, 음운에 근사한 표준적인 단음을
설정한 것은 정밀한 음성학적 인식에 따른 결과이라고 할 수 있다. 우리는
흔히 국어학사상에서 음운을 인식한 최초를 박승빈의 '이론음理論音'과 구별
한 '표준음標準音'에서 찾고 있으나,[3] '표준음'의 인식은 이와 같이 『조선말본』

에서 비롯된 것이었다. 엄밀히 말한다면 표준음이 음운은 아닐 것이다. 음운론적인 개념으로서의 음운은 1940년대에 이르러서야 받아들이게 되었다(김완진 1979).

표준음으로서 단음 가운데서 '닿소리'들은 주시경의 후기의 '홋닿소리'들과 근본적으로 같으나, '홀소리'의 경우에는 주시경이 '홋소리의 거듭'으로 분석하였던 'ㅐ'와 'ㅔ'가 포함된 8모음체계를 설정하여 차이를 보인다. 이 두 홀소리에 대하여 각각

> 「ㅐ」와 「ㅔ」는 「ㅏ」와 「ㅓ」에 ㅣ를 더하여 만들은 글씨니라. 「중략」 이제 서울말에 쓰이는 홀소리에는 「ㅐ」와 「ㅔ」도 한 홋홀소리로 보는 것이 배기에 쉽으므로 「중략」 글씨의 되어 온 이악이는 이 담 다른 책에 말하겠노라(pp. 6~7)

와 같이 각각 단모음임을 분명히 하고 있다. 그 발음법도

> ㅐ는 혀바닥 뒤를 ㅏ 보다 조곰 높이고 알에턱을 열며 내쉬는 숨으로 소리청을 떨어 움즉이어 내는 홀소리니 이를 혀뒤높이소리라 하노라(p. 17)

> ㅔ는 혀바닥 앞을 ㅣ 보다 좀 낮히고 알에 턱을 열며 내쉬는 숨으로 소리청을 떨어 움즉이어 내는 홀소리니 이를 혀앞높이소리라 하노라(p. 18)

라 하여 생리음성학적인 면에서도 단모음임을 분명히 하고 있다. 이러한 관찰은 결국 문자조직이나 통시태를 별도로 인식하게 하였다. 그가 도달한 표준단음標準單音의 분류는 다음과 같다:

---

3 박승빈(1931): "聲音은 理論的으로 像想할디면 그 數는 不定數로 만흔 것이라 이와 가튼 多數한 音ㅅ 가온대에서 各 民族은 각각 그 語音으로 使用하는 몇 가지의 標準音이 作定되야이슴이라(p. 8)"

갈래	홀소리								닿소리									
글씨	ㅏ	ㅓ	ㅗ	ㅜ	ㅡ	ㅣ	ㅐ	ㅔ	ㄱ	ㄴ	ㄷ	ㄹ	ㅁ	ㅂ	ㅅ	ㅇ	ㅈ	ㅎ
이름	ㅏ	ㅓ	ㅗ	ㅜ	ㅡ	ㅣ	ㅐ	ㅔ	기윽	니은	디은	리을	미음	비읍	시읏	이응	지읏	히읗
풀이	혀뒤가온소리	혀뒤낮히소리	입살옴으리소리	입살좁흐리소리	혀몸가온소리	혀앞높이소리	혀뒤높이소리	혀앞낮히소리	혀뿌리헤치소리	혀끝코소리	혀끝헤치소리	혀끝구르소리	입살코소리	입살헤치소리	혀끝갈이소리	혀앞코소리	혀뿌리코소리	목구녁갈이소리

위의 분류표에서 볼 수 있듯이 그 분류 기준은 조음점과 조음방법을 동시에 고려한 것이었다. 이러한 생리음성학적인 기준에 의하여 분류를 꾀하면, 자연히 분류된 소리들에 대한 설명은 생리음성학적인 자질에 의존  하게 마련인바, 『조선말본』에서도 비록 체계적이지는 않으나 그러한 인식이 있었다. 발음법을 위한 모음도母音圖에는 'ㅗ'와 'ㅜ'가 빠져 있는데(왼쪽 그림 참조), 그 이유는 "ㅗ와 ㅜ는 ㅏ와 ㅓ에 입살을 옴으리어 들이거나 좁흐리어 내는 일만 더하야 된 것이니라"에서 말하고 있듯이(p. 20) 'ㅏ'와 'ㅓ'에 비하여 입술의 작용이라는 조음방법만이 차이를 보인다고 생각했기 때문이다. 조음점이 보다 분명하게 관찰될 수 있는 '닿소리'들에 대해서도 마찬가지다. 발음법을 위한 자음도子音圖에는 'ㅂ ㅁ', 'ㄴ ㄷ ㄹ ㅅ', 'ㅈ', 'ㄱ ㅇ' 및 'ㅎ'으로 조음점에 따라 분류되었는데(다음 면의 그림 참조) 이들 동일한 위치에서 나는 소리들의 차이는 오직 조음방법을 달리함에 있다는 사실을 인식하였다. 예컨대 "ㅂ과 ㅁ은 다 입살소리나 ㅂ은 내쉬는 숨으로 입살만 헤치어 내고 ㅁ은 코구녁으로 내며"와 같이 조음방법만의 차이를 인식하였고(p. 30), "ㄱ과 ㅇ은 다 혀뿌리소리나 ㄱ은 내쉬는 숨으로 혀뿌리와 목젖 사이를

헤치어 내고 ㆁ은 코구녕으로 내며"라는 설명으로부터(p. 31) 평행되게 인식하였음을 볼 수 있다. 모음도와 자음도에서의 이러한 평행성은 보다 철저하게 음성자질체계를 확립하게 할 수 있으나 아직 『조선말본』에서는 이 체계가 확립되지는 못하였고 부분적으로만 인식되었던 것이다. 후술할 바와 같이 「닿소리의 잇어바꿈」의 한 예인

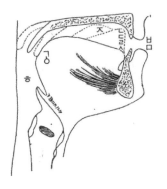

ㄱ → ㆁ / ㄴ ㅁ ㆁ ㅡ

이 가능한 것은 "ㄱ 내는 본이 ㆁ 내는 본과 다른 것은 다만 코소리 없을 뿐인데 이제 ㄴ ㅁ ㆁ 들을 잇어내어 그 코소리를 더하매 절로 ㆁ소리가 되기 쉽은 까닭"이라고 언급하고 있는 데에서(p. 45) 마치 [+코소리]라는 음성자질에 따른 양면적 대립을 인식하기도 한 듯이 보인다. 음성학적인 인식에는 아직 무디었던 주시경에게서는 이러한 (생리음성학적) 자질의 인식을 찾을 수가 없는 것이다.

4.

「소리의 거듭」이란 "같은 갈래의 소리들이 저의끼리 만날 때에 어울어지어 한 덩이가 되는 것"을 이르고 있는데(p. 32), 결국 홀소리와 홀소리, 아니면 닿소리와 닿소리가 결합하여 한 덩이의 소리가 된다는 것이다. 그런데 여기서의 홀소리와 닿소리는 표준단음을 뜻하는 것으로 각각의 결합은 대체로 형태음소론적인 현상을 말하는 것이지 주시경의 합음(거듭소리)을 그대로 뜻하는 것은 아닌 듯하다. 오히려 주시경의 「홀소리의 잇는 일」(『말의 소리』

ㅂ후면)에 해당되어 '오+아→와' 같은 경우와 「닿소리의 잇는 일」(『말의소리』 ㅅ후면)에 해당되어 '막+히→마키' 같은 경우가 된다.

「홀소리의 거듭」에서 우리는 주목할 만한 관찰을 본다.

> 홀소리가 거듭될 때에 그 첫소리는 닿소리와 같아서 그 나는 동안을 늘일 수가 없으며 그 첫소리를 늘일 때에는 거듭되지 아니하고 다 따로따로 나나니라(p. 33)

즉, 모음군母音群과 이중모음二重母音(거듭된 홀소리)을 구별하면서 전통적인 이른바 반모음을 인식했던 것이다.[4] 목록상에서는 주시경이 포함시켰던 'ㅐ'와 'ㅔ'는 단모음으로 넘겼고 주시경이 전혀 언급하지 않았던 'ㅒ'와 'ㅖ'가 추가되었다. 목록과 보기를 제시하면 다음과 같다:

ㅑ	ㅣㅏ	(보기를 찾지 못함)
ㅕ	ㅣㅓ	그리어 → 그려
ㅛ	ㅣㅗ	시오 → 쇼
ㅠ	ㅣㅜ	(보기를 찾지 못함)
·	ㅣㅡ	(이제에는 쓰이지 아니함)
ㅘ	ㅗㅏ	오아 → 와
ㅝ	ㅜㅓ	밀우어 → 밀워
ㅒ	ㅣㅐ	이 애 → 얘
ㅖ	ㅣㅔ	그러기에 → 그러계
ㅚ	ㅗㅔ	cf. 예시에 대한 언급이 없음.

---

4 반모음에 대한 인식은 이미 실학시대의 박성원 『화동정음통석』에서의 'ㅇ'자 주장에서도 볼 수 있었고, Underwood(1890)에서도 있었다: In the following diphthongs and triphthongs, it will be seen that 오 and 우 placed before other vowels in the syllable generally give the Sound of the English *w*.

ㅓ	ㅜㅣ	꾸인다 → 뀐다
ㅢ	ㅡㅣ	그이 → 긔
ㅙ	ㅗㅐ	(ㅙ의 끝소리=개의 끝소리)
ㅞ	ㅜㅔ	(ㅞ의 끝소리=게의 끝소리)

이들 가운데에서 'ㅗㅔ→ㅚ'와 같은 설명을 보여준 것은 주시경의 'ㅗㅓㅣ→ㅚ'와는 심각한 차이라 할 수 있다. 전자가 음성적 관찰에 따른 구상적 차원이라면 후자는 원소적 단위에 따른 분석을 고집하는 추상적 차원이라 할 수 있다.

이들 '거듭된 홀소리'들의 예시는 모두 형태소(때로 단어) 경계 사이에서의 현상이지 형태소구조의 내부에서의 그것이 아닌 점에 주의를 하지 않으면 안된다. 원래는 홀소리들의 거듭으로 전제하면서도 "ㅑ의 첫소리 곳 ㅣ는 홀로날 때와 같지 아니하야 그 나는 동안을 늘일 수 없"는 자음과 같은 것이라고 하는(p. 33) 사실은 이 거듭의 예시를 형태음소론적인 것들로 할 수밖에 없었을 것이다.

「닿소리의 거듭」은 주시경의 경우와 마찬가지로 ① 섞임거듭 ② 덧거듭 ③ 짝거듭 들로 나뉘었다. 섞임거듭은 완전히 형태음소론적인 경우로 'ㅋ ㅌ ㅍ ㅊ'이 거듭된 닿소리들이라는 점을 서술하고 있다:

ㅋ	막하 → 마카	좋고 → 조코
ㅌ	벋히 → 버티	좋다 → 조타
ㅍ	밥하 → 바파	좋ㅎ밥 → 조팝
ㅊ	맞히 → 마치	좋지 → 조치

이 형태음소론적 현상에 대해서도 역시 생리음성학적 설명을 시도하고는 한다. "혀뿌리를 목젖에 닿임은 ㄱ이오 숨으로 목구녁을 갈아냄은 ㅎ"인데,(p. 38) 이 두 소리가 선후에 관계없이 결합되어 'ㅋ'이 된다는 것이다. "섞임 거듭은

그 거듭하는 자리의 몬저와 나중에 매임이 없나니라"(p. 38)라는 전제는 바로 거울영상규칙mirror image rule을 인식한 것으로 이미 주시경의 분석에서 보았던 것이다. 다만 주시경의 섞임거듭소리 가운데에서 'ㆁㅎ ㄹㆆ ㆅ'들이 제거됨으로서 "ㅎ가 어느 닿소리와 거듭하여 나는 것"이 섞임거듭소리라는 정의보다 그 범위가 줄어들게 되었다.

형태음소론적인 각도에서 홀소리의 거듭과 닿소리의 거듭을 비교해 보면, 'ㄱ+ㅎ(또는 ㅎ+ㄱ)→ㅋ'은 'ㅣ+ㅓ→ㅕ'와 평행되는 서술방식이다. 그것은 'ㅋ, ㅕ'가 하나의 덩이이면서도 홋소리가 아니요 'ㄱㅎ, ㅣㅓ'들로 각각 분석될 수 있다는 것이다. 홋소리로 인식한 'ㅔ ㅐ'가 형태음소론적인 변화로 이루어진 예를 찾을 수 없음은 『조선말본』에서의 홋소리 설정방법의 이해에 도움이 될 것이다.

덧거듭이 'ㄱㄷ ㄷㄱ'들의 자음군을 뜻하고 짝거듭이 같은 두 자음의 병서인 경음을 뜻하고 있음은 주시경의 바로 그것이다.

5.

「소리의 고룸」에는 이질적인 주제를 함께 섞어서 포함시키고 있다. 즉 「홀소리의 길이와 높이」 「닿소리의 잇어 바꿈」 「홀소리의 줄임」 및 「닿소리의 힘」을 그 내용으로 하고 있는바, 「홀소리의 길이와 높이」는 suprasegmentals를 다룬 것이고 「닿소리의 잇어바꿈」은 둘 이상의 자음들 사이에서의 자질변경(음운교체)을 다룬 것이며 「홀소리의 줄임」과 「닿소리의 힘」은 음운탈락을 논의한 것이다.

「홀소리의 길이와 높이」에서 음장音長과 고저高低가 각각 뜻을 구별시켜 주는 구실을 하되, 이 구실은 모음이 담당한다고 여기었다. 음장은 '깊소리'와 '이사소리'로 나누었고, 고저는 '높은소리/이사소리/낮은소리'로 나누었다.

(홀소리의 길이)

	깊소리	이사소리
새	(날새어떠하오닛가)	새(잘새는날아들고)
말	(이말에집이많소)	말(다락가튼말을타고)
배	(글을배고)	배(먹물이배고)

(홀소리의 높이)

	높은소리		이사소리		낮은소리
갈	(벼슬을갈고)	갈	(칼을갈고)	갈	(밭을갈고)
달	(맛이달고)	달	(긔를달고)	달	(몸이달고)
말	(말을타고)	말	(말로되고)	말	(말을잘하고)

주시경은 음장만으로 충분하다고 한 데에 대하여, 고저까지 예시를 하고 있다. 이는 그가 기술의 대상언어로 삼고 있는 '서울말' 이외에 자신의 방언인 동남 방언으로부터 영향을 받은 듯하다. 고유자질로서의 이 음장·고저 이외에 '암그렇고말고'에서의 '암'이 길 때에는 더욱 기림을 들어낸다는 emphatica를 지적하기도 하였고, 「이것보오」에서의 '오'를 높이거나 낮히면 각각 의문이나 명령을 뜻하는 일종의 configurative한 구실을 한다는 점도 지적하였다.

「닿소리의 잇어바꿈」은 주시경이 즐겨 논의했던 것으로 비음화 유음화 및 폐쇄음화 들에 관계된다.

바꾸일 소리	ㄱ	ㄴ	ㄷ (ㅌ)	ㄹ	ㅂ (ㅍ)	ㅅ	ㅈ
바꾸이는 소리	ㅇ	ㄹ	ㄴ	ㄴ	ㅁ	ㄷ	
만나는 소리	ㄴ ㅁ ㅇ	ㄹ	ㄴ ㅁ ㅇ	ㄱ ㄷ ㅁ ㅂ / ㅅ ㅇ ㅈ	ㄴ ㅁ ㅇ	ㄱ ㄴ ㄷ ㄹ / ㅁ ㅂ ㅇ	
	우	우 알	우	알 (한문음)	우		

그런데 이런 음운현상에 대한 설명에 있어서 특기할 만한 것은 이미 앞에서도 지적한 바 있듯이 각 현상의 요인을 생리음성학적인 자질에 두었던 점이다.

ㄱ → ㆁ / _ ㄴㅁㆁ : ㄱ 내는 본이 ㆁ 내는 본과 다른 것은 다만 코소리 없을 뿐(p. 45)

ㄷ → ㄴ / _ ㄴㅁㆁ : ㄷ 내는 본이 ㄴ 내는 본과 다른 것은 다만 코소리 없을 뿐(p. 46)

ㅂ → ㅁ / _ ㄴㅁㆁ : ㅂ 내는 본이 ㅁ 내는 본과 다른 것이 다만 코소리가 없을 뿐(p. 48)

즉, 'ㄱ ㄷ ㅂ'이 'ㆁ ㄴ ㅁ'의 [-nasal]임을 인식하고서 전자가 후자를 연발하면 [+nasal]이 가해져 각각 후자가 되기 쉽다고 풀이하고 있다.

『말의소리』에서 수의적인 현상으로 제시된 '삼개~상개, 손가락~송가락, 삿갓~삭갓, 팟밥~팝밥'들과 같은 복합어에서의 변자음화(cf. decoronalization 또는 peripheralization)라 할 수 있는 경우는 『조선말본』에 포함되지 않았다. 이는 후자가 표준적인 것을 강조한 나머지 수의적인 규칙을 제거하고 만 것으로 여겨진다.

외래어로서의 한자어만이 가지는 음운현상도 부분적으로는 지적하고 있다. '빅련白蓮, 감로甘露 등에서의 'ㄹ'이 'ㄴ'으로 바뀌는 것은 다 한문음의 경우라고 하였는데, 그 이유는 "우리말에는 ㄹ첫소리를 ㄹ밖에 다른 닿소리 앞에는 쓰는 일이 없"다는 사실에 두고 있다(p. 47). 이는 비록 한자어와 고유어의 음운론적 결합상의 차이를 인식한 것이기는 하나 형태소경계에서의 음운론적 차원을 철저히 인식하지 못했음을 뜻하기도 한다. 'ㄹ'로 시작되는 고유형태소는 없기 때문이다.

「홀소리의 줄임」은 주시경에게서는 볼 수 없던 것으로 '가+아서→가서'라든가 '뜨+어→떠' 등에서의 '아, 으'의 탈락을 서술한 형태음소론이다. 이 모음탈락의 서술에서 이른바 기저형에 유사한 언급을 볼 수 있다. '떠가고, 건너가고' 등에서의 '어'는 "다른 말에도 다 쓰이는 토"이므로 '뜨어'와 '건느어'가 옳은 줄 안다는 것이다(p. 51). 이는 기본형을 중시한 주시경의 국문동식법國文同式法에 근사한 발상법이다.

「닿소리의 힘」은 동일한 자음이 모음의 전후위치에 따라 음성적으로 또는 음운적으로 달리 실현됨을 서술한 부분으로, 주시경의 「닿소리에 첫과 긋이 다름」(닿소리 초종初終의 형세形勢)에 해당된다.

6.

『조선말본』이 나온 지 8년 뒤에 이의 개정판인 『깁더조선말본』이 이루어 졌다. 전체적으로 보아 큰 이론적 변모는 없었으나 새로 추가된 내용이 있으 며 설명방법을 달리한 부분도 있다. 새로 추가된 것은 '얽말(총론), 표준소리, 보기틀과 버릇소리'의 세 장이다. 「얽말」에서는 음성과 문자와의 관계, 『훈민 정음』 『훈몽자회』 및 『요사이글』들을 통한 문자사를 다루었고, 「표준소리」 에서는 "우리나라의 서울말의 소리를 표준삼은 것"과 I.P.A. 등을 보충하였다 는 사실을 언급하였다. 끝으로 「보기틀과 버릇소리」에서는 『훈민정음』 『훈 몽자회』 『말의소리』를 이 책과 대조하여 문자명칭과 음명칭을 표로 제시하 고서는 주시경의 '익음소리'에 해당되는 '버릇소리'를 간략히 다루었다.

『소리갈』에서의 가장 핵심적인 부분이 「소리의 갈래와 내는 본」이었는데, 『깁더조선말본』에서는 개개의 단음에 따른 설명인 「소리의 내는 본」은 따로 제시하지 않고서, '닿소리'와 '홀소리'로 나누어 '닿소리'는 '여듧막음의 자리 에 매인 것' '막음의 갈래와 쯤에 매인 것' 및 '목청소리를 뜨고 안 뜬 것'으로 나누었고, '홀소리'는 '혀의 높낮 곳 입의 열닫에 매인 것' '혀의 앞뒤에 매인 것' '입술의 꼴에 매인 것' 및 '코구녕 쓰않에 매인 것'으로 나누었다. 전체적 으로 보아 조음점과 조음방법에 따른 분류와 설명을 꾀한 생리음성학인바, 『조선말본』보다 좀 더 체계화된 것이었다. 결과적으로 주시경의 경우보다 는 현대서구음성학에 더 밀착된 것이라 할 만하다. 주시경에게서 볼 수 있었 던 독창성은 줄어든 셈이다.

7.

필자는 이 소고에서 주시경의 음학으로부터 그 영향을 가장 깊게 받았다고 하는 김두봉의『조선말본』을 중심으로 어떻게 학맥을 이으며 어떠한 특징을 지니는지를 이해하려 하였다. 현대의 음운론이나 음성학의 차원에서 볼 때에는 많은 비판을 받아 마땅할 것이다. 다만 학맥상에서는 다음과 같은 몇 가지 특징을 지적할 수 있다:

① 주시경의 음학과는 달리 생리음성학적인 철저한 관찰에 바탕을 두고 있다.
② 생리음성학적인 '소리같'은 'ㅔ, ㅐ'를 단음으로 보았듯이 구상적인 음적 단위를 설정하고 공시론적 서술을 꾀하게 하였다.
③ 생리음성학적 음분류는 부분적으로 음성자질을 인식하게 하였다.
④ '소리의 거듭'에서는 주로 형태소(또는 때로 단어)의 경계에서 실현되는 교체를 중심으로 서술하였는바, 자음적인 특징을 갖는 반모음을 인식하기도 하였다.
⑤ 「닿소리의 잇어바꿈」에서 자음동화의 요인을 생리음성학적 자질에 따라 서술하였다.
⑥ 서울말을 표준대상어로 삼았으면서도 음장과 고저가 뜻을 구별시켜주는 듯이 처리하였다.
⑦ 표준어를 전제로 한 서술이었기에 무수한 음성과는 구별되는 일정한 표준음을 주장하였고, 주시경이 예시한 수의적인 현상들은 다루지 않았다.

이른바 '좋은 글' 속에서 '표준말'에 깊은 관심을 보인『깁더조선말본』에서는 '표준소리'를 전제하기도 하였고, 주시경의 '익음소리'도 새로 다루었으나 '낫내'의 서술이 없음은 음절의 중요성을 인식하지 못한 것이 아닌가 한다.

이상에서 언급한 내용 밖에 음운현상에 관한 부분적인 인식이『씨갈』에 보이기도 한다. 그것은 '이/가, 을/를, 과/와, 으로/로, 이여/여'들에서와 같이 문법형태소들의 음운론적 조건에 따른('홀소리 알에/닿소리 알에') 교체형들에 대한 것이었다. 또한 이『씨갈』에는 용언의 불규칙 활용에 대한 부분적인 언급도 있다. 그러나 형태소의 인식이 있었던 것은 못된다.

요컨대,『조선말본』은 주시경의 큰 영향에 의존하였으면서도 서구적인 생리음성학을 철저히 도입한 결과, 주시경에게서 볼 수 있었던 언어이론상의 독창성은 찾아지지 않는다.『조선말본』의 서술방식은 기술적인 것이다.

출처:『연암 현평효 박사 회갑기념논총』, 형설출판사, 1980.
붙임: 고 현평효(제주대) 교수의 회갑을 기리며 쓴 글인데, 주시경의 음학과 그의 가장 아꼈던 제자 김두봉이 은사의 사후에 서술한 음학과의 관계를 짚어 보려 하였다. 둘 사이의 차이가 상당했기에 그 계승은 그리 크지는 않았다고 믿는다. 김두봉은 생리음성학적 연구에 바탕을 두었다.
  현평효 교수는 나에게 특별한 관심을 늘 보여 줬다. 당시의 제주대에는 우리의 졸업생 김경훈 교수가 재직하고 있었다. 현 교수와 함께 했던 그의 강력한 청탁을 지금도 잊지 않고 있다. 주시경에 대한 새로운 해석이 난무할 시기에 쓴 것이다.

참고 문헌

강신항(1979),『국어학사』, 보성문화사.

김민수(1977),『주시경연구』, 탑출판사.

김완진(1979), 한국어 연구의 동향과 과제,『한국의 민족문화』1.

박승빈(1931),『訂補 朝鮮語學講義要旨』, 조선어학연구회.

이기문(1976),『주시경전집』, 아세아문화사.

이병근(1977), 최초의 국어사전「말모이」,『언어』2-2.

이병근(1978), 애국계몽주의시대의 국어관,『한국학보』12.

이병근(1979), 주시경의 언어이론과 늣씨,『국어학』8.

최명옥(1977), 주시경의「소리갈」에 대하여,『진단학보』44.

Underwood, H. G.(1890), *An Introduction to the Korean Spoken Language*, The Yokohama SeishiBunsha.

이종일 1858~1925

옥파 이종일의 언론활동과 한글사랑

1. 펼치는 말

옥파沃坡(천도교 도호는 묵암黙菴) 이종일(1858.11~1925.8) 선생은 조선 말기에 과거에 급제한 후 정3품 벼슬인 중추원 의관도 지냈고 대한제국 무렵에는 새로운 신문물을 접하며 개화운동에 참여했으며 일본 제국주의 아래에서 탄압을 받으면서 잃어버린 국권을 회복하려고 직접 독립운동에도 적극 참여했던 3·1독립운동의 민족대표 33인 중 한 분이라는 사실은 이미 널리 알려져 있다. 선생은 천도교 교령 손병희 선생에 못지않게 천도교의 중추적인 역할을 했던 분이었다.

옥파 선생의 적극적인 활동 시기는 유교적 봉건적인 조선 시대로부터 벗어나 개명·개화(즉 문명화) 운동이 왕성했던 때, 즉 19세기 말엽 근대화의 초기였다. 선생은 조선왕조, 대한제국 그리고 일제강점기를 거치면서 맞은 우리 역사상 가장 커다란 변환기를 극복하며 온 생애를 바쳤던 시대적 인물이기에 한번 이 시대의 지식·지성인으로서 국어·국문을 아꼈던 언론인으로서 부각시키려 함이 이 글의 목적인데, 워낙 다양한 사회 분야 즉 정치, 경제, 사회, 교육, 어문, 윤리, 정신, 신문, 여성, 위생 등등에 관심을 갖고 활동했기에 여기서는 그 중 가장 대표적인 사회활동이었던 언론활동과 관련시켜 '국문' 즉 우리의 '한글' 사랑에 국한시켜 안내하려 한다.

2. 언론인 옥파 선생의 언론활동과 신문의 기능

옥파 이종일 선생의 언론활동은 주로 그의 이력 그리고 일부 그의 논설에 반영되어 있다. 흔히 드는 경력으로는 얼마나 확인된 사실인지 알 수는 없으나 다음과 같은 것들이 포함된다. [묵암기념사업회간 『묵암 이종일 선생 경세의 위업과 생애』(1979)의 「묵암 이종일 선생 연보」(『옥파이종일선생논설집』(1984년) 권1에 재수록)와 박춘석의 『옥파 이종일 - 민족대표 33인 중 1인』(태안향토문화연구소, 2008) 수록 「옥파 이종일 연보」 등에서 추림.]

독립신문(논설 집필)

경성신문(논설위원)

제국신문(사장)

대한신문인간담회 결성

(만세보 창간에 참여)

황성신문(논설위원)

제국신문 찬성회 조직(박은식과 함께)

대한협회보(발행인 겸 편집인)

대한민보(발행인 겸 편집인)

국문연구소 위원

천도교회월보(과장)

기호학회보(총무 겸 발행인)

(독립선언서 삼만 오천 매 인쇄)

조선독립신문(천도교 지하신문 발행)

(자주독립선언문 기초 인쇄 도중 왜경에 발각)

주로 1896년부터 1922년 사이에 있었던 언론(잡지)에서의 경력이다. 당시에 언론계에서 이만한 경력의 소유자가 얼마나 있었겠나. 선생이 관여했던 초기의 신문들이 대부분 한글 사용과 직접적인 관련이 있었던 사실에 우리는 주목해야 할 것이다. 1907년부터 1909년까지 약 2년간 대한제국 학부에 설치되어 있었던 연구기관으로 새로운 맞춤법의 제정 등의 연구를 행했던 국문연구소의 위원으로 옥파 선생이 참여하게 된 것은 초기 언론활동과 밀접히 관련이 있을 듯하다. 이 연구기관이 아직 존속해 있었던 1909년에는 새로 창간한 대한협회 기관지 「대한민보」의 '발행인 겸 편집인'으로 옥파 선생이 활동했던 때이기도 한데, 이 신문은 특히 새로운 시대에 맞는 언어의 정리에 관심이 아주 많았었다.

그러면 옥파 선생은 언론 내지 신문에 대해 어떤 생각을 품고 있었을까.

19세기 말엽의 한국의 개화·개명운동은 '자강'으로부터 '민권수호'라는 국민운동으로 옮겨가고 있음을 선생은 직시하며 많은 중류층 인사들이 봉건 체제와 이념 및 그 기구의 개혁을 바라고 있다고 보고 그러한 실용적인 방향의 변혁의 기초를 마련하는 개화운동을 펼치려 하였다. 말하자면 이른바 실학에 이어지는 근대화운동이었다.

> 오늘날의 실학사상은 민중의 이용후생에서 출발하여 각기 그들의 생업에 안주하는 것으로 민권운동을 추진시키는 저력을 삼을 것이니 이렇게 본다면 자주독립의 앞날에 대하여 무엇을 두려워하겠는가?(『비망록』 1898. 2. 13.)

> 실학의 유용성을 대한제국민력회원 40여 명에게 역설했는데 나의 강론을 들은 그들은 크게 기뻐하고 또 크게 만족해했다.(『비망록』 1898. 4. 13.)

> 오늘 실학 관계 서적을 읽어 보고 조선 말기의 실학을 살펴본다면 개화와 자강사상에는 맥락이 닿아 있음이 확실하다. 내가 경영하는 제국신문은 이 관계의 기사를 가득 실었다. 오늘의 실학 부흥은 장차 자강의 이념을 재강조

할 것이다.(『비망록』 1898. 10. 14.)

물론 이 시대에 새로이 등장한 문명개화사상은 비록 실학사상에 통하면 서도 조선 시대와는 천양지차를 보인 태도는 물론이었다.

선생은 당시 언론활동의 가장 대표적인 역할을 하는 것이 신문이라 보았 는데 "문명·개화의 촉진역할을 하는 것으로서는 신문의 사명만큼 큰 것이 없다."(『비망록』 1898. 7. 17.), "신문은 문명하고 진보한 것이며 국민을 계몽하고 앞을 가르쳐 주는 것이어서 우리 국민들은 신문과 떨어져 살 수 없으며 없어 서는 안 될 필수적인 것"이라고 생각했다. 그것도 대한제국을 상징하는 '제 국신문'(원제는 '뎨국신문')을 제호부터 기사에 이르기까지 국문 즉 한글만을 쓸 것을 주장하고 "여성의 학문불필요론은 남성의 편견"(제국신문 1899. 4. 27.) 이라 본 선생은 여성층과 불우한 계층을 옹호하면서(『비망록』 1898. 10. 14.) 특 히 여성들까지 이 계몽운동에 참여시키려 했다. 왜냐하면 "문명·개화의 촉 진역할을 하는 것으로는 신문의 사명만큼 큰 것이 없다"고 여겼기 때문이었다.

지식층도 포함하면서 남녀노소 모두를 포함하는 민중에 기반을 둔 이러 한 한글의 기능에 대한 생각은 선생으로 하여금 한글 사용, 교육, 연구에 대 해 깊은 관심을 보이게 하였다. 물론 한글 사용의 강조는 한문 사용이 주가 되었던 조선 시대로부터 사농공상의 신분적 차별을 벗어나 대중의 보편적 지식을 바탕으로 한 새로운 개명된 사회를 꿈꾸던 당시 지식인들의 일반화 된 생각이었고 그러한 경향은 잃어버린 국권회복을 염원하던 일제강점기 아래에서는 더욱 강력하게 발전되어 나갔었던 것이다.

3. 한글 사용에 대한 견해

옥파 이종일 선생이 우리의 문자인 한글에 깊은 관심을 보인 일은 여러 가 지로 확인된다. 앞에서 언급한 바와 같이 1890년대에 제국신문의 제호와 본문 기사를 모두 한글로 하겠다는 생각은 물론이고, 심지어 1901년 2월 15일에 김가진·지석영과 함께 '국문학교'를 설립하는 등 한글 교육을 위한 다양한 활동을 하였는바 선생의 어문 관련 글들로는 다음과 같은 것들이 있다.

「논설 및 논문」

국문은 세계에서 가장 으뜸(제국신문, 1900. 1. 10.)

국문을 논함(대한협회회보 2, 1908)

여학교 세워 국문교육 힘써야(제국신문, 1903. 6. 19.)

언문의해(천도교월보 4권 39호)

옥파 선생은 이상의 글들을 통해 국문 즉 한글의 우수성을 강조하고 국문을 사용할 것을 주장하고 심지어는 당시까지는 문자생활에 자유롭지 못했던 사회계층 특히 여성들까지도 국문교육에 힘쓸 것을 역설했다. 그러기 위해서는

규칙적인 교육을 실시하려면 먼저 여자국문학교를 세워야 하며 여기에서 규칙적인 교육을 실시하면 몇 년 안 되어 국문이 널리 보급되고 여자의 지식이 늘어나 나라도 많이 개명될 것이다.(제국신문 1903. 6. 19.)

와 같은 교육의 방향을 주장하기도 했다.

위의 글들을 통해서 보면 옥파 선생은 국문이란 국가에 따라 다른 언어를 사용하며 그 다른 언어에 적합한 문자라고 보았다. 그리고 "문자란 것은 언어의 표현이며 말을 사진처럼 나타낸 것"이라 했다. 이는 언어와 문자가 서로 일치한다고 생각한 '언문일치'의 견해이다. "한문은 말과 글이 일치하지 않아 배우기 어려울 뿐만 아니라 글자 수가 굉장히 많아 문장 대가가 그 글자를 완전히 배웠다는 말은 듣지 못했다."라고 하여 우선 '한글' 사용을 주장했고 계몽적인 신문의 기능을 고려해「제국신문」을 한글만 써서 한글을 전용하게 했던 것이다.

옥파 선생은 이러한 생각을 실학에 바탕을 둔 민족의 자강의식은 각 민족 별 언어와 문자의 각이성과 특수성에 연결시켰는데 민족국가 단위의 이데 올로기에 젖었던 19세기 서양의 생각에서 비롯되어 전 세계가 비슷하게 가 졌던 개화문명의 개념이었다. 민족국가 단위의 이러한 생각은 결국 민족국 가의 고유성(참조: 국수)과 독립성 그리고 단일성을 전제로 하게 되는데 여 기서 나온 개념이 바로 단일민족이다. 이리되면 각 민족은 외래적 요소가 제 거된 그 단일한 언어를 지키고 통일성 있게 갈고 닦으며 그에 바탕을 두고 민 족문화를 발전시키면 그 나라는 결국 단일민족으로서 독립을 유지하며 자 강하게 된다고 보았다. 그리고 통일된 언어를 통해 통일된 애국정신을 기르 게 되고 나아가서 잃어버린 국권의 회복이 가능하게 된다는 것이다. 언어로 부터 출발하여 민족의 독립을 강조한 옥파 선생은 바로 이러한 이념의 시대 에 독립된 국가를 건설하려면 자연히 말과 글이 서로 다른 한어와 한문보다 는 우리말인 한국어에 알맞은 한국 문자인 국문 즉 '한글'을 써야 부녀자들의 경우처럼 계몽이 쉽게 된다고 본 셈이다. 애국계몽적인 민족적 국어관이요, 국문관이었던 셈인데 옥파 선생과 같은 언어 중심의 민족을 단위로 한 생각 (참조: 자기 국가 중심의 지역주의nationalism, 반세계화)과 냉전 이후의 국제 관계를 고려하는 생각(참조: globalization, 세계화)의 차이는 오늘날도 국가 간의 세계적인 문제가 되고 있다.

나아가 당시의 시대상황 속에서 민족주의자였던 선생은 "국문은 이치가 분명하고 말을 만드는 방법이 과학적이므로 우리는 비록 언문이라 천시하 고 있지만 외국인들은 한글의 정묘함을 칭찬하고 있는데 우리 국민들이 이 런 글을 연구하고 발전시켜 책도 많이 만들고 신문도 간행"해야 하는 데 그 러기 위해서 "국문도 한문과 같이 중하게 여겨서 널리 쓰고 연구해서 발전시 키면 한글이 세계에 빛남과 아울러 나라도 명예롭고 부강해질 것이라 믿는 다."라고 강조했던 것이다.(「국문은 세계에서 가장 으뜸」, 제국신문, 1900. 1. 10.)

또 문자 학습의 수월성에서 보면 세계의 문자 가운데 우리 국문이 으뜸이 라 강조하기도 했다.

우리 국문은 28자만으로도 천언만어를 능히 만들어낼 수 있는 신기한 글자로서 배우는 법도 역시 쉬워서 하루 이틀이나 4, 5일 동안이면 그 뜻을 환히 깨닫고 책을 대하면 수월하게 읽을 수 있으니 편리하고 세계 여러 나라 글 중에서 으뜸이라 할 수 있다.(「국문을 논함」, 대한협회 회보 2, 1908)

즉 선생은 한문만큼 국문도 아껴 쓰되 아마도 필요에 따라 한글전용을 했던 「제국신문」이나 국한문을 선택적으로 썼던 「대한민보」의 경우가 말해 주듯이 국문과 한문 두 문자를 필요에 따라 선택적으로 또는 섞어서 쓸 것(국한문혼용)을 생각했던 것으로 보인다.

4. 한글에 대한 놀라운 과학적 이해

1907년 대한제국의 학부에 '국문연구소'란 국가연구기관이 생겼다. 약 2년 정도 계속되었는데 이 기관은 15세기에 훈민정음이 창제되어 조선 시대를 거쳐 사용되면서 많은 언어변화가 있었으므로 각 시대에 맞게 말과 글을 정리해야 하는데 방치함으로 말과 글이 서로 일치하지 않는 점이 많아 새로이 문자를 정리하고 맞춤법을 제정해 정부에서 한문을 애호했던 조선 시대와는 달리 국문 위주의 새로운 '개화기 교과서' 등에 등용하려 했던 목적을 갖고 위원들로 하여금 연구하게 했다. 이 연구에 참여했던 국문연구소 위원들은 행정에 책임을 맡던 윤치호 외에 지석영, 주시경, 이능화, 어윤적 등등 당대의 대표적인 국어학자들이었다. 여기에 또 언론활동에 적극 종사하고 있던 인물이었던 이종일 선생 등이 추가로 위원으로 위촉되었던 것이다. 그런데 2년 정도의 연구의 마무리 단계에서 각 위원들은 자신의 의견을 개진한 상당한 양의 국문연구안을 제출했는데 국어국문 연구자가 아닌 이종일 선생은 단 한 줄의 보고서도 제출하지 못했는지 현재까지 알려져 있는 보고서에서는 찾아볼 수가 없다. 그런데 내용상 보고서와 비슷한 논문이 선생이

'경심토구傾心討究'한 장편의 「언문의해」(『천도교회월보』 4권 39호)가 1979년에야 '묵암기념사업회'(회장 이병도, 옥파 선생의 보광학교 제자)가 개최한 세미나에서 뒤늦게 소개가 되었다.

이종일 선생의 깊은 한글 사랑과 연구에도 불구하고 그때까지 국어연구 역사 서술에서는 선생에 대해 큰 관심을 보이지 않았다. 이제 선생의 국문연구소 보고의 일부 내용일 듯한 「언문의해諺文義解」가 있어 선생의 「훈민정음」 창제 원리와 일부 맞춤법에 대한 생각을 알 수가 있게 되었다. 우선 한문으로 작성, 발표했다가(천도교월분 4권 39호) 이어서 다시 그 내용을 한글로 작성해 발표했다. 그 내용을 묵암이종일선생기념사업회가 주최했던 묵암 이종일 선생 53주기 추모 세미나 「묵암 이종일 선생, 경세의 위업과 생애」에서 남광우 교수가 「발음기관설의 제창은 탁견, 설득력 있는 국한문혼용 주장」이란 글에서 이종일 선생의 국문보급에 관한 견해, 국문연구소 위원이었던 묵암, 그리고 국문 교수방법을 소개하는 가운데 이종일 선생의 한글 창제의 원리에 대한 기발한 생각을 처음으로 학계에 소개했던 것이다. 다만 이 행사가 널리 홍보되지는 않아 아직까지도 안타깝게 학계에 거의 알려지지가 않았고 현재까지도 훈민정음 연구의 역사를 서술한 대부분의 경우에 이종일 선생의 특수한 연구가 단 한 줄도 언급되는 일이 없었다.

세종대왕이 만든 '훈민정음'이란 문자는 그 뜻을 백성들을 가르치는 올바른 소리라 했는데 이 문자를 지은 목적을 밝히고 문자를 모두 제시하되 '초 · 중 · 종'의 삼성으로 나누었으며 또 방점까지 제시했었다. 세종대왕이 손수 지은 문자를 포함한 내용은 「세종실록」에 실려 전해 왔다. 그리고 이 문자 창제의 자세한 원리와 용법 등을 엮어 신숙주, 성삼문, 박팽년 등 집현전의 신하들이 세종의 명에 의해 엮은 해설서 『훈민정음』(해례본)이 따로 있는데 이 책은 1940년에야 세상에 처음으로 알려져 현재 국보 70호로 지정되어 있다. 조선 시대는 물론 그동안 많은 학자들이 이 해례본의 내용을 추측들만 해 왔다. 1907년 국문연구소 시절에도 마찬가지였다. 그런데 앞에서 말한 「언문의해」란 글의 내용이 당시까지 보지도 못한 『훈민정음』의 설명과 유사한 점들이 있어 놀랍기 그지없다. 그 내용을 한두 가지만 보자.

우선 옥파 선생은 문자를 '天音 24자, 地音 11자, 人音 8자'로 나누어 제시했는데 이는 곧 『훈민정음』의 초성, 중성 및 종성에 해당한다. 흔히 『훈민정음』에서 가장 과학적이라 불리는 설명은 각 문자의 창제 원리가 발음기관을 본떠 만들었다는 설명이다. '천음 24자'에서 기본자로 '아 · 설 · 순 · 치 · 후음'의 5음에 따라 『훈민정음』에서는 예컨대 'ㄱ'은 혀뿌리가 목구멍을 닫는 모양을 본떴고 'ㄴ'은 혀가 윗잇몸에 붙는 모양을 본떴으며 'ㅁ'은 입의 모양을 본떴고 'ㅅ'은 이의 모양을 본떴으며 'ㅇ'은 목구멍의 모양을 본떴다고 했다는 식의 설명 즉 "各象其形而制之"라 했는데 옥파 선생은 'ㄱ'은 목구멍을 형상한 것, 'ㄴ'은 어금니를 형상한 것, 'ㅁ'은 입술을 형상한 것, 'ㅅ'은 이빨을 형상한 것 그리고 'ㅇ'은 목구멍을 형상한 것이라고 했다. 이 천음 즉 초성의 '아 · 설 · 순 · 치 · 후음'의 5음 분류 방식은 서양에서는 19세기 말엽에 싹튼 인류 언어음의 보편적인 분류 원리인데 고대 인도에서 기원전에 확립되었고 이것이 불교의 전래와 함께 중국을 거쳐 다시 우리나라에 들어왔다가 세종대왕이 이 이론에 따라 다섯 가지의 음을 바탕으로 '훈민정음'이란 우리의 고유문자를 창제했던 것이다. 1940년까지 훈민정음의 창제 이론을 몰랐던 20세기 초기에 옥파 선생이 거의 같은 원리를 이해했다는 사실은 놀랍다 아니할 수 없을 것이다. 나아가 꼭 일치하는 것은 아니라 해도 천음들을 'ㄴ'에 한 획을 더해서 'ㄷ'을 만들 듯이 기본자에 가획해서 만들었다든가 중성 즉 지음들은 세 개의 기본음 'ㅣ, ㅡ, ·'를 상하와 좌우에 더해서 세로, 가로 반복해서 각기 그 글자를 이룩한다는 생각도 훈민정음의 해설에 가깝게 합자에 의해서 설명하려 했던 점 역시 흥미롭다. 이러한 설명 방식은 상당히 현대 학문에 가까운 것이라 할 수 있는데 이른바 천음의 발음기관 상형설은 『훈민정음』에서의 초성에 대한 설명인 것이다. 인음 즉 종성(받침)으로 8글자(ㅇ, ㅅ, ㄱ, ㄴ, ㄷ, ㄹ, ㅁ, ㅂ)를 설정한 것도 현실적으로 보아 일치하는 것이었다. 물론 이들은 당시까지 알려진 몇몇 문헌들을 참고한 발전된 해석이었지만 원본 『훈민정음』을 못 본 상태에서의 이러한 해석은 결과적으로 놀라운 일이 아닐 수 없다.

5. 맺는말

지금까지 옥파 이종일 선생의 국문 관련 글들을 중심으로 선생의 국문 즉 한글에 관한 여러 생각을 그 뼈대만 추려 소개했다. 이만한 내용만으로도 옥파 선생의 언론활동과 관련된 국문의 사랑과 태도를 알 수 있었다. 그것은 선생의 실용적인 애국애족 계몽사상에 따른 것으로 조선 시대의 지식인들이 한문전용을 하던 것에 비하면 옥파 선생의 문자사용 생각은 한문과 국문을 글의 목적에 따라 선택적으로 사용하는 과도기 모습이었다.

애국애족사상으로부터 나아간 독립정신은 선생이 천도교에 입교한 이래로 더욱 강해져 10년 가까운 세월을 거친 후에야 1919년 3·1운동으로 전개되었다. 선생이 주도적으로 벌인 민족독립운동이라 결국 서대문형무소에서 3년의 옥고를 치렀다. 그러나 1925년 8월 31일 안타깝게도 영양실조로 인해 아들도 없고 집도 없이 쓸쓸히 돌아갔다. 흔히 '아사'했다 한다. 투철한 독립정신을 후세에 남기고서!

출처: 『성주이씨대종보』 145, 성주이씨대종회, 2017.
붙임: 3.1운동 민족대표 33인의 한 사람인 천도교의 실질적인 대표격인 이종일(1858~1925)은 초기의 독립신문을 비롯해 여러 신문의 논설을 집필하는 등 언론활동을 하다가 제국신문사 사장을 역임해 여성 독자를 위해 한글 신문을 내게 하는 등 언론활동을 하며 한글 사용에 특별한 관심을 보였으며 국문연구소의 위원이 되어 비록 최종 보고서를 제출하지는 못했으나 천도교월보에 훈민정음에 대해 발음기관상형설 등 독창적이고도 선진적인 견해를 일찍이 피력하기도 했던 선구자다. 그래서 비전공자를 위해 그의 한글사용에 대한 견해와 훈민정음에 대한 새로운 과학적 견해를 간략히 소개하였다.

말[언어言語]은 나라의 본성[*]
-주시경, 최현배, 이희승을 중심으로-

1. 무엇이 문제인가

필자는 오래전에 '주시경'을 다루기에 앞서 이런 말을 한 적이 있다.

"한 시대의 역사적 인물은 시대를 달리하면서 늘 새로운 역사적 평가를 받고는 한다. 전통적인 것과 외래적인 것 사이에서 몸부림쳤던, 그러면서 쓰러져 가는 나라의 운명을 바로잡으려 했던 이른바 개화기開化期의 영원히 잊지 못할 인물의 한 사람인 주시경周時經(1876~1914)에 대해서도 마찬가지다."(이병근, 「주시경」, 『국어연구의 발자취(I)』, 김완진·이병근 공저, 1985)

이러한 생각은 현재까지도 크게 바뀐 바 없다. 그리고 30년이 지난 오늘에 이르기까지 그 내용에서도 부분적인 면을 제외하면 크게 달라진 것은 없다. 강습소에서 주시경에게서 가르침을 받은 제자이면서 또 다시 그의 후계자

---

[*] 주시경 서거 100주기를 맞아 필자가 청탁받은 원고의 원래 제목은 '우리말은 나라의 근본'이었다. 그리고 우리말이 나라의 근본이라는 관점으로 우리말을 지킨 인물(주시경, 최현배, 이희승)의 생애, 시대적 배경을 집필하되 일반 독자들이 이해할 수 있도록 쉽게 서술하여 달라는 것이었다.

가 된 힌못(백연白淵) 김두봉, 다시 그 강습소에서 가르침을 받은 제자이면서 고향 인근의 후배였던 외솔 최현배(또는 '감메', '한방우')는 주시경 정신의 후계자임이 틀림없다. 그리고 주시경의 저서를 통해 신학문에 접하게 되면서 일생을 줄곧 언어 연구에 몸 바쳤던 간접적인 제자 일석 이희승은 친구 최현배와 서로 얽혀서 줄곧 한 세상을 지내며 이 나라 어문 운동과 어문 연구를 발전시켜 온 인물이다. 그리고 3 · 1 운동 후 중국으로 건너갔다가 광복 후에는 북한으로 들어가 김일성 밑에서 제2인자로 지내다 숙청당할 때까지, 김두봉은 그곳에서 어문 정책의 방향을 이끌어 한글 전용의 정책을 펼쳤다. 남한에서는 최현배가 문교부에서 근무하며 문교 정책을 그러한 방향으로 이끄는 데 애를 많이 썼다. 정책과 연구의 내용이 이들 사이에 서로 부분적인 차이가 있다고 하더라도 그 밑바탕에 주시경에게서 물려받은 어문민족주의가 깔려 있음은 사실이다. 다만 이 중 이희승은 우리말의 맛을 살려 우리말을 애용했지만, 신조어를 자연스럽지 못하게 고유어로 마구잡이로 다듬는 것에는 강력히 반대하고, '급작스러운' 한글 전용 정책도 반대한 점에서 앞의 인물들과는 분명 차이를 보였다. 또한 '한글파'에 반대하며 상당한 차이가 있는 맞춤법을 주장했던 박승빈 변호사 중심의 '정음파'도 등장했다. 어찌된 일인가.

이제 '말'이 나라의 본성이란 주시경의 이러한 생각이 구체적으로 어찌 반영되었는지 시대적 배경을 염두에 두고 위 선각자들의 활동을 중심으로 정리해 보자.

2. 주시경과 김두봉

한말의 지식인들은 외세로 인해 쓰러져 가고 있던 나라를 건지려 그들 나름대로 각 분야에서 발버둥을 쳤다. 주시경은 바로 사람에게 필수 불가결한 요소인 '말[언어]'을 중심으로 삼아 나라와 겨레를 지키려고 우리말을 연구하였다. 그러나 안타깝게도 그 꿈을 제대로 펼치지 못하고 나라를 일본에 빼앗긴 지 4년 만에 만 38세를 일기로 이 세상을 영원히 저버린 사람이다. 황해도 봉산군 무릉골에서 태어나 서울 큰댁에 양자로 온 주시경은 원래 이름이 주상호周相鎬다. 근대 신학문을 접하다가 배재학당을 다녔다(1894년부터 1년간, 1896년부터 1900년까지 4년간). 여기서 주시경은 서재필을 선생으로 만나 그의 영향을 크게 받았다. 이승만, 윤치호 등은 학당의 학생회인 '협성회'에서 함께 일을 한 동창이다.

　1896년 이후 주시경은 독립신문사에서 일을 하다가 국문동식회, 즉 한글 맞춤법연구 모임을 결성하며 이듬해『독립신문』에 국문 관련 논설들을 집필해 자신의 언어관을 피력했다. 한편 같은 해에 독립협회의 위원으로 선출되어 소장 신진으로 활동했다. 말하자면 20대에는 국어 국문의 연구와 정치 활동이라는 두 가지에 몸을 담았던 셈이다. 배재학당 역사지지특별과를 거쳐 보통과를 1900년에 마친 주시경은 상동교회의 청년학원 국어강습소에 국어문법과를 만들어 국어 국문에 관한 자신의 연구 결과를 1년간 직접 강습하기 시작했다. 이때 그가 가르쳤던 교재는 후에『대한국어문법』(1906)으로 엮었는데 그 내용은 문자 체계와 맞춤법에 관한 것이었다. 책 보따리를 끼고 수없이 많은 학교를 다니며 국어·역사 등을 가르쳤다. 1907년에 설립된 학부 국문연구소의 위원으로 위촉된 그는 정말 성의를 다한 듯 위원들 중 가장 많은 분량의 보고서를 제출했다. 그 주제는 지석영이 제시한 이른바 '국문정리'의 과제들이 중심이었다. 역시 문자 체계의 새로운 확립과 그에 따른 맞춤법의 정리 방향을 위해『대한국어문법』을 다시 정리해 1908년에 『국어문전음학』을 간행하고, 이듬해 최종 국문연구소의 보고서를 제출했다. 이어서 현대 언어학에서의 형태론('기난갈' 참조)과 통사론('짬듬갈' 참조)까지 포함한 문법서인『국어문법』을 1910년에 간행했다. 이 책에 소개된 문장 분석의 도해 방식은 사람들이 오랫동안 독창성을 크게 강조해 해석하였는데, 뒤늦게 밝혀졌지만 실은 당시의 영어교사 참고서인『English Lessons』(1906)의 분석 방법을 참고했던 것이었다.[1] 문자와 음운학 내용의 용어와는 달리 이 책의 문법 용어들은 일상적인 고유어를 줄이거나 '임, 제임, 두로, 몬' 등처럼 새로 지어 쓰면서 한글 전용을 시도했다. 그리고『국어문법』은 바로 시작된 일본의 제국주의로『조선어문법』(1911, 1913 등)으로 수정되었고 민족주의 어문관이 잘 요약된『국어문법』의 서문은 없어졌다. 그리고 일제강점 하에 들자 문을 연 조선광문회에서 그는 김두봉을 비롯한 몇몇 편집위원들과 조수 김여제의 도움을 받아 근대적인 국어사전『말모이』를 편찬하기 시작했다. 『소리갈』(1913) 같은 유인본도 내놓았고, 끝으로 본문을 모두 한글로만 쓴『말의 소리』(1914)를 간행하고는 해외로 망명 준비 중 38세의 젊은 나이로 작고했다.

주시경은 말과 겨레와 나라의 밀접하고 깊은 관계를 그의 초기 논설부터 강조해 왔다. 이러한 그의 생각이 가장 응축된 표현은『국어문법』(1910)의 서문에 다음과 같이 제시되어 있다.

우주자연宇宙自然의 이리로 지구地球가 성成하매 기면其面이 수륙水陸을 분分하고 육면陸面은 강해산악사막江海山岳沙漠으로 각구역各區域을 계界하고 인종人種도 차此를 수隨하여 구구부동區區不同하며 그 언어言語도 각이各異하니 차此는 천天이 기역其域을 각설各設하여 일경一境의 지地에 일종一種의 언言을 발發하게 함이라 시이是以로 천天이 명命한 성性을 종從하여 기역其域에 기종其種이 거居하기 의依하며 기종其種이 기언其言을 언言하기 적適하여 천연天然의 사회社會로 국가國家를 성成하여 독립獨立이 각정各定하니 <u>기역其域은 독립獨立의 기基요 기종其種은 독립獨立의 체體요 기언其言은 독립獨立의 성性이라.</u>

말하자면 '역' 즉 '땅區域'과 '종' 즉 '겨레人種'와 '언' 즉 '말言語'이 하늘이 명한 성에 따라 하나의 천연적인 사회가 형성되되, 그것이 곧 독립된 '나라國家'가 된다며, '땅'은 독립의 '터전基'이요, '사람種'은 사람의 '몸體'이요, '말言'

---

1 정승철(2003), 국어문법과 English Lessons,『국어국문학』134.

은 독립의 '본성[性]'으로,[2] 세 가지 요소가 합해져 하나의 사회며 나라가 각각 정해진다고 했다. 여기서 '본성'은 나라의 경우 '국성國性'인데, 당시의 역사학자들이 강조했던 '국수'나 '국혼'에 비견할 만하다. 이렇게 언어를 중심으로 한 자연발생적인 독립국가관을 주장했었기에 세상의 모든 나라는 각각 스스로 독립해서 존재한다는 것이다. 때문에 본성인 '말'이 없으면 몸도 아니고 터도 못 되는 셈이다. 그러기에 그 나라의 성쇠도 말의 성쇠에 있고 나라의 존부도 말의 존부에 있다고 생각하고서 우리말 연구를 강조했던 것이다. 이러한 사상은 과학적이라기보다는 독립을 강하게 의식한 '민족어' 중심의 이데올로기로 보아야 할 것이다. 단일 민족이니 단일어니 하는 생각이 여기서 비롯된 것임은 물론이다. 단일성의 순수한 핵심, 즉 국수를 찾다 보면 이것이 지나쳐 '광란적인 애국주의chauvinisme' 사상이 나오는 일이 있다. 한국의 '나라, 겨레, 말'의 이러한 '단일성' 관계는 세계 역사에서 보면 일반화가 어려운 한국적 특수 상황이라 볼 수 있다.

이상의 어문 민족주의적 인식에 빠진 주시경은 그의 이름도 고유어 인식이 강한 '한힌샘'(아마도 '태백천太白泉' 정도?)이라 부르기도 하면서, 기독교에서 민족종교의 기치를 든 대종교로 개종했다고도 한다. 주시경의 민족사상은 그 후 어떤 영향을 끼쳤을까?

주시경의 후계자로 불리는 김두봉은[3] 그 호를 '백연'에서 '히못'으로 번역해 불렀듯이 주시경과 통하는 면이 많았다. 1889년에 경남 기장군 동부리(현재는 부산광역시에 편입)에서 김돈홍의 장남으로 재력과 학식을 갖춘 향리 집안에서 태어났다.[4] 그의 일가에는 사회주의자 또는 독립운동가가 많았

---

2 여기서 '성'이 진정 무엇을 뜻하는지는 애매하다. 허웅(1974), 『우리말과 글의 내일을 위하여』에서는 '바탕' 즉 '독립의 성'을 '나라 바탕(국성)'이라 했고, 이준식(2008) 최현배와 김두봉 — 언어분단을 막은 두 한글학자 『역사비평』 082호에서는 '얼[性]'로 보았다. 그리고 고영근·이용·최형용(2011), 『주시경의 국어문법』에서는 '성'은 다른 말로 옮기기 어렵다면서 대체로 '본질적인 요소' 정도의 의미를 지닌다고 했다.

3 김두봉의 자세한 정치 활동에 대해서는 한홍구(2010), 김두봉 — 혁명가가 된 한글학자, 『한국사 시민강좌』 47집을 참조.

다 한다. 동생은 동아일보 사회부 기자로 이름을 떨친 김두백이다.[5] 17세까지 아버지 밑에서 한학을 공부하다가 보명학교를 다녔는데, 1908년 기호흥학회畿湖興學會가 세운 기호학교(중앙학교의 전신)에 입학, 특별과를 졸업한 후, 다시 배재학당을 졸업했다. 주시경을 언제 알게 되었는지는 정확히 알 수 없으나 조선어 강습원에서 주시경에게서 배워 그의 제자가 되었다. 그는 주시경에게 상당히 높은 평가를 받은 듯하다. 김윤경이 질문을 하면 주시경은 자세한 것은 김두봉에게 물어보라고 하면서 그가 자기보다 더 잘 알 것이라고 했다고 한다. 그리고 주시경이 갑자기 세상을 떠난 뒤에 그 강의를 이어받아 가르쳤던 사실로도 보면 후계자가 될 만큼 두 사람 사이의 관계는 매우 깊었다. 나아가 김두봉은 대종교의 교조 나철羅喆(1863~1916)에게서 영향을 받아 대종교에 입교, 상당히 높은 지위인 상교尙敎까지 올랐다.[6] 주시경의 국어 연구와 나철의 민족 종교의 가르침을 받은 그가 민족주의자가 된 것은 자연스러운 일이다. 안쓰럽게도 1914년에 주시경, 또 2년 뒤 1916년에 나철, 두 스승을 거의 같은 시기에 잃어버린 김두봉은 이미 국수주의적 민족주의자가 되어 있었고 끝내는 1919년 3·1 운동 직후 압록강을 건너 중국 안동(단동)에서 영국 기선을 타고 상해로 망명하게 되었다. 그의 스승 주시경이 이루지 못한 해외 망명에 성공한 것이다. 그러나 그는 상해임시정부의 요직을 맡은 것은 아니었다. 차츰 민족주의적 공산주의자가 되어 높은 지도자 중 한 사람이 되었다.[7] 광복 이후 중국 연안에서 북한으로 들어가 김일성 밑에서 부위

---

4 김두봉의 탄생 60주년 기념 논문을 김수경이 1949년에 발표하였다.

5 김두백은 동아일보사 강릉 지국장으로 있을 당시에 조선어학회 사건과 관련되어 방종현, 곽상훈 등과 함께 증인으로 채택된 바 있다. 정긍식(2006), 조선어학회 사건에 대한 법적 분석, 『애산학보』 32.

6 주시경도 1910년 무렵 기독교에서 민족 종교인 대종교로 개종했다고 한다. 나철이나 김두봉과의 종교적 관계나 대종교 활동은 알려진 바가 없다.

7 상해파 고려공산당의 핵심 활동가인 홍도洪濤는 자신들의 연원을 1911년 국내에서 주시경을 지도자로 하여 조직된 비밀 결사, '배달말글몬음'에서 찾고 있다고 한다(한홍구(2010), 김두봉, 『한국사 시민강좌』 47). 주시경이 정치 활동에 관여하기는 했어도 이 비밀 결사의 지도자였는지 아직 확인되지는 않는다.

원장을 지낸 김두봉은 1960년 끝내 연안파 숙청에 포함되었고 마지막은 함경도 주흘 온천에서 휴양을 했었다고 한다.[8]

이상에서 알 수 있듯이 주시경과 김두봉은 많은 유사점을 지녔다. 민족주의자이자 어문 연구자요, 교육자며 종교가(대종교)며 정치가였던 점 등등이다.

주시경이 세상을 떠난 뒤 김두봉은 보성학교 조선어 강습원을 이어받아 국어 문법을 가르치는 한편(여기서 최현배 등이 가르침을 받음), 주시경이 그의 후계자들과 함께 편찬하던 '말모이'(즉 '사전')를 계속하기 위해 그 바탕이 되는 문법서 『조선말본』(1916)을 간행했다. 상해 망명 후에는 독립운동에 참여하고 또 한편으로는 인성학교에서 교장을 지내며 국어를 가르치면서 『깁더조선말본』(1922)을 간행하였다. 주시경의 주장과 같이 가로쓰기를 실천하였고 풀어쓰기를 시도했다. 사전을 편찬하려 시도했으나 여의치는 못했다. 북한으로 들어간 김두봉은 주시경의 영향을 받아 한글 전용 방향으로 정책을 전개했고 조선어학회의 영향을 받아 한글 전용 방향으로 정책을 전개했고 조선어학회의 맞춤법을 대체로 따랐으며, 김병제(환산 이윤재의 사위로 1947년 『표준조선어(한글)사전』을 공편)에 의해 사전 편찬 팀을 꾸려 1960년에 『조선어사전』 전 6권을 사회과학원에서 편찬·간행했다. 이들의 사전은 국가 기관에서 편찬하였기에 남쪽의 사설 출판사에서 개인적으로 나온 사전들에 비해서는 좀 체계적인 틀이 있었다.

3. 외솔(한방우) 최현배와 일석 이희승

최현배는 동향 사람인 김두봉의 권고를 받아 주시경의 제자가 되었고, 주시경 사후 김두봉의 제자가 되기도 하였다. 그는 두 스승의 가르침을 받았는

---

8 1983년 코펜하겐에서 만난 체코의 푸체크 교수는 "주흘 온천에서 김두봉과 면담을 했다."라고 필자에게 일러줬다.

데도 그들과는 차이가 있다. 경상남도 울산(하상면 동리)에서 1894년에 태어난 최현배는 고향에서 우선 한학을 수학하고, 고향의 일신학교에서 3년간 신식 교육을 받았다. 여기서 받은 유일선柳一宣의 산술책을 통해 공부하는 태도와 방법을 익혔는데, 이것이 일생의 학문 연구의 바탕이 되었다고 한다.

　1910년 상경해 관립한성고등학교에 입학했는데, 이 학교는 관비로 일본 유학을 보내는 특전이 있었다고 한다. 조선총독부가 설립되고 그에 따라 학교명도 경성고보로 바뀌고 교장도 일본인으로 바뀌어 최현배는 이 학교에 점점 흥미를 잃게 되었다고 한다. 이때 그는 고향 선배 김두봉의 여러 지도를 받아 문법 연구에 관심을 갖게 되었고, 조선어 강습원에 나가 주시경에 이어 김두봉의 제자도 되었다. 성적은 100점에 가까운 최고였다. 그러나 위 두 스승과는 달리 민족 종교인 대종교에 입교하지는 않은 듯하다. 강습원을 다니다가 접한 주시경의 작고 소식은 그에게 엄청난 충격이었을 텐데, 이에 망인의 유지를 받들기로 결심하고 일생 어문 연구에 몰입하게 되었다고 한다.

　1915년 한성고보 졸업과 함께 단 1명의 조선총독부 관비 유학생으로 선발되어 히로시마고등사범학교에 입학해 한문 교육을 연구 과목으로 했다. 4년간의 유학 끝에 일본 문부성으로부터 교원 면허증을 받고 귀국해서 1920년부터 사립학교인 동래고보에서 국어 문법을 가르쳤다. 2년 뒤 다시 두 번째 일본 유학길을 떠났다. 1922년 우선 일본 모교의 연구과에 들어갔고 곧 교토대학 문학부 철학과에 입학해 1925년 봄까지 교육학을 전공, "페스탈로치의 교육 학설"이란 논문을 썼는데, 다시 1년간 그 대학의 대학원에서 수학했다. 이 유학 기간에 그는 나라외국어학교에서 한국어를 가르치며 민족 사회의 개조에 관한 글을 써서 1926년『동아일보』에「조선민족 갱생의 도」를 발표했다. 그리고 1926년 봄에 연희전문학교 조교수로 임명받았다. 철학, 윤리학, 심리학 등을 강의하던 최현배는 차츰 한국어와 한글을 연구하고 강의하기 시작해 우선『우리말본 첫째매』(1929)를 선보이고, 1937년에는 오랜 기간 꿈꾸던『우리말본』을 세상에 내어놓게 되었다. 그리고 이듬해 흥업구락부

사건으로 학교를 떠났고 4년 뒤 복직은 되었으나 도서관에서 사무원으로 일을 했다. 이 기회를 이용해 그는 또 하나의 대표적인 저서로 『한글갈』(1940)을 저작했는데, 이는 훈민정음의 역사와 그 이론들을 정리한 책이다. 일제 강점기에, 그리고 광복 직후에 한글 연구에 관한 많은 논저들이 쏟아져 나왔는데 이것은 언어 문자를 중심으로 한 주시경 등의 '애족'의 민족정신에 입각한 작업이었을 것이다. 국어사 자료와 국어학사 서술의 일부다.

그간 최현배는 사전 편찬과 그 준비 작업인 '맞춤법 통일안 제정, 표준말 사정과 외래어표기법 확립' 등의 작업을 주로 조선어학회의 동지들과 같이 했다. 조선총독부에서는 1912년 제1회 보통학교용 언문철자법을 규정하고 1921년 개정언문철자법을 확정하고 끝으로 1929년에 제3회의 언문철자법 개정이 완료되어 이듬해 적용되었는데, 여기에 최현배도 심의 위원으로 참여하기도 했다.[9]

최현배는 '말'과 '겨레'의 관계를 다음과 같이 표현했다.

> 말씨(言語)는 겨레의 표현일 뿐만 아니라, 또 그 생명이요 힘이다. 말씨가 움직이는 곳에 겨레가 움직이고, 말씨가 흥하는 곳에 겨레가 흥한다. 여기에 겨레 다툼은 말씨 다툼으로(民族戰爭은 言語戰爭으로) 나타나게 된다. 한 겨레가 무력으로써 다른 겨레를 정복하고 나서는, 그 정복의 쾌를 길이길이 누리기 위하여, 그 정복으로 하여금 완전히 정복이 되기 위하여, 그 정복당한 겨레의 말을 없이하려고 든다.
>
> 최현배, 『우리말 존중의 근본 뜻』, 1953.

이극로에 이어 제3회 조선어학회 간사장을 지낸 일석 이희승은 현재의 경기도 의왕시 포일동에서 태어났다. 이희승은 1896년생이어서 최현배보다 2년 아래였다. 전의 이씨로 조선어연구회에서 만난 이극로와는 족친이었다.

---

9 김윤경(1938), 『조선문자급어학사』, 567~601.

13세에 한성외국어학교 영어부에 입학, 3학년 중도에 한일병합의 국치로 1910년에 미리 졸업했다. 그리고는 최현배처럼 경성고보(관립 한성학교)에 편입학했고, 이후 양정의숙, 중동학교를 거쳐 중앙학교를 수석으로 졸업하고 '경성직뉴주식회사'의 서기로 취직했다. 1919년 3·1운동에 참여하고 다음 달 다시 조선국민자유단의 지하 신문 『자유민보自由民報』 발행에 자금 마련을 하는 등의 활동에 참여했다.[10] 1925년 경성제국대학에 입학, 1930년 법문학부 조선어학·조선문학 전공을 마쳤고 조선어연구회에 입회, 조선어철자법통일위원으로 활동하기 시작했으며, 경성사범학교 교유를 거쳐 1932년에 이화여전 교수로 취임했다. 조선어연구회가 조선어학회로 발전하면서 이극로에 이어 간사와 간사장을 역임하며 강습회는 물론 맞춤법 제정 등에 중추적인 역할을 했다. 1933년 한글맞춤법통일안이 완성되자 이의 해설을 연재하기도 하며 그 보급에 열을 올렸다. 그가 강조했던 맞춤법의 핵심은 한국어의 구조적 특질에 따라 체언과 조사 그리고 용언 어간과 어미를 분리하여 표기하는 이른바 형태적 표기에 있었다. 그것은 주시경 맞춤법의 핵심이기도 하지만("조선어철자법강화", 『당성』 천도교 청년당원지, 1934년 10회 연재), 풀어쓰기를 반대하는 명분이 되기도 하였다. 이어서 표준말 사정, 외래어표기법 제정, 그리고 사전 편찬 등에 깊이 관여했다.[11] 여기서 절친한 친우 중 한 명인 최현배와는 의견 차가 있을 때 번번히 날카롭게 대립하는 고집이 있었다고 한다. 1940년 일본 동경제국대학 대학원에 2년간 유학, 경성제대 교수였던 오구라 신페이 지도하에 다시 언어학을 연구했다. 이른바 과학적 연구였다. 그러면서도 이희승은 다음과 같은 인식을 가지고 있었다.

---

10 이 사실은 『동아일보』 1964년 3월 5일 자의 '3·1운동 전후'⑤에 밝혀져 있다. 이 기사를 찾아준 이정민 서울대학교 명예교수와 대한언론인회 문명호 주필께 감사한다.

11 최현배와 이희승은 주시경과 김두봉과는 달리 천도교에 입교하지는 않았다. 다만, 천도교 주최의 강연에 어문 관련 강사로는 참여했다. 또 최현배는 고향에서 국회위원 후보로 출마했고 이희승은 4·19 때 교수단 데모에 적극적으로 참여했다(이병근, 일석 이희승의 삶과 시대, 『애산학보』 37, 2011).

…… 국어 속에 나서, 국어 속에서 살다가, 그 국어를 자손에게 물려주고 가는 일반 국민에게 국어에 대한 지식을 공급하고, 국어에 대한 인식을 촉구하고, 국어에 대한 애호심을 촉발하여, 우리 국민의 생존 번영과 국어와의 불가분의 긴밀한 관계를 이해시키는 ……

이희승, 『조선어학론고』, 서, 을유문화사, 1947.

1942년 봄 이화여전 복직 및 몇 달 후 이른바 조선어학회 사건으로 연행되었고, 곧이어 장지영, 최현배, 김윤경 등이 옆방에 수감되었다. 당시 민족주의적 어문학자들의 검거는 계속되었고 또 조선어학회를 후원해 준 애산 이인, 남저 이우식 등의 인사들까지 33명이 연행되었다. 또 증인도 상당수였다. 이른바 '조선어학회 사건'이었다.[12] 치안유지법의 위반이었다는데, 그 예심 판결문의 일부를 보면 조선어학회의 활동이 곧 문화운동으로서 독립운동이었다고 보고 있다.

민족 운동의 한 형태로서의 소위 어문 운동은 민족 고유의 어문의 정리 통일 보급을 꾀하는 하나의 문화적 민족 운동임과 동시에 가장 심모원려深謀遠慮를 포함하는 민족독립운동의 점진적 형태이다. 생각건대 언어는 민족 내의 의사소통은 물론 민족 감정 및 민족의식을 양성하여 굳은 민족 결합을 낳게 하여, 이를 표기하는 민족 고유의 문자가 있어서 비로소 민족 문화의 특수성을 파생하여 향상 발전하고 …… 문화의 향상은 민족 자체에 대한 보다 강한 반성적 의식을 가지게 하여 강렬한 민족의식을 배양함으로써 약소민족에게 독립 의욕을 낳게 하고 정치적 독립 달성의 실력을 양성케 하는 것으로, 본 운동

---

12 조선어학회 사건에 대해서는, 이 사건을 특집으로 다룬 『애산학보』 32를 참조하되 김석득 "조선어학회 수난사건 ― 언어관을 통해 본", 정승교 "일제는 왜 조선어학회 사건을 일으켰나?", 정긍식 "조선어학회 사건에 대한 법적 분석" 등이 발표 당시에 주목되었다. 또 항일 재판투쟁을 다룬 최근의 한인섭(2012), 『식민지 법정에서 독립을 변호하다』, 경인문화사 중 "조선어학회사건 ― 이인 투옥과 자격박탈"을 참조할 것.

은 18세기 중엽 이래 구주 약소민족이 되풀이해서 행해 온 그 성과에 비추어 세계 민족 운동 사상 가장 유력하고도 효과적인 운동이라 보이기에 이르렀다.

이러한 언어관의 논점으로 조선어학회를 바로 민족운동단체로 보고 치안유지법에 따라 조선어학회 활동에 관여한 지식인들을 옭아맸던 것이다.

> 본 건 조선어학회는……표면적으로는 문화 운동의 가면하에 조선 독립을 위한 실력 양성 단체로서 본 건 검거까지 십여 년의 긴 세월에 걸쳐 조선 민족에 대해서 조선 어문 운동을 전개하여 왔던 것으로, ……조선 어문에 대한 새로운 관심을 낳게 하여 다년에 걸쳐 편협한 민족 관념을 배양하고, 민족 문화의 향상, 민족의식의 양양 등 그 기도하는 바인 조선 독립을 위한 실력 신장에 기여한 바 뚜렷하다.

이에 따라 범죄 혐의 사실로 보면 최현배와 이희승은 간사나 간사장을 지냈고, 맞춤법통일안 제정, 표준어 사정, 외래어표기법 제정, 언문강습회 강사 참여, 한글날 기념회 관여, 『한글』 발행, 조선어사전 편찬, 조선기념도서 출판 관여 등 둘에게 모두 같은 사실이 적용되었다. 말하자면 둘의 인생은 주시경 사상의 영향 아래 거의 같은 궤도를 달려온 것이었다.

최종적으로는 예심 판결에서 이극로(징역 6년), 최현배(징역 4년), 이희승(징역 3년 6월), 정인승·정태진·이중화(징역 2년, 집행유예 3년)에게 형을 언도했다. 이들은 광복을 맞아 풀려났다.

4. 그 후의 방향은 어디로 갔나

일제 강점기하에서는 주시경의 직접적인 영향을 받은 '한글파'든 박승빈의 주장처럼 한글 전용상의 차이를 보인 '정음파'든 말과 겨레의 성쇠 관계에

대해서는 같은 생각을 가지고 있었다. '정음파'의 대표 격인 박승빈도

> 한 민족民族의 언어言語는 그 민족民族의 성쇠盛衰(문화병세력文化並勢力)에 당當
> 하야 지중至重한 관계關係를 가진 것이라 고故로 자기自己의 민족民族의 언어言語
> 에 당當하야 문전文典이며 철자법綴字法을 운위云謂함에는 가장 경건敬虔한 태도
> 態度로써 함이 가可함
>
> 박승빈, 『보정조선어학강의요지』, 1931.

과 같이 민족의 성쇠가 언어와 지중한 관계에 있음을 강조했다. 그런데 이상
의 사고는 한국만, 또는 주시경만이 보여 준 생각은 아니다. '나라, 민족 및
말'의 긴밀한 관계의 역설은 유럽에서는 이미 19세기에 유행했던 이데올로
기였다.

그러나 광복과 더불어 잃어버렸던 우리말을 찾는 방법에서 차이를 보이
게 되었다. 최현배는 문교부의 핵심 정책 담당 부서에 있으면서 한글전용과
가로쓰기, 나아가 풀어쓰기와 기계화까지 밀어붙이려 했고, 광복 후 국립대
학 교수가 된 이희승은 과격한 정책에 반대했는데, 특히 이른바 '국어 순화'
과정에서 일본식 표현의 제거에는 뜻을 같이했으나 최현배 계통의 '날틀'식
다듬기에는 극구 반대했다. 이희승은 순수 우리말의 맛을 찾으려 '딸깍발이'
식의 수필을 썼던 것이다. 경성제국대학 출신 국어학자들은 이희승과 거의
같은 생각을 가지고 있었다.

한편 북한에서는 제2인자가 된 김두봉의 지도를 받아 한글 전용의 실천은
물론이요, 특히 1960년대의 주체사상에 따라 '국어 순화' 즉 '말다듬기'가 이
루어지고 있어 남북한 단어상의 인위적 차이가 방언의 차이를 넘어서고 있
다. 언어 구조가 같은 상태에서 이를 '이질화'라 부르는 일은 지나친 표현이
다. 남북한의 이러한 차이에도 불구하고 광복 이전의 어문 생활과 비교해 보
면 한글 전용 내지 한글 애용 그리고 가로쓰기가 남북에서 굳어지게 된 것은
주시경과 그 제자들의 덕이라 할 수 있다.[13] 현재 이 글도 국립 기관인 국립

국어원이 청탁한 원고 형식에 따라 거의 한글만 쓰되 꼭 필요하다고 여기는 경우에만 한자를 보였다. 이것이 현실이다. 이제 '문맹퇴치文盲退治'란 말은 없어지고 오히려 한자 문맹漢字文盲이 심각한 정도다. 독자 여러분 자신은 현재 어떠한가.

그러나 광복 후 '국어학'이 과학화되기를 주장하면서 광신적 국수주의에 빠짐을 경고하기에 이르렀다. 이숭녕은 이렇게 주장했다.

> 국어와 한민족, 또는 국어와 한국 문화의 관계는 어떠한 것인가를 검토할 필요가 있는데 흔히 국어는 우리 민족의 고유한 언어이며 우리 문화의 소산인 듯이 막연하게 생각하고 규정하는 경향을 본다. 물론 이것은 틀림없는 사실이겠지만 국어라 하면 해방 후 소중히 여기는 나머지, 비과학적인 쇼비니즘Chauvinisme(광신적 애국주의)적 태도가 엿보여 정당한 이론을 펼 수 없는 면도 있는 터이다. …… 우리는 과학적 정신L'esprit scientifique을 끝까지 견지하여야 하며 학문에 있어서는 극도로 냉정하여야 함은 더 말할 필요도 없을 것이다.
> 국어는 절대로 신화가 전하는 예와 같은 천손 민족의 언어도 아니며 자연 발생적으로 지상에서 솟아난 언어도 아니다. ……
> 이숭녕, 민족 및 문화와 언어사회, 『국어학개설』(상), 집문사, 1955.

이상에서 보면 말言語은 주시경이 보았던 겨레[民族]와 밀접한 관계를 가지는 필수 불가결한 요소로서의 (본)성이라는 생각은 후학들에게도 변함이 없었다. 하지만 언어의 자연발생적 형성관은 받아들이지 않고 있음을 알 수 있다. 광복 후에는 식민 통치에서 불거진 지나친 애국심으로부터 파생된 '광란적 애국주의'에서 벗어나 과학적 정신의 학문으로 나아가야 한다는 주장을

---

13 이준식(2008), 최현배와 김두봉 — 언어의 분단을 막은 두 한글학자, 『역사비평』 082. 여기서 '한글학자'란 아마도 주시경의 제자로 한글 전용을 주장하는 사람들 즉 '한글파'를 부르는 은유일 것이다. 현재까지도 이른바 '정음파'와는 구별된다. '국어학자'에게는 '한글학자'라 부르지는 않는다.

이렇게 보게 되었다. 이것은 '국어'를 소중히 여기는 마음과는 구별되는 순수한 '국어학'의 강조인 것이다.

'말' 즉 언어와 '나라' 즉 국가와 '겨레'나 '민족'의 삼각관계는 서로 떼려야 뗄 수 없는 지극히 밀접한 관계에 있음은 사실이나, 그렇다고 주시경이 생각했던 국성國性 즉 나라의 본성이라고 믿었던 생각은 일종의 이데올로기이어서 시대에 따라 달라질 수밖에 없다. 말하자면 '말' 즉 '언어'를 바라보는 그 시대의 사관에 따라 어느 정도로는 달라질 수 있는 것이다. 이로부터 파생되는 여러 언어정책상의 차이도 생기게 마련인데, 고유어로 말을 다듬는 언어 순화의 정도가 그러하고 용어 사용의 정도가 그러하며, 한글 전용의 범위 문제 역시 그러하다. 이것이 현재의 우리다.

출처: 『새국어생활』 24-3, 2014 가을(국립국어원)
붙임: 우리말이 나라의 근본이라는 관점으로 우리말을 지키려 애썼던 주시경, 최현배, 이희승의 생애와 시대적 배경을 쉽게 써 달라는 청탁에 따라 그런 주제로 썼었다. 다만 주시경의 가장 대표적인 제자로 불리는 김두봉도 고려했는데, 소리갈 즉 음학에 있어서는 김두봉이 생리음성학에 바탕을 두어 주시경과 큰 차이를 보였었지만 최현배와 이희승은 언어가 국가와 민족의 본성 즉 국성으로 여겼던 이데올로기에서는 크게 다를 바는 없으리라. 그러면서 언어의 과학적 연구로 넘어감을 주목할 필요가 있다.

1910~20년대 일본인에 의한
한국어 연구의 과제와 방향
- 오구라 신페이小倉進平의 방언연구를 중심으로 -

1. 머리말

개항기에 싹트기 시작한 근대적인 한국어 연구는 현대어 중심의 규범적인 문법 연구와 새로운 문자체계의 정비를 위한 음운·문자 중심의 연구로 시작되었다. 이는 근대국가체계로의 한국이라는 국가 중심의 통일된 국가어로서의 '국어國語'를 정비하고 그것의 통일된 표기 수단으로서의 '국문國文'을 확립하려는 목적에서 비롯되었던 것이었다. 곧 20세기 전후에 비롯된 일이었다. 정치사적으로 보면 대체로 대한제국 시기에 해당하는데, 국가 중심 곧 당시로서는 민족 중심과 통하는 것이었고 어문 중심의 애국계몽적인 민족주의의 성격을 띠는 것이었다(이병근 1976, 2003). 정치와 언어정책은 특히 당시로서는 별개의 문제가 아니었다. 말하자면 언어는 전체적인 민족 내지 국가의 중심적인 이데올로기(cf. ethnocentralism)를 묶는 통치수단의 하나였다. '國語' 즉 국가의 언어라는 개념이 그러하였다. 그런데 일본의 식민지 통치가 본격화하면서, 한국은 이러한 이데올로기에 의한 '국어'를 잃게 되었고, 모처럼 싹텄던 한국어의 역사적 연구는 주춤하게 되었다.

1910년 10월 1일 일본에 의해 조선총독부가 세워진 이후로 식민지 통치 체제 아래에 있게 되면서 그간 몇몇 일본인들, 즉 오카쿠라 요시사부로岡倉由

三郎, 시라토리 구라키치白鳥庫吉, 미야자키 미치사부로宮崎道三郎, 아유카이 후사노신點貝房之進, 특히 가나자와 쇼자부로金澤庄三郎 등에 의해 시도되던 일본인들의 한국어 연구도 본격화하였는데, 학술적인 면에서는 한국어의 역사적인 연구에 집중되었었다. 일본이 이른바 근대화에 접어들면서 당시 유럽의 역사비교언어학의 영향을 받아 일본어의 역사비교언어학적 연구가 시작되면서 정치 상황에 맞물려 한국어와의 비교연구도 관심의 초점이 되기 시작되었던 것이다. 이른바 '일한양국어동계론日韓兩國語同系論' 나아가서 '일선동조론日鮮同祖論'을 주장했던 동경제국대학의 가나자와 쇼자부로 (1872~1967)가 대표적이었는데, 그는 1898년부터 3년간 일본 문부성 유학생으로 한국에 파견되어 본격적인 한국어 연구를 시작했던 것이다. 그는 다시 일본어 음운사 전공을 하고 있던 동경제국대학의 한 제자인 오구라 신페이를 조선총독부가 세워진 바로 얼마 뒤에 그 총독부의 관리로 한국에 가도록 권유하여 오구라는 1911년 그때부터 1933년까지 20년 넘게 한국에 머물면서 한국어 연구를 행했다. 그의 한국어 연구도 그 시대의 흐름에 맞게 역사비교적인 연구로 궁극적인 목표를 삼았던 것이다. 1933년에 동경제국대학으로 교수 자리를 옮긴 이후에도 경성제국대학의 겸임교수로서 집중강좌를 하면서 틈틈이 한국어 관련 자료를 수집한 것은 그간의 미비점을 보완하기 위한 것이었다.

오구라 신페이(1882~1944), 그는 분명 일본인이다. 한국에 20여 년간 머물던 그는 일본 식민지 통치체제 속에서 총독부의 관리로, 그리고 제국대학 교수로 있어 왔던 인물이다. 그가 행한 한국어 연구는 역사적 연구의 기초가 되는 문헌 중심의 『朝鮮語學史』(1920/1940), 한국 고대어 특히 신라어의 기초적인 정보를 파악할 수 있는 『鄕歌及び吏讀の硏究』(1929), 살아 있는 언어사 자료로서의 방언을 연구한 『南部朝鮮の方言』(1924), 『朝鮮語に於ける謙讓法·尊敬法の助動詞』(1938), *The Outline of the Korean Dialects*(1940), 그리고 그의 방언 연구의 집대성이라 할 수 있는 유작 『朝鮮語方言の硏究』(1944) 등이 대표적이다. 문헌과 방언을 아우르는 이들 연구는 본질적으로 역사적 연구가 목적이

었는데, 그것은 오구라에게 어떤 의미를 지니는 것일까.

한국어에 대한 역사적인 연구는 당시의 한국 안에서는 오구라의 독무대였다(이기문 1972, 1977). 그가 1933년 경성제국대학을 떠날 때까지 한국어의 역사적 연구는 주시경周時經 등의 일부 학자들에 의한 것들을 제외하면 아직 본격화되지 않았다. 경성제국대학 출신인 이희승李熙昇, 이숭녕李崇寧, 방종현方鍾鉉, 김형규金亨奎, 이환수李鈇洙(이정호李正浩로 개명) 등과 동경제국대학 출신인 고노 로쿠로河野六郎 그리고 국내외에서 수학한 나머지 한국어 연구자들이 한국어 역사를 본격적으로 연구하기 시작한 것은 1930년대 후반 이후의 일이다. 이들이 오구라의 영향을 직접적으로든 간접적으로든 받았을지는 알 수 없으나, 다만 이숭녕은 경성제국대학에서 언어학개론을 강의했던 젊은 교수 고바야시 히데오小林英夫의 절대적인 영향을 받았고 오구라에 대하여는 늘 비판적이었다. 이숭녕은 "우리의 일본에 대한 감정은 임진란으로 결정된 것이 되었고, 20세기 전후해서 일본이 구한국을 침략하고 식민지로 만든 그 방법이나, 일제 36년에 말도 빼앗고 성도 고치게 한 그 가혹한 탄압 정책을 잊으려 해도 잊을 수 없는 것도 사실"이라 하고, "일본 학계의 과거와 현재를 알고 또 가능하면 장래의 추세도 내다보는 태도를 가졌으면 한다. 문제는 우리의 노력 여하에 달렸으며, 그 노력의 낭비 없는 방법이 연구되고 반성되어야 할 뿐"이라고 하면서 과거 일본인 학자들의 연구업적을 뛰어넘어야 한다고 강조하였다. 이러한 태도를 가졌던 이숭녕은 오구라에 대해 다음과 같은 평가를 내렸다(이숭녕 1976: 217).

그의 학문은 성실하고, 자료의 수집, 문헌의 검토에도 정력을 기울인 것이다. 평시의 논문 발표도 조사한 것에 선공先功의 지위를 차지하려는 것같이 느껴졌으며, 노력한 것은 인정되나 재기 발랄한 놀라운 것이 적었다. …… 그러나 문헌의 개척에서는 그의 성격에서 공로가 있다고 보며, 우리 선배들이 참한 학술 논문을 쓰지 못한 1920년대에 외국인으로서 많은 개척을 했고, 국어학의 발전에 자극을 준 점은 솔직히 인정해야 한다.

즉 오구라는 한국어학의 개척자로 새로운 학문을 제자들에게 자극하였으나, 학문적 날카로움이 적었었다는 것이다. 이는 결국 그의 논문들처럼 기초적인 자료 중심으로 강의가 진행되었고 이론적인 고민이 적었던 것이라고 여겨지는데,[1] 이러한 평가도 역시 학술적인 데에 한정된 것이다. 말하자면 한 시대의 한 인물에 대한 종합적인 인물사人物史의 서술은 아닌 것이다.

일제 식민지 통치체제 아래에서 오구라 이외에 한국어 역사 특히『朝鮮方言學試攷』(1945)와 같은 방언사를 연구한 고노 로쿠로는 동경제국대학 언어학과를 1937년에 졸업하고서 그의 은사 오구라의 "朝鮮語の方言採集をしては如何か"라고 한 말에 따라 일본 학술진흥회로부터 '朝鮮語方言の採集及び整理'라는 제목으로 오구라의 지도 아래 1937년부터 1940년까지 3년간 한국에서 방언 조사를 한 뒤『朝鮮方言學試攷』란 보고서를 1945년에 간행하여 이미 세상을 떠난 은사에게 바쳤다.[2]

이상과 같은 사정으로 보면 1910~20년대를 중심으로 일본인에 의한 한국어 연구를 학술사적으로 다루려는 이 글에서는 자연히 오구라 신페이를 중심 대상으로 할 수밖에 없게 된다. 그의 문헌 연구, 향가 연구, 방언 연구, 한·일어 대조·비교 연구 등에서 꾸준히 연구를 계속하면서 가장 심혈을 기울인 것이 방언 연구이기 때문에 다시 그가 후에 집대성한『朝鮮語方言の研究』(1944)를 중심으로 평가할 수밖에 없게 된다.

이러한 이유로 이 글에서는 오구라 신페이의 생애와 한국어 역사에 관련

---

1 이와 유사하게 다음과 같은 이숭녕의 언급이 있다(이숭녕 1983: 449); 내가 대학 강의를 들어보니 기대했던 小倉進平는 성실하게 자료의 제시나 자기가 개척한 것을 과장 없이 들고 나오는데, 新味가 없고 나열과 소개에 그친 감이 짙어 그의 강의는 내 마음에 들지 않았다. 끝까지 문헌학적 테두리를 못 벗어난 느낌이었다. 나는 그 강의를 들으면서 비록 건방지기는 하지만 "내가 새로 꾸며야 하겠다."를 절실히 느낀 것이다. 小倉 교수에게는 성실한 태도만 높이 사야 할 것으로 믿었다. 정말 그의『朝鮮語學史』나『朝鮮語方言の研究』상·하권은 거작이고 큰 개척이나 어디에도 번득이는 날카로움이나 재기가 없었다.

2 고노 로쿠로도 1940년대 전반기에 한국어와 만주어 한국어와 일본어와의 역사비교 연구에 관심을 보였는데, 그에게는『朝鮮方言學試攷』이외에 이렇다 할 한국어 방언 관련 논저가 없다.

된 주요 업적을 정리하고서 그의 방언 연구의 목표, 조사 방법, 과제, 방법론 등을 검토하여 그의 한국 방언 연구 나아가서 한국어학사상의 위치와 의의를 생각해 보고자 한다.

2. 오구라 신페이의 생애와 한국어 연구

오구라 신페이는 일본의 근대화가 상당히 진행되었던 1882년에 센다이仙台라는 북부지방에서 태어났다.[3] 제2고등학교를 거쳐 1903년도에 동경제국대학 문학과 언어학 전공에 입학하였는데, 후에 일본어학 전공자로 유명하게 된 하시모토 신키치橋本進吉(1882~1945)와 또 후에 유구어 전공자가 된 이하 후유伊波普猷(1876~1947)와 동기생이었다.

1906년도에「平安朝末期に至る國語の音韻變遷」이란 논문으로 위의 제국대학을 졸업했고,[4] 이어서 같은 대학 대학원에 입학했다. 모교에서 우에다 가즈토시 교수 아래서 일본어학 연구실 조교로 근무하면서 약 4년간 일본어 연구에 종사하였는데, 주로 일본어 음운사와 관련된 논문 몇 편을 발표하였다.

「國語發音の歷史的觀察」(1908)

「漢字の音」(1909)

「御國爭溜璃」(1910)

---

3 오구라 신페이의 생애에 대해서는 고노 로쿠로(1950, 1975), 이숭녕(1977), 야스다 도시아키安田敏朗(1999), 곽충구(2001) 등을 종합하고 여기에 필자가 그간 조사한 사항을 추가하여 정리했다. 고맙게도 서울대 정승철 교수의 도움도 있었다.

4 오구라의 동경제국대학 재학 시에는 우에다 가즈토시上田万年, 다카쿠스 준지로高楠順次郎, 가나자와 쇼자부로, 후지오카 가츠지藤岡勝二, 신무라 이즈루新村出, 호시나 고이치保科考一, 야스기 사다토시八杉貞利 등과 3명의 독일・프랑스인 교수가 있었다. 독일 유학을 하고 역사비교언어학을 공부했던 우에다(1867~1937)는 언어학 및 일본어학을 담당하였고, 한국어학은 가나자와가 담당하여 그는 가나자와로부터 한국어를 배웠다 한다(야스다 도시아키 1999: 24~25).

「仙台方言音韻組織」(1910)

「ライマン氏の連濁音」(1910)

　그 뒤 메이지明治대학 강사를 잠시 지내기도 하였는데, 문부성 유학생으로 1898년부터 3년간 한국에 파견되었던 『日韓兩國語同系論』의 저자인 그의 은사 가나자와 쇼자부로 그리고 한국사연구의 시라토리 구라키치의 권고로 오구라는 1911년 5월에 한국에 들어와 조선총독부 학무국 편집과 관리로 근무하게 되었다. 오구라 자신도 특히 조선총독부에서 교과서 편찬 사업에 종사하였지만, 그의 본래의 목적은 한국어 연구에 있었다고 한 바 있다. 그런데 대학에서 그에게 한국어를 가르쳤던 그리고 한국어를 연구하게끔 권고했던 가나자와는 「朝鮮語硏究の急務」(『國學院雜誌』, 1908)에서 다음과 같은 내용의 언급을 하였다. 즉 과거의 일은 초차하고 현재 한국은 일본의 보호국으로 되었고 일본인이 조선의 관리가 되어 실제 보호를 받고 있다고 전제하면서

　　고등교육 있는 자로 조선어를 수학하게 할 필요가 있다. 고로 장래는 통역관 양성을 위하여 조선어를 교수할 필요는 물론, 그 외에도 조선의 행정, 사법, 교육 등의 국局에 합당한 자를 양성하기 위해 법문과대학法文科大學을 비롯해 각종의 고등전문학교에서 전문의 학술을 닦음과 동시에 조선어 수업을 행하는 것이 가장 필요하다고 생각한다.

라고 하였다. 1903년부터 1906년까지 가나자와에게 이러한 식민지 정책의 사고를 교육받은 오구라는 결국 한국어와 일본어의 전문가가 되었고 식민지 통치를 위한 행정 및 교육 등의 면에서, 일본의 인접 국가를 강점하여 대외 팽창을 이루던 바로 그 시기에 식민지 통치지배 체제의 조선총독부 관리로 와서 그의 충실한 제자가 되었던 셈이다.

　이렇게 조선총독부의 관리가 된 오구라는 편집과의 속屬으로 편수서기를 겸하는 직책이었는데, 교과용 도서에 관한 사항을 담당하는 편집과의 서무

와 식민지 교과서의 편수 및 검정 업무를 담당했다. 직급은 판임관으로 해당 행정관청에서 임명되었다. 말하자면 일본이 강점한 새로운 식민지 통치지배의 일원으로 한국에서의 그의 삶이 시작된 것이다. 그리하여 그는 개인적인 학업 외에 그의 전공과 관련이 있는 분야에서 식민지 통치 행정을 볼 수밖에 없었던 것이다.

총독부 학무국 관리로서 오구라는 학사 시찰이란 명목으로 우선 방언 조사를 행하곤 했는데, 1912년 겨울에 제주도를 시찰하여 그의 방언조사가 시작되었고 이어서 대마도(1913), 황해도서부(1913), 경상남도(1915), 경상북도(1916), 함경남도(1917), 충청남도(1918), 전라남도(1918), 함경남도(1920), 전라북도·충청북도(1921), 경상북도(1922), 강원도(1923) 등으로 이어졌다. 이러한 조사 자료에 근거하여 정리해서 그 결과를 그때그때 발표하다가 일단 『南部朝鮮の方言』(1924)으로 간행한 뒤, 1924년부터 2년간에 걸쳐서 영국 프랑스 및 미국으로 언어학 연구를 위해서 유학을 다녀왔다. 이렇게 해서 그는 조선총독부 근무를 마감했는데, 그간에 조선총독부의 식민지 정책 사업에 참여하곤 했던 것이다.

조선총독부의 관리로 근무하면서 오구라는 경성고등보통학교(현 경기고등학교의 전신) 교유 그리고 경성의학전문학교(현 서울대학교 의과대학의 전신) 교수(1917~1919)를 겸임하기도 하였다. 물론 일본어(회화)를 가르쳤다. 그는 조선총독부의 관리로 위의 겸임을 맡고서도 12년 동안 방언조사 이외에 몇 가지의 작업을 진행하였다.

식민통치를 위한 구관제도조사사업舊慣制度調査事業의 하나로 기획된 조선어사서朝鮮語辭書의 편찬 작업5이 조선총독부 취조국取調局에서 1911년 4월부

---

5 사전 편찬이 끝나고서는 "반도사편찬半島史編纂"의 부대 사업으로 '일한동원사日韓同源史'의 편찬도 1925년부터 3년간 시도되었는데, 이마이 히코사부로今井彦三郎(제일고등학교 교유)가 그 사무를 맡았다. 일본과 한국 두 민족의 같은 기원을 조사하려던 이 사업 속에 '언어, 문자'에서 본 한일관계도 포함되었다. 이외에 '이두집성吏讀集成'의 편찬도 있었다 (『朝鮮舊慣制度調査事業概要』 1938, 조선총독부 중추원).

터 시작되었는데, 기구개편으로 이 사업이 이듬해 참사관실로 이관되어 오다 미키지로小田幹治郎의 지휘 아래 진행되면서 그는 이 사전 편찬에 참여하기 시작한다(이병근 1985). 1913년 6월 23일에 조선어사서심사위원회의 위원에 다음과 같은 내용으로 추천되었다.

小倉進平(京城高等普通學校 敎諭): 文例의 修正・統一
言語學을 專攻하고 京城高等普通學校에서 日本語科를 擔任하며 일찍이 金澤庄三郎 著『辭林』의 編輯을 擔任하고 또 朝鮮語의 硏究를 게을리 하지 않은 고로 文例의 修正・統一을 擔任하고 또 編纂의 形式 등에 부칠 意見을 냄에 가장 適當할 것임.

이리하여 오구라는 한(일) - 한・일어로 풀이된 조선어사서의 편찬에서 용례의 수정・통일 등의 심사는 물론이고 '전문어 및 보통어' 전부를 심사하면서 편찬 형식의 정정까지 담당하였으며, 1918년에는 161권 37책(4,983매)의 『朝鮮語辭書原稿』를 오다 미키지로・현은玄嚜・어윤적魚允迪과 함께 심사・검열하였던 것이다. 이 사전은 기존의 서양인 편찬의 대역사전에서 고유어를 뽑아내고서 한국 특유의 한자숙어, 이두, 지명,[6] 정치제도 관련 표제어 등을 많이 실은 그래서 일본인 관료가 한국의 문서를 읽고 이해하는 데에 도움이 되는 주석사전의 성격을 띠게 되었다. 이것이 바로 식민지 통치 정책의 일환이었던 것이다. 이렇게 해서 간행된 조선총독부 편 『朝鮮語辭典』에 대해 오구라는 만족스러워 하지 못했다 한다.[7] 그래서인지 1930년대 초에 그는

---

6 '지명' 자료는 '조선지지朝鮮地誌'의 조사 자료(후에는 지명사서地名辭書의 편찬 사업으로 변경)를 활용하였다 한다(『朝鮮舊慣制度調査事業槪要』1938: 170).

7 고노 로쿠로(1950)에서는 이 사전 편찬에 대해 어떤 면에서는 특색을 갖고 있지만, 당시 편집을 주재하고 있었던 총독부 모 관리는 오구라의 의견을 채용하지 않았기 때문에 그는 이 사전에 만족하고 있을 수 없었다고 하고, 경성제국대학 조교를 시켜 나름대로의 사전 편찬을 법문학부 사업으로 계획하고 준비 중에 있었지만, 그때 그가 퇴직하는 바람에 고노에게 의뢰하여 맡게 되었는데, 전쟁이 끝남에 일본으로 돌아가게 되어 그마저 단념하

자신의 연구실에서 조선어사전 편찬 사무를 보면서 그 조수로 1930년도 졸업생 서두수徐斗銖(후에 미국 워싱턴대학 교수를 지냄)를 썼었다 한다(이숭녕 1983: 447).

또한 오구라는 이 시절에 고서·고문헌에 관심이 컸는데, 사전 편찬을 담당했던 바로 조선총독부 취조국(1911년)에 이어서 참사관실(1912년 이후)에 소장되었던 고서·고문헌을 중심으로 하고 방언조사 때에 틈틈이 수집한 것 등을 고려해서 조사·연구하여 단편적인 논문들을 발표하다가『朝鮮語學史』(1920)를 간행하였는데, 이는 한국어의 역사적 변천을 연구함에 필요한 것이었기 때문임은 물론이다. 한국어 자체는 물론이요, 한국어와 관련이 있는 일본어학·지나어학·만주어학·몽고어학·여진어학·거란어학 등등의 고서와 고문헌을 포함하여 서술하였다. 이를 한 언어의 연구사 자체의 서술인 협의의 어학사와 구별해서 광의의 어학사라 하였다.

오구라는 또 이 시기에 한국어와 일본어와의 비교·대조 연구도 시도하였는데,『國語及び朝鮮語のため』(1920)와『國語及朝鮮語 發音槪說』(1923)이 그것이다. 앞의 것은 두 언어의 계통적 관계를 다룬 것으로 어학사, 특징, 한자음·어휘·음운비교, 문자 등등도 다루었다. 뒤의 것은 음성학의 원리에 기초를 두고서 두 언어의 음운의 특질을 논하되, 그 다른 점과 같은 점을 분별하고 발음의 교정에 관한 의견도 덧붙여 학술적인 연구와 실지 교수에 참고하도록 하였다. 음운의 특질을 각론 식으로 다룬 결과 체계적인 파악에는 미치지 못하였다.

1924년부터 학무국 자리를 그대로 가지고서 2년간 영국, 프랑스, 미국을 둘러보고 돌아온 오구라는 1926년에 경성제국대학의 법문학부 문학과 조선어학·조선문학 전공학과의 교수로 부임하였다. 주로 조선어학개론, 조선

게 되었다고 하였다. 여기서 그 관리는 이 사전 편찬을 담당하던 오다 미키지로일 것이고, 오구라의 생각은 사전 형식 구조를 "한(일) - 한 - 일"이었는데, 그것이 한 - 일 대역사전으로 바뀌었던 사실을 말하는 것 같다(이병근 1985).

어학사, 조선어학특수강의 등 제2강좌담당의 강의를 1933년까지 6년 동안 맡았었다. 1931년도에서 1933년도 사이에 그의 강의를 들었던 이숭녕은 다음과 같이 회고한 바 있었다(이숭녕 1976: 215). 우선 고문헌연습강의 때 한국어를 사용한 일이 없다면서

> 그 강의를 보면, 성실하고 풍부한 조사 기록을 가지고 논술하기는 하나 날카롭지 못한 것이 안타까웠다. 내향적인 성격에다 구변이 없어, 고증은 훌륭해도 이론의 형성은 무딘 것이 답답했다.

와 같이 강의를 평가했다. 오구라는 자료를 중시하는 태도를 지녔고 성격이 꼼꼼하였던 듯하다. 이숭녕의 졸업논문(「朝鮮語のヒアツス現象に就いて」) 구두시험 때에 40분간이나 오구라에게 닦였고 논문 속의 이론이나 참고문헌 인용에 대해 오구라는 조사를 해 본 듯 한마디 반문은 없었으나 자료에 대해서는 꼬치꼬치 묻고는 했다는 것이다. 그러고 나서 회의석상에서 이숭녕이 논문을 잘 썼다고 칭찬을 했다는 것이다(『한국일보』 제9130호). 그런데 이숭녕이 졸업 후 평양사범학교에 취직할 때에는 오구라가 아니라 사학전공의 다카하시 도오루高橋亨 교수가 추천했었다.

경성제국대학 교수로 있는 동안에도 오구라는 방언 관련 조사연구를 하면서 어휘사·문헌·어학사 등등에 관한 논문들을 발표하다가 그의 대표 저서의 하나인 『鄕歌及び吏讀の硏究』(1929)를 간행하였다. 이 책은 그의 박사학위논문으로 몇 년 뒤인 1935년에 제국학사원帝國學士院으로부터 은사상恩師賞을 받았다.

1928년도와 1929년도에는 「朝鮮の方言硏究」라는 제목으로 제국학사원으로부터 연구비를 받아 평안도방언과 함경남도·황해도방언을 각각 조사했다.

오구라는 1929년 5월 20일자로 조선총독부 학무국에 둔 제2차 '언문철자법조사회'의 위원으로 위촉되었고, 직급은 교수敎授 종오위훈오등從五位勳五等

이었다(『경성제국대학학보』 27호에는 "조선어독본 언문철자법 조사사무를 위촉하다"로 되어 있다). 제1차 조사회는 1928년 9월부터 1929년 1월까지 7회에 걸쳐서 원안을 작성하였는데, 그 위원은 심의린, 박영빈, 박승두, 이세정 등 교원들이었다. 이들이 제2차에 오구라를 참석하도록 요청했던 것이다. 이때 위원은 오구라와 다카하시 도오루 두 교수 이외에 니시무라 신타로 西村眞太郎, 다나카 도쿠타로田中德太郎, 후지나미 요시쓰라藤波義貫 등의 통역관, 그리고 장지영, 이완응, 이세정, 권덕규, 정열모, 김상회, 신명균, 심의린 등 19명이었고, 처음에는 가나자와 쇼자부로도 두 번 참석했었다. 1930년 2월에 공표된 「諺文綴字法」이 그것인데, 바로 4월부터 교과서에 적용되었다. 위원 중에는 주시경의 맞춤법 견해를 따르는 이들이 상당히 있어 형태소 위주의 표기법으로 방향이 바뀌게 되었다(정승철 2005). 이에 대해 오구라 자신은 몇 번의 언문철자법에 비해 뚜렷이 정리가 되고 이론적으로 되어 왔지만, 한편으로는 학습상의 어려움이 따랐음을 부인할 수 없다고 하였다(『朝鮮語學史』 1940: 142). 이는 바로 음소주의 표기법보다는 형태소주의 표기법이 강화된 것을 두고 한 말이다. 오구라는 아마도 음소주의 표기법을 선호했던 듯하다. 「普通學校用 諺文綴字法」(1921)의 안이 마련되었을 때에 그는 다음과 같은 생각을 가지고 있었다.

> …… 余의 個人의 意見으로는 整理는 不可不行치 아니치 못홀 것은 勿論이오, 整理를 行홈에 當ㅎ야 如何흔 方則을 取홈이 可ㅎ냐 홈에 對ㅎ야는 決定的 發表ㅎ기는 不能ㅎ나 文字를 發音과 同一케 ㅎ는 方則을 取홈이 安當ㅎ다 ㅎ노라. 諺文은 即 言語를 表示ㅎ는 것으로 言語와 此를 表示ㅎ는 諺文과 相異홀 것 갓흐면 죠금도 諺文의 必要를 感홀 餘地가 無흔즉 發音을 本位 삼아 此에 適合한 文字로 統一을 取홈이 最有效홀 줄로 思ㅎ노라. 例컨딕 「졍」과 「뎡」을 「졍」으로, 「졍」과 「뎡」을 「졍」으로 …… 統一ㅎ고
>
> 『매일신보』, 1921. 3. 20.

이러한 태도를 지녔던 그는 방언연구자답게 이어서 "余의 思想으로는 模糊에 近ᄒ고 徹底ᄒᆫ 主義이라고는 云ᄒ기 難ᄒ나 各地 言語를 綜合ᄒ야 愼重ᄒᆫ 調査를 行ᄒᆫ 後 發音과 文字가 相異가 無ᄒᆫ 精神下에서 删削加添ᄒ야 統一을 計圖홈이 捷徑이 될가 ᄒ는바"라고 언급하였다.

앞에서 언급한 바와 같이 조선총독부 참사관실 분실에는 조선 시대 규장각에 수장되어 있던 고서·고문헌이 소장되어 있었는데, 그 뒤 각 지방으로부터 걷어 보완한 도서와 함께 1928년부터 1930년까지 세 차례에 걸쳐 경성제국대학 부속도서관으로 이관되었다(『朝鮮舊慣制度調査事業槪要』1938, 이태진, 『규장각 소사』, 서울대학교도서관, 1990). 오구라는 바로 그 무렵 부속도서관장이었다. 즉 그가 경성제국대학 교수로 옮긴 직후인 1926년 4월 20일에 조선총독부로부터 부속도서관장에 임명되어 1929년 5월 23일에 '의원' 면직되었다(『京城帝國大學 學報』 소화 2년, 6년). 이 도서관장 시절, 규장각도서를 비롯해서 더욱 많은 고서·고문헌을 쉽게 볼 수가 있었을 것이다. 동경제국대학으로 자리를 옮긴 후 『增訂朝鮮語學史』를 간행한 것은 1940년이었다. 목적은 여전히 한국어의 역사적 연구에 있었음은 말할 것도 없다.

1933년에 후지오카 가츠지 교수에 이어 동경제국대학 문학부 언어학과의 주임교수로 부임하면서도 오구라는 경성제국대학 겸임교수로 임명되어 매년 한 차례씩 집중강의(또는 특강)를 하면서 한국어 조사를 속행하기도 하였다. 앞에서도 언급한 바와 같이 1937년부터 3년 동안은 「朝鮮語方言の採集及び整理」로 일본 학술진흥회로부터 연구비를 받았으나, 실제 방언조사는 그의 제자이면서 공동연구원이었던 고노 로쿠로가 행하였는바, 이 조사 결과를 그의 스승이 세상을 떠난 뒤 1945년에야 『朝鮮方言學試攷』로 간행하였다. 오구라 자신이 "나는 공무로 한국에 건너갈 때에, 지금도 틈이 있으면 시골로 나가서 지식의 양을 구하고 있다.(「朝鮮語方言採集の思ひ出」, 1935)"라고 하였으나, 위와 같이 그 뒤로는 어려웠던 것이다. 그것은 아마도 다른 작업을 하고 있었기 때문이었을 듯하다.

1938년도에 창립된 일본언어학회의 부회장을 그가 세상을 떠날 때까지

계속하였다. 이러는 동안에, 오구라는 그가 해온 여러 분야의 연구를 계속 보완·정리하여 『朝鮮語と日本語』(1934), 『朝鮮語の系統』(1935), 『朝鮮語に於ける謙讓法·尊敬法の助動詞』(1939), 『增訂朝鮮語學史』(1940) 등과 같은 단행본들을 줄줄이 간행하였고, 외국인을 위하여 한국어 방언을 지극히 간략하게 개관한 메모아르 *The Outline of the Korean Dialects* (1940)를 동양문고 연구부에서 간행하기도 하였다.

이렇게 그간의 연구들을 정리해 가면서 "동경제국대에서 순수한 언어학 강의를 꾸미고 학생지도에 지나치게 고생하여" 몸이 약해지기 시작했다 한다(이승녕 1976). 1943년도에 대학에서 정년퇴직하고 공적인 활동에서 대부분 벗어나게 되었다. 이때에 조선총독부는 오구라가 오랜 동안 한국 문화를 위해 공헌했다 하여 그에게 '조선문화공로상朝鮮文化功勞賞'을 수여하였다. 조선총독부 관리 시절부터 35년간 한국어 나아가서 한국 문화를 연구해 왔던 그는 그 자신이 가장 심혈을 기울여 왔던 한국어 방언 자료와 연구를 정리해서 집대성하여 『朝鮮語方言の硏究』를 상권 자료 편과 하권 연구 편으로 나누어 간행하려던 중에 건강을 너무 해쳐, 정년퇴직 이듬해인 1944년 2월 8일에 끝내 세상을 떠나 그해 9월 유작으로서 간행하게 되었다. 그는 제국주의의 일본에서 살다가 일본의 패전과 한국의 광복을 볼 수가 없었던 것이다.

이렇게 삶을 마감한 오구라에 대하여 그를 가장 잘 알고 있던 제자 고노 로쿠로는 오구라의 영예는 30여 년에 걸친 끊임없는 노력에 의한 것으로 오랜 기간 그를 둘러싼 환경이 반드시 그의 학문적 활동에 유리했던 것은 아니었다면서 당시 공무의 여가에 연구하는 것은 쉽지가 않았고[8] 거의 학문적 분위기가 없는 곳에서 누군가 한걸음씩 착실한 지반을 굳혀 간다는 것은 어지간한 인내와 노력을 요하는 것인데, 오구라는 왕성한 의지로 그 어려움을 뚫고

---

[8] 이러한 언급은 일본인의 처지에서 겪은 일을 두고 한 말이다. 당시에 조선총독부 관리로 공무로 지방으로 출장을 갔다면 더욱이 그곳에 일본인 학교장이 있었다면 그 환대와 편의 제공은 짐작할 만하지 않은가. 첫 번째의 제주도방언 조사의 경우가 대표적인 예일 것이다.

서 한국어 연구에 과학적 기초를 마련했다고 평가하였다(1950). 그리고서는 그는 결론적으로 오구라의 한국어 연구에 대하여 다음과 같이 의의를 부여 하였다.

박사는 한국어학의 많은 분야에 있어서 정력적 활동으로써 기초적 노작을 남겼다. 극동의 여러 지역에 이야기되고 있는 많은 언어 중, 상당한 문화와 역사를 지니는 한국어가 과학 연구의 기반을 가지는 것은 완전히 박사의 헌신적인 노력에 의한 것이어서, 금후 한국 내외의 연구자에 의해 그 발전이 기대되는 듯하지만, 그것은 반드시 박사가 세운 초석 위에 있는 것이다.

이러한 평가 내지 의의는 요컨대 오구라의 한국어 연구 자체만을 한정시켜 언급한 것이다. 또 경성고보에서 그로부터 일본어 회화를 배웠고 경성제국대학에서 전공 강의를 들었으며, 그리고 동경제국대학 언어학과에 유학을 가 그를 또다시 만났던 이희승은 그의 자전적 회고록 『딸깍발이 선비의 일생』(p. 53)에서 "일본 동북지방 출신인 그는 마치 우리나라 동북인들처럼 끈질긴 기질을 가진 지독한 노력형의 학자였다."고 평한 바 있다. 이러한 평가도 역시 수많은 기초적 연구와 관련된 것이 아닌가 한다.

그런데 고노는 또다시 오구라가 한국어 연구를 시작하게 된 동기를 다음과 같이 언급하였다.

당시 일한 양국간의 정치적 관계에 자극되어, 한국어도 일본학계에 등장하게 되었다. 이 일은 주로 사학자 시라토리 구라키치 박사에 의하여 주의를 환기시켰던 것이며, 한편으로는 가나자와 쇼자부로 박사도 언어학적 고찰을 시도하고 있었다. 그러나 여전히 한국어와 아울러 그 역사에 관한 정확한 조사의 필요가 절감되었다. 이러한 풍조 아래 때 만난 젊은 언어학자는 가나자와·시라토리 양 박사의 적절한 권고가 없었더라도, 이 미지의 세계로 향해서 학적 정열로 불타는 눈을 향했을 것이다. 이리하여 1911년, 현해탄을 건너 한국어의 본격적 조사를 하러 달려간 것이었다. 이래로 선생의 생애는 문자 그대로 한국어학 건설에 바쳐졌다.

여기서 우리의 주목을 끄는 대목을 발견한다. 즉 "한·일 양국간의 정치적 관계"[9]로 일본에서 한국어 연구가 자극·시작되었다는 것이고 결국 그러한 풍조 속에서 젊은 오구라가 한국어 연구에 뛰어들었다고 한 셈이 된다. 정치와 학문과의 관계에 대한 중대한 발언이라 할 수밖에 없다. 그렇다면 내성적이면서 끈질긴 성격의 소유자였던 오구라가 일본어학을 하다가 일본인으로서 식민지 통치체제였던 조선총독부의 한 관리로 왜 한국에 와서 식민지정책 수행을 위하여 여러 사업에 관여하게 되었는지 그 해답이 나오는 셈이다.

한국어 연구에서 과학적 연구의 기반을 세웠다면 그것은 도대체 무엇일까. 특히 그가 한국어의 현상과 역사를 연구함에 가장 심혈을 기울였던 방언조사와 방언 연구는 과연 어떤 목적으로, 어떤 과제를 또 어떤 방법으로 진행하여 과학적 초석을 세웠는지, 그 초석이 어느 정도였는지 검토하고, 그리고 그것이 그의 생애와 함께 가지는 의의가 무엇인지 검토하지 않으면 안 되는 단계에 온 것이다. 현재의 한국어 연구자들은 흔히 오구라의 남긴 자료를 이용하면서 자족하고 있을 수만은 없다. 이는 앞으로의 우리 학문의 방향을 결정하고 우리 학문의 길을 새로이 개척하여야 함을 뜻하기도 하는 것이다. 솔직히 말해서, 현재까지 우리 국어학계는 아직도 오구라의 한국어 방언 연구에 대해서 본격적인 검토를 행하였다고는 할 수가 없다고 본다.

---

9 이때의 정치적 관계는 이미 잘 알려진 바와 같이 일본 측에 의한 1904년의 일한협약 이후로 1905년의 제2차 일본협약(외교권 박탈, 통감부 설치), 1907년의 제3차 협약(군대 해산, 행정권 박탈), 1910년의 경찰권 박탈 및 끝내는 병합에 이르는 한국 식민지화를 꾀하던 과정과 관련이 있을 것이다.

3. 오구라 신페이의 방언 연구 목적과 방법

3.1. 방언 연구의 목적

오구라의 한국어 연구는 문헌 연구, 고대어 연구, 방언 연구 등에 집중되어 있고, 또한 한국어의 교육과 관련된 일본어 연구(특히, 발음 및 음운사 연구) 등에도 관심이 있었다. 그 대부분이 한국어의 역사적 연구의 기초적인 작업으로 과학적 기반 또는 초석을 이루었다고 평가되고 있는 것이다.[10]

오구라 자신은 그의 한국어 연구의 목적에 대하여 『鄕歌及び吏讀の硏究』(1929)의 서문에서 다음과 같이 언급하였다.

> 조선어의 역사적 연구는 조선어 그 자체의 성질을 천명하는 데 필요할 뿐만 아니라, 또 외국어 특히 조선어와 인접한 제민족諸民族의 언어와를 비교하는 데 가장 긴요한 일이다. 언어의 역사적 연구를 무시한 어론語論은 흡사 사상누각沙上樓閣을 짓는 것과 마찬가지로 근저가 매우 박약하여 하등의 과학적 가치를 인정할 수가 없다.

즉 그의 주된 한국어 연구의 관심은 역사 · 비교언어학적 연구에 있었으며, 이러한 역사적 연구가 아니면 그러한 연구는 하등의 학문적 가치를 인정하지 않으려던 19세기적인 과학(=학문, science)의 태도를 지녔던 것이다. 19세기의 '과학'은 관찰 가능한 자료에 바탕을 둔 역사적 연구만을 학문적 가치가 있다고 보았기 때문이다(이병근 1978, 1979).

이러한 그로서는 한국어가 어떠한 특질을 지닌 언어이며 어떠한 언어와

---

10 고노 로쿠로는 또 다음과 같이 언급하기도 하였다.
"박사의 업적에 일관해서 흐르는 것은 조선어의 역사적 고찰이었다. 언어의 역사적 고찰은 우선 사료의 수집과 수집된 사료의 음미에서 시작되지 않으면 안 된다."

계통을 같이하는 언어인지 하는 문제를 구명하기 위해서 우선 한국어 자체의 현상과 역사적 변화의 발자취를 밝히고서 딴 언어와의 비교연구를 시험하려 하지 않으면 안 되었다. 그리하여 한국어의 역사적 변천을 연구함에 연구의 근간을 이루는 자료를 우선 풍부히 모으려 하였다. 그런데 문헌상에서 한글로 남은 어휘의 빈약함으로 방언 채집 사업의 긴요 필요함을 느끼게 되었고, 살아 있는 언어의 연구로부터 언어학 내지 방언학의 발달에 이바지하려 하였다(「朝鮮語方言硏究の必要」, 『朝鮮語方言の硏究』 하: 6~8).

이상과 같은 방언 연구의 목적과 필요에 따라 그의 방언 자료나 방언 연구 방법에서 늘 역사적 관심이 있을 수밖에 없게 되었다. 그런데 방언 연구의 필요성을 문헌상에서 자료가 부족한 점을 보완함에 있다고 하였는데, 방언을 역사적으로 다룰 때에 그는 거의 늘 문헌의 자료를 함께 활용하곤 했다. 그 참고문헌들은 『訓民正音』을 비롯하여 15세기~17세기에 간행된 한국어사 관련 문헌들이 대부분이었다. 모두 52종이었는데, 거기에는 『華夷譯語』와 같은 중국 간행의 문헌도 들어 있고, 『朝鮮物語』, 『隣語大方』 등과 같은 일본 간행의 문헌들도 포함되어 있다.[11]

3.2. 방언 조사 방법

앞에서 말한 것처럼 1911년 조선총독부 학무국 관리로 교과서 편찬 사업에 종사하면서 20여 년간 틈틈이 방언 조사를 행했던 것인데, 총독부에 부임

---

11 인용에 쓰인 주요 서적은 다음과 같았다.
『訓民正音』, 『訓蒙字會』, 『書傳諺解』, 『捷解新語』, 『金剛經諺解』, 『語錄解』, 『淸文叢彙』, 『淸文鑑』, 『五倫行實』, 『交隣修知』, 『星湖僿說』, 『山林經濟』, 『華夷譯語』, 『華語類抄』, 『才物譜』, 『詩經物名解』, 『漢淸文鑑』, 『月印釋譜』, 『濟衆新編』, 『採取月令』, 『課程日錄』, 『故事撮要』, 『杜詩諺解』, 『同文類解』, 『牛疫方』, 『鄕藥救急方』, 『朝鮮物語』, 『東醫寶鑑』, 『鄕藥集成方』, 『經驗方』, 『痘瘡集要』, 『內訓』, 『三綱行實』, 『四聲通解』, 『詠歌大師證道歌南明禪師繼頌』, 『父母恩重經諺解』, 『釋譜詳節』, 『仁粹王后』, 『陀羅尼經諺解』, 『朴通事諺解』, 『百聯抄解』, 『勸善文諺解』, 『辟瘟方』, 『譯語類解補』, 『龍飛御天歌』, 『妙法蓮華經諺解』, 『蒙山和尙法語』, 『老乞大諺解』, 『隣語大方』, 『蒙語老乞大』, 『譯語類解』, 『和漢三才圖解』, 『圓覺經諺解』.

한 바로 그해 겨울에 제주도방언부터 조사하였던 것이다. 1933년 이후로는 매년 한 차례씩 현해탄을 건너 한국에 와서 단기간에 걸쳐 방언 조사를 해서 이전 조사의 불비점을 수정·보완하려 하기도 했다. 이미 밝혔듯이 1937년부터 3년간의 방언 조사는 오구라의 지도 아래 고노 로쿠로가 실지 조사했던 것이기에, 오구라의 한국어 방언 조사는 그 대부분이 1910~20년대에 이루어졌다고 할 수밖에 없게 된다. 요컨대 1910~20년대에 그는 실지 방언 조사를 집중적으로 했던 것이다.

방언 제보자는 조사 목적에 맞게 하려면 일반적으로 보수적인 노인 특히 부인들이 좋으나 시간 소비와 답변 요령의 어려움으로 부득이 초등학교 상급반 남녀 학생 약 10여 명을 대상으로 하였다. 외국인으로서의 한계를 여기서 볼 수 있다.

조사 항목 조사서는 유럽 여러 언어나 일본어의 조사서들이 있으나, 한국어의 특유한 언어현상을 생각해서 음운·어휘·어법상의 특색이 있다고 생각되는 단어를 자신이 극히 적은 수의 단어를 선택해서 일단 제작하고서 점차 그 수를 증가하여 결국 600 내지 700 단어에 이르게 되었다 한다. 이렇게 조사한 단어들을 정리해서 항목을 나누어 보고했을 때에는『朝鮮語方言の研究』(1944)에서 볼 수 있는 바와 같이 엄청난 수의 항목으로 늘어나게 되었다. 그 각각의 수는 다음과 같다.

名詞 657

　　(天文 27　時候 17　地理·河海 40　方位 15　人倫 59　身體 55　家屋 39　服飾 51　飲食 33　農耕 30　茱蔬 38　金石 11　器具 76　舟車 11　飛禽 29　走獸 61　水族 18　昆蟲·爬蟲等 27　草木 26)

形容詞 36

動詞 70

助動詞 425

副詞 19

助詞 25

接頭辭·接尾辭 7

句·短文 7

雜 33

위의 항목에서 조동사 425개라는 엄청난 항목수를 볼 수 있는데, 이는 딴 항목들과는 달리 방언형 자체를 일일이 항목처럼 독립시켜 올렸기 때문이다. 이 당시에 일본에서는 국어조사위원회에서 편찬한『方言採集簿』(1904, 호시나 고이치 작성)가 있었다 한다(야스다 도시아키 1999: 171). 오구라가 꾸민 방언항목조사서가 구체적으로 어떤 형태로 짜여져 있었는지는 현재로서는 알 수가 없다. 단어만이 분류·배열되어 있었는지 아니면 각 항목에 대한 질문 문장까지 작성되어 있었는지, 조사 항목이 어떤 이유로 또 어떤 과정을 거쳐 확대되었는지.

이상과 같은 조사 항목을 가지고서 오구라는 1931년 6월에 경성제국대학 방언회京城帝國大學方言會에서 다음과 같은 방식으로 실지조사를 했다고 발표한 바 있다(「私の朝鮮語方言調査の經過」, 조윤제趙潤濟 정리).

1. 노인부인이 적당은 하지만, 사실 불가능하기에 보통학교에서 행함.

2. 출장 전, 예비조사를 의뢰함.

3. 지명의 속칭, 옛 이름 등의 조사를 하게 함.

4. 귀임 후에 재조회를 하게 함.

그리고 음운, 어휘, 어법의 조사는 구체적으로 다음과 같이 하였다고 한다.

1. 음운: 모음 자음의 발음상의 특질을 밝힘.

2. 어휘: 예비 조사한 어휘의 일람표를 작성하여 기입(그 표준으로 될 수 있는 것은 보통 200~300 단어)

3. 어법: 문·답, 명령 또 과거·현재·미래 등 각종의 형식을 표시하여 기입(평안남북도, 함경남북도 조사에서는 그러한 형식이 200종 이상에 미침.)

또한 한 지점에서의 조사시간은 연속적으로 3시간 내지 5시간을 요하였고 시일의 절약으로 여행을 강행했기 때문에 이제 와서 보면 상당한 모험이었다고 하였다. 300~600 단어와 어법 항목 등을 자그마치 10명의 제보자를 모아 놓고서 3시간 내지 5시간에 조사했다면, 시간당 100 항목 이상을 마쳐야 하는데, 이는 큰 무리의 작업 아니면 거의 불가능에 가까운 작업을 한 셈이다. 현재 필자는 세세한 기록을 볼 수 없어 구체적인 사정은 더 이상 알 수가 없다.

오구라는 이상과 같은 방식으로 1911년 겨울부터 제주도방언을 조사하기 시작하여 황해도, 대마도, 경상북도, 경상남북도, 함경남도, 전라남도, 함경북도, 평안남북도, 전라남북도, 경상북도, 강원도(영동·영서), 충청남북도 등으로 지역에 따라 1회 또는 2회 조사를 진행하여 갔다. 대체로 중앙에서 떨어진 변방으로부터 중앙 방향으로 조사해온 셈이다. 역사·지리언어적인 관점이었던 것이다. 조사 지점은 행정 단위로서의 군청 소재지를 중심으로 하였는데 제주도의 '제주, 성산, 정의, 서귀포, 대정'처럼 역사성을 고려하여 세분한 경우도 있어 모두 259개 지점을 대상으로 하였다. 그러나 조사 지점에 따라 항목을 추가해 갔기 때문에, 'び-る(병瓶)'의 경우 함경도 성진, 길주, 단천, 이원에서 쓰이는 러시아어 차용어인 'mu-dut-kɛ, mu-duk-kɛ'처럼 각 지점에서 모든 항목이 조사된 것은 아니다. 경기도의 여러 지점은 극히 조사가 부실했으며 강원도의 정선처럼 아예 조사된 항목이 하나도 없는 곳도 없지 않다. 이런 진행 속에서 음운, 어휘, 어법 항목 중에서 특히 관심 있는 항목을 중심으로 또는 지역별로 보고논문을 그때그때 발표해 나갔다.

3.3. 방언 연구의 과제

오구라는 이미 지적한 바와 같이 일단 한국어 연구의 목표를 역사적 연구에 두고서 그리 많지 않은 조사항목을 가지고 지역별로 조사하였다. 그 대부분의 항목은 단어 중심이었는데, 그 조사 항목을 바탕으로 음운과 어법에 관한 주제를 포함시켰다. 이러한 방식이 19세기 유럽 언어학의 테두리에 드는 것은 말할 것 없을 듯한데, S. Pop(1950)에서는 어디에도 속하지 않는 특이한 것이라 하였다. 조사 항목의 분류를 중국 나아가서 동아시아의 전통적인 어휘집 내지 분류사전의 형식을 따랐었기 때문인지도 모른다. 단어 중심의 항목들이었기 때문에 단어 내부에서의 음운사 때로는 형태사에 특히 관심을 보이면서 그 단어가 체언이나 용언인 경우 대표적인 곡용형이나 활용형을 함께 처리하여 조사하였던 듯하다. 여기서의 목적도 '매워~매버'에서의 [b]~[w]처럼 음운사에 초점이 있었던 것이다. 어법에서의 그의 관심은 앞에서 소개한 것처럼 조사 및 '조동사助動詞'이었는데, '조동사'는 의문, 명령, 시제, 경어법(존경법, 겸양법)에 관련된 방언 형식의 조사였다. 그리고 어휘적 관심으로 미세한 의미차이에 때로 유의도 하면서 어원 또는 변화, 차용 등의 어휘사적 주제에도 관심을 보였다. 물론 이 모든 것은 그 대상 자료가 방언이기에 늘 방언 분포를 고려하여 해석을 시도하곤 했던 것이다. 그러면 그의 방언 조사의 주제는 어떤 것들이었나.

오구라가 방언 조사를 행해 가면서 발표한 논문들은 그 대부분이 지역 별로 낸 보고논문이었다.

「南部朝鮮の方言」(1924)	「咸興地方の方言」(1920)
「平安南北道の方言」(1929)	「全羅北道及び忠淸北道方言」(1922)
「咸鏡南道及び黃海道の方言」(1930)	「慶尙北道方言」(1923)
「濟州島方言」1, 2, 3(1913)	「嶺東方言」(1923)
「西部黃海道方言」(1914)	「咸鏡南北道方言」(1927)

「對馬方言」(1914)	「嶺西方言」(1928)
「慶尙南道方言」(1915)	「濟州島方言」(1931)
「慶尙南北道方言」(1916)	「大邱附近の方言」(1943)
「京元咸鏡鐵道沿線方言」(1917)	「朝鮮語の歷史的硏究上より見たる濟州
「忠淸南道の方言について」(1918)	島方言の價値」(1924)
「全羅南道方言」(1919)	「六十年前の咸鏡方言」(1931)

위의 지역 별 논문을 보면 실제로는 제주도방언에서 시작하여 제주도방언에서 끝냈음을 알 수가 있다. 다만 「大邱附近の方言」은 『大邱府史』에 실린 것으로 보아 새로운 조사를 해서 실린 것이 아니고 기왕의 조사된 자료를 음운·어휘·어법의 세 방면으로 정리해서 '대구부大邱府'의 원고 청탁에 의해서 집필된 것이 아닌가 한다. 오구라는 이렇게 1910~20년대에 주로 한국어 방언을 조사하고 그 결과를 발표했던 것이다.

　이상의 논문들은 모두 음운·어법·어휘의 세 방면으로부터 종합적으로 기술하려 하였는데, 해당 방언의 특질을 주로 역사적 관점에서 각각 정리했던 것이다. 다음에 주제별 논문으로는 다음과 같은 것들이 있다.

「ととき名義考」(1928)

「馬に對する朝鮮語」(1930)

「狐を意味する朝鮮方言」(1930)

「鞦韆の方言分布」(1931)

「國語特に對馬方言に及ぼした朝鮮語彙の影響」(1932)

「北部朝鮮方言中活用語の語尾に存するtung及びme」(1932)

「'在'の方言分布」(1935)

「'燒酒'を表はす朝鮮方言の分布—アラキ考」(1936)

「'甘藷'を表はす朝鮮方言の分布とその由來」(1937)

「'なづな'(薺)名義考」(1938)

「方言境界線の一例」(1938)

「朝鮮語'蝸牛'名義考」(1939)

「朝鮮語の語の中間に現はれる[b]」(1939)

「朝鮮語の音節の中間にあらはれる[k]・[g]」(1941)

「朝鮮語'鷹'の名稱」(1941)

이들을 보면 1928년 이후의 것들이다. 말하자면 전국적으로 어느 정도 방언 조사가 진행되어 광범위하게 방언 분포를 파악한 뒤에야 방언 연구를 할 수 있는 주제들인 것이다. 위의 주제들은 어휘사 특히 동·식물명의 역사를 다룬 것들이 대부분이다. 그가 다룬 동·식물은 '말[馬], 여우, 달팽이, 매, 원숭이' 등의 동물들과 '더덕, 감자, 냉이, 벼/쌀' 등과 같은 식물들이었는데, 이 무렵에 그는 『本草綱目啓蒙』, 『鄕藥採取月令』 그리고 『鄕藥集成方』 같은 문헌에 나타나는 동·식(광)물명에 대해서도 어휘사적 관심을 보이기도 하였다(1931, 1932). 훨씬 뒤에는 『朝鮮館譯語』의 어석語釋에도 관심을 보였다(1941). 음운사 관련 주제로는 [-b-], [-k-, -g-]들이 다루어졌는데, 이는 [-z-]와 함께 *The Outline of the Korean Dialects*(1940)에 포함된 주제들이었다. 어법을 주제로 한 것은 'tung, me'와 '在'를 다룬 것이 있는데, 모두 경어법을 다룬 『朝鮮語に於ける謙讓法・尊敬法の助動詞』(1939)에 흡수되고 나아가서 방언경계선 작성의 한 중요한 기준이 되곤 하였다. 순수하게 방언학적 주제를 직접 다룬 논문으로는 「方言境界線の一例」가 있을 뿐이다. 이는 행정구획과 방언경계선의 불일치가 역사·문화적인 요인으로 빚어질 수 있음을 보여준 것이다. 그밖에 「稻と菩薩」(1943), 「猿といふ言葉」(1932)의 두 편의 어휘사 관련 논문이 있으나, 이들은 원래 방언보다는 문헌에 더 비중을 둔 것이다. 이상의 음운 어휘 및 어법의 주제들은 주로 역사적인 관점에서 검토되었는데, 각각의 방언형들을 문헌상의 자료들과 함께 음미하면서 해석을 내리곤 하였다. 즉 방언형들의 지리적 분포를 '언어지리학적으로' 해석하되 어느 방언형이 어원적일까 또는 옛 형식일까 하는 데에 초점을 두었던 것이다. 그러나 아직은

방언형들과 그 지리적 분포를 통한 역사적 변화단계의 연대기에 대해서는 깊이 들어가지는 못했었다.

그러면 광역 또는 전국에 걸쳐 조사·정리된 단행본들인『南部朝鮮の方言』(1924)과 외국인을 위해 영어로 정리한 *The Outline of the Korean Dialects*(1940) 그리고 한국어 방언 전체를 최종적으로 집대성해 놓은『朝鮮語方言の硏究』(1944)에서는 구체적으로 어떤 주제들을 다루었는가.

3.3.1. 『南部朝鮮の方言』(1924)에서의 주제

이 저서는 한국어 방언의 분포를 보여 준 것인데, 10여 년 간에 걸쳐 주로 삼남 지방과 강원도 영동 지방을 대상으로 편의상 음운·어법·어휘의 3부로 나누어 꾸몄다(부록으로 참고논문 세 편을 실었다).

우선 음운 편을 보면

ᄋᆞ 야 여 예 요 유 외 위 의 와 워 왜 웨

기·겨 히·혀 △ ㅸ 異音の逆行同化 文アクセント

와 같이 19개 주제로 분류하여 이들에 해당되는 방언형들을 각 분포에 따라 제시하였다. 여기에는 'ᄋᆞ, △, ㅸ'과 같이 현대 이전의 음운이 현대방언에서 어찌 분화되었는지를 확인하려는 것도 있고, 표준어의 '야~왜'처럼 이중모음에 해당되는 방언형을 확인하려는 것도 있으며, '기·겨, 히·혀'나 '異音の逆行同化'처럼 음운 현상의 역사성을 보려는 것도 있고, 그리고 문장 단위의 운율적 특질을 확인하려는 주제도 있다. 때로 '여'의 경우처럼 한자음("字音")과 고유어("本來の朝鮮音")로 나누어 제시하기도 하였다. 설명이라고는 할 수 없을 정도의 간략한 서술이 있을 뿐이다.

어법 편에서는 '까(까·쌰·쩌·쌔·쎄), 가, 다·더, ~ 시다, 시시다'처럼 모두 42개의 활용형(특히 종결어미)을 주제로 나누어 분포를 확인하였는데, 동사 '하-(한다)'를 대표로 삼았다. 그러나 체언 곡용의 경우에는 계사 '-이-'

를 대표로 삼을 수밖에 없었다. '目上, 目下, 同輩'와 같은 경어법의 기준을 고려하였고, '疑問'이나 '對する答' 같은 문·답 형식도 고려하였으며, 시제에 따른 방언형의 차이도 고려하여 지극히 개괄적인 서술을 곁들이고 있다.

어휘 편은 '가(조사 が), 가마귀[烏]~화로[爐]'처럼 일체의 분류조차 없이 가나다순으로, 전혀 설명도 없이 모두 276개의 단어에 대한 방언형과 그 분포지역을 각각 제시하였다. 이상하게도 첫 항목으로 어휘나 단어가 아닌 주격조사 '가'를 포함시키고 있다. 이는 평안도방언에서도 나타나는 제주도방언의 '-래'를 제시하기 위한 것인데, 아마도 어법에서는 활용형 어미('조동사')들을 중심으로 하고 그 당시로는 '조사'를 따로 설정하지 못했기 때문인 듯하다. 어휘 속에서 '-을'도 제시하였는데, 이는 경북 지역의 방언형인 '-로'를 제시하기 위해서였다.

참고로 음운사적 주제에 관련된 'ᄋ, 야, 여(字音, 朝鮮語), 예, 요, 유, 외, 위, 의, 와, 워, 왜, 웨' 및 '이음の逆行同'와 '文アクセント'의 16장의 음운분포도, 어법상의 주제의 하나인 'ᄭ' 등 어법상의 분포도 10장을 부록으로 실었다. 부록 논문으로 「朝鮮語と慶尚北道方言」, 「朝鮮語の歴史的研究上より見たる濟州島方言の價値」, 그리고 「對馬方言と朝鮮語との交渉」과 같은 한국어 남부방언과 관련 있는 세 편을 실었다.

3.3.2. *The Outline of the Korean Dialects* (1940)에서의 주제
여기서의 중요 주제는 앞에서와는 달리 다시 정리가 되었다.

1. ɐ " · " 2. oi 3. jɔ 4. jo 5. z̊ "△" 6. [b] Occurring at the Middle of a Word
7. [k, g] Occurring at the Middle of a Word 8. pjɔ and narak Rice-plant(稻), or Unhulled Rice(籾) 9. Indian Corn(玉蜀黍) 10. Snail(蝸牛) 11. Auxiliary Verbs in Form

와 같은 것들로서 음운사 주제 7개(1~7), 어휘사 주제 3개(8~10), 그리고 문

법사 주제 1개(11)를 다루어 『南部朝鮮の方言』의 그것에 비해 대폭 축소된 것이다. 이들을 중심으로 주요 방언 특질을 밝히고 그 음운 어휘 및 어법 특질에 바탕을 두고서 한국어 방언 구획을 259개의 조사지점과 13도를 대상으로 시도하였다. 조사 항목은 600~700개의 단어로 점차 확대시켰다고 했는데, 그 결과 잘 알려진 바와 같이 '전라도방언, 경상도방언, 경기도방언, 평안도방언, 제주도방언 및 함경도방언'으로 구획하였다.

부록으로 어휘를 방언형과 그 분포 지역을 포함하여 제시하였는데, 그 목록은 다음과 같이, 음운사 · 어휘사 · 문법사와 관련 있는 것들로 방언 특질의 검토와 방언 구획 작업에 이용되었던 대표적인 자료다.

Horse(馬)	Elbow(臂)	Red Bean(小豆)	Fly(蠅)	Outside(外)
Disease(病)	Star(星)	Ticket(票)	Manger(飼桶, 槽)	
Radish(大根)	Silk-worm(蠶)	False Hair(髢)	Being Peppery(辛く て)	
Hazel-nut(榛の實)		Wild Grape(山葡萄)	Worm(蟲)	
Fox(狐)	Fawn(獐)	-gi-da, -gu-da	Rice Plant(稻)	
Indian Corn(玉蜀黍)		Snail(蝸牛)	Mud Snail(田螺)	
-o-i-da, -o-i		-so-i-da, -so-i	-nŭi-də, -ni-də	
-m-me-da, -m-me-		m-du, -m-duŋ		

그리고 조사 지점the points of my investigation 지도 외에, 'Horse, Oi(外), Pjɔ(病), Manger, Silk-worm, Pjɔ and Narak, Indian corn, Snail'의 방언분포도, 끝으로 한국어 방언 구획demarcations of the Korean dialects을 작성하여 10장의 지도를 실었다. 이들 지도는 단어를 중심으로 작성되었으나 역시 'ㆍ, ㅚ, ㅕ, z, k/g'와 같은 음운사와 '벼/나락, 옥수수, 달팽이' 등과 같은 어휘사에 관련된 지리언어학적인 것들이다.

3.3.3. 『朝鮮語方言の研究』(1944)의 주제

방언 연구의 집대성인 이 책은 두 권으로 분책되어 있는데, 상권은 '전편前篇 자료편資料篇'이요 하권은 '후편後篇 연구편研究篇'이다.

자료편은 명사(천문天文, 지리地理, ~ 초목草木) 외에 형용사, 동사, 조동사, 부사, 조사, 접두사 · 접미사, 구 · 단문, 잡으로 나누었는데, 명사는 전통적인 어휘 분류 방식에 따른 개념적 분류사전 방식으로 편집되었다. 조사 항목인 표제항은 일본어로 제시되어 『南部朝鮮の方言』과는 차이를 보이는 대역사전의 형식을 따르고 있다. 그리하여 각 항목의 구조는 '표제항(일본어)-방언형[문헌형]-분포지역'의 순서로 되어 있다. 다만 '조동사'만은 '방언형-(문법기능)-분포지점'의 형식을 따랐다. 문법형식과 관련해서는 오구라 자신이 경성제국대학 방언회에서 발표했던 것처럼 '문 · 답, 명령', '과거 · 현재 · 미래'와 같은 시제 그 외에 '目上, 目下, 同輩'와 같은 경어법을 나타내는 방언형들을 제시하려 하였다.

연구편은 '총론'과 '각론'으로 나뉘어 있다. 각론에서 제시된 주제들을 보면 역시 음운사, 어휘사, 그리고 어법사와 관련 있는 것들로 짜여져 있다.

음운사 주제들을 보면 'ɐ(、), [oi], [ɔi], [io], z(△)'와 '音節の中間にあらはれる[b]' 그리고 역시 같은 경우의 [k, g]와 같은 음운사로 결국 앞의 *The Outline of the Korean Dialects*의 경우와 같다. 그 기술은 예컨대 'ɐ(、)'의 예로 '말馬'의 방언형들을 제시하고 제주도 방언형인 [mol]을 고려해서 그 고음古音이 [o] 내지 [ɔ]에 가까운 음이리라 추정하는 방식이었다. 또한 '여'가 상당히 일찍 [e]로 변하였는데 일본에 수입된 자료에서 규칙적으로 [e]로 나타나는 것은 방언의 분포로 보아 이미 한국의 남부지방에서 발달한 그 음을 사용하는 사람들을 접한 때문이었을 것이라고 생각했던 것이다.

어휘사의 경우에는 "馬の名, 狐, 鷹の名稱, 蝸牛名義考, 燒酒-アラキ, 稻, 玉蜀黍, 甘藷, ととき名義考, なづな(薺)名義考, 鞦韆"과 같이 '말, 여우, 매, 달팽이, 소주, 벼, 옥수수, 감자, 냉이, 그네' 등의 방언형과 그 분포를 고려하여 역사를 연계시켜 설명을 하려 하였다. 이를 보면 문헌에서 이미 제시되었던 단

어들, 음운사·형태사 등에 직접 관련이 있는 단어들, 차용어들이 문제가 될 단어들 등을 주로 선정하였음을 알 수 있다.

어법에 관련해서는 "'在'の方言分布"와 "謙讓法の助動詞" 두 각론이 있을 뿐이다. 앞의 것은 옛 문헌에 등장하는 이두 '在'를 존경법 어미의 방언형인 '-거'와 연결시켜 해석한 것인데, 전라남도와 경상남북도의 전범위에 걸쳐 이의 방언형이 분포되어 있는 사실로부터 지리언어학적인 해석을 시도하였다. 그리고 뒤의 것에서는 일본어의 겸양법 어미 '-マス'와 기능이 같은 한국어의 [-m-ni-da]/[-sum-ni-da]의 방언표현법을 그 분포와 함께 제시하였다. 그런데 여기서는 역사적 해석은 시도되지 않았다.

이상과 같은 주제들을 간략히 서술하고서 이를 바탕으로 오구라는 방언의 구획을 시도하여 대략적으로 ① 경상방언慶尙方言 ② 전라방언全羅方言 ③ 함경방언咸鏡方言 ④ 평안방언平安方言 ⑤ 경기방언京畿方言 ⑥ 제주도방언濟州島方言을 대별하였다. 이를 위해 경상도방언과 강원도방언과의 경계, 경상도방언과 전라도방언과의 경계, 경상도방언과 충청도방언과의 경계, 전라도방언과 충청도방언과의 경계, 함경도방언과 강원도방언과의 경계, 함경도방언과 평안도방언과의 경계, 평안도방언과 황해도방언과의 경계 등으로 나누어 음운, 어법 및 어휘의 세 면에서 검토하였다. 그런데 각 면에서 검토할 때에 기준삼은 방언 항목들은 선택적으로 쓰였다. 즉 비교가 되는 두 방언 사이에 공통적인 경우를 미리 계산했던 것이 아닌가 한다. 하나의 방언권으로 '경기방언'을 설정했으면서도 두 방언들 사이의 경계를 확인하는 작업에서는 단 한번도 경기도의 방언을 비교하지 않았다. 방언 자료에 있어서도 경기도 지방의 조사가 가장 부실했던 것이다. 그러면서도 '경기방언'이란 방언권을 설정했는데, 역사적인 관점에서 서울·경기의 중앙어는 오구라에게 어떤 의미를 지니는 것이었을까. 의문투성이다.

지금까지 본 오구라의 방언 연구 주제 가운데 공통적인 것은 음운 관련 주제로 'ᄋᆞ, 외, 에, 여, 요'와 어중의 'ᅀᅠ, ᄫᅠ, ㅇ(k/g)'와 상대경어법 그리고 어휘적 주제로 '벼, 옥수수, 달팽이' 등이었다. 이러한 대부분의 역사적 주제를 그 방언형들과 그 지리적 분포를 통해 역사적 해석을 꾀하려 했다면, 과연 오구라는 '방언'에 대하여 어떤 개념을 가지고 있었으며, 나아가서 어떤 '방언학'의 개념을 가지고 있었을까.

3.4. 방언과 방언학

오구라는 방언 연구가 문헌상의 어휘 빈약 때문에 살아 있는 언어의 연구로부터 언어학 내지 방언학 발달에 이바지하려 하였다고 하였다. 이렇게 보면 그의 방언 연구는 어휘 조사로부터 시작될 터인데, 비록 어휘 중심이라 하더라도 과연 그는 언어학의 한 하위분야로서 방언학을 성립시켰는가. 나아가서 방언학에 어떤 기여를 하였는가. 이제 이런 문제가 제기될 수 있지 않은가. 우리 학계는 지금까지 오구라의 방언 연구를 많이 참고해 온 것이 사실이지만, 그것은 이미 7·80년이 흘러간 자료를 이용하는 것이었고 앞으로는 더욱 그럴 위험마저 느껴진다. 좀 더 진지하게 한국어 방언 연구의 초기 모습을 본격적으로 검토하고 비판해야 하며, 이로부터 앞으로의 진정한 발전을 기대할 수 있을 것이다. '방언학'이 성립하려면 그에 걸맞은 '방언'의 개념이 있어야 하며, 그 개념에 따라 방언학의 주제가 제기되고, 또 그를 연구하는 방법론도 역시 확립되어야 할 것이다. 오구라는 좀처럼 '방언학'이란 표현을 쓰지 않았다. 그의 책이름처럼 "方言の硏究" 또는 논문 속에서 "方言硏究"란 표현을 더러 썼을 뿐이었고 '方言學的'이란 표현은 더더욱 찾아보기가 어렵다. 그는 과연 '방언학'의 어느 단계에 와 있었던 것일까.

오구라가 보였던 '방언'의 개념은 너무나 막연하였다. 그것은 표준어와 대비되는 개념 정도였다. 우선 '표준어'를 "一國語의 표준으로 될 수 있는 언어"라고 하면서 어떤 '국어'라도 원시시대에는 통일된 언어였다가 세월이 흐름에 따라 또 장소의 이동에 따라 그 언어가 점차 지방적 색채를 띠고 심지어는 전혀 별개의 언어로 취급되기에도 이르는데, 이는 실용상 교육상 불편해서 "국어의 대표"라고 할 비교적 순정한 언어로서의 표준어를 정할 필요가 있다

고 하였다. 여기서 "표준어에 대한 다소 멋을 달리 하게 되는 딴 지방의 언어"를 '방언'이라 하였다. 그런데 "각 지방의 언어는 그 본래의 가치에 있어서 전혀 동등하다"고 하면서 표준어와 방언과의 관계가 정치상 그 다른 관계에 따라 중앙으로부터 나뉘는 것에 지나지 않는 상대적인 관계로 보고 있다(『國語及び朝鮮語のため』(1920) 참조).

요컨대 한 국가의 표준어에 대비된 각 지방의 언어라는 너무나 막연한 개념이다.[12] 방언이 비속한 느낌을 주더라도 언어적 가치가 동등하다면 어떠한 점에서 동등하다는 것인지 알 수가 없고 또 역사적으로 시간과 공간에 따라 언어 분화로 방언이 형성되었다면 역사적인 가치가 어떻게 동등한 것인지 설명이 없다. 물론 흔히 19세기적인 초창기 방언학의 막연한 개념일 수밖에 없다. 19세기에 태어난 인물이기에 당연하다 하겠으나, 그가 유럽을 다녀온 뒤에도 발전된 이렇다 할 새로운 개념 정의는 내놓지 않았던 듯하다. 그렇다면 그는 그 뒤에 실제로 방언 연구를 행하면서 방언학적인 문제를 어찌 풀어 나가면서 어떤 방언학의 개념에 도달했을까.

오구라의 한국어 연구의 목적은 역사적 연구에 있다고 하였고 또한 방언 연구의 조사 항목이나 주제도 대부분 역사적인 것이었다면 그의 방언에 대한 태도도 역시 역사적인 데에 있었을 것이다. 방언 연구의 목적이 문헌상의 자료의 불비점을 보완함에 있다고 하였고 또 비록 막연하였지만, 그가 지니고 있었던 방언의 개념에서도 이러한 사정을 엿볼 수는 있었다.

오구라가 역사언어학적 관점에서 방언 연구를 꾀한 사실은 한국어 방언 중에서 최초로 선택하여 조사한 방언이 제주도 방언이었던 데서도 드러난다. 위에서 언급한 표준어와 방언과의 관계를 천명한 다음에 "산간벽지山間

---

12 '국어'라는 말은 저 『訓民正音』에서 볼 수 있듯이 한 국가의 공식적인 언어로서의 규범어이기 때문에 이러한 개념에 따를 경우에는 '방언'은 자연히 '국어' 속에 들 수가 없었다. 그러다가 '방언'이 '국어' 속에 들어오게 되기 시작한 것은 송헌석宋憲奭(1909) 이후의 일이었다. 즉 이때부터 국어에는 표준어 이외에 '고어古語'와 '방언方言'도 포함되는 경향도 보이기 시작된 것이다(이병근 2003). 그러나 국가를 잃은 우리는 조선총독부에 의해 '국어'라는 표현을 '일본어'에 빼앗기고 말았다.

僻地에 옛적의 고어를 남기고 절해고도絶海孤島 중에서 지난 시절의 어형을 발견하는 것은 결코 진기하지는 않다"라고 한 것이 바로 그가 "昔時の古語"나 "往時の語形"에 얼마나 관심이 컸었나를 말해 주는 것이라 할 수 있다. 다음의 지적도 마찬가지다.

언어지리학적 관점으로부터 보면, 산지山地는 가장 잘 언어의 고형古形을 보존하는 일이 있기 때문이다.

이런 생각 때문에 그는 1934년 10월에 서울 체재 중에 틈을 타서 경상북도 동북부의 산간지역인 예천 · 안동 · 영주 · 청송 · 의성 지방의 방언을 조사하여 옛 문헌의 이두에 등장했던 '在'의 방언 잔존형인 존경법 어미 '-겨-'의 존재를 음미하려 했던 것이다. 그는 자주 문헌의 어형과 방언의 어형을 서로 비교해서 역사적인 설명을 시도했다. 즉 옛 문헌상의 '겨시-(계시-)'라든가 이두의 '在果(견과), 在乙(견을)'에서의 '在'를 전라 · 경상 · 충청 등 삼남 지방에서 쓰이는 방언들인 '-겨-'(게, 계, 개, 기)를 비교하여 존경법의 '조동사'로 보고서 신라 시대로 거슬러 올라가려 하였다(『朝鮮語に於ける謙讓法 · 尊敬法の助動詞』(1938: 201~217), 「在の方言分布」(1935)). 그리고 그 뒤에 한강 · 낙동강의 유역을 중심으로 하는 교통로의 발달로 중앙부에서 동서로 절단된 것이라 믿었던 것이다. 외적 요소에 의한 방언 분화로 설명한 지리언어학적인 것이다.

그러나 앞에서도 언급한 바와 같이 '방언'이나 '방언학'의 개념을 정의한 일이 없고, 또 논저에 따라 영 · 독 · 불어의 외국 논저들을 더러 참고한 일이 있으면서도 '방언'이나 '방언학'의 개념을 인용한 적도 없다. 다만 그의 논저 속에서 드물게나마 '방언학' 또는 '언어지리학(=지리언어학)'이란 용어를 만날 수는 있다. 우선 '방언학'이란 용어가 쓰인 경우들로 이미 앞에서 지적한 것이 있다(『朝鮮語方言の研究』 하:8).

조선어 방언 채집의 목적은 상술한 바와 같이 새로이 얻은 자료에 의해, 종래의 어휘의 부족을 보완하는 것은 말할 것도 없는데, 거기에 더하여 다시 중대한 사명은, 살아 있는 언어의 연구에 의해 언어학 내지 방언학의 발달에 어느 정도의 공헌을 한다면 하는 점에 있는 것이다.

여기서도 방언이 살아 있는 언어에 속한다는 사실 이외에는 더 이상 알 수가 없다. 또 "나는 이러한 결함 불비가 완전히 제거되고, 조선어를 기초로 하는 방언학이 하루라도 일찍이 실현될 수 있는 날이 올 것을 열망"하면서 1937년부터 3년간 조선어 방언의 재조사를 공동연구자 고노가 안을 세워 실지답사를 행했다는 사실을 언급은 했으나, 결국 위와 같이 구체적인 내용이 없다. 이 표현에서 보면 '방언학'이 아직은 실현되지 않고 있음을 암시하고 그의 제자 고노가 그것을 이루어 주었으면 하는 바람을 드러내고 있음을 알 수가 있다. 다만 위의 글 끝에서

　　방언의 경계가 하나의 띠를 이루어 간단한 한 선으로 그을 수 없는 것이라는 사실은, 최근의 발달된 방언학의 가르친 바이다.

라고 하여, 그가 방언의 구획에 있어서의 방언경계선의 실질적인 모습에 대해 일반방언학적인 기초 지식은 가지고 있었음을 보여 주었다. "행정상의 구획과 방언분포의 경계선이 반드시 늘 일치하는 것은 아닌 것은 방언학상의 통념이다."라고도 하였는데, 이는 경상남북도의 방언이 인접의 전라남북도·충청북도·강원도의 방언에 미친 영향을 다룬 논문의 전제였다. 행정 구획과 방언 구획의 불일치의 존재가 방언학의 통념이라면, 이 논문은 그러한 통념의 확인에 지나지 않은 셈이다. 이렇게 보면 그는 방언학의 기초적인 통념은 이해하고 있었다고 보아 좋을 것이다.

오구라는 지리언어학적 소양도 약간은 있었다고 여겨진다. 즉 언어변화형 중에서 어느 쪽이 더 옛것에 가까운가 하는 해석을 위해서 그는 지리언어학적 사고를 받아들인다. 예컨대 "음절의 중간에 나타나는 [b]"(『朝鮮語方言の研

究』하:42~91)에서 "[b]와 [w](혹은 모음)와의 대립"은 이미 적어도 500년 이전부터 존재한 것이며 다시 거슬러 올라가면 [b]음에 환원될 수 있다고 생각되는데, "[b]음이 주로 경남·경북·함남·함북 및 강원 동해안 등 변방에서 행해지고 있는 것은 고음古音이 문화의 중심을 벗어난 원격의 지방에 보존되어 있음을 가리키는 것"이라 했다. 바로 일본에서는 '방언주권론'이라 불린 지리언어학상의 문제가 제기된 것이다. 물론 그는 이를 단순히 방언만으로 해결하려 한 것이 아니고, 한국어 역대 문헌을 통해 어원을 검토하고 또 "외국어와의 단어 비교" 및 "외국어와의 음운현상 비교"를 통해서도 검토하고서 이를 방언의 분포에 연결시켜 지리언어학적으로 해석하려 했던 것이다.

또 다음과 같은 경우도 있다. "방언학상의 소위 연대적 지층"이라는 것을 구성하려고 시도했는데, 그것은 방언량方言量이 큰 '감자甘藷'를 대상으로 방언 분포를 연대적 지층으로 해석하려 한 방식이다. 즉 중국 한어漢語로부터 들어온 '甘藷'가 가장 오래되었고, 다음 일본의 대마도에서 '고구마'가 수입되었으며, 끝으로 중국 산동 지방의 방언 '地果(디과)'가 평안남북도에 근세에 들어왔는데 일본에서 들어온 '고구마'가 세력을 떨쳤다는 것이다. 이러한 현상을 프랑스에서 '감자pomme de terre'가 세력을 얻은 데에 비유했다.[13] 이상과 같은 해석은 '감자'와 '고구마'를 함께 검토한다면 현재로서는 많은 문제를 내포하고 있는 것이기는 하나, 방언의 전파의 방향을 관찰하기 위해 언어지층학(=지층언어학)과 언어지리학(=지리언어학)의 방법을 혼용한 것으로 해석의 위험이 많으나 고도의 방언학적 사고라 할 수는 있다. 그는 동일한 대상이 어떤 이유로 다수의 명칭으로 불리게 되었는지는 지리언어학상 극히 의의가 깊은 이유가 포함되어 있다고 생각했던 것이다.

---

13 프랑스어의 '마령서馬鈴薯 pomme de terre'에 대해 가스코뉴지방에서는 스페인어 기원의 Patata, 서부지방에서는 영어 기원의 Potato, 동부지방에서는 라이안지방의 Grundbirne, 스위스 로망지방에서는 독일어 기원의 Kartoffel, 동남부에서는 고대 이탈리아 기원의 Truffe 등이 행해지는데, 비유법에 의한 pomme de terre가 딴 어형을 누르고 군림하게 된 사실을 고려하였다.

이상은 그래도 오구라가 방언학의 기초적인 통념 정도를 이해하였다고는 할 수 있는 언급이었다. 그러나 이러한 방언학상의 해석은 그의 방언 연구 전체에서 보면 극히 부분적인 것이다. 그의 방언 연구를 집대성한『朝鮮語方言の硏究』를 전면적으로 보면 '방언학'이란 용어가 두드러지게 쓰이지도 않았고, 방언학의 일반이론에 관한 참고서도 전혀 나타나지도 않아서 그가 과연 어느 정도의 깊이가 있는 '방언학'의 개념을 인식하고 있었는지는 파악하기가 쉽지가 않다. 그의 참고서들은 대부분 자료나 그 해석의 참고를 위한 것이었다.

요컨대 오구라는 '방언학'의 개념을 명확히 제시한 바 없이 방언학의 몇몇 임무와 성과를 빌어 역사언어학의 한 방편으로 방언에서 증거를 찾아 문헌 연구와 함께 또는 보충해서 연구하려 했던 것이다. 몇몇 음운·어법·어휘의 항목으로 역사적인 관점에서 방언구획도 시도하였다. 구획된 방언들이 결국은 역사적인 관점에 있어서는 방언 분화의 결과일 터인데, 그 분화를 이루게 한 대응에 대해서는 전혀 언급이 없었으며, 나아가서 그 대응을 통한 역사의 재구도 거의 시도되지 않았다. 공시적으로 말하면 대조의 가능성조차 언급이 없었던 것이다.

다시 말하자면, 오구라는 분명히 19세기 언어학의 영향을 직접적이든 간접적이든 받은 것은 사실일 듯하나, 그 언어학을 꿰뚫은 것 같지는 않다. 그리하여 그의 한국어 방언에 대한 연구는 그의 책이름대로 "방언의 연구(方言の硏究)"이지 하나의 독립된 언어학의 한 분야로서의 '방언학'을 확립한 것은 아니라고 할 수 있다. 이 점에서 그의 제자 고노 로쿠로의『朝鮮方言學試攷』는 책 제목에서 암시하듯이 '방언학'에 다가서고 있음이 흥미롭다.

3.5. 방언 연구 방법

필자는 이미 오구라의 방언 연구 방법에 대하여 한국어 방언연구사를 검토하면서 간략히 서술한 바 있다(이병근 1978, 1979, 1985). 한마디로 말해 그것은 개체사個體史 중심의 원자론적原子論的 기술이었다는 것이었다. 현재도 이에 대한 생각에는 변함이 없다. 요컨대 하나의 기술 대상에 대하여 그 역사를 그 대상에만 한정시켜 서술함으로서 관련 대상을 함께 체계화體系化시키지 못하고 단선적單線的으로 서술하려 하였다는 것이었다. 결국 그는 19세기 유럽의 언어학의 영향을 받기는 받았으나, 이른바 역사비교언어학에서 일컬었던 음운법칙의 인식에 전혀 다가서지 못했든가 그러한 노력조차 보이지 않았다는 것이었다. 좋게 말해 두자면, Pop(1950, Vol. 2)가 지적한 것처럼 그 자신의 연구 방법이라고 해야 할지는 모르겠다.

오구라는 앞에서 언급했듯이 하나의 연구 주제에 대해 우선 각각의 방언형과 그 각각의 분포 지점을 표시하여 방언형들의 전체적인 지리적 분포를 확인하고, 때로는 방언형 중에서 어느 것이 더 옛것에 가까운지 아니면 어원적인지를 방언형 분포를 고려하여 지리언어학적으로 논의하거나, 때로는 그 분포를 고려하여 차용 관계를 논하면서 특별한 경우에는 지층학적으로 서술한다든가 하되, 가급적이면 문헌의 자료와 연결시키려 하였다. 음운 · 어법 · 어휘 어느 면에서도 마찬가지였다.

오구라는 음운 · 어법 · 어휘의 세면에서 방언 조사를 행하고 그에 따라 조사 · 연구 논문을 발표하다가 전국적인 조사를 개략적으로 마무리하면서 세면의 구체적인 주제를 설정해 또 논문을 발표하곤 했는데, 주제 별로 이루어진 것들이기에 자연히 주제 간의 상호 관련성이 없이 논의될 수밖에 없었다. 바로 이것이 개체사적인 원자론적 서술이었다는 것이다. 예컨대 이제는 쓰이지 않는 문자로 표기되던 한국어의 세 유성자음 [b], [z], [g]를 각각 세 개의 별도 논문으로 다루어 음운사적 검토를 시도하면서 상호간의 음운론적 관계에 대해서는 전혀 관심을 보이지 않았던 것이다. 어휘나 어법의 주제에 대해서는 말할 것도 없었다. 어법의 한 예로 그가 조사한 의문형 관련 자료를 보면

1.   [ka], [ga]   [問] {對下}

4.   [kaŋ], [gaŋ]   [問] {現在} {對等}

53. [ko], [go]   [問]

54. [koŋ], [goŋ]   [問]

151. [ra]   [問] {現在} {指定} {對下}

와 같이 의문형 어미의 방언형에 대한 지시 이외에는 아무런 공통분모를 찾을 수 없게 되어 있다. 문헌을 많이 이용했음에도 중세어에서의 의문법이나 일부 방언에서의 판정의문형과 설명의문형의 대립이 있음에는 전혀 고민이 없었던 것이며, 나아가서 시제나 경어법의 체계적인 인식도 없었던 것이다.

음운과 어법의 면이 이러할진대, 어휘의 주제는 말할 것도 없었다. 예컨대 '옥수수玉蜀黍'에 대한 방언형들인 (1) [suk-ki], (2) [taŋ-sui], (3) [kaŋ-nam], (4) [ok-su-su]들을 지리적 분포를 보이면서 형태사적 해석을 꾀하였다. 즉 (1)은 접사 [-ki]를 가진 방언형이며, (2)는 중국으로부터의 수입을 뜻하는 '당唐'을 지닌 방언형이고, (3)은 중국 지명인 '강남江南'에서 유래된 것이며, 끝으로 (4)는 '玉'을 포함하는 중국어의 '玉蜀黍'의 직역어로 보았다. 이러한 어휘적 형태사의 서술은 'single item'으로서의 한 단어를 중심으로 "every word has its own history"라는 역사언어학의 생각과 통하는 것이다. 하나의 방언 항목에 대한 그 역사를 고립적으로 관찰한 개체사 중심의 원자론적 사고인 것이다. 이상의 서술에서 보면 그 서술의 초점이 단어의 형식적인 면에만 있음을 알 수 있다. 흔히 과거의 방언 연구들이 음운은 물론이요 어법이나 어휘의 형식적인 면에 흔히 관심을 두어 왔는데, 오구라도 결코 예외가 아니었던 것이다. 음운 또는 어법 형식의 기능적인 방언 차이나 단어 나아가서 어휘의 의미기능상의 방언 차이에 대한 연구에는 큰 관심이 없었던 것이 사실이다. 언어 내지 방언 비교에서 그 비교의 대상이 "의미상으로 관계가 있는(semantically related)" 어사들이어야 한다는 전통적인 역사언어학의 전제 때문에 그로부터 비롯된 역사적 연구의 초점이 언어기호의 시니피앙에 있었던 사실과 다를 바가 없는 태도인 것이다. 오구라는 그래도 방언 자료를 보일 때에는 비록 부분적이기는 하나, 의미상의 방언 차이를 밝혀 놓기는 하였다. 예컨대 '새우蝦'의 여러 방언형 가운데 [sɛ-u]가 쓰이는 지점을 나열하면서 "충청남북도 지방에서는 일반적으로 [sɛ-u]는 대·중형의 그것을 가리키며, 소형의 것을 [sɛ-bɛŋ-i], [sɛ-uŋ-gɛ] 등으로 이른다."라고 하든가, 또는 "이상 각지, 대·중형의 새우를 [sɛ-u], 소형의 새우를 [sɛŋ-i] 등으로 이른다."라고 부가설명을 협주 형식으로 넣은 것이다. 이러한 방언에서 의미 차이를 활용한 방언학적 연구는 시도되지 않았다.

요컨대, 오구라의 역사적인 방언 연구는 개체사 중심으로 이루어지되 문헌과 방언을 통해 어원 내지 고형을 찾으려 하였고 형식적인 면이나 의미 내용의 면에서나 그 변화 과정에 대해서는 큰 관심을 두지 않았던 것이다. 이러한 변화 과정에 대해 큰 관심이 없으면 궁극적으로 재구된 어원어語源語 étymon나 이전 시기의 형식preform의 사용 시대는 언급할 수 없게 된다. 19세기 역사언어학에서 언급되곤 하던 이른바 단계변화Stufenwechsel의 인식이 좀처럼 보이지 않았던 것이고 그 단계의 시기도 가정되지 않았던 것이다. 실증주의적 고민이 없는 실증사학적 언어 연구의 한계였다.

4. 맺음말–오구라 신페이의 한국어 방언 연구에 대한 평가

오구라의 방언 연구는 그의 역사언어학적 목적에 따라 방언 자료의 형식 중심으로 개체사적인 원자론적 서술을 꾀하였고, 개체사적인 방언 주제들을 지리적 분포를 고려하되 문헌 자료와 함께 이용하여 어원 또는 고형을 찾으려 하였으며, 나아가서 개체사적인 방언 특징을 기준으로 하여 방언 구획을 시도하였다고 요약할 수 있다. 비록 '방언'이나 '방언학'의 개념은 뚜렷하지 못했고 이에 대한 통념 정도의 기초 지식은 있었기에 그는 이를 바탕으로 문헌과 방언 자료에 대한 실증적인 언어사 연구를 행한 것이다.

그의 방언 연구의 서술상의 특징의 하나를 지적한다면 어형이나 고형에 관심이 커서 방언 분포의 지리적 해석에 있어서 방언주권론方言周圈論의 인식이 강했다는 사실이다. 파동설wave theory에 따른 것은 아닌 듯한데, 지리적 분포를 통해 변화의 물결을 보려고 하지는 않았기 때문이다.

오구라의 언어학 수준은 구태여 서양의 그것에 비교한다면 19세기 유럽의 역사·비교언어학의 이론에는 크게 다가서지 못했다고 할 수 있고, 그리고 그가 과학적 기초를 이루었다는 평가도 현재의 우리로서는 받아들일 수 없다. 과학적 연구의 기초를 마련하는 데에는 어느 정도로는 이바지했다고는 해도 좋을 것이다. 말하자면 한국어 역사의 중요한 몇몇 주제들을 자료와 함께 발굴해 줌으로써 그 뒤의 한국어의 역사적 연구에 보탬이 된 셈이다. 이숭녕 등에 의한 비판적 성찰은 오구라의 연구에 대한 극복이며, 나아가서 한국어 연구의 새로운 개척이었다고 믿는다.

출처: 『방언학』 2, 한국방언학회, 2005.
붙임: 일제강점기 초기 내지 전반기에 서울에서 십여 년간 활동했던 오구라 신페이小倉進平의 대표적 업적인 향가해독과 방언연구 중 방언연구를 다룬 글로 싫든 좋든 한동안 한국인 연구에 영향을 미쳤기에 그 연구 목적, 조사방법, 연구과제 그리고 연구방법을 이해하고 비판해 한국 방언연구의 새로운 방향을 모색함에 도움이 되도록 쓴 글이다[이 글은 이병근·송철의·정승철·이종묵·임주탁·류양선 공저, 『일제 식민지시기 한국의 언어와 문학』(2007, 서울대 규장각한국학연구원 편)에 재수록됨].

참고 문헌

곽충구(2001), 小倉進平, 『방언학 사전』, 태학사.
김근수(1975), 小倉博士의 한국학상韓國學上 공과 검토, 『한국학』 8.
김완진(1979), 국어학 연구의 동향과 과제, 『한국의 민족문화』 1.
서정목(1990), 방언학의 연구 동향과 과제, 『방언학의 자료와 이론』(국어국문학회

편), 지식산업사.

송철의(2004), 한국근대초기의 어문운동과 어문정책,『한국문화』33. (『한국 근대
　　　　초기의 언어와 문학』(서울대학교 한국문화연구소 편, 2005, 서울대
　　　　학교출판부)에 재수록)

이기문(1972), 한국의 국어학,『한국학』(서울대 동아문화연구소 편), 현암사.

이기문(1977), 국어사 연구가 걸어온 길,『나라사랑』26.

이병근(1978), 애국계몽주의시대의 국어관,『한국학보』12.

이병근(1978), 한국방언연구의 반성과 전망,『어학연구』(서울대) 14-2.

이병근(1979), 국어방언연구의 흐름과 반성,『방언』1.

이병근(1985), 방언,『국어국문학연구사』(민병수 · 이병근 외), 우석.

이병근(1985), 조선총독부 편 조선어사전의 편찬목적과 그 경위,『진단학보』59.

이병근(2003), 근대국어학의 형성에 관련된 국어관,『한국문화』32. (『한국 근대 초
　　　　기의 언어와 문학』(서울대학교 한국문화연구소 편, 2005, 서울대학
　　　　교출판부)에 재수록)

이병근(2004), 심악 이숭녕 선생의 삶과 학문,『어문연구』121.

이숭녕(1976), 오구라 신뻬이(小倉進平)박사의 업적,『혁신 국어학사』, 박영사.

이숭녕(1978), 나의 이력서,『한국일보』9111-9182.

이숭녕(1983), 나의 연구생활,『나의 걸어온 길: 학술원 원로회원 회고록』, 대한민국
　　　　학술원.

이익섭(1998),『한국어 방언 연구의 실제』, 태학사.

이익섭(2005), 한국방언학의 어제와 오늘,『방언학』1.

이태진(1990),『규장각 소사』, 서울대학교 도서관.

이태환(2002), 小倉進平의 우리말 연구, 경희대학교 석사학위논문.

정승철(2001), 한국 방언학사,『방언학 사전』(방언연구회 편), 태학사.

정승철(2004), 경성제국대학과 국어학,『제4회 우현학술제 발표논문집』(인하대).

정승철(2005), 일제강점기의 언어정책,『진단학보』100.

최명옥(1998),『한국어 방언 연구의 실제』, 태학사.

최성옥(1998), 일제시대의 조선어 연구사 개관: 小倉進平(오그라 신뻬)를 중심으로,
　　　　『용인대학교 논문집』15.

河野六郎(1975), 故 小倉進平先生と朝鮮語學,『小倉進平博士著作集 四』, 京都大學

　　　　國文學會.

三ツ井宗(1998), 植民地日本知識人と朝鮮語: 言語學者小倉進平の言語思想と朝鮮
　　　　語學,『不老町だより』(世界社會言語學會).

三ツ井宗(1999), 日本語朝鮮語同系論の政治性をめぐる諸樣相: 金澤庄三郎の言語
　　　　思想と朝鮮支配イデオロギ-との連動性に關する一考察-,『朝鮮
　　　　史研究會論文集』.

三ツ井宗(2001),　植民地下朝鮮における言語支配の構造:　朝鮮語規範化を中心に,
　　　　一橋大 社會學研究科 博士學位論文.

安田敏朗(1997),『帝國日本の言語編制』, 横浜: 世織書房.

安田敏朗(1998),『植民地のなかの國語學』, 東京: 三元社

安田敏朗(1999),『言語の構築(小倉進平と植民地朝鮮)』, 東京: 三元社

安田敏朗(1999),『國語と方言のあいだ-言語構築の政治學』, 京都: 人文書籍.

梅田博之(1973), 朝鮮語方言研究의 近況『方言研究叢書』(廣島方言研究所) 2.

Pop S.(1950), *La dialectologie*, tome 2, Louvain.

석인 정태진과 방언 연구

1. 어떤 관심이 있었나

이 글은 올해 10월의 문화인물로 선정된 석인石人(쇠돌) 정태진 선생을 기리는 뜻에서 그가 관심을 가졌던 방언 자료 수집과 방언학에 관하여 간략히 소개·검토함을 목적으로 한다. 1903년에 경기도 서북부 지역인 파주시 금촌읍에서 태어난 정태진 선생은 1952년에 불의의 교통사고로 50년간의 짧은 생애를 마감하였다. 돌아가기 6년 전인 1946년에 「시골말을 캐어 모으자」를 『한글』 11권 3호에 발표하면서 그 2년 뒤인 1948년에 김병제와 함께 『조선고어방언사전』을 내어놓았다. 온통 국어사전 편찬을 위한 작업이었다. 김병제가 월북하여 북한에서 국어사전 편찬과 방언 연구를 행한 것을 생각하면 정태진의 갑작스러운 죽음은 후학들을 안타깝게 한다.

정태진이 생각했던 국어학의 테두리를 그의 국어학개론(강의록)에서 보면 방언학의 위치를 알 수가 있다. '국어연구방법론'이라는 제목 아래에 '방언학'은 다음과 같이 분류되어 있다.[1]

---

1 석인 정태진 선생의 글들과 그에 관련된 글들은 『석인 정태진 선생 전집(상·하)』(1996, 서경출판사)으로 묶였다. 간행 직후에 이 자료를 보내 주신 아드님 정해동 교수께 이 자리를 빌어 다시 한 번 고마운 인사를 드린다.

a) 순수 국어학	공시적 연구	국어음성론
		국어문법론
	통시적 연구	국어의의론
		국어어원론
	비교적 연구	방언학
		비교언어학
b) 응용 국어학	문자론(철자론)	
	국어수사론	
	국어교육론	
	국어정책론	

　여기서 방언학이란 정태진에게 순수 국어학에 들며 비교적 연구 방법론에 의한 연구 분야임을 알 수가 있다. 이렇게 보면 방언학은 방언('시골말')을 독립적으로 보지 않고서 방언들간의 비교 연구함은 물론이요 방언과 고어, 방언과 표준어 등을 비교 연구하는 분야가 될 것이다.

　정태진이 방언에 관심을 보였던 글에는 다음과 같은 것들이 있다.

　　1946년　시골말을 캐어 모으자(1) 한글 11-3

　　1947년　시골말 캐기(2) 한글 12-1

　　1947년　시골말 캐기(3) 한글 13-1

　　1948년　『조선고어방언사전』 일성당서점

　　유고　　방언학개론

　　　　　　(방언조사표)

　이들 업적들에서 주로 학생들이나 일반인들에게 의뢰하여 수집한 '시골말 캐기'는 『조선고어방언사전』의 기초 자료가 될 수 있었던 것들이고 대학 강의록이었던 '방언학개론'은 이들 자료를 바탕으로 비교 연구 방법론에 따라 엮은 것이나 주로 자료 중심의 핸드아웃의 성격을 띠고 있다. 그 밖의 글들 가운데에는 '옛말과 옛글' '국어학개론' '언어학개론' '우리말의 어원' 등에 방언과 부분적으로 관련 있는 곳들이 있다. 따라서 방언학에 관련된 가장 본격적인 것은 시골말 캐기,『조선고어방언사전』의「방언부」그리고 방언학개론이라 할 수가 있다. 이들을 통해서 석인 정태진의 방언에 대한 관심을 이리저리 알아보자.

2. 왜 시골말에 관심이 있었는가

방언 수집 및 연구를 행한 광복 이전의 우리 방언학의 연구 목적을 보면 흔히 역사적 연구와 향토성provincialism, regionalism에 있었다. 이러한 흐름은 60년대 이후의 기술적이거나 구조주의적인 방언학이 시작되기 이전까지 계속되었는데 정태진의 경우도 이러한 흐름 속에서 예외는 아니었다. 광복 이듬해인 1946년에「시골말을 캐어 모으자」란 글에 방언 발굴 및 수집의 필요성에 대한 정태진의 생각이 잘 나타나 있다.

> 우리 언어과학에 있어서, 만일 우리가 고대어와 현대어를 비교하여 연구하지 아니하고, 우리말과 자매어를 비교하여 연구하지 아니하고, 표준말과 시골말을 비교하여 연구하지 아니한다면, 도저히 객관적 타당성을 가진 언어과학의 법칙은 성립될 수 없을 것이니, 이 점으로 보아 우리는 우리의 시골말을 될 수 있는 대로 많이 모아서, 우리 국어를 재건하는 데 큰 도움이 되도록 하기를 간절히 바라는 바이다.

여기서 보면 언어과학의 법칙을 세우기 위해서는 ① 고대어와 현대어와의 비교 연구 ② 국어와 자매어와의 비교 연구 ③ 표준말과 방언의 비교 연구가 필수적임을 강조하였음을 알 수가 있는데, 그가 말한 '법칙'이 무엇인지는 명확하지 않으나 당시에는 흔히 법칙이라 하면 '진화의 법칙'을 뜻하는 것이었다. 즉 역사적인 것이었고, 그것이 '과학'이었던 것이다(졸고 1979, 「방언연구의 흐름과 반성」, 『방언』 1).

이어서 방언 연구의 필요성에 대해서

시골말은 그 시골 선민들이 끼친 향토 문화의 중요한 유산의 한 가지가 되는 것이니, 향토의 문화재를 연구하는 대상만으로도 소중한 재료가 아니되는 것은 아니지마는, 이보다도 더 중요한 점은 우리의 고어가 시골말 가운데 적지 않게 남아 있다는 것이다. 정치적 변천과 문화적 접촉 또는 그 밖의 여러 가지 이유로 말미암아 중앙지대의 언어에는 급속한 변천이 있었던 반면, 비교적 중앙에서 떨어져 있는 지방에 우리의 고어가 원형을 거의 그대로 보존하고 있는 경우가 많은 것이니, 우리말을 연구하려는 학도들에게 이보다 더 큰 보배가 또한 어디 있으랴?

라 하여, 방언 속에 옛말의 원래 모습이 남아 있을 수 있음을 강조하고서, 그런데 "우리 국문으로 우리의 고유어를 시대에 따라서 기록하여 놓은 문헌"이 대단히 적은 사실을 감안하여 "이런 문헌학적 결점을 보충하는 의미"에 있어서 방언 수집은 중대한 사명을 띤다는 것이다. 고대나 자매어와의 비교 연구에 큰 재료로 쓰기 위해서도 방언을 연구해야 되고, 또 표준어를 더 철저하게 알기 위해서도 방언을 연구해야 한다는 것인데, 여기서 표준어는 시골말 곧 방언과 대비되는 개념이었던 듯하다. 방언 표시는 항상 서울말과 대조하는 방식을 취하였다. 표준어 교육의 절대적 필요성을 인정하면서 이렇게 방언 연구를 강조한 것은 현대어와의 연관성을 고려한 것이었다. 그의 역사관의 단면을 볼 수가 있는 다음과 같은 언급이 있다.

우리가 과거를 연구한다는 것은 다만 사라져 없어진 옛 자취를 더듬어 본다는 것으로써 만족하는 것이 아님과 같이 옛말을 연구한다는 것도 옛말을 캐어 아는 것으로 그칠 것이 아니라, 현재 우리가 쓰고 있는 현대어와의 연관성을 살펴본다는 것에 더욱 큰 의의가 있다고 생각한다. 현재 어떤 지방에서 쓰고 있는 사투리가 옛말 그대로임을 찾아낼 수도 있거니와, 또한 현재의 사투리에 의하여 옛말의 뜻을 바로 해결할 수도 있을 것이다.

『조선고어방언사전』, 머리말

즉 과거는 현재와의 연관성으로 의의가 있는 셈이다. 방언과 표준어를 포함한 현대어와 고어와의 비교 연구가 이리하여 의의가 있게 되는 것이다.

나아가서 방언은 선인들이 남긴 향토 문화의 중요한 유산으로, 그 지방의 역사와 관계가 있는 것이며 그 지방의 풍속을 배경으로 생겨난 것이어서 역사·풍속·문화 각 방면의 지식을 넓히는 데에도 큰 도움이 된다고 하였다. 그리하여 정태진은 천문, 지리, 동물, 식물, 의식주, 인체 생리, 연중행사, 풍속, 습관, 관혼상제 등 여러 방면의 '어휘'를 몇 개씩 수첩에 적어 두었다가 그에 해당되는 방언형들을 조사해 볼 것을 권하곤 했던 것이다.

요컨대 방언에 대한 과학적 연구의 목적은 ① 방언과 고어(문헌학적 결점의 보충), ② 방언과 현대어, ③ 방언과 자매어, ④ 방언과 향토 문화 등의 연관성에 대한 연구에 있다고 한 셈이다. 그 목표는 현대를 위한 것이었다.

3. 어떤 시골말을 캤는가

정태진은 1946년에 「시골말을 캐어 모으자」라고 부르짖으면서 2년간에 걸쳐 방언을 수집하였는데[2] 그 (1)은 연희전문학교 문학부 학생에 의뢰하여 18개의 단어를 수집해서 서울·경기·제주를 제외한 12도로 나눠 정리한 것

---

2 『한글』에는 「옛말 찾기」를 연재하다가 이미 제27호(제3권 제8호, 1935년 10월)부터 「방언 조사」를 연재하기 시작하였는데, 이는 '방언 수집' 광고에 따라 일반 독자들이 수집하여 제출한 것이었다. 정태진은 이들 자료를 또다시 정리하곤 하였다.

이다. 대상 단어는 다음과 같다.

벙어리[啞]	귀머거리[聾]	대머리[禿頭]	가을[秋]
겨울[冬]	새우[蝦]	달팽이[蝸牛]	무[蘿蔔]
달걀[鷄卵]	흙[土]	팥[小豆]	오이[胡瓜]
고양이[猫]	게[蟹]	가위[鋏]	턱[顎]
아우[弟]	냉이[薺]		

이 (1)을 정리·발표하면서 다시 20개 단어의 방언 수집을 일반인에게 공개적으로 요청하여 수집한 것을 정리하여 (2)로서 발표하였다. 이때에는 지역의 제한이 없이 전국을 대상으로 하였다. 20개의 대상 단어는 다음과 같다.

1. 감기(感氣)	2. 거울[鏡]	3. 그네[鞦韆]
4. 누에[蠶]	5. 누이[姊]	6. 다리미[熨斗]
7. 대야[盥]	8. 도마[俎]	9. 두부(豆腐)
10. 맨드라미[鷄冠花]	11. 모기[蚊]	12. 바위[岩]
13. 뺨[頰]	14. 벼룩[蚤]	15. 비누[石鹼]
16. 사닥다리[梯子]	17. 애꾸눈이[片目]	18. 여우[狐]
19. 언청이[缺口]	20. 파리[蠅]	

제3회의 「시골말 캐기」도 제2회와 마찬가지 방식으로 진행하였는바, 이도 (3)으로 정리하여 발표하였다. 20개의 대상 단어는 다음과 같다.

1. 가랑비[細雨]	2. 강아지[犬子]	3. 거미[蜘蛛]
4. 기와집[瓦家]	5. 고구마[甘藷]	6. 노루[獐]
7. 나비[蝶]	8. 도마뱀[蜥蝎]	9. 뒷간[便所]
10. 모내기[移秧]	11. 미끼[釣餌]	12. 무릎[膝]

13. 부엌[廚]   14. 바둑[碁]   15. 바다[海]

16. 버섯[茸]   17. 병아리[鷄雛]   18. 보늬[栗內皮]

19. 잠자리[蜻蜓]   20. 토끼[兎]

이렇게 정리된 방언형들은 정태진이 정리하여 『한글』에 각각 실렸었는데, 피조사자들의 이름과 지역이 밝혀져 있다. 조사 항목을 보면 그 단어들은 역사성이 강한, 나아가서 방언량이 커서 다양한 방언형을 보이는 것들로서, 지금까지의 대부분의 방언자료집에 거의 다 수록되어 있는 조사항목들이다. 이를 보아도 그의 방언 연구의 목적이 역사적인 데에 있음을 쉽게 짐작할 수 있다.

이 밖에 「시골말 캐기」가 유고 중에 있는바, 여기에는

시골말 캐기(A)   1. 가깝다 ~ 100. 삼키다 (대표적인 방언형 나열)

방언조사표   씨 ~ 숫 (115개 도별 방언형 수록)

시골말 캐기   1. 성냥 ~ 100. 두부 (대표적인 방언형 나열)

시골말 캐기   1. 굴뚝 ~ 100. 상투 (대표적인 방언형 나열)

들의 자료가 있다.

「시골말 캐기」는 예컨대

1. 성냥[燐寸] - 성내, 성나, 기화, 비지깨, 당황, 당왕

100. 두부(豆腐) - 더버, 더부, 조푸, 도푸, 두비, 뜨부

167. 상투[髻] - 상태기, 상토, 상튀, 상퉁이

같은 방식으로 나열되어 있으며 「방언조사표」는 실은 제목은 없는 도별 분포표인데 자료로는 가로로 각 항목이 나열되어 있고 세로로는 강원, 충북, 충남, 경북, 경남, 전북, 전남, 제주로 구별되면서 해당되는 대표적인 방언형

을 표시한 표의 형식으로 되어 있다.

이상의 방언 자료의 수집·정리는 그 항목이 비록 중복된 것들도 있으나 적은 수는 아니다. 이들 자료들 역시 역사적인 관점을 고려해서 선정된 듯하다. 이들 자료를 통해서 정태진이 관찰하려 했던 현상들은 그 대부분이 음운사적인 것이요 부분적으로는 형태사적인 것인데, 이는 후술할 바와 같이 「방언학개론」의 강의록을 통해서 확인할 수가 있다.

4. 『조선고어방언사전』의 「방언부」는 어떤 성격인가

고어와 방언을 한 책으로 엮은 것만 보아도 이 책의 목적이 고어 연구에 초점을 두고 있음을 짐작할 수 있다. "옛말을 연구하려면 모름지기 여러 지방의 사투리를 두루 캐어 모은다는 것이 옛말을 연구함에 있어서 중요한 과제의 하나라고 생각한다"고 분명히 밝히고 있다.

김병제와 함께 엮은 『조선고어방언사전』(1948)은 고어부(34면), 이두부(47면) 및 방언부(160면) 세 부분으로 짜여져 있는데, 그렇다고 같은 단어를 비교하도록 되어 있는 것은 아니다. 「방언부」의 표제항은 방언형 9,400여 개나 되는데, 이들의 배열은 음절 단위의 자모 차례를 따랐다. 그리고 모음의 차례는 현대의 국어사전들과 같으나, 된소리(경음)의 순서는 평음에 섞음섞음 배열되어 있어서 『큰사전』과는 같게 되었고 딴 사전들과는 달리 되어 있다. 흔히 방언사전에서 볼 수 있듯이 각각의 방언형은 용언 활용형까지 포함하여 표준형으로 대치시켰고 일체의 용례는 제시되지 않아 장차 국어사전에서 표제어인 방언형을 표준형으로 대치시킬 준비가 되었던 셈이다. 『큰사전』에서부터 시작된 방식으로 방언과 표준어와의 직접적인 연관성을 주장한 소이가 바로 여기에 있었던 것이다. 「방언부」의 일부를 보아도 이 사전의 성격을 좀 더 분명히 알 수가 있다.

가가(전남, 평남)	가게[店]
가가라(함남)	가거라[去]
가갑다(함남)	가볍다[輕]
가깝하다(평북)	심심하다[閒寂]
가갓방(함남)	가게[店]
가개(함남)	가까이[近]
가깨(함남)	가까이[近]
가개비(제)	개구리[跬]
가갭다(함)	가볍다[輕]
가게서(전남)	가시어서[去]
가꽈서(경북)	가꿔서
까꾸루(평남)	거꾸로[倒]
가꾸루(함북)	거꾸로[倒]
까꾸베랑(평북)	가풀막[急傾斜]

방언형과 표준형 사이에 대등관계를 대역사전과 같이 보인 이 「방언부」에
서 둘 사이에는 분포지역이 표시되어 있는데, 도별의 분포지역 표시가 일반
적이나, 강원도는 영동과 영서의 말이 서로 달라 강동과 강서로 나누었고 삼
남지방에서 공동으로 쓰이는 말은 삼남이라 묶어서 표시하였다. 제주도는
전남으로부터 분리시켰다. 그밖에도 '전全, 함咸'이니 '황평黃平, 경충慶忠, 경
함북慶咸北'이니 하여 지역을 변형시킨 경우도 있다.

달팽이(삼남, 강, 함남)	달팽이[蝸牛]
대리비(전, 경남, 강동)	다리미[熨斗]
왜(경함북, 평북)	외(外)
웨(제, 전남, 경충, 함강동)	외(外)

이상의 「방언부」는 표제항이 방언형으로 「시골말 캐기」에 포함된 것들은 모두 포함되었고, 여기에 실린 방언형들은 그 대부분이 조선어학회의 『큰사전』에도 표제어로 실리게 되었다.[3] 이는 이 사전이 『큰사전』과 밀접한 관련 아래서 편찬되었음을 뜻한다. 정태진은 1941년부터 『큰사전』의 편찬에 참여하였으며, 광복이 되면서 다시금 『큰사전』 편찬을 시작하였다 한다. 그리고 이 무렵에 연희전문학교에서 한 강의 중에 『방언학개론』이 있었던 것이다. 조선어학회에서 행한 방언수집이 『큰사전』의 편찬과 관련이 있었음을 『한글』 제3권 제8호(1935년 10월호) 9면에 실린 다음과 같은 광고문에서 확인할 수가 있다.

◎方言蒐集

朝鮮語辭典會에서 各地方 方言을 蒐集하기 爲하며, 四九年前부러 府內 各 中等學校 以上 學生을 德勵하야, 夏期放學時 歸鄕하는 學生으로 하여금 方言을 蒐集하였던바, 이미 蒐集된것이 萬餘點에 이른지라, 이것을 장차 整理하며 辭典 語彙도 收用할 豫定임니다. 그런대 여기에 方言調査欄을 特設하였으니, 누구시든지 이 闕없 많이 利用하여 주시기를 바람니다.

---

3 개인적인 대담에서 서강대 곽충구 교수가 이를 확인해 보았다고 전해 주었다.

5. 『방언학개론』에서는 무엇을 추구하였는가

이 유고는 강의록으로 체계화되어 있는 글은 아니고 거의 메모 내지 핸드 아웃에 가깝다. 그런데도 정태진의 방언학에 대한 생각을 엿볼 수는 있다. 우선 목차를 보면

    Ⅰ. 방언이란 무엇인가?

    Ⅱ. 방언학의 발생

    Ⅲ. 방언과 표준어는 어떻게 다른가?

       1. 어원 다른 동음이의어

       2. 어원 같은 동음이의어

       3. 어원 다른 이음동의어

       4. 어원 같은 이음동의어

       5. 특수어

       6. 음운의 차이

       7. 문법의 차이

    Ⅳ. 방언과 고어와의 관계

    Ⅴ. 방언과 자매어와의 관계

이 내용에서 일부 수정 추가되었는데, 다음과 같다

    Ⅵ. 방언과 외래어와의 관계

    Ⅶ. 방언과 인접어와의 관계

    Ⅷ. 방언에 나타난 음운변천상

      「모음현상으로 본 제주도의 방언」

      「자음탈락현상으로 본 제주도의 방언」

      「자음탈락현상으로 본 한일양어의 비교」

이들에 이어 모음변화(A. 후설모음의 초전설모음화, B. 초전설모음의 전
설모음화, C. 복모음의 단모음화, D. ㅣ음의 역행동화, E. ·음의 소실)를 분
류하고 '1. 구유 2. 냉이 3. 가위 4. 여우 5. 시다 모래 7. 올챙이 9. 노루 닭 10.
가루 9. 모래 머루 도라지 10. 벌레 가을 가위 흙 닭 내 개울 바위' 등 단어들을
중심으로 음운변천상을 여러 방식으로 시도하고 있다. '마름[藻]'의 경우를 보자.

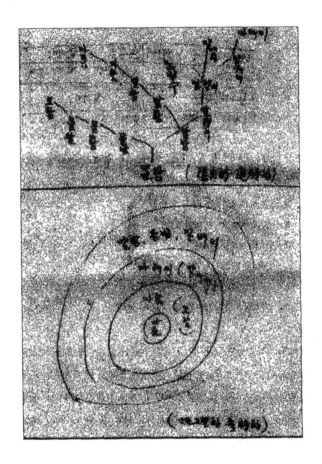

즉 '물밤'으로부터 여러 방언형에 이르는 '역사적 · 통시적' 분화 과정을 도표
화하기도 하였고 '지리적 · 공시적'인 관련을 도표화하기도 하였다. 상당히
합리적 해석을 꾀하려 하였음을 볼 수 있다.[4]

모든 항목에 대하여 이러한 역사적 · 통시적 분화 과정과 지리적 · 공시적

분포를 밝힌 것은 아니나 전반적으로 방언형을 역사적으로 추구하려고 노력하였다.

6. 마무리를 지으면서

정태진은 이상에서 훑어 본 바와 같이 조선어학회에서 『큰사전』을 편찬하면서 옛말 이외에 방언을 수집·정리하였는데, 역사적 관점에서 방언을 바라보면서도 현대어와의 관련을 강조하였다. 『방언학개론』이란 강의록은 무척 흥미로운 점이 많으나 서술이 전혀 없는 것이 안타깝다. 『큰사전』에 방언형을 표제어로 실음으로써 방언형을 싣지 않는 딴 나라 사전들과 이 점에서 차이를 보이게 된 셈이다.

출처: 『새국어생활』 8-3, 국립국어연구원, 1998.
붙임: 이 글은 10월의 문화인물로 선정된 뜻을 기리기 위해 국립국어연구원의 『새국어생활』(8-3)에 집필한 것인데 방언(cf. 시골말)의 수집 목적과 방법과 내용을 알아보고 그의 대표적 업적인 김병제와의 공저 『조선고어방언사전』(1948) 특히 방언부를 검토하고 또 강의노트 「방언학개론」을 소개 검토하였는데 국어사와 관련시킨 방언 연구의 강조에 따라 고어와 방언을 연결해 연구한 면을 염두에 두었다.

---

4 이미 고노 로쿠로河野六郎(1945, 『조선방언학시고』)에서 논의된 바 있는 내용이고, 필자도 졸고(1998, 마름[蔈仁]의 어휘사)에서 언급한 바 있었다. 이때에 미처 정태진을 참고하지 못했다. 이 기회에 밝혀 둔다.

람스테트

1. 머리말

구스타프 욘 람스테트Gustaf John Ramstedt(1873~1950), 그는 근대몽골어학은 물론이요 알타이어학의 기초를 확립한 진정한 선구자이다. 헬싱키에서 대학을 다닌 그는 볼가강 유역에서 첫 언어조사를 시작하고서는, 몽골 나아가서 극동에 이르기까지 내륙아시아의 광범위한 지역에서 언어 조사·연구를 행함으로써, 알타이제어에 관한 폭넓은 지식을 가지게 되었고, 그들의 역사적인 친족관계를 개관하게 되었다. 알타이어족에 한국어를 적극적으로 포함시킴으로써 한국어의 친족관계를 연구하게 되는 한국학자들은 람스테트를 이 방면의 시조처럼 대접하여 온 것이 사실이다. 말하자면 람스테트의 알타이어학 속에 머물면서 그의 연구를 계승·발전시키고 있는 것이다. 이렇듯 알타이어학의 기반을 마련하고 강력한 영향을 지금까지도 미쳐 온 람스테트는 어떠한 학문적 생애를 거쳤으며 그의 연구방법은 어떠했는가. 그의 연구내용은 무엇이며 특히 그의 한국어연구는 어떠한 것이었을까. 1920년대부터 20여 년간 이루어진 람스테트의 한국어와 알타이제어와의 비교 연구는 그후 30여 년간이 흘렀어도 그에 대한 부분적인 수정·증보에 머물면서 커다란 진전을 보지 못해온 것이 사실이다.[1] 람스테트의 서거 35주년을 맞으면서 이들을 개관한다. 그의 언어학에 대한 정열은 언어연구에 뜻을 둔 후학들에게 깊은 감명을 줄 것이다.

2. 람스테트 언어학의 형성과정

19세기, 람스테트가 태어났던 이 시기는 역사언어학 특히 여러 개별언어들에 대한 비교연구를 통해서 친족관계genetic relationship, Verwandtschaft, parenté를 수립하려던 그런 비교언어학의 시대였다. 람스테트가 수학했던 헬싱키대학도 이러한 역사 · 비교언어학의 흐름 속에 있었다. 인구어 비교언어학의 창시자인 보프Franz Bopp(1791~1867)의 비교방법이 헬싱키대학의 핀어 교수이던 까스트렌M. A. Castrén(1813~1852)에게 이미 잘 알려져 있었다는 사실이 바로 이를 말해 준다. 19세기 동안의 핀 · 우글언어학의 센터는 부다페스트와 함께 헬싱키였던 것이고, 핀 · 우글제어와 사모예드어 및 예니세이어와 알타이제어(특히 터키 · 몽골 · 퉁구스어)에 대한 비교연구의 기초를 확립한 언어학자가 바로 핀란드의 까스트렌이었다. 당시의 비교언어학은 원자론적인 진화론의 성격을 지녔는바, 개별언어를 일종의 유기체처럼 보아 각 언어의 역사를 탐색하고서 그 역사적 사실에 입각하여 언어들 사이의 일정한 대응관계를 발견함으로써 그 역사적 분화관계 즉 친족관계를 수립하려 하였던 것이다.

한 개별언어의 사회집단을 하나의 민족으로 보고 그것을 유기체적인 혈연공동체로 파악하면 흔히 민족과 언어를 유기체의 역사적 동일체로 강조하게 될 것이다. 이와 같은 인류학적 유사성과 언어학적 유사성과의 혼동은 19세기 당시의 이른바 약소민족들이 그들 자신의 역사를 과소 평가받지 않

---

1 이기문, 한국어와 알타이제어의 어휘비교에 대한 기초적 연구, 『동아문화』(서울대) 14, 1977.

으려는 국수주의적 경향을 띠게 하기도 하였다. 까스트렌도 예외는 아니었던 것 같다.

우리 핀족이 세계사 밖의 외로운 민족이 아니라 적어도 인류의 6분의 1과 친족관계에 있다.

핀·우글어와 터키·몽골·퉁구스제어와의 친족관계를 탐색하려 했던 까스트렌에 이어 특히 헬싱키대학의 돈네르Otto Donner(1835~1909)는 인구어학의 방법론을 수용하여 핀·우글어와 알타이어를 연구하면서 헬싱키대학 언어학의 전통을 굳히게 하였다. 이 돈네르에 의하여 1883년 핀·우글학회 Société Finno-Ougrienne가 창립되면서 핀·우글어와 알타이어 연구가 더욱 활기를 띠게 되었다. 그리하여 돈네르는 중앙아시아의 투르케스탄Turkestan 지역과 몽골지역의 언어조사, 고고학적 조사 및 고대비문 발굴 등을 위한 현지조사 계획을 세우고서 바로 람스테트를 현지조사원으로 선정·파견하였다 (1897).

람스테트는 대학에서 원래 신학과 동양어를 공부하였는데, 스웨덴어라든가 당시 비교언어학에서 각광을 받았던 산스크리트어라든가 그리고 문헌해석학philology들에 대한 문제들을 공부하다가, 돈네르로부터 현지조사원으로 위촉받은 다음에는 음성학, 핀·우글어학 및 현지에서 필요했던 러시아어를 헬싱키에서 공부했으며, 이러한 기초를 쌓고서는 볼가강 중류에 있는 체레미스Cheremis에서 핀·우글 주민들의 언어를 3개월 동안 조사하였고, 핀·우글어학자들이 발전시켜 온 현지조사방법을 스스로 훈련하였던 것이다. 당시의 역사언어학이 정밀한 음성연구를 강조하였고 또 이에 따라 음성학의 철저한 훈련을 받은 람스테트로서는 자연히 구어적인 언어자료를 정밀하게 음성전사하게 되었을 것이다. 체레미스의 훈련조사를 마치고 그 자료를 정리하기 위해 타타르의 수도 카잔에 머물렀을 때에 카잔대학교의 터키어학자였던 까따노프N. F. Katanov로부터 구어 몽골어의 수학이 실제적일 것이라는 권유를 받음으로써 람스테트는 그후 한 언어(또는 방언)의 구어를 우선적으로 조사하는 경향을 보이게 되었다. 한 언어의 음성을 정밀하게 파악하고 구어연구를 통해서 비교연구의 기초를 마련했던 그러한 방법은 람스테트에게도 하나의 특징이 되는 셈이다.

람스테트의 몽골어 조사연구, 나아가서 알타이어학은 이렇게 해서 시작된 것이다. 그는 가족과 함께 우선 몽골의 우르가Urga를 여행하였는데, 곧 칼카Khalkha 몽골방언을 자유자재로 구사할 수 있게 되었으며, 사전편찬을 위한 몽골어 단어들의 수집을 시작하게 되었다. 북청사변으로 우르가를 떠나 (1900) 트로이쯔코사프스끄Troitskosavsk로 옮겨 이곳에서 몽골어 동사의 파생과 굴절을 조사하여서 그의 학위 논문 「칼카몽골어의 활용에 대하여Über die Konjugation des Khalkha-Mongolischen」(MSFOu 19, 1903)를 쓰게 되었다. 이 논문은 활용이 언어의 중요한 구성요소를 이룬다는 생각에서 쓰여진 것으로, 구어방언의 형태와 고대문어 몽골어를 비교하여 몽골공통어를 재구하려 하였고 나아가 터키-타타르방언 및 만주·퉁구스어와의 형태비교도 시도하였다. 이 때의 조사에 의한 「문어몽골어와 우르가방언의 음성비교Das Schriftmongolische und Urgamundart phonetisch Vergleichen」(JSFOu 21.2, 1903)에서는 알타이제어와의 비교를 아직 시도하지는 않았다.

헬싱키대학 당국은 다시 람스테트로 하여금 3년간에 걸쳐 거의 알려지지 않았거나 전혀 연구되지 않은 몽골부족을 아프가니스탄, 라다크Ladakh, 티베트, 내외몽골, 만주 및 레나강 연안의 브리아트Briat 등의 지역에서 조사하도록 경비를 지급하였다. 그리하여 우선 아프가니스탄 몽골족의 언어와 매우 가까운 것으로 알려진 칼무크Kalmuck(볼가강유역의 서몽골)를 답사하여 문법, 어휘 및 민속자료를 수집하였다. 이어서 러시아-아프가니스탄 접경의 꾸시까Kushka성에서 몽골어를 사용하는 두 노동자를 제보자로 삼아 조사해서 「몽골어Mogholica」(JSFOu 23.4, 1905)를 발표했다. 문어몽골어 대응형을 들기도 하였고 페르시아 차용어에 관심을 보이기도 하였다.

1904년 이후 람스테트는 칼무크, 코카시아 등을 답사하고 타타르어를 연구하여 터키-몽골어 관계에 깊은 관심을 보였으며, 「칼무크 동화Kalmückische Märchen」(① MSFOu 22, 1-2, 1909, ② MSFOu 27-2, 1919)도 내어 놓았다. 이러한 터키-몽골어에 관한 연구를 바탕으로 해서 람스테트는 페테르스부르크대학에서 이 두 언어의 역사음성학에 관하여 특강을 하기도 하였다.

1906년 이후 대학에서 알타이어학을 강의하고 있었는데, 1909년 학회는 다시 몽골지방에 람스테트를 파견하였다. 이때에 고고학자 빨시Sakari Pälsi를 동반시켰었다. 이 답사에서 날라이카Nalaika 계곡에 있는 고대 터키의 토뉴쿡 비문Tonykuk Inscription과 수지Südži에 있는 위굴어의 비문을 발견하게 되었다 (cf. Zwei uigurische Runeninschriften in der Nord-Mongolei, JSFOu 30.3). 1912년 또다시 람스테트는 음성학자 소타발타Arvo Sotavalta와 함께 몽골지방을 답사하였는데, 이때에는 민요까지도 수집하였다. 이 답사는 본래 터키인과 우글인의 역사조사가 목적이었는바, 하누이Hanoui강과 후니Houni강 부근에서 고대도시의 대유적지를 발견하고서 금석문의 전사를 하게 된다.

1917년에 헬싱키대학의 알타이어학 원외교수로 지명되었던 람스테트는 그의 고국 핀란드가 스웨덴으로부터 독립되자 1919년 일본 주재 핀란드 대리대사로 임명되었으며 1930년까지 동경에 머무르게 되었다. 여기서 그는 일본어와 한국어에 깊은 관심을 보여 이들 두 언어를 알타이제어와 비교하게 되었다. 우선 「일본어와 알타이제어와의 비교 A Comparison of the Altaic Languages with Japanese」(Transactions of the Asiatic Society of Japan, second series, 1924)를 발표하였고, 당시 한국인 동경유학생(일본대학) 유진걸로부터 한국어를 조사하면서부터는(1924~1926) 일본어에 대해서보다는 한국어에 대해서 관심을 집중하였었다. 그리하여 한국어와 일본어의 '섬'[島]과 '배'[船] 두 단어를 비교한 「朝・日語의 두 단어Two Words of Korean-Japanese」(1926)를 발표하고서 주로 한국어의 음성과 굴절을 비교언어학적으로 검토한 「한국어요론Remarks on the Korean Language」(MSFOu 58, 1928)을 내놓았다. 이 논문은 한국어에 관한 그의 본격적인 최초의 논문이 되는 셈이다.

1930년 귀국 후 헬싱키대학에서 알타이어학에 한국어를 포함시켜 강의를 하였으며(학생은 서너 명) 계속 한국어 연구에 노력을 집중했다. 비교언어학적 연구의 목적으로 쓰여진 『한국어문법A Korean Grammar』(1939)은 바로 이렇게 해서 나온 것이다. 1943년 대학에서 퇴직한 그는 1946년 봄학기 동안 웁살라대학에서 알타이 비교문법을 강의한 바 있고, 1949년 『한국어어원론연구Studies in Korean Etymology』를 내면서 건강이 계속 악화일로를 걷게 되어 1950년 11월 2일에 그만 서거하고 말았던 것이다. 그는 대학에서 강의를 담당한 이외에 핀·우글학회장, 핀린드학술원 회원 등을 지내기도 하였다.

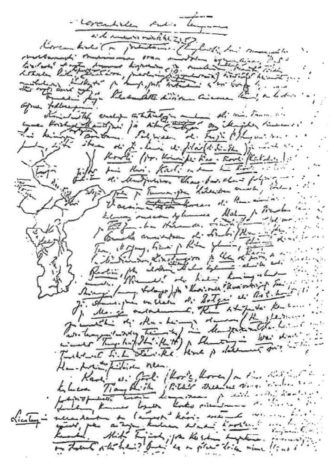

람스테트의 한국어비교 노트

람스테트는 한국어와 알타이제어와의 친근성에 관한 자기의 주장과 논증을 제시한 뒤에야 알타이제어의 비교문법개론을 마무리지어 그의 일생의 연구를 종합하려 하였다. 결국 그는 형태론의 초고를 반쯤 써 놓고 말았기 때문에 펜티 아알토Penti Aalto를 비롯한 그의 제자들이 필사본 초고들과 논문들을 중심으로 『알타이어학개론Einführung in die altaische Sprachwissenschaft』을 역사음운론과 비교형태론 두 권으로 사후에 내놓게 되었다. 1966년에 나온 셋째 권은 색인편이다. 람스테트가 알타이어연구에 바친 필생의 노고를 총괄한 이 개론서는 알타이어학 초창기 중에 말기로 특징지어진다는 평가를 받고 있다.[2]

요컨대 람스테트는 헬싱키대학과 핀·우글어학회의 역사언어학 특히 비교언어학의 전통 속에서 알타이제어, 그중에서도 몽골어, 터키어 및 한국어를 집중적으로 조사·연구하여 이른바 알타이어학의 기초를 확립하였다고 할 수 있다.

3. 람스테트의 언어연구방법과 알타이제어연구

역사·비교언어학은 흔히 어떤 언어적 단위(예컨대, 단위음, 문법형태소, 단어 등) 또는 규칙의 변화를 시대와 관련해서 기술하고 개별언어에서의 이러한 통시론적 기술을 바탕으로 그 언어들 사이에서의 일정한 규칙적인 대응법칙을 비교해서 친족관계를 수립하려 한다. 여기에서의 시대적인 단계적 변화과정은 유기체의 일대기를 서술하는 방식과 유사하게 기술된다. 즉 *p~〉x~〉h~〉∅(제로)와 같은 몽골어 및 터키어에서의 단계적 변화과정은 '알〉애벌레〉번데기〉성충'이라는 곤충의 일대기에서의 단계적 변화과정과 평행되는 것이다. 음운변화에 있어서의 계기적인 단계는 대체로 규칙적인

---

2 P. Aalto, G. J. Ramstedt and Altaic Linguistics, *Central Asiatic Journal* 19-3, 1975.

음운변화로 기술하여 왔는데, 이러한 기술은 추상적인 생성음운론에서의 기저형으로부터 표면형에 이르는 규칙 적용의 공시론적 기술과 비슷한 것이다.

람스테트도 결국 알타이제어 즉 터키·몽골·퉁구스어 및 한국어(나아가서 일본어)의 역사적인 연구를 바탕으로 비교연구에 의하여 친족관계를 수립하려 하였다. 따라서 그의 방법은 우선 역사·비교적 관점에서 개별언어의 자료를 수집하고 개별언어사의 기술 및 비교에 의한 대응법칙의 발견을 위주로 한 것이었다. 물론 그의 이론적 수준은 19세기적인 것이었다.

우선 그가 관심을 두었던 자료들을 보면, 어떤 언어(또는 방언)의 음성, 어휘 및 문법형태들에 관한 것들을 주로 수집하였고, 그밖에 민요, 설화(특히 동화) 및 금석문의 자료도 수집하였다. 이 구비전승 자료나 고고학적 자료에 대한 관심은 전통적인 언어자료를 중심으로 한 역사언어학적 연구를 위한 것이었다고 여겨진다. 우리는 흔히 19세기적 언어사연구에서 방언, 속담, 수수께끼, 설화, 민요, 민속어휘 나아가서 금석문의 자료수집을 통해 그 속의 유형식들을 실증적으로 연구했던—역사언어학의 보조적 자료로서—사실을 잘 알고 있다. 이들 자료의 수집은 전통문화 내지는 향토문화의 계승·발굴을 통해 민족의식 내지는 향토의식을 고취하려는 이념상의 배경을 흔히 가졌던 것이 19세기의 그것이었다. 그 뒤 순수과학이 강조되면서부터는 실증사학적 연구를 위한 자료수집의 성격으로 바뀌었다. 람스테트의 자료수집은 언어사의 실증적 자료를 얻기 위한 것으로 여겨진다.

개별언어들의 이러한 자료를 통해 그 언어들에 대한 기초적인 이해를 우선적으로 하게 되고 이 이해 위에서 비교의 가능성을 찾게 된다. 이때에 그 언어들의 역사적 사실이 동일시될 수 있는 유사성을 찾게 된다. 이 유사성에는 ① 보편적인 것, ② 우연적인 것, ③ 차용에 의한 것, ④ 계통적인 것들이 있는바, 친족관계를 증명해 줄 수 있는 것은 말할 것도 없이 계통적 유사성이다. 이른 시기에 차용이 되어 오랜 역사를 지니게 되면 이 차용적 유사성은 계통적 유사성과 구별되기가 쉽지 않다. 특히 어떤 제3의 언어로부터 동계어들이 동일하게 차용을 받았다면 더욱 그러할 것이다. 람스테트는 계통적 유사성에 의한 대응법칙을 찾으면서 차용어에도 깊은 관심을 보이곤 하였다. 조사현장에서 세멜레Setälä에게 보낸 1904년 10월 20일자 편지에서 그는 다음과 같이 말한 바 있다.

> 저는 차용어인지(몽골어에서 타타르어로 차용된 경우가 대부분인), 오랜 유사성인지 분명하지 않은 대응형을 입증할 모든 음운법칙과 기준을 이미 조금씩 조금씩 찾아보았습니다.

람스테트는 특히 한국어와 몽골어가 공통적으로 받아들인 많은 중국어 차용어에 관심을 보였고, 터키어와 아랍어 사이에서의 차용어에도 관심을 두기도 하였다. 또한 그는 '터키어의 기원에 대하여'라는 제목의 강연에서 터키어의 가장 이른 층과 한국어와의 관계를 언급하였는데, 중국어차용의 유사성에 근거를 두면서 이 유사성으로부터 한국어의 지역이 초기 중국의 바로 북쪽에 있었을 것이라고 보기도 하였다. 중국어 문헌에 기록되어 있는 알타이단어를 찾는 데에 치중한 나머지 중국어차용어를 가려내지 못했다는 뻴리오P. Pelliot의 지적을 받은 바도 있다. 한국어의 기술에서는 그가 한자어들이라고 믿었던 것들에 대해서는 SK로 구별해서 밝히려 하였다.

람스테트의 언어서술체계는 당시 비교언어학의 그것으로 특별히 독창적인 자신의 것은 아닌 듯하다. 즉 음학Lautlehre, 형태론Formenlehre 및 어원론Etymologie의 세 분야에 따라 개별언어의 기술 및 동계어들의 비교를 꾀한다. 이 삼분법은 흔히 pronunciation(또는 sounds), grammar(또는 grammatical forms) 및 vocabulary라는 전통적인 분류로서, 이에 따라 역사음성학 비교형태론(또는 비교문법) 및 어원론으로 역사·비교연구를 행하였다.

음성학과 음운론을 엄격히 구별하지 못한 음학은 정밀한 음성의 파악에 바탕을 둔 역사음성학의 성격을 지닌 것이었다. 19세기의 언어학은 고도로 발전된 생리음성학을 가지고 있었고, 당시의 역사언어학은 정밀한 음성기술을 요구하였기 때문에, 음성학의 철저한 훈련을 받았던 람스테트는 자연히 그의 조사언어에 대해서 철저한 음성전사를 꾀하곤 하였던 것이다. 그의 최초의 주요한 작업이 칼카몽골어의 정밀한 음성전사이었던 것은 바로 이런 이유에서였던 것이며, 한국어연구에서(cf.『한국어문법』) 음성학 분야의 기술이 자세했던 것도 여기서 비롯된 것인 듯하다. 예컨대 한국어 장애음들을 k·t·p·č, kh·th·ph·čh 및 kk·tt·pp·čč의 세 계열로 분류하고, 다시 평음을 무성음 k·t·p·č, 반유성음 G·D·B·DŽ 및 유성음 g·d·b·ʒ로 분류하고 있는 것이다. 이를 보면 람스테트가 음운과 음성을 구별할 수 있었다는 포페N. Poppe의 지적은 믿을 만한 것이 못되는 듯하다.

정밀한 음성관찰에 이어지는 관심은 역사음성학적인 것으로, 몽골의 우르가방언의 음성을 몽골문어와 비교하기도 했던 것이다. 나아가 몽골어와 터키어와의 관계를 연구하면서부터는 이 두 언어의 역사음성학에 깊은 관심을 두면서 강의까지 했던 것이다. 알타이제어의 친족관계 수립에 관심을 둔 이후로는 다시 알타이제어와의 대응형들을 제시하기 시작하였다. 바로 『한국어문법』은 이상의 의도로 쓰여진 것이었다. 전반적으로는 구어를 기초로 한 기술문법이지만, 그 음성학 편은 정밀한 음성기술에다가 음운변화 및 알타이제어와의 음성비교를 곁들였던 것이다.

람스테트가 알타이제어에서의 몇몇 음운대응을 확립하려했던 것으로는 다음과 같은 것들이 대표적이라 할 수 있다. 알타이제어의 음운사 연구에서 일찍이 주목을 끌었던 주제의 하나는 *r과 *l의 반사에 관한 것이었다. 몽골어의 r이 터키어의 z와 대응되고 몽골어의 l이 터키어의 ʃ에 대응된다는 사실을 지적한 최초의 학자가 바로 람스테트였다. 물론 츄바쉬어의 r과 l이 터키어의 z와 ʃ에 각각 대응된다는 사실은 이미 알려져 있었던 것이다. 그런데 람스테트도 처음에는 그의 선학들과 마찬가지로 몽골어의 r이 *z로부터 그리고 몽골어의 l이 *ʃ로부터 기원했다고 믿었었다. 그러나 나중에는 몽골어와 츄바쉬어의 r과 l이 터키어의 z와 ʃ보다는 오랜 것이고 반대로 z와 ʃ가 *r과 *l로부터 각각 변화한 것이라는 결론에 이른 것이다. 현재 대부분의 알타이어학자들은 이 람스테트의 수정된 견해를 따르고 있다. 츄바쉬어가 아주 오랜 터키어라는 사실을 발견한 최초의 학자가 바로 람스테트인데, 라들로프는 그의 『북부 터키어 음성학』(1882)에서 츄바쉬어를 기원적인 핀·우글어로 본 바 있었다(Poppe, 1950). 한국어의 경우에는 그대로 유음을 유지해 온 것으로 대응시켰었는바, 한국어의 aguri('입'의 속어)와 터키어의 aɤïz가 대응된다는 것이었다. 다만 어말에서 북한어(러시아 카잔에서 1904년에 발간된 『노한사전』에 의존)는 r로 실현되고 남한어에서는 l로 실현된다고 보았다. 지나친 음성관찰로 빚어진 어긋난 관찰임은 말할 것도 없을 것이다.

람스테트가 두드러지게 내세운 음운대응법칙은 이른바 람스테트법칙이라고 불리기도 했던 *p-의 반사이다. Türk. ∅-=중세 Mo. h-=Manchu f-, Goldi (Nanai) p-, Evenki와 Lamut h-와 같은 대응관계가 그것인바, 한국어는 p-를 보수적으로 유지하고 있는 셈이다(cf. 붉-, 보름). 이는 Einjührung(l. Lautlehre)에서는 Türk=o, Mo=o(h:f:ś), Kor.=p(ph), Tung.=p:t:h:o로 종합되었다. 예를 들면

Kor. pulk-ta (rot sein) pulgịn (rot)

Ma. fulgijan (rot) ž(Grube) fûh-lâh-kiaŋ (Grube)

Tung. xolajin, xulajin, holajin, ularin, ulama (Grube)

Mong. fulan, Mo. MNT hula'an, Mo. L. ulagan, Kalm. ulān Dah. hūlạŋ (rot)

Mtü. ulas köz (rote Augen)

한국어의 '것'(<*kes)을 논하면서 제시한 음운대응이 있는바, 어두의 *k-와 *g-의 반사에 대한 것이 바로 그것이다. 즉 *k=Kor. k, Tung. k, Mo. q k, Tü. q k와 *g=Kor. k, Tung. g, Mo. ɢ g, Tü q k와 같은 대응법칙을 제시한 것이다. Einführung(l. Lautlehre)에서의 요약은 *k와 *g에 대하여 *k=Tü. k:q, Mo. k:q, Kor. k(kh), Tung. k로 대응시켰고, *g=Tü. k:q, Mo. gɤ, Kor. k, Tung. g로 대응시켰다. 예를 들면

Kor. kęs (Ding, Stück) Mo. kese- (zerstückeln, schneiden)

keseg (Abschnitt. Abteilung) Kalm. kesəɢ, Kh. xessək (Stück),

Tü. käs- (schneiden) käsäk (Stück), Čuv. kazᴂk.

그 밖의 대응관계를 제시한 것으로는 한국어의 '솝~속', 거품~거쿰, 붑~북'
등에서의 이른바 P~K 대응이라고 불린 일이 있는 음운사가 있는데, Turk. -p-
-b= 문어 Mo. ɤ의 대응관계가 그것이며, 또한 몽골어의 어두 n, d, ǰ, y가 츄바
쉬어의 ś와 터키어의 *y에 대응된다는 음운대응이 있다. 이와 같은 관심 때문
에서였는지, 'ㅿ'을 구개적인 ń에 대응시키면서 약한 비음화된 j와 같은 음이
었을 것이라고 믿기 어렵게 언급하고 있다.[3] 람스테트는 그가 일찍이 깊이
연구한 몽골어와 터키어를 중심으로 세운 음운 대응법칙에 한국어를 맞추
려고 노력했던 것이다. 이는 한국학자들이 때로 람스테트를 비롯한 알타이
어학자들이 세운 알타이제어의 음운사를 염두에 두고서 한국어 음운사를
기술하려는 경향과 같은 궤도를 달리는 것이라 하겠다. 이상 람스테트의 알
타이제어에서의 음운대응을 바탕으로 아알토가 정리한 Einführung(Lautlehre)
의 요약은 다음과 같다.

어두에서의 자음 추이

공통조어	k	g	t	d	p	b	č	ǯ	j	ń	n	m	s
터키어	q:k	q:k	t	j	–	b	č	j	j	j	j	m, b	s
몽골어	q:k	r:g	t	d	fxhś-	b	č	ǯ	j	n	n	m	s, ši
퉁구스어	k	g	t	d	pfh-	b	č	ǯ	j,-	ń	n	m	s, h, š
한국어	k	k	t	t	p	p	č	č	j,-	n	n	m	s, h

이러한 알타이어의 자음적 성격에 따라 원시한국어의 단계에서 유성자음

---

3 『한국어문법』, p. 10.

과 무성자음을 구별 짓고 그 이후에 두 계열의 합류가 이루어지면서 'ㅍ, ㅌ, ㅋ, ㅊ' 등의 격음계열이 형성되었을 것이라는 논의가 있기도 한 것이다. *r과 *l은 모두 국어에서 'ㄹ'로 합류된 것으로 보기도 한다.

어두의 자음체계에 비하여 어중의 자음체계나 자음군은 덜 분명히 밝혀졌으나, Einführung에서는 어중자음에 대하여는 다음과 같은 도표로 제시하고 있다.

공통조어	k	g	t	d	p	b	č	ž
터키어	q:k	ɣ:g	t	d	p	b	č	ž
몽골어	q:k	ɣ:g	t	d	–	b	č	ž
퉁구스어	k	g	t	d	p, f	w	č	d'
한국어	k:kh	g:k	t:th	d:t	p:ph	w(b)	č:čh	?

공통조어	j	n	ń	l l' r ŕ m		ŋ	s
터키어	j	n	ń	l l' r ŕ m		ŋ	s
몽골어	j, –	n	ń	l l r ŕ m	–, ŋg		s
퉁구스어	j	n	ń	l l r r m		ŋ	s(h)
한국어	j, –	n	–	l ~ r m		–	s, h, –

자음에 대하여보다는 모음에 대해서는 덜 적극적인 관심을 보였던 듯하다. 모음의 대응이나 대립에 있어서 비교적 분명히 나타나는 위치는 첫음절에서이기 때문에, Einführung(Lautlehre)에서도 다음과 같은 제일음절에서의 규칙적인 대응관계를 제시하고 있다.

공통조어	a	o	u	y	e
터키어	a	o	u(o)	y	e, ä
몽골어	a	o	u	i	e
퉁구스어	a	o, u	u(o)	j(go.e)	e̞(e~ä) ŏ
한국어	a	o	o	i	e̞(o)

공통조어	ö	ü	i
터키어	ö	ü(i)	i
몽골어	ö(burj.ɯ)	ü(burj.ɯ)	i, e
퉁구스어	u, ü	ü, i	i, e
한국어	u(ç?)	j(u)	i

람스테트가 알타이제어의 음운사를 다룬 것으로는 또한 구개음화에 관한
것이 있다(Die Palatalisation in den altaischen Sprachen, 1932). 이는 포페가 이미
설정했던 a와 ia 및 n-와 ń-에 관한 문제를 구개음화현상으로 확대시켜 논의
한 것으로 na~ṇia ne~ṇie no~ṇio nu~ṇiu, ta~ṭia te~ṭie to~ṭio tu~ṭiu ka~ḳia 및 ke~ḳi
e ko~ḳio ku~ḳiu 등의 짝을 가정해서 논의하였다. 말하자면 i와 j-계통의 활음
Gleitlaut을 가진 이중모음에 의하여 n·t·k·l·r 등이 구개음화되면서 알타
이제어에서 어떻게 반사되었는가 하는 것을 논의한 것인데, 38개의 한국어
어휘가 포함되어 있다. 람스테트가 처음 한국어를 접했을 때에 몽골어와 퉁
구스어에 대응될 수 있는 대명사 '이'와 '저'(〈뎌)에 관심을 두었던 것도 위의
구개음화와 관련시켜 보면 우연한 것이 아니었던 듯하다. 이 가운데서 구개
음화에 관련되는 '저(彼)'의 대응 예들을 보면 다음과 같다.

> Aber kor. tˈë 'jener' wird in Südkorea (Söul und südlicher) čë, in Nordkorea tˈë und
> dial. të ausgesprochen: vgl. mogh. te, monguor (Kansu) tˈe, ma. mo. tere 'jener', tung.
> tari (tēji) id., kas. tege (〈ti-ki) id.

바로 이와 같은 람스테트의 대응은 음운사의 문제를 포함하는 어휘비교
에도 관여되는 것이다. 따라서 음운대응법칙의 발견과 어휘비교는 상호 보
충적인 것으로 작업되었다.

람스테트가 특히 관심을 두었던 어휘비교는 수사에 관한 것이었다. 수사
가 친족관계를 증명하는 데에 중요한 자료가 된다고 믿었던 것은 19세기의
비교언어학 이래로 꽤나 오래 계속되었던 것이다. 그 대표적인 예로 일본인

학자 시라토리 쿠라키치白鳥庫吉의 「朝蘇語와 Ural-Altai語와의 비교연구」 (1914~1916)에서의 수사비교를 잘 기억하고 있다. 수사가 마치 고유명사들처럼 변화에 보수적이라고 믿었던 데에서 비롯된 것이나, 수사는 한편 어휘적 차용이 어렵지 않은 점도 있는 것이다. 비교언어학이 인도·유럽제어를 바탕으로 이론과 방법을 세운 것이기에, 인도·유럽제어에서의 수사 관계가 딴 어느 어족에서보다는 한결같고 분명하다는 사실로부터 수사비교를 친족관계의 증명에 결정적인 방법의 하나로 받아들였던 것이다. 람스테트도 당시의 비교언어학적 방법에 따라 인도·유럽제어의 수사는 물론이고 핀·우글어의 수사도 그 언어들의 친족관계에 대한 뚜렷한 증거라고 믿고서, 알타이제어의 수사를 비교하였다. 「알타이제어의 수사에 대하여Über die Zahlwörter der Altaischen Sprachen」(1907)에서 그는 인도·유럽제어의 수사처럼 알타이제어의 수사도 손가락으로 하는 셈에 바탕을 두었다고 여겼던 것이다. 그의 한국어 수사에 대한 생각은 『한국어문법』에 나타나 있는데, 고려된 수사를 보면 다음과 같다.

(1) hanā, hannā, cf. Aino shine

(2) tuwur, Tung. ʒur, Ma. ǯue cf. Aino tu

(5) *tā-sas과 (6) *je-sjs의 sa-s은 son[手]으로 Ma. sun-ʒa Tung. sō-lto와 비교하고, tā-sas의 tā는 Mong. Kitan ta-bun과 한국어의 '다'[盡]와 비교하였다. 또한 Goldi sosi (50) Kor. suin, Ma. susai (50)도 제시하였다.

(6) je-sjs의 je-는 '열'(10)인데, 이 '열'은 Ma. juan과 같이 동사 '열다'와 기원이 같은 것으로 보았다.

(7) *nil-kop의 nil은 Tung. ilan(3)에 비교하고 그리고 kôp은 'bending, scil'로 보았다.

(8) jedelp, jedilp은 jel(10) 과 *tulp(둘 모자라는)과의 합성어로 가정하였다.

(9) ahop은 a(? 작은)뒤에 -kop(굽다)이 결합된 것으로 보면서 Ma. ujun(9)=Tung. ujun(작은)을 참고로 제시하였다.

(100) Kor. on=Turk. on(10), 고대 일본어 o(100)

(1000) Kor. čịmịn=Mo. Turk. tümün(10000)

람스테트의 수사에 대한 확대된 생각은『한국어원연구』를 걸쳐 아알토에 의해서 Einführung(Formenlehre)에 실렸다. 여기서 한국어의 han(l)은 ma. sonio (홀로)에 비교하였고, '2'를 뜻하는 Tü. eki의 *ek-〈*hek〈*pek- (다음의)는 한국 어 '버금' (*pek-jm)과 비교하였다. 또한 한국어의 'sẹ, set'(3)은 ma. sertei mo. serege serige serije(끝이 셋으로 갈라진 작살) 등과 비교하였으며, Tü. otuz~ ottuz~oltuz를 한국어의 '보따리'와 연결될 수 있다고 하며 한국어의 üṛim tuṛim (두름, 20개)을 Tü. tizim(진주 꿰는 끈)과 비교하였다.

람스테트의 어휘비교에 대한 관심은『칼무크어사전Kalmückisches Wörterbuch』 (1935) 및『한국어어원연구Studies in Korean Etymology』(1947)로 절정에 이르렀다고 할 수 있다. 앞의 것은『칼무크어사전』으로 현재까지도 믿음직스러운 것으 로 평가되고 있는데 50개의 한국어 단어가 비교되고 있으며, 뒤의 것은 한국 어와 알타이제어의 어휘비교를 람스테트가 생전에 종합한 것이라 할 수 있 는 것으로, 찾아보기나 머리말조차 없는 것이기에 아알토에 의해서 람스테 트의 머리말이 붙여지고 찾아보기 추보 및 교정이 붙여진『한국어어원연구 Ⅱ』(1953)가 나오게 되었고, 나아가서 람스테트가 넣지 않은 어휘비교를 모아 아알토가 편집한『한국어어원 추보』(1954)가 나왔다. 이들 어휘자료집을 통 해서 람스테트의 학문적 변모를 볼 수도 있다. 한 예로 '불'과 '붉-'의 비교를 들 수 있다.「한국어요론」(1928)에서는 '붉-'은 '불'의 파생어로 보고서 Mo. ulaɣ an Ma. fulgiyan에 대응시켰는데,『한국어문법』(1939)에서는 '불'을 Tü. ör-tä-에 대응시켰고『한국어어원연구』에서는 '불'을 Tu. ör-t에 대응시키고 Mo. ulaɣ an Ma. fulgiyan은 '보라'에 대응시키면서 '붉-'의 비교는 제시하지 않았던 것 이다.[4] 이와 같이 람스테트는 자신의 연구를 계속 발전시켜 보려고 노력했

---

4 '불'과 '붉-'의 파생관계에 대하여는 이기문, Remarks on the Comparative Study of Korean and

던 것이다.

이미 앞에서 언급했던 바와 같이, 람스테트는 차용어에 대해서 깊은 고려를 하였다. 특히 중국어 차용어에 대한 관심이 컸었는데, 터키어의 가장 이른 시기에 차용된 중국어 차용어들이 한국의 한자어들과 유사함을 지적하기도 하였다(cf.「터키어의 기원에 대하여」). 한자어에 대한 지나친 관심은 알타이어 단어들을 구별해 내지 못한 결과를 가져오기도 했다. 그런데『한국어어원연구』에 어휘비교가 되어있는 한자어들과 차용어로 본 것들이 있음을 고려해 보면, 람스테트는 알타이제어에 차용된 중국어차용어들을 비교하여 그 역사적인 관계를 밝힐 수도 있다고 여겼던 것 같다.[5]

실제로 람스테트는 초기의 논문인「칼카-몽골어의 활용에 대하여」에서 몽골어와 터키어 및 만주어를 비교하면서 알타이조어의 가설을 세우려는 자리에서 그들 언어 사이에 뚜렷한 경계도 없고 서로를 분명히 가르는 생활영역도 없는 고아시아 유목민족이 수천년 동안 함께 살며 싸우는 동안에 가령 99%의 차용어를 서로가 주고 받았다면, 그것이 이미 공통된 '조어'인가라는 언급을 이미 한 바 있는 것이다.[6]

어휘비교에 있어서 특히 고려되어야 할 문제는 음운법칙의 문제와 의미대응의 문제인데, 람스테트의 연구들은 음운법칙을 강력하게 주장했던 반면에 의미대응관계는 자유로이 여겼기 때문에 결국 어원론의 정당성이 의심된다고 래세넨은 비판을 하기도 하였다.[7] 실제로 비교언어학에서의 어원연구를 위한 의미대응 문제는 그리 간단한 것이 아니다. 추정되는 의미변화는 비교언어학에서 수립된 한계 안에서 고려되어야 한다고 하지만, 의미상

Altaic, *Proceedings of the International Symposium Commemorating the 30th Anniversary of Korean Liberation*, National Academy of Sciences, ROK, 1975.

5 이에 대한 비판으로는 이기문(1977, 한국어와 알타이제어의 어휘비교에 대한 기초적 연구,『동아문화』(서울대), 14, 1977.

6 P. Aalto, G. J. Ramstedt and Altaic Linguistics, *Central Asiatic Journal* 19-3, 1975.

7 같은 논문.

으로 관련있다고 믿는 어휘들이 어느 정도의 차이가 또한 있을 수 있어서 여전히 문제가 되는 경우가 때때로 있게 되는 것이다. 예컨대 '불'과 '붉-'이 파생관계에 있는 것이어서 Mo. ulaɣan 〈*pulagan과 비교가 가능할 수 있으려면, 알타이조어에서 *pula를 재구하고 그 의미가 '불[火]'과 관련이 있다고 보게 된다.[8] 이렇게 되면 또다시 '불'에서 파생된 '붉-'의 파생접사는 어떤 의미 내지 기능을 가진 것인지가 다시 논의되어야 할 것이다.

람스테트는 그의 초기 논문이면서 학위논문인 「칼카-몽골어의 활용에 대하여」(19.3)에서 "나는 활용이 언어의 중요한 성분을 이룬다고 생각한다"라고 언급했던 것처럼, 음운대응 이외에 형태비교에도 커다란 관심을 보이곤 하였다. 1906년부터 대학에서 알타이어학을 강의하였을 때에도 그는 몽골어와 통구스어 그리고 터키·몽골어의 비교형태론까지 다루었고, 「몽골어-터키어의 동사어간형성론에 대하여」(1912)에서는 두 언어에서 나타나는 18개의 접사를 제시하기도 하였다. 그는 동사의 부정에 대해서도 다루었는데 (「알타이어에서의 부정」, 1924. 이는 1919년 3월 15일 핀·우글학회에서 발표한 내용을 약간 수정한 것임), 이는 몽골어·터키어·통구스어에서 원래 긍정의 뜻을 지녔던 '이다, 있다'에 대한 비교형태론이다. 예컨대 Tung. a-(not to~)는 Mo. a-(to be), Tung. e-, Praes. esi-(not to~)에 대응되고 터키어에서의 동사 부정이 접사 -m-a-로 이루어지는 것은 명사형 -m 뒤에 동사 -a-~e-가 결합된 것으로 풀이하였다. 람스테트는 이 부정의 발달을 터키어의 가장 오래된 형태론적 특징의 하나로 여겼던 것이다. 어휘 이외에 문법에 있어서의 터키어의 높은 규칙성과 명료성 때문에 그는 터키어에 대하여 찬탄을 표시하면서 터키어야말로 이상적인 국제어라고까지 말한 바 있다. 알타이제어의 비교형태론에 속하는 논문으로는 동사파생 전성명사의 접미사 -i와 -m를 각각

---

8 이기문, Remarks on the Comparative Study of Korean and Altaic, *Proceedings of the International Symposium Commemorating the 30th Anniversary of Korean Liberation*, National Academy of Sciences, ROK, 1975.

다룬 간략한 논문인 「알타이제어에 있어서의 -i 동사파생 명사」(1945) 및 「알타이제어에 있어서의 -m 동사파생 명사」(1950)가 있다. 일찍이 그는 삼인칭 대명사 *i 등을 다룬 「몽골어의 대명사에 대하여」(1906)를 발표한 바도 있고, 나중에는 터키어의 주격 대격 부분격 등을 다루기도 하였고, 알타이제어의 어간과 어미들도 다루었다.

람스테트는 한국어를 다루면서 형태론적 연구에 더욱 깊이 들어간 것 같다. 한국어에 관한 첫 번째의 본격적인 논문이라 할 수 있는 「한국어요론」(1928)에서 부동사Converbum란 개념을 세운다. 인도·유럽어에서는 동사와 동사를 연결시킬 때에 접속사들을 이용함에 한국어를 비롯한 알타이어에서는 연결어미(cf. -고, 아/어, -게, 이)에 의하는 구조적인 차이를 인식한 개념이 부동사인데, 『한국어문법』에서 보다 체계화시킨 'Verba finita, Nomina verbalia' 등의 개념들과 함께 람스테트의 알타이어 문법의 중요한 개념들이 되는 것이다. 이 논문에서의 'The verbal conjugation'이란 이름 아래에서는 활용어미뿐만 아니라 곡용의 조사들까지도 다루고 있는데, 역시 터키어·몽골어·퉁구스어들과 비교를 꾀하였다. 예컨대 '-고(-구)'는 만주·퉁구스어의 -ku -xu에 혹은 몽골어의 동사파생 형용사에서의 -ɣu에 해당될 수 있다는 것이다. 인도·유럽어의 전치사와 유사한 개념으로 후치사를 받아들인 그는 한국어의 명사적 후치사들(cf. 끝, 옆, 밑, 안(ㅎ), 앞, 등)도 다루었다. 한국어에 관한 람스테트의 문법연구는 뒤에서 언급할 바와 같이 『한국어 문법』이 가장 대표적이고도 종합적이라 할 수 있는데, 이는 일차적으로는 기술문법에 속하지만 그 본래의 의도가 비교문법에 있었기 때문에 많은 형태비교가 여러 알타이어들에 주어지고 있다.

요컨대 람스테트의 비교언어학은 그 이론적 수준이 19세기적인 것이며, 그 체계는 음학, 문법 및 어휘의 삼분법에 의존하고 있고, 비교를 통하여 역사언어학적으로 어원을 밝히면서 알타이어족의 가설을 세우려 하였다고 할 수 있다. 그의 자료는 대체로 그가 직접 답사한 것들에 의존하고 있다.

알타이제어에 대한 이상의 연구 외에 람스테트는 「사모예드어-알타이어

관계에 관하여」(1912), 「이른바 예니쎄이-오스챠크어의 기원에 대하여」(1907), 「알타이제어와 여타언어군과의 관계」(1949) 등을 발표하면서, 알타이제어의 친족관계에 대한 생각을 더욱 굳혔던 것이다.

4. 람스테트의 알타이어족설과 한국어의 위치

람스테트는 앞에서 본 바와 같이 핀 · 우글어 학자로 시작하여 알타이제어 특히 몽골어, 터키어 및 한국어에 대하여 이론적으로 정통했었을 뿐만 아니라 몇몇 이들 언어 · 방언에 대하여는 유창한 회화의 능력까지 갖추고 있었다. 이러한 언어자료상의 깊은 바탕은 그로 하여금 '우랄 · 알타이어족설'을 부정하고 '알타이어족설'을 주장하게 할 수 있었던 것이다.

많은 열정적인 학자들이 그렇듯이 람스테트도 학설의 변모를 보이곤 하였다. 그는 수사들이 알타이제어 사이에서 잘 대응이 되지 않는 사실로부터 알타이공통조어를 의심했었고, 몽골어와 터키어 사이의 공통적인 요소들을 계통적인 유사성으로 보지 않고 수세기에 걸쳐 일어난 상호차용의 결과로 생각했었다. 그러나 앞에서 본 바와 같이 음운 대응, 형태비교 및 어원 연구에 관심을 두고 깊고 넓게 연구를 진행해 가면서 몽골어, 터키어, 퉁구스어가 계통적으로 서로 관련되며 하나의 공통기원, 즉 알타이공통조어로부터 나왔다는 결론에 이르게 되었다. 1920년대부터 한국어에 깊은 관심을 집중하면서부터는 여기에 한국어를 포함시켜 4개의 언어군으로 이루어지는 알타이어족설을 논하게 되었다. 이러한 그의 생각은 1939년 4월 베를린에서 있었던 강연 원고인 「한국어의 위치에 대하여」(JSFOu 55, 1951)에 분명히 나타나 있다.

우랄 · 알타이어군은 단일하게 존재하는 것이 아니다. 우랄어군과 알타이어군은 ─ 각기 스스로 ─ 그들 자신의 발달을 수행하였다. 이것은 우랄어군이 북러시아와 중앙러시아 지역인 데에 대하여 알타이어군이 만리장성 주변에 분포되어 있는, 지리적 상태만으로도 이미 알 수 있다. 그러므로 사람들은 서로 멀리 격리되어 위치한 이 두 언어영역 사이에 연계를 거의 생각할 수 없는 것이다. 한국어는 어쨌든 알타이어 계통에서의 매우 古代의 分岐로 여겨진다.

말하자면 한국어는 터키어군, 몽골어군, 퉁구스어군과 함께 알타이어족에 속하되 아주 이른 시기에 분화되었다는 것이다. 그리고 한국어가 많은 중국어차용어인 한자어를 지니고 있고 밝혀지지 않은 많은 요소들을 가지고 있어도, 음운, 문법 및 어휘에 있어서의 확실한 '표적' 때문에 한국어는 알타이어족에 배열되어야 한다는 것이다. 그가 한국인을 처음 만나려 했던 것은 볼가강 중류의 체레미스어 조사를 마친 뒤 그 조사자료를 정리하면서 머물렀던 카잔에서였는데 실제로는 만나지 못했고, 한국어에 직접 접하게 된 것은 일본에 대리대사로 파견되어 당시의 동경유학생 유진걸로부터 한국어를 배우면서였다. 특히 그가 한국어를 다른 알타이제어와 역사적으로 비교하여 알타이어족에 배열시키게 된 비교언어학적인 동기는 한국어의 '입'(속어)을 뜻하는 'aguri'와 터키어의 'aɣiz'와의 놀라울 만한 일치를 발견한 데에 있었다. 알타이어 음운사에서 문제가 되었던 *l과 *r에 대응되는 ʃ와 z에 그가 깊은 관심을 가졌었던 일은 이미 앞에서 말한 바 있다.

한국어 및 터키어군, 몽골어군, 퉁구스어군을 포함하는 알타이공통조어를 가정한 람스테트는 그 기원적인 본향을 흥안제산맥 근처로 잡았다. 따라서 그에게는 'Altai'란 명칭은 적절히 선택된 것이 아니라 하여 알타이지방과는 직접적인 관계가 없음을 분명히 하였다.[9] 알타이제어의 위치는 현재의 그것과 크게는 다르지 않게 다음과 같았다는 것이다. 북에는 몽골어와 퉁구스어, 남에는 터키어와 한국어, 동에는 퉁구스어와 한국어, 서에는 몽골어와

---

9 람스테트, 「한국어의 위치에 대하여」, 안병희 역, 『국어연구』 1, 1957, pp. 57~58.

터키어가 각각 분포되는데, 그 조상들의 위치는 다음과 같다.

이와 같이 도표화하고서는 다시 어쩌면 다음과 같은 위치가 아마도 알맞을지 모른다고 하였다.

이러한 위치로 머물렀던 알타이족은 지금부터 4000년 전 이미 알타이어족의 단일시대를 가졌었다고 그는 말하고 있는데, 이 연대는 물론 믿을 만한 것은 못된다.

람스테트는 이 알타이공통조어로부터의 언어분화에 대하여 그리 명확한 설명을 하지는 않았다. 따라서 분화과정에서 보여지는 여러 언어 사이의 친소관계도 그리 뚜렷이 드러나지 않았다. 다만 그가 위에서 그런 위치를 설정한 근거로는 현존의 등어선들의 친소관계가 고려되었다. 즉 현존하는 등어선들을 터키어와 한국어, 몽골어와 퉁구스어, 몽골어와 터키어 그리고 한국어와 퉁구스어를 밀접히 결합시킬 수 있는 것으로 보았던 것이다.[10]

이러한 람스테트의 생각을 크게 수정한 후계자는 바로 포페이다. 알타이어족과 그 4개의 언어들의 친족관계를 다시 확인한 포페는 알타이제어의 선조들은 아세아의 어느 옛땅에서 서로 가까이 위치해 있었을 것은 분명하다

---

10 람스테트, 『알타이어학개론 I 』, p. 15.

고 하였고, 알타이 공통조어로부터 4개의 알타이어들이 분화된 과정을 다음
과 같은 도표로 제시하였다.

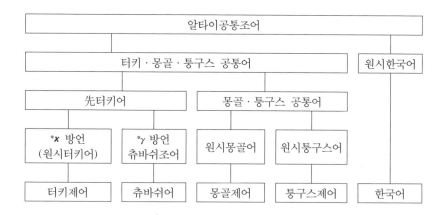

이 도표를 통해서 보면, 한국어가 알타이공통조어로부터 제일 먼저 분화
되었고, 터키·몽골·퉁구스 단일어가 계속되다가 터키어가 분화된 다음에
다시 몽골어와 퉁구스어가 갈라진 것이 된다. 결국 람스테트보다도 포페는
한국어가 딴 알타이어들과 훨씬 관계가 멀었다는 것으로 본 셈이다. 이의 근
거는 주로 음운사의 친소관계에 두고 있다. 즉 한국어는 퉁구스어에 가장 가
깝고, 퉁구스어는 음운론적으로 보면 터키어 보다는 몽골어에 가깝다는 것
이다.[11]

람스테트와 포페의 이러한 주장에 대하여 스트리트 J. C. Street는 포페의
「알타이제어의 비교문법」에 대한 서평에서 한국어는 일본어나 아이누어와
함께 원시알타이어와 어떤 자매관계에 있는 언어에서 분화된 것으로 보았
는데, 이렇게 보면 원시알타이어와 그 어떤 자매어 이전에 원시북부아시아
Proto-North-Altaic 같은 것을 가정하게 된다.

---

11 포페, 『알타이제어의 비교문법 Ⅰ』, 1960, pp. 1~8.

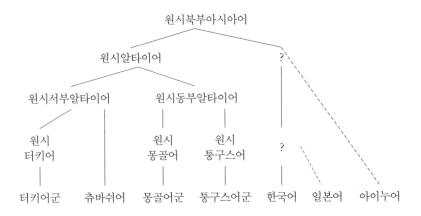

원시북부아시아어 / 원시알타이어 / ? / 원시서부알타이어 / 원시동부알타이어 / 원시터키어 / 원시몽골어 / 원시통구스어 / ? / 터키어군 / 츄바쉬어 / 몽골어군 / 통구스어군 / 한국어 / 일본어 / 아이누어

　람스테트의 이러한 알타이어족설은 많은 후계자들을 가져 왔다. 이를 받아들이면서 발전시킨 최초의 학자들은 러시아의 몽골어학자들인데, 꼬뜨비츠W. Kotwicz, 루드네프Rudnev와 블라디미르초프Vladimirtsov 등이 대표적인 계승자로서 람스테트에 의하여 확립된 음운대응뿐만 아니라 많은 어원론을 그의 연구방법과 함께 받아들였던 것이다. 그 밖에 세부에 있어서는 많은 차이가 있으나 람스테트를 이은 헝가리의 터키어학자 네메트J. Németh가 있으며, 역시 헝가리학자 곰보츠Z. Gombocz도 람스테트(특히 음운대응)를 계승했던 것이다. 누구보다도 람스테트의 직접적인 후계자는 그의 제자이면서 그의 논저와 유고를 정리해 온 아알토로서 람스테트가 생전에 끝맺지 못했던 알타이 비교문법을 「알타이어학개론Einführung in die altaische Sprach- wissenschaft」의 음학 및 형태론으로 정리한 것으로 유명하다. 몽골어학자 포페 및 터키어학자 프리차크O. Pritsak 등도 람스테트의 후계자로 볼 수 있다. 그러나 많은 후계자들 중에서 람스테트만큼 한국어에 깊은 관심을 보인 후계자는 없다. 다만 포페, 아알토 등이 부분적인 관심을 보이고 있을 뿐이다. 한국어와 알타이제어와의 관계에 대한 연구는 그리하여 람스테트의 업적들을 검토하면서 한국인들이 깊이 행하고 있는 셈이 된다.

　한국에서는 람스테트의 알타이어족설을 대체로는 긍정적으로 받아들이고 있는 것이 현재의 실정이다. 그러나 이전의 까스트렌 등이 주장했던 우랄 · 알타이어족설에 대하여 분명한 비판을 하지 않는 학자도 있으며(cf. J. Benzing), 알타이어족설에 분명히 반대하는 학자도 없는 바 아니다(cf. D. Sinor).

5. 람스테트의 한국어연구

람스테트의 학문적 형성, 그의 언어연구방법 및 알타이제어들에 관한 연구를 개략적으로 지금까지 서술하는 가운데서 이미 한국어에 관한 그의 연구의 방향과 내용을 보았다. 핀 · 우글어에 바탕을 두고 비교언어학의 훈련을 쌓은 다음에 몽골어와 터키어를 조사 · 연구하고 다시 이를 바탕으로 해서 일본어와 알타이제어와의 비교를 꾀하다가, 경북 안동 무실이 고향인 당시의 동경유학생인 유진걸(귀국후 함경도에서 근무한 바 있음)로부터 한국어를 배우면서부터는 그의 집중적인 관심을 한국어와 알타이제어와의 비교 연구에 쏟았던 것이다. 『한국어문법』의 머리말에 따르면 당시까지 그 계통이 알려지지 않았던 한국어의 기원에 관심을 가지게 한 첫번째의 단어가 '이, 여'와 '뎌, 저' 대명사이었는데, 이것이 몽골제어와 퉁구스제어의 대명사들과 분명히 대응되는 사실을 발견하고서는 한국어연구에 집중했다는 것이다. 이렇게 해서 배운 한국어의 실력은 귀국 후에 유진걸에게 한국어로 편지를 쓸 수 있을 정도였다. 람스테트는 「일본어와 알타이제어와의 비교」(1924)에서 이미 한국어 두 단어를 다음과 같이 알타이어들과 비교한 바 있다.

tol 'stone'. Tü. taš, tilaɣun (*tal'a-gun

kolta 'half'. Mo. kaltasun id. Tung. Kalta id.

두 번째 단어는 현대 한국어의 '가르다'[分]에 관련되는 것으로 이 비교는 그후 많은 수정을 받았던 것이다.[12] 이어서 「한국어-일본어의 두 단어」(1926)

에서 '배'[船]와 '섬'[島]을 비교하여

일본어 shima 'island'=한국어 sjēm 'island'

일본어 he-'boat, ship' =한국어 pä⟨pai 'boat, ship'

의 대응을 제시하고서 언어적으로 고대의 한·일관계의 가정을 증명하려고
하였다.

람스테트가 1930년 3월 6일 동경의 유진걸에게 보낸 편지

---

12 이기문, 1975.

한국어에 대한 이와 같은 실험적 비교와 본격적인 한국어 습득을 통해서 한국어에 대한 생각이 어느 정도로 굳어진 다음에 쓴 최초의 본격적인 논문이 바로 「한국어요론」(1928)이다. 이 이후로 한국어에 관련된 여러 편의 논문 및 저서를 내놓았는바, 이제 이들에 대하여 각각 간략한 해제를 붙여서 람스테트의 한국어학에 대한 이해에 도움이 되도록 한다.

한국어요론 Remarks on the Korean Language(MSFOu 58, 1928)

음성체계, 문법요소에 관련된 언어구조 및 원시한국어 단어들 어원 등을 내용으로 하고 있어서, 당시의 그의 중요한 견해를 알 수 있다. 우선 서울에서 말해지고 현대문헌에서 쓰이는 남부한국어 표준말의 모음은

와 같은데, 기원적으로는

  (1) back: long a, o, u   (2) front: long ä ö? ɯ

      short ă, ŏ, ŭ   short ä-ɯ̈ i

와 같았을 것이라 하였다. 모음을 논하는 가운데 모음조화, 구개음화, 순음화 및 이중모음들의 단모음화 들도 간략히 언급하고 있다. 자음체계의 기원적인 모습은

Fortis	Lenis	Spirans
k^c-	k, g	γ
t^c-	t, d	δ
p^c-	p, b	β
č^c-	č, ž	-
?s-	s	s〉h

와 같은데, 'γ, δ, β'들에 대해서는 'musuɤ(무우), muδ-ta(묻다), mugëβi(무게)' 등과 같은 예들을 고려해서 재구한 것이었다. 구별이 없어지고 하나의 소리로 다루어 온 l과 r에 주의를 기울이면서 북부한국어와 남부한국어가 기원적인 *l을 가지는 '돌'[石]에 대하여 각각 'tŏl, tŏrē'와 'tor, tŏrē'로 실현된다고 관찰하고, 기원적인 *r을 가지는 '말'[馬]에 대하여도 각각 'mal'과 'mar'로 실현된다고 하였다. 여기서 북부한국어라고 한 것은 『한국어문법』에서와 마찬가지로 블라디보스토크 주위에서 쓰여진 교포들의 한국어일 것이다.

'언어구조: 동사활용'에서는 종지형어미 -ta, 부정의 접미사 *-ti-(명사로 쓰임), '과거에 거의 해당되는' -të 등에 대하여 퉁구스·터키·몽골어들과의 비교 가능성을 제시하였고, 이어서 'i-, isi-'와 관련해서 '었, 겠'을 언급하였다. 이른바 관형사형의 '-n'(present-perfect)와 '-l'(future-present)의 비교 가능성을 제시한 다음에는, 부사형어미 또는 부동사(그의 술어대로 따르면 'converba') ① -고(converbum aequitemporis, cf. converbum presentis), ② -아/어(converbum perfecti), ③ -게(〈*-kai~*-këi), (converbum futuri) 및 ④ '없이'의 '이'들을 논하고, '-려, 며, 면' 등을 계사 '-이-'(cf. 조동사)를 포함한 것으로 분석하였으며, '-니, -나, -마, -자'(곧) 등도 분석하였다. 명사형 어미로는 '-ㅁ(-음)'과 '-기'를 들고서 터키어와 몽골어에 관련시켰고, 계사 '-이-'와 이의 파생형 '이시-'(cf. 있-)를 각각 *wi-와 *wizi-(*βi-, *βisi-)에 소급시켜 논의하였다. 현재형 '-는/는'은 'ㄴ/느'의 과거분사로 분석하였다. 존칭의 '-사-'(-수-)와 '-시-'에 대해서도 언급하였는데, 각각 재귀적인 및 작위적인 것이었을지도 모른다고 하였다. 체언 곡용의 격들은 기원적으로 소급시킬 가능성을 언급하면서 어미 없는 주격,

주격 –i, 속격(*-in~*-ń), 처격(*-kai~*-këi), 향격(-ru) 등을 제시하였다.

끝으로 어원에 미치면서 "원시적인 사물과 관념에 대한 가장 중요한 단어들"이 한국어와 알타이제어가 일치할 것이라면서 'čëlmëgi, ërūsin-nē, al, ū, agari, mal' 등을 알타이어들과 비교하였다. 끝으로 어원연구를 통해서 광범위한 동아시아어군의 한 오랜 분기로 한국어를 위치시킬 수 있다고 하면서 이른바 우랄·알타이어족설을 부인하고 알타이어의 중심지는 흥안령산맥의 서쪽과 동쪽에 위치한다고 언급하였다.

한국어의 체언적 후치사 The nominal postpositions in Korean(MSFOu 67, 1933)

인도·유럽제어에서의 전치사에 견줄 만한 국어의 자료들, 예컨대 '한테, 안에, 앞에, 아래, 위에, 속, 끝, 같, 곁, 옆, 밑, ……처럼' 들을 비교언어학적인 관점에서 다룬 것인데, 비록 부분적인 차이는 있으나 이 내용이 대체로『한국어문법』의 후치사 항목에 실려 있다. 대부분은 명사로 다루어질 수 있는 것들이다. 동사적 후치사들(-보다, -다, -하고, -말고, -다리고 등)은『한국어문법』에서 다루어지고 있다.

한국어의 '것' Koreanisch kǝs 'Ding, Stück' (JSFOu 48, 1937)

한국어에서 여러 문법적인 기능을 하는 '것'을 중심으로 어휘사 및 음운사를 비교언어학적으로 다룬 논문이다. 특히 *k-와 *g-가 한국어를 비롯하여 알타이제어에서 어떻게 반사되었는가를 검토한 논문으로 알타이제어의 자음체계 연구에 중요한 이바지를 하였다. 한국어의 '것'은 기원적으로 동사 '꺾'과 관련이 있을 것으로 보았으며, 알타이조어의 *k-와 *g-에 대해서는 각각 *k-=Kor. k-, Tung. k-, Mo. q- k-, Tü. q- k-와 *g-=Kor. k-, Tung. g-, Mo. ǥ- g-, Tü. q- k-와 같이 대응되는 것으로 보았다. 이러한 음운대응을 위하여 선택된 단어들은 자연히 k-를 가진 것들이 대부분으로 예컨대 '골[谷]. 갈대[荻], 구렁이,

감監, 가지다, 가다, 걷다, 간竿, 가지[種], 구두, 가위, 같다, 궁宮, 굿, 귀, 것, 꺾다, 깎다, 굵다……' 들과 같은 단어들이다. 또한 '때[時], 또, 물, 비[雨], 살다, 어질다, 잡다' 등과 같은 k-를 갖지 않은 단어들도 포함되어 있다. 한국어단어는 차용어를 포함하여 대략 60개에 달한다.

한국어의 위치에 대하여Über die Stellung des Koreanischen(JSFOu 55, 1939/1951)

백과사전이나 여러 전문서에서 한국어의 기원과 다른 언어들과의 관계가 밝혀지지 않은 상태에서 한국어의 위치에 대한 질의를 언어학적으로 밝히려 한 논문인데, 1939년 4월 베를린 아카데미에서 공개·발표한 강연내용을 람스테트의 유고집인 AIKAKAUSKIRJA(1951)에다가 아알토가 실은 것이다. 이 글에서 람스테트는 우선 1,500년간의 중국어 차용어가 90%를 차지하게 되었지만 한국어는 알타이제어 및 일본어와 같이 어미로서 운용하고 활용·곡용 접미사를 가지고 있으며 동사로부터의 많은 파생법을 나타내는 그런 유형의 언어라고 하고서, 어원론적인 비교를 꾀하여 한국어의 위치를 밝히고 있다. 어휘 및 음운의 대응을 말하면서 한국어는 알타이어인데, 그 위치는

북에는 몽골어와 퉁구스어
남에는 터키어와 한국어
동에는 퉁구스어와 한국어
서에는 몽골어와 터키어

와 같고, 한국어와 일본어와의 친족관계도 인정하면서 "한국어는 한국어대로 그 언어재료를 중요한 성분을 다시 원시 일본어 또는 남한 사람들이 옛날에 살고 있던 언어영역에서 신세지고 있다"고 하였다. 우랄·알타이어족을 부인하고 알타이어족을 주장하면서 한국어는 알타이어 줄기에서의 아주 고대의 분기로 여겨진다고 강조하고 있다. 여기에 비교된 한국어 단어는 30여

개가 되는데, 이때 람스테트는 한국어 어원론에 관하여 대략 5,000개의 카드를 비교하였고 그중 약 1,500은 『한국어어원론』에 실렸다는 아알토의 언급도 있다(실제로는 1,900이 넘는다). 이 논문은 안병희 교수에 의하여 번역된 바 있다(『국어연구』1, 1957. 『국어학논문선 10. 비교연구』(민중서관, 1977)에 재수록).

한국어문법(A Korean Grammar, MSFOu 82, 1939)

한국어가 알타이어족의 한 가지라는 가설을 보다 철저히 증명하기 위해 한국어문법의 전반을 기술한 책이다. 이 책은 그의 생전에 쓴 단 하나의 문법책으로 기술문법의 성격을 강하게 지니고 있으나 한국어와 알타이제어와의 비교형태론의 관점에서 쓰여진 것으로 이해되어야 한다. 따라서 이 책은 비교언어학적 관점에서 검토되어야 한다.

『한국어문법』은 I. 음성학, II. 형태론, III. 후치사 및 부사, IV. 비굴절어, V. 단어형성, VI. 문장구조 등으로 되어 있는데, 이중에서 체언과 용언을 다룬 형태론이 절반 이상을 차지하고 있다. 이는 그가 몽골어의 형태론에 깊이 관심을 두었던 사실과도 관련이 되며 그 체계는 알타이제어의 구조적 특성에 따른 것이라고도 할 수 있다.

음성학에 대해서는 다시 자음, 모음, 모음조화, 모음충돌 및 악센트로 분류하여 기술하였는데, 전반적으로는 정밀한 음성기술과 음운비교를 바탕으로 하고 있음이 특징이라 하겠다. 예컨대 k·t·p·č(무성음), G·D·B·DŽ(반유성음), 및 g·d·b·ž(유성음)를 구별하고 있는데, 이는 알타이조어에서의 유성자음계열과 무성자음계열에 초점을 둔 의식적인 관찰이라 하겠다. 그는 흔히 북부한국어(N. Nor.)와 남부한국어(S. Kor.)를 음성적 차이에까지 인식하면서 기술하려 하였다. 여기서 북부한국어란 1904년 카잔에서 출판된 『노한사전』에 따른 것으로 블라디보스토크 주위에서 쓰여지던 한국어라고 머리말에서 말하였다. 예컨대

čal 'well', N. Kor. tsar

čul 'line', N. Kor. tsur

čarada 'to be sufficient', N. Kor. tsarada

čakta 'to be small', N. Kor. tšakta, i.e. *čiak-

čežịn 'wet, watery', N. Kor. tsẹdzịn

čelmịn 'young', N. Kor. tšermun, i.e. *čierm-

와 같이 S. Kor. čh=N. Kor. čh(=tsh)와 S. Kor. č=N. Kor. c(=ts)의 음성적 차이 같은 것이다. 이 차이를 구개음화와 관련해서 중세한국어에서는 ts, tsh였음을 논한 것은 1960년대의 일이었다.[13] 모음체계의 관찰은 일단 문자체계(아, 어, 요, 우, 으, 이, ♀)에 의존하여 마치 중세한국어의 7모음체계와 유사한 결론에 이르는데, 모음조화와 관련해서

orig. front u ị ẹ i

orig. back o ạ a

와 같은 전설과 후설의 대립에 의존하는 이전의 모음체계를 가정하기도 한다.

형태론의 기술에 있어서는 우선 단어를 ① 곡용을 하고 딴 명사적 굴절을 하는 명사들, ② 활용을 하고 모든 종류의 동사적 굴절을 하는 동사들, ③ 첨사와 모든 굴절을 하지 않는 단어 셋으로 구별하고, 어간과 어미라는 개념에 따라 명사적 단어부류(그 어간 자체로서 단어의 자격을 가짐)와 동사적 단어부류(그 어간이 단어로 쓰이지 못함)를 나누었는데, 핀어에서와 같이 명사의 어간형식은 그 기본형이고 그 어간이며 또 동시에 주격이라고 하였으며 동사에는 형용사까지 포함시키고 있다. 그리하여 그에게 '-이/가'는 첨사가 되어야 했고, 곡용체계는 다음과 같게 되었다.

---

13 이기문, Mongolian Loan-words in Middle Korean, *UralAltaische Jahrbücher* 35, 1964.

주격	사람	집
속격	사람의	집의
여격	사람의게	–
처격	사람에	집에
대격	사람을	집을
도구격	사람으로	집으로

대명사에 대해서는 서구문법체계에 따라 인칭대명사, 지시대명사, 의문·부정대명사들로 나누어 기술하였으며, 수사에 대해서는 앞에서 말했던 바와 같이 특히 알타이제어와의 비교에 초점을 맞추고 있다.

동사에 대한 기술은 전체 분량의 거의 반을 차지하고 있다. 동사는 크게 동작동사active verb와 성질동사qualitative verb로 나뉘었는데, 각각 동사와 형용사에 대체로 해당된다. 무엇보다도 특징적인 것은 동사활용을 중심으로 ① verba finita, ② converba 및 ③ nomina verbalia(verbal noun)을 분류한 것인데, ①은 문장을 끝내는 형식이고, ②는 다음의 본동사에 이어지는 동사형식이며, ③은 인도·유럽제어의 분사와 동사파생명사에 해당되는 동사형식이다. 이러한 동사의 기술은 알타이제어의 구조적 특성을 깊이 이해한 데서 가능했던 것으로 인도·유럽제어의 구조와는 커다란 구조적 차이를 보여주는 것이다.

후치사는 어원론적으로 그리고 조어론적으로 관찰하였는데, 체언적 후치사와 동사적 후치사로 분류하였으며, 부사는 부정, 장소, 시간, 성질, 분량 등의 의미 기준에 따라 분류하였다. 비굴절어에서는 첨사, 감탄사 및 의성·의태어 들을 다루었다. 단어형성을 다루고 있는 조어론은 파생명사의 접미사 및 주로 한자어와 관련되는 복잡어를 간략히 다루었다. 이 한자어의 결과는 결국 한국어를 딴 알타이제어와 구별시켜 주는 한 특징으로 된다고 지적하고 있다.

마지막으로 문장의 구조에서는 우선 단문의 특징을 말하고서 이를 확대시키는 여러 성분들을 기술하고 이중부정, 미완결문장, 중국어식 표현 등에 대해서도 간략한 언급을 하고 있다.

부록으로는 민요 5편과 성서 일부를 싣고 있다.

람스테트의 한국어연구는 언더우드, 게일, 에카르트, 로쓰의 문법서들 및 『노한사전』을 참고하였고 마에마, 오구라 등의 연구(특히 오구라의 방언연구)를 참조하였으나, 한국어를 이해하는 방법은 이들과 여러 점에서(특히 곡용과 활용) 다름을 머리말에서 강조하고 있다.

한국어어원연구Studies in Korean Etymology(MSFOu 95, 1949)

알타이제어와 한국어와의 어휘비교에 있어서의 람스테트의 연구가 일단 집대성된 것이 이 292면의 『한국어어원연구』이다.

그가 1939년 이전에 이미 준비했던 한국어 어원 카드 5,000장을 정리하여 그중에서 1,904개의 어휘를 제시한 것이다. 알타이제어의 단어들이 나타나는 어휘는 1,599이고 SK라고 밝힌 한자어는 350이다.

람스테트는 1943년 대학에서 정년퇴직 한 뒤 스웨덴의 웁살라대학에서 알타이제어의 비교문법을 강의하연서 이 SKE의 편찬에 온갖 힘을 기울였는데,[14] 그의 건강 때문에서인지 머리말이나 색인조차 없이 다듬지 못하고 간행하고서 이듬해 끝내 작고하였다. 그리하여 아알토는 남아 있던 머리말을 붙이고 색인, 추보 및 교정을 덧붙여 『한국어어원연구 Ⅱ』(1953)를 간행하였고, 다시 아알토는 람스테트의 어원 카드에서 새로 90개의 어원을 골라서 『한국어어원 추보』(1954)를 내었다. 최근에는 람스테트의 남은 어원 카드들이 고송무씨에 의해서 다시 정리되어 Paralipomena of Korean Etymologies(1982)로 간행되었다. 여기에 나타난 어휘비교에는 터키어, 몽골어, 퉁구스어는 물론이고, 아이누어, 일본어 및 류구어와의 비교도 나타나고, 러시아어, 라틴어,

---

14 P. Aalto, G. J. Ramstedt and Altaic Linguistics, *Central Asiatic Journal* 19-3, 1975.

희랍어, 스웨덴어, 페르시아어, 헝가리어, 사모예드어, 예니쎄이어, 지례느어, 체레미스어, 핀어, 길랴크어, 중국어, 티베트어 등등 알타이어들이 아닌 언어들과의 비교도 때로 제시되고 있다.

위의 논저들 이외에 알타이제어에 관한 연구 속에서 한국어를 포함시킨 람스테트의 연구로는 「알타이제어에 있어서의 구개음화」(1932)와 『칼무크어 사전』(1935) 그리고 그의 사후에 아알토가 정리한 『알타이어학개설』(1952/1957)이 있다.

알타이제어에 있어서의 구개음화Die Palatalisation in den altaischen Sprachen(1932)

i와 j-계통의 이중모음에 의하여 n, t, k, l, r 등이 구개음화되면서 알타이제어에 어떻게 반사되었는지를 밝히려 한 논문으로, 포페가 이미 설정했던 a와 ja 및 n-와 ń-에 관한 문제를 확대시켜 논의한 것이다. 즉 na~nia, ne~nie, nu~niu와 같은 관계를 t, k, l, r에도 가정해서 전반적으로 논의하였는데, 이를 위해서 제시된 한국어 단어들은 40개 가까이 된다.

칼무크어사전Kalmückisches Wörterbuch(1935)

현재까지도 칼무크어사전으로는 믿음직스러운 것으로 평가되고 있는데, 칼무크어에 대응되는 몽골어를 우선 제시하고 비교 가능한 터키어, 퉁구스어 및 한국어의 단어들도 때로 제시하였다. 여기에 들어 있는 한국어 단어들은 50개 정도이다. '구두, 코, 골, 마라기(문자의 일종)' 등이 그 일부 예가 된다. 이 사전의 초고는 1917년에 출판사에 넘겼으나 1935년에야 출판되었다. 원고의 후반을 1930년대까지 검필하였기 때문에 후반부에 한국어 대응형이 많이 제시되어 있다.

알타이어학개설(Einführung in die altaischen Sprachen, I. Lantlehre, 1957, Ⅱ. Formenlehre, 1952, Ⅲ. Register 1966)

람스테트는 한국어와 알타이제어와의 친족관계에 관한 자신의 주장과 논증을 제시한 뒤에야 알타이제어의 비교문법개론을 마무리지어 그의 일생의 연구를 집대성하려 하였는데, 한국어에 관한 그 나름대로의 결론을 얻고서 알타이제어의 비교형태론의 초고를 반쯤 써 놓고 작고하고 말았다. 그리하여 아알토는 이 초고들과 논문들을 종합하여 우선 형태론을 내놓았고 이어서 음학을 출판하였다. 따라서 이 책들은 람스테트 자신만의 것이라고는 할 수 없다. 람스테트 작고 이후에 출판된 참고문헌도 상당히 들어 있다. 그러나 람스테트가 알타이어연구에 바친 필생의 노고를 총괄한 이 개론서는 알타이어학 초창기의 말기로 특징지어진다는 평가를 받고 있다. 말하자면 람스테트학파의 업적인 셈이다. 역시 람스테트가 작고한 뒤에 그의 유고들을 정리해서 나온 『한국어어원연구 Ⅱ Studies in Korean Etymology Ⅱ 』(1953), 『한국어어원 추보Additional Korean Etymologies』(1954)나 Paralipomena of Korean Etymologies (1982)도 같은 성격의 것들이다.

그 밖에 1930 · 40년대에 쓰여진 유고들 즉 「Kleine altaistische Beiträge」(1931), 「Alte türkische und mongolische Titel」(1939), 「Über die Kasusformen des Objekts im Tungusischen」(1943), 「Über die Structur der altaischen Sprachen」(1945), 「Über Stämme und Endung in den altaischen Sprachen」(1948), 및 「Über onomatopoetische Wörter in den altaischen Sprachen」(1948)도 한국어와의 비교를 더러 제시하고 있다.

[『국어연구의 발자취』, 서울대학교출판부, 1985]

출처: 김완진·안병희·이병근 공저,『국어연구의 발자취 1』, 서울대학교 출판부, 1985.

붙임: 「주시경」(『국어연구의 발자취 1』, 1985)과 마찬가지로 서울대 출판부의 대학교양총서 17에 실린 글이다. G. J. Ramstedt는 대표적인 알타이어학자로 한국어연구를 행하였는바, 그의 대표적인 한국어연구들을 서술했는데, 이 글도 미진한 부분 잘못된 곳이 없지 않았다.

참고 문헌

김방한(1978), 알타이제어와 한국어,『동아문화』(서울대) 15.

김완진(1957), 時를 지칭하는 어사 *Pr에 대하여,『이희승선생송수기념론총』, 일조각.

안병희 역(1957), 한국어의 위치에 대하여(G. J. Ramstedt의 "Über die Stellung des Koreanischen")의 번역,『국어연구』7, 이기문 편,『비교연구(국어학논문선 10』(1977), 민중서관.

이기문(1964), Mongolian loan-words in Middle Korean, *Ural-Altaische Jahrbücher* 35.

이기문(1975), Remarks on the Comparative Study of Korean and Altaic, *Proceedings of the International Symposium Commemorating the 30th Anniversary of Korean Liberation*, National Academy of Sciences, ROK.

이기문(1977), 한국어와 알타이제어의 어휘비교에 대한 기초적 연구,『동아문화』(서울대) 14.

이숭녕(1953), 람스테트박사와 그의 업적,『사상계』9월호(『음운론연구』에 다시 실림).

河野六朋(1953), 故랑스테드교수著「한국어문법」에 대하여,『동양학보』35-34.

白鳥庫吉(1914~1916), 조선어와 Ural-Altai어와의 비교연구,『동양학보』4~6.

Aalto, P.(1951), Gustaf John Ramstedt, *Finnisch-Ugrische Forschungen* 30.

Aalto, P.(1975), G.J. Ramstedt and Altaic Linguistics, *Central Asiatic Journal* 19-3.

Henrikson, K.E.(1950), Sprachwissenschaftliche Veröffertlichungen von Prof. Dr. G.J. Ramstedt, *Studia Orientalia* 14.

Poppe, N.(1951), Gustaf John Ramstedt, *Havard Journal of Asiatic Studies* 14.

Poppe, N.(1960), *Vergleichende Grammatik der altaischen Sprachen* Ⅰ, Wiesbaden.

Poppe, N.(1965), *Introduction to altaic linguistics*, Wiesbaden.

Poucha, P.(1951), Gustaf John Ramstedt, *Archiv Orientální* 19.

Street, J. C.(1962), Review of Poppe(1960), *Language* 38.

Toivonen, T. H.(1951), Gustaf John Ramstedt, *JSFOu* 55.

Ju Si-Gyeong

1. Introduction

It is possible that the historical judgment of a person from a specific period can vary, depending on the times. Such is the case with Ju Si-gyeong(주시경, 1876~1914), who will always be remembered as a pioneer in the study of Korean language during the enlightenment period in Korea. Ju Si-gyeong was born in 1876, the same year that the Treaty of Ganghwa Island between Joseon and Japan was signed. He devoted himself to the study of Korean linguistics and education during the influx of foreign civilization; he passed away in 1914 at the age of thirty-nine.

Ju Si-gyeong insisted that Korean people should only use *hangeul* as the official language of Korea, as did many of the other enlightenment thinkers at that time. From the time of Japanese occupation of Korea to the 1960s, Ju Si-gyeong was held in high esteem by his successors as a spiritual patriot for his thought on spoken and written language. On the other hand, he was also criticized for being an ultra-nationalist(Lee Sung-nyong 1954). It was not until the 1970s that his academic achievements were objectively evaluated for containing creative descriptions and being systematic; he was a patriot and an enlightened nationalist who dedicated himself to oral and written language.

Professor Lee Ki-moon(also known as Yi Gi-mun) compiled a collection of Ju Si-gyeong's works and called it *Jusigyeong jeonjip*(주시경전집, 1976) in honor of 100th anniversary of Ju Si-gyeong's birth. New studies on Ju Si-gyeong's thought, including those by Lee Ki-moon(1976, 1981), Kim Mun-su(1977), and Lee Pyonggeun(1977, 1978, 1979, 1980, 1982, 1985) among others, began once Ju Si-gyeong's works became more accessible. Lee Ki-moon and Lee Pyonggeun(1979) suggested that Ju Si-gyeong's Korean linguistics had been produced as a result of a practical need required by the new modern nation, and thus his pursuit of continuous scholarly improvement was emphasized for the first time.

Ju Si-gyeong's unique academic method was emphasized in the face of foreign theories including transformational-generative grammar that spread in Korea in the 1970s. It was reasonable that such a trend occurred in Korean linguistics. The new establishment of the national language, the organization and compilation of a dictionary on appropriate orthography, and education can be said to be the symbols of practical linguistics. Ju Si-gyeong focused his efforts on such a study of Korean linguistics as pure science.

Ju Si-gyeong led the Joseon Gwangmunhoe(조선광문회) and began the task of compiling "*Malmoi*"(Dictionary of Language), the first modern Korean dictionary, in 1911. But the dictionary was never completed due to his death in 1914 and its contents were lost. The unpublished first volume was found by Lee Pyonggeun in the late 1960s and introduced to the world in 1977. *Malmoi* was compiled according to Ju Si-gyeong's theory on language. It is an educational text that combines pure academism and applied scholarship. As such, Ju Si-gyeong's academic achievements are practical and enlightened, and it contains the patriotic characteristic in pursuit of a civilized and rich nation. Ju Si-gyeong has established the basis for the formation of modern Korean linguistics although his study of linguistics is not as systematic in the eyes of contemporary people. Still, his creativity, systematization, and enthusiasm toward his studies during the situation of his times must surely impress those who follow his academic footsteps.

This article systematically evaluates Ju Si-gyeong's academic works. Ju Si-gyeong's study of Korean linguistics may owe its concept in part to European structuralistic concepts or American transformational-generative grammar theory, but its structure is Ju Si-gyeong's own. Just because one section of his research is similar to contemporary concepts does not mean that the whole can be viewed as that of contemporary western linguistics. It is my belief that the attitude of delineating a part as the whole makes historical evaluation meaningless. The focus of this article will be on the formation process of Ju Si-gyeong's scholarship and view on Korean language, his delineating method, and his practicality will be the focal points in order to understand and evaluate Ju Si-gyeong's academic endeavor in its entirety.

2. Ju Si-gyeong's Life and Academic Career

Ju Si-gyeong was the son of a poor country scholar; he was educated by his father and the teacher of the traditional village school. When he was fifteen, he realized some grammatical rules in the Korean language. Let's look at an example below.

조희(종이)와 붓과 먹과 벼루와 칙(책)은 션비(선비)의 쓰는 물건이라.

Ju Si-gyeong realized that common case-endings such as "-과"(gwa) follow final consonants such as "붓"(but) and "먹"(meok), whereas "-와"(wa) follows stems ending without final consonants such as "벼루"(byeoru) and "조희"(johui). Furthermore, he arrived at another principle of differentiating between "-을"(eul) from "-은"(*eun*), and "-를"(*reul*) from "-는"(*neun*), depending on whether a final consonant is in the last word or not. We can glimpse into Ju Si-gyeong's scholarly attitude in that he takes one fact and generalizes it.

Ju Si-gyeong learned the English alphabet and grammar as well as Japanese Kana in 1892 when he was seventeen and became more interested in linguistics. He soon devoted his academic career to studying the spoken and written Korean language and began writing about "Gugeo munbeop"(Grammar of Korean Language). In 1893 when he was eighteen, Ju Si-gyeong thought that " · " could be analyzed as the compound vowel of " ㅏ"("*a*") and " ㅣ "("*i*"). Thereafter, he hypothesized the existence of certain units in the language structure in the study of Korean language and script and frequently utilized the method of "analysis and synthesis" of these units.

Ju Si-gyeong received a so-called modern learning such as mathematics, topography of the world(geography and history), and the English alphabet from July 1893 to February 1894. Ju Si-gyeong entered a special course(primary school course) at Pai Chai Hakdang(배재학당), a modern school, to study world topography in 1894. He was nineteen. A year later, Ju Si-gyeong enrolled in a government school and graduated in 1896 after learning the art of navigation. He then went back to Pai Chai Hakdang in April of that same year to graduate from the special course at the age of twenty-three while working part-time at Miimihwalpanso(미이미활판소, an on-campus publishing office) and then graduated from the regular course at the age of twenty-five.? He began to immerse himself in academics from 1896 on.

Ju Si-gyeong kept books and handled general affairs at Dongnip Sinmunsa(독립신문사, Independence News), and he was the editor of the *Hyeopseonghoebo*(협성회보, a student bulletin) that was printed by some of the political students at Pai Chai Hakdang. He later gathered his colleagues from Miimihwalpanso(미이미활판소), Dongnip Sinmunsa, and Hyeopseonghoe to form Gungmun Dongsikhoe(국문동식

회, Society for the Unification of Korean Writing) for the purpose of studying and formulating Korean orthography. This group is historically significant in that it was the first modern academic group founded in Korea by civilians. He also married that year and later had three sons and two daughters.

Ju Si-gyeong submitted "Gungmunnon"(국문론, Theory of National Writing) to the *Independence News* in 1897. This article shows that his study and his view of Korean language in particular seem to have formed already. The theory of national writing consists of graphonomy and orthographic theory. Ju Si-gyeong emphasized the superiority of the sound study over ideographs, and thus he advocated the usage of the Korean alphabet that is based on sound study. He advocated the usage of Korean language as long as the noun and auxiliary participle were correctly used, the usage of writing horizontally as in English, and insisted on creating grammar literatures and dictionaries. Furthermore, he desired for Korea to become a rich and powerful nation of literary renown through education in politics, administration, finance, law, navigation, military, and economics. In other words, he held a practical perspective of advancing vocational education based on modern schooling.

He received a diverse modern education, but the direct basis for his study of Korean language and Korean writing was English grammar and mathematics. Having obtained a wealth of knowledge from studying topography of the world, he attempted to establish a unique definition and analytical method through mathematics while at Pai Chai Hakdang. It is said he completed the manuscript on *Daehan gugeo munbeop* (대한국어문법, Grammar of Korean Language) at that time in 1898.

In 1897 Ju Si-gyeong came to know Seo Jae-pil(서재필) through Pai Chai Hakdang and was later appointed as a member of the Dongnip Hyeophoe (Independence Club, 독립협회) and worked as the general manager of the *Dongnip Sinmun*(Independence News), as well as being imprisoned for organizing the "Convocation of Ten Thousand People"(만민공동회). He distanced himself from politics after his release from prison, set up a course on Korean grammar at a night school at Sangdong Church and taught Korean grammar there for a year. His class concentrated on written characters and orthography, and the content of his teachings was published in 1906 as *Daehan gugeo munbeop*. He sometimes taught Korean language to foreigners, of whom W. M. Scranton, the founder of Ewha Hakdang, was one.

The second phase of Ju Si-gyeong's academic activities began with the publication of *Daehan gugeo munbeop* in 1906. His perspective on Korean language was clarified after he reorganized *Daehan gugeo munbeop* and published it under the title of *Gugeo munjeon eumhak*(국어문전음학, Phonology Prerequisite to Korean Grammar) in 1908. It considered a nation to be a community of regions("territory"), kinship ("ethnicity") and language("speech"), which meant that the prosperity and decay of the Korean nation depends on Korean language. Thus, he devoted his entire life to the study of Korean language and the Korean alphabet. He published several books, among which *Gugeo munbeop*(국어문법, Grammar of Korean Language) is the most representative. This book was influenced by mathematics because he wrote it after studying mathematics for three years. As with their signification, symbols were arbitrarily made and defined to imbue them with concepts.

The extreme utilization of words and symbols and descriptive application of the principle of analysis and synthesis can be seen in *Malui sori*(말의소리, The Sound of Speech), the last of Ju Si-gyeong's literary works. He repeatedly modified his textbooks according to his research results and used such in the numerous classes he taught.

In short, Ju Si-gyeong's determination to study the Korean language and the Korean alphabet to enlighten the masses reached the level of patriotically enlightened nationalism, and his thought containing his passion can be found in the epilogue of *Gugeo munbeop*, an editorial on "Gugeowa gungmunui piryo," and the preface of

Gugeo munjeon eumhak.

Ju Si-gyeong noticed a correlation among language, ethnicity(the people), and territory while studying Western topography. He believed that the earth's land mass naturally and gradually divided into various "territories," and that "speech" formed among people in each "territory." Ultimately, the combination of "territory, the people, and speech" forms a nation, a society, and a race. According to Ju Si-gyeong, a race is created naturally or through providence as part of the "territory" within a regional community, "people" within ethnicity, and "language" within a language community; thus, a nation exists by itself and has independence. The terms "Nature" and "providence" as used here are sometimes interpreted as nationalistic ideology or as divinity in Christianity. Ju Si-gyeong repeatedly claimed that "the foundation" of a nation's independence is its "territory"(域), the body its "people"(種), and the quality its "language"(言). An unusual concept of homogeneous region(the peninsula), race(Korean people) and language(Korean) can be found in "Korea." Moreover, he came to believe the importance of improving "the language" for the development of society and independence of the nation.

Unfortunately, Korea was forcefully annexed by Japan a few months (after the publication of *Gugeo munbeop.* "Joseon Gwangmunhoe" was created by Choe Nam-seon(최남선) in an effort to spread national culture by reprinting Korean classics. Choe immediately planned to compile a Korean dictionary as well and published *Sinjajeon*(신자전, New Dictionary), a type of Chinese-Korean dictionary, as an interim solution in 1915. Ju Si-gyeong was in charge of interpreting Korean language. He began to compile the materials for the first Korean dictionary, *Malmoi*, with his pupils at Joseon Gwangmunhoe in 1911 and this task was almost finished when he began thinking of seeking political refuge abroad. Under the forced occupation of Korea by the Japanese, he continued the effort to print *Joseoneo munbeop*(조선어문법), an edited version of *Gugeo munbeop*, and the task of compiling the dictionary while making plans for seeking political refuge. In the summer of 1914, he visited his parents to bid his final farewell, but unfortunately, he died of food poisoning; he was thirty-nine at the time.

Ju Si-gyeong spent the latter part of his life in an effort to recover national sovereignty. His nationalism linked national identity to language; he did not pursue nationalism only for his own sake. He seems to have become an ultra-nationalist, because he considered the trinity of the "foundation" as Korean peninsula, the body as Korean people, and nature as Korean language to contain autonomy and homogeneity. He claimed to have converted to Daejonggyo(대종교, an indigenous religion believing Dangun, 단군, to be the divine progenitor of Korea) towards the end of his life and changed his name to Han Hin-saem, but his funeral was carried out in a Christian form, because his original religion was Christianity.

3. Ju Si-gyeong's Nationalistic View of the Korean Language

Ju Si-gyeong lived during a historic period from the opening of the ports to the early Japanese occupation of Korea. Many things foreign were received into diverse areas in the midst of continued conflicts between conservatism and civilization. During such political and cultural upheaval, the historical mission of recovering the national sovereignty that was in the process of being lost or had been lost and of recovering national independence turned even scholarly activities into a tool for achieving independence; academics was used as a tool to enlighten people. Ultimately, the scholarship of the time showed characteristics of practical science, and further, of applied science grounded on pure scholarship. Such was the case with studies of Korean language and Korean writing.

"Things Korean" was emphasized in the maelstrom of things foreign, and such a scholarly characteristic became especially evident in the field of Korean studies. Along with the realization of the Korean nation and the renewed awareness of Korean language, the study of Korean language was emphasized as a way to achieve self-determination and independence. Ju Si-gyeong played a key role in the attempt to enlighten the people and to inspire patriotism and to recover the sovereignty through the study of Korean language and Korean literature as well as its propagation. This was not through a totalitarian government but through a national awakening of its people. Ju Si-gyeong was a nationalist who focused on linguistics; he accepted foreign theories but was also a creator of modern Korean language based on his own research methods on studying the Korean language.

Communication is the function of "language," according to Ju Si-gyeong, and the emphasis on the communicative function of language can be seen in Daehan gugeo munbeop(대한국어문법, Grammar of Korean Language). In other words, "language" was seen as representing thoughts, and "language is a way of communicating thoughts to others because human beings live in a community and so must communicate with each other." He recognized the concept of "speech community," a union of language and society. He developed the relationship between society and language as follows:

A society is a group composed of people whose lives and existence are dependent on each other through a bond of similar thoughts and the pulling of resources by expressing their thoughts to each other. How can the thoughts be communicated without speech or written language, and how can the people be tied to each other and create such society without communication of thoughts? Therefore, speech and writing are the foundations on which a society is constructed and the institution through which administrative intentions are transmitted to the people so that the people can act accordingly.

Ju Si-gyeong understood that the speech and writing in a society acted as a network that connected and moved people. Due to speech and writing being the foundation of a society, that society's preservation and growth can be achieved through its speech and writing. Society here is thought of in the same line as nation or state. Thus, Ju Si-gyeong is the one who considered it important to study the speech and writing of Korea in order to preserve and develop the nation by teaching these to the people.

The linguistic perspective as discussed above is similar to that of Western linguistics in the nineteenth to early twentieth century. Nineteenth century linguistics actively utilized the method of evolutionary biology and early twentieth century linguistics adopted that of sociological method; Ju Si-gyeong emphasized the social function of linguistics and planned a wealthy and powerful independent society, nation, and state through the establishment of the Korean language.

What is his thought then on the relation between Korean language and the state? The concept of "Korean language" for him was "a nation's language," i.e., the national language, of eighteenth-century France and in a version of *Hunmin jeongeum*(훈민정음, Proper Sounds to Instruct the People) with theoretical explanations in Korea during the fifteenth-century. *Hunmin jeongeum* means "proper sound," a patterncard of standard speech. As previously mentioned, Ju Si-gyeong viewed "Korean language" as a national language that consisted of three elements: territory, people, and language. And a state thus formed as a society of nature was originally independent(self-reliant). Of the three elements, territory is the "foundation" of independence, people are "the body" of independence, and language is the "nature" of independence. Ju Si-gyeong emphasized the independence and absoluteness of the Korean language and further developed this concept to embrace the independence of the state and the people.

From a purely linguistic view, Ju Si-gyeong's perspective on language is language-specific in that it emphasizes the uniqueness and absoluteness of a particular language. However, Ju Si-gyeong took both generalization and particularity of language into consideration and applied the English grammar of the time to the delineation of the Korean grammar system.

4. The Essence of Ju Si-gyeong's Korean Linguistics

Ju Si-gyeong has been the most popular subject of study in the history of Korean linguistics. His research in the formation process of modern Korean linguistics is highly respected not merely because of its uniqueness of academic terminology or his nationalistic view of Korean language but because of his tenacious spirit of exploration and systematic creativity. We owe contemporary Korean orthography to him. This orthography is in general based on the morphophonemic principle of writing that clarifies the basic form and not on the phonemic principle. This differs from the spelling of the Joseon period where the phonemic principle was used. Ju Si-gyeong's Korean linguistics was transmitted to only a few of his disciples and some parts of it have been favorably evaluated in recent times.

Ju Si-gyeong's interest in Korean language and writing was concentrated on phonology, grammar, the writing system, and dictionary-making, and his representative works in those areas are as follows:

- phonology: *Malui sori*(1914), *Daehan gugeo munbeop*(1906), and *Gugeo munjeon eumhak*(1908).
- grammar: *Gugeo munbeop*(1910) and its reprints.
- writing system: "Gungmunnon"(1897) and *Gungmun yeongu*(1909), which are related to *Daehan gugeo munbeop, Gugeo munjeon eumhak*.
- dictionary-making: *Malmoi* with his disciples at Joseon Gwangmunhoe, and

Sinjajeon(1915) in the Korean language as defined by Ju Si-gyeong and Kim Du-bong.

Ju Si-gyeong also examined and proofread *Hunmongjahoe* and *Haedonggayo* as part of his effort to organize Korean words and sentences.

The linguistic method used by Ju Si-gyeong is very analytic and systematic. The term "analytic" here means the method of finding the fundamental elements that form the whole and connecting these elements together to understand the whole. In order to do this, the issue of selecting the unit of analysis arises first. In other words, to what extent should the analysis unit encompass, and what should be the structure to be analyzed and to what extent?

If units and method of analysis are equally applied to various linguistic levels, such delineation could be referred to as being systematic. Ju Si-gyeong established fundamental units on each level of the linguistic structure and carried out his analyses according to these units and described them accordingly, and further, attempted to delineate each level using the same methods. He classified the study of Korean language into three sub-categories according to *Gugeo munbeop*(1910): phonology, morphology and word-formation theory, and syntax. This "was created by applying the most widely used grammar of today as its example." In other words, the usage of Western grammar systems, especially English grammar, is implied.

4.1 The Atom and the Composition of Phonology

Phonology, and especially the phonology of Korean letters, was a preparatory course for the study of Korean grammar. In other words, he saw language as the form written by letters, because he believed Korean writing was a reflection of Korean language. Thus, he arrived at the conclusion of advocating the usage of Korean language based on his thought of unifying spoken and written language. His concept of Korean grammar was traditional in that it encompassed Korean orthography and was spread widely among scholars including Choe Gwang-ok(최광옥) in those days. Shin Chae-ho(신채호) once stated that only through educating Korean people with Korean language and Korean writing could the unity of Korean people be achieved. According to Ju Si-gyeong, phonology begins with the differentiation between vowels and consonants, which are then analyzed in simple sounds that cannot be divided. This method of analysis confirms such fundamental units of atoms and again delineates their compound.

Ju Si-gyeong's phonological description changed drastically, but his method in analyzing and unifying the atom has always been the same.

There were only six atoms of vowels: " ㅏ, ㅓ, ㅗ, ㅜ, ㅡ, ㅣ " and the remaining " ㅑ, ㅕ, ㅛ, ㅠ, ㅐ, ㅖ, ㅚ, ㅟ, ㅢ, ㅘ, ㅙ, ㅞ" were treated as compound vowels.

The ten atoms of vowels that make up the fundamental consonants in Korean letters are " ㄱ, ㅇ, ㄷ, ㄴ, ㅂ, ㅁ, ㅈ, ㅅ, ㆆ, and ㄹ," and the remaining " ㅋ, ㅊ, ㅌ, ㅍ, ㅿ, and ㅎ" were treated as compound consonants, except " ㅎ" changed to a simple unit-consonant in later works.

In dealing with compound vowels, he pointed out " ㅣ + ㅓ → ㅕ " in "그리엇다 → 그렷다" and " ㄱ+ㅎ→ㅋ" in "각하 → 가카" to support his claim. Moreover, " ㅌ" as an atom " ㄷㅎ" or " ㅎㄷ" but can only be " ㄷ" in front of a consonant in Korean. For example, " ㅎ" is deleted in " ㄷㅎ+ㄱ→ㄷㄱ" by saying that "맡고" is not "맏코" " but "맏고." But he also lays claim to the fact that this word must be written as "맡고," just as it is in the original sound in orthography. Such thought is shown clearly in Malui sori(The Sound of Speech) 1914, his last work. "놉고" is a rephonemicization of "놉ㅎ고," but " ㅎ" is customarily not pronounced and so became "놉고."

In short, Ju Si-gyeong's phonology attempted to define the atomic units of consonants and vowels as well as the analysis of sound based on "division and compounding," and moreover, morphophonemic phenomena are analyzed fully by this. Therefore, his phonology is abstract and this method can be systematically applied to morphology and syntax.

4.2 Morphology and Word-Formation Theory

Usually the unit of morphology dealing with parts of speech is "*gi*"(기) which later changed to "*ssi*"(씨); the unit of word-formation that analyzed the structure of "*gi*" appears as the analysis unit of "*neutssi*"(늦씨) in *Malui sori* 1914(hereinafter "*gi*" will be referred to as "*ssi*" for the sake of convenience). Let us examine the definition of "*ssi*."

Ssi refers to a unit of language; it is a name that is attached to each word based on various "*mon*"(몬: 物~ or "*il*"(일: 事).

For example, there are five "*ssi*" in "우리나라가 곱다": ① 우리 ② 나라 ③ 가 ④ 곱 ⑤ 다. "사람이 밥을 먹으오" was analyzed into "사람, 이, 밥, 을, 먹, 으오" and "그 사람이 맘을 착하게 먹소" became "그, 사람, 이, 맘, 을, 착하게, 먹소." "*Ssi*" used by Ju Si-gyeong is neither a "word" nor a "morpheme" in terms of modern linguistics. "*Ssi*" is a morphological unit based on its own standard of analysis of "*nat mal*"(낱 말), i.e., each individual sound.

Ju Si-gyeong distinguished nine "*ssi*" in *Gugeo munbeop*(1910) and its sectionally modified version, *Joseoneo munbeop*(1912, 1913).

① "*im*"(임): part of nominals for nouns, pronouns, and numerals
② "*eot*"(엇): usually for the stem of adjectives
③ "*um*"(움): usually for the stem of verbs

④ "*gyeot*"(겻): usually for declensional endings

⑤ "*it*"(잇): declensional endings and non-conclusive conjugational endings usually for linearization

⑥ "*eon*"(언): usually for modifiers in front of nominals

⑦ "*eok*"(억): usually for modifiers in front of verbals

⑧ "*nol*"(놀): usually for words expressing exclamation

⑨ "*kkeut*"(끗): for conclusive endings to end a sentence

A special characteristic of the parts of speech as put forth by Ju Si-gyeong can be distinguished from those of modern linguistics. One is the differentiation of grammatical morphemes that shows the grammatical relations as independent "*ssi*" in the structure of a sentence; numbers 4, 5, and 9 above are examples of this. This is probably the result of analyzing "*ssi*" while taking syntactic functions into consideration. Another special characteristic is the differentiation of grammatical morphemes joined to the stems as "*ssi*." An example of grammatical morphemes that function as modifiers is the inclusion of numbers 6 and 7 into such sentences as numbers 1, 2, and 3 above combined with the morphemes. There is some lack of unity in detail. For example, in the case of "*naui kal*"(나의 칼), "*naui*"(나의) is distinguished as ⑥ "*eonssi*"(언씨) but "*naui*"(나의) once again must be reanalyzed as "*na*"(나) in ① "*imssi*"(임씨) and "*ui*"(의) in ④ "*gyeotssi*"(겻씨), as well as "*naui*"(나의) being analyzed as a compound of "*na*"(나) and "*ui*"(의). It is the same with "*keun*"(큰), which is seen as "*eonssi*"; it will require reanalysis insofar as "*keu*"(크) is the "*eotssi*"(엇씨) and "*n*"(ㄴ) that allows the function of "*eonssi*." Such reanalysis is the core of Ju Si-gyeong's word-formation, i.e., "*keun*"(큰) is the transformation of what was "*eot*" to "*eon*." Ju Si-gyeong called this "*ssimombakkum*"(씨몸바꿈), which is similar to the concept of a variation on transformation of parts of speech. This portion is emphasized in Ju Si-gyeong's Korean grammar system because the attempt is made to identify the transformation of parts of speech as the transformation in the syntactic function.

Ju Si-gyeong attempted a new innovation in Malui sori(1914). He defined "*ssi*" as below:

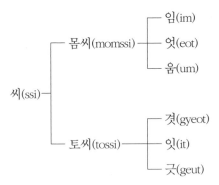

Here, lexical morphemes are a part of "*momssi*"(몸씨) and grammatical morphemes are a part of "*tossi*"(토씨). According to this, only "*momssi*" or "*momssi + tossi*" are used among all "*ssi*." "*Eon, eok, nol,*" previously classified as parts of speech, were reclassified: "*nol*" became a part of "*im*" in general, and "*eok*" was divided into "*momssi*" and "*tossi*." For example, "*bulgeun*"(붉은) was reanalyzed as "*bulg,*" which is "*eot,*" and "*eun*"(은), which is "*gyeot*"; "*gobge*"(곱게) is reanalyzed as "*gob*"(곱), which is "*eot,*" and "*ge*"(게), which is "*gyeot.*" In short, his grammatical delineation took syntactical functions into consideration and became more analytical.

The last analytic unit put forth by Ju Si-gyeong is "*neutssi*"(늦씨). For example, "*haebaragi*"(해바라기) is analyzed as three "*neutssi,*" that of "*hae, bara,* and *gi.*" In general, the elements are "*neutssi*" when "*ssi*" is made up of compound words or complex words. Thus, it was sometimes understood as words that form the "morpheme" in modern linguistics, or as "allomorph," on occasion. But this is not an exact understanding of Ju Si-gyeong's Korean linguistics. Ju Si-gyeong considered grammatical morphemes in the "*eu*"(으) class such as "*(eu)na*"(으나), "*(eu)myeo*"(으며), "*(eu)n*"(으ㄴ), and "*(eu)ro*"(으로) to be "*neutssi*," or the compound of "*neutssi*," much the same as in the case of copula such as "*(i)na*"(이나), "*(i)myeo*"(이며), "*(i)n*" (이ㄴ), "*(i)r*"(이ㄹ), and "*(i)ra*"(이라). The socalled "*maegae moeum*"(매개모음) or "*joseong moeum*"(조성모음), representative of which is "*-eu-*"(-으-), does not qualify as a morpheme. Therefore, this is the last of the basic atomic units in analyzing the "*ssi*" in "*neutssi*." This "neutssi" was used to analyze and synthesize "*ssi*."

4.3 Unit of Analysis of Syntactic Structure and Interpretation of Construction

Ju Si-gyeong referred to syntax as "*jjamdeumgal*." "*Jjam*" means structuring, "*deum*" means methods in syntax, and "*gal*" means learning the branches of linguistics.

Ju Si-gyeong considered the basic unit of syntax as "*deu*," i.e., sentence. And one "*deu*" is made up of "*geumigyeol*(modifying parts), *julgigyeol*(main constituents of the sentence), and *manigyeol*(grammatical items)." In the sentence "저 소가 푸른 풀을 잘 먹소," "저, 부른, 잘" are part of "*geumigyeol*" while "소, 풀, 먹" are "*julgigyeol*" and "가, 을, 소" are "*manigyeol*." No matter how short the sentence, it must contain at least "*julgigyeol*" and "*manigyeol*," but "*julgigyeol*" is morphologically part of "*momssi*"(lexical morphemes) and "*manigyeol*" is part of "tossi"(grammatical morphemes).

As stated above, Ju Si-gyeong established "*deu*"(basic sentence) containing at least julgigyeol and manigyeol as the basic units of syntax. He delineated on syntax by analyzing or synthesizing a sentence based on "*deu*," the basic unit on a syntactic level. "Subject + predicate" or "subject + object + predicate" must be contained not only in sentences but in syntactic elements as well. Representative examples are "아기가 (subject) 자라오(predicate)" and "아기가(subject) 젖을(object) 먹소(predicate)."

Such elements are hidden within sentences that do not show the basic elements of a sentence as discussed above. For example, in the statement such as "먹는다," the subject "먹는이" and the object "먹히는 것" are hidden. Moreover, in the example of "소와 말이 풀을 먹소," the sentence could be composed of the subjects "소와 말," or two basic atomic sentences of "소가 풀을 먹소" and "말이 풀을 먹소" could be synthesized into one sentence. As well, the modifier "푸른(풀)" in "저 소가 푸른 풀을 먹소" is used as such because the basic sentence of "풀이 푸르-" contains "-ㄴ" that has the function of modifying. Even in the syntactic explanation above, Ju Si-gyeong defined the basic atomic units(i.e., "*deu*") on syntactic levels and explained the units via analysis and synthesis.

Ju Si-gyeong concentrated on studying phonology in the beginning but gradually attempted to study morphology and word-formation; only later did he study syntax. He fundamentally attempted to define the atomic units on all three levels before delineating on the method for analysis and synthesis. His grammar could be called systematic in this respect. However, the analysis and synthesis method of syntax he described later is very similar to English Expressions(1906), an English grammar book for teachers. It may have been useful to apply his method of analysis and synthesis that he was so fond of using. His originality can be said to lie in the systematization of his own methods from the acceptance of foreign theories.

4.4 Dictionary-Making Method

Ju Si-gyeong had already advocated the compilation of a Korean language dictionary in "Gungmunnon"(1897). And in *Daehan gugeo munbeop*(1906), he claimed that words could not be used or many words could be lost due to a lack of a way of verifying word meanings without a dictionary of language. The dictionary discussed here would probably be modern in form. Ju Si-gyeong participated in compiling a dictionary with the establishment of Joseon Gwangmunhoe by Choe Nam-seon in 1910. Joseon Gwangmunhoe opened its doors with three slogans: 1) historiography, 2) truths of speech and writing, and 3) matriculation. Two plans on the "truths of speech and writing" were the adjustment of grammar and the compilation of a dictionary. Thus, he organized Korean grammar in his personal time as mentioned before and again became involved in dictionary compilation. First, along with Kim Du-bong, he was in charge of Korean annotations of *Sinjajeon*(New Dictionary, 1915), a Chinese-Korean dictionary with the characteristics of being a type of bilingual dictionary. He took this one step further and compiled a Korean dictionary called *Malmoi* with his disciples Kim Dubong, Yi Gyu-yeong, and Kwon Deok-gyu. This dictionary was almost at the stage of completion when his sudden death prevented its publication. Only the first volume of the manuscripts for this dictionary is known(to the world) today.

Malmoi corresponds to Ju Si-gyeong's later studies of grammar as well as coinciding with that of Kim Du-bong and Yi Gyu-yeong. One of the most representative characteristics is the handling of word stems of verbs or adjectives as head words, i.e., "가다" is not treated as a head word in its entirety, but rather, only "가" is treated as a head word. This is the biggest difference between Malmoi and contemporary Korean language dictionaries. Another uniqueness is in denoting the prosodeme. Ju Si-gyeong claimed that there are length, pitch, and breath in vowels. The difference here occurred in indicating the pitch and length of vowels. The high pitch and low pitch are indicated as " · " and " · · ," respectively, but the mark was put on top of the applicable vowel of the head word(s) in *Malmoi*. Dictionaries published thereafter usually put the length of the prosodeme on top of the syllable. Ju Si-gyeong and his disciples applied the results of their language research in compiling *Malmoi*.

Ju Si-gyeong and Kim Du-bong insisted on writing horizontally as in Western writing and getting away from writing vertically as in traditional calligraphy.

Accordingly, horizontal writing was used in *Malmoi*. He also advocated for the description to be similar to that of Western spelling, but only used it in the title of *Malmoi* as "ㅁ ㅏ ㄹ ㅁ ㅗ ㅣ" and not in the main body.

Malmoi, which Joseon Gwangmunhoe attempted to publish, greatly influenced later plans for publishing dictionaries. Joseoneo sajeon by Mun Se-yeong or *Joseonmal) Keunsajeon*(Grand Dictionary of Korean Language) by "Joseoneo Hakhoe"(조선어학회, antecedent of "Hangeul Hakhoe") inherited the spirit of *Malmoi*.

5. Conclusion: The Meaning of Ju Si-gyeong's Studies

Ju Si-gyeong was an enlightened person who was born during the period when Korea opened its ports and lived into the early Japanese colonial period. He was a nationalist and patriotic enlightenment thinker who emphasized the study of Korean speech and writing. He was a scholar of the Korean language who studied phonology and grammar academically. He was also a practical scholar of the Korean language who expanded efforts on behalf of arranging orthography, compiling a dictionary, as well as being involved in the Korean language education and movement. Whether theoretical or practical, his study of the Korean language was the foundation for achieving a nation, its people, the development of society, and independence because it is the study of the national disposition, language.

The distinctive feature in Ju Si-gyeong's scholarship is the method of analysis and synthesis. Atomic units are defined in each level of the Korean language and then thoroughly analyzed and/or synthesized. The historical significance of his scholarship is that it accepted foreign theory but also contained originality, systematization and logicality. And his scholarly attitude of repeatedly modifying his works is something that provides a model for younger scholars. Ju Si-gyeong was one of the great scholars in this sense.

Ju Si-gyeong's academic works were continued by his disciples, including Kim Du-bong, Yi Gyu-yeong, Kim Yun-gyeong, etc. But no one was able to take over the whole of his studies in the Korean language and none developed it further. That is probably due to the distinctiveness of the terminology used or the uniqueness of his method of analysis. Another reason may be his passing away at the young age of thirty-nine.

[*Pioneers of Korean Studies*(김경일 편), Academy of Korean Studies, 2004]

References

Choe Myeong-ok(1979), Jusigyeongui sorigale daehayeo (On Ju Si-gyeong's Theory of Phonology), *Jindan hakbo* 44.

Heo Ung(1971), Jusigyeong seonsaengui saengaewa hangmun (Life and Scholarship of Ju Si-gyeong), *Dongbang hakji* 12.

Jeong Seung-cheol(2003a), Jusigyeong eumhak–sanjaebon maleul jungsimeuro (Phonology of Ju Si-gyeong–Focusing on Language), *Eomun yeongu* 118.

Jeong Seung-cheol(2003b), Gugeo munbeop(jusigyeong)gwa inglishi lesseuns (Ju Si-gyeong's Korean Grammar and English Lessons), *Gugeo gungmunhak* 134.

Ko Yeong-geun(1979), Jusigyeongui munbeop iron (Ju Si-gyeong's Theory on Grammar), *Hanguk hakbo* 17.

Ko Yeong-geun(1982), Jusigyeongui munbeop irone daehan hyeongtae-tongsajeok jeopgeun (Ju Si-gyeong's Theory on Grammar–A Syntactic Approach), *Gugeohak* 11.

Kim Min-su(1977), *Jusigyeong yeongu* (A Study of Ju Si-gyeong), Seoul: Tap

Chulpansa. (Revised and enlarged edition printed in 1986.)

Kim Se-han(1974), *Jusigyeongjeon* (Collection of Ju Si-gyeong's Works), Seoul: Jeongeumsa.

Kim Seok-deuk(1979), *Jusigyeong munbeopnon* (Ju Si-gyeong's Theory on Grammar), Seoul: Hyeongseol Chulpansa.

Kim Yun-gyeong(1960), Jusigyeong seonsaengnim jeongi (Biography of Ju Si-gyeong), *Hangeul* 126.

Lee Ki-moon(1970), *Gaehwagiui gungmun yeongu* (Research on Korean Literature of the Enlightenment Period), Seoul: Iljogak.

Lee Ki-moon(1976), Jusigyeongui hangmune daehan saeroun ihae (A New Interpretation of Ju Si-gyeong's Scholarship), *Hanguk hakbo* 5.

Lee Ki-moon(1981), Hanhinsaemui eoneo mit munja iron (A Theory on the Language and Characters of Hanhinsaem), *Eohakyeongu* 17-2.

Lee Ki-moon and Lee Pyonggeun(1979), Jusigyeongui hangmuneul dasi saenggak-handa (Reconsideration of the Scholarship of Ju Si-gyeong), *Hanguk hakbo* 16.

Lee Pyonggeun(1977), Choechoui gugeosajeon *Malmoi* (Malmoi, the First Korean Language Dictionary), *Eoneo* 2-1.

Lee Pyonggeun(1978), Aeguk gyemongjuui sidaeui gugeogwan (View on Korean Language in the Patriotic Enlightenment Period), *Hanguk hakbo* 12.

Lee Pyonggeun(1980), Gugeosajeonsa pyeongo — *Malmoireul* jungsimeuro (Compilation of the History of Korean Language Dictionary — With Emphasis on Malmoi), *Baekyeong jeongbyeonguk seonsaeng hwagap ginyeom nonchong*, Seoul: Singu Munhwasa.

Lee Pyonggeun(1985), *Jusigyeong, gugeo yeonguui baljachwi* (Ju Si-gyeong, the Course of Korean Language Studies) I, Seoul: Seoul National University Press.

Lee Pyonggeun(2000), *Hangugeo sajeonui yeoksawa banghyang* (History and Direction of Korean Language Dictionary), Seoul: Taehaksa.

Lee Pyonggeun(2003), Geundae gugeohakui hyeongseonge gwallyeonden gugeog-
wan (Views on Korean Language Related to the Formation of Modern Korean
Linguistics), *Hanguk munhwa* (Journal of Korean Culture) 31.

Lee Sung-nyong(1954), *Gugeohak gaeseol* (An Outline of Korean Linguistics) 1,
Seoul: Jinasa.

Park Ji-hong and Heo Ung(1980), Jusigyeong seonsaengui saengaewa hangmun (Life
and Scholarship of Ju Si-gyeong), Seoul: Gwahaksa.

Shin Yong-ha(1977), Jusigyeongui aeguk gyemong sasang (Ju Si-gyeong's Thoughts
on Patriotic Enlightenment), *Hanguk sahoehak yeongu* 1.

Chronology

1876	Born on November 7 in Hwanghae Province as a second son. Childhood name was Sang-ho. Studied Chinese classics in his hometown.
1887	Became a foster child of his father's older brother who lived in Seoul. Studied Chinese classics under Yi Hoe-jong.
1892	Learned English grammar, mathematics, and topography of the world; began to unravel Korean letters as consonants and vowels.
1893	Considered " · " as a compound vowel of " ㅣ " ("*i*") and " ㅏ " ("*a*").
1894	Enrolled in a special course (topology of the world) at Pai Chai Hakdang.
1895	Received a government scholarship in geodetic survey and enrolled in an accelerated course at Iun School in Incheon, an educational institute for navigation.
1896	Graduated from Iun School and went back to Pai Chai Hakdang;

worked as managing editor of *Hyeopseonghoe*; compiled Hyeopseong-hoebo; kept books and handled general affairs at the Dongnip Sinmunsa; held an entrylevel job at Miimihwalpanso; organized "Gungmun Dongsikhoe," a meeting on Gugeo jeongseobeop by gathering people from Hyeopseonghoe, Dongnip Sinmunsa, and Miimihwalpanso.

1897	Chosen as a member of Dongnip Hyeophoe; worked as general manager at Dongnip Sinmunsa; learned topography of the world from Seo Jae-pil; wrote *Gungmunsik*.
1898	Enrolled in Pai Chai Hakdang; studied the Korean language by contrasting it with English grammar; completed *Gugeo munbeop*; became baptized by Reverend H. G. A. Appenzeller; imprisoned with Yi Syngman, Seo Sang-dae, Yi Dong-nyeong, Yang Gi-tak, etc. for the "Convocation of Ten Thousand People" incident; released from prison by a special order from Emperor Gojong.
1899	Employed at Jeguk Sinmunsa.
1900	Established a Dept. of Korean Grammar at the Youth Academy, Sangdong Church, and taught there; taught Korean to W. M. Scranton.
1904	Began teaching in earnest until 1910.
1905	Completed "Gungmun munbeop."
1906	Published *Daehan gugeo munbeop*.
1907	Worked as a researcher cum composer as a member of Gungmun Yeonguhoe; established a class on, and an evening school for, the Korean language at Sangdong Church; published "Weolnam mangguksa."
1908	Elected as a member of the education dept. at Daehanhyeophoe and

as a full-time member of Gungmun Yeonguso; compiled *Hanja choseup* and published *Gugeo munjeon eumhak* and *Gungmun chohak*.

1909 Submitted the manuscript for *Gungmun yeongu* to Gungmun Yeonguso.

1910 Published *Gugeo munbeop*. Was a lecturer at Pai Chai Hakdang.

1911 Published *Joseoneo munbeop*.

1913 Reprinted *Joseoneo munbeop* and published *Malui sori* (The Sound of Speech). Died at the young age of thirty-nine on July 27.

Publications

1897 "Gungmunsik" (Method on Korean Literature), original work (lost). "Gungmunnon" (Theory of National Writing); *Dongnip Sinmun* 2 47(8), 114(5). *Mal.* Original work.

1898 *Gugeo munbeop* (Grammar of Korean Language), original work (lost).

1905 "Gungmun munbeop" (Korean Orthography). In the notebook of Yu Man-gyeom.

1906 *Daehan gugeo munbeop* (Grammar of Korean Language). "Gungmun" (Korean). *Gadyeongjapji 1 Year*, Vol. 3 and 5.

1907 "Weolnam mangguksa" (The History of the Downfall of Vietnam). Seoul: Bangmun seogwan.
"Gugeowa gungmunui pilyo" (Korean Language and the Necessity for Korean Literature). *Seou* 2.
"Pilseongjagung muneon." *Hwangseong Sinmun* 2442(7).

1907-1908 "Gungmun yeonguan" (Proposal on the Study of Korean Literature), handwritten.

1908	*Gugeo munjeon eumhak* (Phonology Prerequisite to Korean Grammar). Seoul: Bangmun Seogwan.
	Hanja choseup, compilation (lost).
1909(?)	Godeung gugeo munjeon (Prerequisite to Korean Grammar, printed in oil).
1909	*Gungmun yeongu* (The Study of Korean Writing), handwritten report.
	Gungmun chohak (Elementary Korean Literature). Seoul: Bangmun Seogwan.
1910	*Gugeo munbeop* (Grammar of Korean Language). Seoul: Bangmun Seogwan.
	"Hannara mal." Bojung chinjok hoebo 1.
1911(?)	*Malmoi* (Dictionary of Language).
1911	*Joseoneo munbeop* (Grammar of Korean Language). Seoul: Singu Seorim.
1912(?)	"Sorigal" (Theory of Phonology).
1914	*Malui sori* (The Sound of Speech). Seoul: Sinmungwan.
1915	*Sinjajeon* (New Dictionary). Seoul: Sinmungwan. Compiled by Joseon Gwangmunhoe along with Ju Si-gyeong and Kim Du-bong in charge of the definition of Korean language.

출처: 『Pioneers of Korean Studies』, The Academy of Korean Studies, 2004.
붙임: 위 책은 한국학의 현대 선구자들을 해외에 소개하기 위해 The Academy Korean Studies(현, 한국학중앙연구원)에서 Kim Kyung-il 교수가 편집하였다. 주시경의 생애를 비롯해 그의 학문적 형성과정, 민족주의적 견해와 국어관과 국어연구의 핵심 내용을 소개했는바, 여기에 '짬듬갈(cf. 통사론)'의 문장 분석 방식 등 그간 새로이 이루어진 연구 성과를 일부 반영하려 하였다.

제3부 현대국어학이 과학적 연구로 가다

국어학이 민족주의적 국어관을 극복하고 순순히 과학적 연구로 들어서기 시작한 때는 1930~40년대 이후의 일이다. 특히 광복 이후 국수적인 지나친 쇼비니즘으로부터 벗어나기를 강력히 주장하는 등 방향 전환이 크게 이루어지기 시작했다. 서양의 20세기 언어학의 영향을 받아 우선 음운론 특히 음운사 연구가 대세를 이루다가 미국 기술언어학, 60년대 후반 이후로는 미국의 변형생성이론의 영향을 다시 받으며 공시론적인 문법론 연구까지 차츰 확대되어 나갔고 부분적으로 어휘 내지 의미에까지 개척되고 있다. 아직은 '학술사學術史'라기보다는 '동향動向' 정도를 보여 주었다. 이러한 속에서 어학사도 자연히 언어연구 자체의 연구에 집중되어 갔는데 여기에 그때그때의 학자에 대한 연구나 시대적 특징 등에까지 폭을 넓혀 가게 되었다. 다만 개별적 관심에 머무르고 역사적 큰 흐름의 추구는 아직 깊이 폭넓게는 이루어지지는 못하였다.

- 일석 이희승 선생의 삶과 시대
- 이희승 ― 일석국어학의 성격과 시대적 의의
- 이숭녕 선생의 삶과 사상 그리고 학문
- 이숭녕, 현대국어학의 개척자
- O. Jespersen과 한국어음운론 ― 이숭녕 음운론과 관련해서
- 이숭녕 선생의 방언 채집과 방언 연구
- 명저 해설: 이기문, 『국어사개설』(1961)

이희승 1896~1989

일석 이희승 선생의 삶과 시대

아! 일석 이희승 선생 그분. 삼불三不의 비애를 안고 한많은 삶으로 살아온 일석은 금세기 우리 시대의 대표적 지성이었다.

입을 갖고 말을 아니 한 벙어리는 두 손을 포개서 입을 가리고 '벙어리 냉가슴'을 앓아야 했고, 눈을 뜨고도 보지 못했던 소경은 두 손으로 눈을 가린 채 '소경의 잠꼬대'를 읊어야 했으며, 그리고 귀를 열고서도 듣지 못했던 먹추는 양쪽 손으로 두 귀를 틀어막은 채 '먹추의 말참견'을 해야 했다. 그래서 '삼불' 일석 선생은 비리를 말하지 않으며 그걸 가려내고, 불법을 보지 않고 그걸 규탄하며, 사언을 듣지 않으며 사악을 타도하곤 했다. 삼불의 비애를 안고서 삐뚤어지고 뒤틀린 환경 속에서 '말하는 벙어리'로 '보는 장님'으로 그리고 '듣는 귀머거리'로 구한국의 '빗길'을 헤치고 꿀먹은 벙어리로 일제 36년간의 노예 생활을 하고 미군정의 남의 집 더부살이를 하고 욕심이 과대한 정치인들 때문에 방향감각을 잃어버린 미아迷兒가 되어 구십 평생을 살아왔다. 그래도 눈·귀·입을 조금씩 열고서는 보고 듣고 말하며 이 시대를 움직인 지성이었다.

그럼에도 일석은 다시 태어나도 이 길을 걷겠다며 국어학 연구를 고집했고 그것이 전공이었다. 그리고 이 길을 제대로 걷지 못함을 안타까워하며 후학들을 장려했고, 그 밖에 언론사 사장은 물론이요 수필이나 시의 창작도 모두 외도라 했다.

1. 조선 왕조가 끝나는 시절에 태어나다

'조선'의 운명이 다해 가던 마지막 해였던 고종 33년(1896년), 이희승 선생은 선대의 고향(경기도 개풍군)도 아닌 타향이었던 경기도 광주군 의곡면 포일리(현재의 경기도 의왕시 포일동 서울교도소 인근)의 한 양반집의 어머니한테서 태어났다.[1] 정삼품 통정대부로 중추원 의관에 올랐던 아버지는 서울에서 생활했다. 조선시대의 전통을 지키면서 새로운 서구문명과 갈등을 일으키던 시대적 운명이 선생의 삶을 결정짓는다. 선생의 이러한 사상은 「딸각발이」정신이었다. "양반이 얼어 죽어도 겻불은 쬐지 않는다."는 유교 정신과 또 다른 실학 정신 사이에서 갈등했던 시대에 선생은 태어나 신세계를 맞이해야 하는 운명을 안았던 것이다. 포일동에서 몇 해를 지내며 어머니에게서 천자문을 배우고 다섯 살(1900년)에 서울의 아버지에게로 옮겨 함께 살면서 동몽선습 등을 배우며 본격적인 한학수업을 받기 시작한다. 19세기에서 20세기로 접어드는 때에 선생은 어머니를 따라 지금은 북쪽 땅이 되어버린 임진강 건너 고향인 개풍군 남면의 유서 깊은 마을로 들어갔다.

사숙에서 전통적인 한학수업을 계속 받다가 13세 때에 관립한성외국어학교 영어부에 입학하였다. 1개월 만에 고향으로 끌려가 결혼을 했고, 4일 만에 고향을 탈출(?), 바로 서울로 올라와 새문물의 상징이었던 단발도 하고 학교로 돌아왔는데, 여기서부터 선생의 파란만장한 세계가 펼쳐지며 고생도 사서 하게 된다. 우선 관립한성외국어학교 영어부에 신익희, 정구영 등과 함께 다니나 한일합방의 국치로 망국의 슬픔을 안은 채 3학년 중도에서 그대로 졸업장을 받았다. 이런 인연으로 후에 해공(신익희)기념사업회의 이사장

---

1 애산愛山 이인 선생을 기리는 『애산학보』의 제37호를 애산의 절친했던 동갑 친구의 한 분이며 일제강점기하에서 함께 감옥서 생활을 한 일석 이희승 선생의 특집으로 편집하게 된 것을 깊이 감사하고, 학부 및 대학원 제자였던 필자가 주제넘게 일석 선생의 삶을 그 시대적 배경을 고려하여 정리하게 된 것을 송구스럽게 여긴다. 사실에서 벗어난 점으로 선생께 누가 될 일이 없기만을 바란다.

을 맡게 된다. 이어서 경성고보,[2] 양정의숙[3] 등을 다니다가 다시 고향 풍덕군으로 온가족이 내려갔다. 이듬해 고향을 다시 탈출해 서울의 봉놋방에서 지내다 학비를 벌기 위해 김포의 한 사립 소학교 교원을 지내기도 하고 조선총독부 임시 토지조사국 정리과 고원으로 일하기도 하면서 야간 중동학교에 등록해 다녔으나, 인촌 김성수 선생(경제원론 담당)이 인수한 중앙학교(4년제)의 대수 담당 선생이었던 최규동 선생의 권유로 이 학교 3학년에 편입해서 2년 만에 평균 98점의 놀라운 성적을 받고 수석으로 졸업을 했다. 이때가 1918년이니 23세의 나이였다. 중앙학교와 그 선생들과의 이러한 만남은 수석졸업자인 선생으로 하여금 일생의 중요한 인연을 맺게 한 계기가 되었다.

2. 인촌·수당 형제를 만나다

이희승 선생은 대학 졸업 후 죽 교직에 머물다가 정년퇴직 후에 어울리지 않게 신문사 사장을 지낸 일이 있다. 그것은 지금까지 국어학의 외길을 걸어온 학자에게는 분명 외도였다. 1963년부터 2년간 사장을 지낸 곳은 언론 계통인 동아일보사였다. 그때까지 선생은 언론 계통에서 일해 본 일이 없었다. 어떤 인연으로 이 신문사의 사장까지 이르게 됐을까.

인촌 김성수와 그 아우 수당 김연수는 전북 고창군 부안면 봉암리 인촌 부락 출신으로 아버지 지산 김경중과 고씨 부인 사이에서 태어났다. 이들의 아

---

2 이때에 이 경성고보에는 오구라 신페이小倉進平가 교사로 있었는데, 그는 다른 한편으로 조선총독부에서 조선어사전을 편찬하면서 교사로 근무하고 있었다.
3 『양정백년사』(2006, p.23)에는 "한글 중흥을 이끈 국어학자이자 주옥 같은 시와 수필을 남긴 문학자"라는 제목 아래 이희승 선생을 크게 부각시켜 놓았는데 양정의숙과의 관련에 대하여는 "1912년 4월 양정의숙에 입학하여 법학을 전공하던 중 1913년 10월 1일, 양정의숙이 양정고등보통학교로 개편되면서 자퇴하였다."라고 적고 있다. 양정학원의 엄규백 이사장과 양정고등학교 김동창 교장 등 교원들은 이를 자랑스럽게 생각하고 있음을 이번 11월에 필자가 양정고를 방문했을 때에 알 수가 있었다. 이분들의 친절한 안내에 감사드린다.

버지 지산은 학문과 경제(이재)에 두루 밝았던 분으로 역사서 『조선사』(전 17권)와 문집 『지산유고』 등을 남기고, 호남 갑부가 되어서는 고향에 영신학교(현 줄포초등학교)를 설립하고 차츰 '기호중학교'와 '보성전문학교'를 인수하였는데, 이에 기금을 투자하여 중앙학원(현 고려중앙학원)을 창설하고 현재의 중앙고등학교와 고려대학교로 발전시켰다. 지산은 아들이 없던 형님 원파 김기중에게 양자로 보낸 인촌에게 학교 운영을 맡겼다.

한편 인촌은 1914년 일본 와세다대학 정경학부를 졸업하고 귀국한 뒤 경성직유라는 광목회사를 인수하여 방직사업에 뛰어들었다. 이희승 선생은 1918년에 중앙학교를 수석으로 졸업하자 앞으로의 학비를 벌기 위해 곧 이회사의 서기로 취직했었다. 1919년 3월 1일 서기로 근무하던 중 탑골공원에서 만세사건에 뛰어들었다. 그러나 3월 3일까지 계속된 만세운동에서 용케도 경찰에 잡히지는 않아서 구속까지 되지는 않았었다. 그리고 선생은 태극기를 그리기도 하였고 최석인·백광필·이항재·유연화 등과 함께 이해 4월 1일자로 〈자유민보〉란 지하신문을 '조선국민자유단'이란 발행인으로 하여 비밀리에 1,000부를 인쇄하여 배포하기도 하였다.

다시 인촌 김성수가 1919년 10월 주식회사 경성방직을 설립하고 그 창립총회에서 박영효가 사장이 되고 상무이사에는 인촌 김성수 외 4명이 그리고 지배인에는 중앙학교에서 인촌과 함께 교사를 지낸 이강현이 선임되었다. 이희승 선생은 바로 이 무렵에 선생 이강현과 함께 2년간 인촌 집에 기거하면서 새로운 경성방직의 설립과 그리고 동아일보의 창간도 준비했었다. 인촌의 기업 정신을 담아 새로운 사업계획서를 작성하고 조선총독부의 인가를 받는 일 등을 선생이 도맡아 했던 것이다. 이렇게 해서 다시 경성방직에 취직해 회계로 4년 반을 근무하게 되었다. 그리고 1921년 일본 교토제국대학 경제학부를 졸업하고 귀국해, 아버지 지산의 뜻에 따라 본격적으로 경성직뉴와 경성방직의 경영에 참여한 인촌의 아우 수당 김연수와도 인연을 맺게 되었다. 수당은 이희승 선생과 1896년생 동갑이었다. 또 이때에 이강현으로부터 이희승 선생은 일본에 건너가 '방직과'를 전공하도록 일본 유학을 권유받기도 했지만 꿈을 꾸고 있던 언어학(국어학) 연구의 희망을 버릴 수는 없어 그 유학 권유를 뿌리치기도 했다. 수당이 경성방직의 상무이사로 지배인에 선임된 것은 회사에 들어온 지 1년만인 1922년이었는데, 이때에 인촌과 함께 물러난 이는 감사 이종일(충남 태안 출생으로 국문연구소 위원을 지내고 독립선언문을 인쇄했던 언론인) 등이었다. 6년간을 근무했던 한국 최초의 근대기업인 이 주식회사를 선생이 떠난 것은 1925년 경성제대 예과에 합격해서였다.[4]

이희승 선생이 예과를 거쳐 대학 본과인 조선어학급문학과를 졸업한 것은 35세였던 1930년이었다. 교수로서의 교육과 연구와 학회 활동 그리고 사회활동으로서의 강연 등으로 선생은 졸업 후 눈코 뜰 사이 없는 나날을 보냈다. 그런 속에서 선생이 설립 준비 과정에 참여했던 동아일보사에서 1930년대 초 브나로드운동의 일환으로 농촌에서 한글을 가르치는 강사로 여러 차례 참여하기도 했다. 교재는 동아일보사에서 간행한 이윤재의 『한글공부』 등이었다. 1940년을 전후해 일본의 탄압은 더욱 거세지고 '조선어' 교육은 폐지되는 때에 일본어 사용이 강화되면서 일본어를 모르는 교사나 교수를 일본에 보냈을 때에 당시 이화여전 교수였던 이희승 선생은 이 기회를 동경제대 언어학과 대학원에 유학하는 계기로 삼았다. 1년을 휴직까지 하며 2년간의 유학을 마치고 귀국해 이화여전에 복직해 얼마 되지 않아 이른바 '조선어학회 사건'으로 영어의 몸이 되었다가 감옥에서 광복을 맞이했다. 이렇게 일본 제국주의에 의한 갖은 고난을 겪고서 광복 후 서울대 문리과대학 교수가 되어 안정을 찾아 학문과 교수에 열중할 수 있나 했더니, 때 아닌 6·25 동란이 발발했다. 그 때는 피난을 못 가고 서울에 잔류하였고, 이듬해 1·4 후퇴 때에야 부산으로 남하해 해병대 문관으로 취직이 되어 진해로 가게 되었다. 이때에 마침 진해에 있던 인촌이 1951년 5월 제2대 부통령에 취임하느라 임시수도 부산으로 옮김으로써 진해의 인촌 집에 선생이 들어가 살게 되면

---

4 일석의 경성제국대학 학적부에는 '수당 김연수'가 '우인友人'으로 기록되어 있다.

서 인촌과 다시 한 번 인연을 맺게 되었다.[5]

이희승 선생은 1961년 9월 30일 만 65세로 서울대를 정년퇴직했다. 딸깍발이의 공직이 이제 끝나나 싶었다. 그래서 저술 활동과 잘다란 업무들로 지내다 1962년에는 군사 정부로부터 건국공로훈장도 받았다. 그런데 느닷없이, 1963년 8월 1일 일생에 한 번 겪지 않은 외도를 걷게 되었다. 교직이 아니라 언론사 동아일보사의 사장에 취임한 것이었다. 동아일보사 상임감사가 찾아와 뜻밖에도 사장을 맡아 주어야겠다고 했을 때 선생은 "송충이는 솔잎을 먹어야지 갈잎을 먹고는 못 살아요." 하며 언론사 경영에는 지식도 경험도 능력도 없는 선생으로서는 거절할 수밖에 없었다. 삼 세 번을 찾아와 실은 김연수 회장의 부탁이라는 말에 경성방직 시절에 입었던 은혜를 저버릴 수가 없어 응낙할 수밖에 없었다. 5·16 이후의 군사정권에 의한 언론탄압이 극심했다는 때였다. 일제하에서의 3년간의 감옥생활을 겪고 6·25 동란으로 빚어진 '잔류파'의 공산권 하에서의 부역의 심사 등등에서 온갖 고생과 수모와 어려움을 극복했던 외유내강의 이희승 선생이었다. 사장으로서 선생은 직접 회의를 주재하고 회계장부도 직접 챙기며 회사를 이끌어갔다. 월간지 『신동아』를 일찌감치 창간하여 시사 문제를 비판적 시각으로 다루게 하고 소년과학지 『소년동아』를 창간하여 미래를 대비하게 했다. 선생의 사장 취임은 "군사정권의 언론 회유 및 말살 정책에 정면 대항하겠다는 경영진의 결의를 보인 것이기도 하다."고 보기도 한다(이종석 1994). 5·16 정권에서 건국공로훈장을 받았지만 이듬해 언론사 사장이 되어서는 언론의 정신적 문화적 독립을 이루어 4·26 교수단 데모에 앞장섰던 민주주의 정신에 부합하려 했는지도 모른다. 선생의 기질을 누구보다 잘 알던 수당 김연수의 사장

5 이때의 심정을 김성칠은 그의 『역사 앞에서』(1993)의 1951년 3월 13일자 일기에서 다음과 같이 적어 남겼다.

"이희승 선생이 진해로 떠나신다고 하직차 들르셨다. 주위의 모든 사람이 군에 흡수되어 간다. 전쟁이란 참으로 헤아릴 수 없이 무서운 힘을 가진 것이다. 선생님과 헤어진 뒤 나는 하염없는 생각으로 무심히 하늘가에 떠도는 한 조각 구름만을 이윽히 바라보았다."

천거 의도가 잘 맞아떨어졌는지는 모르겠다. 2년의 임기를 채우고 이 언론사 외도는 벗어났다. 그 후 1965년 9월에 인촌기념사업회가 설립되었을 때에 이사로 선임되었고 1977년부터 작고 때까지 이 기념사업회의 이사장을 맡았으며 1978년에는 제6회 인촌문화상을 수상하여 상금을 전액 국어학회 일석장려금 기금으로 희사했다. 결국 인촌 수당 형제와의 관계는 직간접적으로 70년간 계속되었다고 할 수 있다.

그밖에 이들 형제의 선친인 호남갑부 지산 김경중도 잘 알고 지냈던 듯하다. 『지산유고』의 「지산선생유고서」(1966)에서 이희승 선생은 "필자가 청년기로부터 선생을 자주 모셔서, 스스로 견문한 바"라고 한 것을 보면 이를 잘 알 수 있다. 평소에 은행이 망하면 나라가 망한다고 튼튼한 은행을 믿도록 주위에 권하고는 했는데, 이는 경성직뉴와 경성방직의 회계를 맡았던 선생이 지산을 자주 만나면서 그의 영향을 받은 것으로 이해된다. 위의 「서」에서 다음과 같은 언급을 볼 수 있다.

> 사람이 이 세상에 태어나서 불과 백 년 동안을 살다가 남기고 가는 것이 세 가지가 있으니, 그 하나는 혈육이요, 그 둘은 재화요, 그 셋째는 정신적 업적이다. ……
>
> 지산 김경중 선생은 실로 이 세 가지를 우리나라에 남기셨다. 남기시되 이만저만하게 남기신 것이 아니다. 우선 그 자손으로는 인촌 선생(성수 씨)과 같은 우리나라 근대에 유례가 드문 지사요 애국자요, 경세가인 장남을 낳으셔서, 그 백형 되시는 원파 김기중 선생에게 받치시고, 또 차남이요 사윤嗣胤으로는 우리나라 산업계의 거성인 수당 연수 씨를 두셨으니 첫째로는 다시 두 말할 나위도 없는 고귀한 인재를 남기셨다.
>
> 다음으로 누거만累巨萬의 재화를 남기셨다. …… 그러나 선생은 치산에 탁월한 솜씨를 보이셔서, 평소의 생활이 근검질박하신 것은 물론, 타인이 상도想到하지 못하는 점에 착안하셔서, 저축이재貯蓄理財에 놀라운 성과를 거두셨다.
>
> 그 한 가지 예로는, …… 이때 선생은 이미 수천 석의 추수를 가지시고, 이

것을 방매하여 다시 토지를 매입하는 것이 아니라, 견실한 은행에 장기저축으로 예치하시곤 하였다. ……

선생께서는 지가가 떨어질 대로 떨어진 다음에 비로소 토지 구입에 착수하셨다. 그리하여 곡가 등귀 시에 살 수 있었든 토지의 삼사 배·사오 배의 많은 농지를 구입할 수 있었으니, 이것은 세상 물정을 살피실 줄 아는 선생의 명석한 달관이라 아니할 수 없다.

끝으로, 지산 선생은 망국의 회한을 푸실 길 없어, 항상 시문 등 저술에 정열을 기울이셨다. 그러나, 일제하에서 감히 발표를 못하시고 깊이 감추어 두시기만 하였으니, 그 고본이 큰 광협筐篋으로 둘이나 되었었다. ……

곧 이 글의 많은 부분이 이희승 선생 자신의 모습일 정도로 흡사하다. 선생이 지산으로부터 청년시절부터 보고들은 결과인지 알 수 없기는 하다.[6]

3. 학회 활동에 온 생애를 바치다

1921년 장지영, 이병기, 권덕규, 이상춘, 신명균, 김윤경, 최두선 등 당시 사립학교 교사들이 중심이 되어 조직한 '조선어연구회'는 차츰 사전편찬 업무를 비롯해 맞춤법 제정 등 새로운 회무가 늘어나 있었다. 1929년 당시 사회의 유지들 108명으로 구성되었던 '조선어사전편찬위원회'의 일도 이 조선어연구회로 넘어오게 되었다. 그런데다가 일본인 이토 우사부로伊藤韓堂가 동일한 명의의 학회를 세우고 『조선어』라는 학회지까지 내어 불편한 점도 많아 1931년 1월에 이름을 '조선어학회'로 바꾸어 활기있게 학회가 돌아갔

---

6 언제인가 지산 선생과 일석 선생이 함께 전차를 탔을 때에 빈자리에 앉지 않는 지산에게 왜 앉지 않느냐고 물으니 만일 자리에 앉으면 옷이 구겨지고 더러워지게 될 터인데, 그리 되면 다리고 세탁하는 돈이 더 들지 않겠느냐는 식으로 대답했다는 얘기를 일석 선생이 아드님 이교웅 일석학술재단 이사장에게 들려 주었다 한다.

다. 이때 학회의 목적은 "조선 어문의 연구와 통일을 목적함"이었다. 학회의 새로운 회장은 독일 유학에서 돌아온 이극로였다. 이희승 선생은 이듬해 이 조선어학회의 간사로 선임되었고 다시 그 이듬해 간사장으로 뽑혀 중임되었다. 두 분은 똑같이 전의全義(예안禮安) 이씨로 학회의 중심인물이었다.

이희승 선생은 1930년 대학을 졸업하자마자 경성사범학교의 교유가 되었고 그래서 입회자격이 되어 '조선어연구회'에 정식회원으로 입회했다. 당시에 국어학 관계 학회는 이 학회가 유일했다. 그러나 경성사범(경사京師)의 교원은 교외 활동의 제재를 받고 있었기에 학회 활동은 할 수가 없었다. 1930년 여름에 조선어연구회와 동아일보사의 공동 주최로 하기학교를 개설해 지방 순회 한글강습을 열었는데 선생은 이에 예정돼 있던 강사로 참여하지 못한 일도 있었던 것이다. 그런데 1932년 4월 경사를 떠나 사립학교인 이화여자전문학교 교수가 되어서는 좀 자유로워지고 새로운 조선어학회의 간사도 되면서 학회의 활동에 깊이 빠져들게 되었다. 선생은 스스로 "내가 조선어학회의 활동에 본격적으로 참여한 것은 이화여전으로 옮겨간 1932년부터였다."고 술회하였다. 당장 그 해 여름 강습회에 강사로 참여하기도 하고 철자법 제정과 정리, 또 강연에 적극적으로 참여했는데, 141회의 회의를 거쳐 1933년 10월에 완성된 「한글맞춤법통일안」이 공표되도록 했다. 그리고 1934년 이 조선어학회의 제3대 간사장(지금의 '회장')에 선임되었고 다시 이 듬해 중임되었던 것이다(『한글학회 100년사』에는 한글학회의 시작을 1908년 '국어연구학회'를 시작으로 다시 계산하여 제25대로 되었음). 회장으로 활동했던 1934년의 기록을 보면 다음과 같은 일들이 있었다.

1934. 2.   천도교청년당 기관지 『당성』에 「조선어철자법강화」를 연재하기 시작.

1934. 4. 22.   조선어학회 제3대 간사장에 선출됨.

1934. 5. 7.   진단학회 발기인으로 발기식에 참여하고 김태준, 이병도, 이윤재, 손진태, 조윤제와 함께 상무위원에 선임됨.

1934. 5. 12.   조선어학회 월례회에서 기획한 '철자 사전' 위원(실행 위원까지)으로 선출됨.

1934. 6. 6.   조선어학회 임시총회에서 동아일보사로부터 의뢰받은 '조선어강습회'의 11명 중의 한 강사로 추천되어 강의함.

1934. 7. 2.   12일까지 10일간 동아일보사와 공동으로 실행한 제14회 '브나르드운동'으로 열린 조선어강습회에 강사로 참여함.

1934. 7. 13.   만주 심양(봉천)에서 열린 '교포 초청 한글강습회'에 강사로 참여하여 봉천여자기예학교에서 70여 명을 대상으로 강의함.

1934. 8. 11.   이 날부터 16일까지 천도교청년동맹이 청년동맹본부에서 교리 교사 한글 등 강좌 중 '한글'을 담당함.[7]

1934. 여름   7, 8월께쯤 '표준어 사정 위원회' 구성. 모두 40명으로 그 중 20명이 서울 경기 출신이었는데 서울 경기 출신의 위원으로 선임되어 활동을 시작함.

1934. 11. 1.   한글운동에 앞장섰던 동아일보사에서 여름휴가를 이용하여 전국적으로 한글 강습을 계획한 데 발맞추기 위하여 특집 『한글』제2권 5호 '하기 한글 지상 강습호'의 '6강 ㅎ바침'을 담당 집필했음.

이처럼 조선어학회의 활동에 심취했던 선생이 가장 심혈을 기울였던 일은 '사전 편찬 작업'이요, 가장 고통스럽게 당해야 했던 일은 이른바 '조선어학회 사건'이었다.

우리나라에서 사전 편찬은 조선시대의 중국식 운서 편찬을 제외하면 근

---

7 이희승 선생과 천도교와의 관련 여부를 확인하기 위해 자료 수집 차 천도교 중앙대교당을 방문했을 때에 협조해 주신 천도교교서편찬위원 이동초 선생께 감사를 드린다. 이 위원은 언론인으로 천도교 교령과 광복 후 제헌국회의원(충남 당진)을 지냈던 이종린 선생의 손자이기도 하다. 이희승 선생은 일생동안 천도교뿐만 아니라 일체의 종교적인 생활을 즐기지 않았다고 아드님 이교웅 학술재단 이사장이 들려 주었다.

대적 사전 편찬의 시도는 신학문 이후의 일이었다. 주시경과 그의 제자들이 조선광문회에서 시도했던 '말모이'와 그 이후의 개별적인 시도가 그것인데, 이때에 독일 유학에서 철학을 전공하고 1929년 4월에 돌아온 "이극로의 극성스러운 열성"으로[8] 그 해 11월에 108명의 '조선어사전편찬위원회'가 결성되고 그리고 서민호, 김도연, 김양수, 최순주 등이 이끌던 흥업구락부 및 이극로와 같은 고향(경남 의령)을 둔 갑부 이우식의 회사가 후원함으로 활기를 띠기 시작했다. 조선어연구회에서는 이윤재를 상해로 보내 김두봉을 만나 다시 조선광문회 때의 사전 편찬 경험과 원고의 도움을 받으려고도 했으나 허사였다.[9] 조선어연구회는 우선 사전 편찬에 기초가 되는 맞춤법을 제정하기 위해 1930년 12월에 '조선어 철자법 제정위원회'를 구성했는데 여기 위원회의 위원 중 한 명으로 이희승 선생이 선임되었었다. 봄에 연구회에 입회한 선생이 사전 편찬 위원이 된 것이다. 그리고 곧 이어 1931년 1월에는 13명을 증원하여 다음과 같은 새로운 위원들로 사전 편찬회가 구성되었고 구체적인 활동에 들어갔다.

---

8 일제의 「예심종결결정서」(1944)에는 이극로를 다음과 같은 인물로 판단하고 있다.
"이극로는 서당에서 한문을 배우고, 사립초등학교에서 고등과 1년을 수료한 후, 17세에 만주로 가서 초등학교 교원을 지낸 후 1915년 상해로 가서 독일인이 경영하는 동제대학에서 공부를 하다가 상해파 고려공산당 영수 이동휘가 일크스크派(伊市派) 고려공산당과의 분쟁을 해결하기 위해 국제공산당의 지시를 받으려고 모스크바에 간 것을 기화로 독일에 가서 1922년 베를린 대학 철학부에 입학하여 1927년에 철학박사학위를 받고 1929년에 귀국했다. …… 이를 계기로 조선독립에 외세의존적인 관념을 시정하고 조선민족의 문화와 경제력을 양성 향상시키면서 민족의식을 환기 · 앙양함으로서 독립의 실력을 양성한 후에 무장봉기 등의 방법으로 독립을 해야 한다고 생각하였으며, 귀국길에 이승만 서재필 등을 만나 이 견해를 군건히 하였다."
9 조선광문회에서 추진하던 사전 『말모이』는 조선광문회에서 육당 최남선이 춘원 이광수의 도움을 받아 추진하던 것으로, 주시경과 그의 제자 김두봉 권덕규 이규영 등이 함께 편찬하다가 거의 완성단계에 이르렀을 때에 주시경이 해외망명을 앞두고 작고하여 멈추게 되었고 이어서 몇 년 뒤 사전 편찬 바탕으로 문법서 『조선말본』을 저술한 김두봉마저 해외로 나가 중단되어 영원히 세상빛을 볼 수 없게 되었다. 그 원고 한 책을 현재 필자가 소장하고 있다.

조선어사전편찬회 회장: 이우식

조선어사전편찬회 위원(증원): 김병규, 김상호, 김윤경, 김철두, 명도석,
　　　　　　　　　　　　　　백낙준, 윤병호, 이만규, 이순탁, 이우식,
　　　　　　　　　　　　　　이형재, 이희승, 조만식

조선어사전편찬회 간사: 이극로(간사장), 이중건, 신명균, 최현배, 이윤재

　조선어연구회가 조선어학회로 바뀌고 사전편찬 업무도 넘어오게 되어 앞
에서 말한 바와 같이 간사장까지 맡아 사전 편찬의 준비 사업 즉 맞춤법, 표
준어 제정에 계속 관여하게 된다. 1933년 '한글 맞춤법 통일안'이 완성됨에
이어서 계속된 수정 작업에도 참여하고, 또 한편 1931년 '외래어 표기법'도

　책임위원: 정인섭, 이극로, 이희승(3명)
　추가위원: 최현배, 정인승, 이중화, 김선기(4명)

　와 같이 책임위원으로 중책을 맡아서 외국학자들의 자문도 받아 1940년 그
최종안을 마무리 지었다. 이 바탕 위에서 사전 편찬이 속도를 낼 수 있었는
데, 시시각각으로 조여오던 조선총독부의 압력은 그 즈음에는 더욱 거세져
"우리 민족의 혼마저 짓밟아 버리려는 가증할 문화 말살 정책을 쓰기 시작했
다." 학교 교육에서 '조선어' 과목을 없애고 공부 시간에 우리말을 쓰지 못하
게 하면서 일본어가 서툰 교사들을 일본에 여행을 시키려 하였다. 이화여전
에서는 1년간 다녀온 월파 김상용 다음에 이희승 선생의 차례였다. 선생은
이 기회를 이용하여 동경제국대학 대학원 언어학과에 유학을 하여 1년을 휴
직하며 2년간을 수학했다고 했었는데, 선생의 별명을 '대조자(大棗子, 대추씨)'
라고도 한 이유를 아호 '일석'과 함께 생각하면 이해가 가기도 한다. 여기서
경성고보와 경성제국대학의 은사 오구라 신페이를 세 번째로 다시 만나게
되었다. 그 때 거기에는 언어학의 김수경이 있었는데 그는 일본 유학에서 돌
아온 후 나중에『진단학보』(15호, 1947)에 그의 "용비어천가 삽입자음고"가 인

쇄된 것을 보지 못하고 월북하고 말았다. 이와 같이 일본어 교육을 확대하면서 진단학회와 조선어학회 등 국학연구 단체들은 우리말로 펴내던 학회지를 낼 수 없게 되었다.[10] 조선총독부의 압력과 이른바 '조선어학회 사건'으로 후일을 기약하며 스스로 문을 닫거나 학회지 간행을 멈출 수밖에 없었다 한다. 국어학 전공의 발표지가 없어진 것이다. 1941년 12월 일본이 진주만을 기습, 공격했다. 제2차 세계대전이 발발했다. 1942년 3월 일본 유학이 끝났고 귀국해 복직하자마자 문과과장이 되었는데 참으로 어려운 시기의 보직이었다. 학교는 전쟁 지원을 위해 온통 아수라장이 되었고 학생을 6개월이나 앞당겨 졸업까지 시켜 버리는 등 비정상이었다.

1942년 10월 1일 서대문서의 두 형사에게 끌려가 이희승 선생의 '조선어학회 사건'은 시작되었다. 경기도 경찰부 유치장에는 선생이 잠시 다녔던 양정의숙의 선생 김교신 그리고 조선어학회 정태진이 먼저 들어와 있었고 몇 시간 뒤 장지영, 최현배, 김윤경 등이 차례로 그리고 이날 딴 경찰서에 이윤재, 이극로, 정인승, 권승욱, 한징, 이중화, 이석린 등 모두 11명이 끌려왔고 다시 기차에 실려 함경도 함흥과 홍원으로 이송되었다. 영생여고 여학생들과 이 학교의 '조선어' 선생을 지낸 정태진과 함께 고문이 시작되었고, 1년쯤 지나서 이윤재, 한징 등과 이희승, 김윤경, 이병기, 정인승, 이은상, 김선기, 이석린 등도 함흥으로 이송되었다. 연행된 인물을 보면 이렇다.

1942년 9월 5일	정태진
1942년 10월 1일	이희승, 장지영, 최현배, 김윤경, 이윤재, 이극로, 정인승, 권승욱, 한 징, 이중화, 이석린(11명)
1942년 10월 20일	이병기, 이만규, 이강래, 김선기, 정렬모, 김법린, 이우식(7명)

---

10 조선어학회의 학회지 『한글』은 월간지처럼 간행되고 있었는데, 1942년 5월 1일에 제10권 2호가 간행된 후 중단되었으며 진단학회의 학회지 『진단학보』는 1941년 6월에 제14호가 간행된 후 1942년 10월부터 중단되었다. 모두가 일본의 강압정책이 극도에 달하던 때였다.

1942년 12월 이후	서승효, 안재홍, 이인, 김양수, 장현식, 정인섭, 윤병효, 이은상, 김도연, 서민호(10명)
1943년 3월초	신윤국, 김종철(2명)
신병으로 구속 면제	권덕규, 안호상(2명)
	(총 33명)

이 외에 50여 명이 증인으로 연행되었다 하니 작은 사건은 분명 아니었다. 일제하에서 우리 것을 연구하는 것 자체가 쉬운 일이 아닌 애족적인 것이었음에 이만한 일이라면 3·1 운동 이후로는 민족 최대의 사건이라 하면 지나친 표현일까. 다만 3·1 운동은 민족의 자주적인 독립운동이었으나, '조선어학회 사건'은 일제에 의한 민족의 피압박 말살행위였다는 점이 차이가 있다.

조선어학회 사건은 참으로 우연하고 사소한 데서 발단되었다 한다. 홍원읍에 사는 한복 차림의 한 청년을 불심검문하고 그 청년의 집으로 찾아가 가택수색을 하여 함흥 영생여학교 학생인 그 조카딸 박영옥(본명은 박영희)의 일기장을 찾아내었다. 그 속에서 "국어를 상용하는 자를 처벌했다."라는 구절을 보고 형사가 '국어'라는 표현을 지나치게 문제 삼기 시작했다. 매질과 회유로 학생들로부터 외국에서 공부했던 두 선생 즉 정태진과 김학준을 자백 받아 이들 선생들이 경찰에 불려와 신문을 받게 되었다. 특히 정태진이 영생여학교를 떠나 조선어학회에서 사전 편찬 실무를 맡고 있었기에 우선 1942년 9월 5일에 정태진을 검거하였으며, 다시금 조선어학회 자체가 민족주의자들의 '국체변혁'을 목적으로 조직한 즉 독립운동 단체로 몰아 학회의 간부들과 회원들 그리고 사전 편찬 사업을 지원하던 사람들을 모조리 검거하고 편찬 자료들마저 압수했던 것이다.

갖은 고문을 당하며 2년이 지났을 때의 판결은 '치안유지법' 제1조의 내란죄에 저촉된다는 것이었다. 그것은 형법에 관련되는데, 1941년에 개정된 법률 제54호 '치안유지법'이었다[이하 주로 정긍식(2006)을 참조]. 그 제1조는

國體變革을 目的으로 하여 結社를 組織한 者 또는 結社의 任員 기타 指導
者의 任務에 從事한 者는 死刑, 無期, 또는 7年 以上의 懲役에 處하며, 그 情을
알고서도 結社에 加入한 者 또는 結社의 目的遂行을 爲한 行爲를 한 者는 3年
以上의 有期懲役에 處한다.

와 같은 것인데, 1925년 제정 이후 개정될 때마다 계속 강화되었었다. 여기
서 '결사의 조직'과 관련해서는 이극로, 이희승, 최현배가 혐의를 받았고, 가
입에 관련해서는 김법린이, 목적수행 행위와 관련해서는 정인승, 이중화, 이
우식, 이인, 김법린, 정태진이 혐의를 인정했다. "目的 隨行을 위한 協議 煽動
또는 宣傳"에 해당하면 1년 이상 10년 이하의 징역으로 처벌하도록 한 것은
1941년에 신설한 제5조에 근거한 것이었다. 결국 조선어학회를 '국체변혁'
을 목적으로 한 단체로 전제한 것인데, 조선어학회의 목적은 회칙의 개정이
몇 차례에 걸쳐 있기는 했으나 늘 "朝鮮 語文의 硏究와 統一을 目的함."이었
다.[11] 여기서 '통일'의 목표는 표준적인 사전의 간행이었던바, 이를 위하여
조선어학회는 맞춤법의 통일과 표준어의 제정 그리고 외래어 표기의 통일
작업을 꾸준히 계속해 왔던 것이다. 이 외에 학회로서 힘썼던 일은 한글보급
운동이었다. 그럼에도 불구하고 조선어학회를 이러한 학회의 목적에서 벗
어나 독립운동을 꾀하는 국체변혁의 단체로 규정하고 예심종결을 내렸던
것이다. 그 '예심판결결정서'를 보면 다음과 같다.

　　민족의 한 형태로 어문운동은 민족고유의 어문의 정리·통일·보급을 목
적으로 하는 문화적 민족운동임과 동시에 가장 심모원려를 포함하는 민족독
립의 점진적 형태이다. 민족고유의 언어는 민족 내의 의사소통은 물론 민족

---

11 조선어연구회 시절에는 "조선어의 정확한 법리를 연구함"이 연구회의 목적이었기에 '통
　일'이 조선어학회의 목적에는 덧붙은 셈이다. 그것은 사전 편찬과 그와 관련된 일련의 사
　업들(맞춤법 통일, 표준어 제정, 외래어 표기 통일)과 관련되었었다.

감정 및 민족의식을 양성하여 군은 민족결합을 낳게 하여 이를 표기하는 민족 고유의 문자가 있어 비로소 민족문화를 결합시키는 것으로 민족적 특질은 그 어문을 통해 민족문화의 특수성을 파생하여 향상 발전하고 그 고유 문화에 대한 과시·애착은 민족적 우월감을 낳아 그 결합을 굳건히 하여 민족은 발전한다. 민족언어는 민족 자체와 관련이 있으므로 약소민족은 반드시 민족언어의 보존에 노력함과 동시에 발전을 꾀하며 통일과 보급에 노력한다. 어문운동은 민족 고유문화의 쇠퇴를 방지할 뿐만 아니라 그 향상과 발전을 초래하고, 문화의 향상은 민족 자체에 대한 보다 강한 반성적 의식을 가지게 하여 강렬한 민족의식을 배양함으로서 약소민족에게 독립의욕을 낳게 하고 정치적 독립달성의 실력을 배양하게 하는 것이다. 이 운동은 18세기 중엽 이래 유럽 약소민족이 되풀이해온 세계민족운동사상 가장 유력하고 효과적인 운동이다. 조선어학회는 1919년의 3·1운동의 실패를 되돌아보고 조선독립을 장래에 기하기 위해서는 문화운동에 의한 민족정신의 함양 및 실력양성이 급선무라고 해서 대두된 소위 실력양성운동이 그 본령을 충분히 발휘하지 못했다. 1931년 이래 이극로를 중심으로 한 문화운동 중에서도 그 기초적인 어문운동을 통해 문화운동의 가면 아래에 실력양성단체로 활동하였다. 그 활동은 조선어문에 깃든 조선민심의 세세한 부분에 닿아 깊이 심저에 파고듦으로써 조선어문에 대한 새로운 관심을 낳게 하여 편협한 민족 관념을 배양하고 민족문화의 향상, 민족의식의 앙양 등 조선독립의 실력신장에 기여한 바가 뚜렷하다. 조선어학회는 민족주의 진영에서는 단연 빼놓을 수 없는 지위를 차지하고 공산주의 운동에 위축되어 자연소멸하거나 사교단체로 전락하여 그저 명맥만 유지해온 다른 민족주의 단체 사이에서 홀로 민족주의의 아성을 사수한 것으로 언론 신문 등의 열렬한 지지 하에 조선인 사회에 심상한 반향을 불러일으키고 특히 조선어사전 편찬사업 등은 미증유의 민족적 대사업으로서 촉망받는 것이었다.

이른바 19세기적인 언어관에 입각한 것이었다. 민족과 언어를 동일시 또는 언어를 통해 민족의 정체성을 확립하여 그로 인해 민족 문화의 성쇠를 결정하려던 민족주의적 언어관에 의존한 판결이다. 19세기 유럽의 전체주의 국가들에서 비롯하여 개화기의 중국 일본 지식인들 그리고 저 주시경을 비롯한 20세기 전후의 우리나라 지식인들까지 지배했던 폐쇄적인 사고였다. 이들 시기에 앞선 실학시대의 중국어로의 언어개혁 그리고 민족의 경계를 넘어 영어를 비롯한 일부 외국어 사용이 강조되는 오늘날의 현실과는 정말 대조적인 사고라 할 수 있다. 물론 그 관심의 초점은 정신적인 면과 실용적인 면에서 많이 다를 것이다.

한편 조선어학회를 판결문에서는 다음과 같이 결국 국가변혁을 꾀하는 결사로 보았다.

> 표준적인 조선어사전 편찬을 위해서는 일반에게 권위가 있다고 인정되는 조선어연구단체가 연구하여 정리 · 통일하고 이를 선전 보급하는 것이 조선 독립을 위한 실력양성운동으로서 가장 효과적이라고 생각하였다. …… "조선어의 연구와 사전편찬은 민족독립운동으로는 아무런 의미가 없고 통일된 조선어문을 민중에게 선전 · 보급함으로써 비로소 조선 고유문화의 유지 발전 및 민족의식의 배양을 기할 수 있으며, 조선의 실력양성도 가능하므로 이 방침으로 나아갈 것"이라는 지시를 김두봉으로부터 받아서 조선독립을 위해 어문운동에 전력하기로 했다. …… 조선어의 연구와 보급을 목적으로 하는 합법적인 면을 이용하여 조선어 및 문자보급에 의한 조선독립단체로 개조하려고 기도하여 1930년 9월부터 11월 사이에 김두봉의 지시에 따른 활동을 준비하였다.…… "조선어문을 정리 · 통일하여 이것을 조선민중에 알리는 한편 표면상 조선어문의 연구 · 보급으로 조선 고유문화의 향상과 조선민중의 민족의식의 환기 · 앙양에 의해 조선독립의 실력을 양성하여 조선독립을 실현할 것을 목적"으로 하는 '조선어학회'라는 결사를 조직하였다.

이에 따라 조선어학회를 치안유지법 제1조에 적용되는 단체로 보았고 이희승 선생을 그 동안 임원으로 있으면서, 철자법 통일안 제정 및 표준어 사정 그리고 외래어 표기법 통일안 제정 언문강습회 개최에 참여함으로써 "결사의 목적수행을 위한 행위를 하였다."고 본 셈이다. 즉 국어학자인 이극로, 이희승, 최현배 등은 학회의 임원으로 결사의 조직 및 가입과 활동사실이 법에 저촉된 것으로 인정되었다. 그리하여 1944년 9월 30일 예심이 종결되고 이어 11월 말부터 공판이 시작되어 1945년 1월 16일에 각각 징역 6년 징역 4년 징역 2년 6월의 제1심 판결이 나는 등 12명 전원이 유죄선고를 받았다. 실형은 이극로, 최현배, 이희승, 정인승, 정태진 5명이었고 김도연, 김법린, 김양수, 이우식, 이인, 이중화, 장현식은 집행유예이었다. 특히 이희승 선생의 범죄혐의 사실은 그의 회고에 의하면 조선어학회 조직에 참여한 이후, 철자법 통일안·표준어 사정·외래어 표기법·언문강습회·한글날 기념회·학회지 『한글』 발행·조선어사전 편찬·조선기념도서출판 등이 될 것이다. 선생은 1942년 10월 1일에 검거된 이후 1944년 9월 30일 예심이 종결되고 1945년 1월 16일에 선거공판에서 징역 3년 6월을 선고받았던 것이다.

이에 이극로, 최현배, 이희승, 정인승 4인은 다시 고등법원에 상고를 했다. 1945년 1월 18일이었다. 1982년 9월 3일에 동아일보에서 발굴해 알린 1945년 8월 13일자의 고등법원 최종판결문에는 다음과 같이 기록되어 있다.

피고인 이극로, 동 최현배, 동 이희승, 동 정인승에 대한 본건 공소 사실 전부를 인정하나 '犯情憫諒할 여지가 있다 하여 …… 피고인 이극로를 징역 6년 (미결구류 일수 중 600일 통산), 피고인 최현배를 징역 4년(미결구류 일수 중 700일 통산), 피고인 이희승을 징역 3년 6월(미결구류 일수 중 700일 통산), 피고인 정인승을 징역 2년(미결구류 일수 중 440일 통산)에 처한다는 취지의 판결을 언도했으나 이 원판결은 형의 양정이 심히 부당하다고 사료되는 현저한 사유가 있다고 믿는다.' ……라고 하여 상고하였다 하나, 기록을 '精査'하고 '犯情' 및 제반 사정을 짐작하여도 원심의 양정이 잘못되었다고 인정할 만한 현저한 사유를 인정할 수 없고, 따라서 논지는 이유없다. …… 따라서 전시

형사특별법 제29조에 의하여 주문과 같이 판결한다.

　이에 따르면 이희승 선생의 형량은 2년 6개월이 아니라 3년 6개월이 된다. 판결문을 의심할 수는 없으나 현재로선 더 이상 확인할 길이 없다. 그리고 그 해 8월 18일에는 이들 4인을 총살하려 했다는 진술도 있다마는 그리 되면 판결문 내용과 달리 된다. 어느 것이 진실인지 역시 현재로선 알 수가 없다. 현재 분명히 말할 수 있는 것은 수감생활을 하다가 8월 15일 광복을 맞고서 8월 17일에 함흥형무소에서 석방됨으로써 3년 가까이 감옥생활을 치렀다는 사실뿐이다.

　그간에 나무 몽둥이로 두들겨 맞는 고문은 물론, 물고문이나 천장에 매달고 고문하기 등 "죽지 않을 정도로"의 갖은 고문을 계속 겪었던 것이다(이희승, 조선어학회 사건 회상록(4) 고문의 가지가지, 『사상계』 77호 1959. 9.). 감옥 생활을 하면서 밥 한 술을 매번 100번 씩 씹어 100% 소화시킨 일화는 너무나 유명하다. 다음에 참고로 이희승 선생의 언어관을 『다시 태어나도 이 길을』(1977. p. 209)에서 인용해 보자.

　　언어는 인간의 지적, 정신적인 것의 원천이며, 인간의 감정과 특성을 표현하는 것으로서, 민족고유의 언어는 민족 자체 안의 의사소통은 물론, 민족의 정서, 민족의식을 빚어내어 강인한 민족의 결합을 성취시키는 것이다. 또한 민족의 언어를 기록하는 민족 고유의 문자는 민족문화를 성립, 발전시키는 것이니, 민족적 특질은 그 어문을 통하여 민족문화의 특수성을 낳게 하고, 그 고유문화에 대한 과시와 애착은 민족의 단결을 한층 공고히 하는 것이다.

　여기서 보면 그의 어문관은 20세기 전반기의 그것과 큰 차이는 없는 애국애족의 어문민족주의의 그것임을 알 수 있다.

　이상의 민족 지성인 탄압 사건인 '조선어학회 사건'은 세계 역사상 유례가 거의 없는 식민지 통치의 한 사건이었다. 김두봉 이극로 김양수 라인의 사상적 배경은 현재 알 수는 없으나 비록 그들의 좌파 성향이 배경이 되었는지는 몰라도 '조선 어문'의 연구와 보급을 목적으로 한 학회 전체를 이 사건으로 하여금 일본의 반국가 단체로 몰았던 이유는 무엇일까. 정승교(2006)에서는 이를 1930년대 일본의 한국에 대한 동화정책의 변화로 해석하였다. 즉 1930년대 전반의 '내선융화'의 동화정책(환언하면 '일본화')은 조선의 민족성을 용인하면서 조선인들을 회유하여 점진적인 동화를 꾀하려 했던 것이나, 그 후반의 동화정책은 '황국신민화' 정책으로 전쟁에 총알받이로 직접 '조선인'을 '군작전'에 동원해야 하는 근거로 삼으려 했기 때문에 결국 폭력에 의한 민족말살정책이 되고 이 정책의 기만적인 파탄의 대표적인 예가 바로 '조선어학회 사건'이라 보았다. '조선어문'의 연구와 보급에 대한 판결문에 비친 판결문의 해석은 바로 당시의 어문관에 따른 어문민족주의를 전제로 한 일제 말기의 식민지정책을 보여 준 것이라 할 수 있다.

조선어학회는 광복 후 1945년 8월 25일 긴급 임시총회를 열어 학회를 재건하면서 이희승 선생은 다시 간사가 되었다. 그리하여 '조선어문'의 연구와 그 보급의 활동에 피나는 노력을 경주했다. 선생은 이때 국립서울대학교 교수가 되어 있었다. 대한민국의 건국 후 1949년 10월 조선어학회는 '조선어'란 말을 더 이상 쓸 수 없어 그 이름을 한글학회로 바꾸었다. 그리고 학회와 별도로 '재단법인 한글학회'도 세웠다. 여기 이사도 계속했다. 1960년대 중반까지 경리부, 교양부 및 외사부 등의 임원으로 학회 관계를 유지해 왔으나 국립대학 교수로서의 이희승 선생은 '문교부'와의 관계에서나 개인적인 '어문관(한자말살정책과 '날틀'식 신조어의 강력한 반대론자)'에서나 차츰 한글학회의 정책과 거리가 멀어지게 되었다. 학회에 대한 사랑을 머금은 채로 말이다.[12] 한글학회를 관장하고 있던 최현배는 1971년에 작고하였고 그 뒤를

---

12 조선어학회는 '한글학회'로 개칭되었는데, 일석 같은 공로자가 사변뒤 총회마다 이사 선출에서 표수가 점차 줄어들어 갔다. 우리들은 이 추세를 보고 "일석이 한글학회 이사진에서 머지않아 밀려나겠는데……"라고 짐작했다. 어느 때인가 정연찬 안병희 두 교수(그때는 전임강사인가 조교수이었을 것)가 한글학회에 입회하려고 한갑수 씨와 일석이 도장

이어 허웅의 30년 이상 세계가 펼쳐져 내려왔다.

이희승 선생은 1930년에 경성제국대학 법문학부 조선어급문학과를 만학으로 졸업했는데 이듬해 이 학과의 조윤제, 이재욱, 김재철, 방종현, 이숭녕과 지나어급문학과의 김태준 그리고 일본어급문학과의 서두수 등과 함께 조선어문학회를 창립하고 이듬해부터 『조선어문학회보』를 창간하여 1933년에 7호까지 발간했는데, 6호까지 한 번도 빠짐없이 논문을 발표하는 열정을 보였다. 경성사범학교 재직 시부터 이화여자전문학교 재직 초기의 일이었다.

이희승 선생은 일찌감치 또 하나의 학회에 참여했다. 1934년 5월 7일에 "朝鮮及隣近文化의 硏究"를 목적으로 창립한 종합적인 한국학 학회인 진단학회가 그것이었다. 발기인으로 참여하고 임원으로서 상무위원에 선임되었다. 창립 때의 발기인과 위원의 명단을 보면 이 학회가 당시에 어떠한 위치에 있었던가를 능히 짐작할 수 있다.

발기인 : 고유섭, 김두헌, 김상기, 김윤경, 김태준, 김효경, 문일평, 박문규, 백낙준, 손진태, 송석하, 신석호, 우호익, 이병기, 이병도, 이상백, 이선근, 이윤재, 이희승, 조윤제, 최현배, 홍순혁(이상 22명)

상무위원 : 김태준, 이병도, 이윤재, 이희승, 손진태, 조윤제

찬조위원 : 권덕규, 권상로, 김성수, 김원근, 김진호, 이광수, 이극로, 이능화, 이윤주, 이종린, 이중건, 이중화, 박한영, 송진우, 안일영, 안확, 유억겸, 윤치호, 조동식, 조만식, 최규동, 최두선, 한규상, 현상윤, 홍희, 황의돈 (26명)

을 찍은 서류를 제출한 것이 거부되자 일석은 분연 퇴장한 것이다. 곧 동아일보 사장이 되자 한글학회에서 정, 안 두 교수의 입회 허용의 통지가 전해져 왔다고 한다. 이때에 그리도 겸허와 양보로 생활신조를 삼아온 일석도 여기에 이르러서는 한탄의 말이 나왔다. "그래 규칙대로 이사 둘이 찍어 추천한 입회 지망자가 거부되다니, 그럴 수 없소. 정, 안 두 사람이 국어학자로서 쟁쟁한데 왜 말썽을 일으키죠!" 우리의 예상대로 일석은 다음 한글 학회 총회에서 이사진에서 밀려나고 말았다(이숭녕, 의기와 강직의 인, 『수필문학』 1978, 3월호).

이들 명단을 보면 당시의 한국학 각 분야의 대표적인 인물들을 망라한 듯이 보이는데, 여기에는 조선어학회의 김윤경, 이병기, 이윤재, 이희승, 최현배 및 권덕규, 이극로, 이중화 등이 보인다. 말하자면 두 학회가 밀접한 관계에 있었음을 짐작할 수가 있다. 학보의 호수에 따라 찬조회원이 조금씩 바뀌기도 하는데 김성수 대신에 삼양사의 김연수의 이름은 제4호 때에 보인다. 이 진단학회도 1942년까지 학회지『진단학보』를 간행했으나 1942년 조선어학회와 마찬가지로 정간하였다. 이 학보는『한글』지와는 달리 형식과 체재로 보아 현대적인 논문집이었다. 광복 후 역시 재건된 학회에 관여해 진단학회와 조선어학회 한글문화보급회가 공동 주최한 사범부 지도자 양성 강습회에서 선생은 방종현, 이숭녕 선생과 함께 한글과에 파견되어 1947년 11월부터 2개월 반 동안 '국어학개설'을 계속 강의했다. 역사과에는 이병도(고대사), 손진태(중고사), 신석호(근세사) 등이 강사로 파견되었다. 1952년에는 편집부 위원에 또 1963년에는 이사로 선임되었고 1972년 학회 개편에 따라 평의원에 추대되어 작고 시까지 계속 지냈다. 그러나 조선어학회의 경우만큼 활동적이지는 못했다.『한글』에는 여러 편의 짤막한 논문을 발표했었으나『진단학보』에는 한편의 논문도 싣지 못했다. 이 학회와 꼭 연관되었다고는 볼 수 없으나 병신년(1896년) 동년배 친구들의 '병신회'라는 친목 모임이 있었는데 김두종, 박동길, 윤일선, 이병도, 이인, 이희승 등이 그들이고 회장은 바로 애산 이인 선생이었다. 서로 허물없이 가장 가까이 지냈으나 이희승 선생이 그 중에서는 가장 오래 살았다.

그리고 남광우 등 이희승 선생의 일부 제자들이 1969년 7월 31일에 한국어문교육연구회를 창립하여 한글학회와 거리가 생긴 선생을 회장에 추대하였다. 회장에 계속 추대되어 20년 가까이 남광우, 이응백, 정기호 등과 함께 계속 지냈다. 이 연구회는 현재까지도 회지를 국한문 혼용을 하는 등, 한글과 한자의 사용에 있어서 한글학회와는 정책상의 상당한 차이를 보여 왔다. 이리하여 이희승 선생은 남광우 등과 국한문혼용을 즐기고 한글만 쓰기를 반대하는 대표적 인물로 부각되었다. 1988년 이 회장 자리를 이숭녕 선생에게 물려주고 명예회장으로 물러나 앉았다가 이듬해 11월 말에 작고하였다.

이희승 선생이 믿음직하게 생각하고 있던 또 하나의 학회는 국어학회였다. 대부분 제자들로 이루어진 이 학회는 1959년에 창립되었는데 초창기에는 김민수, 남광우, 유창돈이 가장 활발히 참여했다. 곧 학회지 『국어학』을 발행하고 월례연구발표회도 개최하여 학회의 수준을 끌어올렸다. 1965년 6월부터 이사장에 이숭녕 선생을 추대하고 최현배, 장지영, 김윤경, 정인승, 이탁, 양주동과 이희승 선생 등의 학계 원로들을 명예회원으로 추대했다. 이희승 선생은 젊은 시절 일제하의 너무나 어려운 환경 속에서 학비 관계로 마음껏 공부를 하지 못한 점을 늘 안타까워했다. 그리하여 신진 국어학도에게 장려금을 주도록 믿음직했던 국어학회에 기금을 희사하여 운영하게 했다. 제6회 인촌문화상의 상금 300만원 그리고 그 후 1981년에는 증권으로 1,248,000원을 학회에 내어 주시는 등 여러 차례 기금을 희사하며 "은행이 망하면 나라가 망한다."라 하여 기금을 은행에 예치하기를 권했다. 수혜자는 대학 조교수 이하의 신진학자로 하였는데, 학회의 이러한 결정을 필자가 총무이사로서 보고했을 때에 사실은 그 기준보다 더 젊게 낮추기를 선생은 원했었으나 학회의 결정을 따르겠다고 했다. 이 '일석이희승국어학장려금'의 첫 번째 시상은 1976년이었고 그 수상자는 박양규 현 성균관대 교수였다. 이 장려금의 시상은 매년 국어학회 공동연구회(전국학술대회)에서 시행하였는데 현재까지도 계속되고 있으며 수상자들은 자신의 수상을 자랑스레 여기고 기금의 어려움이 있을 때 기금을 희사한 일도 있었다.

4. 대학 교수가 되다

1930년 경성제국대학을 졸업하자마자 경성사범학교 교유가 되어 '조선어'를 담당했고 2년 뒤 이화여자전문학교 교수가 되었다. 『이화 80년사』에는 근무 기간을 1932년 6월부터 1942년 5월까지로 되어 있다. 조선어학회 사건을 검거된 때로 보아도 이 기록상의 차이는 그 이유를 알 수가 없다.

이화여전 시절 가장 가까이 지낸 이는 같은 과의 시인 김상용이었다. 이 덕분에 선생은 시를 짓고 수필도 쓰게 되었다. 당시 학생 중에서 노천명 등과 같은 여류들이 많이 배출되기도 했다. 이 옛 제자들은 회갑연에 참석해 4배를 올려 선생을 감동하게 해 드리기도 했다. 1942년 일본 유학에서 돌아온 지 얼마 아니 되어 조선어학회 사건으로 3년 가까이 영어의 몸이 되었다가 1945년 광복과 함께 풀려나오게 되었었는데, 그 해 연말에 경성대학 법문학부의 교수가 되었다. 당시에 법문학부 교수들은 대부분 진단학회 간부 출신들이었기에 일부에서는 비판적인 태도를 보이기도 했다 한다. 학제 개편으로 국립서울대학교가 출범하게 되자 1946년 10월 자동적으로 이 대학의 교수가 되어 1961년 9월 30일에 정년을 맞이하게 되었는데 이 재직 15년 동안에도 선생은 파란만장한 일을 여러 번 겪기도 했다.

6·25가 발발했을 때 이희승 선생은 한강을 건너 피난을 가지 못하고 온 식구가 서울에 잔류하게 되었다. 결국 3개월 정도의 인민군 적 치하에서 또다시 갖은 고초를 겪으며 지내야 했다. 8월 선친을 여의고 9·28 수복 하루 전날에는 집이 화재를 당해 그 동안 『내훈언해』 4책을 비롯해 수십 년간 어렵게 어렵게 모았던 수천 권의 책을 태워 버린 일마저 당했었다. 얼마나 마음 아팠던 때인가. 수복 이후 대학에서는 부역심사위원회가 구성되어 잔류파였던 선생도 위원회의 심사를 받는 안타까운 일이 벌어졌다. 그 때의 학장(서리)은 전공이 같은 국어학자로 도강파였던 방종현이었다. 이숭녕 선생도 도강파로 심사위원이었다. 이희승 선생은 그때의 일을 다음과 같이 회상하였다.

6·25 때 꼼짝없이 '잔류파'가 되었던 나는 수복 후 '도강파'들로부터 심한 수모를 당했던 것이다.

수복 후 어느 날의 일이었다. 문교부로부터 부름을 받은 나는 구 국회의사당에 자리잡았던 청사를 찾아간 일이 있었다. 그곳에는 나와는 그렇지 않을 사람이 버티고 앉아 있다가 "이 선생. 그동안 부역했더군요." 하더니 징계위원회에 회부한다고 했다.

적치 3개월 동안 포로가 되어 저들의 강압을 뿌리치지 못했던 사실을 '부역'으로 규정해 버리는 것이었다.

나는 그때 "서울을 끝까지 사수할 것이니 서울 시민은 각자의 직장을 지키라."던 이 대통령의 지시 방송을 충실히 지킨 것이 어째서 부역이냐는 못난 생각이 들었으나 아무 항변도 못해 본 채 3개월 감봉 처분을 받고 말았다.

그리고 당시에 사학과 교수였던 김성칠도 잔류파로 숨어 지냈는데, 그의 일기 『역사 앞에서』(1993, 1950년 10월 19일자)에서 당시의 일을 다음과 같이 서술하였다.

학교의 임시 책임자 방종현 씨를 만나서 이희승 선생의 심사에 대한 이야기를 하였다.

"이희승 선생이 적색분자나 좌경한 분이 아님은 방 선생이 나보다도 더 잘 아실 터이니 하는 말입니다. 그는 어두운 밤에 만져보더라도 알량한 민족주의자임을 사회가 한결같이 시인하는 바 아닙니까.

그가 소위 교책校責이란 자에게 이용당하여 인공국의 심사에 떨어지지 아니하고 끝까지 학교에 남아 있기는 하였으나 아무런 적극적인 부역행위가 없었음은 이번 조사에서 밝히 들어났을 게 아닙니까? 선생은 남하해서, 물론 당시의 사정을 아시기야 하겠지만 뼈에 저리게 느끼지는 못하실 겁니다. 당시의 사세로 보아 저들이 심사에 붙여 주는 데도 마다하고 물러서기란 사실 지난한 노릇이었습니다. ……

하여튼 민족의 불행이지, 어찌 이 선생만을 탓할 수 있으리까. 더욱이 이 선생은 아시다시피 참혹한 전화를 입어서 일조에 의식주 모두를 잃어버리고 앞으로 겨울을 지내실 도리가 막연하실 터인데 학교에서마저 떨려나신다면 그 마음이 얼마나 적막하시리까. 학계로 본다 해도 가장 높은 수준에 있는 양심적인 학자를 한 분 잃게 된다면 이는 민족의 커다란 손실이 아니고 무엇이 겠습니까. 정치적으로 생각한다 해도 우리는 대한민국이 이희승 선생 한 분을 포섭할 수 없으리만큼 편협하고 고루하지는 않을 줄로 굳게 믿습니다.

더욱이 다른 사람 아닌 방 선생이 책임자로 앉아서 한 과에서 가장 가까이 뫼시던 이희승 선생 한 분을 구하시지 못하신다면 천하 후세에 무어라 변명 하시렵니까. 같은 경우에 계신 분으로 가람 선생은 문맹文盲 관계로 전부터 괜한 소문이 돌고 있으니 말씀드리지 않는 것이고, 박종홍 선생은 나는 잘 알지만 방 선생은 어느 정도까지 아시는지 미심하여 일부러 말씀을 피하는 바입니다. 이희승 선생만은 방 선생이 책임지시고 좋도록 해결지어 주셔야 하겠습니다. ……"

김성칠 선생은 "… 대동단결을 도모하여, 우리 겨레가 한 덩어리가 되도록 응집을 시키지는 못하고, 도강파니 잔류파니 해서 동지끼리 의심하게 하고, 서로 무고하게 만들고, 잿더미 속에서도 재화나 모으려고 날뛰는 현실이 분통하고 슬프오."라고 당시의 심정을 우국지정으로 당시 연구실에 있었던 강신항 학생에게 표현했다(『역사 앞에서』 p. 342). 이때에 방종현 학장서리는 이희승 선생을 3개월 감봉 처리하는 정도로 일을 마무리 짓게 하였다. 좌우의 갈등이 계속되던 시절의 아픔이 선생의 마음을 더없이 상처 입게 했던 것이다. 그러나 선생은 이러한 시절의 아픔을 견뎌내고서 총장이 학장을 맡아달라는 권유도 뿌리치다가 끝내는 대학원 부원장을 맡기는 했다. 이러한 시련을 차츰 극복하며 『국어학개설』(1955)을 간행하여 대학 교재로 널리 이용하게 했던 것이다. 그리고 중등 국어교육에 필요한 문법 작문 등의 검인정 교과서들을 계속 집필해 발간하기도 하였다. 그동안 여러 보직을 거절하며 저술활동에 온 힘을 기울여 왔는데 1957년에는 교수회의에서 투표로 학장으로 선출되어 어쩔 수 없이 행정을 맡아 보게 되었다. 겨우 6개월 정도 지났을 때 정치학과 유모 학생의 대학생신문 「우리의 구상」에 실린 민주사회주의의 사회체제를 주장한 '모색'이란 글 때문에 빚어진 필화사건으로 학장직에서 책임지고 물러나는 어려움을 겪기도 하였다.

1960년 4월 19일 독재에 항거했던 의거로 많은 학생들이 희생되었다. 이에 "학생의 피에 보답하자."는 뜻으로 50여 명으로 구성된 교수단 데모에 시국선언문 기초위원으로 뽑히고 시위에 참여했는데, 그 이튿날 이승만 건국 대통령이 하야를 공표했다. 우리나라의 민주화가 한 걸음 나아갔던 셈이다. "4 · 19 희생자들의 제단에"라는 헌시를 쓰기도 했다. 이 무렵 필화사건으로 억울하게 물러났던 문리과대학 학장에 교수들의 직접투표로 다시 선출되었다. 과도정부가 들어서고 바로 8월에는 윤보선이 4대 대통령에 취임하고 10월 1일에 민주당에 의한 내각책임제의 장면 정부가 수립되었는데, 새 정부를 축하하는 식에서 선생은 "새 정부 수립을 경축한다."라는 축시를 지었는데, 이 시의 낭독은 4 · 19 의거에 참여했던 당시의 국어국문학과 2학년 여학생 김만옥 씨가 대신 낭독했다.[13] 그 시는 이러하다.

새 정부수립을 경축한다[14]

李熙昇

오늘!

十月 상달하고도 초하룻날

잔치가 벌어졌다

온 겨레가 祝杯를 들어야 할

---

13 필자는 김만옥 씨와 함께 1959(단기 4292)년에 입학해 이희승 선생으로부터 '국어학개설', '국어학강독', '국어문법론' 등등을 배웠고 우리가 3년일 때인 1961년 9월 말에 퇴임을 했으나 대학원에서도 유사한 강의를 계속 들었다. 이희승 선생을 처음 뵌 것은 대학 입시 면접에서였다. 이전에는 고등학교 국어교과서 등에 실린 글을 통해서 뵙기만 했다.

14 이 시를 낭독했을 때에 일간 신문 지상에는 대독자를 '이만옥'이라 잘못 기사화했다. 낭독했던 이 시의 원고는 정부에서 필사한 것으로 보이는데, 얼마 전까지는 김만옥 씨가 소장하고 있었으나 곧 일석기념관에서 소장하도록 필자에게 의뢰하여 현재는 필자가 임시로 보관하고 있다. 내년 6월 일석학술상 시상식장에서 전달될 것이다.

歷史에 빛나는 祝典이 무르녹다
가슴이 뻐개질듯 벅찬 기쁨으로
우리는 이 날을 못내 祝賀한다
獨裁와 虛勢를 부리던
舊體制의 權力이 무너진 것을
여지없이 蹂躪되었던
自由를 다시 戰取한 것을
빼앗겨 아쉽던 이 나라의 主權이
國民의 손으로 되돌아온 것을
四·一九 廣場에 뿌린 피가
民主의 싹으로 피어나는 것을
그러나 겨레여 記憶하자
祝賀만이 오늘의 뜻이 아닌 것을
뼈저리게 허리 잘린 이 國土가
十五년 동안 그대로인 것을
國民의 마음이 한 덩어리로
여지껏 뭉치지 못한 것을
우리의 바루 등 뒤에는
虎視耽耽하는 敵이 있는 것을
民生이 아직 塗炭 속에서
허덕이고 있는 것을
國民이 기리는 웃음 속에는
한 가닥 근심이 스며 있고
거리에 넘치는 歡呼 뒤에는
來日을 염려하는 아우성이
죽 끓듯 하는 것을
오늘은 分明히 祝賀하는 날이다

우리의 意思대로 새 政府가 이루어진 것을

그러나 오늘은 또한

새 決心을 굳히는 날이다

새 覺悟를 도사리는 날이다

派爭이니 特權이니를

깨끗이 永遠히 씻어버리는 날이다

거듭한 새 깃발을 휘날리는 날이다

坊坊曲曲에서 울어나는 만세 소리

집집마다 펄럭이는 太極旗의 물결

우리 스스로를 꾸짖는 날이다

感激에 찬 오늘 엄숙한 오늘

十月 상달하고도 초하룻날이다

『심장의 파편』에 재수록(전집 8권)

그리고 김만옥(1989/1994)의 추모의 글에서 은사 이희승 선생을 다음과 같이 술회한 적이 있다.

행동하는 학자로서, 따뜻하고 절도 있는 생활인으로서, 자신에게 겸허하고 냉철한 지성인으로서, 그러면서도 풍부한 낭만을 지닌 문필인으로서 숱한 업적과 작품과 전설을 남기고 간 일석 선생은 참으로 멋진 '작은 거인'이다.

새 정부가 선 지 1년이 못되어 다시 5·16 쿠데타로 군사정부가 들어서던 복잡다단했던 시기를 넘기며 1961년 9월 30일 서울대학교에서 정년으로 퇴임함과 동시에 학장도 자연히 물러나게 되었던 것이다. 군사 정권에 대해서는 동아일보사 사장으로서 행동해 보인 것처럼 비판적이었다. 이러한 사회에 대한 비판적 사고는 수필집 『벙어리 냉가슴』외에 『소경의 잠꼬대』, 『먹추의 말참견』, 『메아리 없는 넋두리』등의 수필집의 이름에서 능히 짐작할 수 있다. 이 해 연말에 생애 최대의 업적이라 할 수 있는 역저 『국어대사전』
이 간행되어 많은 사람들이 이를 이용함으로써 우리 사회에 크게 공헌하게
되었다.

앞에서 적었던 것처럼 1963년부터 2년간 동아일보사 사장을 지낸 다음,
다시 학교로 돌아왔다. 전 대구대학 교수 겸 대학원장을 1년간 지내고 다시
성균관대학교 교수 겸 대학원장, 이어서 단국대학교 교수 겸 동양학연구소
소장(1981년 이후로는 고문이었음)을 지냈는데 여기서 고문헌의 영인 및
『한한대사전』의 편찬 등 굵직한 업적을 내 놓아 학계에 이바지했다.

만년에는 김두종, 박동길, 윤일선, 이병도, 이인 등의 병신년 동갑내기 친
구들과 어울려 지냈는데[15] 이 친구들 중 이웃에 살던 국사학자 이병도가
1989년 여름에 먼저 세상을 저버렸을 때, 필자가 선생께 작고 소식을 올리고
호상을 부탁드리러 심부름을 갔었는데 "내가 먼저 가야 하는데, 내가 먼저
갔어야 하는데." 하며 시뻘겋게 피멍이 든 듯한 아픈 다리를 보여 주면서 눈
시울을 붉히기도 했다. 그리고 이로부터 석 달쯤 뒤 1989년 11월 27일에 숙
환으로 파란만장했던 이 세상을 영영 떠났던 것이다. 향년 94세였다. 묘소는
경기도 고양군 벽제면 문봉리(현재는 경기도 고양시 일산동구 문형동) 선영
에 있다. 필자는 가까이 지내는 선생의 몇몇 제자들과 함께 매년 스승의 날
언저리에 성묘를 가 선생을 뵙고 온다. 작고하신 지 20년이 지났건만 아직도
선생은 우리 후학들 마음속 깊이 자리 잡고 있는 것이다.

5. 이희승 선생은 지성인이며 국어학자다

일석 이희승 선생은 나의 은사이시다. 고학생 같은 학창시절, 3 · 1운동 참

---

15 이분들이 한강가 덕소의 어느 집에 초청받았을 때에 그 집에 글씨 한 폭씩을 썼었는데, 일
석 선생의 글씨 한폭 "淸風明月共自來 辛亥仲林一石"을 현재는 필자가 소장하고 있게 되었다.

여, 조선어학회 사건, 부역심사위원회의 수모, 문리대 필화 사건, 군사정부 하에서의 요주의 인물 등등 선생은 시대가 바뀔 때마다 고난을 겪으셨다. 역사와 함께 이 시대를 사셨다. 19세기 말엽, 조선왕조의 마지막 해인 1896년에 태어나시어 파란만장한 삶을 뒤로 하고 1989년의 해가 저물 무렵 향년 94세로 이 세상을 떠나셨다. 부음을 듣고 달려가 호상소를 4일간 지키기도 했다. 그때의 심정은 나를 보호해 주던 병풍이 없어진 듯이 허전했다. 기대고 싶은 다정한 할아버지가 돌아가신 것처럼 기대어 응석부릴 곳이 없는 듯도 했다. 그래도 또 한 분의 은사 심악 이숭녕 선생이 계셨기에 그때까지는 위안을 삼을 수가 있었다.

제자 안병희(1994)는 선생에 대해 이렇게 적어 놓았다.

선생은 외유내강의 전형이라 할 분이다. 겉으로는 더할 수 없이 부드럽고 겸손한 모습을 갖고 계셨다. 역정을 내시는 일은 고사하고 크게 꾸짖는 일조차 없으셨다. 제자의 잘못은 말없는 속에서 베푸는 인격의 감화로 스스로 고치게 하셨던 것이다. 그러나 선생의 마음은 대추씨보다도 단단한 것으로 생각된다. 조선어학회 사건으로 모진 매와 감옥살이를 겪으면서도 지조를 굽히지 않으셨다. 해방 이후 3·15 부정선거나 한일국교 정상화, 유신체제에 대하여 갖은 불이익을 당하면서도 의연히 용납하지 않으셨다. 말년에 큰 외과 수술을 받으면서 마취제를 쓰지 않고 참는 분이셨다.

일석 이희승 선생에 대해 느꼈던 점은 거의 대동소이하다. 동갑이면서 절친한 오랜 친구의 한 분이었던 두계 이병도 선생도 팔순에 즈음해 위와 비슷한 언급을 한 바 있다.

一石 兄은 본래 勤勉不怠의 美質을 가져, 手不釋卷, 가위 '敎不倦而學不厭'의 심벌이라고 할 수 있다. 資質이 또한 溫厚하여 待人接物에 있어 항상 和氣와 親切로 임하고 있지만, 不義不正에 대해서는 조금도 容許하지 않는, 外柔

內剛의 高潔한 人格의 所有者인 것이다.

   '벙어리', '소경' 그리고 '먹추'의 삼불三不이라 했던 선생은 태어나서 작고 할 때까지 엄청난 시대의 아픔을 극복하면서 지성인으로 행동하고 많은 후학들을 키워 주었다. 국어학자요 주석학자요 사전편찬자요 시인이며 수필가요 문학연구자였다. 무엇보다도 선생은 후학들에게 따뜻한 아버지요 할아버지였다.

   학문상으로는 과학적 근거 위에 실용적인 학문 즉 사전의 편찬 및 맞춤법과 외래어 표기 통일안 그리고 표준어의 제정 등에 깊은 관심을 갖고 학회를 통해 적극적인 활동을 함으로써 오늘날 우리가 누리고 있는 어문생활의 기초를 마련해 주었다. 그것은 거슬러 올라가면 틴에이저 시절에 주시경의 『국어문법』에서 받은 영향으로, 대학과 대학원에서 받은 오구라 신페이의 실증적인 '언어사 연구'와는 분명 다른 길이었다. "다시 태어나도 이 길을"을 되새겨 본다.

출처: 『애산학보』 37, 애산학회, 2011.
붙임: 애산 이인과 일석 이희승은 동갑으로 일제강점기 동안 조선어학회 활동을 함께 하다가 조선어학회 사건으로 같이 검거되어 징역 2년에 집행유예 4년을 선고받기도 하고 광복 후 말년까지 계속 가까이 지내며 나라를 걱정하던 가까웠던 사이라 〈애산학보〉(37, 애산학회)의 특집으로 일석 이희승 선생 특집 기념호를 편집, 간행할 때 청탁받은 글이다. 부록으로 연보를 옮겨 실었다. 이 외에 국어학연구(임홍빈), 학교문법체계(채완), 어문관과 한글맞춤법(송철의), 국어대사전(조재수), 고전시가연구(최재남) 및 수필세계(정호웅) 등을 함께 게재했다.

참고 문헌

강신항(1993), 사람답게 사는 길, 『역사 앞에서』(김성칠 편), 창작과비평사.

국립국어연구원(1994), 『일석 이희승 선생의 학문과 인간』, 국립국어연구원.

국어학회 편(1999), 『국어학회 40년지』, 국어학회.

김계곤(1993), 조선어학회 수난의 전말, 『조선어학회 수난 50돌 기념 글모이: 어름
  장 밑에서도 물은 흘러』, 한글학회.

김만옥(1989), '작은 거인' 일석의 자유언론 큰 뜻, 『한겨레신문』 1989. 12. 12. (『일
  석 이희승 딸각발이 선비』(추모문집간행위원회 편, 1994, 신구문화
  사)에 재수록)

김민수(1990), 조선어학회의 창립과 그 연혁, 『주시경학보』 5.

김석득(2006), 조선어학회 수난 사건: 언어관을 통해 본, 『애산학보』 32.

김성칠(1993), 『역사 앞에서』(한 사학자의 6·25일기), 창작과비평사.

김완진 대담(1976), 『국어학』 반세기, 『한국학보』 5.

김호일(2006), 「사론」 항일독립운동으로서 조선어학회의 수난, 『애산학보』 32.

동아일보 편집부 편(1988), 『인촌 김성수의 사상과 일화』, 동아일보사.

박영신(2006), 조선어학회가 겪은 '수난' 사건의 역사 사회학, 『애산학보』 32.

수당 김연수 선생 전기편찬위원회(1996), 『한국 근대기업의 선구자 수당 김연수 선
  생 일대기』, 주식회사 삼양사.

안병희(1994), 후기, 『일석 이희승 선생의 학문과 인간』, 국립국어연구원.

양정 100년사 편찬위원회(2006), 『양정백년사 1905-2005』, 양정창학 100주년 기
  념사업회.

이기문 대담(1969), 국어의 부흥, 『월간중앙』 7월호(16).

이동초 편(2006), 『연사수지: 황산이종린식사집』, 모시는 사람들.

이동초 편(2008), 『천도교중앙대교당 50년이야기』, 모시는 사람들.

이병근(1992), 일석국어학의 성격과 시대적 의의, 『주시경학보』 9.

이숭녕(1978), 의기와 강직의 인, 『수필문학』 3월호.

이종석(1994), 일석 선생의 사회활동, 『일석 이희승 선생의 학문과 인간』, 국립국어
  연구원.

이희승(1966), 지산선생유고서, 『지산유고』, 삼양사.

이희승(1976), 『딸깍발이』, 범문사.

이희승(1977), 『다시 태어나도 이 길을』, 능력개발.

일석이희승전집간행위원회(2000), 『일석이희승전집』, 서울대학교출판부.

임중빈(1994), 조선어학회 사건의 실상, 『일석 이희승 선생의 학문과 인간』, 국립국어연구원.

전광현(1994), 일석 선생의 생애와 학문, 『일석 이희승 선생의 학문과 인간』, 국립국어연구원.

전광현(1994), 연보 및 연구논저목록, 『일석 이희승 선생의 학문과 인간』, 국립국어연구원.

정긍식(2006), 조선어학회 사건에 대한 법적 분석, 『애산학보』 32.

정순기·정용호(2000), 『조선어학회와 그 활동』, 평양: 과학백과사전종합출판사. (한국문화사에서 영인함).

정숭교(2006), 일제는 왜 조선어학회 사건을 일으켰나?, 『애산학보』 32.

정해동 편(2005), 『조선어학회 사건: 정인승, 이인, 이희승』.

조선어학회 사건 '예심종결결정문', 『나라사랑』 42집, 1982.

조선어학회 사건 '고등법원 최종판결문'(국역), 동아일보, 1982 9. 6-7.

조재수(2006), 조선어 학회와 『큰사전』, 『애산학보』 32.

진단학회 편(1994), 『진단학회육십년지(1934-1994)』, 진단학회.

추모문집간행위원회 편(1994), 『一石 李熙昇 딸각발이 선비』, 신구문화사.

한글학회 50돌 기념사업회 편(1971), 『한글학회 50년사』, 한글학회.

한글학회(2009), 『한글학회 100년사』, 한글학회.

허웅 대담(1976), 말과 글, 『신동아』 9월호.

일석 이희승 선생 연보

이 연보를 작성함에 『일석 이희승 선생의 학문과 인간』(1994)에 전광현 교수가 제공한 「연보 및 연구논저목록」을 바탕으로 하고, 이에 『일석 이희승 전집』(2000, 1, 7권) 특히 『다시 태어나도 이 길을』(1977)을 비롯해 『한글학회 50년사』(1971)와 『한글학회 100년사』(2009), 『진단학회 60년지』(1994) 및 『국어학회 40년지』(1999) 등등을 참조로 해 보완했음. 다만 출판물 중 단행본만은 연보에 반영하려 했음.

1896. 6. 9.	경기도 광주군 의곡면 포일리(현 의왕시 포일동, 서울구치소 근처) 양지말에서 정삼품 통정대부(중추원 의관) 전의후인 종식宗植 공의 5형제 중 장남으로 출생함(음력 4월 8일). 모친은 박원양朴元陽 여사임. 조부 때에 가세가 한때 기울어 당시 광주군으로 이사했었음.
1900.	5세 때에 상경, 남산 기슭 진고개(충무로 3가)에 터를 잡음. 어머니에게서 『천자문』을 배우기 시작했고 6살 때에는 아버지에게서 『동몽선습』을 배웠음.
1902.	7세 때에 누대의 선영하인 경기동 풍덕군 남면 상조강리(현 개풍군 임한면 상조강리)로 낙향함. 이규보의 문집 『동국이상국집』에 나오는 조강부로 유명한 유서 깊은 곳임.
1903. 2.	사숙에 입학하여 자치통감을 비롯해 5개년간 한문을 수학함. 맹자, 대학, 논어를 뗐음.
1908. 4.	관립한성외국어학교 영어부에 입학함. 해공 신익희, 정구영, 윤비의 남동생 윤홍섭, 다시 그 사촌동생 윤정섭 등이 같은 학급에 있었고, 교사로는 이능화, 윤태헌, 프램튼, 안명호, 이기룡 등이 있었음.
1908. 5. 9.	13세 나이로 고향으로 끌려가 경주후인 이승욱李昇勖 씨의 장

녀 정옥貞玉 여사와 혼인함. 4일 만에 다시 서울로 올라와 상투
를 자르고 영어부를 계속 다녔음.

1910. 10. 16.   이 해 8월 29일에 한일합방의 국치를 당하게 되어 비분강개하
는 어른들을 보고 망국의 슬픔을 느꼈는데, 국치로 인해 외국
어학교가 폐지되므로, 위의 영어부를 6개월 당겨 제3학년 중
도에서 졸업함.

1910. 10.   영어부 졸업 후 즉시 경성고등보통학교(관립한성고등학교의
후신이요, 현 경기중·고등학교의 전신임) 제2학년에 총독부
방침에 따라 정구영 등 동료와 함께 편입학함. 이 학교 교원 중
에 오구라 신페이小倉進平가 있었음. 이러한 나라의 비운으로
그 후 경성고보, 양정의숙, 중동학교와 중앙학교 등 여러 학교
를 전전했음.

1911. 9.   경성고등보통학교를 제3학년에서 퇴학. 이 무렵 고대소설 이
외에 이인직, 최찬식, 이해조 등의 신소설을 읽음.

1912. 4.   양정의숙(야간전문학교)에 입학하여 법학과 경제학 두 전공
중에서 법학을 전공함.

1913. 10. 1.   양정의숙이 양정고등보통학교로 개편되는 동시에 동교를 자
퇴함.

1913.   이 해 가을에 전 가족이 고향(풍덕군)으로 귀향. 고향에서 일
가 중 휘문의숙에 다니던 이한룡으로부터 주시경의『국어문
법(교재)』을 빌려 읽고 국어학을 전공하겠다는 결심을 하게 됨.

1914. 1.   단신으로 고향을 탈출하여 서울의 봉놋방에서 월여를 방랑하
다가, 급한 대로 학비를 벌기 위해 김포군 고촌면 천등리 소재
사립 신풍의숙(소학교) 교원으로 부임함.

1915. 3.   전기 교원을 사임하고 다시 상경하여, 조선총독부 임시토지조
사국 정리과 고원으로 취직함. 한편 4월부터 사립 중동학교 야
간부에 통학함(1개년간). 당시 중동학교는 백농 최규동 선생

	(광복 후 서울대 총장 역임)이 인수하여 운영하며 '대수'를 직
	접 가르쳤음. "뜻 있는 곳에 길이 있다."는 경구를 뇌며 입지전
	들을 탐독하며 꿈을 키움.
1916. 4.	최규동 선생의 권유로 인촌 김성수 선생이 인수한 사립 중앙
	학교(현 중앙중·고등학교의 전신) 제3학년에 편입학함. 당시
	교장은 석농 유근 선생(한문), 학감은 민세 안재홍 선생(수신),
	그리고 나경석(화학), 최규동(대수), 이규영(조선어), 이중화
	(지리, 역사), 고희동(그림), 이상준(창가), 김성주(경제원론)
	등의 선생들이 가르쳤는바, 높은 학식과 인격을 갖춘 애국자
	들이었음. 교재였던 김두봉의 '조선말본'에 특히 재미를 느꼈
	음. 동기로는 야구선수였던 정문기(수산학자), 서항석(극예술
	가), 최순주(국회부의장), 옥선진(고려대 교수) 등 기라성 같은
	인물들이 있음. 졸업 당시 일석의 희망 전공은 '언어학'이었음.
1918. 3.	23세의 만학으로 평균 98점이라는 높은 성적으로 중앙학교(4
	년제)를 수석 졸업했음. 이렇게 중앙학교의 인촌과 인연을 맺
	은 일석은 새로 인수한 경성직뉴주식회사에 취직하게 되고 먼
	훗날에는 동아일보사 사장에 취임하게되 되었고, 인촌의 아우
	로 경성직뉴로부터 시작해 삼양그룹으로까지 키운 수당 김연
	수 회장도 관계가 깊었음.
1918. 4.	끈목 생산업체였던 경성직뉴주식회사 서기로 취임하여 1개년
	반 근무. 이 시절 세계문학전집을 탐독. 잃은 건강 회복을 위해
	아침 구보를 시작함.
1919. 3. 1.	3·1운동에 참여하여 만세를 부름. 일본인 순사에게 잡혔다가
	팔을 뿌리치고 도망했음. 지하신문 제작에 참여함.
	새 총독 하세가와가 문화정책으로 전환한다 하자 인촌은 본격
	적인 방직공업과 언론기관(동아일보사)을 세울 결심을 하여,
	일석은 인촌 집에서 2년간 숙식하며 그 준비를 하기 시작함.

1919. 10. 5.	경성방직주식회사의 창립과 동시에 역시 서기로 취임하여 4개년 반 근무. 중앙학교의 은사 이강현 선생으로부터 방직과를 전제로 일본 유학의 권유를 받았으나 '언어학' 전공의 결심을 버릴 수 없어 거절했음.
1923. 10.	경성고등보통학교에서 시행한 제2회 전문학교 입학자 검정고시에 합격함(제1회는 제도를 몰라 지나쳤음).
1924. 4.	경성제국대학 제1회 입학 시험에 낙방. 연희전문학교 수물과 제1학년에 입학. 전과의 허락은 받지 못했음. 당시 한국의 유일한 '대학'이었던 경성제국대학의 입학을 위해 다시 입시 준비함.
1925. 4.	관립 경성제국대학 예과부 문과 B반(인문계)에 입학함(30세 만학으로 제2회 입학). 제1회 재학생에는 유진오, 이재학, 조윤제, 채관석, 박충집, 이종수, 최창규 등이 있고, 동기로는 서두수, 변정규, 김형철, 성낙서, 한재경 등과 A반의 이효석, 박용익, 이강국, 최용달 등도 있었음.
1926. 여름	관동팔경을 무전여행으로 25일간에 걸쳐 "관동팔경을 무른 메주 밟듯 하지 못하면 사나이가 아니다."란 말대로 모두 답사함. 기행문을 예과 학생 동인지 '문우'에 게재했음.
1927. 1. 2.	장남 교웅敎雄(경기중학교와 서울대 의대를 거친 의학박사. 현 일석학술재단 이사장으로 사회 공헌이 큼) 출생. 부모님의 기쁨이 대단했다 함.
1927. 3.	경성제국대학 예과부 수료함.
1927.4.	관립 경성제국대학 법문학부 문학과 조선어학·조선문학전공에 진학함. 재학생으로는 제1회는 조윤제 혼자였고 제2회 학생은 일석 혼자였음. 당시 문학의 제1강좌는 다카하시高橋亨, 어학의 제2강좌는 오구라가 담당했음. 오구라는 지독한 노력형의 학자로 일석과는 경성고보, 경성제국대학, 그리고 후에

동경제국대학 언어학과에서 스승과 제자 관계로 인연을 맺음. 제3회 학생은 김재철과 이재운, 그 다음 5회로 방종현과 이숭녕이 있었음.

1929. 10. 31. '조선어사전편찬회'가 창립되고 각계 인사 108명으로 위원회가 구성됨. 발기인은 이종린, 남궁훈, 최린, 허헌, 송진우, 신석우 등이었음. 흥업구락부의 지원과 이우식의 희사로 비용을 해결함.

1930. 3. 경성제국대학 법문학부 문학과 조선어학·조선문학전공을 졸업함. 논문의 주제를 「조선어의 음운변천사」로 잡았으나 오구라가 너무 방대하다고 해 「·음고」로 축소했음. 학적부에 '양반'이라 나타남.

1930. 4. 경성사범학교 교유로 부임함(다카하시의 주선). '조선어'를 담당. 학생들이 스스로 '조선어연구회'를 조직해 조윤제 교수와 함께 학생들로 하여금 계속 연구하도록 간접적으로 고취함. 이 모임이 발전하여 순화조선어연구회 조선어연구부 이름으로 『방언집』 1(1936), 2(1집의 개정증보판, 1937)를 간행함.

1930. 4. 오구라 신페이의 지시로 한국 북부의 대표적인 무가 지역인 장단군 봉동 역 근처의 덕물산 무당촌에서 1주일간 3년 후배인 이숭녕 선생과 함께 무가 조사를 행함.

1930. 4. 조선어연구회 정회원으로 입회. 재학 시절부터 이 학회에 부지런히 참여, 학술 발표도 해 왔음. 그러나 관립경성사범 교유는 교외 활동이 금지되어 있었음. 여름 조선어연구회와 동아일보사의 공동 주최로 하기학교를 개설해 지방 순회 한글 강습을 열었으나 역시 강사로는 참여하지 못했음.

1930. 9. 4. 장녀 교순敎順 씨 출생.

1930. 11. 8. 경성제국대학의 졸업논문 주제였던 「·음의 과학적 고찰」이란 제목으로 조선어연구회에서 강연을 함.

1930. 12. 13.	조선어연구회에서 사전편찬을 위해 조선어철자 통일위원회 위원(맞춤법 통일안 제정 위원) 12명을 선정하였는데, 그중 1인으로 선정됨. 위원은 권덕규, 김윤경, 박현식, 신명균, 이병기, 이희승, 이윤재, 장지영, 정인섭, 최현배, 정열모, 이극로이었음. 회의 때 최현배, 정인섭이 '경상도고집'으로 유명했다 함.
1931. 1. 6.	조선어사전편찬위원회 회장으로 이우식을 선출하고 이희승 외 12명을 위원으로 증원함.
1931. 1. 10.	조선어연구회(1921년 창립)가 조선어사전편찬계획 등 학회활동의 외연을 확장하고 또 일본인 이토伊藤韓堂가 동일한 명의의 학회도 세우고『조선어』라는 학회지까지 내어 불편한 점이 많아 명칭을 '조선어학회'로 바꿈. 이때 회칙도 부분적으로 개정되었는데, "조선어의 정확한 법리를 연구함"에서 "조선어문의 연구와 통일"을 목적으로 한다는 등 일부 바뀌었다. 이극로(간사장), 최현배, 장지영을 간사로 선임함. 한편 경성제국대학 법문학부 문학과 조선어학·조선문학전공 출신자(조윤제, 이희승, 이재욱, 김재철, 방종현, 이숭녕)와 지나어학·지나문학전공의 김태준과 국어학·국문학(일본어학·일본문학)전공의 서두수 등이 조선어문학회를 창립하여『조선어문학회보』를 간행함(그 후 전 7호로 중단). 매호 논문을 게재했음.
1931. 1. 24.	조선어학회(조선어연구회)에서는 정인섭, 이극로, 이희승 세 위원을 외래어 표기법 제정 작업을 추진하기 위한 책임위원에 선정함. 후에 최현배, 정인승, 이중화, 김선기, 함병업 증도 참여했음. 오구라 신페이 등의 외국인 학자들의 협조도 많이 받았다 함.
1932. 3.	경성사범학교 교유를 사임함. 이 무렵에 호를 '석천石泉'에서

'일석—石'으로 바꿈. 여씨춘추의 "丹可磨 而不可奪其赤 石可破 而不可奪其堅"을 고려함.

1932. 4. 이화여자전문학교 교수로 취임함(이화 80년사에는 1932년 6월~1942년 5월 사이에 근무한 것으로 기록됨). 문과에는 남자 동료로는 김상용, 한치진, 이후의 이태준 등이 있었고, 학생으로는 모윤숙이 막 졸업하고서 노천명, 최예순, 유용녀, 김갑순, 최순, 백국희, 홍복유, 김정옥, 장영숙 등이 있었고 그 후 김옥길, 정충량, 전숙희, 조경희, 원선희, 이봉순 등 한국의 쟁쟁한 여류들이 있었음. 특히 월파 김상용 동료는 문학공부와 시작에 큰 영향을 준 가까운 동료였음.

1932. 4. 조선어학회 간사에 피선되어 36년간 계속 중임함(8·15 광복 후 간사의 명칭을 이사로 개칭함).

1932. 8. 1일부터 11일까지 있었던 동아일보사 주최 제2회 '브나로드운동'의 일환으로 열린 조선어학강습회에서 광주, 여수, 순천, 논산 지역을 담당함. 이후 해주 등에서도 강습을 했으나 관서 지방의 강연은 조선총독부로부터 중지당했음.

1932. 11. 7. 동아일보사에서 개최한 총독부의 맞춤법 3차 개정안을 중심으로 한 찬반 토론회에 찬성 쪽으로 신명균, 최현배 등과 함께 참여함. 그 결과는 신문에 연재됨.

1932. 12. 27. 조선어학회 조선어철자 통일 위원회 제1차 토론회(제1독회)에서 제안 설명 위원으로 참여함.

1933. 1. 4. 9일간의 회의를 마치고 다시 수정위원 10인을 선출하였는데, 그중 1인으로 선출됨.

1933. 7. 조선어학회 하기강습회에서 강좌 'ㅎ바침'을 담당했음.

1933. 7. 26. 조선어학회의 제2차 조선어 철자법 위원회에 참여함.

1933. 8. 3. 일주일간 14회 54시간의 토의를 마치고 다시 9명의 정리위원회의 위원 중의 한 명으로 선출되어 참여함.

1933. 10. 19.	임시 총회를 열고 12군데를 고쳐 맞춤법 통일안을 최종 확정을 지음.
1933. 10. 29.	양력으로 환산한 당시의 한글날을 맞아 141차례의 회의를 거쳐 마련된 맞춤법 통일안을 기념식과 더불어 발표함.
1934. 4. 15.	조선어학연구회의 창설에 이어 기관지『정음』을 창간하고 '한글파'의 맞춤법 통일안을 비판하기 시작함.
1934. 4. 22.	조선어학회 제3대 간사장에 선출됨(『한글학회 100년사』의 기록에는 25대, 임기는 1935년 4월 13일까지임).
1934. 5. 7.	진단학회 발기인으로 발기식에 참여하고 김태준, 이병도, 이윤재, 손진태, 조윤제와 함께 상무위원에 선임됨.
1934. 5. 12.	조선어학회 월례회에서 기획한 '철자 사전' 위원(실행 위원까지)으로 선출됨. 이 일은 끝내 이루지 못했음.
1934. 6. 6.	조선어학회 임시총회에서 동아일보사로부터 의뢰받은 '조선어강습회'의 11명 강사의 1인으로 추천되어 강의함.
1934. 7.	2일부터 12일까지 제14회 '브나로드운동'으로 열린 조선어강습회에 강사로 참여함. 이 운동은 문맹퇴치운동이 주가 되었는데, 조선일보사가 1929년부터 동아일보사는 브나로드운동으로 시작해 상당한 성공을 거두었으나 조선총독부의 방해로 1935년 동시에 중단되었음.
1934. 7. 13.	만주 심양(봉천)에서 열린 '교포 초청 한글강습회'에 강사로 참여하여 봉천여자기예학교에서 70여 명을 대상으로 강의함.
1934. 8. 11.	이날부터 16일까지 천도교청년동맹이 청년동맹본부에서 교리, 교사, 한글 등 강좌를 실시했는데, 강사는 이종린, 김경함, 권병덕이며 한글은 '조선어학회의 이희승'이었음. 한편 이 해 2월부터 천도교청년당 기관지인『당성』(월간 내지 격월간지)에「조선어철자법강화」를 연재하기도 하였음. 1935년 10월까지 10회 연재. 그 이후는 해당 기관지가 남아 있지 않아 확인 불

가능.

1934. 여름	7, 8월께쯤 '표준어 사정 위원회' 구성. 모두 40명으로 그중 20명이 서울 경기 출신이었는데 서울 경기 출신의 위원으로 선임되어 활동을 시작함.
1934. 11. 1.	한글운동에 앞장섰던 동아일보사에서 여름휴가를 이용하여 전국적으로 한글 강습을 계획한 데 발맞추기 위하여 '한글' 제2권 5호를 '하기 한글 지상 강습호'로 편집했을 때에 이희승은 '6강 ㅎ바침'을 담당했음.
1935. 1. 2.	조선어학회의 표준어 사정 위원회의 제1독회가 온양온천에서 열림. 임시의장으로 선출되어 사회도 봄. 다시 5인 수정위원의 1인으로 선출됨.
1935. 4. 14.	조선어학회 간사장에 다시 피선됨(『한글학회 100년사』에는 1934년의 제25대 간사장에 이어 1935년의 제26대 간사장을 중임하여 1년간씩 모두 2년간 간사장을 맡은 것으로 기재됨).
1935. 8. 5.	서울 우이동 봉황각에서 열린 표준어 사정 위원회의 표준어 사정 제2독회의 임시의장을 맡음. 위원은 70명으로 지방 출신을 인구 비례에 따라 증원했음. 이희승 선생은 '경기 이화여전' 소속으로 그대로 위원으로 선출됨.
1935. 9. 14.	「한자어 표기법에 대하여」를 조선어학회의 월례발표회에서 발표함.
1936. 3. 20.	조선어사전편찬회를 해산하고 그 일을 조선어학회에서 맡음.
1936. 4. 12.	조선어학회 도서부 간사에 선임됨. 임기는 1년간임.
1936. 7. 6.	표준어 사정 위원회 제3독회로 마무리를 하고 수정 작업을 할 때, 집회 허가를 받지 않아 수사를 받은 다음 시말서를 썼음. 7월 30일 제3독회에 참석함. 다시 수정위원의 1인이 됨.
1936. 10. 28.	사정한 표준말의 발표식이 한글 반포 490회 기념일에 맞추어 있었음. 축사는 홍에스더, 안창호, 이종린이었음.

1936. 11. 28. 조선어학회는 임시총회를 열고 맞춤법 통일안 일부 수정을 결의하고 수정 일체를 수정위원 8명에게 일임했는데 그 수정위원으로 선출됨. 부록 1의 표준말 관련 일부와 1936년 3월 1일에 발표한 사정한 표준말 모음집에 따라 용어를 고친 수정안은 1937년 3월 1일에 발표함.

1937. 1. 11. 4일간 계속된 조선어학회의 '한글강습회'에서 '철자법 원리'를 강의함.

1937. 4. 조선어학회 회계부 간사에 선출됨. 임기는 1년간임.

1937. 5. 1. 『한글』 제5권 1호부터 이희승 장서인 유희의 『언문지』를 해제를 붙여 2회에 연재했음.

1937. 11. 20. 진단학회의 위원으로 김두헌, 손진태, 이병기, 이병도, 김상기, 김태준, 유홍렬, 서두수, 송석하와 함께 선임됨.

1938. 4. 30. 『역대조선문학정화(상)』를 인문사에서 교재용으로 발행함.

1937. 7. 1. 『한글』 제5권 7호 '표준말 특집'에 「표준말 이야기」를 발표함.

1940. 4. 25. 맞춤법 통일안의 제2차 수정의 기초위원으로 선출됨. 그 개정안은 6월 15일 공포됨. 제3차 개정은 1946년 9월 8일에 있었는데, 그 한글판을 1948년 한글날에 인쇄함. 1958년 2월 20일에 용어를 마저 바꾸어 새판으로 인쇄했음. 이때 이에 대해 강력히 반대를 했음.

1940. 4. 30. 연초에 일본으로 건너가 동경제국대학 대학원에 입학해 2개년간 언어학을 연구함(이화여자전문학교 근무 중 1개년간 휴가를 얻고 1개년간은 휴직을 했었음). 조선총독부는 문화말살정책에 따라 일본어 실력이 부족하다 하여 교원들을 일본에 여행을 보내곤 했는데, 이희승 선생은 이를 언어학 연구 기회로 삼음. 1934년 이후로 오구라는 동경제국대학 교수로 옮겨 있었음. 당시 김상협 등이 이 대학 학부에 유학 중이었고 언어학과에는 김수경이 유학하고 있었음.

1940. 6.	외래어 표기법 통일안이 약간의 수정 뒤에 발표됨.
1941. 1. 15.	'외래어 표기법 통일안'이 1938년에 대체로 완성되었으나, 이극로를 저작자 겸 발행인으로 해 착수한 지 3년 만에 발간되었음.
1941. 12. 18.	일본이 진주만을 기습 공격해 제2차 세계대전이 발발하면서 우리 민족에게 극도의 간난과 신고가 더해짐.
1942. 3.	도쿄 유학이 2년 만에 끝남.
1942. 4.	이화여자전문학교에 복직하자마자 문과 과장에 보임됨. 일제 하 당시 보직자는 거추장스러웠다 함.
1942. 5. 1.	『한글』 제10권 5호 발행으로 휴간, 『진단학보』는 이 해 여름 이후 중단함. 이로써 한국학 연구자들은 논문발표지를 모두 잃음.
1942. 10. 1.	서대문서 고등계 형사 두 사람에게 연행되어 경기도 경찰부 유치장에 갇힘. 곧이어 장지영, 최현배, 김윤경이 옆방에 들어옴. 본정서와 종로서에서 이윤재, 이극로, 정인승, 권승욱, 한징, 이중화, 이석린 등이 합류되어 모두 11명이 갇힘. 이극로, 권승욱, 정인승은 함남의 함흥에서, 나머지는 함남의 홍원에서 수감되었음. 이른바, '조선어학회 사건'으로 피검된 것임. 이희승 선생은 함흥형무소 미결번호 646번. 10월 20일을 전후해 제2차로 이병기, 이만규, 이강래, 김선기, 정열모, 김법린, 이우식 등 7명이, 그리고 12월 23일부터 다시 서승효, 안재홍, 이인, 김양수, 장현식, 정인섭, 윤병호, 이은상, 김도연, 서민호 등이 검거되고 이듬해 3월 초에 신윤국, 김종철이 검거되어 모두 33명으로, 50여 명의 증인이 연행되었음. 함흥의 현지 교사였던 정태진과 김학준은 먼저 9월에 연행되었음.
1943. 3.	경찰의 조사가 끝남.
1943. 12. 8.	이윤재가 함흥감옥에서 옥사함.
1943. 9.	함흥형무소로 이감됨.
1943. 11.	예심 시작.

1944. 2. 22.	한징이 함흥감옥에서 옥사함.
1944. 9. 30.	예심 종결. 장지영, 정열모는 면소.
1945. 1. 18.	함흥지방법원은 기소된 12명에 유죄 판결을 내림. 이극로(징역 6년 구류 통산 600일), 최현배(4년 구류 통산 750일), 이희승(2년 6개월 구류 통산 750일), 정인승(2년 구류 통산 440일), 정태진(2년 구류 통산 570일), 김법린, 이중화, 이우식, 김양수, 김도연, 이인, 장현식은 각각 징역 2년에 집행유예 3년으로 즉시 석방됨.
1945. 1. 22.	상고(정태진은 포기). 6월 중순에야 고등법원에서 접수함. 변호는 이화여전 학생 최순의 남편 한격만 등이었음. 다시 7월 20일께 8월 12일에 재판이 열릴 예정임을 통보함. 재판은 피고인과 변호인이 출정하지 못하게 하고서 서류상으로 보내 처리함.
1945. 8. 6.	일본 히로시마에 원자 폭탄 투하함.
1945. 8. 9.	일본 나가사키에 원자 폭탄 투하함.
1945. 8. 13.	상고가 피고인과 변호인 없이 기각.
1945. 8. 15.	광복. 하오 1시께 한국인 의무관이 감방문을 열어 줌. 미결수라 다시 갇힘.
1945. 8. 16.	진단학회의 사명을 발휘하기 위해 위원회를 소집해 회기구의 재조직과 회보의 속간을 결의함에 일석은 귀경하지 못해 직접 참여하지는 못함.
1945. 8. 17.	8·15 광복의 기쁨 속에 함흥형무소에서 3년간의 옥고를 끝내고 드디어 출옥. 시내 퍼레이드가 있었음.
1945. 8. 18.	함흥 출발해 이튿날인 18일 해질 무렵 서울역 도착.
1945. 8. 18.	선학원에 10. 1. 동지 거의 전원과 관계자들이 토론을 거쳐 "① 우리는 정치 운동에 가담하지 말 것, ② 철자법을 보급하고 사전 편찬을 계속할 것, ③ 국어 교과서를 편찬하고 국어 교사를

양성할 것 등 세 가지 방침을 정함.

1945. 8. 25.　조선어학회 긴급 임시총회가 열려 교양부 간사에 선출됨. 간 사장에는 이극로가 선출됨.

1945. 9. 8.　서울역 조선 통운 창고에서 일제하에서 작성했던 어휘 카드 발견으로 사전사업은 급진전을 봄. 『조선말큰사전』 첫째 권은 1947년 한글날에 을유문화사에서 간행함.

1945. 9.　조선어학회에서 국어교사 양성을 위한 사범부를 설치하고 1946년 1월까지 4차에 걸쳐 1천 8백 여 명을 배출했는데, 김윤 경, 최현배, 김선기, 장지영, 이희승, 이숭녕, 이병기, 정인승 등 15명의 강사가 15과목을 분담해 집중강의를 행했음. 이희승 선생은 정열모와 함께 '국문학특강'을 담당함.

1945. 9.　미군정청에서 20여 명으로 조선어학회 안에 국어 교과서 편찬 위원회를 구성했을 때 집필위원에 선임됨. 11월 6일 『한글 첫 걸음』이 간행되고 동년 11월 20일에 『초등국어교본』, 『중등국 어교본』 등 7종의 교과서가 이어서 간행됨. 『중등국어교본(중)』 에 이희승의 수필 「청춘수제」가 수록되고 그 (하)에는 「문자 이야기」가 수록됨.

1945. 12.　경성대학 법문학부 교수에 취임.

1946. 초　당시 법문학부장인 백낙준은 그 부장 자리를 맡아 달라고 권 했으나 사양해 배짱과 고집이 있는 조윤제를 추천해 부장이 되었음.

1946. 2. 4.　조선어학회가 간사 체제에서 이사 체제로 회직이 바뀜에 따라 교양부 이사가 됨.

1946. 9. 9.　조선어학회 교양부 이사로 다시 선출됨.

1946. 9. 20.　『조선문학연구초』를 을유문화사에서 발행함.

1946. 10. 22.　학제 개편으로 국립 서울대학교 문리과대학 교수에 새로 임명됨.

1946. 11. 10.　『한글맞춤법통일안 강의』를 동성사에서 발행함.

1946. 겨울	강사로서 청주와 대구에서 개최된 강습회에서 강의함.
1947. 11. 15.	『조선어학논고』를 을유문화사에서 발행함.
1947. 12. 15.	시집 『박꽃』을 백양당에서 발행함.
1948. 4. 15.	『역대조선문학정화(상)』을 『역대국문학선집』으로 개제하여 박문출판사에서 다시 간행함.
1948. 6.	조선어학회에 '세종중등국어교사양성소'를 문교부 위촉기관으로 인가받아 6개월 과정으로 운영함에 사범부 시절과 거의 같이 강의를 맡음. 이듬해 6월 24일 하오 제1기 졸업생을 배출함.
1948. 9. 2.	조선어학회에 부설한 세종중등국어교사양성소가 개강해 1950년 6월 24일에 졸업생을 낼 때까지 계속됨. 이희승 선생음 '국어학개설'을 담당함.
1948. 10. 1.	조선어학회 7대 임원(경리부 이사)에 선임됨.
1949. 4. 2.	재단법인 한글학회 감사에 선임됨.
1949. 6. 26.	한글전용촉진법이 국회에서 통과됨에 조선어학회가 설립한 한글전용촉진회의 부위원장에 피선됨. 이듬해 국한문 혼용이 각의에서 통과됨.
1949. 8. 16.	29일까지 2주일간 서울에서 강습회 강사로서 국어국문에 관한 강의를 함.
1949. 9. 19.	『초급국어문법』을 박문출판사에서 발행함.
1949. 9. 25.	조선어학회 이사로 다시 선임됨.
1949. 10. 2.	'조선어학회'의 이름을 바꾸려 했을 때 방종현 이사와 함께 '국어연구회'를 주장했으나 정인승의 안이었던 '한글학회'로 결정됨.
1949. 12. 15.	『한글맞춤법통일안 강의』(수정증보)를 박문출판사에서 발행함.
1050. 6. 5.	『모범중등글짓기』를 신흥문화사에서 발행함.
1950. 6. 25.	6·25 동란 발발함. 미처 한강을 건너 피난을 못 감.
1950. 8. 22.	부친 종식 씨 별세(향년 87세). 며느리가 학교로 달려와 소식

을 알렸음. 의대에 다니던 아들 교웅 씨는 인민군 징집을 피해 장단에 피신해 있었고, 집안 식구들은 배급 타러 간 사이였음. 애통해 하며 우선 남가좌동 공동묘지에 모셨음.

1950. 10.	9·28 수복 후 서울로 복귀한 교수들에 의해 서울대 문리대 부역교수심사위원회에 회부되었는데, 김성칠 교수 등의 간언으로 오해는 풀렸으나 3개월 감봉 처분을 받음. 심적 타격이 매우 컸었음.
1951.	중공군의 참전으로 도보로 대구까지 『두시언해』 초간본을 안고서 남하했다가 다시 부산까지 내려가 김활란 여사가 운영하던 신문사 코리아타임스에 월파 김상용의 배려로 신문사 고문이 되었음. 더러 한글에 관한 기사를 기고했음.
1951. 3. 28.	해병대 문관인 전사편수관으로 발령을 받고 영문 전략 서적을 번역하였음.
1951. 4. 13.	모친 박원양 여사 별세(향년 90세). 이후 구사일생으로 가족들을 인천에서 진해까지 군함으로 구출함에 성공했음. 인촌 김성수가 부통령이 되어 부산으로 옮김에 진해의 인촌집에서 반 년 동안 살기도 했음.
1951. 10.	부대 이동으로 부산으로 이주. 국어국문학과 졸업생인 정병욱이 방 한 칸을 주선해 가족도 이사했음.
1952. 1.	동국대학교 겸임교수로 발령을 받음.
1952. 3.	전시연합대학이 해체되고 서울대학교가 문을 열게 되자 해병대 문관을 사직하고 교수로 복귀함. 방종현 교수가 학장 서리를 맡아 개교 준비를 하다 병을 얻어 이 해 10월에 작고하자 총장이 학장직을 권유하였으나 완곡히 거절함. 작업 중이던 검인정 국어 교과서 출판에 힘썼음. 문리대와 대학원 강의를 하며 이화여대에도 출강했음.
1952. 11. 28.	사단법인 진단학회의 편집부 이사에 김재원, 유홍렬, 이상백,

조명기, 한우근과 함께 선임됨.

1953. 2. 21.	재단법인 한글학회 감사에 재선됨.
1953. 2. 29.	서울대학교 대학원 부원장에 보임됨. 대학원장 윤일선 선생이 병으로 누워 직제에 없는 부원장으로 발령을 내고 원장의 임무를 대행하게 되었음.
1953. 2.	『국문학개관(고전편)』을 국민사상연구원에서 간행함(현재는 확인하지 못하고 있음).
1953. 3.	양성소를 보류하고 '국어국문학 강습소'를 계획했을 때에도 국어학개설을 담당하기로 했었음.
1953. 3. 15.	『중등글본』을 민중서관에서 발행함.
1953. 5. 25.	한글학회 무임소 이사로 선출됨. 임기는 3년임.
1953. 9. 22.	미국 정부의 교육교환법Smith and Mundt Act에 따라 국무성 초청으로 도미하여 교환교수로 1년 동안(캘리포니아대학과 예일대학에서 각 반년씩) 체류하여 언어학을 연구함.
1954. 3. 25.	대한민국학술원(인문과학 제2분과) 회원에 피선됨(미국 체류 중).
1954. 8. 17.	귀국.
1955. 3. 3.	한글학회 8대 임원(교양부 이사)에 선임됨.
1955. 8. 10.	『국어학개설』을 민중서관에서 발행함.
1956. 2. 21.	재단법인 한글학회의 감사에 또 다시 선출됨.
1956. 4. 5.	『중등문법』을 박문출판사에서 발행함.
1956. 4. 5.	『고등문법』을 박문출판사에서 발행함.
1956. 4. 29.	한글학회에서 「존재사 '있다'에 대하여」를 발표함.
1956. 6. 9.	운현궁 예식장에 있었던 회갑연에서 제자들로부터 『일석이희승선생 송수기념논총』(일조각)을 받고 또 옛 이화여전 제자들의 사배까지 감동스럽게 받음.
1956. 6. 9.	수필집 『벙어리 냉가슴』을 일조각에서 회갑을 맞아 발행함.

1956. 6. 11.	한글학회 교양부 이사(9대 임원)에 다시 피선됨(이사장 최현배). 임기는 3년간임.
1956. 11. 19.	국어심의위원회 재발족함.
1957. 3. 10.	『새중등문법』과 『새고등문법』을 일조각에서 발행함.
1957. 7. 17.	대한민국학술원상(공로상)을 수상함.
1957. 7. 29.	서울대학교 문리과대학장에 투표로 선출됨. 과거의 법문학부장과 문리과대학장 거절 때와는 달리 선출직이라 어쩔 수 없이 맡았음.
1958. 1.	정치학과 학생 유 모군의 문리대학생 신문이던 「우리의 구상」에 실린 민주사회주의의 사회체제를 주장한 '모색'이란 글로 빚어진 필화사건으로 문리과대학장을 사임함. 울적한 심사를 달랠 겸 국문학과 겨울방학 방언 답사를 따라 제주도를 다녀옴.
1958. 12. 2.	국어국문학회 제1회 학술발표 때에 '학교문법 통일체계 확입을 위한 토론회'에 저자로서 한자어 용어를 중고등학교에서 채택할 것을 주장함.
1959. 1. 20.	『조선문학연구초』(1946)를 개제하여 『국문학연구초』로 을유문화사에서 재판함.
1959. 5. 25.	『한글맞춤법통일안 강의』의 개정판을 신구문화사에서 간행함.
1959. 5. 25.	한글학회 경리부 이사로 선출됨. 임기는 3년간임.
1959. 6. 20.	『조선어학논고』(1947)를 『국어학논고』로 개제하여 을유문화사에서 다시 간행함.
1959. 10. 9.	『한글』 제125호에 학계 중진의 한 사람으로서 김윤경, 이숭녕, 정인승, 최현배와 함께 국어문법에 대한 각자의 기본 태도를 밝혔는바, "내가 주장하는 국어문법의 기준"이었음.
1960. 4. 13.	한글학회 10대 임원(경리부 이사)에 다시 선출됨.
1960. 4. 25.	4·19로 "학생의 피에 보답하자."는 뜻으로 50여 명으로 구성된 교수단 데모에 시국선언문 기초위원의 한 사람으로 참여,

시위함. 이튿날 이승만 대통령의 하야로 이어졌음.

1960. 5. 11. 억울하게 물러났던 문리대 학장에 직접선거로 다시 선출되어 재취임함.

1960. 6. 25. 학술원 임명회원(종신회원)에 피선됨.

1960. 10. 1. 서울운동장에서 개최된 새 정부 수립을 축하는 식장에서 "새 정부 수립을 경축한다"라는 축시를 지어 당시 국문학과 여학생 김만옥 양이 대신 낭독하게 함.

1960. 10. 10. 서울특별시 교육위원회 교육공로상을 수상함.

1961. 5. 20. 시집『심장의 파편』을 일조각에서 발행함.

1961. 9. 30. 서울대학교 문리과대학 교수 겸 학장을 정년으로 퇴임함. 학부 강의는 1973년 2학기까지 맡았고 대학원 강의는 1974년 2학기까지 맡았음. 1975년 봄 서울대가 관악캠퍼스로 이전하면서는 강의를 맡지 않았음.

서울대학교에서 명예문학박사 학위를 받음.

1961. 12. 28. 생애 최대의 역저인『국어대사전』이 작업에 착수한 이래 만 11년 만에 민중서관에서 간행됨(수정증보판은 1982. 11. 25.에 간행됨).

1961. 12. 문교부 학교문법 통일을 위해 김윤경, 최현배, 이희승, 정인승, 이숭녕이 회의를 가짐.

1962. 1. 19. 한글학회에서 '한글 기계화 연구회'를 창설하려 했을 때에 이사로서 이희승은 혼자 반대함. 학회에서는 그 해 11월 1일에 '한글 타자기 통일 글자판'을 발표함.

1962. 2. 15. 수필집『소경의 잠꼬대』를 일조각에서 발행함.

1962. 3. 1. 서울운동장에서 열린 3·1절 기념식 석상에서 건국공로훈장(단장)을 서훈받음.

1962. 4. 1. 한글학회에 둔 '한글 전용 특별 심의회'의 예술 분과 위원에 위촉됨.

1962. 4. 8.	문교부 국어과 교육과정 심의회에서 구성된 '학교 문법 통일 전문위원회'에 교과서 저자로 참여함.
1962. 6. 5.	한글학회 외사부 이사로 선출됨. 임기는 3년간임.
1962. 6.	서울대학교 명예교수에 추대됨.
1962. 7. 21.	일본 전국 각지에 거주하는 교포를 방문, 조국관을 심어 주기 위한 강연을 8월 24일까지 함. '훈민정음과 한국문화의 특징', '국어란 무엇인가', '국어와 국가 간의 관계' 등 우리말에 관계된 주제를 담당했음.
1962. 11.	서울특별시 교육위원회 위원장에 피선됨(1963년 12월 31일까지).
1963. 4. 3.	문교부 안에 '학교 문법 통일 전문 위원회'가 문법 교과서 저자 8명과 저자 아닌 8명으로 구성됨. 한자 용어 측이 약간 우세하게 되었음.
1963. 4. 16.	한글학회 11대 임원(외사부 이사)에 선임됨. 이 무렵 이미 대학 전임교수였던 제자 정연찬과 안병희를 한글학회 회원으로 추천했으나 부결되었는데 선생이 이듬해 동아일보사 사장으로 임명된 후 이들을 신입회원으로 승인했다 함.
1963. 8. 1.	인촌 선생의 아우인 김연수 삼양그룹 회장의 요청으로 동아일보사 사장에 취임함.
1964. 11. 15.	한글학회의 '한글 혼용 반대 대책 위원회'의 위원으로 이사로서 피선됨. 그러나 이후 실제로는 '어문교육연구회'(1969년 7월 31일에 창립)의 회장으로 1970년 11월 25일에 '한자 교육 부활 촉구 성명서'를 발표하는 등 한자 교육의 필요성을 주장함.
1965. 6. 20.	국어학회 명예회원에 최현배, 장지영, 김윤경, 정인승, 이탁, 양주동과 함께 이희승 선생이 추대됨.
1965. 7. 31.	동아일보사 사장을 사임함.
1965. 9. 1.	(전) 대구대학 교수 겸 동 대학원장에 취임함.

1965. 9. 28.	인촌기념회 설립과 동시에 이사로 선임됨.
1966. 2. 22.	자유중국 대만을 방문, 각지 학사 시찰 여행을 3월 3일까지 함.
1966. 4. 15.	한글학회 외사부 이사가 임기 만료로 끝나고 이후로는 한글학회와는 회원으로만 관련을 유지함. 최현배는 이사장으로 1970년 서거할 때까지 계속 있으면서 1960년부터는 허웅이 이사로 등장하였음.
1966. 8. 31.	(전) 대구대학 교수 겸 대학원장을 사임함.
1966. 9. 1.	성균관대학교 교수 겸 대학원장에 취임함.
1967. 2.	『중학작문』(공저 1, 2, 3)을 동아출판사에서 발행함.
1967. 6. 27.	국민정신의 순화, 명현 선열의 추모 사업, 전통 정신문화 계승 발전을 위해 1967년에 창립하고 1969년에 사단법인으로 등록한 현정회 이사장에 취임함(1989년 11월 작고 시까지 계속함).
1968. 2. 20.	『새문법』을 일조각에서 간행함.
1968. 7. 16.	대학민국학술원 부회장(인문과학 담당, 회장은 이병도)에 피선됨.
1969. 2. 28.	성균관대학교 교수 겸 대학원장을 70세 정년으로 퇴임함. 강의는 1974년 2학기까지 계속함.
1969. 7. 31.	한국어문교육연구회가 창립되어 회장에 추대됨.
1970. 5. 2.	국어학회 평의원으로 피선됨과 아울러 명예회장으로 추대됨(회장은 이숭녕).
1970-1987	한국 글짓기 지도회 회장에 추대됨.
1971. 1. 1.	단국대학교 교수 겸 새로 창설된 동 부설 동양학연구소 소장에 취임함.
1971. 3. 30.	그동안 발표했던 비학술적인 글들을 모아『한 개의 돌이로다』(나의 인생관)을 휘문출판사에서 간행함.
1972. 4. 1.	진단학회 평의원에 추대됨(1989년 작고 시까지 계속됨).
1972.	해공신익희선생기념사업회 제2대 회장에 취임해 1980년까지

계속함. 이 기념회는 1996년 4월 10일 국가보훈처에 사단법인으로 등록되었음.

1975. 3. 26.	월봉 한기악 선생 기념사업회의 발족과 동시에 회장에 취임하여 1989년 11월 29일 작고 시까지 계속함.
1975. 6. 9.	수필집 『먹추의 말참견』을 일조각에서 발행함.
1976. 3. 20.	수필집 『딸깍발이』를 범문사에서 발행함.
1976. 9. 2.	국어학회 명예회장에 다시 추대됨.
1977. 3.	인촌기념사업회 이사장에 취임함(1989년 11월 작고 시까지 계속함).
1977. 12. 10.	『한국일보』에 1975년 11월 8일부터 1976년 1월 26일까지 49회에 걸쳐 연재했던 '나의 이력서'를 원 바탕으로 하되 약간 손질하여 자서전 『다시 태어나도 이 길을』을 능력개발에서 발행함.
1977. 12. 21.	신진학자들의 국어연구의 진흥을 위해 국어학회에 기금을 희사함. 그 기금으로 국어학회의 공동연구회(전국학술대회)에서 '일석국어학연구장려상'과 장려금을 신진국어학자에게 현재까지 매년 주고 있음. 제1회 수상자는 「소유와 소재」 등의 논문을 집필한 박양규(현 성균관대 교수) 회원이었음. 그 후에도 상당한 기금을 희사하였고 일석학술재단 이교웅 이사장도 기금 일부를 희사했음.
1978. 3. 1.	단국대학교 동양학연구소의 『한한대사전』 편찬 기획을 주관함.
1978. 3. 11.	수필문학상을 수상함.
1978. 3. 29.	제6회 인촌문화상을 수상함(상금은 국어학회 일석국어학연구장려금 기금으로 전액 희사함).
1979. 9. 8.	국어학회 명예회장에 또 추대됨.
1981. 1. 31.	단국대학교 동양학연구소 소장 사임, 고문으로 추대됨.
1981. 4.	삼일문화상 심사위원장을 역임함. 이 해에 삼일문화재단 이사로 추대되어 1989년 11월 작고 때까지 연임됨.

1981. 4. 18.　제도 개편으로 대한민국학술원 원로회원에 추대됨.

1981. 9. 18.　광복회 고문에 추대됨.

1982. 8. 31.　국어학회 명예회장에 또 다시 추대됨.

1982. 11. 25.　수정증보판『국어대사전』을 민중서림에서 발행함.

1985. 8. 23.　국어학회 고문으로 이숭녕 선생과 함께 추대됨.

1986. 12. 29.　미국언어학회 명예회원으로 피선됨.

1987. 12. 29.　부인 이정옥 여사께서 별세하심.

1988. 1. 15.　국어학회 고문으로 다시 추대됨(1989년 작고 시까지 계속).

1988. 3. 19.　한국어문교육연구회 명예회장에 추대됨.

1988. 4. 5.　수필집『메아리 없는 넋두리』를 인물연구소에서 발행함.

1989. 8. 10.　『한글맞춤법 강의』를 안병희와 공저로 신구문화사에서 간행함.

1989. 11. 27.　하오 7시 숙환으로 별세하심(향년 94세).

1989. 12. 1.　경기도 고양군 벽제면 문봉리(현재는 경기도 고양시 일산동 구 문형동) 선영하에 모심.

※ ※ ※ ※

1989. 12. 15.　국민훈장 무궁화장을 추서받음.

1990. 11. 29.　국어국문학회, 국어학회, 한국국어교육연구회, 한국어문교육 연구회, 한글학회, 현정회 등 7개 학회 공동으로 성균관 내 유 림회관 대강당에서 일석 이희승 선생 1주기 추모식을 거행하 였음.

1992. 9. 9.　묘비 및 추모비를 묘소에 세움.

1993. 6. 1.　국가유공자증 추서받음.

1994. 3. 25.　수정증보판『국어대사전』이 민중서림에서 간행됨.

1994. 5. 10.　『고친판 한글 맞춤법 강의』가 안병희와의 공저로 발행됨.

1994. 10.　　정부(문화체육부)로부터 '이달의 문화인물'로 추대됨.

1994. 10. 9. 이달의 문화인물로 선정됨을 기념하여 국립국어연구원에서 추모문집『일석 이희승 선생의 학문과 인간』을 펴냄. 이 책자는 곧『새국어생활』로 재간되었음.

1994. 10. 21. "일석 이희승 선생의 인간과 업적"을 주제로 한 10월의 문화인물기념강연이 서울대학교 국어연구회와 단국대학교 동양학연구소 공동 주최로 서울대학교 호암생활관에서 열림. 단국대 전광현 교수의 사회로 박양규(국어연구), 김용직(문학세계), 이종석(사회·문화활동) 등 제자들의 발표와 단국대 장충식 총장과 서울대 이기문 교수의 추모사가 있었음.

1994. 10. 31. 이달의 문화인물로 선정됨을 기념하며 추모문집간행위원회에서『일석 이희승 딸깍발이 선비』(신구문화사)를 편집해 발행함.

1996. 6. 5. 생전에 녹음한 자료에 의거해 자서전『딸깍발이 선비의 일생』(일석 이희승 회고록)을 창작과비평사에서 간행함.

1996. 6. 9. 탄신 100년에 즈음하여 일석이희승선생 학덕추모비 건립 및 보존위원회(위원장 강신항) 주최로 '일석이희승선생 학덕추모비'의 제막식이 남산공원 남산골 전통문화마을 조성단지 안에서 거행됨(이어령이 글 짓고, 김충렬이 글씨 씀).

1998. 12. 17. "일석 이희승 선생의 생애와 학문"이란 주제로 국어학회에서 이승욱, 이익섭 교수의 특강을 가졌음.

1999. 11. 29. 일석 이희승 선생 10주기 추모식을 경기도 고양시 일산동구 문형동 선영에서 서울대학교 대학원 국어연구회 주최로 개최하였음(남광우 등의 추모담이 있었음).

2000. 11. 20. 『일석 이희승 전집』전 9권이 서울대학교 출판부에서 간행됨.

2002. 10. 17. 일석학술재단 설립 인가가 남. 이교웅 이사장 취임함.

2003. 6. 10. 제1회 일석국어학상 시상식을 재단법인 일석학술재단 주최로 세종문화회관에서 개최함. 수상자는 서울대 명예교수 이익섭

이었음.

2004. 4. 24.   일석기념관 준공함(서울특별시 종로구 동숭동 25의 1).

2004. 6. 9.   제2회 일석국어학상 시상식을 재단법인 일석학술재단 주최로 일석기념관에서 개최함. 수상자는 서울대 명예교수 고영근이었음.

2004. 6. 9.   일석학술재단에서 생전에 발표한 고시조와 가사를 감상한 글들을 모아 『고시조와 가사 감상』을 집문당에서 발행함.

2005. 6. 9.   제3회 일석국어학상 시상식을 재단법인 일석학술재단 주최로 일석기념관에서 개최함. 수상자는 서울대 명예교수 이병근이었음.

2006. 6. 9.   제4회 일석국어학상 시상식을 재단법인 일석학술재단 주최로 일석기념관에서 개최함. 수상자는 전남대 명예교수 이돈주이었음.

2007. 6. 9.   제5회 일석국어학상 시상식을 재단법인 일석학술재단 주최로 함춘회관에서 개최함. 수상자는 국민대 명예교수 송민이었음.

2008. 6. 9.   제6회 일석국어학상 시상식을 재단법인 일석학술재단 주최로 함춘회관에서 개최함. 수상자는 동국대 명예교수 김영배였음.

2009. 6. 9.   제7회 일석국어학상 시상식을 재단법인 일석학술재단 주최로 함춘회관에서 개최함. 수상자는 전 연세대 교수 홍윤표였음.

2009. 11. 27.   일석 이희승 선생 20주기 추모식을 경기도 고양시 일산동구 문형동 선영에서 재단법인 일석학술재단과 일석이희승선생 기념사업회 공동주최로 개최하였음.

2010. 6. 9.   제8회 일석국어학상 시상식을 재단법인 일석학술재단 주최로 일석기념관에서 개최함. 수상자는 충남대 명예교수 도수희였음. 또 제1회 일석국어학 학위논문상도 같은 자리에서 시상함. 수상자는 송정근(한남대)과 이준환(국립국어원)이었음.

2012. 10.   이 달의 독립운동가 '이희승 선생' 공훈선양 학술강연회(광복

회) "우리말과 우리글을 지키고 연구한 일석 이희승李熙昇 선생"(강신항, 성균관대 명예교수)

〔붙임〕 이후의 수상자

연도	일석국어학상		일석국어학학위논문상	
2011	9회	송기중	2회	범기혜, 채숙희
2012	10회	이광호	3회	안소진, 진려봉
2013	11회	최명옥	4회	김세환, 박상진
2014	12회	남기심	5회	정한데로, 차익종
2015	13회	S. R. Ramsey	6회	문병열, 정경재
2016	14회	임홍빈	7회	위국봉, 주지연
2017	15회	서정목	8회	최윤지, 카와사키 케이고
2018	16회	곽충구	9회	문현수, 이수연
2019	17회	김홍수	10회	김보영, 김태우, 사례
2020	18회	채완	11회	김태인
2021	19회	송철의	12회	진관초

이희승
- 일석국어학의 성격과 시대적 의의 -

국어학의 학문적 체계도 서 있지 않았던 불모不毛의 시대에 발을 들여놓은 지 50년, 반백년 동안에 무슨 일을 했는지는 스스로 떠들 일이 아닌 줄을 알고 있지만, 내 나름대로 억지 결산을 해 본다면 나는 우리나라 국어학의 마일스톤[이정표里程標]에 머물고 말지 않았나 생각한다. 국어학의 개설槪說 정도를 겨우 이룩한 셈이라고 할까.

『다시 태어나도 이 길을』

1. 국어학과의 만남과 전개

"인생이란 좋든지 싫든지 간에 파란 중첩한 인생 항로를 걸어가지 않을 수 없게 운명을 타고 난 것이다."라고 한 일석 이희승 선생. 1896년에 현재의 경기도 의왕시 포일동에서 태어나시어 93년간의 파란만장했던 생애를 마친 선생께서는 어느 기자의 "선생이 만일 일생을 되풀이할 수 있다면, 그때에는 무엇을 하시렵니까."라는 질문에 "그때에도 국어학을 연구하겠어요."라고 대답한 일이 있다. 그러면서도 선생 스스로는 국어학의 이정표에 머물고 말지 않았나 하고 말씀도 했다. 어떻게 국어학과의 만남이 있었고 구체적으로 국어연구가 어떤 성격으로 진행되었으며, 나아가서 일석국어학이 국어연구에 있어서 어떠한 시대적 위치에 있게 될까.

국어학사에 대한 연구에도 역시 사관의 문제가 있다. 필자는 국어학사에 대한 서술에서는 우선적으로 개별적인 업적에 대한 내용과 성격을 공시론적으로 이해하고 그것에 대한 시대적 의의를 음미하면서 전체적인 평가를 꾀하여야 한다고 믿고 있다. 전자는 내적 역사에 대한 파악이요 후자는 외적 역사에 대한 접근이다. 이 두 가지를 종합하여 고찰할 때에야 비로소 객관적인 평가가 가능할 것이다. 아직까지는 일석국어학이 본격적으로 서술된 바도 없고 평가된 바도 없다. 그리하여 이 글은 "국어학사의 재조명"이라는 주어진 타이틀에는 어울리지는 않는다. 지금으로서는 일석국어학의 일차적인 성격을 구명하는 일이 우선 시급하다 하겠다.

일석과 국어학의 최초의 인연은 18세 때의 일이었다. 우여곡절로 학교를 다니지 못하고 선대의 고향인 개풍군에 내려와 있었던 일석이 당시 휘문의숙 학생이었던 이한룡이란 이로부터 빌려 읽은 책 중에서 교재용으로 프린트한 주시경의『국어문법』을 접하고 5・6회를 거듭 읽는 동안 "나도 국어 공부를 해야겠다."는 결심을 하게 되었다 한다(『다시 태어나도 이 길을』, pp. 31~33). 개화기에 싹튼 이른바 '신학문'에 자극되었던 것이다. 주시경의 국어학과 일석 국어학 사이에는 그 성격상에 있어서 실용적인 면을 제외하면 직접적인 영향관계가 있었는지는 객관적으로 들어나지 않는다.

국어학과의 본격적인 만남은 30세에 이르러서야 비롯되었는데 경성제대 예과에 입학하고 3년 뒤인 33세에 "朝鮮語及朝鮮文學科"(현재의 국어국문학과)에 오르고서부터였다. 문학은 일본인 다카하시 도루高橋亨에게서 배우고 어학은 역시 일본인 오구라 신페이小倉進平에게서 배우게 되었다. 35세 때의 학부 졸업논문은 「・음고」였다.

일석의 이러한 국어학과의 만남은 1934년부터 1942년 이른바 조선어학회 사건으로 검거되기 전까지 왕성한 학술활동과 계몽활동으로 이어진다. 조선어학회 활동 이외에 경성사범학교 교유 및 이화여전 교수를 거치며 교육에 봉사했고 동경대 대학원에서 언어학을 수학하기도 했으며, 서울대학교 국어국문학과 교수 시절에는 예일대학과 캘리포니아대학에서 역시 언어학을 연구하기도 했다.

또 한편으로는 학부 졸업 후 조선어문학회 창립에 참여하여『조선어문학회보』에 글을 발표하기도 하였고 조선어학회에 입회하여(간사장 역임) 맞춤법 표준어 외래어표기법의 제정과 사전 편찬에 깊이 그리고 적극적으로 참여하기도 했다. 그리하여 위의『조선어문학회보』와『한글』에 여러 번 논문들을 발표하면서 때로는『당성』,『신흥』,『학등』,『문장』,『춘추』 등의 잡지에도 글들을 발표했다. 당시까지의 논문들은 주로 맞춤법 표준어 신조어 외래어 등 언어생활에 관련된 실용적인 문제들이 주종을 이룬다. 그리고 국어학방법론 등에도 깊은 관심을 보이게 된다. 국어학의 체계가 아직 잡히지 않았던 시절의 일이었다. 고전문학 자료에 대한 해독에 큰 관심을 두고(cf.『조선문학연구초』, 1946) 또 시작詩作에 열의를 보였던 것은 이화여전 동료교수의 도움을 받은 것이었지만, 당시의 교육과 교재 사정 때문이었다.

해방과 더불어 감옥에서 풀린 일석은 해방 이전에 쓴 주요 논문들을 두 권으로 나누어 묶었다.『조선어학론고』와『조선문학연구초』가 그것이다. 해방에 따라 변환기를 맞아 일석 스스로도 "과거에 걸어온 자아의 발자취를 회고함으로써 새로운 자극과 초달을 삼고자"하려는 의도로 또는 재출발을 하기 위하여 걸어온 자취는 일단락 지으려는 의도로 엮은 것이 바로 위의 두 책인 것이다. 말하자면 이 두 책은 1930년 이후 당시까지의 업적을 총결산한 것이라 할 수 있다.『한글』에 연재했던 글을 정리한『한글맞춤법통일안 강의』(1946)도 이때에 간행된 것이었다.

1945년 해방 이후 또 한편으로는 단편적인 글들과 문법론 관계의 논문들을 발표하면서 중학교 문법교과서로『초급국어문법』(1949) 등을 내고, 대학 전공 교과서로『국어학개설』(1955)을 지었는바, 이 책은 서울대학교 국어국문학과에서 강의안을 수정하여 엮은 것이었다. 일제하에서의『우리말본』(최현배, 1937) 이후, 당시에는 김형규(1949), 이진모(1953), 이숭녕(상, 1954) 등의 개론서들만이 있었을 뿐이었다. 이어서 필생의 작업의 또 하나였던 『국어대사전』(1961)을 간행하였는바, 서울대학교에서 정년퇴직한 몇 달 뒤인 그 해 말이었다. 이때까지 간행된 단일어사전으로서의 국어사전으로는 이윤재의 사전카드의 많은 분량을 참고했다는 문세영의 『조선어사전』(1938) 등과 소사전으로서의 이윤재(김병제)의 『표준조선말사전』(1947), 유열의 『현대 학생 우리말 사전』(1950) 이외에 좀 더 본격적인 사전들인 조선어학회(한글학회)의 『(조선말)큰사전』(1947~1957), 신기철·신용철의 『표준국어사전』(1958/1960), 국어국문학회의 『국어새사전』(1958), 홍웅선·김민수의 『새사전』(1959) 등이 있었다. 해방 뒤의 이러한 일련의 작업들은 국어 교육 및 국어학 교육이라는 실용적 성격의 것들로서 잃어버릴 뻔했던 우리말의 되찾음과 역사적 맥락이 닿는 것이었다.

이상의 일석국어학은 순수 국어학연구를 비롯해 응용국어학으로서의 문자체계 및 맞춤법 표준어 외래어 신조어 및 국어순화, 그리고 사전 등에 걸쳐 있어서 순수학문의 기초적 성격과 응용학문의 실천적 성격을 지녔다고 할 수 있다 이러한 일석국어학의 성격은 일석 자신이 언급한 다음과 같은 진술에 반영되어 있다.

國語란 것은, 그 研究 檢討와 料理 按排를 반드시 專門學者의 손에만 一任할 것이 아니라, 國語 속에 나서, 國語 속에서 살다가, 그 國語를 子孫에게 물려주고 가는 一般 國民에게 國語에 對한 知識을 供給하고, 國語에 對한 認識을 促求하고, 國語에 대한 愛好心을 觸發하여, 우리 國民의 生存繁榮과 國語와의 不可分의 緊密한 關係를 理解시키는 데 조금이라도 도움이 될까 하는 懇切한 微衷을 참지 못한 탓도 決코 적지 않다.

『조선어학론고』, 서

국어·국민·국가 간의 긴밀한 상호관련을 강조한 일은 저 애국계몽사상가로서의 어문민족주의자였던 주시경 등에게서 일찍 보았던 일이기도 하다. 주시경보다 20년 정도 늦게 개화기에 태어나 일제하에서 국어학과 만나 활동하고서 감옥에서 맞은 해방과 함께 다시 찾은 국가, 국민, 국어를 위해 노력하고 연구한 일석은 국어학사에서 어떻게 자리될 것인가. 일석이 남은 제자들의 돌무더기 속에서 가질 수밖에 없는 사제지간의 감정을 저만치하고서 일석국어학의 내용과 성격을 서술하고서 객관적 평가를 꾀하여 보려 한다.

2. 일석국어학의 내용과 성격

2.1 역사적 연구

일석의 학부졸업논문은 「·음고」로 알려져 있으나, 간행된 바 없어 그 내용을 구체적으로 알 수 없다. 일인교수 오구라 신페이에게서 어학강의를 받은 사실과 관련이 있을 듯한 주제이다. 오구라는 그의 『향가 및 이두의 연구』 (1928)에서 "言語의 歷史的 硏究를 無視한 語論은 恰似 沙上樓閣을 構築하는 것과 마찬가지로 根據가 매우 薄弱하여 何等의 科學的 價値를 認定할 수 없다." 라고 하였는바, 역사적 연구가 아니면 과학적 가치를 인정하지 않던 서양의 19세기적 science의 개념 속에 있었던 유일한 어학교수로 강좌장이었던 오구라의 영향이 아니었을까 한다. '·'의 음운사에 각별한 관심을 가졌던 문자론적 음운사가로서의 주시경과의 관련에서도 생각할 수 있겠으나 그것은 있었다 하더라도 간접적이었을 것이다. 이러한 일석의 음운사적 연구는 『국어학개설』(1955)의 「음운의 변화」를 제외하면 좀처럼 드러나지 않는다.

일석은 오구라와는 달리 언어연구에 두 가지 방식을 제시하였는바, "하나는 垂直的이니, 즉 時間的으로 言語가 發達變遷한 過程을 考察하는 歷史的 硏究를 이름이요, 둘째는 水平的이니, 즉 空間的으로 現存하는 言語의 性質 乃至 方言을 考究하는 것과, 또는 二種 以上의 言語를 比較 硏究하는 等일 것이다."라고 한 것이 그것이다. 그런데 이 두 가지 방면의 연구는 서로 무관계한 것이 아니고 또 전연 분리할 수도 없는 것으로, 어느 일방을 제외 혹 무시한다면 도저히 언어연구의 완벽을 기할 수 없는 것이라 하였다(「지명 연구의 필요」, 1932).

국어의 역사적 연구에 있어서 자료 부족의 보완책으로 지명을 고려한 논문이 「지명 연구의 필요」이다. 문헌과 방언상의 자료를 통한 역사적 연구도 가미되어 있다. 구체적으로는 '達(山, 高), 買(川, 水), 한(大), 실(谷)' 등을 삼국사기 지리지와 현대 지명 자료로 논의하고 있다. 지명 이외에 차자표기의 인명·관직명·물명 그리고 이두·향가 등에 대해서는 『국어학개설』(1955)에서 언급하고 있다. 「언어의 발달」(1936, 1946)은 주로 언어의 기원설에 초점을 두었다. 신수설·발명설·사성설·감성설·경험설(발달설) 등을 소개하면서 이 중에서 경험설(발달설)이야말로 언어의 기원을 설명하기에 가장 타당한 것으로 보았다. 「고대 언어연구에서 새로 얻을 몇 가지」(1937) 이외에 앞으로 언급할 형태론적 연구들도 실사의 허사와 등의 형태사를 중심으로 한 역사적 연구에 든다. 「각 방언과 표준어: 다시 서울말과 방언」(1936)은 그 초점이 방언의 역사적 논의에 있다기보다는 표준어 제정과 관련된 논의에 있었다.

2.2 형태론적 연구

주로 문법형태소들에 관한 연구가 주류를 이루는데, 「인대명사소화 / 인대명사의 주격조사」(1931), 「때의 조동사에 대한 관견」(1931) 등의 초기 논문 이외에 「삽요어(음)에 대하여」(1955)와 「존재사 "있다"에 대하여」(1956) 등이 있다. '내가, 네가, 제가' 등이 형태사적인 점을 고려하여 '이+가'의 주격조사의 중출에 의한 것임을 논의하였는바, 이때에 '이'가 기본적·제일차적이고 '가'는 파생적·제2차적이라 보았다. 시제를 나타내는 조동사(cf. 보조어간) 'ㅆ'은 마치 허사인 'ㅂ·읍·압·습·삽' 등이 실사인 '숣(白)-'에서 전성한 것처럼 존재의 '있-(〈이시-)'에서 나왔음을 논의하였다. 미래의 'ㄹ'도 동사 '일-'에서 허사화했을 가능성을 제시하였는데, 이러한 실사의 허사화라는 형태사적인 과정은 거의 모든 언어에서 확인할 수가 있다고 보았다. 이 논문에서 우리의 주목을 끄는 또 하나의 해석으로 조사 '는, 를'을 '은, 을'의 자음 'ㄴ, ㄹ'이 모음충돌hiatus의 회피방법으로 각각 삽입된 것으로 해석한 것을 들 수 있다. 김완진(1975)에서 음운론적인 유인에 의한 형태소중가로 해석된 바 있다. '푸르+어 → 푸르러'도 역시 'ㄹ'이 같은 이유로 삽입된 것으로 보았는데, 김완진(1971) "형태론적 현안의 음운론적 극복을 위하여"에서는 오히려 탈락된 것으로 재해석된 바 있다. 실사로부터 허사로 바뀐 변화와 관련된 논의로는 후치사postposition를 기능적인 면과 기원적인 면으로 다룬 이승욱(1957)이 있다.

이른바 존재사 '있다'에 관한 연구도 형태사적인 연구이다. 주격조사, 지시대명사, 피동·사동 등의 '이' 그리고 경어법의 '시' 등이 모두 존재사 '있-(〈이시-)'에서 나왔음을 주장하였다. 간접적인 관련을 가진 논의로는 처격(조사)을 다룬 박양규(1972) 등이 있다. '에셔(〉에서)'의 '셔'가 '(이)시어'의 얼어붙은 형식으로 볼 가능성이 있는 것이다.

삽요어(음)이라 부른 이른바 사이시옷에 대한 형태의미론적인 논의에서 이 'ㅅ'이 '하등동물, 무생물, 추상적 개념' 등에 널리 쓰이는 속격을 표시하는 방법으로 '사람'이나 '사람과 접촉이 잦은 동물 즉 가축' 같은 것에 한하여 쓰이는 속격(소유격) '의/이'와 서로 구별하였다. 현대어에서 흔히 볼 수 있는 '도덕의 표준' 등의 '의'는 국어의 본질적인 성격이 아니라 외국어의 영향에 의한 것이라 보았다. 이러한 논의들에서 형태사적인 이해와 공시론적인 서술이 혼동된 것은 아니었다. 말하자면 국어학사상에서 볼 때 일석은 공시론과 통시론을 구별하는 세대에 속하는 것이다. 중세국어의 '-ㅅ'의 문법적 기능에 대하여는 안병희(1967)로 전개되었다.

2.3 맞춤법에 관한 연구

일석은 1930년 4월에 조선어학회에 입회한 뒤 12월에 결의된 조선어급문법론통일안 즉 한글맞춤법통일안의 제정에 위원(권덕규, 김윤경, 박현식, 신명균, 이극로, 이병기, 이윤재, 이희승, 장길영, 정열모, 정인섭, 최현배)의 한 사람으로 참여하여 원안을 작성하고 이의 수정위원·정리위원으로서 3년간 계속 참여하였다. 조선어학회의 통일안이 마련되기 이전에는 조선총독부의 언문철자법이 있어 왔는데 그것은 음소적 원리로부터 차츰 형태음소적 원리로 변천하여 1930년의 제3회 개정안에 이르게 되었다. 여기에 참여한 우리나라 사람으로는 장길영, 정열모, 권덕규, 최현배, 신명균(심의린, 이세정, 김상회) 등이었고 일석은 아직은 참여하지 않았었다.

이 시기에 「ㄹㄹ'받침의 무망을 논함」(1931), 「ㅆ'받침의 가부를 논함」(1932), 「ㅎ'받침 문제」(1933) 등의 맞춤법 관계의 논문을 발표했고, 「모음 자음의 명칭」(1932) 등도 발표했다. 'ㄹㄹ'받침 문제는 '흙어(류), 붉어(호), 맑(간)' 등과 같은 맞춤법 문제를 논의한 것으로 형태(음운)론적인 접근이다. 어간과 활용부(어미)와의 관계에 따라 활용형을 ① 면/으면, 니/으니, …… ② 서/어(아)서, 도/어(아)도, …… ③ 거든, 고, ……와 같은 세 가지 부류로 나누고서 어간과 활용부를 구분하여 표기함을 원칙으로 삼고서 '흐르거든, 흐르면, 흘러' 등과 같이 표기할 것을 주장하였는바, 이 경우 어간을 '흐르-'로 보아 규칙활용을 하는 것으로 해석한 것은 당시의 서울말('흐르~흐르')을 바탕으로 한 것이었다. 이는 이병근(1967) 「중부방언의 어간형태소 소고」 등으로 이어진 바 있다. '이시-」잇-」있-'의 변화과정을 반영하는 'ㅆ'받침의 타당성을 주장한 논문에서 ① 고전적 표기법에 맞출 수 없다. ② '있'으로 발음하는 곳이 서울을 비롯해 광범위하다. ③ 'ㅆ'받침의 채용에 있어서 철자상·인쇄상 곤란이 많다는 주장은 이유가 너무 약하다 등의 주장을 근거로 '있(었, 겠)'의 표기를 주장하였는바, '있으니'식의 표기가 어간과 활용부를 구별하는 규정에도 맞는다고 하였다. 'ㅎ'받침 문제에 대해, 'ㅎ'받침은 매우 이해하기 어렵고 다른 언어에 'ㆆ'받침을 가진 예가 없으며 'ㆆ'이 'ㄱ, ㄷ, ㅂ, ㅈ'과 혼합하면 과연 'ㅋ, ㅌ, ㅍ, ㅊ'이 되는지 더 연구하여 볼 필요가 있다는 등이 이유로 반대함에 대해서 음리상으로 · 어법상으로 · 역사적으로 보아 'ㆆ'받침이 필요함을 역설하였는바, 여기에서도 역시 어간과 활용부를 구분하면서 어간은 언제든지 고정된 맞춤법을 갖도록 하여 곧 시각적으로 어형을 파악할 수 있어야 함을 전제로 하였다. 주로 박승빈의 주장을 비판하였다. 'ㆆ+ㄱ→ㅋ' 등과 같은 격음화를 의심하는 주장에 대한 비판은 방언적인 현상에 초점을 두었다.

이들 맞춤법의 논의에서 공통적인 주장은 현대의 일반적인 서울말을 바탕으로 해야 한다는 점과 어간 · 어미(활용부)의 구분을 전제로 해야 한다는 점이다. 이들은 곧 『한글맞춤법통일안』의 기본정신이 되었다. 특히 표준어에 대해 통일안이 제시한 "표준말은 대체로 현재 중류사회에서 쓰는 서울말로 한다."라는 규정에 통하는 것이다. 「표준어에 대하여」(1932)에서 이미 지리적 표준 · 시대적 표준 · 계급적 표준을 고려하여 대체로 수부의 언어로 '현대 경성어'임을 언급한 바 있다. 서울말을 표준어의 바탕으로 삼으려는 태도는 주시경 · 김두봉 등에서 싹텄고 조선총독부의 언문철자법(특히 1930년의 제3회 개정안)에 규정된 바 있다. 통일안에서 쓰인 어학용어들은 한자어 계통들이었는데, 이는 사회에서 일반화된 술어 내지 용어를 쓸 것을 주장한 「모음 자음의 명칭」(1932)에 이러한 태도가 이미 나타나 있었으며, 주시경 등의 고유어 계통의 신조용어(예컨대 조사 → 움)에 대해서는 「신어 남조濫造 문제」(1932)에서 비판한 바 있다. 사회화된 공시태를 표준어로 제정하는 것이 실천적이요 자연스러웠기 때문이었다. 통일안에서의 또 하나의 특징은 어간과 어미를 구분하여 적는 '어원표시주의'(cf. 형태음소적 원리)를 원칙으로 하고 부분적으로는 '표음주의'(cf. 음소적 원리)를 받아들인 점인데, 당시로서는 이 두 가지 원칙이 팽팽히 맞서 있었다. 결국 수차례의 토론을 거쳐 절충안을 마련하게 되었었다 한다(cf. 이희승 · 김완진 1976, pp. 224~225). 극단적인 어원표시(실은 '어근표시'로 정정)를 피하고 어간과 어미를 분리하여 표기함을 원칙으로 삼으려는 일석국어학의 방법이 결과적으로는 대체로 반영된 셈이다. 체언과 조사, 어간과 어미를 경계를 찾아 '먹다, 먹어서'와 같이 써야 한다는 주장은 이미 주시경에게서 볼 수가 있었던 것이다(이병근 1985).

맞춤법통일안의 제정에 깊이 관여하였던 일석은 『한글맞춤법통일안』(1933) 이 나온 뒤에 『한글』(52호~76호)에 「한글맞춤법통일안 강의」를 연재하였고, 해방 뒤 이를 손질하여 『한글맞춤법통일안강의』(1946)를 간행하였다. 이 강의는 그 뒤에 맞춤법의 부분적인 수정에 따라 「새로 고친판」(1959)을 낸 바 있고 1988년 문교부에서 「한글맞춤법」이 제정되어 공포됨에 따라 이에 대한 해설을 보완하여 이희승ㆍ안병희 공저로서 한글맞춤법통일안강의 개정판으로 『한글 맞춤법 강의』(1989)를 내었다.

맞춤법의 안이 마련되는 가운데 그 보완적인 작업으로 「외래어 표기법 및 부수문제 협의회」(1931)를 개최하고 조선어학회에서는 외래어표기법의 제정작업을 진행하였는바, 정인섭ㆍ이극로와 함께 일석은 책임위원으로 참여하였다.

2.4 표준어 외래어 및 국어순화에 관한 논의

맞춤법의 제정은 그 대상되는 언어에 대한 논의를 전제로 하게 된다. 흔히 표준의 대상이 되는 언어 문제이다. 이런 점에서 맞춤법과 전사법과는 차이를 가지게 된다. 조선어학회에서는 『한글맞춤법통일안』을 마련한 3년 뒤에야 『사정한 조선어 표준말 모음』(1936)을 내놓았는데, 이들은 모두 1929년 조직돈 조선어사전 편찬회의 사업에 전제가 되었던 사업이었다. 맞춤법통일안을 마련하고 표준어를 사정하여 사전을 제작한다면 그것은 규범사전의 성격을 띠게 되고 교육적 기능을 담당하게 될 것이다.

조선어학회의 조선어 표준어 사정위원회(1935년)에 일석은 (수정)위원으로서 처음서부터 끝까지 참여하였다. 이미 앞에서 언급한 바와 같이 '방언의 의의, 표준어의 의의, 표준어 제정의 의의, 표준어의 교육상 가치, 표준어 제정상 제조건' 등을 다룬 「표준어에 대하여」(1930)에서의 주장이 "표준말은 대체로 현대 중류 사회에서 쓰는 서울말로써 으뜸을 삼되, 가장 널리 쓰이고 어법에 맞는 시골 말도 적당히 참작하여 취하였다."(cf. 『사정한 조선어 표준말 모음』의 일러두기)로 반영되었었다. 의사소통의 통일된 수단으로서의 규범적 언어로 인위적으로 제정되는 표준어는 한 단어의 지역적 변이와 사회적 변이를 통일시킨 것인데, 전통적인 언어사회에서는 흔히 수도의 상류사회를 그 규분의 바탕으로 삼았던 것이 서양의 1930년대 경향이었는데(cf. L. Bloomfield (1933), *Language*, pp. 48~52), 일석의 경우에는 중류사회를 규정하였다. 「표준어 이야기」(1937)는 『사정한 조선어 표준말 모음』이 간행된 직후에 "표준어를 이용하여, 언어 통일과 순화에 다 함께 힘써주"도록 방송한 내용인바, 그 골격과 바탕은 대체로 「표준어에 대하여」와 큰 차이가 없다. 표준어와 국어순화와의 밀접한 관계를 의식하면서 논의한 것이 「신어 남조 문제」(1933), 「외래어 이야기」(1941)와 해방 뒤의 「국어 순화 문제」(1947), 「일상용어에 있어서의 일본어 잔재」(1947), 「한자문제는 어디로?」(1949), 「문화정책으로 본 한자문제」(1961), 「언어의 순화」(1969) 등이다. 국어순화와 관련된 수필도 적지 않다. 표준어 문제 그리고 국어순화 문제 등이 실천적 성격을 띰은 물론이다.

2.5 사상 표현과 어감: 유포니론

인간이 그러하듯 인간의 대표적 행위인 언어도 이성과 감성의 두 세계가 있을 수 있다. 이에 따라 언어를 논리적인 면 이외에 표현적인 면에서 볼 때에 표현주체·표현작용·표현대상 세 요소의 삼위일체로 일석은 보게 된다. 이때에 자연히 어감의 문제가 대두하게 되는데, 그 서설적인 논의가 바로 「사상 표현과 어감」(1937)이다. 국어의 특성으로 흔히 음성상징어를 들고는 하나, 표현적인 가치로서의 어감은 여기에만 머물지는 않는다. 위의 논문에 의하면 표현적 가치는 형식 즉 발음 면에서는 '강약, 장단, 고저, 모음의 명암, 자음의 예둔, 접미음·접두음' 등이 관여할 수 있고, 내용 즉 의미 면에서는

'계급성, 친밀성' 등이 관여할 수 있게 된다. 특히 일석에게 관심의 초점이 되었던 어감의 문제는 계기적인 또는 근접한 음성의 영향으로 조화를 이루게 하는 음변화로서의 '유포니euphony(활음조)'였다. 이에 관련될 현상으로 ① 모음조화의 현상, ② 자음동화의 법칙, ③ 모음충돌hiatus의 회피, ④ 3개 자음의 연속적 발음이 불가능한 일, ⑤ 2개 이상의 초성(두음)을 가지지 않는 일 등이 있다고 보면서 이 중에서 모음충돌의 회피를 유포니에 의한 것으로 다룬 논의가 「국어의 유포니」(1954)였다. 이두에서는 하나로 통일되었던 조사들이 후세로 오면서 두 개씩 나뉘는 현상(cf. '며/으며' 등)을 유포니의 증진이라 보고서 그 이유를 된소리나 격음의 증가에 따른 역효과적 유포니의 보충으로 보았다. 「국어의 "유포니" 속고」(1962)에서는 유음 'ㄹ'이 음악적 효과를 높이는 유포니의 기능을 가진다고 하였다. 예컨대 유음화까지 들고 있다.

표현적인 가치로서의 어감 즉 언어의 감정가치는 언어를 표현수단으로 하는 문학과 다시금 관련되기 때문에 「언어와 문학가」(1953), 「시와 언어」(1948), 「국어의 예술성」(1960) 등의 문학과 언어를 연결짓는 글들도 있게 된다. 물론 이는 언어적 관점에서의 언급이다. 작가들의 창작에서 정확한 어휘를 사용한 문장을 쓸 것을 강조하기도 하였다(cf. 「창작과 문장론」, 1948).

일석은 분명 국어학자이다. 그러나 그는 국문학자 또는 작가로서도 평가될 만하다. 일석국어학을 서술하는 현재로서는 이에 대해 더 이상 언급하기는 어울리지 않는다.

2.6 언어·민족·문화에 대한 인식

언어와 민족과의 밀접한 관계는 새삼스레 강조할 필요가 없다. 그것은 기원론의 관점에서라기보다는 역사적 맥락에서 하는 말이다. 언어와 완전한 일치를 보이는 것은 아니라 하더라도 이들을 떼어놓는다는 것은 생각조차 할 수 없는 것이다.

일석 또는 그러한 생각을 짙게 가지고 있었다. 「언어와 민족」(1946)이라는 글에서 일석은 다음과 같이 언급하였다.

　　한 個의 民族은 혈통이 같고, 共通되는 歷史를 가지고, 風俗 習慣이 같고, 生活感情이 類似하다는, 여러 가지 要件이 具備되어야 하겠지만, 그 중에서 도 同一한 言語를 가졌다는 것이 무엇보다 顯著한 특징입니다. 한 마디말로 表示한다면, 그들은 共通되는 特殊한 傳統을 가졌습니다. 이 特殊한 傳統이 곧 固有한 文化요, 固有한 文化 속에서도 남다른 言語를 가진다는 것이 가장 緊要한 일입니다. 그는 言語가 諸般 文化의 基礎條件이 되기 때문입니다.

　　요컨대, 한 민족과 언어는 특수한 전통으로서의 고유문화와 함께 밀접한 관계를 가지는데, 그 기초가 곧 언어라는 것이다. 그리하여 "固有한 言語는 그 言語를 지니고 있는 民族을 內部로 團結시킬 뿐만 아니라 對外的으로는 다른 民族과 區別되는 重要한 標識가 됩니다."라고 하였다. 여기서 우리에게 상기되는 것이 주시경의 '구역(지역공동체)' '인민(혈연공동체)' 및 '말(언어공동체)'의 삼위일체가 곧 민족으로 본 언어민족주의이다. 대외적으로 보면 이러한 민족은 언어의 차이에 의해 딴 민족과 구별되어 각수(각이)성各殊(各異)性을 지니고 대내적으로 보면 자재성을 가지는 것으로 본 것이 주시경의 경우인데(cf. 이병근 1985), 일석의 경우에도 근본적인 차이는 없으나 자재성보다는 고유성을 더욱 강조하여 특질론에 이르고 있다. 그리하여 「언어와 문화」 (1946)에서 "社會와 民族이 다른 경우에는 그 言語 역시 獨特한 特質을 가지게 된다."라고 언급하였다. 그러나 일석이 본 언어는 후술할 바와 같이 특수성과 보편성을 모두 고려한 것이기에 약간의 차이점이 있다고 본다. 또한 "言語는 文化의 基礎要素가 된다."고 한 일석은 "어느 民族이나 社會가 創造한 文化는 그 民族이나 社會가 固有한 言語에 가장 잘 反映되어 있다."라는 소극적인 관계뿐만 아니라, 한 민족이 그들이 가지고 있는 언어와 운명을 같이함으로써 "한 民族의 隆替와 그 言語의 盛衰는 서로 표리가 되고 서로 因果가 되어, 不可分의 緊密한 關係를 가지고 있는 것"으로 해석한 적극적인 관계까지 생각했던 것이다.

일석은 (개별)언어가 가지는 감성적인 면도 강조한 바 있다. "固有한 言語
는 그 言語를 지니고 있는 民族을 內部 團結시킬 뿐만 아니라 ……"가 곧 이를
말해 준다. 「문법을 의통일宜統一」(1908)에서 통일된 언어가 애국적 단결심을
이끌 수 있다고 본 신채호의 사상과도 일맥상통하는 점이 있다. 그럼에도
불구하고 일석국어학은 과학적이라야 함을 강조함에 또 다른 면의 특성이
있다.

2.7 『국어학개설』의 체제와 특성

일석의 국어학은 그의 『국어학개설』(1955)로 집약된다. 그 스스로도 일생
의 대표적인 업적으로 이 개설서를 언급하곤 했었다.

> 우리네와 같은 사람은 국어학의 총론, 혹은 개론에만 손을 대 보았을 따름
> 이요, 각론에 있어서는 어느 한 분야에 입문도 못한 형편인 것을 고백하지 않
> 을 수 없다.
>
> 「나와 국어학」

일석이 이렇게 고백한 이 개설서는 당시까지 써온 논저들을 바탕으로 집
약하면서 그 나름대로 체계화시킨 것인데, 이를 이해하고 해석하는 데에는
다음과 같은 그의 언급을 참작하여야 할 것이다. 이미 「조선어학의 방법론
서설」(1938/1939)에서도 언급하였고 이 개론서에서도 언급하였으나 「나와 국
어학」(1975)에서 언급한 것을 보이면 다음과 같다.

> 우리 國語를 科學的으로 研究하기 爲하여는 言語學의 知識을 많이 導入하
> 여야 할 것이 必須的인 課題로 되어 있다. 그러나, 여기에서 深思熟考하여야
> 할 일은, 오늘날의 言語學이란 西洋에서 發達된 것이며, 따라서 西歐語(인

도・게르만 言語)를 土臺로 삼아 發達된 것인 까닭에, 그 言語學에서 발견되는 모든 法則을 그대로 우리 國語에 適用하려면 반드시 差跌이 생기는 點이 나타날 것이다. 우리 國語의 本質과는 距離가 먼 言語에서 나타나는 法則을 무엇이나 國語에 그대로 適用할 수 없는 것은 自明한 事理일 것이다. 그러므로 오늘날의 言語學에서 發見되는 法則을 우리 國語에 그대로 適用할 것이 아니라, 國語의 本質을 考慮하며, 또 國語와 同系에 屬한다고 믿어지는 各種 言語의 本質도 아울러 考慮하면서, 西歐의 言語學의 法則을 應用(適用이 아닌)하는 데 그쳐야 할 것이 아닌가 생각된다.

서양의 언어학개설을 분명 응용한 일석의 『국어학개설』은 과연 어떤 체제로 이루어져 있으며 또 어떤 특성을 지니고 있을까.

개화기로부터 해방 이전까지는 국어학개설서는 없었고 문법서들이 주류를 이루었었다. 이들은 현대언어학에서의 문법만을 다룬 문법서가 아니라 말과 글의 긴밀성을 의식하여 출발했던 어법=문법의 인식에 의한 어학서에 드는 것으로, 대체로 ① 음성(음운), ② 품사, ③ 문장 등 세 부분으로 구성되었었다. 음성(음운)은 단어의 형식과 관련된 예비적 성격의 부분이고(cf. "此 音學은 總히 國語文典을 學習홀 準備科가 되는 故로 題를 國語文典의 音學이라)"(주시경, 『국어문전음학』, p. 62), 품사는 문법적 구성을 이루는 구성요소로서의 단어(cf. 「꿈인말 조직어를 이르는 기」, 주시경, 『국어문법』, p. 27)의 부류를 나타내는 부분이며, 문장은 이 단어들이 조직되는 여러 가지 법을 뜻하는 성격의 부분이었다. 그리하여 이러한 전통적인 문법서들은 단어부류 즉 품사에 의한 기술이 핵심이 되었던 것이고 단어가 가지는 의미의 세계는 전혀 논의되거나 기술된 일이 없었다. 최현배의 『우리말본』(1937)에서와 같이 음성학・사론・문장론(말소리갈・씨갈・월갈)의 순서로 구성되던 것이 일반적이었는데, 다만 주시경의 『국어문법』(1910)에서는 잘 알려진 바와 같이 문장론에 해당되는 '짬듬갈'이 사론의 중간에(특히 '기난갈' 가음에) 끼어 들어가 있다. 이에 대해

각 기결에의 난틀을 만들어야 할 것이요 또 이것을 반듯이 이 알에 둘 것이나 말듬을 알지 못하면 기난의 참뜻을 깨듯기가 어렵은지라 이러함으로 말의 큰 듬만 이 알에 익히고 그 다음에 기결에의 난틀을 말하겠노라(띄어쓰기는 필자가 함)

『국어문법』, p. 35 이하

와 같이 '기난'의 참뜻을 깨닫도록 '기결에의 난틀' 앞에 '쨤듬갈'을 위치시켰다는 것이다. 이에 따른다면 주시경의 『국어문법』은 단어(정확히는 '기(씨)'라는 단위)를 중심으로 한 기술이라 할 수 있다. 그러나 『우리말본』은 다르다. 씨갈은 "생각의 낱낱의 조각 조각을 나타낸 낱말(단어)을 월(문)의 구성재료(구성재료)로 보아서 닦는 것"이고 월갈은 "씨의 상관적 운용론"이라 함으로써 씨갈은 월갈의 운용을 위한 준비단계에 해당되어 월갈에 앞서 위치되어야 하는 것이었다.

일석의 『국어학개설』은 이들 전통적인 문법서들과는 차이가 있는 개설서이다. 이 책에서는 국어연구의 부문을 ① 음성의 연구, ② 단어의 연구, ③ 문법의 연구 등 셋으로 제시하고서 「서설」에 이어 「음운론」 「어휘론」 및 「문법론」을 각각 기술하였다. 외형상으로는 전통문법에서의 체제와 비슷하나 그 내용에 있어서는 큰 차이가 있다. 특히 「어휘론」에 주목해야 하는데, 음운·어휘·문법이라 하더라도 서양의 전통적인 문법서의 pronunciation grammar vocabulary와도 다르다.

「서설」은 총론의 성격을 가지는 부분으로 '국어학의 건설, 국어연구의 방법, 국어학의 부문, 및 연구자료와 참고학술' 들로 구성되어 있다. 다시 「국어학의 건설」에서 '국어'의 개념을 ① 언어이어야 할 것, ② 일종의 구체적 언어이어야 할 것, ③ 국가를 배경으로 하여야 할 것, ④ 표준어가 되어야 할 것들로 규정하였는데(cf. 「「국어」란 무엇인가」 1946), 방언의 긍정적 이용과 연구를 인정하면서도 개별언어로서의 표준어(공식어)로 한정시킴으로써 지극히 규범적인 성격을 부여하였다. 실제로는 국어=조선어에 따라 조선어적 성격을 가진 언어 전체를 국어로 정의하였다. 이에 따라 국어학의 개념은 저절로 나오는데, 국어학과 언어학과의 관계에 대해서는 이미 언급한 바와 같다. 이어서 「국어에 대한 자각」, 「국어학의 성립」에서는 훈민정음 이전 시대와 그 이후 시대로 나누어 국어에 대한 인식과 표기 및 보급 등의 면이 기술되었고 간략한 국어학사의 서술을 통해 국어학의 성립과정을 보였다. 「국어 연구의 방법」에서는 공시적 연구(비교연구)와 통시적 연구를 제시하였고 이의 상호보좌를 강조하였다. 이 책에서는 공시론적 기술이 주가 되었으면서도 때로 통시론적 기술이 포함된 것은 바로 이런 상호보좌에 의한 기술태도로부터 빚어진 것이 아닌가 한다.

「음운론」은 「음의 생태와 그 종류」와 「국어의 음운조직」으로 짜여졌는데, 일반적인 음성학적 기초를 제시하면서 구체음성과 추상음성 그리고 화음 speech sound, 어음phone, 통음phoneme의 설명을 거쳐 음소의 개념 및 음운론과 음성학의 차이를 제시하고서 음운체계·음운구조·음운현상 등에 관련된 여러 음운론적인 문제들을 다루었다. "음의 연결의 최초의 공작"이 음절의 구성인 것을 보고서 장단·강약·고저를 음절을 전제로 한 모음·자음의 그것으로 기술한 것은 『우리말본』의 그것과 큰 차이가 없다. 이 음운론에서도 공시론적 기술이 주가 되었으나 때로는 통시론적인 기술도 포함되었다.

「어휘론」은 「단어」, 「어의의 연구(어의론)」, 「단어의 형성(어형론)」, 「음상과 어의·어감」 및 「어의의 계급성(경어와 비어)」으로 구성되었는데, 우선 이런 범위의 어휘론을 개설서에 설정한 것이 큰 특징으로 부각된다. 여기에서도 통시론적인 '음운의 변화', '어의의 변화' 특히 '어원탐구(어원론)'가 포함되어 있는데, 이는 단어를 기본단위로 한 것이어서 음운의 변화는 결국 어음의 변화 정도로 이해된다. 단어의 형성을 다룬 어형론이 어휘론에 포함된 것도 이 책의 한 특징이 되는데, 결국 어음·어의·어형을 단어 중심으로 서술한 셈이다. 「음상과 어의·어감」을 어휘론 속에서 다룬 것은 어의·어감 상의 차이를 보이는 음운교체가 단순히 음성상징이 관여하는 음운론적인 문제가 아니라 어휘론적인 좁혀 말해서 형태의미론적인 문제를 제기한다는 점에서 또 하나의 특징을 이룬다. 송철의(1989)의 「국어의 파생어형성 연구」에서는 내적변화에 의한 파생으로 해석되었다.

「문법론」은 국문법 발달의 개관과 품사의 분류 두 부분으로 구성되었다. 우선 15 · 6세기를 중심으로 표면상에 반영된 문법의식의 발달을 서술하고 개화기 이후에 출현한 문법서들을 간략히 언급하고서는, 이어서 역대 문법서들을 검토하면서 품사분류의 문제를 다루었다. 각 문법서에 나타난 품사의 명칭과 그 내용을 검토하고 품사분류에 대한 통계를 제시하였으며, 이를 바탕으로 품사분류의 기본 원리로 ① 의의적 범주에 의하여야 할 일, ② 기능적 범주에 의하여야 할 일 두 가지의 조건을 제시하고서는 이것이 내부적으로(독자적 지위로부터) 고찰되고 또 대외적으로(함께 문장을 구성하는 다른 언어와의 상관관계의 방면으로)부터 고찰하여 이 양면으로 제약되는 조건이 동일할 경우에, 비로소 동일한 품사로 결정될 수 있다고 보았다. 의의적 범주보다는 문법적 기능의 범주를 더욱 중시하였다. 이를 바탕으로 수사, 존재사, 지시사, 조동사, 조용사, 종지사, 금지사, 부정사, 호응사 등을 여러 문법서들을 통해 비판적으로 검토하였다.

요컨대 전체적으로 말해서 이 『국어학개설』은 단어 중심의 서술로 음운론적 · 어휘론적 · 문법론적 기술을 꾀한 점, 공시론적 기술을 위주로 하되 통시론적인 고려도 필요에 따라 첨가시킨 점, 그리고 국어학사의 성격까지도 드러낼 정도로 풍부한 참고문헌의 검토를 포함한 점 등이 그 특징으로 지적될 수 있다.

「결어」에서 계통론 형태론 국어지리학 문자론 등이 빠진 점을 지적하고 있듯이 이 『국어학개설』은 국어 전체에 대해 기술한 것은 아니다.

2.8 사전 편찬과 그 특성

일석이 맞춤법 · 표준어 · 외래어표기법의 제정 이외에 사전 편찬에도 일찍부터 깊이 참여했던 사실은 이미 앞에서 언급한 바 있다. 이 사전 편찬이

빌미가 되어 이른바 조선어학회사건으로 옥고까지 치른 사실도 잘 알려진 일이다.

일석의 『국어대사전』(1961/1982)은 가장 많이 이용된 대표적인 국어사전의 하나인데, 우리나라 국어사전의 대부분이 그러하듯이 "이 사전은 국어사전이면서 백과사전이나 각종 전문사전의 구실을 겸할 수 있도록 엮었다."고 고백한 사실에서 보아 언어사전+백과사전(전문사전)의 성격을 지닌다. 흔히 이런 성격의 사전은 언어관에 따른 사전의 기능에 의존한다.

> 한 민족의 언어는 그 민족의 사상·감정의 투영投影이니, 다른 말을 빌어서 표현한다면, 그 민족의 정신생활의 총화總和와 물질 생활의 전부가 반영反映된 상징象徵이라 하겠다. 그러므로 언어는 민족의 생활 전부 즉 문화 자체가 담겨 있는 그릇이라 할 수 있고, 사전은 그러한 언어가 담겨 있는 또한 그릇이 되는 것이다.
>
> 초판 머리말

이와 같은 언어관 내지 사전관은 언어 내지 사전을 한 민족의 문화의 총체가 되는 것으로 믿게 되고 나아가서 변전하는 사회상을 여실히 반영하고 있는 현대 국어생활의 양태를 추구하게 되는데, 이를 위해 새로운 어사를 수집·정리할 때에 그 어사들은 언어사전+백과사전(전문사전)의 성격을 띠게 한다. 사전은 개방적인 성격을 갖기 때문에 일정한 기간이 흐른 뒤에 개정판을 낼 때에는 수정판만이 아니라 새로운 어휘들이 추가되는 증보판의 성격을 띠게 마련이다. 일석의 경우에도 마찬가지였다. 초판(1961)은 23만 여의 수록어휘에서 수정증보판(1982)의 경우에는 42만 어휘에 이르게 되었다. 수정증보판의 한 특징으로 관용어idiom를 풍부히 수록한 점을 들 수 있는데, 일석 스스로가 이 점만으로도 우리 국어사전편찬사에 새 시기를 만들어 냈다고 자부한다고 하였다(cf. 수정증보판 간행사).

문법체계와 문법용어의 사전적 채용은 일석의 『새 고등 문법』(1957)에 따랐는데, 수정증보판에서는 이를 버리고 문교부 통일안을 따르게 되었다. 존재사 접속사 등은 보이지 않게 된 셈이다. 주석 즉 뜻풀이는 서양에서 전통적으로 정확성·평이성·합리성을 가지도록 강조되어 왔는데, 이 사전에서는 "간명하고 평이하게, 그리고 정확하고 주도主導하게" 주석을 달기에 노력하여 "어휘의 풀이는 소략疏略추상에 흐르지 않고 정확한 개념을 잡아 쉽고 분명하게 정의를 내렸다."고 하였다.

이『국어대사전』은 외래어와 외국어와의 구별이 모호해질 정도로 외래어를 풍부히 표제어로 실은 특징을 지닌다. 국어학에 대한 깊은 애정을 보이는 『다시 태어나도 이 길을』(1977)이란 자서전적 수필집을 낸 일석은 수정증보판에 '고잉 마이 웨이going my way'를 싣기도 하였다. 백과사전 그리고 전문사전의 성격을 적극적으로 가미하였기에 고유명사의 표제어(특히 외국인명 등)가 지나치게 많게 된 특징도 지니게 되었다. 우리나라 사전들이 대체로 이러한데, 외래어의 한계나 고유명사 내지 전문용어의 수록 한계 등이 어려운 과제로 남아 있는 것이 현재의 사전학의 사정이다.

일석의 사전 편찬은 맞춤법·표준어·외래어표기의 제정이란 실천적 작업으로부터 싹튼 것인데, 이『국어대사전』은 실용적 성격이 강한 사전이라 할 수 있다. 언어학적 관점에서는 사전학이 응용언어학의 성격을 지니겠는데, 그러면 국어사전이라면 국어지식능력을 신장시키는 데에 사전의 효용성이 있겠으나 백과사전 내지 전문사전의 성격을 가미한 국어사전이라면 실용사전의 성격이 더욱 강하게 될 것이다.

3. 일석국어학의 시대적 의의

일석이 태어난 때는 19세기 말 개화기이요 신학문이 싹트던 때이다. 그가 최초로 국어학과 맺은 인연도 신학문으로서의 주시경의『국어문법』이었다. 본격적인 국어학과의 만남은 경성제국대학에서였고 소창진평의 역사언어학이었다. 경성중학에서 만난 것을 제외하면 소창진평과의 두 번째 만남은 동경제국대학 대학원 언어학과에서였다. 그리고 그의 학술활동의 주요 무대는 조선어학회였다. 바로 이러한 학문적 배경이 일석국어학의 성격과 직접 연결된다.

일석국어학은 순수분야와 응용분야로 크게 나눌 수 있다. 음운사 · 형태사 등에 관한 연구와 맞춤법 · 표준어 · 외래어 그리고 언어 · 문학 등에 관한 연구가 바로 그것이다. 이러한 그의 연구는 두 가지의 배경과 깊이 관련된다. 하나는 경성제대 · 동경제대 · 미국유학으로 이어지면서 서울대 교수를 거치는 과정에서의 연구요 또 하나는 36년간이나 간사를 지냈던 조선어학회의 활동과 관련된 연구이다.

일석은 "한말韓末의 국어연구는 민족 고유의 어문語文을 정리하고 통일하며 보급하려는 문화운동인 동시에, 가장 심모深謀한 민족운동이었다."라고 규정한다. 실천적 성격의 국어연구를 해오던 주시경의 요절과 일제의 무단정치로 침체상태에 빠졌던 국어연구는 1931년 조선어학회가 창립되고 『한글』지를 간행하면서 새로운 전기를 맞이한다. 일석의 실천적이고 민족주의적인 국어관은 이 조선어학회의 활동과 깊은 관련이 있다. 그의 정리된 언어관을 보면

언어는 인간의 자질, 정신적인 것의 원천이며, 인간의 감정과 특성을 표현하는 것으로서, 민족 고유의 언어는 민족 자체 안의 의사소통은 물론, 민족의 정서, 민족 의식을 빚어내어 강인한 민족의 결합을 성취시키는 것이다. 또한 민족의 언어를 기록하는 민족 고유의 문자는 민족 문화를 성립, 발전시키는 것이니, 민족적 특질은 그 어문을 통하여 민족 문화의 특수성을 낳게 하고, 그 고유 문화에 대한 과시誇示와 애착은 민족의 단결을 한층 공고히 하는 것이다.
『다시 태어나도 이 길을』, p. 209.

와 같은 어문민족주의적인 것이었다. 이러한 언어관은 곧 어문운동으로 이

어지게 마련인데, "어문운동은 강렬한 민족의식을 배양하여, 약소 민족에게 독립의 의욕을 용솟음치게 하는 것"이라고 믿었던 것이다. 일석 스스로가 어문운동에 직접 참여한 하기대학 한글순회강습(1932: 광주 여수 순천 논산 등 1933: 해주)이 그 한 예다. 나아가서 맞춤법·표준어·외래어표기의 제정 및 사전 편찬에 적극적으로 참여한 것을 들 수 있다.

해방과 더불어 나라를 찾은 뒤의 국어학은 학문의 과학화에 더욱 박차를 가하면서 새로운 어문정리에 힘쓰게 되었다. 일석은 문법론의 업적을 내놓으면서 문법교과서들을 저술하였고 사전 편찬에 힘썼다. 『국어학개설』이 단어 중심으로 어휘론과 문법론으로 구성된 특성은 이러한 일석의 사고와 실천과 관련된 것인지도 모른다.

일석의 국어학적 활동은 국어를 국어로서 인식하면서 시대적 요구에 부응한 셈이다. 일석 생애의 후기에 속하는 7·80년대에 국어학회와 한국어문교육연구회에 특별한 애정을 보였던 것은 다시 태어나도 국어학을 하겠다는 집념에서였을 것이다.

출처:『주시경학보』9, 주시경연구소, 1992.
붙임: 이 글은 〈주시경학보〉(주시경연구소 김민수 외, 1992)에 기획 시리즈였던 "국어학사의 재조명"에서 일석 이희승의『국어학개설』을 중심으로 국어학을 재조명해 달라는 청탁에 따라 그 역사적 의의를 짚어 보되 시대적 성격과 그의 국어학을 연결시켜 이해하려 하였다.

참고 문헌

고영근(1985), 일석선생과 국어학 연구,『어문연구』46·47.
남풍현(1990), 일석 이희승선생님의 학문과 인간,『동양학』(단국대) 20.
이병근(1978), 애국계몽주의시대의 국어관,『한국학보』12.
이병근(1985), 주시경,『국어연구의 발자취(Ⅰ)』(김완진·안병희·이병근), 서울대

출판부.

이희승·김완진(1976), 국어학반세기(학술대담),『한국학보』5.

이희승·정인승·남광우(1983), 조선어학회사건 회고 간담회,『어문연구』39·40.

이숭녕 1908~1994

이숭녕 선생의 삶과 사상 그리고 학문

1. 지난날의 기록을 위하여

역사는 기록을 통해서 또 어떤 경우에는 구술 자료를 통해서 서술된다. 그 기록이나 구술 자료를 통해 역사 해석을 내리고 나아가 새로운 역사를 말한다. 이제 나는 기록이나 구술 자료를 통해 한 인물 나아가 한 학자로서의 이숭녕 선생의 삶을 엮으며 선생의 업적과 함께 선생의 사상을 이해하고 역사상의 위치를 음미해 보고자 한다. 요컨대 이숭녕 선생은 끈질긴 성격의 공부꾼으로 국어학을 하나의 독립된 학문분야로 개척하고 건설했던 현대국어학의 아버지로 학문에 있어서의 과학적 정신을 강조했던 과학사상가였다.

심악 이숭녕 선생께서 이 세상에 태어나신 지 올해로 꼭 100년이 되었다. 1908년 6월 7일(음력)에 태어나시어 1994년 2월 2일(양력)에 선종하셨으니 그분의 생존 연간은 일제강점기에 이어 광복과 한국 6·25 전쟁 그리고 5·16 군사혁명과 그에 이은 정권을 거쳐 문민정부에 이를 때까지 파란만장한 한국의 근·현대 시기 바로 그 기간이었다. 이 시기는 한국어 연구의 근·현대가 싹트고, 학문으로서의 '국어학' 즉 한국어 연구가 확립되고, 나아가 더욱 발전하던 때로 그 중심에 심악 이숭녕 선생이 자리하고 있으셨다. 선생이 바로 과학science, Wissenschaft 즉 학문으로서의 현대국어학을 건설하신 프론티어셨고 그 학문의 세계를 지키시던 '대학가大學街의 파수병把守兵'이셨으며 그 학문 세계를 후학들에게 전수하신 국어학의 무형문화재셨던 것이다. 그러기에 선생의 탄신 100주년을 기리면서 그 분의 학문적 생애와 사상 그리고 학문 세계를 다시 한번 정리해 앞으로의 역사 서술의 자료로 남기는 일도 큰 의의가 있다고 믿는다.

필자는 선생의 50대 초반에 가르침을 받기 시작한 세대로, 말하자면 선생의 2세대 내지는 3세대 제자에 속한다. 선생의 가장 왕성했던 활동시기인 3·40대의 사료가 필자에게는 직접적인 것이 아니기에 그만큼 서술상의 한계가 있다. 2004년 1월 30일 한국어문교육연구회 주최의 "심악 이숭녕 선생 10주기 추모 학술강연"에서 필자는 "심악 이숭녕 선생의 삶과 학문"이란 특강을 하면서 이미 이러한 사실을 뼈저리게 느낀 바 있었다. 그 후 서너 해가 지났건만 크게 나아진 것은 없다. 이제 선생의 탄신 100주년을 맞아 다시 그 분의 삶과 사상 그리고 학문에 대해 새로이 서술한다 해도 기본적으로는 크게 달라질 것은 없을 듯하다.

이숭녕 선생의 생전의 모습이 현재까지도 그대로 마음속에 잠겨 있기는 하나 학술적인 면에서는 이미 역사적인 인물로서 서술되고 평가되어야 하는 그런 위치에 있다. 그리하여 비록 사사로이는 안타까운 일이기는 하나, 자연히 학술사의 서술을 따를 수밖에 없는 것이 필자의 현재의 처지다. 이숭녕(1956)에서 선생은 "國語學史 敍述의 態度"를 주장한 바 있는데, 그 핵심은 ① 학자, ② 업적, ③ 문헌의 세 가지에 초점을 두면서 다음과 같은 점을 강조하였다.

國語學史는 그 역사를 엮음에 있어서 하나의 史觀을 가져야 하며, 또한 時代的 背景을 고려하고, 學者와 業績을 그 시대의 科學論에서 고찰하여 縱的인 시간적 전통을 抽出하고, 또 시대를 橫的으로 보아 他 科學論과의 연관 관계를 구명하여야 한다.

즉 서술자의 사관 확립, 시대적 배경의 고려, 학자와 업적의 공시적·통시적 고찰 및 타학문과의 공시적 구명에 초점을 둔 "우리나라 학문사"의 하나로서의 자리를 차지한다는 주장이다. 이러한 국어학사 서술 태도를 지녔던 선생은

> 國語學史는 各 時代의 學者들이 國語를 어찌 硏究한 것인가를 一種의 科學史로서 考察하는 學問이다.

라고 과학사 즉 학문사, 학술사로서의 국어학사의 개념을 규정하였다. 이러한 선생의 어학사 서술 정신을 따름이 무엇보다 중요할 것이지만 필자는 그만한 폭넓은 검토를 하지 못했기 때문에 우선은 그러한 정신을 따르도록 노력하되 학자로서의 수학 과정과 사상에 초점을 둔 학문적 생애의 서술에 국어연구의 범위·내용·방법의 검토를 포함시켜, 시대적 배경과 의의 등의 검토에 초점을 두려 한다. 30여년 간의 문하의 필자로서는 조심스러울 따름이다.

2. 어린 시절의 이숭녕 선생

이숭녕 선생의 어린 시절의 이름은 경록景祿이었다. 이경록은 구한국 시절의 연안延安 이씨李氏 춘사春沙 이병관李炳觀(철종 8년, 1858. 12. 26~1949. 8. 2 음력, 경기도 파주시 조리읍 뇌조리 소뉴월에서 출생) 공의 셋째아드님으로 서울 수하동 39번지 외가(외조부 박재순朴載舜)에서 1908년 7월 6일(음력 6월 7일)에 태어났고 2~3년 뒤에 본가가 있던 창동 8통 6호 남대문 위 성벽 밑(현재의 회현동 근처)의 작은 초가집에서 건너편 서울역에서 올라오는 "신기한 기차의 연기"를 보며 자랐다. 5살 때에 내자동 91번지로 이사하였는데, 호적상의 본적은 10세 때(대정 7년, 1918)에 이사를 한 "京城府 邏部洞 72番地"로 되어 있다. 부친은 성균관 유생을 거쳐 홍문관수찬, 식년감시복시시

관, 홍문관부교리, 비서원선표관, 중추원의관 등을 지내고 서북철도국장·감독(칙임관 4등)을 거쳐 규장각지후관(칙임관 2등: 종2품, 조선시대 품계로는 가선대부에 해당됨)에 오르셨던 이른바 양반이셨다. 조선시대 후기에 경기도 지방의 많은 경우가 그러했듯이 이 연안 이씨의 집안도 정치적 실권을 이미 잃었던 남인 계통이었다. 일본 제국주의 강점기가 시작되자 무직자가 되었는데, 그 뒤에 잠시 광산업 등에 종사한 바 있다. 이 분이 어린 경록에게 직접 한시와 한문을 훈육했다 한다. 그리고 그를 빼닮은 이숭녕 선생은 일생 동안 선고의 가르침 속에서 크게 벗어나지는 않았다. 이숭녕 선생은 서울대학교에서의 퇴직을 앞둔 64세 때에 선고의 사적을 손수 정리한『춘사공실기 春沙公實記』(등사본, 1972. 3. 14.)의 머리말에서 이렇게 이야기했다.

先考의 史籍을 어느 때인가 엮어 보려고 평시에 조사를 해왔다. 先考를 내가 二十八 歲까지 모셨고, 十二年 平壤살이로 중간이 떴지만, 先考께서는 가끔 平壤에 내려오셔서 二三個月씩 묵으셨고 나도 자주 上京하여 뵈었다. 三十六歲 때에 解放이 되자 다시 모시게 되어 돌아가실 때까지 五年을 모신 터로서 前後 三十年 나마를 모신 셈이다. 그리고 보니 지금의 家族이나 친족 중에서 先考「春沙公」을 잘 알고 史籍을 엮을 수 있는 자는 나뿐이라 한다. 내 遺傳的인 體質에서나 學問과 性格에서나 先考는 나를 가장 寵愛하시고 將來에 希望을 거시고 가지가지의 遺訓을 내리신 터로 精神的인 遺産을 한껏 받자온 터이다. 이 小冊子를 엮음에 즈음하여 不肖子의 心中은 괴롭기만 하다. (밑줄은 필자가 침)

解放後 官舍가 日本式 構造라 온돌이 한 房이어서 十月에서 五月까지 온 食口가 한 房에서 모시고 寄居한 貧寒한 教授生活의 탓이어서 罪悚하기 짝이 없는 일이었지만 一面으론 흐뭇한 追憶이 되고 말았다. 家貧親老하여 百里 밖에서 쌀을 지고 온 子老의 옛글의 이야기가 부럽기만 하다.

외아들이었던 춘사공은 모두 4남 4녀를 두었는데 그중 이숭녕 선생은 제삼자였다(다음은 역시 『춘사공실기』에서 뽑음).

장자	종녕鍾寧	(1876~1948)
장녀		(1879년생)
차자	식녕植寧	(1884~1908)
차녀		(1890년생)
삼자	숭녕崇寧	(1908~1994)
사자	익녕翊寧	(1911년생)
삼녀		(1913년생)
사녀		(1917년생)

1920. 7. 8. 선생 12세에 모친 밀양박씨密陽朴氏(호적에는 그냥 박성녀朴姓女
라고만 되어 있음) 작고(향년 35세)

이렇게 셋째아드님으로 태어나 12세에 모친을 여읜 이숭녕 선생이 그와
30년 나마 함께 생활했던 아버지의 성격과 학문을 닮았다면 그것은 어떤 것
이었을까. 그의 아버지도 빈한한 선비의 집에서 성장하였는데 현재의 선생
의 묘소가 있는 산 앞 건너 농촌인 경기도 파주시 조리읍 뇌조리 소뉴월이란
마을(연안 이씨 집성촌)의 한 초가였다고 한다. 어렸을 때에 아버지를 일찍
여의고 할아버지 홀어머니 그리고 누이동생과 쓸쓸히 살면서 조선 말기와
대한제국을 거치며 파란만장했던 경험을 쌓은 그 아버지는 자식들에 각별
한 정을 지녔다고 한다. 그러면서도 이미 그 세가 미미해진 남인 집안 출신
이어서인지 아버지는 늘 '운명론적인 사고'에 젖고는 한 듯했다 한다. 이러
한 조선 말기의 여의치 못한 환경 속에서 아버지는 관계에 나서 출세할 목표
를 세우고 농사는 멀리하고서는 서울의 일갓집에 머물면서 과거 준비에 몰
두하였고 드디어 고종 27년(1890) 4월 사마시에 응시하여 합격하였고 11월에
는 경과별시에서 병과에 급제하여 부수찬이 되었다. 그 후 수찬 장령 정언

헌납 교리 우통례 응교 사간 부교리 부응교 집의 지평이 되었으며, 갑오개혁 이후로는 고종실록에 따르면 중추원의관 비서승 칙임사등의 서북철도국장에 올랐고, 이어서 서북철도국감독 규장각직각 규장각지후관을 거쳐 1910년 7월에는 칙임이등(대한제국의 이 벼슬이 조선시대로 보면 종2품 '가선대부'에 해당)으로 승격되었다. 이숭녕 선생이 태어났을 때에는 철도국 총재였다고 전해 온다. 1910년 8월 일본의 통치 개시로 벼슬에서 물러났다. 해방 후 1947년 즉 90세에 제2대 우국노인회 회장을 제1대 이시영 회장에 이어 맡기도 한 바 있으나(제3대 회장은 조소앙) 1949년 8월 2일 향년 92세로 경성대학 옛 예과 관사 아드님 댁에서 작고했는데, 그 때 호상은 이숭녕 선생의 절친한 친구이면서 같은 학과 교수였던 일사一簑 방종현方鍾鉉이 섰다고 한다. 원래는 조소앙이 호상을 맡았던 듯하다. 부고를 받지 않은 위당爲堂 정인보鄭寅譜 선생(당시 정양완 따님의 국문과 학부모)이 문상을 와서 조회장이 연배로 보나 집안으로 보나 어찌 호상을 맡겠느냐고 꾸중했다 한다.

그러면 이숭녕 선생은 아버지 춘사공의 어떤 면을 닮았고 어떠한 정신적인 유산을 받았을까. 역시 『춘사공실기』에서 추려 대략 몇 가지를 비교하면서 추측해 보자.

① 아버지는 "음성은 쇳소리로 우렁차셨고 질책하실 때에는 무서웠다"고 했는데, 아들은 강단에서의 음성이 우렁차고 힘이 있어서 오히려 말꼬리 부분을 잘 알아들을 수가 없었다. 필자와 함께 영화를 보실 때에도 흥분하시면 주위 관람객에 민망할 정도로 역시 그러하였다.

② 아버지는 술은 못 잡수신다. 육류를 좋아하셨고 과실도 잘 잡수셨다고 하는데, 아들도 역시 술은 젊었을 때에는 친구들과 어울려 약간은 했다가 본격적으로 논문을 집필하면서는 전혀 하지 않았고, 육류는 특히 제육을 김치와 함께 즐겨 잡수었다.

③ 아버지는 취미는 별로 가지시지 않았고 잡기는 전연 없으셨으며 나무나 화초를 기르시기는 해도 몰입지는 않았는데, 아들도 대체로 그러

하였다.

④ 아버지는 "33세 때에 대과에 급제하시어 벼슬살이가 시작되지만 당색에서 남인으로 세력이 없었고 또 근친이나 세교 있는 등과자도 적거니와 후원해 줄 선배도 없어서 출세가 더디었다. …… 당시의 혼탁과 세도의 천하에서 청렴을 가지고는 그렇지 않을 수 없었던 것이다." 하였는데, 이도 뒤에 언급할 바와 같이 어느 정도는 영향관계가 있었을 듯하다. 아들은 37세에 대학교수가 되었고 일생을 한결같이 지냈다.

⑤ 아버지는 "성격은 정의파시고 불의를 보고는 그대로 있지 못하는 터로서 …… 매관의 추태를 보임에서 상소문을 고종께 올리고 관계자의 파면을 건의하였던 것이다. 그러나 이 상소는 상대가 세도가의 일족이어서 모략과 불법을 자행하는 무리라 위험을 각오하신 것이지만 성공할 리 없었다. 고종도 이 상소문을 보시고 "이 모가 어쩌자고 이들을 상대로 하려는지 ……." 하고 걱정하셨다 하는데, 아들의 처세법에 영향을 미쳤는지는 명확하지는 않고 시대상으로 보아 상소를 올릴 만한 사건도 별로 없었던 같다. 아들은 처세에서는 좀 달랐던 듯하다.

⑥ 또한 아버지는 "성격은 지극 의욕적이시고 일면 교제도 능하셨고 인사성과 언변도 좋으셨다. 이론의 전개에서 감정에 밀리는 경향이 보였다. 예의 바르시고 경조간의 인사는 빠짐없으셨고 일의 처리에서 능동적이고 민첩한 분이다."라 하였는데, 아들은 지극히 의욕적이고 때로는 능동적이었으며 끈질긴 성격이었다. 그러나 세칭 사교적이지는 못했으나 인사성은 밝은 편이었다.

⑦ "見事生風이 하나의 처세인 것 같음은 선고께서 내게 이 글귀를 자주 예시하시면서 교육하신 까닭에서 짐작된다. 해방이 되자 구십 노령으로 '나도 무엇인가 일을 해야 한다.'라고 하시며 정당으로 간주된 우국노인회의 제2대 회장에 취임하시고 때로 군정장관 하지중장과 국사를 들고 따지시기도 했으니 놀라운 의욕이라고 하겠다."라고 했는데, 이러한 처세는 아들에게도 이력을 통해 보면 어느 정도 나타나지만 지극히 한정

적이었다.

⑧아버지는 "의욕은 강하신 만치 자손의 교육에 열의를 기울인 것이다. 그러나 여기에는 확고한 태도를 가지고 계셨는데 자손의 평가가 뚜렷하였고 재질이 있다고 인정하시면 여기에 정력을 쏟으시는 것이다. ……내게 항상 격려의 말씀도 뚜렷한 방향의식이 나타나 있다. 이 집의 이름을 들낼 자는 너뿐이니 부디 공부에 열심하여 뒷날 이 아비의 뜻을 이어이름을 나타내어라."라고 하셨는데, 아들은 아버지의 이러한 뜻을 충실히 따랐다고 할 수 있다. 제자를 키움에 선택과 집중이 주류를 이루었다.

이상의 몇몇 가지에서 보면 이숭녕 선생은 분명히 그 아버지를 정말 많이도 닮았고 나아가서 아버지의 영향을 많이도 받은 것이 분명하다. 그러면 이숭녕 선생은 아버지로부터 어떤 교육을 받았을까.

先考는 하나의 敎育哲學을 가지고 계셨다. 說話를 가지고 교육하시는데 古今의 名賢學者들의 逸話 故事 詩文 …… 등을 가지고 原典으로 例示하면서 敎育하신다. 여기서 人生觀 또는 處世觀이 그 感動的 說話에서 純化되는 것 같았다. 이것은 漢文을 배우고 詩作의 經驗이 있을 때에 먹어들어가는 것이니 누구에게도 적용될 방법은 아니다. 이러한 교육으로 흐뭇한 人間性이 길리는 것을 나는 조금도 疑心하지 않았다.

『춘사공실기』, p. 48.

내가 오늘날 工夫하는 學界의 一員이 된 것에는 어려서 先考의 영향이 컸다고 생각한다. 先考는 舊韓國時代에 科擧에 合格하여 嘉善大夫까지 올라간 분으로 日本의 植民地時代에는 오직 詩文만 즐기시고 내게는 일찍부터 漢詩・漢文만 가르치셨다. 이야기란 옛날 中國이나 한국의 명현 이야기가 그 全部이었다.

「나의 연구생활」, p. 444.

아버지의 이러한 교육은 결국 한학 특히 한시 작법과 관련이 되는데, 이숭녕 선생은 어려서부터 집에서 아버지에게서 한문을 익히게 된다. 어느 가을 밤 달이 밝을 때에 "이런 때 詩를 짓는 것이 선비의 하는 일"이라 하면서 시를 지으라는 아버지의 말씀을 따라 "床下蟋蜂鳴"이라 시작한 기억이 있다고 하기도 하였고 아버지께 올리는 편지는 순한문만을 썼으며, 평양사범학교 교유 시절 아버지 생신에 한시를 지어 올렸더니 다음과 같은 답시로 자식 사랑을 받은 일도 있었다 한다(「나의 연구생활」, p. 444).

含草老牛呑不忍 (풀을 입에 문 늙은 소가 삼키려고 해도 차마 삼키지 못함은)

苦思舐犢吼堂前 (핥아 기른 송아지가 집 앞에서 어메~ 하고 우는 것을 괴로이 생각하기로이다)

經歲離親非汝志 (해를 넘겨 어버이를 떠나서 사는 것이 네 본뜻이 아니지만)

偸生負國愧吾愆 (떳떳하게 살지 못하고 나라를 져버렸으니 내 허물을 부끄러이 여기노라)

이렇게 한문 교육을 받고 자란 아들 이숭녕 선생은 한문 작법에도 뛰어나 후에는 손수 한문 원고를 써 대만 등에서 논문 발표를 하기도 하였다. 그리고 주시경 등의 순우리말 식의 문법 용어 사용을 원하지 않았고 일생동안 한글만 쓰기도 거부하였다. 그리고 한글 전용을 반대한 한국어문교육연구회의 부회장 및 회장 등을 역임하기도 하였다. 대학생 때 아버지로부터 계언으로 가르침을 받은 송나라 산곡山谷 황정견黃庭堅의 한시를 일생의 처세훈으로 삼고 이를 따르려 노력했다.

徐徐無欲速 汲汲無敢惰……

이 교훈은 "세상의 일이란 천천히 하고 서두르지 말라."라 하여 세상일이 수학의 계산같이 나오는 것이 아니니 때를 기다리고 대범하게 행동하라는 것이며, 그러나 평상시의 생활은 "부지런히 하고 조금도 방심하지 말라."라 하여 아들 이숭녕 선생은 "평상시 촌음도 아껴 공부에 열심하고 결과를 남이 알든 말든 때를 기다리고 초조하게 서두르지 말라"는 뜻으로 이해하였다 한다(「나의 연구생활」, p. 445). 필자에게도 손수 이 한시를 써 주시며 음미하라고 일러 주신 일이 있다. 선생의 아호 '심악心岳'도 아버지로부터 지어 받은 것이다.

남자란 마음이 굳고 냅뜰 힘이 있어야 한다. 너는 마음이 너무 약해. 그래서 네 호를 마음이 泰山 五岳 같으란 뜻에서 '心岳'이라고 지었다. "心如五岳"으로 알면 좋다.

그리하여 글을 지을 때에 '悲, 哀, 傷, 怒……' 등의 한자까지도 쓰지 못하게 했다 한다. 이러한 아버지의 교육을 받은 아들 이숭녕 선생은 "내가 학자로 오늘에 이른 것은 오로지 先考의 家庭敎育이 溫威를 겸하고 學者로서의 資質涵養에 노력해 주신 德이라고 믿는다."라고 75세 때에도 술회하였다(「나의 연구생활」, p. 445).

5세 때 내자동으로 이사한 뒤에는 내자사 안 궁터의 서당에서 『천자문』 등 한문을 수학하다가 3년 뒤에는 신학문을 꿈꾸고서 근처에 있던 비인가 신식 학교였던 보인학교輔仁學校에 전입했다. 이 학교에서 별로 배우는 것이 없어 당시 선생 댁의 하숙생으로 경성고보 학생이었던 권태선權泰璇(후에 오산학교 교사로 부임)이란 분의 권고로 이듬해(10세)에 경복궁 서편에 있던 매동 공립보통학교 2학년으로 편입했는데, 이 학교 기록부와 호적에는 '李慶福'으로 잘못 기입되어 중학교에 가서야 그 이후의 본명인 '李崇寧'으로 바로잡게 되었다. 다시 12세 때에 경성고등보통학교 부속보통학교 제 5학년으로 전입해서 다니게 되었는데, 이때에 어머니를 여의는 슬픔을 겪었다. 그리고 당시에 교생으로 나와 가르치던 조호재曹浩在 선생이 학생을 귀여워하면서 다음과 같이 민족정신을 일깨워 준 일도 있었다.

> 공부를 잘 해서 모쪼록 훌륭한 사람이 되어라. 그러나 우리는 조선 사람이
> 다. 조선 사람은 조선 사람이라는 정신을 잊어서는 안 된다.

이어서 1921년(13세)에 새로 설립된 경성제이고등보통학교(5년제로 경복
중·고등학교의 전신임)에 입학했는데, 몸이 약했던 선생은 중학시절에 수
영·스케이팅·검도 등 운동을 하여 신체를 단련시키기도 하였다. 1926년
(18세)에 제1회로 이 학교를 졸업했다.

3. 경성제국대학 시절의 이숭녕 선생

경성제2고보를 졸업한 이숭녕 선생은 1924년에 설립된 경성제국대학 예
과에 입학시험을 쳤으나 수학 실력이 부족했기에 두 번이나 합격하지 못했
다. 이때(18세)에 아버지의 강권으로 결혼을 했다. 신부 이필남李必男 여사는
강원도 원주에 사는 전주이씨 참영參領 이민화李民和(고종 때 친위대장을 지
냈고, 원주 수비대장으로 부임)의 둘째따님으로 엄한 가정교육을 받은 전형
적인 현모양처형이었는데, 신식교육은 전혀 언저리에도 가본 일이 없었다
한다. 이듬해에도 경성제대 예과에 응시했으나 역시 수학 때문에 낙방했다.
당시의 한국인으로 전문대학이 아닌 이 제국대학에 바로 합격하기란 하늘
의 별 따기였다. 건강이 계속 악화된 가운데 계속 정진하여 1928년(20세)에
삼수만에야 경성제국대학 예과에 합격한 영광을 안게 되었다. 사수를 했던
영국의 윈스턴 처칠 수상보다는 1년이 빨랐던 셈이다. "우리는 결코 실패하
지 않는다"라는 점에서 선생과 수상은 비슷하였다. 예과에서는 한문과 영
어·독일어 등의 외국어 학습 훈련을 혹독하게 받았다. 암기 과목에는 천재
성을 발휘할 수 있어서 걱정이 없었으나 부족했던 수학 공부를 공식 중심으

로 끈질기게 집중한 결과 만점을 받고 2학년으로 올라갈 수 있었다. 건강을 위해 승마 훈련도 열심히 했다. 민간단체인 승마구락부에 입회하여 열심히 승마 훈련을 하며 체력 향상에 노력했으며 아울러 투르게네프의 『첫사랑』 등 러시아 소설에도 심취했다. 2학년 때에 「許蘭雪軒の硏究」(일본어 장편논문)를 예과 교우회지인 『청량』(1929)에 발표하여 선배 교수 등 주위 사람들로부터 칭찬과 함께 많은 주목을 받기도 하였다. 어려서부터 한시를 가르치곤 했던 아버지께서 아들의 한시 논문을 보고 흐뭇해했음은 물론이었다. 이러한 주위의 칭찬과 격려는 선생으로 하여금 학자가 될 꿈을 더욱 굳히게 한 결정적 계기가 되었다. 이로 인해 일본인 선생은 선생에게 문학 특히 고전문학을 전공하라고 권유하기도 했다.

예과의 인문사회과학 분야인 문과(B반)이었던 선생은 대학 본과 진학을 앞두고 인문사회과학 분야 안에서의 전공 선택의 고민에 빠진다. 우리 문화를 연구한다는 큰 테두리는 일단 결정해 놓았으나 역사·문학·어학 세 분야 중에서 어느 것을 선택할 것인가를 놓고 고민 고민 끝에 전공을 어학으로 정하였다. 으레 법과에 진학하여 입신양명할 줄 믿었던 집안 어른들의 반대가 이만저만이 아니었지만 "어학을 지망한다구. 어학이라니 난 모르겠구나. 그러나 네가 좋다고 결정했으면 네가 자신을 가지고 노력해라."라고 한 아버지의 말씀에 그런대로 고무되었다. 1930년 4월 1일 드디어 대학 본과에 진학했다. 22세 때였다. 동기생이 된 방종현(1905~1952)은 25세에 그리고 선배 이희승(1896~1989)은 31세에 3년 후배인 김형규(1911~1996)는 역시 22세에 입학했다. 이렇게 경성제국대학 법문학부 문학과의 15개 전공 중에서 조선어학·조선문학전공에 진학한 선생[1]은 1933년 3월 21일에 제5회로 졸업하

---

1 지금까지 선생은 경성제국대학 조선어·조선문학과에 입학한 것으로 알려져 있다. 그러나 서울대학교에 보관중인 학적부에 따르면 선생이 문학과 조선어·조선문학전공에 처음부터 입학한 것은 아니다. '入學'은 昭和五年 四月 一日로 되어 있지만 '學科'란에는 '史學科'라 기재했다가 '文學科'로 고쳐 놓았고 전공학과로는 '朝鮮語學朝鮮文學專攻'이라 기록되어 있으며 기타 난에 "昭和五年 五月二十日付文學科ニ轉科オ許可ス"로 추기되어 있는바, 이에 따른다면 선생은 소화 5년, 즉 1930년 4월 1일에 원래 '史學科'에 입학했고 전공 선택을 고민

였다. 입학 당시에는 조수로 국문학의 조윤제(1회)가 있었다. 그밖에 오구라 신페이小倉進平 교수의 사전편찬을² 돕고 있던 서두수徐斗銖(일본어문학 전공)와 김태준金台俊(중국어문학 전공)이 있었다. 재학생으로 신입생 이숭녕과 방종현 외에 3학년에 김재철과 이재욱이 있었다.

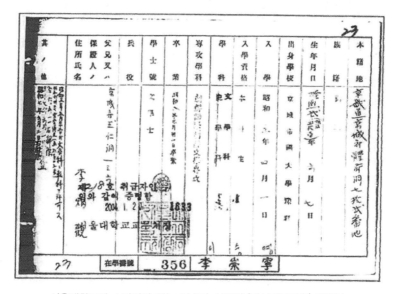

서울대학교에 소장되어 있는 이숭녕 선생의 '경성제국대학' 학적부

경성제국대학이 문을 열었던 당초에는 다음과 같은 필수과목이 있었다.

朝鮮語學槪論　　朝鮮語學特殊講義　　朝鮮文學特殊講義

하다가 '文學科'의 '朝鮮語學朝鮮文學專攻'으로 전과했다고 보아야 할 것이다. 현재 남아 있는 대학 강의 노트중에는 '史學槪論' 노트가 있는데, 표지를 '語學槪論(小倉進平)'으로 고쳤고, 그 노트 앞부분 몇 면은 '사학개론'의 내용이 있다가 그 뒤부터는 '어학개론'의 내용으로 바뀌어 있다.

2 오구라 신페이는 1926년에 경성제국대학이 설립될 때에 교수로 임명되어 1933년 동경제국대학으로 전근할 때까지 근무하였는데, 그가 주도적으로 참여했던 조선총독부 편 『朝鮮語辭典』(1920)이 만족스럽지 않다고 여겨 경성제대 조교를 시켜 나름대로의 사전 편찬을 계획하고 준비하고 있었을 때에 바로 서두수와 김태준이 이에 참여했었다(이병근, 「1910~20년대 일본인에 의한 한국어 연구의 과제와 방향」, 2005).

朝鮮語史　　　　朝鮮思想及信仰史　　　朝鮮文學講讀及演習

이들을 과목제로 운영하였는데, 각 한 단위 이상을 이수하되 모두 8단위를 이수해야 했고, 별도로 2개를 정하여 모두 10단위를 이수하도록 되어 있었다. 선생이 3년간 이수한 과목은 학적부에 따르면 다음과 같다.

1학년(전기)	1학년(후기)	2학년	3학년
英語 前期	支那文學講讀及演習	希臘語(下級)	佛蘭西文學講讀
朝鮮史學槪論	教育史槪說	朝鮮語學史	希臘語
英語 後期	東洋史學槪說	朝鮮語學特殊講義	文學槪論
教育行政	支那文學特殊講義	佛語 前期	露西亞語
朝鮮語學槪論	言語學槪論	佛語 後期	朝鮮文學特殊講義
圖書學槪論(國語學史)		朝鮮思想及信仰史	
朝鮮文學講讀及演習		朝鮮文學講讀及演習	
朝鮮文學特殊講義		鮮式漢文講讀・朝鮮禮俗史	
朝鮮史學演習		朝鮮歷代詩選	

선생은 '조선어사' 대신에 '조선어학사'를 이수하였는데, 잘못이 아니라면 필수과목 변경이 있었는지는 아직 확인하지 않았다. 2・3학년 때에 이수한 과목 중에 특히 눈에 띄는 과목으로 영어(전기 후기) 이외에 불어(불어 전기 후기, 불란서문학강독), 희랍어, 노서아어 등 인구어 과목들이 있다. 이는 잠시 뒤에 언급할 바와 같이 그에게 가장 영향을 많이 끼친 고바야시 히데오小林英夫의 '언어학개론'을 수강한 바로 뒤의 일이었다. 각 과목의 담당 교수는 학적부에 명시되어 있지 않다.

어학 강의 교수로 오구라 신페이(1882~1944)가 있었고, 한국인 강사로는 어윤적魚允迪이 있었다. 어학전공 필수과목 강의는 주로 오구라가 담당했다 한다.

이숭녕 선생은 일본어문학 전공인 '국어국문학전공'에 교수로 있던 일본어학 교수였던 도키에다 모토키時枝誠記(1900~1967)의 강의는 수강한 바 없다. 도키에다는 이른바 '言語過程說'의 주창자로, 19세기의 서양언어학, 즉 유럽언어학이 자연과학의 영향 아래 발달했기에 언어를 자연물과 동일시한 것으로 보고(cf. '구성주의적 언어관') 이에 비판적인 태도를 가졌었다(야스다 도시아키 安田敏朗, 『植民地のなかの「國語學」』, 1998). 즉 언어라는 것은 화자의 가치의식에 바탕을 두고 성립한다고 보고 언어는 화자가 자신을 외부에 표현하는 하나의 형식이라 보았었다. 그리하여 도키에다는 형식상의 차이가 있는 구어문법과 문어문법을 엄격히 구별하려 하였다. 이와 달리 유럽언어학의 영향으로 '언어과학적' 사고를 가졌으면서 언어학 강의를 담당했던 법문학부 교수 고바야시 히데오(1903~1978)의 '언어학개론'을 1학년 후기에 수강하였다. 이 강의와 고바야시와의 만남이 이숭녕 선생을 후에 한국의 국어학을 건설한 위대한 학자의 태도와 방향을 결정하게 한 절대적인 계기가 되었던 것이다. 고바야시는 그의 강의를 들으며 한국어학자가 되려는 이숭녕 선생에게 영어와 독일어가 대학 공부에나 드느냐고 하면서 불어 공부를 권했고 나아가 서양언어학의 원서를 읽어야 한다고 권유하였다. 이에 따라 불어 자습을 통해 기초를 쌓고서 불어강의를 열심히 수강했으며 J. Vendryes의 *Le langages-Introduction linguistique à l'historique*를 끈기와 열의를 가지고 읽어 나갔다. 이때를 스스로 '독종에 가까운 성격자'라고도 하였다. 프랑스언어학의 중요한 참고서로 독파를 했던 또 하나의 것은 M. Grammont의 *Traité de phonétique*(『음운론총론』)(1933)이었다. 그리고 독일어로 쓰인 O. Jespersen의 *Lerbuch der Phonetik*(1926)도 독파했었다. 이렇게 영·독·불어 원서들을 독파하게끔 되었는데, 희랍어 러시아어 등의 인구어들까지 공부하였다. 고바야시는 연구실은 물론이고 그 집에까지 불러놓고 독일어의 새 논문들을 읽히고 토론하게 하였고 H. Paul의 『언어사원리 *Prinzipien der Sprachgeschichte*』(1920)를 읽히고 독일어방언에 관한 원서 10여 권을 공부하여 시험 대신에 보고서를 제출하게 하였으며 부족한 듯하면은 수정해서 다시 제출하게도 했다 한

다. 학문하는 태도에 대해서는 집에서의 식사 중에 이야기를 나누고는 했다고도 한다. 그리고 신무라 이즈루新村出, 사쿠마 가나에佐久間鼎, 오구라 신페이 등의 선배에 대한 날카로운 평도 서슴없이 했고 심지어는 그의 동경제국대학 은사인 긴다 이치교우스케金田一京助에 대해서까지도 비판적이었다 한다.[3]

고바야시는 문체론이 주전공이었던 학자로 동경제국대학 언어학과를 노르웨이어로 작성한 「입센의 문체론」이란 논문으로 1925년 졸업한 뒤에는, F. de Saussure의 『일반언어학강의』(Cours de linguistique général, 1916)를 일본어로 최초로 번역하여 1928년에 『言語學原論』이라는 책으로 간행해, 신무라 이즈루의 추천으로 1929년에 경성제국대학 법문학부 전임교수로 부임하여 광복 때까지 계속 근무했던 일본인이다. 그는 『言語學通論』(1937)을 비롯하여 『文體論の理論と實踐』(1948), 『言語學の基礎概念』(1948), 『ことぼの反省』(1950), 『實踐言語學』(1954) 등의 저서와 C. Bally(1865~1947)의 *Le langage et la vie*(『生活表現の言語學』, 1929), 『言語活動と生活』(1941) 및 *Linguistique général et linguistique française*(『一般言語學とフランス言語學』, 1970), 그리고 H. Frei의 *La grammaire des fautes*(『誤用の文法』, 1934), K. Vossler(1872~1949)의 *Positivismus und Idealismus in der Sprachwissenshaft*(『言語美學』, 1935), L. Hjelmslev(1899~1965)의 *Principes de grammaire général*(『一般文法の原理』, 1957) 등 번역서들이 있다. 이들만 보더라도 그가 당시의 서양언어학, 즉 프랑스 또는 독일의 언어학에 얼마나 관심이 깊었는가를 알 수 있다. 경성제국대학의 교수로 와서 그는 언어학개론 이외에

---

3 이숭녕 선생은 긴다의 논저를 초기에 한번 참고한 적은 있었다. 그것은 「조선어 이화작용에 대하여」(1939)에서였는데, 긴다의 저서 『국어음운론』의 「언어상의 법칙의 개념」에서 든 '당위의 법칙', '필연의 법칙', '가능의 법칙' 세 가지 중에서 언어현상의 하나인 음운현상을 지배하는 법칙도 필경 '가능의 법칙'이라고 믿는다는 것이었다(이병근, 「심악음운론의 태도와 방법」, 1994). 그리하여 이숭녕 선생은 음운변화를 언급할 때에 Vendryes가 말한 언어변화의 '경향tendance'을 따라 「모음조화연구」 등에서 통계 처리를 시도하기도 했다. 이숭녕 선생은 본격적인 논문을 쓰면서부터는 외국의 이론을 그대로 적용하지 않고 비판적으로 수용했다(cf. 이병근, 「O. Jespersen과 한국어음운론」, 2004).

희랍어 등도 강의를 했는데, 이숭녕 선생이 이들 강의를 수강했던 것이다. 고바야시는 당시에는 19세기 유럽언어학의 실증과학적인 역사언어학에 바탕을 두고 발전시킨 '구조주의적' 언어이론의 초기 단계에 있으면서 이 이론을 학생들에게 강의했던 것으로 보인다. 당시 수강 노트를 보면『言語學通論』(1937/1957)의 내용이 그의 초기 강의의 초점이 된 것 같다. 학문이 과학science, Wissenschaft이어야 하고 언어학이 언어과학Sprachwissenschaft이라야 한다는 당시 유럽언어학의 생각이 고바야시의 영향으로 일찍이 이숭녕 선생의 머리에 각인되었던 셈이다. 이숭녕 선생이 작고할 때까지 후학들에게 "공부 열심히 해라.", "영·독·불 등 외국어 공부 부지런히 해라.", "용어의 개념을 정확히 알라."라고 계속 강조했던 것도 바로 이러한 小林의 지도와 영향이었던 것일 듯하고, "國語學은 個別言語學이다. 그 國語學이 個別言語學으로 존재하는 동시에 一般言語學일 수 있다."라는 생각도[4] 고바야시가 가르쳐 준 언어와 언어학 이론의 보편성 그리고 개별성(특수성)에 대한 생각으로부터 형성된 것일 듯하다. 이숭녕 선생은 스스로 고바야시 교수의 충고는 "내 마음 깊숙이 아로새겨져 내 일생을 지배한 것이다."라고 고백하기도 하였다(「나의 이력서」, p. 14).

---

4 후에『국어학개설』(上)(1955)에서는 "國語學은 곧 個別言語學 Einzelsprachwissenschaft이 되며 크게 보아 言語學 獨 Sprachwissenschaft, 英 linguistics, 佛 linguistique이 될 수 있는 學問이다."라고 규정하면서 "國語가 다른 個別言語와 共通된 모습과 別다른 모습을 간직하고 있고 따라서 國語學이 다른 個別言語學과 공통된 성격과 차이가 있는 성격을 간직하고 있음은 사실인데 우리는 본래 차이점을 지니치게 過重視함에서 國語學은 별개의 학문처럼 느껴져 왔던 것임을 솔직히 밝혀 둔다. 國語의 發音, 語彙, 形態 ……를 고찰하면 어느 외국어와 비교하면 같을 리가 없지마는 우리가 國語의 特異性도 언어의 원리와 법칙하에 歸趨되는 것이고 국어의 어떠한 특이성이라도 언어의 원리와 법칙의 所産이 아닐 수 없고 어떠한 例外的 存在라도 거기에는 존재 이유가 있는 것이어서 이 모든 언어의 諸般現象을 연구하는 것이 言語學의 課業이요 國語學으로서는 주로 國語를 중심으로 하여 동일한 성질의 것을 연구하는 職責이 있는 터이다."라고 설명했다.

「언어학개론」 시험 대신에 제출한 독일어방언조사
노트 표지 (1930년)

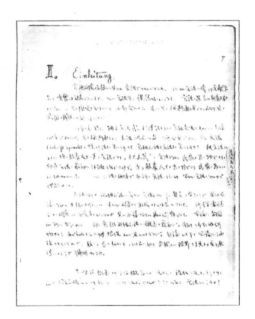

고바야시 히데오 교수 담당의 「언어학개론」
수강 노트 (1930년)

이숭녕 선생은 "날카롭고 才氣가 넘쳐흘렀던 젊은 교수"였던 고바야시의
많은 영향을 받은 반면에 조선어학 전공의 강좌장이었던 오구라 신페이에
대해서는 상당히 비판적이었다. 대학생활을 회고할 때에 오구라에 대해서
자주 다음과 같이 언급하곤 했다(「나의 연구생활」, p. 449).

> 내가 대학의 강의를 들어보니 기대했던 小倉 교수는 誠實하게 資料의 提示
> 나 自己가 開拓한 것을 誇張없이 들고 나오는데 新味가 없고 羅列과 紹介에
> 그친 感이 짙어 그의 講義는 내 마음에 들지 않았다. 끝까지 文獻學的 테두리
> 를 못 벗어난 느낌이었다. 나는 講義를 들으면서 비록 건방지긴 하지만 "내가
> 새로 꾸며야 하겠다."를 切實히 느낀 것이다. 小倉 교수에게는 誠實만 높이
> 사야 할 것으로 믿었다. 정말 그의 『朝鮮語學史』나 『朝鮮語方言의 硏究』上·
> 下券은 巨作이고 큰 開拓이나 번득이는 날카로움이나 才氣가 없었다.

선생은 2학년 2학기부터 졸업논문을 준비할 때에 유럽의 언어학논저를
뒤지면서 정리하는 한편 언해본의 옛 문헌들에서 자료를 추리는 작업을 행
하여 3학년이 되자 논문 집필을 시작하여 모두 400페이지의 논문을 완성했
는데, 이것이 바로 「朝鮮語のヒアッス現象に就いて」란 졸업논문이었다. 이
논문은 최상의 성적인 '優'를 받을 만큼 높이 평가되었는데, 그 이론적 배경
은 유럽의 일반 이론에 두었으며 그 위에서 한국어의 히아투스현상이라 볼
수 있는 자료들을 해석하려 했던 것이다. 히아투스현상을 다룬 이후 「조선
어이화작용에 대하여」(『진단학보』 11, 1939, pp. 1~40)로 발전시켜 나아갔고 또
'ㆍ'를 포함하여 모음체계와 모음조화 등의 주제로 이어져 갔다. 논문이 문
제가 있다고 판단되면 이를 시인하면서 「중세국어의 이화작용의 고찰: 특히
rVr〉rV의 공식의 추출을 중심으로 하여」(『학술원논문집』 2, 1960, pp. 1~27) 등과 같
이 새로운 논문으로 다시 다루기도 하였다. 초창기에는 서양언어학의 중요
한 용어 개념을 중심으로 국어의 현상을 다루곤 했는데, 이화dissimilation 이외
에 음운전위metathesis, 동화assimilation, 움라우트Umlaut, 압라우트Ablaut, 모음체계

vowel system, 이중모음diphthong 등등이 중요한 개념이었다. 당시로는 대부분이 국어연구에 있어서는 새로운 것들로서 현대국어학 특히 역사음운론의 개척과 건설을 위한 작업이기도 한 주제들이었다.

경성제국대학 법문학부 문학과 조선어학·조선문학 전공 졸업생은 광복을 맞을 때까지 다음과 같이 모두 22명으로 선생은 다섯 번째 졸업생인데, 어학 전공만 보면 이희승 선생에 이어 두 번째로 빠른 졸업생이 된다. 모두 3월 졸업이었다.

1929년	조윤제趙潤濟
1930년	이희승李熙昇
1931년	김재철金在喆, 이재욱李在郁
1932년	(없음)
1933년	이숭녕李崇寧
1934년	방종현方鍾鉉
1935년	윤응선尹應善, 정학모鄭鶴謨
1936년	김형규金亨奎, 구자균具滋均, 신원우申源雨, 손낙범孫洛範, 정형용鄭亨容, 이환수李鈇洙
1937년	최시고崔時高, 吉川万壽夫
1938년	김사엽金思燁, 오영진吳泳鎭, 이재수李在秀
1939년	고정옥高正玉, 若松實
1940년	신구현申龜鉉
1941년	(없음)

일본인 두 명을 제외한 대부분이 한국인이었다.[5] 이 중에 어학 전공은 너

---

5 일본어문학과인 '國語國文學專攻' 졸업생은 73명 중 한국인은 서두수와 최성희崔星熙 두 명뿐이었고 나머지는 모두 일본인이었다.

무나 잘 알려진 이희승, 이숭녕, 방종현, 김형규, 윤응선, 이환수(이정호李正浩로 개명) 등이며, 김재철도 초기에는 어학 논문을 발표하기도 하였다. 방종현은 원래 대학 입학 동기이었는데 졸업 논문으로「朝鮮語の助詞」를 제출했으나 '불가不可'를 받아 이듬해「△子音に就いて」를 새로 써 통과되었기에[6] 이숭녕 선생보다 결국 1년 늦게 졸업하게 되었다. 학과 안에서는 가장 친한 동문이었다. 1931년 봄에는 경성제국대학 조선어학·조선문학 전공의 졸업생과 재학생들 즉 이희승(돌샘, 석천石泉, 일석一石), 이재욱(팔공산인八公山人, 여민與民), 김재철, 방종현(일하一河, 일사一簑), 이숭녕(심악心岳)과 지나어·문학전공의 김태준, 국어국문학(일본어문학)전공의 서두수(두수杜漱, 우촌又村)가 조윤제 조교를 중심으로 하여 동인회인 조선어문학회를 발족시키고『조선어문학회보』(창간호는 1931년 7월 23일에 간행됨, 제7호는『조선어문』으로 개제, 1933년)를 발간하였는데, 회원들은 문화의 투사인 양 이상의 아들로서 행동했다. 어학 관계 필진은 이희승, 이숭녕, 방종현, 김재철 등이었다. 이숭녕 선생의 게재 논문은

「한글과 종교」(2호)
「유추(Analogie)에 대하여」(4호)
「글과 말」(5호)
「어간과 어근에 대하여」(6호)
「세계어와 우리 태도」(7호)

등이 있었는데, 우리의 문화는 우리가 재건한다며 "심악! 우리 조선어를 자네가 맡아 새로 개척해야 한다."고 일렀던 조 조교의 명령에 따라 쓴 글들이

---

6 후에 방종현은 '일하一何'란 이름으로「방언에 나타난 △음의 변천」(1935)이란 글을『신흥』8에 발표한 바 있다. 이 글은 이기문·이익섭·이병근 편,『방언 연구: 국어학논문선 6』(민중서관)에 재수록되었다.

었다 한다. 이 글들은 당시에 우리나라 사람들이 흔히 집필했던 것처럼 모두 서너 면에 지나지 않는 단편적인 글들이었다.[7] 여기서 '유추'는 우리나라에 처음 소개한 유럽언어학 용어 개념이고, '어간'과 '어근'은 일반언어학에서의 그 개념으로 당시에 잘못 사용하고 있음을 비판한 용어 개념이며, 비판적 시각에서 논의한 '세계어'는 시인 김억金億 등에 의해 당시 소개된 세계 공통어를 이상으로 인구어를 기반으로 인공된 에스페란토Esperanto어를 일컫는다.

4. 평양사범학교 교유 시절의 이숭녕 선생

1933년(25세)에 경성제국대학을 졸업한 이숭녕 선생은 곧바로 취직이 되지 못했다. 당시 문학과 출신 한국인이 취직하기란 하늘의 별 따기였다고 한다. 그때에 구개음화 등의 간략한 어학 관련 글을 쓰기도 했지만 연극사를 전공하던 2년 선배 김재철이 평양사범학교 교유로 근무하다가 요절하여 그 뒷자리에 경성제국대학에서 '조선사상사'와 '조선문학' 관련 강의를 맡았던 다카하시 도루高橋亨가 이숭녕 선생을 추천해 우여곡절을 겪고서 부임하게 되어 이 학교 교유로 광복을 맞이할 때까지 약 12년간(25세~37세) 평양에서 생활하게 되었다. 졸업하면서 학자의 길로 들어서기에 고무되어 있던 이숭녕 선생은 공부를 계속하고 싶어 모교 조수로 남기를 꿈꾸고 있었기에 청천 벽력을 맞은 격이었다. 당시에 지방학교로 가면 자기도취와 지성적 타락이 올 것이고 학문적 분위기가 이룩되지 않아 학문적 자극을 받기는 불가능하다고 믿었기 때문이었다. 2개월쯤 뒤 시베리아 벌판으로 유배를 가는 심정으로 평양에 간 선생은 동료들과의 술자리를 피하고 외톨이가 되면서도 계속 연구에 몰두하였다. 그때를 다음과 같이 회고한 바 있다(「나의 연구생활」 p. 457).

---

[7] 이들 글들을 이숭녕 선생은 해방 이전의 '논문'으로는 언급하지 않았다. 1935년 『진단학보』 제2호에 발표한 「어명잡고」 이후의 것들을 본격적인 논문으로 언급하고는 했다.

나는 外國語의 實力低下를 염려하고 獨逸語原書의 번역과 古文獻에서의
資料整理, 그리고 平安道地方의 方言의 조사와 硏究, 그리고 可能한 대로 論
文을 쓰기로 나선 것이다. 一種의 最後發惡的 工夫였다. 그리고 放學은 물론
이지만 連休만 되어도 서울로 와서 새 情報를 얻고 冊도 사간다. 아무리 轉勤
運動을 해도 失敗했다. 그러자 朝鮮語科가 廢科가 되고 英語敎師 노릇을 하
니 그것도 얼마가지 않아서 廢科가 되어 日本漢文의 敎師가 되고 끝에 가서
는 勞動作業監督으로 돌게 된다. 나는 초라한 바보 敎師가 된 것이다.

일제강점기 후반의 참담한 역경 속에서 자신과 외로이 투쟁하면서 보낸
평양에서의 12년간의 생활을 분명히 반영한 고백이다. ① 일반언어학(독일
방언학) 이론 살핌, ② 고문헌 자료 정리, ③ (평안도)방언 조사와 연구 등을
중심으로 공부하면서 논문을 썼던 것이다.[8] 이러한 방향은 물론 대학 공부
에서 세워진 것이기는 하나 이숭녕 선생의 평생의 기본 방향이 된 것으로 이
숭녕 선생을 현대한국어학의 개척자로 만들게 했다고 할 수 있다. 틈틈이 서
울에 올라와 고바야시와 선배를 만나 학술 정보를 얻고 책도 구입하면서 본
격적인 논문을 쓰기 시작했다. 열악한 환경 속에서 학문적 분위기가 전혀 없
던 지방 생활을 하면서 이를 악물고 논문들을 써서 다음과 같이 발표했다.

「어명잡고」, 『진단학보』 2, 1935, pp. 135~149.
「Umlaut현상을 통하여 본 'ᄋ'의 음가고」, 『신흥』 4(조선어문제특집호) 4,
    1935, pp. 96~113.
「음운전위현상에 대하여」, 『한글』 7-4, 1939, pp. 1~6.
「조선어 이화작용에 대하여」, 『진단학보』 11, 1939, pp. 1~42.

---

8 평양사범학교 시절에 학생들에게도 방언조사를 과제로 주어 제출하게 했는데, 현재 남아
  있는 일부 보고서를 보면 조사항목은 주로 단어들이었다. 이들 평북방언 자료들과 충남
  「홍성방언」 등의 조사 노트를 공개하면서 『이숭녕 선생의 방언채집과 방언 연구』를 한국
  방언학회의 자료총서의 하나로 곧 발표하려 한다.

「시간어휘에 대하여 (1)」,『한글』8-4, 1940. pp. 1~3.

「시간어휘에 대하여 (2)」,『한글』8-5, 1940, pp. 4~7.

「ㆍ음고」,『진단학보』12, 1940, pp. 1~106.

1934년 5월 8일 "朝鮮 及 隣近 文化의 硏究"를 목적으로 진단학회가 창립되었다. 고유섭高裕燮, 김두헌金斗憲, 김상기金庠基, 김윤경金允經, 김태준金台俊, 김효경金孝敬, 문일평文一平, 박문규朴文圭, 백낙준白樂濬, 손진태孫晉泰, 송석하宋錫夏, 신석호申奭鎬, 우호익禹浩翊, 이병기李丙岐, 이병도李丙燾, 이상백李相佰, 이선근李瑄根, 이윤재李允宰, 이은상李殷相, 이재욱李在郁, 이희승李熙昇, 조윤제趙潤濟, 최현배崔鉉培, 홍순혁洪淳赫 등 24명이 발기인이었다. 당대의 지성들이 망라된 셈이다. 민족어인 한국어로 간행한 우리나라 최초의 현대적인 논문집인『진단학보』창간호가 이해 11월 28일자로 간행되었다. 이숭녕 선생은 그 2호에「어명잡고」(1935년)와 같은 무게 있는 논문을 발표하였는데, 특히 1940년(33세) 제12호에 실린「ㆍ음고」는 106면으로 당시로서는 하나의 단행본 분량이었을 정도로 방대하였다. 이 논문은 현대국어학의 기념비적인 논문으로 이숭녕 선생의 학문정신이 가장 잘 반영된 논문이기도 하다. 그리고 1929년 7월에 창간된『신흥』은 경성제국대학 출신들의 동문지였는데, 그 8호(1935)에 이미「Umlaut현상을 통하여 본 'ㆍ'의 음가고」란 논문을 발표한 바 있다. 이숭녕 선생은 평양에 온지 2년이 채 못 된 1935년(27세)에 처음으로 방언 자료와 한자어를 통한 어휘사적 연구를 시도한「어명잡고」란 논문을 발표하고서 진단학회의 회원이 되었고 1939년(31세)에는 '위원'(지금의 학회 이사급에 해당)이 되었다. 이때 기쁨은 말할 수 없이 컸었다. 왜냐하면 이때의 위원이 고유섭, 김두헌, 김상기, 유홍렬柳洪烈, 손진태, 송석하, 양주동, 이병기, 이병도, 이상백, 이숭녕, 이인영李仁榮, 조윤제 들로 당시에 이름 있는 선배 한국학 연구자들 대부분이 포함되어 있었기에 이들 학자들로부터 인정을 받았다고 믿어서였다. 그 위원이 된 후로 평생 이 학회의 임원을 지내면서『진단학보』를 논문 발표의 주무대로 삼아왔다. 일생동안 20여 편의 논문을 이 학보에 게재했다. 그리고 아끼는 제자들의 논문도 게재하도록 하여 그들을 학계에 데뷔시켜 대표적인 학자가 되도록 애썼다. 조선어학회 (한글학회)도 한동안은 발표의 장이었다. 그러나 당시까지 소논문이 위주가 되었던 『한글』지에는 비교적 간단한 논문을 발표했었다. 『신흥』을 제외하면 위의 두 잡지는 일제하에서 국어학 논문을 우리글로 발표할 수 있는 전부였다. 1941년부터는 한글 집필의 금지와 아울러 이들 학회지가 폐간당하고 학회는 존재 이유를 잃어 해산됨으로 그나마 있었던 논문 발표의 장도 잃게 되었다.

1934년에 철학 전공의 박치우朴致祐 동문(숭실전문 교수)이 영문학 전공을 하던 양주동을 데리고 와 선생께 소개했다. 이때 "우리가 영문학을 한다고 해도 앞날이 빤하지 않아요. 그래서 난 국어학으로 방향전환을 할 테니 잘 부탁합니다." 했었다(「나의 이력서」, 20회). 이렇게 알게 된 둘은 이후 진단학회라든가 서울대 문리과대학 등등 여러 곳에서 만나게 되었고 양주동이 실증적 자료가 거의 없이 문학적 감각을 지니고 향가 해독을 꾀하면서 나중에는 우리나라 논쟁사에서 아마도 가장 기억에 남을 만한 싸움이 있게 되었다. 그것은 실증과 감각의 차이, 말을 바꾸면 '따지고 따짐'과 '척척 붙임'의 차이에서 비롯된 것이었다. 『사상계』, 『조선일보』 등에서 논쟁이 거듭되면서는 감각의 편에서는 비방과 욕설로 뒤범벅이 되었고 막바지에 이르러서는 한강 백사장에 군중을 모아 놓고 시합을 하자는 제안까지 쏟게 되었다. 양주동 말년의 병환 소식을 접한 이숭녕 선생은 "그 좋아하는 맥주 한 상자를 보내야 할 텐데."라는 말을 잊지 않았다.

평양사범학교에서 '조선어' 담당 〉 '영어' 담당 〉 '일본한문' 담당에서 급기야 광복 직전에는 '근로작업감독'으로 담당 임무가 전전하면서도 "作業監督이면 榮光이지. 戰時에 주어진 使命을 다하면 되겠지." 하고 살아남기 위해 연극까지 하면서 지내던 1944년 늦가을, 역사학의 이인영 위원이 서울서부터 와서 "곧 日本이 亡한다. 우리는 大學設立을 推進하고 있다. 서울로 轉勤할 생각 말고 꾹 참고 있으라. 輕動 말고 自重自愛하라."라는 밀령을 전한 일이 있는데, 이 밀령은 진단학회의 핵심회원으로 학회를 이끌어가던 송석하와 이병도 두 위원이 보낸 것이었다. 물론 새로운 대학 설립 계획은 광복 후 경성제국대학이 과도 체제인 경성대학으로, 그리고 다시 1946년에 국립서울대학교로 바뀌어 설립됨에 따라 우스갯소리의 헛꿈이 되고 말았다. 이에 따라 몇 달 뒤에 식구들을 미리 경기도 포천으로 소개시켰다. 다시 몇 달 뒤인 1945년(37세) 8월 15일 일본이 궁극에는 패망하고 우리나라가 광복하게 되어 서울로 돌아온 것은 8월 18일이었다. 서울로 떠나기 전 8월 16일에 상급생 중심으로 지리학의 육지수陸芝修 등 한국인 교수들과 함께 광복 기념식을 거행하였다. 이때 선생은 "우리는 일제의 압제에서 해방된 것입니다." 하고 단상에서 외친 후 목이 메고 말았다.

평양사범학교 교유 시절에 쓴 「平壤街衢の今昔」은 평양의 동리명의 변화와 신구 시가의 지역적 역사적 통합의 사적 고찰로 고지도에서 착안한 글이었다.

5. 서울대학교 교수로서의 이숭녕 선생

광복이 되자 서울로 올라와 아버지를 뵙고 난 다음 제일 먼저 달려가 만난 이는 대학생 때부터 존경해 가까이 지냈던 조윤제 선배(경성사범학교 교유)였다. 조 선배는 "李군도 平壤師範에서 왜놈의 월급을 받았으니 自肅해야 해."라고 하면서 이숭녕 후배에게 동숭동 집의 방 하나를 내주어 머물게 했다. 일본 제국주의의 탄압이 심해지면서 문을 닫아버렸던 진단학회가 바로 광복 다음날인 16일에 재건되자 다시 상임위원으로 선출되어 참여했는데 이때 위원장은 민속학자인 송석하 선생이었고 조윤제(총무), 김상기(편집), 손진태(출판), 송석하(재무), 유홍렬(사업), 김수경金壽卿(간사), 김영건金永鍵(간사), 조명기趙明基(간사), 김두헌, 도유호都宥浩, 신석호, 이병도, 이상백, 이숭녕, 이여성李如星, 이인영 등이 상임위원이었다. 그야말로 우리나라 학계를 이끈 기라성 같은 지성들인데, 이들 대부분이 경성대학 그리고 이후의 국립서울대학교 교수가 되었다. 대한민국 건국이 될 무렵인 1948년 8월에는 새로 위원장 및 간사가 개편되었는데, 위원장에는 이상백, 간사에는 이숭녕(총무, 재무, 사업), 유홍렬(편집), 조명기(출판) 등이 선출되었다. 이로써 강직했던 조윤제 간사와 이여성, 김수경, 도유호(이들은 후에 월북했음) 등이 친일파 전원 일소를 주장했던 문제는 일단락되었고, 조 간사는 그 후 학회로부터 멀어지게 되었다 한다(「나의 이력서」, 32회, 「나의 연구생활」, p. 462).

조선어학회도 광복이 되자 재건되어 당장 시급한 중등국어교과서를 편집하기 위해 이희승, 이태준, 이숭녕을 편집위원으로 선출하였는데, 조지훈 등 30명으로 하여금 편찬에 참여하게 했다. 이희승, 이태준이 실제로는 참여하지 않아 결국 선생이 편집책임을 맡은 셈이 되었는데, 군정청 문교부가 세워져 그 요청으로 우여곡절 끝에 원고는 조선어학회에서 편수국으로 넘어가게 되었다. 조선어학회는 빈손이 되고 만 것이다. 또 진단학회와 조선어학회는 공동으로 그간 잃어버린 국어와 국사 강연을 기획하고 지방 순회강연을 실시했는데, 이에도 선생은 강사로 적극 참여하였다.

광복은 되었으나 경성제국대학 제도가 그대로 계속되면서 이름만 경성대학으로 바뀐 과도기가 이어졌는데, 이숭녕 선생이 경성대학 예과교수가 된 것은 1945년 10월 1일이었다. 경성대학 현상윤玄相允 예과부장의 청탁이었다. 교수가 됨과 동시에 청량리 관사까지 얻게 되어 집 없는 설움을 벗어났고 가족도 돌아와 생활이 안정되었다. 그러나 조윤제 교수가 이를 알고 아무리 집 없이 살기가 어려워도 법문학부 교수가 되기를 기다리지 못했다고 꾸중을 하였다. 이 해 11월 15일부로 경성대학 법문학부 조교수로 겸직하게 한 분은 백낙준 법문학부 부장이었다. 이미 이희승 교수가 있었다. 이어서 백부장이 연희대학교(현 연세대학교 전신) 교수로 옮기게 되어 조윤제 선생이 부장이 되었으나 군정청에 의해 서울대학교가 새로 설립되어 그대로 문리과대학 초대 학장이 되었다. 그러나 편입시험 과목에 국어가 포함된 것을 꼬투리 잡아 교수 18명이 학장을 퇴직시키려던 사건으로 어려움을 당했고 그리고 남북교류 명목으로 김구 조소앙 등과 함께 평양을 다녀온 것을 오히려 좌익계통들이 조 학장을 공산당으로 몬 일과 관련해서 결국은 학장에서 물러나고 말았다. 1947년에 예과부장을 맡게 되었는데, 많은 공산계열 대학생들을 퇴학시켰고, 그래서 '암살 2호'라는 빨간 글씨의 돌들이 집안에 던져지곤 했다. 이때에 창고와 같은 건물에 피신하고 있던 월남한 서북 청년당 사람들이 가족을 지켜 주었었다. 9·28 수복 후 부인 이필화 여사가 작고했다(이의돈, "헬로 헬로 컴인" 하다가, 2020). 6·25 때는 손진태 학장이었다. 학장 암살사건을 피했으나 서울을 빠져 나가지 못하고 숨었다가 도봉산 천축사에 피신했는데, 그곳에서 그만 납치당하고 말았다(「나의 이력서」, 39~41회). 방종현 선생도 예과교수로 맞이하고 다시 1946년 9월에는 문리과대학 교수로 맞이하고서 이웃집에서 함께 지내게 하였다. 6·25 이후 수복이 되자 방 선생은 서울대학교 문리과대학 학장이 되었다가 1952년 11월에 부산에서 아깝게도 작고하고 말았다. 가장 가까운 대학 친구를 잃은 것이었다. 선생이 영결식에서 목메어 조사를 읽었음은 물론이었다(「고 일사의 추억」).

이숭녕 선생은 교수가 되고 관사까지 받아 위에서 말한 해방공간의 혼란 속에서도 차츰 생활이 안정됨에 다시금 학문에 매진할 수 있게 되었다. 1946년(38세)부터는 다시 논문집들이 간행되기 시작하였다. 그리하여 다시 조선어학회의 『한글』과 진단학회의 『진단학보』에 주로 음운론 관련 논문들을 발표하였다. 특히 모음 관련 연구를 총정리해서 1949년에 『조선어음운론연구제1집 'ㆍ음고'』란 국어학사상 기념비적인 명저를 남기게 되었다. 이해 같은 때에 또 『고어의 음운과 문법』이라는 15세기 중심의 어학 강의 교재도 간행하였다. 이 책에서는 아직 나름대로의 문법체계가 잡힌 것은 아니었다.[9]

일반언어학의 이론을 바탕으로 하고 동계어일 알타이제어도 참고하면서

---

9 이 무렵에도 방언과 방언학에 대한 관심도 적지 않았다. 「방언학의 수립(상)(중)(하)」(『조선일보』 1950년 3월 25~29일)라든가 「덕적군도의 방언연구」(『신천지』 1950년 6월호) 등을 발표하였다.

문헌과 방언의 광범위한 자료를 통해 한국어의 모음론을 본격적으로 연구하였는데, 이 모음론의 핵심은 'ᄋ'와 모음조화에 있었으며 이를 통해 중세어의 7모음체계란 학설을 확립하였다. 이렇게 하여 한국어학은 중립모음 '으'를 포함시켜 모음조화를 주장했던 오구라 신페이 등 일본인들의 잘못된 학설을 바로잡게 되었다. 이러한 비판적 성찰과 새로움의 개척을 손수 논문으로 보이면서, 나아가 광복과 더불어 나타난 민족의식으로 학문의 객관성을 잃는 태도를 보면서 다음과 같이 과학적 정신을 강조하기도 하였다.[10]

國語와 韓民族, 또는 國語와 韓國文化와의 關係는 果然 어떠한 것인가를 檢討할 必要가 있는데, 흔히 國語는 우리 民族의 固有한 言語이며 우리 文化의 所産인 듯이 漠然하게 생각하고 規定하는 傾向을 본다. 勿論 이것은 틀림없는 事實이겠지만 國語라 하면 解放 後 所重히 여기는 나머지 非科學的인 쇼비니즘Chauvinisme[狂信的 愛國主義的] 態度가 엿보여 正當한 理論을 펼 수 없는 面도 있는 터이다. 더구나 民族 하면 때로는 興奮을 느끼고 神經過敏히 서두르는 學問하는 態度를 보며 우리는 科學的 精神L'esprit scientifique을 끝까지 堅持하여야 하며 學問에 있어서는 極度로 冷靜하여야 함은 더 말할 必要도 없을 것이다

『국어학개설』(1955), 「민족 및 문화와 언어사회」

이렇게 다시 연구와 교수에 열이 오르던 때에 6·25 동란이 터졌다. 「덕적군도의 방언 연구」란 보고논문을 발표하고 「홍성방언」이란 방언채집 노트를 청서하고 난 직후였다. 그래도 6월 27일 을유문화사에 나가 교정을 보는 열정을 보였다. 『국어학개설』이라는 600면에 이르는 방대한 원고였었는데, 원고는 물론 조판도 모두 전화에 타버려 안타깝게도 모두 없어지고 말았다

---

10 이는 광복에 이어 교과서 편찬 등의 시급한 국어교육 문제에 부닥치면서 이른바 한글전용과 문법용어 문제를 둘러싸고 나타난 주시경 계통의 애국계몽적인 민족주의 언어관에 따른 비과학적인 학문 태도를 비판한 것이다.

(참조: 『국어학개설』(상권) 1955). 다시 이틀 뒤에 피난길에 올랐다. 이해 9월 육군 본부 후방전사편찬위원회 총무로 부임해 군복을 입고 부산에서 임지인 대구로 옮겼다. 9·28 수복 후 문리과대학 방종현 학장의 천거로 부역교수심사위원회 위원이 되었는데, 위원 중에 부역 교수가 있다고 조윤제 교수가 총장 관저로 문을 부수고 쳐들어가 항의해서 이로 인해 사표를 제출해 수리됨으로써 존경하며 가까이 지낸 선배 동료 교수를 잃게 되었다. 다시 중공군의 참전으로 1월 4일 후퇴하여 3월부터 육군본부 군수국 대구분실장으로 부임해 근무하는 등 전쟁의 소용돌이 속에서 혼란스럽게 지냈다.[11] 전쟁중이어서 논문을 쓰기도 힘들었고 발표할 논문집도 없었다. 그래도 군복을 입고서 이 해에 제주도방언 채집을 두 차례나 다녀와 'ᄋ'음의 변화를 다룬 「제주도 방언의 의의」를 집필하게 되었다. 이를 후에 『국어음운론연구 제1집 'ㆍ'음고』(1954)에 부록으로 실었다. 그러던 중 1952년 피난지 부산에서 선생의 다음 세대 학자들이 모여 역사학회와 국어국문학회 등을 창립하는 등 학문적 분위기가 호전되면서 다시 논문 집필을 시작하였다. 「격의 독립품사 시비」란 간단한 논문을 국어국문학회지인 『국어국문학』(2)에, 그리고 「이두의 '段, 矣': 처격의 비교 시도」란 논문을 역사학회지인 『역사학보』(4)에 발표하였다. 전자는 문법교육과 관련된 글로 '토씨(조사)'를 접미사로서의 곡용어미로 보아 활용어미와 평행하게 문법적으로 처리하자는 것이었고, 후자는 이두로 표기된 처격의 두 문법형태 '딘, 인'를 상정하고 그 역사적 관계를 구명하되 '딘'가 알타이제어와 관계가 있었으리라 본 것인데, 알타이어와의 비교언어학적 연구의 최초의 시도로 「소유격과 처격의 비교 시도: 이두의 연구에서」(1955)란 다음 논문으로 발전하였다. 역사비교언어학에서 친족관계

---

11 당시 대구 전시연합대학에서 이숭녕 선생은 '국어음운론'을 강의했는데, 이때에 경북대 유창식兪昌植 학생은 이 강의를 청강하고 전공을 국어학으로 결심하게 되었으며, 이 후 이름이 바뀐 유창균 선생은 일생동안 이숭녕 선생을 은사처럼 모시면서 가까이 지내게 되었다. 유 선생은 서울대에서 『동국정운연구』로 이숭녕 선생의 지도를 받으며 구제 박사를 취득했다.

의 증명에서 중시한 형태사 연구의 최초 시도다. 전쟁 중 피난지에서 자료의 제약 속에서도 이렇게 새로운 사고를 펼친 분이 바로 이숭녕 선생이다. 그러 면서 제자를 기름에도 특별히 힘썼다. 외국어학습과 일반언어학 공부를 강 조하면서 "공부를 열심히 해.", "學者가 되려거든 자나깨나 공부 하나만 아는 人間이 되어야지, 섣부른 생각은 버려라." 등등 다그치면서 정말 무미건조할 정도로 같은 말만 되풀이했다 한다.[12] 새벽까지 강의 노트를 꾸리면서 기른 제자 중 국어학의 남광우, 최학근, 김민수, 강길운 교수 등이 이 시절의 제자 들인데, 이희승, 방종현 선생과 함께 키웠다고 할 수 있다. 방 선생이 1952년 에 작고한 이후로 선생이 가장 힘주어 기른 제자들은 강신항, 이기문, 김완 진, 이승욱, 정연찬, 안병희 등의 50년대 초·중반 졸업생들이었다. 이들은 문학의 김열규까지 가세해 국어연구회란 동인회를 만들고 『국어연구』라는 회지를 내기도 하였다.[13] 국어학이 일대 부흥기를 맞이하게 된 것이다. 이 당 시에 전쟁의 어려운 환경으로 학업을 계속하기 어려운 지방 출신의 학생들 을 댁에서 기숙시켜 가면서 공부를 시킨 일도 있었다. 그 속에는 문학 전공 의 제자도 있었다. 제자의 사랑이 남달랐던 것인데, "나는 학생을 맞이하면 내 後繼者로서 피가 통하는 것 같은 느낌을 가지게 되어 처음부터 호통을 치 는 것이다."(「낙산의 교사」)라고까지 말씀도 했다. 그리고 스스로 다음과 같은 태도를 언급하기도 하였다.

---

12 정연찬 「사십 후반 시절의 선생님의 일상」(1994)에서는 "英獨佛은 대학의 상식이야. 註釋은 言語學이 아니야. 공부하면 유망하다오." 등을 기억한다고 했다.

13 1957년에 창간한 『국어연구』는 제4호부터 서울대학교 대학원 국어학전공 중심으로 석사 논문의 게재지로 바뀌었고 그 뒤로 이어져 오늘날까지도 계속되어 현재 200호가 넘게 되 었다. 당시에 국어학만의 학술지로 『한글』과 국어학 및 국문학 종합지로 『국어국문학』밖 에 없었다가 새 논문집이 간행되어, 이에 대해 이숭녕 선생은 축하 인사와 아울러 성장을 바라면서 강신항 「이조초 불경언해 경위에 대하여」와 안병희 「한국어의 위치에 대하여」 (G. J. Ramstedt, Über die Stellung des Koreanischen의 번역논문)에 대하여 일일이 논평을 한 바 있다(「개성있는 연구지: 국어연구지 창간에 부쳐서」(『조선일보』, 1957. 7. 23.)). 국어연구회 동인들은 대학에서 퇴직 후 비슷한 연배의 몇몇 동학들을 더 참여시켜 최근에 『한국어연 구』(한국어연구회)란 동인지를 부정기적으로 간행하고 있다.

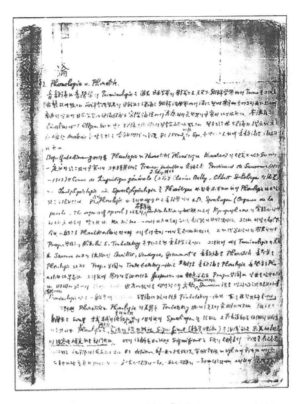

서울대학교 문리대학 국어국문학과 「음운론」(1947. 9.) 강의 노트

나는 후배들에게 항상 타일러 왔다. 일을 하는 자는 얌전해서도 아니 된다고. 차라리 안차고, 닳아지고 물고 늘어지고, 줄기차게, 끈기가 있어야 한다고 주장해 왔다. 사생활에서는 바보같이 양보하고 겸허해라. 그러나 학문이나 작업에선 매섭고 날카롭고 모지고, 사나워야 한다고 가르친 것이다. 이제 나는 몸소 이것을 시범하면서 내가 사랑하는 후배들의 '스승'이었다는 피보다 진한 인연을 더럽혀서는 아니 될 것이라고 생각한다.

「작업개시」

어느 예술가가 일생동안 자신과의 싸움을 하며 살고서는 제자들에게 "謙遜이 驕慢만 못하다."라고 말한 것과 같은 맥락이다. 제자에 대한 사랑이 피는 물보다 진하다 함을 넘어 피보다 진한 인연이라 생각했던 것이다. 선생은 제자들을 공부시키고, 취직도 시켜 주고, 논문 발표도 가능하게 해 주고, 제자의 허물을 감싸 주는 등 자식처럼 대해 줄 때가 많았다. 어찌하다 편애로 오해가 될 때에는 편협하다는 말도 듣는 경우가 있는데, 선생은 전혀 이에 개의치 않았다. 제자를 어디엔가 추천하는 경우에 선후배에 상관없이 선생의 판단에 좀 더 낫다고 생각되는 제자를 추천하면서 학문은 나이가 기준일 수 없다고도 했다. 선택과 집중이었다. 이러한 기질은 선생을 선택해 집중해서 키운 아버지를 닮은 듯하다.

1952년 1월부터 2년간 동국대학교 겸임교수도 지냈다. 그리고 그 이후 국학대, 중앙대, 신흥대, 전북대, 고려대, 동덕여대, 성심여대, 덕성여대 등 여러 대학에도 출강하였다. 한편 1955년 12월 26일에 영세를 받고 천주교에 입교하였다. 세례명은 토마스 아퀴나스였다. 그리하여 묘소의 상석 앞면에 이 세례명이 새겨지게 되었다.

1953년(45세) 경 휴전이 일단 되지만 상황이 갑자기 좋아질 리가 없었다. 「우랄·알타이어의 공통특질론고」(1950)라든가 알타이어와의 비교가능성을 논의한 「이두의 '段·矣': 처격의 비교시도」(1953) 등에서 알타이제어와의 관계에 관심을 이미 보인 바 있었는데,[14] 이 무렵에 선생은 다행히도 핀란드 헬싱키 아카데미에 있던 P. Aalto로부터 학보류들을 받게 되었고, 그래서 이에 자극받아 19세기의 역사비교언어학 기초 위에 알타이제어에 더욱 깊은 관심을 갖게 되었다. 국어사연구 논문 가운데 직접적인 비교언어학적 연구가 아니라도 알타이어적 인식이 깃들인 것이 많은 것은 바로 이 때문이었다. 1953년에는 이미 「람스테트박사와 그의 업적: 특히 국어 중심의 비교연구를 보고」를 발표했었던 것은 P. Aalto가 보내준 자료에 크게 기댄 것이었다.[15]

---

14 이미 1949년에 「국어사연구와 비교언어학의 가능성(상)(하)」을 『국도신문』(10월 27일)에 발표한 바 있다.

15 1950년대 중반쯤 이후 60년대 전반까지는 알타이어 관련 논저들을 '외서논저강독' 시간에 강독하기도 했는데, 역사비교언어학에서 흔히 말하는 음운대응법칙 단계변이설 등등

1953년 이승만 대통령이 이미 1949년에 제안했던 이른바 '한글간소화'를 강행하려 했다. 당시 김법린金法麟 문교부 장관은 이의 처리를 위해 국어심의회 한글분과를 소집해 이숭녕 선생을 위원장으로 선출했다. 최현배 편수국장과 함께 부결시키기도 하였고 이로 인해 김 장관과 최 국장이 백낙준 총장의 건의를 받아 사표를 낸 일까지도 있게 되었다. 그 이듬해 학술원 대표로 이숭녕 최현배 양주동 회원이 한글특별대책위원회 위원으로 선출되어 정부 측과 국회 측의 여러 논의가 있었으나 결국 한글간소화는 유야무야되고 말았고 1960년 4·19 학생혁명으로 대통령이 하야함으로써 한글간소화는 영원히 막을 내렸다. 이 무렵 건강 유지를 위해 등산을 시작하였다. 이것이 계기가 되어 선생은 서울대 문리대 여학생 등산부 지도교수를 맡기도 하였고, 나중에는 한국산악회, 대한산악연맹, 한국직장산악인협회, 설령산악회 등의 회장을 역임하게도 되었다. 1965년(57세)에 「등산과 학문」이란 글에서 '등산'의 의의를 다음과 같이 술회하였다.

> 올해 들어 나는 자주 山에 오르게 되었다. 사람이란 늙을수록 健康해야 하는데, 그러기 위해서는 運動을 해야 한다는 일종의 强迫感에 의해서 나는 山에 오르는 것인지도 모른다. 옛날 같으면 사랑방에서 큰 기침이나 하고, 어른다운 몸가짐을 해야 할 나이인데 룩색을 지고, 水筒을 차고, 젊은이 못지않을 차림새로 山을 오르니 登山帽 뒤로 넘실거리는 흰털이 부끄러울 때도 있다. 그러나 이 登山만은 내게는 奢侈도 아니며, 정녕 내 工夫를 위하여 함께 오래오래 계속해야 할 자기수양이기도 하다.

공부하는 사람들이 필요로 하는 정력과 체력을 위한 한 방법이었던 것이

과 관련된 것들과 어휘통계학에서의 언어분화 연대 측정과 관련된 것들이었다. 이 강독에서 선택과 집중이 반복되면서 비판적 성찰이 있었던 것은 물론이다. 학생들에게는 너무 어려워 괴롭기까지 했고 넓고 깊고 멀다고 느꼈던 것도 사실이다. 그러면서도 때로는 그러한 선생을 모심을 공연히 우쭐해 하기도 했다 한다(정연찬, 「사십대 후반 시절의 선생님의 일상」).

등산이었던 셈인데, "이 정력과 체력을 고스란히 내 工夫에 쏟으려 하며 이 生活을 길이길이 持續시키려 한다."라고 다짐도 하였다. 어느 누가 읊은 "인생은 소모하는 것이다."라는 신념처럼 자신의 학문을 위해 단련한 정력과 체력을 작고할 때까지 다 써 버리고 돌아간 분이 이숭녕 선생이기도 하다. 선생은 전쟁이 끝나고 대학의 운영이 본궤도에 오르면서 강의 준비와 논문 작성에 더욱 여념이 없게 되었다. 새벽까지 붓 돌아가는 소리만이 밤의 정적을 가르곤 했다 한다. 성당의 새벽 종소리가 들리고 나서야 잠자리에 들었다고도 한다(정연찬, 「사십 후반 시절의 선생님의 일상」). 오른손 중지 첫마디에 혹이 생겼다고 한다. 논문 원고는 쌓이고 쌓이면서 한국어학이 그렇게 하나하나 개척되어 나갔던 것이다.

1954년(46세)에는 제1회 대한민국 학술원 회원으로 선출되는 영광을 안게 되어 작고할 때까지 회원으로 계속 선출 또는 추대되었었다. 학자로서 가장 영광스러운 일일 것이다. 『학술원논문집』 제1집(1959)에 「ㆍ·'음고 재론」을 게재한 이래 이 논문집도 주요 발표의 장이 되었고 역시 젊은 제자들의 어문학 관련 논문도 추천해 게재하도록 노력하곤 했다.

1950년대 중반 무렵 이후로는 어학의 관심 분야를 음운론에서 딴 분야로 차츰 넓혀 나갔다. 그것은 조어론과 형태론, 그리고 국어학사연구였다. 독일언어학에 심취했던 선생에게는 조어론과 형태론이 별개의 분야로 문법체계의 두 큰 분야였다. 조어론Wortbildungslehre은 이 용어의 조어대로 단어의 형성을 다루는 분야로 특히 어간형성 및 파생접미사에 깊은 관심을 두게 되었다. 요즈음 표현으로 말하면 어휘형태론으로 어휘론의 한 중요 하위분야에 해당된다. 물론 이숭녕 선생은 어휘형태사를 다루었는바, 「접미사 '-k(g), -ŋ'에 대하여-특히 고대토이기어와의 비교에서」(1956) 「국어조어론시고: 특히 어간형성에서의 한 접미사의 체계수립에 대하여」(1957) 등이 대표적이라 할 수 있다. 어간쌍형설도 다루어 「어간쌍형설의 제기」(1957) 등을 발표하였다. 형태론 관계의 논문으로는 경어법, 겸양법, 서법, 격조사 등에 관한 많은 논문들을 발표하였다. 간략한 조어론적 고찰을 포함하고 있기는 하나 『제주도

방언의 형태론적 연구』(1957/1978)는 한 방언의 전반적인 형태론 연구로 국내
에서는 최초의 본격적인 방언형태론이기도 하다. 공시론적 기술에 통시론
적 해석이 더해진 연구였다. 『국어조어론고』(1961)는 이때까지의 논문 몇 편
을 수록한 것이지만 당시까지는 국내 최초의 조어론 단행본이었다. 대부분
이 통시론적 조어론에 바탕을 둔 것들이기는 하나 한국어조어론을 처음으
로 개척한 것이라 할 수 있다. 물론 주시경 문법 이후로 학교문법에서 한국
어의 조어법 특히 "단어의 전성"을 다룬 바 없었던 것은 아니나 그것은 체계
적인 것도 아니고 논문 형태의 논의도 아니었다.

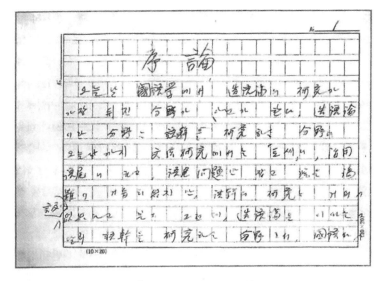

『국어조어론』의 서론(미완)

이상과 같은 논의들을 시도하면서 드디어 15세기어를 주로 하여 『중세국
어문법』(1961)을 간행하였다. 53세 때의 일이다. 이 책은 모두 네 편으로 구성
되었는데, 음운 조어 형태 및 통사가 그것이다. 이 4부 체계가 이숭녕 선생이
도달한 문법체계인 것이다. 조어론과 형태론을 구별하는 이 체계는 유럽 언
어학계에서 흔히 설정된 것이며 아울러 알타이제어의 문법체계 서술에서
흔히 볼 수 있던 것이기도 하다. 알타이어 문법에서 조어론을 특별히 다룬

저서로는 A. von Gabain의 *Altaische Grammatik*를 들고는 하였다. 알타이제어에 대한 관심은 선생이 한때 서평을 연재하다시피 할 때의 대상 저서를 보아도 알 수 있다. 역시 A. von Gabain의 『고대토이기문법』, 그리고 J. Benjing의 『통고사어』, N. Poppe의 『칼카몽고문법』 등이 있었다. 명사를 서술한 다음에 후치사postposition가 등장하는 경우, 이는 알타이적인 형태론적 특성을 고려한 개념이다. 전통적인 '토씨(조사)' 중에서 격조사는 곡용어미로 처리하고 보조조사(또는 특수조사)는 후치사와 첨사particle로 처리하면서 이 중에서 후치사만은 독립 품사로 처리하고 곡용어미는 물론이고 첨사도 편의상 활용어미에 덧붙여 설명함으로써 독립품사로는 인정하지 않았다. 선생은 첨사를 곡용어미나 절 또는 구에 관련시켜 설명을 않았는데, 이는 품사별로 서술하는 체제 때문이었는지 모르겠다. 이러한 문법체계의 틀은 『고등국어문법』(개정판 1960)에서 서술을 꾀한 것이기도 하다(안병희, 「이숭녕 선생의 문법 연구」, 1994). 음운론 연구에서 이미 다루었던 주제를 재론하고는 했는데, 문법 연구에 있어서도 그러했던 것이다. 참으로 학자다운 모습을 후학들에게 보여준 셈이다. 이숭녕 선생 자신도 조어론 연구에 대해 "이것은 내 연구생활에 새 時期를 마련해 준 것으로서 過去 日本學者도 造語論 硏究에 이렇다 할 論文이 없었다고 보아 筆者의 開拓은 보람을 느껴 마지않는 바이다."라고 믿고 있었고, 그리고 "日本人들이 우랄·알타이語의 공통특질을 韓國語나 日本語를 들고 論할 때에 이런 造語論의 言及이 빠져 있음도 이제야 是正되어야 한다."라고까지 강조했다(「나의 연구생활」, pp. 471~472). 실은 19세기 역사비교언어학에서 조어론적 형태론적 유사성이 친족관계의 증명에 음운론적 유사성보다 더욱 확실한 입증자료가 된다고 강조했었다. 조어론 연구에 대한 집념은 이숭녕 선생에게 대단히 강했던 듯하다. 1980년대 백제개발연구원장 재직 때에는 한편으로는 국어학사 서술을 정리하면서 다시금 조어론 연구를 종합해 저술을 내기 위해 조어론 연구 노트를 작성하기 시작했다. 현재는 이 노트가 덜 정리된 채로 남아 있는데, 독일어 용어들을 많이 사용했다.

이숭녕 선생은 'ㅇ'음의 음가와 모음체계를 논하면서 이와 관련된 선행 연구들을 비판적으로 검토한 바 있다. 『조선어음운론연구 제1집·음고』에서는 이미 조선시대부터 당시까지의 연구들을 검토한 부분이 상당한 양에 다 달았다. 『훈민정음』을 비롯해 『사성통고』(신숙주)의 「범례」, 『훈민정음도해』(신경준), 『이재유고』(황윤석), 『언문지』(유희), 『정음종훈』(권정선) 등등이 었다. 'ㆍ' 중심의 중세어 모음체계의 논의에서 문자체계로서의 '훈민정음'과 해설서로서의 『훈민정음』에 대한 정확한 이해가 필수적이기에 이에 대한 연구사적 검토에 관심을 가지는 것은 자연스러운 일일 것이다. 여기에서 발전하게 되면 『훈민정음』에 대한 문헌학적 연구로 진행하게 될 것이다. 훈민정음의 창제 이론과 그 시대적 배경, 창제 당시의 언어정책과 그 시행 내용, 창제자로서의 세종에 대한 여러 면의 연구, 세종 이후의 창제 이론의 변모, 훈민정음과 관련 있는 후세 인물 및 그 업적 평가 등 그리고 그 밖의 근대적인 한국어 연구 업적들에 대한 '국어학사' 연구들로 이어질 수밖에 없는데, 이숭녕 선생은 바로 이러한 연구들을 1950년대 중반부터 시작했다. 그 첫 단추를 낀 것이 훈민정음 창제에 대한 과거의 쇼비니즘적 해석을 비판하고 훈민정음 제정이 시대적 산물이라고 주장한 「국어학사의 시대성 논고: 훈민정음 문제를 주로 하여」(1955)였다고 본다. 그리고 이어서 이듬해 『사상계』에 연재했던 「국어학사」(1956년 5~12월호)에서 국어학사의 개념, 국어학사의 연구방법과 서술태도, 연구대상, 시대구분 등을 언급하고서 훈민정음을 이해하려 하였다. 이후 20여 편에 이르는 국어학사 관련 논문과 몇 가지 주제를 쉽게 정리한 문고판 단행본인 『혁신국어학사』(1976)와 세종과 훈민정음에 관련된 글들을 편집한 단행본 『세종대왕의 학문과 사상』(1981) 들이 있다. 이숭녕 선생은 1973년 9월 15일에 있었던 정년퇴임 기념강연에서도 "國語學史 記述態度의 反省과 今後 國語學의 方向設定"을 주제로 삼았는데, "國語學史도 言語學史요 一種의 科學史이니, 거기에는 史觀的인 考究의 態度가 基底에 깔려 있어야 하고, 價値觀的인 試圖가 恒常 번득이고 있어야 한다."고 강조했다(강신항, 「심악 선생의 국어학사연구」 1994). 이 무렵에는 새로이 『국어학사』를 집필해 2000매 정도 분량에 이르렀다고 하였다. 이는 진단학회에서 『한국사』(전7권 1959~1965)

『국어학사』집필 원고 일부(미완)

『국어학사』(1948. 1. 5. 기고, 을유문고)
초고용(상), 목차(하)

를 완간하면서 그 후속사업으로 새로이 41개 분야에 걸친 한국사분류사 출판을 계획했었는데,[16] 그 중에 '국어사' 외에 '국어학사'가 배정되어 이숭녕

선생이 이를 집필하게 되어 있었다. 여러 사정으로 이 기획은 실현되지 못하고 필자에 따라 개인적으로 간행되기도 했다. 이숭녕 선생도 끝내 '국어학사' 저술을 완벽하게는 완성 못하고 유고로 남기고 말았다.

이숭녕 선생이 또 하나 이루지 못한 꿈이 있었다. 그것은 '향가학'이었다. 국어의 역사적 연구를 행하는 연구자치고 향가연구에 무심한 사람은 없을 것이다. 고대국어 특히 그 중에서도 신라어 연구를 위해서는 향가연구가 필수적임은 물론이다. 향가가 신라어라 하더라도 그 표기는 한자로 되어 있기에 자연히 차자표기 중심의 표기체계에 관한 연구가 필수적이다. 선생은 「어명잡고」(1935) 등 우선 차자표기와 부분적으로 관련이 있는 논문 몇몇을 발표하고 나서 「신라시대의 표기법체계에 관한 시론」(1955)을 발표하였는바, 여기서 우선 지명 관명 인명 등의 고유명사의 표기법을 검토하고서 그 바탕 위에서 가요와 시나 일반문장의 표기법을 검토했다. 그 결과 고유명사의 표기가 발달된 뒤에 향가와 이두의 표기가 이루어진 것으로 보았다. 또 의미부 sémanteme는 한자의 의미를 살려 썼으나 형태부morphème는 한자의 표음식 표기를 취한 사실도 확인하였다. 그리고 향가의 표음자 표기와 고유명사의 표기를 대응체계로 비교하여 그 용자표를 작성했다. 이러한 기초적인 연구를 통해 신라어 재구에 관심을 가지고 향가연구가 이 기초 위에서 이루어져야 하기 때문에 신라어 재구 없이 향가만을 주해하는 태도를 비판하게 되었다. 이것이 한국 학술사상 보기 드문 논쟁이었던 저 유명한 양주동 교수와의 논쟁의 불씨가 되었던 것이다. 자료정리는 물론 방언연구와 비교언어학적 연구 나아가서 민속학적 종교학적 고고학적 준비도 되어야 한다고 하였다(남풍현, 「심악 이숭녕선생님의 차자표기 자료연구」, 1994). 그 후 「향가연구 서설」(1960) 등등을 발표하기도 하였다.[17] 역사언어학적 기초연구에 힘을 기울이면서 일생을

다. 서울대학교에서 정년으로 퇴직한 뒤에 원고를 정리하고는 했는데, 그 중 정서된 원고 (중간중간에 빈곳도 있음)로 600매가 보존되어 있다.

17 1948년 1월 5일에 기고하기 시작한 「개설: 국문학사 №1(고전의 부部)」란 노트가 있는데, 이는 '을유문고 초고용'이었다. 여기의 '신라문학'에서 향가를 한 수 한 수 다루었음은 물

보낸 선생은 국어학의 한 하위 분야로 '향가학'이 필요함을 역설하게 되었다. 그것은 정년퇴임 6년 후 71세 때인 1979년 대구 경북대 동양문화연구소에서 행한 「향가연구의 새 방법론의 제창」이란 발표에서였다. 물론 내용은 이미 여러 차례 언급된 것이기는 하나, "國語學에 鄕歌學이란 새 分野의 設定을 뜻하"면서 강조했던 발표였다. 여기서도 자료에 대한 기초적 연구들이 향가연구의 제1단계라 하고 제2단계는 향가학으로 고대어연구 방언학 비교언어학 등의 언어학적 연구와 자료 검토 문헌 연구 불교연구 민속학적 연구 등의 문헌학적 연구로 이루어지되, 그 중 방언연구 문헌어연구 및 비교언어학이 가장 필요하다고 제창했는데, 이 세 분야는 선생이 일생동안 늘 관심을 두어 왔던 언어학의 분야이기도 했다. 경우에 따라 분리된 논문을 작성하기도 했고 종합적으로 광범위하게 고찰해 논문을 작성하기도 했다. 머나먼 길이요 험난한 길임은 물론이요 도달해야 할 이상적인 종착역임도 물론이다. 이 어려움을 극복해 가며 내 놓은 연구는 김완진 『향가해독법연구』(1982)이었다. 이것은 선생의 '따지고 따짐'을 따르려 한 것이지 양주동 선생의 문학적 감각으로 '척척 붙임'을 따른 것은 물론 아니다.

이렇게 새로운 학문분야를 개척하고 구축해 후학들을 키워 왔던 세월이 서울대 교수 시절이었다. 정인보 감찰위원장의 위원직 권유와 백낙준 총장의 연희대 전적 권유는 물론이고, 문교부 차관직 제의나 이탈리아 대사직 제의도 뿌리치면서 학문과 교수를 위해 스스로 '대학가의 파수병'이라면서 상아탑을 지키려 했던 것이다.

學者란 '오리지널'한 開拓이 不可能하게 되고 過去의 學說에서 주춤거리면 그의 學者的 生命은 終焉을 告하는 것이라 보아야 한다. 나는 恒常 이것을 두려워하며 警戒하는데, 이것을 豫防하려면 專攻을 위하여 文字 그대로 休息 없는 生活을 해야 한다. 新課題의 着想, 資料의 再三再四의 蒐集과 檢討, 泰西

론이었다.

學者의 動向에서의 刺戟, 外國 論著의 批判과 消化, 그리고 長論文 執筆의 習慣化를 爲하여 見敵必殺의 特攻隊와도 같이 敢鬪하여야 한다. 내 素朴한 人生觀에서 무엇이든 내세울 것이 있으랴마는 家族이나 後輩들에게 때로는 "健康하고 長壽하여야 하며 붓을 든 채 죽을 수 있다면 가장 幸福한 一生일 것이다."라고 말한 적이 있다.

「서재의 생활」

또 선생은 "學問의 世界에선 남을 쫓는 자는 永遠히 남을 뒤쫓게만 된다."라는 말이 선생이 품어 온 신념이라고 고백하기도 했다.

그러나 대학교라는 엄청난 크나큰 살림 속에서 교내 보직을 맡지는 않을 수 없었다. 예과부장, 교양학부장, 교무과장, 주임교수나 학과장(국어국문학과, 언어학과 등), 교수협의회 (부)회장, 각종 위원회 위원(장), 대학원장 등과 문리대 부설 동아문화연구소 소장 등을 자주 맡고서 대학 발전에 이바지하기도 했다.[18] 특히 대학원장에 임명되면서 그동안 20년 이상 재직해 왔던 문리과대학 국어국문학과에서 떠나 소속이 대학원으로 바뀌게 되었는데, 대학원을 학문연구 중심 대학으로 발전시키기 위해, 구제 박사학위 제도를 없애고 정원을 1900명으로 늘리려 하였고, 퇴임 교수 강의 시간 수와 연한도 제한하도록 하였다. 국어국문학과의 강의는 한 강좌만 맡고 그 자리에 새 전임 교수가 임명되도록 했다. 서강대에 재직하고 있던 김완진 교수가 전입되었다. 그리고 1973년 8월 31일에 정년을 맞아 28년간 봉직해 온 서울대학교 교수직에서 퇴임했다.

외부의 유혹을 물리치면서 일생을 교육에 봉사하며 학문에 진력하기만 했던 이숭녕 선생은 외골수의 길을 걸어왔고 또 그 길을 지키고 그 길의 옳음

---

18 1962년에 서울대에서는 총장 후보로 이민재李敏裁 교수와 이숭녕 교수 두 분을 추천했다. 이때에 선생은 만약에 총장이 되어도 강의는 꼭 하겠다고 연구실에 있던 필자에게 비쳤다. 그러나 이때에 새로운 박정희 정부는 추천제에서 임명제로 바꾸어 대한민국의 새 대통령은 경북 출신의 권중휘 교수를 국립서울대학교 총장으로 임명했다.

을 후학들에게 일깨워 줬다고 할 수 있다.

> 내가 갈 길은 일직선의 길일 것이요, 꽃 한 떨기 보이지 않는 일직선의 길
> 이고, 쉬려고 해도 이렇다 할 나무 그늘 하나 없는, 그리고 목표는 보이나 가
> 도 가도 끝이 없는 길일지도 모른다. 이 길을 넘어지며 구르며 그리고 줄기차
> 게 달음질치는 멋도 없는 시골뜨기가 곧 나일 것이다. 그리고 이 길이 좋은
> 길인 줄 알고 내 뒤를 따라오는 작은 시골뜨기떼도 있으려니 한다.
>
> 「서재의 생활」

이러한 정신은 일찍이 선친께서 훈육한 심악이란 아호의 심여오악心如五岳
의 뜻을 따라 살려고 했고 고전 『선가귀감』에 나오는 "心如木石者 始有學道
分"이란 말을 금과옥조로 삼고 살려고 애쓴 그런 것이었다(「나의 이력서」, 「나의
연구생활」). 선생의 좌우명은 "한눈을 팔지 말고 외길을 달려라."였다. 이들을
선생은 처세훈으로 삼고 값있게 사는 길로 생각했던 것이다. 그리고 황산곡
의 시에서처럼 세상살이는 '천천히' 그리고 학문의 길을 위해 '부지런히' 살
았던 셈이다.

6. 퇴임 이후의 이숭녕 선생

이숭녕 선생은 서울대학교에서 퇴임하면서 계속 논문 작성과 마무리 못
지은 '국어학사'와 '조어론'의 저술에 남은 생애를 바치려 했다. 그러나 제자
들의 권유와 외부의 유혹이 없을 수 없었다. 1973년 퇴임 후 한 달 지나 초창
기의 제자 남광우 교수가 선생을 인하대학교로 초빙해서 2년간 강의를 했고,
또 두 달 지난 연말에는 한양대학교 문리과대학 학장으로 추대되었다가 이
듬해 4월부터는 한양대 국학연구원장에 취임해 고문헌 영인 사업 등을 펼치
기도 하였다. 이러한 일들은 일생동안 해온 교수 학문과 관련된 일들이었다.

선생도 실은 그러나 어쩔 수 없이 학문의 길에서 '외도'를 했었다. "學者는 全生涯를 통하여 全精力을 오로지 主專攻研究에 기울여야 함이요, 여기서 벗어나는 思考와 行動은 이미 外道라고 아니할 수 없다."라고 분명히 말했던 선생이었다. 끊임없는 학문의 길을 위해 운동 특히 등산을 오래하다가 대한산악연맹 회장, 한국산악회 회장, 한국직장산악인협회 회장, 설령산악회 회장 등을 역임했으며, 오랫동안 이웃에 살고 같은 문리과대학 교수로 있었던 이민재 교수 후임으로 자연보호중앙협의회 위원장을 역임하기도 했다. 등산을 즐기다 보니 「성호의 북한산 기행문의 고찰」이라든가 「북한산의 지지적 고찰」 등의 역사적인 논문도 쓰게 되었으며, 또 자연보호와 관련되는 일을 맡다 보니 이 일에 관련된다고 생각되는 「제주도감귤고」, 「응자명에 관한 어휘의 고찰」, 「자연보호사의 고찰」 등등 많은 논문들을 쓰게 되어 결국 이들을 묶어 『한국의 전통적 자연관: 한국 자연보호사 서설』(1985)이란 단행본도 간행하게 되었다. 모두가 역사적 시각에서 쓴 것들이다. 그 속에는 물명의 어휘사와 관련 있는 논문들도 없지 않다. 이러한 국어학의 '외도'에 대해 선생 자신은

> 外道의 執筆도 이만하면 나로선 充分한 것이려니 하며 이제 남은 餘生과 내 慾望 사이에서 내 執筆이나 研究方向을 가다듬어야 할 時機에 들어선 것만은 事實이다. 오직 健康의 持續과 하느님의 恩寵을 빌 뿐이다.
>
> 「학자와 학문」

라고 했다. 선생 75세 때의 생각이다.

이숭녕 선생은 이어서 한국정신문화연구원의 이사를 거쳐 72세 때인 1980년 1월부터 부원장 및 한국학대학원 원장을 지내게 되었다. 이 연구원의 어문연구실에서는 일차 사업으로 전국방언조사연구와 전국구비문학조사라는 계획을 세웠는데, 당시 유창균 실장의 자문에 선생은 사사로이 자주 응하고는 했다. 유 실장은 6·25 때의 대구 전시연합대학에서 선생의 음운론 강의를 청강한 바 있는데, 그 후 선생과는 특별히 가까이 지내왔던 것으로 알

고 있다(각주 11 참조). 1978년 이들 연구과제가 확정될 때까지 필자도 유 실장의 전국방언조사사업에 대한 자문에 응하면서 그 대체적인 계획을 세우기도 했고 이를 진행하기도 했는데 여기서도 선생은 개인적 후원을 아끼지 않았다. 그 조사연구 결과는 9권의『한국방언자료집』그리고 우여곡절 끝에 30년이 지난 최근에서야 지극히 일부 조사항목을 대상으로 해서『한국언어지도』(이익섭, 전광현, 이병근, 이광호, 최명옥 편, 태학사, 2008)로 나타났다. 한국학대학원 원장을 맡던 당시에 선생은 특히 그 동안 관심을 두어 왔던 세종대왕에 대해 더욱 깊이 관심을 두었는데, 이는『세종대왕의 학문과 사상』(1981)으로 묶여 간행되었다. 내용은 학자들과 그 업적을 중심으로 한 국어학사 관련과 그 주변적 사실에 관한 것들이었다. 당시 정부에서도 정신적 지주로서 세종대왕을 자주 언급하던 때였다. 선생은 다시 74세 때인 1982년에 한 대기업체에서 운영하던 백제문화개발연구원 원장에 취임했다. 백제지역의 언어 문학 고고 역사 등 백제문화와 관련된 과제들의 지원 사업을 펼쳤다. 이 시기에까지 서울대학교 명예교수로서 강의를 아주 열성적으로 하면서 국어학사와 조어론 저술에 마음을 많이 쓰고는 했다. 또 한편으로 1978년 이래로 계속 한국어문교육연구회 부회장을 맡고 있었고 연안이씨 전국종친회 회장이라든가 한국산악회 회장 등의 명예직을 맡고는 했는데, 선생의 마지막 논문이 된「신미의 역경사업에 관한 연구」(1986)란 논문을 발표하는 열정을 보이기도 했다. 78세 때였다. 1988년 7월 팔순을 맞아 선생의 제자들, 전광현, 이병근, 홍윤표, 최명옥이 편집한『이숭녕국어학선집』(음운편) 세 권을 봉정받기도 했다.

선생은 교수 재직 시절에 연구실에 드나드는 제자들에게 "논문을 써야 해. 잡문은 쓰지 마."라고 가끔 주의를 주었다. 오로지 전공연구만을 강조했다. 환경은 어쩔 수 없을 때가 있을 것이다. 여기저기서 청탁을 받아 쓴 수필이나 언어(학)의 주변이야기들이 잡지에 실리니 또 이들을 묶게 환경은 만든다.『대학가의 파수병』(1968),『산길을 걷노라면』(1971),『산 좋아 산을 타니』(1978) 등이 그것이다. 그러나 선생은 스스로에게 "잉어가 뛰니 망둥이도 뛴다."라고 했다. 이들 글들을 통해 학술논문으로 직접 볼 수 없는 선생의 사고나 사상도 엿볼 수 있고 확인할 수 있어 후학들은 얼마나 다행인지 모른다.

팔순을 넘기신 이듬해 1989년 2월 4일 선생은 갑자기 편찮게 되었다. 건강을 위해 일생동안 그리도 애썼는데, 수술조차 어려운 뇌간경색증이었다. 2월 8일 아드님이 의사로 근무하고 있던 한국원자력병원에 입원, 그렇게 투병생활이 시작되었다. 3월에 일단 퇴원, 6월 18일에 다시 입원, 7월 4일에 퇴원해 외손녀(김정아金貞娥 박사, 현재 대전대 국어국문학과 교수)의 결혼식에 참석하기도 하여 식구들과 후학들이 일단 걱정을 덜었다. 그러나 역시 상태가 좋지 않아 9월 10일에 세 번째로 입원해 1991년 3월 19일까지 같은 병원에서 긴 투병생활이 이어졌다. 그 후 댁에서 의료 시설을 갖추고서 요양하게 되었다. 식구들의 필사적인 간병은 이렇게 계속되었다. 선생은 조금이라도 기운이 회복되는 순간에는 책상 앞에 원고지를 펼쳐 놓고 논문을 쓰겠다고 했지만 몇 글자 잇지는 못했다. 일생동안 지켜 온 학문에 대한 집념은 이런 모습으로까지 나타났던 것이다. 선생은 1984년 11월 6일 카라치시 객사에서 쓴 후학 유창균 교수 회갑논문집 서문에서 이렇게 말했다.

學者에 있어서 回甲이란 이 時代에 와서는 달리 생각해야 한다고 믿는다. 回甲 뒤에 健康하고 그 健康한 몸으로 오래오래 살아야 하는데, 오래 산다는 것은 人類 누구에게도 共通된 要望일 것이다. 그러나, 學者가 回甲 뒤에 健康하냐 아니냐는 곧 硏究業績을 계속 生産할 수 있느냐 아니냐에서 決定되므로 그 健康이 어느 누구의 경우보다 重要한 條件이 된다. 學者에게는 回甲이 問題가 아니라, 回甲 뒤에 健康이 問題이고, 이는 硏究生活을 계속할 수 있느냐 아니냐를 決定짓는 條件이 되기 때문이다. 學者의 理想的인 장면을 想像한다면 늙어서 冊床머리에서 作故함을 理想으로 삼아야 하는데 그렇게 萬事가 수학의 計算같이 맞아 떨어지는 것은 아니다.

1994년 2월 2일 새벽 5시 5년간의 기나긴 뇌간경색증과의 투병은 서울 한국원자력병원에서 식구들이 지켜보는 가운데 멈추고 선생은 이렇게 선종했다. 필자가 달려갔을 때는 이미 운명하신 다음이었다. 경기도 파주시 조리읍 뇌조리 덕암산 중턱의 유택에서 지금도 아주 당당한 모습으로 후학들을 지켜보며 떡 버티고 계신다. 그 유택 바로 위에서 선생을 일생 이끌어 온 선친 춘사공이 파란만장한 세월 속에서 현대국어학의 개척자가 된 이 자랑스러운 아들을 묵묵히 지켜보고 있다. 몇몇 동학들과 함께 매년 스승의 날에 그리고 제일에 선생의 유택을 찾아 "고맙습니다." 하면서 재배를 올린다. (*선생의 묘소는 이후 2020년 10월에 이전 묘소 건너편 소뉴월 마을의 가족묘지로 이장해 모셨다.)

7. 마무리: 心如木石者 始有學

심악 이숭녕 선생을 누구보다도 잘 알았던 직접적인 제자 안병희 교수는 선생의 10주기 추모식에서 세월이 지날수록 선생님이 보여주신 국어학에 대한 열정, 국어학에 임하신 과학정신, 국어학의 크신 업적에 대한 흠모의 정을 누를 수 없다고 하면서 다음과 같은 추모사를 이었다.

선생님의 국어학에 대한 熱情과 執念은 저희들의 想像을 초월할 정도로 대단하셨습니다. 老年에 이르기까지 밤을 새워 硏究에 몰두하신 학문에의 熱情은 잘 알려진 일입니다. 돌아오지 못할 病魔에 쓰러지셔서 意識이 몽롱하신 가운데서도 주위의 醫療陣에게 나는 할 일이 많은 사람이라고 하신 것은 學問에 대한 執念을 극명하게 드러내신 일입니다. 그러한 熱情과 執念이 있으셨으므로 선생님은 學問硏究의 本山인 大學을 떠나신 적이 없습니다. 일찍이 大學의 把守兵이라 자임하신 일이 있으십니다. 把守兵이란 말은 지나친 謙辭였지만, 大學만을 지키고 學問硏究에 전념하신 사실에 비추어서 그 自任이 조금도 과장된 것이 아니었습니다. 많은 社會活動을 하셨으나 모두

國語學과 直間接으로 관련된 것이었습니다. 산악회의 關與도 硏究를 위한 體力 때문이라 하셨습니다. 이러한 國語學 외곬으로 향한 熱情과 執念은 우리 後學이 본받고 계승하여야 할 것입니다

「심악 이숭녕 선생 추모사」

이숭녕 선생의 '국어학'에 대한 열정과 집념은 일생의 신조였다고 할 수 있는데, 이는 과거에 급제하고 규장각의 여러 벼슬을 지내고서 칙임2등(조선시대로 말하면 종이품 '가선대부')에까지 올랐던 선친 춘사 이병관 옹으로부터 받은 영향이었고 또한 아버지를 닮은 성격과 체질에 말미암은 것이었을 듯하다. 그것은 '心如五岳'과 같이 살라고 지어 준 '심악'이란 아호에서도 알 수 있다. "大學만을 지키고 學問硏究에 專念"한 것은 또 하나의 신조라 할 수 있는데 그것은 저 옛문헌 『선가귀감』의 '心如木石者 始有學'을 귀감으로 삼았기 때문이었다. 이리하여 정인보 감찰위원장의 함께 근무하자는 권유는 물론이고 문교부 차관이나 이탈리아 대사 등의 교외 '감투'를 물리치고 학문과 교육에만 열중한 '木石'이었던 것이고 '대학가의 파수병'이었던 것이다. 그 결과 국어연구의 금자탑을 쌓을 수 있었던 것이다. 집필한 논문이 100편을 넘을 때의 선생의 그 기뻐하는 모습은 주위 사람들의 상상을 초월할 정도였다. 물론 건강 유지와 증진을 위해 등산 등을 하다가 여러 산악회 회장을 역임한다든가 자연보호 관련 단체의 이사장을 역임하기도 했지만, 이때에도 역사적 관점에서 관련 논문들을 집필함으로써 학자의 길을 벗어나지 않으려 했다. 교내의 크고 작은 보직을 맡다가 끝으로 대학원장을 역임했는데, 이는 교수로서의 연구와 교육 정신으로부터 물론 벗어난 것은 아니다. 5·16 이후 재직 중에 있던 서울대학교의 총장 2명의 복수 추천 후보로 선출되었을 때에도 강의는 반드시 맡겠다면서 이를 크게 마다하지는 않았던 것도 선생의 같은 사고였다고 할 수 있다.

이숭녕 선생의 학문을 이야기할 때 흔히 '과학, 과학적 정신'이란 표현을 많이 쓴다. 학문에 있어서의 과학적 정신은 경성제국대학 고바야시 히데오

의 '언어학개론'을 수강하면서 받아들이게 된 당시 유럽언어학의 영향이라고 본다. 진화론적 사고로부터 영향을 받은 19세기의 유럽 언어학인 역사비교언어학은 관찰 가능한 또는 실증이 가능한 객관적 사실에 바탕을 두고 현상 또는 변화를 지배하는 '법칙law, loi'을 찾아 서술하려 하였다. 따라서 전체적 민족주의에서 흔히 잘못 파생되는 비과학적 쇼비니즘적 사고를 배제하면서 객관성을 강조하는 과학적 정신을 강조하게 되는데, 선생은 바로 이러한 정신을 언어과학이라는 "학문으로서의 국어학"을 "상위학문인 언어학의 소속이며 동시에 언어학"이라 믿으면서, 19세기 말엽의 애국계몽적인 민족주의자들, 예컨대 주시경 등과는 달리, 과학적 정신으로 새로 국어학을 구축하고 국어학의 새로운 분야들을 개척하려 했던 것이다. 물론 언어의 통시론적 연구, 즉 역사언어학이었다. 후학 이기문 선생은 제자들이 1994년에 묘소 왼쪽에 세운 학덕추모비에 이렇게 썼다.

> 선생은 한평생 科學的 基盤 위에 새로운 國語學을 건설하려는 一念로
> 사셨으니, 古典을 두루 詳考하심도, 全國의 方言을 샅샅이 採集하심도,
> 一般言語學의 理論을 널리 살피심도 다 이를 위함이었도다.

광범위한 자료를 통해 음운사 연구를 새로이 구축하고 조어론 분야를 개척하고 형태론 분야를 개선하고 비록 문헌학으로서의 성격이 강하지만 국어학사 서술을 과학화하려 했다. 선생의 이러한 연구는 한국어와 친족관계에 있는 것으로 보이는 알타이제어의 언어특징들을 고려하고는 했지만 세계적인 흐름에서 크게 벗어나지 않는 연구여서 이후의 국어학의 방향을 결정해 주다시피 했다고도 볼 수 있다. 이런 의미에서 **이숭녕 선생은 현대국어학의 개척자요 아버지다. 그리고 과학사상가였다. '국어과학'은 앞으로도 생명이 길 것이다.** 다만, '인문과학'이 아니라 과학적 연구를 넘어 '인문학'에 이르는 폭넓은 작업은 이제 이후의 후학들의 몫이 되었다.

출처:『이숭녕 현대국어학의 개척자』, 태학사, 2008.

붙임: 심악 이숭녕 선생 탄신 100주년을 맞아 기념논집『이숭녕 현대국어학의 개척자』(2008, 태학사)에 실은 글인데, 이미 2004년 선생의 10주기를 맞아 한국 어문연구회에서 추모발표를 한 바 있는데, 이를 바탕으로 대학 강의 노트 등 새로운 자료와 생각을 보완해서 정리하였다. 이숭녕 학문의 세세한 내용은 딴 사람들의 논문에서 다루고 있기에 세세히는 다루지는 않았다.

이숭녕, 현대국어학의 개척자

1.

심악 이숭녕(1908~1994) 선생! 그는 분명 유럽의 현대언어학 이론을 바탕에 깔고 국어연구를 개척하며 건설한 선각자였다. 필자는 「이숭녕 선생의 삶과 사상 그리고 학문」(2008)이라는 글에서 그를 다음과 같이 현대국어학의 아버지라 부른 일이 있다.[1]

> 요컨대 이숭녕 선생은 끈질긴 성격의 공부꾼으로 국어학을 하나의 독립된 분야로 개척하고 건설했던 현대국어학의 아버지로 학문에 있어서의 과학적 정신을 강조했던 과학사상가였다.

---

[1] 필자는 이숭녕 선생의 지도를 받은 연유로 해서 청탁을 받고는 그분의 생애 학문 등에 관해 이미 몇 번에 걸쳐 발표한 바 있다. 「심악 음운론의 방법과 태도」(1994), 「심악 이숭녕 선생의 학문」(2004), 「심악 이숭녕 선생의 삶과 학문」(2004), 「O. Jespersen과 한국어음운론: 이숭녕의 음운론연구를 중심으로」(2004), 「심악 이숭녕 선생의 삶과 사상 그리고 학문」(2008), 「이숭녕 선생의 방언 채집과 방언 연구」(2009) 등이 그것들이다. 따라서 그 서술 내용은 대부분이 중복될 수밖에 없는데, 이 글도 또한 그러하다. 이숭녕 선생에 대한 지금까지의 연구의 종합은 "심악 이숭녕 탄신 100주년 기념문집"인 『이숭녕 현대국어학의 개척자』(태학사, 2008)에 대체로 수록되어 있다.

이숭녕의 학술활동 이전에 근대의 주시경이라든가 김두봉, 이극로 등과 그리고 김윤경, 이희승, 최현배 등 선배 국어학자들이 없었던 것은 아니나 분명히 그들 대부분과는 구별되지 않나 하는 생각이 들었기 때문이었다. 그리고 현재까지도 국어 연구를 행하는 사람은 직접적이든 간접적이든 이숭녕 선생의 영향을 받지 않은 사람이 없었다고 보기 때문이다. 우리 세대는 그가 작고한 지 20년 가까이 되어 가고 있지만 아직도 그 당당한 모습과 목소리가 가까이에 있는 듯 여겨지고 있다. 물론 그분의 연구방법과 연구내용 그리고 연구방향에 대한 평가는 이제 앞으로 새로운 세대가 짊어질 과제일 것이다.

  이숭녕은 20세기 초기에 태어나 일제하에서 신식교육을 받고 이른바 '대학'에서 전문분야의 교육을 받고는 1930년대 후반부터 본격적인 학술활동을 전개하기 시작했다. 1934년에 창립된 진단학회가 그의 초기 논문을 발표케 함으로써 이 학회가 평생 그의 정신적 활동무대가 되었다. 그리고 광복 이후 계속 유럽 중심의 현대언어학 이론에 뿌리를 두고 오구라 신페이小倉進平(1882~1944) 등 과거 일본인학자들이 범한 오류를 비판하고 알타이어학을 과감히 도입하여 국어학의 새로운 과제들을 개척해 나아갔다. 이런 면에서 그는 독보적인 연구자로서 자신만만한 프론티어였다. 특히 외세의 침투에 대항해 국내에서 싹텄던 이른바 민족주의적 쇼비니스트 예컨대 주시경 등의 연구태도를 용서치 않았다. 당시 너무나 당당했던 이숭녕에게 간혹 도전했던 어떤 주장에 한 치도 물러서지 않으며 강력히 논전을 벌리곤 했다. 순수언어학적 '과학적 정신esprit scientifique'에서였다. 이 시대는 언어학 이외의 딴 분야에서도 그러했다. 문학에서는 청록파에서 볼 수 있었던 순수문학적 사조로 그리고 미술활동에서는 신사실파로 반추상 작가들의 순수미술 사조로 전환되었던 시대다. 세계의 한 흐름이었던 것이다. 그러나 20세기 전반기의 이러한 유럽의 순수언어학은 구조주의에서 볼 수 있었듯이 대상의 형태구조의 과학에 치우침으로써 '인간의 상상력'에서는 거리가 멀어진 언어학이 되고 말기는 했다.

이숭녕은 바로 이러한 시대적 사고의 대표적인 학자로 새로운 국어학의 체계를 세워가며 외부에의 '감투'의 유혹도 언제나 과감히 떨쳐버리며 오로지 학문에만 진력했던 '대학가의 파수병' 그 이상이었다. 만년에 학교나 학회 이외의 일을 맡았을 때에는 그는 이를 '외도'라 했다.

2.

이숭녕은 통감부 시절이었던 1908년 6월 7일(양력 7월 6일) 서울에서 태어났다.[2] 본적은 "한성부 체부동 72번지"다. 선영은 원래 지금의 경기도 파주시 조리읍 뇌조리 소뉴월 마을이었다. 말하자면 일제에 의해 강점되기 3년 전 통감부시절에 태어난 것이었다. 그의 선친은 가선대부(규장각지후관奎章閣祗侯官, 종2품)에 올랐었다. 잠시 맡았던 서부철도국장에서 물러나 있었다가 광복 후 이시영, 조소앙 등과 함께 우국노인회의 회장을 맡는 등 일시 정치활동을 했던 이 시대의 소용돌이를 겪은 분, 연안이씨延安李氏 춘사春沙 병관炳觀(1958~1949) 공이었다. 선생은 바로 이 선친을 너무나 닮았다.

> 내 유전적인 체질에서나 학문과 성격에서나 선고는 나를 가장 총애하시고 장래에 희망을 거시고 가지가지 유훈을 내리신 터로 정신적인 유산을 한껏 받자온 터이다.
>
> 『춘사공실기』(1972)

유학자 이병관 공의 4남 4녀 중 셋째아들로 태어난 이숭녕은 선친의 교육방침에 따라 일찍부터 명현 학자들의 감동적 일화를 통해 인생관과 처세관

---

2 아명은 '경록景祿'이었는데, 매동공립보통학교 학적부에는 '경복景福'으로 잘못 기록되어 있었다.

을 배우며 자랐다. 그리고 시대의 흐름에 따라 신식 교육을 받기 시작해 경성제2고등보통학교(5년제로 경복중·고등학교의 전신임)를 제1회로 졸업했다. 몸이 약했던 이숭녕은 수영 스케이팅 검도 등 운동을 해서 심신을 단련하기도 했다.

당시 우리나라에는 전문학교 이외에 '대학'이라곤 경성제국대학 하나밖에 없었다. 수학 실력이 부족해 1928년 3수 만에야 경성제국대학 예과(문과 B반)에 입학, 2년 뒤 「허난설헌의 연구」(일문, 장편 논문)로 졸업하고 이어서 1930년 4월 1일에 법문학부 사학과에 진학했으나, 두 달도 못 지나 5월 22일에 문학과 조선어조선문학 전공으로 전과했다. 그리고 조선어를 전공으로 선택해 강좌장 오구라 신페이 아래서 공부를 하게 되었다. 그러나 실증적인 역사언어학자였던 오구라의 강의에는 큰 흥미를 가지지는 못했다.

> 내가 대학강의를 들어보니 기대했던 소창 교수는 성실하게 자료의 제시나 자기가 개척한 것을 과장없이 들고 나오는데 신미新味가 없고 나열과 소개에 그친 감이 있어 그의 강의는 내 마음에 들지 않았다. 끝까지 문헌학적 테두리를 못 벗어난 느낌이었다.
>
> 「나의 연구생활」(1983)

"날카롭고 재기가 넘쳐흘렀던 젊은 교수"였던 고바야시 히데오小林英夫(1903~1978)의 강의 언어학개론을 들으며 유럽의 언어학 이론을 접하고서 이 고바야시의 사적인 지도까지 받게 되었다. 그의 권고를 받아 영어와 독일어 외에 불어 러시아어 및 희랍어를 공부하면서 또 방드리에스J. Vendyes 그라몽M. Grammont 예스페르센O. Jespersen 파울H. Paul 등의 원서들과 독일방언학 관련 원서들을 독파하기도 했다. 이때 스스로를 독종에 가까운 성격자라고 회고하기도 했다. 그리고 이후 제자들에게도 "사생활에서는 바보같이 양보하고 겸허해라. 그러나 학문에선 매섭고 날카롭고 모지고, 사나워야 한다."고 가르쳤던 것이다. 이숭녕의 아호는 선친이 지어준 '심악心岳'이다.

남자란 마음이 굳고 냅뜰 힘이 있어야 한다. 너는 마음이 너무 약해. 그래서 네 호를 마음이 태산오악泰山五岳 같으란 뜻에서 '심악心岳'이라고 지었다. '심여오악心如五岳'으로 알면 좋다.

「나의 연구생활」(1983)

이숭녕은 이와 같이 선고의 가정교육이 온위를 겸하고 학자로서의 자질을 함양케 해 준 덕이라고 믿었었다.

대학의 조수로 있었던 도남陶南 조윤제趙潤濟의 총애를 받았던 이숭녕은 "심악! 우리 조선어를 자네가 맡아 새로 개척해야 한다."는 그의 권고를 받아 동문지『조선어문학회보』에 5편의 단편 논문을 게재했다. 1933년 대학을 졸업한 뒤, 평양사범학교 교유로 취직을 해 1945년 광복을 맞이할 때까지 12년 동안이나 평양생활을 외롭게 계속했다. 여기서 특히 독일어 원서 중심으로 일반언어학 이론을 공부하며 고문헌에서의 자료정리 그리고 살아있는 언어로서의 방언조사와 연구에 힘을 기울였다. 이 무렵에는 단편 논문은『한글』에 싣고 장편 논문은『진단학보』에 게재했었다.[3] 장편 논문인「어명잡고」(1935)와 특히「ᄋᆞ음고」(1940)를『진단학보』에 발표했는데, 이 후자의 논문은 연구방법론에서 보아 현대국어학 특히 음운론연구의 한 에포크를 가르는 것으로 평가되곤 한다. 그의 과학적 연구방법론은 광범위한 자료 위에서 보편적 원리를 이끌어내되, 언어법칙을 필연이나 당위의 법칙으로가 아니라 '가능의 법칙'으로 보아 변화의 경향 내지 법칙을 파악하는 것이었다. 이는 "국어학은 개별언어학이다. 그 국어학이 개별언어학으로 존재하는 동시에 일반언어학일 수 있다."는 대전제로부터 출발한 것이었다. 이러한 과학적 사고는 국어학 연구에서 그의 선배들과 분명히 구별되는 사고였다. 이렇게

---

3 이 당시에는『한글』과『진단학보』가 국어학 논문을 발표할 수 있었던 유일한 발표지였는데, 그중『진단학보』는 현재와 같은 논문체제를 갖춘 글들을 게재했었다. 그밖에 경성제대 동문들의 종합발표지였던『신흥』에도 발표한 바 있었다.

시작된 이숭녕의 국어연구는 광복 특히 6·25동란 이후 사회가 안정되면서 더욱 열기를 띠어 진행되었다. 당시의 그의 연구논문은 거의 단행본에 가까운 장편이었다. 1954년에는 전국 학자들의 투표로 제1회 대한민국학술원 회원에 추대되었다.

광복과 함께 이숭녕은 그해 경성대학 교수에 임명되었고 국립대학으로의 개편에 따라 국립서울대학교 문리과대학 국어국문학과의 교수가 되어 조윤제 이희승 이병기 방종현과 함께 지내게 되었다. 가장 가까이 지냈던 대학 동기생 방종현은 안타깝게도 1952년에 일찍 세상을 떠났고 선배 이희승은 1961년 9월 30일에 퇴임하고 제자 이기문에게 바통을 넘겼다. 이숭녕은 1971년 초 대학원장에 보직되면서 소속도 대학원 교수로 아예 옮기고 2년 반쯤 뒤인 1973년 8월 31일로 그곳에서 정년이 되어 대학에서 퇴임하였다. 그 후임에는 제자 김완진이 국어국문학과 교수로 보임되었다. 교수 시절에는 위당 정인보의 감찰위원 권유라든가 장면 내각의 이탈리아 대사 등의 제의 등을 뿌리치며 오로지 '대학가의 파수병'으로 자처하며 강단을 지켰고 '국어학의 새로운 연구체제'를 확립하여 국어학을 건설하면서 엄격히 그리고 열정을 가지고 후학을 키웠다. 이희승, 방종현 등과 함께 키운 남광우, 김민수 등 그리고 제자를 보면 피가 통한다고 하며 키운 강신항, 이기문, 김완진, 이승욱, 정연찬, 안병희 및 채훈, 정기호, 김열규 등이 당시의 대표적인 제자들이었다.[4] 이 가운데는 아예 자택에서 수년씩 숙식까지 제공하며 키운 제자들도 있다. 당시에 이숭녕은 거의 밤을 지새워 가며 강의노트를 작성하고 장편 논문들을 엮었는데, 일본인학자들의 오류를 비판하고 새로운 과제들을 발굴하고 때로 억측 과장 속단의 선후배의 논문도 비판하며 논문을 쓰곤 했었다. 그러는 과정에서 우리나라에서 보기 드문 학술논쟁을 벌리곤 했는

---

4 오래 동안 평양사범학교에서 가르쳤고 6·25동란 무렵 동국대 겸임교수로도 있었으며 다른 대학 출강도 여러 곳 있었기에 그런 곳에서 인연을 맺고 따랐던 제자 후학들도 적지 않았다. 대학에서 퇴임하고서는 한양대에서 가르침을 잇기도 했고 한국정신문화연구원과 백제문화개발연구원 등에서 연구활동을 지원하기도 했었다.

데 'ᄋᆞ'의 음가('소리값')로 대립한 최현배와의 기나긴 논쟁, 향가 해독의 방법을 비판한 양주동과의 논쟁, 중세어 중심의 경어법·겸양법의 해석을 둘러싼 허웅과의 논쟁 등등이 잘 알려져 있다. 특히 이들 논쟁도 이숭녕은 광범위한 자료의 바탕 위에서 합리적 해석을 꾀하려 하여 예컨대 영문학 전공의 양주동과의 논쟁에 대해서 "따지고 따짐"의 언어학적 논리적 해석과 "척척 붙임"의 문학적 감성적 추리의 차이로 평가되기도 하였다. 논문으로부터 시작해서 논쟁에 이르기까지 이숭녕은 이렇게 당당했던 것이고 스스로 현대국어학을 새로 건설한다고 굳건히 믿었던 것이다.

3.

이숭녕은 그의 학문 초기에 국어사 특히 음운론 연구에 몰입했다. 그중에 집중된 관심은 없어진 글자인 'ᄋᆞ'의 음운론적 연구인데 이는 실학시대를 거치고 개화기의 국문연구소의 주요 주제의 하나로 주시경의 관심꺼리이었던 것으로, 이에 대한 이숭녕의 대표적인 연구결과가 바로 20세기의 명저로 평가된 너무나 유명한 『조선어음운론연구 제1집 ᄋᆞ음고』(1949/수정증보판 1954)다. 우선 'ᄋᆞ'음에 관한 종래의 주장들을 비판적으로 성찰하고 음운변화와 음운현상과 관련지어 15세기의 그 음가가 '아'와 '오'와의 간음間音임을 체계적으로 추정 증명하며 15세기의 모음체계가 7모음체계였음을 확립하였고 이 'ᄋᆞ'가 음운으로서 또 문자로서 없어진 시기나 과정을 추정하였다. 하나의 모음에서 시작하여 그것을 포함한 체계의 확립까지 확대함으로써, 결국 하나의 작은 주제로 쓴 엄청나게 큰 논저였던 것인데, 이 과정에서 최현배의 음가 추정도 비판하여 이후 최의 반박이 있게 되었고 다시 논쟁을 벌였던 것이다. 그리고 그 뒤로 다시 'ᄋᆞ'와 관련된 문헌과 방언 자료를 더 검토하고서 몇 편의 논문을 서울대에서 퇴임한 이후인 1970년대 후반까지 발표하여 자신의 주장을 보완하거나 수정하는 끈질긴 학자적 태도를 보이기도 했다.

그밖의 음운론 연구로는 순음과 치음, '어'음가, 이중모음, 모음조화, 이화작용, 히아투스, 음성상징, 아프라우트, 음운전위, 악센트 및 성조 등의 주제가 있다.

음운론 특히 음운사 연구 이외에 이숭녕은 본격적으로 조어론을 개척하려 했는데, 여기서는 알타이어학과의 관련성을 더욱 강조하곤 했다. 비교언어학에서 음운대응보다도 형태대응이 더욱 중요하다고 강조되었던 점이 고려되었던 듯하다. 이 조어론은 이숭녕의 문법체계에서 독립된 장으로 마련될 정도로 중요시되었는데, 이 조어론과는 엄격히 구별되는 형태론의 연구로도 나아갔음은 물론이다. 형태론은 어미나 조사의 문법적 기능, 바꾸어 말하면 형태통사적 구조와 기능을 밝히기 위한 작업이었다. 알타이어의 형태구조가 복잡하고 다양하기 때문이었다. 어간쌍형, 경어법 및 겸양법 등 선어말어미와 관련된 주제, 제주도방언의 형태론, '-샷다', '과딕여', '-이다/-아니다'의 품사적 성격, 무드Mood 등과 격(주격, 소유격, 처격), 조사, 관형사형 /-논/계 어미, 인대명사 등이 문법론 관련 주제들이었다.

이숭녕은 일찍부터 어휘 관련 논문을 발표했다. 그가 가진 관심은 어명, 인명과 지명, 종족어와 가족명칭어, 응자명鷹子名, 식물명, 차용어 등과 차, 감귤, 송정, 산악 등 관련어, 또 'ᄒᆞᆼᄇᆞᆨ사', '공변되다', '뜯', '말, 말씀' 등의 주석 그리고 어휘비교, 의미변화, 다의어, 유의어 등 그 주제가 아주 다양했다.

그리고 방언과 문헌에 관한 관심도 매우 컸었다. 초기에는 방언연구의 필요성을 강조했고 단편적 조사 보고를 통한 방언연구의 방향을 제시했으며, 본격적으로는 'ᄋᆞ'의 관심에서 비롯되었는데, 특히 제주도방언 연구는 형태론적 연구로 마무리됐다. 문헌 자체에 대한 관심은 대체로 해제 정도로 보이고 문헌학 주변의 문제들을 다룬 것은 국어학사와 관련된 주제들이었다.

일찌감치 국어학사 연구도 개척했는데, 이는 일제강점기에 민족주의적 감정에 빠져 문자연구와 함께 집중되었던 훈민정음 연구에서 과장 억측 속 단하여 객관적 평가를 받지 못했던 선배들의 주장들을 사료에 입각해 비판함에서 비롯된 것이었다. 이숭녕은 국어학사 연구는 문헌학이지 국어학이 아니라고 설파했는데, 국어학사론이 문헌학을 바탕으로 하는 역사학 내지 철학인 것만은 분명하다. 음운사 연구에서 우선적으로 훈민정음의 내용을 검토함은 자연스레 두 분야를 연결하게 되었을 것이다. 문자음운론에서 비롯된 국어사와 국어학사와의 혼동을 극복해야 함을 주장하면서 국어학사론의 임무와 서술 방법 등으로부터 출발한 이숭녕의 국어학사 연구는『훈민정음』,『홍무정운역훈』,『황극경세서』,『이수신편』등의 문헌 및 세종대왕, 최만리, 서경덕, 신미, 최세진, 유희, 천주교신부들 등의 인물 그리고 나아가서 국어학의 현황 새로운 과제와 방향 등에 폭넓게 걸쳤었다. 정년으로 대학에서 퇴임할 때 국내에서는 최초로 기념강연을 열었는데, 강연 제목이 "국어학사 서술태도의 반성과 금후 국어학의 과제"였다. 이때도 그의 학문적 태도는 마치 젊은이의 정신처럼 새로운 포부가 당당하였었다. 그의 본격적인 논문의 마지막도 79세에 발표한 「신미의 역경사업에 관한 연구」(『학술원논문집』25, 1987)이었다. 그러나 그가 마지막 작업으로 준비해 오던 저서 중에 진단학회에서 계획했던 '한국사분류사'의 하나인『국어학사』의 집필 그리고 한국에서 처음으로 국어학 분야의 한 하위분야로 체계화하려던『조어론(연구)』도 끝내 마무리 짓지는 못했다.

4.

광복 이후 국립대학에 재직하다 보니 그 감독기관이었던 '문교부'의 어문교육정책에도 자연이 깊이 참여하게 되었다. 이승만 대통령의 고집에 따른 맞춤법의 개정안인 이른바 '한글간소화' 문제 이외에는 주로 국어교과서의 편찬과 관련된 어문정책 즉 국문 위주로 교과서를 편찬하되 한자를 폐지하고 국문을 전용하려는 주장 때문에 때로 맞부딪치고는 했었다.

15세기에 세종은 훈민정음이라는 문자 창제의 혁명을 일으켰지만, 조선시대 내내 국어연구는 한자음의 체계적 정리와 운서(일종의 발음사전)의 편찬 그리고 한자어 중심의 어휘의 정리가 주류를 이루었었다. 물론 조선시대에는 글의 목적에 따라 한문 국한문 및 국문이 선택적으로 사용되곤 하면서 국문의 사용이 확대되어 보급되었었다. 그러다 19세기 후반에 와서야 국문전용 혹은 국한문 혼용의 문체가 언론계와 종교계에서 그리고 일부 교과서에서 본격적으로 주장되고 애용되면서 국어연구자들도 일부 민족주의 사학들처럼 국어국문을 애족애국의 핵심으로 인식하며 어문민족주의자들이 되었다. 주시경도 국한문혼용체를 써오다가 우리나라가 일본 제국주의 아래 들어간 1910년 무렵에 점진적으로 국문전용을 꾀하다가 세상을 뜨고 김두봉 김윤경 등등 그의 제자들이 이 정신을 이어나가려 노력했다. 이른바 한글 맞춤법통일안은 이렇게 마련된 것이었고 광복 뒤에는 차츰 한글전용의 표기에 맞춰지게 변모되었다.

광복으로 밀어닥친 가장 시급한 국가정책의 하나가 교과서 편찬이었는데 당시 조선어학회의 추천에 의해 이숭녕은 편찬위원이 되었고 그 위원장이 되기도 했었다. 중등학교 교과서는 점진적인 태도를 취해 국한문 혼용을 해 편찬되었다. 이때 군정청 문교부의 편수국장은 최현배였다. 이어서 자연이 이숭녕은 국립대 교수로서 이희승과 함께 문교부 교육위원이 되곤 했다. 이숭녕은 당연히 갑작스러운 국문전용을 반대했고 더더욱 국문전용과 함께 제시된 국어순화라는 명분하에 인위적인 신조어 예컨대 '이름씨[名詞], 움직씨[動詞], 그림씨[形容詞]' 등이라든가 '넘보라살[赤外線], 넘빨강살[紫外線], 염통집[心室], 날틀[飛行機]' 식의 조어의 교과서 수록을 반대했다. 이숭녕은 현대어 특히 공시적 언어와 방언을 국어연구의 핵심으로 보면서 역사적 연구를 위해 문헌어를 자료로 취하고 다시 필요에 따라 동계어라고 볼 알타이제어를 추가하여 국어를 연구했다. 그리고 당시 서양의 언어학자들처럼 이들 광범한 자료로부터 변화의 동향을 법칙으로 확립하려 했기 때문에 자료를 언어의 법칙을 떠나서 마치 생명력이 길지 않은 유행어처럼 그때그때 마구 만들어 쓰는 태도에 동의할 수가 없었던 것이다. 언어변이가 단계적(cf. Stufenwechsel)이라고 본 이숭녕은 언어정책도 이를 따라 단계적이어야 한다고 믿을 수밖에 없었다. 한글전용주의자 최현배도 이 점을 초기에 받아들였고 한문의 교육은 필요한 전문학자 양성을 위해서는 별도의 특별한 교육을 받던가 아니면 한문으로 된 고전들을 번역해 이용하면 된다고도 하였는데 이숭녕은 이러한 방식이 학문 내지 문화의 저질화를 초래한다고 보았다. 김두봉, 김병제, 정렬모 등에 의해 한글 전용의 길을 택했던 북한은 "위대한 수령 김일성 동지"라고 순전한 한자어들을 오늘날까지도 계속 써왔고 또 '아이스크림'을 '얼음보숭이'라 순화(말다듬기)하다가 "어학혁명은 점진적으로"라는 태도가 주체사상 이후에 등장하더니 세월이 지나면서 다시 '아이스크림'으로 되돌아간 사람들도 있다한다. 이것은 무엇을 뜻하는 것일까 앞으로 지켜볼 일이다. 그리고 한글전용의 주장과는 관계없이 요즘 일반인들이 한글전용을 선호하는 경향은 무엇을 뜻하는 것일까. 앞으로의 역사가들은 어찌 평을 할지.

5.

이숭녕의 학문정신은 다음과 같은 그의 언급에서 분명히 볼 수 있다.

> 내가 갈 길은 일직선의 길일 것이요, 한 떨기 보이지 않는 일직선의 길이고, 쉬려고 해도 이렇다 할 나무 그늘 하나 없는, 그리고 목표는 보이나 가도 가도 끝이 없는 길일지도 모른다. 이 길을 넘어지고 구르며 그리고 줄기차게 달음질치는 멋도 없는 시골뜨기가 곧 나일 것이다.
>
> 「서재생활」(1955)

최근에 『심악 이숭녕 전집』(2011년 9월)이 완간됐다. 논문 중심으로 편집된 이 전집은 총 15책이다. 분량만으로 보더라도 이숭녕의 학문적 열정을 쉽사리 가늠할 수 있다. 전통적인 유교사회로부터 근대적 문명사회로 넘어오던 과도기에 태어나 파란만장했던 세월을 거치면서 말이다. 아무도 이를 따를 수는 없었던 것이다.

이숭녕은 고집스러운 학자였다. 비판적이고 과학적 정신으로 국어학 특히 국어사 연구에 매진했다. 이를 제자 이기문은 학덕추모비의 비문에서 "선생은 한평생 과학적 기반 위에 새로운 국어학을 건설하려는 일념으로 사셨으니, 고전을 두루 상고하심도, 전국의 방언을 샅샅이 채집하심도, 일반언어학의 이론을 널리 살피심도 다 이를 위함이었도다."라고 하였다. 이숭녕은 학문에서 보면 현대국어학의 개척자요 아버지다. 그리고 과학사상가였다. 그가 세운 '국어과학'은 앞으로도 큰 기반이 되고 그 생명 또한 길 것이다. 이러한 결과를 낳은 것은 그가 거의 일생동안 "학자는 전 생애를 통하여 전 정력을 오로지 주전공 연구에 기울여야 함이요, 여기서 벗어나는 사고와 행동은 이미 외도라고 아니할 수 없다."(「학자와 학문」에서)라고 믿었던 데서 나온 것이다. 그는 대학 내의 과장 부장 연구소장 대학원장 등의 보직과 또 진단학회 한글학회 국어학회 등 관련 여러 학회의 임원 등은 맡았어도 그의 학문을 방해하는 외부의 '감투'는 좀처럼 쓰지 않았다. 그러나 흔히 일반인이 그러했듯이 이숭녕도 퇴임 후 나이가 들면서 지속적 학문 활동을 위한 등산 등 체력단련을 좋아했던 연유로 여러 산악회장을 맡기도 하고 자연보호 중앙협의회위원장 등을 맡는 등 그야말로 외도를 했다. 그러나 여기서도 학자의 길을 외면하지 않고 자연보호의 조선시대 역사를 정리한 『한국의 전통적 자연관』과 같은 저서를 내기도 했다.

그의 학문적 집념은 이러했다. "학자의 이상적인 장면을 상상한다면 늙어서 책상머리에서 작고함을 이상으로 삼아야" 한다고 강조한 데서도 알 수 있는데, 그 자신이 작고하기 직전까지 원고를 쓴다며 책상 앞에 앉고는 했다. 미완의 여러 작업들을 남겨 둔 채로 5년 동안 뇌간경색증으로 고생하다가 1994년 2월 2일 아드님이 근무하던 원자력병원에서 선종했다. 그의 많은 후학들은 선생이 마련해 준 거대한 나무 그늘 아래서 안식도 취하고 또 새로운 과제들을 계속 이어 개척하고 있다.

출처: 『한국사 시민강좌』 50, 일조각, 2012.

붙임: 이 글은 위의 강좌가 50호를 끝으로 종간하며 "대한민국을 키운 사람들"
이란 특집을 내며 '이숭녕의 학문세계'를 집필해 달라는 청탁으로 쓴 것이다.
간략한 생애의 서술에 이어 국어연구가 과학적이기를 강력히 주장하며 일생
동안 개척한 수많은 연구 성과를 개괄적으로 서술했다.

O. Jespersen과 한국어음운론*
– 이숭녕 음운론과 관련해서 –

1. 머리말

1940년에 조선어학회가 「외래어표기법통일안」을 제정·발표했을 때에 그 제정에 도움을 준 많은 외국인 학자들이 있었다.[1] 그 속에 덴마크의 언어학자 O. Jespersen(1860~1943)이 들어 있었다. 이는 아마도 그 통일안의 총칙에 "외래어를 한글로 표기함에는 원어의 철자나 어법적 형태의 어떠함을 묻지 아니하고 모두 표음주의로 하되, 현재 사용하는 한글의 자모와 자형만으

---

* 이 글은 전남대 이환묵 교수의 간청 때문에 쓰여졌다. 이 교수의 청탁은 O. Jespersen이 한국어 음운론 연구에 미친 영향을 검토해 달라는 것이었다. 그러나 O. Jespersen의 이론이 한국어 음운론 연구에는 적극적인 영향을 미친 것이 아니어서 필자는 주저할 수밖에 없었다. 1930년대 이후로 O. Jespersen 등의 유럽 학자들의 언어이론, 특히 음학Lautlehre을 도입하여 한국어 음운론 연구에 참고했던 학자는 이숭녕이었다. 그리하여 이 글은 이러한 제한 속에서 쓰일 수밖에 없었다.

1 조선어학회 안에 설치된 외래어표기법급부수문제협의회는 책임위원 3인(정인섭, 이극로, 이희승)을 선정하여, ① 외래어표기법, ② 일어음표기법, ③ 조선어음로마자표기법, ④ 조선어음만국음성기호표기법에 대한 각 안을 기초하게 하였고, 회원은 물론 조선음성학회, 일본음성학회 및 각 기관의 음성과학 연구가들과, 멀리는 만국음성학협회The International Phonetic Association, 세계언어학자대회The International Congress of Linguists 국제실험음성과학대회The International Congress of Experimental Phonetics, 세계음운학대회The International Congress of Phonology 및 각국 음성과학 연구단체 또는 전문대가들의 의견을 종합 참작하여 1938년에 위의 네 가지의 원안이 전체적으로 작성되었다고 한다. cf. 『조선어외래표기법통일안』(1940) 서문.

로 적는다."라고 규정하면서 "표음은 원어의 발음을 정확히 표시한 만국음성기호萬國音聲記號를 표준으로 하여, 만국음성기호와 한글과의 대조표에 의하여 적음을 원칙으로 한다."라고 한 사실과 관련이 있었지 않을까 생각한다. O. Jespersen은 잘 알려진 바와 같이 P. Passy와 H. Sweet 등과 함께 국제음성협회l'Association Phonètique Internationale A.P.I. = International Phonetic Association I.P.A.를 창립함에 적극적으로 참여했던 음성학자의 한 사람이었다. 이러한 사실은 그가 「외래어표기법통일안」의 제정에 적극 참여했다는 것이 아니라 적어도 당시의 한국어학자들에게 어느 정도 알려져 있었던 것으로 이해된다.

O. Jespersen의 언어이론이 한국어음운론 연구에 직접 참고가 된 것은 1930년대 이후 이숭녕에 의해서 비롯되었는데, 내용상으로 보면 저 유명한 *Lehrbuch der Phonetik*(1926)에 거의 국한되었다.[2] 이숭녕은 1930년 경성제국대학 법문학부 문과(조선어학·조선문학 전공)에 진입하여 오구라 신페이小倉進平의 강좌들 외에 고바야시 히데오小林英夫의 '언어학개론'을 들으면서 영·불·독어는 물론 러시아어와 그리스어까지 공부하게 되었고 그의 직접적인 지도까지 받아 당시 유럽의 언어이론을 섭렵하게 되었으며 이 이론들을 한국어연구에 수용하여 특히 음운사연구를 개척함으로써 현대한국어학을 확립했던 것이다. 그가 참고했던 유럽 언어학은 F. de Saussure를 비롯하여 J. Vendryes, H. Paul, M. Grammont, O. Jespersen, C. Rogge, K. Brugmann, A. Meillet, F. Müller, W. Ripman, W. Viëtor, E. Sievers, H. Sweet, W. Horn, W. D. Whitney, H. Schuchardt 등의 저서들의 이론이었다. 그밖에 알타이어학 관련서들도 상당한 참고서였는데, 이상의 이름들은 대부분 한국에서는 이숭녕이 최초로 소개했던 것이었다. 이숭녕은 이를 통해서 "國語學은 個別言語學이다. 그 國語學이 個別言語學으로 존재하는 동시에 一般言語學일 수 있다."

---

2 이 음성학교과서는 덴마크어의 *Fonetik en systematik fremstilling af Læren om sproglyd*(1897~1899)와 독일어판 *Phonetische Grundfragen*을 거쳐 다시 *Modersmålet fonetik*(1889)와 *Articulation of Speech Sound*(1889)의 비체계적 용어 사용 등을 극복하려 한 O. Jespersen의 생각이 가장 잘 정리된 음성학의 기본서라 할 수 있다.

는 결론에 이르렀고, 이 신념을 일생동안 지니고서 음운론 연구의 기반을 다졌고, 형태론·조어론·어휘론 등 한국어학의 광범위한 분야를 개척해 나갔던 것이다(이병근 2004).

　이상 외래 이론의 참고서 가운데 하나가 O. Jespersen의 *Lehrbuch der Phonetik*였다. 이 책은 모두 16장으로 이루어져 있는데, 크게는 4부로 나뉘어 있다. 즉 제1부는 '분석Analyse'으로 발음기관에 따른 조음음성학적 기초를 다루었으며, 제2부는 '통합Synthese'으로 개별음 즉 자음과 모음을 다루었고, 제3부 '결합론Kombinationolehre'은 ① 개개음과 음결합, ② 동화와 유사성, ③ 음장, ④ 음절·이중모음, ⑤ 강세, ⑥ 성조 등을 다루었으며 끝으로 제4부 '국가 체계론(Nationale Systematik)'은 한 공동체의 언어인 개별언어를 음운체계와 조음기저에 관련시켜 공동체로서의 언어를 다루었다. 위 책의 전체 목차는 다음과 같다.

Ⅰ. 　Einleitung

Erster Hauptteil. 　Analyse.

Ⅱ. 　Die Lippen
　　　Der Unterkiefer

Ⅲ. 　Zunge. Zungenspitze

Ⅳ. 　Die Zungenflilche (Artikulationen mit Vorderzunge, Mittelzunge,
　　　　　　　　　Hinterzunge und Zungenwurzel)

Ⅴ. 　Das Gaumensegel
　　　Das Zäpfchen. Das Kehldeckel

Ⅵ. 　Der Kehlkopf

Ⅶ. 　Die Atmungsorgane

Zweiter Hauptteil. 　Synthese.

이 가운데서 이숭녕의 논문들이 수용한 주제는 주로 제3부 결합론으로 특히 '음절Silbe' '이중모음Diphthonge' 및 '강세Druck · 성조Ton'이다. 그 밖의 제1, 2부는 워낙 기초적인 음성학 지식이기에 직접적으로 드러내지는 않았다. 이숭녕의 음운론 연구 전체에서 보면 위의 O. Jespersen의 음성학적 사고보다는 오히려 프랑스의 F. De Saussure나 J. Vendryes나 M. Grammont 등 언어학자들의 사고를 더 즐겼으나 위의 O. Jespersen의 해당 개념과 그 분류를 소개 또는 참고하고는 했다. 특히 그의 '음절'의 개념은 이숭녕의 소개 이후로 대표적인 개념의 하나로 되었으며 허웅(1965), 정연찬(1980/1997) 등의 음운론 개론서에서도 소개되곤 했었다.

고어와 현대어 및 방언 때로는 알타이제어 등에 걸친 광범위한 자료를 통해 한국어의 음운사에 잠재한 법칙을 확립하려 할 때에 이숭녕은 유럽의 음운론 이론을 수용하였다. 이러한 수용은 인도 · 유럽의 여러 언어에 바탕을 둔 언어이론을 개별언어인 한국어에도 적용할 수 있는 보편성을 지닌 일반 언어학으로 전제했던 것으로 이해할 수 있을 것이다. 말하자면 언어와 언어 이론의 보편성을 어느 정도로는 인정한 사고의 태도였던 것이다.

그러면 이상의 사실을 염두에 두고서 이숭녕의 음운론 연구와 O. Jespersen 의 *Lehrbuch der Phonetik*와의 학술사적 관계를 짚어 보기로 한다. O. Jespersen 의 음절론, 모음(이중모음)론 및 운율론이 핵심이 되는데, 이 중에서 음절론 은 다시 음향도Sonorität가 전제로 되고 운율론은 강세·성조 등의 악센트가 중심이 된다.

2. 음향도 음절 및 이화작용

2.1. 음향도와 음절

O. Jespersen의 음절론은 다분히 음성학적이다. 그는 음절의 개념을 다음 과 같은, 세 가지로 분류하면서 검토하였다. 그 세 가지는 다음과 같다.

„eine Silbe ist eine Lautgruppe, die mit einem Ausatmungsdruck (Expirations hub) gesprochen wird." Nach andern hat der Silbenbegriff nichts mit der Expiration, sodern nur mit der natürlichen Schallstärke, schallfülle, Sonorität der Laut zu tun. Und endlich gibt es Phonetiker, welche die beiden Anschauungen kombiniern und sagen, dass es Zwei Arten Silben gibt: Expirationssilben und Sonoritätssilben. (S. p. 190)

즉 음절이란 음군Lautgruppe으로 ① 호기Expiration의 강세나 그것의 오르내림으 로 보는 견해와 ② 음의 자연스러운 음향도Sonorität, Schallfülle에 따른다는 견해 ③ 호기와 음향도의 두 견해를 결합·분리하는 견해 등을 고려하여 음절 경계를 긋고 음절수를 세고 있다. 여기서 음향도란 각각의 음이 청자에게 들리는 지각량 즉 음운의 지각 강도를 흔히 일컫는데, 동일한 조건에서 멀리 들리는 정도가 음운에 따라 다를 수가 있다는 것이다. O. Jespersen은 다음과 같은 음향도의 차이를 표로 제시하였는데, 이것이 이숭녕을 비롯하여 여러 음운론 개론서에 소개되었던 것이다.

1) Stimmlose	a) Verschlusslaute :		[p, t, k]
〃	b) Engelaute :		[f, s, ç, x]
2) Stimmhafte	Verschlusslaute :		[b, d, g]
3) 〃	Engelaute :		[v, z, γ]
4) 〃	a) Nasale :		[m, n, ŋ]
〃	b) Seitenlaute :		[l]
5) 〃	r-Laute		
6) 〃	hohe	Vokale :	[y, u, i]
7) 〃	mittelhohe	〃	[ø, o, e]
8) 〃	niedrige	〃	[ɔ, æ, a].

이 표는 절대적인 것으로 이해될 수는 없고 예시된 음들도 전형적인 예들로 파악될 뿐이다. 이 분류에 따르면 모음은 비교적 음향도가 자음에 비해 큰데, 개구도가 넓은 모음일수록 음향도도 더 크다. 자음의 경우에는 폐쇄음보다 마찰음이 크며 무성음보다는 유성음이 크다.

이상은 음향도를 기준으로 삼아 개별음 중심으로 분류한 것인데 개별음의 결합인 음군 즉 음연쇄 속에서 이를 검토하면 음절의 개념이 자연히 드러나게 된다. 예컨대 음군 [ʃprɛ̀ŋst](sprengst) [tantə](Tante) [atntat](Attentat), [kaenə](Keine) 등은 위에 제시된 음향도에 따라 표시하면 다음과 같다.

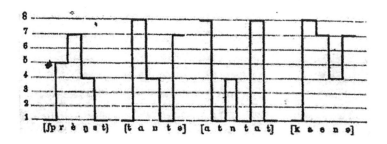

이 그림을 통해서 [ʃprèŋst]는 음향도가 가장 높은 è(7도)가 하나의 정점 (Giphel)을 가지는 하나의 음절을 이루는데 [tantə]는 α(8도)와 ə(7도)의 두 정점을 갖는 2개의 음절을 이루고 [atntat]는 2개의 α(8도)와 n의 정점을 갖는 3개의 음절을 이룬다고 보는 것이다. 그리고 [kaenə]는 a(8도)와 ə(7도)의 두 정점을 갖는데, a 다음의 e는 비록 ə와 같은 7도의 음향도를 갖고 n보다 훨씬 높이 있으나 음향도가 큰 a 바로 옆에 있기 때문에 음절의 정점 역할을 못한다는 것이다. 즉 상대적인 음향도relative Schallfülle를 고려하여 [ae]는 결국 a에 하나의 정점이 놓이는 이중모음Diphthonge으로 계산된다.

이상에서 우선 두 가지 문제가 등장될 수 있다. 그 하나는 단어 중심의 음연쇄에서의 음운 변화가 음향도에 의해 해석될 수 있는가 하는 문제요, 또 하나는 이중모음의 분류와 이 분류가 이중모음의 개념과 그 분류 변화와 어떤 상관성이 있는가 하는 문제이다. 이것이 바로 이숭녕을 비롯한 일부 논자의 관심이었다.

2.2. 음향도와 이화작용

중세 한국어의 '붑(pup)'[鼓]이 근대한국어를 거치면서 '북(puk)'으로 변화하고 이에 평행하여 '거붑[龜]〉거북' '브섭[廚]〉부억()부엌)' 등으로 변화한 p〉k현상이라는 이화작용 그리고 '공양미供養米〉고양미' 등과 같은 일부 한자어에서 볼 수 있는 …ŋi…ŋ〉…i…ŋ과 같은 동음생략Haplologie으로서의 이화작용 현상, 끝으로 'ᄋ ᄅ'〉'ᄋ로(ᄋ루)' 등과 같은 모음연결상에서의 이화작용현상

등 세 음운변화에 대한 음성·음운론적 이유를 밝히려 한 것이 이숭녕(1939)
이다.

우선 pup〉puk에서 보는 p〉k의 변화원인을 논하기 위해서 O. Jespersen의
음향도를 언급하고 이어서 신무라 이즈루新村出의 『言語學槪論』(p. 42)에서의
'音韻의 亮度'(9도)와 F. de Saussure의 '間隙度(7부류)'를 논하면서 pup은 그 자
음인 두 p음이 모두 음향도가 최소인 극단의 음이며 그 중간의 모음 u조차
모음 중에서는 음향도가 적은 음이라는 데에 주목한다.[3]

요컨대 어형 pup은

(1) 순음적 음절
(2) 외파음으로 시작되어 내파음으로 끝막는 짧게 발음되는 음절
(3) 음향도가 가장 적은 음절

로써 결국 발음의 변화가 적고 단조하고 비교적 발음 효과가 불분명한 음절
즉 청취효과가 가장 적은 음절이기 때문에 이화작용을 입게 되었다는 것이
다. 그리고 말음 위치에서의 p〉k의 변화는 선행모음 '우'에 조음위치가 가까
운 연구개음이 k이기 때문에 그리 일어난 것이라 하였다. '브섭[蒯]〉부억()부
억)'에서의 p〉k는 이의 추이에 발맞추어 발달한 이화작용이라 하였다.[4] 철저
하게 음성학적 지식에 입각한 해석이었는데, 이 음성학 지식을 부여한 기본
서의 하나가 바로 O. Jespersen의 *Lehrbuch der Phonetik*였던 것이다.

이숭녕은 때로 자신의 주장을 수정하면서 발전시키기도 하였는데 위의
p〉k라는 이화작용에 대해서도 그러하였다. 이숭녕(1955c)에서는 중세 한국

---

3 이숭녕(1939)에서 O. Jespersen에 언급된 모음의 청취 효과가 [a] 360보, [o] 350보, [e] 330보,
 [u] 280보임을 고려하여 음군 [pup]은 청취효과가 가장 적은 어형으로 보았다.
4 p와 k 사이의 대응관계는 현대한국어의 공시적 음운현상에서도 수의적으로 존재한다.
 '입+까지→익까지~이까지' '입+고→입꼬~익꼬~이꼬' 등과 같이 p → k/__[+grave, -anterior]
 의 현상이 바로 그것인데 이에 대한 이병근(1977)의 논문은 이숭녕(1939)의 통시론적 연구
 에 이어진 것이다.

어에서 흔히 'ㄹ o'형으로 표기된 어형들을 중심으로 ~b~∽~g~의 대응과
~lb~∽~lg~의 대응이 중세 한국어 이전에 일단 이루어졌을 것으로 추정하였
다. 이와 관련해서 이숭녕(1960b)에서는 p-p>p-k를 여전히 이화작용으로 보면
서도 방언의 '입수부리[脣]~입수구리' '갈방비[細雨]~갈강비'라든가 중세 한국
어의 '숩[內]~속' '봇~곳' '고봄[癎]~고곰' 등과 같은 교체를 조어론적 어간형성
의 사실은 아닌지 문제를 제기하기도 하였다(『선집』, 1980, pp. 113~115). 또한 한
국고대어의 '徐伐, 所夫里' 등에서의 p와 '-忽'에서의 k(x)도 서로 대응한다고
주장하였다.

두 번째의 주제는 '종용從容히〉조용이, 공양미供養米〉고양미, 평양平壤〉펴
양〉피양' 등에서 볼 수 있는 …ŋi…ŋ〉…i…ŋ과 같은 이화작용의 경우다. 첫째
로 ŋi이 ɲi에 평행시켜 비음화한 j음을 가정하고 둘째로 이러한 ŋi+모음+ŋ의
결합이 음절형식으로는 ŋj+모음+ŋ으로 되어야 하는데 동일음절 안에서 동
음생략이 일어난 것으로 보고[5] 셋째로 이는 청취효과가 줄어들 수 있다고 지
적하였으며 넷째로 한 음절 안에서 자음+j음을 기피하는 경향으로 j 앞의 ŋ
이 탈락될 것이 명백하다고 보았고 다섯째로 한국어의 본질로서는 이러한
결합이 어려운데, 한자 성어이기에 존재하다가 동음생략이 이루어진 것이
라 하였으며 끝으로 이 현상이 한자음에서 기인한 어휘인 만큼 보수적 서기
체 때문에 변화시간의 경과를 묘한 것이라 짐작하였다. 여기서 두 번째의 음
절분절 이론으로 O. Jespersen의 이론을 참조하면서 F. de Saussure의 음절경
계이론을 수용한 것이었다.[6]

---

5 허웅(1965: 490~491)에서는 지명 '長有'를 '자유'라고 발음하는 방언 자료에 의지해서 ŋ의 탈
   락이 단순히 동음생략이라 할 수는 없다고 하였다. 이는 두 모음 사이 특히 y계 이중모음
   앞에서 ŋ의 탈락을 보이는 것은 동음생략과는 상이한 환경에서의 비음탈락이라는 방언
   현상인 것이다. 허웅에 대한 본격적인 비판은 이숭녕(1955a, 「동음생략과 상관속문제」)에서
   이루어졌다.
6 이숭녕(1939)에서 이에 대해 "예스페르센씨가 j에 선행한 口蓋音化한 n, 鼻音化한 j(前出書의
   palatiertes [n] mit [j], nasalierte [jl)라고 말한 것을 참조하여 보면 …… 물론 비교는 아니다.
   …… 재미있다."(『선집』, 1988, p. 29)라고 하였다.

세 번째의 주제는 모음의 이화작용으로 'ᄆᆞᄅᆞ〉마루, ᄒᆞᄅᆞ〉하루, ᄌᆞᄅᆞ〉자루, ᄀᆞᄅᆞ〉가루, ᄂᆞᄅᆞ〉나루' 등에서 볼 수 있는 'ᄋᆞ ᄅᆞ〉아로()아루)'와 같은 음운변화이다. 이 'ᄋᆞ〉오'는 동일한 'ᄋᆞ'음의 거듭 나타남을 기피하는 결합적 음변화Kombinatorische Lautwandel로서 이화작용이라는 것이다. 음운변화를 자생적 음변화Spontaner Lautwandel와 결합적 음변화로 나누어 그 원인을 밝히려 했던 이론은 F. de Saussure 이후 R. Jakobson 이전에 매우 일반화되어 있었던 것이다.

3. 모음의 분류

이숭녕의 음운사 특히 모음사 연구는 그 핵심이 'ᄋᆞ'를 중심으로 한 모음체계의 확립과 그 변천의 설명에 있다. 모음조화 현상에 대한 일련의 연구는 우랄·알타이어의 공통 특질의 하나로서의 한국어의 모음조화를 다루지만 위의 주제와도 관련이 있었던 것이다. 그 출발은 15세기 중엽의『훈민정음』이론과 당시의 문헌어에 있다. 이숭녕은 15세기의 모음체계가 7모음체계였음을 확립한 최초의 학자였다. 이 모음체계의 논의는『훈민정음』에 제시된 중성 11자로부터 출발한다. 즉 'ᆞ, ㅡ, ㅣ, ㅗ, ㅏ, ㅜ, ㅓ, ㅛ, ㅑ, ㅠ, ㅕ'의 11자의 서열은 자획과 관련이 있음을 지적하고(『선집』음운편(1), p. 45) 이를

  (1) 단획자   ㆍ ㅡ ㅣ
  (2) 2획자   ㅗ ㅏ ㅜ ㅓ
  (3) 3획자   ㅛ ㅑ ㅠ ㅕ

로 분류하여 (1)과 (2)는 단모음이요 (3) ㅛ=ㅣ+ㅗ, ㅑ=ㅣ+ㅏ, ……의 구성법으로 이중모음으로 봄으로써 결국 7모음체계를 확립한다. 여기서 다시 단모음체계의 분류와 이중모음의 해석이 과제로 남게 되는데 이를 위해 유럽의 언어이론을 참고로 하되 15세기의 언어로부터 귀납적인 결론을 내리게 된

다. 단모음체계는 일단 유럽이론에서 일반이론으로 내세운 모음사각도에 따라 다음과 같이 구성하였다.

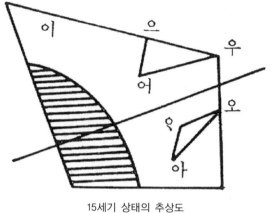

15세기 상태의 추상도

즉 '아, 오, ♀' 음은 저(부)모음이며 후부모음이고 '어, 우, 으'는 고(부)모음이며 후부모음이라는 것이고 이 저(부)모음 부류와 고(부)모음 부류가 양과 음으로 나뉘어 각각의 사이에서 조화법칙이 조선어의 모음조화라고 보았다. 물론 '이'는 전설모음으로 모음조화에서는 중립적이다.

> '이'음은 前舌母音으로 前舌母音 또는 前部母音Vorderzungen Vokal, voyelle d'avant 으로서 舌의 狀態는 혀의 中央部 즉 舌面의 兩邊이 硬口蓋로 접근한다. 그리하여 舌面과 硬口蓋 사이에 공기의 通路가 좁아지느니 i 音은 대단히 좁아서 이것을 dünn이라 부르고 I는 조금 넓음으로 breit라고 부른다. 國語는 後者에 속한다고 친다.
>
> Jespersen, 前出書, p. 51.

위 인용에서 볼 수 있듯이 인구어에서의 모음이 광협의 차이가 있음을 언급한 것을 참조하면서 한국어 '이'는 O. Jespersen이 언급한 광모음breit임을 언급하고 있다.

모음 '·'에 대해서는『훈민정음』에서

  · 舌縮而聲深

  — 舌小縮而聲不深不淺

  ㅣ 舌不縮而聲淺

라고 규정한 것에 따라 우선 '축'을 혀의 위치Zungenstellung로 보아 설불축의 'ㅣ'
를 전설모음Vorderzungenvokal으로 설소축의 'ㅡ'를 중설모음Mittelzungenvokal으로
그리고 설축의 '·'를 후설모음Hinterzungenvokal으로 보았다. 이것은 i설불축=i
설신(혀가 펴진다.)으로, ɯ설소축=설면상승과 아울러 자연 소축으로 그리
고 ʌ(·)설축은 이들과 비교하여 후설모음일 수밖에 없다는 것이다. 이리하
여 15세기의『훈민정음』의 규정은 19세기 후기 이후의 유럽의 근대 음성학
과 일치하는 것으로 논의하였다.

  그리고 훈민정음의 다음 설명인

  ㅗ與 · 同而口蹙

  ㅏ與 · 同而口張

  ㅜ與ㅡ同而口蹙

  ㅓ與ㅡ同而口張

에서의 구축·구장을 원순성이 아니라 개구도Öffnungsgrad의 차이로 보았다.
O. Jespersen의 음향도를 개구도로 다시 해석하여 [y, u, i]의 고모음=6도, [ø, o,
e]의 중모음=7도, [ɔ, æ, a]의 저모음=8도 다시 또 F. de Saussure의 개구도 등을
고려하여 이에 따라 구축은 개구도가 작고 구장은 개구도가 크다고 판단하
여 구축·구장을 개구도의 대소의 차이로 이해했던 것이다. 이리하여

	口蹙	口張
(1) '與 ﹅ 同'系母音	'오'音	'아'音
(2) '與 ─ 同'系母音	'우'音	'어'音

과 같이 표시되고 여기서 'ᄋ'는 '오'와 '아'의 개구도상의 간음間音이라 규정된다.

성심·성천의 해석도 당시까지의 일반음성학의 지식을 동원한다. 우선『훈민정음』에서 보면

	'ᄋ'音	'으'音	'이'音
舌形	舌蹙	舌小蹙	舌不蹙
聲의 深淺	聲深	聲不深不淺	聲淺

과 같이 '설형'과 '성의 심천'이 병행하는 것을 보고서 다음과 같이 언급하였다.

이것은 혀의 위치로 말미암은 口腔狀態에 대하여 이 口腔狀態에서 발음되어 나오는 音聲의 印象이라고 보니 또한 마땅한 것이다. 여기서 이 두 개의 병행하는 表現方式은 결국 동일 實在의 兩面觀이랄까 原本 解例의 집필자가 얼마나 과학적 체계하에 音聲規定에 노력했나를 추측할 수 있다.

이러한 설명에서 문제의 핵심을 다음과 같이 언급하고 있다.

口腔內에서 혀와 口蓋間의 공간의 大小이니 喉舌母音은 혀가 오므라짐으로, 즉 혀가 차지한 자리가 줄어 口腔內의 공간이 자연확대됨을 따라 共鳴空間Resonanzraum의 最大grösster와 아울러 共鳴度Resonanz의 最深tiefste, 즉 最暗濁dunkelste이 존재하며 ……

와 같이 음성학적으로 설명하여 혀의 위치에 따라 소리의 깊이에 있어서 음성인상을 병행시키고 있음을 볼 수 있다.

이상에 대해 여러 음성학자들의 이론과 『훈민정음』의 해설을 연결시키는 중에 O. Jespersen의 설명을 참조하였던 것이다.

> 音聲學에서도 [a]는 ein dunkles tiefes a(陰深한 a), [a]는 ein helles klares a(明澄한 a)라는 印象表現이 있으니 [a]는 母音圖(前出한 제일도를 대조하기 바란다.)에서 das vorderste [a], das neutrale ('mittlere') [A], das hinterste [a](前部 [a], 中部 [A], 後部 [a])라는 발음 위치와 아울러 全部音은 明澄 後部音은 陰深이라고 하였다.
>
> (Otto Jespersen, *Lehrbuch der Phonetik*)

이상의 『훈민정음』의 중성에 대한 해설에서도 Otto Jespersen의 *Lehrbuch der Phonetik*를 비롯한 유럽 음성학 · 음운론 이론을 어느 정도로는 보편성이 있다고 보아 수용함으로써 15세기 한국어 모음체계를 수립하려 한 것이 이숭녕의 연구들이었다. 요컨대 ① '설축/설소축/설불축'을 '후설/중설/전설'로, ② '구축/구장'을 개구도의 대소의 차이로, ③ '성심천'은 음성인상으로써 후설/전설 즉 혀의 위치와 음성인상이 병행되는 것으로 해석했던 것이다. 그 결과로 15세기의 7모음체계가 확립되었다.

나아가서 이숭녕은 「국어에 있어서 음성상징과 음운론적 대립과의 관계에 대하여」(1960) 등에서 한국어의 음성상징을 다루면서도 유럽 음성학의 음성인상 이론과 『훈민정음』에서의 음운대립을 연결시키곤 하였다. O. Jespersen의 음성상징에 대한 기술은 그의 *Language*(1922)에 있는바, 이숭녕(1959a)에서는 "Jespersen의 ein dunkles tiefes *a*, ein helles klales와 W. Ripman의 dark~clear의 구별이 같은 표현이며 M. Grammont의 지칭이 더 세밀하다."라고 평가하였다.

4. 이중모음과 그 변화

O. Jespersen의 서술 중에는 이중모음의 특이한 분류가 있는데 이를 한국어 음운론에 소개한 첫 번째의 경우가 역시 이숭녕이었다. 우선 O. Jespersen에 따르면 이중모음Diphthonge이란

Diphthonge wurden (13.22) als Verbindungen von Zwei Vokalen in derselben Silbe bestimmt.

즉 "二重母音이라는 것은 同音節에서 두 개의 母音의 結合으로서 규정된다." 와 같이 정의된다. 이미 앞에서도 언급한 바 있는데, O. Jespersen은 예컨대 Keine([kaenə] 혹은 [kaɪnə])를 동일 음절 안에서 음향도상의 차이가 있는 두 개 의 모음이 존재한다고 보고 이를 이중모음의 예로 들었다(13.22). 이것은 그 의 음절론에 따른 것이다. 즉, 이미 앞에서 보인 O. Jespersen의 음향도에 따 라 하나의 음군 [kaenə] 속의 -ae-는 8도-7도의 결합으로 음향도상의 차이가 있 기는 하나, 하나의 정점Giphel만을 이루기 때문이라는 것이다(S. p. 192). 일반화 시켜 말하면

in jeder Lautgruppe gibt es ebensoviele Silben als es deutliche relative Höhepunkte in der Schallfülle gibt.

와 같은 언급에서와 같이 각각의 음군에는 음향도상의 분명하고 상대적인 고점Höhepunkte이 있는 만큼의 음절이 있다고 보는 것인데, Keine에서의 [a]와 [e]는 두 개의 정점을 이루는 것은 아니기 때문에 결국 8도-7도의 결합인 이중 모음으로 해석된다는 것이다.

이러한 이중모음의 개념을 이숭녕(1947, 『선집』, p. 136)은 지적하고서 다시 O. Jespersen이 제시한 이중모음의 분류를 다음과 같이 소개한다.

1. 下降的 二重母音 (fallende od. eigentliche Diphthonge)…ai, oi, au, … usw.

2. 上昇的 二重母音 (steigende od. uneigentliche Diphthonge)…ia, ea … usw.

3. 橫進的 二重母音 (schwebende Diphthonge)…美國式 英語의 few, new [fiu, niu] 같은 것

이것은 O. Jespersen의 다음과 같은 서술에 바탕을 둔 것이었다.

Es werden drei Arten zu unterscheiden sein : (1) „fallende"(oder „eigentliche") Diphthonge, wo ein Vokal als Silbegiphel einem andern mitlautenden vorhergeht ; Sweet, den einen mitlautenden Vokal als glide auffasst, nennt sie afterglide diphthongs ; (2) „steigende" (oder „uneigentliche") Diphthonge (Sweet : foreglide d.) wo umgekehrt der Giphel auf den mitlautenden Vokal folgt, und (3) „schwebende", wo ein umbestädiges Gleichgewicht herrscht, so dass man nicht unterscheiden kann, welcher der beiden Diphthonge der Gipfel ist. (SS. pp. 207~208)

즉 O. Jespersen은 (1) 음절정점으로서의 하나의 모음이 다른 부모음 mitlautenden Vokal에 선행하는 하강적 이중모음; 하나의 부모음을 glide로 파악한 Sweet는 그것을 afterglide diphthongs라 부른다; (2) 정점을 부모음에 거꾸로 하여 후행하는 상승적 이중모음, (3) 불안정한 균형이 존재해서 양쪽의 이중모음의 어느 것이 정점인지 구별할 수 없는 '부동적浮動的' 이중모음, 이상 세 종류로 이중모음을 구별하고서 구체적인 설명을 잇고 있다.

이와 같이 이중모음을 동음절에서 두 모음의 결합으로서 정의를 내린 O. Jespersen에 따라 이숭녕(1947)에서는 한국어의 '아오, 아이, 에오, ……'의 경우에는 이중모음으로 성립할 수 있을지 반문하면서 다음과 같이 이어서 언급하였다.

二重母音의 規定은 學界로서는 한 개 상식이 되었는데 一例로 O. Jespersen 의 말을 빌면 "二重母音이란 同音節內에서 두 母音의 결합으로서 규정된다. (O. Jespersen : 前出書 S.207)"고 하였다. 우선 音節內의 두 母音의 연결이 가장 중 요한 기준이 되는 터이다. 그리하여 앞에서 소개한 母音의 開口度의 度數를 먹여 圖表를 그려 8°-6°, 6°-8°, 6°-6°의 起伏의 線으로 二重母音의 類型을 분류 한 것이다. 그리하여 이 方式으로 15世紀의 母音을 분류하면 'ㅛ, ㅑ, ㅕ'의 "起 於ㅣ"式 一字中聲은 前述한 바와 같이 上昇的 二重母音(steigende Diph.)요 'ㅢ, ㅚ, ㅐ, ㅔ'는 'ㅣ'가 開口度의 度數가 얕기 下降的 二重母音(fallende Diph.) 이 될 것이며 'ㅢ, ㅟ'는 같은 度數끼리라고 치면 橫進的 二重母音(schwebende Diph.)이 될 것이다.

이숭녕(1947)은 한국어의 Hiatus와 자음발달에 관한 논의이었기에 한 음절 안에서의 두 모음의 결합인 이중모음과 두 음절의 결합에서 있을 수 있는 Hiatus와는 엄연히 다를 수 있음을 구체적으로 논의하였는데, 이중모음의 분 류 자체에는 실은 큰 관심은 없었고, 오히려 "이러한 분류는 朝鮮語로서 이해 하기 그리 쉬운 일은 아니다."라고까지 하였다(『선집』, p. 516). 『훈민정음』에서 설명하고 있는

ㅛ 與ㅗ同而起於ㅣ … (ㅣ +ㅗ=ㅛ)
ㅑ 與ㅏ同而起於ㅣ … (ㅣ +ㅏ=ㅑ)
ㅠ 與ㅜ同而起於ㅣ … (ㅣ +ㅜ=ㅠ)
ㅕ 與ㅓ同而起於ㅣ … (ㅣ +ㅓ=ㅕ)

를 이중모음의 설명으로 이해하고

一字中聲之與ㅣ相合字十 ·ㅢㅚㅐ ㅟㅔ…

에서 명확히 제자구조와 이중모음의 발음과정의 일치를 말해 주고 있는 것으로 이해하곤 하였다(이숭녕 1949a, 『선집』, p. 265).

그리하여 15세기의 이중모음체계를 밝히고서 특히 하강적 이중모음들이 축약Kontraction에 의하여 18세기에 단모음화하기 시작했다고 추정하고서(『선집』, p. 355) 다음과 같은 이중모음의 발달을 추정하였다.

	17세기	18세기	19세기	20세기
(익)	ᄋᆡ	ᄋᆡ 소실 (ε) (ᄋᆜ)	(ε) (ᄋᆜ)	(ε) (ᄋᆜ)
(의)	ᄋᆜ	ᄋᆜ	ᄋ 이 ᄋᆜ	ᄋ 이 ᄋᆜ
(외)	오ㅣ	오ㅣø	ø (e) we	ø (e) we
(애)	아ㅣ	아ㅣε	ε	ε
(위)	우ㅣ	우ㅣ	우ㅣ	우ㅣ
(에)	어ㅣ	어ㅣe	e	e

이 발달의 추정에서 보면 18세기에 이미 '오ㅣ〉ø, 아ㅣ〉ε, 어ㅣ〉e'와 같은 단모음화를 겪고 '익'는 'ᄋ'의 소실과 함께 "ε"로의 단모음화와 'ᄋᆜ'로의 합류를 보이는 것으로 되어 있다. 이에 대해 이병근(1970)에서는 19세기 후기의 문헌들을 검토하여 당시까지는 /e/와 /ε/ 이외에는 단모음화가 이루어지지 않았는데 그 뒤에 '외'의 단모음화가 이루어지기 시작했고 뒤이어 '위'도 단모음화 과정에 들게 되었다고 밝히게 되었다. 이런 논의에서도 O. Jespersen이 음향도 또는 개구도에 따라 분류한 이중모음 특히 '횡진적' 이중모음을 '하강적' 이중모음과 구별하여 적극적으로 논의하지는 않았다.

지극히 최근에야 다시금 하강적 이중모음과 횡진적 이중모음을 구별해서 특히 방언 현상에서 보인 이들의 통시적 변화를 관찰하려는 노력이 새로 보이게 되었다. 정인호(2004a, b)가 바로 그 예다. 이 논문은 평북 용천군 출신의 중국 심양 거주의 피조사자의 평북 방언과 필자의 고향인 전남 화순군의 전남 방언을 공시론적·통시론적으로 대조한 것인데, 여기서 이중모음을 O. Jespersen의 분류에 따라 상승과 하강 그리고 부동 이중모음(cf. '횡진적')'부동적'으로 번역 명칭 변경)으로 나누어 기술하였다. 부동 이중모음을 하강 이중모음으로부터 분리시킨 이유는 상승과 하강의 경우에는 '벼(iə)〉베(e)' 등과 '가히(a-i)〉개(ai)〉개(ɛ)'와 같이 주로 축약에 의한 변화를 보이는 것이 일반적인 경향인데, 개구도와 음향도가 동일한 두 모음의 결합인 부동 이중모음은 예외적으로 축약이 없는 바 아니나, 두 모음 중 어느 하나만을 유지하고 딴 하나는 탈락시킨 것이 일반적인 경향이기 때문이었다. 예컨대 한국어의 부동 이중모음은 '위'와 '의' 둘인데, 이들은 특히 방언에서

위 (ui) 〉 i 또는 u (cf. wi, ü)
의 (ɯi) 〉 i 또는 ɯ (cf. ɯi, ɯj)

등과 같이 어휘에 따라 방언차도 보이면서 분화하였는바, '위'와 '의'를 각각 'ui'와 'ɯi'의 부동 이중모음으로 보고 통시적인 분화를 설명할 수밖에 없게 된다. 바꾸어 말하면 'uj'나 'ɯj'식의 하향 이중모음으로는 방언 분화를 자연스럽게 설명할 수 없는 것이다. 이리하여 O. Jespersen이 부동 이중모음을 별도로 설정한 것은 한국어 음운사 연구에서도 극히 흥미로운 것이다. 음향도 또는 개구도가 동일한 두 모음의 결합으로서의 이중모음만은 그 통시적 변화를 달리하는 음성적 이유를 다시 음미해 볼 필요가 있을 것이다.

5. 악센트론의 소개와 적용

O. Jespersen의 악센트론, 특히 그의 *Lehrbuch der Phonetik*의 14장 Druck와 15장 Ton(SS. pp. 211~224)을 한국어 연구에 도입한 글은 이숭녕(1955b)이었다. 『한글』(112, 113, 115호)에 3회에 걸쳐 연재된 이 글은 언어학 용어로서의 '악센트'

를 소개할 목적으로 쓰인 것인데, 서울대학교 문리과대학의 특수강의였던 '술어론연구'에서 다룬 내용을 개편한 것이었다. 이숭녕은 서양외래이론을 도입함에 용어의 정확한 개념 파악을 그리고 비판적 수용을 늘 강조하였다. 이것은 앞에서 언급한 바와 같이 "國語學은 個別言語學이다. 그 國語學이 個別言語學으로 존재하는 동시에 一般言語學일 수 있다."라는 신념에 따른 것이었다.

O. Jespersen의 강약 악센트를 강세 즉 Druck라 하였는데, 이숭녕(1955b)에서는 우선 악센트의 여러 크고 작은 분류를 보이고서 한국어 악센트를 역사적으로 개관하였다. 현대한국어에서는 동남방언(경상도 방언)에서 볼 수 있는 고저 악센트 즉 Ton과 그 밖의 대부분 방언에서의 선강후약적 강약 악센트란 두 유형을 보이고 있는데, 이의 역사적 변화를 고대의 고저 악센트로부터 현대의 강약 악센트로 변화하는 단계를 개관하였고, 이에 바탕을 두고서 바로 O. Jespersen의 악센트론을 상세히 소개하였던 것이다.

우선 O. Jespersen의 악센트 체계를 보이면 다음과 같이 요약된다.

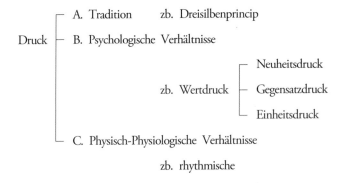

첫째로 Tradition의 악센트는 언어에서 전해 내려온 "從前부터 慣習化되고 特色化된 악센트"를 말하는데, 여기에는 '자재적自在的, freie인' 것과 '피제약적 被制約的, gebundene인' 것의 두 유형이 또한 흔히 있을 수 있다.[7] 프랑스 언어학의 운율론에서는 accent libre와 accent fixé로 나누기도 하고 또 accent libre는 다

시 accent mobile과 accent immobile로 나누기도 한다(P. Garde(1968), 한국어의 경우에는 이병근(1986)을 참조).

15세기 한국어의 성조에는 ':굼벙[蠐螬], :겨집[女]'과 같이 어떠한 조사와 결합해도 자재적인 악센트를 가지는 경우도 있고 '· 나(독립형), · 내(주격형), 내(소유격형)'나 '너(독립형), :네(주격형), 네(소유격형)'와 같이 어떤 어미나 격을 결합할 때에 제약을 받는 피제약적 악센트도 있다고 하였다.

두 번째로 심리적 조절 즉 Psychologische Verhältnisse의 악센트는 "일상 회화에서 필요에 따라 어느 발음에 있어서 소정된 규정을 넘어서 필요 이상으로 강조하여 발음하거나 力點을 넣어 악센트를 먹여 발음하기도"하는 表現的인 악센트를 말하는데, 이를 O. Jespersen은 특히 "價値附與的 악센트Wertdruck라 부르는 것을 이숭녕(1955)에서 소개하면서 군대에서 돌격직전에 호령하는 '돌´격, '돌´격'이나 어린이가 어른에게 소리지르며 조를 때에 '사´과, '사´과'라고 악센트를 넣어 강조하는 등의 Werkdruck의 예들을 들었다.

가치부여적 악센트가 사상의 중심점das Zentrale im Gedanke 사상의 정점 Gedankengiphel 그리고 논리적 술어theorische Prädikat에서도 나타날 수 있는데, 이는 흔히 문장악센트Satzdruck로 실현된다고 하고, 이를 다시 신이화의 악센트 Neuheitsdruck와 대비의 악센트Gegensatz druck로 나누어 소개하였다. 여기서 Neuheitsdruck란 한 문장에서 새로이 등장한 말이 개념상 중요하고도 새 맛을 가지면 여기에 강세가 쓰이게 되는 경우를 말하는데, 예컨대

　"걔가 누구겠니? 바로 '갑순(a)이야. 그 갑순(b)이가 또 누구겠니? 걔가 그 이 ´딸(a)이지 뭐야. 그 딸(b)이 애빈줄 몰랐거든"

---

7 언어에 따라서는 각 어휘가 가지고 있는 독자적 악센트가 자재적인 것인데, 이는 고정적 · 불변적 성격을 흔히 지닌다. 그리고 일정한 문법적 형태소와 결합할 때에 악센트가 바뀌는 피제약적 악센트도 있을 수 있다. 나아가서 일정한 위치 예컨대 특별한 제약이 없으면 끝에서 세 번째 음절에 악센트가 일정하게 오는 일반적인 경우도 있다.

에서 바로 (a) '갑순'과 '딸'이 새 맛을 가져 Neuheitsdruck를 얹는 것이다. 그리고 Gegensatzdruck란 'A가 사랑한 것은 나도 아니고 너도 아니오 오직 그이였다.'에서 '나도, 너도'가 흔히 대비적인 강세를 가지는 것처럼 즉 같은 가치부여적 문장 악센트로서 문장 사이에서 비슷한 의미와 어형이 대비적으로 우선 필요한 경우에 얹히는 악센트이다. 그리고 Tradition의 악센트와는 달리 심리적 고려에서 개념의 주가 될 단위나 부분을 뒤바꾸어 강세를 표시할 수도 있는데, 예컨대 "아니, 백원이야.", "백환이라는데 그래 ……."에서와 같이 선강후약을 뒤집어 '원'이나 '환'에 강세를 두는 Einheitsdruck라는 개념도 소개하였다.

끝으로 강세 악센트의 마지막 분류가 되는 생리적 기인의 악센트Physisch-Physiologische Verhältnisse는 생리적으로 무리 없이 하려는 발음조절에서 일어나는 악센트로 그 대표적인 것이 악센트의 이동이다. 한국어의 경우 선강후약이란 일반적인 기본형을 깨고 중자음Geminata 즉, 된소리를 가진 음절에서도 악센트가 쓰이는데, 이것도 자연적인 생리적 육체적 악센트의 이동으로 보았으며, 음장 성조의 이동도 같은 악센트의 이동도 보았다.

이상과 같이 O. Jespersen의 악센트(특히 Druck)를 그의 *Lehrbuch der Phonetik*에 따라 이숭녕(1955)에서 상세하게 소개하였다. 현대 서울말의 악센트를 음성적 조건을 중심으로 다룬 논문은 이숭녕(1959b)이었다. 그리고 서양언어에서 강세가 없는 허사leere Wörter와 강음절을 포함하는 실사volle Wörter의 차이는 문장이 자연히 율동적rhythmische 악센트를 가지는 것처럼 중세 한국어의 문장도 율동적 성조를 가질 수 있는 가능성도 제시하였는데 이에 대한 본격적인 논의는 이숭녕(1964, 1967 등)에서 전개되었다.

6. 맺음말

이상으로 O. Jespersen의 음성학 개론서인 *Lehrbuch der Phonetik*(1926)가 한국

어음운론 연구에 끼친 영향을 서술하였다. 위 책은 음성학의 기본적 지식을 학습하기 위한 교과서 성격을 지니고 있는데, 20세기 30년대 이후 중요한 음성학 개론서의 하나였던 것이다. 특히 이숭녕은 이 시기에 근대적인 한국어 음운론, 특히 음운사 연구를 수행하면서 근대한국어학을 개척하고 확립하였는데, 이 때에 서양 특히 유럽의 많은 언어학 이론들을 섭렵하여 필요한 지식을 한국어음운론 연구에 수용하곤 하였다. 물론 외래 이론을 단순히 적용한 것이 아니고 한국어 음운현상의 진정한 파악을 통해 자연스럽게 침투시킨 것이었다(이기문 1985). 한국어음운론 연구에서의 외래 이론의 수용에서 O. Jespersen이 차지하는 비중은 실은 그리 크지 않았다. 어느 정도의 영향이 있었다면 그것은 이숭녕에 의한 ① 음향도에 따른 이화작용 원인의 음성적 해석, ② 중세 한국어 모음의 분류와 그 특색에 대한 해석, ③ 이중모음의 분류와 그 변화에 대한 해석, ④ 강세·성조 등의 악센트 이론의 소개와 응용 등에서 볼 수가 있었다.

O. Jespersen에 대한 비판도 없었던 것은 아니다. 특히 음절론이 그러하였다. 음향도에 의한 음절경계가 명시되지 않는 경우도 있다던가, 프랑스어의 [pei](pays)처럼 한 음절인지 두 음절인지가 분명하지 않는 경우도 있다던가, 영어의 [hiə](here)처럼 [ə]가 [i]보다 음향도가 큰데, 실제로는 [i]가 음절모음이 되고 [ə]는 음절부음이 되는 경우가 있다던가 하는 것들이 그 예다. 지나친 음성학적 지식이 음운론까지 확대되었다는 지적인 셈이다(정연찬 1980, 허웅 1965). 그럼에도 불구하고 부동 이중모음의 개념처럼 한국어음운론 연구에 유용한 점이 아직도 발견됨은 다행이라 할 수 있을 것이다. 그리고 P. Passy를 중심으로 I.P.A. 창설에 참여하여 O. Jespersen과 H. Sweet 등이 제정한 I.P.A.의 국제음성부호는 현재까지도 방언 조사에 계속 이용되어 한국어 방언학을 발전시키고 있는 사실도 특기할 만하다 하겠다.

출처: 한국영어학회 편, 『OTTO JESPERSEN FESTSHRIFT: 80th for the Birthday of Professor Sung-Sik Cho』, 한국문화사, 2004.

붙임: 한국영어학의 태두 조성식 교수의 팔순을 기념하기 위해 한국영어학회 (특히 전남대 영문학과 이환묵 교수)에서 청탁받아 O. Jespersen의 음성음운론이 한국어 연구에 미친 영향을 정리해 쓴 글인데 한국어에 관한 한 그 대부분이 이숭녕 음운론에서 볼 수 있었다. 음향도 음절 및 이화작용, 모음의 분류, 이중모음과 그 변화 그리고 액센트론 등이 핵심이었다.

참고 문헌

박창원(1999), 심악 이숭녕 선생의 음운 연구, 『국어학』 34.

송   민(1992), 전통·구조음운론, 『국어학연구백년사』, 일조각.

송철의(1992), 국어음운론연구 1세기, 『국어국문학 40년』(국어국문학회 편), 집문당.

이기문(1985), 이숭녕(1908-) 조선어음운론연구(1949) 을유문화사, 『현대 한국의 명저 100권』(신동아 1월호 부록), 동아일보사.

이명규(1992), 1940년대의 국어연구: 심악 이숭녕의 'ㆍ'음고를 중심으로, 『한국학론집』(한양대) 21·22.

이병근(1970), 19세기 후기 국어의 모음체계, 『학술원논문집』 9.

이병근(1977), 자음동화의 제약과 방향, 『이숭녕선생 고희기념 국어학논총』, 탑출판사.

이병근(1994), 심악 음운론의 방법과 태도, 『어문연구』 81·82.

이병근(2004), 심악 이숭녕 선생의 삶과 학문, 『어문연구』 121.

이숭녕(1939), 조선어이화작용에 대하여, 『진단학보』 11.

이숭녕(1940), 'ㆍ'음고, 『진단학보』 12.

이숭녕(1946), 모음조화 수정론, 『한글』 11-3.

이숭녕(1947), 조선어의 히아투스(Hiatus)와 자음발달에 대하여, 『진단학보』 15.

이숭녕(1949a), 모음조화연구, 『진단학보』 16.

이숭녕(1949b), '애, 에, 외'의 음가변이론, 『한글』 106.

이숭녕(1949c), 『조선어음운론연구 제일집 'ㆍ'음고』, 을유문화사.

이숭녕(1954), 십오세기의 모음체계와 이중모음의 Kontraction적 발달에 대하여,『동방학지』1.

이숭녕(1955a), 동음생략과 상관속 문제(허웅님께 답함),『국어국문학』13.

이숭녕(1955b), 악센트론(일)(이)(삼),『한글』112, 113, 115.

이숭녕(1955c), 이조초기의 l, r 표기문제,『백낙준박사 환갑기념국학논총』, 사상계사.

이숭녕(1957), 음운론의 태도론,『문리대학보』(서울대) 5-2.

이숭녕(1959a), 'ᄋ'음고 재론,『학술원논문집』1.

이숭녕(1959b), 현대 서울말의 악센트의 고찰: 특히 condition phonétique à accent 의 관계를 주로 하여,『서울대학교논문집』9.

이숭녕(1960a), 국어에 있어서 음성상징과 음운론적 대립과의 관계에 대하여,『국어학논고』, 동양출판사.

이숭녕(1960b), 중기어의 이화작용의 고찰: 특히 rVr〉rV의 공식의 추출을 중심으로 하여,『학술원논문집』2.

이숭녕(1964), 십오세기의 활용에서의 성조의 고찰,『아세아연구』7-2.

이숭녕(1967), 성조체계의 붕괴과정의 고찰: 주로 성종시대에서 16세기까지의 문헌의 성조변천을 중심으로 하여,『진단학보』31.

이숭녕(1978), 국어음성상징론에 대하여: 특히 중세어 모음의 음색순위의 재구와 대립의 체계를 주로 하여,『언어』3-1.

이숭녕(1987),『이숭녕 국어학선집(음운편 Ⅰ, Ⅱ, Ⅲ)』(이병근·전광현·최명옥·홍윤표 편), 민음사.

이진호(2004), 심악 이숭녕 선생의 학문 연구: 음운론 분야를 중심으로,『어문연구』121.

정승철(2003), 음운사 연구에서의 언어변화 이론의 수용과 전개: 'ᄋ'의 음운사 연구를 중심으로, 제30회 국어학회 전국학술대회 발표문.

정연찬(1980/1997),『한국어음운론』, 개문사.

정인호(2004a), 원평북방언과 전남방언의 음운론적 대조 연구, 서울대 박사학위논문.

정인호(2004b), 하강 이중모음과 부동 이중모음의 음변화,『어문연구』122.

최명옥(1989), 구미 언어학이론의 수용과 국어음운론 연구: 구조언어학 이론과 생성음운론을 중심으로,『국어국문학과 구미이론』(국어국문학회 편),

지식산업사.

허 웅(1965), 『국어음운학(개고신판)』, 정음사.

이숭녕 선생의 방언 채집과 방언 연구

1. 머리말

　스승 심악 이숭녕(1908. 7.~1994. 2.) 선생은 일생 동안 현대국어학을 개척한 학자다. 특히 선생에게는 국어학이 곧 국어사 연구였다고 해도 과언이 아니다. 광범위한 국어 자료를 바탕으로 해서 과학적 정신으로 새로이 국어 연구의 음운·조어·어휘·형태 및 어학사 등 여러 분야를 개척하였다.[1] 각 부문에 대한 연구는 물론 통시론적 접근이나 아니면 현대어 이전의 언어 연구가 대부분이었다. 이러한 학문적 태도를 가지게 된 동기는 19세기로부터 20세기 전반기의 유럽언어학의 이론을 수용한 데에 있다고 할 수 있다. 선생의 방언에 대한 관심도 역시 그러한 맥락에서 이해되어야 할 것이다.

---

[1] 이 글은 지난해 2008년 여름 심악 이숭녕 선생의 탄신 100주년을 기리며 선생의 방언 채집 일부 자료를 영인 공개하고자 썼던 회고담 같은 것이었다. 선생의 가르침을 직접 받은 우리 세대의 후학들은 선생의 방언학에 관한 생각을 잘 알고 있으나 그 이외의 많은 사람들이 선생의 생각을 잘 모르는 듯해 자료 공개에 앞서 썼던 것이다. 한국방언학회에서 곧 별도로 간행할 자료에 대해 충남 홍성 방언의 경우 이 방언 지역 출신인 서울대 송철의 교수에게 그리고 충남에 소속됐던 전북 어청도의 방언의 경우 학회 편집이사인 인하대 한성우 교수에게 또 평양사범학교 학생들이 선생의 지도를 받아 보고서로 제출했던 평북 방언의 경우에는 학회 총무이사인 대구대 정인호 교수에게 해제 원고를 부탁했었다. 학회의 사정상 우선 학회지 『방언학』에 게재한다. 독자들의 양해를 구한다.

이숭녕 선생은 1908년 6월 7일(음력)에 서울에서 태어났으니 지난해가 탄신 100주년이 되는 해였다. 일생을 국어 연구에 바치고 86세였던 1994년 2월 2일에 5년간의 투병생활 끝에 학술적으로 많은 영향을 미쳤던 국어학계를 저버리시고는 선대의 고향인 경기도 파주시 조리읍 뇌조2리의 덕암산德岩山 유택에 고이 잠드셨다. 선생의 서거 직후 한국어문교육연구회의 『어문연구』 81·82집이 급히 추모 특집으로 마련되었다. 200자×12매 분량으로 급하게 원고 청탁이 필자에게도 우송된 것으로 기억되는데, 이때에 어학사·문법·차자표기·어휘·음운·제주학술·어문관 등의 분야에서의 이숭녕 선생의 국어학 연구를 간단히 서술한 글들(각각 강신항, 안병희, 남풍현, 전광현, 이병근, 현평효, 남광우 집필)과 추모사 몇 편(남광우, 임동권, 채 훈, 최보식 등 집필)이 실리게 되었다. 여기에 이숭녕 선생의 방언 연구에 관한 독립된 글은 보이지 않았고 다만 현평효 교수의 1951~1957년 사이의 이숭녕 선생의 제주도방언 조사를 중심으로 한 회고만이 실렸다. 그리고 자서전적 회고록인 「나의 연구생활」(『나의 걸어온 길-학술원 원로회원 회고록』, 대한민국학술원, 1983)에서도 선생 자신의 연구 분야에 방언 연구를 독립시켜 따로 서술하지는 않았다. 그런데 선생이 작고한 그 해를 넘기기 전인 1994년 12월 3일에 파주 묘소에서 묘비 및 학덕추모비學德追慕碑의 제막식이 서울대학교 대학원 국어연구회 주관으로 개최된 바 있다. 제자들의 성심으로 세운 학덕추모비의 비문은 문하생 이기문李基文 서울대 교수가 다음과 같이 지었다.

心岳 李崇寧 선생은 우리 民族의 受難期에 태어나시어 國語硏究의 큰 뜻을 세우셨으니, 이는 하늘이 선생을 가리시어 앞일을 예비하심이라. 光復과 더불어 서울大學校 國語國文學科의 敎授가 되시어 硏究와 講義로 國語學이 나아갈 方向을 提示하며 弟子들을 키우기에 온 정성을 다하셨도다. 선생은 한평생 科學的 基盤 위에 새로운 國語學을 건설하려는 一念으로 사셨으니, 古典을 두루 詳考하심도, 全國의 方言을 샅샅이 採集하심도, 一般言語學의 理論을 널리 살피심도 다 이를 위함이었도다. 선생은 이제 여기 누우시어 말씀

이 없으시나 생전에 그렇게도 아끼고 사랑하신 이 나라 大學街의 把守兵으로 길이 우리 後學들의 곁에 계시리라. (밑줄은 필자가 침)

이 비문을 쓴 이기문 교수는 1949년부터 1953년 사이에 특히 방종현 선생이 1952년에 작고한 이후로 이숭녕 선생의 강의와 지도를 받고서 대학을 졸업했고 다시 계속 대학원을 마쳤으며, 이후에도 후학과 동료로서 선생을 가까이에서 모시고 있었기에 누구보다도 선생을 잘 알았을 것이다. 이러한 이기문 교수가 학덕추모비의 비문에 이숭녕 선생이 과학적 기반 위에 새로운 국어학을 건설하기 위해 한평생 ① 고전을 두루 상고詳考하시고 ② 전국의 방언을 샅샅이 채집하셨으며 ③ 일반언어학의 이론을 널리 살피셨다고 기록하고 있는 것이다. 여기서 우리의 궁금증을 사게 하는 한 가지가 바로 방언 채집과 그 채집 자료의 연구가 어찌 진행되었는가 하는 점이다. 이 비문에 "全國의 方言을 샅샅이 採集"했다는 사실이 이렇게까지 분명히 강조되었는데도 『어문연구』추모 특집에서는 이숭녕 선생의 방언 연구에 대해서는 제주도 방언 조사 경위를 빼고는 그 연구 의의를 왜 서술하지 않았을까. 선생의 방언 연구를 대표하는 것이 제주도방언이었기 때문이었을까. 단순히 필자의 개인적 한계였을까, 편집상의 문제였을까, 아니면 이숭녕 선생의 방언 연구에 대한 학문 평가상의 차이에서 비롯된 일일까. 이 궁금증이 이 글을 쓰는 동기의 하나가 된다.

이숭녕 선생은 「나의 연구생활」(1983)에서 방언학 연구 업적을 특별히 언급하지 않은 것처럼 분명 방언학자라고 할 수는 없다. 그럼에도 앞의 비문에 쓰여 있듯이 방언을 채집하고 방언을 연구했던 것은 사실이다. 그렇다면 선생 스스로 「나의 이력서」(50 학술조사)에서 다음과 같이 언급한 것은 무엇을 의미하는 것일까.

나는 해방 이후 수십 차례 학술조사반에 참가하거나 또는 내 스스로 학술 조사단을 만들어 전국곳곳을 돌아다녔다. 항상 룩색의 등산복장으로 오직

方言 채취를 위해 나섰는데 여기선 島嶼조사반을 주로 회상해 볼까 한다.

위의 회상은 이기문 교수의 언급과 일치한다. 적어도 1950년대 아니 1960년대까지의 문하생들은 이러한 사실을 너무나도 생생하게 기억하고 있다.

선생의 국어학 연구 전반에서도 방언 연구가 차지하는 비중이 적지 않다고 본다. 나아가 시대상으로 보아도 우리 방언 연구의 초기 단계에서 차지하는 선생의 위치가 꽤나 크다고 본다. 초기의 현대적인 국어학자들 중에서 이극로李克魯 최현배崔鉉培 이희승李熙昇 정태진丁泰鎭 방종현方鍾鉉 김형규金亨奎 석주명石宙明 등이 방언 채집과 방언 연구의 방향을 모색하며 방언에 깊은 관심을 보였던 일은 분명하지만, 어학자 방종현 김형규와 동물학자 석주명을 뺀 이들 대부분의 글들은 대체로 표준어 제정이나 사전 편찬과 관련된 것들이었지 학술적으로 보면 방언 연구 내지 방언학 그 자체의 연구는 아니었다. 방언 연구 내지 방언학의 이론과 실제에서 보더라도 선생의 연구가 이들에 못지않게 앞섰다고 필자는 보고 있다.

필자는 선생의 탄신 100주년을 맞이하여 기념문집 『이숭녕, 현대국어학의 개척자』(2008)에다 "심악 이숭녕 선생의 생애와 사상 그리고 학문"을 또다시 개략적으로 서술했지만,[2] 이와 관련하여 앞으로 선생의 사상과 학문의 세계를 다시 음미하며 자그마한 단행본을 엮어서 선생의 문하門下로서 학은에 보답하고 싶다. 이러한 작업의 기초를 좀 더 튼튼히 해 보려고 여기에서는 선생의 방언 채집과 방언 연구를 일단 정리해 보려 한다.

---

2 2004년에 심악 이숭녕 선생 10주기를 맞아 한국어문연구회에서 "심악 선생의 삶과 학문"이란 제목으로 기념강연을 행한 바 있다(『어문연구』 121, 2004, 477~493). 이밖에 선생과 관련된 글로 다음과 같은 글도 쓴 바 있으나 그 내용은 중복된 바가 대부분이다. 이들 글은 분량의 제약도 있어 선생의 방언 연구에 대해서는 구체적인 언급을 하지 못했다.
「심악 음운론의 방법과 태도」, 『어문연구』 81·82 합병호(1994), 한국어문교육연구회.
「심악 이숭녕 선생의 학문」, 『앞서 가신 회원의 발자취』(2004), 대한민국학술원.
「O. Jespersen과 한국어음운론」, 『OTTO JESPERSEN』(한국영어학회 편, 2004), 한국문화사.
「이숭녕 선생의 삶과 사상 그리고 학문」, 『이숭녕, 현대국어학의 개척자(심악 이숭녕 선생 탄신 100주년 기념논집)』(2008), 태학사.

2. 방언 관련 업적

이숭녕 선생은 일생을 국어학 연구에 바쳤다. 특히 국어사 연구가 중심을 이루었는데, 「나의 연구생활」(1983)에서 선생 스스로 언급했듯이 어학사와 함께 음운 어휘 조어 및 형태의 연구가 그것들이었다.[3] 물론 조선시대 국어를 중심으로 한 통시론적 연구가 주류를 차지하였지만 후기로 오면서 공시론적 연구도 없지 않았다. 이는 이숭녕 선생이 대학에서 공부를 하던 1930년 대까지도 아직은 일반언어학의 연구방법이 공시론적 연구보다는 통시론적 연구에 핵심이 있었음을 뜻한다. 1910년대 F. de Saussure의 *Cours de linguistique général*(『일반언어학강의』)가 간행되어 전 세계적으로 영향을 미치면서 그는 현대언어학 특히 구조주의적 언어학의 창시자라 불리게 되었는데, 그가 목표로 한 언어학의 궁극적인 과제는 너무나 잘 알려져 있듯이 여전히 통시론적 연구에 있었던 것이다. 즉 언어학이 담당해야 할 과제는(최승언 옮김, 1990, p.17)

> a) 접할 수 있는 모든 언어를 기술하고 그 역사를 쓰는 것인데, 이는 결국 어족들의 역사를 쓰는 것이고, 가능한 한 각 어족의 선조가 되는 언어를 재구성하는 것이다.
>
> b) 모든 언어에서 항구적이고 보편적으로 작용하고 있는 힘을 찾아보고, 역사의 모든 독특한 현상을 포괄할 수 있는 일반 법칙을 추출해 내는 것.
>
> c) 언어학 자체의 범위를 정하고 정의를 내리는 것.

---

3 물론 문헌학philology에 든다고 강조했던 국어학사는 이와 관련이 없다. 여기서 문헌학이라 함은 언어학과는 구별되는데, 이미 이룩된 국어학 연구는 문헌으로 존재할 수밖에 없었기에 조선시대 중심의 국어학사 연구가 언어의 과학적 연구가 아니라 문헌의 연구에 속한다는 말일 것이다. F. de Saussure가 언급했듯이 이숭녕 선생은 문헌학과 구별되는 '국어학' 자체의 범위를 정하고 정의를 내리는 언어학의 과제를 해결하면서 국어학을 하나의 독립된 학문분야로 구축해 나아갔다.

이라 하여, 어족famille de langues 중심의 언어사의 서술과 그 조어의 재구, 항구적 보편적인 언어 작용과 언어사의 특수성까지 포괄하는 일반 법칙의 추출, 그리고 문헌학 등과 구별되는 언어학 자체의 확립 등을 분명히 제시하였다. 흔히 말하는 통시론적 연구에 대한 공시론적 연구의 우위는 오직 언어의 역사를 서술하기 위한 우선순위를 언급한 것에 지나지 않았던 것이 F. de Saussure의 생각이었다. 비록 언어를 바라보는 방식이 구조주의적이라 하더라도 19세기의 역사비교언어학의 언어 연구 과제에서 크게는 벗어나지 않았던 셈이다. 당시의 이러한 언어학의 경향에 이숭녕 선생은 크게 영향을 받았던 것이다.[4]

이숭녕 선생은 일반언어학과에 소속되었던 것은 아니지만 우리나라 안에서는 '전문학교'가 아니라, '대학'에서 근·현대언어학을 수학한 거의 첫 번째 연구자였다. 1년 선배로 일석一石 이희승 선생 한 분이 있었고, 동기생으로는 일사一簑 방종현 선생이 있었다. 당시 한국인으로서 한국학을 전공으로 선택한다는 것은 여간한 용기가 아니고서는 있을 수 없던 시대였다. 이숭녕 선생은 경성제국대학 예과를 거쳐 끝내 이 험난한 길의 하나인 조선어학·조선문학 전공을 선택했던 것인데, 오구라 신페이小倉進平 이외에 1930년도 제2학기에 선생보다 다섯 살 많은 젊은 일본인 언어학자 고바야시 히데오小林英夫(1903~1978)의 「言語學槪論」을 수강하면서 유럽의 당시 일반언어학의 지식을 얻고 계속 小林의 지도를 받으며 일반 언어이론을 탐구하였다. 이 강의를 잘 소화했던 이숭녕 학생에게만은 기말시험 대신에 독일방언학 관련 서적들을 내어 주며 정리하게 하고 부족한 점을 수정시켜 다시 제출하게도 했었다. 현재 남아 있는 그 보고 노트 첫째 권은 '음학音學' 편Erste Teil Lautlehre으로 Einleitung Vokalismus Konsonantismus Appendix의 네 부분으로 구성되어 있는데, 서론에 이어 개개의 음 단위를 모음과 자음의 순서로 일일이 서술하였

---

4 선생이 대학을 졸업한 해가 1933년이었고, 미국의 언어학 잡지 *Language*가 1925년에 창간되었으며, 미국언어학의 Bible로 여기던 L. Bloomfield의 *Language*가 1933년에 간행된 사실은 선생이 초기에는 미국언어학의 영향권에 들지 않았음을 역설해 주는 것이라 본다. 미국언어학의 개념 일부가 선생의 논문에 보이게 된 때는 아주 후기에 속한다.

다.[5] 부록은 평지독일어와 고지독일어를 대조한 방언자료표였다. 방언자료 자체는 물론 공시적이었다. 그리고 참고서는 O. Bremer(1918) *Deutche Lautlehre*, R. Loewe(1922) *Germanische Sprachwissenschaft*, H. Reis(1915) *Die Deutsche Mundartdichtung*, M. Heyne(1874) *Kurze Laut und Flexionslerhe der altgermanischen Dialekte*와 B. Grimm의 동화집 *Fünfzig Kinder und Hausmärchen* 등이었다. 이 무렵에 오구라 신페이 교수의 지시로 한국 북부 지역의 대표적인 무가 지역이었던 경기도 장단군長湍郡 봉동역鳳東驛 근처의 덕물산德勿山 무당촌에서 1주일간 일석 이희승 선배와 함께 무가 가사 채집의 현지조사 경험을 쌓기도 했다. 이러한 수학 과정을 밟은 후 1933년 대학 졸업 뒤 평양사범학교 교유가되어 1945년 광복 때까지 그곳에서 12년 넘게 근무하였다. 이 학교 근무 초기에 다시 언어학 이론 특히 독일방언학에 대한 공부를 하면서, 문헌어의 자료 정리와 함께 평안도지방의 방언의 조사와 연구에 착수하였고, 상급생인 5학년 학생들(대부분 심상과尋常科 3회로 졸업)에게 주로 평안북도 방언 채집을 시켜 보고서를 제출하게 했는데, 1936년도의 이들 보고서 일부가 아직 보관되어 있다. 지금의 이 글은 바로 이들 자료와 그 후의 선생의 방언 채취 자료 약간을 공개하면서 이숭녕 선생이 일생동안 해온 방언 채집과 방언 연구를 정리해 보려는 데에 목적이 있다. 참으로 감격스러운 학문의 열정을 볼수 있을 것이다.

이숭녕 선생은 국어의 통시론적 연구에서 방언에 관해 자주 언급하거나, 방언 자료를 상당히 많이 활용하고는 하였다. 이는 앞서 말했던 바와 같이 경성제국대학 '조선어학' 강좌장이었던 오구라 신페이의 실증적인 자료 중심의 강의는 물론이고 법문학부 교수였던 고바야시 히데오의 당시의 최근 언어이론 중심의 강의였던 「언어학개론言語學槪論」을 수강하고 나아가 그의 특별한 지도를 받았을 때의 영향이었다. 19세기 후기의 유럽 특히 독일의 역사·비교언어학으로부터 20세기 초기의 프랑스 구조주의 언어학에 바탕을

---

5 이숭녕 선생의 이상의 과정에 대한 좀 더 상세한 기술은 이병근(2004ㄴ, 2008) 등을 참조.

둔 이른바 '언어과학獨 Sprachwissenschaft, 佛 science du langage, 英 linguistic science'에서는 언어사 연구에 방언 현상을 포함시킴은 당연했던 것이었다. 19세기 당시 민족주의적 언어학에서 언어를 민족 중심의 규범적 언어로 보고 "언어 변화의 규칙성"을 중심으로 연구하다가 다시 그 언어의 역사적 변화를 관찰할 때에는 그 언어의 전통적인 다양한 자료를 고려했기 때문에, 자연히 방언 현상을 포함시켜 한 언어의 역사를 광범위하게 다루었었는데, 여기서 잘 알려진 바와 같이 방언을 언어과학적으로 관찰함으로써 "예외 없는 규칙은 없다"는 사실을 받아 들여 언어 연구의 일대 방향 전환을 보게 되었던 때의 일이었다. 이 방법은 초기 구조주의 언어학에서도 큰 변화는 없었다. 이때의 '방언'이란 개념은 "시간선상에서의 언어 변화가 지리적으로 투영된 것"(즉, 한 개별 언어의 지리적 변종)이라고 통시론적으로 정의되기도 하였다. 이러한 언어학의 방법을 언어구조가 다른 국어 연구에 적용하려 했던 것은 그 연구 방법을 일반언어학으로 인정했거나 언어학 이론의 보편성을 인정할 때에 가능할 것이다. 이때의 방법은 한국의 민족주의적 언어학에서 때로 민족 중심의 감정에 의한 민족어의 특수성과 우월성을 강조하는 쇼비니즘chauvinisme적 사고를 비판하면서 독립적인 새로운 언어 연구를 주장한 이른바 '과학적 정신esprit scientifique'을 강조한 언어과학적 방법이었다. 언어 연구의 과학적 정신을 강조했을 때의 '과학Wissenschaft'은 곧 언어의 지식체계로서의 '학문'을 뜻하는 것으로 법칙loi을 찾아 언어현상 자체의 객관적 서술을 목표로 하는 것이었다. 말하자면 '인문과학science humaine'으로서의 언어학이었던 것이다. 이러한 형식구조 중심의 연구방법은, infrastructure로서의 언어구조와는 구별되며 창조성을 바탕으로 하는 언어상상력 등의 언어정신 측면에서의 연구가 포함되는 '인문학'과는 어느 정도 거리가 있게 된다. 통시론적 연구에서는 더 더욱 그러하였다. '언어과학'이라 부른 것은 유럽에서 19세기에 언어학이 독립된 학문 분야로 성립할 때에 당시에 상당히 일반화되었던 자연과학적 사고에 지나치게 의존한 때문인지 모르겠다. 문헌의 광범위한 검토 비교언어학적 검토 그리고 방언 현상의 고려 등은 당시에 가장 객관적이며 과학적 연구의 전형이었던 것인데, 이숭녕 선생은 바로 광범위한 자료 검토를 통해 귀납적으로 역사적 현상을 지배하는 법칙 또는 경향을 발견하려고 애썼던 것으로 보인다. 그러기에 언어사 연구에 살아 있는 공시적 언어로서의 방언 자료의 역시론적逆時論的 또는 통시론적 검토가 포함됨은 당연하다 하겠다. 방언의 통시적인 면은 비록 재구를 통해서 가정되어야 하는 한계를 지니지만, 언어사의 중요한 부분임에는 틀림없기 때문이다.

이숭녕 선생의 학문 초기에 속하는 1930년대까지는 한국어 방언 자료는 오구라 신페이가 지역별로 조사 보고한 것이 거의 전부였다. 그것도 조사항목이 최대 700개를 넘지 않았다. 그 이전에는 조선시대의 정음正音·정성正聲 사상으로 변방의 방언에 대한 관심이 단편적인 어휘의 제시를 제외하면 거의 없었고, 대한제국 시기의 민족주의적 언어사상에서도 단일한 언어를 강조함으로써 언어 변종으로서의 방언에 대한 관심이 역시 적었던 것이다. 방언 자료의 빈곤이 말할 수 없을 때였다. 대학생 시절에 단편적인 논문 몇 편을 발표했던 이숭녕 선생은 평양사범학교 교유로 취직된 지 2년 뒤인 1935년에 『진단학보』(제2호)에 발표한 본격적인 첫 논문인 「어명잡고」에서 방언을 검토·서술한 것은 바로 언어사 연구의 당시의 방법을 따르려 한 것일 듯하다.[6] 즉 한 개별언어에서 쓰이는 또는 쓰였던 모든 언어 현상을 포함시켜 언어 변화를 검토하려던 방법이다. 이렇게, 이숭녕 선생은 초기에는 방언 연구를 독립된 분야로서의 '방언학'으로 연구하기보다는 대부분 국어사 연구에 방언 현상을 필요한 경우에 한해 포함시켜 고찰했었다. 예컨대 「조선어/국어의 Hiatus와 자음발달에 대하여」(1947/1955)에서 히아투스를 회피하기 위한 [n]음의 발달을 검토하면서 오구라 신페이의 「平安南北道の方言」, 「咸鏡南道及黃海道方言」, 『南部朝鮮の方言』 및 강원도 원주인原州人의 방언 등의 해당 자료를 검토했다. 따라서 방언 자료는 학술상 필요한데, 당시로서는 보고된 자료의 빈곤이 심하여 기회가 닿는 대로 직접적이든 간접적이든 방언 자

---

6 이때에 「Umlaut현상을 통하여 본 '丶'의 음가고」(『신흥』 8, 1935) 등도 발표했다.

료를 수집·채집하고 확인하려 했던 것이다. 뒤에서 언급할 바와 같이 바로 이 광복 후 본격적으로 특히 장편의 음운론 논문을 발표하면서 방언학의 수립을 외쳤고 실제로 방언 채집과 조사를 통해 방언학적 문제들을 제기하고는 했던 것이다.

이숭녕 선생의 방언 채집을 위한 본격적인 현지 조사는 이렇게 광복 이후의 일로 50년대 전후 무렵에 집중된다. 전국의 방언을 샅샅이 채집했다고 언급한 이기문 교수의 대학 시절 무렵이었다. 광복 다음다음해인 1947년에 선생은 당시 침체상태에 빠진 어학 연구를 새롭게 세우기 위해서 「조선어학 금후의 과제」(『조선문화총설』, 동성당, 1947)를 들고 나왔는데, 여기에서 맞춤법이니 표준어니 하는 실제적인 면보다도 학술적인 면에 경주해야 할 것을 강조했다. 특히 선생은 일반언어학에 대한 지식은 물론이고, 계통론 방언 조사 및 음성학의 지식이 부족함을 극복하기 위해 금후의 이들 연구의 필요성을 강조했었다. 방언 연구와 관련해서는 다음과 같이 언급했다.

다음에 方言調査의 不充分이다. 지금껏 斷片的으로 몇 사람이 한 것도 있으며 比較的 統一된 것으로는 外國人의 方言集이 있기는 하나 그 量과 方法에서 滿足할 수 없으며 後日 佛蘭西의 질리에롱과 에드몽의 大言語地圖같은 出現까지 나아가야 되겠다. 朝鮮같이 言語資料가 主로 李朝에 局限된 境遇에는 特히 方言의 補充이 없이는 큰 기대를 가질 수 없다. 더구나 우리가 다루는 資料는 大概가 京城方言을 中心으로 五世紀쯤 거슬러 올라갈 수 있는 것이니 方言研究 必要性은 다시 말할것 없으며, 일례로 新羅語 云云과 慶尙道方言은 不可分의 關係에 있을 것이다. 解放前 日人 河野六郎의 『朝鮮方言學試攷』에서 '가위'의 語源을 밝힌 方法은 注視할 만한 力作이라 하지 않을 수 없다. 그러면 方言採集은 長期間에 걸쳐 充分한 準備가 必要한 것이다. 누구나 손쉽게 될 수 있는 것도 아니며 銳敏한 專門家이어야 되느니 發音에 對한 訓練도 있어야 된다. 古山子의 大東輿地圖에서와 같은 의지력이 있으면 다시 더 바랄 것 없거니와 이것이 完成되는 날이 하로 바삐 오기를 바란다.

이러한 주장을 했던 선생은 바로 이듬해부터 곧 경기만京畿灣 앞의 덕적군도德積群島를 비롯한 서해와 남해의 여러 도서들, 특히 제주도의 방언, 그리고 일부 특정 산악 지대와 농촌 지역의 방언 채집 등에 큰 관심을 두고 방언을 채집하게 되었다. 말하자면 오구라 신페이 등에 의한 기존 자료는 흔히 군 단위의 육지어陸地語이었기에 이와 보완적인 채집이라 할 수 있다. 그러나 손수 채집했던 자료 노트가 현재는 그리 많이 찾아지지는 않는다. 이러한 방언 채취의 면을 포함해 이숭녕 선생의 방언 연구에 대한 관심을 정리하려는 것이 이 글의 뜻하는 바다.

우선 이숭녕 선생의 '방언方言(학學)'과 직접 관련된 채집 노트와 글로는 다음과 같은 것들이 눈에 띈다.

(1) 於靑島方言(採集 노트 및 淸書 노트, 각 1권), 1949.

(2) 洪城方言(淸書 노트) 1950.

(3) 方言學의 樹立(上)(中)(下), 「조선일보」 1950. 3월 25, 26, 29일자.

(4) 德積群島의 方言, 『신천지』 1950. 6월호. [『大學街의 把守兵』(민중서관, 1968, 368-385)과 『國語學論文選』 6(方言研究)(민중서관, 1977)에 재수록]

(5) 濟州島方言과 그 意義, 『國語音韻論研究 第一輯 '‧'音攷』(補修篇 1), 을유문화사, 1954. [『李崇寧國語學選集』(1)(1988, 542-8)에 재수록]

(6) 濟州島方言의 再認識, 「한국일보」 1956. 2월 15, 16, 17일자. [『大學街의 把守兵』(민중서관, 1968, 386-393)에 재수록]

(7) 鬱陵島方言(上)(下), 「조선일보」 1956. 9월 5, 6, 7일자.

(8) 現代 서울말의 accent의 考察–condition phonétique와 accent의 關係를 主로 하여, 『한글』 112(1956), 3-11, 113(1956), 22-28, 115(1956), 30-36. [『李崇寧國語學選集』(3)(1988, 11-69)에 재수록]

(9) 濟州島方言의 形態論的 研究, 『동방학지』 3(1957), 39-193. [『濟州島方言의 形態論的 研究』(國語學研究選書 5, 탑출판사, 1978)로 재간. 『韓國方言辭典』(최학근, 현문사, 1978)의 부록으로 재수록]

(10) 韓國西海島嶼(西海島嶼調查報告, 國立博物館特別調查報告), 을유문화사, 1957, 第三部言語學班 調查報告.

(11) 方言과 地方色, 「연합신문」, 1960. 2월 7일자. [『大學街의 把守兵』(민중서관, 1968, 144-145)에 재수록]

(12) 각 고장의 사투리 이야기, 『농원』(학원사) 2-2(통권 10), 1965, 146-159.

(13) 韓國方言史, 韓國文化史大系 V. (고려대 민족문화연구소) 1967, 323-411. [『李崇寧國語學選集』(3)(1988, 413-494)에 재수록]

(14) 國語方言學(李崇寧 崔鶴根 千時權 金錫得 李敦柱 趙奎卨 洪淳鐸 共著), 第四章 方言學史, 형설출판사, 1970.

(15) 서평, 李翊燮 「嶺東·嶺西의 言語分化」, 『방언』(한국정신문화연구원) 6, 1982, 217-223.

(16) * 기타

   a. 方言 調査 리포트(平壤師範學校 尋常科 12명 학생들의 평북방언 조사보고), 1936.

   b. "ᄋ"音系語辭의 方言調査表, 연도 미상.

   c. 方言採集帳(경북 영주군 부석면) 1969. 5. 5.

   d. 方言의 接尾辭調査 – 造語論研究(方言에서의 Suffix의 研究, 資料1, Ogura氏의 『朝鮮語方言의 研究』에서), 연도 미상.

(1)(2)는 방언 채집 노트인데, 지역어로서의 '파투아'(이에 대해서는 후술) 자료다. 그리고 (16a, c)도 그러한 채집 노트인데, 다만 a는 평양사범학교 학생들의 평북방언 조사 보고서들이고, (10)은 선생이 작성한 여러 서해 도서지방의 방언조사 보고서이다. (3)은 1940년대까지만 해도 국어학에서 방언학이 제대로 성립되지 않았기에 방언 연구의 필요성과 방언학의 학적 근거 등을 서술하고 이 방면의 과학적인 개척이 필요함을 강조한 글이며, (4)(7)(8)은 이른바 지역어로서의 '파투아patois' 연구이다. 그리고 (5)(6)(9)는 제주도 방언에 대한 단계적 연구로 이숭녕 선생의 개념으로서는 '파투아'와 '방언'을

겸한다. 그리고 (13) 「한국방언사」는 현재까지도 감히 집필할 수 없는 광범위한 범위로 비록 개괄적인 서술이기는 하지만 그 집필의 가능함에 놀라움을 금할 수 없는데, 선생 스스로는 많은 무리가 있었다고 개인적으로 들려준 바 있다. 나머지 (11)(12)는 신문 잡지에 실린 비교적 간단한 글이지만 이숭녕 선생의 방언에 대한 인식을 엿볼 수 있는 흥미로운 글들이다. (4)와 (7)은 덕적도와 울릉도 같은 개개 지역의 파투아를 다룬 글들이지만, 그래도 이들을 통해 이숭녕 선생의 방언 내지 방언 연구에 대한 기본적인 사고는 엿볼 수 있을 것이다. 신문 잡지 등에 이러한 글들을 발표한 것은 정식 논문집이 별로 없었던 당시에 할 수 있는 최대의 노력을 기울인 결과가 아니었던가 하는 생각이 든다. 최학근 외 6인의 공저로 나온 『한국방언학』의 제4장 「방언학사」를 이숭녕 선생이 집필한 것으로 되어 있으나, 실은 선생은 이를 집필한 바 없었다. 그리하여 선생은 직접 대표 저자와 출판사 사장에게 항의를 한 바 있었는데, 이 사실을 선생이 필자에게 "나는 그렇게 어려운 것은 몰라." 하고 겸양을 갖추어 직접 말씀하면서 학계와 출판사의 정도正道에 어긋나는 이러한 풍토를 개탄한 바 있었다. 그 내용은 유럽 방언학의 역사를 내용의 깊은 이해 없이 간략히 서술한 것으로 되어 있다.

또한 이상의 방언 자체에 대한 연구 이외에 「어명잡고」(『진단학보』 제2호, 1935) 등의 어휘 연구라든가, 특히 음운 연구에서 통시론적 논의 가운데 방언의 음운변화를 고찰한 것들이 있는데, 눈에 띄는 것들로 다음과 같은 것들이 있다.

(1) 朝鮮語 異化作用에 對하여, 『진단학보』 11(1939), 1-42. '관서방언', '남부방언' 등

(2) 、音攷, 『진단학보』 12(1940), 1-106. '경상도, 함경도방언' 등

(3) 『國語音韻論硏究 第1輯 、音攷』, 1954, 을유문화사. '경상·함경도방언' 등 전국 방언. 특히 '제주도방언.'

(4) 脣音攷–特히 脣輕音 'ㅸ'를 中心으로 하여, 『서울대학교논문집』 1(1954), 40-76. 전국 방언.

(5) 國語의 Hiatus와 子音發達,『진단학보』 15(1955), 465-518, 5.[ŋ]의 發達
(3)方言에서. 평안남북도 함경남북도 강원도(원주) 방언.

(6) 李朝 初期의 l.r音 表記問題,『庸齊 白樂濬博士 환갑기념 국학논총』,
1955, 509-548. 전국 방언.

(7) △ 音攷,『서울대학교논문집』 3(1956), 51-235. 전국 방언.

(8) '、'音攷 再論,『학술원논문집』 1(1959) 41-154. ∠ Ⅲ. 'ᄋ'音系 語辭의 發
達의 考察 D. 方言에서의 考察, 전국 방언.

이 밖에 고대 인명이나 지명을 다루면서 방언사와 관련이 있을 듯한 논문들이
있다. 지명연구와 관련된 첫 번째 연구의 시도가 평양사범학교 교유로 근무하
면서 평양 시내 동지명의 변화와 지역적 역사적 통합의 사적 고찰을 시도한
「平壤街衢の今昔」이다. 그리고 한국산악회의 학술조사단에 참여하여 지역어
로서의 파투아는 아니지만 산삼채취인들의 '은어隱語'를 조사하고 논문으로
발표한 것도 있다. 뒤에 언급할 바와 같이 이숭녕 선생은 '은어'나 그 밖의 특수
어도 '방언'이나 '애기의 국어'와 마찬가지로 '공시적 국어'로 다루게 된다.

(1) 隱語攷 : 雪嶽山 山蔘採取人의 隱語를 中心으로 하여,『一石李熙昇선생
송수기념논총』, 일조각, 1957, 467-492.

(2) 衰滅段階에 들어선 雪嶽山 심메마니 隱語에 대하여,『방언』 4(1980), 한
국정신문화연구원, 1-21.

이제 이들 방언 관련 업적들을 바탕으로 이숭녕 선생이 지녔던 '방언'의 개
념은 어떤 것이었으며, '방언학'이 추구해야 하는 것은 무엇이며, 방언 채집
의 과정과 특징은 어떠했고, 이를 바탕으로 한 방언 연구는 어떤 특징을 보
이는지 정리해 보려 한다. 여기서 후학들은 무엇을 얻을 수 있고 방언 연구
나 방언학이 앞으로 나아가야 할 방향에 어떤 시사점이 있을지 다시 생각해
봄이 좋을 듯하다.

3. 방언의 개념과 방언학의 수립

'방언'의 현대적인 개념이 우리나라에서 싹트기 시작한 때는 20세기 초기로 보인다. 조선 시대에는 『훈민정음』에서 언급된 '국어' 즉 일개 '국國(가家)' 중심의 표준적이고 규범적인 언어(cf. 정음, 정성)를 지향하던 사회였기에 아이들의 말이나 '방언'은 '국어'일 수가 없어 방언에 대한 관심이 클 수가 없었고, 최광옥崔光玉의 『대한문전』(1908)에서의 '국어' 개념처럼 19세기 말엽의 대한제국 시기에도 세계 각국의 "各異한 言語" 즉 프랑스에서 처음 등장했던 대로 중앙 집권적인 국가의 언어national language=langue national를 '국어'라 보았고 이 국가 중심으로 국민의 단합심을 고취하기 위해 이 국어를 일정하게 통일 · 정리하려 했기에 역시 '방언' 자체의 개념은 물론이고 방언학 연구에도 큰 관심을 가지기가 어려웠다(이병근 2003/2005). 방언을 언급해도 그것은 궁극적으로는 '표준어' 제정 및 사전 편찬과 관련된 참고 자료에 불과했다. 바로 이 무렵에 '방언'이 '국어'의 범위 안에 들어오기 시작했는데, 송헌석宋憲奭 집술 輯述 『初等自解 日語文典』(1909)이 그 예다. 여기서 우선 '국어' '방언' 및 '고어' 세 가지를 다음과 같이 각각 제시하고서는 '국어'에 '방언'과 '고어'를 포함시켜야 함을 언급함으로써 결국에는 이전의 '국어'의 개념과 다른 뜻을 보이게 되었다.

國語

言語는人의思想을表ᄒᆞᄂᆞᆫ聲音이라世界列邦에言相不同ᄒᆞ야各以該國語로 國語로稱ᄒᆞ니例ᄒᆞ건ᄃᆡ大韓의言語는大韓國語요英國의言語는英國國語요支 那의言語는支那國語라홈과如ᄒᆞ니라

方言

一國中에도或一地方에만用ᄒᆞᄂᆞᆫ言語가有ᄒᆞ니此를土地方言이라云홈이라 例ᄒᆞ건ᄃᆡ我國全羅道에셔用ᄒᆞᄂᆞᆫ言語ᄂᆞᆫ全羅道方言이요慶尙道에셔用ᄒᆞᄂᆞᆫ言

語ᄂᆞᆫ慶尙道方言이라云홈과如ᄒᆞ니라

古語

古語라홈은古時代에ᄂᆞᆫ用ᄒᆞ고今時代에ᄂᆞᆫ不用ᄒᆞᄂᆞᆫ語를云홈이라言語ᄂᆞᆫ始
終이不一ᄒᆞ야時를隨ᄒᆞ야變化ᄒᆞ니例ᄒᆞ건ᄃᆡ我國新羅時方言이今日吾人의用
ᄒᆞᄂᆞᆫ言과不同ᄒᆞ고日本萬葉集과源氏物語等에用흔語가現今日本人口語와大
異홈과如ᄒᆞ니라

'방언'의 개념이 분명히 제시된 것은 아니나 이어서 방언과 고어를 '국어'에
포함시켰는바, 이는 조선시대에 비추어 보면 상당한 변화였음에는 틀림없
다. 현대적인 의미에서의 '방언'의 개념이 쓰이게 된 것은 아무래도 근ㆍ현
대언어학이 도입되면서였을 것이다.

한국어의 역사적 연구를 위해 방언 채집과 같은 기초적인 작업을 하며 이
숭녕 선생을 경성제국대학에서 가르쳤던 오구라 신페이는 그의 『國語及び
朝鮮語のため』(1920)에서 방언을 "표준어에 대한 다소 멋을 달리하게 되는 딴
지방의 언어"라고 하면서 "각 지방의 언어는 그 본래의 가치에 있어서 전혀
동등하다."라고 하고서 표준어와 방언과의 관계가 정치상 그 다른 관계에 따
라 중앙으로부터 나뉘는 것에 지나지 않는 상대적인 관계로 보았다.

정열모鄭烈模의 「국어와 방언」(1928, 『조선어문잡지』 2-1)에서는 제목과는 달리
'국어'라는 개념을 정의하기 어렵다면서 '방언'은 거의 논하지 않고서 오직
'문어'와 '구어'와의 차이에 초점을 뒀다. 고재휴高在烋 「표준어와 방언」(1938, 『정
음』 22)도 "그 地方의 言語現象全體가 곧 그 地方의 方言으로 보는것이 普通的
解釋이다." 또는 "方言이라는 것은 그 지방의 一般이 使用하고있는 言語現象
全體를 말하는것이다." 등등 방언의 개념에 대한 언급은 있었으나, 마찬가지
로 표준어에 초점을 둔 것으로 방언학에 대해서는 전혀 아무것도 제시하지
않았다.

'방언'의 근ㆍ현대적 의미가 명쾌히 제시된 것은 이희승 「표준어에 대하여」

(『조선어문학회보』 3, 1932)에서였는데, 표준어의 문제를 제기하면서 '방언'의 개념을 다음과 같이 세 가지로 나누어 제시하였다.

> (第一) 方言이 다만 어떤 地方의 特殊한 發音이나 單語나 或은 말씨라는 뜻으로 쓰이는 일(卽 사투리).
> (第二) 首府 或은 都會의 言語에 對하여 地方語를 方言이라 稱하는 일.
> (第三) 어떤 局限된 地域內의 言語 全體를 그 地方의 方言이라 보는 일.

여기서 제일은 "어떤 지방어의 특징만을 뽑아서 방언이라 함"이요 제이는 "문화적 정치적 배경을 가진 특수 지역(즉 수부 도회 등)의 언어에 대하여 타 지방의 언어는 총히 방언으로 보는 것"이며, 끝으로 제삼은 "어떤 지방의 언어임을 물론하고 다른 지방말과의 새에 차이가 있을 경우에는, 피차간 대등의 지위에 있어서 그 상대자를 방언이라 함"인데 바로 이 제삼의 의의가 학술상에 있어서의 '방언'의 의의가 된다고 하였다. 당시의 근대 유럽언어학에서의 '방언'의 개념을 따른 것이었다. 역시 표준어 논의를 위한 것으로 방언학 연구로 발전시키려 하지 않았다.

최현배崔鉉培의 「방언채집(시골말캐기)에 대하여」(1936, 『한글』 4-6)에서는 대중말(표준어) 사투리[와어訛語] 등 관련있는 딴 개념들과 관계를 고려해 좀 더 폭 넓게 '시골말[방언方言]'을 규정지으려 했다.

> 方言이란 地方言語의 略이니, 곧 어떠한 地方(시골)을 물론하고 그 地方의 말을 이름이다. 이러한 原義에 있어서는, 方言은 저 대중말[標準語]에 대한 사투리[訛語]와는 서로 같지 아니한것이다.

라고 우선 막연히 규정짓고는 다시 '방언'은 '사투리'보다는 그 뜻이 넓다고 했다. 그리고는 "방언은 그 地方의 鄕土文化의 現象의 하나이다."라고 하면서 "우리는 標準語 制定의 준비로서 方言을 캐어 모둘 必要가 있는것이다."라고 역시 당시의 시대적 요구에 따라서 표준어 제정과 관련시켜 방언 채집의 필요성을 역설했다. 최현배의 좀 더 분명한 '방언'의 개념은 '두루말(공통어, 일반어), 시골말(방언), 표준말(표준어), 사투리(부정어不正語, 와어訛語)'를 상호 고려해 논의한 「표준말과 시골말」(1937, 『한글』 5-7)에 나타난다.

> 시골말[方言]은 그 시골[地方]에 쓰이는 말을 가리키는 말 온통[全體]을 가리키는 것이니, ······ 시골말은 이와같이 그 시골에 行하는 말 전체를 가리켜 이름하는 말임이 그 原義이로되, 이것이 저 全 지역에 두루 쓰이는 두루말과 대립함으로 말미암아, 저절로 두루말과 一致하는 點은 看過되어버리고, 그 시골에만 있는 特殊의 言語 現象만을 치중하여 부르는 말로 뜻잡히게 되었다.

라고 하고서는 표준말 속에는 "1. 全國的 共通語······두루말"과 "2. 標準 中心地((例) 서울)의 말"인 시골말과 "3. 其他 多數의 시골에 쓰이는 말"인 시골말이 있을 것이라 했다. 바꾸어 말하면 시골말에는 표준어와 사투리가 포함되는 것으로 보되, "시골말[方言]이란 槪念 속에는 그 言語 體系 전체로서는 반드시 다른 시골말과 部分的이나마 差異가 있음을 豫想하는것임은 틀림없는 事實이라 하겠다."라고 환언했다. 그리고 나서 이를 바탕으로 표준어 즉 '두루말(일반어)'에 대해 구체적인 논의를 계속했다. 비록 상당히 진전된 개념 규정이기는 하나, 역시 "價値的 規範的 見地"에서의 분류인 표준어에 초점을 둔 규정으로 "地域的 事實的 見地"에서의 분류인 '방언'의 개념에 따른 '방언학'의 개념이나 연구 방법을 논의한 것은 아니었다. 역시 당시의 표준어 제정이나 사전 편찬과 관련된 시대적 상황을 반영한 논의라 할 수 있다.

이숭녕 선생의 '방언'의 개념도 이제 검토할 바와 같이 이와 근본적인 차이는 없으나, 다만 역사언어학의 통시론적 관점에 서고는 하였다. 선생은 자신의 저서 『국어학개설』(1955)에서 "공시적인 국어"로 (1) '방언'佛 dialecte, 獨 Dialekt (2) '은어'佛 argot 그외 특수어' (3) '애기의 국어' 세 가지를 들었는데, 그 중에서 방언을 다음과 같이 언급했다.

方言이라 하면 標準語와 對比되는 言語인데 兩者 사이에는 本質的인 優劣이 있는 것은 아닌데 標準語가 政治 文化의 背後 勢力으로 公用語, 文學語 등이 되어 方言 위에 덮치는 傳播力이 셀 뿐이다. 그러나 國語의 硏究에서는 方言이 더욱 貴重한 存在이어서 古語의 古形도 남아 있고 標準語 또는 文獻語에서 볼 수 없는 여러 原理를 發見할 수도 있고 또는 發達 分布 流動 等의 原理도 硏究課目이 된다. 그리하여 國語學에서 方言學이 存在하게 되며 言語地理學的 硏究가 登場될 것이다. 또 佛蘭西의 질리에롱Jules Gilliéron의 佛蘭西 言語圖券l'atlas linguistique de la France과 같은 大韓言語地圖集이 나와야 할 것이다.

여기서 보면 방언을 표준어와는 본질적인 우열이 있는 것이 아님을 전제하고는 방언 연구의 의의를 첫째 방언에 남아 있는 고어의 고형 연구, 둘째 표준어·문헌어에서 볼 수 없는 여러 원리의 발견, 셋째 발달·분포·유동 등의 원리의 연구에 초점을 둔 셈인데, 앞의 두 연구는 '방언학'에, 그리고 맨 뒤의 연구는 특히 방언학의 핵심이었던 '언어지리학적 연구'에 들게 된다. 대체로 방언 연구가 언어의 통시론적 연구와 관련이 되어 있다. 이러한 연구를 위해서는 '대한언어지도집大韓言語地圖集l'atlas linguistique de la Corée도 나와야 할 것이라 하였다. 지금으로부터 60여 년 전의 설파說破다. 그런데 현재의 방언 연구에서 방언현상에서의 원리나 '발달, 분포, 유동' 등의 원리 연구를 얼마나 볼 수 있는가. 나아가서 19세기 언어학의 이론을 방언학 연구로 해서 업그레이드시켰던 것 같은, 방언학의 일반언어학에의 기여는 국어연구에서 과연 무엇이었나.

방언이 표준어와 대비되되 본질적으로는 우열이 없는 언어라는 생각은 이희승(1932)에서 볼 수 있었듯이 이미 1930년대부터 강조되고는 했었다. 곧 언어학에서 또는 방언학에서 방언도 지방 특유의 단어나 억양 등이 아니라 학술적으로는 하나의 언어체계를 가지는 존재로 강조되고 언어를 흔히 음운(발음), 문법(형태·통사), 어휘 등의 복합체로 의사소통의 도구로 보면 이면에서 방언이 표준어와 하등의 차이가 없는 것이 아니냐고 보는 셈이다. 이러니까 방언 조사에서도 흔히 언어체계를 이루는 음운 문법 어휘의 세 하위 분야로 나눠 조사나 연구도 행해 온 것이 아닌가 한다.

이와 관련하여 언어 연구로서 방언을 보는 또 하나의 태도 문제로 방언과 지방색과의 관계가 있다. 이숭녕 선생은 이에 대해 다음과 같이 구체적으로 언급한 바 있다(「방언과 지방색」 1960).

그러고 보니, 中部 사람이 關西方言을 듣는 느낌은 억세고 무뚝뚝하고, 關西 사람이 서울말을 들으면 反對로 輕薄하고 無氣力하게 느낄 것이다. 그런데 이 方言의 말투에다가 그 고장 사람의 性格을 結付시키고 어느 判斷을 내리기 쉽다. 거기에다가 地方色을 加味하여 「모랄」의 程度까지 潤色해 버린다. 이것은 있어서 아니 될 態度며 言語 그 自體에서 보아도 근거가 없는 것이다. 言語學에서도 都市人은 소리가 작으며 가늘고 같은 地方人도 漁夫는 소리가 크고 (波濤 가운데서 對話하기로) 農夫는 소리가 보다 작다고 主張하고들 있기는 하다. 그러나, 愚劣이 있을 턱이 없고 性格과 무슨 關係가 있으랴. 이것을 地方色에 붙이는 人士를 보는데 차라리 敎養의 問題라고 하겠다. 言語의 性格論이란 그런 것을 따지는 것은 아니다. 前日 西歐에서도 佛語가 어떠니, 英語가 어떠니, 獨語가 어떠니 하고 서로 자랑하고 내세우던 일도 있지만 學問上 成立되는 것은 아니다. 흔히 제 고장 사람의 言語性格 「모랄」이 좋다고 一方的 判斷을 내리고 다른 고장을 낮본다. 萬一 털어놓고 批評 시키면 서로 弱點 투성이가 드러나서 可觀일 것이다. 偏狹한 心情이 참으로 밉기도 하다.

방언과 지방색과의 관계를 순수언어학적 개념에서 보려 한 것이다. 방언의 표현을 지방색과 연관시키는 일은 언어 외적인 것에 지나지 않는 것으로, 언어의 성격론은 이런 것을 연구하는 것이 아니라고 본 것으로 방언을 언어와 마찬가지로 형식구조와 의미내용으로 보아야 된다고 강조한 듯하다. 방언 간 언어 외적인 평가는 그리하여 학문상 성립되지 않는 교양의 문제라는 것이다.

그런데, 이와 관련하여 또 하나의 유사한 문제가 있다. 방언에 대한 '감정' 바로 그것이다. 「각 고장의 사투리 이야기」(1965)에는 다음과 같은 언급이 있다.

> 누구나 제 고장 말이 가장 좋고 자연스러운 것으로 느끼고 있다. 갓나서부터 배운 말이고 사용해 온 말이고 보니, 제고장 말같이 자기 감정에 맞고 몸에 밴 것은 다시없을 것이다. 타향에 나갔다가 제 고장 사투리가 귀에 들리면 반갑기 짝이 없는 것도 우리의 감정으로 당연한 것이다. (……) 언어의 통일이란 뜻에서 우리가 표준어를 따라야 함은 사실이지만 제고장 말이 풍겨 주는 흐뭇한 감정은 씻어버릴 수 없다.

'제고장 말' 즉 우리가 엄마로부터 배우고 익혀 그 지역에서 흔히 익숙히 쓰는 보통 '사투리'라 부르고자 한 '파투아'를 두고 이르고 있다. 때로는 이러한 '제고장 말'을 기준으로 해서 '딴고장 말'을 비교 평가하는 경우를 보게 된다. 이때에 다시금 감정을 표현하는 일까지 있게 되는데, 인간이 감성과 이성의 복합적 존재이기 때문일 것이다.

> 경상도 사투리의 높고 큰 목소리로 서로 주고받고 하는 것을 옆에서 듣고만 있으려니 잘 이해도 되지 않았지만 너무 큰 소리로 장시간 시비하는 통에 머리가 아파졌다. 그러나 경상도 사람이 서울 사람의 말소리를 들으면 소리가 낮고 기운이 없어 보일지도 모른다. 뱃속에서 나오는 소리도 아니고 혀끝에서 나불나불하는 소리같이 들릴 듯하다. 이것은 해방 전 평양 전차에서 느끼는 승객의 이야기 소리와 서울 전차 속에서 느끼는 소리의 높이와 폭에서도 그렇다.

상대적 가치를 지니는 이러한 '사투리'를 통한 사고와 행위의 지역적 차이가 때로 문제로 발전해 시비꺼리가 되는 일을 우리는 종종 보아왔다. 사투리란 말 자체가 덜 배워 세련되지 못한 사람들이 쓰는 시골말이란 인식이 있어 온 것은 사실이다. 그러기에 도회지의 교양 있다고 믿는 사람이 사투리를 들으면 '촌스럽다, 촌무지렁이 같다, 세련되지 못하다, 촌놈, …'과 같은 느낌을 흔히 가져왔다. '경향京鄕, 시향市鄕' 사이 즉 '서울() 도시)'과 '시골() 지방)'의 문화적 차이에서 온 갈등의 인식일 것이다. 그런데 무엇보다 중요한 다음과 같은 사실이 있다. 그것은 사람의 언어행위와 관련해 '사투리'의 특징과 화자의 행위를 일치시키려는 해석이다. 위의 글에서 다시 예를 보자.

> 평양 사투리의 특징의 하나로서 서울 사람같이 인사를 차린다고 서론을 길게 내세우지도 않고 곧 결론으로 들어가서 시원시원하다. 남도 사람들은 인사말이 길고 곧 결론을 꺼내지 않음으로 답답할 경우가 있으나, 평안도 사람의 이야기의 태도는 아주 다르다. 그래서 방문할 때에도 그리 서슴지 않고 들어옴이 솔직하다.

이들 하나하나가 현실적으로 존재하는 사실들이고 사람다운 모습들이기도 하다. 이는 음운, 형태, 어휘 및 통사 구조의 방언 차이만의 설명으로는 해석될 수 없는 또 다른 차원의 언어의 문제다. 방언과 언어행위와의 관계에 대한 연구는 정말 어려운 문제이나 언제까지 방치해 두어야 하는가.

그러면 도대체 '방언'이란 개념은 이숭녕 선생의 언어 연구에서는 어떤 것이었을까.

이숭녕 선생은 경성제국대학 학생 시절 오구라 신페이가 주도하던 경성제국대학 방언회[7]에 참여했는지는 현재 알 수 없으나, 1945년 11월 조선방언학회의 위원으로 그리고 1946년 11월 또 별개의 조선방언학회 창립 위원으로 피선되기도 했는데,[8] '방언학' 또는 '방언 연구'에 대한 생각은 선생이 한

---

[7] 1931년 6월에 오구라 신페이는 「私の朝鮮語方言調査の經過」(조윤제 정리)를 이 경성제국대학 방언회에서 발표한 바 있다(이병근 2005).

참 방언 채취를 하던 때에 집필한 「방언학의 수립」(1950)에 명쾌하게 나타난다. 여기서 제시한 '방언'의 개념은 다음과 같다.

術語에 있어서 方言이라 함은 朝鮮語가 어느 基準으로 몇 地方의 下位言語로 분류될 것이니 그 분류된 西部方言 또는 嶺南方言이라 하는 廣域의 言語를 여기서 方言이라고 하겠다. 그러나 여기 嶺南方言을 例로 들면 그 嶺南方言內에서도 慶州사투리 浦項사투리가 佛蘭西學界의 파투아PATOIS에 맞는 것이어서 이것을 『사투리』라고 불렀으면 어떨까 한다.

만일 이것이 容認된다면 方言과 파투아 方言과 사투리를 구별하여 두어야 한다. 그러므로 우리의 採取의 單位는 이 파투아이어서 막연한 嶺南方言이라는 것은 있을 수 없는 것으로 同類의 파투아의 集團에서 嶺南方言이 이루어질 것이다.

즉 방언의 채취 및 연구에서 그 기본 단위는 '방언'이 아니라 '파투아(사투리)'[9]

---

8 이 두 조선방언학회에 대해서는 아직 구체적으로 조사하지 못했다. 「덕적군도의 방언」(1950)에서 "해방 후에 방언학회의 창립은 보았으나 아직껏 이렇다 할 업적을 보지 못한 것은 필자의 오해가 아닐 것이다."라고 했고, 또 이숭녕 선생이 스스로 작성한 이력서에는 두 학회의 '위원'으로 피선되었던 것으로 기록되어 있다.

9 프랑스 언어학에서 'patois'라고 하면 어려서부터 배우고 가정에서 써온 토착적인 언어를 바탕으로 넓지 않은 지방에서 형성된 지역어를 뜻하는데, 사회적 언어(방언)가 아니라 지역적 언어(방언)의 성격을 띤다. 따라서 광역의 '방언'과는 구별되는 현실적 언어로 일종의 '방언의 하위변종'이다. 흔히 공통어의 한 변종이 되지만, 경우에 따라서는 계통조차 불분명한 또는 공통어와 친근관계가 먼 지역어일 수도 있다. 우리나라에서는 아직 이러한 특유의 경우는 알려진 바 없는데, 이에 따라 서부방언이라든가 영남방언과 같이 방언권이 확립될 수 있는 경우에는 '방언'이라 부르고 방언권 안에서의 어느 하위 지역의 언어를 '파투아(사투리)'로 구별해서 부르겠다는 것이 이숭녕 선생의 생각이다. '파투아'는 방언구획이 이루어지기 이전의 '지방어' 또는 '지역어'의 개념이다. 그리하여 '서울말'을 "조선어의 一地方語에 국한된 지역어"라 한 것이다. 그러나 실제에 있어서 선생은 '濟州島方言'이니 'ㅇ 음계어사의 방언조사표'라 하기도 하고, '○○사투리' 대신에 '울릉도방언'이니 '덕적도방언'이니 '홍성방언'(1950년 방언조사 노트 표제)이니 하여 별 구별을 하지 않은 경우가 있다. 우리나라에서 'patois'에 해당되는 개념을 1960년대에는 강화도지역어, 용인지방어 등과 같이 부르다가 아예 '지역어'라 부르며 '방언'과 구별하려 노력하기 시작한 때는

라야 하고 이 파투아들의 공통적인 언어구조를 가진 '동류同類의 집단'에서 '방언'이라는 광역의 하위언어 단위가 귀납적으로 설정될 수 있다는 것이다. 이 '방언'은 한 언어의 하위 언어이기 때문에 다시 한 개별언어의 공통어로 귀납될 것임은 물론이다.[10] 즉 한 개별언어의 단위는 언어적 공통기반을 바탕으로 몇 개의 파투아가 모여 하나의 방언이 되고 다시 몇 개의 방언이 모여 한 개별언어가 되는 '동류의 집단'으로서 파투아1,2,3,…n < 방언Ⅰ,Ⅱ,Ⅲ,… N < (개별)언어(L)로 확대되는 것으로 생각했던 것이다. 예컨대 '경주慶州사투리' < '영남방언' < '조선어'로 본 셈이다. 유럽언어학의 개념을 따른 것이지만, 방언의 개념을 가장 정확히 제시하였던 것이다. 물론 파투아와 방언을 소방언과 대방언 등의 명칭으로 달리 부를 수도 있을 것이다. '영남방언' 등의 대방언이 그 이하의 소방언들로부터 귀납해 동질적인 '방언'으로 구획되지 않는다면 결국 소방언 즉 파투아 없이 대방언을 언급할 수 없다는 것이다. 이는 언어학자들이 가정해 놓은 개념들로 한 개별언어의 공시태는 인위적 언어인 이른바 '표준어'를 제외하면 모두 살아 숨쉬고 있는 '파투아'인 셈

1970년대 초 무렵의 일이다.

우리나라에서 '사투리(와어訛語)'라 했을 때에 좀 덜 개화된 시골사람들이 쓰는 지방어라는 뉘앙스가 있었던 것이 사실인데, 프랑스에서의 'patois' 역시 population de civilisation *inférieure*가 쓰는 지방어의 의미를 지녔었다(cf. J. Marouzeau, *Lexique de la terminologie linguistique* 1951 등).

10 일찍이 이극로는 광역의 방언 구획을 우리나라에서는 최초로 시도한 바 있다. 그의 「조선말의 사투리」(『동광』, 29, 1932.『국어학논총』(1947)에 재수록)에서 (1) 관서 방언 = 평안도 사투리 = 고구려 방언 (2) 호남 방언 = 전라도 사투리 = 백제 방언 (3) 영남 방언 = 경상도 사투리 (4) 관북 방언 = 함경도 사투리 = 옥저 방언 (5) 중부 방언 = 경기도 사투리 = 혼성 방언 등과 같이 평면적으로 5개의 방언으로 구획하고 각 방언의 특색을 어조 음운 어법에 초점을 두고 지적하려 하였다. 이 이후에 오구라 신페이는 그의 *Outline of the Korean Dialects* (1940)에서 평면적이기는 하나 6개의 방언으로 분포와 경계까지 다른 구획을 시도한 바 있다. 이극로는 1912년에 서간도로 가는 도중 압록강변의 평북의 한 농가에서 '고추장'을 '댕가지장'이라 하는 것을 듣고는 이러한 당시의 느낌이 그가 '조선어 연구'에 관심을 두게된 첫 출발점의 동기가 되어 조선어 정리와 더불어 한글맞춤법 통일안과 외래어 표기법 통일안 그리고 표준어 사정 및 조선어대사전 편찬 등의 일에 온힘을 바치게 된 동기가 되었다고도 했으며, 이에 방언 채취도 하게 되었다고 회고하기도 했다(『고투 40년』, 을유문화사, 1947). 표준어와 관련된 언급인 듯하다.

이다. 공시적 국어로 (1) '방언' (2) '은어 其外 특수어' (3) '애기의 국어'로 생각했던 이숭녕 선생에게 문헌어('고어') 이외에 '방언'이 중요시됨은 당연하다 하겠다. 그러면 국어학의 연구대상인 '국어'를 방언과 대비해 어떻게 볼 것인가 하는 문제가 제기됨도 당연한데, 이에 대해 이숭녕 선생은 다시 다음과 같이 언급한다.

> 그러면 朝鮮語라는 것이 무엇이냐에 이르러 共時論的(橫的) 研究面에 있어서 絶對로『서울말』만이 아니다.『서울말』은 <u>朝鮮語의 一地方語에 국한된 地域語</u>인 所謂 파투아(PATOIS, 俚語라고 부르는 이도 있다.)이다. 오늘날 우리의 研究가 아직 草創期에 있기로 그리됨이지만 오직 서울말 中心의 言語 또는 文獻研究가 거의 대부분이고 보니 朝鮮語의 全分野에 걸친 研究는 不可能한 것이다. 그리하여 우리가 알고 있는 것은 主로 서울말의 역사요 서울말의 言語現象이라고 해도 過言은 아닐 것이다. 그러므로 국어학의 연구대상을 확충하기 위하여는 全方言의 採集이 우선 要請되는 것이다.

이렇게 '서울말과 구별되는 "공시적 국어"의 연구대상을 확충하기 위해 "전 방언의 채집"의 필요성을 강조하면서 나아가 "한 군에 한 지방어 이상의 세밀한 조사가 되어야 하며 그 지방어도 될 수 있으면 세밀한 방법과 한 개의 지방어사전이 될 정도이면 가장 이상적이라"고도 하였다. 물론 이때에 "서울말과 다른 어형의 어휘만을 중요시하는 예를 보나 어형이 같다 하는 이 사실이 또한 놓쳐서는 아니될 언어사실"이라고도 강조하였다.

이 「방언학의 수립」이라는 글에서 파투아(=이어俚語) 즉 방언을 구성하는 '지역어(지방어)'의 중요성을 강조한 셈인데, 이 파투아를 단위로 '언어지리학' 즉 요즈음 표현으로 지리언어학이 구성된다고 하면서 개신파와 등어선 까지도 언급하고 방언학에서 말하는 이른바 '주권설周圈說 WELLENSTHEORIE' 즉 파동설波動說의 예로 '노을/노불, 북새'를 예로 하여 소개하고, 또 문헌어가 거의 없는 신라어의 연구는 문헌어 연구에서보다 방언학에서 가능하다고 하면서 나아가 전국의 방언을 연구하면 어느 서광을 발견할 수 있고 '원시조선 어原始朝鮮語'의 재구 그리고 비교언어학에도 크게 도움이 될 것이기에[11] 방 언학의 수립과 진전을 위해 노력해 주기를 바란다고 했다. 이상의 '방언학'에 대한 생각이 앞에서 언급한 바와 같이 『국어학개설』(1955)에서는 고어 연구 문헌어 연구 및 지리언어학 연구의 세 면에서 관련지어 '방언 연구'의 필요성 을 강조하게 되었다. 언어학의 한 독립된 분야로서의 '방언학'과 방언을 단 지 자료로 활용하는 음운론이나 문법론 또는 어휘론 분야로서의 '방언 연구' 는 어딘지 모르게 '유이부동類以不同'하다. '방언'의 개념을 통시론적인 면에 서 "시간선상에서의 변화가 일정한 지리적 공간에서 상이하게 투영된 하위 언어 단위"라고 통시론적으로 정의하면서 개개의 파투아에 대한 기술적인 공시론적 '방언 연구'에 그친다면, 그것은 방언차에 대한 인식과 논의가 없는 한에 있어서는 방언학이라기보다는 '방언학'의 기초 연구에 지나지 않을 파 투아의 연구일 것이다.

국어학의 한 독립된 분야로서의 방언학을 학술적으로 수립하기를 원했던 이숭녕 선생은 이극로, 정렬모, 이상춘, 최현배, 이희승, 석주명, 정태진 등이 사전 편찬과 관련해서 흔히 표준어 제정의 일환으로 방언을 채취하고 표준 어를 심의하려 했던 태도와는 자연히 구별된다. 어문 정리에 온통 관심을 가 졌던 이들은 아무래도 사전 편찬에 전제가 되는 통일된 맞춤법의 제정 표준 어의 선정 외래어 표기법 제정 등의 실제적인 문제에 깊은 관심을 보이게 되 고 자연히 순수학술 연구에 몰입하기가 어려웠을 것이다. 조선어학회의 사 전 편찬과 깊은 관계에 있던 학회지 『한글』에 광복 직후에까지 순수 학술 논 문이 드물게 실렸던 것은 이러한 당시의 사정을 말해 주는 것이 아닌가 하는 생각이 든다. 이숭녕 선생이 이러한 시기에 국어학의 과학적 연구를 더욱 강 조했던 이유가 바로 여기에 있었던 것이다.

---

11 이숭녕 선생은 「향가연구의 새 방법론의 제창」(경북대 동양문화연구소 발표요지, 1979)에서 도 향가학을 위해 방언연구 문헌어연구 및 비교언어학의 필요성을 강조한 바 있다.

4. 방언 채집의 과정과 특징

이숭녕 선생은 문헌어 중심의 연구를 일생동안 추구해 왔지만 모든 방언의 채집을 요청하고 방언(언어)지도집과 지역어사전까지 나오기를 강조한 것처럼, 특히 젊었을 때에는 기회가 있을 때마다 일반언어학 이론을 섭렵하며 문헌어를 끊임없이 조사하고 기존의 조사된 방언 자료를 정리하고 또 실제로 새로이 방언(파투아) 채집을 행하기도 하고 학생들에게 과제를 주어 방언 채집 리포트를 제출하게 하거나 현지조사에 참여하여 학생들을 지도하고는 했다. 일찍이 평양사범학교 교유 시절에는 객지에서의 외로움을 달래며[12] 이렇게 결심한 바 있었다.

> 나는 外國語의 實力 低下를 염려하여 獨逸語原書의 번역과 古文獻에서의 資料整理, 그리고 平安道地方의 方言의 調査와 硏究, 그리고 可能한 대로 論文 쓰기로 나선 것이다. (「나의 연구생활」 『나의 걸어온 길-학술원 원로회원 회고록』 1983 대한민국학술원).

이에 따라 평양사범학교 시절에 학생들에게 방언 조사를 시켜 평안도방언의 특징을 파악하려고도 하였는데, 현재 그 일부의 리포트가 남아 있다(자료 1). 대부분 상급생인 제5학년(심상과) 학생들이 1936년(昭和 11년 2월)에 제출한 것들인데, 그 중에는 당시 수준으로 봐서 "어듸 報告論文으로도 今日 朝鮮서는 붓그러운 것 아니니 더욱 硏究하기 바람."이란 평가를 주서朱書한 것이 있기도 하다. 조사지점은 각각 평안북도의 일개 군郡(아마도 학생들의 고

---

12 평양사범학교 교유 초기에 이 때의 심정을 "정말 시베리아 流刑이나 온 것같이 쓸쓸했다." 라고 했다. 또 당시의 정리 노트 「습유잡고拾遺雜藁」의 첫머리에는 학문적 분위기가 전혀 없는 평양에서의 외로움을 달래며 숙직실에서 당시의 학문적 열정을 담아 쓴 다음과 같은 서시序詩가 있다.
／ 꿈꾸든 그熱／ 오늘날 이煩悶／ 나는 深思黙考속에 우노라.／『그래도 움지기노라』는／ 새로이 들린다.／ 永遠性을 울리며. (1934. 6. 오후 2. 평사平師 숙직실에서)

향인 듯) 단위이었으며 조사 내용은 대체
로 음운 어법 어휘에 걸쳤다. 김국태金國
泰라는 제5학년 2조 학생이 평안북도 선
천군 군산면 용경동 제2구에서 조사한 보
고서의 경우를 보면

序 感想 音韻(母音 子音) 語法(代名
詞 數詞 形容詞 動詞 副詞 接續詞 感動
詞) 語彙

와 같이 짜여져 있다. 또 평북 박천을 조

자료1

사한 장의순張義淳이란 학생의 보고서의 경우에는

一. 音韻(母音 子音 其他) 二. 語法(一. 代名詞 二. 助詞 三. 形容詞 四. 動詞
五. 感嘆詞) 三. 語彙(天文 地文 時令 家庭 家具 衣服 冠 履物 食器(土器도 包
含함) 食物 其外建物 其外) 結論

와 같이 구성되어 있다. 이와 같이 공통된 틀은 잡혀 있으나 세부 조사 항목
은 일정하지 않았다. 선생의 지도 방향을 짐작할 수 있다. 전체적인 틀은 갖
추되 세부에 들어가서는 조사자의 능력에 맡기는 방식이 아니었던가 한다.
이런 방식은 광복 이후에도 제자들에게 행했던 방식이었다. 자료의 신빙성
이 떨어지는 경우에는 안타까워했음은 물론이다. 1930년대부터 광복 직후
에까지『한글』에 극히 단편적으로 게재되었던 비전문가들의 방언 자료라든
가 1936년과 1937년에 순화조선어연구회 조선어연구부에서 등사본으로 간
행된『방언집』(1)(2)가 없는 바는 아니나, 자료 속에 더러 의심스러운 조사로
보이는 경우가 부분적으로 없지는 않더라도, 채집된 자료가 많지 않은 이 시
기에[13] 이들 방언 조사 자료가 특히 평북 방언 자료를 보완할 수 있다는 점에

서 당시의 귀중한 자료라 해도 좋겠다. 이 자료를 공개하여 앞으로의 방언 연구 나아가 방언학에 보탬이 되도록 이번에 공개하고자 한다.[14] 그 조사지 점과 조사자는 다음과 같다.

평북 宣川郡 郡山面(金國泰)	평북 義州郡 批峴面(車均轔)
평북 昌城郡 昌城面(許南源)	평북 凞川郡 新豊面(朴貞珏)
평북 定州郡 南西面(金錫濟)	평북 定州郡 郭山面(金寬元)
평북 寧邊郡 獨山面(金兌源)	평북 龜城郡 龜城邑(金泰善)
평북 朔川郡　　　(張夢角)	평북 博川郡　　　(張義淳)
평북 江界郡 江界邑(白南海)	평북 雲山郡　　　(鄭普陽)

조사 지역은 모두 12개 지점으로 오구라 신페이의 조사지점 20개 지점에 비하면 ⅗에 해당한다. 조사자들은 평양사범학교 동창회 명부를 보면 월남한 사람도 있고 다시 미국으로 이민 간 사람도 있으며 그리고 북쪽에 남아 있던 사람도 있는 듯하다. 직업은 사범학교 출신들이라 교직에 있던 사람들이

---

13 1930년대 전반까지 알려진 특히 평북방언 자료로 보고된 것은 小倉進平(1929), 「平安南北道 の方言」이 유일한 것이 아닌가 한다. 『한글』에 실린 한 면 정도의 단편적인 방언 자료의 보고는 30년대 중엽 이후의 일이었다.

14 이들 평북 자료에 대한 구체적인 소개와 검토는 그동안 평북방언에 관심을 두고 연구해온 대구대 정인호 교수(한국방언학회 총무이사)에게 집필을 의뢰했다. 이 방언 조사는 지도 교수의 지도를 받은 것들인데, 1930년대 중반의 한국어 방언 자료로는 비록 미진한 곳이 있더라도 시대적 상황을 고려하면 중요하다고 본다. 오구라 신페이의 자료 보고 외에, 조선어사전 편찬과 관련해 방언 채집을 하고 최현배의 「방언채집(시골말캐기)에 대하여」가 발표됐으며, 방종현의 「방언에 나타난 △의 변천」도 발표됐고, 특히 순화조선어연구회에서 등사본 『방언집』(1, 2)이 간행되기도 했다(이 방언집의 앞 일부분인 천문지리와 동식물명 일부가 『한글』 제4권 제9호(1936.10.)에 「방언채집표(1)」라 하여 보고된 바 있다). 말하자면 한국에서 우리 손에 의해 방언 채집이 싹트기 시작되었던 바로 그 무렵이다. 그런데 여기서도 "우리들은 방언조사로, 우리말의 변천을 살피며, 조선어학회의 사전 편찬에 한 도움이 되면 다행이라 생각하고 三年前부터 방학을 이용하여 한마디 두마디 모아 百五十頁 假量의 小冊子를 지어 謄寫하여 配布한지라."라고 했다. 여기 제시한 방언형들은 제2집과 대동소이하나 다만 때로 서울말과 동일한 형식 등 일부 자료가 제시되지 않았다.

많지만, 광복 후 실제로는 인삼재배업 등 아주 다양했다.

광복 직후에 서울대학교 교수가 된 이숭녕 선생은 1945년과 1946년에 서로 다른 두 조선방언학회의 창립과 함께 그 창립 위원으로 추대되기도 했는데, 선생은 한국에서의 방언학 또는 언어지리학이 수립되기를 요청하면서 그 이후로 개인적으로 방언 채집을 하기도 했고 학술조사단에 참여 해 딴 분야 학자들과 공동으로 방언을 열심히 채집하곤 했다. 1940년대 말부터는 본격적인 방언 채집을 시작했던 것이다. 1948년에 인천 앞바다 서해의 덕적도를 종합 조사하는 한국산악회 주최의 학술조사대에 참여하여 방언 채집을 하고서 그 자료 내용으로 「덕적군도의 방언」(1950)을 발표했다. 지역적 특성을 살려 일반 어휘 외에 해양어 또는 도서어들을 채집하였고 뒤에 언급할 바와 같이 지리언어학적 관점에서의 관심도 깊었다. 다음에 언급할 「울릉도방언」과 함께 단기간의 채집으로 이룰 수 있는 시범적인 보고서라 할 수 있다.

1949년 가을에는 전북 군산시청의 초청으로 고군산열도와 어청도의 학술조사단(주최 한국산악회, 단장 석주명石宙明)에 참여하여 방언 조사를 행하였는데, 10월 16일자로 된 당시의 「어청도」 방언 현지조사 노트와 「어청도」 방언 정리 노트가 각각 1권씩 현재 남아 있다.[15] 이 노트를 비교해 보면 차이가 있으나, 다음과 같은 내용으로 조사한 것을 알 수 있다.

1. 天文　　　2. 時令　　3. 地理　　4. (人倫)

5. (方位)　　6. 身體　　7. 衣冠　　8. 飮食

9. 農業 器具　10. 花果　11. 菜蔬　12. 金石

13. ( )　　　14. 飛禽　15. 走獸　16. 魚貝

17. 昆蟲　　Vokalismus(1. Einzel Vokal)

---

15 이들 자료와 1954년에 국립박물관 주최로 어청도를 포함해 조사한 서해도서조사보고의 검토는 충청남도 출신인 인하대 한성우 교수(한국방언학회 편집이사)에게 의뢰했다. 논산군이 1913년에 일제의 식민지정책에 따라 충청남도에 신설될 때에, 원래 충청남도에 속했던 어청도는 전라북도로 편입되었다 한다.

이 노트의 「1. 천문」의 첫머리에는 '하눌, 해, 햇머리, 볏[陽], 응기[陰], 그늘, 달, 반달, 생팬달' 등으로 기록되어 있다. 이를 보면 오구라 신페이의 조사항목 '天, 日, 日暈, 日蝕, 日光' 등을 참조하기는 했으나 거기에 머물지 않고 도서로서의 지역적 특성에 맞게 확대시켜 나아간 듯 보인다. 예컨대 '바람'의 경우를 小倉은 '風, 旋風 北風, 東風'을 조사했는데, 이숭녕 선생은 '바람, 소스리바람 ~ 광풍(선풍旋風)'과 '갈바람(북풍北風)(희소)' 사이에서 다음 그림(자료 2)과 같이 방위를 8방위 이상으로 세분해 채집했다. 그리고 '雨, 細雨'에만 그치지 않고 '비[雨]'의 하위 항목으로 '쏘내기, 장마, 건장마(마파람과 같이 오는 장마), 가랑비, 이실비, 도-지, od. 두-지(1. 靑天에 일어나는 것. 그리하여 별안간 비바람이 불어 波濤를 일으키는 비)'처럼 확대해서 채집했다. 방언 채집에서 이처럼 지역적 특성에 따라 항목을 맞추어 선정하고 그 의미 또한 지역에 맞추어 파악하려는 방법은 방언의 지역적 특성을 파악하기 위해서 방언학 내지 지리언어학에서 적극 추천될 수 있는 방법이라 할 수 있다(자료 3). 맨 끝의 모음 조사에서는 단모음單母音조차도 완성하지 못한 채로 끝나기는 했다.

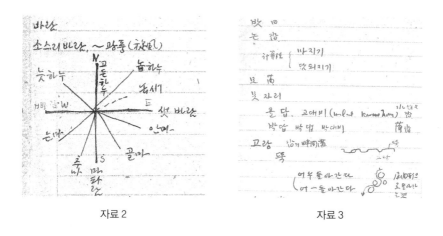

자료 2   자료 3

또 하나 특기할 방언 채집으로 충남 홍성 방언의 것이 있다. 1950년에 이숭녕 선생이 손수 청서한 「홍성방언(청서) 1950」이란 방언 채집 노트가 현재 남아 있다. 보통 방언 채집자는 채집을 끝내고서 그 자료를 마냥 놓아두지 않고 바로 정리하는 것이 일반적인데, 이숭녕 선생도 1949년의 「어청도於靑島」 방언 조사 자료를 그렇게 정리했던 것 같다. 그렇다면 이 「홍성방언」의 경우에도 1950년 6월 25일 한국동란 발발 이전 또는 그 무렵에 채집한 것으로 보아도 좋을 듯하다. 그러나 이 채집이 누구를 대상으로 언제 어떻게 이루어졌는지는 기록되어 있지 않아 더 이상 알 수가 없다.[16] 필체는 선생의 것임에 틀림없고, 선생이 전쟁을 거치고서 일생 동안 보존하고 있었던 것이기도 하다. 그 차례를 보면 다음과 같다.

1. 天文 2. 時令 3. 地理 4. 人倫 5. 方位 6. 身體 7. 服飾 8. 飮食
9. 農耕 10. 없음 11. 菜蔬 12. 金石 13. 器具 14. 飛禽 15. 走獸 16. 魚貝
17. 昆蟲 18. 草木 19. 文法(Rams, Pronom, Ziffer, Akcent, Adjektif)

조사 항목의 분류는 앞의 「어청도」의 그것과 거의 같으나 일부 명칭의 변경이 있으며, 조사 항목의 선정에 있어서도 역시 마찬가지로 처음에는 오구라 신페이의 그것을 바탕으로 하였으나 차츰 확대되어 일치하는 것은 아니었다. 예컨대 '石'에 대해 오구라의 '돌, 돌팍, 독' 등 뿐만 아니라 새로 '차독, 자갈, 방뚝, 방짝' 등과 같이 관련 어사들로 확대하든가, 오구라가 조사하지 않은 새로운 항목인 '지개'에 대해 그 부분 명칭들(작때기, 꼬작, 탕개, 멜빵, 버들까지, 수쟁杖, 등태, 목빠리)을 그림에 일일이 조사해 넣든가 하여 차이를 보였다(자료 4, 5). 이와 같이 「어청도」 방언 채집에서 볼 수 있었던 해양어의 깊은 관심보다는 농촌 어휘에 관심이 더 깊었던 것이다. 다음에 언급할

---

16 충남 홍성에는 선생의 둘째 누님이 결혼해 살고 있었다는데, 「각 고장의 사투리 이야기」 (1965)에는 다음과 같은 언급이 있다.
   "내가 三十五년 전에 처음으로 충청도 홍성을 방문한 일이 있다. 그때 내가 놀란 것은 말이 느린 것인데, "너, 왜 그런다니"가 참 '만만디'로 부인들이 하는 데에는 가깝증이 답답했다. 그러나 해방 뒤 몇 번인가 충청도를 방문하니 그때보다 상당히 말의 속도가 빨라진 것을 느꼈으니 이것도 생활에서 자연 그리된 것이라고 믿는다.

바와 같이 이숭녕 선생의 이후의 방언
채집 지역은 일부 산악지대를 제외하
면 대부분 도서 지방이어서 농촌 중심
의 일반어휘 이외에 지역적 특성을 보
이는 '풍명風名, 선구명船具名, 조수명潮
水名' 등의 '해양어海洋語'를 포함하는
특징을 지니는데, 이러한 사실에 비
추어 보면 오구라 신페이의 조사와 같
이 농촌 지역의 성격이 강한 이 「홍성
방언」의 채집은 선생에게는 특이한
것이 사실이다. 여하튼 1949년의 「어
청도」 방언 조사 자료와 함께 1950년
의 이 「홍성방언」 조사 노트의 자료를
이제 공개하면 그것은 우리나라 방언
채집 역사에 있어서 중요한 의미를 지
닐 수 있으리라 필자는 여긴다. 지금

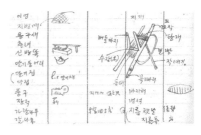

자료 4

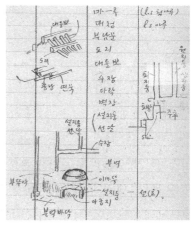

자료 5

까지 방언 채집 노트가 생생하게 공개된 일이 없기에 더욱 그러할 것이다.[17]
바로 이 무렵이 이숭녕 선생이 한국에서의 방언학의 수립을 위해 고심하고
애쓰던 때임을 앞에서 이미 소개한 「방언학의 수립」(1950)을 통해 알 수 있다.

특히 건강과 학문을 위해 등산을 시작했던 이숭녕 선생은 1948년 한국산
악회 이사에 피선됐고, 이렇게 인연을 맺게 된 한국산악회 등의 학술조사단
에 적극 참여하여 선생이 직접 또는 팀을 구성해 방언을 채집하거나 조사원

---

17 이 「홍성방언」의 구체적인 내용의 소개와 검토는 홍성 출신인 서울대 송철의 교수에게
청탁했다. 1945년 광복 이후에는 1930년대 이후로 뜨막했던 방언 채집과 방언 연구에 관
심이 다시 고조되기 시작했다. 최현배 선생은 『시골말캐기 잡책』(1946)을 간행하고 조선
어학회에서는 다시 사전편찬과 관련해서 정태진 선생 중심으로 전국의 방안을 수집하기
도 했으며, 이 작업과 관련해 김병제·정태진 선생은 『조선어고어방언사전』(1948)을 간행
하기도 했다. 그리고 대학 중에서는 '방언학'이란 강좌를 개설하기도 했다.

(주로 학생)을 시켜서 방언을 채집한 경우가 있었다. 개인적인 조사는 「홍성 방언」의 경우와 같이 오히려 드물었다. 앞에서 언급한 덕적군도 방언 조사 도 1948년 학술조사대에 참가하여 조사했던 것이고, 이듬해 전북 군산시 초 청으로 고군산열도古群山列島와 어청도 일대 방언을 채집하여 「어청도」 방언 채집 노트를 남긴 것도 서해도서학술조사단(단장 석주명)에 참가해서였다. 모두 한국산악회에서 주최한 행사였다.

부산 피난 시절이었던 1951년에는 전란 중이었는데도 군함으로 제주도 파랑도波浪島학술조사단 부단장으로 참여했고(평양사범학교 졸업생 중에 육·해·공군 장성들이 많아 때로는 이들의 협조를 받기도 했음), 또 1952년 에 제2차로 제주도방언의 'ㅇ'음 어사 중심의 집중적인 조사를 거치면서 제 주도방언에 대해 더욱 큰 관심을 갖게 되었다. 이 조사를 바탕으로 「제주도 방언과 그 의의」를 집필하였다가 뒤에 『국어음운론연구 제1집·음고』(1954) 의 부록으로 실었다. 이 조사로부터 'ㆍ'음이 먼저 제2음절에서 소실되어 'ㅡ' 모음으로 변했다는 종래 문헌어 중심의 견해에 확증을 얻게 되었고, 다음에 오늘날 제주도방언의 'ㆍ'음은 17세기 전후의 'ㆍ'음 발달의 상태의 것이라고 여기게 됐다(cf. 현평효 「심악 선생과 제주학술」 1994).

1954년에는 국립박물관 주최로 서해도서 학술답사가 제1차(덕적군도) 제 2차(어청도, 외연열도, 녹도, 원산도) 및 제3차(대흑산도) 조사로 나뉘어 실 시됐는데, 이숭녕 선생은 이미 조사했던 덕적군도 조사인 제1차 조사(8.5-9) 에는 참여하지 않았고 제2차 조사(8.22-26)에는 참여해 어청도 등에서 학생 수명을 상대로 이전의 조사를 보충했으며, 제3차 조사(9.30-10.7)에서는 흑 산도 등 조사에 참여했다. 이때 최학근崔鶴根과 전광용全光鏞이 동행하여 방 언과 민요를 채집하였는데, 그 채집 자료를 정리해서 「한국서해도서(국립박 물관 특별조사보고)」(1957)의 제3부 언어학반 조사보고로 이숭녕, 전광용, 최 학근 3인 이름으로 발표했으나, 집필은 이숭녕 선생 자신이 직접 했다.[18] 다

---

18 이 무렵부터 최학근은 '방언 연구'에 깊은 관심을 두게 되었고, 전광용은 「흑산도」라는 소

만 흑산도黑山島의 선박 어휘와 비금도飛禽島 방언 자료는 최학근이 제공한 것이고 민요, 선구명, 가족칭호의 자료는 전광용이 제공했다. 그리하여 조사 내용에 있어서 조사 지점에 따라 차이가 있게 됐다. 어청도의 보고 방언 자료가 앞에서 언급한 1949년의 어청도 채집 자료에 바탕이 됐음은 물론일 것이다. 보고서의 전체 내용을 보면 다음과 같다.

緒言

一. 島嶼生活과 特殊語彙(風名, 潮水干滿名, 船具名, 家族關係 稱號)

二. 於青島와 黑山島의 方言調査

　　머리말

　(1) 於青·黑山 兩島의 方言上의 位置에 대하여

　(2) 語彙 採集

　　(A) 天文 (B) 時令 (C) 地理 (D) 人倫職業 (E) 方位 (F) 身體 (G) 衣冠 (H) 飮食 (I) 農業·器具 (J) 花果 (K) 菜蔬 (L) 金石 (M) 飛禽 (N) 走獸 (O) 魚貝 (P) 昆蟲

　(3) 於青島方言의 特記事項

　　(A) 母音論

　　(B) 子音論

　　(C) 形態에 關하여

　(4) 黑山島方言의 特記事項

　　(A) 母音論

　　(B) 子音論

　　(C) 文法에서

三. 飛禽·黑山 兩島의 方言

　　(A) 天文 (B) 地理 (C) 身體 (D) 食事 (E) 穀物 (F) 果實·菜蔬 (G) 家屋家

설을 발표하게 되었다.

具 (H) 昆蟲

　四. 外煙島의 語彙

　　　(A) 天文 (B) 時節 (C) 地理 (D) 人倫

　五. 元山島 方言

　　　(A) ᄋ音 起源의 語彙

　　　(B) △音 起源의 語彙

　　　(C) ᄫ音系의 發達

　　　(D) 口蓋音化의 發達

　六. 黑山島民謠

　여기에서도 지리언어학적 관심과 방언구획에 대한 관심이 보이고, 일반
어휘 이외에 도서 생활과 깊은 관계가 있는 '해양어' 또는 '도서어'가 강조되
었음은 물론이다.

　　言語가 生活을 反映하는 것이어서 島嶼住民이 漁業을 爲하여 또는 特異한
　　島嶼生活을 營爲하기 爲하여는 陸地語와는 달리 島嶼語의 發達을 보게 된다.
　　이러한 島嶼語의 發達 傾向을 보면 生活과의 關係에서 發達하는 것인데, 그
　　것은 漁業, 航海와 이에 附隨되는 諸般 現象에 對한 生活上 不可缺의 言語의
　　發達이다.

　이와 함께 도서 방언과 육지어와의 관계를 구명하기 위한 언어적 위치에
도 깊은 관심을 보임은 「덕적군도의 방언」에서나 「울릉도방언」에서의 경우
와 비슷하다. 어휘 채집의 보고에 있어서 채집 항목의 순서와 방언 조사 항
목표라 할 수 있는 '기본안'은 물론 선생 개인용 노트에 따랐는데, 어청도방
언 자료는 1949년에 일차로 채집한 자료와 비교해 보면 일차 때의 것이 바탕
이 되지는 않았나 한다. 비금도 외연도 원산도 등의 미진한 상태의 자료까지
보여줘 정말 다행으로 여긴다.[19] 특히 방언의 경우 자료의 축적은 무엇보다

중요하기 때문이다.

1955년 8월에 국립박물관 초청으로 하조도下鳥島, 추자도楸子島, 청산도靑山島 등 남해도서 학술조사단에 주로 진단학회 회원들과 함께 참여했던 이숭녕 선생은 방언 조사를 담당했고, 이어서 같은 8월에 한국산악회 주최의 설악 산 등반에 참여하여 등반 도중에 인부에게서 산삼채취인의 '은어argot'를 채집했다.[20] 이 은어의 조사 이후로 1956년 한국산악회 주최의 울릉도 독도 답사에 참여하고서 신문 지상에 울릉도방언의 성격과 위치를 논한 소논문 「울릉도방언」(1956)을 3회에 걸쳐 발표했다. 제주도방언의 음운과 형태의 면에서 몇몇 특징을 제시한 「제주도방언의 재인식」(1956)을 발표한 선생은 1957년 8월에 역시 이 산악회 주최로 제주도 해양훈련 및 종합학술조사단 부대장으로 참여해서 드디어 제주도방언의 형태를 본격적으로 조사했다. 저 유명한 「제주도방언의 형태론적 연구」(1957)는 이렇게 해서 발표된 것이다(이의 내용 소개는 다음 장으로 미룬다). 제주도와의 이러한 인연은 그 이후의 제주도 학술을 크게 발전시키는 한 계기가 됐다 한다.[21] 1958년 8월에도 한

---

19 방언 채집의 기본안에 대해서는 다음과 같이 언급하였다. "아직 방언채집의 기본 노오트를 간행하여 同一案을 토대로 각자 조사하지 못하였으므로 자료면의 들숭날숭이 보임은 이러한 재정상 불리에서 오는 부득이한 것이기 때문에 하루바삐 기본 노오트의 인쇄를 계획하고 있으나 여의치 못한 터이다."(139면) 즉 방언 조사 항목을 선정한 기본 조사표의 발간을 염두에 둔 언급이다. 방언의 비교나 대조는 동일한 항목의 균일한 조사가 전제되기 때문이다. 이숭녕 선생은 후술할 바와 같이 특정 주제의 기본 조사표인 「"ᄋ"음계어사의 방언조사표」라는 등사본을 내기도 하였다.

20 이미 앞에서 지적한 바와 같이 '공시적 국어'로 '방언'과 '애기의 국어' 이외에 '은어argot 其外 특수어'를 든 바 있다. 은어에 관한 연구로는 「은어고-설악산 산삼채취인의 은어를 중심으로 하여」(1957) 「쇠멸단계에 들어선 설악산 심메마니 은어에 대하여」(1980)가 있다. 산삼채취인의 은어에 대해서는 일찍이 오구라 신페이 등의 관심이 있기도 했었다.

21 1957년 8월 제주도에서 방언 채집을 하던 중에 18일자 「제주신보」에 「제주문화재의 정리」란 글을 썼는데, 여기서 "제주도의 문화유산을 총체적으로 체계적으로 조사정리해 놓는 일은 이 지역 인사의 손에서 이루어져야 하고 그것은 또한 이 지역 인사들이 짊어져야 할 막중한 책무라고 강조하였다."(현평효 1994) 1950년대 중반부터 제주도 인사들이 방언을 비롯한 그들의 문화유산을 발굴 조사 정리 연구하였다 한다. 일종의 테루아르terroir, 土壤의 인식이었다.

선생은 가끔 제주도방언으로 말을 하기도 했고 언제부터인가 제주도 민요인 "오돌또기

국산악회 주최 제2회 해양훈련 및 학술조사단에 부대장으로 참여했으며, 1959년에도 1개월간 제주도학술조사단에 단장으로 참가했다.

서울대학교 문리과대학 주최로 1956년에는 설악산학술조사단을 인솔하고 조사했으며, 또 1958년에는 연평도 백령도 학술조사단에 참여했는데, 학술부에는 어학반 민속반 문학반 사학반 사회학반 동물학반 식물학반이 있었다. 그 어학반의 조사보고는 당시 서울대 국어국문학과 3학년이었던 이익섭李翊燮 학생이 선생의 지도를 받아 정리 보고했다. 그 보고서는 『백령·연평·대청·소청 제도서 학술조사보고』(1958)로 발행인이 이숭녕 선생으로 되어 있는데, 「어학반 조사보고-연평도 중심의 서해도서 방언조사」는 이숭녕 선생의 '어청·흑산·외연제도 방언채집 때의 기본 노트에 따라 조사·정리한 것으로, 제1편 재료편은 (A) 天文 (B) 時令 (C) 地理 (D) 人倫 職業 (E) 方位 (F) 身體 (G) 衣冠 (H) 飮食 (I) 農業 農具 (J) 花果 (K) 菜蔬 (L) 金石 (M) 飛禽 (N) 走獸 (O) 漁具 (P) 昆蟲 (Q) 家屋 器具 (R) 補充, 그리고 제2편 해양어편은 (A) 風名 (B) 船具名 (C) 潮水名으로 구성돼 있다. 1959년에는 5월에 서울대 국어국문학과 주최의 속리산학술조사단에 단장으로 참여하고(Cf. 「속리산 답사보고(국문과 어학반)」 『문리대학보』(서울대) 7-2, 1959), 또 7월 2일부터 1개월간 제주도학술조사단에 단장으로 참여했다. 이후에도 기회가 있을 때마다 답사에 여러 번 참여하고는 했으나 이러한 환경에서는 체계적인 또는 광범위한 방언 조사는 쉽지 않았을 것이다. 특히 학생들을 인솔하고 가는 답사에서 그러했을 듯하다. 그 한 경우가 영주군 부석면에서 행한 1일간의 채집 노트인 「방언채집장」이다. 이 채집장의 첫 페이지 상단에 "May 5, 69. 영주군 부석면 부기2리 시기동 安相鎬 Jahre 74"이라 적혀 있고, 그 채집장 끝에는 조사지역의 약도에 이어 5. 4.(일)에서 5. 7(수)까지의 일정표가 적혀 있는데, 이를 보면 5. 5(월) 하루에 현지조사가 실시된 것이었다. 이는 서울대 문

저기 춘향보소 달도 밝은데 내가 머리로 갈거나"로 시작하는 '둥구대당실'을 자주 부르기도 했다.

자료 6

자료 7

리대 학생 및 대학원생 그리고 춘천 성심여대 국문과 3년생과 합동으로 조사했던 것인데, 노트 12면 정도가 채취되었다. 피조사자자와의 대화중에서 발음상의 특징이 될 만한 어절을 적기도 하였지만 대부분의 채취 자료는 조사 항목으로 흔히 쓰이는 단어들이었다. 아마도 학생들과 함께 조사했기 때문이었을 것이다. 이 조사 기록 끝에는 phonétique라 부기한 것이 있는데, 모음들 하나하나의 발음 특징을 약술해 놓기도 하였다(자료 6, 7). 회갑이 지난 62세 때의 일이다. 현지조사 노트로 남아 있고 딴 방언 채집 노트와는 달리 청서되지도 않았다. 이후로 방언 채집은 특별히 이루어지지는 않은 듯하고 어떠한 보고서도 나온 일이 없다.

다만 「방언의 접미사조사—조어론연구」라고 표지에 적힌 노트 한 권이 남아 있는데, 안표지에는 「방언에서의 Suffix의 연구」(자료 I Ogura씨의 『조선어방언의 연구』에서)라고 쓰여 있다. 파생접미사로 분석할 만하다고 의심되는 방언 항목을 오구라 신페이의 방언자료집에서 조사해 뽑았는바, '천문'에서부터 '채소'까지였다. 예컨대 '曉(새벽)'의 경우 방언형 '새베, 새배, 새비' 등 외에 '새박, 새북' 등에서 '-k'와 같은 접미사를 분석해 내어 보려 했던 듯하다. 선생은 「접미사 '-k(ŋ), -ŋ'에 대하여—특히 고대토이기어와의 비교에서」(『서울대학교논문집』 4, 1956)를 발표할 정도로 이 유형의 파생어에 대해 깊은 관심을 가지고 있었다. 전국 방언과 같은 광역 방언을 대상 자료로 하여 조어론적 연구를 발표한 논저는 현재까지 단 한 편도 없는 현실을 생각하면, 비록 무리한 가설이 되었더라도 만일 이 연구가 완성되었더라면, 방언조어론의 한 방향을 후학들에게 제시할 수 있었을 것이다. 안타깝기 그지없다. 음운론 연구 특히 모음론 연구에 심혈을 기울였던 4·50년대 이후로 알타이제어 이론에 바탕을 둔 조어론 연구에 대해 쏟은 이숭녕 선생의 당시의 집념을 엿볼 수 있을 뿐이다. 문법체계를 음운 조어 형태 통사의 네 분야로 확립한 때는 15세기어를 중심으로 엮은 『중세국어문법』(1961)에서였다(안병희 1994). 그리하여 방언조어론의 위와 같은 관심은 이 무렵 아니면 그 이후일 가능성이 크다.

끝으로 한 가지를 덧보탠다. 방언음운사 연구와 관련될 듯한 「"ᄋ"음계어사의 방언조사표」라는 등사본이 현재 남아 있다. 이 조사표의 작성자나 목적과 작성 연도 등은 밝혀져 있지는 않다. 철필로 긁은 필체는 이숭녕 선생의 것으로 보인다. 참고로 조사표에 포함된 어사들을 보이면 다음과 같다.

곤[鹽氣] 골[갈대] ㅈ[邊] 늘[刃] 놈[他人] ㅊ[面] 둘[月] 둙[鷄] 쏠[女息] 똠[汗] 문[長,伯] 물[藻] 물[馬] 블[臂] 술[肌,肉] 쉬[狸] 볼[米] 줌[睡] 풀[脇] 풀[蠅] 픗[豆] 특[頤] 흔[一] 훍[土] 곧[如] 골다[換] 골다[磨] 곰다[閉眼] 굼다[浴] ㅈ다[備具] 실다[數] 삐다[破] 늘다[飽] ㅊ다[低] 돋다[馳] 돋다[閉] 둘다[甘] 둘다[懸] 믈다[捲] 믈다[混水] 뭀다[淸] 붉다[明] 볿다[踏] 붓다[碎] 쏠다[吮] 스다,벗다[揅] 술다[燒] 숢다[烹] 쓰다,벗다[包] 벗다[鹹] 벗다[織] 숢다[奏] 줌다[沒,潤] 츠다[舞] 춤다[忍] 춫다[尋,探] 트다[乘] 트다[受] 트다[焦] 쁘다[彈] 프다[掘] 풀다[賣] 흐다[爲] ᄀ랏[根] ᄀ장[最] ᄀ마니[精] 골가괴[鴉] ᄃ라미[蟋] ᄃ라치[籃] ᄃ광이[蝸] ᄃ마기[細] ᄆ야지[駒] ᄇ얌[蛇] 스나희[男] ᄉ랑[愛,思] 즈걔[自己] 준자리[蜻蜓] 흐나[一] 흐마[餤] 흔갓[空,徒] ᄆ다담다[麨] 늘나다[勇] 늘압다[歛] ㅊ갑다[低] ᄇ라다[望] 술갑다[慧] ᄌ라다[成長] ᄀ래[楸] ᄀ새[剪] ᄀ재[極 가장자리] 늘개[翼] 소매[袖] ᄆ디[節] ᄇ디[篋] ᄌ쇠[轆轤] ᄌ처욤[嚔] 손지[獨] 골희다[分別] 등기다[引] 골비[界] ᄃ리[橋] 샐리[速] 소시[間] 프리[蠅] ᄀ리다[隔] ᄀ지다[持] ᄃ리다[率] ᄃ니다[行] ᄆ지다[撫] ᄇ리다[棄] 술피다[察] 슺기다[諧] 줌기다[潛] 츠리다[掬] ᄆ오누르다[壓] ᄀ올[郡] 골포[重 거퍼] ᄌ곰[旋] ᄀ초[備,具] ᄃ고지[輻] 쁘로[別] 술고청[炒] 스ᄀ올[鄕] ᄌ모[頤] ᄌ오라이[稍] ᄌ오롬[睡] ᄌ

조數 ᄒᆞ오ᅀᅵ[獨] ᄒᆞ올로[獨] ᄀᆞ초다[備,具] ᄂᆞ호다[分] ᄃᆞ토다[爭] ᄀᆞ외[襠] ᄂᆞ외야
[更 뇌다,뇌까리다] 둘외[鵽] ᄃᆞ외다[化] 글며기[鷗] 블쎠,블셔[旣] 가ᄅᆞ[派] 바ᄅᆞ[直] 바
ᄅᆞ[海] 사ᄅᆞ[-잡다 俘] 아ᅀᅳ[弟] 쟈로[囊] 가ᄅᆞᆯ[派] 가슴[胸] 나ᄀᆞ내[旅] 다ᄆᆞᆫ[只] 다ᄉᆞᆷ
[繼] 다ᄉᆞᆺ[五] 마ᄂᆞᆯ[蒜] 마ᅀᆞᆫ[四十] 마ᅀᆞᆯ[署] 바ᄂᆞᆯ[針] 바ᄅᆞᆯ[海] 반ᄃᆞ기[必] 바ᄃᆞ리[蠐]
반ᄃᆞ시[必] 사ᄉᆞᆷ[鹿] 아ᄃᆞᆯ[子] 아ᄅᆞᆷ[私] 아ᅀᆞᆷ[親戚] 아ᄌᆞ미[始] 아ᄎᆞᆫ아ᄃᆞᆯ[姪] 아ᄎᆞᆷ[朝]
아ᄒᆞᆫ[九十] 아ᄒᆞ래[九日] 하ᄂᆞᆯ[天] 가ᅀᆞ멸다[富] 갓ᄀᆞᆯ[倒] 낫브다[不滿] 다ᄃᆞᆮ다[到]
다ᄃᆞᆷ다[修] 다ᄉᆞ리다[治] 다ᄅᆞ다[異] 다ᄋᆞᆯ다[盡] 바ᄃᆞ랍다[危] 아ᄃᆞᆨᄒᆞ다[茫] 아ᄅᆞᆷ
답다[美] 아ᄉᆞ라히[遙아슬아슬] 아ᄌᆞᆯᄒᆞ다[冥아ᄉᆞᆯ하다] 도ᄅᆞᅘᅧ[返] 노ᄅᆞ[獐] 노ᄅᆞᆺ[戱]
고들개[鞦韆] 고들파[强] 모ᄃᆞᆫ[諸] 보ᅀᅳ[醪] 오ᄂᆞᆯ[今日] 오ᅀᅳ리[獺] 조ᅀᆞᆯ[要] 조ᅀᅳᆯ
ᄫᅵ[要] 조ᅀᆞᆷ[間] 콩팟[腎] 고ᄅᆞ다[均] 노ᄅᆞ다[黃] 모ᄅᆞ다[不知] 보ᄃᆞ랍다[軟] 오ᄅᆞ다
[登] 기ᄅᆞ마[鞍] 니ᄅᆞ다[謂] 비ᄒᆞ다[散] 일ᄏᆞᆮ다[稱] 이ᄌᆞ랏[楸] 잇꿎[九分] 씨ᄃᆞᆮ다[悟]
내ᄃᆞᆮ다[奔出] 밍ᄀᆞᆯ다[作] 민ᄃᆞᆯ다[作] 애ᄃᆞᆯ다[憤慨] 여ᅀᅳ[狐] ᄀᆞᄅᆞ[粉] ᄂᆞᄅᆞ[津] ᄆᆞᄅᆞ
[宗] ᄌᆞᄅᆞ[柄] ᄒᆞᄅᆞ[一日] ᄌᆞᅀᅳ[楮] ᄆᆞᄌᆞ[까지] ᄀᆞᄂᆞᆯ[陰] ᄀᆞᄅᆞᆷ[江] ᄀᆞᄅᆞᆷ[代] ᄀᆞᄆᆞᆯ[旱] ᄂᆞ
ᄌᆞ기[低] ᄀᆞᄉᆞᆷ[料] ᄀᆞᅀᆞᆯ[秋] ᄀᆞᄉᆞᆯ기[梁] ᄂᆞᄆᆞᆯ[菜] ᄂᆞᄆᆞᆺ[囊] ᄆᆞᅀᆞᆯ[村] ᄇᆞᄅᆞᆷ[風] ᄇᆞᄅᆞᆷ
[壁] ᄉᆞᄆᆞᆺ[徹] ᄌᆞ물쇠[鎖] ᄒᆞ르ᄉᆞ리[蜉蝣] ᄀᆞᄂᆞᆯ다[細] ᄀᆞᄃᆞᆨᄒᆞ다[滿] ᄀᆞᄅᆞ치다[敎] ᄀᆞ
ᄆᆞᆫᄒᆞ다[微] ᄀᆞᄆᆞᆯ다[擇] ᄀᆞᅀᆞᆷ알다[領] ᄀᆞᆺᄀᆞ다[勞] ᄌᆞᆺᄌᆞᄒᆞ다[淨] ᄌᆞᆺᄀᆞ지ᄒᆞ다[潔] ᄀᆞᆺ
브다[勞] ᄆᆞᄅᆞ다[裁衣] ᄆᆞᄅᆞ다[乾] ᄆᆞᆫᄃᆞᆯ다[作] ᄂᆞᆺᄀᆞᆺᄒᆞ다[低] ᄆᆞᆺᄃᆞᆰᄒᆞ다[惘] ᄇᆞᄅᆞ다
[塗] ᄲᆞᄅᆞ다[速] ᄉᆞᄆᆞᆺ다[達] 츤츤다[徐徐] 프ᄅᆞ다[碧]

이 조사표가 중세어 중심으로 짜여진 것을 보면 작성자는 중세어 ‘ᄋᆞ’가 현대 방언에서 어떻게 변화했는지를 파악하려 했던 듯하다. 이숭녕 선생의 ‘ᄋᆞ’ 음에 대한 연구는 「Umlaut현상을 통하여 본 ‘ㆍ’의 음가고」(1935), 「ᄋᆞ음고」(1940), 「조선어(국어)음운론연구 제1집·음고」(1949/1954), 「·음고재론」(1959), 「/·/음의 소실기 추정에 대하여」(1977) 등이 대표적이라 할 수 있다. 위의 조사표는 이 중에서 특히 「·음고재론」(1959)과 직접적인 관계에 있다. 즉 이 논문의 “Ⅲ. ‘ᄋᆞ’음계 어사의 발달의 고찰” 부분을

A. 자료의 제시와 검토

B. 서울말을 중심으로 한 발달의 고찰

C. '♀'音의 發達傾向의 고찰

D. 方言에서의 고찰

로 나누어 서술했는데, 바로 '자료의 제시'에서 위의 조사표와 거의 동일한 어사들과 순서로 배열되어 있음을 볼 수 있다. 모두 456항의 어사가 제시돼 있다. 이들은 『훈몽자회』(1527) 이전의 중세어 문헌에서 모두 뽑은 것들로,

(A)류 (第1音節의 '♀'音 : 單音節語幹에서의 경우)

　(a)型(주로 名詞에서) (b)型(주로 動詞, 形容詞에서)

(B)류 (第1音節의 '♀'音 : 二音節 이상의 語幹에서의 경우)

　(a)型('♀~아'型) (b)型('♀~오') (c)型('♀~이') (d)型('♀~어') (e)型('♀~으') (f)型('♀~애') (g)型('♀~이') (h)型('♀~외') (i)型('♀~위')

(C)류 ('♀'音이 第二音節 이하에서 나타난 경우-여기서 音韻變化가 아닌 發達例는 ▲표를 지른다)

　(a)型('아~♀') (b)型('오~♀') (c)型('이~♀') (d)型('어~♀') (e)型('으~♀') (f)型('애~♀') (g)型('이~♀') (h)型('외~♀')

(D)류 ('♀'音이 多音節 어간에서 重出의 경우)

(E)류 (특수한 語尾 또는 後置詞로서 第1音節 이하에만 나타나는 경우)

와 같이 분류하여 제시되어 있다. 그리고는 우선 서울말을 중심으로 그 변화 양상을 상세히 고찰하고, 다시 제주도 진주(경상도) 나주(전라도) 조치원(충청도) 강릉(강원도) 정주(평안도) 회령(함경도) 등의 각 지역별로 선정해 방언에서의 양상을 고찰하였다. 이로부터 이 「♀'음계어사의 방언조사표」는 「·음고재론」의 집필에 앞서 작성되었다고 할 수 있다. 그런데 이 조사표에 포함된 많은 문헌어 어사들은 실은 '♀'에 관한 그동안의 연구들에서 늘 자주

검토했던 예들이었기에 다시 한 번 예들을 정리한 것이 아닌가 하는 생각이 든다. 다만 등사본이기에 선생 혼자 사용하려 한 것은 아니고 여러 사람에게 나누어 방언형들을 확인하려 했던 하나의 '기본안'인지 모르겠다.

이상의 방언 채집 과정을 보면 산악회·박물관·대학·학과 등에서 주최한 학술조사단에 참여해 방언 채집을 담당·지도하고는 했던 것이다. 개인 조사를 한 충남 홍성군의 경우와 학생들을 인솔한 경북 영주군의 경우를 제외하면 채집 지역들이 이와 같이 주로 도서 지방과 일부 산악 지방에 집중돼 있었다. 그리고 이들 조사는 대체로 한국학의 인문·사회 (·자연) 분야를 아우르는 한국학의 종합적 학술조사의 일환으로 이루어졌던 것이다. 이러한 조사 지역의 특성 때문에 조사 내용도 그 지역적 특성을 살릴 수밖에 없었다. 설악산의 경우에는 특히 산삼채취인의 은어를 조사한다든가 도서 지방에서는 음운 어법 등 관련 항목들과 일반 어휘는 물론이요 특히 어업과 관련된 바람과 조수의 명칭들이라든가 배의 부분 명칭 등등 이른바 '해양어(도서어)'에 특별한 관심을 보이고는 하였다. 예컨대 국립박물관 주최의 서해 도서들의 조사보고서인 『한국서해도서(국립박물관특별조사보고)』(1957)를 보면 제일부 역사·고고학반 조사보고 제이부 사회학반 조사보고 제삼부 언어학반 조사보고로 짜여 있는데 그 중 이숭녕 선생이 집필한 언어학반의 보고에서는 어청·흑산·비금·외연·원산 제도의 방언과 그들 방언의 언어 특성을 기술했고, 특히 도서 언어에서 특이하게 발달한 풍명 조수명 선구명을 상세히 알 수 있게 했으며, 여기에 흑산도 민요까지 첨부해 놓았다. 서울대학교 문리과대학 학술조사단의 백령·대청(소청)·연평 제도의 방언조사에서도 천문·시령·지리 등으로 나누어 우선 어휘들을 보고하고 끝에 풍명·선구명·조수명 등의 해양어도 정리 보고했다. 도서 지역에 대한 이러한 관심은 이미 「덕적군도의 방언」(1950)에 보였는바, 서론에 이어 '덕적도'의 도명을 고찰하고 '언어지리학적 고찰'을 시도하고서는 끝으로 '해양어휘'라 하여 풍명 선구 용어 지리의 어휘 등을 보고했던 것이다. 고려 시대 이후로 한국의 문화 중심이 개성과 서울이었기에 그 세력이 충남 북부에서 산맥(Cf. 차령산맥)이

가로막혀 이 산맥의 장애로 내륙 지역으로 전파되지 못하고 해안지대를 따라 어휘의 침식이 틈을 타고 들어가지 않았을까 하는 추측에서였다. 그것은 일부 일반 어휘를 지리언어학적으로 검토해 본 결과 덕적도의 방언이 충남 인접지의 방언과 달리 전라도방언 나아가서 제주도방언과 '동류同類'가 있었기 때문이었다. 19세기 이래의 유럽의 전형적인 '방언학'의 관심이라 할 수 있다. 小倉進平 이래의 현재까지의 방언 채집은 대부분 농촌 지방을 중심으로 했기에 그 내용이 농촌 사회와 관련된 것들이었다. 만일 이처럼 도서 지역 및 해안 지역의 '해양 어휘'를 일반 어휘와 함께 균질적으로만 조사한다면 이숭녕 선생이 일부 제시한 것 같이 이러한 지역적 특성에 어울리는 지리언어학적 연구 예컨대 개신파의 유형 속도 방향 그리고 쌓이고 쌓인 언어 지층까지도 검토할 수 있을 것이다. 제주도방언을 주로 하여 현평효玄平孝 선생 등이 이러한 방언학적 연구에 관심을 보인 일이 없지는 않았지만, 방언학에서 아직까지도 크게 발전시키지는 못했다. 그 이후의 연구 대부분은 지역어의 개별적 연구에 속한다. 지역어의 대조·비교 연구의 시도는 여러 번 있기는 했으나 대세를 이루지는 못했다. 방언학의 수립이 지금도 우리에게서 멀리만 느껴진다.

　이상과 같이 이숭녕 선생이 잔혹한 일제하에서 그리고 민족상쟁의 전란을 겪으면서, 비록 군 단위의 파투아 조사는 아니었더라도 육지어는 주로 오구라 신페이의 방언 자료를 활용하며 특정 지역을 조사하고 섬 지역이나 산악 지역 중심으로 이렇게 방언 채집을 했다면, 그것은 이기문李基文 교수가 지적했듯이 특히 4·50년대 당시로서는 분명 전국의 방언을 샅샅이 채집하려 했다고도 할 수 있다. 사실 일본인 오구라 신페이 이외에 우리나라 연구자로 방언집(방언 연구의 자료편)이니 방언사전이니 하는 전국 또는 지역별 방언 자료집이 최학근, 현평효, 김형규 교수 등에 의해 간행된 것은 이숭녕 선생의 이러한 방언 채집 이후의 일이었고, 더더군다나 이숭녕 선생이 바라던 방언 또는 지역어 중심의 사전 규모의 자료집이 속속 등장한 것은 그 훨씬 뒤의 일이었다. 최근의 파투아 즉 지역어나 보다 넓은 지역의 방언을 대상으로 한 자료집의 많은 간행은 방언학의 수립을 위해 무척 고무적이라 할 수 있다.

5. 방언 연구의 방향

방언의 인식은 이른바 표준어(특히 문어)[22] 또는 어느 딴 방언과의 차이의 인식에서 비롯된다. 한 언어의 공통적인 구조로 이루어지는 공통어적 언어 기반 위에 존재하는 방언 사이의 상이 또는 상사의 비교·대조 인식으로부터 그 방언의 정체성을 이해하려 한다. 「각 고장의 사투리 이야기」(1965)는 이러한 인식 속에서 쓴 글이다.

이숭녕 선생은 우선 「울릉도방언」(1956)에서 이를 검증하려 했다. 조선 시대의 '공도정책空島政策'으로부터 벗어나 1881년에 개방된 이후에 주민들의 울릉도 이주가 가능했으리라는 전제 아래 이 울릉도방언이 어느 방언 계통의 성격인가를 확인하려 했다. 음운 특히 모음론에서 기본적인 것으로 "(1) 「애·에」의 구별이 없다. (2) 「으·어」의 구별이 없다. (3) 「의」는 「이」로 발음한다. (4) 「외」는 「웨」로 발음한다. (5) 비모음의 발달은 참으로 특기할 만한 것이다." 등을 언급하고, 자음에는 특기할 것이 적으나 구개음화 현상이 있고, 악센트는 약간 약화되기는 했으나 경상도방언의 그대로이며, 중세어의 모음간 순경음 'ᄫ'이 (ㅂ)으로 나타나는 등의 사실을 지적하였다. 그리고 형태론에서는 (1) 「-체 -테」형 (2) 의문의 「-도」형 (3) 의문의 「-고 -가」형 (4) 의문의 「-노」형 (5) 의문의 「기요 계요」형 등을 지극히 간략히 다루며 울릉도방

---

22 여기서 문어라 하면 '음성형식의 언어spoken language'와 상대적인 '문자로 기록된 서기형식의 언어written language'가 아니라 '글로 표현할 때에 쓰이는 문어체literary style의 언어'를 뜻하는 용어로 '구어체spoken style의 언어'에 상대적인 개념을 뜻한다. 이렇게 보면 '방언'은 음성형식일 수도 있고 또 서기형식일 수도 있다. 다만 방언에서의 서기형식은 공시적인 상태의 음성형식 아니면 음운형식으로 재생될 수 있어야 좋을 것이다.

언의 이들 특징이 경상도방언의 그것과 유사함을 지적하였다. 이러한 음운
과 형태 중심의 사실을 바탕으로 울릉도방언은

> 入住者의 成分과 交通路와 아울러 慶北 浦項 慶州 地方의 方言이 大體 그
> 대로이었다는 點을 알게 되어 方言區劃上 慶北의 東海 地方과 同區劃을 이룰
> 수있다고 斷定하였는데, 이러한 決定에 아무런 奇異할 것이 없는 터이다. 現
> 在도 連絡船이 浦港을 唯一한 寄港地로 하고 있으며 이 浦港을 通하여 陸地
> 와 交通하고 釜山과의 連絡도 점점 잦은 便이어서 아마도 鬱陵島方言은 現狀
> 대로 간다면 慶北의 東海 地方과 步調를 맞추며 나아갈 것이라 짐작되는 터
> 이다.

라고 보았다. 즉 울릉도방언은 음운과 형태의 면에서 경북 동해안의 방언 특
징과 별로 다를 바가 없어 같은 방언구획을 이룬다는 것이고 현재의 상태로
간다면 동해안지방과 보조를 맞출 것이라 했다. 하나의 파투아를 다른 파투
아와 비교하면서 '동류'의 특징을 찾아 상위 개념인 '방언'의 구획으로 서술
하려 한 셈이다. 방언의 정체성을 확립하기 위한 이러한 연구방향이 바로 방
언학 연구의 한 방향인 것이다.

이미 앞에서 언급했지만, 1948년에 방언을 채집하고서 6.25 동란 직전에
발표한 「덕적군도의 방언」(1950)에서는 방언의 지리언어학적 연구의 관점을
강조한 셈인데, '북새[霽], 바대[海], 지럭시[長], 여[暗礁]' 등과 같은 방언형들이
특히 전라도(때로 평안도 제주도 경상도)와 방언지리적 분포를 같이 함에서
지리적으로는 경기도에 속하는 지역이면서도 그 방언은 남방계라 할까 하
고 황해도와 경기도 방언과는 거리가 멂을 알 것이고, 충남의 해안지방이 경
기방언과 같고 덕적도방언이 이를 뛰어 넘어 전라도 또는 충남의 남부와 연
속된다 함은 방언지리학상 재미있는 분포라 본다고 하였다. 즉 섬이란 조건
하에서 어휘에서도 덕적도는 개신파의 영향이 비교적 미약하였다고 보았던
것이다. 그리고 덕적도방언이 남방계방언이면서 충남과도 동일 구역을 형

성한다는 사실을 ㄱ〉ㅈ의 구개음화와 △〉S의 변화를 통해 확인하여 동계를 이루기도 한다고 하였다. 같은 해에 발표한 「방언학의 수립」에서 언급한 지리언어학 개념의 하나인 '주권설'과 관련시킨 해석이다. 일반언어학에서 언급된 생각을 채집한 자료로부터 귀납적으로 검토해 결론을 추출해 낸 서술이다. 이상의 두 방언 보고는 종합학술조사단의 일원으로 참여하여 며칠간 간단히 채집한 자료에 따른 것인데, 광복 뒤에 우리 학계를 새로 건설하면서는 방언 연구와 지리언어학 연구의 발전을 바라며 방언학의 수립을 위해 학계에 자극을 주려던 당시의 생각이 스며들어 있다. 오구라 신페이小倉進平와 그의 제자 고로 로쿠로河野六郎이 독점해 온 일제 시대 일본인들의 방언 연구를 광복 후 우리가 재건하려던 새로운 의욕과 방향을 보여 주던 시기였다. 도서 중심의 이상과 같은 방언 채집과 방언 연구의 방향은『서해도서조사보고』(1957)에서도 거의 그대로 유지되었다. 이상의 연구들의 이론적 바탕은 F. de Saussure의『일반언어학 강의』에 포함된 linguistique géographique(Cf. 별도의 강의 노트를 합철하였음)에 있었음은 물론이다.

　이숭녕 선생의 방언 연구 가운데 가장 주목을 끌어 온 논문은 말할 것도 없이 'ᄋ'와 관련된 제주도방언의 연구들 이외에 「제주도방언의 형태론적 연구」(1957/1978)이다. 이전의 제주도 방문들을 제외하면 대략 10여 일 간에 걸친 집중적인 현지조사의 결과였다. 이미 문법 교과서를 지은 경험을 바탕으로 미리 형태론 조사를 위한 기본적인 조사표를 마치 문법서의 목차와 항목처럼 상세히 작성하여 그 '기본안'에 따라 제주도 출신의 현평효 교수 등의 도움을 받으며 일일이 채집했던 결과라 한다. 조어론과 형태론에 큰 관심을 보이던 시절의 업적이다. 4×6배판 크기의 논문집에 150여 페이지를 차지한 단행본 크기의 방대한 논문이다. 당시까지는 한국어 방언형태론 연구에서 이만한 업적이 없었다. 이리해서 후에 최학근의『한국방언사전』(1978)의 부록으로도 실리게 되었고 또 김완진 교수와 필자의 청탁을 받아 이를 단행본 형태로 다시 간행하여 보급하게도 되었다(1978, 탑출판사, 국어학 연구선서 5). 그 목차는 다음과 같다(재간에 따라 각각 분량을 표시했음).

머리말

본문 전체가 167면인데, 그 중 '동사'가 107면으로 64% 이상이나 되듯이 동사 서술에 집중되어 있다. 한국어 특히 제주도방언의 형태론에서 동사가 중요시된 셈이다. 이는 14% 좀 넘는 체언의 곡용보다는 활용이 다양하고 복잡한 문법정보를 담당하며 그 문법형태도 그에 비례할 정도로 다양하고 복잡하기 때문이다. 그리고 동사에 비해 형용사의 서술이 지극히 단순한 것은 양자 사이의 공통점을 이미 '동사'에서 서술하고 차이점만을 '형용사'에서 제시하였기 때문이다. '서론—음운론적 개관'과 '조어론적 고찰'은 형태론 서술의 예비적인 지식만을 간략히 제시한 것이다. 특히 조어론적 고찰은 형태론의 서술에 필요한 어간형성의 경향만을 특기한 것이다. 방언형태론은 상당히 복잡한 문법형태소들의 형태와 그 기능의 확립에서부터 출발하기 때문에 체계적인 연구가 그만큼 어렵다고 할 수 있다. 이숭녕 선생은 이를 제주도방언에서 성공적으로 이룩한 셈이다. 이 이후의 제주도방언의 형태론적 연구들이 세분화되고 정밀화되었는데, 이들은 모두 이숭녕 선생의 연구에 힘입은 바가 적지 않은 것이다. 음운·조어·형태에 통사까지 합해지면 이것이 선생이 최종적으로 도달했던 문법체계가 된다. 『중세국어문법』(1960)의 문법체계가 바로 그것이다(안병희, 「이숭녕 선생의 문법연구」).

전체적으로는 제주도방언의 공시론적 형태론을 '육지어'와 흔히 비교하면서 서술했으나 워낙 언어사적 관심이 컸던 이숭녕 선생이었기에 공시론적 기술에 역사적 잔존형 등 통시론적 정보가 필요하다거나 크다고 판단될 때에는 문헌어와 비교하면서 통시론적 기술을 과감히 도입하기도 했다. 예컨대 제주도방언의 격변화에서 공존 곡용형 'ᄒᆞ루/ᄒᆞ를(기본형), ᄒᆞ루가/ᄒᆞ르리(주격), ᄒᆞ루에/ᄒᆞ르레' 등의 'ᄒᆞ를' 계통을 15세기의 '홀른, 홀리, 홀레' 등과 비교해 각각 'ᄒᆞᄅᆞᆫ → 홀른, ᄒᆞᄅᆞ리 → 홀리, ᄒᆞᄅᆞ레 → 홀레'으로 보아 제주도방언의 'ᄒᆞ를'과 조선 초기의 육지어 'ᄒᆞ를'을 역사적으로 연결시키려 한다든가, 이른바 방위격 '-레'를 향가의 '-몸'와 비교하면서 신라시대의 격체계를 재구하려 한다든가 하는 방식이었다. 이러한 서술 태도는, 앞에서도 언급한 바와 같이, 공시론과 통시론을 구별하고 공시론이 통시론에 우선하되 언어연구의 궁극적인 목표를 언어의 역사 서술에 두었던 F. de Saussure의 강한 영향을 받았던 이숭녕 선생의 사고로서는 어쩌면 당연했는지도 모르겠다.

「현대 서울말의 accent의 고찰—특히 condition phonétique와 accent의 관계를 주로 하여」(1959)는 표준말이 아니라 지역어로서의 서울말이 stress accent로 pitch accent가 아님을 강조하며 그것이 음절수와 음성 조건에 따라 나타나는 조건과 요인을 검토한 논문인데, 서울 출신인 선생 자신의 청각인상의 내성 관찰에 바탕을 두었다. 강세와 고저 악센트가 함께 나타나는 경우에는 강의화로 해석하기도 했다. 선생은 이미 「Accent론」이란 글을 『한글』(112, 113, 115호, 1956)에 발표한 바 있었는데, 국어의 악센트를 염두에 두고 주로 유럽의 이론을 소개한 것이었다. 이 이론에 바탕을 두고 현대 서울말의 악센트의 판정과 그 위치조건 그리고 요인을 정밀하게 추출·서술했음은 물론이다. 이후 중세 문헌어의 성조에 관한 연구들이 등장했다.

「한국방언사」(1967)는 고려대 민족문화연구소에서 기획 편찬한 『한국문화사대계』(V. 언어·문학사)에 실린 청탁 논문이다. 언어사에 속하는 방언사의 서술은 시대별 자료의 한계로 엮기가 곤란한 것이 일반적이다. 언어사의 경우 특히 그러하다. 이 방언사 글은 고대 지명 인명 등의 표기 이두 및 고려 시대의 『계림유사』 『조선관역어』 그리고 18세기 이후의 방언이 반영된 문헌 등에서 방언사의 암시를 받고 현대방언을 역시적逆時的으로 활용하여 재구하며 쓴 글이다. 대부분 음운변화를 중심으로 서술하였다. 예컨대 연구개 계열과 양순음 계열의 대응(선생은 이를 'P/K 대응'이라 했음) 관계를 보이는 고구려어 '忽(xol)' 과 신라어 '火(pul)' 및 후자의 파생형을 보이는 백제어 '夫里(puri)' 등의 자료를 통해 당시에 각각 북부방언 동부방언 및 서남방언이 성립되었다고 해석하였다.[23] 이것은 Ramstedt 법칙이라 부르기도 했던 어두에서의 '퉁구스어 p-, 만주어 f-, 몽고어 zéro, 토이기어 zéro'라든가 Sauvageot의 '우랄어 p-, 퉁구스어 p-, 몽고어 p-〉x-〉h-〉o, 토이기어 p-〉x-〉h-〉o' 등의 대응 법칙을 비교언어학적으로 고려한 해석이었다. 이렇게 출발하여 고지명과 인명을 중심으로 고대어 방언을, 순경음(ㅸ) 반치음(△) 성조 등을 중심으로 중세어 방언을, 구개음화와 ''음의 소실을 중심으로 근대어 방언을, 그리고 모음 '어'의 음가와 어두에서의 '에, 애'의 혼란, 이중모음 '위'의 동요를 중심으로 현대어 방언을 논하였다.

序說(方言史의 性格, 方言史의 資料, 方言史의 起源, 時代區分)

二, 中世國語(前期中世語의 方言, 後期中世語의 方言)

三, 近代國語에서의 考察(口蓋音化作用과 方言領域의 分化, 'ㆍ'音의 消失과 方言의 對立, 脣輕音 起源의 對立, 方言의 改新波와 現代語)

結語(古代語에서의 南北方系의 差異, 三國語의 固定, 中部方言의 形成, 平安道方言의 분기)

---

23 고구려어는 연구개음 계열인 /xol/(또는 /kol/)이고, 신라어·백제어는 양순음 계열인 /pul/과 /puri/로 두 계열 사이의 대응을 보이되, 다만 후자의 백제어는 [[pul+i]와 같은 파생어 계열로 구분된다. 파생접미사 -i의 오랜 역사를 암시해 주는 귀중한 자료의 하나다. 이러한 해석에 대해 도수희(1987/1988) 「마한어에 관한 연구」 등에서는 반대로 마한의 지명 '-卑離'가 접미사로 백제어의 '-夫里'로 이어지고 이것이 신라어로 옮아가 '-火~伐'이 되었다고 하여 파생접미사의 분석을 달리 보았다.

전체적으로 보면 방언사적 시대 구분을 직접적으로 서술한 것이 아니라 한국의 역사 상황을 따라 시대별로 서술한 셈이 되는데(安田敏郎 1999), 자료의 한계 때문에 그 서술의 기준이 음운사에 기울되 그것도 시대에 따라 달리되었다. 이숭녕 선생 스스로 무리한 집필이었다고 필자와의 사담에서 언급한 바 있다.

이상의 몇몇 방언 관계 연구를 제외하면, 이숭녕 선생의 방언 연구는 앞에서 지적한 바와 같이 '사적 음운론' 즉 통시음운론적 연구에 녹아 들어가 있다. 이들은 '사적 음운론'의 주제에 해당하는 어사들이 방언에서 어떠한 변화 양상을 보이는지 확인하기 위해 검토한 것들이다. 말하자면 음운변화의 양상이 문헌어에서 찾아지지 않거나 그 양상이 다를 때에 특히 주목을 받고는 했다. 그 검토의 결과는 대체로 이른바 단계변이Stufenwechsel의 재구성에 활용되고는 했다. 예컨대 15세기에 흔히 모음 간에서intervocalique(또는 l-, m-, n- 유성자음 다음에)에 등장하는 'ㅸ, △'을 유성마찰음 계열에 속하는 [β] [z, ʒ] 등으로 해석하고 15세기 단계를 전후해 또는 그 이후에 모음 간에서 각각 ~p~)~b~)~β/zero~와 -s-)-z-)-(탈락)- 같은 단계변이를 설정하려 한 경우가 그렇다. 각 단계 자체는 공시적이되 전체의 단계변이는 통시적임은 물론이다. 이 방법은 '곤충의 일대기'를 연상할 수 있는 진화론적 사고라 할 수 있는데, 19세기에 언어학이 독립된 학문으로 성립되던 때에 다위니즘과 같은 자연과학적 발상법을 받아 언어변화 현상을 설명하려던 유럽의 역사언어학의 영향이었을 것이다. 그러나 문법형태소의 변화에 대해서는 음운변화에 비해 이러한 단계변이의 해석이 덜 적극적이지 않았나 하는 생각이 든다. 이상의 음운론적 연구들은 순수하게 방언 연구에 드는 것이 아니기에 여기서는 더 이상의 언급은 삼간다.

이숭녕 선생이 방언학적 내지는 지리언어학적 연구에서도 역사언어학에서처럼 통시론적 고찰이 강했던 것은

可能한 限度에서 言語를 取하여 그를 記述하여 그의 歷史를 엮을 것. 이를

要言하면 言語族의 歷史를 엮는 것으로서 다시 可能한 範圍에서 各 言語族의 祖語 langue mére를 再建할 것이다(『국어학개설』 1955).

와 같이 F. de Saussure의 사고를 따른 것이다. 언어사 연구 특히 국어사 연구를 지상의 목표로 삼고 평생을 학문에 바쳐온 이숭녕 선생은 국어사 연구 주제와 관련된 자료를 광범위하게 수집하여 그로부터 결론을 귀납하는 방식으로 연구를 진행하고는 했다. 그러기에 방언 자료도 필요한 대로 광범위하게 활용하고는 했다. 이런 결과는 F. de Saussure의 제삼의 언어학 임무인 "언어학 자체의 범위를 정하고 그 자체를 규정할 것"이라는 생각과 H. Schuchardt가 던진 "로망스어학은 곧 일반언어학이다."라는 명제 등을 따라 개별언어학인 국어학 자체도 일반언어학이 될 수 있다고 강조하면서 '국어학'을 독립된 학문으로 구축하고 여러 하위분야를 개척하려고 노력하여 드디어 **현대국어학의 개척자요 그 아버지**가 된 것이다. 선생이 개척한 분야는 음운론, 조어론, 형태론, 어휘론 및 어학사 연구로 이들 분야에 매진하다 보니, '방언학'을 독립된 분야로 스스로 구축하려 노력하면서 그 수립을 위해 애쓰고 강조한 결과로 머물게 되지는 않았나 하는 생각도 들게 된다. 공시론과 통시론, 나아가서 문제가 많이 제기된 범시론까지도 그 기본 개념을 분명히 해야 함은 마땅하나, 언어연구의 목표에 따라 이들을 상호 고려할 수 있음을 보여 준 셈이다. 이러한 태도가 그 후에 한동안 우리 학계에 영향을 미쳤음은 말할 것 없다.

6. 마무리

지금까지 이숭녕 선생의 방언 채집과 방언 연구에 대해 개략적으로 알아보았다. 방언 연구 내지 방언학은 자료 채취와 조사를 전제로 하는데, 한국에서의 방언 연구는 일본인들의 경우를 제외하면 경성제국대학 출신 일부의 관심과 조선어학회의 사전편찬을 위한 방언 채취로부터 1930년대에 싹이 보이기 시작했다. 그러나 좀 더 본격적인 방언 연구의 시도는 광복 후에 보이기 시작한다. 방종현 선생 등도 일찍부터 음운사와 어휘사와 관련된 논문들을 발표하다가 일찍 작고했기에, 이숭녕 선생이 바로 그 중심에 홀로 있었다고 해도 과언이 아니었다.

1930년대 학생들을 시켜 조사한 평북 방언과 광복 후 손수 조사한 듯한 충남 홍성 방언 그리고 설악산 산삼채취인의 은어 등 일부의 경우를 제외하면 이숭녕 선생은 방언 채집을 도서들을 중심으로 집중적으로 행하여 시행함으로써 조사항목도 일반 어휘 외에 '해양어(도서어)' 등과 같은 그 지역어 즉 파투아patois의 특징을 부각시키고는 했으며, 또한 방언사적 관심이 컸고 지리언어학적 관심도 보이면서 서술하였다. 조사한 자료를 대상으로 독립된 논문을 여러 편 쓰지는 않았는데, 그것은 국어사 연구 특히 음운론적 연구의 음운변화 서술에 녹아들어가 고려되고는 하였기 때문이었다. 말하자면 언어학의 독립된 한 하위 분야로 '방언학'의 수립이 필요함을 강조하고 후학들이 이를 이룩하기를 원했으면서도 선생 스스로의 연구에서는 방언 연구와 문헌어 연구를 상호 보완하되 필요에 따라서는 방언을 독립시켜 연구했었던 셈이다. 독립된 논문의 경우에는, 공시론적 서술이 바탕이 되기는 했으면서도 통시론적 관점에서 중요한 방언 특징이 있다고 여겨지는 경우 방언과 문헌어를 보완시켜 과감히 그 국어사적 가치를 부각시키려 하기도 하였다.

대한민국학술원에서 1983년에 간행한 『한국학입문』의 「한국어」에서 선생은 '방언연구'에 대해 다음과 같이 서술한 바 있다.

해방 후 여러 학자들이 방언연구에 나섰고 이에 관한 業稿도 발간되었다. 그러나 재정 면에서 대대적 투자가 요구되는 것인데, 그것이 없이 각자가 방언채집으로 나선다는 것은 무리가 없지 않았다. 그러자 한국정신문화연구원에서 대대적인 계획 하에 방언조사와 연구가 진행되고 있으니 그 업적의 출판을 기다리는 마음 간절하다. 그러나 개별적 연구로는 한국의 남단 제주도 방언연구가 그 성과도 컸다고 본다. 오래 육지와의 거래가 드물어 독자적 발달을 한 것이어서 지금 그 연구의 열이 날로 높아 간다. (……) 알타이어학에서나 고대어 재구에서는 이 같은 방언이 큰 구실을 할 것으로 보고 한국학자들은 조심하고 있다. <u>방언학이나 언어지리학에서 현대언어학적 이론으로 방언학을 세우고 연구하려는 것은 당연한 것이고 이를 가지고 제이의 목적으로 알타이어학이나 고대어 재구에 이용하려는 의도하의 연구는 허물할 것은 아니려니 한다.</u> (밑줄은 필자가 침)

75세 때의 생각이다. 40여 년 전의 「방언학의 수립」(1950)에서 주장했던 사고와 크게는 달라진 것이 없다. 그리고 역사상 독자적 발달을 했던 제주도방언에 대한 연구에는 여전히 애착을 보이고 있었다. 이도 역시 방언 연구를 역사언어학의 처지에서 생각하여 방언학을 수립하려 한 의식이 잠재해 있었다고 할 수 있다. 언어 연구에 있어서 공시론과 통시론은 여전히 보완 관계에 있다. 현재까지도 한국에서는 '파투아(지역어)' 중심의 자료를 바탕으로 한 음운 문법 어휘의 '방언 연구'는 많았어도 이러한 의미에서의 '방언학'은 아직도 수립되지 않았다고 본다. 안타까운 일이다. 훈민정음 창제 이전의 국어사 연구 자료가 지극히 부족한 상태에서

國語의 硏究에서는 方言이 더욱 貴重한 存在이어서 古語의 古形도 남아 있고 標準語 또는 文獻語에서 볼 수 없는 여러 原理를 發見할 수도 있고 또는 發達 分布 流動 等의 原理도 硏究科目이 된다. 그리하여 國語學에서 方言學이 有在하게 되며 言語地理學的 硏究가 登場될 것이다.

라고 강조한 것은 문헌어 연구의 보완으로서의 방언 연구는 물론이요 방언학 자체의 수립을 위해서 1950년 무렵으로서는 너무나도 당연한 일이었다. 방언 분포를 보고 방언경계를 그리고서 이에 따라 파투아로부터 공통 기반의 '방언'이라는 한 개별언어의 하위 언어체계를 설정하는 작업이 부분적으로 시도되기는 하였으나 방언사의 관점에서 그러한 방언경계의 유형과 구

조 나아가서 그 유동 방향을 지리언어학적으로 또는 인문지리로 연구를 시
도한 그러한 방언학이 지금까지 한국의 방언학에서나 지리학에서 거의 없
었던 것도 또한 사실이다. 예컨대 등어선 작도의 시도는 있었으나 그 등어선
을 정태적인 상태로만 관찰했고 그 등어선의 밀고 당기는 유동流動을 통시론
적으로 해석하려는 시도는 아직 없었다. 필자를 포함해 지금까지 행해 온 것
처럼, 방언 연구를 음운론, 어휘론, 형태론 또는 통사론으로 해석하는 것으
로 만족한다면 독립된 분야로서의 '방언학'의 존재 의의를 찾을 수 있겠는가.
이숭녕 선생의 방언학에 대한 생각이 비록 20세기 전후의 유럽 언어학 특히
방언학의 사고였다 하더라도 그 주장의 참뜻을 후학들은 음미하여야 할 것
이다. '심악' 스승의 훈육이 후학의 "마음의 묏부리"(김열규, 「내 마음의 묏부리로
솟아 계시는 그 분」 2008)가 되어 떠오른다면 지나칠까. 선생의 탄신 100주년에
즈음하여 다시 한 번 '과학적 정신'을 음미한다.

　이숭녕 선생의 방언 연구는 국어학의 순수학문적 목적에서 이루어진 것
은 물론이다. '음운, 조어, 형태' 하는 것 등이 바로 이를 뜻한다. 이러한 방언
연구의 태도에 대해서 일찍이 긍정적인 의의를 부여한 바 있었다. '간도間島'
지방을 포함하여 모든 도道를 포함시킨 방언조사자로 보아 아마도 전국적인
조직이었던 듯한 순화조선어연구회醇化朝鮮語硏究會의 조선어연구부에서는
1936년에 『방언집』(제1집)을 간행하고서 이른바 표준어와 동일한 형식의 방
언형들까지 포함시키고 또 다시 보완 조사를 하여 그 이듬해에 『방언집』(제2
집)을 등사본으로 간행한 바 있는데, 그 속의 「방언채집에 대하야」란 글에서
도남학인陶南學人 조윤제趙潤濟 선생은 다음과 같이 언급하였다.

　　言語의 敎育은 標準語의 敎育이라야만 되겠는대, 여기 方言을 採集함은
　무엇 때문인가. 方言은 或 은 「사투리」라고도 하야 그 地方에는 반드시 그 地
　方의 사투리가 있어, 어떤 微妙한 感性을 表現하랴고 하면, 사투리의 힘을 빌
　지 않으면 안 될 때가 從從 있지만은 이를 전체로 내다볼 때는 그 方言이 있음
　으로 말미암아 他地方間의 感性의 疏通이 自由스럽지 못하고, 思想의 傳達이

敏活하지를 못하야 文化 普及上 적잖은 障碍가 있음을 冤하지 못하는 일도
있다. 따라서 敎育의 普及은 하로 바삐 標準語의 普及에 用力하지 않으면 안
될 것은 다시 贅言을 要하지 않는 바이다.

　그러나 또 한便 實際方面을 떠나서 이를 純粹學究上으로 본다면 方言中에
는 각금 言語의 古形을 存續하야 그 言語의 本質的 價値를 究明함에 많은 寄
與를 하고 있는 일이 있으니, 時代의 趨勢를 떠나 漸漸 磨減하는 것은 어쩔 수
없다 하드라도, 이를 紙面上으로나마 보존하는 것은 言語 硏究上 極히 必要
한 일이다. 이것은 要ㅎ건댄 우리들이 方言을 採集하는 理由라 하겠다.

　방언 연구에 대한 순수학문적 목적을 강조한 것은 너무나 당연한 주장이
다. 그러면 그러한 연구 바탕 위에서 그 지방에는 반드시 그 지방의 사투리
(즉, 파투아)가 있어, 어떤 미묘한 감성을 표현하기 위해 특히 '사투리'의 힘
을 빌지 않으면 안 될 때가 종종 있다고 하면 방언 연구 또는 방언학을 어찌
해야 하는가. 흔히 판소리는 전라도방언으로 불러야 역시 제 맛이 난다고 한
다. 그 제 맛이 과연 방언학적으로는 무엇일까. 방언 연구는 역시 방언학으
로 이루어져야 맛이 날 듯하다. 방언 사이의 상이와 상사는 음운 조어 어휘
형태와 통사는 물론이고 수사적 표현에서도 두드러지는 경우가 많아 방언
의 맛을 살리고 있는 것을 부인할 수 없다. 방언이 언어로서의 가치를 가진
다고 인정하는 언어학의 태도는 언어의 지시 전달 기능을 두고 하는 말이다.
방언을 사용하는 사람까지 때로 경멸하는 경우를 이숭녕 선생은 교양의 문
제라고 했다. '선생'에게 '선생질'한다 하고 '혼자 농사짓는 어른'에게도 '호락
질'한다고 하는 말을, 만일 어른에게는 '사람'의 경우 '-질'을 쓰지 않고 비어
로만 쓰는 서울 사람 같은 딴 지방 사람이 들었을 때에는 어찌 그 말을 느낄
까. 여기서 교양의 문제가 일어날 수 있지만, 이는 물론 파생형태소의 의미
와 한계의 문제로, 형식과는 달리 의미내용상의 상대적 가치를 보여 주는 전
형적 예이다. 또한 경상도방언에서 단호하게 "차라!"(Cf. 대화 도중의 "(집어)
치워라!")하고 표현한다든가 평안도방언에서 급하게 "쌍 간나 새끼"(Cf. 이

욕설이 다 끝나기도 전에 '쌍'하면 이미 '박치기'가 이어진단다)하고 표현한다든가 하는 것 같은 방언 표현의 지역적 차이가 있다. 이는 사고와 행동의 차이에서 비롯되는 언어 표현의 경우로 이해되는데, 만일 방언 사이의 상대적 가치를 이해하지 못한다면 아마도 교양의 문제로 부각될 것이다. 방언은 언어와 마찬가지로 상대적인 가치를 지니는 것이다. 과학적 정신, 거기에서도 이러한 방언의 표현적 가치를 외면하지는 않을 것이다. 이래서 이제 인문학은 새로운 방언학을 학수고대하고 있게 되었다.

이 글은 이숭녕 선생의 방언 채취와 방언 연구의 과정과 목적에 대한 서술이었다. 물론 그 안에는 학문적 정신이 담겨 있음은 말할 것도 없다. 연구사내지 국어학사를 서술하는 태도는 과거의 업적에 대한 충분한 이해를 바탕으로 하되 당시의 시대적 배경을 공시적으로 고려해야 하고, 그 과거의 연구를 통시적으로 가치 평가하고는 하며, 나아가서는 그 위에서 새로운 연구를 시도하여 학문의 발전을 꾀하도록 한다. 이 글에서도 이숭녕 선생의 방언 채집과 방언 연구를 정리함에 이러한 태도를 지키려 하였다. 요컨대, 1930년대 그리고 광복 이후의 몇 년은 앞에서 이미 언급했던 것처럼 사전 편찬과 관련해서 방언 채집에 특별한 관심이 있던 때라 할 수 있는데, 이숭녕 선생은 바로 이때에 방언을 채취하면서 국어학의 한 독립된 분야로서의 방언학을 학술적으로 수립하기 위해 애썼던 것이다. 선생의 바로 앞선 세대들이 민족국가 중심의 언어관에 따라 행했던 통일된 언어('표준어'의 개념으로 변질)를 통한 애국계몽주의적인 연구에서 벗어나고 아울러 쇼비니즘狂信的 愛國主義적인 태도를 버리고서, 방언 연구를 과학적 정신으로 행하고는 했던 것이다.

연구사와 관련해 김완진金完鎭 선생의 최근의 다음 말을 인용하면서 이 글을 끝맺는다.

學史 또는 硏究史라는 것은 再生産의 자리이다. 새로운 것을 생산할 수 없는 學史라면 생명이 없다. 과거의 업적들을 시대순으로 나열하는 것만으로

는 의미가 없다. 그것들을 입체적으로 배열하며 유기적으로 조감할 때 새로운 인식이 솟아날 수 있다. 사람들이 버리고 간 조각들에서도 또 다른 생명이 발견될 수도 있는 것이다.

－「향가해독에 대한 약간의 수정 제의」『이숭녕 현대국어학의 개척자』(2008), p. 465.

출처: 『방언학』 9, 한국방언학회, 2009.
붙임: 이숭녕 선생은 1930년대 초에 유럽의 언어이론을 섭렵한 뒤에 독일방언학을 공부하며 현지의 지명과 방언을 채집하고 때로 글도 쓰며 또 평양사범학생들에게 방언채집도 시켜 자료를 모으고 광복 이후에도 기회 있을 때마다 전국을 헤매며 방언채집을 하며 음운론연구와 어휘연구에 이용했다. 이숭녕 선생의 방언연구는 자료가 방대하여 자료 해설은 송철의(충남 홍성), 정승철(경북 영주), 정인호(평북), 한성우(서해도서) 교수들이 나누어 정리하여 『방언학』(9)에 실린 이후, 이숭녕 선생의 연구들은 『심악이숭녕전집 11』(2011)에 수록하고 다시 이를 소장해온 채집 자료와 함께 집대성해 다시 실어 엮은 책이 『이숭녕의 방언채집 자료』(2014)이다.

참고문헌

국어학회·서울대 국어국문학과 편(1987), 『心岳 李崇寧先生 八旬紀念 年譜 論著目錄』, 탑출판사.

김영배(1998), 정태진 선생의 '시골말 캐기'와 방언사전, 『한힌샘 주시경 연구』 10, 한글학회. [『석인 정태진 선생에 대한 연구 논문 모음(상)』(정태진 선생 기념 사업회, 2009)에 재수록]

陶南學人(1937), 方言採集에 對하야, 『方言集』(二), 醇化朝鮮語研究會.

도수희(2008), 『삼한어 연구』, 제이앤씨.

*박창원(2000), 심악 이숭녕 선생의 음운연구, 『국어학』 35, 국어학회.

박창원(2001), 이숭녕, 『방언학 사전』, 방언연구회 편, 태학사.

醇和朝鮮語研究會 朝鮮語研究部 編(1936/7), 『方言集』(1, 2), 유인본.

*안병희(1994), 이숭녕선생의 문법연구,『어문연구』 81·82합병호, 한국어문교육연구회.

이극로(1932), 조선말의 사투리,『동광』 29. [『國語學論叢』(정음사, 1947)에 재수록]

이극로(1947),『苦鬪 四十年』, 을유문화사. [재간, 이극로 지음,『고투 40년』(8·15 해방공간 시리즈 ③), 범우사]

이기문(1977), 국어사연구가 걸어온 길,『나라사랑』 26, 외솔회.

*이기문(1985), 心岳 李崇寧 先生의 朝鮮語音韻論硏究 第一輯 ''音攷,『현대 한국의 명저 100권』(『신동아』 신년호 부록).

이병근(1978), 애국계몽주의시대의 국어관,『한국학보』 12, 일지사.

이병근(1979), 국어방언연구의 흐름과 반성,『방언』 1, 한국정신문화연구원.

이병근(1985), 방언,『국어국문학연구사』(민병수, 이병근 외), 우석.

*이병근(1994), 心岳 音韻論의 방법과 태도,『어문연구』 81·82합병호, 한국어문교육연구회.

이병근(1998), 석인 정태진과 방언연구,『새국어생활』(석인 정태진 선생의 학문과 인간) 8-3, 국립국어연구원.

이병근(2003), 근대국어학의 형성에 관련된 국어관,『한국문화』 32, 서울대학교 한국문화연구소. [『한국 근대 초기의 언어와 문학』(이병근 외편, 서울대학교출판부, 2005)에 재수록]

이병근(2004ㄱ), 心岳 李崇寧 선생의 학문,『앞서간 회원들의 발자취』, 대한민국학술원.

이병근(2004ㄴ), 心岳 李崇寧 선생의 삶과 학문,『어문연구』 121, 한국어문교육연구회.

이병근(2004ㄷ), O. Jespersen과 한국어음운론–이숭녕의 음운론 연구를 중심으로, OTTO JESPERSEN, 한국영어학회 편, 한국문화사.

이병근(2005), 1910~20년대 일본인에 의한 한국어 연구의 과제와 방향–小倉進平의 방언연구를 중심으로,『방언학』 2, 한국방언학회. [『일제 식민지 시기 한국의 언어와 문학』(송철의 외 편, 서울대학교출판부, 2007)에 재수록]

*이병근(2008), 李崇寧 선생의 삶과 사상 그리고 학문,『李崇寧 현대국어학의 개척자』(心岳 李崇寧 선생 탄신 100주년 기념논집), 서울대학교 대학원

국어연구회 편, 태학사.

이상규(1995), 朝鮮語研究部 編『方言集』검토,『方言集』, 모산학술연구소.

이숭녕(1947), 朝鮮語學 今後의 課題,『朝鮮文化叢說(朝鮮文學叢說)』, 동성사.

이숭녕(1955),『국어학개설』, 진문사.

이숭녕(1976), 오구라신페이(小倉進平)박사의 업적,『革新國語學史』, 박영사.

이숭녕(1978), 나의 이력서,『한국일보』9111-9182호, 한국일보사.

이숭녕(1982), 한국어,『한국학입문』, 대한민국학술원.

이숭녕(1983), 나의 연구생활,『나의 걸어온 길-학술원 원로회원 회고록』, 대한민국
　　　　학술원.

이익섭(2005), 한국방언학의 어제와 오늘,『방언학』1, 한국방언학회.

*이진호(2004), 心岳 李崇寧 선생의 학문세계-음운론을 중심으로,『어문연구』121,
　　　　한국어문교육연구회.

*이현희(2000), 심악 이숭녕 선생의 문법연구,『국어학』35, 국어학회.

이희승(1932), 표준어에 대하여,『조선어문학회보』3, 조선어문학회. [『朝鮮語學論
　　　　攷』(을유문화사, 1947)에 재수록]

*전광현(1994), 心岳 李崇寧 선생의 어휘·의미 연구에 대한 개관,『어문연구』
　　　　81·82합병호, 한국어문교육연구회.

정승철(2001), 한국 방언학사,『방언학 사전』, 방언연구회 편, 태학사.

*정승철(2006), 경성제국대학과 국어학,『李秉根선생퇴임기념 국어학논총』, 태학사.

정렬모(1927), 국어와 방언,『정음』2-1(통권 8).

*채 완(2000), 심악 이숭녕 선생의 어휘연구,『국어학』35, 국어학회.

최명옥(1990), 방언,『국어연구 어디까지 왔나』, 서울대학원 국어연구회 편, 동아
　　　　출판사. [『한국어 방언 연구의 실제』(태학사, 1996)에 재수록]

최성옥(1998), 일제시대의 조선어 연구사 개관: 小倉進平(오그라 신뻬이)를 중심으
　　　　로,『용인대학교 논문집』15.

*현평효(1994), 心岳선생과 濟州學術,『어문연구』81·82합병호, 한국어문교육연구회.

梅田博之(1972), 朝鮮語方言研究の現況『方言研究叢書』2, 廣島方言學研究所.

安田敏朗(1999),『言語の構築: 小倉進平と植民地朝鮮』, 東京: 三元社.

*가 표시된 글은『李崇寧 현대국어학의 개척자(心岳 李崇寧 선생 탄신 100주년 기

넘논집)』(서울대학교 대학원 국어연구회 편, 태학사, 2008)에 다시 수록되었음.

(이 글은 같은 제목으로『방언학』9(2009)에 실렸던 것을 약간 수정한 것이다.)

이기문 1930~2020

명저 해설: 이기문, 『국어사개설』(1961)

1.

　세종대왕의 훈민정음 창제에 이어 그 문자체계의 이론서인 『훈민정음』이
나온 이후 그의 언어정책이 성종대에 이르러 어느 정도의 연구로 마무리되
고 나서 한동안 있다가 이루어진 실학시대의 언어연구는 훈민정음에 대한
이론과 마찬가지로 모두 기본적으로는 성리학적인 연구들이었다.

　실학시대의 국어 연구들 가운데에는 한국어의 역사적 사실에 관한 언급
이 부분적으로 없는 바 아니지만, 한국어의 역사적 연구가 본격적으로 이루
어지기 시작한 때는 19세기와 20세기와의 교체기이었다. 이때의 역사적 연
구는 민족주의적 애국계몽사상에 따라 그 이전의 혼란된 맞춤법(넓게는 문
자체계)을 확립하려는 현실적인 필요성에서 시작된 것이어서 자연히 문자
중심의 음가론 및 음운사론의 성격을 띠게 되었다. 주시경의 음운사론은 이
시기의 대표적인 것이었다.

　서구의 일반언어학, 특히 역사언어학의 이론이 들어오면서 우리말의 연
구는 새로운 국면에 접어들게 되었는데, 해방과 더불어 이러한 서구적 언어
이론에 따른 연구는 우리말의 역사에 대한 체계적인 연구들을 깊이 있게 하
였다. 이숭녕 교수의 『조선어 음운론 연구』(제1집 「·」음고)(1949)는 이 시기

를 대표하는 것이었다. 이기문 교수의 『국어사개설』은 이러한 역사언어학의 기초 위에서 이루어진 10여 년 간의 자신의 연구를 바탕으로 당시까지의 역사적 연구를 집대성한 것이라 할 수 있다.

2.

1930년 평북 정주에서 태어난 이기문 교수는 1949년 대학에 입학하여 6·25동란 속에서도 이희승, 방종현, 이숭녕 고수들의 강의를 들으며 당시로서는 비교적 정규적인 대학교육을 받았다. 우선 일반언어학 특히 역사언어학의 바탕 위에서 문헌 중심의 역사적 연구와 비교연구를 함께 행하였다.

그의 학부 졸업논문은 「어두자음군의 생성 및 발달에 대하여」(1955)였으며 이 우리말의 음운사연구에 이어 석사학위 논문은 「만주어와 한국어의 비교연구」(1948)였다. 이렇게 출발한 이기문 교수는 『국어사개설』을 출간하기 이전까지 계속해서 한국어의 기원적(계통적) 성격을 밝히기 위한 알타이제어와의 비교연구를 주로 G. J. 람스테트와 N. 포페의 알타이제어론에 맞추어 행하였으며, 또 한국어가 형성된 이후의 역사를 밝히기 위한 중세한국어의 역사적 연구에 집중하였다.

또 한편으로는 표기법에 관한 역사적 연구도 행하였는바, 이는 문헌 중심의 고찰적인 역사연구에 필수적인 것이기 때문이었다. 1950~60년의 겨울에 주로 쓰여진 『국어사개설』은 지은이 자신의 역사언어학적 연구들은 물론, 당시까지의 국어사연구들을 간추려 체계화시키려 한 것이라 할 수 있다. 그리고 다시 11년 뒤 그간의 자신의 연구 결과와 당시까지의 국어사연구들을 다시 집약하여 『개정 국어사개설』(민중서관 1972 / 탑출판사 1979)을 내놓았다.

이 개정판도 초판과 마찬가지로 일차적으로는 대학에서 국어사를 공부하는 학생들을 위한 것이었다. 각 대학의 국어국문학과는 국어사를 대부분 필수과목으로 선정하고 있는바, 이 『국어사개설』은 많은 대학에서 교재로 쓰여지고 있어서 교육상에서 그만큼 많은 영향을 미쳐 왔으며, 나아가서는 이 책의 수준이 높아서 많은 국어연구자들에게까지 자주 참고서가 되어 왔다.

『국어사개설』은 우리말의 역사에 대한 연구이기 때문에 우선적으로는 하나의 사관, 특히 언어사관이 전제되어야 한다. 이는 곧 언어사란 언어연구자에게 무엇을 뜻하는 것인가 하는 문제가 된다.

언어의 변화는 음운변화와 문법형태의 변화와 어휘의 변화, 즉 언어체계의 변화로서 곧 언어구조의 변화가 되는 셈인데, 이 변화는 언어체계의 효율, 균형을 추구하는 목적을 가지고 일어나는 것이라 하여 프랑스의 언어학자인 A. 마르티네와 동궤에 있었다. 이러한 언어사, 특히 국어사에 대한 여구는 실증적 연구와 체계적 파악, 나아가서 변화의 원인에 대한 설명을 꾀하여야 한다는 점에서는 초판에서나 개정판에서나 태도의 변화가 없다.

다만 개정판에서는 우리 민족사의 발전을 설명하는 데에 공헌하는 것을 궁극적인 목표로 삼아야 할 것이라고 강조하고 있는데, 이는 언어사가 민족사의 일부로서 먼 옛날부터 오늘날까지의 우리 민족의 정신적, 물리적 생활의 반영이라고 본 지은이의 국어사관에 따른 진술인 것이다. 그러나 소쉬르의 언어사관과 마찬가지로 언어사의 서술은 정치사나 문화사의 선입견에 지배되어서는 안 되며 어디까지나 언어체계의 발달을 서술하는 것이라야 함을 강조함으로써 20세기 언어학의 일반적 흐름과 마찬가지로 순수언어학적 사관을 가진 셈이라 할 수 있다. 이 같은 언어사관에 따라 『국어사개설』은 시대별로 음운, 문법, 어휘 세 면에서의 특징과 경향을 서술하고 있는 것이다.

3.

『국어사개설』은 모두 7장으로 짜여져 있다. 서설, 국어의 형성, 고대국어 이전(국어의 선사), 고대국어, 중세국어, 근대국어, 현대국어로, 제1장 서설에서는 언어사에 관한 일반론으로 언어의 변화, 사적 언어학, 국어사연구 등을 서술하여 국어사연구의 방법과 방향을 제시하였다.

제2장 국어의 형성에서는 알타이어족을 어파별로 개관하고서 알타이공통어와 그 분화를 람스테트와 포페의 견해를 중심으로 제시하면서 한국어의 계통적 성격을 보였고, 이어서 한국어의 형성사를 요약하여 국어사의 시대구분을 꾀하였다. 요컨대 한국어는 여타의 알타이제어(토이기제어, 츄바슈어, 몽고제어, 퉁구스제어)들보다 매우 일찍 분화되었는데, 이렇게 분화된 한국어는 역사상 늘 단일어로 내려온 것이 아니라 최고단계인 부여·한 공통어가 일단 부여공통어와 한어공통어로 분화되어 각각 북방계제어와 남방계제어를 이루고 있다가 부여계의 고구려어와 한계의 신라어로 이어졌다는 것이다.

한편 백제어는 지배층의 경우 부여계언어가 쓰이고 피지배층의 경우 한계언어가 쓰인 이중적인 언어이었다는 것이다. 그 뒤 신라의 통일이라는 언어 외적인 사건이 고구려어까지도 한어화시켜 결국 한반도에서의 단일화를 이루게 하였고 다시 고려의 성립은 곧 언어의 방사중심을 동남의 경주로부터 중부의 개성으로 옮기게 하였는데, 개성의 언어는 신라어적인 기간에 고구려어가 다소 참여된 언어로서 이 고려어가 오늘날의 우리말이 형성된 직접적인 선조가 된다는 것이다.

4.

이렇게 형성된 국어사의 시대구분은 일반적인 삼분법에 따르면 남북 양계의 언어가 포함되는 고대국어, 고려 초부터 16세기까지의 중세국어 및 17세기부터 오늘날까지의 근대국어로 되는데, 이의 대표적인 특징들로 모두 음운사적인 것들을 우선 제시하였다. 개정판에서도 이와 대체로 같은 태도를 보이고 있으나, 국어의 계통과 국어의 형성 사이의 차이를 좀 더 부각시켰으며 고대국어를 신라어에 특히 한정시켰다.

이러한 시대구분에 따라 고대국어 이전(제3장), 고대국어(제4장), 중세국어(제5장), 근대국어(제6장) 및 현대국어(제7장)의 순서로, 각각 시대개관을 제시하고서 자료·표기법과 음운, 문법, 어휘상의 특징과 경향을 서술하고 있다. 개정판에서는 중세국어를 전기와 후기로 장을 나누어 서술하였는데, 가장 많은 분량을 차지하게 하였다. 시대별의 서술은 대체로 공시태의 파악에 통시론적 조명이 주어지는 방식을 받아들이고 있는데, 자료상의 제약으로 전기중세국어의 문법은 기술되지 못하고 있다.

초판과 개정판 사이에는 많은 변모를 보이고 있다. 개정판에 문자체계의 장을 새로 낀 점 이외에도, 구체적인 시대별의 서술에서도 정밀화되었고 새로운 항목들이 보태졌다. 특히 두드러지는 것은 음운체계의 서술이다. 한 예로 15세기의 모음체계를 들 수 있다.

	〈초판〉			〈개정판〉	
ə	w	u	i i ï	ɨ	u
	i		ə	ɤ	o
o	a	ɔ	a	ʌ	·

즉 초판에서의 체계는 모음조화에 초점을 맞춘 것이고, 개정판에서의 그것은 모음조화를 지배하는 체계와는 구별되는 것이다. 이는 모음사에 대한 끊임없는 탐색의 결과에서 나온 것이었다. 후기중세국어의 문법적 특징 가운데, 속격 어미 '-의'와 '-ㅅ'이 각각 유정물의 평칭에, 그리고 유정물의 존칭과 무정물에 쓰였다는 사실의 지적은 그간의 국어문법사의 연구에 힘 입은 것이었다. 이와 같이『국어사개설』의 개정판은 폭과 깊이를 더해 간 것으로, 지은이 자신의 끊임없는 학문적 태도를 보여주고 있는 것이다.

『국어사개설』은 초판에서나 개정판에서나 시대별의 서술이라는 공통점을 지니고 있다. 체계의 변화로서의 국어사를 체계적으로 일관되게 서술하는 것이 국어사연구자들의 진정한 바람이라면, 그것은 앞으로의 시대별의 공시론적 체계화에 이은 통시론적, 범시론적 체계화를 뜻하는 것일 듯하다.
개정판은 이러한 바람에 진일보한 것이다.

출처:『현대 한국의 명저 100권 1945-1984』(『신동아』1월호 별책부록), 동아일보사, 1985.1.

붙임: 이 글은 동아일보사 신동아부에서 편집한『현대한국의 명저 100권』(『신동아』1985년 1월호 별책부록)에서 해설 수록한 것인데, 이 이기문 교수의 개설서는 20세기 후반기의 국어학계를 주름잡던 명저로 현재까지도 이어져 오고 있다. 30세의 젊은 나이에 집필해 1961년에 간행되었는데 다시 1972년에는 당시까지의 새로운 연구내용을 반영하여 처음부터 끝까지 완전히 새로 써 개정판을 간행하였다. 이 책의 두드러진 특징의 하나는 자신이 설정한 국어사 시대구분에 따라 각 시대의 언어적 특성을 압축 기술한 점이다. 서론에 이어 국어의 계통, 국어의 형성, 문자체계를 간략히 서술하고서 현재는 통설로 되어 있는 이 시대구분에 따라 고대국어, 전기중세국어, 후기중세국어, 근대국어, 현대국어로 분류해 서술하였다. 따라서 시대별 서술이라 국어 전체의 역사적 맥락을 쉽게 짚어 보기는 그리 쉽지는 않을 것이다.

현대 국어학의 명저로 이외에 남기심 교수 해설의 최현배의『우리말본』(1971), 허웅의『우리 옛말본』(1977) 이외에 이기문 교수가 해설한 이숭녕의『조선어음운론연구 제1집「·」음고』(1949)와 안병희 교수가 해설한 김완진의『향가해독법연구』(1980) 등이 더 추천되었다.

편집 후기

선생님께서 퇴직(2004년)하신 후 근 10년간, 방학 때마다 우리 문하생들은 선생님을 모시고 여기저기 답사를 다녔습니다. 서산·태안에서 시작하여 전국을 돌아 양화진 외국인선교사묘원 그리고 철원에 이르기까지, 그 과정에서 우리는 선생님의 전적인 안내를 받으며 최만리, 신숙주, 이수광, 홍계희, 유희, 강위, 유길준, 이종일, 박승빈, 권덕규 등 한국어학사 책에 등장하는 인물들을 만날 수 있었습니다. 곳곳에서, 어문은 물론 지역과 사회, 나아가 시대와 학문(문헌 포함)을 아우르는 선생님의 흥미로운 이야기가 펼쳐졌습니다. 이를테면 그동안 우리는 최고의 가이드를 모시고 '국어학사' 여행을 떠났던 셈입니다.

이 논문집은 이병근 선생님의 한국어학사 관련 논문 29편(미간행 논문 1편 포함)을 한 권으로 묶은 것입니다. 여기저기에 실려 접하기 어려울 수도 있는 논문들을 찾아보기 쉽도록 한데 모았습니다. 책 간행의 취지와 성격은 재작년에 펴낸 『음운과 방언』과 크게 다르지 않으나, 원문을 직접 인용한 경우가 아니더라도 내용상 한자를 배제할 수 없어 이번에는 본문에서 상당수의 한자를 병기하는 방향을 택하였습니다.

이 선집을 펴내는 데 여럿이 힘을 모았습니다. 특히 김주필·장윤희·정인호·박기영·유필재·김현·신중진 교수와 김고은·김동은·김수영·김영규·김한중·박초흔·배윤정·웅연·이현주·전진호·홍석우·홍은영 대학원생이 입력·편집·교정을 위해 애를 많이 썼습니다. 이에 대해 고마운 마음을 전하며 또 기념 책자 발간에 매번 도움을 주시는 ㈜태학사의 지현구 회장님을 비롯한 직원 여러분께도 감사의 인사를 드립니다. 아울러 이 논문집의 간행이 한국어학사를 논하는 이들에게 하나의 지침이 될 수 있기를 바랍니다.

2022년 3월
정승철 삼가 적어 올립니다